SPORT
VERLAG
BERLIN

Autoren:

Prof. Dr. paed. habil. Berndt Barth
 (3.1., 5.7.)
Dr. paed. Jochen Berger
 (4.1., 4.2., 4.4., 6.1., 6.1.2.)
Dr. paed. habil. Alfred Borde
 (4.3., 6.1.1., 6.2.3.2., 7.1., 7.2., 7.3.1, 7.3.5.)
Dr. paed. Dieter Hampe
 (6.1.3.)
Dr. paed. Michael Hauptmann
 (3.3.3., 5.5.)
Prof. Dr. paed. Dietrich Harre
 (2.2.4., 3.3.1., 3.3.2., 3.3.4., 5.4., 5.6.)
Prof. Dr. paed. habil. Peter Hirtz
 (3.2.2., 5.2.)
Dr. paed. Bernd Hoffmann
 (6.2.)
Prof. Dr. phil. habil. Arturo Hotz
 (5.1.)
Dr. paed. habil. Klaus Kupper
 (6.3.)
Prof. Dr. paed. Alfons Lehnert
 (7.3.2., 7.3.3., 7.3.4.)
Dr. paed. habil. Renate Mathesius
 (2.2.2., 5.8., 7.3.2.2.)
Dr. paed. Hans-Joachim Minow
 (4.4., 6.1.2.)
Prof. Dr. sc. paed. Günter Schnabel
 (1., 2.1., 2.2.1., 2.2.3., 3.2.1., 3.2.3., 3.4.,
 4.5., 5.3.)
Dr. paed. habil. Reinhard Winter
 (6.1.1.1.)

Redaktion:

Kapitel 1–3: Prof. Dr. sc. paed. Günter Schnabel
Kapitel 4–5: Prof. Dr. paed. Dietrich Harre
Kapitel 6–7: Dr. paed. habil. Alfred Borde

Herausgegeben von:
Günter Schnabel, Dietrich Harre, Alfred Borde

Trainingswissenschaft

Leistung · Training · Wettkampf

Studienausgabe

Sportverlag Berlin

Die Deutsche Bibliothek – CIP-Einheitsaufnahme

Trainingswissenschaft: Leistung – Training – Wettkampf/
Günter Schnabel … (Hrsg.). [Zeichn.: Wolfgang Schedler] –
Stud.ausg. – 2. Aufl. – Berlin: Sportverl. 1998
ISBN 3–328–00742–3
NE: Schnabel, Günter [Hrsg.]

© 1997 by SVB Sportverlag Berlin GmbH
Zweite Auflage
der stark überarbeiteten und verbesserten Studienausgabe
auf der Grundlage der ersten Auflage von 1994

Umschlaggestaltung: Volkmar Schwengle/Buch und Werbung, Berlin
Titelfoto: Bavaria Bildagentur
Zeichnungen: Wolfgang Schedler
Satz: R. Benens & Co., Berlin
Druck und Bindung: Clausen & Bosse, Leck
Printed in Germany 1998
ISBN 3–328–00742–3

Gedruckt auf alterungsbeständigem Papier
mit chlorfrei gebleichtem Zellstoff

Inhaltsverzeichnis

Vorwort zur zweiten Auflage

Mit der zweiten Auflage der „Trainingswissenschaft" liegt eine überarbeitete, unwesentlich gekürzte Fassung der Erstauflage vor, die unter mehreren Aspekten als „Studienausgabe" bezeichnet werden kann. Neben inhaltlichen Ergänzungen und Präzisierungen wurde vor allem versucht, die für Studierende und sich weiter qualifizierende Nutzer, aber auch für den praktisch bereits tätigen Trainer, Sportlehrer oder Übungsleiter wesentlichsten Inhalte transparenter zu machen. Noch mehr und besser abgestimmte Hervorhebungen, mehr Kleindruck und die lebenden Kolumnentitel waren die Mittel dazu. Durch die – zum größeren Teil nur äußerliche – Verringerung des Umfangs wurde ein bedeutend niedrigerer Ladenpreis ermöglicht. Damit erhält u. a. die Empfehlung eine realistischere Basis, daß jeder Studierende der Sportwissenschaft und jeder lehrpraktisch auf den verschiedenen Feldern des Sports Tätige dieses Buch als Studien- und Nachschlagewerk besitzen sollte. Auch wer sich vornehmlich auf eine Sportart, auf ein bestimmtes Tätigkeitsfeld des Sports spezialisiert hat oder spezialisieren möchte, wird einen großen Nutzen aus den hier systematisch dargestellten Inhalten der Allgemeinen Trainingswissenschaft ziehen und – soweit nicht unmittelbar darauf verwiesen wird – die spezialisierte Anwendung der allgemeinen Erkenntnisse ohne Mühe vollziehen. Das gilt auch für solche Sportarten und Problemkreise, die nicht Gegenstand des Studiums oder einer anderen Ausbildung gewesen sind, für die spätere Tätigkeit aber Bedeutung erlangen.

Als Veränderungen gegenüber der ersten Auflage seien hervorgehoben: Das ursprüngliche Kapitel 4 „Zur Ontogenese der sportlichen Leistungsfähigkeit" wurde in dieser Form herausgenommen. Die für den langfristigen Leistungsaufbau wichtigsten Aussagen sind durch eine Erweiterung im jetzigen Kapitel 6 erhalten geblieben. Die Herausgeber halten diese Lösung, die einen wesentlichen Teil der notwendigen Reduzierung der Seitenzahl erbracht hat, für vertretbar. Jedes einzelne Kapitel konnte nur in begrenztem Maße gestrafft werden, ohne an die Substanz zu gehen. Die Ontogenese, speziell die Ontogenese der Motorik, ist (auch) Gegenstand anderer Lehrgebiete der Sportwissenschaft – u. a. der Bewegungslehre/Sportmotorik – und in der Fachliteratur gut vertreten (vgl. die Hinweise in 6.1.1.1.).

Eine zweite Veränderung betrifft die Zusammenfassung der Wettkampflehre in einem Kapitel (Kapitel 7), was u. E. dem gegenwärtigen Entwicklungsstand besser entspricht.

Herausgeber und Autoren wünschen allen Nutzern, insbesondere allen Studierenden, ein erfolgreiches Arbeiten in Theorie und Praxis mit diesem Fachbuch.

Günter Schnabel
Dietrich Harre
Alfred Borde

Aus dem Vorwort zur ersten Auflage

Die Trainingswissenschaft hat sich aus vorwissenschaftlichen Anfängen heraus entwickelt. Empfehlungen zum Üben und Trainieren vor allem unter gesundheitsförderndem Aspekt finden sich bereits bei den Klassikern der Körpererziehung (u. a. F. L. JAHN, J. C. F. GUTSMUTHS) sowie im ausgehenden 19. Jahrhundert bei fortschrittlichen Biowissenschaftlern (u. a. F. HUEPPE; F. A. SCHMIDT). ROUX beschrieb bereits 1885 grundlegende Gesetzmäßigkeiten der funktionellen Anpassung.

Im 20. Jahrhundert entstanden Ansätze für eine Trainingslehre zunächst in einer Art von Meisterlehren, als Trainingskunde, die im wesentlichen empirisch gestützte Regeln für das Trainingshandeln darstellten. Die Entwicklung in Deutschland bis etwa 1980 wurde von CARL (1983) untersucht und dargestellt. Im folgenden sollen nur wenige akzentuierende Ausführungen vorangestellt werden.

Wesentliche Ansätze für die Entwicklung einer sportartübergreifenden Trainingslehre kamen aus der Leichtathletik. Zu nennen sind u. a. die „Allgemeine Übungslehre" im Handbuch „Athletik" (KRÜMMEL 1930), die „Trainingskunde" von WAITZER (1937), die „Grundlagen und Methodik der Leichtathletik" von HOKE/SCHMITH (1937), das „Training des Leichtathleten" von OSOLIN (1952). Die beachtlichen Beiträge aus der Leichtathletik zur Entwicklung der Trainingswissenschaft sind auch weiterhin zu verfolgen (vgl. DJAČKOV 1973; VERCHOŠANSKIJ 1970, 1988; REINDELL u. a. 1962), aber auch andere Sportarten sind zu nennen, z. B. Schwimmen (u. a. COUNSILMAN 1980).

Eine systematische Erarbeitung der Allgemeinen Trainingslehre begann Anfang der fünfziger Jahre in der damaligen DDR. Sie wurde vor allem durch die an der Trainerfakultät der DHfK zu realisierenden Lehrveranstaltungen initiiert und vorangetrieben und erhielt dadurch einen streng leistungssportlichen Zuschnitt.

Mit der Übernahme dieser Lehrveranstaltung auch in die Ausbildung von Diplomsportlehrern für alle Bereiche des Sports (Leistungssport, Volkssport, Schulsport) ab 1955/56 begann eine neue Etappe der Entwicklung der Trainingslehre. Sie wurde zum Wirkungsmodell der körperlichen bzw. sportlichen Vervollkommnung für alle Realisierungsbereiche, und der Begriff „sportliches Training" kennzeichnete zunehmend auch weitere Formen der gezielten Leistungsvorbereitung (vgl. TROGSCH 1972).

Die ersten Schritte zur wissenschaftlichen Ausarbeitung des Lehrgebietes und damit zur Trainingswissenschaft bestanden in der Erfassung und Beschreibung des Erfahrungsschatzes erfolgreicher Trainer und Sportler und seiner verallgemeinernden Interpretation und Begründung unter Einbeziehung von Erkenntnissen und Theorien weiterer beitragsfähiger, vor allem biologischer Wissenschaften. Durch verstärkte Forschung standen zunehmend auch prüfbare Ergebnisse zur Verfügung – u. a. aus dem Moskauer Forschungsinstitut, aus der 1956 an der DHfK in Leipzig gegründeten Forschungsstelle und durch die Untersuchungen von HETTINGER (1968) zum Krafttraining. Zudem beförderte die ständige Auseinandersetzung mit der Praxis einer größeren Anzahl von Sportarten die Aufdeckung und das Verständnis von Gesetzmäßigkeiten, die sportartübergreifend die sportartspezifische und die allgemeine sportliche Leistungsfähigkeit bestimmen.

Die rasche Entwicklung der „Allgemeinen Trainingslehre" (Allgemeine Theorie und Methodik des Trainings) kam auch im Erscheinen einer Reihe von Fachbüchern in mehreren europäischen Ländern im Zeitraum zwischen 1960 und 1980 zum Ausdruck. Hierzu zählen u. a. das zweibändige „Erfolg im Sport" (PROKOP u. a. 1959; RÖSZNER 1960) in Österreich; die „Trainingslehre" (HARRE u. a. 1969) und deren Vorläufer „Einführung in die allgemeine Trainings- und Wettkampflehre" (HARRE u. a. 1957 und 1964) in der DDR; die „Grundlagen der Trainingslehre" in zwei Bänden (MARTIN 1977 und 1980), „Optimales Training" (WEINECK 1980) in der BRD; die „Grundlagen des sportlichen Trainings" (MATWEJEW 1981) und „Modernes sportliches Training" (PLATONOV 1980) in der UdSSR.

Wesentliche Impulse für präzisierte trainingstheoretische Aussagen und trainingsmethodische Handlungsorientierungen entsprangen der zunehmend multidisziplinären Zusammenarbeit in der Leistungsdiagnostik und der Trainingsforschung. Das schon frühzeitig postulierte Idealmodell einer interdisziplinären Trainingswissenschaft (vgl. BALLREICH/KUHLOW 1975) wurde dabei jedoch nicht erreicht, die Vertreter der zur Trainingswissenschaft beitragsfähigen Wissenschaftsdisziplinen arbeiteten weitgehend additiv nebeneinander.

Wegen der Vielzahl von Sportarten und -disziplinen mit sehr unterschiedlicher Anforderungsstruktur sind verallgemeinerte Erkenntnisse zum sportlichen Training und übergreifende Gesetzesaussagen oft den vorliegenden Besonderheiten ungenügend angepaßt und wurden u. a. deshalb in der Praxis des Wettkampfsports nur bedingt angenommen und umgesetzt oder sogar abgelehnt. Um eine größere Nähe von Wissenschaft und Praxis zu erreichen, wurde der Versuch unternommen, zwischen der Allgemeinen Trainingslehre und den Trainingslehren der Sportarten eine dritte Ebene zu installieren, die Gruppen vergleichbarer Sportarten erfaßt. Dieser Versuch ist vor allem in den Ausdauersportarten erfolgreich verlaufen und führte zu einer größeren Akzeptanz der Wissenschaft in der Sportpraxis.

Wesentliche Fortschritte wurden in den vergangenen Jahren auch auf dem für die Wissenschaftsentwicklung wichtigen Gebiet der Terminologie erreicht. Zu verweisen ist auf das „Sportwissenschaftliche Lexikon" (RÖTHIG u. a. 1983), das „Handlexikon Sportwissenschaft" (EBERSPÄCHER 1987), das „Lexikon Trainingslehre" (JONATH 1988), die seit 1975 von THIESS und SCHNABEL herausgegebenen Terminologie-Publikationen zu Training und Trainingswissenschaft mit dem „Lexikon Sportwissenschaft: Leistung, Training, Wettkampf" (SCHNABEL/ THIESS 1993).

Eine neue Etappe der Entwicklung der vorhandenen Trainingslehren und trainingswissenschaftlichen Ansätze zu einer geschlosseneren „Trainingswissenschaft", die sich mehr und mehr als integrative Wissenschaftsdisziplin versteht und zunehmend interdisziplinär arbeitet, wurde schließlich mit der Konstituierung der Sektion Trainingswissenschaft in der Deutschen Vereinigung für Sportwissenschaft (dvs) und ihrem ersten großen Symposium 1992 in Kassel (vgl. MARTIN/WEIGELT 1993) deutlich erkennbar. Charakteristisch ist und bleibt, daß sich trainingswissenschaftliche Arbeit auf verschiedenen Ebenen – sportart- bzw. disziplinspezifisch und allgemeinübergreifend – sowie in verschiedenen Einrichtungen mit unterschiedlicher Praxisnähe vollzieht – an Hochschul- bzw. Universitätsinstituten, an speziellen Forschungsinstituten (z. B. Institut für Angewandte Trainingswissenschaft in Leipzig), an Olympiastützpunkten (vgl. dazu ROTH 1994; ZINNER 1994).

Das vorliegende Fachbuch beruht auf folgendem Grundkonzept der Trainingswissenschaft: Sie wird als interdisziplinäre Humanwissenschaft mit stark anwendungsorientierter Ausrichtung verstanden. Das bedeutet vor allem:
• Integration der Erkenntnisse, Theorien und Methoden der beitragsfähigen Wissenschaftsdisziplinen („Basiswissenschaften") und Erarbeitung entsprechender Synthesen, möglichst auf der Grundlage spezifisch trainingswissenschaftlicher Paradigmen und Theorien.
• Unterscheidung von „Leistungslehre" – als humanwissenschaftlicher Grundlagenteil –, „Trainingslehre" als Technologiewissenschaft (vergleichbar den Ingenieurwissenschaften) – und „Wettkampflehre".
• Bemühen um eine annehmbare Verständigungs- bzw. Kooperationsgrundlage für alle involvierten Wissenschaftsdisziplinen durch eine dem komplexen Gegenstand adäquate Terminologie. In dieser Beziehung korrespondiert das Fachbuch mit dem bereits erwähnten, etwa zeitgleich entstandenen Lexikon (SCHNABEL/ THIESS 1993).

Das von uns verfolgte Grundkonzept hat – wie es nicht anders sein kann – noch Problemstellen, wirft Fragen auf, die erst in der weiteren Wissenschaftsentwicklung einer befriedigenden Lösung zugeführt werden können. Genannt werden sollen hier folgende:
• Der Anspruch der Interdisziplinarität und des disziplinüberschreitenden integrativen Vorgehens wurde schon mehrfach begründet (vgl. MARTIN 1993[a], S. 18/19), er wird jedoch noch unvollkommen erfüllt. Folgt man aber MITTELSTRASS (1993, S. 36), der unter Interdisziplinarität Forschung versteht, „die sich aus ihren disziplinären Grenzen löst, die ihre Probleme disziplinenunabhängig definiert und disziplinenunabhängig löst", dann erscheint ein Großteil der heutigen trainingswissenschaftlichen Forschung und selbst der operativen wissenschaftlichen Betreuung von Athleten sowie die

theoretische Verarbeitung der Ergebnisse als interdisziplinär.

• Die Breite und Tiefe der Integration von Erkenntnissen der zu trainingswissenschaftlichen Fragestellungen aussagefähigen Wissenschaftsdisziplinen bei den einzelnen Themenkomplexen ist unterschiedlich und muß verschiedentlich noch weiter vorangetrieben werden.

• Die Auffassung der Trainingswissenschaft als einer interdisziplinären Humanwissenschaft mit anwendungsorientierter Ausrichtung deckt sich nicht mit ihrer gemeinhin erfolgten generellen Einordnung als angewandte Wissenschaft bzw. Anwendungswissenschaft (MARTIN 1993, S. 16–19).

• Die Untergliederung der Trainingswissenschaft in eine als grundlagenwissenschaftlicher oder besser objektwissenschaftlicher Teil verstandene „Leistungslehre", eine technologisch-didaktische „Trainingslehre" und eine – bisher kaum vertretene – „Wettkampflehre" verläßt die zumeist übliche Undifferenziertheit leistungs- und trainingstheoretischer Inhalte. Aussagen zur Wettkampflehre lassen sich zwar teilweise auch den Gegenständen Leistung und Training zuordnen, die Herausgeber sind jedoch der Auffassung, daß es sich dabei um einen eigenständigen Gegenstand handelt. Mit der getroffenen Abhebung soll deshalb auch die notwendige intensivere Ausarbeitung dieser bisher vernachlässigten Problematik angeregt und unterstützt werden (vgl. auch THIESS 1994).

• Die Auffassung, daß sportliche Leistung, sportliches Training und selbst der sportliche Wettkampf nicht allein Inhalte des Leistungssports im engerem Sinne sind, wird auch von uns geteilt. Eine Trainingswissenschaft liefert folglich wesentliche Aussagen und Handlungsorientierungen für alle Bereiche körperlich-sportlicher Betätigung. Die dabei teilweise erforderlichen Differenzierungen kann ein Fachbuch dieses Umfanges allerdings nur in Ansätzen leisten: Im Mittelpunkt stehen die Aussagen und Handlungsweisungen zum Leistungssport.

• Eine Darstellung des „Ganzen" der Trainingswissenschaft muß sich inhaltlich sowohl auf die allgemeinen Gesetzmäßigkeiten von Leistung, Training und Wettkampf und entsprechende Grundlinien des Trainingshandelns beziehen, als auch das Besondere einzelner Sportarten, Disziplinen oder Gruppen von Sportarten einbeziehen. Dieses Anliegen wurde jedoch mit unserem Fachbuch nicht verfolgt. Hauptinhalt ist die allgemeine Aussage- und Orientierungsebene, die das Grundlegende für alle Sportarten zum Ausdruck bringt. Dennoch wurde versucht, in einer Reihe von Fragen die Sportartspezifik stärker deutlich zu machen.

• Das immer wieder diskutierte Verhältnis von Trainingswissenschaft und Trainingspraxis wird von uns nicht explizit behandelt, jedoch als entscheidender Faktor für Sinn und Zielstellung der Trainingswissenschaft angesehen. Wenngleich nach unseren Erfahrungen nicht von einem Theorie-Praxis-Graben (ROTH 1994, S. 4), nicht von einer Diskrepanz von Elfenbeinturm und Sportplatz (HEUER 1988) gesprochen werden kann, so sind doch intensive Bemühungen von seiten der Wissenschaftler und der „Praktiker" erforderlich, um wissenschaftliche Erkenntnisse in Verbindung mit den Erfahrungen der Praxis optimal zu nutzen. Dieser Prozeß bedarf unseres Erachtens der weiteren – auch wissenschaftlichen – Untersuchung. Einerseits, um klar abzustecken, was die Trainingswissenschaft für die Trainingspraxis wirklich leisten kann (vgl. dazu SCHLICHT/LAMES 1993), andererseits, um den Umsetzungsprozeß theoretischer Erkenntnisse, theoretisch begründeten Hintergrundwissens und prinzipieller Handlungsorientierungen im Trainingshandeln, u. a. in Verbindung mit subjektiven Theorien der Trainer – „Gebrauchstheorien" (MARTIN/CARL/LEHNERTZ 1991, S. 19/20) –, weiter aufzuklären und zu unterstützen.

Das vorliegende Fachbuch „Trainingswissenschaft" ist eine Gemeinschaftsarbeit von 15 Autoren, die, mit zwei Ausnahmen, bis zur Wiederherstellung der Einheit Deutschlands an der DHfK und am Forschungsinstitut in Leipzig tätig waren.

Die Größe des Autorenkollektivs bedingt, daß bestimmte Auffassungen der einzelnen Autoren eingeflossen, auch etwas unterschiedliche Akzente gesetzt worden sind, ohne allerdings die Grundkonzeption zu verlassen.

Günter Schnabel
Dietrich Harre
Alfred Borde

Erster Teil:
Wesen und Grundzüge
der Trainingswissenschaft

Kapitel 1:
Gegenstand, Stellung und Methoden
der Trainingswissenschaft

Ziel dieses Kapitels ist es, dem Leser einen Einstieg in die Trainingswissenschaft zu ermöglichen. Dazu sollen Gegenstandsbereich, Grundbegriffe, Entwicklungsstand und -tendenzen sowie die Methodologie der Trainingswissenschaft kurz umrissen werden, und zwar unter Anknüpfung an den Stand der gegenwärtigen wissenschaftstheoretischen Diskussion, ohne diese Diskussion hier vollständig wiedergeben oder abschließend bewerten zu wollen. (Vgl. dazu MARTIN/WEIGELT 1993; THORHAUER/CARL/TÜRK-NOACK 1996)

1.1. Charakteristik des Gegenstandes

Unter dem Gegenstand der Trainingswissenschaft wird allgemein das Training verstanden, ein Handlungsfeld in verschiedenen Realisierungsbereichen des Sports, in dem durch eine zielgerichtete, systematisch aufgebaute und organisierte Tätigkeit eine Vervollkommnung bzw. Steigerung der körperlich-motorischen Leistungsfähigkeit und ihrer personalen Voraussetzungen angestrebt wird. Ein wesentliches Charakteristikum dieses sportlichen Handlungsfeldes, worin es sich auch von anderen Handlungsfeldern wie etwa dem Sportunterricht – trotz nicht zu übersehender Berührungspunkte – unterscheidet, ist die **rationelle, systematische Einwirkung auf die menschlichen Leistungspotenzen** durch effektive Maßnahmen, Methoden und Verfahren, vor allem durch **ein hohes Maß an Eigenaktivität und Übungstätigkeit** zur Erhöhung der Leistungsfähigkeit, der Vervollkommnung spezialisierter Tätigkeiten bzw. der Optimierung von Handlungs- und Verhaltensweisen. (Vgl. SCHNABEL/THIESS 1993, S. 859)[1]

Zum weiteren Verständnis des Gegenstandes *„sportliches* Training" muß auf die wichtigsten **Trainingsziele** und **Ergebnisformen** verwiesen werden:

- Sportliche Leistungsfähigkeit, sportmotorisches Können als Grundlage hoher und höchster Leistungen in speziellen Sportarten bzw. -disziplinen;
- körperliche Vollkommenheit (Schönheitsideal, „sportliche" Figur – schöne Bewegung);
- Fitneß, Gesundheit (Prävention – Rehabilitation);
- Erlebnis, Befriedigung körperlicher und geistig-sozialer Bedürfnisse (Selbstverwirklichung und Selbstbestätigung, allgemeines Wohlbefinden, Kooperation und Kommunikation).

In den verschiedenen Realisierungsbereichen und -formen sportlichen Trainings dominieren unterschiedliche Zielstellungen, und individuell gesehen bestehen darüber hinaus meist noch Unterschiede in der Zielhierarchie. Bei aller Dominanz einer Zielstellung spielen jedoch zumeist mehrere der genannten Trainingsziele eine Rolle.

Die dominierende Zielstellung für das Training des Leistungssportlers – des Nachwuchs- wie des Spitzensportlers – ist unzweifelhaft seine als Wettkampfleistung nachzuweisende *Leistungsfähigkeit.* Damit verbunden ist jedoch, mehr oder weniger stark ausgeprägt, die Zielstellung von *Erlebnis-* und *Bedürfnisbefriedigung,* die u.a. zur Selbstverwirklichung und Selbstbestätigung führt. Im Breiten- und Freizeitsport kann jede der genannten Hauptzielstellungen und dementsprechenden Ergebnisformen dominant sein, die anderen sind dabei meist ebenfalls von Bedeutung.

Unbenommen von den genannten weiteren Zielstellungen und Ergebnisformen stehen die sportliche Leistungsfähigkeit bzw. das sportmotorische Können beim **sportlichen** Training jeweils im Mittelpunkt. Diese Feststellung gilt ohne Einschränkung, wenn sportliche Lei-

---

[1] Wenngleich das Training von Tieren – z.B. im Pferdesport – in einigen wesentlichen Punkten mit diesem allgemeinen Trainingsbegriff übereinstimmt, kann es doch dem Handeln des trainierenden Menschen nicht gleichgesetzt werden.

stungsfähigkeit und sportmotorisches Können nicht auf den Wettkampfsport und die nach fixierten Regeln betriebenen Sportarten begrenzt, sondern im erweiterten Sinne als allgemeine körperlich-motorische Leistungsfähigkeit verstanden werden. (Vgl. Kap. 2) Sie sind dort, wo sie nicht wie im Leistungssport das dominierende Hauptziel darstellen, zumeist notwendige Zielkomponenten, „Mittel", um die anderen Ziele überhaupt erreichen zu können.[1]

Als herausragendes Handlungsfeld im Sport kann der Gegenstandsbereich der Trainingswissenschaft vorläufig wie folgt umrissen werden:

- **Das sportliche Training als** aktive, ganzheitliche **Tätigkeit[2] des Trainierenden** mit dem unmittelbaren oder mittelbaren Ziel, die eigene sportmotorische Leistungsfähigkeit durch solche organisierte Handlungen zu steigern bzw. zu erhalten, die biotische, psychische und darunter besonders motorische Funktionen vervollkommnen bzw. üben.

- **Das sportliche Training als System, als institutionalisierter Prozeß,** der langfristig geplant, organisiert und pädagogisch-didaktisch geführt, kontrolliert und reguliert wird durch die Tätigkeit von Trainern, Sportlehrern, Fachübungsleitern, unterstützt von Sportwissenschaftlern, Sportmedizinern und – vor allem im Hochleistungssport – weiteren beteiligten Fachleuten.

- **Die sportliche Leistung als Handlung und Handlungsergebnis** sowie die **sportliche Leistungsfähigkeit,** das sportmotorische Können als Ensemble von personalen Leistungsvoraussetzungen, die die wesentlichsten Ansatzpunkte des Trainings darstellen.

- Der **sportliche Wettkampf** als die dem Sport wesenseigene Form des Leistungsvergleichs.

> Demnach sind **Hauptkomponenten des Gegenstandes** (Abb. 1.-1)
> - die *sportliche Leistung* und *Leistungsfähigkeit*
> - das *sportliche Training* (noch einmal unterschieden in Trainingtätigkeit und Trainingssystem)
> - der *sportliche Wettkampf*

In dieser Reihenfolge – entsprechend ihrem inneren Zusammenhang – werden die drei Haupt-

Abbildung 1.-1 *Wechselseitiger Zusammenhang der Gegenstandskomponenten der Trainingswissenschaften*

komponenten in den Teilen 2, 3 und 4 dieses Buches behandelt. Diese drei Bestandteile der allgemeinen Trainingswissenschaft, die den Hauptkomponenten des Gegenstandsbereiches entsprechen, werden auch als Leistungslehre, Trainingslehre (im engeren Sinne) und Wettkampflehre bezeichnet. Der Terminus Lehre wird hier im Sinne eines Teilbereichs, eines Aussagenbereiches zu einem bestimmten Teilgebiet einer Wissenschaft gebraucht.

Trainingswissenschaft und Trainingslehre werden nun allerdings von CARL (1984, S. 135) und MARTIN/CARL/ LEHNERTZ dahingehend unterschieden, daß Lehre als Handlungslehre zu verstehen ist, die ihre Regeln und Regelsysteme sowohl auf wissenschaftliche Erkenntnisse als auch „reflektierte Erfahrungen der in der Trainingspraxis Tätigen bzw. die Trainingspraxis systematisch Beobachtenden" (1991, S. 18) zurückführt. Da diese Kennzeichnung letzten Endes für den derzeitigen Entwicklungsstand der Trainingswissenschaft als *handlungsorientierte Anwendungswissenschaft* insgesamt zutrifft, kann auch Wettkampflehre und Leistungslehre in diesem Sinne verstanden werden.

---

[1] WASMUND-BODENSTEDT (1982, S. 28) unterscheidet in diesem Zusammenhang eine finale von einer instrumentalen Auffassung des Trainingszieles und kommt zu einem produktorientierten und einem prozeßorientierten Modell des Trainings.

[2] Tätigkeit: „Menschliche Aktivität, in deren Verlauf sich das Subjekt mit seiner natürlichen und sozialen Umwelt auseinandersetzt, diese erkennt (widerspiegelt) und umgestaltet sowie sich selbst verändert und entwickelt." (SCHNABEL/ THIESS 1993, S. 832)

Wesentliche Begriffe der Trainingswissenschaft

Leistungslehre

Leistung
Erfolg
Anforderung
Beanspruchung
Ermüdung
Erholung
Funktionssystem

Leistungskomponente
Kondition
Konstitution
Koordination
Technik, sportliche
Strategie
Taktik

Leistungsparameter

Leistungsmerkmal

Handlung
Handlungsregulation
Bewegung
Bewegungsregulation

Leistungsziel

Leistungssystem
Leistungsstruktur
Anforderungsprofil
Leistungsdiagnostik

Leistungsentwicklung
Wirkungsmechanismus
Anpassung
Superkompensation
Lernen, motorisches
Informationsorganisation

Ontogenese, motorische

Leistungsfähigkeit
Leistungsbereitschaft
Leistungszustand
Leistungsfaktor
Leistungsvoraussetzungen
Fähigkeiten
– intellektuelle
– koordinative
– konditionelle
– strategisch-taktische
– technisch-koordinative
Ausdauerfähigkeiten
Kraftfähigkeiten
Schnelligkeitsfähigkeiten
Beweglichkeit

Trainingslehre

Training
Trainingsziel
Trainingsinhalt
Trainingsintensität
Trainingsumfang
Trainingsprinzip
Trainingsmethode
Trainingsmittel
Trainingsübung
Trainingswirkung
Trainingszustand

Belastung/Trainingsbelastung
Belastungsbereich
Belastungsdynamik
Belastungsfaktor
Belastungsintensität
Belastungsumfang
Kompensation

Trainer
Übungsleiter
Sportler/Athlet

Trainieren
Einarbeiten
Erwärmen
Üben
Übung
Trainingsgerät

Eignung
Eignungsbeurteilung
Eignungsdiagnostik

Auswahl
Talentauswahl

Sichtung

Trainingssystem
(Trainings- und
Wettkampfsystem)
Zyklisierung
Periodisierung
Trainingsplanung
Trainingskonzeption
Trainingsauswertung
Trainingsanalyse
Trainingssteuerung

Trainingsetappen
Nachwuchstraining
Grundlagentraining
Aufbautraining
Anschlußtraining
Hochleistungstraining

Wettkampflehre

Wettkampffunktion
Trainingswettkampf
Aufbauwettkampf
Überprüfungswettkampf
Sichtungswettkampf
Nominierungswettkampf
Ausscheidungswettkampf
Qualifizierungswettkampf
Auswahlwettkampf
Klassifizierungswettkampf

Einzelwettkampf

Mannschaftswettkampf

Turnier

Serienwettkampf

Wettkampfanlage
Wettkampfgerät

Wettkampfsystem

Wettkampfkonzeption

Wettkampfvorbereitung
Unmittelbare Wettkampf-
vorbereitung
Startvorbereitung

Der **Überblick "Wesentliche Begriffe der Trainingswissenschaft"** (S. 18), der auch die tragenden, den Gegenstand kennzeichnenden Sachbegriffe einschließt – in Zuordnung zu den Gegenstandskomponenten "Leistung", "Training" und "Wettkampf" –, soll die Einführung in den Gegenstandsbereich der Trainingswissenschaft abschließen. Die differenzierte Klärung und Erklärung der Begriffe wird in den betreffenden Kapiteln erfolgen.[1]

1.2. Stellung und Funktion in der Sportwissenschaft

Das Anliegen, die Trainingswissenschaft in die größere Einheit der Sportwissenschaft einzuordnen, setzt hinreichende Klarheit über *Gegenstand, Inhalt und Funktion der Sportwissenschaft* voraus. In der gegenwärtigen wissenschaftstheoretischen Diskussion wird jedoch deutlich, daß, ungeachtet des Bestehens einer großen "scientific community" und der festen Etablierung der Sportwissenschaft an den deutschen Universitäten und Hochschulen – und darüber hinaus in ganz Europa und vielen Ländern der Erde –, diese Klarheit noch nicht den Stand älterer, traditioneller Wissenschaften erreicht hat.

(CARL u. a. 1984; KUNATH 1991; RÖTHIG 1992; SCHNABEL 1993; THORHAUER 1988; THORHAUER/ CARL/TÜRK-NOACK 1996; WASMUND/BODENSTEDT 1982; WILLIMCZIK 1979, 1985)
Eine differenzierte Erörterung dieser Problematik soll und kann hier nicht erfolgen. Zum Gegenstand und zum allgemeinen Charakter ("Typ") der **Sportwissenschaft** sei jedoch folgendes hervorgehoben:
Für die Gegenstandsbestimmung bieten sich drei Ansatzmöglichkeiten:
● *Sportliche Tätigkeit, sportliche Handlungen*
● *der sporttreibende Mensch*
● *Körperkultur und Sport als gesellschaftliches Phänomen.*
Jeder dieser drei genannten Ansätze erschließt den Gegenstandsbereich der Sportwissenschaft nur unvollkommen, jeweils unter einem dominierenden Aspekt. Erst alle drei Aspekte zusammen werden dem wissenschaftlichen Gegenstandsbereich hinreichend gerecht.
Übereinstimmung besteht in der Auffassung, daß die Sportwissenschaft eine **angewandte**

Wissenschaft ist. Das bedeutet einerseits, daß ihr Gegenstand eine Erscheinungsform, ein Bereich der gesellschaftlichen Praxis, des menschlichen Lebens ist. Ferner wird damit die Funktion, die unmittelbare wissenschaftliche Zielstellung ausgedrückt: die Nutzbarkeit der Ergebnisse, ihre Umsetzbarkeit im untersuchten Praxisfeld. (Vgl. SCHNABEL 1993, S. 13)
Für diesen Praxisbezug ergeben sich drei Hauptrichtungen:
● *Erarbeitung wissenschaftlicher Grundlagen des Sporttreibens*, die als Technologie der sportlichen Tätigkeit zur Ableitung von Handlungsorientierungen für aktiv Sporttreibende, Anleitende und Lehrende führen – allgemein und differenziert für die unterschiedlichen Zielstellungen und Realisationsformen (Leistungssport – Freizeit/Breitensport – Schulsport usw.).
● Erarbeitung *wissenschaftlicher Grundlagen der Vermittlung* motorischer Fähigkeiten und Fertigkeiten sowie der Persönlichkeitsbildung und Erziehung durch sportliche Tätigkeit als Handlungsorientierungen für Lehr- und Anleitungstätigkeiten.
● Erarbeitung *wissenschaftlicher Erkenntnisse zum Sport als sozialer Institution* sowie zu seinen Wirkungen und Wechselbeziehungen als Grundlage für Planungs-, Leitungs- und Lenkungsmaßnahmen, unter anderem von staatlichen Organen, demokratischen Gremien sowie für Regierende, Volksvertretungen und Sportorganisationen.
Die **Trainingswissenschaft** hat sich in den letzten 20 Jahren im Rahmen der Sportwissenschaft zu einem mehr oder weniger "autonomen Wissenschaftsfeld", "zu einem eigenen Wissenschaftstyp" entwickelt (MARTIN 1993[a], S. 19). Auf ihre Entstehung und Vorstufen wurde bereits im Vorwort kurz eingegangen. Hier kann zunächst festgehalten werden: Wie die Sportwissenschaft ist sie nach allgemeiner Auffassung eine angewandte Wissenschaft, eine "Anwendungswissenschaft" (MARTIN 1993[a], S. 16–18; vgl. auch KRUG 1993)[2].

---

[1] Zur Orientierung s. auch SCHNABEL/THIESZ 1993.
[2] Daß sie teilweise auch Grundlagenwissenschaft sein kann und muß, postulieren u. a. SCHNABEL (1995) und LETZELTER (1996).

Die **Zielstellung der Trainingswissenschaft** und damit die angestrebten Ergebnisse sind letztendlich Grundlagen für wissenschaftlich fundiertes Handeln, sind wissenschaftlich begründete Trainingssysteme, die Handlungsregulative für Trainierende und die das Training Führenden und Leitenden sowohl hinsichtlich des Gesamtaufbaus des Trainings als auch für die einzelnen Teilaufgaben (Leistungskomponenten usw.) vorgeben.

Auf die **Problematik der wissenschaftlichen Fundierung** des Trainings haben unlängst SCHLICHT/LAMES (1993) aufmerksam gemacht. Als Aufgaben für den Trainingsforscher postulieren sie:
1. für Problemsituationen Hintergrundwissen über Gesetzesaussagen bereitzustellen;
2. für Aufgabensituationen standardisierte Handlungsempfehlungen zu entdecken (S. 91).
Als wesentliche Charakteristika des angestrebten wissenschaftlich fundierten Handelns nennen sie:
- Sämtliche Maßnahmen sind ethisch legitimierbar.
- Sie lassen sich „explizit auf Regeln beziehen, die formal vollständig und korrekt sind und welche die Bedingungen spezifizieren, unter denen sie für einen Anwendungsbereich als bewährt zu gelten haben".
- Das Treatment basiert auf ·Voraussetzungen, „die mit dem vorhandenen gesetzesartigen Wissen kompatibel sind".
- „Die Aufwand-Nutzen-Relation des Handelns" ist „über den Vergleich von erwünschten Wirkungen und unerwünschten Nebenwirkungen kalkulierbar." (S. 92)

Aus der gekennzeichneten Zielstellung leiten sich in Anbetracht des charakterisierten Gegenstandsbereichs und unter Berücksichtigung der Aufgabenproblematik folgende Aufgaben der Trainingswissenschaft ab (z. T. in Anlehnung an und modifiziert nach CARL 1989, S. 221/222):
- Erarbeitung und ständige Vervollkommnung eines **Begriffssystems,** das – ausgehend von den zentralen Kategorien „sportliche Leistung und Leistungsvoraussetzungen", „sportliches Training", „sportlicher Wettkampf" – eine widerspruchsfreie wissenschaftliche Kommunikation und Kooperation sowohl im engeren Rahmen der Trainingswissenschaft als auch mit den tangierenden bzw. kooperierenden Wissenschaften sowie mit den Trainierenden und den in der Praxis Tätigen ermöglicht.
- **Auswertung** und Aufbereitung der Ergebnisse und Erkenntnisse der sog. **Basiswissenschaften** (u. a. Biomechanik, Anatomie, Physiologie, Biochemie, Psychologie, Soziologie) und ihrer sportwissenschaftlichen angewandten

Zweige hinsichtlich ihrer Beiträge **zu** Struktur- und Entwicklungsgesetzmäßigkeiten der motorischen, speziell der sportlichen **Leistungen und der Leistungsfähigkeit.**
- Analyse des Erfahrungswissens der Trainingspraxis und **empirische Forschung** zur sportlichen Leistung und zu ihrer Entwicklung.
- Erarbeitung und Überprüfung von Hypothesen und Modellen sportlicher Leistungen, deren Abhängigkeiten und Voraussetzungen und von relevanten Entwicklungsgesetzmäßigkeiten – als praxisrelevanter **Leistungstheorie der Trainingswissenschaft.**
- Beschreibung, Analyse und **Systematisierung des Trainingsvorgangs** und der Trainingswirkungen auf den verschiedenen Handlungsfeldern sportlichen Trainierens.
- Erarbeitung von **Trainingshypothesen, Trainingsmodellen** und -systemen einschließlich von Prognosen und komplexen Anforderungsprofilen für die verschiedenen Phasen bzw. Stadien der Leistungsentwicklung – in Anwendung der Leistungstheorie und der Analyseergebnisse der Trainingspraxis.
- Erarbeitung und Überprüfung von **Trainingskonzeptionen** in unmittelbarer Zusammenarbeit mit der Trainingspraxis und wissenschaftliche Auswertung der Ergebnisse für die Leistungstheorie (weiterentwickelte bzw. modifizierte Modelle usw.).
- Beschreibung, **Analyse** und Modellierung der **Wettkampfgestaltung bzw. -führung** einschließlich der unmittelbaren Wettkampf- und der Startvorbereitung und -nachbereitung.
- **Erarbeitung** und **Überprüfung von Wettkampfkonzeptionen** in unmittelbarer Zusammenarbeit mit der Praxis sowie wissenschaftliche Auswertung der Ergebnisse für die Wettkampftheorie.
- **Weiterentwicklung der trainingswissenschaftlichen Methodologie** sowohl der Methoden der Datenerfassung, speziell der Meßverfahren, der Datenauswertung und -interpretation, als auch komplexer Forschungsdesigns einschließlich qualitativer Ansätze (vgl. u. a. TSCHIENE 1988).

Zur genaueren Bestimmung und zum vollen Verständnis der Stellung und Funktion der Trainingswissenschaft in der Sportwissenschaft soll das skizzierte Aufgabenspektrum in drei Richtungen ergänzend spezifiziert werden.

Erstens: Allgemeinheitsgrad der Aussagen und Handlungsorientierungen

Insofern der Gegenstand der Trainingswissenschaft *die* sportliche Leistung, *das* sportliche Training, *der* sportliche Wettkampf ist, beziehen sich die Aussagen und Handlungsorientierungen auf *das Allgemeingültige des komplexen Gegenstandsbereichs*, d. h. auf Erkenntnisse, Gesetzmäßigkeiten und Handlungskonzepte, die im wesentlichen für alle Sportarten, alle Etappen der Leistungsentwicklung, alle Realisierungsbereiche sportlichen Trainierens gemeinsam gelten. Dem steht jedoch die Vielfalt der Sportarten und sportlichen Disziplinen gegenüber, die z. T. recht unterschiedliche Leistungsarten und Anforderungsprofile verkörpern, woraus sich auch *Spezifika in der Entwicklung der Leistungsfähigkeit und des Trainings* – mit teilweise spezifischen Gesetzmäßigkeiten – ergeben. Dazu kommt, daß die empirische Forschung immer an den Sachverhalten dieser speziellen Erscheinungsformen von Leistung, Training und Wettkampf erfolgt, so daß die Gewinnung verallgemeinerter Aussagen und Handlungsorientierungen das Ergebnis vergleichender Analysen und Modellierungen, also empirisch gestützter Theoriebildung, ist.

Daraus resultiert, daß die Trainingswissenschaft heute als eine Wissenschaft verstanden wird, die einerseits Aussagen und Handlungskonzepte für alle Arten sportlicher Leistungen, sportlichen Trainings und Wettkampfes zur Aufgabe und zum Inhalt hat, die andererseits jedoch ihre Funktion nur erfüllen kann, wenn sie die verschiedenen Handlungsfelder der Sportarten und Disziplinen – und darüber hinaus auch des Trainings, wie es außerhalb des Leistungssports betrieben wird – differenziert bearbeitet.

Daraus ergeben sich zwangsläufig *verschiedene Abteilungen der Trainingswissenschaft*, ergeben sich auch Spezialisierungen der Wissenschaftler selbst. Das sollte jedoch nicht zur Aufsplitterung der Trainingswissenschaft und zur Konstituierung eigenständiger Wissenschaftsdisziplinen für Sportartengruppen oder für einzelne Sportarten führen.

Zweitens: Wissenschaft und Trainingspraxis

Wie aus den gekennzeichneten Aufgaben hervorgeht, ist die Trainingswissenschaft *einerseits Objektwissenschaft* – Humanwissenschaft vom trainierenden Menschen, seinen Leistungspotenzen und den Gesetzmäßigkeiten ihrer Entwicklung –, *andererseits Anwendungswissenschaft*, die das Trainingshandeln von Trainierenden und Trainern nicht nur untersucht, sondern seine Optimierung zum Ziel hat.

Das letztere ist jedoch, so hat sich immer wieder erwiesen, nicht möglich, wenn der Wissenschaftler in der „traditionell zugewiesenen Rolle als ‚distanzierter Beobachter'" verharrt (CARL 1989, S. 222). Er muß sich selbst unmittelbar in den Trainingsprozeß einbringen, muß Mitverantwortung für das Erreichen oder Nichterreichen der von ihm mitprogrammierten Ziele übernehmen.

Dieses „Einbringen" wird selten so weit gehen können, daß der Trainingswissenschaftler *ständig* zugleich als Trainer tätig wird. Erfahrungen aus eigener Trainertätigkeit, über die fast alle der gestandenen Vertreter der Trainingswissenschaft verfügen, sind jedoch kaum zu entbehren. Anzustreben ist ferner eine Kooperation, ein Teamwork, wie es in der Sportwissenschaft und im Sport der DDR meist recht gut funktioniert hat. Wenn dagegen nach der Erarbeitung von Handlungstheorien und Trainingskonzepten die Rolle des Trainingswissenschaftlers auf die eines distanzierten Beobachters beschränkt bleibt, ist es oft nicht möglich, die entwickelten Theorien und Konzepte in der Praxis voll durchzusetzen und auf Durchführbarkeit und Effektivität zu überprüfen. Und damit ist es auch nur sehr unvollkommen möglich, die eigene wissenschaftliche Arbeit richtig zu bewerten.

Drittens: Multi- bzw. Interdisziplinarität

Menschliches Handeln und Verhalten und demnach auch sportliches Leistungs-, Trainings- und Wettkampfhandeln und -verhalten stellen eine *biopsychosoziale Einheit* dar, sind nur unter Einbeziehung aller relevanten Aspekte adäquat zu erfassen und zu verstehen. Das bedeutet für die Trainingswissenschaft bei der Lösung der gekennzeichneten Aufgaben:

- **Auswertung und Aufbereitung der Ergebnisse der gegenstandsrelevanten Wissenschaften,** insonderheit der Biomechanik, der Sportmotorik/Bewegungslehre, der Sportanthropologie, Sportanatomie, Sportphysiologie und Neurophysiologie, Biochemie, Sportpsychologie und Sportsoziologie;
- **Kooperation in der Forschungstätigkeit,** die in vielen Fällen eine Aufgabenlösung nur durch multidisziplinäres oder interdisziplinäres Herangehen ermöglicht;
- **Integration der Erkenntnisse bzw. Aussagen der verschiedenen Wissenschaftsdisziplinen** zu interdisziplinär fundierten Theorien, Modellen, Handlungskonzepten und -orientierungen.

Damit ist gesagt, daß die Trainingswissenschaft nur als ein **interdisziplinärer Wissenschaftstyp** ihren Gegenstandsbereich adäquat erfassen und bearbeiten kann. Erforderlich ist die „Integration von Theorien, Erkenntnissen und Methoden unterschiedlicher Disziplinen mit dem eigenen Erkenntnisstand in jener synthetisierenden Form, die zu einer eigenständigen Grundlagentheorie mit eigenen Standards und Bewertungsregeln" führt. (MARTIN 1993[a], S. 20)

Interdisziplinarität und integrative Funktion wurden für die sich entwickelnde Trainingswissenschaft – wie für die Sportwissenschaft als Ganzes – seit langem postuliert (u.a. BALLREICH/KUHLOW 1975; SCHNABEL 1975[,b]; WASMUND 1976). Bis heute konnte dieser Anspruch nur unvollkommen erfüllt werden, blieben die Forschung und Theoriebildung, teilweise auch die Lehre, vielfach allenfalls multidisziplinär, lediglich mit Überlappungen der disziplinspezifischen Inhalte, Theorien und Forschungsparadigmen ohne wirkliche Integration. Dennoch wurde im Bereich der Trainingswissenschaft der Anspruch der Interdisziplinarität und Integrativität bereits in höherem Maße erfüllt als in der Sportwissenschaft als Ganzes[1], nicht zuletzt gefördert durch die langjährige multi- und interdisziplinäre Forschung an größeren sportwissenschaftlichen Einrichtungen in verschiedenen Ländern (u.a. an der DHfK sowie am Forschungsinstitut und heutigen Institut für Angewandte Trainingswissenschaft in Leipzig).

Die Kennzeichnung als interdisziplinärer Wissenschaftstyp wirft die Frage nach dem *Verhältnis der Trainingswissenschaft zu den Wissenschaftsdisziplinen auf, deren Theorien, Ergebnisse und Methoden zu integrieren sind.* Häufig werden die für die Trainingswissenschaft relevanten Disziplinen als **„Basiswissenschaften"** bezeichnet, womit ihre Funktion zu einem wesentlichen Teil gekennzeichnet ist.

Denn die Theorien, Methoden und Ergebnisse dieser Wissenschaftsdisziplinen sind für die Theorien, Methoden und Erkenntnisse der Trainingswissenschaft eine wesentliche Basis. Leistungstheoretische, trainingsmethodische und Wettkampfführungsaussagen und dementsprechende Handlungsorientierungen der Trainingswissenschaft bilden die jeweiligen Gegenstände jedoch in einer eigenen, komplexeren Qualität ab, zu deren Erklärung die anderen Wissenschaftsdisziplinen in der Regel nur bei Integration ihrer Aussagen und Gesetzmäßigkeiten beitragen können.

So ist auch CARL (1989, S. 221) zu verstehen, wenn er konstatiert: „Aussagen zu Training und Leistung gehören somit immer dann zur Trainingswissenschaft, wenn sie sich auf Datenerhebungen, Gesetze, Regeln oder Hypothesen aus mindestens zwei unterschiedlichen Basiswissenschaften beziehen oder den komplexen Handlungsprozeß insgesamt, d.h. Entscheidungen der Trainingspraxis betreffen."

Das Verhältnis der Trainingswissenschaft zu den „Basiswissenschaften" in der Forschung ist wesentlich dadurch bestimmt, ob es gelingt, ein für alle Disziplinen verbindliches Forschungsparadigma[2] zu formulieren und danach zu arbeiten, oder ob letztlich jede Disziplin ihr durch die „Mutterwissenschaft" geprägtes spezifisches Anliegen verfolgt und nach eigenem Paradigma arbeitet. Auf dieses Problem wird im folgenden Abschnitt noch einmal einzugehen sein.

Ein *besonderes Problem* ist das Verhältnis der Trainingswissenschaft zur **Sportpädagogik** und **Sportdidaktik.** Insoweit die Trainingswissenschaft als Handlungslehre mit umfassenden Handlungsorientierungen für Trainierende *und* Anleitende bzw. Lehrende auch pädagogisch begründet ist und didaktische Aussagen treffen muß, hat sie auch *pädagogische und didaktische Inhalte.* Die Trainingslehre mit ihren dominierenden Handlungsorientierungen zum methodischen Vorgehen im Training wurde darum weitgehend als Methodik im Sinne einer speziellen Didaktik verstanden und galt als

---

[1] Zur Interdisziplinarität vgl. WILLIMCZIK 1985, WIEMEYER 1996.
[2] Paradigma mit MARTIN (1993, S. 20) verstanden als „Denkweisen ..., mit deren Hilfe Forschung vorstrukturiert wird".

pädagogisch-didaktische Disziplin. (Vgl. u. a.
MATWEJEW/NOWIKOW 1982)
Demgegenüber sei betont: Selbst die Trainingslehre im engeren Sinne und ihre Aussagen zum
Trainieren kann man nur zu einem Teil als spezielle Didaktik einordnen. Ein großer Teil der
Trainingsmethodik betrifft Aussagen dazu, was
der Sportler in seiner Trainingtätigkeit tun soll,
betrifft die Technologie des Trainierens, allerdings nicht bzw. zunächst nicht, wie ihm das
vermittelt wird, wie er dabei zu führen ist.
Dementsprechend kann er mehr oder weniger
auch ohne Trainer oder Lehrer trainieren. (Abb.
1.-2)

Trainingslehre (im engeren Sinne)

= Handlungslehre

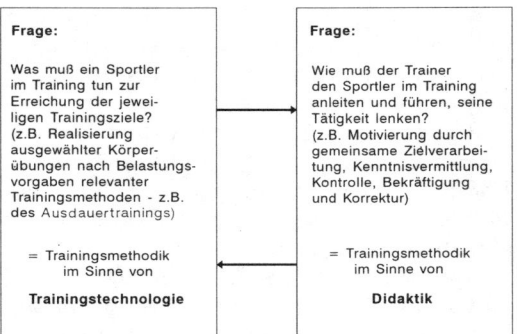

Abbildung 1.-2 *Technologische und didaktische
Fragestellung der Trainingslehre*

Bezieht man darüber hinaus die Leistungslehre
und die Wettkampflehre in die Betrachtung ein,
dann dominieren die nicht der Pädagogik bzw.
Didaktik zuzurechnenden Inhalte der Trainingswissenschaft – ungeachtet der Anwendung und
Umsetzung dieser Inhalte im pädagogischen
Handeln und in didaktischen Maßnahmen.
Wenn somit die **Trainingswissenschaft nicht den
pädagogischen Wissenschaften zuzurechnen** ist,
so besteht doch ein Grenzbereich, in dem sie
sich mit der Sportpädagogik und der Sportdidaktik überschneidet.

1.3. Erkenntnis- und Untersuchungsmethoden

Eine leistungsfähige Forschungsmethodik –
d. h. Methoden und Verfahren zur Gewinnung
von gesichertem Wissen und neuen Erkenntnissen – und ihre Beherrschung sind wesentliche
Grundlagen für die Entwicklung und die Ergebnisse einer Wissenschaft. Wissenschaft existiert
und entwickelt sich nur als Einheit von Theorie
und Methode. Ein Abriß der Trainingswissenschaft muß darum auch auf ihre Erkenntnis- und
Untersuchungsmethoden eingehen.
Methode verstehen wir als ein „System von …
Regeln, das Klassen möglicher Operationssy-
steme bestimmt, die von gewissen Ausgangsbedingungen zu einem bestimmten Ziel führen".
(KLAUS/BUHR 1976, S. 792) Allgemeines Ziel
aller Methoden ist die *Veränderung oder/und
die Erkenntnis der Wirklichkeit.* Dieser Metho-
denbegriff schließt in der Forschung die Beziehung zum Ziel und zum Forschungsgegenstand
ein und legt eine Unterscheidung von **Methode**
– als dem ziel- und gegenstandsbezogenen
Hauptweg der Erkenntnisgewinnung – und
Verfahren – bezogen auf einzelne Operationen,
z. B. der Datengewinnung – nahe. Einzuschlie-
ßen sind darin – auch in der Trainingswissenschaft – sowohl Methoden und Verfahren empirischer als auch theoretischer Untersuchungen.
Sie umfassen *Methoden und Verfahren der
konzeptionellen Vorbereitung bzw. der Problemanalyse* (einschließlich der Literaturanalyse und der Hypothesenbildung), *der Gewinnung empirischen Wissens* (Gewinnung und
Aufbereitung numerischer und nichtnumerischer Daten, einschließlich benötigter Meß-,
Test-, Codierungs- und Speicherverfahren) und
der Verarbeitung des Wissens (Datenverarbei-
tung und -interpretation, theoretische Einordnung und Theoriebildung, Ableitung von Handlungsorientierungen).

1.3.1. Stand der Forschungsmethodik

Wie die Forschungsergebnisse zu trainingswissenschaftlichen Themen aus vielen Ländern
der Erde demonstrieren, existiert eine Reihe geeigneter Forschungsmethoden und findet mehr

oder weniger erfolgreich Anwendung. Es gibt ferner eine zunehmende Anzahl von Publikationen zu forschungsmethodischen bzw. methodologischen Fragen der Sportwissenschaft, größtenteils in Auswertung und Anwendung der allgemeinen methodologischen Literatur und der Forschungsmethodik verwandter bzw. kooperierender Wissenschaften (u. a. WILLIMCZIK 1979, 1985; STRAUSZ 1990; HAAG 1991). Auch zur Methodologie und Forschungsmethodik der Trainingswissenschaft finden sich Beiträge mit unterschiedlichen Ansätzen, und zwar sowohl allgemein-übergreifenden Inhalts (u. a. BALLREICH/KUHLOW 1975; WASMUND 1976; LEHNERT 1979; WASMUND/BODENSTEDT 1982; SCHNABEL 1983, 1987; SCHLICHT/LAMES 1993; LETZELTER 1996; MESTER/MAAS 1996) als auch speziellere Arbeiten zu einzelnen Methoden wie etwa zu sportmotorischen Tests (BÖS 1987) oder zu Einzelfallanalysen (SCHLICHT 1988).

Wenngleich aufgrund der genannten Publikationen und der Lehrveranstaltungen an einer Reihe sportwissenschaftlicher Hochschuleinrichtungen von Ansätzen zu einer Forschungsmethodik (System von Methoden) und Forschungsmethodologie (Methodenlehre) der Trainingswissenschaft gesprochen werden kann – *im erforderlichen Maße ausgearbeitet und ausdiskutiert sind sie bei weitem noch nicht.* So fehlen sie auch in den jüngeren „Trainingslehren", und der von uns vorgelegte Grundriß der Trainingswissenschaft kann diese Lücke ebenso noch nicht schließen. Es geht in diesem Abschnitt deshalb vorerst nur um einige Grundfragen sowie um Positionen zur Forschungsmethodik und einen möglichen Ansatz für ein Methodensystem der Trainingswissenschaft.

1.3.2.   Fragen der Forschungsmethodologie

Abhängigkeit von Hauptinhalt und Fragestellungen

Inhalte und Fragestellungen bestimmen die Auswahl von Forschungsmethoden bzw. ihre Entwicklung nicht unwesentlich mit. Sie können sehr komplex sein, können jedoch auch nur ein eingegrenztes Problem betreffen. Um

komplexe Erscheinungen wirklich erklären zu können, müssen die komplexeren Frage- bzw. Problemstellungen in eine Reihe von Einzelfragen und Teilprobleme aufgefächert werden. Die folgenden Fragestellungen stellen vier Grundfragen der trainingswissenschaftlichen Forschung mit eigenen Paradigmen dar, bauen jedoch dergestalt aufeinander auf, daß durch die Bearbeitung einer Fragestellung jeweils Voraussetzungen für die Beantwortung der nachfolgenden komplexeren Frage geschaffen werden:

• *Wodurch sind die sportlichen Tätigkeiten und Leistungen konditional und kausal bestimmt,* und welche Komponenten und strukturellen Gesetzmäßigkeiten bestimmen die sportliche Leistungsfähigkeit?

• *Nach welchen Gesetzmäßigkeiten,* unter welchen Bedingungen und Abhängigkeiten *vollzieht sich die Entwicklung des sportlichen Leistungszustandes* und/oder der einzelnen Leistungsvoraussetzungen?

• *Welche Wirkung* (aktuell und kumulativ) *erzielen die verschiedenen Trainingsübungen, Trainingsmethoden, Maßnahmen* und ihre Kombinationen (jeweils in Abhängigkeit von den Ausgangsbedingungen)?

• *Wie ist der Prozeß des Trainierens* kurz-, mittel- und langfristig *optimal zu gestalten?* (Optimierungsproblem in Relation von Ziel – Bedingungen – Inhalt – [Trainings-]Methoden). Während die beiden erstgenannten Fragestellungen dem Gegenstandsbereich „sportliche Leistung" zuzuordnen sind, decken die beiden folgenden den Gegenstandsbereich „sportliches Training" ab. Fragen und Antworten zum Gegenstandsbereich „sportlicher Wettkampf" ergeben sich bei weiterer Differenzierung der hier genannten grundlegenden Fragestellungen.

Biopsychosoziale Einheit des Forschungsgegenstandes und Disziplinspezifik der Methoden und Paradigmen

Die biopsychosoziale Einheit des Gegenstandes – d. h. die im sportlichen Training und Wettkampf unlösbar miteinander verflochtenen biotischen, psychischen und sozialen Faktoren bzw. Aspekte der Persönlichkeits- und Leistungsentwicklung der Sportler – muß das forschungsmethodische Herangehen wesentlich bestimmen. Es ist nicht nur möglich, sondern zum tieferen Eindringen in Zusammenhänge und Gesetzmäßigkeiten unbedingt *erforderlich, einzelne Leistungsvoraussetzungen und ihre Entwicklung sowie einzelne methodische Maßnahmen gezielt zu untersuchen;* der biopsychosoziale Gesamtaspekt von Persönlichkeit, Leistung und Training darf dabei jedoch nicht aus dem Auge verloren werden.

So sollte eine biotisch oder psychologisch oder technologisch akzentuierte Untersuchung zumindest in der Problemanalyse und Problemstellung sowie in der Ergebnisinterpretation der biopsychosozialen Einheit des Gegenstandes Rechnung tragen.

Aus dem Charakter des Forschungsgegenstandes ergibt sich, daß die relevanten Forschungsmethoden, vor allem die Methoden zur Erfassung des empirischen Wissens, anscheinend Methoden der an der multi- bzw. interdisziplinären trainingswissenschaftlichen Forschung beteiligten Wissenschaftsdisziplinen sind, u.a. der Biomechanik, der Biochemie, biologischer und medizinischer Disziplinen, der Psychologie, der Soziologie, der Sportdidaktik, der Mathematik und Informatik. Nach LETZELTER (1987, S. 5) „arbeitet die Trainingswissenschaft mit jenen Methoden, die in den empirischen Wissenschaften, in den Sozial- oder in den Naturwissenschaften üblich sind". Inwieweit aber verfügt sie über eine **eigene Forschungsmethodik?** Dazu ist festzustellen:[1]

• In sich entwickelnden angewandten oder **Problemwissenschaften** werden zumeist in hohem Maße **Forschungsmethoden aus den Basiswissenschaften** *entlehnt und dem speziellen Gegenstand und der Fragestellung entsprechend modifiziert.*

Ein trainingswissenschaftliches Beispiel sind die in der Biomechanik gebräuchlichen physikalischen Meß- und Registrierverfahren und die Bestimmung von Kennwerten und Kennlinien von Bewegungsabläufen, die als Prüfkriterien für Lernvorgänge oder als Indikatoren für die Wirksamkeit bestimmter Trainingsmethoden usw. Anwendung finden. Das gleiche gilt für eine Reihe biologischer Indikatoren (Herzfrequenz, Laktatkonzentration, Muskelaktionsströme u.a.).

Ein größerer Teil dieser Methoden und Verfahren kann vom Trainingswissenschaftler ohne

den Fachwissenschaftler der betreffenden Wissenschaftsdisziplin mit Unterstützung von Meßingenieuren, medizinisch-technischen Laboren usw. eingesetzt und interpretiert werden, in anderen Fällen bedarf es der direkten Mitwirkung der betreffenden Wissenschaftsdisziplin. Der Trainingswissenschaftler muß sich allerdings auch seiner Grenzen bewußt bleiben. Sosehr sein Wissen und z.T. auch sein Können in die „Basiswissenschaften" hineinreichen müssen und er auch die Hauptleistung in der Erarbeitung des interdisziplinären Forschungsparadigmas und in der integrativen Interpretation der Ergebnisse interdisziplinär angelegter Forschung erbringen sollte: er kann nicht zugleich alle kooperierenden Wissenschaftsdisziplinen zusätzlich beherrschen.

Bedeutsam ist dabei das Problem der Übernahme basiswissenschaftlicher Standards im methodischen Vorgehen und der Ergebnisbewertung. Nach MARTIN (1993a, S. 19) können interdisziplinäre Untersuchungen trainingswissenschaftlicher Fragestellungen zu eigenen Standards führen. Solche Standards – insbesondere für die interdisziplinäre Auswertung von Datensätzen – sind derzeit noch relativ selten (CARL 1989, S. 223).

• **Entscheidendes Kriterium** *für eine eigene trainingswissenschaftliche Forschungsmethodik* neben den genannten Standards ist das auf das komplexe Forschungsproblem und die Struktur des Forschungsgegenstandes zugeschnittene **Forschungsparadigma,** das von der Trainingswissenschaft eingebracht werden muß und das die eingesetzten multidisziplinären Forschungsmethoden wie auch die interdisziplinäre Kooperation bestimmen sollte (vgl. MARTIN 1993a, S. 20).

Quantitative Methoden – qualitative Methoden

Die Entwicklung der Naturwissenschaften und ihrer Leistungsfähigkeit, die Mathematisierungstendenz selbst in der Psychologie und in den Sozialwissenschaften sowie die Entwicklung von Informatik und Computertechnik haben dazu beigetragen, daß häufig auch in den „Erfahrungswissenschaften" nur den sog. quantitativen Methoden wissenschaftlich exakte Ergebnisse zugeschrieben werden. Im Kieler

---

[1] Vgl. dazu SCHNABEL 1987, S. 58–60.

Modell der Forschungsmethodologie der Sportwissenschaft – mit ihren natur- und sozialwissenschaftlichen Anteilen – wird jedoch deutlich gemacht, daß damit der Realität nicht Rechnung getragen werden kann. (STRAUSZ 1990; HAAG 1991) Es wird ein „Kontinuum-Paradigma" mit den beiden Polen Deskription und Experiment aufgestellt, das erreichen soll, „daß der für das heute gültige Wissenschaftsverständnis unsinnige ‚Grabenkrieg' zwischen theoretisch und empirisch, naturalistisch und rationalistisch, qualitativer und quantitativer Ausrichtung der Forschung der Vergangenheit angehört". (HAAG 1991, S. 47/48)[1]

Analog dazu kann auch für die Forschungsmethodik der Trainingswissenschaft eine *quantitative* und eine *qualitative Komponente,* ein *empirisch-analytischer* und ein *hermeneutisch-theoretischer Methodenanteil* sowie die *Erhebung und Verarbeitung numerischer* und *nichtnumerischer Daten* postuliert werden. Entsprechend der Komplexität des Gegenstandes, dem biopsychosozialen Gesamtaspekt, werden oft Methoden unterschiedlicher Richtung nebeneinander Anwendung finden, deren Ergebnisse in einer synthetischen Interpretation verknüpft werden müssen (z.B. Meßdaten mit verbalen Beobachtungsaussagen). Für die Operationalisierung dieser Synthesen liegen bisher allerdings kaum methodologische Grundlagen und Orientierungen vor.

Theoriegeleitete Forschung

Auch für die Forschung in angewandten Wissenschaften ist eine gute Theorie die beste Grundlage für praxiswirksame Ergebnisse, u.a. indem sie das forschungsmethodische Vorgehen bestimmt. Dazu sollte in der trainingsmethodischen Forschung die einleitende Problemanalyse zweierlei zugrundezulegen: 1. das zum Forschungsgegenstand vorhandene Erfahrungswissen mit den „Gebrauchstheorien" (MARTIN/CARL/LEHNERTZ 1991, S. 19) der Praktiker und 2. – neben den integrativen Theorieansätzen der Trainingswissenschaft – die relevanten Theorien

der zur Problematik aussagefähigen Wissenschaftsdisziplinen. Auf diesem *„theoretischen" Fundament* sollten die Fragestellungen und Hypothesen aufbauen, daran sollte das gesamte weitere methodische Vorgehen und besonders die Interpretation der Ergebnisse orientiert sein.

Praxisintegrierte Forschung

Trainingswissenschaftliche Forschung ist in hohem Maße mit *Untersuchungen in laufenden Trainingsprozessen* (Felduntersuchungen) verbunden. Das bedeutet in der Regel – und zwar nicht nur bei Anwendung der experimentellen Methode – gewisse Störungen im gewohnten Ablauf oder zusätzliche Aufgaben für Trainer, Übungsleiter, Sportlehrer und nicht selten auch für Sportler. Daraus ergibt sich in den meisten Fällen die Notwendigkeit, zunächst die Verantwortlichen und Beteiligten von der Notwendigkeit und dem Nutzen geplanter Felduntersuchungen zu überzeugen und vor allem Trainer und Trainierende als aktive Partner zu gewinnen. Praxisorientierte Forschung eröffnet andererseits Möglichkeiten, die Effektivität des Trainingsprozesses unmittelbar zu steigern, die *sportliche Praxis operativ zu unterstützen.* Das kann und sollte schon mit der Diskussion des theoretischen Ansatzes bzw. der Ergebnisse der Problemanalyse mit dem Praxispartner beginnen, betrifft jedoch vor allem die sofortige Übermittlung und erste Interpretation empirischer Untersuchungsergebnisse, etwa von Messungen und Tests, zum Leistungszustand oder zu aktuellen Trainingswirkungen.

In vielen Fällen wird der Partner die Sofortunterstützung des laufenden Trainingsprozesses durch die Maßnahmen und Teilergebnisse der Forschung zur Bedingung für die Zusammenarbeit und damit für die Realisierbarkeit eines trainingswissenschaftlichen Forschungsvorhabens machen. Das kann wiederum zu Problemen in der exakten Realisierung des forschungsmethodischen Vorgehens führen. Das angezielte Endergebnis, der geplante wissenschaftliche Erkenntnisgewinn, darf jedoch dadurch nicht beeinträchtigt werden. In den meisten Fällen sollte sich jedoch die Sofortunterstützung der Untersuchungs- bzw. Versuchsgruppen sowie die kurzfristige Nutzung von

---

[1] Zu einem „pluralistischen" Herangehen an die Forschungsmethodik sowie zu verstehenden und beschreibenden Forschungsansätzen in der Sportwissenschaft vgl. auch BETTE u.a. 1993.

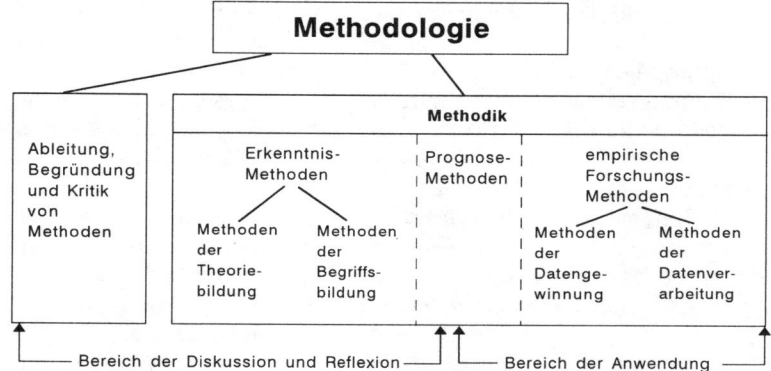

Abbildung 1.-3
*„System der Methodo-
logie" bei* WASMUND/
BODENSTEDT
(1982, S. 10)

Teilergebnissen mit der Lösung des untersuchten wissenschaftlichen Problems verbinden lassen.

1.3.3. Ansatz eines Methodensystems

Ein Schritt zu einer Forschungsmethodologie der Trainingswissenschaft ist eine Systematisierung der einzusetzenden Methoden und Verfahren. Bereits bei WASMUND/BODENSTEDT (1982, S. 10/11) ist ein erster Ansatz zu finden. (Abb. 1.-3)
Im folgenden wird eine differenziertere Ordnung der in der trainingswissenschaftlichen Forschung erforderlichen Methoden vorgestellt. (Vgl. SCHNABEL 1987)

Methoden der trainingswissenschaftlichen Forschung

Grundformen

- **Empirisch-analytische Methode**
– Leistungsanalyse (Leistung – Leistungsfähigkeit; Zustand – Prozeß/Entwicklung; Strukturen)
– Trainingsanalyse (Trainingskonzeption; Belastung – Beanspruchung; Trainingsinhalte, -methoden, -mittel; Interventionen/Didaktik u. a.)
– Wettkampfanalyse (Wettkampf- und Startvorbereitung; Wettkampfbedingungen; Wettkampfverhalten; Wettkampfverlauf, -leistung, -ergebnis; Belastung – Beanspruchung u. a.)
- **Experimentelle Methode**
– *Funktionstyp:* Erkundungsexperiment; Ent-

scheidungsexperiment (u. a. Methodenexperiment); Demonstrationsexperiment
– *Bedingungstyp:* Modellexperiment; Laborexperiment; Feldexperiment
– *Zeittyp:* Kurzzeit-, Langzeitexperiment; Zeitreihenexperiment
- **Modellmethode**
– Denkmodell
– Zeichenmodell (Schema, Graphik, Graph, Blockschaltbild, Flußdiagramm u. a.)
– physikalisches Modell
– mathematisches Modell
– Computersimulation

Einzelmethoden bzw. Verfahren

- **Theoretisch-logische Methoden**
– Analyse – Synthese
– Abstraktion
– Explikation
– Definition
– Explanation
– Extrapolation
– Beweis
und weitere Methoden
- **Methoden zur Gewinnung empirischen Wissens** (Gewinnung von Forschungsdaten)
– Beobachtung (ohne/mit apparativer Aufzeichnung, z. B. audio-visuell)
– Messung
– sportmotorischer Test
– Dokumentation/Dokumentenanalyse
– Befragung
- **Methoden zur Verarbeitung des empirischen Wissens** (Verarbeitung und Evaluierung von Forschungsdaten)

– computergestützte Datenerfassung und -verwaltung
– statistische Datenanalyse (Ordnung, Verdichtung statistischer Daten; Prüfung statistischer Hypothesen; Parameteridentifikation in statistischen Modellen)
– Meßwertverarbeitung (Meßwerterkennung und -behandlung; integrierte Systeme zur Meßwerterfassung und -verarbeitung)
– computergestützte Bildanalyse (Bildbewertung und Bewertungsanalyse; Bildverarbeitung; integrierte Systeme)
– Wissensverarbeitung (Beratungssysteme)

Zum Verständnis dieses Methodenüberblicks ist folgendes von Bedeutung:

Die methodischen Grundformen repräsentieren in der Regel den vollständigen Weg der Erkenntnisgewinnung von der Fragestellung und Problemanalyse bis zur Evaluierung und Transferierung des Ergebnisses. Dazu ist *jeweils der Einsatz einer Reihe der genannten Einzelmethoden bzw. Verfahren* erforderlich.

Die **empirisch-analytische Methode** stellt eine Form des Erkenntnisgewinns dar, bei der *der jeweilige Gegenstand* (z. B. die sportliche Leistung, einzelne Leistungsvoraussetzungen, Trainingswirkungen, der Wettkampfverlauf) *in seinem Zustand, seiner Struktur, seiner Entwicklung untersucht wird, wie er sich vom Untersucher unbeeinflußt* darbietet. Es wird also nicht in den „normalen" Prozeß der Tätigkeit der Trainierenden und der Trainer, Sportlehrer, Übungsleiter eingegriffen.

Die **experimentelle Methode** führt dadurch zum Erkenntnisgewinn, daß der Untersucher *gezielt bestimmte Eingriffe in die existierenden Strukturen und Prozesse* vornimmt, indem er Bedingungen klar definiert verändert, Tätigkeiten andersartig gestaltet, „neue Lösungen" einführt usw. („experimenteller Faktor"). Die Auswirkungen dieser verändernden Eingriffe dienen als Kriterium für die Beantwortung der gestellten Fragen.

Das wesentliche Charakteristikum der **Modellmethode** besteht darin, daß der *Erkenntnisgewinn mit Hilfe eines oder mehrerer Modelle* erfolgt. Ein solches Modell bildet den realen Forschungsgegenstand nach, zwar zumeist nur unvollkommen, aber in den für die Fragestellung wesentlichen Seiten und Merkmalen, und gestattet es, durch *Untersuchungen am Modell* auf den realen Forschungsgegenstand, seine Struktur, seine spezifischen Verhaltensweisen und letztlich auch Gesetzmäßigkeiten zu schließen.

Je nach Fragestellung und Komplexität des Forschungsthemas ist es nicht nur möglich , sondern kann sogar erforderlich sein, daß nicht nur eine, sondern zwei oder alle drei der genannten Grundformen zum Einsatz kommen.

Die in der Übersicht angeführten **Einzelmethoden bzw. Verfahren** sind **in den Phasen des trainingswissenschaftlichen Forschungsprozesses** unterschiedlich vertreten:

Konzeptionelle Vorüberlegungen

In der ersten, relativ vielgestaltigen Phase dominieren zumeist die **theoretisch-logischen Methoden**. Sie sind nicht spezifisch für einzelne Wissenschaften, sondern von allgemeinwissenschaftlichem Charakter.

In vielen Fällen werden in die konzeptionelle Phase Literatur- und Dokumentenauswertung und weitere Analysen einbezogen, so daß hier bereits in begrenztem Maße **Methoden zur Erfassung des empirischen Wissens** erforderlich sind. Wenn Voruntersuchungen durchzuführen sind, kommen die gleichen Methoden wie in den beiden folgenden Phasen in Betracht.

Durchführung der Untersuchung

Wesentliches Erfordernis in dieser Phase ist die Gewinnung des empirischen Wissens in Form von Daten bzw. objektiven Fakten. Das gilt auch für die Modellmethode – einerseits als Grundlage für die Konstruktion des Modells, andererseits bei der eigentlichen Untersuchung am Modell und schließlich für die Überprüfung der am Modell gewonnenen Ergebnisse an der Realität (Praxis). In dieser Phase des Forschungsprozesses dominieren demnach die **Methoden zur Gewinnung empirischen Wissens**. Wenngleich in der trainingswissenschaftlichen Forschung empirische Untersuchungen überwiegen, sind dennoch theoretische Untersuchungen als Hauptelement nicht auszuschließen. In diesem Fall sind die **theoretisch-logischen Methoden** dominant.

Auswertung und Interpretation der Ergebnisse

Die Auswertung der Ergebnisse empirischer Untersuchungen fordert in den meisten Fällen eine Aufbereitung der gewonnenen Rohdaten und deren mathematische bzw. mathematisch-statistische Bearbeitung. Hier kommen mit den **Methoden zur Verarbeitung des empirischen Wissens** die Methoden und Verfahren der Mathematik und Informatik zum Einsatz, deren Anwendung darüber hinaus konzeptionell alle Phasen des Forschungsprozesses durchdringen muß, sollen bei der Datenauswertung gesicherte Aussagen möglich werden. Charakteristisch für den derzeitigen Stand der Forschungsmethodik ist die zunehmende **Entwicklung integrierter computergestützter Systeme,** die Daten- bzw. Meßwerterfassung mit Daten- bzw. Meßwertverarbeitung verbinden.

Auswertung, Evaluierung und Interpretation der Ergebnisse erfolgen wiederum mit Hilfe **theoretisch-logischer Methoden,** so z. B. mit der Methode der Extrapolation oder der Methode des Beweises.

Zweiter Teil:
Sportliche Leistung, Leistungsfähigkeit, Struktur und Entwicklung ("Leistungslehre")

Kapitel 2:
Grundkonzept „Sportliche Leistung"

2.1. Sportliche Leistung, Leistungsfähigkeit – Wesen und Struktur

2.1.1. Zum Anliegen

Leistung, verstanden als Leistung in sportlichen Tätigkeiten – d. h. als sportliche Leistung –, ist eine Kategorie der Trainingswissenschaft und darüber hinaus der ganzen Sportwissenschaft. Dennoch ist das Verständnis des Leistungsbegriffes in der Sportwissenschaft nicht so einheitlich, wie man demzufolge annehmen müßte.

Die Erfassung, Definition und Bearbeitung der sportlichen Leistung als Gegenstand in früheren *Standardwerken* der Trainingswissenschaft entspricht zumeist nicht den Erwartungen. (Vgl. HARRE 1969; LETZELTER 1978; MARTIN 1977, 1980; MATWEJEW 1981) Dagegen gehen die *lexikalischen Publikationen* z. T. recht differenziert auf den Leistungsbegriff und seine Dimensionen ein (THIESS/SCHNABEL/BAUMANN 1978, 1980: THIESZ/SCHNABEL 1986; RÖTHIG u. a. 1983, 1992; EBERSPÄCHER 1987; SCHNABEL/THIESS 1993). Erwähnt sei weiterhin das „Handbuch Sport", in dem der Teil „Trainingswissenschaft" mit Begriffsbestimmungen und dem Satz beginnt: „Als Trainingswissenschaft soll jener Teil der Sportwissenschaft bezeichnet werden, der sich mit der Analyse sportlicher Leistungen und deren Bedingungen sowie mit dem Leistungshandeln in Training und Wettkampf befaßt." (CARL 1984, S. 135) Aber erst im „Handbuch Trainingslehre" (MARTIN/CARL/LEHNERTZ 1991) gibt es im ersten Kapitel einen eigenständigen Abschnitt „Die sportliche Leistung".

Außer in der genannten Standardliteratur findet sich in den letzten 20 Jahren eine Reihe beachtenswerter Versuche, sich mit dem Gegenstand der sportlichen Leistung allgemein wie auch sportartspezifisch auseinanderzusetzen, in Zeitschriften des In- und Auslandes (RÖBLITZ 1969, 1970; HEINEMANN 1975; SIEGER 1976; CHOUTKA 1981; SCHNABEL 1986) und zuletzt in einem Beitrag von MECHLING (1989).

Die Ursachen für unterschiedliche Auffassungen von der sportlichen Leistung liegen z. T. in den unterschiedlichen, durch den jeweiligen Aspekt und die Spezifik des Gegenstandes bestimmten Leistungsbegriffen der Wissenschaften bzw. der sportwissenschaftlichen Disziplinen, die die Trainingswissenschaft tangieren und dafür wesentliche Grundlagen liefern.

In der Sicht der **Naturwissenschaften** und damit für die Biomechanik und weitgehend auch für die biowissenschaftlichen Disziplinen bzw. die Sportmedizin (vgl. HOLLMANN/HETTINGER 1990, S. 117) ist Leistung Arbeit pro Zeiteinheit, zumeist gemessen in Watt. Dabei wird diese **physikalische Leistungsdimension** z. T. zu verschiedenen biologischen Kennwerten ins Verhältnis gesetzt und einerseits auf den Gesamtorganismus, andererseits auf einzelne Organsysteme bzw. Organe bezogen. Wenn mit diesem physikalisch-biologischen Leistungsbegriff auch eine wesentliche Seite der menschlichen, speziell der sportlichen Leistung erfaßt wird, so wird er jedoch dem Wesen menschlicher Leistungen nur teilweise gerecht.

In den **Sozialwissenschaften** – so in den Wirtschafts-, Rechts- und Kulturwissenschaften und in der Pädagogik – ist der Leistungsbegriff mit der menschlichen Tätigkeit verbunden.

Ökonomische Leistungen stellen vergegenständlichte Resultate der menschlichen Arbeitsfähigkeit dar, die sozial determiniert sind, während im *Rechtswesen* Leistungen letzten Endes Anforderungen sind, die durch bestimmte Handlungen zu erfüllen sind. In der *Pädagogik* wird die objektiv erbrachte Leistung an den subjektiv wirkenden Bedingungen des pädagogischen Prozesses relativiert und dem Leistungs*vollzug* ein besonderes Interesse entgegengebracht.

Wesentliches Charakteristikum des sozialwissenschaftlich orientierten Leistungsbegriffs ist die **Abhängigkeit von sozial determinierten Werten**: Die Leistung wird „gemessen" – oder besser: bewertet – an bestimmten gesellschaftlich determinierten, vereinbarten Kriterien, u. a. an gesellschaftlichen Normen.

Leistung steht in Beziehung zum Wertsystem der jeweiligen sozialen Einheit: Tätigkeiten bzw. Handlungen und ihre konkreten Resultate werden als höhere oder geringere Leistungen nicht unmittelbar an Hand physikalischer u. a. Meßgrößen klassifiziert, sondern durch den Wert, den die jeweilige soziale Gruppe – im weitesten Sinne die menschliche Gesellschaft – diesem Ergebnis und seinem Zustandekommen unter

Berücksichtigung verschiedener Beziehungen und Bedingungen beimißt.

Die Beispiele für die z. T. unterschiedliche Bestimmung des Leistungsbegriffs – in Abhängigkeit vom Gegenstand der Wissenschaften –, die sich in den sportwissenschaftlichen Disziplinen, die mit der Trainingswissenschaft verbunden sind, und in dieser selbst widerspiegeln, könnten noch erweitert und differenziert werden. (Vgl. RÖTHIG u. a. 1983, S. 223–225)

Der integrative Charakter der Trainingswissenschaft und das kooperative Zuammenwirken verschiedener natur- und sozialwissenschaftlicher Wissenschaftsdisziplinen bei der Bearbeitung des Gegenstandes „sportliche Leistung" und in der die Sportpraxis unmittelbar unterstützenden Leistungsdiagnostik machen die *klare Bestimmung dieses Begriffs und Gegenstandes* für die Trainingswissenschaft *besonders notwendig.* Das wird noch unterstrichen durch das Anliegen der Trainingstheorie und -praxis, genaueren Aufschluß über die Leistungsstruktur zu gewinnen, um die Trainingsplanung, -gestaltung und -steuerung daran zu orientieren.

Die im folgenden behandelte Leistungstheorie soll ein *handlungstheoretisch orientiertes Grundkonzept* der sportlichen Leistung und Leistungsfähigkeit liefern, das dem Wesen der sportlichen Leistung und den Anforderungen der Trainingstheorie und -praxis entspricht und dabei offen ist für die Kooperation mit den gegenstandsrelevanten Wissenschaftsdisziplinen und in bestimmtem Maße auch für die Integration der disziplinspezifischen Leistungsdimensionen und -aspekte.

2.1.2. Sportliche Leistung als bewertete Handlung

Leistungsbegriff der Trainingswissenschaft

Der Leistungsbegriff der Trainingswissenschaft, der das soeben skizzierte Anliegen befördern kann, muß von der menschlichen Tätigkeit ausgehen. Mit dieser Ausrichtung auf die Tätigkeits- bzw. Handlungsdimension einer menschlichen Leistung werden andere Leistungsdimensionen – u.a. die mechanische oder die bioenergetische – nicht aus-, sondern eingeschlossen. Damit ist zugleich gesagt, daß jede Leistung mit einem **vorausgenommenen**

Handlungsziel verknüpft ist, so daß man Leistung auch als „Grad der Zielerreichung bei einer geplanten Aktion" (ADAM 1978, S. 18) fassen kann. Dementsprechend wird in der Psychologie Leistung als zielgerichtete Handlung verstanden, deren Ergebnis an objektiv bzw. sozial bedingten und subjektiv übernommenen Zielen gemessen wird.

Nicht unumstritten ist die **Einbeziehung des Handlungsvollzugs** und nicht allein des Handlungsresultats in den sportlichen Leistungsbegriff. (Vgl. u. a. KUNATH 1968; SIEGER 1976; THORHAUER 1980 und – mit anderer Position – 1993; CARL 1983, S. 26) Man kann jedoch dem Wesen sportlicher Leistungen nur gerecht werden, wenn man die Entstehung des Resultats, d. h. die ganze Handlung bzw. Handlungsfolge, in den Leistungsbegriff einschließt. Denn im Unterschied zu vielen Leistungen auf anderen Gebieten – etwa in der materiellen Produktion, im Handwerk, in der bildenden Kunst – liegt *das sportliche Resultat nicht in materiell vergegenständlichter Form* vor, sondern ist beschränkt auf einen überaus kurzzeitigen Teilvorgang oder ein bestimmtes Merkmal, die beurteilt werden, oder auf einen Hauptparameter, der gemessen bzw. registriert werden kann (z. B. Sprungweite, Zeit). Wenn der Inhalt des Begriffs „sportliche Leistung" auf das Resultat einer Handlung oder Handlungsfolge – als gemessene Zeit oder Weite, als vergebene Punktzahl oder erzielte Anzahl von Toren und deren Wertung im sportlichen Regelwerk als Maß einer Leistung – beschränkt wird, bleiben wesentliche Eigenschaften und Merkmale ausgeklammert: *das „Leisten", das Bewältigen der jeweils vorliegenden Anforderung,* Belastung oder Schwierigkeit. Die Einheit von Vollzug und Ergebnis ist besonders evident in den technisch-kompositorischen Sportarten: Gegenstand der Leistungsbewertung durch die Kampfrichter ist der gesamte Handlungsvollzug.

Definition sportliche Leistung: Einheit von Vollzug und Ergebnis einer sportlichen Handlung bzw. einer komplexen Handlungsfolge, gemessen bzw. bewertet an bestimmten sozial determinierten Normen.

MECHLING kommt, gestützt auf handlungstheoretische Positionen von NITSCH (1985), zur Unterscheidung von Innen- und Außenperspektive und zu einer Leistungsdifferenzierung in Prozeß, Produktion und Produkt. Wenngleich die Bezeichnungen u. E. den jeweiligen Sachverhalt nicht voll treffen, kann diese Anregung von Nutzen für die weitere Theorieentwicklung sein, soll jedoch im Rahmen dieses Grundkonzepts nicht weiter verfolgt werden. (MECHLING 1989, S. 239)

Leistungsaufgaben bzw. -anforderungen

Wenn menschliche und damit auch sportliche Leistungen Handlungen sind, dann stellen sie jeweils die **Lösung einer bestimmten Aufgabe** dar. Handlungs- und insofern auch Leistungsaufgaben können vom Handelnden selbständig gestellt oder aber mehr oder weniger von außen herangetragen sein – wie etwa im Unterricht oder Training. Auch die von außen herangetragenen Aufgaben und Anforderungen müssen jedoch angenommen, verinnerlicht, zur eigenen Entscheidung gemacht werden, wenn sie zu einer Leistung geführt werden sollen. Somit

weist sportliches Leistungshandeln alle Merkmale zielgerichteter menschlicher Tätigkeit auf.

Die Aufgaben und Anforderungen, die bei sportlichen Leistungen zu erfüllen sind, können unterschiedlich sein, und die Unterschiede können sehr viele Charakteristika oder Dimensionen betreffen. Die Aufstellung einer **Aufgabentaxonomie** als Grundlage einer Klassifizierung von Leistungsarten ist sehr kompliziert und liegt bis heute nur in Ansätzen vor.

Einen Ansatz stellt die **Unterscheidung geschlossener und offener Aufgabentypen** und die damit verbundene Konstanz oder Variation der situativen Handlungsbedingungen und der Handlungs- bzw. Bewegungsführung dar. (Abb. 2.1.-1, nach ROTH 1983, S. 145 ff.)[1]

Ein anderer Ansatz geht davon aus, daß bei den verschiedenen sportlichen Leistungsaufgaben nicht alle, sondern jeweils **nur eine oder wenige**

---

[1] Näheres dazu in 3.2.1.

PROBLEMSTELLUNGEN			FERTIGKEITSTYPEN	
Aufgaben-kontinuum	Aufgabentypen		Beziehungen	Beispiele
	Situative Bedin-gungen	Art der Fertigkeits-ausführung		
geschlossen				
	konstant	konstant	Typ 1a:	Elementare mot. Fertigkeit	Werfen; Schlagen Klettern; Schieben
	konstant	konstant	Typ 1b:	Sportmotorische Fertigkeit	Sprungwurf; Pritschen Laufkippe; Straddle
	konstant	variierend	Typ 2:	Fertigkeits-variation	Sprungwurf hüfthoch, kopfhoch; Verzögerter S.; S. mit Abknicken
	variierend und bekannt	variierend	Typ 3:	Fertigkeits-anpassung	Buckelpiste; Verzögerter Sprung-wurf bei frühzeitigem Hochsprin-gen des Abwehrspielers
	variierend und unbekannt	variierend	Typ 4:	Fertigkeits-überarbeitung	Hochentlasten auf planer Piste bei Situation "Tiefschnee"
	variierend	variierend und neu	Typ 5:	Fertigkeits-gestaltung	Fliegen an und mit Turngeräten; Clown in der Buckelpiste
offen				

Abbildung 2.1.-1   *Situationsbezogene Aufgaben- und Fertigkeitstypen nach ROTH (1983, S. 149)*

Leistungsvoraussetzungen des Sportlers **maximal gefordert** werden. Danach ergibt sich etwa eine Unterscheidung von

– Ausdauerleistungen
– Kraftleistungen (Maximalkraftfähigkeit – Schnellkraftfähigkeit)
– Schnelligkeits(Sprint)leistungen
– koordinativ-technische Leistungen
– Steuerungsleistungen (bezogen auf Geräte, Apparate)
– technisch-taktische Leistungen im Zweikampf
– technisch-taktische Leistungen im Sportspiel.

Die *Schwächen beider Ansätze*, die in der Ausrichtung auf ein einziges Kriterium für die Aufgabenklassifizierung bestehen, sind deutlich ersichtlich. Die komplexeren Aufgabentypen, wie sie u. a. in den Zweikampfsportarten und den Sportspielen dominieren, können damit nicht adäquat erfaßt werden. Dennoch können auch davon Konsequenzen für das Training abgeleitet werden.

Eine differenziertere Taxonomie stellt der Ansatz von STARK (1978) dar. Der Aufgabenaspekt betrifft vor allem das Merkmal IV **„Art der Bewegungstätigkeit** mit den Grundformen.

• Fortbewegung in kürzester Zeit ohne oder mit Hilfe eines Gerätes und den Unterscheidungen ständiger eigener Antrieb, eigener Startantrieb oder Fremdantrieb, die den Steuerungsaspekt mit in den Vergleich einzubeziehen fordern;
• Erreichen von großen Höhen und Weiten ohne oder mit Gerät;
• Heben von Lasten;
• Treffen eines Ziels mit eigenem Antrieb oder Fremdantrieb des Geschosses;
• wirkungsvolle Aktionen im Angriff und in der Verteidigung bei physischem Kontakt mit einem Gegner, der direkt oder über eine Waffe besteht;
• Beförderung eines umkämpften Gegenstandes (Ball, Puck) in ein Mal oder für den Gegner unerreichbare Plazierung in einem Spielfeld im Zusammenwirken mit mehreren Sportlern;
• ästhetische Darbietung von Bewegungen mit unterschiedlichem Schwierigkeitsgrad." (STARK 1978, S. 27/28).

Auch dieser Ansatz kann letzten Endes nicht befriedigen, wobei in Rechnung zu stellen ist,

daß er nicht als Aufgabentaxonomie sportlicher Leistungen gedacht war. Eine Weiterentwicklung muß u. a. das „Erreichen von großen Höhen und Weiten" mit dem eigenen Körper (Sprünge) als eine eigene Grundform dem „Erreichen von großen Weiten" durch ein beschleunigtes Gerät (Würfe u. a.) gegenüberstellen und die Aufgabentypen im Zweikampf und Sportspiel weiter differenzieren. Der Taktikaspekt kann dabei nicht ausgeklammert werden.

Als Grundlegung für eine differenzierte Aufgabentaxonomie ist ferner die Erarbeitung von **Kriterien zur Analyse sportartspezifischer Handlungsanforderungen** durch MATHESIUS (1983, S. 66–84; vgl. auch 2.2.2.5.) hervorzuheben. Sie untersuchte bei sieben namhaften Autoren, welche Kriterien sie zur Bestimmung der sportartspezifischen Handlungsanforderungen benutzten.

Auf dieser Grundlage bestimmt und begründet MATHESIUS vier Kriterien der objektiven Anforderungsstruktur der sportlichen Wettkampftätigkeit, die sie als Ansatzpunkte für die psychologische Anforderungsanalyse sportlicher Handlungen und damit für eine psychologisch akzentuierte Aufgabentaxonomie benutzt:

• Anforderungen aus dem Verhältnis von Belastungsdauer und Bewegungsintensität;
• Komplexität und Variabilität der Anforderungen;
• bewegungsstrukturbedingte Anforderungen;
• soziale Kooperationsanforderungen.

Die tiefergehende Analyse der genannten Taxonomieansätze und die Ausarbeitung einer Aufgabentaxonomie auf dem gegenwärtigen Erkenntnisstand ist eine noch anstehende Aufgabe der Trainingswissenschaft. Im Zusammenhang mit den mitgeteilten Ansätzen können noch folgende Ergänzungen zum sportlichen Leistungsbegriff angefügt werden:

Die Überlegungen zu den Aufgabentypen bei Zweikampf- und Sportspielleistungen unterstreichen die Formulierung der Definition für die „sportliche Leistung", die nicht nur eine Handlung, sondern auch *ganze Handlungsfolgen als Leistungen* anspricht. Auch in anderen Sportarten wie z. B. im Gerätturnen machen erst mehrere Handlungen die Leistung aus, so daß generell auch von *Teilleistungen* gesprochen werden muß, die jeweils eine eigenständige Funktion (Aufgabe) im Rahmen der Gesamtleistung erfüllen. Um Teilleistungen handelt es sich auch bei Starthandlungen zu Fortbewegungsleistungen z. B. im Rudern, Schwimmen, Schlitten- und Bobsport oder beim Überwinden von Hindernissen im Hindernislauf sowie von Geländeschwierigkeiten und Toren im alpinen Skilauf.

Eine weitere Differenzierung bedeutet die Unterscheidung von *individuellen* und *kooperativen (kollektiven) Leistungen*. Letztere sind Mannschaftsleistungen wie z. B. im Mannschaftsboot oder in den Sportspielen (einschließlich der Doppel in den Rückschlagspielen) sowie die Paar- und Gruppenleistungen im Eiskunstlauf, Kunstschwimmen, der Rhythmischen Sportgymnastik oder Akrobatik.

Sportliche Leistungen und Wettkampfsport

Sportliche Leistungen und ihre Entwicklung waren und sind wesentlich durch den **Leistungsvergleich im sportlichen Wettkampf** bestimmt. Wie der Sport selbst waren sportliche Leistungen zunächst unmittelbar auf einen Leistungsvergleich ausgerichtet, wie er sich nur im Rahmen des Wettkampfes mit anderen Sportlern entwickeln konnte.

In einer Reihe sportlicher Disziplinen – z. B. in der Leichtathletik, im Schwimmen – ist auch ein Vergleich mit eigenen, früheren Leistungen möglich und wird dort auch verschiedentlich praktiziert. Das gilt u. a. für Langstreckenschwimmer, die antreten, um ihre eigene Rekordzeit etwa für das Durchschwimmen einer Meerenge zu unterbieten. Das dabei verfolgte Handlungsziel, schnellstmöglich zu schwimmen, hat jedoch ebenso wie die Verfahren der Leistungsmessung, der Leistungsbewertung und das Regelwerk nahezu aller Sportarten seine differenzierte Ausprägung unter den Bedingungen und Bedürfnissen des sportlichen Wettkampfes erfahren.

Ungeachtet der Bedeutung der engen Bindung des heutigen Leistungsverständnisses an die Entwicklung des sportlichen Wettkampfes gelten jedoch *auch bestimmte Handlungen bzw. Handlungsfolgen außerhalb von Wettkämpfen* als *sportliche Leistungen*. Das betrifft
– **Leistungen im Trainingsprozeß,** d. h. sportliche Handlungen bzw. Handlungsfolgen außerhalb einer unmittelbaren Wettkampfsituation, die nach den gleichen Kriterien

wie Wettkampfleistungen gemessen bzw. bewertet werden können;
– **Leistungen im Sportunterricht,** d. h. motorische, zumeist sportliche Handlungen, die als Ausdruck des erreichten motorischen bzw. körperlichen Entwicklungsstandes und der Realisierung der Zielstellungen von Erziehung und Bildung gelten;
– **Leistungen im Freizeit- und Erholungssport,** d. h. sportliche Handlungen innerhalb und außerhalb von Wettbewerbssituationen, deren Hauptanliegen die Bewältigung einer selbst gewählten Anforderung zur Selbstbestätigung und Selbstverwirklichung als Persönlichkeit und die Steigerung oder Erhaltung allgemeiner körperlicher Leistungsfähigkeit und Gesundheit ist;
– **Leistungen im Rehabilitations- und Behindertensport,** d. h. motorische, weitgehend sportliche Handlungen, die dem Übenden wie anderen als Ausdruck des erreichten motorischen bzw. körperlichen Entwicklungsstandes und damit als ein Gradmesser des Erfolges seiner sportlichen Tätigkeit gelten können.

Die hier getroffene Charakteristik zu den Akzenten des Leistungsbegriffs in den verschiedenen Realisierungsbereichen sportlicher Tätigkeit ist nicht vollständig. Es sollte lediglich ausgedrückt werden, daß auch dort – mit und ohne Wettkampfsituationen – Tätigkeiten ausgeübt werden, die Leistungscharakter tragen. Allerdings bestehen wesentliche Unterschiede der Vergleichsmaßstäbe in der Frage der Bewertung, die eine Handlung zur Leistung macht.

Aspekte der Bewertung

Wenn die sportliche Leistung als Handlung oder Handlungsfolge bestimmt wird, „gemessen bzw. bewertet an bestimmten sozial determinierten, vereinbarten Normen" (s. o.), so wird damit nicht jede sportliche Handlung zur Leistung erklärt. Handlungen gelten nur als Leistungen, soweit sie in einem bestimmten **Wertesystem** erfaßt werden, so daß sie auch einem **Vergleich** mit anderen Handlungen – nach vereinbarten bzw. vorgegebenen oder ganz individuellen Maßstäben – unterzogen werden können.

HEINEMANN (1975) geht in seinem „Paradigma

der Analyse von Leistung und Leistungsverhalten im Sport" (S. 119) von der „Leistung als Resultat selektiver Entscheidung und Bewertung" aus. Danach ist Leistung – nicht nur die sportliche – durch einen dreistufigen Entscheidungs- und Bewertungsprozeß bestimmt:

1. **Entscheidung in bezug auf die Aktivitätsdimension.**

Für sportliche Aktivitäten nennt er die körperliche Leistungsdimension (physische Anstrengung), die sportliche Leistungsdimension (Gewinn eines Wettkampfes), die intellektuelle Leistungsdimension (Kombinationsfähigkeit und Taktik), die soziale Leistungsdimension (Fairneß, Kameradschaft, Gruppensolidarität), die ökonomische Leistungsdimension (die erzielten Einnahmen), die ästhetische Leistungsdimension (künstlerisch-darstellerische Qualitäten) und die Kombination verschiedener Handlungsdimensionen.

2. **Entscheidung über die Skalen bzw. die Auswahl der Skalen,** die die Aktivitäten in den jeweiligen Leistungsdimensionen an Hand von Meßgrößen bzw. Merkmalsausprägungen einordnen und gliedern, bewerten.

Sie legen z.B. fest, daß im jeweiligen Leistungsverständnis große psychophysische Anstrengung schlechter ist als niedrigere, Punktgewinn besser ist als Punktverlust, hohe Gruppensolidarität besser ist als niedrige, und für den Fall, daß mehrere Leistungsdimensionen die Leistung bestimmen, eine Gewichtung dieser Dimensionen.

3. **Entscheidung über den Bezugsrahmen,** in dem sowohl die Entscheidung über die Leistungsdimension als auch über ihre Bemessung, Bewertung und Gewichtung erfolgen. Erst dieser Bezugsrahmen bestimmt den Wert einer Leistung und schafft die Möglichkeit von Leistungsvergleichen.

Im **technisch-systemindifferenten Bezugsrahmen** geht es um die „sachlich-technisch beste und effiziente Erfüllung einer Aufgabe ohne Personen- oder Sozialbezug".

Dieser Bezugsrahmen dominiert in der physikalisch-naturwissenschaftlichen Leistungsauffassung und ist deshalb ebenso für die biomechanische oder leistungsphysiologische Analyse sportlicher Leistungen bestimmend. Die Bewertung meßbarer sportlicher Leistungen im Wettkampfsport, vor allem im Hochleistungssport, wird überwiegend durch diesen technisch-systemindifferenten Bezugsrahmen bestimmt.

Im **individuellen Bezugsrahmen** legt der Handelnde, also der Sporttreibende, seinen eigenen Maßstab fest, der über die Bemessung und Bewertung einer Handlung als Leistung entscheidet.

Das ist u.a. abhängig von seiner Persönlichkeitsdisposition, der habituellen und aktuellen Motivationsstruktur und seiner Handlungsdisposition hinsichtlich Selbstverwirklichung und Selbstbestätigung. Dabei kann eine im technisch-indifferenten Bezugsrahmen als gering zu bewertende Leistung als hoch bewertet werden, und sei es allein deshalb, weil der Sportler z.B. eine für ihn hohe Anforderung an die Ausdauer erfüllt und die angezielte Strecke – im Wettkampf oder sogar im Alleingang – durchgestanden hat, ohne aufzugeben. Aus dem Beispiel ist ersichtlich, daß der individuelle Bezugsrahmen auch im Leistungssport eine Rolle spielt. Von noch größerer Bedeutung ist er für die anderen Realisierungsbereiche sportlicher Tätigkeit, so den Freizeit- und Breitensport, den Rehabilitations- und Behindertensport und den Schulsport.

Im sozialen Bezugsrahmen werden Handlungen als Leistung aufgrund sozialer Normierung und Sanktionierung definiert und bewertet.

Derartige Handlungen bestimmen oder beeinflussen Prestige, Status und Ansehen innerhalb der jeweiligen sozialen Gruppierung. Das gilt für den Hochleistungssportler in der jeweiligen Gesellschaft wie für die Mitglieder einer Jugendgruppe, Schulklasse oder Schule.

In einem **ökonomischen Bezugssystem** werden Leistungen in Geldbeträgen bewertet.

Das ist ein Merkmal, das den Profisport schon seit langem kennzeichnet, das jedoch im Zuge der Professionalisierungstendenzen im heutigen Hochleistungssport weit verbreitet ist. Hierbei spielen meist Marktmechanismen eine Rolle, und das Verhältnis von Angebot und Nachfrage bestimmt den „Wert" einer Leistung.

Der **kulturelle Bezugsrahmen** schließlich beruht auf Wert-, Glaubens- und Moralvorstellungen, auf Weltanschauungen und Ideologien, die in einer bestimmten Gesellschaft vorherrschen.

Damit wird eine Leistung „in einer bestimmten Dimension zu einem zentralen Wert innerhalb einer Gesellschaft oder in einzelnen gesellschaftlichen Daseinsbereichen" (HEINEMANN 1975, S. 127). Zugleich wird die Beliebigkeit der Bewertung im individuellen, sozialen und – mit Einschränkung – im ökonomischen Bezugsrahmen eingeschränkt. Eng damit verbunden ist auch die politische Wertung der sportlichen Leistung, u.a. in jungen Nationalstaaten – aber nicht nur dort –, die zu einer weitgehenden nationalen Identifikation mit den Leistungen und ihren Trägern führen kann.

Die Möglichkeit der Bewertung körperlich-sportlicher Leistungen in verschiedenen Bezugsrahmen und der unterschiedlichen Gewichtung von Leistungsgrößen ist auch in der Leistungstheorie der Trainingswissenschaft zu berücksichtigen, wie an einzelnen Beispielbezügen bereits ersichtlich wurde. Der technisch-systemindifferente Bezugsrahmen reicht nicht aus, so gewichtig er vor allem im Wettkampfsport ist. Das führt jedoch zur Möglichkeit und zum Problem inkonsistenter Bewertungen.

Hier sei nur auf zwei Beispiele hingewiesen: Die Nichtübereinstimmung von technisch-systemindifferenter und individueller Bewertung einerseits und ökonomischer Bewertung andererseits in verschiedenen Bereichen des Wettkampfsports; die „Leistungsorientierung" im Sportunterricht der schulischen Bildungsträger.

Auch das Problem der sportlichen Fairneß beinhaltet u. U. Konflikte der Bewertung unter dem Aspekt verschiedener Bezugssysteme.
Eine Frage der Bewertung der Handlung ist auch die **Unterscheidung von Leistung und Erfolg.**

CARL (1983, S. 26) schlug vor, den Rangplatz, der einer einzelnen Person oder einer Mannschaft unter den Teilnehmern eines Wettkampfes zugeordnet wird, als Erfolg zu bezeichnen. Leistung sei demgegenüber die Maßzahl, die den betreffenden Handlungen aufgrund der Regeln der Leistungsmessung und -bewertung zuzuordnen ist. MECHLING (1989, S. 129) möchte diese Unterscheidung auf Wettkampfleistung und Wettkampferfolg eingeschränkt wissen. Er wendet u. a. ein, daß sich Erfolg im Unterschied zu Leistung als Maßzahl nicht in Teilergebnisse zerlegen läßt.

Die so vorgenommene Differenzierung ist hinsichtlich des Bezugssystems nicht stimmig: Erfolg einer Handlung – sowohl als Vollzug als auch als Ergebnis – ist doch die *Übereinstimmung mit der Erwartung*, in Verbindung mit der Handlungszielstellung. Dafür kann, muß aber nicht der erzielte Rangplatz ausschlaggebend sein, vor allem unter dem Gesichtspunkt des Leistungsaufbaus, des Trainings und damit für Kernprobleme der Trainingswissenschaft. Deshalb sollte Erfolg nicht vom erzielten Rangplatz her definiert werden, sondern von der Übereinstimmung von – individueller und/oder sozialer – Leistungserwartung und realisierter Leistung.

Definition sportlicher Erfolg: Das Erreichen eines angestrebten sportlichen Ergebnisses, im allgemeinen einer sportlichen Leistung, oder die subjektive Bewertung des objektiven Leistungsvollzugs und -ergebnisses im unmittelbaren Leistungserleben.

Im Sinne dieser Definition kann der Erfolg sowohl in der *objektiv bestimmten Wettkampf- oder Trainingsleistung*, in einem *bestimmten Leistungsniveau* oder in einem *Rangplatz* Ausdruck finden. Dabei können sportliche Siege auch als Mißerfolg erlebt werden, z. B. wenn bei einem erwarteten Sieg gegen einen schwächeren Gegner das Leistungsergebnis unbefriedigend ist oder die angestrebte Qualifikationsleistung trotz des Sieges über einen starken Gegner nicht erreicht wurde. In gleicher Weise können sportliche Niederlagen persönlichen Erfolg bedeuten, wenn trotzdem die nächste Runde erreicht oder ein angestrebtes meßbares Resultat erzielt (auch außerhalb des Leistungs- bzw. Wettkampfsports) oder wenn nach Verletzung, Krankheit, längerer Wettkampfpause eine vorgesehene Anschlußleistung erzielt wurde.

2.1.3. Leistungsfähigkeit – Leistungsvoraussetzungen

Das Zustandekommen sportlicher Leistungen ist an eine Reihe von *Bedingungen* geknüpft. Ihre genaue Kenntnis ist eine wesentliche Voraussetzung für die Planung und Gestaltung eines wissenschaftlich begründeten Trainings. Allgemein werden die personalen – „inneren" – Leistungsvoraussetzungen von den „äußeren", in den Umgebungsbedingungen und der jeweiligen Handlungssituation gegebenen Leistungsvoraussetzungen unterschieden.
Äußere Leistungsvoraussetzungen sind u. a. Sportstätten und ihre Beschaffenheit (darunter auch Gelände- oder Gewässerbedingungen), ferner Sportgeräte und Ausrüstungen, aber auch die Tätigkeit, das Verhalten eines Partners (z. B. bei den „geworfenen" Sprüngen im Eiskunstlauf) oder von Mitspielern im Sportspiel. Auch meteorologische bzw. klimatische Bedingungen sind hier zuzuordnen, u. a. Temperatur, Wind, Luftdruck, Schnee. Das Training ist auf die Ausprägung der personalen Leistungsvoraussetzungen gerichtet, diese Ausprägung muß jedoch auch die äußeren Leistungsvoraussetzungen berücksichtigen, denn im Leistungsvollzug stehen *personale (innere) und äußere Leistungsvoraussetzungen in Wechselbeziehung.*

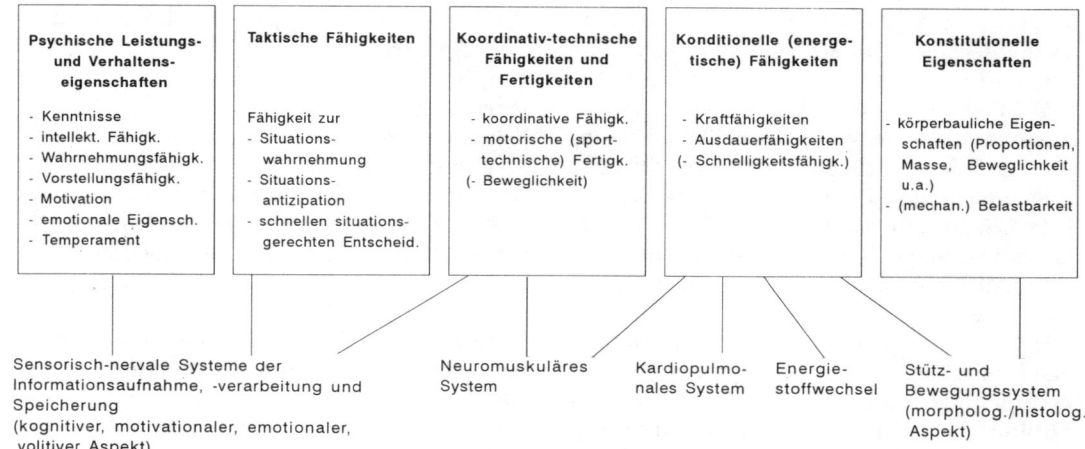

Abbildung 2.1.-2 *Leistungsvoraussetzungen – handlungsbezogene und Basisebene*

Bei den **personalen Leistungsvoraussetzungen** ist es zweckmäßig, zwei Ebenen zu unterscheiden:

• eine unmittelbar *handlungsbezogene Ebene,* zu der allgemein Fähigkeiten, Fertigkeiten, Gewohnheiten, Kenntnisse, das Niveau der Antriebsregulation, d.h. unter anderem die Motivation hinsichtlich der Leistungsanforderungen, sowie die physische und psychische Belastbarkeit gerechnet werden;

• eine *Basisebene der physischen und psychischen Grundvoraussetzungen und -prozesse,* zu der die elementaren morphologischen Eigenschaften wie Knochenbau, Muskelfaserstruktur, ferner physiologische und biochemische Prozeßqualitäten u.a. in der Energiebereitstellung und -ausnutzung, die Ausprägung der Funktionen der Sinnes- und Nerventätigkeit sowie der elementaren psychischen Prozesse gehören.

Diese Basisebene betrifft die elementaren Funktionen der einzelnen Organsysteme und die psychischen Grundfunktionen und -prozesse, die sich in wechselseitiger Verknüpfung in den komplexeren handlungsbezogenen Leistungsvoraussetzungen der ersten Ebene wiederfinden (Abb. 2.1.-2).

Die verschiedenen, mehr oder weniger differenzierten personalen Leistungsvoraussetzungen stellen Einflußgrößen dar, die Höhe bzw. Güte einer motorischen Leistung bestimmen. In diesem Zusammenhang wurden und

werden sie auch als **Leistungsfaktoren** bezeichnet.

Dieser Begriff entstand unabhängig von den mit Hilfe der Methode der Faktoranalyse ermittelten Leistungsdimensionen, die entsprechend dieser mathematisch-statistischen Methode auch als Leistungsfaktoren bezeichnet werden, aber mit den auf andere Weise bestimmten Faktoren nicht identisch sein müssen.

Es hat sich als zweckmäßig erwiesen, nicht jede einzelne Voraussetzung als „Faktor" auszuweisen, sondern jeweils ganze Voraussetzungskomplexe. Hier seien vorerst, ohne unmittelbare Bezugnahme auf das in 2.1.4. vorgestellte Modell, als derartige Leistungsfaktoren hervorgehoben:

• *Konstitution* (konstitutionelle Leistungsvoraussetzungen)

• *Kondition* (energetisch-konditionelle Leistungsvoraussetzungen, vor allem Kraft- und Ausdauerfähigkeiten)

• *Technik-Koordination* (koordinativ-sporttechnische Leistungsvoraussetzungen, d.h. Bewegungsfertigkeiten und koordinative Fähigkeiten)

• *Taktik* (kognitiv-taktische Leistungsvoraussetzungen, d.h. taktische Kenntnisse, strategisch-taktische und technisch-taktische Fähigkeiten und Fertigkeiten)

• *Persönlichkeit* (Grundrichtung der Persönlichkeit, moralische Qualitäten, kognitive, motivationale, emotionale, volitive Leistungsvoraussetzungen, Temperament).

Der letztgenannte Leistungfaktor bestimmt wesentlich die bewußte Handlungsregulation und ist in starkem Maße sozial definiert. Die Persönlichkeit des Sportlers in ihrer Totalität – ungeachtet der weiteren oder engeren Fassung des Persönlichkeitsbegriffs – hat zweifellos zentrale Bedeutung für seine Leistungsfähigkeit: **jede Leistung ist durch die Persönlichkeit als Ganzes bestimmt.** Sie sollte – strenggenommen – deshalb nicht nur als ein Faktor unter anderen betrachtet werden.

Die Gesamtheit der personalen Voraussetzungen für die Bewältigung bestimmter Leistungsanforderungen, d. h. ihre Ausprägung und ihre Struktur (s. 2.1.4.), machen die **Leistungsfähigkeit** aus. Die Leistungsvoraussetzungen, die sich auf die Handlungsantriebe beziehen, d. h. Einstellungen/Motivation, Emotionalität, Volition, werden hinsichtlich der sportlichen Leistungsfähigkeit als **Leistungsbereitschaft** von den Leistungsvoraussetzungen, die die Handlungsorientierung, Handlungsausführung und Handlungskontrolle betreffen, gesondert abgehoben, so daß auch von einer Einheit von Leistungsfähigkeit und Leistungsbereitschaft gesprochen werden kann.

Leistungsfähigkeit kann auch als weitgehend generalisierte, habituell in bestimmtem Maße verfestigte Verlaufsform psychophysischer Prozesse definiert werden, die die mögliche Leistung als Handlungsvollzug determinieren. Unter biotischem Aspekt bezieht sich das vor allem auf die Leistungskapazität der einzelnen Organe bzw. Organsysteme, unter psychologischem Aspekt auf die Leistungsrelevanz und -potenz der psychischen Funktionen.

Gegenstand der Leistungstheorie bzw. Leistungslehre der Trainingswissenschaft sind primär die (allgemein-)**motorische Leistungsfähigkeit** – häufig auch als körperliche Leistungsfähigkeit bezeichnet – und die speziellere motorische Handlungsfähigkeit bei sportlicher Tätigkeit, die **sportliche Leistungsfähigkeit.** Handlungsfähigkeit schließt dabei Bewegungsfähigkeit ein.

Die in Abhängigkeit von der Ausprägung der Leistungsvoraussetzungen zu einem konkreten Zeitpunkt erreichte sportliche Handlungsfähigkeit wird als **Leistungszustand** bezeichnet. Er umfaßt sowohl die Leistungsfähigkeit als auch die Leistungsbereitschaft. (Vgl. u. a. WASMUND-BODENSTEDT 1982, S. 25)

2.1.4. Leistungssystem – Leistungsstruktur

Jedes tiefere Eindringen in einen wissenschaftlichen Gegenstand ist im allgemeinen mit der Frage nach seiner Struktur und damit mit seiner Analyse als System wie auch seiner Einordnung in übergeordnete Systeme verbunden. Das gilt ebenso für die sportliche Leistung. Ohne dabei eine Behandlung im strengen Sinne der kybernetischen Systemtheorie anzustreben, soll in diesem Abschnitt dem theoretisch wie praktisch bedeutsamen Problem der Struktur der sportlichen Leistung nachgegangen und ein Grundkonzept der Modellierung des Leistungssystems und seiner Struktur dargelegt werden.

2.1.4.1. Problem und Anliegen in Theorie und Praxis

Praktische Trainingserfahrungen und wissenschaftliche Ergebnisse haben zu folgenden, heute kaum mehr bestrittenen Positionen geführt:

● Sportliche Leistungen stellen **komplexe, „ganzheitliche" Handlungen** dar, die sich jedoch aus verschiedenen Komponenten, aus Teilhandlungen, weiter differenzierbaren Teilprozessen, mechanischen Wirkungen und Gegenwirkungen zwischen Sportler und Umgebung, energetischen und informationellen Teilleistungen des Organismus und damit verknüpften kognitiven, motivationalen, emotionalen und volitiven Prozessen aufbauen. Diese **Leistungskomponenten** müssen in einem wissenschaftlich begründeten bzw. gestützten Training *gezielt angesprochen* werden, so z. B. die mechanischen Wirkungen besonders im Techniktraining, wobei es nicht nur ihre Anteiligkeit an der Gesamtleistung, sondern in hohem Maße ihre funktionellen Wechselbeziehungen zu berücksichtigen gilt.

● Die gefundenen **Leistungsvoraussetzungen** (nach 2.1.3.) – personale wie äußere, apersonale – bestimmen die sportlichen Leistungen nicht unabhängig voneinander im Sinne einer Summierung ihrer absoluten Ausprägungskriterien, sondern stehen untereinander **in vielschichtigen wechselseitigen Beziehungen.** Ein Training, das auf bestimmte sportliche Leistungen gerichtet ist, muß sich wesentlich an den erforderlichen Leistungsvoraussetzungen orientieren, wobei sowohl die *Einflußgröße der Leistungsvoraussetzung* – z. B. der Schnellkraftfähigkeit beim Skispringen – als auch die *wechselseitigen Beziehungen der Leistungsvoraussetzungen* untereinander zu berücksichtigen sind.

• Zwischen den **Leistungskomponenten** – den Teilleistungen, energetischen und informationellen Teilprozessen und ihren Charakteristika – einerseits und den **Leistungsvoraussetzungen** und ihren Wechselbeziehungen andererseits bestehen ebenfalls Beziehungen, die in der Trainingsgestaltung, Trainingssteuerung und in der dabei eingesetzten Diagnostik (Leistungsdiagnostik) berücksichtigt werden müssen, so z. B. die Beziehungen zwischen Schnellkraftfähigkeit, koordinativ-technischen Leistungsvoraussetzungen und Sprunghöhe im Wasserspringen. In allen drei Sachverhalten und Anliegen geht es um die **wechselseitigen Beziehungen bestimmter Elemente der sportlichen Leistungen**. Diesen Aufbau sportlicher Leistungen und der sportlichen Leistungsfähigkeit (des Leistungszustandes) aus miteinander verbundenen Elementen bezeichnet man als Leistungsstruktur.

Die trainingsmethodischen Anliegen – gezieltere Trainingsgestaltung, Trainingssteuerung, Leistungsdiagnostik – forderten und förderten in den letzten 25 Jahren eine intensive Beschäftigung der Trainingswissenschaft bzw. Trainingslehre – und zwar sowohl in den verschiedenen Sportarten als auch übergreifend – mit dem Problemkreis Leistungsstruktur, so daß HAUNSCHILD (1975) in seiner Literaturstudie bereits über mehr als 90 Titel referieren konnte. Das Problem ist in der heutigen Trainingswissenschaft unvermindert aktuell und noch in keiner Beziehung ausgeschöpft. Ein Grund dafür liegt in der Vielschichtigkeit menschlicher Tätigkeiten und Leistungen und in der Notwendigkeit einer nicht nur multidisziplinären, sondern auch interdisziplinären Forschungsarbeit zur weitergehenden Aufklärung der Leistungsstrukturproblematik.

Definition Leistungsstruktur: Der innere Aufbau (das Gefüge) der sportlichen Leistung aus bestimmenden Elementen und ihren Wechselbeziehungen (Kopplungen). Zu den bestimmenden Elementen gehören einerseits die **Leistungskomponenten** des aktuellen Leistungsvollzugs, das sind die Teilleistungen und Teilprozesse, ausgedrückt in Kennwerten, Kennlinien und

Merkmalen, sowie bestimmte komplexere Charakteristika wie Inhalt, Komposition bzw. Choreographie, anderseits die **Leistungsfaktoren** und die sie konstituierenden **Leistungsvoraussetzungen**.

2.1.4.2. Modelle des Leistungssystems und seiner Strukturen

Als teilweise zunächst hypothetische Theoriegrundlage der Trainingslehre wurden in den meisten Sportarten und verallgemeinernd für Sportartengruppen und schließlich für *die* sportliche Leistung Strukturmodelle entwickelt. (Abb. 2.1.-3)[1] Strenggenommen wurde damit

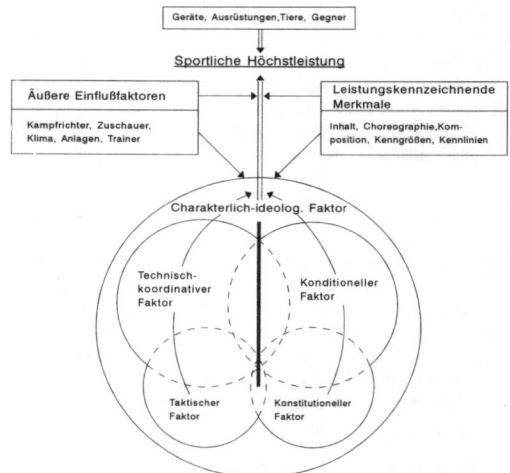

Abbildung 2.1.-3 *Allgemeines Modell der sportlichen Leistung* (SCHNABEL 1977, S. 76)

die sportliche Leistung in mehr oder weniger komplexer Sicht *als System modelliert*, denn die Strukturiertheit ist ein Hauptcharakteristikum von Systemen.[2] Was in der Trainingslehre

---

[1] Vgl. dazu u. a. BAUERSFELD, K. H., u. a., 1977; SCHNABEL 1975[b].

[2] Struktur: Menge der die Elemente eines Systems miteinander verknüpfenden Relationen.

und Trainingspraxis demnach meist unter Leistungsstruktur verstanden wird, sollte genauer als „System und Struktur" oder sogar nur als „System" bezeichnet werden. In einigen neueren Publikationen (MARTIN/CARL/LEHNERTZ 1991; MARTIN 1990) wird bereits so verfahren. Die Modellierung des Leistungssystems muß in der Regel drei Schritte in der Analyse der Leistungsstruktur berücksichtigen:

● Hierarchisierung
● interne Ordnung
● Priorisierung

(nach LETZELTER/LETZELTER 1982, S. 352)

Hierarchisierung als erster, theoretischer Schritt bedeutet die Zuordnung von Leistungselementen zu unterschiedlichen Ebenen, auch als Erklärungsebenen bezeichnet. Gemeint ist die Abhängigkeit bzw. Bestimmtheit von Leistungselementen der jeweils „höheren", die Leistung unmittelbar determinierenden Ebenen von Elementen der jeweils nächsten Ebene. So wird beispielsweise die Maximalkraftfähigkeit durch die elementareren Faktoren Muskelquerschnitt, inter- und intramuskuläre Koordination bestimmt. Als mögliche Modelle der Hierarchisierung nennen LETZELTER/LETZELTER (1982, S. 352) Deduktionsketten und Leistungspyramiden (Abb. 2.1.-4).

Interne Ordnung meint die – empirische – Bestimmung der Beziehungen zwischen den Elementen des Leistungssystems, und zwar sowohl horizontal, innerhalb einer Ebene, als auch vertikal, zwischen Elementen verschiedener Ebenen. Die jeweils anzustrebende Form der Strukturanalyse erfordert die Meßbarkeit, zumindest die Quantifizierbarkeit der Elemente, um durch Anwendung mathematisch-statistischer Verfahren – Korrelations-, Faktor-, Diskriminanz-, Cluster-, Pfadanalysen – für die Trainingstheorie und -praxis relevante Strukturaussagen treffen zu können.

Die **Priorisierung** ist bereits ein Schritt zur trainingspraktischen Umsetzung von Leistungsstrukturerkenntnissen – sowohl von normativen Leistungsmodellen als auch von Strukturaussagen zum Istzustand. „Priorisierung bedeutet Bestimmung der führenden Merkmale, denn diese machen den Hauptteil des Leistungsgefälles aus. Führend sind z.B. im Weitsprung die Sprungkraft und die Sprintkraft, im Kugelstoß die dynamische Maximalkraft der Bein- und Armstrecker. Sie determinieren allein schon teilweise mehr als 50 % der Kriteriumsvarianz ..." (LETZELTER/LETZELTER 1982, S. 356) Dabei soll in folgenden, nicht umkehrbaren *Schritten* vorgegangen werden:

● Bestimmung aller hypothetisch leistungsrelevanten Merkmale;
● Bestimmung der logisch leistungsrelevanten Merkmale;
● Bestimmung der empirisch-statistisch leistungsrelevanten Merkmale;

● Bestimmung der Reihenfolge der einflußreichen Merkmale;
● Bestimmung der Merkmale, die „nur" optimiert, und jener, die maximiert werden müssen;
● Bestimmung der Trainierbarkeit der Merkmale.

Die Priorität der Trainingsziele wird nicht allein durch das Leistungssystem und seine Struktur, sondern auch durch die Trainierbarkeit der Leistungselemente bestimmt.

Eine Modellierung des Systems „sportliche Leistung" geht in der Regel von bestimmten **Strukturaspekten** und **Strukturebenen** aus und erfaßt das Gesamtsystem nicht in voller Komplexität und Differenziertheit. Das ist einerseits eine Frage des Erkenntnisstandes, denn die sportliche Leistung ist eine Funktion vieler Variablen (vgl. auch VERCHOŠANSKIJ 1970, S. 11)[1], die wiederum Teilsysteme – „Leistungsfaktoren" u.a. – bilden, andererseits jedoch auch eine Frage der Praktikabilität: bei einer zu großen Anzahl von Elementen läßt sich kaum eine trainingsmethodische Anwendung der Strukturerkenntnisse realisieren.

Die in vielen *Sportarten entstandenen Modelle* von sportartspezifischen Leistungssystemen und -strukturen versuchen, alle erreichbaren Einflußgrößen, vor allem die meßbaren, einzubeziehen und dabei biomechanische, anatomische, leistungspysiologisch-sportmedizinische und auch psychologische und soziologische Aspekte zu berücksichtigen. Nicht meßbare Elemente werden zumeist in ihrem prozentualen Einfluß – z.T. gestützt auf differenziertere empirische Analysen, u.a. auf Faktoranalysen – bestimmt, z.T. auch nur geschätzt.

Einen eigenen, entsprechend ihrem wissenschaftlichen Gegenstand eingegrenzten Strukturaspekt haben die an der Erforschung der sportlichen Leistung beteiligten naturwissenschaftlichen Wissenschaftsdisziplinen und auch die Psychologie. Ausgehend von exakt bestimmbaren kinematischen und dynamischen Meßgrößen von Bewegungen und materiellen Bedingungen (Geräten usw.) entwickelt die *Biomechanik mechanische Modelle* u.a. in Form von Differentialgleichungen, mit deren Hilfe auch die biomechanische Realisierbarkeit neuer Bewegungen geprüft und neue Leistungsdimensionen erschlossen werden können. Die *Leistungsphysiologie modelliert die organische Leistungsfähigkeit* – den körperlichen Leistungszustand – auf der Grundlage von Meßwerten des funk-

---

[1] $L = F(x_1 \cdot x_2 \dots x_n)$, wobei $x_1 \cdot x_2 \dots x_n$ ein System von Elementen verkörpern, deren Zustand die sportliche Leistung bestimmt.

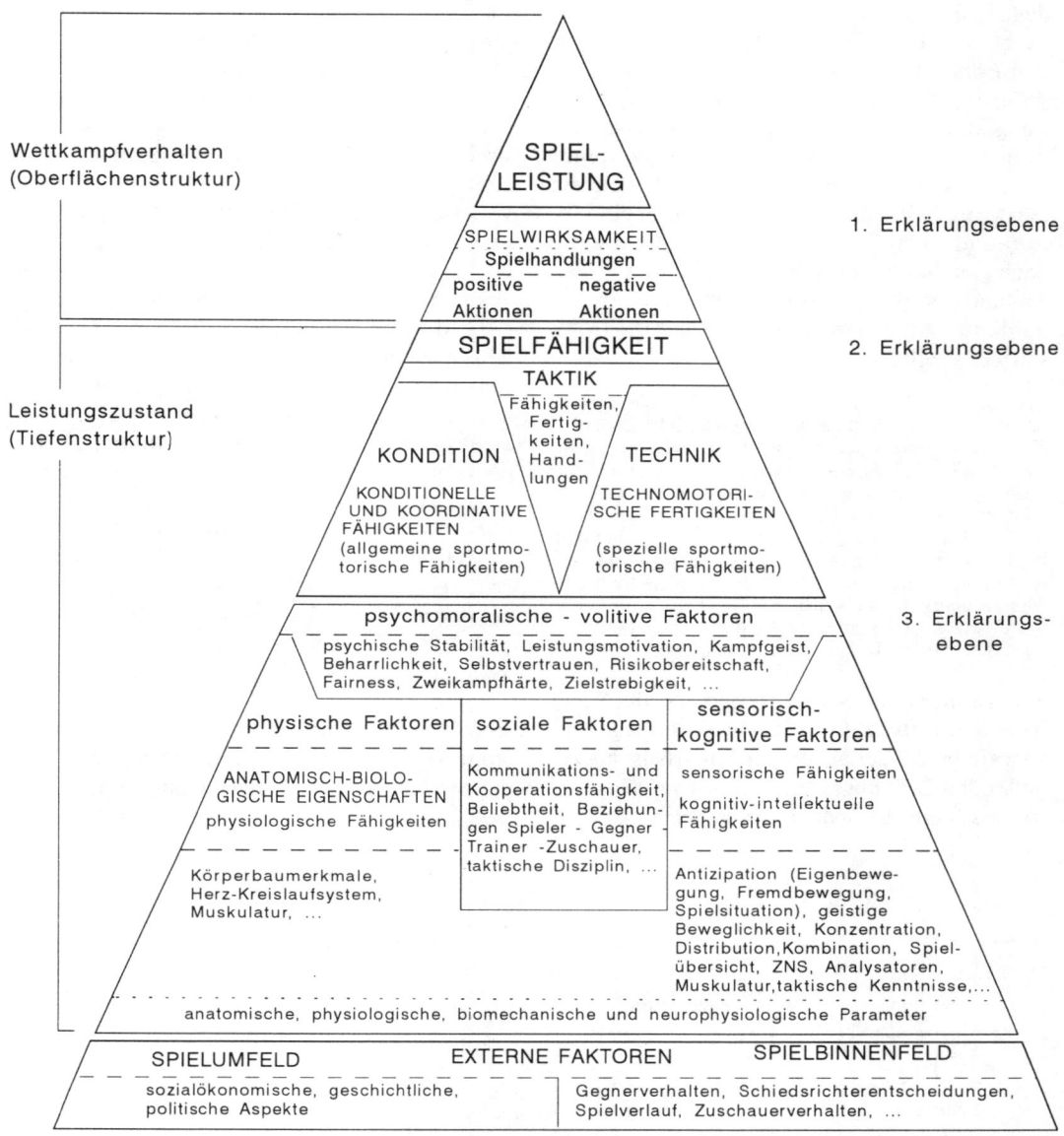

Abbildung 2.1.-4 *Strukturmodell der komplexen individuellen Sportspielleistung: Hierarchisierung in Pyramidendarstellung* (nach HOHMANN/BRACK 1983, S. 9)

tionellen Zustandes der beteiligten Organsysteme und ihrer Relationen. Die Psychologie fußt heute allgemein auf dem Modell der Handlung und der Handlungsregulation, in dem die Relationen Organismus – Umwelt, Mensch – Objekt und Persönlichkeit – Gesellschaft eingeschlossen sind, wobei allerdings im Unterschied zu den naturwissenschaftlichen Modellen eine Quantifizierung der Elementekopplungen oder gar eine mathematische Modellierung kaum möglich ist.

Bevor in den folgenden Abschnitten ein Modellansatz unter dem übergreifenden Aspekt der Trainingswissenschaft behandelt wird, sollen folgende Überlegungen vorangestellt werden.

• Leistungssystem- und Leistungsstrukturmodelle in trainingswissenschaftlicher Sicht unterliegen gegenwärtig *Restriktionen, die durch den Erkenntnisstand aller beteiligten Wissenschaftsdisziplinen* und seine bisher erreichte Integration sowie durch die *Erfordernisse trainingsmethodischer Praktikabilität* bestimmt werden. Demgegenüber steht die Forderung nach ganzheitlichen Modellen, „damit eine Integration von Teildisziplinen und die Forderung nach ganzheitlicher Betrachtung nicht nur Feigenblattcharakter, sondern eine theoretisch fundierte Arbeitsgrundlage besitzen." (MESSING/LAMES 1991, S. 71)

In der eben zitierten Publikation „Die komplexe sportliche Leistung aus systemtheoretischer Sicht" schlagen die Verfasser eine Anlehnung an das Handlungssystem von PARSONS (1976) vor, wonach auch die sportliche Leistung ein selbstregulierendes dynamisches Handlungssystem mit den 4 Subsystemen – organisches, Persönlichkeits-, soziales, kulturelles System – darstellt. Bei Zustimmung zu den stärker soziologisch orientierten Grundaussagen dieses Versuchs muß die trainingswissenschaftliche Leistungstheorie doch andere Akzente setzen und insbesondere die Organismus-Umwelt-Beziehung differenzierter modellieren.

• Leistungsstrukturmodelle haben in der Regel *Vorgabefunktion* für die als Grundlage der angestrebten Zielleistungen langfristig auszubildenden Leistungsvoraussetzungen. Das Leistungssystem ist jedoch dynamisch, und in Abhängigkeit von Alter und erreichtem Leistungsniveau können die Relationen der Strukturelemente in bestimmten Grenzen variieren. Ein weitergehender „Strukturwandel" ist selten, er kann jedoch u. a. bei wesentlichen Technikänderungen – z. B. beim Übergang von der klassischen zur Skatingtechnik im Skilanglauf – auftreten.

• Leistungsmodelle enthalten *als Strukturelemente mitunter unterschiedliche Qualitäten.* Nicht selten werden personale Leistungsvoraussetzungen – wie Fähigkeiten oder Fertigkeiten –, die durch Tests oder andere Diagnoseverfahren ermittelt wurden, undifferenziert neben Teilleistungen, einzelne Leistungsparameter – z. B. biomechanische Meßwerte, Laktatkonzentration u. a. – und ihre Relationen in der realisierten Wettkampfleistung gestellt. Dabei lassen sich, bezogen auf die Wettkampfleistung, durch Korrelations- und Faktoranalysen durchaus relevante Beziehungen und Abhängigkeiten ermitteln, der qualitative Unterschied zwischen anzueignenden Leistungsvoraussetzungen und ihre Auswirkungen in der komplexen Wettkampfleistung aber wird verwischt. (Abb. 2.1.-5)

Im folgenden wird deshalb die Struktur der Leistungsfähigkeit – des Leistungszustandes – von der Struktur des Leistungsvollzugs unterschieden.

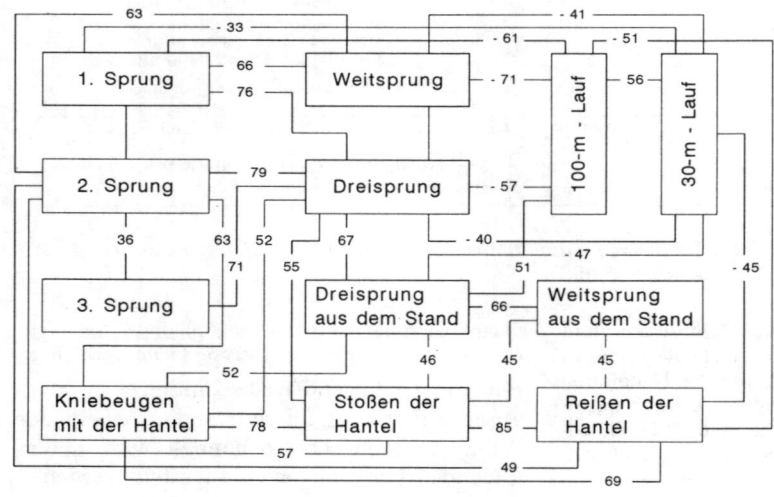

Abbildung 2.1.-5
Korrelationsmodell verschiedener Leistungsparameter (Leistung – Teilleistungen – Testleistungen für Leistungsvoraussetzungen) von Dreispringern (VERCHOŠANSKIJ 1971, S. 6)

2.1.4.3. System und Struktur des Leistungsvollzuges

Das System des Leistungsvollzuges wird durch Prozeßkomponenten der Leistungshandlung und ihre Relationen gebildet. (Abb. 2.1.-6)

Auf der **Ebene der mechanischen Energieausnutzung und -übertragung** sind solche Prozeßkomponenten die Wirkungen der auftretenden *inneren und äußeren Kräfte*, die sich u. a. in den verschiedenen kinematischen und dynamischen Kenngrößen und Kennlinien manifestieren. Hierher gehören auch die sogenannten Rennstrukturen, d. h. die Geschwindigkeiten auf Teilstrecken und ihre Relationen.

Auf der **Ebene der Energiebereitstellung und -umwandlung** sind es die *physiologischen bzw. biochemischen Prozesse,* die im Muskel zur Umwandlung chemischer in mechanische Energie führen, sowie die *Transport- und*

Speicherprozesse, die dann durch das Kardiopulmonalsystem realisiert werden und besonders bei längerdauernden Leistungshandlungen bedeutsam werden.

Auf der **Ebene der Bewegungsregulation** sind es die Prozesse der *sensomotorischen Steuerung und Regelung* der Muskeltätigkeit, durch die die bioenergetischen Prozesse so ausgelöst und gebremst werden, daß eine optimale leistungsrelevante mechanische Energieübertragung und -ausnutzung zustande kommt.

Auf der **Ebene der Handlungs- und Verhaltensregulation** schließlich sind die Prozeßkomponenten *kognitive Prozesse* – Wahrnehmungs- und Denkprozesse –, *Entscheidungsprozesse* im Handlungsverlauf sowie die *motivationalen, emotionalen und volitiven Komponenten,* die in der Handlungs- und Verhaltensregulation wirken. Dazu gehören auch taktisch relevante Wahrnehmungen, strategisch-taktische Überlegungen und Entscheidungen.

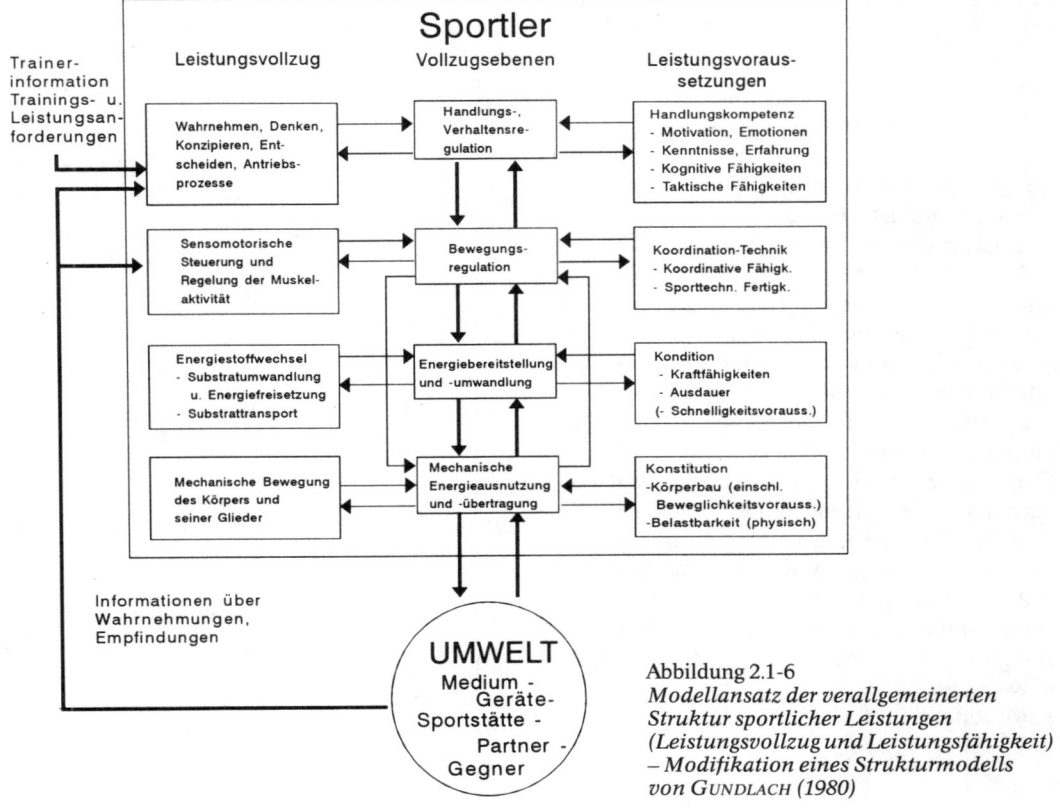

Abbildung 2.1-6
Modellansatz der verallgemeinerten Struktur sportlicher Leistungen (Leistungsvollzug und Leistungsfähigkeit) – Modifikation eines Strukturmodells von GUNDLACH *(1980)*

Die genannten Komponenten der vier unterschiedenen Ebenen des Leistungsvollzuges bilden die wesentlichsten Elemente des entsprechenden Systems; ihre Ausprägung und ihre wechselseitigen Beziehungen machen die Struktur des Leistungsvollzuges in diesem verallgemeinerten Modell aus. Allerdings ist die eindeutige Erfassung der Leistungskomponenten der Ebenen der Handlungs- und Verhaltensregulation und der Bewegungsregulation zur Zeit noch kaum möglich: Diese *inneren Regelvorgänge* können im wesentlichen nur *aus den Leistungs- bzw. Verhaltensäußerungen erschlossen* werden. Modelle des Leistungsvollzuges beschränken sich deshalb häufig auf die beiden „energetischen" Ebenen. Noch häufiger ist, daß statt der Komponenten des Leistungsvollzuges für die Ebenen der Handlungs- und Verhaltensregulation und der Bewegungsregulation Leistungsvoraussetzungen mit Werten eingesetzt werden, die nicht aus dem komplexen Leistungsvollzug, sondern aus separaten Testhandlungen stammen, die mit der betreffenden (Wettkampf-)Leistung nicht identisch sind.[1]

2.1.4.4. System und Struktur der Leistungsfähigkeit

Das System der Leistungsfähigkeit (des Leistungszustandes) wird durch *die personalen Voraussetzungen für die Leistung und die Relationen dieser Leistungsvoraussetzungen* gebildet. Mit dieser „Leistungsfähigkeit" ist jeweils ein vorhandener oder angezielter Zustand gemeint, der sowohl durch die weitgehend erblich bedingten und in der sportlichen Tätigkeit entfalteten Anlagen als auch durch Trainingswirkungen bestimmt ist.
Geht man von den vier Ebenen aus, die im verallgemeinerten Strukturmodell bereits für die Struktur des Leistungsvollzuges zugrunde gelegt wurden, dann kommt man zunächst zur Unterscheidung von **vier relativ komplexen Leistungsfaktoren** und ihnen zuzuordnenden Leistungsvoraussetzungen:

* Konstitution
* Kondition

----
[1] Vgl. 2.1.5.

* Koordination – Technik
* Handlungskompetenz (Persönlichkeit).

Der Leistungsfaktor Taktik erscheint dabei nicht als selbständiger Komplex, sondern die taktischen Leistungsvoraussetzungen werden, da sie weitgehend kognitiv bestimmt sind, dem Faktor Handlungskompetenz zugeordnet.

Die **Beziehungen dieser vier Faktoren** sind folgende:

* Die **konstitutionellen Leistungsvoraussetzungen** wie Größe, Körpermasse, Körperproportionen können offenbar für die Leistungsfähigkeit von großem Einfluß sein – was z. B. im unterschiedlichen äußeren Erscheinungsbild von Turnern, Ruderern, Sprintern und Werfern selbst dem Laien deutlich wird. Leistungswirksam werden sie jedoch nur, wenn auch die Leistungsvoraussetzungen der energetisch-konditionellen Ebene adäquat ausgeprägt sind, um z. B. der für den Kugelstoßer oder Werfer bedeutsamen großen Körpermasse den entsprechenden Antrieb zu verleihen oder den Energiestoffwechsel über die ganze Wettkampfstrecke des Ruderers optimal zu gewährleisten. Die konstitutionellen Leistungsvoraussetzungen werden also nur *vermittels der energetisch-konditionellen Leistungsvoraussetzungen leistungsbestimmend.*

* Die **energetisch-konditionellen Leistungsvoraussetzungen,** d. h. die Kraft- und Ausdauerfähigkeiten und – mit Einschränkung hier einzuordnen – die Schnelligkeitsfähigkeiten, sind für viele sportliche Leistungen von entscheidender Bedeutung, jedoch auch nur im Gefüge der anderen Leistungsfaktoren. Die *Beziehung zu den konstitutionellen Leistungsvoraussetzungen* ist *wechselseitig*: nicht nur, daß jene nur durch „Vermittlung" der energetisch-konditionellen Leistungsvoraussetzungen leistungswirksam werden – andererseits hängt auch die Leistungswirksamkeit des energetisch-konditionellen Potentials u. a. von den durch die Körperproportionen gegebenen Hebelverhältnissen ab oder von dem ebenfalls konstitutionell mitbestimmten (physikalischen) Masse-Leistung-Verhältnis. Das energetisch-konditionelle Potential *bedarf ferner einer präzisen Steuerung und Regelung*: Die energetischen Prozesse in der Vielzahl unterschiedlicher Muskeln müssen zeitlich und

niveaumäßig so ausgelöst und wieder gestoppt werden, daß in Abstimmung auf die Wirkung der beteiligten äußeren Kräfte die z. T. sehr komplizierten Bewegungen des ganzen Körpers entstehen. Zudem darf vor allem bei länger dauernden Leistungen keine Energie vergeudet werden. Das aber bedeutet auch hier: Die energetisch-konditionellen Leistungsvoraussetzungen werden nur *vermittels der technisch-koordinativen Leistungsvoraussetzungen*, also der Leistungsebene der Bewegungsregulation, *leistungswirksam*.

• Die Bedeutsamkeit des Leistungsfaktors **Koordination – Technik** im Gefüge der anderen Faktoren ergibt sich nicht allein für solche Leistungen, die komplizierte Bewegungstechniken erfordern, sondern für alle sportmotorischen Leistungen, wie sich aus der soeben dargelegten Beziehung zum energetisch-konditionellen Leistungsfaktor ableitet. Eine umgekehrte Beziehung zu diesem Faktor und – darin eingeschlossen – auch zum konstitutionellen Leistungsfaktor besteht in folgendem: Die sporttechnischen Fertigkeiten und koordinativen Fähigkeiten – als koordinativ-technische Leistungsvoraussetzungen – haben *die energetischen Prozesse im Organismus und die mechanische Energieausnutzung und -übertragung* in der Auseinandersetzung mit Umweltgegebenheiten und Umweltbedingungen *zum eigentlichen Gegenstand* und müssen diesen optimal angepaßt sein.

Die technischen Fertigkeiten und koordinativen Fähigkeiten als die Leistungsvoraussetzungen dieses Faktors *unterliegen* in Ausbildung und leistungswirksamem Einsatz *dem regulierenden Einfluß habitueller handlungsbestimmender Leistungsvoraussetzungen*, die im hier vorgestellten Modell in der obersten Ebene unter dem Begriff Handlungskompetenz, in anderen Darstellungen auch als Eigenschaften von Handlungssteuerung und Verhalten oder Persönlichkeitsqualitäten eingeordnet werden.

• Beim Leistungsfaktor der obersten Ebene, als **Handlungskompetenz** bezeichnet, geht es u. a. um solche Voraussetzungen, die bewußte, aufgabenadäquate Wahrnehmungs-, Denk- und Entscheidungsprozesse ermöglichen und damit zum zweckmäßigen Einsatz der koordinativen und, darin eingeschlossen, der energetisch-

konditionellen Leistungsvoraussetzungen führen. Das sind insbesondere auch strategisch-taktische Leistungsvoraussetzungen. Es geht weiterhin um motivationale, emotionale und volitive Leistungsvoraussetzungen, die die Mobilisation des psychischen und physisch-organischen Energiepotentials, auch die Konzentration bei Ermüdung usw. mitbestimmen.

Dieser Leistungsfaktor, als **Persönlichkeitsfaktor** bezeichnet, repräsentiert in seinem Antriebsteil auch die Leistungsbereitschaft. Wenngleich auf seine durch die Vielschichtigkeit menschlichen Handelns und seiner Regulation bestimmte Komplexität und Differenziertheit hier vorerst nur hingewiesen werden kann, dürfte dennoch klar ersichtlich sein: Durch seinen Einfluß auf die anderen Leistungsvoraussetzungen, auf ihre Mobilisation, durch die *handlungssteuernden Plan- und Ausführungsrepräsentationen* und die *obersten Regulationsentscheidungen* ist er eine leistungsentscheidende Größe in der Struktur der Leistungsfähigkeit.

Möglichkeit und Notwendigkeit differenzierter Strukturdarstellungen

Die Struktur der Leistungsfähigkeit wurde im gewählten Modellansatz in einem sehr groben Raster erfaßt. Nicht berücksichtigt wurden u. a.:

• die in 2.1.3. erwähnte zweite Ebene der personalen Leistungsvoraussetzungen, d. h. die Abbildung der elementaren Funktionen der einzelnen Organsysteme und der physischen Grundfunktionen und -prozesse und ihrer Verknüpfung untereinander und mit der Ebene der vier Leistungsfaktoren;

• die ergänzenden Leistungsvoraussetzungen für kooperative Leistungen, wie sie in Mannschaftssportarten bzw. -disziplinen vorliegen oder auch bei Partnerleistungen wie im Paarlauf; Persönlichkeitseigenschaften des sozialen Verhaltens können hierbei u. a. wesentlichen Einfluß erlangen; (Abb. 2.1.-7)

• die konkreten Beziehungen zu den apersonalen, „äußeren" Leistungsvoraussetzungen, die die personalen Leistungsvoraussetzungen und ihre Ausbildung beeinflussen (wie z. B. die Materialeigenschaften des Stabes im Stabhochsprung oder die Form des Paddelblattes im Kanusport).

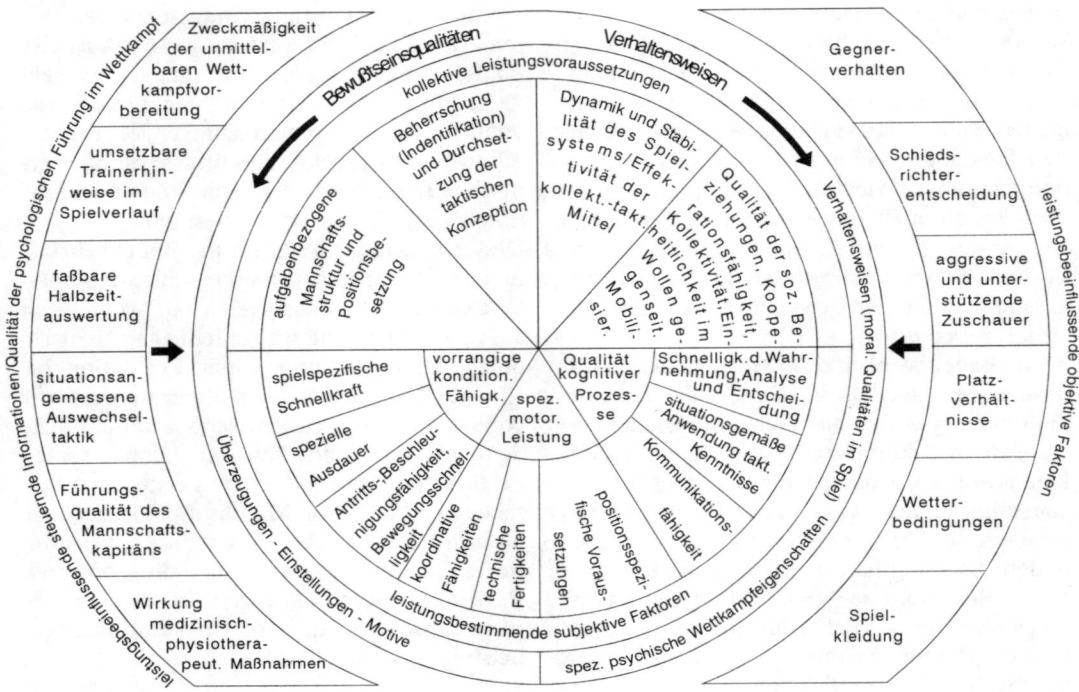

Abbildung 2.1.-7 *Struktur der Wettkampfleistung im Sportspiel (Prinzipdarstellung)*
(Stiehler/Konzag/Döbler 1988, S. 47)

Für die Modellierung der **Leistungsstrukturen der einzelnen Sportarten bzw. Disziplinen** erlangen diese Beziehungen jedoch z. T. sogar entscheidende Bedeutung und dürfen dort nicht ausgeklammert werden, wenn das System der Leistungsfähigkeit und seine Struktur adäquat zur Wirklichkeit abgebildet werden soll. Erst dann werden dort hinreichend treffende Ableitungen für Leistungs- und Trainingsziele, Trainingsaufgaben, Leistungsdiagnostik und Trainingskontrolle möglich. Das setzt allerdings differenzierte theoretische und empirische Untersuchungen voraus, die aufwendig sind und erst für wenige Sportarten in hinreichender Detailliertheit vorliegen.

Dabei ist dann ferner nach **strukturellen Eigenheiten der verschiedenen Alters- und/oder Qualifikationsstufen** zu fragen. Untersuchungen von Kirchner (1991[b]) im Rennschlittensport führten zu folgenden Aussagen, die mit gewisser Wahrscheinlichkeit verallgemeinert werden können (S. 168):

- Leistungsunterschiede können sowohl auf Ausprägungsunterschiede von Leistungsvoraussetzungen bzw. Fähigkeiten als auch auf „deren Wirken in Verbundstrukturen" zurückgeführt werden.
- „Fähigkeitsverbundstrukturen" sind durch spezifische Tätigkeiten bzw. Handlungen bestimmt. Das heißt auch, daß qualifikationsbedingte Strukturunterschiede trainingsbedingt sind.
- Sportler mit höherer Qualifikation in spezifischen sportlichen Tätigkeiten weisen ein höheres Niveau der Verkopplung von Leistungsvoraussetzungen auf als solche mit niederer Qualifikation.
- Die Güte eines „Fähigkeitsverbundsystems" wird wesentlich durch die Güte der zugrundeliegenden Funktionen und Leistungsvoraussetzungen mitbestimmt. Extreme Schwachstellen bei einzelnen Leistungsvoraussetzungen sind nicht kompensierbar, wenn höchste Leistungen erzielt werden sollen.

• Vorerst als Hypothese ergab sich: Die Strategiebildung verändert sich mit steigendem Qualifikationsniveau (steigender Handlungsfähigkeit). Bei höherer Qualifikation werden stärker kognitive Funktionen bevorzugt und deren „Kompensations- und Potenzierungstendenzen" besser genutzt.

2.1.5. Leistungsdiagnostik

Eine Theorie der sportlichen Leistung schließt mit Notwendigkeit die Behandlung der Erfassung der Leistungskomponenten und -voraussetzungen und die Leistungsdiagnostik ein. Darauf wird im 3. Kapitel bei den verschiedenen Leistungskomponenten bzw. -faktoren differenzierter einzugehen sein, während die trainingsmethodische Anwendung der Leistungsdiagnostik vor allem Gegenstand des 6. Kapitels ist. In diesem Abschnitt (2.1.5.) sollen einige grundlegende Fragen der Leistungsdiagnostik behandelt werden.

2.1.5.1. Anliegen und Begriff

Ein zielorientiertes Training, das die wissenschaftlichen Erkenntnisse zur sportlichen Leistung und Leistungsfähigkeit, zum Leistungssystem bzw. zur Leistungsstruktur und die Gesetzmäßigkeiten der Leistungsentwicklung anzuwenden bzw. optimal zu nutzen versucht, kommt ohne praktikable Diagnosemethoden nicht aus. Bereits **vor Beginn,** als Grundlage der Planung, muß der jeweilige Leistungszustand bestimmt werden. Dabei geht es um das Erkennen von Stärken und Schwächen hinsichtlich einzelner Leistungskomponenten und einzelner Leistungsvoraussetzungen sowie ihres Zusammenhangs. **Im Verlauf des Trainings** gilt es, die trainingsbedingten Veränderungen des Leistungssystems genauer zu ermitteln, um die Wirksamkeit des Trainings beurteilen und die weiteren Maßnahmen ableiten zu können. Die Leistungsdiagnostik ist also eine wesentliche Grundlage der Trainingsplanung und -steuerung. (Vgl. Kap. 6)
In vorwissenschaftlicher Form ist Leistungsdiagnostik so alt wie die sportliche Leistung selbst, „denn jeder Trainer fällt Urteile, und jeder

Sportler beurteilt sich selbst". (LETZELTER/ LETZELTER 1982, S. 351) Um diese subjektiven Diagnosen durch objektive bzw. objektivierbare zu ergänzen und möglichst weitgehend zu ersetzen – ohne auf den Erfahrungs- und Erkenntnisreichtum des Praktikers und auch der Athleten zu verzichten – sind Methoden erforderlich, die auf der Grundlage von objektivierten Merkmalen – d. h. von Daten – gestatten, die jeweilige Leistung in ihrem Vollzug und Ergebnis sowie den erreichten Leistungszustand und die einzelnen personalen Leistungsvoraussetzungen zu erfassen und zu beurteilen. Leistungsdiagnostik ist demnach **nicht Erforschung des Leistungsvollzuges und der Leistungsfähigkeit,** also Vorstoß in wissenschaftliches Neuland, **sondern Feststellen, Differenzieren und Einordnen von Sachverhalten** nach bereits vorhandenen Erkenntniskriterien **in bekannte Erkenntnisstrukturen.**[1] Ungeachtet dessen kann die Leistungsdiagnostik auch in bestimmtem Maße zum Erkenntnisgewinn beitragen.

> **Definition Leistungsdiagnostik:** Lehre und Komplex von Verfahren der Leistungsdiagnose, d. h. der Erfassung und Beurteilung der sportlichen Leistungen und der aktuellen Leistungsfähigkeit – des erreichten Leistungszustandes – auf der Grundlage von Kennwerten, Kennlinien und Merkmalen des Leistungsvollzuges sowie von Kennwerten der wesentlichsten personalen Leistungsvoraussetzungen. Darin einbezogen sind die Relationen der ermittelten Daten, d. h. die Struktur des Leistungssystems.

Für das hier umrissene Anliegen hat die trainingswissenschaftliche Leistungslehre aussagefähige Verfahren für die Gewinnung leistungsdiagnostischer Daten bereitzustellen, eingeschlossen die Prüfung und Qualifizierung der in der Trainingspraxis bereits gebräuchlichen Verfahren. Dazu gehört auch die Ermittlung von Vergleichswerten, die als ideale oder statistische Normen erst eine Beurteilung von Leistungen und Leistungsfähigkeit ermöglichen.

---

[1] Entspricht dem Diagnosebegriff der Medizin, nicht aber der weiteren Fassung von LETZELTER/LETZELTER (1982).

2.1.5.2. Gewinnung leistungs- diagnostischer Daten

Für die Leistungsdiagnostik relevante Daten können einerseits mit solchen *Verfahren* gewonnen werden, *die im Wettkampf* und, davon abgeleitet, auch im Training *zur Messung bzw. Bewertung der Leistungen Anwendung finden.*

Dazu zählen z.B. die Zeitmessungen bei Ausdauer- und Schnelligkeitsleistungen, die durch die heute verwendeten Meßsysteme nicht nur am Ende der Wettkampfstrecke, sondern auch nach bestimmten Teilstrecken erfolgen (u.a. im Sportschwimmen, Skilanglauf, Rennschlittensport, Mittel- und Langstreckenlauf) und somit Aufschluß über die zeitliche Struktur der Leistung geben. Dazu zählen auch die nach vorgegebenen Wertungsskalen erfolgenden Punktwertungen in den Sportarten, in denen die Leistungsermittlung durch Wertungs- bzw. Preisrichter erfolgt. Diese dem Wettkampfsport eigenen und ihnen ähnliche Meß- und Wertungsverfahren lassen sich auch auf verschiedene Trainingsübungen anwenden, so daß diese zu Testübungen zur Ermittlung der Leistungsvoraussetzungen werden – wie z.B. der Dreierhop für die Schnellkraftfähigkeit, das Bankdrücken für die Kraftausdauerfähigkeit.

Andererseits liefern *die in der trainingswissenschaftlichen Forschung zur Datengewinnung eingesetzten Verfahren* (s. Kap. 1) wertvolle Daten auch für die Leistungsdiagnostik.

Dazu gehören biomechanische Meß- und Auswertungsverfahren, sportphysiologische, biomechanische und sportmedizinische Verfahren, psychologische Tests und Beobachtungen, sportmotorische Tests und standardisierte Technik- und Taktikbeobachtungen. (Abb. 2.1.-8) Damit verbunden ist zumeist der Einsatz eines leistungsfähigen apparativen Instrumentariums – z.B. computergestützte Meß- und Informationssysteme, interaktives Video. Die Nutzung dieser Möglichkeit ist infolge des Aufwandes allerdings nur in begrenztem Maße realisierbar, d.h. zumeist nur im Hochleistungssport.

Zwischen den beiden Herkunftarten von leistungsdiagnostischen Daten bestehen nicht nur enge Berührungspunkte, sondern auch *Übergangsformen.* So sind z.B. sportmotorische Tests häufig auf Trainingsübungen aufgebaut, setzen biomechanische Kennwerte auch an in Training und Wettkampf gemessenen kinematischen Parametern an, verarbeiten u.a. Teilweitenrelationen.

Aus der hier kurz dargestellten unterschiedlichen Herkunft leistungsdiagnostischer Daten ist ersichtlich, daß die benötigten Verfahren aus dem Methodeninstrumentarium der Wissenschaftsdisziplinen stammen, die an der Erforschung der sportlichen Leistungen und Leistungsvoraussetzungen beteiligt sind und deren Aussagen in der Trainingswissenschaft integrativ

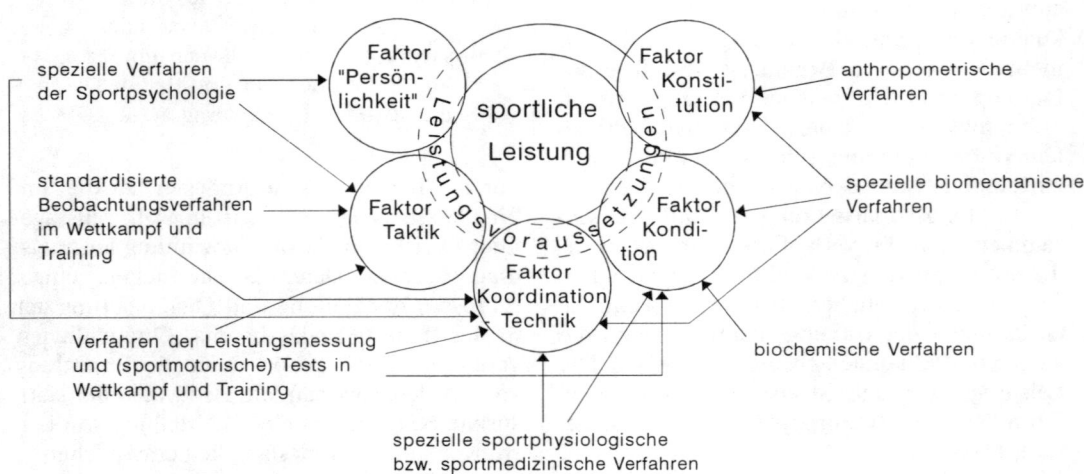

Abbildung 2.1.-8 *Leistungsdiagnostische Verfahren aus den verschiedenen beteiligten Wissenschaftsdisziplinen*

verarbeitet werden müssen. Das *erfordert Zusammenarbeit mit den Vertretern dieser Wissenschaftsdisziplinen* – der Biomechanik, Sportmotorik, Sportpsychologie, Anthropometrie, Sportmedizin (Sportphysiologie, Biochemie) – bei der Datenauswahl, Datengewinnung und z.T. auch bei der Auswertung und Interpretation.

Eine **komplexe Leistungsdiagnostik,** wie sie zur Trainingssteuerung der Hochleistungssportler gehört (s. Kap. 6), ist nur in interdisziplinärer, zumindest multidisziplinärer Kooperation möglich. Das Ideal einer wirklich komplexen Leistungsdiagnose stößt dabei auf folgende Realisierungsprobleme:

• Selbst in Sportarten mit weitestgehend aufgeklärtem Leistungssystem sind *quantitative Daten nicht von allen Leistungskomponenten und Leistungsvoraussetzungen zu ermitteln.* Vor allem Leistungsmerkmale und -voraussetzungen, die die Ebene der bewußten Handlungsregulation – Kognition, Motivation, Volition – betreffen, sind zunächst nur verbal-beschreibend zu fixieren und kaum derart zu skalieren, daß sie mit den Meßdaten von anderen Komponenten bzw. Faktoren verrechnet werden können.

• Die Möglichkeit der *Gewinnung von Daten der Leistungskomponenten beim Vollzug einer Wettkampf- oder Trainingsleistung ist begrenzt.* Selbst die Erfassung der benötigten biomechanischen und physiologischen Daten gelingt mitunter nur unter großem Aufwand – u.a. unter Einsatz der Telemetrie. Aussagen zur taktischen Leistungskomponente sind nur auf der Grundlage aufwendiger Verhaltensbeobachtungen möglich, und der Einfluß der kognitiven oder volitiven Komponente im Rahmen der Handlungsregulation kann aus der Verhaltensbeobachtung nur indirekt und relativ ungenau erschlossen werden.

• *Je komplexer eine Leistungsdiagnose* angelegt wird, d.h. je umfassender alle Leistungskomponenten und alle Leistungsvoraussetzungen in die Datenerfassung einbezogen werden, *desto komplizierter wird die Interpretation,* d.h. die im Ergebnis der Datenauswertung gestellte Diagnose. Die Praktikabilität der Leistungsdiagnostik wird dabei in Frage gestellt. Mit dieser Problematik einer komplexen Lei-

stungsdiagnostik, die es allerdings im strengen Sinne noch in keiner Sportart gegeben hat, wird keinesfalls einer Einseitigkeit in der Datenauswahl das Wort geredet. Die Komplexität des Leistungssystems und seine Struktur muß die Orientierungsgrundlage auch bei einer notwendigen Datenreduzierung sein. Durch Ermittlung der Größe des Einflusses der einzelnen Leistungsparameter und ihrer Relationen – d.h. unter anderem auch von bestimmten Indizes oder Quotienten – auf das Leistungsergebnis kann eine Auswahl für die Diagnoseverfahren erfolgen. Gleichermaßen ermöglicht die Bestimmung der Einflußgrößen der verschiedenen Leistungsvoraussetzungen hinsichtlich des Vollzugs und Ergebnisses der Wettkampfleistung eine Auswahl bei der Fähigkeitsdiagnostik. Anzustreben ist dabei, neben der logischen Leistungsrelevanz der betreffenden Parameter auch die empirisch-statistische Leistungsrelevanz (LETZELTER/LETZELTER 1983, S. 18) zu bestimmen und als Kriterium zu verwenden.

2.1.5.3. Vergleichswerte und Normen

Diagnosen sind aus ermittelten Fakten gezogene Schlüsse. Darin enthalten sind Urteile, die nicht ohne Vergleiche zustande kommen können.

So ist in der Diagnose des Arztes der Vergleich der ermittelten Daten – z.B. der Körpertemperatur – und Merkmale – z.B. der stark geröteten Mandeln – mit dem Normalzustand, der Norm des Gesunden, enthalten.

Auch die sportliche Leistungsdiagnostik ist mit der Datenermittlung und der Ermittlung bestimmter Beziehungen und Abhängigkeiten, besonders des Einflusses auf die Wettkampfleistung, nicht vollendet. Dazu gehört noch die Beurteilung der Einzeldaten und des Gesamtprofils bzw. der strukturellen Beziehungen mit Hilfe von **Vergleichswerten.** Das können die als Optimalwerte betrachteten Daten weltbester Sportler oder des theoretisch konstruierten Leistungsmodells der Prognoseleistung sein – **ideale Normen** nach LETZELTER/LETZELTER (1983, S. 24). Das können auch die statistisch ermittelten Durchschnittswerte sein, die einen allgemeinen Trend kennzeichnen. Diese **statistischen Normen,** die sich grundsätzlich auf Zielgruppen beziehen, „stellen den Bezug von individueller und durchschnittlicher Merkmalsausprägung her". (S. 25) Ihre *graphische Darstellung* kann durch Regressionsgeraden erfolgen, mit denen die ermittelten individuellen Daten verglichen werden. Weicht der individuelle Wert stärker nach der positiven Seite ab, ist er mit einiger Wahrscheinlichkeit Indikator für eine Stärke des Sportlers, bei negativer Abweichung für eine Schwäche.

Neben idealer und statistischer Norm als Vergleichswert kann noch die **funktionale Norm** unterschieden werden. Sie bezieht sich jeweils nur auf den einzelnen Sportler und berücksichtigt seine individuellen Stärken und Schwächen, stellt die für ihn optimale Lösung dar. Sie kann *nur empirisch gefunden*, zumeist nicht wissenschaftlich definitiv begründet werden, so daß immer offen bleibt, ob nicht durch Annäherung an die statistische Norm bzw. an das theoretische Leistungsmodell (Leistungssystem) noch höhere Leistungen möglich wären. Sie ist außerdem *dynamisch*, d.h., sie verändert sich in Abhängigkeit von Trainingssystem und -aufbau und dem jeweiligen Entwicklungsstand des Athleten. Durch *Extrapolation* der zu einem bestimmten Zeitpunkt zu erreichenden leistungsdiagnostischen Werte lassen sich in Anlehnung an die funktionale Norm individuelle Vergleichswerte aufstellen. Weitere wichtige Vergleichswerte stellen die vom jeweiligen Athleten zu einem früheren Zeitpunkt erzielten leistungsdiagnostischen Ergebnisse dar, die erst eigentlich eine *Entwicklungsbeurteilung* und eine darauf gegründete Trainingssteuerung ermöglichen.

2.2. Funktionelle Mechanismen der Leistungsentwicklung

In 2.1. wurden sportliche Leistung und Leistungsfähigkeit in ihrem Wesen und ihrer Struktur dargestellt. Nunmehr stellt sich die Frage, wie es zur Entwicklung, zu einer positiven Veränderung der Leistungsfähigkeit kommt, die ja als ein wesentliches Ziel, wenn nicht als Hauptziel in allen Realisierungsbereichen des Sports und der körperlichen Vervollkommnung angestrebt wird. Gefragt ist nach Gesetzmäßigkeiten, die diese Entwicklung bestimmen, nach

Erkenntnissen vom Zusammenwirken der verschiedenen Komponenten der Leistungsentwicklung: **Wir fragen nach den grundlegenden funktionellen Vorgängen, nach den „Grundmechanismen"[1] der Leistungsentwicklung.**

Für sportliche Leistungen sind, dem biopsychosozialen Charakter der menschlichen und damit auch der sportlichen Tätigkeit entsprechend, biowissenschaftliche[2], psychologische sowie sozialwissenschaftliche Erkenntnisse und Gesetzmäßigkeiten bestimmend. Sie führen jedoch, für sich allein betrachtet, nicht zur adäquaten Widerspiegelung des realen Prozesses, denn sie existieren nur in enger – dialektischer – Wechselbeziehung: Die biopsychosoziale Qualität der Tätigkeit und der einzelnen Handlungen ist nur in integrativer Zusammenführung der genannten Erkenntnisgrundlagen realitätsgerecht zu erfassen. Die gesuchten Grundmechanismen der Leistungsentwicklung müssen deshalb den interdisziplinären Charakter des Gegenstandes ebenfalls berücksichtigen.

Bei der Beantwortung der Frage nach den Bedingungen und Ursachen der Leistungsentwicklung werden häufig **endogene** und **exogene Faktoren** unterschieden.

– *Endogen* bedingt sind Veränderungen des Körperbaus und der inneren Organe, die sich vor allem in der Kindheit und Jugend als anlagebedingtes Wachstum (= quantitativ) und als Ausprägung der Alters- und Geschlechtsspezifik (= qualitative Merkmale) zeigen.

– *Exogen* bedingt sind Veränderungen, die durch äußere Einflüsse zustande kommen. Im Falle der sportlichen Leistungsfähigkeit wirken jedoch diese Einflüsse fast ausschließlich in Form oder vermittels der sportlichen Tätigkeit, des sportlichen Übens und Trainierens. (Von den u. U. auch selbständig wirkenden Einflüssen der Ernährung, klimatischer Faktoren – z. B. Höhe – oder gar des Gebrauchs von Dopingmitteln sei hier zunächst einmal abgesehen.)

---

[1] Die Bezeichnung „Mechanismus" für den Bereich hochorganisierter Prozesse menschlicher Tätigkeiten darf nicht als Simplifizierung verstanden werden. Sie wird jedoch mehr und mehr auch für den Wirkungszusammenhang organischer Prozesse gebraucht. In diesem Falle handelt es sich dem tieferen Sinne nach eigentlich um „Grund*organismus*".

[2] Eingeschlossen sind die auch für die belebte Materie gültigen Erkenntnisse und Gesetzmäßigkeiten der Physik und Chemie.

Es ist unschwer zu erkennen, daß endogene und exogene Bedingungen und Ursachen **nicht unabhängig voneinander wirken** können. Die endogen bedingten Entwicklungsmöglichkeiten können nur in der und durch die Tätigkeit – durch Üben und Trainieren – voll ausgeprägt werden. Spitzenleistungen, die die Grenzen der menschlichen Leistungsfähigkeit immer weiter hinausschieben, ohne daß heute bereits ein Ende abzusehen ist, beruhen zwar auf der ständig verbesserten Perfektion der Trainingseinwirkungen, also der exogenen Einflüsse, werden jedoch nur dann erreicht, wenn auch die endogenen Bedingungen optimal sind.

In diesem Abschnitt zur Leistungsentwicklung wird auf die Dialektik endogener und exogener Faktoren bzw. Bedingungen der Entwicklung der Leistungsfähigkeit nur insofern Bezug genommen, als die Leistungsvoraussetzungen zu jedem beliebigen Entwicklungszeitpunkt als endogene Entwicklungsbedingungen wirken, jedoch durch äußere Bedingungen, speziell durch die sportliche Tätigkeit, einer ständigen Veränderung und Weiterentwicklung unterliegen. Dabei soll ausgegangen werden von einem Funktionsschema der sportlichen bzw. motorisch akzentuierten Tätigkeit. Im Anschluß daran werden die elementaren Grundmechanismen der Leistungsentwicklung, die sich aus diesem Modell ergeben, näher behandelt.
Das von uns angebotene Konzept in Beantwortung der Frage nach den grundlegenden funktionellen Vorgängen bezieht noch keine Überlegungen ein, wie bei Auswertung und Anwendung der derzeit in der Wissenschaft sehr zukunftsträchtig eingeschätzten *Selbstorganisationstheorien,* der *Synergetik* und schließlich der *Chaostheorie* (u.a. PRIGOGINE 1979; HAKEN 1985; CRAMER 1993) die Theorie der sportlichen Leistung wenn nicht revolutioniert, so doch weiterentwickelt werden könnte. Für die Sportwissenschaft, speziell für die Sportmotorik, die ja wesentliche Aussagen zur sportlichen Leistungslehre liefert, liegen zwar erste Ansätze vor (vgl. NORDMANN 1991; BLASER u. a. 1994; JANSSEN u.a. 1996), für die Trainingswissenschaft erscheint uns jedoch ein weiteres Eingehen zum gegenwärtigen Zeitpunkt noch verfrüht.

2.2.1. Funktionsschema der sportlichen Tätigkeit

Das im folgenden dargestellte und erläuterte Funktionsschema (Abb. 2.2.-1) hat wie jedes Modell seinen angezielten Aussagewert, aber auch seine Grenzen. Um seinen Zweck erfüllen zu können, muß es wesentliche Seiten des realen Geschehens herausheben, andere da-

gegen vernachlässigen. Der *Zweck,* der *Sinn dieses Funktionsschemas*[1] besteht darin, den Grundvorgang der sportlichen Tätigkeit und ihrer Entwicklung beim Individuum so darzustellen, daß wesentliche Zusammenhänge der Trainings- und Wettkampftätigkeiten und der individuellen Entwicklung der Leistungfähigkeit begriffen werden können. Das weiterführende – praktische – Ziel besteht darin, Ansatz- und Eingriffspunkte in diesem Tätigkeits- und Entwicklungszusammenhang zu erkennen, um die Leistungsfähigkeit positiv zu beeinflussen, d.h., um den vorliegenden Bedingungs- und Wirkungsmechanismus zu optimieren.

Sportliche Tätigkeit als Anforderungsbewältigung und Inanspruchnahme von Leistungsvoraussetzungen

Jede Tätigkeit – und somit auch die sportliche – realisiert sich in einzelnen Handlungen. Jede Handlung stellt die Bewältigung einer bestimmten **Anforderung** dar.

Diese Anforderung kann elementar sein und z. B. nur im Überwinden oder Überspringen eines Hindernisses oder im mehr oder weniger schnellen Zurücklegen einer bestimmten Strecke (in einer bestimmten Fortbewegungsart) oder im Werfen eines Balles bzw. anderer Sportgeräte bestehen. Diese Anforderung kann jedoch auch differenzierter oder komplexer sein, indem höhere bis maximale Ansprüche an meist mehrere Leistungsparameter gestellt werden – wie bei der Realisierung der meisten sogenannten Wettkampfübungen der verschiedenen Sportarten in vorgeschriebener Technik. Das bedeutet u.a., daß mehrere Bewegungselemente kombiniert werden müssen – wie etwa im Geräturnen, Eiskunstlauf oder Wasserspringen – oder daß die Handlungssituation, bestimmt durch die Auseinandersetzung mit Gegnern und u. U. durch gleichzeitige Kooperation mit Partnern, ein variables Agieren und Reagieren erfordert – wie in den Zweikampfsportarten oder den Sportspielen, d.h. den sogenannten situativen Sportarten.

Die jeweilige Anforderung – und damit auch ihre „Größe" – resultiert immer aus der Konstellation von eigentlicher **Handlungsaufgabe** (durch das Handlungsziel bestimmt) und **Ausführungsbedingungen.** Unter den Ausführungsbedingungen sind zunächst die äußeren Realisierungsbedin-

---

[1] Das Funktionsschema lehnt sich teilweise an eine Darstellung von PLATH (1976, S. 226/227) zu Belastungswirkungen kognitiver Arbeitstätigkeiten an.

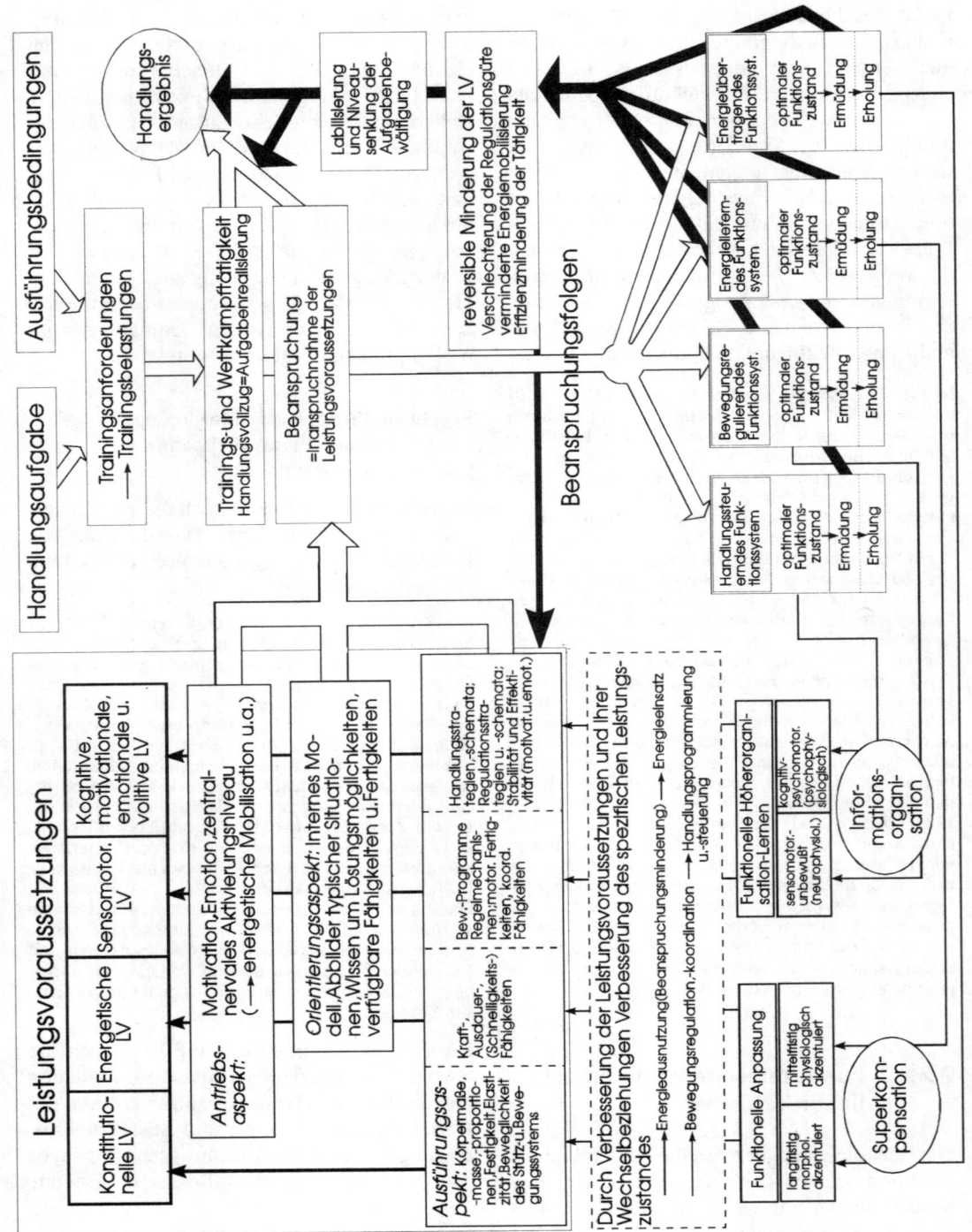

Abbildung 2.2.-1   *Funktionsschema der sportlichen Tätigkeit*

gungen zu verstehen, die z. T. unterschiedlichen Sportanlagen, Geräte, klimatischen Verhältnisse (Temperatur, Höhe, Wind, Sonne, Regen, Wellen, Schneebeschaffenheit) und manchmal auch Zuschauereinflüsse. Hinzu kommen noch die inneren Realisierungsbedingungen, von denen die habitualisierten, zu individuellen Eigenschaften gewordenen **Leistungsvoraussetzungen** eine besondere Rolle spielen und vom Momentanzustand, der psychischen und physischen „Tagesform", abgehoben werden.

Aus dem Zusammenhang von Handlungsaufgabe und Ausführungsbedingungen bei der Tätigkeitsanforderung wird deutlich, daß die gleiche Aufgabe bei anderen Bedingungen unterschiedliche Anforderungen stellt. Das ist bei einer realen Einordnung und Wertung einer Leistung wie auch der Beurteilung der vorhandenen Leistungsfähigkeit in allen sportlichen Realisierungsbereichen und -formen hinreichend zu berücksichtigen.

Die – auf der linken Seite des Funktionsschemas dargestellten – Leistungsvoraussetzungen bestimmen nicht nur die Höhe der Anforderungen wesentlich mit, sondern vor allem den Grad der Realisierung der Handlungsaufgabe im eigentlichen Handlungs**vollzug**, also das Handlungs- bzw. Leistungsergebnis. (Nur diese Beziehung ist im Schema graphisch verdeutlicht!) Die verschiedenen Klassen von Leistungsvoraussetzungen werden im Handlungsvollzug, d.h. im Vollzug der Trainings- oder Wettkampfleistungen, in Anspruch genommen, es entsteht eine **Beanspruchung**. Die Klassen von Leistungsvoraussetzungen, wie bereits in 2.1.3. herausgearbeitet wurde, sind:
– konstitutionelle Leistungsvoraussetzungen
– energetische Leistungsvoraussetzungen
– sensomotorische Leistungsvoraussetzungen
– kognitive, motivational-emotionale und volitive Leistungsvoraussetzungen.
Bei Anforderungen, die der Grenze der individuellen Leistungsfähigkeit nahe kommen, die die Beanspruchungsmöglichkeit der Leistungsvoraussetzungen, die durch ihren aktuellen Entwicklungsstand bestimmt ist, weitgehend ausschöpfen, kommt es zu einer Auslenkung der jeweils zugrundeliegenden funktionellen Systeme aus dem Zustand der Homöostase, des

physischen und psychischen Gleichgewichts. Wird eine solche Beanspruchung bewußt durch entsprechende Anforderungen herbeigeführt, um dadurch eine Steigerung der Leistungsfähigkeit zu erzielen, sprechen wir von **Trainingsbelastung**. (Vgl. dazu 4.4.)

Die Einführung des Begriffes Beanspruchung in die Leistungs- und Trainingslehre hat sich erst in letzter Zeit stärker durchgesetzt. (Vgl. Martin 1977; Matwejew 1981; Harre u.a. 1986; Jonath 1986; Eberspächer 1987; Röthig u.a. 1992) Impulse dazu kamen u.a. aus der Arbeitspsychologie (Hacker 1986, S. 75, u.a.) und aus der Arbeitsphysiologie (Rohmert 1984 u.a.), deren *Belastungs-Beanspruchungs-Konzept* heute für die deutsche Trainingswissenschaft als Orientierung dient. (Vgl. Willimczik/Daugs/Olivier 1991)

Momentane Beanspruchungsfolgen

Die **unmittelbaren Folgen,** die sich aus einer Beanspruchung durch sportliche Tätigkeit ergeben, sind im Funktionsschema für die vier im Abschnitt 2.1.3. herausgearbeiteten **Funktionssysteme** dargestellt, wenngleich, wie schon mehrfach hervorgehoben, diese Funktionssysteme (oder Funktionsbereiche) wechselseitig verknüpft sind. Allgemein besteht die momentane Folge einer Trainingsbelastung, die für das jeweilige Individuum hinreichend groß ist, also zur Beanspruchung geführt hat, in einer gewissen **Ermüdung.** Sie führt bei stärkerer Auslenkung der Systeme aus der Homöostase zu einer **zeitweise verminderten Leistungsfähigkeit.** Es kommt zu einer Verschlechterung der Handlungssteuerung und Bewegungsregulation und damit zu verminderter Regulationsgüte, zu verminderter Energiemobilisation. Schließlich kommt es auch zu Ermüdungsfolgen im energieübertragenden Funktionssystem, d.h. in den bindegewebigen Strukturen des Bewegungssystems, die jedoch den aktuellen Leistungsvollzug meist nicht direkt beeinflussen. Allerdings kann eine erhöhte Verletzungsanfälligkeit des Binde- und Stützgewebes (z.B. Sehnen, Faszien, auch Knochen) ebenfalls eine Ermüdungsfolge sein. Der Grad der eintretenden, in jedem Falle zeitlich begrenzten Veränderungen kann in den Funktionssystemen sehr unterschiedlich sein. Er hängt einerseits ab von der Art der Beanspruchung, also von den Anforderungen, die an die Funktionssysteme gestellt werden, andererseits vom Entwicklungsstand – vom Leistungszustand – der Systeme, d. h. mit anderen Worten von der erreichten Ausprägung der Leistungsvoraussetzungen. Insgesamt ergibt sich daraus eine reversible, mehr oder weniger starke Labilisierung und Niveauminderung der Aufgabenbewältigung.

Bleibende Beanspruchungsfolgen

Wiederholte Beanspruchung durch sportliche Tätigkeit führt zu bleibenden Veränderungen in den Funktionssystemen und damit zur *Entwicklung der Leistungsvoraussetzungen.* Hierbei handelt es sich demnach um die Trainingswirkungen, die in der organisierten Trainings- und Wettkampftätigkeit bewußt angestrebt werden. Sie *betreffen alle vier Funktionssysteme,* aber in unterschiedlichem Umfang der möglichen Entwicklungen, unterschiedlicher zeitlicher Struktur und unterschiedlichen funktionellen Vorgängen: Es müssen **zwei Grundmechanismen,** die in dem einen oder anderen Falle dominant sind, unterschieden werden.

Für die Systeme der Handlungssteuerung und der Bewegungsregulation bilden die informationellen Prozesse und Kopplungen – verstanden intraindividuell und als Verbindung zur Umwelt – die entscheidende Rolle. Der dafür im Nerven- und Sinnesapparat erforderliche Energieaufwand und -verbrauch kann weitgehend vernachlässigt werden. Den hierfür charakteristischen Grundmechanismus bezeichnen wir als **Informationsorganisation.** Er wird in den Abschnitten 2.2.2. und 2.2.3. näher behandelt. Das bedeutet, daß dabei noch einmal zwischen dem (motorischen) Lernen, das stärker durch den Funktionsmechanismus der Bewegungsregulation bestimmt ist, und der von den höchsten Regulationsebenen abhängigen Handlungs- und Verhaltensregulation unterschieden wird, ohne dabei eine absolute Trennung vorzunehmen. In der sportlichen Tätigkeit ist beides eng miteinander verknüpft, und gemeinsam ist die Abhängigkeit von im wesentlichen qualitativen Veränderungen im Nervensystem, die nach dem derzeitigen Erkenntnisstand in Form von „Verschaltungen", höher organisierten Vernetzungen mit vielfältigen Rückkopplungen, Vorinformationen u. a. angenommen werden.

Für die Systeme der Energielieferung und Energieübertragung haben energetische Prozesse die entscheidende Rolle, wenngleich diese Prozesse nicht losgelöst von Informationsvorgängen und informationellen Kopplungen existieren. Den Grundmechanismus, der hier zu tätigkeitsbedingten Veränderungen führt, bezeichnen wir als **morphologisch-funktionelle Anpassung.** Er wird in 2.2.4. behandelt.

In der bisherigen trainingswissenschaftlichen Literatur werden diese beiden Grundmechanismen meist nicht eindeutig voneinander abgehoben und unterschieden. Verbreitet war der Versuch, jedwede Trainingswirkung als Folge einer belastungsbedingten Anpassung nach dem Prinzip „Auslenkung der funktionellen Systeme aus der Homöostase/Ermüdung – Erholung/Kompensation – Superkompensation" zu erklären. In der Trainingspraxis wurde infolgedessen bei vielen Trainingsaufgaben die Trainingsbelastung so gewählt, daß eine ausgeprägte Ermüdung eintrat und daß auch im ermüdeten Zustand weiter geübt und trainiert wurde. Die bereits erwähnte, damit verbundene zeitweise verminderte Leistungsfähigkeit und Regulationsgüte verhinderte jedoch zumindest in den ersten Lernstadien Trainingseffekte im Rahmen der Funktionssysteme Handlungssteuerung und Bewegungsregulation, da – wie ausgeführt – die Entwicklung in diesen Systemen einem anderen Grundmechanismus folgt. Es ist das Verdienst von STARK (1984), sich als erster mit diesem Problem konsequenter auseinandergesetzt zu haben. Er verwendete bereits den Begriff der Informationsorganisation und stellte ihn dem Reiz-Anpassungs-Gesetz gegenüber.

Mit der Unterscheidung der genannten beiden Grundmechanismen, die zu bleibenden Beanspruchungsfolgen führen, liegt auch die Frage auf der Hand, inwieweit der *Grundmechanismus Informationsorganisation* und ganz besonders die kognitive, emotional-motivational und volitiv determinierte Verhaltensentwicklung noch als **Anpassung** eingeordnet werden können. *Anpassung* ist der ursprünglichen Bedeutung nach ein *reaktiver Prozeß; Lernen und Verhaltensentwicklung* dagegen tragen in hohem Maß *aktive Züge:* Die mit dem Bewußtsein verbundene höhere Nerventätigkeit, die dominierenden psychischen Prozesse sind ihrem Wesen nach mit dem Anpassungsbegriff nicht erfaßt, ebenso nicht die Organisation der Neuronennetze, die nicht durch Auslenkung und ermüdungsbedingte Anpassung, sondern durch viel kompliziertere Prozesse bewirkt wird. (MATTHIES/KRUG/POPOV 1979) Wenn also, dem Sprachgebrauch vor allem der Biowissenschaften folgend, auch hier von Anpassung gesprochen wird, dann sollte man sich des qualitativen Unterschieds zum elementaren Prinzip Reiz – Anpassung bewußt sein.

Die aus der sportlichen Tätigkeit resultierenden Beanspruchungsfolgen führen, wie aus dem Schema abzulesen, zu einer **Weiterentwicklung der Leistungsvoraussetzungen** und ihrer wechselseitigen Beziehungen und damit im Ergebnis – Überbeanspruchung einmal ausgeschlossen – zu einer **verbesserten Leistungsfähigkeit.**

Das beruht auf der

– verbesserten Programmierung und Steuerung der Handlungen bzw. des Verhaltens in Einheit von Kognition, Motivation, Volition und Emotion
– verbesserten Bewegungsregulation
– verbesserten Energiebereitstellung und -ausnutzung
– verbesserten Energieübertragung.

Leistungsvoraussetzungen und Beanspruchungsfolgen im Bezug zur Handlungsregulation

Im Funktionsschema werden Leistungsvoraussetzungen und die ihnen zuzuordnenden (bleibenden) Beanspruchungsfolgen nach den Hauptaspekten der Theorie der Handlungsregulation differenziert. Personale, also individuelle Leistungsvoraussetzungen manifestieren sich als Fähigkeiten, Fertigkeiten, Gewohnheiten und Kenntnisse, als ein bestimmtes Niveau der kognitiven und volitiven Prozesse, als bestimmter Ausprägungsgrad von Einstellungen und Motiven hinsichtlich der Leistungsanforderungen, als physische und psychische Belastbarkeit.

Unter dem *Ausführungsaspekt* ordnen sich alle vier Funktionssysteme in bestimmte, ihnen dominant zuzuordnenden Leistungsvoraussetzungen ein. (Vgl. Funktionsschema, Abb. 2.2.-1)

Der *Orientierungsaspekt* wird durch Leistungsvoraussetzungen repräsentiert, die zum handlungssteuernden und zum bewegungsregulierenden Funktionssystem gehören. Das gilt auf den ersten Blick auch für den *Antriebsaspekt.* Jedoch ist eine Beeinflussung des energetischen Funktionssystems nicht nur über die Bewegungsregulation möglich, sondern auch unmittelbar über die zentralnervale Aktivierung und damit verbundene humorale Vorgänge.

2.2.2. Handlungsregulation und Persönlichkeit

Die Handlungsregulation stellt eine Strukturebene der sportlichen Leistung dar (vgl. 2.1.4.3.). Sie steht in funktioneller Nähe zur Bewegungsregulation und basiert auf kognitiven, emotional-motivationalen und volitiven Voraussetzungen der Persönlichkeit.

2.2.2.1. Psychisches als Voraussetzung und Ergebnis sportlicher Leistungen

Überschaubare, anforderungs- und situationsgebundene Handlungseinheiten ermöglichen es, die psychische Struktur sportlicher Leistungen zu erfassen und die regulative Funktion der kognitiven, emotional-motivationalen und volitiven Leistungsgrundlagen in ihrer Dynamik und Bedingungsabhängigkeit zu bestimmen. Tätigkeits- und handlungsorientierte Ansätze bilden dafür den theoretisch-methodologischen Rahmen (Rubinstein 1973; Leontjew 1973; Hacker 1973; Nitsch 1976; Mathesius 1983; Kunath/Schellenberger 1991). Aus der Analyse handlungs- bzw. tätigkeitsspezifischer psychischer Anforderungen einzelner Sportarten lassen sich generelle Erkenntnisse über die sportliche Leistungsstruktur ableiten bzw. verallgemeinern.

Psychisches läßt sich jedoch nicht nur auf das aktuelle Handeln einengen. Überdauernde Komponenten der Persönlichkeit, insbesondere ihre Motive, Einstellungen, individuellen Perspektiven und Wertvorstellungen, die subjektive Einordnung der sportlichen Tätigkeit in die gesamte individuelle Ziel- und Tätigkeitshierarchie sowie das soziale Verhalten und damit verbundene Lernprozesse haben wesentlichen Einfluß auf die sportliche Leistung.

Das im folgenden skizzierte Modell (Abb. 2.2.-2) soll die Beziehung zwischen persönlichkeitspsychologischem und handlungspsychologischem Aspekt veranschaulichen.

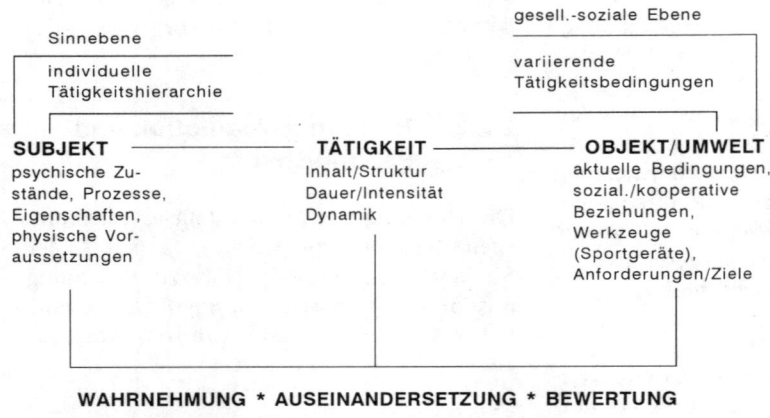

Abbildung 2.2.-2
*Grundlegende
Bedingungen der
Persönlichkeits-
entwicklung*

Das **Subjekt** (die Persönlichkeit) nimmt nur durch **geistige und praktische Tätigkeit bzw. Aktivität** (Wahrnehmung, Auseinandersetzung, Bewertung) Beziehungen zu seiner Umwelt und schließlich auch zu sich selbst („Selbsterfahrung") auf. Werden z. B. Möglichkeiten des Sporttreibens von einem Jugendlichen gar nicht wahrgenommen, weil er sich vielleicht viel mehr für eine künstlerische Tätigkeit oder für die Computertechnik interessiert, so wird der **Umwelt/Objekt**bereich „Sport" kaum oder keinen Einfluß auf seine Persönlichkeitsentwicklung ausüben. Die **materielle, soziale und gesellschaftliche Umwelt** kann also gleichfalls nur über das „Tätigsein" der Persönlichkeit Einfluß auf diese ausüben. Das geschieht beispielsweise, indem günstige Bedingungen für sportliche Tätigkeit – wie Sportvereine, finanzielle Förderung, gut ausgebildete Trainer, organisiertes Training und Wettkämpfe, eine motivierende soziale Atmosphäre u. a. – geschaffen werden. In Abhängigkeit von individuellen Zielen, Bedürfnissen und Interessen bilden sich individuelle **Tätigkeitshierarchien** heraus. Das heißt, verschiedene Tätigkeitsbereiche können für die Persönlichkeit relativ gleichwertig oder unterschiedlich bedeutsam sein. Solche Tätigkeitshierarchien sind oft sehr variabel und können sich im Lebenslauf mehrfach verschieben, z. B. bei Interessenwandel, Übernahme von Gruppennormen („was gerade Mode ist"), veränderter sozialer Verantwortung, Erfolg und Mißerfolg in bestimmten Tätigkeiten u. a. m. Welche objektiven Bedingungen, Ziele, Aufgaben, Anforderungen und Beziehungen für eine Persönlichkeit bedeutsam und weniger bedeutsam sind, hängt sowohl von aktuellen als auch von überdauernden – relativ stabilen – inneren und äußeren Bedingungen ab (vgl. 2.2.3.). Im Subjektbereich bestimmen die **Sinnvorstellungen** (Lebenssinn, Lebensziele) der Persönlichkeit in starkem Maße, wem und welcher Tätigkeit bzw. welchem Objekt sie sich zuwendet. Im Objektbereich sind es die gesellschaftlich-sozialen und materiellen Bedingungen und Werte, die die Realisierung bestimmter Tätigkeiten potentiell ermöglichen bzw. begünstigen.

Aus diesem Ansatz ergibt sich, **daß das Psychische – bezogen auf die sportliche Tätigkeit – sowohl Voraussetzung als auch Ergebnis sportlicher Leistungen bzw. sportlichen Handelns** ist. Das gilt prinzipiell und unabhängig davon, auf welchen Rangplatz die jeweilige sportliche Tätigkeit innerhalb der individuellen Tätigkeitshierarchie eingeordnet ist. Der Rangplatz bestimmt allerdings die Qualität, den Umfang und die Richtung der Beeinflussung der Persönlichkeit durch sportliches Handeln: Je mehr die sportliche Tätigkeit zeitweilig zu der bzw. einer Haupttätigkeit wird, desto größer ist ihre persönlichkeitsbeeinflussende Wirkung. Dabei ist besonders bedeutsam, wie hoch (oder gering) der Sportler seine Befähigung zur Bewältigung der jeweiligen Tätigkeitsanforderungen – d. h. *die eigene Handlungsfähigkeit* – erlebt bzw. vorausschauend beurteilt.

Zusammenfassend: Jede aktuelle sportliche Handlung wird aus Vergangenheit, Gegenwart und Zukunft der Persönlichkeit, d. h. ihren Erfahrungen, Interessen, Wünschen und Erwartungen, mitbestimmt. Die einzelne Handlung ist in die Persönlichkeitsentwicklung eingebettet und im Endeffekt nur aus ihr erklärbar. Die äußeren objektiven Bedingungen schaffen potentielle Handlungsmöglichkeiten und -motive. Die Persönlichkeit entscheidet jedoch, ob sie diese nutzen kann und/oder will. Das bedeutet, daß das Subjekt der Tätigkeit im Mittelpunkt psychologischer Betrachtung und Einflußnahme steht (KUNATH/SCHELLENBERGER 1991, S. 5).

2.2.2.2. Psychische Prozesse und Inhalte in der sportlichen Leistung

Der psychische Anteil an der sportlichen Leistung (Handlungs- und Verhaltensebene – vgl. 2.1.3. und 2.2.1.) basiert auf den psychischen Prozessen Kognition, Emotion, Motivation und Volition sowie den ihnen entsprechenden Inhalten, Zuständen und relativ stabilen Regulationskomponenten (psychische Leistungsvoraussetzungen). Sie lassen sich wie folgt charakterisieren:

• Über **kognitive Prozesse und Abbilder** (Inhalte) werden Informationen aus der Umwelt, aus dem Inneren und dem Verlauf der Tätigkeit wahrgenommen, gespeichert, wiedererkannt und neu strukturiert. Kognitive Operationen und Abbilder regulieren die Tätigkeit. So werden z. B. Bewegungen auf der psychischen Ebene über Bewegungswahrnehmungen und Bewegungsvorstellungen reguliert. Man unterscheidet *perzeptive Operationen* wie Empfindungen, Wahrnehmungen, bildhafte Vorstellungen, *intellektuelle Operationen* wie Analysieren, Abstrahieren, Systematisieren, Schlußfolgern und *mnestische Operationen* wie das gedächtnismäßige Einprägen und Reproduzieren. Kognitionen können jedoch auch Ergebnis der Verarbeitung und Speicherung sehr komplexer Informationsstrukturen im Handeln und Verhalten sein. Das sind Erfahrungen der Persönlichkeit, die als Handlungs- und Verhaltensstrategien (z. B. taktisches Verhalten), Modellvorstellungen (z. B. „Bewegungsgefühl"), Zielhierarchien, Motivinhalte u. ä. eine bedeutsame orientierende und regulierende Funktion in der Tätigkeit einnehmen.

• **Emotionen** drücken die *Beziehung der Persönlichkeit (Bewertung)* zu den aufgenommenen, verarbeiteten und gespeicherten Informationen aus der Umwelt sowie zu inneren psychischen und physischen Vorgängen im Handlungsverlauf (z. B. Ermüdung, Schmerz) aus. Emotionen sind im Grunde genommen Wertungen. Für das Handeln besonders bedeutsam sind solche, die sozialen Charakter tragen und die Stellung zu sozialen Partnern wie dem Trainer, Freunden, dem Ehepartner kennzeichnen, sowie jene, die die Einstellung zu sich selbst betreffen und sich als Selbstvertrauen, Selbsteinschätzung u. ä. äußern.

In *emotionalen Besonderheiten* drückt sich aus, wie tief oder dauerhaft ein Mensch fühlt, wie differenziert seine Gefühle sind, was bei ihm Lust oder Unlust hervorruft und welche Energie mit diesen Gefühlen verbunden ist.

Emotionale Prozesse und Inhalte sind Bestandteil der Antriebsregulation und haben großen Einfluß auf die Speicherung von Wahrnehmungen, Erlebnissen und Erfahrungen im Handlungsverlauf. Im Sport ist ihre positive oder negative Verstärkerfunktion beim motorischen Lernen von besonderer Bedeutung.

Kognition und Emotion hängen so eng zusammen, daß wir sie im realen Handeln des Menschen kaum auseinanderhalten können.

Bei verschiedenen Persönlichkeiten sowie auch im Altersgang und hinsichtlich der Geschlechtsspezifik kann man jedoch unterschiedliche Gewichte beider Seiten feststellen. Man sagt dann, der eine reagiert stärker rational, über die kognitiven Funktionen, und der andere stärker emotional.

In zielorientierten Handlungen bilden die Grundfunktionen Kognition und Emotion die Basis für Motivations- bzw. Willensprozesse.

• **Motivationale Prozesse und Inhalte** sind Beweggründe des Handelns, die aus den emotionalen und kognitiven Grundlagen der Persönlichkeit gespeist werden. Sie entwickeln sich in der Tätigkeit, in der Auseinandersetzung mit sozialen Anforderungen und Wirkungen und sind Ausdruck individueller Bedürfnisse.

Man unterscheidet *Motivinhalte*, die einzelne Tätigkeiten über relativ lange Zeiträume stimulieren bzw. die dazu beitragen, daß diese Tätigkeiten häufig „aufgesucht" werden (vgl. 2.2.2.3.), und *Motivierungsprozesse*, die im Tätigkeitsverlauf die Zielrealisierung ermöglichen. Hervorzuheben sind Zielsetzung, Selbstinstruktion, Selbstbefehle, Aktivieren von Motivinhalten über Vorstellungen, Bewertungsrichtungen wie

Ursachenerklärung, Verarbeitung von Erfolg und Mißerfolg u. ä. sowie die Nutzung äußerer Einflüsse wie Impulsgebung durch den Trainer, Trainingspartner u. a. (ILG 1991).

- Das **Wollen (Volition)** tritt in zielgerichteten geistigen (z. B. konzentriertes Nachdenken) und praktischen Handlungen auf. Wollen ist erstens nötig bei der *Entscheidung für ein Handlungsziel und den Handlungsbeginn sowie das einzusetzende Handlungsprogramm.* Dies bezeichnet man als *präaktionale Phase.* In ihr spielen vor allem Entscheidungen (für oder gegen eine Aufgaben- bzw. Zielstellung, eine Lösungsvariante u. ä.) und die Aktivierung der entsprechenden motivationalen Prozesse eine Rolle (Antrieb). Zweitens wird das Wollen bei der *Überwindung innerer und äußerer Widerstände (z. B. Ermüdung, Monotonie, Schmerzen u. ä.) in der Handlungsausführung* gefordert – es kontrolliert und aktiviert. Das wird als *aktionale Phase* bezeichnet. Die Persönlichkeit muß in den Handlungsverlauf „eingreifen" können, wenn sie es im Sinne der Zielerreichung für notwendig erachtet. Dazu benötigt sie kognitive Fertigkeiten (z. B. Probleme wahrzunehmen/zu bewerten, sich zu konzentrieren), Selbstmotivierungstechniken (z. B. Selbstinstruktion), regulative Voraussetzungen (z. B. Atemrhythmus ändern, muskuläre Spannung optimieren, Antrieb erhöhen) und Handlungsstrategien (z. B. taktische Varianten, Zielvariation). Volitive Eingriffsmöglichkeiten kann der Sportler erlernen und automatisieren und sie bei Bedarf bewußt anwenden (MATHESIUS/SCHUCK/PETERSEIN 1991).

Diese **psychischen Prozesse und Inhalte** erhalten in der sportlichen Tätigkeit – wie in jeder anderen auch – eine **spezifische Ausprägung**. Da entsprechend den Anforderungen und Bedingungen der sportlichen Tätigkeit bestimmte psychische Abläufe und Inhalte immer wieder gefordert werden, werden sie gefestigt bzw. sind situativ abrufbar. Sie werden zu relativ stabilen *Leistungsvoraussetzungen bzw. psychischen Regulationskomponenten.*

2.2.2.3. Persönlichkeitsmerkmale, die die sportliche Leistung vorrangig bestimmen

Aus der Beziehung zwischen Persönlichkeit und aktuellem Handeln (vgl. 2.2.2.1.) ergibt sich die Einordnung des Sports in die individuelle Lebensgestaltung entsprechend der jeweiligen Lebenssituation (Tätigkeitshierarchie, soziale Bezüge, Ziele, Perspektiven). Daraus resultieren Motive, die sportliches Tun unterstützen, fördern und anregen, aber auch solche, die es behindern oder stören. Der Sportler muß sich entscheiden, Konflikte bewältigen, sich mit vielfältigen äußeren Bedingungen auseinandersetzen, Wissen aneignen, Prioritäten setzen u. ä.

Diese Prozesse werden von individuellen Besonderheiten des Temperaments und Charakters beeinflußt (JUN 1989), was sich beispielsweise in der emotionalen Ansprechbarkeit und Erregbarkeit sowie in der Stabilität oder Labilität emotionaler Zustände ausdrückt. Bei entsprechendem Training lernt der Sportler seine Stärken leistungsfördernd einzusetzen bzw. eventuelle Störeinflüsse zu regulieren. In der sportlichen Tätigkeit und in Wechselwirkung mit anderen Tätigkeitsbereichen bilden sich demzufolge sehr komplexe innere Haltungen, Gewohnheiten und Werte heraus, die zur Ausformung und Vervollkommnung der Persönlichkeit beitragen und ihrem Handeln eine gewisse Konstanz geben.

Nach sportpsychologischen Untersuchungen sind die folgenden **Persönlichkeitsmerkmale für sportliches Handeln bzw. sportliche Leistungen** als **besonders bedeutsam** anzusehen:

- **Vital-emotionale und soziale Motive** (ILG 1991, S. 116) sind für die Aufnahme einer sportlichen Tätigkeit im Kindes- und Jugendalter von grundlegender Bedeutung.

Sport wird aus Freude an der Bewegung, am Erleben des eigenen Körpers (der Kraft, der Geschicklichkeit, der Bewegungsharmonie u. a.) sowie an der Auseinandersetzung bzw. dem Miteinander im sportlichen Wettstreit betrieben. Oft sind diese Emotionen ursprünglich nicht an eine bestimmte Sportart gebunden. Es wird probiert und gesucht, bis ein Bedingungsfeld gefunden wird, in dem die individuelle Bedürfnisstruktur am ehesten befriedigt werden kann. Derjenige, der vorwiegend sozial motiviert ist, wird sich in einer Mannschaftsportart oder bei einem ihm sympathischen

Trainer bzw. entsprechenden Trainingspartner besonders wohl fühlen. Andere Sportler haben Spaß daran, ihre Kräfte zu messen, die eigene Leistung in der direkten Auseinandersetzung auszutesten u. ä.; sie werden sich vielleicht zu einer Kampfsportart hingezogen fühlen.

Von der *emotionalen Befriedigung* durch bzw. in sportlicher Tätigkeit hängt wesentlich ab, ob diese einen vorderen Rangplatz in der Tätigkeitshierarchie des Sportlers erhält, ob er Freude und Selbstbestätigung in der Belastung findet und ob er sich über lange Zeiträume sowie auch bei Mißerfolgen motivieren kann. Die emotionale Befriedigung ist ein *grundlegendes Motiv für sportliche Leistungen* und gleichzeitig auch dasjenige, das, verbunden mit weiteren sich entwickelnden Beweggründen, nicht verlorengehen darf. Begriffe wie „Spielfreude", „Lauffreude", „Kampfgeist", „Wettkampftyp", „Belastungsfreude" u. ä. kennzeichnen diesen emotionalen Aspekt und sind typisch für erfolgreiche Sportler bis zum Olympiasieger oder Profisportler.

● In enger Beziehung zu dieser vorwiegend emotional gefärbten Motivation stehen die Merkmale **Leistungsehrgeiz und Belastungsstreben**. Sie sind häufig bereits sehr früh und in unterschiedlichen Tätigkeitsbereichen beobachtbar. Charakteristisch für diese Motive ist ihre „Innenbestimmtheit", d. h., die Bestätigung von außen spielt eine geringere Rolle. Entscheidend ist, daß in der Tätigkeit die Befriedigung des Leistungsstrebens intensiv erlebt werden kann. Der Leistungsvergleich im Sport bzw. die Meßbarkeit von sportlichen Leistungen ermöglicht dies in besonderem Maße.

● Als weiteres Persönlichkeitsmerkmal bildet sich mit fortschreitender sportlicher Entwicklung das **Bedürfnis nach Selbstverwirklichung** heraus. Dem Sportler wird die selbstwertfördernde und -stärkende Wirkung sportlicher Leistungen bewußt. Motivationsuntersuchungen im Sport belegen, daß dieses Bedürfnis – ausgedrückt in Selbstwertstreben, Geltungsstreben, Suche nach den eigenen Grenzen u. ä. – für die leistungsstärksten Sportler ein dominierender Beweggrund ihres Leistungsverhaltens, aber gleichzeitig in hohem Maße persönlichkeitsabhängig ist. (GABLER 1976; ILG 1991, S. 117; MATHESIUS 1983, S. 220 ff.)

Untersuchungen zeigen, daß das Selbstwertstreben
– in einer Population von Leistungssportlern einer Normalverteilung folgt, was die Persönlichkeitsabhängigkeit belegt;
– in Kombination mit einem hohen Leistungs- und Belastungsstreben, eigenständiger Zielsetzung und aktiver geistiger Mitarbeit besonders leistungsbestimmend ist;
– bereits bei jugendlichen Sportlern (12–14 Jahre) dominieren kann und in diesem Falle in Verbindung mit anderen Leistungsvoraussetzungen als Merkmal sportlicher Eignung zu werten ist.

● Mit zunehmender Persönlichkeitsentwicklung, dem Erleben von Leistungserfolgen und der sich entwickelnden Leistungsmotivation **orientieren** sich die Sportler verstärkt **an langfristigen Leistungszielen** (z. B. einmal an Olympischen Spielen teilnehmen zu können). Es bildet sich ihr perspektivisches Denken heraus. Die sportliche Tätigkeit erlangt einen vorderen Platz in der Tätigkeitshierarchie, langfristige Lebensziele entstehen bzw. werden gewichtet, die Lebensgestaltung wird entsprechend ausgerichtet. Typisch für diese Sportler ist ein hoher Grad an Selbstorganisation, Selbstdisziplin und Selbstbewußtsein. Es gelingt, unterschiedliche Anforderungen (Sport, Schule, Beruf, Familie) langfristig einzuordnen und ihre Bewältigung effektiv zu organisieren.

In Eignungsuntersuchungen fanden wir, daß bereits sehr junge Sportler diese Grundorientierung besitzen können. Anderen Sportlern fällt ein solches perspektivisches Denken schwer, sie orientieren sich an überschaubareren Zielen und sind auch meistens stärker auf Unterstützung von außen angewiesen. Diese langfristige Zielorientierung wurde auch bei hochbegabten Kindern und Jugendlichen im künstlerischen, technischen und wissenschaftlichen Bereich gefunden. Auf die in diesem Zusammenhang immer wieder geübte Kritik, daß die gezielte Förderung solch ausgeprägter Talente mit einseitiger Persönlichkeitsentwicklung, Überforderung jugendlicher Persönlichkeiten u. ä. einhergehe, kann hier aus Raumgründen nicht ausführlich eingegangen werden. Nach unserer Erfahrung gehört zum Talent eine bestimmte Persönlichkeitsstruktur, die sich in einer gewissen Einengung, dafür aber großen Tiefe der individuellen Entfaltungsmöglichkeiten äußert. Etwas anderes ist es, wenn diese perspektivischen Ziele nur von außen an die Kinder und Jugendlichen herangetragen werden (z. B. durch überehrgeizige Erwachsene) und keine eigenen, verinnerlichten Werte darstellen. Perspektivisches Denken kann gefördert, aber nicht erzwungen werden!

● Mit zunehmenden Erfahrungen und wachsender Eigenständigkeit streben die Sportler nach **Selbstvervollkommnung und Selbstregu-**

lation. Mit dem Erwerb von Wissen über Zusammenhänge der Leistungsentwicklung (Belastungsgestaltung, Technik, Taktik, physiologische und psychologische Grundlagen) sowie durch die wachsende geistige Auseinandersetzung mit ihnen im Leistungsprozeß entwickelt sich die sportliche Tätigkeit bei diesen Sportlern zu einem kreativen Prozeß. Der Sportler wird zum Partner des Trainers, oder er trainiert sich weitgehend selbst. Er organisiert sich die für seine Ziele notwendigen Tätigkeitsbedingungen (z. B. Wahl des Sportvereins, Beruf, Berater, Sponsoren, Darstellung in den Medien u. ä.). Dabei kommt die Individualität der Persönlichkeit sehr stark zum Ausdruck. So haben die generelle Persönlichkeitsreife, bestimmte geistig-intellektuelle Voraussetzungen, aber auch das Temperament des Sportlers Einfluß darauf, wie er sich verhält. Die Persönlichkeitsqualität „Selbstvervollkommnung und Selbstregulation" setzt einen entsprechenden sportlichen Entwicklungsweg, günstige soziale bzw. pädagogische Bedingungen (z. B. Förderung der Eigenständigkeit der Persönlichkeit) und eine individuelle bzw. altersbedingte persönliche Reife voraus.

Die genannten Persönlichkeitsmerkmale bilden sich jedoch nur in enger Wechselwirkung mit den anderen sportlichen Leistungsvoraussetzungen und einer erfolgreich gestalteten Leistungsentwicklung heraus. Sind die entsprechenden körperlichen und motorischen Voraussetzungen nicht gegeben und bleiben die erwarteten sportlichen Erfolge aus, so kann der Sportler seine Persönlichkeitsqualitäten in der sportlichen Tätigkeit nicht genügend entfalten und findet auch als Persönlichkeit nicht die erwünschte Bestätigung.

Fazit: Die Persönlichkeitsmerkmale
– positive Emotionen in der sportlichen Tätigkeit,
– Leistungsehrgeiz und Belastungsstreben,
– Bedürfnis nach Selbstverwirklichung,
– Orientierung an langfristigen Leistungszielen sowie
– Selbstvervollkommnung und Selbstregulation
verleihen dem Handeln der Sportler Kon-

stanz und Stabilität. In ihnen drückt sich die Einordnung der sportlichen Tätigkeit in die persönliche Ziel- und Tätigkeitshierarchie und deren subjektive Bedeutsamkeit aus.

2.2.2.4. Handlungsfähigkeit, Handlungsregulation und Handlungsstruktur

Für die Entwicklung der Persönlichkeit und sportlichen Leistungsfähigkeit ist entscheidend, daß der Sportler lernt, die eigene Tätigkeit – bezogen auf die jeweilige Ziel- und Aufgabenstellung – eigenständig, aktiv und möglichst effektiv zu regulieren. Betrachtet man dabei die **äußerlich sichtbare Handlung,** so spricht man von **Handlungskompetenz.** Stehen die **inneren regulativen Vorgänge** im Vordergrund, so verwendet man den Begriff **Handlungsfähigkeit.**

Nach der tätigkeitsorientierten Leistungstheorie wird die **Ausbildung** der (sportartspezifischen) **Handlungsfähigkeit davon bestimmt, welche Anforderungen** in Training und Wettkampf **gestellt** und in **welcher Qualität diese** in der Handlungsausführung **bewältigt werden**.

Nach diesem Ansatz bestimmt die Qualität der Handlungsfähigkeit des Sportlers die sportliche Leistung (vgl. Abb. 2.1.-7, S. 48), ist aber auch gleichzeitig wieder Bedingung für die Verbesserung, Vervollkommnung und leistungsspezifische Ausprägung der psychischen Voraussetzungen. Um diesen Prozeß effektiv und zielgerichtet beeinflussen zu können, ist es für Trainer und Sportler wichtig, zu wissen, wie Handlungen strukturiert sind. Drei unterschiedliche Aspekte sind dabei zu beachten:
– die hierarchische Struktur,
– die funktionale Struktur und
– die zeitliche Struktur von Handlungen.
Die **hierarchische Struktur von Handlungen** ist durch die intellektuelle, die perzeptiv-begriffliche und die sensomotorische Ebene gekennzeichnet (vgl. HACKER 1978, S. 103 f.).

Die intellektuelle Regulationsebene umfaßt alle planenden, handlungsbegleitenden und auswertenden Denkprozesse sowie die gedächtnismäßige, bewußt abrufbare Repräsentation von Erfahrungen, Wissen und Strategien zur Ausführung sportlicher Handlungen. Für den Sport von großer Bedeutung ist die Fähigkeit, sich selbst reale Ziele zu setzen, sich und andere richtig einzuschätzen und die eigenen Erfahrungen bzw. das erworbene Wissen aufgabengerecht anwenden zu können, sowie der situationsgerechte Einsatz von Handlungsstrategien bzw. taktischen Lösungen.

Auf der *perzeptiv-begrifflichen Regulationsebene* werden über Empfindungen, Wahrnehmungen und bildhafte Vorstellungen die Bewegungen in ihrem spezifischen Handlungskontext reguliert. Die Differenziertheit der Wahrnehmung (z. B. „Bewegungsgefühl") entscheidet über die Differenziertheit der in der Handlungs- bzw. Bewegungsausführung entstehenden inneren Modelle (z. B. Bewegungsvorstellungen) und deren regulative Funktion im Handlungsablauf. Die perzeptiv-begriffliche Regulationsebene nimmt im Sport aufgrund der praktisch-motorischen Tätigkeitsstruktur (ähnlich wie bei einem Musiker, Tänzer oder Handwerker) eine Schlüsselposition in der Handlungsausführung ein.

Die Regulation auf diese Ebene ist bewußtseinsfähig, jedoch nicht in jedem Falle bewußtseinspflichtig. Der Sportler greift bei erlernten Handlungen/Fertigkeiten nur dann bewußt ein, wenn willkürliche Regulation notwendig ist. Eine besonders große Rolle spielt sie in motorischen Lernprozessen (z. B. Übungssprache). Die perzeptiv-begriffliche Regulationsebene ist der Mittler zur sensomotorischen Ebene und damit gleichzeitig Schaltstelle zwischen bewußten und unbewußten Vorgängen in der Handlungs- bzw. Bewegungsregulation.

Die *sensomotorische Regulationsebene* liegt im Grenzbereich zwischen psychischen und physischen Regulationsvorgängen. Obwohl sensomotorische Prozesse weitgehend unbewußt ablaufen, nimmt der erfahrene Sportler die Qualität seines Bewegungsablaufes anhand individueller Kriterien über sensorische Rückmeldungen wahr. Das so entstehende „Bewegungsgefühl" mit seiner kognitiven und emotionalen Komponente (sportartspezifisch z. B. Ballgefühl, Laufgefühl, Wassergefühl u. a.) übt in der Handlung kontrollierende und antriebsregulierende Funktion aus. Ein besonders positives Bewegungsgefühl wirkt außerordentlich leistungsstimulierend. Stark ausgeprägt, ist es Merkmal des sogenannten „Flow-Erlebnisses" („Es gelingt einfach alles"). Das Bewegungsgefühl ist außerordentlich zustands- bzw. belastungsabhängig.

Die **funktionale Struktur von Handlungen** bezieht sich auf die drei Funktionseinheiten Antriebsregulation, Ausführungsregulation und Zustandsregulation. Sie sind im eigentlichen Sinne theoretische Konstrukte, denn in der realen Handlung durchdringen sie sich gegenseitig.

Die *Antriebsregulation* bestimmt, ob und wann gehandelt und mit welcher Intensität, Beharrlichkeit und Konsequenz ein Handlungsziel im Handlungsverlauf verfolgt wird. Psychische Komponenten sind vor allem Motive, Ziele, Einstellungen, Emotionen, Vornahmen, Vorsätze und die volitiven Prozesse.

Die *Ausführungsregulation* bestimmt, inwieweit alle zur Erreichung eines Zieles notwendigen instrumentellen Voraussetzungen aktiv und situationsgerecht eingesetzt werden. Psychische Komponenten sind kognitive und sensomotorische Prozesse, Wissen und Erfahrungen, Vorstellungen, vorausschauendes Denken (Antizipation), Fertigkeiten, Lösungswege und Handlungsstrategien.

Durch *Zustandsregulation* wird ein der jeweiligen Anforderung entsprechender leistungsgünstiger innerer Zustand hergestellt. Dazu gehört vor allem, sich motivieren, auf die Aufgabe konzentrieren sowie Muskelspannungen und psychovegetative Prozesse optimieren zu können. Dabei spielen die Gefühle eine große Rolle. Oft fällt es Sportlern schwer, mit Gefühlen wie Angst, Wut, Ärger, aber auch Freude so umzugehen, daß sie Leistungen fördern und nicht etwa hemmen oder blockieren.

Die **zeitliche Struktur von Handlungen** ist durch die Antizipation bzw. Vorbereitung, die Ausführung und die Interpretation bzw. Bewertung der Handlung charakterisiert. Die zeitliche Ausdehnung der Phasen kann sportartspezifisch sehr differieren, sie unterscheidet sich aber oft auch bereits zwischen Training und Wettkampf in einer Sportart. Die Phasen der Antizipation und Interpretation sollen hier besonders hervorgehoben werden, da sie im sportlichen Ausbildungsprozeß in ihrer Bedeutung häufig unterschätzt werden, gleichzeitig aber der pädagogisch-psychologischen Beeinflussung besser zugänglich sind als die Handlungsausführung selbst.

In der *Antizipationsphase oder Handlungsvorbereitung* werden die Handlung geplant, Erwartungen an Verlauf und Ergebnis entwickelt, der notwendige psychophysische Aufwand kalkuliert, Erfahrungen und bewährte Lösungsstrategien aktiviert sowie eine aktuelle Handlungsstrategie festgelegt. In dieser Phase spielt die Zustandsregulation (z. B. Vorstartzustand) eine große Rolle. Für die Leistung ist es entscheidend, ob der Sportler in der Lage ist, sich anforderungsgerecht zu motivieren und zu konzentrieren sowie emotionale und muskuläre Spannungen zu optimieren. Die in dieser Phase entwickelten Gedanken und Vorstellungen haben im Handlungsverlauf orientierende Funktion und sind bedeutsam für das Festhalten an bzw. Korrigieren von Zielen, für die Verarbeitung des Belastungserlebens, für Selbsteinschätzungsprozesse und effektiven Einsatz der individuellen Handlungsmöglichkeiten. Vor bedeutsamen Wettkämpfen oder sehr wichtigen

Trainingseinheiten kann sich diese Phase über Tage hinziehen (gedankliche Auseinandersetzung mit dem Wettkampf, Gegner usw.), manchmal wird sie dem Sportler kaum bewußt, z. B. bei relativ gleichen, häufig wiederkehrenden und aus seiner Sicht nicht so bedeutsamen Trainingseinheiten.

In der *Interpretationsphase* erfolgt die Bewertung des gesamten Handlungsverlaufs und seiner Ergebnisse. Eingeschlossen ist die Verarbeitung äußerer, sozialer und gesellschaftlicher Wertungen. Die subjektiven Wertungen bestimmen nachfolgende Handlungen, sie sind bedeutsam für die Ausbildung innerer Regulationsvorgänge und die Erlebnisverarbeitung bis hin zur Weiterentwicklung von Ziel- und Motivstrukturen sowie des individuellen Sinngehalts der jeweiligen Tätigkeit für die Persönlichkeit.

Für die **Beeinflussung der Handlungsfähigkeit** des Sportlers gibt es unterschiedliche Ansatzpunkte. Die Beachtung der hierarchischen, der funktionalen und der zeitlichen Struktur kann – unter Berücksichtigung der sportartspezifischen und individuellen Besonderheiten – helfen, den wirkungsvollsten Zugang zu finden (vgl. 5.8.3./5.8.4.).

2.2.2.5. Die psychische Anforderungsstruktur sportlicher Leistungen

Abschließend soll ein Modell zur Ableitung und theoretischen Begründung sportartspezifischer psychischer Anforderungsstrukturen vorgestellt werden, das den *Zusammenhang zwischen objektiver Anforderungsstruktur und subjektiver Anforderungsbewältigung* in den Mittelpunkt stellt.

Für die objektive und die subjektive Seite werden Bestimmungsmerkmale herausgearbeitet, die es ermöglichen, die psychische Struktur bestimmter sportlicher Leistungen wissenschaftlich begründet abzuleiten und für praktische Fragestellungen aufzubereiten (z. B. Eignungsdiagnostik, individuelle Zielstellungen, pädagogische und psychologische Einflußnahme u. a.)

Die **objektive Seite der Anforderungsstruktur** (vgl. Abb. 2.2.-3/oben) wird durch vier Merkmale charakterisiert, die wir aus der Analyse von Arbeiten zur Leistungsstruktur (NITSCH, 1976; WEINBERG, 1978; SCHELLENBERGER, 1979; GUNDLACH, 1980; STARK, 1980) und sich daran

anschließenden eigenen Untersuchungen (MATHESIUS, 1983) ableiten. Das sind:

- *Verhältnis von Belastungsdauer und -intensität*
Physiologische und zeitliche Anforderungen, die von maximaler Bewegungsintensität und kurzer Belastungsdauer (z. B. Sprint, einzelne technische Sportarten) bis zu überlanger Belastungsdauer und entsprechend zu optimierender Bewegungsintensität (z. B. Ausdauersportarten) reichen können.
- *Komplexität und Variabilität der Wettkampfhandlung*
Die bewegungsregulatorische bzw. technische Vielfalt sportlicher Übungen kann innerhalb einer Sportart sehr differenziert (z. B. leichtathletischer Mehrkampf, Biathlon), in anderen wieder relativ einfach sein. Andererseits stellen technische Vielfalt und unterschiedliche Vorausbestimmbarkeit der Handlungsverläufe (z. B. durch Gegnereinfluß, Material, Witterung u. ä.) spezifische Anforderungen.
- *Bewegungsstruktur*
Sie kann durch relativ einfach strukturierte, aber hochoptimierte Bewegungen, zyklische, über lange Zeiträume zu realisierende Bewegungen oder komplizierte, azyklische sowie Bewegungsabläufe als Bestandteil übergeordneter variabler Handlungsanforderungen (Kampf- und Spielsportarten) gekennzeichnet sein. Weiter spielt die Spezifik der Ermittlung des Leistungsergebnisses (Bewertung oder Meßbarkeit) eine Rolle.
- *Kooperation*
Diese Anforderungen lassen sich nach summativen Einzelleistungen bei Mannschaftskämpfen (Staffeln), synchronisierten kooperativen Leistungen (Rudern) und kooperativen Leistungen mit deutlicher Funktionsverteilung (Spielsportarten) differenzieren.

Dem stehen sechs Merkmalskomplexe **subjektiver Regulationsqualitäten** (vgl. Abb. 2.2.-3/ unten) gegenüber.

- *Zielsetzung/Entscheidung*
Für den Handlungsbeginn sind Zielfindung bzw. Zielaktualisierung, der willentliche Antrieb und Entscheidungen wichtig. Im Handlungsverlauf wird über die entsprechenden Prozesse Kontrolle ausgeübt und reguliert.
- *Belastungsverarbeitung*
Sie erfolgt durch Wahrnehmung, Bewertung und Beeinflussung der erlebten psychischen und physischen Beanspruchung sowie durch entsprechende volitive Regulation und Selbstmotivierung im Handlungsverlauf sowie Bewertungen bei der Interpretation von Handlungsverlauf und -ergebnis.
- *Bewegungsregulation*
Bewegungen werden über Bewegungswahrnehmungen, Bewegungsvorstellungen und das Bewegungsgefühl reguliert. Zusätzliche Regulationsanforderungen ergeben sich aus den psychischen (z. B. Bedeutung von Erfolg und Mißerfolg, Einzel- oder Partnerleistung) wie physischen (z. B. Ermüdung) Bedingungen im Handlungsverlauf.

• *Taktisches Handeln*
Es erfordert, aufgabenbezogen zu analysieren, voraus-
zuschauen/zu antizipieren und zu entscheiden sowie
Fertigkeiten, Handlungsstrategien u. ä. situationsgerecht einzusetzen. Unterschiedliche objektive Anforderungen und subjektive bzw. kollektive Zielvorstel-
lungen sind zu beachten.

• *Regulation von Zuständen*
Durch Aktivieren, Motivieren, Konzentrieren und Optimieren bzw. Regulieren von Spannungen sollen lei-
stungsgünstige innere Bedingungen am Beginn (z. B.
Vorstartzustand) und im Verlauf der Handlung bewußt
hergestellt bzw. beeinflußt sowie Wiederherstellungsprozesse gefördert werden.

• *Regulation sozial-kooperativer Beziehungen*
Das verlangt die Beherrschung des Wechselspiels von
Einordnung und Durchsetzungsfähigkeit, selbstbe-
stimmtem und kooperativem Verhalten, Entschei-
dungskraft und Einfühlungsvermögen in Entscheidungen anderer sowie die Verfügbarkeit notwendiger
technischer und handlungsstrategischer Voraussetzungen im Handlungsverlauf sowie bei dessen Vor- und
Nachbereitung.

Ausgehend von der objektiven Anforderungsstruktur können für die entsprechende Sportart
die vier Merkmale in ihrer Bedeutung gewichtet
und differenziert beschrieben werden. Im nächsten Schritt ist zu fragen, welche Anforderungen sich daraus an die sechs Regulationskomponenten ergeben. Auf diesem Wege läßt sich
für jede Sportart die psychische Anforderungsstruktur der Leistung konkretisieren.
Am **Beispiel des leichtathletischen Langstrek-
kenlaufes soll die Ableitung der entscheidenden**

Strukturmerkmale psychischer Handlungsanforderungen veranschaulicht werden. (Abb.
2.2.-3)

Die psychische Anforderungsstruktur in Wettkampf
und Training des Langstreckenläufers wird in erster
Linie durch die **objektiven Merkmale** *„Belastungs-
dauer/Belastungsintensität"* und *„Variabilität"* (Taktik, Bahn/Straße, Witterungsbedingungen, teilweise
unterschiedliche Streckenlängen) bestimmt. Hinsichtlich der *Bewegungsstruktur* kommt es für den Langstreckenläufer insbesondere darauf an, den Bewegungsablauf zu optimieren und zu ökonomisieren sowie auf taktische Anforderungen (z. B. Schrittfrequenz-
änderung im Endspurt) auszurichten. Dieses Merkmal
ist jedoch den obengenannten nachgeordnet. Kooperative Anforderungen sind relativ gering. Die dominierenden objektiven Kriterien „Belastungsdauer/Bela-
stungsintensität" und „Variabilität" bestimmen sehr
wesentlich die Anforderungen an die **subjektiven Regulationskomponenten** „Zielsetzung/Entscheidung",
„Belastungsverarbeitung", „Zustandsregulation" sowie
auch „Bewegungsregulation" und „taktisches Handeln". So ist die Laufgeschwindigkeit über einen entsprechenden Zeitraum (Wettkampfstrecke, Trainingsmittel) zu gestalten, d. h. zu finden, zu halten oder zu
variieren. Der Läufer erlebt, verarbeitet und reguliert in
der auf ein bestimmtes Handlungsziel orientierten und
mit persönlichen Erwartungen verbundenen Anfo-
rungsbewältigung physische und psychische Beanspruchung (Ermüdung, Lust/Unlust, Konzentration).
Dies verlangt das intensive Wahrnehmen, Bewerten
und Verarbeiten von Reizen aus dem inneren Milieu.
Gleichzeitig sind situationsadäquate, siegorientierte
Entscheidungen nur möglich, wenn der äußere und der
innere Informationsbereich im Handlungsverlauf ständig zueinander in Beziehung gesetzt werden (betrifft

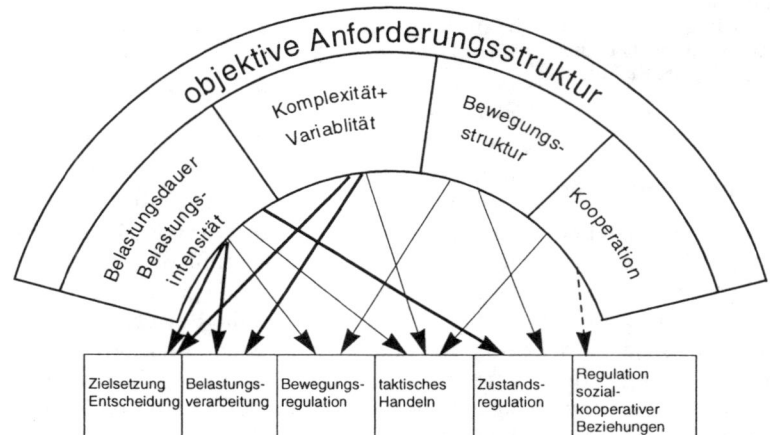

Regulationskomponenten der Anforderungsbewältigung

Abbildung 2.2.-3
*Beziehungen
zwischen
Anforderungs-
struktur und
-bewältigung
(Beispiel: leicht-
athletischer Lang-
streckenlauf)*

z. B. Antriebssteigerung bzw. -regulation bei Berücksichtigung der Belastungsdauer, Beeinflussung des eigenen Zustandes, Beobachten des Gegners und Einschätzung in bezug zur eigenen aktuellen Leistungsfähigkeit, sich daraus ergebende taktische Entscheidungen wie am Gegner „dranbleiben", „abreißen lassen", Endspurt ansetzen u. ä.). Eine besondere Rolle spielen dabei die „Knotenpunkte" der Handlung, wie Startphase, Hauptteil der Wettkampfstrecke, leistungsentscheidender Punkt der Wettkampfstrecke (z. B. 8000 m im 1000-m-Lauf), Endspurtphase. Im Training werden die psychischen Anforderungen weiter differenziert (z. B. großer Umfang zur Entwicklung der Ausdauergrundlagen), sind jedoch ebenfalls vorrangig auf das Verhältnis von Belastungsdauer und -intensität bezogen.

2.2.3. Bewegungsregulation als Informationsorganisation

Im Funktionsschema der sportlichen Tätigkeit und der Entwicklung der sportlichen Leistungsfähigkeit (2.2.1.) wurden zwei Wirkungsmechanismen herausgestellt. Während bei den energetischen und konstitutionellen Leistungskomponenten und -voraussetzungen die morphologisch-funktionelle Anpassung dominiert, vollzieht sich nach diesem Leistungskonzept die Bewegungsregulation nach dem Funktionsmodell der Informationsorganisation.

Die Bewegungsregulation ist vor allem Gegenstand der Sportmotorik bzw. Bewegungslehre als einer eigenständigen Disziplin der Sportwissenschaft. Die Theorie der Bewegungsregulation ist andererseits ein wesentlicher Baustein der sportlichen Leistungslehre und damit dieses hier zu behandelnden Teils der Trainingswissenschaft. Deshalb ist es zwar notwendig, wesentliche Inhalte und Erkenntnisse zur Bewegungsregulation hier zu behandeln, es ist aber auch möglich, dies nur abrißhaft zu tun und auf die betreffende Fachliteratur zu verweisen.

2.2.3.1. Zum Begriff Bewegungsregulation

Bewegungsregulation allgemein – zu verstehen als ein Aspekt der Handlungsregulation – ist das organisierte Zusammenwirken bewußter und nichtbewußtseinspflichtiger kognitiver sowie nichtbewußter sensomotorischer Prozesse bei der Vorbereitung, Ausführung, Kontrolle, Korrektur und Bewertung eines Bewegungsablaufes. Damit ist gesagt, daß wir den wissenschaftlichen Gegenstand „Bewegungs-

regulation" als die *motorische Komponente der Handlungsregulation* betrachten und Bewegung als einen – wenn auch für die sportliche Leistung überaus wesentlichen, meist dominierenden – Aspekt der Handlung. So wie sich Handlungen durch Ziel-, Zweck- und Sinnbezug auszeichnen, ist auch bei (sportlichen) Bewegungen und ihrer Regulation von ihrer Einordnung in die Zielhierarchie menschlicher Tätigkeiten und den sich daraus ableitenden Bewegungsaufgaben auszugehen. Als weiterer Handlungsbezug ist der *Ganzheitsaspekt* hervorzuheben. Er bedeutet – bei aller notwendigen Teil- und Detailbetrachtung und -untersuchung –, die bereits aus der Gestalttheorie bekannten Erkenntnisse auch für die Bewegungsregulation zu akzeptieren:

1. Das Ganze ist mehr als die Summe seiner Teile – es läßt u. U. Eigenschaften erkennen, die an keinem der Teile auftreten;
2. Die Teile und ihre Eigenschaften werden in hohem Maße durch den jeweiligen Kontext bestimmt (funktionales Primat des Ganzen);
3. Veränderung eines Teiles führt zu Veränderungen im System des Ganzen, d. h. in den Relationen der Teile und u. U. in der Wirkung nach außen. (Vgl. auch LOOSCH 1990; MUNZERT 1989; NITSCH/MUNZERT 1991)

Ebenso wie die Handlungsregulation durch die Funktionseinheiten „Antrieb", „Orientierung" und „Zustand" geprägt ist, wirken in der Bewegungsregulation neben Kognition und Motorik auch Motivation, Emotion und Volition mitbestimmend für den Regulationsprozeß und das Ergebnis.

Handlungs- und Bewegungsregulation werden im allgemeinen als komplexe Prozesse aufgefaßt, die sich auf verschiedenen *hierarchisch geordneten, wechselseitig verknüpften Ebenen* vollziehen. (HACKER 1973, S. 117–119; 1986, S. 155–162; BERNSTEIN 1988, S. 99–137; MEINEL/SCHNABEL 1987, S. 51–53) Die psychologisch determinierte Ebenenstruktur von HACKER (intellektuelle, perzeptiv-begriffliche, sensumotorische bzw. automatisierte Regulationsebene; s. auch 2.2.2.4.) legt nahe, die Bewegungsregulation vor allem der sensumotorischen (sensomotorischen) Ebene zuzuordnen. Die Wechselbeziehungen zwischen den genannten Ebenen sind jedoch so eng und vielfältig, daß jeweils auch die beiden „höheren" Regulationsebenen mehr oder weniger an der Bewegungsregulation – nicht nur an den anderen Handlungsaspekten – beteiligt sind.

Der mit Bewegungsregulation bezeichnete Sachverhalt wurde seit langem in der Physiologie und in der Bewegungslehre als **Bewegungskoordination** oder **motorische Koordination** erfaßt, und auch in der Psychologie findet sich der Terminus *sensumotorische Koordination.*

Charakteristisch ist dafür die folgende Definition: „Bewegungskoordination, auch sensumotorische Koordination: zeitlich und räumlich geordnetes Zusammenwirken von Bewegungsvorgängen unter der Kontrolle der jeweils bewegungsführenden Analysatoren im Sinne der Einordnung in zielgerichtet organisierte übergeordnete Programme (Handlungsprogramme)." (CLAUSS u. a. 1976, S. 80)

Wenngleich durch verschiedene Autoren für Bewegungsregulation und Bewegungskoordination Bedeutungsunterschiede postuliert wurden, so sind sie doch meistens nicht gravierend: Bei „Bewegungsregulation" werden die internen Regulationsvorgänge betont, ohne die räumlich-zeitlichen Bewegungsvorgänge auszuklammern, bei „Bewegungskoordination" wird zumeist von äußerlich sichtbaren Vorgängen bzw. Ordnungen ausgegangen, ohne die zugrundeliegenden internen Steuer- und Regelungsprozesse zu übersehen. In jedem Falle ist das gesamte Beziehungsgefüge interner Regulationsprozesse, ihrer Umsetzung in geordnete Körperbewegungen in aktiver Auseinandersetzung mit den jeweiligen Umwelt- bzw. Situationsfaktoren gemeint.

Darum gilt für die Trainingswissenschaft: Wenngleich in der Behandlung der Leistungsgrundlagen dem Terminus „Bewegungsregulation" der Vorzug gegeben wird, sehen die Autoren keinen Grund, die in der Trainingspraxis und Trainingswissenschaft allgemein üblichen Termini „Bewegungskoordination" und „koordinativ" zu ersetzen.

2.2.3.2. Bewegungsregulation als informationeller Prozeß

Ihrem Wesen nach ist die **Bewegungsregulation ein komplexes System von Informationsaufnahme, -verarbeitung, -speicherung und -abgabe** auf verschiedenen miteinander vermaschten Ebenen und in verschiedenen Kodierungsformen. Ursprünglich zurückzuführen auf die Funktion der Lebenssicherung in der jeweiligen ökologischen und sozialen Umwelt, sind durch die menschlichen – d. h. auch sportlichen – Bewegungen bestimmte Aufgaben zu lösen, also „Bewegungsleistungen" zu erbringen. Unterschiedliche Schwierigkeiten der Bewegungsregulation resultieren aus den jeweiligen Anforderungen, die sich aus dem Wechselverhältnis von zu steuerndem Bewegungssystem und Handlungszielstellung ergeben, das wesentlich durch die Umgebungsbedingungen, die Kooperations- oder die Wettkampfsituation mitbestimmt ist. Davon ausgehend lassen sich verschiedene Aufgabenklassen unterscheiden.

Die Schwierigkeit der Regulationsaufgabe, die durch informationelle Prozesse beherrscht werden müssen, resultieren zunächst schon aus der großen Anzahl der Freiheitsgrade des menschlichen Bewegungssystems. Eine Funktion der Bewegungsregulation besteht demnach, wie BERNSTEIN (1988, S. 181/182) zeigte, im Ausschalten überflüssiger bzw. im Beherrschen der vorhandenen Freiheitsgrade unter Einbeziehung der bei den Bewegungen auftretenden Reaktions- und Trägheitskräfte. (Vgl. MEINEL/SCHNABEL 1987, S. 54 bis 56)

Die unterschiedlichen Handlungszielstellungen, die sich keinesfalls im olympischen „citius, altius, fortius" erschöpfen, komplizieren das Spektrum einer **sportlichen Aufgabentaxonomie** derart, daß es bis heute noch nicht gelungen ist, eine umfassendere, für die Bewegungsregulation relevante Aufgabentaxonomie zu erarbeiten. Ein begrenzter, praktikabler Ansatz von ROTH (1983, S. 149) wurde bereits in Abb. 2.1.-1 dargestellt. Dabei werden allerdings solche wesentlichen Bestimmungsmerkmale wie Geschwindigkeits- und Kraftanforderungen, Auseinandersetzung mit ruhender oder bewegter Umgebung (bzw. Gegenständen), Kooperation und Gegnereinwirkung, Kompliziertheit der räumlich-zeitlichen und dynamischen Struktur zunächst nicht differenzierend einbezogen.[1]

Die Aufgabenstellung, die zur Realisierung zielgerichteter, effektiver Bewegungshandlungen,

---

[1] Zur „Taxonomie des Bewegungsverhaltens" vgl. auch SINGER (1985, S. 18–27).

d. h. zur Steuerung und Regelung von Bewegungen als Komponenten sportlicher Leistungen zu lösen ist, erfordert informationelle Prozesse auf verschiedenen Ebenen. Dabei muß die *sensorische Information* – und Rückinformation – von der *verbalen Information* unterschieden werden, ohne daß beide in der Wirklichkeit getrennt werden können.

Sensorische Information und Rückinformation erfolgen als unmittelbare Aufnahme informationstragender Reize durch die Rezeptoren der verschiedenen Analysatoren und als Weiterleitung des Reizes zu den Schaltstellen des Nervensystems auf den verschiedensten Ebenen, von den Neuronenverbindungen im Rückenmark bis zu den Zentren der Großhirnrinde. Hier erfolgt dann die weitere Verarbeitung der Informationen und ihre differenzierte Analyse durch vielfältige Wechselwirkungen der verschiedenen Ebenen und Zentren als Grundlage steuernder und regelnder Informationen an die motorischen Zentren, die die Bewegungen unmittelbar generieren. Dieser Prozeß der Informationsverarbeitung ist jeweils mit einer kurz-, mittel- und in bestimmtem Maße auch langfristigen Informationsspeicherung verbunden und macht damit ein Lernen überhaupt erst möglich.

Die Unterscheidung von *Information* und *Rückinformation* bezieht sich auf die Herkunft und damit in bestimmten Maße auf den Inhalt der Information: im Unterschied zur handlungs- bzw. bewegungsrelevanten Information schlechthin *bezieht sich Rückinformation immer auf Zustände bzw. Veränderungen, die durch eine im Gang befindliche oder soeben beendete Bewegung ausgelöst wurden.*

Die Informationsinhalte sind jeweils, bezogen auf die 5 für die menschlichen Bewegungen vor allem relevanten Analysatoren, verschieden. Insofern ist es für den Trainer, Übungsleiter oder Sportlehrer wichtig, zu wissen und im konkreten Falle zu erkennen, welche Analysatoren vornehmlich welche Informationen übermitteln.

Unter einem **Analysator** wird ein Teilsystem der sensorischen Informationsaufnahme und -verarbeitung verstanden, das Informationen auf der Grundlage von Signalen einer bestimmten Modalität (z. B. optische, akustische) mit darauf spezialisierten Rezeptoren empfängt und umkodiert, sodann weiterleitet und in einer ersten Verarbeitungsstufe für die weitere Auswertung aufbereitet. Die für die Bewegungsregulation bedeutsamen Analysatoren sind der kinästhetische, der taktile, der statico-dynamische (oder vestibulare), der optische und der akustische Analysator.

Sie wirken meist eng zusammen und ergänzen sich, haben jedoch qualitativ und quantitativ unterschiedlichen Anteil an den Regulationsprozessen. (Siehe dazu MEINEL/SCHNABEL 1987, S. 65–70; HOTZ/WEINECK 1983, S. 61–68)

Gegenüber der einfachen sensorischen Information ist die **verbale Information** eine nur dem Menschen eigene Informationsform, die auf einem speziellen Zeichensystem beruht. Es ist durch Verknüpfung der unmittelbaren, durch die einzelnen Analysatoren übermittelten Signale mit den Sprechbewegungen und ihrer kinästhetischen und akustischen Rückmeldung (Rückinformation) entstanden. Das verbale System stellt eine einheitliche und z. T. vereinfachte Kodierung von Informationen dar, die ursprünglich auf der Grundlage der sensorischen Information bzw. Rückinformation gewonnen wurden („Superzeichenbildung"). Dabei erfolgt eine Reduzierung der sensorischen Information der verschiedenen Analysatoren: Die verbalen Zeichen und ihre Relationen heben bestimmte Seiten der bezeichneten Erscheinungen verallgemeinernd und akzentuierend hervor; sie sind „Zeichen der dauerhaftesten Elemente dieser Erscheinungen" (WOHL 1964, S. 84). Das verbale Informationssystem, das ja die wesentlichste Grundlage der menschlichen Kommunikation ist, stellt demnach eine höhere Verallgemeinerungsform des Informationsaustausches und besonders der Informationsspeicherung dar.[1]

Für die Funktion des verbalen Systems im Rahmen der Bewegungsregulation, im motorischen Lernen und für das didaktische Vorgehen des Sportpädagogen ist ein **Charakteristikum der verbalen Information** besonders hervorzuheben: Verbal gefaßte Informationen sind *bewußtseinspflichtig*, können in der Regel nur bewußt

---

[1] Zur weiteren Orientierung u. a. ANANJEW 1963; LURIJA 1956, 1982; WOHL 1977.

verarbeitete Inhalte betreffen. Demgegenüber werden bei Bewegungen im Rahmen einer allgemein durchaus bewußten Tätigkeit – wie z. B. einer Skiabfahrt – von den einzelnen Analysatoren Informationen aufgenommen und im Prozeß der Bewegungsregulation auf der sensomotorischen Regulationsebene verarbeitet, die nicht oder nur teilweise bewußt werden. Das betrifft insbesondere die Informationen des kinästhetischen Analysators, die *nicht bewußtseinspflichtig* und nur *teilweise bewußtseinsfähig* sind. Darum sind sie sowohl vom Sportler als auch vom Lehrenden nur indirekt verbal wiederzugeben, und ihre bewußte Verwertung – z. B. bei der Bewegungskorrektur im Techniktraining – muß erst gelernt werden.

Das Verständnis der Bewegungsregulation als informationeller Prozeß schließt das Entstehen und die Verwertung interner **Bewegungsrepräsentationen,** die jeweils aktuelle **Bewegungsprogrammierung, Vergleichsprozesse** (Soll-Ist-Vergleich) und **Korrekturinformationen** als Teilprozesse oder Aspekte der Informationsorganisation ein.

In der wissenschaftlichen Erschließung dieses Problemfeldes sind in der internationalen Motorikforschung außerhalb der Sportwissenschaft eine Reihe von Theorien und Konzepten entstanden, die zunächst ganz oder doch teilweise unvereinbar erscheinen. Zu nennen wären u.a. kybernetische Theorien und Modelle (BERNSTEIN; ANOCHIN; MILLER/GALANTER/PRIBRAM; ADAMS), Schematheorien (SCHMIDT; MUNZERT), ökologische Theorien (KELSO; LEIST; TURVEY), Theorien der Selbstorganisation (vgl. NORDMANN 1991; JANSSEN u.a. 1996).[1]

Interne Bewegungs- und Motorikrepräsentationen werden als interne Modelle, Bewegungsprogramme, Bewegungsvorstellungen, Bewegungsschemata oder bewegungsorientierende Abbilder bezeichnet. Dabei werden ihnen in den verschiedenen Theoriekonzepten unterschiedliche Inhalte und Funktionen zugeschrieben, ohne daß dafür jeweils ein vollständiger, zwingender wissenschaftlicher Nachweis erbracht werden konnte.

Zentralistischen Positionen, die diesen Repräsentationen die absolute Dominanz in der Bewegungsregulation zuweisen, stehen *peripherialistische Positionen*

gegenüber (MUNZERT 1989, S. 121–127), die die beherrschende Komponente der Bewegungsregulation in den Umweltrelationen und -einwirkungen sehen. In der Struktur und Differenziertheit werden einerseits relativ komplexe, ganzheitliche Repräsentationen angenommen, die sensorische und motorische, bewußte und unbewußte Aspekte vereinen, andererseits existieren Vorstellungen des Nebeneinanders von Repräsentationen der Produktion (Efferenz) und der Wahrnehmung (Afferenz) von Bewegungen (z. B. in der Schematheorie von SCHMIDT 1975, 1982) und solche von einer Hierarchie der Repräsentationen auf verschiedenen Regulationsebenen (z. B. Unterprogramme bei HACKER 1986, S. 158/159, und PICKENHAIN 1976; hierarchisch geordnete Schemata bei ZIMMER/KÖRNDLE 1988).

Wie u. a. aus Untersuchungen und aus Trainingserfahrungen hervorgeht, kommt allen diesen Konzepten ein gewisser Erklärungswert für die Prozesse der Bewegungsregulation und des motorischen Lernens sowie für die Begründung der didaktischen Eingriffe in diese Prozesse zu. Von besonderer Bedeutung sind dabei alle bewußtseinsfähigen Anteile und Aspekte, wie sie vor allem im – psychologisch orientierten – Begriff der Bewegungsvorstellung zum Ausdruck kommen, und die auch in Beziehung zum Bewegungswissen (MUNZERT 1992) stehen. Dazu ist die Feststellung BANDURAS (1986) zu unterstreichen, daß sich die internen Repräsentationen nicht nur auf die Bewegung „an sich" beziehen, sondern ebenso auf personale und Umweltbedingungen sowie auf die zu erwartenden Handlungsergebnisse.

Die bereits erwähnten zentralistischen und peripherialistischen Positionen führten vor allem in der amerikanischen Motorikforschung zu widerstreitenden Positionen über die Rolle relativ fester und differenzierter Bewegungsprogramme (Programmsteuerung) und der Wirkungsweise der Rückinformationen im Bewegungsverlauf (reafferente Regelung). Untersuchungsergebnisse und Argumente liegen für beide Positionen vor, die unterschiedliche Problemlage bei kurzzeitigen, insbesondere ballistischen, gegenüber länger dauernden, u. a. zyklischen Bewegungen wurde jedoch bei der Interpretation mitunter nicht hinreichend berücksichtigt.

Die heutigen Erkenntnisse verweisen auf das stärkere **Zusammenwirken von gespeichertem Programm und reafferenter Regelung** – eine Position übrigens, die im wesentlichen schon bei BERNSTEIN (1988) angelegt ist und auch in der deutschen Bewegungslehre, in Adaption älterer Forschungsergebnisse, überwiegt (u. a. MEINEL/SCHNABEL 1987). Auch die Theorie der Genera-

---

[1] Weiteres dazu u.a. bei SINGER 1985, S. 83–128; MUNZERT 1989; WOLLNY 1993.

lisierten Motorischen Programme (GMP) (SCHMIDT 1975, 1988; ROTH 1989ª; WIEMEYER 1992) und die Postulierung von führenden koordinativen Elementen (DJAČKOV 1973; SCHNABEL u. a. 1993) basieren letztlich auf der Auffassung, daß ein bestimmtes Bewegungsgerüst als festes Programm existiert, andere Bewegungskomponenten jedoch erst in der unmittelbaren Auseinandersetzung mit den Situations- bzw. Umweltgegebenheiten durch Auswertung von Vor- und Rückinformationen bestimmt werden.

2.2.3.3. Modelle der Bewegungsregulation

Fragen wir nunmehr, wie die Programmierung und Regulation, wie das Zusammenwirken von Bewegungsrepräsentationen, Programmierungs-, Vergleichs- und Korrekturprozessen bei sportlichen Bewegungshandlungen funktioniert, so sehen wir uns auf eine Reihe von – z. T. bereits erwähnten – **Theorien und Modellen** verwiesen, denen ein bestimmter Erklärungswert und Wahrheitsgehalt zukommt, von denen jedoch keine bzw. keines beanspruchen kann, das Problemfeld in ganzer Breite und Tiefe zu erfassen und aufzuklären. Keines der Modelle repräsentiert alle bisherigen empirischen Forschungsergebnisse und erklärt sie hinreichend, so daß eine monotheoretische Modellierung der Informationsverarbeitung bei der Bewegungsregulation nicht ausreichend ist. Bei einer näheren Betrachtung ergibt sich jedoch, daß sich durchaus in den meisten Modellen gemeinsame Aussagen und Annahmen finden, und, aufbauend auf einer tätigkeitspsychologischen bzw. handlungstheoretischen Grundkonzeption, kann ein polytheoretisches Herangehen von Nutzen sein und zur Aufhellung lerntheoretischer und trainingspraktischer Probleme beitragen. (Vgl. auch NITSCH/MUNZERT 1991, S. 170/171)

Für die im folgenden wiedergegebenen Modellierungs- bzw. Schematisierungsbeispiele gilt wie für alle Modelle: Sie heben bestimmte Charakteristika der Wirklichkeit heraus und lassen jeweils andere, als weniger wesentlich erachtete zunächst weg. Sie verallgemeinern und vergröbern dadurch die Wirklichkeit, ermöglichen jedoch eben durch diese Verallgemeine-

rung und Vereinfachung bestimmte Einsichten und Erklärungen empirischer Forschungsergebnisse wie praktischer Erfahrungen und stellen Grundlagen für Forschungsparadigmen dar.

Während das bekannte Modell von BERNSTEIN (1988, S. 183) als Beispiel für ein kybernetisches Modell gelten kann, jedoch auch Steuerung und Regelung als Einheit, Programmierung als Gedächtnisrepräsentation und umwelt- und situationsbezogene Differenzierung verkörpert, baut das Modell von SCHNABEL (1968, 1987) auf dem BERNSTEIN-Modell auf, bezieht jedoch die Auffassungen von ANOCHIN (1967) zum funktionellen System als Grundlagen der physiologischen Architektur des Verhaltensaktes mit ein. (Abb. 2.2.-4)

Die „Schematische Darstellung zur zyklischen Struktur der Bewegungsregulation" von HACKER (1986, S. 373) ist ein weiteres Beispiel für eine Modellierung der Informationsorganisation. (Abb. 2.2.-5)

Im Text führt er dazu aus: „Die Aufgabe führt auf Grund eines Systems **bewegungsorientierender Abbilder** zu einem die Bewegungsausführung und das Resultat vorwegnehmenden und als (im Sinne von ANOCHINS Aktionsakzeptor) regulierenden **Bewegungsentwurf,** dessen Realisierung in mehrfacher Weise **zurückgemeldet** wird und dabei die weitere Regulation mitbestimmt … Die Rückmeldung erfolgt

– **zentral in antizipierter Form:** Vom Kleinhirn wird aus den motorischen Kommandos die Bewegung vorausberechnet und mit der internen Repräsentation der Sollbewegung **vor** der peripheren Rückmeldung verglichen (innere Rückmeldung; …).
– **propriozeptiv** über die Parameter der Bewegungsausführung („Verlaufsregulation");
– **exterozeptiv** über Parameter des Bewegungsergebnisses („Erfolgsregulation"; „resultative Reafferenz" nach ANOCHIN 1963).

Die führende Rolle hat die Rückmeldung über das Handlungsergebnis." (HACKER 1986, S. 373)[1]

2.2.3.4. Neurophysiologische Grundlagen

Die bisherigen Ausführungen zur Bewegungsregulation und die angeführten Modelle lassen eine Frage weitgehend offen: Welches sind die **neurophysiologischen Substrate** und **Mechanis-**

---

[1] Weitere Modelle u. a. bei SINGER 1985, S. 97–175; SCHNABEL u. a. 1995, S. 11–30.

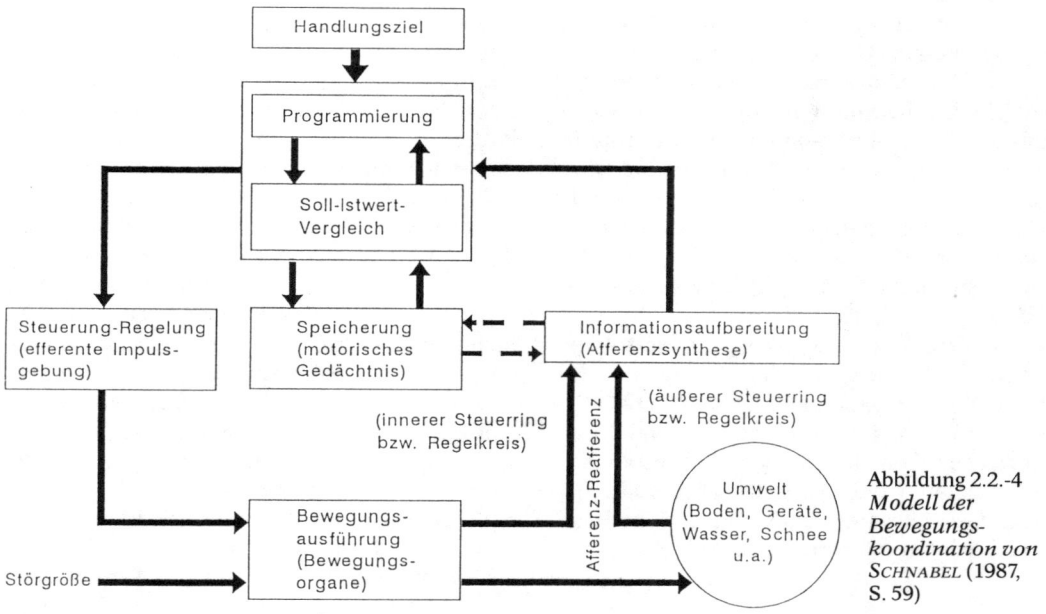

Abbildung 2.2.-4
*Modell der
Bewegungs-
koordination von
SCHNABEL* (1987,
S. 59)

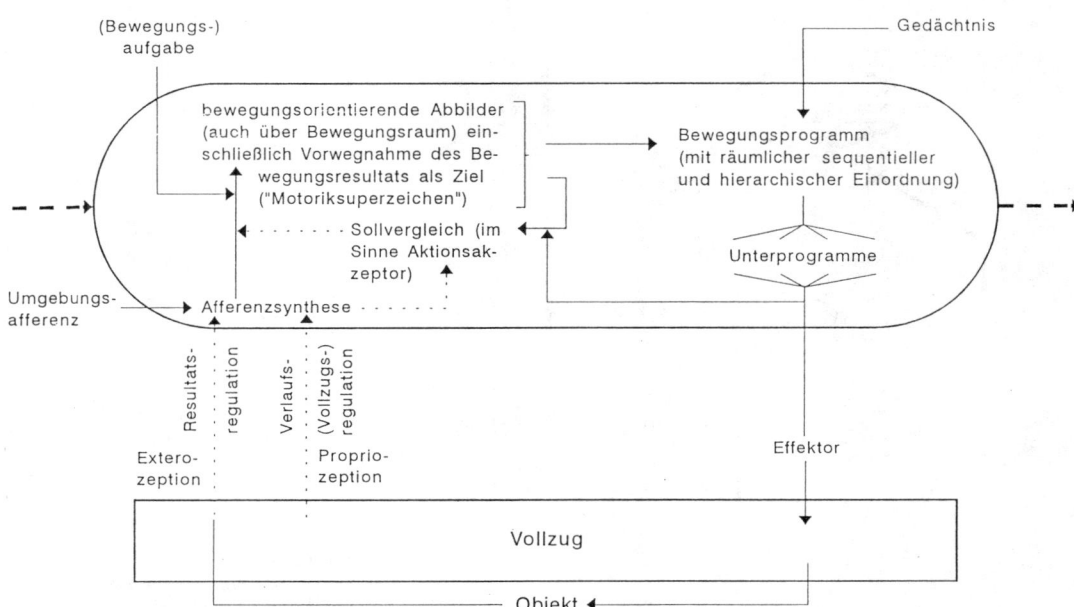

Abbildung 2.2.-5 *Schematische Darstellung zur zyklischen Struktur der Bewegungsregulation*
(HACKER 1986, S. 373)

men[1] der Informationsorganisation? Mit wenigen Ausnahmen wurde die informationsverarbeitende Trägersubstanz nicht erwähnt und der zentrale Verarbeitungsvorgang weder näher lokalisiert noch physiologisch erklärt. Das ist nach dem derzeitigen Erkenntnisstand allerdings nur in begrenztem Maße möglich, fällt jedoch für die Anwendung und Nutzung der Theorie der Informationsorganisation und Bewegungsregulation nicht übermäßig ins Gewicht.

Zusammengefaßt und verallgemeinert kann dazu folgendes gesagt werden:

● Eine Reihe *angeborener – unbedingter – Reflexe* (Rückenmark- und Hirnstammreflexe) sichern vor allem in den ersten Lebenswochen und -monaten die Lebensfähigkeit (wie z. B. Saugreflex, Lidschlußreflex), bilden eine Basis für die weitere motorische Entwicklung (wie

die Halte- und Stellreflexe) und wirken z. T. als inhärenter Bestandteil der späteren Gesamtmotorik (wie die sogenannten Muskel- und Sehnenreflexe). Vor allem die auch für die (willkürlichen) Zielbewegungen Basisfunktion darstellende Stützmotorik beruht in starkem Maße auf diesem Reflexsystem. (KÜCHLER 1983)

● Allgemein wird angenommen, daß die über die verschiedensten Nervenbahnen und -zentren übertragenen Informationen bestimmte *Engramme* hinterlassen und sich dadurch mehr oder weniger gefestigte *Verschaltungen* bzw. *Vernetzungen* ausbilden, die die Grundlage einer Organisation der Informationsverarbeitung und damit der Bewegungsregulation darstellen, die durch aktuelle und gespeicherte Information bestimmt wird.

● Diese Engrammbildung ist mit hoher Wahrscheinlichkeit an den *Synapsen der Nervenzellen* zu lokalisieren. Bleibende Veränderungen an den synaptischen Membranen führen zu unterschiedlicher Durchlässigkeit für einkommende Erregungsflüsse (KUGLER 1981; MATTHIES 1973; MATTHIES/KRUG/POPOV 1979 u. a.).

---

[1] Mechanismus hier definiert „als reale oder hypothetische ‚Stelle' oder ‚Struktur' im Nervensystem, in der für diese Struktur spezifische Kontrollprozesse und Funktionen ablaufen". (SINGER 1985, S. 1967)

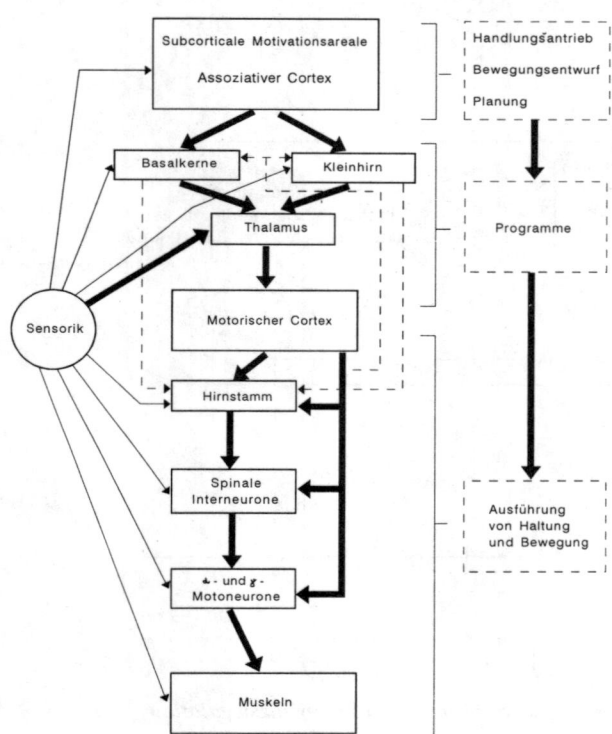

Abbildung 2.2.-6
Spinale und supraspinale Strukturen des Nervensystems und ihre Rolle bei der Bewegungsregulation
(nach SCHMIDT, R. F., 1977, S. 181)

Darin kann der Basismechanismus der Informationsspeicherung, d. h. des Gedächtnisses im hier relevanten Bezug des Bewegungsgedächtnisses, gesehen werden.

• Die neurophysiologischen Mechanismen der Informationsorganisation im Rahmen der Ziel- oder Handlungsmotorik – d. h. also bei den meisten Bewegungshandlungen im Sport – werden heute als kompliziertes wechselseitiges *Zusammenwirken von assoziativen und motorischen Großhirnrindenarealen mit Basalganglien, Kleinhirn und Thalamus* erklärt (KÜCHLER 1983; HENATSCH 1976; NOTH 1986). Die Stützmotorik – einschließlich ihrer spinalen Mechanismen – mit der Funktion der Vorbereitung und Kontrolle der Zielbewegungen ist in dieses System integriert.

Zu diesem Zusammenwirken von Cortex, Basalganglien und Kleinhirn kann nach heutigen Erkenntnissen folgendes angenommen werden (Abb. 2.2.-6): Nachdem unter Mitwirkung subcorticaler Motivationsareale (limbisches System) des Orbitalhirns zunächst Assoziationsareale des Cortex tätig werden, aber noch nicht oder nur in begrenztem Maße der motorische Cortex, entsteht ein Bewegungsentwurf, der dem Cerebellum (Kleinhirn) und den Basalganglien zugeleitet wird, die diesen Entwurf zu präzisen, räumlich-zeitlich – und auch hinsichtlich der erforderlichen Stützmotorik – abgestimmten Bewegungsprogrammen komplettieren. Dabei entsteht im Cortex eine langsame Potentialschwankung, die als negatives sogenanntes Bereitschaftspotential etwa 1 s vor Bewegungsbeginn im Muskel ableitbar ist. Den Basalganglien wird die Zuständigkeit für langsame bzw. stetig fortschreitende Bewegungen zugeschrieben, die Kleinhirnfunktion betrifft schnelle, ballistische Bewegungen. Die Programminformationen des Kleinhirns und der Basalganglien werden über den Thalamus zum Großhirn, nun zum motorischen Areal, zurückgeschickt und von dort unter Verarbeitung letzter somatosensorischer Informationen als efferente Signale über die Pyramidenbahn zu den Muskeln gesandt.

Erwähnt werden muß, daß in dieser groben Skizze das Funktionieren der extrapyramidalen Motorik teilweise unberücksichtigt geblieben ist und daß die Regelung über Reafferenzen sich möglicherweise der gleichen Mechanismen, wahrscheinlich jedoch auch anderer bedient.

2.2.3.5. Erste trainingsbezogene Folgerungen

Zieht man ein erstes Fazit aus den vorangegangenen Ausführungen, so ist insgesamt nicht zu übersehen: Ein hoher Organisationsgrad der Informationsverarbeitung ist Voraussetzung einer ziel- und aufgabenrelevanten Bewegungsregulation und damit eine entscheidende Leistungsvoraussetzung. Damit wird die Informationsorganisation letztlich zu einem wesentlichen Trainingsziel und -inhalt.

Für die praktische Verwertung der Erkenntnisse zur Bewegungsregulation als Informationsorganisation ist folgende Frage von besonderer Bedeutung: **Welche Inhalte der Bewegungsregulation,** d. h., welche dabei aufgenommenen und verarbeiteten Informationen, **werden dem Handelnden,** also dem Sportler, **bewußt?** Diese Frage ist wesentlich für einen gezielten Eingriff in die Bewegungsregulation und damit für das motorische Lernen und die sporttechnische Ausbildung bzw. das Techniktraining. In den betreffenden Kapiteln bzw. Abschnitten wird deshalb darauf zurückzukommen sein.

Hier soll nur generell gesagt werden:

• Die im Rahmen der Bewegungsregulation aufgenommenen, weitergeleiteten und verarbeiteten Informationen sind *nur zu einem Teil bewußtseinspflichtig* und damit im allgemeinen auch *verbalisiert* oder *verbalisierbar.*

• Ein weiterer Teil ist wohl nicht immer bewußt – also bewußtseinspflichtig –, aber doch *bewußtseinsfähig.* Das heißt, daß diese Informationen nur bei besonderer Konzentration der Aufmerksamkeit – wie etwa bei bewußtem Üben einer Bewegung – ins Bewußtsein gerufen werden können. Ihre sprachliche Repräsentation ist meist schwierig und muß u. U. erst gelernt werden.

• Ein dritter, sehr viel größerer Teil der inneren Informationsprozesse und -mechanismen ist *nicht bewußtseinsfähig,* wobei nur in bestimmten Fällen ein indirektes Bewußtwerden durch die Verkoppelung mit bewußtseinsfähigen Prozessen und damit auch eine gezielte Beeinflussung in begrenztem Maße möglich sein kann. Das betrifft speziell die propriozeptiven Informationen, also alle, die vom kinästhetischen Analysator aufgenommen und vermittelt werden. Daß sie auch die Großhirnrinde erreichen, ist zwar mit einiger Sicherheit nachgewiesen (vgl. PICKENHAIN/BEYER/MEISCHNER 1985), wirklich bewußt werden sie jedoch offenbar nur dann, wenn sie mit gleichzeitigen relevanten Informationen anderer Analysatoren, speziell des optischen und des taktilen, zusammentreffen. (Vgl. dazu KRÜGER/SCHMIDT 1987, S. 134)

Gerade diese **Problematik** ist **für jegliches Bewegungslernen und Techniktraining überaus bedeutsam,** denn sie betrifft das sogenannte *Bewegungsgefühl,* das *Bewegungsempfinden,* als eine Grundlage einer hohen koordinativen Leistungsfähigkeit.

2.2.4. Morphologisch-funktionelle Anpassung

Die energetischen und konstitutionellen Leistungsvoraussetzungen sind die Basis für das konditionelle Fähigkeitsniveau. Für ihre Entwicklung sind vorrangig morphologisch-funktionelle Anpassungen verantwortlich. Dabei sind auch Beziehungen zu Informationsprozessen und zur Verhaltensregulation von Bedeutung.

2.2.4.1. Anpassung als Prozeß und Ergebnis

Eine wesentliche Voraussetzung für die Entwicklung der energetischen und konstitutionellen Leistungsvoraussetzungen ist die Eigenschaft des Organismus, auf überdurchschnittliche körperliche Anforderungen mit funktionellen und morphologischen Veränderungen zu reagieren, die eine höhere Arbeits- und Belastungsfähigkeit zur Folge haben. Dieser Prozeß wird als **Anpassung** (Adaptation) bezeichnet und aus sportmedizinischer Sicht als „eine morphologische und (oder) funktionelle Modifikation des Organismus auf innere oder äußere Anforderungen" verstanden. (ISRAEL 1989[a], S. 17)

In der sportlichen Tätigkeit werden adaptive Veränderungen durch körperliche Belastungen (Trainingsbelastungen) ausgelöst, die von den Trainierenden nur durch Überwinden erheblicher Schwierigkeiten bewältigt werden können. Die hohe volitive Beanspruchung und die ständige Regulation der Tätigkeit führen in Einheit mit der biologischen Anpassung auch zu relativ stabilen Verhaltensänderungen.

Das adaptive Verhalten ist – genetisch bedingt – individuell festgelegt und wird als **Adaptabilität** bezeichnet. Auf gleiche Anforderungen können Individuen recht unterschiedlich reagieren, weil u. a. die organismischen Voraussetzungen für die konditionellen Fähigkeiten Kraft, Schnelligkeit und Ausdauer individuell nicht einheitlich ausgelegt sind. Man unterscheidet daher zwischen Kraft-, Schnelligkeits- und Ausdauertypen. Die verschiedenen Typen zeigen Unterschiede z. B. im Metabolismus und dem Muskelfaserprofil und zeichnen sich durch eine jeweils dominant ausprägbare konditionelle Fähigkeit aus.

Darüber hinaus ist die Adaptabilität altersabhängig. Sie ist für die Entwicklung schneller Bewegungen und für aerobe Ausdauerleistungen schon in der Vorpubertät recht gut ausgeprägt, schwächt sich aber für elementare Schnelligkeitsfähigkeiten schon im Verlauf der Adoleszenz ab; hingegen treten adaptive Prozesse zur Entwicklung der anaeroben Ausdauer und der Maximalkraft erst in der Pubeszenz deutlicher in Erscheinung. Ausdauer und Kraftfähigkeiten erreichen im frühen Erwachsenenalter (etwa 18 bis 35 Jahre) optimale Werte. Im weiteren Altersverlauf nehmen sowohl die konditionelle Leistungsfähigkeit als auch die Adaptabilität allmählich ab; gesunde Untrainierte können aber auch noch nach dem 70. Lebensjahr bei Trainingsaufnahme mit Anpassungseffekten rechnen. (Vgl. WEIDNER 1985; CONZELMANN 1994; SCHMIDTBLEICHER 1994)

2.2.4.2. Anpassungsschritte

Die Anpassung einzelner Funktionssysteme verläuft allmählich. *Bei jeder anstrengenden körperlichen Tätigkeit wird der Gleichgewichtszustand (Homöostase) der beanspruchten Funktionssysteme gestört.* Es werden Energiereserven beansprucht und dazu Funktionsamplituden erweitert; z. B. steigen Herzschlag- und Atemfrequenz, um den erhöhten Sauerstoffbedarf zu sichern. Diese Sofortregelung kann in einer bestimmten Bandbreite erfolgen und wird als **Umstellung** (NEUMANN

1988), metabole Adaptation (GÜRTLER 1982, ISRAEL 1988a) oder akute Adaptation (JAKOWLJEW 1977) bezeichnet.

Die ausgelenkten Funktionssysteme schwingen nach Ende der Belastung in den Ausgangszustand zurück, benötigen dazu jedoch unterschiedlich lange Zeiten. Generell hängt der Zeitbedarf für die Wiederherstellung von der Art und der Größe der Beanspruchung ab. (Vgl. hierzu Kap. 4.4.) Bei der Auffüllung beanspruchter Energiedepots kann das Ausgangsniveau zeitweilig überschritten werden. Dieser Vorgang wird als **Überkompensation** oder auch **Superkompensation** (JAKOWLJEW 1977) bezeichnet.

Eine einmalige Belastung bewirkt noch keine Höherentwicklung beanspruchter Funktionssysteme. Man muß jedoch annehmen, daß nach jeder reizwirksamen Beanspruchung Adaptations„spuren" entstehen, die sich bei häufiger Wiederholung summieren und in einen stabilen höheren Funktionszustand und leistungsfähigere Strukturen umschlagen.

Ungeklärt ist, ob eine derartige Spurenbildung bereits während der Beanspruchung erfolgt oder erst in der Erholungsphase. Dieses Problem ist für das trainingsmethodische Vorgehen insofern bedeutsam, weil man entscheiden muß, ob die neue Belastung schon vor oder erst nach Abschluß der Erholungsphase gesetzt werden kann, wenn man den optimalen Anpassungseffekt erreichen will. Es ist nicht eindeutig, wie sich adaptive Spuren in dem einen oder anderen Fall formieren und welche Besonderheiten bei der Ausbildung einzelner konditioneller Fähigkeiten zu berücksichtigen sind.

HETTINGER (1968) folgerte z. B. aus Versuchen mit isometrischem Krafttraining an untrainierten Personen, daß nach einer Trainingseinheit die Kraft zwar mehrere Tage hinweg, aber mit abnehmender Intensität ansteigt. Die größte Wirkung wird in den ersten 24 Stunden beobachtet. Demnach ist tägliches Trainieren optimal.

Soll überhaupt eine Anpassung ausgelöst werden, müssen bei der wiederholten Belastung noch Auswirkungen der vorangegangenen vorhanden sein. Da Anpassungen nicht speicherbar sind, dürfen die Abstände zwischen Trainingseinheiten nicht beliebig lang sein.

Das Adaptationspotential der Funktionssysteme kann nicht schlagartig, sondern nur im Verlauf eines mehrjährigen Trainings erschlossen werden. Dieser Prozeß wird durch stufenhaft ansteigende Trainingsbelastungen gesteuert, denen der Anpassungsprozeß in einer bestimmten Reihung folgt:

- Abstimmung und Vervollkommnung der Bewegungskoordination bei erhöhten Belastungsanforderungen;
- verstärkte Mobilisation des Energiestoffwechsels und Vergrößerung der Energiespeicher;
- Ansatz für morphologische Umstrukturierungsprozesse;
- Ökonomisierung und Optimierung aller Systeme;
- Koordinierung der Tätigkeit aller Systeme; Feinabstimmung zwischen sporttechnisch-koordinativer und erhöhter konditioneller Leistung. (Vgl. u. a. NEUMANN 1993, VERCHOSHANSKIJ 1995)

Dieser Vorgang wiederholt sich nach jeder deutlichen Belastungserhöhung auf immer höherem Niveau, und man kann davon ausgehen, daß die Grundmechanismen Informationsorganisation und morphologisch-funktionelle Anpassung mit unterschiedlicher Anteiligkeit in den einzelnen Stufen miteinander verkoppelt sind. Die Hauptprozesse sind die in der Vergrößerung der Energiespeicher und die morphologische Umstrukturierung.

Vergrößerung der Energiespeicher. Zunächst verbessert sich nach hoher Beanspruchung die energetische Versorgung durch Vervollkommnung der Bewegungskoordination und präzisere Ansteuerung des für die Bewegungsanforderung hauptsächlich benötigten Muskelfasertyps (inter- und intramuskuläre Koordination). Diese Ökonomisierung wird primär durch Prozesse der Informationsorganisation ausgelöst, in deren Ergebnis sich die Stoffwechseleffizienz und damit die Belastbarkeit erhöht.

Ist die Beanspruchung wiederholt so hoch, daß es sowohl in den Trainingseinheiten als auch in deren Folge zu einem häufigen **Energiemangelzustand** kommt, vergrößern sich die Energiespeicher anforderungsgerecht: z. B. durch ermüdendes Ausdauertraining die Muskelglykogenspeicher und durch Schnelligkeits- und Krafttraining vor allem die energiereichen Phosphate. Entsprechende Anpassungen erfolgen in den jeweils beanspruchten langsam- bzw. schnellkontrahierenden Muskelfasern.

Morphologische Ausprägung. Während die Funktionen des Herz-Kreislauf- und Atmungs-Systems, Enzymaktivitäten und die aerobe Energiebereitstellung bereits nach zwei bis drei Wochen ein höheres Adaptationsniveau erreichen, *werden für die Ausprägung meßbarer strukturell-morphologischer Anpassungen längere Zeiträume benötigt.* Zu den bemerkenswerten Veränderungen gehören die Zunahme der Muskelmasse (Muskelhypertrophie) und Veränderungen in den hauptsächlich beanspruchten Muskelfasertypen, die Ausbildung des Sportherzens, die Vermehrung der Kapillaren und der Mitochondrien, aber ebenso die Vergrößerung der Sehnenquerschnitte, die Dickenzunahme des Knorpelgewebes, die Aktivitätshypertrophie der Knochen sowie die Ausbildung von Knochenvorsprüngen an den Ansatzzonen von Muskeln, Sehnen, Kapseln und Bändern. (SCHMIDT 1987) *Morphologische Veränderungen erhöhen in besonderem Maße die Funktionstüchtigkeit und Belastbarkeit des Organismus.*

Die den funktionellen Anpassungsprozeß begleitenden Prozesse der **Informationsorganisation** treten zeitweilig nach Phasen der Strukturveränderung verstärkt in Erscheinung. Nach den Vorstellungen von NEUMANN (1993) handelt es sich dabei um eine Funktionsoptimierung durch Integration und Koordinierung der Funktionssysteme. Diese Vorgänge bewirken eine höhere Ausschöpfung der energetischen Ressourcen und die Steigerung der energetischen Versorgung, auch wenn das Anpassungspotential einzelner leistungsbestimmender Funktionssysteme erschöpft ist.

2.2.4.3. Gesetzmäßige Beziehungen zwischen Trainingsbelastung und Anpassung

Zwischen der Art und Weise der Trainingsbelastung und der Anpassung bestehen gesetzmäßige Beziehungen. Aus Praxis und Forschung

sind folgende grundlegende Zusammenhänge bekannt:

● **Anpassungen erfolgen anforderungsspezifisch.** Nur solche Funktionssysteme adaptieren, die ausreichend stark beansprucht wurden. Nicht ausreichend oder gar nicht beanspruchte Systeme verändern sich nicht. Entsprechende Reiz-Anpassungsgesetze wurden bereits von ROUX (1895) formuliert.

Langsames Laufen über längere Dauer beansprucht z. B. vorwiegend den aeroben Stoffwechsel und die Muskulatur der unteren Extremitäten; während diese Systeme adaptieren, erhalten z. B. der anaerobe Stoffwechsel und die Muskulatur der oberen Extremitäten keine Entwicklungsreize.

Jede Belastung beansprucht aufgrund ihrer Struktur (vgl. 4.4.) die Funktionssysteme in besonderer Weise und löst spezifische Anpassungen und Trainingseffekte aus. Wegen der Vielzahl möglicher Belastungsformen und methodischer Kombinationen sind die Zusammenhänge zwischen Belastung und Anpassung noch nicht umfassend untersucht. Man stützt sich daher vielfach auf verallgemeinerte Erfahrungen der Praxis.

Auskunft darüber, welche Funktionssysteme durch die Belastung beansprucht wurden und mit welchen Trainingswirkungen zu rechnen ist, geben u. a. die Art und Größe der Auslenkung einzelner Funktionsparameter von den Normwerten. Dabei ist zu beachten, daß der Prozeß der biotischen Strukturierung und die Leistungsentwicklung durch vielfältige Beziehungen und Wechselwirkungen von biotischen, psychischen und sozialen Wirkfaktoren modifiziert werden kann. (Tab. 2.2.1)

Anpassungsprozesse erhöhen die Leistungsfähigkeit und die Belastbarkeit. Dadurch wird der entwicklungsfördernde Widerspruch zwischen den Anforderungen einer bestimmten Belastungsstufe und der Leistungsfähigkeit allmählich aufgehoben. Zur Auslösung neuer Anpassungen sind höhere bzw. veränderte Anforderungen erforderlich.

● **Das Anpassungspotential muß durch optimale Beanspruchungen aktiviert werden.** Die Realisierung dieser Forderung hängt maßgeblich von der Zielgerichtetheit, Größe und methodischen Qualität der Trainingsbelastung ab. Wird die zur optimalen Stimulierung der Anpassung

Tabelle 2.2.-1 *Exogene Bedingungen mit fördernder Wirkung auf die Entwicklung von Anpassungen und Leistungen*

Lebensweise	Umweltbedingungen	Materielle Voraussetzungen
Ausreichende Nachtruhe Regelmäßiger Tagesablauf Optimale Ernährung Meiden von Genuß- und Rauschgiften (Alkohol, Nikotin, Übermaß an Koffein) Gründliche Körperpflege Sinnvolle, entspannende Freizeitbeschäftigung Ordentliche Wohnverhältnisse in lärmfreier Umgebung und sauberer Luft	Spannungsfreies Familienleben, sportfreudige anspornende Familienangehörige und Partner, Lehrer und Berufskollegen Festes Vertrauensverhältnis zwischen Sportler–Sportler, Sportler–Trainer, Sportler–Sportarzt, Sportler–Sportfunktionäre Ausgeprägte Motivation Befriedigung und Erfolgserlebnisse in der Ausbildung und im Beruf; klare berufliche Perspektive Koordinierte Auslastung durch Training, Ausbildung bzw. Beruf, Familie, Freizeit	Qualitativ hochwertige Trainingsstätten Moderne Ausrüstung (Wettkampfbekleidung, Schuhwerk) Hochwertige Sportgeräte

notwendige Belastungsgröße nicht erreicht, verlaufen alle Anpassungen entsprechend langsam und stagnieren auf einem niedrigen Endniveau. Andererseits kann ein Sportler nur ein bestimmtes Maß an Trainingsbelastungen positiv verarbeiten. *Man muß aufgrund praktischer Erfahrungen annehmen, daß das in definierten Trainingsabschnitten erschließbare Anpassungspotential begrenzt ist.* Überzogene Anforderungen beschleunigen den Anpassungsprozeß nicht. Hingegen beweist die Praxis, daß zu häufiges Belasten im Grenzbereich der Leistungsfähigkeit und eine zu rasche Belastungssteigerung die Adaptabilität derart überfordern kann, daß nicht nur die erwarteten Anpassungen ausbleiben, sondern sogar Rückbildungseffekte in einzelnen biologischen Systemen auftreten können. Schließlich wird die sportliche Leistung instabil. Dieser Zustand wird der Ausbreitung einer Schutzhemmung zugeschrieben, die einer organschädigenden Überbeanspruchung der Funktionssysteme vorbeugt. Reduziert man die Belastung rechtzeitig, bevor sich schwer reparable Übertrainingserscheinungen einstellen, tritt häufig bald darauf ein Leistungssprung auf.

ROST (1981) wies in einer interessanten Studie über die Belastungs- und Leistungsentwicklung junger Sportler in ausgewählten Sportarten einen zu steilen Belastungsanstieg im Grundlagen- und Aufbautraining nach, der die Mobilisierung des Anpassungspotentials beim Übergang zum Anschlußtraining massiv behinderte.

Andererseits hat man erfolgreich versucht, zeitlich begrenzte Überbelastungen methodisch zu präzisieren und zur Vorbereitung von Sportlern auf bedeutsame Wettkämpfe sowie zur Überwindung von Leistungsbarrieren einzusetzen.

So beschreibt VERCHOSHANSKIJ (1995) das Training von Schnellkraftsportlern, die etwa vier bis sechs Wochen lang ein betont umfangreiches Krafttraining betrieben, so daß die Kraftleistungsfähigkeit kurzfristig absank. Anschließend wurde die Belastung erheblich gemindert und eine sprunghafte Kraftsteigerung registriert. (Abb. 2.2.-7)

● **Gleichförmiges, monotones Trainieren mindert den Anpassungseffekt.** Trainiert man sehr einseitig, z. B. mit wenigen Standardbelastungen oder mit unverändert bleibenden Trainingszyklen, so geht die adaptogene Effizienz trotz Belastungssteigerung verloren, und es bildet sich eine nur schwer überwindbare Leistungsbarriere aus, wobei sich die sportliche Leistung zeitweilig auf dem erreichten Niveau stabilisiert. Hierbei handelt es sich offenbar um einen Gewöhnungseffekt, der den Anpassungsmechanismus blockiert. ISRAEL (1994) vermutet, daß es sich um eine zentralnervale Blockierung im Sinne einer Schutzhemmung handeln könnte. Ein solcher Zustand kann durch sinnvollen Wechsel von Belastungsformen, Methoden und Trainingsübungen sowie deutliche Belastungs-

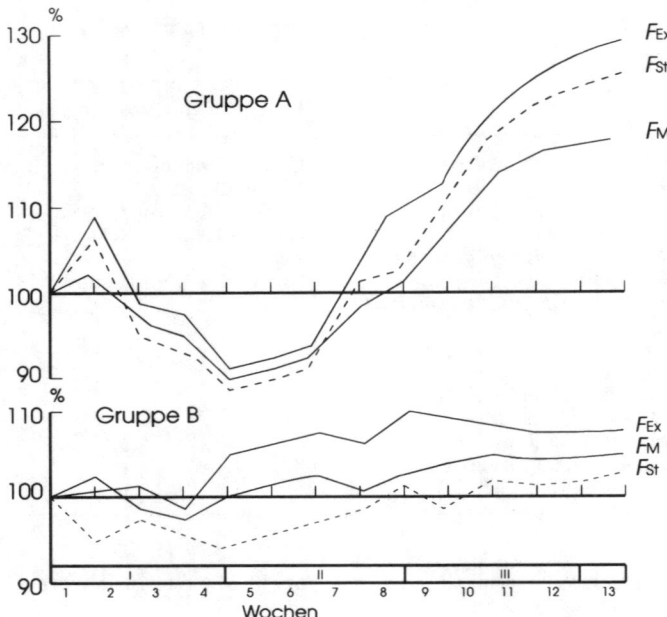

Abbildung 2.2.-7
Verlauf von Kennwerten der Sprungkraft bei Volleyballspielern in Vorbereitung auf einen Wettkampfhöhepunkt. Gruppe A – nach hohem Umfang im speziellen Krafttraining; Gruppe B – gemischtes Training ohne konditionellen Schwerpunkt.
F_M *– Maximalkraft;*
F_{ST} *– Startkraft;*
F_{Ex} *– Explosivkraft;*
I – Krafttrainingsphase;
II – UWV;
III – Wettkampfabschnitt
(nach WERCHOSCHANSKI 1988, S. 112)

verschärfung in optimalen Zeitabständen bis zum gelegentlichen Einsatz von Gipfelbelastungen, durch Kombination von vielseitiger und spezieller sportlicher Ausbildung sowie durch Variation der zyklischen Struktur des Trainings vermieden bzw. aufgehoben werden.

• **Trainingsanpassungen lassen sich nicht speichern.** Wenn man ein durch Training angepaßtes System nicht mehr ausreichend beansprucht, bilden sich die Anpassungen zurück (Deadaptation), und die konditionelle Leistungsfähigkeit sinkt.

Das Rückbildungstempo einzelner Leistungsvoraussetzungen ist sehr unterschiedlich. Relativ schnell bilden sich die Ausdauer und deren biologische Voraussetzungen zurück. Die maximale Sauerstoffaufnahme und die Durchblutung der Muskulatur sinken, ebenso die aerobe und anaerobe Kapazität und Leistungsfähigkeit. Maximal- und Schnellkraftleistungen sind meist etwas stabiler. Leistungsverluste entstehen vor allem durch Verringerung des Muskelquerschnittes. Hingegen ist insbesondere die elementare Schnelligkeit relativ stabil, weil deren physiologische Voraussetzungen in hohem Maße genetisch vorgegeben sind und der Trainingseinfluß deswegen ohnehin gering ist. An-

passungen des straffen Binde- und Stützgewebes (Sehnen, Bänder, Gelenkkapseln, Faszien) bilden sich gleichfalls zurück (JUNGMICHEL 1979), wodurch sich die Gefahr von Fehlbelastungen erhöht, wenn man es nach Trainingsunterbrechungen versäumt, die Anforderungen vorsichtig und allmählich an das frühere Niveau heranzuführen.

Die Geschwindigkeit der Deadaptation hängt auch von der Stabilität der Anpassungen ab. Forciert ausgebildete Anpassungen sind äußerst instabil und bilden sich schneller zurück als

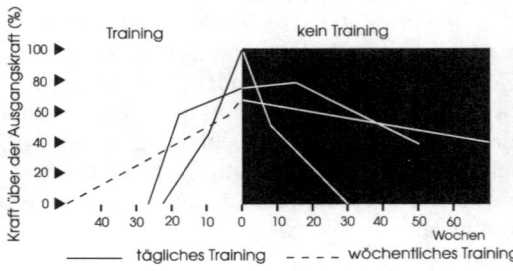

Abbildung 2.2-8   *Verlauf des Kraftgewinns durch unterschiedlich dosiertes isometrisches Krafttraining und Verlauf des Kraftverlustes nach Unterbrechung des Trainings* (nach HETTINGER 1968)

solche, die etwas vorsichtiger und langfristiger aufgebaut worden sind. (Vgl. Abb. 2.2.-8)
Der allmähliche Abbau von Anpassungen ist ein physiologischer Vorgang und keine krankhafte Erscheinung, falls er nicht durch permanente Überbelastungen provoziert wurde.

2.2.4.4. Erste trainingsmethodische Folgerungen

Die bisherigen Ausführungen verdeutlichen, daß der entscheidende Impuls für die Ausbildung von Anpassungen die Beanspruchung der zu entwickelnden Funktionssysteme ist.
Demnach müßte das Training unmittelbar über Parameter der Beanspruchung gesteuert werden. Dies ist wegen des erheblichen apparativen Aufwandes nicht möglich. In der Trainingspraxis steuert man das Training daher über die Trainingsbelastung. Sie muß so strukturiert und dosiert sein, daß sie die zu stimulierenden Funktionssysteme und Strukturen reizwirksam trifft, optimal beansprucht und entsprechend auslenkt. Voraussetzung für die zielgerichtete Steuerung des Trainings ist die differenzierte Analyse und Diagnose von Trainingsbelastung und Beanspruchung.
Für ein optimales Training stellen sich dazu folgende **Fragen**:

● Welche organismischen Funktionssysteme sind führend an der zu entwickelnden sportlichen Leistung beteiligt, und welche Leistungskennwerte müssen sie erreichen?
● Wie kann man den Beanspruchungsgrad sowohl einzelner Funktionssysteme als auch die Gesamtbeanspruchung des Organismus analysieren und diagnostizieren. Welche Rolle kann dabei das Erfassen subjektiver Symptome der Beanspruchung übernehmen?
● Wie hoch muß das Funktionssystem im Training beansprucht und ausgelenkt werden, um den Anpassungsprozeß überhaupt und optimal zu aktivieren?
● Wie muß die Trainingsbelastung hinsichtlich Mittel, Bewegungsgüte, Intensität, Umfang, Trainingsmethoden etc. beschaffen sein, um das jeweilige Funktionssystem anforderungsgerecht zu beanspruchen, und wie wirken sich extreme exogene Bedingungen (u. a. geographische Höhenlage, Hitze, Kälte, Luftdruck) auf die Beziehung Belastung/Beanspruchung aus? Welche erweiterten Anforderungen entstehen daraus an die Analyse und Diagnose der Belastungsanforderung?
● Welchen Einfluß haben das Lebensalter, der Leistungszustand und individuelle Besonderheiten des Sportlers auf die Beziehung Belastung/Beanspruchung/Anpassung und Leistungsentwicklung?
● Wie wirken sich aktive und passive Erholungsprozesse in der Trainingseinheit bzw. in den Trainingszyklen auf die Wiederherstellung der Funktionsfähigkeit und auf den Anpassungsprozeß aus?

Diese Fragen müssen durch Forschung und differenzierte Praxisauswertung genauer beantwortet werden, u. a. um die sportliche Leistungsfähigkeit im Nachwuchsbereich ökonomischer aufbauen und Spitzenleistungen auf ein höheres Niveau führen zu können.

Kapitel 3:
Wesen und Entwicklung von Hauptfaktoren sportlicher Leistungen

Das folgende Kapitel ist nach 4 Faktoren der sportlichen Leistungsfähigkeit gegliedert, wie sie sich aus den Ausführungen des zweiten Kapitels zur sportlichen Leistung ableiten lassen. Die den Faktoren jeweils zugeordneten Leistungsvoraussetzungen sind in ihren funktionellen Grundlagen allerdings zumeist nicht nur durch *eines* der in 2.2. aufgeführten Funktionssysteme, nicht durch *einen* Grundmechanismus bestimmt, sondern es mußte von der jeweils dominanten Beziehung ausgegangen werden. Im Falle der Beweglichkeit (3.2.) und der Schnelligkeitsfähigkeiten (3.3) erscheint auch das nicht völlig widerspruchsfrei.

Hiermit zeigt sich ein grundsätzliches Problem der inhaltlichen Ordnung und Differenzierung der Trainingswissenschaft: Die aus den verallgemeinerten Erfahrungen der sportlichen Praxis entstandenen Konstrukte, die sich in der Trainingslehre durchgesetzt haben, sind nicht deckungsgleich mit den nunmehr besser erkannten wissenschaftlichen Grundlagen, zumal dann, wenn sie durch die Struktur und Systematik anderer Wissenschaften – wie hier u. a. der Physiologie – bestimmt werden. Demnach lassen sich zwar die im Grundkonzept der sportlichen Leistung herausgearbeiteten Funktionsbereiche als Leistungskomponenten fassen, aber die Zuordnung der betreffenden Leistungsvoraussetzungen – als stärker empirisch geprägte Konstrukte – bedeutet keine Ausschließlichkeit. So haben beispielsweise u. a. die traditionell als konditionell-energetische Fähigkeiten bezeichneten Kraft- und Schnelligkeitsfähigkeiten neben den energetischen mehr oder weniger ausgeprägte regulative, d. h. informationelle Grundlagen. Dies geht bei den Schnelligkeitsfähigkeiten so weit, daß sie auch als koordinative Leistungsvoraussetzungen eingeordnet werden könnten. (Vgl. 3.3.)

3.1. Strategie und Taktik

3.1.1. Begriff – Eingrenzung des Gegenstandes

Die Begriffe Strategie und Taktik werden als Bezeichnung für planvolles, kluges und berechnendes Verhalten sowohl in verschiedenen gesellschaftlichen Bereichen (Militär, Politik, Diplomatie) und Wissenschaftsgebieten (Psychologie, Kybernetik, Mathematik) als auch in vielen Varianten im Sport verwendet. Während z. B. im alten Griechenland die Ausbildung in der „Taktika", der Art und Weise der Anwendung der Waffenführung im Gefecht, zur allgemeinen Jugenderziehung gehörte (STIEHLER 1959), in der Psychologie mit Strategie und Taktik bei der Verhaltensorganisation der Verlaufsplan und das Handlungsschema benannt werden (MILLER/GALANTER/PRIBRAM 1973), erhalten umgangssprachlich die Begriffe „Taktik" oder „Taktieren" oftmals auch eine negative Färbung im Sinne von Verschlagenheit und nicht offenem Verhalten.

Im Sport wird Taktik sehr allgemein als „... Lehre von der Führung des sportlichen Kampfes" (HARRE 1979, S. 219), als „... vollkommene Kunst der Führung des sportlichen Kampfes" (MATWEJEW 1981, S. 124), als „... während des Wettkampfes getroffene Entscheidungen, die unmittelbar das Wettkampfgeschehen beeinflussen, als auch die längerfristigen strategischen Überlegungen" (KERN 1989, S. 14) oder als System von Handlungsplänen und Entscheidungsalternativen für einen optimalen sportlichen Erfolg (MARTIN/CARL/LEHNERTZ 1991, S. 229) bezeichnet, unabhängig davon, ob Taktik im „engeren" oder „weiteren" Sinne verstanden wird oder ob man zwischen Strategie und Taktik unterscheidet oder nicht.

Mit „Taktik" wird vielfach versucht zu umschreiben, was am Zustandekommen einer Wettkampfleistung oder als Ursache für Mißerfolge wissenschaftlich momentan noch nicht exakt nachgewiesen werden kann. So ist es nicht verwunderlich, daß es im Sport kaum einen anderen Sachverhalt gibt, bei dem so unterschiedliche Sichtweisen zugrunde gelegt werden, zumal es trotz vielfältiger Publikationen zur Strategie und Taktik in allen Sportarten[1] zusammenhängende wissenschaftliche Arbeiten, die über den engen Rahmen von Sportarten bzw. Sportartengruppen hinausgehen, kaum gibt. Im Sport sind verschiedene Varianten gebräuchlich:

Variante 1:
Alle Erscheinungen des gekennzeichneten Gegenstandsbereiches werden als Taktik bezeichnet.

> **Definition Taktik (im umfassenden Sinne):** Gesamtheit der individuellen und kollektiven Verhaltensweisen, Handlungen und Operationen von Sportlern und Mannschaften, die unter Beachtung der Wettkampfregeln, des Partner- und Gegnerverhaltens sowie der äußeren Bedingungen auf die volle Nutzung der eigenen Leistungsvoraussetzungen im Sinne eines bestmöglichen Wettkampfergebnisses oder einer optimalen Leistung gerichtet sind.

Diese Definition enthält das Gemeinsame aller Auffassungen und Definitionen zur Taktik. Das trifft zumindest auf diejenigen Definitionen zu, die Strategie und Taktik „im engeren Sinne"[2] verstehen.
Der Begriff Strategie erscheint in diesem Zusammenhang nicht, bzw. die Begriffe Strategie und Taktik werden weitestgehend synonym verwendet.
In den Mannschaftssportarten – und hier besonders in den Sportspielen – wird unterschieden in
– **individuelle Taktik** für das Verhalten des einzelnen Spielers und

– **kollektive Taktik** für das zweckmäßige Zusammenwirken der Spieler einer Mannschaft oder eines Mannschaftsteiles bei der Realisierung taktischer Zielsetzungen.

Die kollektive Taktik läßt sich in Gruppentaktik (Interaktionsformen von Teilen einer Mannschaft) und Mannschaftstaktik (Angriffs- und Abwehrverfahren, an deren Lösung die gesamte Mannschaft beteiligt sind) untergliedern. Ein wesentliches Regulativ der Mannschaftstaktik bilden die Spielsysteme. (Vgl. hierzu auch STIEHLER/KONZAG/DÖBLER 1988).

Andere Auffassungen unterscheiden Strategie und Taktik nach inhaltlichen Kriterien. Diese beruhen darauf,
– daß Strategie und Taktik in einem Verhältnis von Programm und Unterprogramm stehen, wobei Taktik meist mit Realisierungsschritten gleichgesetzt wird, auch mit einem gezielten Wechsel verschiedener Strategien;
– oder daß Strategie und Taktik in einem Zeitbezug zueinander stehen, wobei Strategie das längerfristige und Taktik das kurzfristige Handlungskonzept darstellt.

Variante 2:
Es wird zwischen Strategie und Taktik unterschieden und Taktik auf die Ebene der „indirekten Absicht" bezogen, unabhängig davon, welchem Erklärungsmodell gefolgt wird.

Definition Strategie: Verhaltensplan, mit dem unter Beachtung der Wettkampfregeln, der eigenen Stärken und Schwächen, der Stärken, Schwächen und möglichen Verhaltensweisen der oder des Gegner(s) und der erwarteten Wettkampfhandlungen **Entscheidungen zum Wettkampfverhalten** und zu einzelnen Wettkampfhandlungen **vorgedacht** und festgelegt werden.
Definition Taktik: Gesamtheit der individuellen und kollektiven Verhaltensweisen, Handlungen und Operationen von Sportlern, mit denen unter Beachtung der Wettkampfregeln, des Partner- und Gegnerverhaltens sowie der äußeren Einflußmöglichkeiten die **Bedingungen,** die für eigene Vorteile nützlich sind, **beeinflußt** werden.

---

[1] Die Datenbänke des Instituts für Angewandte Trainingswissenschaft Leipzig und des Bundesinstituts für Sportwissenschaft Köln enthalten in den Erscheinungsjahren 1970 bis 1996 mehr als 2500 Literaturstellen zur Strategie und Taktik.
[2] Im „weiteren Sinne" wird mit Strategie eine längerfristige „Führungslinie" oder ein Entwicklungsplan eines Sportverbandes o.a. organisatorischer Einheiten bezeichnet, die durch kürzerfristige taktische Maßnahmen realisiert werden.

Während die Strategie bei der Verhaltensplanung die Entscheidungsmöglichkeiten der/des Gegner(s) zwar berücksichtigt, aber nicht beeinflußt, bezieht sich die Taktik auf die gezielte Anwendung vorbereitender Handlungen zur Realisierung der Strategie.

Taktik orientiert auf die Beurteilung und Beeinflussung von Situationen als Voraussetzung für das Festlegen und das Durchführen von sinnvollen, den Gegner täuschenden oder beeinflussenden Maßnahmen und beinhaltet das dafür notwendige Wissen und Können.

Zur Kennzeichnung der *Gesamtheit von Strategie und Taktik* wird der *Doppelbegriff verwendet.*

Gegenstand von Strategie und Taktik im Sport ist ein System optimaler Handlungs- und Verhaltenspläne zur situationsangemessenen Realisierung sportlicher Aufgaben im Wettkampf. Eingeschlossen sind das dazu erforderliche Wissen und Können. Das Besondere am „Strategen" oder „Taktiker" ist, daß er sein Handeln und Verhalten selbst organisiert und es nach den Regeln der Effektivität, der Gewinnmaximierung und Verlustminimierung plant und realisiert.

Daß der Strategie und Taktik in den Sportspielen und den Kampfsportarten eine herausragende Bedeutung zukommt, ist durch den Charakter dieser Sportarten bedingt und leicht einsichtig. Die Aufgaben, die Strategie und Taktik aber in allen anderen Sportarten, im Kinder-, im Senioren- oder im Behindertenwettkampfsport zukommen, werden vielfach unterschätzt.

Durch strategisch-taktisches Wissen, Denken und Können lassen sich gegebene Leistungsvoraussetzungen und -bedingungen wirkungsvoller ausnutzen, kann auch der Kleinere gegen den Größeren, der körperlich Schwächere gegen den Stärkeren, der erfahrene Ältere gegen den konditionell besseren Jüngeren gewinnen.

Der „Stratege" und „Taktiker"
– setzt sich Ziele und plant deren Realisierung,
– orientiert und informiert sich über Möglichkeiten, Mittel und Wege der Zielerreichung,
– kalkuliert antizipativ Aufwand und Nutzen erschiedener Realisierungsalternativen bzw. Vorgehensweisen,

– paßt sich den Bedingungen an und geht sparsam mit Zeit und Energie um,
– beeinflußt, behindert und „überlistet" den Gegner,
– plant die Planung des Gegners ein,
– denkt, daß der Gegner denkt … usw.

Strategie und Taktik betreffen das, was der Sportler vor seinem Tun in seinem Kopf hat, mit den ideellen Abbildern seiner Handlungen, den Operationen, den erwarteten Ergebnissen und deren Folgen. Mit Strategie und Taktik nutzt der Sportler die menschliche Fähigkeit, die ideellen Abbilder von seiner Tätigkeit zu lösen, mit ihnen zu operieren und gedanklich umzugehen. Er kann „Probehandeln mit im Kopf gefundenen Lösungen".

Gegenstand von Strategie und Taktik sind demnach – unter Beachtung der Ganzheit der Handlung – *Prozesse der hierarchisch obersten, der kognitiv bestimmten Ebene der Handlungsregulation.*

3.1.2.   Wissenschaftliche Erklärungsansätze für Strategie und Taktik

In den einzelnen Sportarten und Disziplinen wird zur Erklärung von Strategie und Taktik von verschiedenen Verständnis- und Anwendungshintergründen ausgegangen.

Es ist vielleicht das Besondere an vielen *Taktiklehren* in den Einzelsportarten, daß ehemalige Sportler und Trainer die Handlungsweisen und Wirkungen, die sie in vielen Wettkämpfen selbst ausgeführt und erfahren haben, im Sinne von *Meisterlehren* oder *Gebrauchstheorien* aufbereitet und weitergegeben haben. Dabei wird strategisches und taktisches Handeln und Verhalten nicht begründet und hergeleitet, sondern im Sinne von Ausführungsvorschriften sehr pragmatisch dargestellt.

Daß dieses Vorgehen zu beachtlichen Erfolgen führen kann, beweisen immer wieder ehemalige Spitzenathleten, die auch ohne wissenschaftliche Ausbildung als Trainer erfolgreich sind. Will man Strategie und Taktik im Sport oder Wettkampfsport aber wirklich verstehen, trainingsmäßig gezielt beeinflussen und Verhalten in gewissen Grenzen auch voraussagen, muß man weiterfragen: Warum? Wozu? Wie? funk-

Tabelle 3.1.-1 *Korrelative Beziehungen zwischen Handlungsmotiv, Persönlichkeitsmerkmalen und bevorzugtem Verhalten*
(nach Untersuchungen von BITECHTINA, TYŠLER und DASKEVIČ 1976 mit Säbelfechtern)
r = linearer Korrelationskoeffizient

Handlungsmotiv	Unbedingter Erfolg	Sicherer Erfolg	Vermeiden von Mißerfolg
Persönlichkeits-merkmale	Selbstkontrolle (r = 0,875) emotionale Stabilität (r = 0,913) Selbständigkeit (r = 0,976) Anspruchsniveau (r = 0,905) Originalität (r = 0,854)	psychische Stabilität (r = 0,870) Initiative (r = 0,860) gute Stimmung (r = 0,870) Verläßlichkeit (r = 0,715) Selbstsicherhiet (r = 0,868)	Mißerfolgsangst (r = 0,870) Risikobereitschaft (r = 0,923) Anspruchsniveau (r = 0,815) Rechtfertigung (r = 0,892) Spontaneität (r = 0,826)
bevorzugtes Verhalten	Initiative kurze Gefechte Angriff	beherrscht kompliziert Verteidigung / Antwortangriff	abwartend passiv Gegenangriff

tioniert das, was als Strategie und Taktik bezeichnet wird.

Tätigkeits- und handlungstheoretischer Ansatz

Auf eine ausführlichere theoretische Erörterung der tätigkeits- und handlungstheoretischen Konzeptionen wird verzichtet und auf die sportpsychologische Standardliteratur (RODIONOW 1982; GABLER u. a. 1986; KUNATH/SCHELLENBERGER 1991) sowie auf den Abschnitt 2.2. verwiesen.
Viele Taktiktheorien basieren auf den von MAHLO (1965) verwendeten drei Phasen der taktischen Handlung.
Zur Bedeutung der motivational-emotionalen und kognitiven Prozesse der Antriebsregulation für strategisch-taktisches Verhalten haben BITECHTINA/TYŠLER/DASKEVIČ (1976) am Beispiel von Wettkampffechtern Untersuchungen durchgeführt. Mit den Angaben in Tab. 3.1.-1 werden die Beziehungen zwischen Handlungsmotiv, Kampfstil und Persönlichkeitsmerkmalen zur bevorzugten Handlungsklasse verdeutlicht.
Für den Gegenstand der Strategie und Taktik sind besonders drei Betrachtungsakzente der Handlungstheorie hervorzuheben:

• Die **Handlung ist ganzheitlich-komplexes Geschehen.** Jedes der an der Handlung beteiligten Systeme ist spezifisch strukturiert und realisiert im Hinblick auf das Gesamtsystem eine eigene Funktion.

Eine Fehlhandlung beispielsweise kann sowohl durch eine der Situation nicht angemessene Entscheidung für eine falsche Handlung als auch durch eine zeitlich zu späte, in Ablauf oder Ziel fehlerhafte Bewegung bzw. durch eine schwache oder langsame Bewegung bedingt sein, die mit einem zu geringen Muskelpotential erklärt werden kann.

• **Handlungen sind hierarchisch-sequentiell organisiert,** in Ober- und Unterzielen strukturiert und reguliert.

Diese Aussagen sind für Strategie und Taktik wichtig, weil damit eine Dominanz von Oberzielen postuliert wird, die im Sport strategisch-taktisch determiniert sind. Ein Sportler denkt immer in Handlungen. Trotz relativer Autonomie von Subsystemen darf aber nicht von einer festgefügten Zielstruktur ausgegangen werden. Durch den ständigen Wechsel zwischen Orientierung und Ausführung und dem Erfordernis der Mehrfachhandlungen in den meisten Sportarten erfolgt eine ständige Überlagerung und der teilweise Austausch von Ober- und Unterzielen. Die Phasen sind nicht notwendigerweise zeitlich aufeinanderfolgend bzw. vollständig.

ROTH (1989) hat in seinen Untersuchungen zur „Taktik in den Sportspielen" mit Hilfe derartiger Postulate die Beziehungen zwischen strategisch-taktischer und koordinativ-technischer Ausbildung in neuer Weise betrachtet und mit dem 2-Stufen-Modell (der Theorie der generalisierten motorischen Programme) ein plausibles Rahmenkonzept für künftige Ansätze angeboten, mit denen untersucht werden kann, wie taktische Anforderungen motorisch umzusetzen sind und wie dazu der effektive motorische Lernprozeß verlaufen soll.

• Für sportliche Tätigkeiten sind bewußte Handlungen charakteristisch, die **zielorientiert, zweckgerichtet und wertbezogen** sind.

Sportliches Verhalten ist deshalb stets auf diese drei Akzente zu beziehen. Neben der bereits hervorgehobenen Aussage zu Ziel und Zweck bedarf die Wertbezogenheit künftig stärkerer Beachtung.

Eine „ganzheitliche" sportliche **Handlung** oder komplexes sportliches Verhalten wird handlungstheoretisch **in Phasen gegliedert**[1], um in sehr verallgemeinerter und auf strategisch-taktische Belange bezogener Form das Entscheiden bei einer Einzelhandlung (z.B. der Wurf eines Judokas), als auch bei einer mehrgliedrigen Handlungssequenz (z.B. der Angriffszug einer Fußballmannschaft oder die Kürübung einer Turnerin), bei zeitlich ausgedehntem Handeln (z.B. die Regatta eines Seglers oder bei den Rennen eines Straßenradsportlers) schematisch darstellen zu können.

Wenn solche Betrachtungen auch helfen, einen allgemeingültigen Handlungsverlauf zu erkennen und den zeitlich strukturierten Phasen bestimmte Eigenschaften, Fähigkeiten und Fertigkeiten zuzuordnen, darf nicht übersehen werden, daß der tätigkeits- und handlungspsychologisch orientierte Ansatz stets eine Realanalyse des Handelns voraussetzt. Nur dann ist es sinnvoll, einzelne strategisch-taktische Aspekte des Verhaltens zu untersuchen, wie das beispielsweise SONNENSCHEIN (1987) zur Wahrnehmung, BINDIG (1987) zur Erkenntnistätigkeit, MANTEUFEL (1985) zur Entscheidungsfindung oder SCHUBERT/KIRCHGÄSSNER/BARTH (1976) zum Entscheidungsverhalten versucht haben.

Viele Taktiklehren im Sport folgen prinzipiell den psychologischen Ansätzen und unterscheiden Strategie und Taktik im Sinne der Verhaltensorganisation auf zwei Ebenen und charak-terisieren damit die Beziehungen zwischen handlungsvorbereitenden und -realisierenden Regulationskomponenten.

Kybernetisch-spieltheoretischer Ansatz

In einer Reihe von Sportarten werden die Möglichkeiten, die die Spieltheorie und die Kybernetik bieten, immer umfangreicher vor allem für strategische Überlegungen genutzt[2]. Wenn mit Bezug zur Spieltheorie von Spiel oder Spieler gesprochen wird, erfolgt das in einem sehr abstrakten Sinne.

Ein Sportler *spielt* (überlegt), indem er am inneren Modell des Geschehens künftige Situationen gedanklich vorwegnimmt und mögliche Entscheidungen und deren Folgen *durchspielt*. Einen solchen Plan, der für alle möglichen Situationen angibt, welche Entscheidung zu treffen ist, nennt man in der Spieltheorie *Strategie*. So lassen sich Strategien im Hinblick auf ihren Erfolg oder Mißerfolg am Modell simulieren und Risiken vermeiden, die bei der praktischen Erprobung auftreten können.

Zur Erklärung strategischer Überlegungen wird meist das Schachspiel verwendet. Bevor der Schachspieler einen Zug macht, spielt er in Gedanken die verschiedenen Möglichkeiten durch, berücksichtigt dabei alle denkbaren Gegenzüge des Gegners und führt erst dann seinen Zug aus, wenn er unter den verschiedenen Kombinationsmöglichkeiten die günstigste ermittelt hat.

Im Gegensatz zu Verhaltensweisen, die Strategien benutzen, stehen Verfahren, bei dem der „Spieler" die *Entscheidung* über den nächsten Zug *von Fall zu Fall* trifft. Er läßt sich dabei nur durch gespeicherte Erinnerungen von allen möglichen Situationen leiten. Nach einer groben Differenzierung in *Entscheidungstypen*, wie sie RODIONOV (1982, S. 125) vorgenommen hat, entspricht dies dem Entscheidungstyp 3 (Tab. 3.1.-2).

---

[1] Vgl. hierzu die Handlungs- und Verhaltensmodelle bei HACKER (1973, S. 88); ROTH (1989, S. 80); KUNATH/SCHELLENBERGER (1991, S. 78); PICKENHAIN (1992, S. 27).

[2] Dabei greift man meist auf grundlegende Arbeiten zur Spieltheorie aus den 70er Jahren zurück, u.a. von NEUMANN/MORGENSTERN (1961), VOROBJOV (1967), KLAUS (1968). Direkten Sportbezug hatten die Arbeiten von RENICK (1975) und KAUKE/KAUKE (1981).

Tabelle 3.1.-2 *Entscheidungstypen im Sport* (nach RODIONOV 1982)

Entscheidungs-typ 1	Entscheidungs-typ 2	Entscheidungs-typ 3
handelt/ entscheidet nach **„festem Vorsatz"**	handelt/ entscheidet nach **„Denk-modell"**	handelt/ entscheidet je nach **„Situation"**
wartet auf Gelegenheit: **„wenn – dann"**	gedankliches Konzept: **„entweder – oder"**	ohne Vorüber-legung: **„mal sehen, was kommt"**
Vorteil: **antizipiert Situation**	Vorteil: **handelt variabel**	Vorteil: **situations-angemessen**
Nachteil: **kaum variabel**	Nachteil: **handelt ver-zögert**	Nachteil: **ist zu über-raschen**

Spieltheoretische Ableitungen sollten sich hauptsächlich auf Klassen von Situationen beziehen, da mathematisch begründete Strategien weniger singuläre Entscheidungssituationen als vielmehr prinzipielle Lösung für Entscheidungen in Situationsklassen erklären.

Für den *sportlichen Wettkampf* sind **spieltheo-retische Modelle** nach VOROBJOV (1967, S. 130) bestimmt durch die Kenntnis
- aller am Wettkampf beteiligten „Spieler",
- der Menge der möglichen Strategien der „Spieler",
- der für jede „Spielsituation" sich ergebenden Gewinnfunktion jedes einzelnen „Spielers".

Die Theorie der strategischen Spiele wird genutzt, um **Verhaltenspläne** (Strategien) **für Ent-scheidungssituationen** anschaulich darzustellen und in ersten Ansätzen mit Hilfe mathematischer Instrumentarien auszuarbeiten bzw. zu optimieren.

Die wissenschaftliche Bearbeitung steht trotz vielfältiger Bemühungen erst am Anfang. Bevor ernstzunehmende Optimierungsmöglichkeiten für wissenschaftlich begründete Strategien mit mathematisch-spieltheoretischen Modellen möglich sind, muß gesichert sein, daß das jeweilige Modell die gegebene oder erwartete Situation in angebbaren Grenzen getreu abbildet. KAUKE/KAUKE (1981) haben fünf methodologische Schritte vorgeschlagen, um Klassen realer Situationen mit theorieförderlicher Adäquatheit abzubilden.

Die Realisierung der strategischen Idealvorstellung, für jede mögliche Situation die richtige Entscheidung zu planen, ist um so komplizierter, je mehr *Freiheitsgrade* der Entscheidung möglich sind.

In den Sportspielen, besonders in den Mannschaftsspielen (Mehrpersonenspiele), ist die Zahl der möglichen Strategien im Vergleich zu anderen Sportarten durch das unkontrollierbare und nicht kalkulierbare Auftreten von „zufälligen Zügen" (z. B. Technikfehler, Bodenverhältnisse, Witterungseinflüsse, unerwartete Handlungsfehler des Gegners oder Mitspielers, die sich unregelmäßig bildenden Koalitionen und kooperativen Mißverständnisse u. a. m.) wesentlich größer. Dadurch wird der Wahrscheinlichkeitsgrad des Eintretens für die im voraus getroffenen Entscheidungen geringer.

Gegenwärtig dienen Strategien hauptsächlich als Modelle für optimale Handlungsfolgen in Form von *„Handlungskomplexen"* oder *„Entscheidungsbäumen"* und daraus abgeleitete strategische Regeln als Richtschnur für vernünftiges Handeln.

Ein technisch-taktischer Handlungskomplex ist ein strategisches Modell zweckmäßig verknüpfter Angriffs- und Verteidigungshandlungen mit mehreren verzweigten Handlungsketten, für die sich ein Sportler in Abhängigkeit von den Verhaltensweisen des Gegners entscheiden kann. Dieser Handlungskomplex enthält Handlungsketten (Handlungs- und Gegenhandlungsfolgen) für die Ausgangssituation. Beispiel: Fassen für einen doppelten Beinausheber im Freien Ringkampf (Abb. 3.1.-1).

Globale Strategien finden auch Anwendung im Sinne allgemeiner, sehr prinzipieller Verhaltenspläne oder als **Verhaltensgrundtendenz** – z. B. als Rennstrategien im Bahnradsport (Abb. 3.1.-2), im Straßenradsport (TOWNSEND 1982), Schwimmsport (ENCKEN 1983) oder Rudern (KLAVORA 1979).

Auch Spielsystemen in den Sportspielen, z. B. bei MORENO (1981), liegen in Ansätzen spieltheoretische Überlegungen zugrunde.

Grundlage solcher strategischer Modelle sind sowohl durch Erfahrungen verallgemeinerte „Meisterlehren" als auch in zunehmendem Maße mathematisch-statistische Auswertungen der bei Wettkampfanalysen registrierten Handlungen und Handlungsverläufe in den einzelnen Sportarten. In Abb. 3.1.-2 ist dies für den Bahnradsport dargestellt.

Oft werden Strategien auch nach der generellen Erwartungshaltung unterschieden:

Abbildung 3.1.-1　*Technisch-taktischer Handlungskomplex im Ringen* (nach PETROV 1978, S. 156)

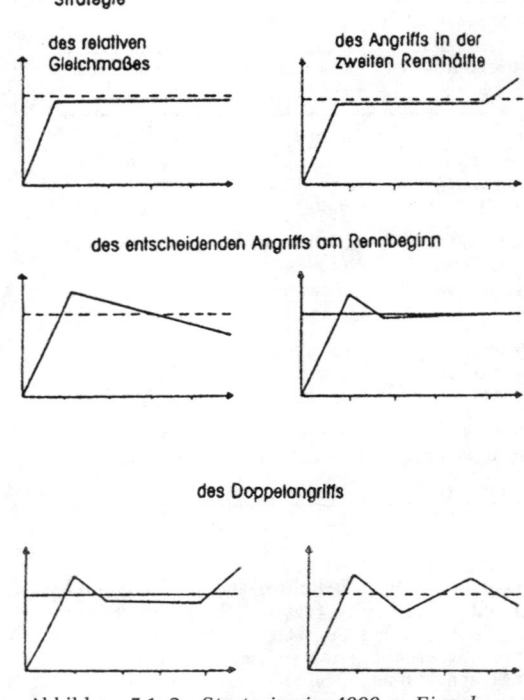

Abbildung 3.1.-2　*Strategien im 4000-m-Einzelverfolgungsfahren (Ausschnitt aus Rennanalysen von Olympischen Spielen und Weltmeisterschaften –* TAUBMANN 1984, S. 291)

Logische Strategien, die auf der Kenntnis objektiver Wahrscheinlichkeiten und des damit erwarteten Nutzens bestimmter Entscheidungen beruhen, und *Paradoxe Strategien,* die sich bewußt gegen logische Strategien stellen und das Unerwartete bevorzugen.

Für die Sportarten, deren Ergebnis durch eine Bewertung der dargebotenen Wettkampfhandlungen erfolgt (Gerätturnen, Eiskunstlauf, Wasserspringen, Tanzsport usw.), empfiehlt FRIEDRICH (1984, S. 9) ein *verkaufsstrategisches Handlungskonzept,* bei dem – wie der Name sagt – das allgemeine Modell der Verkaufsstrategie auf den Sport übertragen wird (Tab. 3.1.-3).

Der Ursprung dieser Sportartengruppe wird im Schaustellergewerbe gesucht, wofür ein anderes Handlungskonzept bzw. eine andere Strategie benötigt wird. Das Publikum und die Wertungsrichter (die „Kundschaft") sind zu begeistern und der „Konkurrenz" abzuwerben. Dadurch erfolgt ein Wechsel von der *Kampf*strategie zur *Verkaufs*strategie.

Während in kybernetisch-spieltheoretischen Konzepten die Strategie den umfassenden Gesamtplan zur Erreichung des Zieles darstellt, wird die **Taktik auf die Bewältigung solcher (kybernetischen) „Spiel"-Situationen bezogen, bei denen ein Problem vorliegt, das die direkte Lösung nicht zuläßt.** Die dann notwendige *indirekte Lösung* wird über den gezielten Wechsel verfügbarer Strategien (z. B. anderes Spielsystem oder paradoxe Strategien) oder über „Zwischenschritte" (z. B. durch Scheinhandlungen oder Zwischenspurts) angestrebt (s. dazu 3.1.3.).

Neurophysiologischer Ansatz

Strategisch-taktisches Handeln ist ohne Beachtung neurophysiologischer Prozesse nicht ausreichend erklärbar.

Hervorzuheben sind folgende Feststellungen (KOLLER 1991; PICKENHAIN 1991 u. a.):

● Die Grundvoraussetzung bei der Wahrnehmung von Situationen ist die **Gleichzeitigkeit** der einzelnen, in ihrer Bedeutung zusammengehörenden Signale als „Signal-Wahrnehmungs-

Tabelle 3.1.-3 *Übertragung eines verkaufs-strategischen Handlungskonzeptes auf strategische Überlegungen in den technisch-kompositorischen Sportarten* (nach FRIEDRICH 1984)

Verkaufs-Strategie	Sport-Strategie
1. Marktanalyse Was bietet die Konkurrenz an? Was wird von der Kundschaft angenommen?	**Wettkampfanalyse** Analyse der Hauptwettkämpfe (Was wird vom Kampfgericht und vom Publikum angenommen?)
2. Produktion An der Marktanalyse orientierte Überprüfung des eigenen Angebotes und Produktion	**Training** Eigene Leistungsanalyse, Erarbeitung der Übungen und Training; Musik- und Bekleidungsauswahl
3. Werbung Bekanntmachung des Produktes und Testverkäufe	**Testwettkämpfe** Vorstellen der neuen Übung und Erkunden der Bewertung
4. Verkauf	**Hauptwettkampf**

Komplex". Dabei werden im neuronalen Netzwerk des Gehirns jeweils die Neuronengruppen und -verbindungen aktiviert, die je nach konkreter Anforderung benötigt werden. Welche Hirnregionen und -funktionen dabei einbezogen werden, wird sowohl von den Merkmalen der äußerlich sichtbaren Situation bestimmt wie von den Zielstellungen, Handlungsmustern und Motivationen des Sportlers. Wichtig ist außerdem, „... daß auch Emotionen in ihrer außerordentlichen Vielfalt in viele Assoziationskomplexe eingehen und bei späterem Abruf von Teilen dieser Komplexe unterbewußt mitschwingen können" (KOLLER 1991, S. 58). Das Problem des „Angstgegners" oder der „Angst-Wettkampfanlage" ist ja bekannt.

• Es wird angenommen: Die Möglichkeit, komplexe Situationen mit unzählbaren Einzelmustern bzw. Situationsveränderungen sehr schnell wahrzunehmen, beruht darauf, daß im Gehirn eine **Informationsselektion** stattfindet und bereits Detailveränderungen dieser „Signal-Wahrnehmungs-Komplexe" zur Identifizierung genügen. Die einzelnen Teile der ins Gehirn weitergeleiteten reduzierten „Signal-Wahrneh-

mungs-Komplexe" werden *in ihrer charakteristischen Struktur und ihrer Gleichzeitigkeit neuronal fixiert*, wenn sie häufig genug in gleicher oder ähnlicher Strukturierung wiederholt werden. Über die spätere Nutzung entscheidet neben den genetischen Vorgaben hauptsächlich die anforderungsgerechte Ausbildung.

• Das Gehirn arbeitet dabei wie ein „Statistik-Organ", das mit methodischer Systematik Beobachtungsobjekte nach gemeinsamen und trennenden Merkmalen ordnet und **Assoziationen** herstellt zwischen identifizierter Situation, Handlung, Ergebnis und Bewertung.

Viele erfolgreiche Sportler „beherrschen" mit Assoziationserfahrungen viele Situationen. Bei RODIONOV (1982) werden diese Erscheinungen als „intuitive Statistik" im Zusammenhang mit Handlungssequenzen und, auf erwartete Ereignisse bezogen, als „Wahrscheinlichkeitsprognostik" bezeichnet. Anders wären die vielen Entscheidungen, die im Sport oftmals in Bruchteilen von Sekunden gefällt werden müssen und die Voraussetzung sind für erfolgreiches Handeln, kaum möglich und erklärbar.

Bei vielseitigen Sportlern sind einzelne Assoziationen zu **Assoziations-Ketten und Assoziations-Komplexen** (Geflechten) verknüpft. Damit werden die methodischen Orientierungen auf Handlungsketten und Handlungskomplexe durch neurobiologische Aussagen ebenso be-

gründet wie das Training von „Standardaktionen" oder Spielzügen. Das Gehirn speichert immer ganze hierarchisch vernetzte Konstruktionen von Ereignissen.

• Erfolgreiche und erfahrene Sportler verfügen über ganze **Handlungsprogramme,** einschließlich der zur Realisierung erforderlichen komplexen Bewegungsprogramme und der meist automatisierten peripheren motorischen Teilprogramme.

Dazu bietet die von ROTH (1989[a]) in den Untersuchungen zur Taktik in den Sportspielen angesprochene Theorie der generalisierten motorischen Programme ein plausibles Rahmenkonzept für den Zusammenhang zwischen Strategie und Taktik und Motorik. Bei weiteren Überlegungen sollte auch die Umkehrung erwogen werden, um beim sportlichen Gegner das jeweils vorhandene „Impuls-Timing-Muster" mit seinen „Schnittstellen, Stauchungen und Streckungen" in den Bewegungen zu erkennen und zum eigenen Vorteil zu nutzen. Bekannt sind in diesem Zusammenhang die Wirkungen von Finten und Scheinhandlungen oder die Wirkung einer Rhythmusänderung, wenn z. B. nach langem Grundlinienspiel im Tennis plötzlich kurz gespielt wird oder ein Langstreckenläufer ständig den Rhythmus wechselt.

3.1.3. Taktik als indirekte Absicht

Das **Ziel der Taktik** besteht darin, auf die eigentliche, resultatbringende Handlung zunächst zu verzichten, um durch zusätzliche Maßnahmen
- notwendige Informationen für eine richtige Beurteilung der Wettkampfsituation zu erhalten (Beobachtung, Ausforschung, Erkunden),
- dem Gegner wenig bzw. falsche Informationen zu geben (Fintieren, Täuschen, Verschleiern),
- günstige Ausführungsbedingungen für die resultatbringende Handlung zu schaffen (Manövrieren, Sperren, Rempeln).

Taktik ist dann notwendig, wenn eine direkte Erreichung des Zieles schwierig ist und man sich zu einem oder mehreren Zwischenschritt(en) entschließen muß, um zunächst die Mittel zur Erreichung des Gesamtzieles bereitzustellen.

Man kann **Taktiken erster, zweiter oder höherer Ordnung** unterscheiden. Taktiken erster Ordnung sind z. B. Finten, Täuschungen, Zwischenspurts u. a., Taktiken zweiter Ordnung sind Doppelfinten, Abseitsfallen oder Handlungen „zweiter Absicht" usw.

SONNENSCHEIN (1987, S. 65) grenzt aus handlungstheoretischer Sicht taktisches Handeln durch die Merkmale *interaktives Handeln* und *Fremdbeeinflussung* ein und kennzeichnet das Charakteristische des taktischen Handelns mit der wechselseitigen Fremdbeeinflussung. Die eigene Intention soll – auch gegen den Widerstand des Kontrahenten, der eine konkurrierende Intention verfolgt – realisiert und der Kontrahent an der Realisierung seiner Intention gehindert werden.
Die Kybernetik definiert die Taktik in gleicher Weise. In Ergänzung zur Strategie ist taktisches Vorgehen immer dann notwendig, wenn das angestrebte Ziel nicht auf direktem Wege, sondern nur auf Umwegen, indirekt, zu erreichen ist. Durch Taktik sollen der Aktionsbereich erweitert und die Bedingungen des Problems geändert werden. Daß dabei auch zeitweilig Nachteile hingenommen werden müssen, veranschaulicht die taktische Maßnahme der Herausforderung, bei der z. B. ein Boxer seine Deckung öffnet, den Gegner zu einem Angriffsschlag verleitet, um ihn zu kontern. Daß dabei natürlich die Gefahr besteht, getroffen zu werden, ist einsichtig. Ähnliche Wirkung beabsichtigt auch die „Einladung" im Fechten.

Zur Durchsetzung **verkaufsstrategischer Konzeptionen** z. B. im Gerätturnen, Wasserspringen oder Eiskunstlauf wird mit Taktik beabsichtigt, die Wertungsrichter zu beeinflussen bzw. zu täuschen. Attraktive Kleidung, originelle Übungsverbindungen, publikumsbezogene Musikauswahl oder geschickte Raumaufteilung, bei der die Kampfrichter kleine Schwächen nicht erkennen können, verfehlen selten die beabsichtigte taktische Wirkung.

Während z. B. ein Torwart durch grellbunte Kleidung oder ein Kampfsportler, Turner oder Läufer durch Imponiergehabe ganz bewußt die Signalwirkung übertreibt, um beim Gegner eine Verunsicherung zu provozieren (Funktion von Warnsignalen), veranlaßt man den Gegner durch Untertreibung und Unauffälligkeit zur Unachtsamkeit.

Bei den komplizierten Abläufen einer optischen Wahrnehmung, die von der Erregung der Sinneszellen im Auge über die komplizierte Verschaltung der Nervenzellen bis zum Erkennen oder Wiedererkennen einer Situation verläuft, können Fehler auftreten. Die Folgen solcher Fehler oder Täuschungen sind dann **taktisch verursachte Fehlhandlungen**[1]. Handlungsfehler sind für die Taktik in zweifacher Hinsicht bedeutsam: *Verhüten eigener Handlungsfehler* und *Veranlassen des Gegners, Handlungsfehler zu begehen*.

Es ist zweckmäßig, sich der Unterscheidung der Fehlhandlungen nach dem Verursacherprinzip der Arbeitspsychologie anzuschließen. Stürzt beispielsweise ein Bahnradsportler, weil er sich versteuert (oder verschätzt) hat, ist das ein Handlungsfehler; wird der Sturz durch einen defekten Reifen verursacht, spricht man von einem Materialfehler.

Die **Ursachen von Handlungsfehlern** sind meist komplex, können aber in bezug zu den Handlungsphasen z. B. als Entscheidungsfehler (Fehlhandlung durch fehlerhafte Orientierung und dadurch bedingte Entscheidung für die falsche Handlungsalternative), als Momentfehler (fehlerhaftes zeitliches Einpassen der Handlung aufgrund einer zeitlichen bzw. räumlichen Fehlorientierung) oder als Bewegungsfehler

---

[1] Das Entstehen von Fehlhandlungen ist zu wichtigen Teilen im Wesen der regulativen Struktur der jeweiligen Tätigkeit selbst begründet und nicht durch Ausbildungsmängel, Gerätefehler oder zufällig auftretende äußere Einwirkungen verursacht.

(primär bewegungstechnisch verursachte Fehlhandlung) differenziert werden. Hinsichtlich einer Klassifizierung der Ursachen für Handlungsfehler ist es in den Sportarten zunächst notwendig, hinzugehörige Sachverhalte zu erfassen und genauer zu beschreiben. Hierbei helfen bereits *alltägliche Sportbeobachtungen*:

• Der Sportler läßt eine Handlungsmöglichkeit (eine günstige Gelegenheit) oder eine Handlungsnotwendigkeit (die rechtzeitige Verteidigungshandlung) aus (er vergißt, übersieht, unterläßt).

• Der Sportler führt eine der Situation nicht angemessene (falsche) Handlung aus (er hat sich verplant, falsch antizipiert, falsch beurteilt oder sich getäuscht).

Grundlage einer unter taktischer Zielstellung sowohl verhütungs- als auch nutzenorientiert vorgenommenen Klassifikation der möglichen Handlungsfehler im Sport ist ein bei allen Fehlhandlungen angenommener **Informationsmangel** (Abb. 3.1.-3). Außerdem bietet eine solche Klassifikation einen günstigen Zugang zu didaktischen und methodischen Orientierungen.

Bei einer denkbaren Klassifizierung der Sportarten und Disziplinen nach der taktischen Anforderungscharakteristik gilt: Je stärker die gegenseitigen Beeinflussungs- und Störmöglichkeiten, je mehr Freiheitsgrade im Entscheidungsspielraum der Wettkampfregeln, je mehr Kooperationsmöglichkeiten zwischen den Partnern und je größer der Einfluß variabler äußerer Bedingungen auf das Wettkampfergebnis, desto bedeutsamer ist die Taktik in der Sportart. (Tab. 3.1.-4)

Die mit der Taktik verbundene **indirekte Absicht** äußert sich darin, daß versucht wird, die *Bedingungen zur Realisierung der Strategie* zu *verbessern*, indem indirekt oder direkt auf die Bedingungen und/oder die an der sportlichen Tätigkeit Beteiligten eingewirkt wird.

Durch *Informationsvermeidung* (z. B. die Verschleierung der Mannschaftsaufstellung) oder durch Fehlinformation (Scheinhandlungen, Finten) wird der Gegner in seinem Verhalten zusätzlich verunsichert. Ausforschung oder Erkundung verringern die eigenen Unsicherheiten, und durch gezielte Manöver (Sperren in

Mangel an handlungsregulierenden Informationen

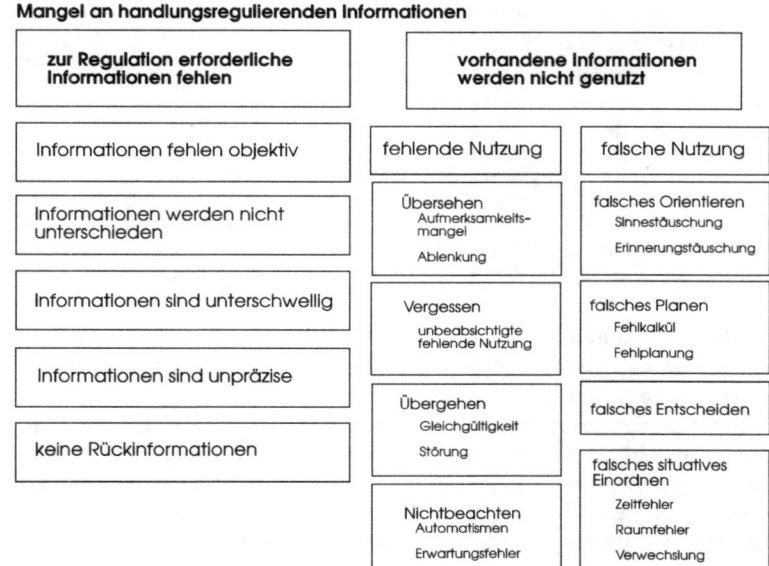

Abbildung 3.1.-3
Mangel an Informationen als Ursachen taktischer Fehlhandlungen im Sport (nach HACKER 1973, S. 381–402)

Tabelle 3.1.-4 *Klassifizierung ausgewählter Sportarten und Disziplinen unter dem Aspekt der interpersonalen Wechselwirkung der Sportler*

Wettbewerbliche Wechselwirkung / Kooperative Wechselwirkung	Indirekte Beeinflussung	Direkte Beeinflussung	Mit Behinderung	Behinderung bei Funktionsteilung
individuell	Eiskunstlauf Gewichtheben Kegeln Kugelstoßen Schießsport Skispringen Turnen	Badminton Kanurennsport Rudern (Einer) Schwimmen Tennis Tischtennis	Boxen Fechten Judo Ringen Sumo Taekwondo Thaiboxen	
summativ-kooperativ	Mannschafts-wettbewerbe im: Mod. Fünfkampf Schießsport Turnen		Staffelrennen: Skilanglauf 4×400-m-Lauf	
synchron-kooperativ	Bobsport Schlittensport	Mannschaftsboote: Kanu/Rudern		
funktionsteilig-kooperativ	RSG(Gruppe) Paarlauf Sportakrobatik Turniertanz	Tennis/Tischtennis (Doppel) Faustball Staffelrennen Volleyball	Radsport (Tandem)	Fußball Handball Hockey Basketball Rugby

den Sportspielen oder Manöver im Segeln) werden günstigere Handlungssituationen geschaffen. Taktik dient der Ausforschung, Verschleierung und Täuschung. Höchste taktische Anforderungen werden in den Sportarten gestellt, bei denen die Sportler *funktionsteilig-kooperativ* die sportlichen Gegner regelrecht behindern können. Inwieweit das mit sportlicher Fairneß zu vereinbaren ist, wird in 3.1.6. besprochen.

Mit Abb. 3.1.-4 wird versucht, den **Zusammenhang und die Wechselwirkung von Strategie und Taktik** der sportlichen Tätigkeit darzustellen. Beim Lesen des Schemas ist daran zu denken, daß Strategie und Taktik keine tatsächlichen getrennten und nacheinander oder parallel ablaufenden Vorgänge, sondern gleichzeitige und verzahnte sind. Die Trennung ist nur abstrahierend möglich.

Zielstellung, Information und Motivation sind bestimmend für den Handlungsplan und in Verbindung mit den strategischen Absichten auch für die Taktik. Durch Scheinhandlungen proviziert, werden am veränderten Handlungsverlauf und am Gegnerverhalten die Absichten und Handlungsmöglichkeiten des Gegners erkannt und die konkrete strategische Entscheidung mit vermindertem Informationsdefizit getroffen. Manöver beeinflussen die Handlungssituation zum eigenen Vorteil und ermöglichen antizipativ den räumlich-zeitlich eingeordneten Entschluß zum richtigen Handlungsmoment.

3.1.4. Anforderungssituation

Ausgangspunkt vieler Überlegungen und trainingsmethodischer Orientierungen zur Bewältigung strategisch-taktischer Anforderungen im Sport ist die *Situation in ihren vielfältigen Erscheinungsformen* als Kampf-, Spiel-, Überzahl-, Unterzahl- oder Endkampfsituation bzw.

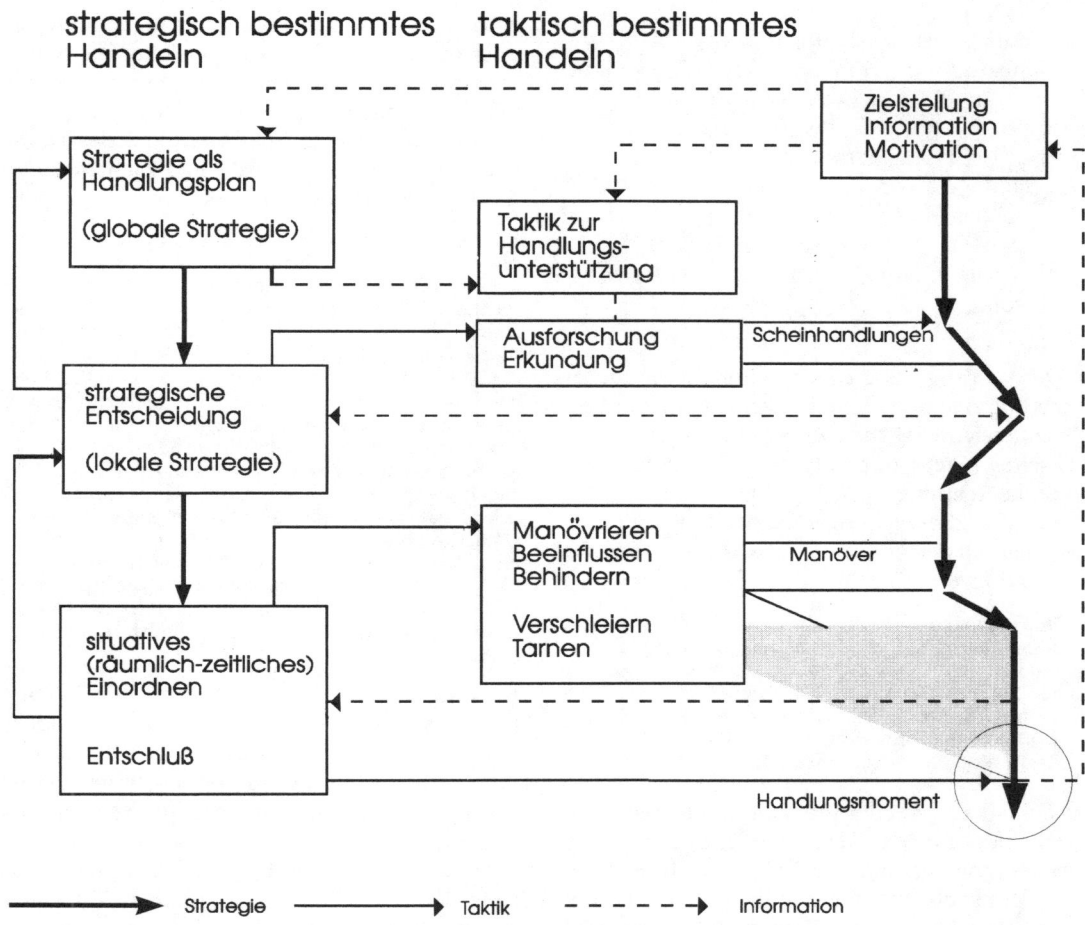

Abbildung 3.1.-4 *Struktur von Strategie und Taktik der sportlichen Tätigkeit*

günstige oder ungünstige Situation. Darauf verweisen auch Begriffe wie Standardsituation, Entscheidungssituation, Situationsveränderung, Situationsmerkmal, Situationstraining oder Situationsangemessenheit.

Zur Bewältigung dieser Probleme muß den Fragen nachgegangen werden, durch welche Merkmale Situationen bestimmt werden, wie sich Situationen mit welcher Differenziertheit und in welchem Umfang für strategische Modelle abbilden bzw. im Training nachbilden lassen. Die Beantwortung derartiger Fragen ist eine wesentliche Voraussetzung für eine qualifizierte Weiterentwicklung des strategisch-taktisch akzentuierten Trainings.

Definition Situation (bei sportlichen Tätigkeiten): Momentane, sich fortlaufend verändernde Konstellation von handlungsrelevanten Merkmalen.

Die Situation ist auf der Grundlage der sportlichen, insbesondere der Wettkampfregeln durch die konkreten Beziehungen der am sportlichen Geschehen beteiligten Sportler zueinander und deren Leistungsstärke, einschließlich der sich daraus ergebenden Handlungsmöglichkeiten sowie durch die Bedeutsamkeit der Zielerreichung bestimmt. Sie wird durch die Gesamtheit der nützlichen Informationen, die objektiv wahrnehmbaren Handlungsbedingungen, die subjektive Merkmalswiderspiegelung und die Bedingungsantizipation beschrieben. Sie trägt Prozeßcharakter und umfaßt die Phase der Ausgangsbedingungen, die Phase der Entstehung, die „kritische" Phase (in der gehandelt werden muß) und die Phase der Lösung bzw. der Auflösung.

Der Ausgangs- und Bezugspunkt für eine anforderungsadäquate Situationsbestimmung ist die Kennzeichnung der ganz konkreten und spezifischen Wettkampfaufgabe. Die Situationskennzeichnung erfolgt dann in *Abhängigkeit von der Zielvorstellung* (Handlungsziel), *der Aufgabenstellung* und *den Ausführungsbedingungen*.

Die Wettkampfanforderung z.B. für einen Fechter besteht darin, sich mit dem jeweiligen Gegner auseinanderzusetzen. Das Ziel der spezifischen Tätigkeit ist der Sieg im Wettkampf. Die Kampfhandlungen als kleinste Tätigkeitseinheiten sind dem Hauptziel untergeordnet, aber primär auf die Lösung der konkreten Kampfsituation ausgerichtet.

„Da das Endziel der Tätigkeit durch eine Reihe von Handlungen erreicht wird, ist das Ergebnis jeder Einzelhandlung ein Mittel zur Erreichung des Endziels und gleichzeitig das Ziel der entsprechenden Teilhandlung." (HACKER 1983, S. 17) Damit werden die Ziele der unterschiedlichen Handlungen – im Sinne von Situationslösungen – zum dominierenden Bestimmungs- und Klassifizierungsmerkmal für Situationen, Situationsklassen und Handlungen.

Situationsmerkmale

In den meisten Trainingsanleitungen bleibt die Beschreibung der Situation auf Merkmale im Sinne handlungsrelevanter Signale oder Informationen begrenzt. Entsprechend wurde insbesondere bei der Erarbeitung von *Situationskatalogen zur Situationskennzeichnung nach Schlüsselmerkmalen, dominanten und rezessiven Merkmalen* unterschieden. Obwohl vereinzelt auch Gedanken der Sozialpsychologie zur Beschreibung sozialer Situationen berücksichtigt wurden und neben objektiven auch

subjektive Komponenten größere Beachtung erfuhren, bleiben die Situationskennzeichnungen bei der Summierung und Sortierung einzelner Situationsmerkmale stehen. Dem Zielaspekt als wesentlichem Qualitätsmerkmal des Handelns und Verhaltens wurde noch nicht die notwendige Beachtung geschenkt.

RODIONOV (1982) verweist mit einem Beispiel auf diesen Fakt: Ein Fechter steht vor der Wettkampfaufgabe, mit einem bestimmten Gegner zu fechten. Zur Zielerreichung – Sieg – sind 10 Treffer notwendig (1982 entsprach das der Wettkampfregel). Folglich ändert sich die Situation in Abhängigkeit konkreter Teilziele ständig. Das heißt, die Situation beim Stande von 9:0 ist eine andere als beim 0:0. „Im ersten Fall enthält sie latent (implizit) das Verfahren, um noch einen Treffer anzubringen, im zweiten Fall dagegen enthält sie ein ganzes System von Handlungen (und damit Kampfsituationen – d. Verf.), wenn z.B. das taktische Vorgehen, das einen Treffer anzubringen gestattet, nicht wiederholt werden kann, weil der Gegner inzwischen ein ‚Gegenmittel' gefunden hat." Indem der Sportler in dieser Situation Handlungen ausführt, löst er „…eine Reihe einzelner Aufgaben, die ein konkretes Ziel haben, das aber nicht unbedingt schon das Endziel sein muß". (S. 118)

Im Zusammenhang besonders mit der Erwartungsrichtung (Hoffnung auf Erfolg oder Furcht vor Mißerfolg) und der aktuellen Stimmungslage haben die Zielstellungen ganz entscheidenden Einfluß auf die Antriebsregulation zur Lösung der Wettkampf- und Trainingsaufgaben. Auch unter dem Gesichtspunkt, daß Anforderungen in der sportlichen Tätigkeit durch in der Regel sehr komplexe Aufgaben gekennzeichnet und durch Merkmale kaum zu bestimmen sind, sollte die **Zielstellung der Handlung und das Handlungsergebnis als dominant für die Bestimmung von Situationen** angesehen werden. Damit erhält der Sportler eine Orientierungsgrundlage mit Aussagen über den Handlungsablauf und das Handlungsergebnis. Mit der Benennung der Handlung, z.B. Sprung, Wurf, Schuß, Überschlag, Start, verfügt der Sportler (oder sollte verfügen) über ein inneres Situationsmodell des Handlungszieles und -ablaufes.

Beeinflußt wird die Anforderungssituation durch:

- **Die Bedeutsamkeit der Ausführung und der Zielerreichung.** Sie bezieht sich immer auf die momentane oder habituelle Bewertung (die Wichtigkeit) der Handlungsausführung bzw. des Handlungserfolgs.

Die Bedeutsamkeit einer mißlungenen Verteidigungshandlung eines Torwarts in der letzten Minute des Spiels beim Stande von 0:0 ist eine andere als der Ballverlust eines Stürmers im gegnerischen Strafraum bei einer hohen Führung.

● **Die Schwierigkeit der Handlungszielerfüllung.** Sie ist von der relativen Leistungsstärke in bezug zum Ziel abhängig. Die gleiche Aufgabenstellung ist bei gleichen anderen Merkmalen (einschließlich der Bedeutsamkeit) gegen einen leistungsmäßig anderen Gegner (unabhängig, ob stärker oder schwächer) unterschiedlich schwierig. Das beeinflußt die Situation erheblich.

Die Schwierigkeit beeinflußt indirekt auch die Realisierungswahrscheinlichkeit und damit das einzugehende Risiko. Für die Situationsbewältigung und damit auch Situationskennzeichnung sind Informationen über die objektiv erwartete und subjektiv gewünschte Bewertung bedeutsam.

● **Die Kennzeichnung des Ausgangs- und des Realisierungszustandes.** Unabhängig von der übergreifenden Kennzeichnung der Situation ist der Handelnde gezwungen, die *objektiv existierenden Handlungsbedingungen wahrzunehmen und in bezug zur Zielerreichung zu bewerten.* Dazu zählen Informationen über
– die eigene Körperstellung in Beziehung zur Umgebung und zu Partnern und Gegnern;
– die Bewegungen bzw. Kraftwirkungen, ihre Richtung, Geschwindigkeit, Beschleunigung (durch eigene Aktivität oder in Abhängigkeit von Gegner oder Sportgerät);
– auffällige konstitutionelle Merkmale, Körperpositionen und Verhaltensweisen der Beteiligten in Relation zum Handelnden selbst (groß, klein, Rechts- oder Linkshänder oder -füßer, Vor- oder Rücklage, Kampfstellung usw.).

Weitere die Situation kennzeichnende Bedingungen wie Reglement, Wettkampfmodus, Kampfleiter, Hallenverhältnisse, Zuschauer u. a. sind zu beachten.

Diese weitestgehend objektiven Situationsmerkmale beeinflussen das Handeln der Sportler stets in Abhängigkeit davon, wie diese Merkmale wahrgenommen, vor allem aber in bezug zu Aufgabe, Ziel und Bedeutsamkeit bewertet

werden. Das ist eine Frage der *subjektiven Widerspiegelung.*

Hervorhebungen bzw. Ergänzungen sind in zwei Richtungen notwendig:
● Eine für praktische Belange nutzbringende Situationskennzeichnung muß die **Situationsentwicklung** mit erfassen. Die oftmals sehr schnell wechselnden Handlungsbedingungen erlauben es in der Regel nicht, diese ebenso fortlaufend und schnell wahrzunehmen und zu analysieren bzw. sich rechtzeitig für eine angemessene Handlung zu entscheiden und sie zu realisieren. Der Handelnde schließt vielmehr von einer Ausgangsbedingung, die anhand unterschiedlicher Merkmale erfaßt bzw. identifiziert wird, auf die entstehende Situation und begründet damit eine prognostische Entscheidung[1].

Um eine Situation anforderungsgenau zu kennzeichnen, müssen sowohl die *Ausgangsbedingungen* (für an vorgegebenen Bedingungen orientiertes Verhalten), *die taktischen Situationsbedingungen* (durch taktische Aktivität zu verändernde Bedingungen), *die „kritischen" Bedingungen (die handlungsauslösenden Bedingungen)* und *die der Handlung nachfolgenden Bedingungen* bekannt sein. Dabei ist zwischen ständig wahrnehmbaren (zugänglichen) Merkmalen des Zustands und des Prozesses sowie nicht unmittelbar wahrnehmbaren, aber entstehenden bzw. veränderbaren Merkmalen zu unterscheiden.

● Es ist wenig erfolgversprechend, eine immer vollständigere Situationskennzeichnung durch immer mehr Einzelmerkmale anzustreben. Vollständig ist diese komplexe Aufgabe nicht erfüllbar. Dazu sind die Variablen zu vielfältig miteinander verbunden und zum Teil voneinander abhängig, verändern sich in dieser Beziehung ständig, sind nur teilweise transparent, müssen antizipiert werden und werden vom Sportler in Beziehung zu Ziel, Bedeutsamkeit und Reali-

---

[1] Die Tatsache, daß Situationen im Sport großer und ständiger Veränderlichkeit unterliegen, hat auch Konsequenzen für spieltheoretische Modellierungen. Weiterführende Arbeiten sollten sich neben den klassischen Nullsummenspielen der mathematischen Spieltheorie stärker an den Konzeptionen der dynamischen Modelltheorie orientieren (VOROBJOV 1967).

sierungswahrscheinlichkeit subjektiv verschieden widergespiegelt.

Des weiteren haben auch emotionale Komponenten, Erfolgs- oder Mißerfolgserlebnisse und Ermüdungserscheinungen Einfluß auf die ständige Veränderung der Situationsbedingungen, denn die Situationsantizipation ist **immer auf die Gesamtsituation bezogen** und nicht auf das Einzelmerkmal, selbst wenn es dominant sein sollte.

Wesentlich ist die kognitive Durchdringung des gesamten Geschehens, um eine Situation zur Handlungsrealisierung individuell zu bestimmen. Dabei sind die Prozesse der Entstehung, der „kritischen" Phase und der Auflösung der Situation, der Situationsantizipation, der Integration taktischer Aufgaben usw. einzubeziehen.

Die Beschreibung der Situation bezieht sich demnach auf folgende *Aspekte*:

- die *Zielstellung* im Sinne der Bewältigung einer konkreten Anforderung durch eine oder mehrere Handlungen und das erwartete Handlungsergebnis. Darin eingeschlossen ist die Bedeutsamkeit der Zielerreichung;
- die *Beziehungen der Handelnden zueinander bzw. zur Umgebung* unter Beachtung ihrer individuellen Leistungsvoraussetzungen, der daraus abzuleitenden Verhaltensmöglichkeiten und der Schwierigkeit der Handlungszielerfüllung;
- die *Handlungsmerkmale,* die durch *Körperstellung* und *Bewegung* absolut und relativ zur Umgebung (Raum, Zeit, Gerät) und zu den anderen Handelnden (Partner und/oder Gegner) in ihrer Komplexität und Wechselwirkung gekennzeichnet werden;
- die *subjektive Merkmalswiderspiegelung und -bewertung,* die von den individuellen Erfahrungen, den verhaltensbedingten Vorinformationen, der Erwartung und der Motivation beeinflußt wird;
- der *Prozeßcharakter der Situation.* Eine Situation entsteht, erreicht ihre kritische (handlungserfordernde) Phase oder den handlungsgünstigen Moment und wird gelöst oder löst sich auf. Dazu ist es erforderlich, die Ausgangsbedingungen, die Zielbedingungen und die Regulationsbedingungen zu erfassen.

Situationsklassen

Aufgrund der Merkmalsvielfalt und Differenziertheit ist es kaum möglich, für jede beliebige Situation eine eigenständige Kennzeichnung vorzunehmen. Erst durch eine Zuordnung zu Situationsklassen wird es dem Sportler möglich, trotz ständig wechselnder Situationen von unwesentlichen Einzelheiten zu abstrahieren und den notwendigen Überblick zu gewinnen, sich im Training relativ stabile, situationsangemessene Verhaltensakte anzueignen sowie über die Bildung kognitiver Merkmalsstrukturen Situationen in ihrer Klassenzugehörigkeit wiederzuerkennen. Situationsklassen werden unter verschiedenen Gliederungsgesichtspunkten gebildet, z. B. nach der **dominierenden Zielalternative** (Angriffs- oder Verteidigungssituationen), den **Beziehungen der Sportler zueinander** (Unterzahl- oder Überzahlsituationen, Nahkampfsituationen), nach spezifischen **Handlungsbedingungen** (*reglementbedingt:* Freistoß, Einwurf, Stop; *verlaufsbedingt:* Umkehrsituation, Übergänge Stand/Boden), nach **subjektiver Bedeutsamkeit** (Angst- oder Risikosituationen) und nach **häufiger Wiederkehr** (Standardsituationen).

Dadurch, daß mehrere Situationsmerkmale oft in typischer Weise miteinander in Verbindung stehen und auch in ihrer Entstehung gemeinsame Merkmale aufweisen, lassen sich Situationen antizipieren. Der Sportler prognostiziert auch aufgrund seiner Erfahrungen das Entstehen und den Verlauf von Wettkampfsituationen, richtet seine Situationsanalyse auf das Erwartete aus und bereitet folgerichtige Entscheidungen und Handlungen vor. Die Situationsantizipation ist Bestandteil des Wahrscheinlichkeitsverhaltens der Sportler. In der sportlichen Tätigkeit werden Beziehungen hergestellt zwischen dem aktuell Wahrgenommenen, bestimmten Erfahrungen und Wissensbeständen sowie bestehenden Assoziationen. Dabei arbeitet das Gehirn wie ein mit einer Datenvielfalt bestückter Computer: Es ordnet Informationen in bezug zu vorhandenen Daten nach gemeinsamen und trennenden Merkmalen und „erkennt" Klassenzugehörigkeiten und Zeitfolgeassoziationen.

Das erforderliche Wissen ist regulativ wirksam und nicht mit theoretischen Kenntnissen gleichzusetzen, die jeweils nur eine Vorstufe bilden. Es umfaßt besonders taktisches Wissen um die Bedeutung wahrgenommener Erscheinungen, Wissen und Erfahrungen um Wettkampfverläufe und ist nur begrenzt verbalisierbar. Es wirkt als operatives Abbildsystem über situative und regulative Situationsbedingungen und ist besonders für die Sportspieler und Kampfsportler außerordentlich bedeutsam.

Situationsangemessenes Verhalten[1]

Charakteristisch für strategisch-taktisch determiniertes Verhalten sind die bewußte Steuerung der sportlichen Tätigkeit und ihr sozialer Bezug. Handeln ist auf Erfüllung einer sportlichen Aufgabe ausgerichtet und zielorientiert. Damit **dominiert** in seiner Wesensbestimmung **das hochorganisierte, bewußte Zielverhalten,** schließt **aber auch Regulationskomponenten auf anderen Regulationsebenen** ein (sensomotorische Ebene der Reflexe).

Definition „Situationsangemessenes Verhalten": Die Gesamtheit jener Handlungen und Verhaltensweisen, die auf der Grundlage spezifischer Wahrnehmungs-, Denk-, Erinnerungs-, Entscheidungs- und Bewertungsprozesse eine hochgradige Übereinstimmung zwischen objektiven Situationsanforderungen, spezifischen Verhaltensnormen und den subjektiven Leistungsmöglichkeiten realisieren.

Situationsangemessenes Verhalten ist damit Kriterium für die Verhaltensregulation in sportlichen Anforderungssituationen und *im wesentlichen mit strategisch-taktischem Verhalten gleichbedeutend.* In vorrangiger Anlehnung an die Modellierung eines Handlungsablaufes werden im Folgenden die zur Realisierung eines situationsangemessenen Verhaltens bedeutsamen Prozesse, Abbilder und Zustände abrißhaft besprochen.

● **Analyse der Gesamtbedingungen der sportlichen Tätigkeit unter dem Aspekt der Ziel- und Aufgabenpräzisierung.** Ziel ist der **Aufbau eines**

---

[1] Vgl. dazu BARTH/KIRCHGÄSSNER 1982.

Erwartungsmodells auf der Grundlage der Selbstbewertung (Selbstkonzept) und der erwarteten Gesamtbedingungen. Damit wird die generelle Strategie weiter präzisiert.

Die Qualität dieser Prozesse ist im wesentlichen abhängig von

- der Gesamteinstellung des Sportlers im Sinne einer generellen *Leistungsbereitschaft,* beeinflußt durch ein angemessenes angestrebtes Leistungsziel (Zielqualität);
- der Fähigkeit zur realen *Selbsteinschätzung,* angemessenen Forderungen an das eigene Verhalten und reale Bewertung (Selbstbildqualität);
- den *verfügbaren Informationen,* da die Informationen über das zu erwartende Verhalten der sportlichen Gegner, über die zu erwartenden Bedingungen usw., vor allem aber die Einordnung dieser Informationen in ein Bezugssystem das Ziel und die Aufgaben maßgeblich bestimmen (Erwartungsmodell);
- der *Gesamtheit der Erfahrungen* über das Verhalten bei gleichen oder ähnlichen Anforderungen;
- den *individuellen Besonderheiten,* mit denen die Sportler ihr Verhalten regulieren.

● **Wahrnehmen der Situation.** Entscheidende Grundvoraussetzung für situationsangemessenes Handeln und Verhalten ist **die adäquate Widerspiegelung der konkreten Situation,** also der Gesamtheit der objektiven Bedingungen und subjektiven Beziehungen des Sportlers zu einem bestimmten Zeitpunkt und in einer konkreten Umgebung.

Umfang, Genauigkeit und Schnelligkeit der Wahrnehmungen werden beeinflußt durch

- den *Grad der Bewußtheit der Wahrnehmung,* wobei die Beteiligung unterschiedlicher Regulationsebenen am Prozeß der Wahrnehmung in Abhängigkeit von individuellen und anforderungsbezogenen Besonderheiten zu beachten ist.

Erfahrene Sportler sind in der Lage, Signalkomplexe für assoziative Zusammenhänge, die nicht unmittelbar beobachtbar und deshalb für den Sportler verborgen sind, zu verknüpfen und diese Verknüpfung in ihrem Handeln zu realisieren (KOLLER 1989);

- die Qualität der Aufmerksamkeit, besonders ihrer Intensität, Beständigkeit, ihrer Umfangs- und der Umschaltfähigkeit;

– die *Schnelligkeit,* den Informationsgehalt der Situation zu erfassen.

Die unterschiedliche Zugänglichkeit der handlungs- und verhaltensrelevanten Informationen erfordert vielfach aktives taktisches Verhalten (Beobachten, Ausforschen, Erkunden).

• **Gedankliche Bewältigung der Anforderungen.**

Die Bewußtheit und Situationsangemessenheit des Handelns und Verhaltens sind Ausdruck dafür, inwieweit der Sportler auf der Grundlage der vorausschauenden Berücksichtigung der möglichen Konsequenzen sein Verhalten bewußt steuert. Dabei sollten im Sport bei allem Leistungsstreben neben den Erfolgskriterien der sportlichen Aufgabe immer auch moralische Kategorien der Ehrlichkeit und des Fair play einer Bewertung unterzogen werden.

Bewußtheit setzt gedankliche Antizipation, also Strategien, voraus, deren Angemessenheit davon abhängt, wie die subjektiven Leistungsmöglichkeiten mit den objektiven Anforderungen (dominierende Zielalternative, beabsichtigtes Risiko, kooperative und kompetitive Handlungswahrscheinlichkeiten u. a.) in Übereinstimmung gebracht werden.

Das Niveau des strategisch-taktischen Denkens erfordert

– *Kenntnisse über die allgemeinen und speziellen Regeln und Bedingungen der sportlichen Tätigkeit* (Sachkenntnisse) als Voraussetzung eines strategisch-taktisch motivierten Handelns;

– *strategisch-taktische Kenntnisse über Handlungsmöglichkeiten und -verläufe* in bestimmten Situationen bzw. Situationsklassen unter bestimmten Bedingungen und zu deren taktischer Beeinflussung sowie Erfahrungen (auch Assoziationen) als Grundlage reproduktiven Denkens (Verfahrenskenntnisse).

Nicht unwesentlich für leistungsorientierte sportliche Tätigkeiten sind Informations- und Kommunikationsvorgänge, die die Sportler zur Bewältigung interpersonaler Anforderungen befähigen.

Auf die großen Sportspiele (z. B. Fußball, Handball, Basketball, Hockey, Eishockey) bezogen, wären das u. a. die Kooperation mit den Mitspielern innerhalb der Mannschaft, die Konfrontation mit den Gegenspielern im Sinne der interpersonellen Wechselbeziehung bei

entgegengesetzten Interessen, aber auch die Kommunikation mit dem Trainer der Mannschaft während des Spiels. Den dafür erforderlichen Komplex von Fähigkeiten bezeichnen VORWERG/SCHRÖDER (1980, S. 120) aus allgemeinpsychologischer Sicht als „soziale (interpersonale) Kompetenz", die durch verfügbare psychische Funktionspotenzen (Eigenschaften der Handlungsregulation), die spezifische Anforderungsstruktur des Tätigkeitsbereiches, die möglichen Resultate des Sozialverhaltens in einer Situation und die Entscheidungswahrscheinlichkeit für ein Verhalten bestimmt wird.

Zur Verdeutlichung soll nochmals hervorgehoben werden, daß für *situationsangemessenes* (erfolgreiches strategisch-taktisches) *Handeln und Verhalten* neben den Wissensmustern (Sach-, Verfahrens- und Wertkenntnisse) als „strategisch-taktisches Wissen" im besonderen auch Könnensmuster (Wahrnehmungs-, Denk- bzw. Entscheidungs- und Realisierungsprogramme) als „strategisch-taktisches Können" Voraussetzung und Bedingung sind. Zur motorischen Bewältigung der strategisch-taktischen Anforderungen sei deshalb auf 3.2. verwiesen.

3.1.5.   Strategisch-taktische Leistung und Leistungsvoraussetzungen

Die Bewältigung der strategisch-taktischen Anforderungen durch den Sportler erfordert eine Reihe miteinander integrierter Systeme vor allem psychischer und psychomotorischer Abbilder, Prozesse und Zustände. Für ein Modell strategisch-taktischer Prozesse und Leistungsvoraussetzungen sind hauptsächlich die der Handlungsfähigkeit zuzuordnenden bedeutsam. Sie lassen sich unter dem Gesichtspunkt verschiedener Stufen der Informationsverarbeitung übersichtlich klassifizieren.

Diese in Wirklichkeit immer in Wechselwirkung mit Motivationen und Emotionen verbundenen Prozesse sind in Abb. 3.1.-5 vereinfacht dargestellt.

Welches „Fähigkeitsprofil" dann konkret handlungs- und verhaltensrelevant ist, hängt sowohl von den übergreifenden Anforderungen des Handlungsbereichs als auch von den unmittelbaren Handlungs- und Verhaltenszielen und -resultaten ab, die eine konkrete Situation zuläßt und die vom Sportler angestrebt werden.

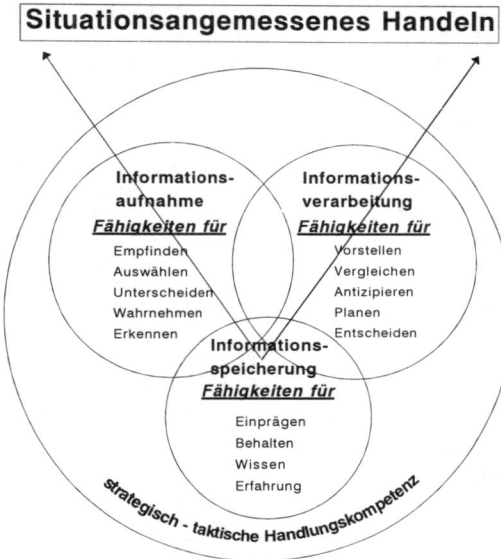

Situationsangemessenes Handeln

Informations-
aufnahme
Fähigkeiten für

Empfinden
Auswählen
Unterscheiden
Wahrnehmen
Erkennen

Informations-
verarbeitung
Fähigkeiten für

Vorstellen
Vergleichen
Antizipieren
Planen
Entscheiden

Informations-
speicherung
Fähigkeiten für

Einprägen
Behalten
Wissen
Erfahrung

strategisch - taktische Handlungskompetenz

Abbildung 3.1.-5 *Schematisches Modell strategisch-taktischer Leistungsvoraussetzungen*

Die in dem schematischen Modell der Abbildung dargestellten Funktionsbereiche Strategie und Taktik sind aus dem komplexen Modell der Leistungsstruktur „herausgelöst". Die gedachten Wechselwirkungen der Leistungsvoraussetzungen sind in bezug zur angenommenen strategisch-taktischen Handlungskompetenz für situationsangemessenes Handeln und Verhalten mit den in sich verschlungenen Kreisen angedeutet.

Mit den **wahrnehmungsgebundenen Prozessen** (Informationsaufnahme) schafft sich der Sportler ein subjektives Abbild der konkreten Anforderungssituation und verleiht den aufgenommenen Informationen einen persönlichen Sinn für sein Handeln.

Eine z. B. in Bruchteilen von Sekunden meßbare Zeit oder in Zentimeter objektiv exakt bestimmbare Entfernung zu einem Partner, Gegner oder Sportgerät wird subjektiv in Abhängigkeit vom persönlichen Zeitgefühl oder von der Schnelligkeit und Weite der eigenen Bewegungselemente verschieden widergespiegelt. Geschwindigkeiten oder Entfernungen erhalten mit „günstig", „rechtzeitig" oder „gefährlich" einen subjektiven Sinn: „zu eng – schnell öffnen!" oder „Entfernung ist gut – sofort handeln!" Sie beeinflussen den psychischen Zustand, der im sportlichen Handeln großen Einfluß hat: Gefühl der Sicherheit oder Unsicherheit. (Vgl. KUNATH/SCHELLENBERGER 1991, S. 49–55)

Die **intellektuellen Prozesse** (denkendes Verarbeiten und Speichern der Informationen) haben die Aufgabe, die jeweilige Situation zu analysieren, sie in Beziehung zu den eigenen Handlungsmöglichkeiten zu setzen, die gegnerischen Absichten zu bedenken, Lösungen zu finden bzw. Entscheidungen zu fällen, sich das dazu erforderliche Wissen anzueignen und die Resultate des eigenen und gegnerischen Handelns zu merken (Langzeitgedächtnis).

Alle diese Prozesse haben einen unterschiedlichen Bewußtheitsgrad und reichen von „voll bewußt" (Beobachten eines Gegners, Aufstellen eines Handlungsplanes) bis „unbewußt" (Mensur- und Tempogefühl, Handlungsfertigkeit).

Die Qualität des strategisch-taktischen Handelns ist abhängig von der Schnelligkeit, der Genauigkeit, der Zielgerichtetheit, der Variabilität und der Stabilität dieser Prozesse.

Da diese Prozesse dominant handlungsbestimmend sind, werden wissenschaftliche Untersuchungen durchgeführt, um durch Hinweise über individuelle Stärken und Schwächen die besondere Eignung für das individuelle Verhalten und Handeln zu ermitteln (BITECHTINA/TYŠLER/DASKEVIČ 1976; SAND 1985; BINDIG 1987).

Diese Leistungsvoraussetzungen entstehen, entwickeln und verändern sich im Verlaufe des Entwicklungs- und Trainingsprozesses und sind damit *Gegenstand des strategisch-taktischen Trainings*.

3.1.6.   Objektivierung – Diagnostik

Die vielfältigen und sehr unterschiedlichen konzeptionellen Ansätze zur Kennzeichnung strategisch-taktischer Anforderungen, Leistungen und sie bewirkender Leistungsvoraussetzungen lassen erkennen, daß es einheitliche Verfahren zur Diagnostik für alle Sportarten bzw. Sportartengruppen nicht geben kann. Außerdem werden in der Praxis vor allem einfache, mit geringem technischem und zeitlichem Aufwand durchführbare diagnostische Verfahren benötigt. Deshalb werden die verschiedenen Methoden zur Diagnostik und Analyse der Strategie und der Taktik in die zwei Hauptbereiche „Leistungsvoraussetzungen" und „Wettkampfverhalten" gegliedert.

Diagnostik strategisch-taktisch bedeutsamer Leistungsvoraussetzungen

Erfolgreiches strategisch-taktisches Handeln und Verhalten stellen besondere Anforderungen an eine differenzierte und spezifische Informationsverarbeitung. Die Prozesse der ständigen Informationsaufnahme, -verarbeitung und -speicherung werden durch Empfindungen, Wahrnehmungen, Vorstellungen, Wissen, Denken, Gedächtnis und Erfahrungen verwirklicht. Der Grad der jeweils aktuellen Aufmerksamkeit beeinflußt die Qualität dieser Prozesse. Deshalb werden für die einzelnen Sportarten jeweils „dominierende" Komponenten bestimmt und nach Möglichkeit und Notwendigkeit allgemeine Meßverfahren zur **Kenntnisüberprüfung**, zur **Reaktions-, Antizipations- und Entscheidungszeitmessung**, zur Diagnostik der **Vorstellungs- und Merkfähigkeit**, zur **Differenzierungsfähigkeit** für den jeweils bestimmenden Analysator usw. eingesetzt. Die technische Ausstattung der Verfahren beginnt bei einfachen

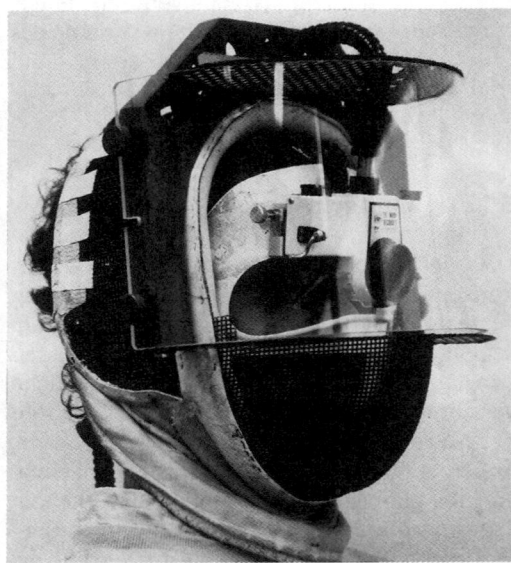

Abbildung 3.1-6 *Fechtmaske mit eingebauter Blickbewegungsmeßeinrichtung (Deutsche Sporthochschule Köln, Institut für Trainings- und Bewegungslehre)*

Reaktionsprüfungen, bei denen die Sportler fallen gelassene Gegenstände fangen müssen, und endet bei hochkomplizierten technischen Verfahren, wie sie beispielsweise bei der Diagnostik von Astronauten eingesetzt werden.

Abb. 3.1.-6 zeigt eine Blickbewegungskamera, die in eine Fechtmaske eingebaut wurde, um Aussagen über das Beobachtungsverhalten von Fechtern zu erhalten. KONZAG (1983), B. SCHELLENBERGER (1983b), SCHUBERT/ ZEHL (1985), DOIL/BINDIG (1986), SONNENSCHEIN (1987), SCHUBERT (1988) u. a. haben dazu verschiedene Verfahren zusammengestellt und beschrieben.

Da aber strategisch-taktisches Handeln und Verhalten der „hierarchisch oberen Ebene" der Handlungsregulation zugeordnet werden muß, sollten bei der Diagnostik von Strategie und Taktik systematische **Verhaltensbeobachtungen dominieren**. Die Diagnostik der einzelnen Fähigkeiten und Prozesse durch Verfahren der Psychologie, Physiologie oder Biomechanik können dann ergänzend hinzugezogen werden. Dazu genügen aber keine Einzeltests, sondern es sind verschiedene *Verfahren nötig, die mehrere Fähigkeitsbereiche im Komplex und in bezug zur spezifischen Anforderung erfassen.* Welches „Fähigkeitsprofil" verhaltensbestimmend ist, hängt sowohl von den übergreifenden Anforderungen des Handlungsbereichs als auch von den unmittelbaren Verhaltenszielen und -resultaten ab, die eine konkrete Situation zuläßt und vom Sportler angestrebt werden.

Daß beispielsweise Reaktionszeitmessungen relativ einfach durchzuführen sind, rechtfertigt nicht ihren Einsatz. Nur wenn sich die nicht beobachtbaren sensorischen und kognitiven Prozesse auch in der zeitlichen Dimension des beobachtbaren Antwortverhaltens widerspiegeln, wäre die Reaktionszeit für strategisch-taktisches Entscheidungsverhalten aussagekräftig (SCHMIDT 1987, S. 97 ff.).

Beobachtung des strategisch-taktischen Verhaltens

Die generelle Aufgabe besteht darin, das *konkrete Wettkampfverhalten*, besonders die diesem Verhalten zugrunde liegenden Verhaltensakte, zum Ausgangspunkt anforderungsbezogener Analysen zu machen. Strategisch-taktisches Handeln und Verhalten dient der Beherrschung des Gegners und der Handlungsbedingungen und ist identisch mit seiner Situationsangemessenheit[1] als Ziel- und Bezugskriterium für dieses Verhalten. Daraus sind folgende Teilaufgaben abzuleiten:

• **Bestimmen der** entsprechend dem Reglement objektiv **verfügbaren Verhaltensalternativen** in Form beobachtbarer Wettkampfhandlungen; sie werden entsprechend ihrem Platz und Charakter in der sportlichen Auseinandersetzung systematisiert.

Dabei kann angenommen werden, daß die verfügbaren Variablen dann ein adäquates Abbild des Wettkampfverhaltens ermöglichen, wenn jeder Verhaltensakt von jedem anderen eindeutig unterschieden werden kann. Um praktikabel zu bleiben, werden die strategisch dominierten Handlungen nach jeweils gleichen oder ähnlichen dominierenden Merkmalen oder nach der Ausführungsweise klassifiziert (Angriff, Abwehr, Konter, Spurt oder Zwischenspurt, Gegenangriff, Paß bzw. Schuß, Wurf, Stoß oder Schlag).

Für gezielt taktische Handlungen gelingt die exakte Abgrenzung noch nicht gleichermaßen gut, obwohl mit Manöver, Finte, Scheinangriff, zweiter Absicht, Bedrängen, Ablenken oder Sperren Differenzierungen versucht werden.

• Für jeden dieser Verhaltensakte sind **anforderungsbezogene** (evtl. situationsangemessene) **Erfolgskriterien** zu **bestimmen,** um die Resultate der Handlungen zu bewerten. Generell ist von drei sich gegenseitig ausschließenden Resultaten auszugehen:

– positiver Handlungsausgang (Punkt, Vorsprung, Treffer);
– ohne Ergebnis, evtl. mit Differenzierungen für die taktische Bewertung in Situationsvorteil, Neutralisieren, Situationsnachteil;
– negativer Handlungsausgang.

• **Kennzeichnung der handlungsbestimmenden und -beeinflussenden Bedingungen,** um die Situation möglichst mehrdimensional zu charakterisieren (Beziehungen zum Gegner und Kooperationspartner, Positionen zur Wettkampfanlage, klimatische Bedingungen, Wettkampfanlage, Wettkampfzwischenstände usw.). Dabei ist darauf zu achten, daß immer das ganze Bedingungsgefüge erfaßt wird.

Bei der Analyse der Beobachtungsdaten werden in der Regel aus den Erfolgs- und Mißerfolgskriterien *Quotienten errechnet,* die Auskunft geben über die „Effektivität" des Wettkampfverhaltens (Erfolgsquotient, Mißerfolgsquotient). Je nach dem Charakter der Sportart oder Disziplin werden weitere Analysemöglichkeiten verwendet, zunehmend in Anlehnung an Ansätze der mathematischen Spieltheorie und der psychologisch orientierten Informationstheorie.

So macht KLIX (1971) auf einen Entscheidungswert aufmerksam, der „...als Summe aus den Produkten zwischen Wahrscheinlichkeit und Nutzen (nach dem Wert oder dem Unwert skaliert) gebildet werden muß" (S. 313). In den Zweikampfsportarten wird seit längerem versucht, die Ausprägungsgrade des strategisch-taktischen Verhaltens in bezug auf definierte Dimensionen zu messen bzw. zuverlässig abzuschätzen und die Variabilität der Verhaltensweisen der Sportler durch Abstufungen innerhalb der Dimensionen differenzierter zu kennzeichnen. (BARTH/KIRCHGÄSSNER 1984)

Obwohl die Charakteristik des strategisch-taktischen Verhaltens eines Sportlers oder einer Mannschaft in Form von Verhaltensakten und Verhaltensweise beschrieben werden kann, sind Aussagen zu deren Verhaltensmöglichkeiten nur zu treffen, wenn die individuellen Leistungsvoraussetzungen in ihrer Gesamtheit ermittelt und mit den situativen Anforderungen in Beziehung gesetzt werden. Leistungsvoraussetzungen, Situationskennzeichnung, individuelles Verhalten sind dafür bestimmend. Aber selbst dann werden immer nur Ausschnitte der Leistungsmöglichkeiten des Sportlers nur für die konkrete Situation repräsentiert, in der und für die sie ermittelt werden. Letztendlich entscheiden die Erfolgskriterien des Wettkampfes über situationsangemessenes (strategisch-taktisches) Verhalten.

3.1.7. Taktik und Fairneß

Mit sportlicher Tätigkeit – gleichgültig ob als Wettbewerb bei Olympischen Spielen, Weltmeisterschaften, einem territorialen Breitensportfest oder der Leistungskontrolle im Schulsport – ist ein für die Beteiligten **durch Regeln künstlich hervorgerufener Konflikt** verbunden. Regeln begrenzen als normative Festlegungen die

---

[1] Gesamtheit jener Verhaltensweisen, die auf der Grundlage spezifischer Wahrnehmungs-, Denk- und Entscheidungsprozesse eine hochgradige Übereinstimmung zwischen objektiven Situationsanforderungen und den subjektiven Leistungsmöglichkeiten realisiert.

Gesamtheit der zulässigen Handlungen und Operationen sowie die Gesamtheit der möglichen Leistungen und deren Bewertung (Sieg, Niederlage, erfüllt, nicht erfüllt, Rekord, persönliche Bestleistung usw.). Regeln müssen als logisch widerspruchsfreie Systeme verfaßt sein und dürfen den am Sport Beteiligten, wenn er die Regeln einhält, nicht in moralische Zwänge bringen. Entweder „Bewerter" (Schieds- und Kampfrichter, Sportlehrer) oder die am Sport Beteiligten selbst wachen über die Einhaltung der Regeln und ahnden, gleichfalls nach vorgegebenen Normen, eventuelle Regelverletzungen. *Jeder, der innerhalb der „Freiheit der Regeln" bleibt, ist zunächst fair.* Darin eingeschlossen sind auch alle zu Strategie und Taktik gehörenden Elemente wie Erfahrung, Cleverneß und Listigkeit. Jeder, der sich im Sport einem Leistungsvergleich stellt, hat die gleichen Chancen, seine ganz individuellen Leistungsmöglichkeiten und Vorteile zu nutzen.

Der eine nutzt seine überlegene Kraft oder Schnelligkeit oder seine Technik und Eleganz, der andere seine psychische Stabilität, sein gutes Entscheidungsvermögen und eben auch sein Denk- und Reaktionsvermögen oder seine „Listigkeit".

Mit **Strategien** werden Grundlinien des Verhaltens und Entscheidungen für bestimmte Handlungen gedanklich vorweggenommen. Im Unterschied zu diesen vorweggenommenen Grundlinien ist bei einer Verhaltensweise, bei der die Entscheidung über die jeweils nächste Handlung von Fall zu Fall getroffen werden muß, die **Gefahr regelwidrigen Verhaltens** deutlich erhöht. Unter Zeitdruck, in Bedrängnis, bei Ermüdung und unter zum Teil starken motivationalen und emotionalen Einflüssen sind unüberlegte Handlungen und Fehlhandlungen – auch unfaire – leichter möglich. Damit wäre *ein Sportler, der über Strategien verfügt und sie auch realisieren kann,* gegenüber Sportlern ohne verfügbare Handlungssysteme sowohl hinsichtlich des zu erwartenden Ergebnisses als auch in bezug auf überlegtes Verhalten in psychisch stark angespannten Situationen *im Vorteil.*

Auch für die **Taktik** gilt zunächst der Grundsatz des formellen Fair play durch die Einhaltung der Regeln. Taktik, und damit Ablenkung, Manöver, Tarnung, Täuschung, Herausforderung,

Deckung, Sperre, Behinderung, Scheinaktion oder Finte gehören zum Sport ebenso wie Kraft, Ausdauer und Schnelligkeit. Warum sollte ein Fußballspieler beim Dribbling den Verteidiger oder ein Fechter mit einer Finte seinen Wettkampfgegner nicht überlisten können, der Turner oder die Eiskunstläuferin die Wertungsrichter mit attraktiver Kleidung und Charme nicht beeinflussen dürfen? *„Taktische List" gehört ebenso wie „gesunde Härte" im Rahmen der Regeln zum sportlichen Wettkampf.*

Vielfach wird die Schönheit und Intellektualität gekonnter Taktik falsch bewertet oder nicht erkannt, weil man die Regeln der Sportart und damit die Vielfalt an taktischen Möglichkeiten nicht erkennt.

Wenn es z. B. bei Straßenrennen im Radsport eine Kombination von Einzel- und Mannschaftswertung gibt oder mehrere Fahrer einer Mannschaft starten dürfen, dann darf man „Teamfahren" nicht als unfair bewerten.

Einige Beispiele für **Grenzfälle** sollen die Notwendigkeit eindeutiger Regeln und strenger Regelkontrolle unterstreichen.

● **Das simulierte Foul.** Ein Foul simulieren heißt, die Wirkung einer gegnerischen Abwehrhandlung – sei diese nun regelgerecht oder nicht – „schauspielerisch" („Schwalbe") so zu verstärken, daß letztlich ein Foul vorgetäuscht wird.

Wer beim Fußball in Versuchung gerät, sich im Strafraum fallen zu lassen, um dem Schiedsrichter glaubhaft zu machen, der Gegner habe ein Foul begangen, das mit Strafstoß zu ahnden ist, sollte sehr genau abwägen, ob er nicht besser trotz Bedrängnis oder Körperangriff durch den Gegner versucht, den Ballbesitz zu behaupten bzw. auf das Tor zu schießen oder nicht. Ist der Körperangriff tatsächlich regelwidrig, entscheidet der Schiedsrichter sowieso auf Foul und damit Strafstoß. Erkennt der Schiedsrichter die Simulation, wird er den Simulanten bestrafen.

● **Eine Verletzung des Gegners ausnutzen.** Es ist nicht unfair, wenn ein Ringer Griffe anwendet, die die verletzte Schulter seines Gegners einbeziehen, oder wenn der Boxer auf die verletzte Augenbraue des Gegners zielt. Wer sich dem Wettkampf stellt, muß auch sein eventuelles persönliches Handicap tragen. Jeder Sportler, der verletzt startet, bringt seinen Gegner unter Umständen in moralische Zwangssituationen. Faire Wettkämpfer sollten das vermeiden.

• **Das „faire" oder „taktische" Foul.** So bezeichnet man Regelverletzungen, die gering geahndet und damit taktisch toleriert werden. Dazu zählen alle Fouls, bei denen im Sinne der Nutzenkalkulation entsprechend den Regeln das Verlustrisiko deutlich unter dem Nutzen liegt.

• **Der Zufall.** Vielfach entstehen im Wettkampf für einzelne Wettkämpfer regelgerechte Vorteile, z. B. der Netzball in den Rückschlagspielen oder die Windbö, die den Favoriten im Skispringen scheitern läßt. Sollte man der Fairneß wegen auf den zufällig entstandenen Vorteil verzichten? Auch hier gilt der Standpunkt, daß es wohl berechtigt ist, aus der Situation, die durch die Entscheidung bzw. Handlung des Gegners und/oder den Zufall entstanden ist, das Vorteilhafteste zu machen.

> **Strategisch-taktisches Handeln und Verhalten ist faires Handeln und Verhalten, wenn es durch eine hochgradige Übereinstimmung von objektiven Situationsanforderungen, dem Reglement mit Aussagen zur zulässigen Situationslösung und den subjektiven Leistungsmöglichkeiten gekennzeichnet ist.** Eingeschlossen sind das Lösungsverhalten (also das Handeln selbst) und die Rückkopplung im Sinne der Lösungsbewertung.

Über diese formellen Erörterungen hinausgehend, ist Fairneß eine Verhaltensart, die durch Aufrichtigkeit, Toleranz, gegenseitige Achtung, Rücksichtnahme und Selbstachtung gekennzeichnet ist und der zufolge gewisse Grenzen nicht überschritten werden dürfen. Fairneß schließt den Verzicht auf Unehrlichkeit, Manipulation, Gewalt und Doping ein. Fairneß heißt gewinnen, ohne den Gegner zu demütigen, und verlieren können ohne Bitterkeit, menschliche Beziehungen zum Kontrahenten zu pflegen, im sportlichen Gegner nicht den Feind zu sehen und den Schieds- und Kampfrichter als Autorität anzuerkennen.

Mit dem Erwerb effektiver Verhaltensmuster zur situationsangemessenen Bewältigung sportlicher Anforderungen ist strategisch-taktisch akzentuiertes Training gleichzeitig Verhaltenstraining zur Fairneß.

3.2. Technik/Koordination – Beweglichkeit

In den vorangegangenen Abschnitten zum Grundkonzept der sportlichen Leistung wurde als eine Hauptkomponente der Funktionsbereich der Bewegungsregulation herausgearbeitet. Ungeachtet der bestehenden engen Verknüpfungen mit den anderen Funktionsbereichen im Leistungsganzen und im ganzheitlichen Konstrukt „Sportliche Leistungsfähigkeit" und dessen immanenten Leistungsvoraussetzungen stellt dieser Funktionsbereich die konstituierende *Grundlage vor allem eines Leistungsfaktors* dar. Dieser Leistungsfaktor wird zumeist nicht als ein einheitliches Konstrukt betrachtet und deshalb auch in diesem Kapitel summativ als Leistungsfaktor „Technik/Koordination – Beweglichkeit" behandelt. Die Leistungsvoraussetzungen, die hierin zusammengefaßt werden, sind demnach die motorischen bzw. sporttechnischen Fertigkeiten, die koordinativen Fähigkeiten und die Beweglichkeit.

Es leuchtet ohne weiteres ein und wird in der Fachliteratur auch meist so verstanden, daß motorische Fertigkeiten und koordinative Fähigkeiten auf den Prozessen der Bewegungsregulation – bzw. der Bewegungskoordination – beruhen, damit diesem Funktionsbereich zuzuordnen sind und *einen* Leistungsfaktor bilden. Weniger eindeutig ist dies bei der Beweglichkeit, die in der Vergangenheit oft zu den konditionellen Fähigkeiten gerechnet und damit dem Funktionsbereich der Energiebereitstellung und -umwandlung zugeordnet wurde. Es wird im Folgenden (3.2.3.) zu zeigen sein, daß die Beweglichkeit in hohem Maße eine regulativ bedingte Leistungsvoraussetzung ist und damit den koordinativen Fähigkeiten sehr nahesteht. Sie hebt sich von letzteren allerdings dadurch ab, daß die Äußerungsformen der Beweglichkeit auch mehr oder weniger bedeutsame konstitutionelle und energetische Grundlagen haben, die nicht vernachlässigt werden dürfen und sollen.

3.2.1. Sportliche Technik – sporttechnische Fertigkeiten

3.2.1.1. Begriffe – allgemeine Charakteristik

Sportliche Technik

Von den Anfängen des sportlichen Trainings und der Traininglehre an wurde „Technik" als eine wesentliche Leistungskomponente, der Technikbegriff als eine Kategorie des Trainings verstanden. In der Definition gab und gibt es auch heute noch gewisse Unterschiede.

MEINEL (1961, S. 242) verstand unter „Sporttechnik" ein „in der Praxis entstandenes und erprobtes Verfahren zur bestmöglichen Lösung einer bestimmten sportlichen Aufgabe". HOCHMUTH (1967, S. 182) engte den Technikbegriff auf das „biomechanische Lösungsverfahren" ein, „das sich ... aufgrund der allgemeinen biomechanischen Eigenschaften und Voraussetzungen der Menschen unter den gegebenen objektiven mechanischen Umweltbedingungen und der jeweiligen taktischen Situation bei Beachtung der Wettkampfbestimmungen verwirklichen läßt". In anderen Definitionen wird sportliche Technik als „spezifische Abfolge von Bewegungen oder Teilbewegungen beim Lösen von Bewegungsaufgaben in Sportsituationen" (MECHLING/CARL 1992, S. 504) bzw. „erprobte, zweckmäßige und effektive Bewegungsfolge zur Lösung einer definierten Aufgabe in Sportsituationen" (MARTIN/CARL/LEHNERTZ 1991, S. 45) bestimmt.

Nach unserer Auffassung sollte – in Übereinstimmung mit dem allgemeinen Technikbegriff – im Begriff „sportliche Technik" der *Verfahrensaspekt* und damit die Abhebung vom konkreten Bewegungsablauf als wesensbestimmend betont werden.

> **Definition sportliche Technik:** In der Praxis erprobtes, aufgrund der allgemeinen psychophysischen Voraussetzungen des Menschen realisierbares charakteristisches Lösungsverfahren einer in sportlichen Handlungen erwachsenden Bewegungsaufgabe, das als Bewegungsalgorithmus der jeweiligen Bewegung immanent ist.

Im Unterschied zum Technikbegriff ist **Stil** – im Sinne von Bewegungsstil – Ausdruck individueller Eigenheiten in den Bewegungshandlungen eines Sportlers, die nicht nur biomechanisch, sondern in bestimmten Maße als Persönlichkeitsausdruck zu verstehen sind. Stil kennzeichnet darüber hinaus die Interpretationsweise einer schematisch und genrebestimmten oder typenbezogenen Gestaltungsidee, speziell in den technisch-kompositorischen Sportarten bzw. Disziplinen. (SCHNABEL/THIESS 1993, S. 807).

Die *Entstehung* und *Weiterentwicklung sportlicher Techniken* vollzog und vollzieht sich noch heute weitgehend empirisch. In vielen Fällen wurden bestimmte sportliche Techniken nach Sportlern benannt, die diese Techniken im kreativen Suchen nach bestmöglichen Lösungen oder neuartigen Bewegungen fanden und in die Praxis einführten. Die Entwicklung der Biomechanik sportlicher Bewegungen eröffnete Möglichkeiten, den Prozeß der Technikentwicklung mehr und mehr wissenschaftlich zu unterstützen.

Sporttechnische Fertigkeiten

Nach SINGER (1985, S. 33) kann sich „Fertigkeit" (skill) „sowohl auf den Bezug einer bestimmten Handlung beziehen als auch auf die Art, in der sie durchgeführt wird". Danach können Handlungen als Fertigkeiten angesehen werden, und der erreichte Könnensstand wird durch das Fertigkeitsniveau gekennzeichnet. In ähnlicher Weise werden in der Sportpraxis sporttechnische Fertigkeiten verstanden, während die Psychologie Fertigkeiten als „Automatismen: aus ursprünglich willkürlichen Handlungsformen durch Übung entstandene automatisierte und stabilisierte Systeme sensumotorischer Kopplungen zur Steuerung umgrenzter Handlungsabläufe ..." (CLAUSS 1976, S. 179) versteht. Letztlich vertritt jedoch auch SINGER (1985, S. 52) die Auffassung, daß Bewegungshandlung und Bewegungsfertigkeit (sporttechnische Fertigkeit) nicht gleichzusetzen sind, wenn er feststellt: „Eine ‚Fertigkeit' kann durch die Kategorien Schnelligkeit, Genauigkeit, Effizienz und Anpassungsfähigkeit oder eine aus ihnen beliebig gebildete Kombination beschrieben werden. Sie ist definiert als die überdauernde Erfolgswahrscheinlichkeit beim Versuch, ein Vorhaben effektiv und ökonomisch zu verwirklichen."

Entsprechend dieser Position sind sporttechnische Fertigkeiten **personale Leistungsvoraussetzungen für die Realisierung sportlicher Techniken.** Das heißt, die Leistungsvoraussetzungen, die sich ein Sportler im Techniktraining aneignet, sind nicht eigentlich die sportlichen Techniken, sondern die spezifischen koordinativen Voraussetzungen für ihre Realisierung, ihre Anwendung – die sporttechnischen Fertigkeiten.

Definition sporttechnische Fertigkeiten:
Spezifische koordinative Leistungsvoraussetzung zur Realisierung der für eine bestimmte sportliche Handlung erforderlichen Technik, die in der Regel in einem längeren Lern- und Trainingsprozeß erworben werden muß und mit der Ausbildung regulativer (Teil-)Automatismen verbunden ist.

Während eine umfassende Aufgabentaxonomie noch aussteht, ist es üblich geworden, sportliche Fertigkeiten nach dem Grad der Offenheit der Bewegungsaufgabe zu klassifizieren und *geschlossene* und *offene sporttechnische Fertigkeiten* zu unterscheiden. (Vgl. dazu Abb. 2.1.-1, S. 34)

Bedeutung der sportlichen Technik und sporttechnischer Fertigkeiten

Nur unter Berücksichtigung des integrierten Zusammenwirkens aller Leistungskomponenten und Leistungsvoraussetzungen und der disziplinspezifischen Handlungsaufgaben kann die Bedeutung sportlicher Techniken und sporttechnischer Fertigkeiten differenziert bestimmt werden.
Vier übergreifende Aspekte sollen im Folgenden hervorgehoben werden.
• Bereits die Realisierung elementarer Handlungsziele erfordert eine bestimmte Bewegungstechnik und damit auch technische Fertigkeit. Das betrifft u.a. alle Lokomotionen ohne und mit Gerät, an Land, auf Wasser oder Schnee, im Wasser; Beschleunigung von Geräten; Überwinden von Hindernissen. Mögen auch einige elementare Techniken, nämlich die solcher Bewegungsgrundformen wie Gehen, Laufen, Springen, Schlagen, Werfen, Fangen bereits jedem gesunden Kind vertraut sein, in der Mehrzahl der Sportarten *müssen zuerst* **elementare sporttechnische Fertigkeiten** *angeeignet werden*, ehe die Sportart überhaupt betrieben werden kann.
• Viele sportliche Leistungen erfordern die **Maximierung eines bestimmten Bewegungsparameters,** so z.B. des Kraftstoßes oder der Endgeschwindigkeit bei bestimmten Schnell-kraftleistungen, der Bewegungsgeschwindigkeit in Spiel- oder Zweikampfhandlungen, der Zielgenauigkeit u.a. in Schießsportarten. Das gelingt nur mit effektiven sportlichen Techniken, die auf hohem Fertigkeitsniveau beherrscht werden.
• „Ausgefeilte" Techniken und entsprechende sporttechnische Fertigkeiten sichern einen **optimalen Energieeinsatz,** eine **optimierte Energieausnutzung** – sowohl hinsichtlich der energetischen Prozesse im Organismus als auch der Energiebilanz im wechselseitigen Zusammenspiel innerer und äußerer Kräfte. (Vgl. dazu RAUCHMAUL u.a. 1988) Optimiert wird ferner mit Hilfe „richtiger" Techniken und dementsprechenden sporttechnischen Fertigkeiten, die **Beanspruchung einzelner Funktionssysteme** des Organismus, speziell des Stütz- und Bewegungssystems, so daß Schädigungen durch fehlerhafte Bewegungen oder Überbeanspruchung vermieden werden.
• Im sportlichen Training kommt dem **sporttechnischen Leitbild** eine führende Rolle zu: Der empirisch und möglichst auch wissenschaftlich optimierte Lösungsalgorithmus für die jeweilige Bewegungsaufgabe wird als *Idealtechnik* oder als – in bestimmtem Maße bereits individuell angepaßte – *Zieltechnik* zum Vorgabemodell für das langfristig ausgelegte Techniktraining. (Vgl. dazu u.a. THORHAUER/KEMPE 1993 und Abb. 3.2.-1)

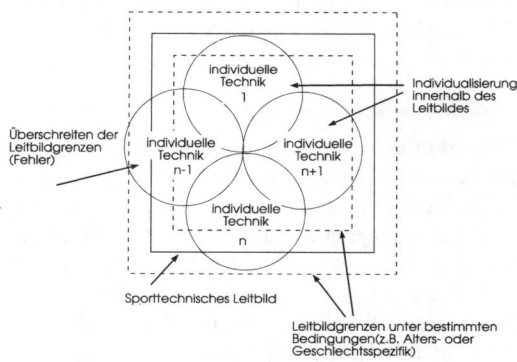

Abbildung 3.2.-1 *Sporttechnisches Leitbild und Individualisierung*
(nach THORHAUER/KEMPE 1993, S. 169)

3.2.1.2. Grundlagen und Abhängigkeiten

Externe Determinanten: biomechanische Grundlagen

Da menschliche Bewegungen nur durch Wechselwirkung innerer und äußerer Kräfte zustande kommen können, unterliegen auch die sportlichen Techniken den Gesetzmäßigkeiten der Mechanik. Gestützt auf die theoretischen Grundlagen, die die Physik liefert, und die dabei anwendbaren exakten Meßverfahren und Untersuchungsmethoden wurden die Fragen der sportlichen Technik überwiegend von der Biomechanik (Sportbiomechanik; Biomechanik sportlicher Bewegungen) bearbeitet und auch in vielen Sportarten als überwiegend biomechanischer Gegenstand behandelt. Auf die vielfältigen in der Fachliteratur dargestellten Ergebnisse und Erkenntnisse sei nur verwiesen. (U. a. BALLREICH/BAUMANN 1988; BAUMANN 1989; DONSKOJ 1975; HOCHMUTH 1982)

Der *führenden Rolle der Biomechanik in den Fragen der sportlichen Technik* ist aus der Sicht der Trainingswissenschaft unter der Bedingung zuzustimmen, daß sich *zum einen* die Biomechanik als Grenzwissenschaft zwischen Physik und Biologie begreift und biologische Gesetzmäßigkeiten in ihre Theorien einbezieht, daß sie *zum zweiten* den nicht nur für die Trainingspraxis, sondern auch für die Erschließung bestimmter wissenschaftlicher Einsichten bedeutsamen qualitativen Aspekt nicht ignoriert (vgl. dazu KORENBERG 1980) und *drittens* für die Anwendung ihrer Ergebnisse die interdisziplinäre Zusammenarbeit mit der Sportmotorik, Sportpsychologie und Trainingswissenschaft sucht.

Sportmotorische Grundlagen

Die Erkenntnisse und Theorien der Sportmotorik bzw. der Bewegungslehre stellen nicht nur Grundlagen für die Fragen der sportlichen Technik und der sporttechnischen Fertigkeiten dar, sondern die *sporttechnischen Fertigkeiten* sind ein wesentlicher *Gegenstand der Sportmotorik*. Grundlegend sind die Erkenntnisse und Theorien zur Bewegungsregulation, wie sie in 2.2.3. bereits kurz umrissen wurden. Danach kann Bewegungsregulation nur als biopsychosozial determinierter Sachverhalt verstanden werden.

Auf die zum Teil widerspruchsvollen wissenschaftlichen Ergebnisse und Theorien zur Bewegungsregulation wurde bereits hingewiesen, ihre differenziertere Darstellung und Diskussion muß der sportmotorischen Fachliteratur vorbehalten bleiben. Zu wiederholen ist noch einmal die Feststellung, daß eine monotheoretische Erschließung des komplexen Gegenstandes gegenwärtig nicht möglich erscheint, daß jedoch Tätigkeitskonzeption und Handlungstheorie Klammer und Basis für einen polytheoretischen Zugang darstellen können. (Vgl. u. a. NITSCH/MUNZERT 1991, S. 170/171)

Zu einigen – zum Teil miteinander verknüpften – Problemen der Bewegungsregulation sollen noch ergänzende Anmerkungen gemacht werden.

Zum Problemkreis **Bewegungsprogramme – reafferente Regelung – Ebenen der Regulation** wurde bereits in 2.2.3. deutlich, daß es wohl gespeicherte abrufbare Programme und Unterprogramme gibt, diese jedoch in wesentlichen Details erst auf der Grundlage von Vor- und Rückinformationen in der konkreten Handlungssituation ergänzt und reguliert werden. Dem *Konzept der Generalisierten Motorischen Programme (GMP)* kommt hierfür ein wesentlicher Erklärungswert zu. Sowohl die Programmspeicherung („Bewegungsgedächtnis") als auch ihre Komplettierung und Bearbeitung erfolgen auf verschiedenen Ebenen des sensomotorischen Systems: Neben der zentralen Kooperation von Großhirn, Kleinhirn und Hirnstamm (s. 2.2.3.) ist die dezentrale Komponente der Bewegungsregulation über die Muskelspindeln und den kurzen spinalen Informationsweg („Reflexbogen") hervorzuheben, über den Innervationskorrekturen innerhalb von 20–30 ms vorgenommen werden können.

Einige für sportliche Techniken wesentliche Erscheinungen und Gesetzmäßigkeiten der motorischen Koordination hängen offenbar in hohem Maße mit dieser dezentralen Regulationskomponente zusammen, so das von LEHNERTZ (1984 und 1985) beschriebene *Trägheitstiming* und der trägheitsbedingte *Kraftfluchteffekt*, das biomechanische *Prinzip der Anfangskraft* (HOCHMUTH 1982, S. 163–168), das Merkmal der *Bewegungskopplung* und der darin enthaltene *Rumpfeinsatz* (MEINEL/SCHNABEL 1987, S. 129–149).

Der Problemkreis **Bewußtheit der Technikrealisation – kognitive Bewegungsrepräsentation** ist von besonderem Interesse für Lehren und Lernen von Bewegungen und damit für das Techniktraining.

Dazu gehört zunächst die *Bewegungswahrnehmung* durch Beobachten und die *Bewegungsrepräsentation* als **Außensicht,** die zumeist als erster Zugang und auch zu einem differenzierteren Erfassen einer sportlichen Technik dient. Die Erfassung und kognitive Repräsentation der Außensicht ist trotz gewisser Grenzen, die durch hohe Bewegungsgeschwindigkeiten und größere Komplexität vieler Techniken gesetzt sind, mit relativ hoher Genauigkeit möglich, allerdings meist nur bei hinreichender Erfahrung, systematischem Vorgehen, Vorinformation und fachlicher Anleitung. (Vgl. u. a. AMESBERGER 1989; BAUMANN 1986; NEUMAIER 1988; TEIPEL 1979) Technische Hilfsmittel – Film- und Videoaufzeichnungen, u. a. mit Zeitdehnung, sowie kinematische und dynamische Meß- und Registriereinrichtungen – können diese Außensicht und damit verbundenes Wissen weiter präzisieren.

Erfahrungsgemäß ist jedoch die Wahrnehmung und Repräsentation als *Außensicht nicht ausreichend für die Entwicklung sporttechnischer Fertigkeiten,* für die Ausbildung des Bewegungskönnens. Das ist nur über die gleichzeitige Entwicklung der **Innensicht,** der zunehmend *bewußten Wahrnehmung der eigenen Bewegung* möglich, die zu einer **bewußtseinsfähigen Repräsentation** führt. Man muß annehmen, daß erst die Verbindung der Außensicht einer Technik mit der in der Realisierung dieser Technik im realen Handeln entstehenden Innensicht zu einer internen Repräsentation führt, die weitgehend bewußtseinsfähig, wenn auch nicht voll bewußtseinspflichtig ist und eine bewußte Beherrschung der jeweiligen sporttechnischen Fertigkeit ermöglicht. Das in der Sportpraxis nicht zu übersehende *Problem* besteht dabei in der *eingeschränkten Bewußtseinsfähigkeit proprioceptiver Informationen* und in der Schwierigkeit, sie verbal zu fassen. Gerade diese proprioceptiven, kinästhetischen Empfindungen sind jedoch die entscheidende Komponente der Innensicht. (Vgl. u. a. MEINEL/SCHNABEL 1987, S. 65–74)

Dem Problemkreis der sporttechnischen Bewußtseinsinhalte und kognitiven (mentalen) Repräsentationen wurde in letzter Zeit verstärkte Aufmerksamkeit auch in der Forschung geschenkt. Genannt seien vor allem die Arbeiten von LIPPENS (1993 a, b, c) und anderen zu

„subjektiven Theorien" von Lernenden bzw. Trainierenden sowie Publikationen von MUNZERT (1992), MUNZERT u. a. (1993), SEILER/DE MARÉES (1993) und WIEMEYER (1992).

Die internen Abbilder – die internen Repräsentationen – sportlicher Handlungen stehen in einem unabdingbaren Zusammenhang mit sporttechnischen Fertigkeiten: Sie sind *„Bezugssystem, Auslöser und Korrektor der Bewegungsausführung"* (MATHESIUS 1987, S. 10). Das physiologische Korrelat dieser internen Repräsentation enthält sowohl die motorischen Grundmuster als auch die Abbildung der im Handlungsvollzug zu erwartenden sensorischen Rückmeldungen, von SCHMIDT (1975) als recall-Schema und recognition-Schema unterschieden.

Weitgehend übereinstimmend mit dem Inhalt des Begriffs „interne Repräsentation" ist der Begriff der **Bewegungsvorstellung,** der aus der Terminologie der Psychologie stammt und in der Theorie und Praxis des Bewegungslernens und damit auch im Techniktraining seit langem gebräuchlich ist.

> **Definition Bewegungsvorstellung:** Bewußt reproduzierter bzw. bewußtseinsfähiger Anteil interner Repräsentationen von Bewegungshandlungen, basierend auf weitgehend verbalisierbaren Wahrnehmungen, verbunden mit nicht bewußtseinspflichtigen, nur indirekt (u. a. über Metaphern) verbalisierbaren Bewegungsempfindungen.

Erste grobe Vorstellungen von Bewegungen sind überwiegend visuell und räumlich bestimmt (Außensicht), kinästhetische und damit dynamische Komponenten sowie die damit verbundenen ideomotorischen Reaktionen – d. h. unterschwellige motorische Innervationen – sind wesentliche Kriterien der voll ausgebildeten Bewegungsvorstellung. Neben der „sachlichen" Information zu den betreffenden Bewegungen enthält sie auch Erlebnisinhalte, emotionale Färbungen und individuelle Wertungen z. B. der inneren und äußeren Bedingungen der Bewegungsausführung.

In Verbindung mit dem Problem der Bewußtheit

der Technikrealisation steht der Problemkreis **Automatismus und Automatisierung der sporttechnischen Fertigkeiten.** Je höher das Niveau einer Fertigkeit, desto geringer ist die erforderliche *Aufmerksamkeit* für die Realisierung der jeweiligen Technik. Ist die Bewegungshandlung einmal in Gang gesetzt, scheint das meiste von selbst – automatisch – abzulaufen und wird subjektiv als anstrengungslos, glatt, flüssig, auch freudvoll empfunden.

Zur Erklärung dieses Automatismus wurden eine Reihe verschiedener Theorien aufgestellt, die sich aber als nicht haltbar erwiesen. (Vgl. DAUGS 1993) Zu den neueren Positionen und zum Stand der Diskussion kann auf die Literatur eines Symposiums verwiesen werden (DAUGS/BLISCHKE 1993).

Einen praktischen Erklärungswert hat nach wie vor die auf BERNSTEJN (1947) und RUBINSTEIN (1984) zurückgehende Auffassung, daß Regulationsaufgaben von höheren an niedere Regulationsebenen abgegeben werden, wo sie zwar noch bewußtseinsfähig bleiben, aber nicht mehr der bewußten Aufmerksamkeit unterliegen. (Vgl. dazu MEINEL/SCHNABEL 1987, S. 226/227; DAUGS 1993, S. 43–45)

Beziehungen und Abhängigkeiten im Leistungssystem

Der Tatbestand, daß man allgemein sporttechnische Fertigkeiten und koordinative Fähigkeiten zusammenfaßt, macht deutlich, daß zwischen beiden eine enge Beziehung besteht. Weiterhin läßt sich zeigen, daß die anderen personalen Leistungsvoraussetzungen ebenfalls mehr oder weniger bedeutsame Einflußgrößen für die sportlichen Techniken und die sporttechnischen Fertigkeiten sind. In Verbindung mit einer schematischen Darstellung von HIRTZ (Abb. 3.2.-2) läßt sich folgendes dazu sagen:

Von **konstitutionellen Voraussetzungen** kann die Realisierbarkeit oder Zweckmäßigkeit einer sportlichen Technik abhängen. Das betrifft u. a. auch die konstitutionelle Komponente der Beweglichkeit (s. 3.2.3.). Die individuelle Technik-

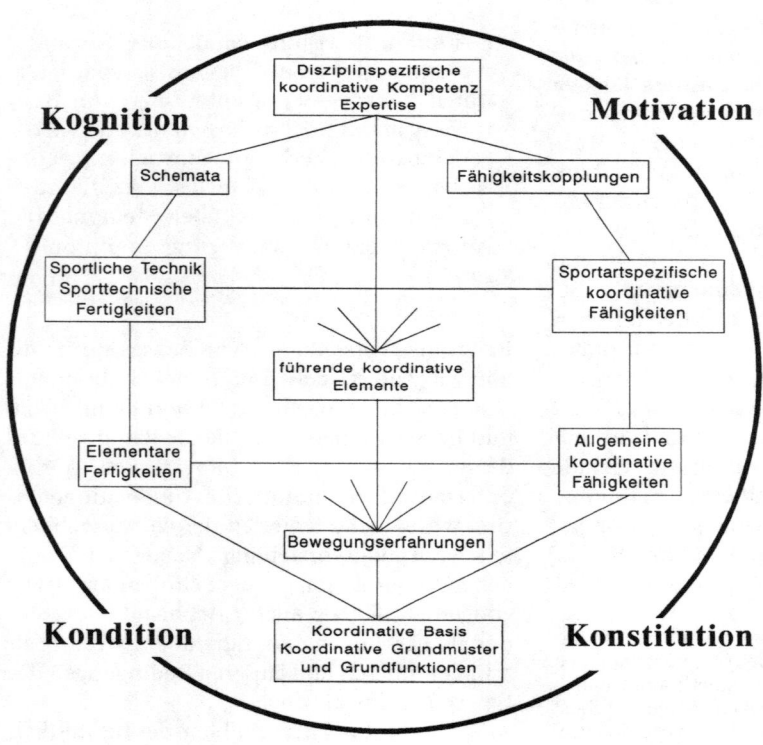

Abbildung 3.2.-2
Sporttechnische Fertigkeiten und koordinative Fähigkeiten als integrativer Bestandteil des Leistungssystems („Motorische Handlungskompetenz" – nach HIRTZ)

ausprägung muß gegebenenfalls konstitutionelle Besonderheiten berücksichtigen.

Die **konditionellen Leistungsvoraussetzungen** entscheiden in einer Reihe von Fällen – z. B. im Gerätturnen –, ob eine Technik überhaupt ausgeführt und die entsprechende Fertigkeit erworben werden kann. Das letztere betrifft vor allem die Kraft- und Schnelligkeitsfähigkeiten, die häufig sehr spezifisch, auf die Technik der Bewegungshandlung zugeschnitten ausgeprägt sein müssen. Die informationellen regulativen Prozesse gehen mit der technikadäquaten Energiemobilisation eine enge Verbindung ein.

Generelle und individuelle Technikentwicklung sowie die Realisierung sportlicher Techniken sind mit kognitiven Prozessen verbunden, erfordern also auch **kognitive Leistungsvoraussetzungen.**

Von der **Motivation** abhängig ist einerseits der Aneignungsprozeß und -grad sporttechnischer Fertigkeiten wie auch koordinativer Fähigkeiten, andererseits aber auch die „exakte" Technikrealisierung in jeder einzelnen Bewegungshandlung – im Wettkampf wie im Training.

Zur **Infrastruktur der motorischen Handlungskompetenz** bringt HIRTZ mit Abb. 3.2.-2 folgendes zum Ausdruck:

Die der Bewegungsregulation zugrunde liegenden psychophysischen Grundfunktionen und koordinativen Grundmuster charakterisieren ebenso wie das Entwicklungsniveau der grundlegenden motorischen Fertigkeiten (auch Grundformen der Bewegung) und der Ausprägungsgrad der allgemeinen koordinativen Fähigkeiten die **koordinative Basis,** die mit allgemeinen und speziellen Trainingsmitteln direkt und auch indirekt beeinflußbar ist. Die dabei gespeicherten Subprogramme sowie die internen Bewegungs- und Situationsrepräsentationen stellen die für eine weitere Leistungssteigerung sowie für spätere motorische Lernerfolge so bedeutsame **Bewegungserfahrung** dar. Das Verhältnis von **sporttechnischen Fertigkeiten** und **sportartspezifischen koordinativen Fähigkeiten** kennzeichnet die entscheidende interne Relation des Leistungsfaktors. Die Fertigkeiten bilden sozusagen das „motorische Vokabular", die koordinativen Fähigkeiten die „motorische Grammatik", beides zusammen ermöglicht die Bildung „motorischer Sätze", d. h. die Bewältigung komplexer und komplizierter koordinativ-motorischer sportlicher Anforderungssituationen. Auf dieser Grundrelation aufbauend werden die weiteren koordinativen Leistungsvoraussetzungen immer spezifischer und individueller. So kommt es besonders in situativen Sportarten zur Bildung und Speicherung sogenannter **Schemata,** wobei – stark vereinfacht dargestellt – neben der sporttechnischen Fertigkeit auch

eine ganze Reihe spezifischer Erfahrungen mit gespeichert werden, und zwar in Form von regelhaften Beziehungen zwischen Ausgangsbedingungen, eigenen Parametern des Bewegungsvollzugs – z. B. Krafteinsätzen – sowie sensorischen Konsequenzen und den Ergebnissen der Bewegungsausführung. Mögliche Aspekte der koordinativen Kompetenz sind auch die sogenannten führenden koordinativen Elemente (DJAČKOV 1973, S. 34), charakteristische Organisatoren des spezifischen effektiven Zusammenspiels der für die erfolgreiche Anforderungsbewältigung wesentlichen Kraftimpulse im Sinn von besonders zu akzentuierenden Phasen oder Aspekten des Bewegungsvollzuges.

Da im Sport Fähigkeitsstrukturen stets als Ganzes gefordert, beteiligt und beeinflußt werden, kann man davon ausgehen, daß mit zunehmender Leistungsfähigkeit ganz spezifische charakteristische Wechselbeziehungen zwischen den Fähigkeiten leistungsbestimmenden Charakter tragen. Es kommt zu einem höheren Niveau der spezifischen Verkopplung von Leistungsvoraussetzungen, d. h. zu **Fähigkeitskopplungen,** sogenannten Fähigkeitsverbundstrukturen (KIRCHNER 1991[b], S. 188). Die Fähigkeitsstruktur muß mehr und mehr der spezifischen Anforderungsstruktur entsprechen, wobei auch charakteristische Beziehungen zu kognitiven, konditionellen und motivational-emotionalen Komponenten von besonderer Bedeutung sein können. Immer leistungsbestimmender werden schließlich individuelle Fähigkeitsstrukturen, individuelle psychomotorische Strategien, wobei auch von bestimmten Fähigkeitstypen (LOOSCH 1991, S. 71) gesprochen werden kann. Zur Kennzeichnung der hohen und disziplinspezifischen koordinativen Kompetenz findet auch der Begriff der **Expertise** Anwendung (vgl. 5.2.).

3.2.1.3. Fertigkeitsentwicklung – motorisches Lernen

Entwicklung sportmotorischen Könnens als Techniklernen

Sportmotorisches Können hängt in hohem Maße von der Entwicklung sporttechnischer Fertigkeiten ab. Die Entstehung und immer vollkommenere Aneignung sporttechnischer Fertigkeiten ist ein Entwicklungsprozeß, der als motorisches Lernen bezeichnet wird.

Lernen ganz *allgemein* ist zu verstehen als *erfahrungsbedingte Modifikation des Verhaltens, als Ausbildung oder Korrektur von individuellem Gedächtnisbesitz auf der Grundlage von Informationsverarbeitung.* Es ist im weitesten Sinne ein Grundvorgang der Persönlichkeitsentwicklung und damit auch immer sozial determiniert, in engerem Sinne eine spezielle Tätigkeit mit dem Ziel der Aneignung von Wissen und/oder Können.

Zum Lernen gehört auch das *Verlernen*, das *Vergessen*. Das gilt auch für das motorische Lernen, selbst wenn einmal erlernte und automatisierte Grundmuster wie das Radfahren kaum wieder verlernt werden. Somit kann man mit dem Komponisten BENJAMIN BRITTEN sagen: *Lernen ist wie Rudern gegen den Strom. Sobald man aufhört, treibt man zurück.*

> **Definition motorisches Lernen:** Erwerb motorischer Handlungskompetenz durch Aneignung motorischer Fertigkeiten und zweckmäßiger Verhaltensweisen.

Motorisches Lernen ist dem Wesen nach „Ausbildung zunehmend komplexerer Koordinationsleistungen" (CLAUSS u. a. 1985, S. 352). Diese Bestimmung bedeutet **nicht**
– die Ausgrenzung kognitiver, auch geistiger Anteile aus dem motorischen Lernen und speziell dem Techniklernen;
– die Vernachlässigung von Motivation und Lernaktivität (vgl. MEINEL/SCHNABEL 1987, S. 181–183);
– das Vorhandensein weitgehend andersartiger Grundlagen und Gesetzmäßigkeiten als beim mentalen Lernen.

Motorisches Lernen als menschliche Tätigkeit ist ein sehr *komplexer Prozeß*, so daß ein *Zugang von verschiedenen Seiten* möglich ist. Hervorzuheben sind der Zugang über
• die Bewegungsäußerungen, die phänomenologisch-deskriptiv oder kinemetrisch erfaßt werden können;
• die internen biotischen sensomotorischen Prozesse und ihre Veränderung;
• die psychische Regulation (kognitiv, emotional-motivational, volitiv).

Je nach dem gewählten Zugang, dem wissenschaftlichen Hintergrund der traditionellen Wissenschaften, dem empirischen Material und der Praxisnähe sind eine Reihe von **Lerntheorien** entstanden, die jeweils einen mehr oder weniger eingeschränkten Erklärungswert für das Techniklernen, die Fertigkeitsentwicklung besitzen. (Vgl. SINGER 1985; ferner LEIST 1982, 1993; PÖHLMANN 1986; HEUER 1983; WEINERT/SCHNEIDER/BECKMANN 1991)

Während die Darstellung und die Diskussion der Lerntheorien der Spezialliteratur vorbehalten bleiben müssen, sollen im folgenden einige für das Techniktraining besonders relevante Grundlagen angesprochen werden.

Lernarten

Mitunter wird menschliches Lernen – und damit auch motorisches bzw. Techniklernen – ausschließlich als Lernen durch Einsicht verstanden, wird der ganze Lernprozeß im wesentlichen auf die intellektuelle Regulation reduziert. Daß dies nicht richtig sein kann, geht schon aus den Darlegungen im 2. Kapitel (2.2.2. und 2.2.3.) hervor. Eine Hierarchie **entwicklungsgeschichtlicher Stufen des Lernens** (u.a. HACKER 1997, S. 440) läßt „einsichtiges Lernen" zwar als höchste, nur dem Menschen zukommende Lernart erkennen, postuliert jedoch zugleich, daß die elementaren Lernstufen sowohl genetische Voraussetzung als auch integrierender Bestandteil der ihnen überlagerten Stufen sind:
• Abgewöhnen – Habituation
• bedingt-reflektorisches Lernen
• instrumentales Lernen
• soziales oder Modellernen
• Versuch-Irrtum-Lernen
• einsichtiges Lernen.
Im motorischen Lernen besitzen die elementaren Lernstufen mitunter eine nicht zu übersehende relative Eigenständigkeit.

Beispiele sind das Abgewöhnen, die Habituation bei Umschwüngen, Salti u.a., wobei der störende Einfluß von Labyrinthreflexen ausgeschaltet werden muß, oder Angstreflexe wie bei der sogenannten Hangangst beim Skilaufen.
Noch weiter verbreitet ist das Versuch-Irrtum-Lernen in solchen Fällen, wo Erklärungen, Demonstrationen und Korrekturen noch auf keine kompatible, bewußtseinsfähige „Innensicht" bzw. Bewegungsvorstellung treffen wie etwa beim Erlernen der Kraul-Beinbewegung oder der Delphinbewegung im Sportschwimmen, aber auch beim „Ausfeilen" einer schon beherrschten Technik, wo die Bewegungsanweisung des Trainers oft lautet: „Versuche …"

Ungeachtet der Bedeutung des bewußten einsichtigen Lernens im Entwicklungsprozeß sporttechnischer Fertigkeiten, sollte die *aufgabenrelevante Nutzung anderer Lernarten* nicht vernachlässigt werden.

So ergab auch u.a. das Forum „Theoretische Grundlagen des Techniktrainings" auf dem Internationalen

Symposium „Motorik- und Bewegungsforschung" (MECHLING 1991, S. 152) die Forderung „Kein Ausschließlichkeitsanspruch des bewußten Lernens!" und den nachdrücklichen Hinweis auf „Reserven einer unter- und unbewußten Regulation".

Die Möglichkeiten – und teilweise die Notwendigkeit – des „unbewußten" motorischen Lernens sind erfahrenen Lehrern und Trainern sowie auch praxisverbundenen Trainingswissenschaftlern seit langem vertraut und wurden auch genutzt.

Wissenschaftlich erneut gestützt werden diese Erfahrungen und Erkenntnisse durch die Ergebnisse zum „impliziten Lernen" (WULF 1993).

Motorisches Lernen als Informationsprozeß

Motorisches Lernen ist schwerlich anders vorstellbar als ein Prozeß, der auf der Aufnahme, Verarbeitung und Speicherung von Informationen beruht. Das wird auch von der gegenwärtigen Diskussion um das Paradigma der Informationsverarbeitung hinsichtlich der „motorischen Kontrolle" bzw. der Bewegungsregulation kaum berührt. (Vgl. DAUGS 1994)

Bei der Behandlung des Funktionsschemas der sportlichen Tätigkeit (2.2.1.) und der Bewegungsregulation (2.2.3.) wurde Bezug auf die *Informationsorganisation als Lern- und Trainingsparadigma* genommen. Danach sind zu jeder koordinierten Bewegungshandlung fein abgestimmte Muskelaktionen erforderlich. Ihre Feinabstimmung, ihre ganze Organisation ist das Resultat der Verarbeitung vieler Informationen von der Peripherie (sensorische Informationen) und gespeicherter Informationen in den Neuronennetzen – mag man sie ganz allgemein als Engramme, als Generalisierte Motorische Programme (GMP – SCHMIDT 1975) oder – bzw. zusätzlich – als Korrekturmechanismen (BERNSTEIN 1988, S. 133, S. 191) verstehen.

Motorisches Lernen kann infolgedessen nur auf einer dem Handlungsziel angepaßten **Organisation dieses komplexen Informationsprozesses** und auf seiner Weiterentwicklung beruhen. Daran ist auch das interiorisierte verbale Informationssystem beteiligt, so daß die Möglichkeit besteht, im Ausbildungs- und Trainingsprozeß durch verbale Informationsgebung in den motorischen Lernprozeß einzugreifen. Daß dieser Zugang allerdings begrenzt ist, wurde schon im vorigen Abschnitt hinsichtlich der Bedeutung nicht bewußtseinspflichtiger bzw. unbewußter Lernanteile deutlich.

Lernphasen – Lernstadien

Das Erlernen sportlicher Bewegungshandlungen bis zur höchsten Effektivität und Wettkampfstabilität der mitunter relativ komplizierten Techniken ist ein zeitlich ausgedehnter Prozeß, in dem sich *charakteristische Phasen* unterscheiden lassen.

In der Literatur finden sich dazu unterschiedliche Differenzierungen von zwei (u.a. PÖHLMANN 1986, S. 63–66) bis fünf (u.a. MAZNIČENKO 1964) Phasen, in erster Linie bedingt durch den Ausgangspunkt – z.B. die Aufgabenklasse bzw. die Sportartengruppe – und die dominierende Sichtweise der Autoren.

Die Darstellung in Tab. 3.2.-1 geht von drei Lernphasen aus und beschreibt den am Ende der jeweiligen Phase erreichten Lernstand („Stadium"). Sie enthält keine Aussage über die je nach allgemeinem Ausgangsniveau, Fertigkeitstyp und Aufgabenschwierigkeit unterschiedliche Länge der Phasen und verallgemeinert stark, indem von Unterschieden im Lernprozeß geschlossener und offener Fertigkeiten abstrahiert wird.

Als Ausdruck des phasenmäßigen Verlaufs von Lernprozessen können auch die *Lernkurven* gelten, die in der psychologischen Lernforschung in starker Verdichtung untersuchter Lernverläufe aufgestellt wurden.

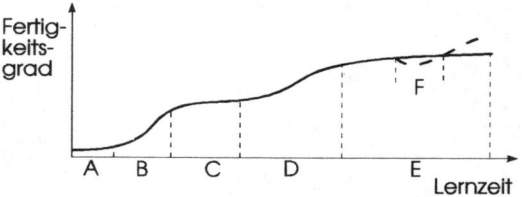

Abbildung 3.2.-3 *Schematisierte Lernkurve*

Die „Normalkurve" in Abb. 3.2.-3 (nach PÖHLMANN 1986, S. 57) bringt in den systematisierten Abschnitten folgendes zum Ausdruck:

A: Gewöhnungs- oder Erwärmungsphase

B: Aneignungsphase (bis zum Stadium der Grobkoordination)

C: (mögliche) zeitweilige Stagnation, „Plateauausbildung"

Tabelle 3.2.-1　*Charakteristische Stadien im Verlauf sportmotorischer Lernprozesse*

Aspekte des Lernverlaufs	Stadium der Grobkoordination	Stadium der Feinkoordination	Stadium der stabilisierten Feinkoordination und variablen Verfügbarkeit	Diagnosemethoden
Erfüllung der motorischen Aufgabenstellung und erzielte Leistung	• Aufgabenstellung nur bei günstigen Ausführungsbedingungen und voller Konzentration erfüllt • meßbare Leistung gering	• bei günstigen Ausführungsbedingungen: Aufgabe mit Leichtigkeit erfüllt, erhöhte Leistung • bei ungewohnten, erschwerten Bedingungen und Störungen: Aufgabenerfüllung zum Teil unvollkommen, geringe Leistung	• Aufgabenerfüllung auch unter erschwerten Bedingungen mit großer Sicherheit • Anwendbarkeit in verschiedenen Situationen • hohe und höchste Leistungen bei hoher Konstanz	• Vergleich von Leistungs- und Technikkriterien unter erleichterten, normalen und erschwerten Bedingungen • Fertigkeitstest
Bewegungsausführung, Bewegungsgüte	• Ausführung entspricht Grundstruktur und Kriterien der Technik im Grundablauf • Bewegungsgüte mangelhaft: Merkmale einer koordinierten Bewegung schwach ausgeprägt, schlechte Bewegungsökonomie	• bei günstigen Ausführungsbedingungen: Ausführung entspricht technischem Leitbild und Kriterien gut koordinierter Bewegung annähernd ohne Einschränkung • bei erschwerten Bedingungen: deutliche Ausführungsmängel	• Ausführung auch unter erschwerten Bedingungen, Störungen und bei Anwendung in verschiedensten Situationen in koordinativer Vollkommenheit, volle Beherrschung der Technik • allgemeine Bewegungsmerkmale optimal ausgeprägt	• Beobachtung (Eindrucksanalyse/Film/Videobeobachtung); Kriterien: allgemeine Koordinationsmerkmale – spezielle Technikmerkmale • biomechanische Tests (kinematische und dynamische Parameter)
Bewegungsempfindungen, Informationsaufnahme und -verarbeitung	• Bewegungsempfindungen verschwommen, kinästhetische Komponente wenig ausgeprägt • unzureichende Verbindung von Empfindungen und Sprache • optische Information überwiegt • Demonstration nur grob erfaßt	• Bewegungsempfindungen weitestgehend präzisiert, differenziert, bewußt erfaßbar und verbalisierbar, kinästhetische Komponente verstärkt • Demonstration differenziert erfaßbar • Verarbeitung detaillierter verbaler Informationen	• Bewegungsempfindungen von hoher Genauigkeit und Differenziertheit; wenn erforderlich, bewußt erfaßbar • hohe Präzision der kinästhetischen Informationen • zentrales Sehen tritt gegenüber peripherem Sehen zurück • ausgeprägte Verbindung Bewegungsempfindung/Sprache	• verbale Wiedergabe der ausgeführten Bewegung • Lösen differenzierter Beobachtungsaufgaben – Vergleich der Bewegungswahrnehmungen mit der Trainerbeobachtung bzw. mit zusätzlicher objektiver Information

Bewegungsprogrammierung, Bewegungsvorstellung	• Rahmenprogramm steuert Grobablauf, Bewegungsantizipation und aktuelle Feinprogrammierung unvollkommen • Bewegungsvorstellung vornehmlich visuell bestimmt, verschwommen, undifferenziert, „Außensicht", dynamische und zeitliche Komponente schwach ausgeprägt	• aktuelle Feinprogrammierung auf Grundlage verfeinerter Empfindungen, Bewegungsantizipation vervollkommnet • Bewegungsvorstellung differenziert und präzisiert; kinästhetische Komponente ausgeprägt: stärkere dynamische und zeitliche Anteile, ideomotorische Reaktion	• detailliertes Bewegungsprogramm mit variablen Elementen, differenzierte Bewegungsantizipation und Vorausnahme von Schwierigkeiten und Störungen • Bewegungsvorstellung als detailliertes „Übungsbild" und verallgemeinertes „Ausführungsbild"	• vergleichende Beobachtung. Kriterium: Vorbereitung nachfolgender Handlungsteile (besonders bei Bewegungskombinationen und längeren Handlungsketten) • verbale (mündlich – schriftlich) oder zeichnerische Wiedergabe der gelehrten Bewegungsausführung • akustische Hervorhebung dynamischer Hauptakzente
Regulation, Regelgüte	• Bewegungsvollzug vorwiegend gesteuert, Regelung unvollkommen, zum Teil über äußeren Regelkreis • Steuerbarkeit durch Aufhebung von Freiheitsgraden erreicht: verstärkte Anspannung von Antagonisten, Fixierung von Gelenken	• Regulation auf Grundlage genauer Sollwertvorgabe und Istwertpräzisierung, innerer Regelkreis dominiert • antizipierende Regulation und Regelgüte bei ungewohnten Sollwert-Istwert-Differenzen noch unbefriedigend • verstärkte Anspannung von Antagonisten und Teilfixierung von Gelenken nur bei erschwerten Bedingungen, sonst weitgehend Freigabe aller Freiheitsgrade	• Regulation sichert Stabilität im Ergebnis auch bei unvermittelt auftretenden, starken Sollwert-Istwert-Differenzen • hohe Regelgüte durch antizipierende Anpassung („feed forward") • Freigabe aller Freiheitsgrade und effektive Ausnutzung der reaktiven Kräfte, speziell der Trägheitskräfte	• Beobachtung unter verstärktem ideomotorischem Mitvollziehen • Elektromyographie • biomechanische Analysen

Anmerkung: Die Aussagen zum Stadium der Grobkoordination gelten für Trainingsanfänger. Bei Sportlern in späteren Ausbildungsetappen – d. h. bei höherem motorischem Ausgangsniveau – sind Bewegungsempfindungen, Informationsaufnahme und -verarbeitung sowie Bewegungsvorstellungen meist weiterentwickelt.)

D: Vervollkommnungsphase (bis zum Stadium der Feinkoordination)

E: Stabilisierungs- bzw. Automatisierungsphase

F: (mitunter mögliche) Labilisierungsphase.

Transfer im motorischen Lernen

Der aus der Lernpsychologie stammende Transferbegriff beschreibt die *Übertragung von bereits Gelerntem* auf andere Aufgaben, Situationen, Tätigkeitsbedingungen und die dabei mögliche positive oder negative gegenseitige Beeinflussung verschiedener Lerninhalte bzw. Lernprozesse.

Jeder motorische Lernprozeß beruht in bestimmtem Maße auf Transfer: Der Lernende „sucht" bei jeder neuen Lernaufgabe zunächst nach einer bereits vorhandenen ähnlichen Vorstellung, nach einem annähernd passenden Programm (GMP), das er auf die neue Aufgabenstellung übertragen kann. Einen ähnlichen Vorgang kann man auch bei Vervollkommnungs- und Korrekturaufgaben annehmen. In allen diesen Fällen kann das Ergebnis mehr oder weniger positiv oder auch negativ sein.

Für das methodisch geführte Techniklernen noch bedeutsamer ist die Wechselwirkung nebeneinander oder kurz nacheinander verlaufender Lernprozesse, auch als **Transferenz** (positiv) und **Interferenz** (negativ) bezeichnet. Beide können *proaktiv* oder *retroaktiv* sein, das heißt, der zuerst begonnene oder der folgende Lernprozeß werden positiv bzw. negativ beeinflußt.

Obgleich derartige Transfererscheinungen im Training häufig zu beobachten sind und auch einige Untersuchungen vorliegen, ist die wissenschaftliche Erforschung noch ungenügend. (Vgl. u. a. LEHMANN 1974; LEIST 1978; PÖHLMANN 1986, S. 191–197)

Ein spezielles Problem ist der *Seitigkeitstransfer.* (Vgl. dazu OBERBECK 1989)

Wiederholen ohne Wiederholung

Nach BERNSTEIN (1988, S. 187) besteht das Wesen des Übungsprozesses beim Techniklernen und Techniktraining „in dem allmählich zum Ziel führenden Aufsuchen optimaler Bewegungsverfahren für die Lösung der anzueignen-

den Aufgaben". Danach „*wiederholt eine richtig gestellte Übung Mal für Mal nicht das eine oder andere Mittel zur Lösung der Bewegungsaufgabe, sondern den Lösungsprozeß für diese Aufgabe, wobei von Mal zu Mal die Mittel verändert und vervollkommnet werden*". Motorisches Training ist demnach „**ein eigenartiges Wiederholen ohne Wiederholung**".

Diese aus BERNSTEINS Forschungen und seiner Motoriktheorie erwachsene Erkenntnis hat in der Praxis vielfach Bestätigung gefunden. Eine ähnliche Position stellt die in Verbindung mit der Schematheorie (SCHMIDT 1975) entstandene Variability-of-Practice-Hypothese dar. Allerdings bedeuten diese Erkenntnisse nicht für alle Bewegungsparameter und -merkmale in gleichem Maße Variabilität im Übungsprozeß und in der stabilisierten Fertigkeit.

Hierzu trifft BERNSTEINS These von den „*zwei Koordinationstaktiken*" (1988, S. 228) folgende Aussage: Der „Apparat der Bewegungssteuerung" wirkt „hinsichtlich zweitrangiger technischer Nichtübereinstimmungen und Störungen ... reaktiv anpassend, ohne die Variabilität zu fürchten, hinsichtlich der dem Programm nach wesentlichen Seiten der Steuerung kämpft er um das erforderliche Resultat, koste es, was es wolle, indem er aktiv Hindernisse überwindet und, wenn es nötig ist, während des Ablaufs eine Umprogrammierung vornimmt."[1]

3.2.1.4.   Objektivierung – Diagnostik

Zum Herangehen

Objektivierung und Diagnostik können entweder schwerpunktmäßig auf die realisierte Technik oder auf die technische Fertigkeit und ihre Entwicklung gerichtet sein, wobei eine Reihe von Verfahren in beiden Fällen Anwendung finden können. Hauptmethoden sind *biomechanische Registrier- und Meßmethoden*, spezielle *sportmotorische* bzw. *psychomotorische Tests* und die – nach Möglichkeit videogestützte – *visuelle Erfassung und Beurteilung der Bewegungshandlungen* anhand geprüfter Kriterien (unter Anwendung „qualitativer" Merkmale).

Das genannte Methodeninstrumentarium umfaßt folgende *Probleme*:

---

[1] Vgl. hierzu auch die in 3.2.1.2. bereits erwähnten „führenden koordinativen Elemente"; ferner MEINEL/SCHNABEL 1987, S. 56/57, und WOLLNY 1993.

- Die – im naturwissenschaftlichen Sinne – exakten Meß- und Registrierverfahren erfassen die Außensicht der Bewegung ohne Verbindung zur Innensicht. Ihre Inhalte sind also der Eigenwahrnehmung und Ansteuerung nicht unmittelbar zugänglich. Außerdem sind diese Verfahren wegen ihrer Aufwendigkeit nicht in breitem Maße – z. B. im Nachwuchstraining – verfügbar.

- Die auf Beobachtung – auch bei Verwendung von Medien – und auf Befragung (Äußerungen der Sporttreibenden zu ihren Handlungen und Vorstellungen) beruhenden „qualitativen" Verfahren sind zwar im täglichen Training unentbehrlich, es haftet ihnen jedoch der Makel der Subjektivität und des eingeschränkten diagnostischen Aussagewertes an.

Die **Lösung dieser Problematik** kann nur in einer gegenstandsadäquaten *Methodenkombination* und in der Reduzierung subjektiver Beurteilungsfehler und -unschärfen durch *Methodenpräzisierung und -eichung* und in spezieller *Qualifizierung der Anwender* – besonders der Trainer – in der Bewegungsbeobachtung und -beurteilung bestehen. Generell kann man seit einiger Zeit eine Aufwertung der qualitativen Methodik feststellen. (Vgl. u. a. KORENBERG 1980; HESS u. a. 1982; PETERSEN 1985; BALLREICH 1986)

Im folgenden sollen **vier Ansatzpunkte** einer zugleich auch praxisorientierten Diagnostik hervorgehoben werden (s. auch SCHNABEL 1982).

Übereinstimmung des Bewegungsablaufes mit dem sporttechnischen Leitbild

Grundlage sind objektivierbare, meßbare Parameter oder/und Kriterien bzw. Merkmale, die in visueller Beobachtung – ohne oder mit Medieneinsatz – erfaßt werden können. *Gefragt wird nach der Richtigkeit und Zweckmäßigkeit der realisierten Technik* im Vergleich mit dem Leitbild als Idealtechnik oder als der Trainingsetappe entsprechende Zieltechnik.

Ausgehend von diesem Ansatzpunkt wurden komplexe computergestützte Verfahren entwickelt, die als *„parameterorientiertes Training"* oder *„Meßplatztraining"* diesen objektiven Leitbildvergleich – zumeist noch mit dem Videobild und Phasenbild gekoppelt – nach jeder Bewegungsausführung ohne zeitliche Verzögerung durch Bearbeitung der Meßwerte ermöglichen. (Vgl. u. a. FRESTER/FRICKE 1994; KRUG 1988)

Niveau der Fertigkeit: Stabilität und Variabilität

Der einmalige Vergleich mit dem sporttechnischen Leitbild – oder auch ein mehrmaliger unter den gleichen Bedingungen –, selbst unter Verwendung sehr genau messender Verfahren, gibt noch keine genaue Auskunft über den Entwicklungsstand der technischen Fertigkeit. Er ist allenfalls Ausdruck des Lernniveaus, nach PÖHLMANN (1986, S. 67 ff.) eines von vier Lernkriterien, zu denen er noch die Lerngeschwindigkeit, die Lernstabilität und die Lerntransferabilität zählt.

Zur Bestimmung des Niveaus einer Fertigkeit, des *Fertigkeitsgrades*, ist vor allem die Stabilität einer technischen Fertigkeit unter unterschiedlichen Bedingungen zu ermitteln. Verglichen werden dazu die erzielten Leistungen und die Übereinstimmung mit dem Leitbild entweder bei erleichterten und normalen Bedingungen oder bei normalen (gewohnten) und erschwerten (ungewohnten) Anforderungen. Die Differenz zwischen den einander gegenübergestellten Bedingungen dient als Maß für den Fertigkeitsgrad, hier ausgedrückt durch die Stabilität und variable Verfügbarkeit.

Weitere Möglichkeiten sind die *Bestimmung des ermüdungsbedingten Technikabfalls*[1], z. B. bei längeren Strecken (Schwimmen, Rudern usw.) oder längeren Wiederholungsserien. In Fällen, wo das Ausführungstempo einer Handlung primär durch das erreichte Fertigkeitsniveau bestimmt wird, kann auch die benötigte Zeit als Maß für den Fertigkeitsgrad Verwendung finden (z. B. bei Bewegungskombinationen).

Grad der Umsetzung des physischen Potentials (Effektivitätsgrad)

Da eine wesentliche Funktion sportlicher Techniken darin besteht, das vorhandene energetische Potential – einschließlich der relevanten

---

[1] KRATZER (1987a, S. 25–27) stellte zahlreiche beobachtbare ermüdungsbedingte Veränderungen der Bewegungsregulation zusammen (betr. u. a. Präzision, zeitliche Struktur der Bewegung, Reaktion, Bewegungswahrnehmung, Bewegungsvorstellung, Bewegungsgedächtnis).

konstitutionellen Leistungsvoraussetzungen – optimal zur Wirkung zu bringen, in Leistung „umzusetzen", gilt es, diese Umsetzung auch zu diagnostizieren. Eine Möglichkeit ist der sogenannte *Umsetzungsgrad* oder *Effektivitätsgrad* (auch Nutzungsgrad), der die *gemessene Leistung* (evtl. auch einen Hauptparameter wie die Sprunghöhe im Wasserspringen und Eiskunstlauf) *und energetische Kennwerte zueinander in Beziehung* setzt.

Ausgangspunkt dafür waren Untersuchungen und der Vorschlag eines Effektivitätskoeffizienten durch DJAČKOV (1973, S. 15 ff.), den er als Quotient von „Bewegungspotential" und „Leistungskoeffizient" berechnete. Untersuchungen im Nachwuchstraining in vier Sportarten – Kanurennsport, Leichtathletik (Wurf/Stoß), Sportschwimmen und Wasserspringen – ergaben auf dieser Basis ermittelte spezielle Berechnungsarten, die wissenschaftlich fundiert und praktisch erprobt sind. (RAUCHMAUL u. a. 1988) Die Nutzung dieser Methode in weiteren Ausdauer- und Schnellkraftdisziplinen sowie bei stärker energetisch determinierten Teilleistungen (s. Beispiel Wasserspringen) ist zu empfehlen.

Teilaspekte bzw. -prozesse der Bewegungsregulation

Was als Außensicht der Technikrealisierung relativ weitgehend objektivierbar ist, beruht aktuell und im Lernprozeß auf internen Prozessen der Bewegungsregulation, die schwerer zugänglich sind. *Motorische Empfindungen* und *Wahrnehmungen, Bewegungsvorstellungen* sowie die *intermuskuläre Koordination* sind mögliche Ansatzpunkte.

Während die intermuskuläre Koordination mit differenzierten elektromyographischen Aufzeichnungen noch relativ gut objektiviert werden kann, sind Bewegungsempfindungen und -wahrnehmungen nur mit Hilfe von definierten Bewegungs- und (Selbst-)Beobachtungsaufgaben zu erschließen. Zugang zur Bewegungsvorstellung läßt sich finden mittels Befragung bzw. Interviewmethode (MUNZERT u. a. 1993), durch verbale – mündlich oder schriftlich – oder zeichnerische Wiedergabe von Technik- bzw. Bewegungsmerkmalen, durch Ergänzung oder Selektion von Bildreihendarstellungen – „Kar-

tenlegetechnik" – (BEIER 1982; BEIER/KLAR 1987; LIPPENS 1993c).

Trotz einer Reihe von Untersuchungen bzw. Publikationen ist die Diagnostik der inneren Prozesse der Bewegungsregulation, in Sonderheit der Bewegungsvorstellung, in die im Techniktraining „eingegriffen" werden muß, noch zuwenig entwickelt und bedarf größerer Aufmerksamkeit.

3.2.1.5. Ansatzpunkte und erste Folgerungen für das Techniktraining

Da Bewegungsregulation und Fertigkeitsentwicklung auf informationellen Prozessen beruhen, muß Techniktraining in erster Linie als Eingriff in diese spezifischen Informationsprozesse verstanden werden. Besonders hervorzuheben ist:

• *Die Berücksichtigung des Zusammenwirkens der Regulationsebenen.* Neben den bewußten Lernanteilen sollten auch die nicht bewußtseinspflichtigen Komponenten angesteuert werden.

• *Die notwendige Verbindung von Außensicht und Innensicht.* Die Ansteuerung der Bewegungsregulation im Techniktraining muß ganz besonders auf die Innensicht der Trainierenden ausgerichtet werden.

• *Die Berücksichtigung invarianter und variabler Technikelemente.* Technik- bzw. Fertigkeitsoptimierung bedeutet, das Ergebnis stabil zu machen durch Festigung entscheidender Invarianten (führender Elemente), durch Überlernen und durch variables Verfügbarmachen der übrigen Anteile.

• *Auf Ansteuerungsschwerpunkte gerichtete Objektivierung und Diagnostik.* Ein wesentlicher Schwerpunkt muß die Innensicht, die Bewegungsvorstellung des Trainierenden sein.

3.2.2. Koordinative Fähigkeiten

3.2.2.1. Begriff – allgemeine Charakteristik

Die koordinativen Fähigkeiten gehören – wie in 2.1.3. bereits hervorgehoben – zur handlungsbezogenen Ebene der personalen Leistungsvoraussetzungen. Sie stellen als Elemente der sportlichen Leistungsfähigkeit habituell verfestigte Verlaufsformen psychophysischer Prozesse der Bewegungsregulation dar.

Die koordinativen Fähigkeiten können in Theorie und sportlicher Praxis bereits auf eine wechselvolle und auch widersprüchliche **Geschichte** verweisen. Noch in den 60er Jahren kannte man in der Regel nur eine koordinativ bedingte „Bewegungseigenschaft", die sogenannte sportliche Gewandtheit. BERNSTEIN definierte sie in dem bereits in den 40er Jahren geschriebenen und erst 1991 publizierten Buch „O lovkosti i jej rasvitii" als „Fähigkeit, sich bewegend aus jeder beliebigen Lage einen Ausweg zu finden" (S. 267). Sie ist vorhanden, wenn dies richtig, schnell, rationell und findig geschieht. Die zunehmende theoretische Durchdringung des Problemfeldes und differenziertere Forderungen der sportlichen Praxis führten zu einer Aufsplitterung dieser äußerst komplexen koordinativen Leistungsdisposition in zahlreiche die sportlichen Leistungen bestimmende koordinative Fähigkeiten. 1973 wurden sie erstmals nahezu zeitgleich von SCHNABEL und HIRTZ in Anlehnung an Fähigkeitsdefinitionen der Psychologie näher bestimmt.

Bis in die zweite Hälfte der 80er Jahre hinein dominierte das Fähigkeitskonzept sowohl in der sportwissenschaftlichen Literatur als auch in der sportlichen Praxis. Wertvolle Überblicksinformationen und beeindruckende Forschungsergebnisse legten u. a. FARFEL (1977), BLUME (1978), PÖHLMANN (1979; 1986), ROTH (1982), BÖS/MECHLING (1983), HIRTZ (1985), ZIMMERMANN/BLUME (1987), SINGER (1985), HOTZ (1986), RIEDER (1987), TEIPEL (1988; 1995), LJACH (1989) vor, die zum weiteren Studium empfohlen werden. Die Konzepte fanden auch in fast allen Standardwerken der Trainingslehre entsprechende Beachtung und Umsetzung. Seit Ende der 80er Jahre mehrten sich jedoch auch kritische Stimmen.

So wird für das Hochleistungstraining das Fähigkeitskonzept wegen des hohen Generalitätsanspruchs häufig als verfehlter Ansatz charakterisiert. Relativ unbeeindruckt von einem möglichen Paradigmenwechsel zeigen sich allerdings weiterhin weite Bereiche der sportlichen Praxis (z. B. Schul-, Freizeit- und Nachwuchsleistungssport) wie auch entsprechende

Publikationen der 90er Jahre (z. B. RACZECK/ MYNARSKI 1992; WYZNIKIEWICZ-KOPP 1992; HIRTZ/STAROSTA 1994; LJACH 1992; HOTZ 1993[a]; KIRCHEM 1992; STARISCHKA/COLLMANN 1994). Hier wird der fähigkeitsorientierte Ansatz weiter „ausgeschmückt" und umgesetzt. Auch wendet man sich Teilaspekten der koordinativen Befähigung wie Gleichgewicht, Rhythmus, Kinästhesie wieder verstärkt zu.

Koordinative Fähigkeiten sind empirisch geprägte, mehr oder weniger theoretisch (z. B. hinsichtlich der zugrunde liegenden neurophysiologischen Substrate) abgesicherte, hypothetische Konstrukte. Sie lassen sich wie folgt definieren:

> **Definition koordinative Fähigkeiten:** Eine Klasse motorischer Fähigkeiten, die vorrangig durch die Prozesse der Bewegungsregulation bedingt sind und relativ verfestigte und generalisierte Verlaufqualitäten dieser Prozesse darstellen. Sie sind Leistungsvoraussetzungen zur Bewältigung dominant koordinativer Anforderungen.

Das Wesen koordinativer Fähigkeit besteht in der **Verallgemeinerung** der Prozeßverläufe, die durch wiederholte Bewältigung ähnlicher (koordinativer) Anforderungen ermöglicht wird. Sie entstehen also und werden individuell angeeignet in der motorischen (sportlichen) Tätigkeit. Die koordinativen Fähigkeiten stehen in **Wechselbeziehung zu den motorischen** (sporttechnischen) **Fertigkeiten** und werden in der sportlichen Leistung nur in Einheit mit den konditionellen Fähigkeiten und fähigkeitsadäquaten Antriebspotenzen wirksam. Koordinative Fähigkeiten **äußern sich** in der den unterschiedlichen Bedingungen entsprechenden Aktualisierung von Handlungsprogrammen, im Tempo und in der Art und Weise der Aneignung sporttechnischer Fertigkeiten und in ihrer situationsadäquaten Anwendung, aber auch in der Höhe des Ausnutzungsgrades, der Ökonomisierung konditionell-energetischer Potenzen.

Inhaltlich sind sie durch verschiedene **Operationen der Informationsaufnahme, -verarbeitung und -speicherung** (perzeptive, kognitive, mnestische Operationen) und durch bestimmte

Verlaufsqualitäten, die diese Operationen steuern (Charakteristika von Prozeßverläufen wie Geschwindigkeit, Exaktheit/Präzision, Flexibilität, Differenziertheit, Ökonomie u. a.) gekennzeichnet. Charakteristisches Merkmal koordinativer Fähigkeiten ist die jeweils spezifische **Einheit von Wahrnehmung und motorischer Realisierung** (von *perception* und *action*).

Hinsichtlich der Begriffsbestimmung und -verwendung ist der synonyme Gebrauch der folgenden Termini denkbar und gebräuchlich: **motorische Regulationsfähigkeiten** (in Ableitung von den zugrunde liegenden Prozessen der Bewegungsregulation); **psychomotorische Fähigkeiten** (mit Verweis auf die mehr oder weniger enge Kopplung zu kognitiven und emotionalen Fähigkeitskomplexen). In der Praxis hat sich jedoch der Begriff der koordinativen Fähigkeiten allgemein durchgesetzt.

Generalitäts-Spezifitäts-Problem

Dieses Problem ergibt sich aus dem Generalitätsanspruch der koordinativen Fähigkeiten und der Spezifität des sportlichen Leistungsvollzuges. Einerseits ist eine Fähigkeit nur dann ein Fähigkeit, wenn sie für eine bestimmte Klasse sportlicher Handlungen als Leistungsvoraussetzung gekennzeichnet und ein gewisser Transfer konstatiert werden kann. Andererseits bestimmen spezifische sporttechnische Fertigkeiten und bereichsspezifische Kenntnisse mit zunehmender Leistungsfähigkeit die sportlichen Leistungen, ist der sportliche Handlungsvollzug durch eine äußerst hohe Spezifität gekennzeichnet. So entstehen Zweifel an der Wirksamkeit eines allgemeinen Fähigkeitstrainings für eine spezifische Leistungssteigerung. Besonders im Hochleistungsbereich scheinen der gezielte Aufbau sportartspezifischer Fertigkeiten sowie die Etablierung und Strukturierung spezifischer Wissensbestände entscheidender für sportliche Spitzenleistungen zu sein als das Niveau und die Entwicklung allgemeiner motorischer Fähigkeiten (DAUGS 1991[b], S. 26).

Diese Positionen werden noch gestärkt durch Erkenntnisse der kognitiven Psychologie zum sogenannten **Experten-Novizen-Paradigma.** Kernstück ist die Auffassung, daß Höchstleistungen nur zustande kommen, wenn die dafür aufgewandte Übung sehr lang, sehr intensiv und sehr spezifisch ist (WEINERT u. a. 1991, S. 45). Dem allgemeinen Fähigkeitserwerb wird als erfolgver-

sprechender gegenübergestellt der langfristige Erwerb von sogenannten Expertisen[1], von komplexen motorisch-kognitiven Kompetenzen und von spezifisch vernetzten komplexen Fertigkeits- und Wissensstrukturen, die für Höchstleistungen in einer ganz speziellen Sportart oder Disziplin erforderlich sind. „Expertise" ist im höchsten Grade bereichsspezifisch, ihr inhaltlicher Geltungsbereich ist sehr viel enger als der von traditionellen Fähigkeitskonzepten (wenn auch nicht ganz so eng und spezifisch wie die sporttechnischen Fertigkeiten selbst).

Voreilige Schlüsse über die mögliche Vernachlässigung von allgemeinen motorischen Fähigkeiten zugunsten von spezielleren Leistungsvoraussetzungen sind jedoch nicht angebracht. Untersuchungen zum Verhältnis von Fähigkeitsentwicklung, „Expertiseerwerb" und sportlicher Leistung stehen noch aus. Ebenso ungeklärt ist, in welcher Art und Weise allgemeine motorische Fähigkeiten den speziellem Könnenserwerb beeinflussen, wie sie in die „Expertise" eingehen, aber auch, wie sie zu der in der Sportwissenschaft ebenfalls deklarierten komplexen Handlungskompetenz bzw. individuellen motorischen (sportlichen) Handlungsfähigkeit stehen u. a. Ein Paradigmenwechsel hat sich also noch nicht vollzogen, vielmehr scheint das Fähigkeitskonzept noch keineswegs „ausgereizt".

3.2.2.2. Systematik bzw. Taxonomie koordinativer Fähigkeiten

Da sich einerseits Fähigkeiten in der gegenständlich-praktischen, in unserem Fall auch in der sportlichen Tätigkeit ausprägen und vervollkommnen und sich andererseits die sportliche Tätigkeit durch eine außerordentliche Vielfalt auszeichnet, ist es nicht verwunderlich, daß eine sehr große Zahl koordinativer Fähigkeiten deklariert bzw. mehr oder weniger wissenschaftlich abgeleitet und bestimmt wurde.

RIEDER (1987, S. 81) fand über 50 Begriffe, die koordinative Fähigkeiten betreffen. Sie wurden entweder aufgrund logischer Überlegungen empirisch oder durch faktoranalytische u. a. statistische Methoden „wissenschaftlich" abgeleitet und mehr oder weniger logisch geordnet und systematisiert.

---

[1] Expertise hier nicht verstanden als Gutachten, sondern – wie u. a. auch im Englischen – im Sinne von Sachkenntnis, „Expertentum".

Eine allgemein akzeptierte Taxonomie koordinativer Fähigkeiten liegt allerdings nicht vor. Ein solches Vorhaben wird auch dadurch erschwert, daß eine allgemeingültige Taxonomie motorischer (sportlicher) Aufgaben fehlt und Untersuchungen zu den zugrunde liegenden neurophysiologischen Korrelaten relativ selten sind. Außerdem sind im Sport *Fähigkeitsstrukturen* stets als Ganzes gefordert und beteiligt. Oft tragen charakteristische Verknüpfungen bestimmter koordinativer Fähigkeiten leistungsbestimmenden Charakter. Zu beachten ist weiterhin, daß die verschiedenen koordinativen Fähigkeiten *idealtypische Differenzierungen* darstellen und nicht auf dem Ausschluß der jeweils anderen Fähigkeiten, sondern auf dem *Dominanzprinzip* beruhen.

Beachtenswerte wissenschaftliche Versuche zur Systematisierung und Hierarchisierung koordinativer Fähigkeiten liegen von ROTH (1982), BÖS/MECHLING (1983), HIRTZ (1985) für den Schulsport und ZIMMERMANN/BLUME (1987) für den Nachwuchsleistungssport vor. Im Bemühen um eine *Vereinfachung* und *Verdichtung* werden von zahlreichen Autoren die folgenden Fähigkeiten als besonders *fundamental und leistungsbestimmend* herausgestellt und begründet:

– **Differenzierungsfähigkeit**
– **Orientierungsfähigkeit**
– **Gleichgewichtsfähigkeit**
– **Reaktionsfähigkeit**
– **Rhythmusfähigkeit**
– **Kopplungsfähigkeit**
– **Umstellungsfähigkeit.**

Weitere Vereinfachungen lassen sich unter Verwendung der Erkenntnisse aus Theorie und Praxis sowie der konsequenten Verknüpfung der *deduktiv-prozeßorientierten* (Beachtung der zugrunde liegenden neurophysiologischen Korrelate und psychophysischen Funktionsmechanismen) und der *induktiv-empirischen* (Ableitungen vom sportmotorischen Verhalten und den Anforderungsprofilen der Sportarten) *Vorgehensweise* (ROTH 1989[b], S. 77) wie in Tab. 3.2.-2 vornehmen. Danach ist eine *Dreiteilung koordinativer Leistungsdispositionen bzw. Kompetenzen* möglich und sinnvoll:

• Fähigkeiten zur präzisen Steuerung und Regelung von bekannten, genauen, „geführten",

kontinuierlichen Bewegungshandlungen mit fortlaufender Rückkopplung; **Fähigkeit zur präzisen Bewegungsregulation**;

• Fähigkeiten zur Steuerung und Regelung bekannter, kurzzeitiger, genauer, schneller Bewegungshandlungen; **Fähigkeit zur Koordination unter Zeitdruck**;

• Fähigkeiten zur Steuerung und Regelung „unbekannter", variabler, schneller und genauer Bewegungshandlungen; **Fähigkeit zur situationsadäquaten motorischen Umstellung und Anpassung.**

Die stark vereinfachte Zuordnung zu den neurophysiologischen Substraten bzw. cortikalen Korrelaten erfolgte auf der Grundlage der Aussagen von HENATSCH (1986) und NOTH (1986).

Während sich einige empirisch gewonnene koordinative Fähigkeiten direkt diesen drei Basisbereichen zuordnen lassen (z. B. Differenzierungsfähigkeit, Reaktionsfähigkeit oder Umstellungsfähigkeit), bleiben andere von dieser hierarchischen Ordnung relativ „unberührt". So wird z. B. Gleichgewichtsfähigkeit im Sport bei geführten Bewegungen ebenso benötigt wie in Situationen unter Zeitdruck bzw. bei wechselnden Bedingungen. Gleiches gilt für die Rhythmus-, Kopplungs- und Orientierungsfähigkeit.

Insgesamt hat die vorgenommene Dreiteilung für den Schul- und Freizeitsport größere Bedeutung als für den Leistungssport, da es dort um die Ausprägung einer allgemeinen koordinativen Basis geht. Im **sportlichen Training** sind in der Regel sportart- oder gar disziplin- und positionsspezifische koordinative Fähigkeiten gefragt. Immer deutlicher wird die Existenz von koordinativen Fähigkeiten mit sportartspezifischem Charakter im Sinne einer eigenen Qualität, denn die Leistungen auf höherer Ebene lassen sich nur schwer über allgemeine Fähigkeiten erklären. Zu ihnen gelangt man über eine Charakteristik der motorischen Tätigkeit in der Sportart. Das ergibt sich aus der Einheit von Tätigkeit und Fähigkeit, woraus sich mit Konsequenz auch die Einheit von Tätigkeits- und Fähigkeitsstruktur, von Anforderungsprofil und Fähigkeitsprofil ableiten läßt.

Sportartspezifische koordinative Fähigkeiten sind solche, die leistungsbestimmend für motorische Handlungen bzw. Aufgabenklassen innerhalb einer Sportart oder Disziplin sind und für deren Ausführung unbedingt benötigt werden.

Tabelle 3.2.-2   *Koordinative Grundfähigkeiten – Dreiteilung der koordinativen Kompetenz*

	Fähigkeit zur präzisen Bewegungsregulation	Fähigkeit zur Koordination unter Zeitdruck	Fähigkeit zur motorischen Anpassung und Umstellung
Bewegungsart	genau (geführt; zyklisch)	schnell und genau	schnell, genau und variabel
Sportarten	Ausdauerdisziplinen	Schnellkraftdisziplinen	Kampfsport, Sportspiele
Koordinations-charakteristik	ständiger Soll-Ist-Vergleich	Vorausprogrammierung generalisierter motorischer Programme	Programmvariation Programmumstellung
Dominierende cortikale Region	Basalganglien	Kleinhirn	Motorcortex
Erfassung	Niveautests	Schnelligkeitstests	Komplextests
Methodik	hohe Genauigkeit Zielvorgaben Genauigkeitserhöhung	hohes Tempo Zeitvorgaben Zeitdruckerhöhung	hohe Variabilität Gegnereinwirkung Komplexitätserhöhung

So gelangte die Leipziger Forschungsgruppe um BLUME und ZIMMERMANN anhand einer gründlichen fachwissenschaftlichen Analyse der entsprechenden Tätigkeitsanforderungen durch Fachleute und die Methode der Trainerbefragung zur Bestimmung leistungsrelevanter koordinativer Fähigkeiten für fast alle olympischen Sportarten[1]. Genannt werden meistens die oben bereits erwähnten sieben koordinativen Grundfähigkeiten.

Weitere Differenzierung der koordinativen Leistungsfähigkeit

In den zurückliegenden Jahren häuften sich Publikationen zur weiter differenzierten Bestimmung koordinativer Leistungskomponenten in den Sportarten, wobei die traditionellen Begriffe weiter aufgegliedert und präzisiert sowie charakteristische Fähigkeitskopplungen zu neuen Gebilden zusammengefaßt werden.

So werden beispielsweise folgende koordinative Leistungsvoraussetzungen für einzelne Sportarten bzw. Disziplinen als besonders bedeutsam herausgestellt:
• Für das **Rudern** erkannte BORDE (1989, S. 120) die situationsbedingte, differenzierte Kraftabgabe im Bewegungsvollzug als besonders leistungsrelevant und deklarierte und untersuchte die sogenannte Krafteinsatzdifferenzierungsfähigkeit.
• KIRCHNER charakterisierte das Anforderungsprofil im **Schlittensport** und fand folgende psychomotorisch relevanten Leistungsdispositionen, die allerdings nur zum Teil koordinative Fähigkeiten im Sinne der Einheit von Wahrnehmung und motorischer Aktion dar-

stellen: Blendungsempfindlichkeit, Sofortadaptation, kinästhetisch-vestibuläre Sensibilität, optisch-vestibuläre Sensibilität und zentralnervöse Flexibilität, optische Rezeptorantizipation, räumlich-zeitliche Vorstellungsfähigkeit, Langzeitspeicherfähigkeit, Differenzierungsfähigkeit (Extremitäten und Körperstamm), Reaktionsfähigkeit, Koordinations-, Anpassungs- und Umstellungsfähigkeit. (1991[a], S. 100)
• BARTH u. a. (1993, S. 28/29) beschreiben die koordinativen Leistungsvoraussetzungen für die **Zweikampfsportarten** und verweisen auf die „hochgradig anforderungsgerichtete Integration" von Präzision, Schnelligkeit, Dynamik, Zuverlässigkeit und Variabilität der Bewegungshandlungen, auf die Verknüpfung von hochautomatisierten Bewegungen des sogenannten Grundverhaltens mit entsprechenden motorischen Gewohnheiten.
• OBERSTE (1979, S. 67) begründet für den **leichtathletischen Staffellauf** die spezifische Verknüpfung von Antizipation, Timing, Koinzidenz und entsprechender Aktion (Koinzidenz-Timing im Hundertstelsekunden-Bereich) als leistungsbestimmende Voraussetzung.
• Sehr ausführlich charakterisiert BRZANK (1993, S. 98–106) die technisch-kompositorischen Leistungsvoraussetzungen in der **Rhythmischen Sportgymnastik**. Angesichts der nichtbegrenzbaren Kombinationsmöglichkeiten der Teilhandlungen „Gerätsteuerung" und „Ganzkörperbewegung" sind die koordinativen Anforderungen als sehr hoch einzuschätzen. Leistungsbestimmend ist ein komplexes System von Fähigkeiten zum Steuern der Handgeräte während vielfältiger Bewegungs- und Lagesituationen des Körpers und in Ausrichtung auf tendenzgemäße Übungskompositionen (z. B. Distanzsteuerungsfähigkeit, artistische Geschicklichkeit der oberen und unteren Extremitäten, kompensatorische Funktionsübernahme durch die Kinästhesie bei Ausschaltung der visuellen Kontrolle).
• In ähnlicher Weise kennzeichnet BORRMANN (1993, S. 36–40) die Leistungsvoraussetzungen für die **tech-**

---

[1] Vgl. die zusammenfassende Darstellung in MEINEL/SCHNABEL (1987), Kap. 5.

nisch-kompositorischen **Sportarten** (besonders Gerätturnen): Verbindung von Tempo, Dynamik, Spritzig-
keit, Originalität und Virtuosität bei optimaler Phasen-
reinheit und -verschmelzung sowie ästhetischer Wirkung und Ausstrahlung. Hinzu kommt die Fähigkeit,
störende Einflüsse variabel kompensieren zu können.
• KONZAG (1993, S. 136) faßt für die **Sportspiele** die
erforderlichen Regulationsvoraussetzungen wie folgt
zusammen: Situationswahrnehmung und Situationsantizipation, Handlungsziel- und Programmentschei-
dungen, Regulation unter gegnerischer Einwirkung
und in Kooperation mit Mitspielern, Reduzierung von
Fehlleistungen bei zunehmender Verkürzung der Zeit-
einheiten, Aufrechterhaltung der Handlungsregulation
unter dem Druck physischer und psychischer Belastung.

Offene Problemfelder

Charakteristisch ist derzeit ein gewisser **Praxis-
überhang** bzw. ein **Theoriedefizit** hinsichtlich
trainingswissenschaftlicher Verallgemeinerungen der in der sportlichen Praxis längst als bedeutsam erkannten Vielfalt und Komplexität
psychomotorisch-koordinativer Kompetenzen.
Wesentliche diesbezügliche Gegenstände sportwissenschaftlicher Forschung sollten deshalb
u. a. sein:
– charakteristische **Fähigkeitsverbundstrukturen** (auch mit kognitiven und konditionellen
Fähigkeiten);
– leistungsbestimmende **Fähigkeits- und Fer-
tigkeitskopplungen;**
– relevante (sich selbst organisierende) **Wahr-
nehmungs-Aktions-Kopplungen;**
– charakteristische Kopplungen bzw. Kompen-
sationen **analysatorischer Fähigkeiten;**
– **individualspezifische Fähigkeitsstrukturen**
und dynamisch-topologische Invarianzen
sowie (sich selbst organisierende) Bewältigungsstrategien (LOOSCH/PÖHLMANN 1991,
S. 42–44);
– charakteristisches Ineinandergreifen von
wahrgenommenen Handlungsmöglichkeiten
(*affordances*) und **entwickelten Bewegungs-
möglichkeiten** (*effectivities*), wie sie ZIMMER
(1991, S. 192) beschreibt.

3.2.2.3. Bedeutung koordinativer
Fähigkeiten

Zur Bedeutung der koordinativen Fähigkeiten
für sportliche Leistungen in den verschiedenen
Sportarten wurden in den vorangegangenen

Abschnitten zu Begriff und System dieser Leistungsdispositionen bereits zahlreiche Aussagen
getroffen. Deshalb soll das Wesentliche hier nur
in einigen Punkten zusammengefaßt werden:
• Gut ausgeprägte koordinative Fähigkeiten
beschleunigen und effektivieren das **Erlernen
sporttechnischer Fertigkeiten,** sichern motorische Lernerfolge im Technikerwerb, da auf die
verfestigten und generalisierten Verlaufsqualitäten „zurückgegriffen" werden kann.
• Gut ausgeprägte koordinative Fähigkeiten erhöhen den Wirkungsgrad der bereits angeeigneten sporttechnischen Fertigkeiten, fördern ihre
Vervollkommnung und Stabilisierung sowie ihre
situationsadäquate Anwendung, Umstellung
und Anpassung. Darüber hinaus sichern sie eine
höhere Effektivität von Umlernprozessen.
• Gut ausgeprägte koordinative Fähigkeiten
bestimmen den **Ausnutzungsgrad energetischer
Funktionspotenzen** bzw. konditioneller Fähigkeiten durch aufgabengemäße und „genaue"
Krafteinsätze und eine energiesparende Entspannung unbeteiligter Muskelgruppen, sie
schonen den Stoffwechsel und ökonomisieren
die zyklische Bewegungstätigkeit (z. B. „koordinativer Wirkungsgrad" der Tretbewegungen im
Radsport [ZSCHORLICH 1991, S. 275]).
• Gut ausgeprägte koordinative Fähigkeiten
bewirken durch die Abgestimmtheit der Bewegungen, die Dynamik der Rhythmen, das Spiel
mit den Geschwindigkeiten, durch das vielseitige, variationsreiche und kreative Üben **ästhetische Gefühle, Freude und Befriedigung.**
Nicht alle diese Bedeutungsinhalte sind wissenschaftlich gleichermaßen abgesichert. Dennoch bestehen keinerlei Zweifel über die
Bedeutung koordinativer Fähigkeiten für die
allgemeine motorische Leistungsfähigkeit und
Disponibilität, für eine umfassende sportliche
Grundausbildung, für die Schaffung einer vielseitigen koordinativ-motorischen Basis im Rahmen des Schul- und besonders auch des Nachwuchsleistungssports.

Unterschiedlich ist die Bedeutung koordinativer
Fähigkeiten für die einzelnen **Sportarten bzw.
Sportartengruppen.** Grob gesagt gilt folgendes:
• In den *Ausdauersportarten* sichern sie eine
hohe Bewegungseffektivität und -ökonomie bzw.
verzögern die Ermüdungswirkung.

● Bei *Sprintleistungen* sind sie für die Gewährleistung einer hohen Bewegungsfrequenz und Lockerheit und die volle Wirksamkeit des energetischen Potentials verantwortlich.

● In den *Schnellkraftdisziplinen* sichern sie den kurzzeitig maximalen, zeitlich genauen Einsatz des verfügbaren Kraftpotentials.

● In den *technisch-kompositorischen Sportarten* unterstützen sie die Vielfalt und technische Perfektion der Bewegungsausführung, die Originalität, Virtuosität und ästhetische Ausstrahlung.

● In den *Zweikampfsportarten* sichern sie die Bewältigung sehr unterschiedlicher, ständig wechselnder Angriffs- und Verteidigungsaufgaben, die sich aus der taktischen Kampfkonzeption und der jeweiligen Kampfsituation ergeben.

● In den *Sportspielen* beeinflussen sie die technisch-taktische Bewältigung sehr unterschiedlicher und ständig wechselnder Aufgaben, d. h. insgesamt die komplexe Spielfähigkeit.

3.2.2.4. Objektivierung – Diagnostik

In Weiterführung und Präzisierung der in 2.1.5. dargelegten Positionen zur Leistungsdiagnostik soll hier nur auf einige Besonderheiten der Erfassung koordinativer Fähigkeiten aufmerksam gemacht werden. Aus der eben charakterisierten Bedeutung koordinativer Fähigkeiten ergibt sich zwingend, zur Kontrolle ihres Ausprägungsniveaus, zur Überprüfung entsprechender Entwicklungsfortschritte im Trainingsprozeß oder auch zur Aufdeckung der Wirksamkeit angewendeter Übungen und Methoden entsprechende Diagnosemethoden einzusetzen. Da koordinative Fähigkeiten als hypothetische Konstrukte nicht gemessen werden können, stellt der **sportmotorische Test** die Hauptdiagnosemethode dar. Entscheidend für sportmotorische Tests sind die sogenannten *Indikatum-Indikator-Beziehungen*. Von der Lösung der gestellten motorischen Aufgabe (Indikator) muß auf die zu prüfende koordinative Fähigkeit (Indikatum) geschlossen werden. Eine 100%ige Entsprechung ist also von vornherein nicht zu erwarten.

Das gilt ganz besonders für die koordinativen Fähigkeiten aufgrund ihrer nicht immer eindeutigen Bestimmung sowie der außerordentlich großen Komplexität. An die **Indikatoren** sind deshalb folgende **Anforderungen** zu stellen:

● Die auszuwählenden Testhandlungen müssen die Übertragbarkeit (Transferabilität) der angezielten Leistungsdispositionen ermöglichen, damit aus der Lösung der Aufgabe auf das Fähigkeitsniveau geschlossen werden kann. Durch oftmaliges Üben der Testaufgabe nimmt ihr Wert als Indikator ab, da dann nicht die Transferabilität, sondern der Übungseffekt erfaßt wird. So gesehen verbietet sich der Einsatz der Testaufgabe als Trainingsmittel.

● Es ist die idealtypische Bestimmung dominanter Komponenten (vgl. Begriffsbestimmung) zu sichern, was bedeutet, den Einfluß anderer Fähigkeiten oder auch anthropometrischer Daten und ganz besonders auch des Fertigkeitsniveaus so gering wie möglich zu halten.

● Zur Sicherung einer hohen Zuverlässigkeit (Reliabilität) sind die beachtlichen Anteile konzentrativer Aufmerksamkeit an der Bewältigung der Testhandlungen zu berücksichtigen und entsprechende Testbedingungen zu sichern. Große Bedeutung kommt auch der Trennschärfe und Schwierigkeit der Testaufgabe zu, die dem Leistungsstand der Probanden angepaßt sein müssen und bei höherem Fähigkeitsniveau auch zu erhöhen sind.

● Die Spezifik koordinativer Fähigkeiten verlangt bei ihrer Diagnostik die Sicherung von mehreren Probe- und Wertungsversuchen, einer Rückinformation nach jedem Versuch sowie einer zweckmäßigen und möglichst standardisierten Motivierung. Zur weiteren Charakteristik sportmotorischer Tests, ihrer Klassifizierung und umfassenden Prüfung sei besonders auf die Abhandlungen von Zimmermann/Blume (1987) und Bös (1987) verwiesen. Hier findet man auch eine Vielzahl konkreter Tests zur Erfassung der koordinativen Fähigkeiten.

Außer dem sportmotorischen Test existieren noch weitere Diagnosemethoden zur Erfassung verschiedener koordinativer Leistungskomponenten bzw. psychomotorischer Voraussetzungen. Verwiesen sei hier besonders auf das Tracking-Verfahren zur Charakterisierung des sensomotorischen Übertragungsverhaltens. (Vgl. Nordmann 1987; Nordmann/Schnabel 1989; Pöhlmann u. a. 1988)

3.2.2.5. Entwicklung koordinativer Fähigkeiten und Ansatzpunkte für das Koordinationstraining

Von besonderem Interesse für Theorie und Praxis sind Antworten auf zwei Fragen:
1. Wie kommt es zur Entwicklung koordinativer Fähigkeiten, und wovon ist diese abhängig?
2. Worin äußert sich die angezielte funktionelle Höherorganisation der Informationsverarbeitungsprozesse?

Zur **Entwicklung koordinativer Fähigkeiten** kann festgestellt werden, daß sie sich in der gegenständlich-praktischen, besonders auch in der sportlichen Tätigkeit auf der Grundlage vorwiegend neurophysiologischer Funktionsmechanismen der Informationsorganisation entwickeln. Das bedeutet, daß eine Entwicklung koordinativer Fähigkeiten **erst in einem bestimmten Stadium der Ausreifung des zugrunde liegenden Funktionssystems** der Bewegungsregulation, der Analysatoren und des zentralen Nervensystems erfolgen kann. Hier sind Bezüge zu den ontogenetischen Veränderungen und Entwicklungen zu beachten. Befinden sich die der Bewegungsregulation zugrundeliegenden Funktionspotenzen im Stadium ihrer Ausreifung, so erhöht sich nachweislich der aktuelle Entwicklungseffekt bei vergleichbaren Anforderungen. Deshalb sollten die koordinativen Fähigkeiten besonders in den vorpuberalen Perioden (Vorschul- und Schulkindalter) ausgeprägt und vervollkommnet werden.
Im weiteren ist die Entwicklung dieser Fähigkeiten von **Umfang, Intensität sowie Art und Weise der motorischen Aktivität bzw. Tätigkeit** abhängig. Nicht jede motorische Tätigkeit führt zur Entwicklung koordinativer Fähigkeiten. Die Anforderungen müssen vielmehr eine Generalisierung und Transferabilität sichern. Dies gelingt nur mit *koordinativ anspruchsvollen Übungen*, ihrer vielfältigen Variation und Kombination sowie mit zielgerichteten Veränderungen der Übungsbedingungen, was insgesamt zu einer deutlichen Erweiterung der Bewegungserfahrungen führt. Nur wenn so geübt wird, verfestigen und verallgemeinern sich bestimmte Verlaufsqualitäten der Regulationsprozesse (vgl. 5.2.). Allein vielseitige motorische Anforderungen im Alltag oder frühe Erfahrungen in vielen verschiedenen Sportarten ermöglichen eine Entwicklung koordinativer Fähigkeiten.
Allerdings muß auch hier die Reizschwelle der motorischen Aktivität beachtet werden. Ohne die genannte Übungsvielfalt und -variation bleibt man unter der Reizschwelle, die für eine Höherorganisation der informationellen Prozesse und zur Entwicklung koordinativer Fähigkeiten jedoch zu überschreiten ist.
Experimentell konnte nachgewiesen werden, daß die Zahl der variierten Wiederholungen und der Schwierigkeitsgrad der Übungen schon beträchtlich hoch sein müssen, um entsprechende Effekte zu erreichen. Schwierigkeitserhöhung bedeutet dabei Erhöhung der Präzision, des Zeitdrucks, der Komplexität, der Situationsvariabilität sowie der Neuheit und Ungewohntheit und keineswegs ein ständiges Wiederholen unter standardisierten Bedingungen.
Experimente und praktische Erfahrungen beweisen und bestätigen übereinstimmend und grundsätzlich die Möglichkeit der positiven Veränderung und Entwicklung koordinativer Fähigkeiten bei Beachtung der genannten Anforderungen an die motorische Tätigkeit.

Verwiesen sei auf die außerordentlich umfangreichen Arbeiten von FARFEL (1977), die experimentellen Befunde von HIRTZ u. a. (1985) im Schulsportbereich sowie die Resultate Leipziger Koordinationsforscher aus Untersuchungen in verschiedenen Sportarten (Geräteturnen, Handball und Kanurennsport im Forschungsbericht 1982).

Dabei wurde auch erkannt, daß die Entwicklung der einzelnen koordinativen Fähigkeiten unterschiedlich gut beeinflußbar ist: Deutlichen Leistungsfortschritten in vergleichbaren Zeiträumen bei Koordinationsleistungen unter Zeitdruck stehen geringe Effekte bei Reaktions-, Rhythmus- und besonders kinästhetischen Differenzierungsleistungen gegenüber.
Zur Frage der **funktionellen Höherorganisation** sei auf einige Entwicklungsphänomene aufmerksam gemacht.
Entwicklungen, d. h. (positive) Veränderungen, sind – bei entsprechendem Training – im zugrundeliegenden Funktionssystem der Bewegungsregulation zu erwarten. Da die Bewegungsregulation als informationeller Prozeß charakterisiert wurde und die Informations-

organisation den grundlegenden Wirkungsmechanismus darstellt (vgl. 2.2.), sind Veränderungen in allen informationellen Teilprozessen im Zusammenhang mit der motorischen Realisierung anzustreben:

Informationsaufnahme – erhöhte Sensibilisierung der Analysatoren; verbessertes Zusammenspiel zwischen den Analysatoren einschließlich Kompensations- und Potenzierungserscheinungen; gezieltere Aufnahme informationstragender Reize; erworbene komplexe Wahrnehmungsspuren.

Informationsverarbeitung – verbesserte Afferenzsynthese; (schnelleres) Entstehen und besseres Verwerten interner Bewegungs- und Situationsrepräsentationen (Bewegungsprogramme, -vorstellungen, -schemata); Effektivierung des komplizierten Zusammenwirkens von assoziativen und motorischen Rindenarealen sowie von Basalganglien, Kleinhirn und Motorcortex bei der Erstellung von Bewegungsentwürfen; Verbesserungen im Sollwert-Istwert-Vergleich.

Informationsspeicherung – Aufbau und Verfestigung sowie Verschaltungen und Vernetzungen von Engrammen an den Synapsen der Nervenzellen und deren Höherorganisation; möglicherweise sich selbst regulierende, „verschränkte" Prozesse von Wahrnehmung und motorischer Aktion; Speicherung einer Vielzahl von Wahrnehmungsspuren, Bewegungsprogrammen und Schemata, von Erfahrungen im Umgang mit ihnen und ihrem Einsatz in komplexen Situationen – umgangssprachlich: großer Bewegungsschatz und umfangreiche Bewegungserfahrung.

Informationsabgabe – verbesserte Ansteuerung (Innervation) der tatsächlich beteiligten Muskeln bzw. Muskelgruppen, Unterdrückung der Antagonisten, verbesserte Muskelentspannung, differenziertere, wohldosierte Krafteinsätze, erhöhte Ökonomisierung der Muskeltätigkeit u. a. m.

Insgesamt verfestigen sich durch Übung die individuellen Verlaufsqualitäten der motorischen Regulationsprozesse, schleifen sich charakteristische Verknüpfungen zugrundeliegender Operationen (besonders auch mit kognitiven und motivational-emotionalen) ein.

Da sich die höherentwickelte Informations-organisation und Bewegungsregulation nicht nur auf begrenzte Bewegungshandlungen bezieht, sondern eben eine bleibende Veränderung zugrundeliegender Funktionssysteme und eine allgemeine (übertragbare) Funktionserweiterung darstellt, kommt es zu einer Weiterentwicklung koordinativer Fähigkeiten.

3.2.3.   Beweglichkeit als Leistungsvoraussetzung

Die Beweglichkeit ist eine wesentliche Voraussetzung für motorische und speziell für sportliche Leistungen des Menschen, die in der Trainingswissenschaft gegenüber anderen motorischen Fähigkeiten teilweise vernachlässigt worden ist. Zwar finden sich national und international eine Reihe von Publikationen, die vor allem das praktische Training der Beweglichkeit betreffen und auch wissenschaftliche Erklärungen liefern, das theoretische und experimentell abgesicherte Fundament ist dagegen relativ unvollkommen. (Vgl. BORMS 1984; KNEBEL 1985; MAEHL 1986) Die folgende Darstellung versucht, den gegenwärtigen Erkenntnisstand zusammenzufassen.

3.2.3.1.   Begriff – allgemeine Charakteristik

Unter Beweglichkeit wird der Bewegungsspielraum verstanden, der in den Bewegungen und Stellungen (Haltungen) der verschiedenen Körpergelenke und -regionen vorhanden bzw. erreichbar ist. Sowohl bei den verschiedenen Sportarten als auch im Alltagsleben sind vor allem tätigkeitsbedingte – also auch übungsbedingte – individuelle Unterschiede in der Beweglichkeit zu beobachten. Ihre Funktion als Leistungsvoraussetzung wird am augenfälligsten, wenn sie durch Verletzungen oder Krankheit eingeschränkt ist.

Die Beweglichkeit ist eine allgemeine motorische Fähigkeit, die in bestimmtem Maße jeweils den gesamten Bewegungsapparat betrifft. Sie kann jedoch für die einzelnen Gelenke und Gelenksysteme unterschiedlich ausgeprägt sein, so daß u. a. die Beweglichkeit von Hüftgelenken, Fußgelenken, Schultergelenken oder Wirbelsäule (Rumpf) gesondert betrachtet werden muß.

Zu unterscheiden sind *drei Aspekte*:
- aktive Beweglichkeit
- passive Beweglichkeit
- anatomische Beweglichkeit.

Aktive Beweglichkeit bedeutet die Amplitude, die in einem Gelenk oder Gelenksystem durch die Aktivität der für die betreffende Bewegung oder Haltung relevanten Muskeln erreichbar ist. Ein Beispiel ist die Weite des Spagats bei einem Spagatsprung.

Passive Beweglichkeit bedeutet die unter Einwirkung äußerer Kräfte erreichbare Amplitude. Beispiele dafür sind
- die Wirkung der Schwerkraft beim Spagat auf dem Boden;
- die zusätzliche Wirkung von Trägheitskräften bei Schwungbewegungen, u. a. beim Hürdenschritt;
- die Muskelkräfte eines Partners bei Dehnungsübungen.

Passive Beweglichkeit liegt auch vor, wenn die jeweilige Gelenkstellung mit Hilfe von Muskelkräften einer anderen Körperregion eingenommen wird, wie das beim Heranziehen des Rumpfes an die gestreckten Beine mit den Armen (Hechtlage) oder bei Dehnübungen für das Fußgelenk möglich ist.

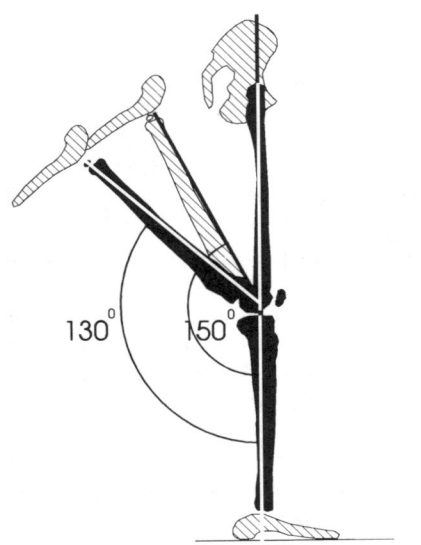

Abbildung 3.2.-4 *Aktive und passive Beweglichkeit im Kniegelenk* (nach Bammes o. J., S. 221)

Die passive Beweglichkeit ist jeweils größer als die aktive Beweglichkeit. (Abb. 3.2.-4)

Anatomische Beweglichkeit bedeutet die Amplitude, die am Skelett nach Entfernung der Muskeln erreichbar ist bzw. wäre. Sie stellt die anatomische Möglichkeit des passiven Bewegungsapparates dar und ist für den Lebenden nur eine theoretische Größe.

Das Verhältnis der passiven und aktiven zur anatomischen Beweglichkeit ist individuell unterschiedlich. Die passive kann bis zu 90 % der anatomischen Beweglichkeit erreichen.

Verwandte, teilweise synonyme **Begriffe** sind *Flexibilität* (u. a. Hollmann/Hettinger 1990, S. 171 ff.), *Gelenkigkeit* (u. a. Grosser/Starischka/Zimmermann 1981, S. 129 ff.) und *Biegsamkeit.*

Ebenfalls verwandte und mitunter synonym verwendete Begriffe sind *Gelenkbeweglichkeit, Dehnfähigkeit* (bezogen auf Muskulatur, Sehnen und Bänder) und *Entspannungsfähigkeit* (der Muskulatur). Sie kennzeichnen nach unserer Auffassung jedoch bestimmte **Komponenten der** komplexen motorischen Fähigkeit **Beweglichkeit,** nicht das Ganze ihres Wesens und ihrer Erscheinung. (S. auch 3.2.3.2.)

Als *Spreizfähigkeit* wird die spezielle Erscheinungsform der Beweglichkeit in den Hüftgelenken bezeichnet, wie sie besonders im Gerätturnen, in der Sportgymnastik und Sportakrobatik bedeutsam ist.

> **Definition Beweglichkeit:** Als motorische Fähigkeit der Bewegungsspielraum der Gelenke bei der Ausführung von Bewegungen oder der Einnahme bestimmter Haltungen.

3.2.3.2. Grundlagen und Abhängigkeiten

Als **Grundlagen der Beweglichkeit** werden allgemein angegeben:
- der Bau und Funktionszustand der Gelenke
- die Dehnbarkeit der Muskeln und des Bindegewebes
- die Kraftfähigkeit der bei der jeweiligen Bewegung oder Haltung aktiven Muskeln.

Differenzierter betrachtet, lassen sich eine *konstitutionelle,* eine *konditionell-energetische*

Tabelle 3.2.-3   *Grundlagen der Beweglichkeit*

Konstitutionelle Grundlage	• Stellung der Gelenkflächen • Dehnbarkeit der Gelenkkapseln und Bänder • Dehnbarkeit von Muskeln und Sehnen • Muskelmasse
Konditionell-energetische Grundlage	• Kraftfähigkeit der bewegenden Muskeln
Koordinative Grundlage	• Koordination Agonisten, Antagonisten, Synergisten • Muskeltonus • Muskel- und Sehnenreflexe

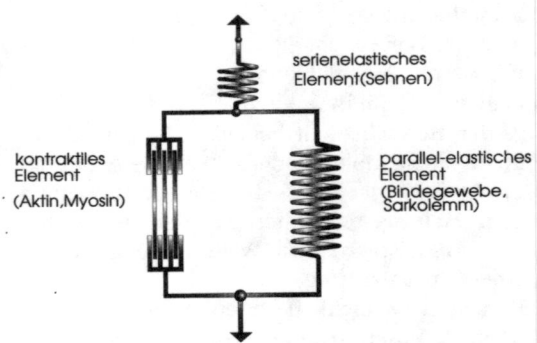

Abbildung 3.2.-5   *Muskelmodell*
(nach DE MARÉES/MESTER 1991ª, S. 43)

und eine *koordinative Grundlage* der Beweglichkeit unterscheiden. (Tab. 3.2.-3)

Konstitutionell bedingt ist der *Bau der Gelenke,* wobei die Stellung der Gelenkflächen, die die Freiheitsgrade des Gelenkes bestimmen, im wesentlichen durch den Gelenktyp – Scharnier-, Kugel-, Zapfen-, Sattel-, Eigelenk – festgelegt ist und nur geringe individuelle Unterschiede aufweist. Zur konstitutionellen Grundlage der Beweglichkeit gehört auch die – im allgemeinen geringe – *Dehnbarkeit der Gelenkkapseln* und der das Gelenk sichernden *Bänder.* Die Bänder verhindern extreme, das Gelenk schädigende Bewegungsausschläge. Bedeutsam für den hier einzuordnenden Funktionszustand der Gelenke ist der *Gelenkstoffwechsel.* Er muß in diesen bindegewebigen Strukturen, die nicht unmittelbar von Blutgefäßen versorgt werden, u.a. die Produktion der Gelenkflüssigkeit sichern.

Diese durch Gelenkflächen, Gelenkkapseln, Bänder und Gelenkstoffwechsel bestimmte Komponente der Beweglichkeit wird auch als *Gelenkbeweglichkeit* bezeichnet. (U.a. MARTIN/CARL/LEHNERTZ 1991, S. 221 ff.)
Eine weitere konstitutionelle Komponente ist die *Dehnbarkeit der Muskeln und* der damit unmittelbar verbundenen *Sehnen.* Sie beruht auf plastischen Eigenschaften der Myofibrillen und elastischen Eigenschaften des die Muskelfaser umschließenden Bindegewebes (u.a. der Faszien) und der Sehnen. Ihre teils parallele, teils serielle Wirkung verdeutlicht das Muskelmodell nach DE MARÉES. (Abb. 3.2.-5)

Um hohe Bewegungsamplituden zu erreichen, muß die Muskulatur auf der einen Seite der betreffenden Gelenke den dehnenden Kräften möglichst widerstandslos nachgeben, muß sich über die Ruhelänge hinaus verlängern. Sieht man von der Innervation und Tonusregulation, d.h. der koordinativen Grundlage der Beweglichkeit, zunächst ab, so läßt sich feststellen: Die Aktin- und Myosinfilamente in den Myofibrillen gleiten bei Dehnung relativ widerstandslos auseinander, das Sarkomer verhält sich plastisch. Entscheidend ist der *Dehnungswiderstand der bindegewebigen Bestandteile des Muskels,* der Muskelfaszien und -hüllen. Der Widerstand der Muskelfasern nimmt allerdings bei Ermüdung – d.h. ATP-Abfall und damit erhöhte Viskosität durch Rückgang der Weichmacher-Wirkung (WEINECK 1990, S. 237) sowie angeschwollene Muskelzellen durch lactatbedingte Wasseraufnahme (MAEHL 1986, S. 36/37) – in bestimmtem Maße zu. Schließlich muß bei Sportlern auch die vorhandene *Muskelmasse* in die konstitutionelle Grundlage der Beweglichkeit einbezogen werden: stark hypertrophierte Muskeln können u. U. der Bewegung in den einzelnen Gelenken in der jeweiligen Richtung Grenzen setzen – etwa im Schultergelenk bei einem Gewichtheber oder Bodybuilder.

Die *Kraftfähigkeit der bewegenden Muskeln* wird als **konditionell-energetische Grundlage** nur für die aktive Beweglichkeit wirksam.

So müssen z.B. für eine optimale Ausführung des Hürdenschritts nicht nur die ischiocruralen Muskeln und die Glutäen gut dehnbar sein, sondern besonders der

m. iliopsoas und der m. quadriceps femoris müssen über ein hohes Schnellkraftpotential verfügen.

Die Kraftfähigkeit ist bei aktiven Beweglichkeitsanforderungen darum selbst bei geringen äußeren Widerständen bedeutsam, weil in den Grenzbereichen der Gelenkbeweglichkeit relativ hohe innere Widerstände auftreten.

Die **koordinative Grundlage der Beweglichkeit** wurde in der Sportpraxis und der Trainingstheorie früherer Jahrzehnte mitunter ganz übersehen oder doch nicht ihrer Bedeutung gemäß eingeordnet. Ein wesentlicher Anstoß für die heutige Auffassung ging von der aus den USA kommenden Stretching-Bewegung aus.

Koordinativ bedingt ist die Beweglichkeit, weil sie eine *graduell und zeitlich genau dosierte Aktivität bzw. Entspannung der Muskeln,* der Agonisten, Antagonisten und Synergisten, erforderlich macht.

So müssen z. B. beim Hürdenschritt oder einem Spagatsprung alle „ausführenden" Muskeln – die die eigentliche Bewegungsleistung vollbringenden (Agonisten) und die die Richtung gebenden und stabilisierenden (Synergisten) – zur rechten Zeit in genau dosierter Stärke kontrahieren, alle Gegenspieler (Antagonisten) zur rechten Zeit entspannen und damit optimal nachgeben.

Diese *intermuskuläre Koordination ist ganz entscheidend für die aktive Beweglichkeit*; hinsichtlich der *Tonusregulation* der nachgebenden, zu dehnenden Muskeln ist sie jedoch auch wichtig für die passive Beweglichkeit.

Der Muskeltonus wird über das γ-System, das die Muskelspindeln innerviert, eingestellt. Einfluß auf diese γ-Innervation und damit auch auf die möglichst widerstandsfreie Dehnbarkeit der Muskelfasern haben u. a. auch psychische Komponenten, z. B. Angst, Aufregung, Streß, Startzustand (siehe u. a. MAEHL 1986, S. 32–35). Damit stellt sich die *Muskelentspannungsfähigkeit als Komponente der Beweglichkeit* als psycho-vegetativ bedingte Leistungsvoraussetzung dar. (Siehe KNEBEL 1985, S. 52ff.; vgl. auch 2.2.2. und 5.8.)

Im Rahmen der koordinativen, durch die sensomotorische Regulation der Muskeltätigkeit bestimmten Grundlage der Beweglichkeit kommt den *Muskel- und Sehnenreflexen* eine wesentliche Rolle zu, die durch Dehnung des Muskels bzw. der Sehne ausgelöst werden.

Der eine Reflex, auch als *Muskeleigenreflex* oder *Streckreflex* bezeichnet, geht von den Muskelspindeln aus, die bei einer Muskeldehnung mitgedehnt werden und diese Information über den sensorischen Nerv unmittelbar an die motorische Vorderhornzelle heranführen, die das betreffende engumschriebene Gebiet des Muskels innerviert und zur Kontraktion bringt. Die Stärke der Kontraktion hängt primär von der Schnelligkeit der Dehnung ab: Bei sehr langsamer Dehnung bleibt der Reflex aus.

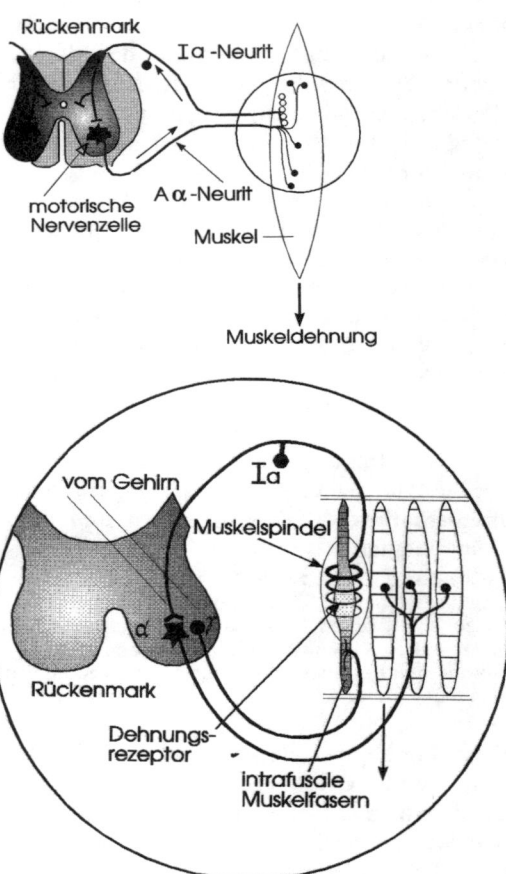

Abbildung 3.2.-6 *Muskelreflex („Eigenreflex") bei Dehnung der Muskelspindel (nach DE MARÉES/ MESTER 199ª, S. 72). Bei Muskeldehnung wird auch die Muskelspindel gedehnt und signalisiert dies über die sensorischen Nervenendigungen des Ia-Neuriten zum Rückenmark. Durch die direkte Verbindung zur motorischen Vorderhornzelle erfolgt der (reflektorische) Kontraktionsreiz über den Aα-Neuriten an den Muskel.*

Die Reizschwelle wird jedoch durch die Vorein-stellung der Muskelspindeln über das γ-System bestimmt, so daß die bereits erwähnten psycho-vegetativen Einflüsse auch für die Auslösung und Stärke des Streckreflexes mitverantwort-lich sind. (Abb. 3.2.-6)

Aus den genannten Zusammenhängen ist un-schwer abzuleiten, daß dieser Reflex die Beweg-lichkeit bei schnelleren Bewegungen negativ beeinflussen kann.

Auslöser des *Sehnenreflexes*, der auch als *Anti-streckreflex* bezeichnet wird, sind die GOLGI-schen Sehnenorgane als Sehnenrezeptoren. Bei einer sehr starken Dehnung der Muskel-Sehnen-Einheit führt dieser Reflex über ein Zwischenneuron zu einer – autogenen – Hem-mung der von den zuständigen motorischen Vorderhornzellen des Rückenmarks ausgehen-den efferenten Innervation des Muskels, d. h. zu einer Verminderung der Muskelspannung. All-gemein wurde den Sehnenreflexen eine Schutz-funktion gegen Überlastung und damit verbun-dener Verletzung – zunächst als Mikrotraumen verstanden – zugewiesen. Für die Beweglich-keit als Leistungsvoraussetzung hat er im wesentlichen nur für bestimmte Trainingsfor-men des Stretching (vgl. 5.3.2.) Bedeutung.

Nach Kenntnis der wesentlichsten Grundlagen der Beweglichkeit ergibt sich die **Frage nach der Trainierbarkeit** dieser Grundlagen und ihrer Komponenten.

Nach KNEBEL (1985, S. 88–91) kann Einfluß genom-men werden auf den Zustand der für die betreffenden Gelenke relevanten Muskeln und Bindegewebsele-mente, auf den Gelenkstoffwechsel sowie auf die senso-motorischen Regulations- und die psycho-vegetativen Hemmungs- und Aktivierungsprozesse, nicht jedoch auf die Gelenkform.

Da bisher kaum Untersuchungen dazu vorlie-gen, welche Grundlage bzw. Komponenten durch beweglichkeitssteigerndes Training mehr oder weniger beeinflußt wurden, kann aus den theoretischen Grundlagen nur folgendes abge-leitet werden:

Die konstitutionellen Grundlagen der Beweg-lichkeit sind am wenigsten tätigkeitsabhängig und darum durch Training nur in geringerem Maße zu beeinflussen. *Stärker tätigkeitsab-hängig* sind *die konditionell-energetischen* und *die koordinativen Grundlagen* der Beweg-lichkeit. Vor allem hinsichtlich der aktiven

Beweglichkeit sind sie durch gezieltes Training in relativ hohem Maße zu beeinflussen.

Die Trainierbarkeit der Beweglichkeit wie auch ihr vom systematischen Training unabhängiges Niveau sind wesentlich mitbestimmt vom *Le-bensalter* und auch vom *Geschlecht*. Die Be-weglichkeit und ihre Trainierbarkeit sind bis zur Pubeszenz am größten, gehen im Erwachsenen-alter langsam zurück und erfahren im späteren Alter zum Teil beträchtliche Einschränkungen. Letzteres resultiert aus der Abnahme der elasti-schen Eigenschaften des Körpergewebes (An-stieg des Kollagen- und Abnahme des Elastin-gehaltes besonders in Sehnen und Bändern – nach ULLRICH/GOLLHOFER 1994) und einer Ver-schlechterung des Gelenkstoffwechsels. Ferner ist das weibliche Geschlecht gegenüber dem männlichen in der Beweglichkeit meist im Vorteil. Ursache ist die hormonell bedingte geringere Gewebsdichte beim weiblichen Ge-schlecht. (WEINECK 1990, S. 238)

Die bisher umrissenen Grundlagen und Abhän-gigkeiten der Beweglichkeit machen die habi-tuell fixierte Eigenschaft bzw. Leistungsvoraus-setzung Beweglichkeit aus. In der aktuellen meßbaren Ausprägung bestehen noch folgende **Abhängigkeiten**, die für Training und Wett-kampf von Bedeutung sind:

• *Abhängigkeit von der Tageszeit* – Am Mor-gen nach dem Aufstehen ist die Beweglichkeit geringer und erreicht erst im Laufe des Vormit-tags die individuellen Optimalwerte;

• *Abhängigkeit von der Körpertemperatur* – Ein Aufenthalt in kühler Umgebung ohne warm-haltende Bekleidung oder intensive Bewegung verringert die Werte der Beweglichkeit, stärkere Erwärmung – z. B. durch ein heißes Bad – führt zu ihrer Erhöhung;

• *Abhängigkeit vom physischen und psychi-schen Aktivierungszustand* – Die vor dem Trai-ning und vor Wettkämpfen durchgeführte ak-tive „Erwärmung" als Einarbeitung u. a. auch des neuromuskulären Systems erhöht die Be-weglichkeitswerte relativ beträchtlich über den Ruhezustand hinaus. Der psychische Aktivie-rungszustand weist ein mittleres Optimum auf, während zu geringe Aktivierung – z. B. Start-apathie – oder ein zu hoher Erregungszustand – z. B. Startfieber, Angst – die Beweglichkeit zu-meist beeinträchtigt;

- *Abhängigkeit vom Ermüdungszustand –* Ein Training oder ein Wettkampf mit einer stark ermüdenden Beanspruchung vermindern die Beweglichkeit.

Die genannten Abhängigkeiten sind aus den behandelten Grundlagen der Beweglichkeit zu erklären. Temperatur und Stoffwechselprozesse beeinflussen die Elastizität bindegewebiger Strukturen und die Plastizität des Muskelgewebes. Vom Aktivierungs- und Ermüdungszustand ist auch die koordinative Grundlage der Beweglichkeit betroffen.

3.2.3.3. Bedeutung der Beweglichkeit

Die Beweglichkeit stellt einerseits eine wesentliche Leistungsvoraussetzung im Sport dar – HOLLMANN/HETTINGER (1990, S. 171) sprechen von einer motorischen Hauptbeanspruchungsform –, andererseits ist sie Tätigkeitsvoraussetzung auch auf anderen Gebieten des menschlichen Lebens. Ihre Bedeutung läßt sich in drei Hauptpunkten erfassen:

- **Voraussetzung** für die **Realisierung** und damit für das **Erlernen sportlicher Techniken,** einschließlich des Erreichens der erforderlichen Bewegungspräzision und der in einer Reihe von Sportarten angezielten ästhetischen Wirkung.

Viele Bewegungen bzw. sportliche Techniken sind nur realisierbar, wenn eine hinreichende Beweglichkeit vorhanden ist. „Hinreichend" bedeutet dabei teilweise eine *„lokale Überbeweglichkeit"* (HOLLMANN/HETTINGER 1990, S. 172), also Bewegungsamplituden, die das normale Maß des gesunden untrainierten Menschen übersteigen und nur durch spezielle Trainingsprogramme erreichbar sind. Andernfalls können derartige Bewegungen gar nicht oder nur sehr unvollkommen erlernt werden.

Beispiele: Hüft- und Kniegelenkbeweglichkeit bei der Hürdentechnik oder den Hochsprungtechniken, die Fußgelenkbeweglichkeit (Dorsalflexion) beim Skispringen, die Beweglichkeit der Wirbelsäule beim Ringen, speziell bei der Einnahme der „Brücke". Im Speer- oder Diskuswurf ist für eine optimale Ausholbewegung und einen optimal langen Beschleunigungsweg die hinreichende Beweglichkeit der gesamten Gliederkette erforderlich. Im Gerätturnen, der Sportgymnastik und der Akrobatik setzen viele Bewegungen eine beträchtliche Überbeweglichkeit u. a. im Hüftgelenk und in der Wirbelsäule voraus; eine hohe, scheinbar mühelos erreichte Beweglichkeit ist darüber hinaus eine Komponente der ästhetischen Wirkung und geht somit auch in die Wertung ein.

Nach ISRAEL (1995) ist eine größere Beweglichkeit auch Voraussetzung für die Präzision und Kontrolle „anspruchsvoller" Bewegungen und beeinflußt die Ansprechbarkeit der kinästhetischen Sensibilität positiv. Damit wird ein genauer dosierter Krafteinsatz möglich.

- **Bewegungsökonomie durch Beweglichkeitsreserve[1]**

Bei zyklischen Bewegungen wie Laufen oder Schwimmen ist zu ihrer Ausführung zwar keine Überbeweglichkeit bestimmter Körperregionen erforderlich (selbst wenn etwa beim Schmetterlingsschwimmen [Delphinschwimmen] eine Überbeweglichkeit im Schultergelenk das freie Vorschwingen der Arme begünstigt), es führt jedoch zu einem erhöhten Energieverbrauch, wenn die Bewegungen teilweise bis dicht an die Grenze der individuellen Beweglichkeit geführt werden müssen, da *der innere Widerstand in diesem Grenzbereich stark ansteigt.* Eine hinreichende Beweglichkeitsreserve ermöglicht, daß Bewegungen bis in den individuellen Grenzbereich vermieden werden können, und bedeutet somit eine größere Bewegungsökonomie.

- **Gesundheit und Wohlbefinden im Alltag**

Daß Beweglichkeit ein nicht kompensierbarer *Faktor ungestörten Bewegens* weit über den Sport hinaus und damit auch ein Faktor der Gesundheit ist, zeigt sich am deutlichsten an den vielfältigen Erscheinungen dauernd oder vorübergehend eingeschränkter Beweglichkeit bei Körperbehinderungen und bei Verletzungen des Bewegungsapparates.

Neben irreparablen Schäden und Behinderungen sind vor allem partielle Gelenkversteifungen nach schweren Verletzungen und Krankheiten sowie vorübergehende Bewegungseinschränkungen nach kleineren (auch Sport-)Verletzungen oder als Folge einer zeitweiligen Ruhigstellung von Gelenken zu nennen, die zu länger

---

1 Unter Beweglichkeitsreserve wird der in sportlichen Bewegungshandlungen nicht in Anspruch genommene Grenzbereich der aktiven bzw. passiven Beweglichkeit verstanden, nicht wie bei WEINECK (1990, S. 234) und anderen Autoren die Differenz zwischen aktiver und passiver Beweglichkeit[1].

dauernden Bemühungen der Mediziner und Physiotherapeuten um die Wiederherstellung der Beweglichkeit führen.

Eine besondere Bedeutung hat die Beweglichkeit im Zusammenhang mit dem **arthromuskulären Gleichgewicht.** Darunter wird die gleichmäßige Entwicklung der auf ein Gelenk wirkenden Muskeln, die optimale Relation zwischen Agonisten und Antagonisten eines Gelenkes hinsichtlich ihrer Kraft- und Dehnfähigkeit verstanden. Dieses arthromuskuläre Gleichgewicht ist häufig gestört, es bestehen *muskuläre Dysbalancen.* Dabei ist eine Muskelgruppe verkürzt und/oder ihr Tonus ist erhöht und damit ihre Dehnfähigkeit vermindert, die Gegenseite ist zumeist abgeschwächt, d.h. ihre Kraftfähigkeit ist im Verhältnis zu den Antagonisten zu gering, da „hypertone und/oder verkürzte Muskeln reflektorisch die Antagonisten beziehungsweise die abgeschwächten Muskeln inhibieren" (WEBER u.a. 1985, S. 150). Diese muskulären Dysbalancen sind eine Zivilisationserscheinung und bereits im Schulkindalter feststellbar. Sie treten jedoch auch bei Leistungssportlern auf und sind dort meist die Folge einseitiger, mitunter direkt fehlerhafter Beanspruchung des Stütz- und Bewegungssystems.

So ergaben Untersuchungen an 195 Sportlern folgende Muskelverkürzungen:
– m. rectus femoris	bei 70%
– m. triceps surae	bei 37%
– m. erector trunci	bei 32%
– ischiocrurale Muskulatur	bei 22%
– m. iliopsoas	bei 16%
– m. tensor fasciae latae	bei 15%
– m. pectoralis major	bei 10%

(WEBER u.a. 1985, S. 149)

Das arthromuskuläre Gleichgewicht ist darum so bedeutsam, weil die Körperhaltung und die Bewegungen beim Bestehen muskulärer Dysbalancen zu Fehlbelastungen des Stütz- und Bewegungssystems, zu schmerzhaften Beschwerden und in der Folge zu dauerhaften Schädigungen führen können. Besonders betroffen davon sind die Wirbelsäule sowie Hüft- und Kniegelenk. Nach WEBER u.a. (1985, S. 150) ist die Mehrzahl von „Rückenschmerzen" bei Sportlern und Nichtsportlern durch muskuläre Dysbalancen bedingt. (Vgl. auch BORMS 1984, S. 17)

Zur Problematik **Beweglichkeit und Gesundheit**

muß noch folgendes hervorgehoben werden: *Anzustreben* ist nicht eine maximale Beweglichkeit, nicht allgemeine Hypermobilität, sondern in der Regel *ein bestimmtes Optimum.*

HOLLMANN/HETTINGER (1990, S. 172) stellen heraus, daß Überbeweglichkeit sowohl ein Hinderungsgrund zur Erzielung sportlicher Leistungen als auch Voraussetzung für überdurchschnittlich gute Leistungen sein kann. Danach beruht eine generalisierte Hypermobilität auf einer allgemeinen Bindegewebsschwäche, die die Verletzungsanfälligkeit erhöht und durch Krafttraining nur in begrenztem Maße kompensiert werden kann. Andererseits sind Leistungen in verschiedenen Sportarten bzw. Disziplinen nur – wie bereits erwähnt – bei sehr hoher Beweglichkeit, letzten Endes bei Überbeweglichkeit bestimmter Körperregionen möglich.

Die durch Training erzielte Hypermobilität der Wirbelsäule z.B. bei jungen Turnerinnen und Gymnastinnen wird häufig als eine Quelle von bestimmten Schädigungen angesehen, wobei jedoch das Bedingungsgefüge noch nicht umfassend abgeklärt ist. Wahrscheinlicher ist, daß eine durch ein harmonisch ausgeprägtes „Muskelkorsett" gesicherte Hypermobilität der Wirbelsäule keine Schadenspotenz darstellt und daß *schädigende Einwirkungen auf Gelenke, Bindegewebe und Knochenstruktur vor allem durch mangelhafte Technik und Bewegungskoordination zustande kommen*[1]. (Vgl. u.a. SCHMIDT 1988, S. 65/66)

3.2.3.4. Objektivierung – Diagnostik

Methoden zur Objektivierung und Diagnose der Beweglichkeit wurden bisher in der Trainingswissenschaft im Vergleich zum Diagnose-Instrumentarium für andere Leistungsvoraussetzungen vernachlässigt. In Sportarten bzw. Disziplinen, in denen lokale Überbeweglichkeit für bestimmte Leistungen unerläßlich ist – wie Gerätturnen, Rhythmische Sportgymnastik, Sportschwimmen, Wasserspringen –, wurden **Testübungen** entwickelt, die eine einfache Messung gestatten. (Abb. 3.2.-7 und 3.2.-8) Meist

---

[1] KNEBEL (1985, S. 84) meldet *Bedenken gegen lokal begrenzte Hypermobilitäten* jeder Art an, die nach seiner Auffassung immer eine Gesundheitsgefährdung im späteren Leben darstellen. Als Alternative fordert er ein stärker funktionell ausgerichtetes Herangehen, indem „die sportartspezifische Beweglichkeit immer als eine Summation von Einzel-Gelenkbeweglichkeiten innerhalb einer ganzen Gliederkette gesehen" wird (S. 84).

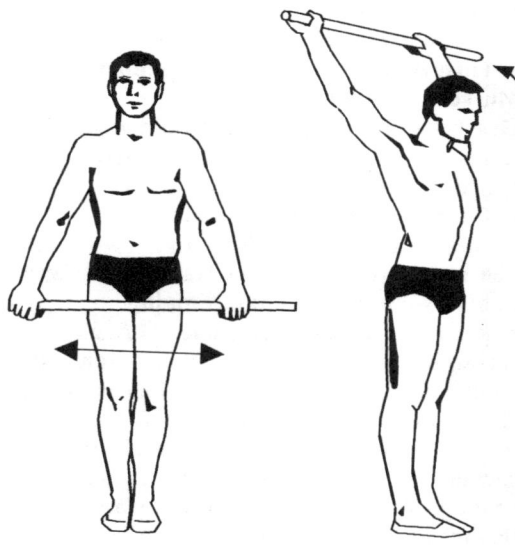

Abbildung 3.2.-7   *Messung der Beweglichkeit im Schultergelenk: Ausschultern*

gibt es dazu auch sportartspezifische Vergleichs- und Sollwerte, so daß diese Verfahren auch für die Trainingssteuerung einsetzbar sind. Im medizinischen Bereich sind ebenfalls einfache Diagnosemethoden entstanden. Bekannt ist der sogenannte **Janda-Test** zur Feststellung muskulärer Dysbalancen. (JANDA 1986) Durch passive Bewegung in den zu untersuchenden Gelenken fällt der Untersucher ein – allerdings nicht auf Messung beruhendes – Urteil, in welchem Grade die Beweglichkeit ausgeprägt bzw. eingeschränkt ist. Dazu erarbeiteten SCHMIDT u. a. (1983) Einstufungskriterien für drei Stufen, die hier in Betracht kommen.

Die genannten einfachen Diagnosemethoden – meist als Tests bezeichnet – erfassen die aktiv und/oder passiv erreichbare Maximalamplitude einzelner Gelenke oder von Funktionseinheiten mehrerer Gelenke (z. B. bei Drehbewegungen von Rumpf und Schultergürtel), die für eine für die Messung ausreichende Zeit beibehalten werden kann. Teilweise wird der erreichte *Bewegungswinkel direkt gemessen*, teilweise *aus Längenmessungen berechnet* (z. B. Test Beinspreizen bei Bös 1987, S. 415). Häufiger noch ist die *unmittelbare Anwendung der linearen Meßskala*, indem erreichbare extreme Annäherungen oder Entfernungen bestimmter

Körperpunkte aneinander bzw. voneinander oder hinsichtlich äußerer Bezugspunkte (z. B. der Unterstützungsfläche) als Kriterium der Beweglichkeit fungieren. Beispiele dafür sind der Rumpfbeugetest (ZACIORSKIJ 1971, S. 109; FETZ/ KORNEXL 1978, S. 86–88; BÖS 1987, S. 415) oder die „Testübungen" für Schwimmer von COUNSILMAN (1980, S. 127).

Für Beweglichkeitsausschläge (Gelenkexkursionen), die in einer vertikalen Bewegungsebene gemessen werden können – wie z. B. das Seitspreizen eines Beines im Stand –, kann auch das kompaßähnliche *Flexometer* von LEIGHTON Anwendung finden, das die Bewegungsweite mittels eines über die Schwerkraft eingestellten Zeigers angibt und beim genannten Beispiel am Bein festgeschnallt wird. (HOLLMANN/HETTINGER 1990, S. 173)

Mit den genannten Methoden – und darüber hinaus mit weiteren, in der Medizin verfügbaren apparativen Methoden – kann *die passive Beweglichkeit relativ gut, die aktive Beweglich-*

Abbildung 3.2.-8   *Messung der Beweglichkeit im Hüftgelenk: Spagatstellung*

keit, wie sie in den meisten sportlichen Bewegungshandlungen gefordert wird, jedoch *nur unvollkommen diagnostiziert* werden. Dazu fehlt die Einbeziehung der intermuskulären Koordination und ihrer zeitlichen Komponente, die nur im Ablauf solcher Bewegungen erfaßt werden kann, die den sportlichen Bewegungshandlungen – speziell den Wettkampfübungen – nahekommen oder mit ihnen identisch sind.

Zur Einbeziehung dieser koordinativen (regulativen) Komponente der **aktiven Beweglichkeit** sind aufwendigere Verfahren erforderlich, die bisher nur in einzelnen Forschungsarbeiten zur Beweglichkeit, nicht aber zur allgemeinen Diagnostik Einsatz fanden. Das sind einerseits *kinematographische Methoden,* mit denen über das ausgemessene Film- oder Videobild die Bewegungsweiten im Bewegungsvollzug bestimmt werden, andererseits der Einsatz von *elektronischen Goniometern* an dafür geeigneten Gelenken, die die Gelenkwinkel im Verlauf der gesamten Bewegungshandlung aufnehmen, so daß sie drahtgebunden oder telemetrisch übertragen und aufgezeichnet werden können. Weitere Möglichkeiten bietet die *Elektromyographie,* die unmittelbaren Einblick in die intermuskuläre Koordination gestattet, bei dem heutigen Entwicklungsstand jedoch in erster Linie in der Forschung zur Beweglichkeit Anwendung finden wird.

3.2.3.5. Ansatzpunkte für die Ausbildung bzw. das Training der Beweglichkeit

Aus der Kenntnis der Bedeutung der Beweglichkeit leitet sich die Notwendigkeit ab, in allen Formen der sportlichen Ausbildung und speziell im sportlichen Training gezielt auf die Steigerung bzw. die Erhaltung der Beweglichkeit hinzuarbeiten. Dafür ergeben sich, geht man von den oben skizzierten Grundlagen der Beweglichkeit aus, folgende Ansatzpunkte:

● **Dehnbarkeit der bindegewebigen Strukturen**
Die Dehnbarkeit der Gelenkkapseln, Bänder und Sehnen läßt sich nur in geringem Maße steigern, eher schon die der bindegewebigen Anteile des Muskels selbst. Eine gewisse Wirkung wird dabei bereits durch einen verbesser-

ten bewegungsinduzierten Stoffwechsel – u. a. Gelenkstoffwechsel – erreicht.

● **Entspannungsfähigkeit der zu dehnenden Muskeln**
Das bedeutet Abbau eines erhöhten Muskeltonus und die Aneignung einer der Bewegungsaufgabe angepaßten Tonusregulation.

● **Intermuskuläre Koordination**
Training zur Steigerung der aktiven Beweglichkeit im Vollzug sportlicher Handlungen ist in hohem Maße Koordinationstraining.

● **Kraftfähigkeit der bewegenden Muskeln**
Insoweit die aktive Beweglichkeit durch die Kraftfähigkeit der bewegenden Muskeln mitbestimmt ist bzw. begrenzt wird, ist auch hier ein Ansatzpunkt zur Beweglichkeitssteigerung zu suchen. Darüber hinaus liegt hier auch ein notwendiger Ansatz für die Vermeidung bzw. Beseitigung muskulärer Dysbalancen.

3.3.   Konditionelle Fähigkeiten

3.3.1.   Begriff – allgemeine Charakteristik

Kraft-, Ausdauer- und Schnelligkeitsfähigkeiten repräsentieren die **energetische Komponente der sportlichen Leistungsfähigkeit.** Sie bestimmen maßgeblich den muskulären Antrieb und sind Voraussetzung für das Erlernen und Ausführen sportlicher Bewegungen und taktischer Handlungen.

Die *Kraftfähigkeit* drückt sich darin aus, Bewegungswiderstände durch Muskelkontraktion überwinden bzw. äußeren Kräften entgegenwirken zu können. *Schnelligkeit* (komplexe) ist die Fähigkeit, Bewegungen und Handlungen mit sehr hoher Geschwindigkeit auszuführen. *Ausdauer* sichert die vielfache Wiederholung von Bewegungshandlungen und den zuverlässigen Dauerbetrieb unter den jeweiligen Belastungsbedingungen. Diese konditionellen Fähigkeiten bilden den **Leistungsfaktor Kondition.** Die einzelne konditionelle Fähigkeit wirkt im sportlichen Leistungsvollzug nicht isoliert, sondern im kombinierten Verbund mit allen anderen Fähigkeiten (konditionelle Struktur sportlicher Leistungen). (Abb. 3.3.-1)

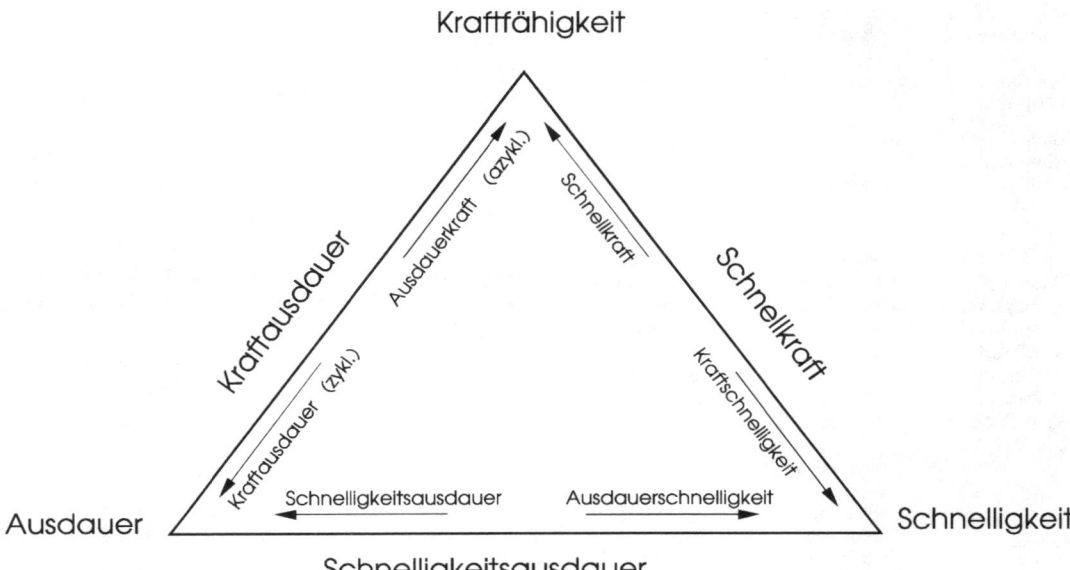

Abbildung 3.3-1 *Beziehungen zwischen den konditionellen Fähigkeiten; außen: gültige Oberbegriffe für kombinierte Fähigkeiten; innen: differenzierte Bezeichnungen nach der dominanten Fähigkeit* (nach HARRE/LEOPOLD 1986)

Den konditionellen Fähigkeiten liegen betont energetische Prozesse zugrunde; da sie aber nur im Bewegungsvollzug realisierbar sind, ergeben sich enge Beziehungen zu den koordinativen Fähigkeiten, was in besonderem Maße für die Schnelligkeitsfähigkeiten gilt.

Kondition wird über die volitive Steuerung der Tätigkeit mobilisiert und im Zusammenwirken mit sportlichen Fertigkeiten, koordinativen Fähigkeiten sowie taktischen Fähigkeiten und Fertigkeiten leistungswirksam.

Jede sportliche Disziplin stellt an die konditionellen Fähigkeiten spezifische Anforderungen. Die Steigerung der Wettkampfleistung setzt die systematische Entwicklung der konditionellen Leistungsfähigkeit voraus. Der wettkampfspezifische Zuschnitt des Konditionstrainings ist durch konkrete Leistungskennziffern für jede konditionelle Fähigkeit zu sichern. Da konditionelle Fähigkeiten als Konstrukte einer direkten Messung nicht zugänglich sind, muß man die geforderten Kennziffern aus sportmotorischen Tests, biomechanischen und sportmedizinischen Funktionsprüfungen gewinnen.

Im Schul-, Freizeit- und Rehabilitationssport hat das Konditionstraining einen anderen Stellenwert. Das Ziel besteht darin, die körperliche Leistungsfähigkeit zu erhöhen. Das *Ausdauertraining* hat die Leistungsfähigkeit des Herz-Kreislauf-Systems, der Atmung und der aeroben Funktionen zu verbessern; das *Krafttraining* soll die Muskulatur harmonisch entwickeln und deren Kraft auf einem gesunden, leistungsfähigen Niveau halten.

Vorwiegend trainingsmethodische Erwägungen führten dazu, zwischen Basisfähigkeiten und sportart- bzw. disziplinspezifischen Fähigkeiten zu differenzieren. Basisfähigkeiten sind die *Grundlagenausdauer* für den Bereich der Ausdauerleistungen, die *Grundlagenkraft* (im engeren Sinne die Maximalkraftfähigkeit) für den Bereich der Kraftleistungen und die *Grund(lagen)schnelligkeit* (oder elementare Schnelligkeit) für den Bereich der Schnelligkeitsleistungen. Die Entwicklung der Basisfähigkeiten ist Voraussetzung für die Ausprägung wettkampfspezifischer, leistungsbezogener konditioneller Fähigkeiten. (Tab. 3.3.-1)

Tabelle 3.3.-1 *Leistungsbezogene konditionelle Fähigkeiten und ihre Grundlagen*

Kraftfähig-keiten	Schnelligkeits-fähigkeiten	Ausdauer-fähigkeiten
Basis: Maximal-kraft-fähigkeit	Basis: Grundlagen-schnelligkeit	Basis: Grundlagen-ausdauer

Sprungkraft
Wurfkraft
Schlagkraft
Schußkraft
Stoßkraft
Sprintkraft
Haltekraft
Tretkraft
u. a.
	Bewegungs-
	bzw. Aktions-
	schnelligkeit
	Sprintfähig-
	keiten
	– Start- und
	  Antritts-
	  schnelligkeit
	– Beschleuni-
	  gungsfähigkeit
	– Maximal-
	  schnelligkeit
	– Frequenz-
	  schnelligkeit
	– (Sprint-
	  ausdauer)
		Schnellig-
		keitsausdauer
		Kurzzeit-
		ausdauer
		Mittelzeit-
		ausdauer
		Langzeit-
		ausdauer
		
		Zweikampf-
		ausdauer
		Spielausdauer
		Turnier-
		ausdauer
		u. a.

Sportartspezifische Fähigkeiten ergeben sich durch die in Training und Wettkampf entstehenden Beziehungen zwischen den grundlegenden Fähigkeiten einerseits sowie zwischen Fähigkeitskomplexen und spezifischen Bewegungshandlungen andererseits. So lassen sich die *kombinierten Fähigkeiten Schnellkraft, Kraftausdauer und Schnelligkeitsausdauer* differenzieren, die in Verbindung mit Bewegungshandlungen einen spezifischen Zuschnitt erhalten und z. B. als Wurfkraft oder Sprungkraft bzw. bei den Ausdauersportarten als Lauf- oder Schwimmausdauer im Kurz-, Mittel- und Langzeitbereich in Erscheinung treten.

Entsprechend dem Charakter der sportlichen Leistung und den konkreten Anforderungen an die Leistungsstruktur gehen die einzelnen Fähigkeiten mit unterschiedlicher Wertigkeit in die sportliche Leistung ein. So wird unter konditionellem Aspekt die Leistung des Ruderers hauptsächlich von der Ausdauer, Kraftausdauer und Kraftfähigkeit, die des Sprinters von der Kraftfähigkeit und der Schnelligkeit (Schnellkraftfähigkeit) bestimmt. Mitunter wird die sportliche Leistung von einer Fähigkeit dominiert, z. B. die des Gewichthebers von der maximalen Kraftfähigkeit und die des Marathon-

läufers von der Ausdauer; andere Fähigkeiten können aber die Leistung beeinflussen und dürfen im Prozeß der Leistungsentwicklung nicht übersehen werden. Die Leistung des Sprinters hängt zwar entscheidend von den Schnelligkeits- und Kraftfähigkeiten ab, bei gleichwertigem Ausbildungsniveau zweier Sprinter kann über den Sieg aber die Sprintausdauer entscheiden. Infolge der weiteren Leistungsentwicklung im Hochleistungssport verändert sich der Einfluß zeitweilig nebengeordneter Fähigkeiten auf die sportliche Leistung. So erhöhte sich z. B. in den vergangenen Jahren in fast allen Ausdauersportarten die Wertigkeit der Kraft- und Kraftausdauerfähigkeit, was die Weiterentwicklung des trainingsmethodischen Instrumentariums erforderlich macht. (Vgl. u. a. ANDRICH 1982; BALDERMANN/STICHERT 1982; HARRE 1982; OSTROWSKI 1990; MAHLO 1992; REISZ 1992)

3.3.2. Kraftfähigkeiten

3.3.2.1. Charakteristik der Kraftfähigkeit

Die Kraftfähigkeit ist die energetische Basis für alle sportlichen Leistungen, bei denen die beanspruchten Muskeln mehr als etwa 30 % ihrer maximal verfügbaren maximalen Kraft einsetzen müssen. Es wird angenommen, daß bei einer geringeren Kraftanforderung im Leistungsvollzug ein anhaltender Leistungszuwachs auch ohne Entwicklung der Kraftfähigkeit möglich sei. (ZACIORSKIJ 1971, S. 101; BÜHRLE 1985; MARTIN/ CARL/LEHNERTZ 1991)

Definition Kraftfähigkeit: Konditionelle Fähigkeit; Fähigkeit des Sportlers, Widerstände durch willkürliche Muskelkontraktion zu überwinden bzw. äußeren Kräften entgegenwirken zu können.

Damit ist der Unterschied zum Begriff „Kraft" gekennzeichnet, mit dem die physikalische Ursache von Bewegungen beschrieben wird.

Differenzierung der Kraftfähigkeit

Es werden verschiedene Arten der Kraftfähigkeiten unterschieden. In reiner Form tritt die willkürlich aktivierbare Muskelkraft als *Maximalkraftfähigkeit* in Erscheinung. Aus den Beziehungen zwischen der Kraftfähigkeit und den anderen konditionellen Fähigkeiten Schnelligkeit und Ausdauer ergeben sich die kombinierten Fähigkeiten *Schnellkraft* und *Kraftausdauer*. Diese Fähigkeiten können sehr unterschiedlich strukturiert sein. (Vgl. Abb. 3.3.-1) Mitunter ist der Einfluß beider Komponenten der jeweiligen Fähigkeiten auf die sportliche Leistung gleichwertig. Häufiger überwiegt aber in Abhängigkeit von sportart- bzw. disziplinspezifischen Anforderungen die eine oder andere Komponente und wird leistungsbestimmend. Dadurch ergeben sich Probleme der Zuordnung der kombinierten Fähigkeiten zu den Grundfähigkeiten Kraftfähigkeit und Ausdauer, die sich auch in unterschiedlichen Fähigkeitsbegriffen in der Literatur widerspiegeln.

Übereinstimmend wird die **Schnellkraftfähigkeit** der Kraftfähigkeit zugeordnet, weil in der Mehrzahl der sportlichen Disziplinen mit schneller Bewegungscharakteristik (Schnellkraftleistungen) die Kraftfähigkeit leistungsentscheidend ist. Problematisch erscheint hingegen die Zuordnung der **Kraftausdauer** zu den Kraftfähigkeiten, obgleich dies bisher in allen Standardwerken der Trainingslehre und Monographien zu konditionellen Teilbereichen üblich war (HARRE u. a. 1986; MARTIN/CARL/LEHNERTZ 1991; LETZELTER 1978; LETZELTER/LETZELTER 1990; GROSSER 1988). Durch die Einführung der Begriffe *Ausdauerkraft* und *Ausdauerkrafttraining* (HOCHMUTH/GUNDLACH 1982, HARTMANN/TÜNNEMANN 1988) wurde diese Zuordnung bekräftigt. HOLLMAN/HETTINGER (1990) handeln die Kraftausdauer unter sportmedizinischem Aspekt als Form der Ausdauer (lokale bzw. allgemeine anaerobe Ausdauer) ab. HARRE/LEOPOLD (1986) machten darauf aufmerksam, daß Kraftausdauer infolge unterschiedlicher Ordnungskriterien einerseits als Kraft- und andererseits als Ausdauerfähigkeit aufgefaßt werden kann, ordneten sie letztlich aber der Ausdauer zu.

Dieser Auffassung schließen wir uns an, weil Kraftausdauer die konditionelle Basis für ausdauerorientierte sportliche Leistungen ist (vgl. auch MAHLO 1992) und vor allem in den Ausdauersportarten leistungsentscheidende Bedeutung hat. Die Krafteinsätze erreichen keine maximalen Werte, und der leistungsbestimmende Einfluß der Ausdauerkomponente überwiegt. Dies wird auch dadurch unterstrichen, daß die Ausbildung der Kraftausdauer nach den Prinzipien des Ausdauertrainings erfolgt.

3.3.2.2. Maximalkraftfähigkeit

Die Maximalkraftfähigkeit ist die grundlegende konditionelle Fähigkeit für die Mehrzahl sportlicher Leistungen.

> **Definition Maximalkraftfähigkeit:** Spezifische Kraftfähigkeit; Fähigkeit des Sportlers, bei willkürlicher Muskelkontraktion maximale Kraft zu entwickeln.

Die willkürlich aktivierbare maximale Muskelkraft ist nicht identisch mit dem absoluten Kraftpotential (*Absolutkraft*) eines Muskels oder einer Muskelgruppe. Unter Hypnose, bei elektrischer Reizung und unter exzentrischen Bedingungen (z. B. beim Abbremsen eines Niedersprungs) werden höhere Kraftwerte erreicht. IKAI und STEINHAUS (bei HETTINGER 1968, S. 51) haben festgestellt, daß die Muskelkraft untrainierter Personen unter Hypnose um etwa 30 % und die von Trainierten um 10 % im Vergleich zur willkürlich aktivierbaren Kraftfähigkeit anstieg. Diese Unterschiede verdeutlichen, daß man durch Krafttraining offensichtlich in einen Reservebereich des Organismus vordringen und das absolute Kraftpotential willkürlich erheblich stärker ausschöpfen kann.

Nach Angaben von BÜHRLE (1985) kann die Differenz zwischen der absoluten und der maximal aktivierbaren Kraftfähigkeit – auch als *Kraftdefizit* bezeichnet – bis zu 45 % betragen. Durch explosives Maximalkrafttraining ist dieses Defizit auf 10 bis 5 % zu reduzieren. Der höhere Aktivierungsgrad wird auf eine Verbesserung von *Rekrutierung* (Zuschaltung von motorischen Einheiten) und *Synchronisation* (Erhöhung der gleichzeitig aktivierten motorischen Einheiten) zurückgeführt. Es verbleibt aber eine dem Willen nicht zugängliche, autonom geschützte Restreserve.

Statische und dynamische Kraftfähigkeit

Die Maximalkraftfähigkeit kommt sowohl bei statischer als auch bei dynamischer Arbeitsweise der Muskulatur zum Ausdruck.
Statische Kraftfähigkeit. *Bei statischer Beanspruchung kontrahiert die Muskulatur isometrisch, verkürzt sich aber nicht.* Durch die Muskelanspannung wird einer äußeren Kraft

Widerstand geleistet. Innere und äußere Kraft[1] entsprechen einander. In der sportlichen Tätigkeit tritt die statische Kraftfähigkeit z.B. bei Übungen im Gerätturnen auf (Kreuzhang an den Ringen, Hangwaage, Winkelstütz, Handstand) oder bei Festhalten im Ringen. Häufig sind statische und dynamische Kraftanforderungen im Bewegungsvollzug kombiniert, z.B. bei der Zugbewegung im Gewichtheben (Abb. 3.3.-2).

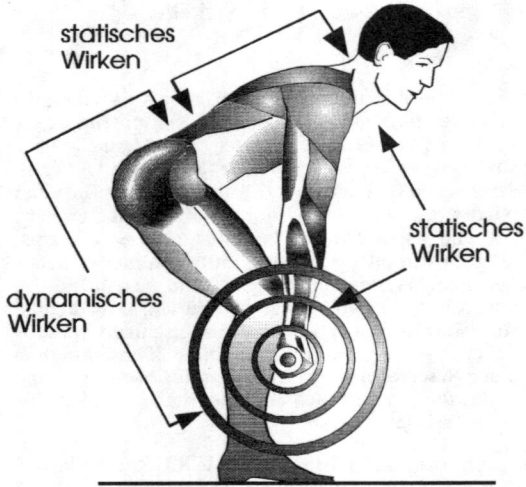

statisches Wirken

statisches Wirken

dynamisches Wirken

Abbildung 3.3.-2 *Statische und dynamische Arbeitsweise bei einer Zugbewegung*

Dynamische Kraftfähigkeit. Die dynamische Kraftfähigkeit wird bei *überwindender* (konzentrischer) *Beanspruchung* oder bei *nachgebender* (exzentrischer) *Beanspruchung* leistungswirksam[2]. Am häufigsten müssen bei sportlicher Tätigkeit Widerstände überwunden werden. Dabei ist die innere Kraft größer als die äußere. Entweder kommt es darauf an, große bis maximale Lasten mit möglichst hoher Geschwindigkeit zu bewegen (z.B. im Gewichtheben oder bei Hebungen und Würfen im Ringen) oder dem eigenen Körper bzw. dem Sportgerät durch explosionsartige Muskel-

anspannung eine maximale Beschleunigung zu erteilen (z.B. beim Werfen, Springen, Sprinten). Bei nachgebender Beanspruchung der Muskulatur ist die äußere Kraft größer als die innere. Der kontrahierte Muskel bremst die Bewegung ab (Bremskraft).

Diese Beanspruchungsweise tritt vornehmlich bei allen Landungen auf, z.B. nach Sprunghandlungen im Volleyball und Bodenturnen, bei Abgängen von Turngeräten sowie bei der Landung im Skispringen, Weit- und Dreisprung.

Die Kontraktionsform ist in der Regel *auxotonisch*. Die bei nachgebender Kontraktion auftretenden Kraftwerte können erheblich höher sein als das Niveau der bei isometrischer Arbeitsweise gemessenen Maximalkraftfähigkeit. *Krafthöchstwerte werden im exzentrischen Krafttraining bei Niedersprüngen mit Zusatzbelastung erreicht und führen dadurch zu einer extremen Beanspruchung des Binde- und Stützgewebes.*

Kraftfähigkeit und Körpermasse

Die Fähigkeit zur Entwicklung hoher Maximalkräfte steigt bei Trainierten mit zunehmender aktiver Körpermasse an. Das ist auch einer der Gründe, der zur Bildung von Gewichtsklassen in kraftorientierten „schwerathletischen" Sportarten geführt hat. Auch in anderen Sportarten, in denen größere Fremdlasten zu bewegen bzw. hohe Reibungswiderstände zu überwinden sind (z.B. in den Wurfdisziplinen der Leichtathletik, im Kanurennsport und Rudern), haben sich die schweren Sportler durchgesetzt, weil sie höhere Kräfte entwickeln können.

In anderen Sportarten, in denen keine zusätzliche Last, sondern die eigene Körpermasse bewegt wird (Gerätturnen, Eiskunstlauf, Hoch- und Weitspringen, Sprinten), muß ein optimales Kraft-Last-Verhältnis erreicht werden, das durch den Quotienten aus einer Maximalkraftleistung (Test- bzw. Kontroll- oder Wettkampfleistung) und der Körpermasse ausgedrückt und als *relative Kraftfähigkeit* bezeichnet wird:

$$\frac{\text{relative}}{\text{Kraftfähigkeit}} = \frac{\text{Maximalkraftleistung}}{\text{Körpermasse}}$$

Die **relative Kraftfähigkeit** erhöht sich bei Reduzierung der Körpermasse, ein Weg, der sehr

---

[1] Die innere Kraft ist die vom Sportler aufzubringende Kraft; als äußere Kraft werden diejenigen Kräfte verstanden, die auf den Organismus einwirken (eigene Schwerkraft, Zusatzlasten in Form von Geräten oder gegnerischer Einwirkung, Reibungswiderstände).
[2] Gebräuchlich sind auch die Begriffe dynamisch positiv (konzentrisch) und dynamisch negativ (exzentrisch).

häufig im Gerätturnen beschritten wird. Ist das optimale Wettkampfgewicht erreicht, kommt es darauf an, die Maximalkraftleistung ohne oder ohne wesentliche Muskelhyperthrophie weiter zu steigern. Übermäßige Gewichtszunahmen mindern die relative Kraftfähigkeit.

3.3.2.3. Schnellkraftfähigkeit

Bei zahlreichen azyklischen sportlichen Bewegungen, z.B. beim Springen, Werfen, Stoßen, Schlagen, aber auch beim Sprinten kommt es darauf an, dem Körper oder dem Sportgerät *eine möglichst hohe Endgeschwindigkeit* zu erteilen. Dazu muß die Kraft auf dem zur Verfügung stehenden Beschleunigungsweg schnell mobilisiert werden. Diese Fähigkeit wird als Schnellkraftfähigkeit bezeichnet. Sie wird durch den Schnellkraftindex (SKI) bestimmt.

$SKI = F_{max} : t_{max}$
$F_{max} =$ Kraftmaximum;
$t_{max} =$ die für das Erreichen von F_{max} benötigte Zeit)

Die Schnellkraftfähigkeit ist immer disziplinspezifisch ausgeprägt, was zu definitorischen Unterschieden bei verschiedenen Autoren führt. Differenziert werden zwei Komponenten: *Start-* und *Explosivkraftfähigkeit.*

Startkraftfähigkeit. Mit der Einführung dieses Begriffes hatte VERCHOŠANSKIJ (1971) jene Fähigkeit bezeichnet, die in der Anfangsphase der Muskelanspannung einen hohen Kraftanstieg bewirkt. Die Startkraftfähigkeit wird leistungsbestimmend, wenn in kürzester Zeit eine hohe Geschwindigkeit erreicht werden muß, wie z.B. bei einem Boxstoß oder der Reaktion eines Torwartes in den Sportspielen. BÜHRLE (1985), der das Niveau der Startkraftfähigkeit mit dem Quotienten einschätzt, der auf die ersten 30 ms des Kontraktionsvorganges bezogen ist (vgl. Abb. 3.3.-3), stellte bei Boxern auffällig höhere Startkraftwerte fest als bei langjährig trainierten Kugelstoßern. Die Startkraftfähigkeit verlangt einen hohen Anteil schneller Muskelfasern und hängt von der Fähigkeit ab, bei Kontraktionsbeginn viele Muskelfasern zu rekrutieren.

Explosivkraftfähigkeit. Sie charakterisiert wesentlich das schnellkräftige Verhalten der Mus-

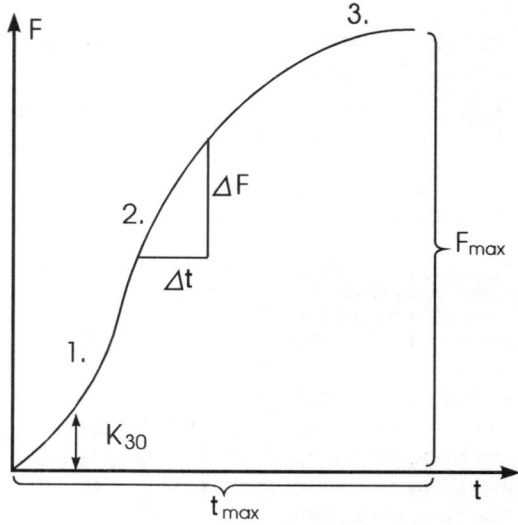

Abbildung 3.3.-3 *Die Schnellkraftfähigkeit und ihre Komponenten Start- und Explosivkraftfähigkeit* (nach BÜHRLE/SCHMITDTBLEICHER 1981)

kulatur und wird von BÜHRLE (1985) durch den steilsten Anstieg der Kraft-Zeit-Kurve bestimmt. (Abb. 3.3.-4) Die Begriffe werden nicht einheitlich interpretiert. So beschreibt VERCHOSHANSKIJ (1995, S. 38) mit einem vergleichbaren Meßpunkt die „beschleunigende Kraft", die er auch als „eigentliche Schnellkraft" bezeichnet. Explosivkraft wird nach seinem Verständnis durch den Quotienten $F_{max} : t_{max}$ ausgedrückt.

Sportartspezifische Aspekte

• Schnellkraft-, Startkraft- und Explosivkraftfähigkeit und ihre Parameter sind Ausdruck der Fähigkeit, maximal schnell Kraft entwickeln zu können, d.h. viel Kraft in der Zeiteinheit. Unter sportartspezifischem Aspekt ist zu prüfen, in welchem Maße diese einzelnen Fähigkeiten beansprucht werden und auszuprägen sind.

So verweist LEHNERTZ (1985) darauf, daß der Einsatz der maximal verfügbaren Start- und Explosivkraftfähigkeit durchaus nicht in jedem Falle die höchste Endgeschwindigkeit und damit die bestmögliche Leistung sichert. Vielmehr kommt es auch bei der Kraftentfaltung auf ein optimales Timing an. Das gilt auch für Sportarten mit zyklischer Bewegung und relativ langer Kontraktionsdauer (z.B. Rudern, Kanurennsport). Hier kommt es bei überzogener Start- und Explosivkraftleistung nach anfänglich hohen Kraftspitzen zu einer erheblichen Einsattelung in der Kraft-Zeit-Kurve und zu verringerter Vortriebseffizienz.

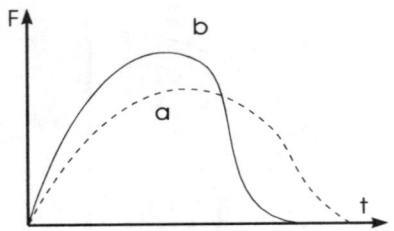

Abbildung 3.3.-4 *Kraft-Zeit-Charakteristik bei einem „explosiven" Krafteinsatz eines Trainingsanfängers (a) im Vergleich zu einem leistungsfähigeren Sportler (b)*

- Schnellkraftleistungen hängen entscheidend von der Maximalkraftfähigkeit und dem Niveau der Kontraktions- und Verkürzungsgeschwindigkeit der bewegungsspezifisch beanspruchten Muskulatur ab. Je höher die Maximalkraftfähigkeit ausgebildet ist, desto steiler kann der Kraftanstieg verlaufen. Die Kraftmaxima bei Schnellkraftleistungen sind niedriger als unter statischen Bedingungen. Ihre Werte verringern sich mit abnehmenden Widerstandsgrößen. Bei einer Reihe sportlicher Bewegungen, wie z.B. bei einem Fecht- oder Boxstoß, kommt es ohnehin nicht darauf an, ein hohes Kraftmaximum zu erreichen; leistungsentscheidend ist vielmehr die hohe Kontraktions- und Verkürzungsgeschwindigkeit der beanspruchten Muskeln. Durch die bessere Aufklärung der disziplinspezifischen Kraftfähigkeitsvoraussetzungen kann eindeutiger entschieden werden, in welchem Maße die Maximalkraftfähigkeit, die sicher eine bedeutende Basisfunktion für jegliche Schnellkraftleistungen hat, ausgeprägt sein muß.

Je mehr die Komponente Schnelligkeit in der Schnellkraftfähigkeit dominiert, desto mehr verringert sich der Einfluß der Maximalkraftfähigkeit auf die Schnellkraftleistung. Bei der Ausbildung der Maximalkraftfähigkeit durch Krafttraining gegen hohe Widerstände ist in diesen Disziplinen (z.B. bei der Ausbildung der Kraftfähigkeit von Arm- und Rumpfmuskulatur der Fechter) Sorge zu tragen, daß keine Störungen in der zumeist leistungsbestimmenden Koordination auftreten können.

Definition Schnellkraftfähigkeit: Spezifische Kraftfähigkeit; Fähigkeit des Sportlers, bei willkürlicher Kontraktion die Muskelkraft schnell zu mobilisieren und das Kraftmaximum in optimal kurzer Zeit zu erreichen.

3.3.2.4. Reaktivkraftfähigkeit

Bei einer reaktiven Kraftäußerung geht der konzentrischen Muskelanspannung eine exzentrische voraus. Muskeln, die in der Arbeitsbewegung die Kraftleistung zu erbringen haben, werden bei der Bremsbewegung, z.B. beim Landevorgang nach einem Absprung aus erhöhter Position, gedehnt und kontrahieren dabei. Derartige Kombinationen von exzentrischer (nachgebender) und konzentrischer (überwindender) Kontraktion, die als **Dehnungs-Verkürzungs-Zyklus** definiert werden (KOMI 1985), treten ausgeprägt bei allen Sprüngen in der Leichtathletik (Hoch-, Weit-, Dreisprung) und im Volleyballspiel sowie beim leichtathletischen Sprint auf. Im Vergleich zur konzentrischen Kraftentfaltung ohne vorangehende exzentrische Muskelanspannung kann eine höhere Kraft erreicht werden. Es wird das biomechanische Prinzip der **Anfangskraft** (HOCHMUTH 1982, S. 190) genutzt. Höhere Kraftwerte entstehen allerdings nur bei einem schnellen Ablauf des Dehnungs-Verkürzungs-Zyklus, d.h. bei geringem Zeitaufwand für die Dehnung und einer schnellen Übergangsphase: Dehnung – Aufhebung der Dehnung – Verkürzung des Muskels durch konzentrische Kontraktion, wie z.B. bei Absprüngen und Ausholbewegungen. Dauert diese Phase jedoch zu lange, so verringert sich der potenzierende Effekt der Dehnungsphase. (VERCHOSHANSKIJ 1995, S. 60)

Die Ursachen der Verstärkung des Krafteinsatzes im Dehnungs-Verkürzungs-Zyklus bestehen einmal in der höheren Anfangsspannung der Muskulatur zu Beginn der konzentrischen Kontraktion, weil deren zentrale Innervation, reflektorisch verstärkt, bereits in der Bremsphase einsetzt. (MEINEL/SCHNABEL 1987, S. 95) Außerdem kann die bei der Dehnung des angespannten Muskels und der Abbremsung des Körpers entstehende Energie kurzzeitig in den elastischen Komponenten des Muskels und der Sehnen gespeichert und bei schnell einsetzender konzentrischer Kontraktion zu einem großen Teil wieder genutzt werden. (KOMI 1985)

Die Qualität des reaktiven Kraftverhaltens hängt vom Ausprägungsgrad der Maximalkraft, den elastischen Eigenschaften der beanspruchten Muskeln und den an ihnen befestigten Sehnen sowie vom Innervationsverhalten der Muskulatur ab (SCHMIDTBLEICHER/GOLLHOFER 1985).

> **Definition Reaktivkraftfähigkeit:** Spezifische Kraftfähigkeit; Fähigkeit des Sportlers, im Dehnungs-Verkürzungs-Zyklus eine erhöhte Schnellkraftleistung zu vollbringen.

3.3.2.5. Grundlagen der Kraftfähigkeiten

Die Fähigkeit, effektiv Kraft unter dynamischen oder statischen Bedingungen zu erzeugen, hängt hauptsächlich von folgenden Faktoren ab:
- Muskelquerschnitt
- Muskelfaserspektrum
- intramuskuläre Koordination
- intermuskuläre Koordination
- Energiebereitstellung
- volitive Steuerung und Motivation
- sporttechnisches Können.

Muskelquerschnitt

Der Muskelquerschnitt ist die entscheidende Voraussetzung für die Größe der Absolutkraft. Ein Muskel kann pro Flächeneinheit nur eine bestimmte Kraftgröße erzeugen. Die Angaben darüber sind in der Literatur etwas unterschiedlich und umfassen einen Bereich zwischen 4 und 10 kg/cm^2; zwischen Männern und Frauen gibt es keine signifikanten Unterschiede. (HOLLMANN/HETTINGER 1990, S. 185)

Die Steigerung der *Absolutkraft* ist an die Muskelhypertrophie (Dickenwachstum) gebunden. Da die Hypertrophie vor allem durch Verdickung der einzelnen Muskelfasern zustande kommt und eine Faserneubildung (Hyperplasie) beim Menschen noch nicht eindeutig nachgewiesen werden konnte, wird das Dickenwachstum eines Muskels und die Fähigkeit zu großen Kraftleistungen durch die Faseranzahl begrenzt. Hier liegen erhebliche individuelle Unterschiede vor. Der „Krafttyp" ist genetisch vorbestimmt.

Muskelfaserspektrum

Die Skelettmuskelfasern werden aufgrund struktureller und funktioneller Merkmale in langsamkontrahierende (ST = slow twitch) und in schnellkontrahierende (FT = fast twitch) Fasern differenziert. Die ST-Fasern sind für den oxidativen Stoffwechsel ausgelegt und in hohem Maße ermüdungsresistent. Die FT-Fasern sind entweder glykolytisch ausgelegt und rasch ermüdbar (FTG) oder stärker oxidativ ausgeprägt und weniger schnell ermüdbar (FTO). Der Anteil langsam- und schnellkontrahierender Fasern in einzelnen Muskeln ist individuell unterschiedlich, genetisch festgelegt und offenbar durch Training nicht grundlegend und dauerhaft zu verändern. Eine teilweise Umwandlung von FTG zu FTO (metabolische Differenzierung) und umgekehrt ist durch spezifische Belastungsformen des Trainings möglich. Die besondere Befähigung für Schnelligkeits-, Ausdauer- oder Kraftleistungen hängt von einem entsprechend differenzierten Faserspektrum ab.

Werden *sehr hohe Kraftanforderungen in Verbindung mit schnell auszuführenden Bewegungen* gefordert (z. B. im leichtathletischen Sprint), so werden primär die FTG-Fasern, bei *mittleren Krafteinsätzen und sehr umfangreichen Ausdaueranforderungen* (Langzeitausdauerdisziplinen) jedoch überwiegend die ST-Fasern beansprucht. Bei *submaximalen Krafteinsätzen in Verbindung mit Ausdauerbeanspruchung* (z. B. Rudern, Kanurennsport, Mittelstreckenlauf) werden neben ST- auch in höherem Maße die FT-(FTO-)Fasern beansprucht, und es entwickelt sich sowohl die oxidative als auch die glykolytische Ausstattung der Fasern. *Maximale Kraftanforderungen* (Gewichtheber, Werfer, Springer) beanspruchen alle Muskelfasertypen bei Vorrangigkeit der FTG. (BADTKE 1988; HOLLMANN/HETTINGER 1990; WITTEKOPF/MARHOLD/PIEPER 1981)

Ausdruck dieser Zusammenhänge ist die bei erfolgreichen Leistungssportlern verschiedener Sportarten gefundene Faserverteilung. Es ist davon auszugehen, daß es sich hierbei um das Ergebnis einer langfristigen Selektion handelt. (Tab. 3.3.-2) Die interindividuelle Streubreite ist erheblich, die Tabelle kann nur anhand von Mittelwerten die typischen Unterschiede zwischen den Vertretern der genannten Sportarten verdeutlichen.

Intramuskuläre Koordination

Rekrutierung. Das Nerv-Muskel-System verfügt über mehrere Mechanismen, sich einem

Tabelle 3.3.-2 *Werte der Faserverteilung (in %) bei erfolgreichen Sportlern ausgewählter Sportarten* (nach BADTKE 1988)

Sportart	STF	FTF
Marathonläufer	80	20
Eishockeyspieler	50	50
Gewichtheber	40	60
Sprinter	25	75

erhöhten Kraftbedarf entsprechend anzupassen. Die Kontraktionskraft hängt sowohl von der Zahl der beteiligten *motorischen Einheiten*[1] als auch von der *Impulsfrequenz*[2] jeder aktivierten Einheit ab. Beim Kontraktionsvorgang werden jeweils nur so viele motorische Einheiten eines Muskels beteiligt, wie es zur geforderten Kraftentfaltung notwendig ist. Wenn diese ansteigt, werden in der Regel größere, höherschwellige motorische Einheiten zugeschaltet (rekrutiert), die mehr Muskelfasern innervieren und damit einen höheren Kraftbetrag liefern können. Die Kraft wird auch dadurch verstärkt, daß die zuvor bereits tätigen Einheiten ihre Entladungsfrequenz erhöhen, wie bei isometrischer Krafterzeugung nachgewiesen werden konnte. (DIETZ 1985)
Synchronisation. Die an der Krafterzeugung beteiligten motorischen Einheiten eines Muskels werden prinzipiell alternierend aktiviert. Werden maximale Krafteinsätze gefordert, kann eine größere Anzahl motorischer Einheiten eines Muskels gleichzeitig (synchron) aktiviert werden.
Die Verringerung des Kraftdefizits ist vor allem auf Rekrutierungs- und Synchronisationsprozesse zurückzuführen, die durch spezifische Trainingsverfahren vervollkommnet werden können.

Intermuskuläre Koordination

Das Kraftpotential einzelner Muskeln kann nur bei einem optimalen Zusammenwirken aller an einer Bewegung bzw. Bewegungshandlung beteiligten Muskeln (Agonisten wie Antagonisten) optimal genutzt werden. Teilaspekte der intermuskulären Koordination sind: die koordinierte Aktivierung aller Agonisten der spezifischen Wettkampfübung mit dem Ziel, durch einen optimal schnellen Kraftanstieg zum wirksamsten Zeitpunkt der Bewegung das Kraftmaximum zu erreichen (Timing); das abgestimmte Aktivieren von Agonisten und Antagonisten unter Berücksichtigung des Wechselspiels von Anspannung und Entspannung im Bewegungsvollzug, um den schnellen Kraftanstieg zu sichern sowie um Verletzungen insbesondere der Antagonisten durch verspätete Entspannung zu vermeiden und bei zyklischen Übungen die Ermüdung zu begrenzen.
Die intermuskuläre Bewegungskoordination ist nicht übertragbar von einer Übung auf eine anders strukturierte Übung und bedarf der bewegungsspezifischen Ausbildung (Spezialübungen, Wettkampfbewegung, Wettkampfübung).

Energiebereitstellung

Bei allen kurz dauernden Leistungen mit maximalen Krafteinsätzen hat ein hoher Energieumsatz pro Zeiteinheit einen bedeutenden Stellenwert. Der Energiebedarf wird aus lokalen Energiespeichern der beanspruchten Muskeln (ATP, Kreatinphosphat und der Wirkung entsprechender Enzyme) über den anaerob-alaktaziden Stoffwechsel abgedeckt (WITTEKOPF/MARHOLD/PIEPER 1981). Bei zyklischen Schnellkraftleistungen (Sprint, Startleistungen) sowie bei zeitlich etwas längerer Haltearbeit (Gewichtheben) wird die glykolytische Energiebereitstellung beansprucht; dabei kommt es zur Laktatbildung.

Volitive Steuerung und Motivation

Die zumeist sehr explosiv erfolgende Muskelanspannung erfordert die volle **Konzentration** auf die motorische Handlung, um die Kraft in den entscheidenden Phasen der Bewegung mobilisieren zu können. Gute Kenntnisse des Sportlers über die Zusammenhänge zwischen der Qualität der Anforderungsbewältigung und der Kraftentwicklung ist eine wichtige Voraussetzung für eine hohe Effizienz des Krafteinsatzes. Auch die **Motivation** kann den Krafteinsatz

---

[1] Die motorische Einheit (mE) ist die kleinste Funktionseinheit des neuromuskulären Systems, bestehend aus der Nervenfaser und den von ihr innervierten Muskelfasern. Je nach Muskelfunktion versorgt eine Nervenfaser eine unterschiedliche Anzahl Muskelfasern.
[2] Impulsfrequenz: Anzahl der Nervenreize pro Sekunde zur Auslösung der Muskelkontraktion.

verstärken (Wettkampfstimmung, Gegner, Zuschauer), was man beim Testen der Kraftfähigkeiten ebenfalls berücksichtigen muß.

Sporttechnisches Können

Das vorhandene Kraftpotential kann nur bei einer optimalen Technik und deren Beherrschung leistungsfördernd umgesetzt werden. Wichtige Voraussetzung für die Technikbeherrschung unter Belastung ist ein ausreichendes und abgestimmtes Kraftpotential der die spezifische Bewegungsleistung bestimmenden Muskulatur. Hieraus ergeben sich wichtige Aufgaben für das Krafttraining.

> Das Krafttraining muß auf die Einheit von Kraftvoraussetzungen und effektiver Technik orientiert sein. Die notwendige Widerstandserhöhung darf nicht zu fehlerhaften Bewegungsabläufen führen. (Vgl. GUNDLACH 1991, S. 157)

3.3.2.6. Objektivierung – Diagnostik

Kraftfähigkeiten können nicht direkt gemessen werden. Zur Einschätzung der Größe der aufgewendeten Muskelkräfte dienen biomechanische Meßverfahren und sportmotorische Tests.

Biomechanische Verfahren

Zu den wichtigsten Verfahren gehören die *dynamographischen Methoden* (HOCHMUTH 1982). Der Vorteil dieser Methoden im Vergleich zu sportmotorischen Tests besteht vor allem in den sportartspezifischen Einsatzmöglichkeiten. Beispielhaft seien hier nur erwähnt **dynamographische Startklötze** zum Erfassen der Kraftstöße beim Sprintstart, die **Meßdolle** im Rudern und das **Meßpaddel** im Kanurennsport, bei dem mittels Dehnungsmeßstreifen die beim Paddelschlag auftretenden Kräfte gemessen werden. Dargestellt werden Kraft-Zeit-Verläufe, die Kraftanstiegsgeschwindigkeit, die Größe der Kraftstöße und der Kraftmaxima im Verlauf einer Teststrecke. (Vgl. Abb. 3.3.-13 und 3.3.-14) Aus der Größe der Kraftmaxima und Kraftstöße wird auf das Niveau der speziellen Kraftfähigkeiten geschlossen.

Dabei ist zu beachten, daß die dynamometrisch erfaßten Kraftkennwerte nicht allein das eingesetzte Kraftpotential der beanspruchten Muskulatur widerspiegeln, sondern daß auch alle anderen Faktoren der Leistungsfähigkeit beeinflussend wirken. Soweit die Messungen nicht unter Laborbedingungen erfolgen können, ergeben sich auch Schwierigkeiten, die äußeren Bedingungen konstant zu halten. Grenzen in der Anwendung werden letztlich durch den erheblichen apparativen und personellen Aufwand gesetzt.

Die weitere Entwicklung der Diagnose der Kraftfähigkeiten orientiert zunehmend auf sportartspezifische Einschätzungen der Kraftfähigkeiten, wobei als Führungsgrößen die Geschwindigkeit (Sportler, Gerät) und der äußere Widerstand in Einheit mit der Einhaltung bestimmter Anforderungen an die Bewegungsausführung dienen. (Vgl. BARTONIETZ/BORKELOH 1990; DEISS/PFEIFFER 1991)

Sportmotorische Tests

Bei sportmotorischen Krafttests wird aus einer Leistung auf den Ausprägungsgrad der Maximal- oder Schnellkraftfähigkeit geschlossen. Mit Hilfe von Spezialübungen werden einzelne **Hauptmuskelgruppen** der wettkampfspezifischen Bewegung getestet.

Typische Übungen zur Prüfung der Maximalkraftfähigkeit sind Bankziehen und Bankdrücken, Kniebeugen mit Hantellast, Anreißen bzw. Umsetzen einer Hantel. Letztlich läßt sich jede Trainingsübung, bei der durch Zusatzlasten oder Trainingsgeräte eine stufenweise Widerstandserhöhung möglich ist, als Testübung nutzen.

Indikator der Maximalkraftfähigkeit ist die höhere Last, mit der die geforderte Bewegung einwandfrei ausgeführt werden kann. Krafttests unter statischen Bedingungen (isometrische Kontraktion) sind ausführlich von HETTINGER beschrieben worden. (HETTINGER 1968; HOLLMANN/HETTINGER 1990).

Für den Nachweis verschiedener Schnellkraftfähigkeiten wie **Sprungkraft, Wurfkraft, Stoßkraft** wählt man einfache Übungen mit Überwinden des eigenen Körpergewichts oder eines Gerätes (Medizinball, Kugel o. ä.), deren sporttechnische Beherrschung möglichst einfach ist, z. B. Schlußweitsprung oder Dreierhopp (horizontale Sprungkraft), Sprunggürteltest oder

Differenzsprung (vertikale Sprungkraft), Werfen oder Stoßen eines schweren Medizinballes oder einer Kugel zur Prüfung der Wurfkraft. Gewertet wird die Weite.

Alle Testbedingungen müssen weitestgehend standardisiert sein, um den inter- und intraindividuellen Vergleich zu ermöglichen. Testgeräte sollten variierbar sein (z.B. die Höhe des Brettes beim Bankziehen), um leistungsbeeinflussende Unterschiede in den Körpermaßen auszugleichen. Zusätzlich sollte man versuchen, den Einfluß weiterer Faktoren auf die Leistung (u.a. Beherrschungsgrad der Technik, Motivation) einzuschätzen.

3.3.3.   Schnelligkeitsfähigkeiten

3.3.3.1.   Begriff – allgemeine Charakteristik

Der Begriff Schnelligkeit wird im Sport und in der Trainingslehre genutzt, um
– azyklische und zyklische Bewegungshandlungen, bei denen hohe Intensitätswerte erreicht werden, sowie
– Reaktionsprozesse, die in kürzester Zeit ablaufen
zu kennzeichnen (z.B. sprinten, eine Drehung schnell ausführen, schnell abspringen oder sich abstoßen, auf eine technisch-taktische Aufgabe schnell reagieren und sie schnell lösen). Hauptsächlich sind damit solche Leistungen gemeint, in denen die Schnelligkeit mit anderen Leistungsvoraussetzungen in Erscheinung tritt.

Schnelligkeits*übungen* wurden u.a. schon von JÜTHNER (1909, S. 87) und AMBERGER (1923, S. 22) als solche Übungen charakterisiert, die im schnellsten rhythmischen Wechsel von Zusammenziehung und Erschlaffung der Muskulatur, dabei ohne große Kraftanstrengung und mit kurzer Dauer, ausgeführt werden können.
OSOLIN (1952), SIMKIN (1960) und ZACIORSKIJ (1971) bezogen den Schnelligkeitsbegriff auf kurzzeitig ablaufende Reaktionen und mit hohen Intensitäten ausgeführte azyklische und zyklische Bewegungen. Sie bestätigen, daß
– die höchsten Intensitätswerte beim Fehlen eines äußeren Widerstandes erreicht werden (OSOLIN 1952, S. 123),
– sich bei geringen äußeren Widerständen eine Kraftverbesserung nicht auf die Bewegungsgeschwindigkeit auswirkt (ZACIORSKIJ 1971, S. 62),
– sich mit zunehmendem äußerem Widerstand die Bewegungsintensität verringert (SIMKIN 1960, S. 82).

Neuere Untersuchungen belegen die dominierende Stellung schnellmotorischer Prozesse in der Ausbildung der Schnelligkeit, besonders in den frühen Ausbildungsetappen, und deren Basisfunktion für perspektivische Schnelligkeitsanforderungen. Für die Ausbildung solcher zu automatisierender schnellmotorischer Bewegungsprogramme stellen die realisierbaren Muskelkräfte sowie die Bewegungsgeschwindigkeit eine wichtige Feedbackquelle dar. (U.a. MARTENIUK/SULLIVAN 1978) Auch eine frühzeitige Hypertrophie der schnellkontrahierenden Muskelfasern erfordert sowohl Bewegungswiderstände als auch explosive Muskelkontraktionen. Eine zu große Reduzierung der äußeren Widerstände verringert die Zeiten für den Aufbau des Actin-Myosin-Komplexes. Die dadurch relativ kleine Anzahl von aufgebauten Querbrücken pro Zeit limitiert die Kontraktionskraft. (U.a. KÜCHLER 1983)
Deutlich wird, daß zur Erhöhung der Geschwindigkeits- oder Frequenzwerte bei vielen Schnelligkeitsübungen – vor allem unter Wettkampfbedingungen – ein Krafttraining notwendig ist. *Die Fähigkeitsbasis sportartspezifischer Schnelligkeitsübungen ist nicht ausschließlich die Schnelligkeit, sondern auch die Schnellkraft.* Deshalb wurden von HARRE u.a. (1986) die azyklische Bewegungsschnelligkeit und die Sprintfähigkeit als „Hauptformen" der Schnelligkeit beschrieben, die konditionelle Basis der Bewegungsschnelligkeit aber unter dem Aspekt des Schnellkrafttrainings abgehandelt. Um die Schnelligkeit von der Schnellkraft abzugrenzen, wird der Einsatz von geringen Widerständen (sogenannte „erleichterte" Bedingungen – BAUERSFELD 1984) empfohlen. Gleichzeitig wird die Schnelligkeit als koordinativ-konditionell determinierte Fähigkeit charakterisiert. (HARRE/HAUPTMANN 1987, MARTIN/CARL/LEHNERTZ 1991)

Definition Schnelligkeit: Koordinativ-konditionell determinierte Leistungsvoraussetzung, um in kürzester Zeit auf Reize zu reagieren bzw. Informationen zu verarbeiten sowie Bewegungen oder motorische Handlungen unter erleichterten und/oder sportartspezifischen Bedingungen mit maximaler

Bewegungsintensität ausführen zu können, wobei durch eine sehr kurze Belastungsdauer eine Leistungslimitierung durch Ermüdung ausgeschlossen wird.

Differenzierung der Schnelligkeit. Entsprechend der komplizierten Struktur der Fähigkeit Schnelligkeit existieren zahlreiche Schnelligkeitsbegriffe und Systematisierungsversuche[1]. Erste Klassifizierungsmodelle (u. a. KLEMM 1930, OSOLIN 1954) wurden vom leichtathletischen Sprint abgeleitet (s. Kap. 3.3.3.4.) Später unterteilt PLATONOV (1987) die Schnelligkeitsformen nach folgenden Kriterien:
- *elementar:* Reaktions-, Koordinationsschnelligkeit, Schnelligkeit einer einzelnen Bewegung bei unbedeutenden Widerständen
- *komplex:* Beschleunigungsfähigkeit, lokomotorische Schnelligkeit (siehe u. a. auch BAUERSFELD 1994, GROSSER 1991).

Die in Abb. 3.3.-5 dargestellte Klassifizierung der Schnelligkeiten orientiert sich an diesem Vorschlag und unterscheidet zwischen **Grund- oder elementarer Schnelligkeit** und **Komplexschnelligkeit**. Die *Grundschnelligkeit* umfaßt die stark anlagebedingten psychophysischen

---

[1] Eine umfangreiche Übersicht über in der Literatur verwendete Schnelligkeitsbegriffe geben BAUERSFELD (1983) und BÖS/MECHLING (1983).

Voraussetzungen und gliedert sich in Reaktionsschnelligkeit und Koordinationsschnelligkeit. Faktoranalytisch stehen diese beiden Subkategorien in keinem signifikanten Zusammenhang (u. a. SMIRNOV 1974) und gehen auch keine direkten Beziehungen mit den anderen Leistungsvoraussetzungen ein. Die Komplexschnelligkeit äußert sich dagegen immer nur in einer Beziehung mit den anderen Leistungsvoraussetzungen und beschreibt Bewegungs- und/oder Handlungsleistungen, die in sehr kurzen Zeiten realisiert werden. Die Komplexschnelligkeit läßt sich unterteilen in Handlungs- und Bewegungsschnelligkeit. Bei letzteren wird entsprechend der Bewegungsform in azyklische und zyklische Bewegungsschnelligkeit unterschieden.

3.3.3.2. Grundlagen der Schnelligkeit

Jedes Training stellt unterschiedliche, spezifische Anforderungen an die Funktionssysteme des Organismus. Diese werden aber immer in ihrer Gesamtheit benötigt. Insofern gibt es kein spezielles „biologisches Korrelat oder System" für die Schnelligkeit. Man muß davon ausgehen, daß auch die Grund- und die Komplexschnelligkeit durch eine Vielzahl von funktionellen Anforderungen bestimmt werden. (Abb. 3.3.-6)
Schnell und präzise ausgeführte Bewegungen sind programmgesteuert (s. 3.2.). Durch ent-

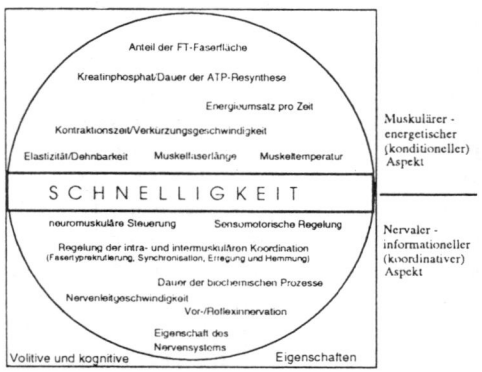

Abbildung 3.3.-5 *Klassifizierungsmodell der Schnelligkeitsfähigkeiten*

Abbildung 3.3.-6 *Voraussetzungen, die das Niveau der Schnelligkeitsfähigkeiten wesentlich bestimmen*

sprechende trainingsmethodische Maßnahmen sind besonders Adaptationen sowohl auf nervaler als auch muskulärer Ebene auszulösen. Die wichtigsten Voraussetzungen dafür sind:
- der nervale Aspekt – die Eigenschaften des Nervensystems; dazu gehören u. a. eine hohe Leitgeschwindigkeit der Reize bzw. Informationen und Erregbarkeit bei der Steuerung/Regelung der zentralnervalen und neuromuskulären Prozesse;
- der muskuläre Aspekt – ein hoher Anteil von FTG-Fasern, eine gut ausgebildete Dehnbarkeit, Elastizität und Anspannungs-/Entspannungsfähigkeit der Muskulatur;
- der energetische Aspekt – hohe Kreatinphosphatressourcen für die ATP-Resynthese.

Grundschnelligkeit. Ihre Entwicklung wird hauptsächlich durch zentralnervale und neuromuskuläre Steuer- und Regelmechanismen begrenzt. Diese Strukturen sind nach dem derzeitigen Erkenntnisstand epigenetisch. Durch die frühe „Verfestigung" dieser Voraussetzungen ist die Grundschnelligkeit beim ausgereiften Organismus kaum noch trainierbar. Außerdem gehören zu diesen „strukturell-anlagebedingten Voraussetzungen" die sensorische und motorische Nervenleitgeschwindigkeit, die Reflexzeiten, die synaptischen Übertragungszeiten sowie der prozentuale Anteil der schnellkontrahierenden FT-Fasern. (WITTEKOPF u. a. 1991, S. 1 f.) Die Einflußnahme durch Training erfolgt besonders über die Optimierung des Zusammenspiels von nervalen und muskulären Komponenten wie der intermuskulären Koordination.

Komplexschnelligkeit. Die Verbesserung der Komplexschnelligkeit setzt ein hohes Niveau der Grundschnelligkeit voraus. Der Anpassungseffekt auf muskulärer Ebene erfolgt dann weniger auf einer tatsächlichen qualitativen Veränderung im Bereich der Myofibrillen (verkürzter „Cross-bridge-Zyklus"), sondern hauptsächlich auf einer selektiven Verstärkung des kontraktilen Apparates und auf der Verbesserung der metabolischen und physiologischen Voraussetzungen für die optimale Funktion des kontraktilen Apparates. (BRZANK/PIEPER 1987, S. 14)

Ebenso bedarf es solcher psychischer Voraussetzungen, die für die unmittelbare Regulation von kurzzeitigen Bewegungsabläufen und für das Freisetzen der notwendigen biotischen Potenzen Bedeutung haben; das sind nach FRESTER (1991, S. 83 ff.):
- ein richtiges internes Abbild vom Bewegungsablauf,
- eine spezielle Mobilisationsfähigkeit,
- eine hohe emotionale Stabilität im Sinne von Nervenstärke.

Schnelligkeitsleistungen werden außerdem durch die Effektivität und den Beherrschungsgrad der jeweiligen Technik sowie durch die konstitutionellen Voraussetzungen der Sportler beeinflußt. Weiterhin entscheiden über die realisierbare Geschwindigkeit auch das Maximal-/Schnellkraftniveau und der Ausprägungsgrad der koordinativen Fähigkeiten.

In den leichtathletischen Sprintdisziplinen haben u. a. die Beziehungen von Schrittlänge und -frequenz eine Bedeutung. Beide Faktoren können einzeln und/oder gemeinsam variiert werden; sie treten ab einem bestimmten Niveau in eine feste Wechselbeziehung. Dann bewirkt eine Schrittverlängerung ein Abnehmen der Schrittfrequenz, bzw. eine höhere Schrittfrequenz verkürzt die Schrittlänge. Nach HESS u. a. (1991, S. 24) ist dies „dann kein biomechanisches Technikproblem mehr, sondern ein im besonderen Maße von der Streckenlänge abhängiger konditionell-energetisch geprägter Sachverhalt".

3.3.3.3. Grundschnelligkeit

Reaktionsschnelligkeit

Die Reaktionsschnelligkeit spielt in allen Bereichen des Lebens eine wichtige Rolle – im Alltagsleben, in der Arbeitswelt, in der sportlichen Tätigkeit. Unter *Reaktionsschnelligkeit versteht man die Fähigkeit, in kürzester Zeit auf einen Reiz (oder eine Information) zu antworten.* Bei der Betrachtung der Reaktionsschnelligkeit müssen die Latenzzeit, die Reaktionszeit und die Antizipationsfähigkeit berücksichtigt werden.

Allgemein wird unter der **Latenzzeit** die Zeit vom Setzen eines Reizes an einem Organ oder Organsystems bis zum ersten Auftreten einer meßbaren Reaktion (elektrisch, mechanisch u. a.) am gereizten Organ verstanden. Ihre Dauer wird bestimmt durch die Nervenleitgeschwindigkeit und die Verzögerung der Erregung beim Durchgang durch die motorische Endplatte, d. h. durch die Dauer der biochemischen Prozesse.

Als Indikator für den Ausprägungsgrad der Reaktionsschnelligkeit gilt die **Reaktionszeit** (VILKNER 1977, S. 517f.; GROSSER 1991, S. 92). Die Reaktionszeit ist die Zeit vom Setzen eines Sinnesreizes bis zum Beginn der willkürlichen Reaktion. Solche ersten adäquaten Reaktionen sind z.B. beim Start in den Sprintdisziplinen der Leichtathletik und beim Zeitfahrstart im Radsport der Druck auf den Startblock bzw. auf das Pedal. In die Reaktionszeit wird die isometrische Kontraktionsphase einer dynamischen Kraftäußerung einbezogen, d.h. die Zeit für den Spannungsaufbau des Muskels. Die Dauer für diese Abläufe liegt zwischen 0,004 und 0,01 s und wird beeinflußt von der Art des Reizes und Muskelfasertyps, von der Körpertemperatur, dem Ermüdungsgrad und der Fähigkeit zur Konzentration und Antizipation. Die Reaktionszeit gliedert sich in fünf Phasen (ZACIORSKIJ 1968, S. 52):

– Auftreten der Erregung im Rezeptor,
– Überführung der Erregung ins Zentralnervensystem (ZNS),
– Übergang des Reizes in die Nervennetze und die Bildung eines effektorischen Signals,
– Eintritt des Signals vom ZNS in den Muskel,
– Reizung des Muskels und Entstehung einer ersten myoelektrischen Aktivität.

Entsprechend der Art der Informationen und des daraufhin angesprochenen Analysators kann man unterteilen in:

– Reaktionsschnelligkeit auf *optische* Informationen (Motorrennsport, Sportspiele, Fecht- und Boxsport),
– Reaktionsschnelligkeit auf *akustische* Informationen (in den Sprint- und Laufdisziplinen),
– Reaktionsschnelligkeit auf *taktile* Informationen (im Ringkampf und Judo),
– Reaktionsschnelligkeit auf *kinästhetische* Informationen (im Gerätturnen, Wasserspringen, Schwimmsport).

Zu unterscheiden sind:

– Einfachreaktionen (auch einfache Reaktionen),
– Wahlreaktionen (auch Komplex- oder Auswahlreaktionen, komplizierte Reaktionen).

Einfachreaktionen sind dadurch gekennzeichnet, daß sie auf ein dem Sportler bekanntes Signal erfolgen und mit einer festgelegten Bewegung beantwortet werden. Sie werden vorrangig durch erbdominante Prozesse bestimmt und sind daher nur bedingt trainierbar. Typische Beispiele von Einfachreaktionen sind der Start nach einem akustischen Signal (z.B. im Rudern, in den leichtathletischen Laufdisziplinen, im Schwimmen) oder nach einem optischen Signal (z.B. Motorrennsport). In Abhängigkeit von der Art der Information ist die Dauer der einfachen Reaktion unterschiedlich. (Tab. 3.3.-3)

Tabelle 3.3.-3 *Dauer von Einfachreaktionen auf optische, akustische und taktile Informationen, zusammengestellt nach verschiedenen Untersuchungen* (GROSSER1991, S. 95)

Reizart		Reaktionszeit nach verschiedenen Autoren					Versuchspersonen
	SIMKIN	ZACIORSKI	OBERSTE/ BRADTKE	GROSSER	NÖCKER	DOSTAL	
	(1969)	(1971)	(1974)	(1976)	(1980)	(1981)	
akustisches Signal (Startschuß)	0,15	0,17–0,27		0,14–0,31	0,12–0,18		Nichtsportler
				0,11–0,24			Allround-Sportler
		0,05–0,07 (Weltklassesprinter)	0,12–0,19 ($\varnothing = 0,163$)	0,07–0,17		0,153 ± 0,0198	Leistungssprinter
			0,16–0,19 ($\varnothing = 0,187$)			0,1588 ± 0,0204	Leistungssprinterinnen
optisches Signal	0,16–0,18	0,20–0,35					Nichtsportler
		0,10–0,24					Allround-Sportler
		0,05–0,09					Leistungssportler
taktiles Signal	0,145				0,09–0,18		Nichtsportler

Wahlreaktionen haben vor allem in den Kampf- und Spielsportarten einen leistungsbeeinflussenden Stellenwert. In Abhängigkeit von der jeweilig konkreten technisch-taktischen Situation muß der Athlet aus der Vielzahl von möglichen Lösungsvarianten sich für die günstigste – und dies in möglichst kurzer Zeit – entscheiden. Unter sportartspezifischen Gesichtspunkten lassen sich Wahlreaktionen unterschiedlich beschreiben:

In den Spielsport- und Kampfsportarten dominieren die *Reaktionen auf ein sich bewegendes Objekt* (Ball, Gegen-/Mitspieler, Waffe oder Fäuste des sportlichen Gegners) und die *Unterscheidungsreaktionen,* die besonders bei Finten eine Rolle spielen. Der Sportler muß erkennen, ob ein Angriff nur vorgetäuscht wurde und welche Techniken folgen könnten, um entsprechende Verteidigungs- oder Gegenhandlungen vorzubereiten.

Die Dauer der Wahlreaktionen wird durch die unterschiedlichsten Faktoren beeinflußt. Die wesentlichsten sind das Trainingsalter und die damit verbundene Wettkampferfahrung und -routine, was sich wiederum positiv auf die Antizipationszeit auswirkt, *das kalendarische Alter, die Extremitäten, mit denen reagiert werden muß* (in der Regel erfolgen Reaktionen mit den Armen schneller als mit den Beinen), die *Entfernung zum Gegner und dessen Leistungsniveau* und *die Komplexität der Informationen* (je komplexer die Informationen, desto geringer die Beziehung zur Einfachreaktion – VILKNER 1977).

Koordinationsschnelligkeit

Die effektivste Art des Steuerns von schnellen Bewegungen liegt in der Ausbildung eines relativ stabilen und automatisierten motorischen Programms. Besonders bei Bewegungszeiten unter 120 ms ist eine Korrektur während der Bewegungsausführung nicht mehr möglich. Neuere Arbeiten setzen hier an, u.a. BAUERSFELD (1984, 1986), BEHREND (1988), VOSS (1989), HAUPTMANN (1990), LEHMANN (1991). Im Zentralnervensystem gespeicherte Grundprogramme wurden bei reaktiven Nieder-Hoch-Sprüngen untersucht. (BAUERSFELD/VOSS 1992) Die Dauer für den Übergang von der exzentrischen zur konzentrischen Kontraktion, als „Zeitprogramm" bezeichnet, charakterisiert das Niveau der Schnelligkeit im Dehnungs-Verkürzungs-Zyklus und ist als Bodenstütz- oder Kontraktionszeit erfaßbar. (Abb. 3.3.-7)

LEHMANN (1991) beschreibt die beim Hand- und Beintapping erreichbare maximale Frequenz als zentralnerval determiniert. Die Frequenzschnelligkeit als spezifische Form der Grundschnelligkeit stellt sich somit als eine wichtige Voraussetzung für die zyklische Bewegungsschnelligkeit dar.
Ähnliches gilt auch für die Kontraktionsschnelligkeit (auch: Schnelligkeit der willkürlichen Muskelanspannung – VERCHOŠANSKIJ/TATJAN 1975) bei konzentrischen

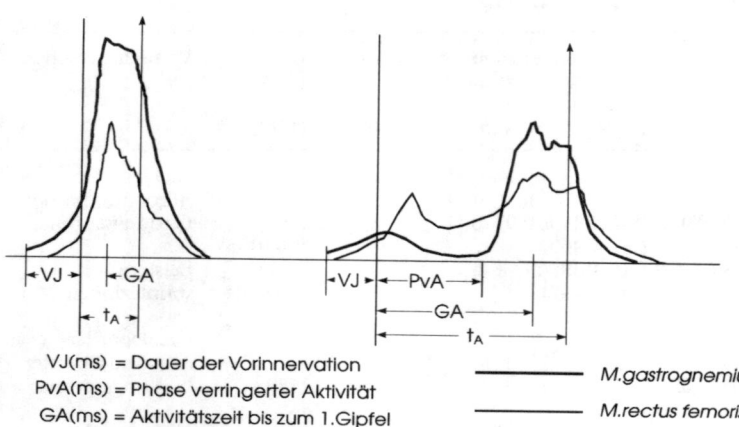

VJ(ms) = Dauer der Vorinnervation
PvA(ms) = Phase verringerter Aktivität
GA(ms) = Aktivitätszeit bis zum 1.Gipfel
t_A(ms) = Hauptaktivitätsphase

—— M.gastrognemius
—— M.rectus femoris

Abbildung 3.3.-7
Gegenüberstellung typischer EMG-Zeit-Kurven beim Nieder-Hoch-Sprung im kurzen (links) und langen (rechts) Zeitprogramm (VOSS 1989)

oder exzentrischen Bewegungen. Die Dauer der isometrischen Kontraktionsphase selbst ist vom äußeren Bewegungswiderstand unabhängig (u. a. HAUPTMANN 1990), wobei schnelle Kontraktionen ein zeitigeres Ansprechen der FT-Fasern veranlassen.

Die Koordinationsschnelligkeit stellt die koordinative Basis der Komplexschnelligkeit dar und ist Bestandteil sowohl der azyklischen als auch der zyklischen Bewegungsschnelligkeit. Sie widerspiegelt sich besonders bei solchen Bewegungen, bei denen der äußere Widerstand außerordentlich gering, die Bewegungszeit äußerst kurz ist und/oder sehr wenige Gelenke einbezogen sind. Solche Bedingungen sind im Sport selten (z. B. die Stoßbewegungen im Fechten oder Boxen, der Platzwechsel mit den Beinen im Judo) bzw. können nur durch technische Konstruktionen geschaffen werden. Eine sehr gut ausgebildete Grundschnelligkeit ist aber wichtige Voraussetzung für die spätere Ausbildung der komplexen Schnelligkeitsfähigkeiten und für Spitzenleistungen in den Schnelligkeits-/Schnellkraftsportarten.

3.3.3.4. Komplexschnelligkeit

Die Komplexschnelligkeit resultiert aus der Verbindung der Grundschnelligkeit mit anderen Leistungsvoraussetzungen. In der Mehrzahl der Trainings- und Wettkampfübungen ist besonders die Verbindung der Bewegungsschnelligkeit mit der Kraftfähigkeit bedeutsam. Diese Verbindung wird mit ansteigenden äußeren Widerständen immer enger und bei größeren äußeren Widerständen als **Schnellkraftfähigkeit** bezeichnet. Die komplexen Formen der Bewegungsschnelligkeit basieren auf einem hohen Niveau der nervalen und muskulären Voraussetzungen und optimierten Wechselbeziehungen zwischen ihnen.

Azyklische und zyklische Bewegungsschnelligkeit

Die Bewegungsschnelligkeit bezieht sich ausschließlich auf die motorische Komponente der Handlung und äußert sich während der Bewegungsausführung. Diese vollzieht sich immer in Raum und Zeit und führt zu einer Ortsveränderung einzelner Teile oder des gesamten Körpers in einer bestimmten Zeit. Entsprechend den Strukturvarianten der Bewegung ist zwischen der zyklischen und azyklischen Bewegungsschnelligkeit zu unterscheiden.

Azyklische Bewegungsschnelligkeit. Zwischen ihr und den Kraftfähigkeiten besteht eine enge Beziehung, die u. a. eine genaue belastungsmethodische Differenzierung in bezug auf die Ausbildung beider Fähigkeiten sehr schwierig macht und für die Trainingspraxis auch wenig sinnvoll ist. Daher werden die theoretischen und methodischen Aspekte des Trainings der azyklischen Bewegungsschnelligkeit im Zusammenhang mit denen der Schnellkraft besprochen.

Zyklische Bewegungsschnelligkeit. Die zyklische Bewegungsschnelligkeit widerspiegelt sich am deutlichsten in den Sprintdisziplinen. Deshalb wird auch von der „Sprintfähigkeit" gesprochen. Besonders aus dem leichtathletischen 100-m- und 200-m-Sprint liegen zahlreiche Untersuchungsergebnisse vor.

Abgeleitet aus der Geschwindigkeitsdynamik des Sprints wurden folgende Phasen abgeleitet und bestimmten Schnelligkeitsfähigkeiten zugeordnet:

Startphase	Reaktionsschnelligkeit
Beschleunigungsphase	Beschleunigungsfähigkeit
Phase der maximalen Geschwindigkeit	lokomotorische Schnelligkeit
Phase des Geschwindigkeitsabfalls	Schnelligkeitsausdauer

Lokomotorische Schnelligkeit. Sie bezieht sich auf die Anforderung, welche an die alternierende Innervation der antagonistischen Muskeln in der Phase der maximalen Geschwindigkeit gestellt werden. Die Anforderungen beziehen sich auf die zentralnervale und neuromuskuläre Steuerung – eine gut ausgebildete intermuskuläre Koordination, eine optimale Anspannungs- und Entspannungsfähigkeit der Muskulatur, was durch einen entsprechenden Bewegungsrhythmus sichtbar wird – sowie die adäquate energetische Absicherung.

Faktoranalytische Betrachtungen der zyklischen Bewegungsschnelligkeit verweisen darauf, daß die Beschleunigungsfähigkeit und die lokomotorische Schnelligkeit in allen Leistungsklassen nur geringe bis mittlere Signifikanzen aufweisen, aber in den einzelnen Abschnitten des Sprints leistungsrelevant sind und das Niveau der Gesamtleistung bestimmen. (VOIGT 1990, HESS u. a. 1991)

Beschleunigungsfähigkeit. Der enge Bezug zur (Schnell-)Kraft wird besonders bei der Beschleunigungsfähigkeit sichtbar. Diese charakterisiert die Fähigkeit, dem Wettkampfgerät, dem sportlichen Gegner, dem eigenen Körper oder Teilen von diesem durch ein zweckmäßiges Nutzen des Beschleunigungsweges eine maximale Endgeschwindigkeit zu verleihen, und wird z. T. als eine spezifische Form der Schnellkraft angesehen (Beschleunigungskraft). Ein hohes Niveau der Beschleunigungsfähigkeit ist eine wesentliche Voraussetzung, um in möglichst kurzer Zeit das Kraftmaximum bei einer einzelnen Bewegung zu erreichen (Schnelligkeit der Einzelbewegung) bzw. sich mit einer hohen Geschwindigkeit zyklisch bewegen zu können (lokomotorische Schnelligkeit).

Analysen der Geschwindigkeit-Weg-Verläufe bei Spitzensprintern der Leichtathletik verweisen darauf, daß in der Beschleunigungsphase zwei relativ eigenständige Leistungsvoraussetzungen zu unterscheiden sind: Im Abschnitt nach dem Start bis etwa 20 bis 30 m ist die *Startbeschleunigung* von Bedeutung. Zwischen den Topsprintern und -sprinterinnen sind hier die Leistungsunterschiede relativ unbedeutend. Für die Sprintleistung ist die „*Pickup-Beschleunigung*" entscheidender. Im Abschnitt von 30 bis etwa 60 m geht es darum, die Geschwindigkeit noch weiter zu steigern. Damit steigen die Anforderungen an die Antriebssysteme, und die kinematischen Parameter unterscheiden sich von denen der Startbeschleunigung, z. B. geringere Stützzeiten, größere Beuge- und Streckgeschwindigkeiten im Sprunggelenk u.a.m. (BARTONIETZ/ GÜLLICH 1992, S. 198 ff.)

Handlungsschnelligkeit

Besonders in den Sportspielen und den Zweikampfsportarten kommt es darauf an, sporttechnische und taktische Handlungen situationsangemessen auszuführen. Ausdruck des Niveaus der Handlungsschnelligkeit ist die für die *kognitiven Prozesse* („geistige" Schnelligkeit) und für die *motorische Lösung* der Handlungsaufgabe („motorische" Schnelligkeit) benötigte Gesamtzeit. Wesentliche Komponenten der Handlungsschnelligkeit sind die *Reaktionsschnelligkeit*, besonders die Wahlreaktion (Reaktionszeit), und die *Bewegungsschnelligkeit* (Bewegungszeit). Als komplexe psychophysisch determinierte Leistungsvoraussetzung ist sie weiterhin abhängig vom Niveau der koordinativen und konditionellen Fähigkeiten und den technisch-taktischen Fertigkeiten.

Nicht immer kommt es darauf an, die Handlung in kürzester Zeit und/oder mit maximaler Intensität auszuführen. Vielmehr kann eine situationsgerechte Ausführung durchaus eine Verzögerung zwischen der kognitiven und motorischen Phase erfordern, z. B. bei Finten.

Bei der Ausbildung der Handlungsschnelligkeit liegen die größten Reserven in der Verbesserung der kognitiven Prozesse, da diese etwa 70 % bis 80 % des Zeitbedarfs für die Lösung von technisch-taktischen Situationen ausmachen und vorhandene Defizite durch die motorische Realisierung nicht kompensierbar sind.

3.3.3.5. Objektivierung – Diagnostik

Reaktions- und Handlungsschnelligkeit

Die Reaktionsschnelligkeit wird unter den Bedingungen der Trainingspraxis vom Auftreten des Signals bzw. der Information bis zum Beginn der Bewegung gemessen (Reaktionszeit). Das Objektivieren besonders von Wahlreaktionen erfolgt in der Regel im Zusammenhang mit komplexen Handlungen. Ermittelt wird der Zeitbedarf für die Gesamthandlung (Handlungszeit). Daher wird die Diagnostik von Wahlreaktionen und der Handlungsschnelligkeit zusammen abgehandelt.

Einfachreaktionen. Die Reaktionsschnelligkeit bei Einfachreaktionen bestimmt die Startleistung in den Sprintdisziplinen und beeinflußt die Leistung beim Start u. a. im Eisschnellauf, Rudern, Kanurennsport. Gemessen wird sie unter wettkampfnahen Bedingungen, z. B. im Sprintstart als Zeit vom Startschuß bis zum ersten Druck der Füße auf die Startblöcke. Dazu wird zwischen Startanlage und Starterpistole ein Zeitmodul installiert.

Wahlreaktionen und komplexe Handlungen. Sie haben besondere Bedeutung in den Sportspielen und Zweikampfsportarten. Aus einer Vielzahl von Lösungsvarianten muß in möglichst kurzer Zeit das optimale Verfahren gefunden und mit hoher Genauigkeit agiert werden. In der sportlichen Tätigkeit sind Wahlreaktionen in die Gesamthandlung des Sportlers eingebettet. Sie werden beeinflußt vom Gegner, eigenen Mitspielern sowie von der physischen und psychischen Beanspruchung, vom möglichen Zeitdruck und ständig wechselnden Situationen.

Eine exakte Erfassung von Wahlreaktionen ist daher nur unter wettkampfnahen Bedingungen sinnvoll, was bis jetzt nicht realisierbar ist. Daher müssen Messungen unter Laborbedingungen erfolgen, wobei sich wettkampftypische Situationen kaum simulieren lassen. Im Labor nutzt man zumeist sportartspezifische Aktionen einfacher Art, die häufig durch optische Signale ausgelöst werden.

DieTests sollten so konstruiert sein, daß

– die Schwierigkeit der Handlungsanforderungen stufenweise erhöht werden kann (Umfang und Differenziertheit der Signalgebung, Anzahl der Antwortmöglichkeiten, Erschwerung der Genauigkeitsanforderung);

– nicht nur die Gesamthandlungszeit, sondern differenziert die Reaktionszeit und die Zeit für die motorische Aktion (Bewegungszeit) erfaßt werden können;

– die Genauigkeit der Handlung bei unterschiedlichem Schwierigkeitsgrad der Anforderung bewertet werden kann.

Entsprechende Tests sind u.a. für das Boxen (KIRCHGÄSSNER 1981; GROSSER/STARISCHKA 1986, S. 78f.) und die Sportspiele (KONZAG 1981, 1983) experimentell erprobt worden.

Neben diesen mit der sportartspezifischen Bewegung oder Handlung verbundenen Tests existieren eine Reihe unspezifischer, allgemeiner Tests. Ein solcher allgemeiner Reaktionszeittest in der *Fallstabtest*. Der sitzende Proband hat die Aufgabe, einen fallenden Stab so schnell wie möglich zu fassen. Die Hand ist aufgelegt, dabei zeigt die Handfläche nach innen, die Finger sind gestreckt und der Daumen ist abgespreizt. Der Stab ist 60 cm lang und hat eine Zentimetereinteilung. Gemessen wird die Fallstrecke in cm vom unteren Stabende bis zur Handunterkante. (GROSSER/STARISCHKA 1986, S. 80f.)

Azyklische und zyklische Grundschnelligkeit

Das Diagnostizieren der Grundschnelligkeit ist recht problematisch, da es z. Z. noch keine gesicherten „inneren Parameter" für die zentralnervalen und neuromuskulären Voraussetzungen gibt.

Azyklische Grundschnelligkeit. In den Arbeiten von BAUERSFELD (1984, 1986), BEHREND (1988), VOSS (1989) und BAUERSFELD/VOSS (1992) wird anhand von EMG-Zeit-Kurven auf die Qualität der azyklischen Grundschnelligkeit im Dehnungs-Verkürzungs-Zyklus geschlossen. Genutzt wird ein Nieder-Hoch-Sprung aus 20 cm Höhe unter körpergewichtsentlastenden Bedingungen. Eine Stützzeit von 170 ms wird als Grenzwert von guten und ungenügenden Schnelligkeitsvoraussetzungen definiert. (Vgl. Abb. 3.3.-7) Wichtig bei solchen Untersuchungen ist das Festlegen von Standards, wie die Länge des Brems- und Beschleunigungsweges, der Winkel im Knie- und Hüftgelenk, die Kopfhaltung u.a.m.

Zyklische Grundschnelligkeit. LEHMANN (1991) nutzte zur Objektivierung der zyklischen Grundschnelligkeit das wechselseitige Beintapping. Der Proband hat die Aufgabe, aus einer sitzenden Position in einer Zeit von 6 s mit einer maximalen Frequenz wechselseitig die Fußballen vom Boden zu heben. Dabei sollte ein Heben in den Kniegelenken vermieden werden. Jedes Aufschlagen des Ballens auf eine Kontaktplatte löst einen Impuls aus, der durch ein elektromechanisches Zählwerk registriert wird.

Die Grundschnelligkeit für den Sprint in der Leichtathletik bestimmt LEHMANN (1991, S. 86ff.) mit Hilfe eines Schnelligkeitsquotienten (SQ), der sich aus der Frequenz des wechselseitigen Beintappings (FwBT in Hz) und der Stützzeit beim Nieder-Hoch-Sprung (STZ NHS in s) zusammensetzt:

$$SQ = \frac{FwBT}{STZ\ NHS}$$

Die Grenze zwischen guten und schlechteren Werten für das wechselseitige Beintapping liegt bei 12 Hz. Das bedeutet, daß sich gute Voraussetzungen für zyklische, hochfrequente Bewegungen bei einem Quotienten von über 71,0 (12 Hz/0,170 s) diagnostizieren lassen.

Psychomotorische Koordinationsleistung. Bei sehr schnellen Bewegungen kann zur Analyse das *Tracking* (Folgeverhaltenstest) eingesetzt werden. Der Proband folgt einer durch einen Monitor vorgegebenen Linie (Führungsfunktion), die in unregelmäßigen Intervallen in der Höhe variiert. Dieser Linie muß er in möglichst kurzer Zeit und deckungsgleich folgen. (PÖHLMANN 1983; NORDMANN/BAYER 1989 – Abb. 3.3.-8) Die Indikatorbewegung bezieht sich dabei auf Bewegungen von einachsigen Gelenken (Fuß-, Knie- und Ellbogengelenk). Ein an diesen Gelenken befestigtes Goniometer erzeugt eine der Gelenkwinkelveränderung proportionale

Spannungsveränderung, die durch entsprechende Software aufbereitet wird. Aus dem Vergleich zwischen Führungs- und Folge(Antwort-)funktion wird auf die Leistungsfähigkeit des Systems „optischer Analysator – Skelettmuskulatur" geschlossen. Die dabei erhobenen *Parameter* sind:

– Verzögerungs- oder Reaktionszeit (RZ), die primär von den sensomotorischen Prozessen der Informationsaufnahme, -übertragung und -verarbeitung determiniert wird;
– Anstiegszeit (AZ) als Indikator für die Schnelligkeit, die hauptsächlich durch die sensomotorischen Prozesse der Ansteuerung, Erregung und Kontraktion bestimmt wird;
– Bewegungsgenauigkeit (BG).

Komplexe Schnelligkeit

Im Bereich der komplexen Schnelligkeitsformen sind in erster Linie die Sprintfähigkeiten zu bestimmen. Es interessieren neben der Reaktionszeit beim Start: die Beschleunigung, die Höchstgeschwindigkeit und der Geschwindigkeitsabfall sowie die Länge der Beschleunigungs-, Hochgeschwindigkeits- und der negativen Beschleunigungsphase. Mit Hilfe von Hochfrequenzkameras können unter Wettkampfbedingungen die interessierenden Parameter ermittelt und die Sprintfähigkeiten

Tabelle 3.3.-4 *Geschwindigkeitsverlauf in einem 100-m-Lauf des Sprinters C. Lewis* (nach GROSSER 1991)

Strecke (m)	Zeit (s)	10-m-Zeit (s)	Geschw. (m/s)
10	1,89		5,29
20	2,96	1,07	9,34
30	3,90	0,94	10,36
40	4,79	0,89	11,23
50	5,65	0,86	11,62
60	6,48	0,83	12,04
70	7,33	0,85	11,76
80	8,18	0,85	11,76
90	9,04	0,86	11,62
100	9,92	0,88	11,36

danach differenziert bestimmt werden. (Tab. 3.3.-4)

Zur weiteren Aufhellung der komplexen Schnelligkeit dienen

– Dynamographie (Stützzeiten, Kraftverläufe);
– Elektromyographie (Muskelaktivität, Aktivitätsgrößen und -muster);
– sportmotorische Tests zur Erfassung der Frequenzschnelligkeit (30-m-Sprint fliegend, Skipping- und Fußtappingtest), der Beschleunigungsfähigkeit im Sprint (20-m-Sprint mit Start) sowie der Reaktions- und azyklischen Schnelligkeit im Volleyball (Japantest).

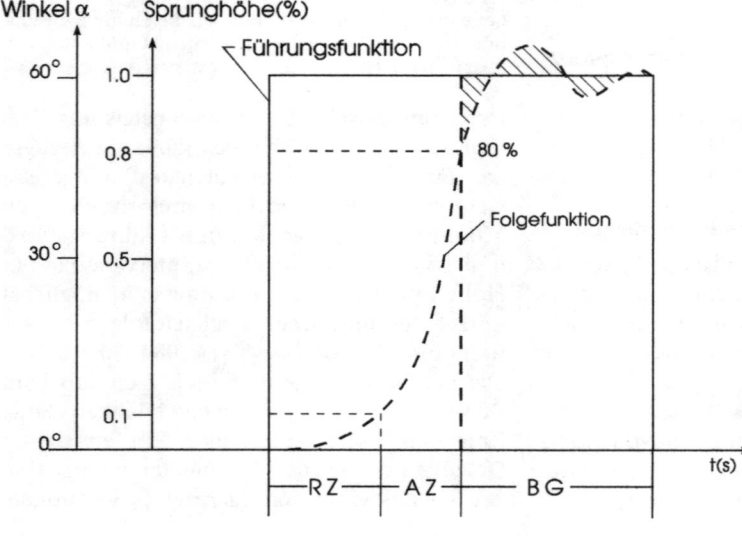

Abbildung 3.3.-8
Verlauf der Führungsfunktion und der Folge-(Antwort-)funktion sowie die Kenngrößen beim Folgeverhaltenstest – Variante Sprungfunktion
RZ   – Reaktionszeit;
AZ   – Anstiegszeit;
BG   – Bewegungsgenauigkeit

3.3.4. Ausdauerfähigkeiten

3.3.4.1. Charakteristik der Ausdauer

Bei einer länger dauernden Belastung wird die mögliche sportliche Leistung durch Ermüdungsprozesse eingeschränkt. **Die Fähigkeit, die eine zuverlässige Dauerbeanspruchung sichert und die ermüdungsbedingte Leistungseinschränkung begrenzt oder gar verhindert, wird als Ausdauer bezeichnet.** Der Anteil der Ausdauer an einer sportlichen Leistung wird von der Größe der durch die Ermüdung hervorgerufenen Leistungsminderung bestimmt.

Ausdauerleistungen sind mit konkreten Bedingungen der Bewegungshandlung verbunden; das betrifft die Art der Bewegung (zyklisch oder azyklisch), die Dauer eines Bewegungszyklus und das Verhältnis von aktiver zu passiver Phase, die Art der Muskelkontraktion (dynamisch oder statisch), die Körperlage (z. B. sitzend beim Rudern und Radfahren, „liegend" beim Schwimmen, aufrecht beim Laufen), die Masse der einbezogenen Muskulatur, die Größe des zu überwindenden Widerstandes und die Höhe der Bewegungsfrequenz sowie vor allem die Gesamtdauer der Belastung im Wettkampf.

Ausdauerleistungen sind an energetische Leistungsvoraussetzungen gebunden. Die Effizienz von Ausdauerleistungen steigt mit der Ökonomie des Energieverbrauchs. Daraus ergeben sich enge Beziehungen zwischen der Ausdauer und der Beherrschung der sportlichen Technik, hochausgebildeten koordinativen Fähigkeiten sowie einer optimalen Muskelentspannungsfähigkeit und Beweglichkeit. Insbesondere bei Mittel- und Langzeitanforderungen in den zyklischen Sportarten sowie in den Sportspielen und Zweikampfsportarten sind die Wechselwirkungen zwischen der Ausdauer und den sportartspezifischen taktischen Anforderungen hervorzuheben, weil Ausdauer auch bei Intensitätswechsel anforderungsgerecht zur Verfügung stehen muß.

Bedeutung der Ausdauer- und Ausdauerentwicklung

Ausdauer ist eine Fähigkeit, die in Erscheinung tritt, wenn sich im Leistungsvollzug **Ermüdungsprozesse** einstellen, die nicht mehr kompensiert werden können. Während die Ausdauer bei kurzzeitigen Anforderungen das Leistungsergebnis nur beeinflußt, wird sie mit zunehmender Belastungsdauer leistungsentscheidend.

• In Sportarten mit zyklischen Bewegungen (Ausdauersportarten, Sprintanforderungen) erhöht sich die mittlere Geschwindigkeit für vorgegebene Wettkampfstrecken, und die Leistungsfähigkeit bei notwendigem Intensitätswechsel und in Endkampfsituationen wird gesteigert.

• In den Zweikampf- und Spielsportarten können ein höheres Spiel- bzw. Kampftempo über die gesamte Kampfdauer durchgehalten und sporttechnische Fehlleistungen reduziert werden. Der Einsatz taktischer Varianten mit höheren konditionellen Anforderungen wird gesichert.

• In den technisch-kompositorischen Sportarten mit hohen Konzentrationsanforderungen (u. a. im Geräteturnen, Wasserspringen, Eiskunstlaufen, Sportschießen) erhöht sich die Stabilität erlernter sportlicher Techniken. Im Training wird eine höhere Anzahl von Elementen in kürzerer Zeit bei Erhalt der sporttechnischen Präzision bewältigt. Durch Ausdauertraining verbesserte energetische Grundlagen sind auch eine wichtige Basis für die Konzentrationsausdauer.

• In allen Sportarten ist ein ansteigendes Niveau der Ausdauer Voraussetzung für eine **erhöhte Belastbarkeit**. In den Trainingseinheiten können umfangreichere Belastungen und ein höherer Anteil intensiver Belastungen bewältigt werden; das Risiko von Fehlbelastungen wird verringert.

• Enge Beziehungen existieren zwischen der Ausdauer und der **Erholungsfähigkeit** nach körperlichen Belastungen. Die sich im Verlauf umfangreicherer Ausdaueranforderungen erhöhende aerobe Kapazität trägt dazu bei, saure Stoffwechselprodukte nach Abschluß der Belastung schnell abzubauen. Bei intermittierenden Belastungen im Training und Wettkampf können kurze Phasen der Intensitätsminderung bzw. Pausen zur Wiederherstellung führen.

• Ausdauer stabilisiert die Leistungsfähigkeit und Belastbarkeit bei der Bewältigung jeglicher Anforderungen des täglichen Lebens. Die mit der Ausbildung der Ausdauer entstehenden Anpassungen im Herz-Kreislauf-, Atmungs- und Stoffwechselsystem erhöhen die **Gesundheit** und verbessern die **Lebensqualität**.

Ermüdung

Zur Kennzeichnung der Ausdauer sind einige Bemerkungen zum Wesen von Ermüdungsprozessen bei sportlichen Belastungen erforderlich. Ermüdungsvorgänge vollziehen sich nicht nur in der Peripherie, sondern auch im Zentralnervensystem.

Nach Auffassung von SCHARSCHMIDT (1976, S. 237) sind die Ermüdungsfaktoren derart verschmolzen, daß es nicht möglich ist, zwischen einer „peripheren" und einer „zentralen" Ermüdung zu unterscheiden. Demgegenüber wird dieser Unterschied von anderen Autoren deutlich hervorgehoben (u.a. KÜCHLER 1983, S. 178; DE MARÉES/MESTER 1991[b], S. 101 ff.). Nach DE MARÉES wird die zentrale Ermüdung vor allem durch psychische Belastung als Folge anstrengender geistiger Tätigkeit und auch durch hohe koordinative Beanspruchung im Techniktraining ausgelöst. Anstrengende körperliche Tätigkeit führt hingegen vor allem zu einer muskulären Ermüdung. Der Autor merkt jedoch an, daß zumindest bei schwerer Arbeit beide Formen der Ermüdung kombiniert vorkommen, so daß eine deutliche Trennung kaum möglich sei. MARTIN (1987) plädiert aus praktikablen Gründen für die Unterscheidung in periphere und zentrale Ermüdung, *weil sich Ermüdung z.B. bei einem Krafttraining zuerst peripher und bei Techniktraining zuerst zentral widerspiegelt.* Die Komplexität von Ermüdungserscheinungen wird jedoch nicht in Frage gestellt.

Ermüdung entsteht unter der Einwirkung anstrengender körperlicher oder geistiger Belastung. Sie führt zu einer vorübergehenden Leistungs- und Funktionsminderung. Sichtbare Zeichen sind abnehmende Intensität der Bewegungen (Verringerung der Geschwindigkeit und der Schnellkraftleistungen), verlängerte Reaktionszeiten, verstärkter Einsatz von Hilfsmuskeln und verminderte Genauigkeit von Präzisionsbewegungen; hingewiesen wird u.a. auch auf Verminderung der Aufmerksamkeit und der Konzentrationsfähigkeit, auf Augenflimmern, Ohrensausen, Muskelschmerz und Muskelzittern. (SCHARSCHMIDT 1976, S. 242) Ermüdung im Belastungsvollzug ist auch mit einem größeren Anstrengungsgefühl und häufig unangenehmen Empfindungen verbunden.

Als **Ursachen der Ermüdung,** deren Wirkung im Zusammenhang gesehen werden muß, werden genannt:

• *Die erhebliche Anhäufung von Stoffwechselzwischen- und -endprodukten.* Wichtige Indikatoren sind das Laktat und der Serum-

harnstoffwert. Während der Anstieg der Milchsäure im Belastungsvollzug die Leistung einschränkt und zur Intensitätssteuerung benutzt wird, kennzeichnen erhöhte morgendliche Harnstoffwerte noch vorhandene Ermüdungsreste nach vorangegangenen hohen Belastungen. (HOLLMANN/HETTINGER 1990, S. 130; GOTTSCHALK 1988; BADTKE u.a. 1988, S. 323)

• Die *Verausgabung leistungsbestimmender Substanzen und physikochemische Veränderungen.* Es kommt als Folge hoher Beanspruchung bei Langzeitbelastungen und als Ergebnis von Wettkampfserien mit relativ kurzen Erholungsintervallen u.a. zu einer starken Ausschöpfung der Energiedepots (Glycogen, Proteine, Mineralien), von Hormonen und Enzymen sowie zu erheblichen Veränderungen der Mitochondrien.

Bei Kurzzeitbelastungen mit maximaler Intensität ist die Verausgabung energiereicher Phosphate eine Hauptursache aktueller Ermüdungserscheinungen.

• *Hemmungserscheinungen (Schutzhemmung) im ZNS.* Der für die Leistungsabgabe notwendige hohe Aktivitätszustand des ZNS fällt bei kurzzeitig wiederholten oder länger andauernden Belastungen ab und geht in einen Hemmungszustand über, der zunehmend die Leistungsfähigkeit einschränkt. (Vgl. PAHLKE 1988, S. 327) Auslösende Faktoren sind u.a. hohe Konzentrationsanforderungen bei risikoreichen und koordinativ schwierigen Übungen (Gerätturnen, Wasserspringen, Abfahrtslauf u.ä.), hohe Beanspruchung einzelner Analysatoren (z.B. des optischen Analysators bei Schützen), lang dauernde hohe Konzentrationsleistungen (Schachspiel) oder anhaltend intensive emotionale Erlebnisse. Auch der hohe Informationsfluß zum ZNS über den sich im Belastungsvollzug ändernden Zustand der beanspruchten Funktionssysteme und die sich daraus ergebenden hohen Regulationsanforderungen hemmen zunehmend die motorischen Zentren und beeinflussen die zentralnervale Aktivierung, wie BEYER (1988) durch EEG-Untersuchungen nachweisen konnte. (Abb. 3.3.-9)

Ausdauer wird definiert durch den Bezug auf ermüdungsbedingte Leistungsverluste.

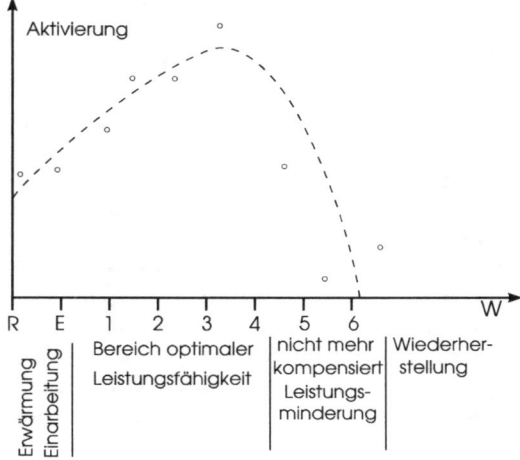

Abbildung 3.3.-9 *Schematische Darstellung der Beziehung zwischen zentralnervaler Aktivierung und sensomotorischer Leistungsfähigkeit* (nach BEYER 1988)
R – Ruhe; E – Erwärmung; W – Wiederherstellung; 1 … 6 – 400-m-Läufe

> **Definition Ausdauer:** Konditionelle Fähigkeit; Widerstandsfähigkeit gegenüber Ermüdung, die bei sportlichen Belastungen ermüdungsbedingte Leistungsverluste mindert.

3.3.4.2. Differenzierung der Ausdauer – unter besonderer Berücksichtigung der Ausdauersportarten

Die Trainingswissenschaft bemüht sich gemeinsam mit der Sportmedizin, die Vielzahl spezieller Ausdauerfähigkeiten unter verallgemeinertem Aspekt darzustellen und zu klassifizieren. Dieser Versuch verfolgt das Ziel, übergreifende Ansatzpunkte für die Steuerung und Auswertung des Ausdauertrainings zu gewinnen.

Basis aller sportartspezifischen Arten der Ausdauer ist die **Grundlagenausdauer.** Leistungsbestimmende und -beeinflussende Ausdauerfähigkeiten werden nach der Belastungsdauer des Wettkampfes klassifiziert. (Tab. 3.3.-5 und 3.3.-6) Dieses Merkmal bietet sich an, weil die Beanspruchung der Funktionssysteme und die psychische Beanspruchung in einer bestimmten Bandbreite von der Belastungsdauer abhängen. (Vgl.

Tab. 3.3.-7 und 3.3.-8) Die Leistungsvoraussetzungen unterschiedlicher Sportarten gleicher Wettkampfdauer sind damit annähernd vergleichbar.

Die vorliegenden Erkenntnisse sind vorwiegend in den **Ausdauersportarten** gewonnen worden. Die Übertragung auf andere Sportarten mit vergleichbarer Wettkampfdauer und erheblichen Anforderungen an die Ausdauer (z. B. Sportspiele, Zweikampfsportarten) ist wegen sportartspezifischer Besonderheiten (u. a. Bewegungsvielfalt, häufig wechselnde Kampfsituationen, Intensitätswechsel, unmittelbare Beeinflussung und Behinderung durch Gegner) nur mit Einschränkung möglich. Auch in den Ausdauersportarten selbst muß man insbesondere bei trainingsmethodischen Entscheidungen die Spezifik jeder Sportart ausreichend berücksichtigen.

Kritische Aspekte. Neben der Belastungsdauer existieren weitere Einflußfaktoren, in denen sich Sportarten bzw. sportliche Disziplinen mit zyklischem Bewegungsablauf deutlich unterscheiden. Zu berücksichtigende Besonderheiten sind z. B.:
• *Der Intensitätsverlauf im Wettkampf.* Sportarten unterscheiden sich durch intensives oder extensives Startverhalten, durch nahezu gleichmäßige oder stark wechselnde Intensität im Wettkampfverlauf, bedingt durch Geländeprofile, taktische Situationen.
• *Die Kraft-Zeit-Charakteristik der Bewegungszyklen.* Sehr unterschiedlich ist der Zeitbedarf für einzelne Bewegungszyklen, die daraus resultierende Bewegungsfrequenz und das Verhältnis zwischen der Arbeits- und Erholungsphase im Zyklusverlauf in verschiedenen Sportarten. (GUNDLACH 1978)
• *Die Körperhaltung:* aufrecht, sitzend, kniend, liegend und die Masse der aktiv eingesetzten Muskulatur (Arme, Beine, Rumpf).
• *Die Position des Sportlers in Mannschaftssportarten:* Rudern, Kanurennsport, Radsport; unterschiedliche Positionen, z. B. Heck- oder Bugposition in

Tabelle 3.3.-5
Ausdauerarten unter Berücksichtigung vergleichbarer Wettkampfzeitbereiche

Sprint- und Schnelligkeitsausdauer	unter 35 s
Kurzzeitausdauer	35 s bis 2 min
Mittelzeitausdauer	2 min bis 10 min
Langzeitausdauer	10 min bis mehrere Stunden
LZAI	10 min bis 35 min
LZAII	35 min bis 90 min
LZAIII	90 min bis 360 min
LZAIV	über 360 min

Mannschaftsbooten, führen zu unterschiedlicher körperlicher und psychischer Anforderung und Beanspruchung.

Grundlagenausdauer

> **Definition Grundlagenausdauer:** Spezifische Ausdauerfähigkeit bei lang dauernden Belastungen in aerober Stoffwechsellage.

Die Qualität der Grundlagenausdauer wird bei zyklischen Bewegungen durch die Höhe der Geschwindigkeit bei einem Laktatwert von 3 mmol/l eingeschätzt (V_{L3}). Neben der aeroben Kapazität wird sie von der Bewegungsökonomie und effektiven Substratnutzung sowie von volitiven Steuerungseigenschaften bestimmt. Bei intensiveren Belastungen erhöht sie den Anteil des aeroben Stoffwechsels an der Ausdauerleistung. (Abb. 3.3.-10) Auf den Wert der aeroben Leistungsfähigkeit und deren Ausbildung durch kontinuierliche Dauerbelastungen im Breitensport und als Basis für wettkampfspezifische Ausdauerleistungen hatte bereits VAN AAKEN (1964) mit der Kritik am Intervalltraining hingewiesen.

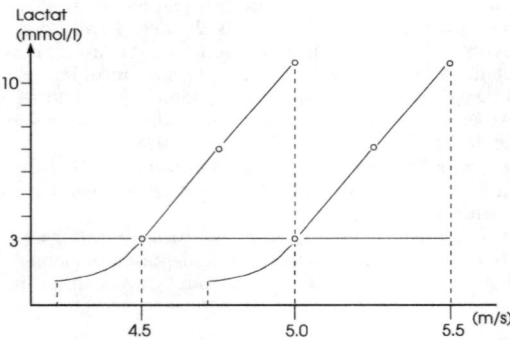

Lactat (mmol/l)

Abbildung 3.3.-10 *Einfluß höherer Grundlagenausdauer (V_{L3}) auf die mögliche Laufleistung im Biathlon* (nach BUBE/KÄMPFE 1979) *– schematische Darstellung*

Bedeutung. Die Grundlagenausdauer ist eine *entscheidende Leistungsgrundlage für umfangreiche Trainings- und Wettkampfbelastungen* in den Ausdauersportarten und in solchen Sportarten und sportlichen Disziplinen, in denen damit vergleichbare Ausdauerleistungen zu vollbringen sind (z. B. in den Mehrkämpfen,

den Sportspielen, den Zweikampfsportarten). Sie ist auch eine *wichtige Voraussetzung, um intensive Belastungsanforderungen mit hoher Beanspruchung des anaeroben Stoffwechsels positiv verarbeiten zu können.* Die der Grundlagenausdauer immanente aerobe Leistungsfähigkeit ist auch für andere Sportarten (Kraft- und Schnellkraftsportarten, technische und technisch-kompositorische Sportarten) eine wichtige *Grundlage für eine hohe Belastbarkeit und Belastungsverträglichkeit* im Training sowie für die schnelle körperliche Erholung nach ermüdenden Trainingsbelastungen.

Das Anforderungsniveau an die Grundlagenausdauer wird durch die Gesamtanforderungen der sportartspezifischen Leistung bestimmt. *Unmittelbaren Einfluß auf die Wettkampfleistung hat sie vor allem in Sportarten mit langer Belastungsdauer.* Je länger diese bei Wettkampf- und Trainingsbelastungen ist, desto höher sind die Anforderungen an das Niveau dieser Fähigkeit.

Die Grundlagenausdauer ist darüber hinaus für eine optimale allgemeine motorische Leistungsfähigkeit bedeutsam und sollte daher im Breiten-, Freizeit-, Schul- und Gesundheitssport und in der Rehabilitation von Herz-Kreislauf-Patienten (SCHEIBE/BRINGMANN/REINHOLD 1986) ausreichend trainiert werden.

Schnelligkeitsausdauer

> **Definition Schnelligkeitsausdauer:** Spezifische Ausdauerfähigkeit für zyklische Disziplinen mit einer Dauer bis etwa 35 Sekunden.

Sie wird für Sprintwettbewerbe[1] (Leichtathletik, Schwimmen, Radsport), für Startleistungen u. a. im Rudern, Kanurennsport und Eisschnelllauf sowie für den Erhalt der Leistungsfähigkeit bei wiederholten Beschleunigungs- und Sprintleistungen in den Sportspielen benötigt. **Die Schnelligkeitsausdauer bestimmt sowohl die Dauer der Phase des Erhalts der maximalen Geschwindigkeit als auch das Maß des Geschwindigkeitsabfalls in der Endphase eines Wett-**

---

[1] Die Schnelligkeitsausdauer wird auch als Komponente der Sprintfähigkeit bewertet (vgl. GROSSER, 1991, S. 17)

Tabelle 3.3.-6   *Ordnung sportlicher Disziplinen nach der vorherrschenden Ausdauerart und den phasenspezifischen Ausdaueranforderungen*

Ausdauerart	Lauf	Schwimmen	Radsport	Rudern	Kanu	Eisschnelllauf	Skilanglauf
Schnelligkeits-ausdauer 10–35 s	100 m 200 m	50 m	Sprint	Start Beschleunigungsphasen			
Kurzzeitausdauer 35 s bis 2 min	400 m 800 m	100 m 200 m	1000-m-Zeitfahren		200 m 500 m	500 m 1000 m	
Mittelzeitausdauer 2–10 min	1500 m 3000 m 3000-m-Hindernisl.	400 m 800 m	4000-m-Verfolg.	1500 m 2000 m	1000 m	1500 m 3000 m 5000 m	
Langzeitausdauer 10–35 min	5000 m 10000 m	1500 m	10–30 km Zeitfahren	Langstr. 6 km		10000 m	5 km
35–90 min	Straßenl. 20–30 km		30–60 km Zeitfahren	10 km			15–30 km
90–360 min	Marathon		60–200 km	Marathon	Marathon		50–100 km
über 360 min	überlange Strecken im Lauf, Radfahren, Triathlon						

Tabelle 3.3.-7   *Beanspruchung von Funktionssystemen bei intensiven Kurz- und Mittelzeitausdauerbelastungen* (Neumann 1987)

Funktionssystem	Meßgröße	KZA	MZA
Herz-Kreislauf	HF(Schl./min)	185–200	190–210
O₂-Aufnahme	VO_2max (in %)	100	95–100
Energiewandlung	Anteil (in %)		
	aerob	20	60
	anaerob	80	40
Glykogenabbau	Muskelglykogen (in %)	10	30
Lipolyse	FFS (in mmol/l)	0,50	0,50
Glykose	Laktat (in mmol/l)	18	20

kampfes. Bedeutsam ist die Fähigkeit, hohe Bewegungsfrequenzen durchzuhalten.

Die Kombination von maximalen Bewegungsfrequenzen mit intensiven schnellkräftigen Muskelkontraktionen, die vorwiegend den Einsatz der FTG- und FTO-Fasern fordern, stellt höchste Anforderung an die zentralnervale Aktivierung und an die sensomotorische Leistungsfähigkeit. Die energetische Absicherung erfolgt durch den muskulären Vorrat an energiereichen Phosphaten und Kohlenhydraten. Der energetische Aufwand kann vorwiegend nur durch anaerobe Prozesse gedeckt werden. Da die anaerob-alaktazide Energiebereitstellung nur für wenige Sekunden ausreicht, entsteht selbst bei einem maximalen 100-m-Lauf eine erhebliche Laktatakkumulation. (GROSSER 1991, S. 58) Mit längerer Belastungsdauer verstärkt sich die anaerob-laktazide Energiegewinnung (anaerobe Glykolyse), und der Laktatanfall nimmt zu. Diese Vorgänge rufen Hemmungserscheinungen im ZNS und Störungen neuromuskulärer Regelungsprozesse hervor. Bewegungsfrequenz und Krafteinsatz sinken, und die Bewegungskoordination wird gestört.

Eine besondere Rolle besitzt die **psychische Durchhaltefähigkeit,** die den Sportler befähigt, auch bei hoher Übersäuerung der Muskulatur eine effiziente Muskelarbeit zu sichern, dadurch die Intensitätsminderung zu begrenzen und den Abbruch der Leistung zu verzögern.

Kurzzeitausdauer

> **Definition Kurzzeitausdauer:** Spezifische Ausdauerfähigkeit für zyklische Ausdauerdisziplinen mit einer Wettkampfdauer zwischen 35 Sekunden und 2 Minuten. (Tab. 3.3.-6)

Sowohl unter biologischer als auch unter leistungsstruktureller und trainingsmethodischer Sicht ergeben sich im unteren Zeitbereich enge Beziehungen zur Schnelligkeitsausdauer und im oberen zur Mittelzeitausdauer. Die Bandbreite der biotischen Parameter ist erheblich. (Tab. 3.3.-7) Im Kurzzeitausdauerbereich dominiert der anaerobe Stoffwechsel. In Wettkämpfen mit intensiver Startphase wird die alaktazide Energiebereitstellung voll ausgeschöpft.

Bedeutsam für die Ausdauerleistungsfähigkeit im Kurzzeitbereich ist der hohe Substratumsatz in der Zeiteinheit über den Phosphatabbau und die anaerobe Glykolyse sowie die damit verbundene hohe Laktatbildungsgeschwindigkeit. Das Laktat erreicht bei Kurzzeitausdauerleistungen höchste Werte. (HOLLMANN/ HETTINGER 1990, S. 515) Die aerobe Energieversorgung wird streckenspezifisch einbezogen. Nach Untersuchungen von SONNTAG (1991) kann die aerobe Energieversorgung in einem 400-m-Lauf (Langsprint) schon mehr als 50 % erreichen. Die hohe Säuerung beeinträchtigt die Kontraktilität der Muskulatur und führt zu Störungen der Bewegungskoordination. Der Laktatabbau wird durch eine gut ausgebildete aerobe Leistungsfähigkeit beschleunigt.

In Sportarten mit extrem kurzen Kontraktionszeiten im einzelnen Bewegungszyklus (Bahnradsport, Mittelstreckenlauf) kommt der Funktionsfähigkeit der FT-Muskelfasern und der Aktivität glykolytischer Enzyme in stärkerem Maße leistungsbestimmende Bedeutung zu als in Sportarten mit relativ langen Kontraktionszeiten (z. B. Schwimmen, Kanurennsport).

Der intensive Start im Kurzzeitbereich fordert besonders die **psychische Mobilisationsfähigkeit,** während das Einhalten der Wettkampfgeschwindigkeit bei rasch ansteigender Säuerung hohe Anforderungen an die **Durchhaltefähigkeit** stellt. Es ist davon auszugehen, daß die Effizienz der Muskeltätigkeit bei extrem hoher Laktatkonzentration in gleicher Weise von biologischen Vorgängen wie von volitiven Steuerungsprozessen bestimmt wird.

Mittelzeitausdauer

> **Definition Mittelzeitausdauer:** Spezifische Ausdauerfähigkeit für zyklische Ausdauerdisziplinen mit einer Wettkampfdauer von 2 bis 10 Minuten.

Zu diesem Zeitbereich gehören die längeren Mittelstrecken der Ausdauersportarten. (Tab. 3.3.-6) Für die Mittelzeitausdauer sind hohe Anforderungen an die anaeroben und aeroben energetischen Prozesse charakteristisch. Im kürzeren Zeitbereich dominiert die anaerobe, im längeren die aerobe Energieversorgung. Durch die relativ lange Belastungsdauer in Verbindung mit hoher Intensität ergibt sich eine erhebliche Laktatakkumulation. Die aerobe Kapazität wird in vollem Maße genutzt. Die VO_{2max} von Hochleistungssportlern erreicht demzufolge weit überdurchschnittliche Werte im Bereich um 70 ml/kg/min. (Abb. 3.3.-11)

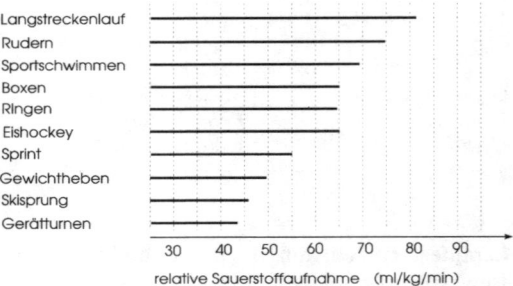

Abbildung 3.3.-11 *Körpergewichtsbezogene maximale Sauerstoffaufnahme von Leistungssportlern ausgewählter Sportarten* (modifiziert nach HOLLMANN/HETTINGER 1990)

Hauptenergiequelle ist das Muskelglykogen. In Sportarten mit relativ hoher Startgeschwindigkeit (Rudern, Kanurennsport, Eisschnellauf) werden in der Anfangsphase hohe Anforderungen an die anaerobe Energiebereitstellung gestellt, die nach Untersuchungen von ROTH (1983) an Rudersportlern in den ersten 30 s einen Anteil von etwa 79 % erreicht.

Die hohe Säuerung fordert einerseits eine ausgeprägte Säureverträglichkeit, andererseits wird der Laktatabbau bei einer hohen aeroben Leistungsfähigkeit bereits während der Belastung eingeleitet. Muskulär werden generell alle Fasertypen beansprucht, in Sportarten mit betont kurzer Kontraktionszeit (Mittelstreckenlauf, Radsport) stärker die FT-Fasern und in den mit langer Kontraktionsdauer (Rudern, Kanurennsport) besonders die ST-Fasern.

Die relativ lange Belastungsdauer stellt wegen der rasch ansteigenden und über weite Teile der Wettkampfdistanz konstant hohen Säuerung beträchtliche Anforderungen an die **psychische Durchhaltefähigkeit** und im Endspurt besonders an die **Mobilisationsfähigkeit**.

Langzeitausdauer

> **Definition Langzeitausdauer:** Spezifische Ausdauerfähigkeit für zyklische Ausdauerdisziplinen zwischen 10 Minuten und mehreren Stunden.

Hierzu rechnen die typischen Langstreckenwettbewerbe der Leichtathletik und des Skilaufs sowie Disziplinen des Straßenradsports und des Triathlon. (Vgl. Tab. 3.3.-6)

Wegen der erheblichen Bandbreite der Langzeitausdauerleistungen differenziert NEUMANN (1983) unter sportmedizinischer Sicht vier Untergruppen der Langzeitausdauer:

LZA I   Belastungsdauer 10– 35 Min.
LZA II   Belastungsdauer 35– 90 Min.
LZA III Belastungsdauer 90–360 Min.
LZA IV Belastungsdauer über 360 Min.

Unter trainingsmethodischer Sicht ist eine solche feine Differenzierung weniger praktikabel. Zwei Zeitbereiche mit einer Grenze bei 90 Minuten reichen aus, zumal die Anforderungen an das Ausdauertraining in den Disziplinen der langen Zeitbereiche offenbar stärker durch die Sportspezifik und individuelle Besonderheiten als durch die unterschiedliche Belastungsdauer bedingt sind.

Gemeinsam ist den Langzeitausdauerleistungen die *hohe Ökonomie aller Funktionen* und eine *ausgeprägte Automatisierung der Bewegungsabläufe*. Bei allen Langzeitanforderungen dominiert die *aerobe Energieversorgung*. Der

anaerobe Anteil der Stoffwechselleistung ist bei den kürzeren Langstrecken zwar vorhanden, nimmt aber mit ansteigender Belastungsdauer stark ab und ist letztlich für die Gesamtleistung unbedeutend. (Tab. 3.3.-8) Die anaerobe Leistungsfähigkeit kann aber in Langzeitdisziplinen mit variablem Intensitätsverlauf (Zwischen- und Endspurts, profiliertes Gelände) das taktische Verhalten und damit die Leistung beeinflussen.

Die energetische Versorgung erfolgt im kürzeren Anforderungsbereich überwiegend aus dem *Muskel- und Leberglykogen*. Der *Fettstoffwechsel* nimmt mit steigender Belastungsdauer an Bedeutung zu und wird im längeren Zeitbereich wegen der Ausschöpfung des Glykogens zu einer leistungsbestimmenden Voraussetzung.

Die relative maximale Sauerstoffaufnahme erreicht mit über 80 ml/kg/min bei Männern und 60–70 ml/kg/min bei Frauen Spitzenwerte. (HOLLMANN/HETTINGER 1990, S. 373) Charakteristisch ist der hohe Ausschöpfungsgrad der VO_{2max} im Bereich der anaeroben Schwelle; dadurch wird unter aeroben Bedingungen eine hohe Geschwindigkeit erreicht, die nicht sehr weit von der Wettkampfgeschwindigkeit entfernt ist.

Die aerobe Leistungsfähigkeit ist mit einer ausgeprägten Kapillarisierung im Skelettmuskel und hoher Aktivierung der ST-Fasern verbunden.

Die *psychischen Anforderungen* werden hauptsächlich durch die lange Dauer der Anforderung und den dadurch bedingten monotonen Charakter der Tätigkeit geprägt. Der Sportler muß die optimale Geschwindigkeit finden und sie trotz fortschreitender Ermüdung konstant durchhalten, durch hohe Konzentration auf den Wettkampfverlauf und die Gegner das Auftreten von Monotonie verhindern und im Endkampf steigerungsfähig sein.

3.3.4.3. Ausdauer für azyklische Wettkampfübungen

Von den Sportarten mit azyklischen Bewegungen beeinflußt die Ausdauer vor allem in den Sportspielen und den Zweikampfsportarten die sportliche Leistung. Obgleich die Wettkampfdauer der von Lang- und Mittelzeitausdauersportarten zyklischer Bewegungscharakteristik entspricht, ist die Ausdauerbeanspruchung nur bedingt vergleichbar. Letztlich zeichnet sich jede Sportart und Sportartengruppe durch Besonderheiten aus.

Tabelle 3.3.-8   *Beanspruchung biotischer Funktionssysteme bei Ausdauerwettkämpfen im Langzeitbereich* (NEUMANN 1987)

Funktionssystem	Meßgröße	LZAI	LZAII	LZAIII	LZAIV
Herz-Kreislauf	Hf(Schl./min)	180–190	175–190	150–180	120–170
O_2-Aufnahme	VO_{2max} (in %)	90–95	80–95	60–90	50–60
Energiewandlung	Anteil (in %)				
	aerob	70	80	95	99
	anaerob	30	20	5	(1)
Glykogenabbau	Muskelglykogen (in %)	40	60	80	95
Lipolyse	FFS (in mmol/l)	0,80	1,0	2,0	2,5
Glykolyse	Laktat (in mmol/l)	14	8	4	2

Sportspiele. Im Fußball z.B. laufen leistungsstarke Spieler in 90 Minuten bis zu 10000 m; es gibt zahlreiche Kurzsprints zwischen 10 und 50 m bis zu einer Gesamtstrecke von etwa 3500 m. Dabei werden alle Formen der Energiebereitstellung beansprucht. Die scharfen Intensitätswechsel verlangen ein hohes anaerobes Mobilisationsvermögen. Die Laktatkonzentration erreicht im Mittel 6–7 mmol/l, in der Folge sehr intensiver Spielphasen können aber auch mehr als 10 mmol/l erreicht werden. Daher sind auch die Säureverträglichkeit und -kompensationsfähigkeit ausdauerbestimmende Merkmale. Die hohe Beanspruchung des glykolytischen Stoffwechsels und die Häufigkeit schnellkräftiger Muskelaktionen stellen besondere Ansprüche an die Aktivierung der FT-Fasern.

Überdurchschnittliche Anforderungen werden auch an die aerobe Leistungsfähigkeit gestellt – einerseits wegen der erheblichen Belastungsdauer, andererseits beschleunigt sie in ruhigeren Zwischenphasen die Erholung und sorgt für schnellere Restitutionsprozesse im Energiestoffwechsel nach Belastungen. Ausdruck der aeroben Leistungsfähigkeit gut trainierter Hochleistungssportler ist eine VO_{2max} bei Fußballspielern bis zu 70 ml/min/kg und in der Mehrzahl der anderen Sportspiele bis 60 ml/min/kg (nach MIEDLICH und SENF-WAND, unveröffentlicht).

Zweikampfsportarten. Mit einer Wettkampfdauer zwischen 5 und 10 Minuten dominieren einerseits schnelle und explosive Bewegungen, andererseits ist z.B. im Ringen Haltearbeit mit besonderen Anforderungen an die Rumpf- und Handmuskulatur zu leisten. Bei hoher Kampfintensität entsteht eine erhebliche Laktatakku-

mulation, die nach LEHMANN (1996) folgende Maximalwerte erreichen kann: Fechten 8, Karate 12, Judo 14, Boxen 16, Ringen 16 mmol/l. Die Ausdauer wäre als dynamische Schnellkraftausdauer mit hohem Anteil anaerober Energieversorgung zu beschreiben; sie ist im Ringen mit statischer Kraftausdauer gekoppelt.

Die Ausdauer gewährleistet in allen Zweikampfsportarten auch bei fortschreitender Ermüdung eine hohe Handlungsgeschwindigkeit und -genauigkeit. Die wettkampfspezifische Ausdauer jeder Disziplin weist aufgrund der Bewegungsanforderungen, der Anzahl einbezogener Muskeln und der Handlungsdynamik Besonderheiten auf, die nur durch ein Training mit weitgehender Annäherung (situations- und gegnerspezifisch) an wettkampftypische Bedingungen und durch vielseitig forderende Wettkämpfe ausgeprägt werden können. Basis dieser Ausdauer ist eine erhöhte aerobe Leistungsfähigkeit (Grundlagenausdauer). Die VO_{2max} wird bei Ringern mit 50–60 ml/kg/min und für Judokas mit 45–55 ml/kg/min angegeben. (HOLLMANN/HETTINGER 1990, S. 374) Sie unterstützt sowohl die schnelle Erholung sowohl zwischen wiederholten Wettkämpfen an einem Tage (Ringen, Judo, Fechten) als auch zwischen den Wettkampftagen im Verlauf eines Wettkampfturniers und ist Voraussetzung für eine hohe Belastbarkeit im Training.

Technisch-kompositorische Sportarten. Im Gerätturnen, der Akrobatik und der Rhythmischen Sportgymnastik sowie im Eiskunstlaufen und Eistanz ist Ausdauer erforderlich, um eine hohe sporttechnische Stabilität bis zum Ende der Übung durchzuhalten. Die Belastungsdauer im Wettkampf beträgt zwischen wenigen Sekunden (Wasserspringen, Pferdsprung) und einigen Minuten (Eiskunstlauf). Die Ausdauer ist daher nicht einheitlich zu fassen. Sie ist z.B. im Gerätturnen vor allem durch die lokale dynamische und die statische Kraftausdauer mit vorwiegend anaerober Stoffwechselanforderung charakterisiert. Ausdruck der betont glykolytischen Energieversorgung ist eine Laktatakkumulation nach einzelnen Gerätübungen um 8–10 mmol/l bei den Herren und 5–7 mmol/l bei den Damen. Die aerobe Leistungsfähigkeit als Voraussetzung für die Grundlagenausdauer hat Einfluß auf die Belastbarkeit und fördert den Erholungsprozeß zwischen Belastungen im Wettkampf und Training. Anpassungen im Muskel, die das Sauerstoffangebot verbessern, scheinen die Leistung zu fördern und die Erholung zu beschleunigen. Eine wesentliche Vergrößerung der aeroben Kapazität liegt in der Regel bei Wettkampfturnern nicht vor. Die VO_{2max} erreicht bei ihnen selten mehr als 50 ml/kg/min. (Nach FRÖHNER, unveröffentlicht)

Maximal- und Schnellkraftsportarten. Die Ausdauer hat im Wettkampf wegen der azyklischen Belastungscharakteristik, der begrenzten Anzahl von Versuchen, der kurzen Belastungsdauer und den in der Regel relativ langen Erholungszeiten zwischen den einzelnen Versuchen in den meisten Fällen keine leistungsbegrenzende Bedeutung. Werfer und Stoßer und auch Weitspringer erreichen nicht selten im letzten Versuch ihre beste Leistung.

Die Energiebereitstellung erfolgt durch den anaerob-alaktaziden Stoffwechsel. Die Ermüdung hat vorwiegend nervale Ursachen. Bei umfangreicheren Belastungen im Training werden die energiereichen Phosphate zeitweilig voll ausgeschöpft. Das zur Muskelkontraktion benötigte ATP wird dann zunehmend über den glykolytischen Stoffwechsel synthetisiert; im Krafttraining und Gewichtheben kann es zur Laktatakkumulation kommen. Versuche mit maximaler Intensität sind daher begrenzt.

Der aerobe Stoffwechsel ist unter Wettkampfbedingungen nicht leistungslimitierend. Bei umfangreichen Belastungen im Training steigt die Bedeutung der aeroben Leistungsfähigkeit jedoch durch stärkeres Einbeziehen aerober Prozesse in die ATP-Synthese. Sie unterstützt die Wiederherstellung der Leistungsfähigkeit nach ermüdendem Training und trägt zur Erhöhung der Belastbarkeit bei. Daraus resultieren auch bei Vertretern dieser Sportartengruppe ausdauerfördernde Anpassungen im kardiopulmonalen System (u. a. erniedrigte Ruheherzschlagfrequenz, erhöhtes Sauerstoffaufnahmevermögen) und in der Muskulatur (Kapillarisierung, Aktivierung oxidativer Enzyme). (Nach LATHAN und SCHUBERT, unveröffentlicht)

3.3.4.4. Objektivierung – Diagnostik

Die Ausdauer kann – wie auch andere Fähigkeiten – nicht unmittelbar an der sportlichen Leistung gemessen werden. Gleiche Leistungen mehrerer Sportler können bei dem einen durch besonders gut ausgebildete Ausdauer, bei einem anderen durch überdurchschnittliche Kraftfähigkeiten oder durch ein ausgewogenes Verhältnis aller Fähigkeiten bedingt sein. Zur Objektivierung und Diagnose von Ausdauerfähigkeiten setzt man vor allem *Felduntersuchungen* an, die durch *Laboruntersuchungen* ergänzt werden.

Felduntersuchungen

Bei Felduntersuchungen handelt es sich um konkrete spezielle Leistungsnachweise, die in der Regel eine enge Beziehung zur wettkampfspezifischen Ausdauerleistung aufweisen und unter natürlichen Bedingungen durchgeführt werden. Vielfach ist dabei auch der Einsatz funktionsdiagnostischer Verfahren möglich, die in Einheit mit biomechanischen Meßverfahren wesentlich zur Aufklärung aktueller Fähigkeitsprofile beitragen.

Die Spezifik solcher Untersuchungen und deren mögliche Komplexität heben gewisse Ungenauigkeiten in der Standardisierung äußerer Bedingungen fast auf, vor allem dann, wenn deren Einfluß (u. a. Temperatur, Wind oder auch Boden-, Schnee-, Eisbeschaffenheit) auf die Leistung erfaßt und kalkuliert werden kann. Im Leistungssport haben sich daher sportartspezifische Prüfverfahren in der Diagnostik von Leistungen und Fähigkeiten weitestgehend durchgesetzt.

• **Zweistreckentest.** In den Ausdauerdisziplinen vergleicht man die Leistung auf der Wettkampfstrecke mit Leistungen in den Unterdistanzbereichen (Halb- oder Vierteldistanz). Der Leistungsvergleich zwischen mehreren Wettkampfstrecken (z. B. im Eisschnellauf) erfolgt nach gleichem Prinzip.

Die Leistungen werden in vergleichbaren Prüfungs- und Kontrollwettkämpfen oder durch mehrfache Teilnahme an offiziellen Wettkämpfen gewonnen. Berechnet wird der „Ermüdungsindex" in der Regel nach der Formel:

$$EI = t_S - n \cdot t_{KA}$$

(t_S = aktuelle Bestzeit für die Wettkampfstrecke; t_{KA} = aktuelle Bestzeit für die kürzere Kontrollstrecke; n = Quotient aus Länge der Wettkampfstrecke und Länge der Unterdistanz)

In der Formel gibt $n \cdot t_{KA}$ an, welche Leistung der Sportler ohne leistungseinschränkende Ermüdung auf seiner Wettkampfstrecke erreichen könnte. Der **Ermüdungsindex** gilt als Indikator für das Niveau der wettkampfspezifischen Ausdauer des Sportlers, bezogen auf die originale Wettkampfstrecke. Er ist damit zugleich der zahlenmäßige Ausdruck des ermüdungsbedingten Zeitverlustes. In der Regel sind in den Sportarten Normwerte erarbeitet, die eine vergleichende Einschätzung gestatten. Der Test ist für die Trainingspraxis recht gut geeignet und liefert auch ohne größeren apparativen Aufwand wichtige Informationen für die mittel- und langfristige Steuerung des Trainings.

Beispiel: Aktuelle Bestzeiten zweier Sportler im Kanurennsport (Wettkampfstrecke 500 m)

Strecke	500 m	100 m	Ermüdungsindex
Sportler A	110 s	19 s	110 s − 5 × 19 s = 15 s
Sportler B	110 s	20 s	110 s − 5 × 20 s = 10 s

Beide Sportler erreichen auf der Wettkampfstrecke (500 m) die gleiche Leistung. Sportler A verfügt über bessere Sprintfähigkeiten. Sportler B hat hingegen die bessere spezielle Ausdauer; sein Ermüdungsindex liegt im Normbereich.

Aus dem Test ist zunächst abzuleiten, daß sich die beiden Sportler zur Verbesserung der 500-m-Wettkampfleistung unterschiedliche Schwerpunkte im Training setzen müßten. A muß seine spezielle Kurzzeitausdauer, B hingegen seine Sprintfähigkeiten verbessern. Zur weiteren Aufhellung der individuellen Fähigkeitsprofile müßten funktionsdiagnostische Untersuchungen herangezogen und andere Leistungsvoraussetzungen (Kraft- und koordinative Fähigkeiten, Technikbeherrschung) geprüft werden. Ergebnisvergleiche bei Kontrollen mit und ohne Gegner erlauben Einsichten in die psychische Regulationsfähigkeit. Eine besondere Eignung von A für Kurzstrecken und von B für längere Strecken ist nicht auszuschließen.

• *Mehrstreckentest.* Es wird eine bestimmte Strecke mehrfach mit ansteigender Intensität bewältigt. Die letzte Belastung erfolgt mit maximaler Intensität. Es werden pro Teilstrecke Geschwindigkeit, Bewegungsfrequenz, Vortrieb und ggf. Kraftkennwerte erfaßt. In den Pausen erfolgen Blutabnahmen zur Laktatbestimmung. Als Ergebnis wird eine *Laktat-Leistung-Kurve* konstruiert. (PANSOLD u. a. 1985)

Die Schwierigkeit der für fast alle Ausdauersportarten ausgearbeiteten Mehrstreckentests besteht u. a. im „Finden" der verschiedenen submaximalen Intensitätsstufen, wenn kein Schrittmacher zur Verfügung steht. Der Test ist daher für Trainingsanfänger weniger geeignet.

Beispiele:
Im *Kanurennsport* betragen die Kontrollstrecken 250 Meter (4mal). Die Intensität wird durch die Schlagfrequenz und den Krafteinsatz reguliert und entspricht den vier Hauptintensitätsbereichen des Trainings (Laktatstufen 2, 4–5, 5–8, über 10 mmol/l). Zur besseren Analyse der Leistung werden neben der Fahrzeit auch die Kraft-Zeit-Verläufe aller Bewegungszyklen mit Hilfe von Meßpaddeln erfaßt. Im *Schwimmen* hat sich ein 8x200-m-Test bewährt. (Tab. 3.3.-9)

Tabelle 3.3.-9   *8 × 200-m-Stufentest im Schwimmen*

Stufe	Anzahl	Intensität (% Bestl.)	Pause (min)	Pause nach Serie (min)	Laktat (mmol/l)
1	3	88	1	3	2–3
2	2	91	1	3	3–4
3	1	93	5	–	4–5
4	1	95,5	20	–	5–7
5	1	100			>7

• COOPER-*Test.* Der COOPER-Test ist ein 12-min-Lauftest; es wird die in zwölf Minuten zurückgelegte Strecke erfaßt und als Ausdruck der aeroben Leistungsfähigkeit bewertet. Zwischen der Laufleistung und der maximalen Sauerstoffaufnahmefähigkeit (VO_{2max}) bestehen enge korrelative Beziehungen. Die Anwendung erfolgt im Wettkampfsport vor allem in Nichtausdauersportarten (z. B. in den Sportspielen und Zweikampfsportarten). Laufleistungen über 2500 m kennzeichnen eine gute und solche über 3000 m eine sehr gute aerobe Ausdauer (Grundlagenausdauer).

• CONCONI-*Test.* Bei dem von CONCONI entwickelten Lauftest wird die aerobe Leistungsfähigkeit über den Verlauf der Herzschlagfrequenz bei systematisch ansteigender Laufgeschwindigkeit ermittelt. (Nach NÖCKER 1989, S. 59) Auf einer 400-m-Laufbahn wird nach je 200 m die Geschwindigkeit erhöht, bis keine weitere Steigerung möglich ist. In jeder Geschwindigkeitsstufe werden die Pulsfrequenz mit einem Pulsmeßgerät und die Geschwindigkeit erfaßt.

Zur Einschätzung dient der Knickpunkt[1] der zuerst linear ansteigenden Herzfrequenz. Es wird eine Herzschlagfrequenz-Leistung-Kurve konstruiert. Es wird angenommen, daß der Knickpunkt ungefähr den Beginn des steileren Anstiegs der Laktat-Leistung-Kurve bei 4 mmol/l Laktat widerspiegelt (aerob-anaerobe Schwelle) und eine Aussage zur aeroben Leistungsfähigkeit ermöglicht. Der Aussagewert des Tests für Leistungssportler wird angezweifelt. (NÖCKER 1989, S. 60)

Laboruntersuchungen

Laboruntersuchungen werden häufig mit Felduntersuchungen kombiniert, um die Vor- und Nachteile beider Verfahrensweisen auszugleichen.

Das wichtigste Prüfverfahren im Ausdauerbereich ist die *Ergometrie in Kombination mit der Atemfunktionsdiagnostik* (Spirometrie). Unter dem Einfluß der Anforderungen des Leistungssports werden ergometrische Prüfverfahren zunehmend sportartspezifischen Bedingungen angepaßt. Dazu wurden neben dem Fahrradergometer das Laufband, das Ruderergometer nach GJESSING, das Kanuergometer und das Skilaufergometer entwickelt. (Abb. 3.3.-12) Zu den anspruchsvolleren Einrichtungen gehören *Strömungskanäle* im Schwimmen und Kanurennsport, die den sportartspezifischen Bedingungen sehr nahekommen. (Vgl. NEUMANN/SCHÜLER 1989)

Die Belastungsintensität wird bei der Ergometrie stufenförmig erhöht, wobei sich die Anfangsintensität, die Belastungsdauer auf jeder Stufe, die Leistungssprünge und die Pausendauer nach jeder Intensitätsstufe (Blutentnahme zur Laktatbestimmung) nach der individuellen Leistungsfähigkeit und sportartspezifischen Besonderheiten richten.

Die sportmedizinische Funktionsdiagnostik prüft die Funktionssysteme, die in der Leistungsstruktur der jeweiligen Sportart eine entscheidende Rolle spielen.

Die wichtigsten Meßgrößen der Spiroergometrie im Ausdauerbereich sind:
– die *Herzschlagfrequenz* in Ruhe und bei Belastung (Anstieg, Höhe auf submaximalen Intensitätsstufen, Ausbelastungsfrequenz, Herzschlagfrequenz in der Erholungsphase);

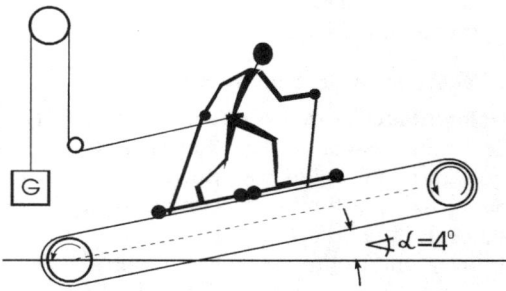

Abbildung 3.3.-12 *Kippbares Laufband mit Zugwiderstand zur Funktionsprüfung und zum semispezifischen Kraftausdauertraining für Skilangläufer* (OSTROWSKI 1990)

– die *Sauerstoffaufnahme* (maximale O_2-Aufnahme, körpergewichtsbezogene Sauerstoffaufnahme, Sauerstoffpuls);
– das *Laktat* (Bestimmung der Laktat-Leistungskurve).

Die Prüfverfahren und die zur Beurteilung des Funktionsniveaus und der Entwicklung einzelner Funktionssysteme dienenden Parameter sind in der sportmedizinischen Literatur ausführlich beschrieben (u.a. bei NEUMANN/SCHÜLER 1989; HOLLMANN/HETTINGER 1990; BADTKE 1988).

3.3.4.5. Kraftausdauer

In Sportarten bzw. sportlichen Disziplinen, in denen die Leistung im Wettkampf oder im Training von den Kraft- und von den Ausdauerfähigkeiten abhängt, tritt die Kraftausdauer als leistungsbestimmende Fähigkeit in Erscheinung[2].

Das ist in vielen Ausdauersportarten der Fall, z.B. im Rudern, Kanurennsport und Schwimmen, im Eisschnellauf, Kurz- und Mittelstreckenlauf, im Skilanglauf sowie im Radsport. Die Kraftausdauer beeinflußt nicht unerheblich wiederholte Sprungleistungen im Volleyballspiel und Eiskunstlauf, Griffleistungen beim Sportklettern, im Gerätturnen und im Ringkampfsport sowie Wurfleistungen im Handballsport; sie verhilft schließlich dem Schützen bei hoher Schußzahl zu einem sicheren Anschlag.

Während die Kraftkomponente die höchstmögliche konditionelle Leistung in der Einzelbewegung bzw. im einzelnen Bewegungszyklus bestimmt, gewährleistet die Ausdauerkomponente die Dauerbeanspruchung und begrenzt dabei den ermüdungsbedingten Abfall der Kraftein-

---

[1] Beginn des verlangsamten Anstiegs der Herzschlagfrequenz; liegt etwa bei 170 Schlägen/min oder höher.
[2] Die Zuordnung der Kraftausdauer zur Ausdauerfähigkeit wird in 3.4.2., S. 159 ff., begründet.

einsätze bei umfangreichen Anforderungen im
Wettkampf und im Training.

Differenzierung der Kraftausdauer

Kraftausdauer in den Ausdauersportarten. Da
die Kraftausdauer in den meisten Wettkampf-
sportarten mit zyklischer Bewegungsstruktur
die leistungsbestimmende konditionelle Basis
ist, liegen hier die umfangreichsten Untersuchungen und Definitionsversuche vor, die auch
für die folgenden Ausführungen bestimmend
sind.
*Das Niveau der Kraftausdauer wird durch
den mittleren Kraftstoß oder das mittlere
Kraftmaximum aller Bewegungszyklen repräsentiert.* (Abb. 3.3.-13) In diese Größen geht
sowohl die Kraft- als auch die Ausdauerkomponente ohne weitere Differenzierung ein. Dafür
haben wir bereits früher den Begriff **absolute
Kraftausdauer** genutzt. (HARRE u. a. 1986, S. 135)

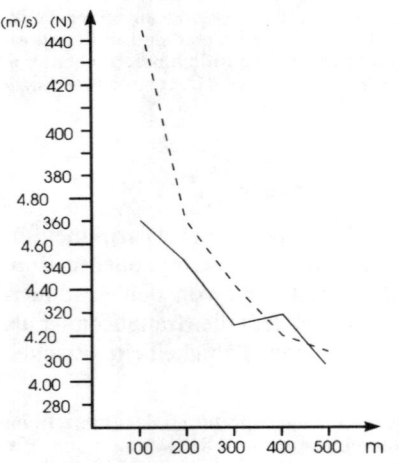

Abbildung 3.3.-13 *Verlauf der Geschwindigkeit in
m/s (——) und der Paddelzugkraft in N (– – –) eines
international erfolgreichen Kajakfahrers in einem
500-m-Prüfungswettkampf* (ALBERT 1988)

Mit dem Begriff **relative Kraftausdauer** kennzeichnen wir nur den Anteil der Ausdauer an
der Kraftausdauerleistung. Aus der Differenz
zwischen dem maximal möglichen Kraftstoß
(ohne Ermüdungseinfluß) und dem Mittelwert
aller im Wettkampf bzw. einem Teilabschnitt
erreichten Kraftstöße wird erkennbar, welcher

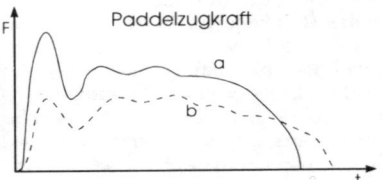

Abbildung 3.3.-14 *Veränderung der Kraft-Zeit-Charakteristik eines Paddelschlages (rechts) einer international erfolgreichen Kajakfahrerin durch Ermüdung in der Schlußphase (b) im Vergleich zur
Anfangsetappe (a) einer 500-m-Wettfahrt*

Anteil der maximalen Kraftfähigkeit im Wett-
kampf- bzw. Trainingsverlauf realisiert werden
kann (Realisierungsgrad). Die Differenz zum
möglichen Maximum ist der Ermüdung geschul-
det. (Abb. 3.3.-14) Die Bestimmung der relativen
Kraftausdauer wird zur Steuerung des Kraftausdauertrainings benötigt. Ihr Niveau ist unabhängig vom Niveau der Maximalkraftfähigkeit.

● **Zur Kraftkomponente.** Die Kraft ist die Basis
der Kraftausdauerleistung. Sie tritt in der Regel
im Einzelzyklus als Schnellkraft in Erschei-
nung, die durch folgende charakteristische
Merkmale gekennzeichnet ist:
– Steilheit des Kraftanstiegs
– Höhe und Lage des Kraftmaximums
– charakteristische Plateaubildung
– Größe des Kraftstoßes.
(Vgl. Abb. 5.6.-6)

Die Basis für den schnellkräftigen Krafteinsatz im einzelnen Bewegungszyklus ist die Maximalkraftfähigkeit.
Ihr Anteil an der Kraftausdauerleistung ist in den
Sportarten erheblich, in denen größere Widerstände zu
überwinden sind (z. B. der Wasserwiderstand im Rudern und Kanurennsport, der etwa im Quadrat zur
Geschwindigkeitssteigerung ansteigt). Der Einfluß der
Maximalkraftfähigkeit auf die Kraftausdauerleistung
dominiert eindeutig in Schnelligkeits- und Kurzzeit-
dauerdisziplinen und sinkt mit zunehmender Belastungsdauer im Wettkampf deutlich ab.

● **Zur Ausdauerkomponente.** Welcher Anteil
der speziellen Maximalkraftfähigkeit bei Ausbelastung eingesetzt werden kann, hängt u. a. von
der Belastungsdauer, der Bewegungsfrequenz
und den sportartspezifischen Besonderheiten
ab.

Nach Untersuchungen von HARRE und SIELER (1971, unveröffentlicht) konnten international erfolgreiche Juniorenruderer unter semispezifischen Bedingungen (7 Minuten Belastungsdauer im Ruderbecken, Frequenz 30 Schl./min) im Mittel 73 % ± 7 % der maximalen Zugkraft (die Kraftgrößen wurden mit Hilfe von Meßdollen ermittelt) einsetzen. Internationale Spitzenruderer der Elite erreichten nach MAHLO (1992) Werte von 74 % ± 5 %. Disziplinspezifische Unterschiede im Kanurennsport zwischen Kajak und Canadier sowie zwischen Einer- und Mannschaftsbooten stellten LEOPOLD/HARRE (1986, unveröffentlicht) fest.

Die Unterschiede im Ausdauerverhalten können trainingsbedingt sein oder durch individuelle genetische Besonderheiten hervorgerufen werden. Überdurchschnittlich hohe Maximalkraftfähigkeit in Verbindung mit einem großen Kraftabfall weist auf einen „Krafttyp" hin, der sich in der Regel durch einen höheren Anteil FT-Fasern (PIEPER, unveröffentlicht) im Vergleich zum „Ausdauertyp" auszeichnet. Dieser wiederum fällt durch geringere Maximalkraftleistungen und eine überdurchschnittliche relative Kraftausdauer auf.

Grundlagen. Unter biologischer Sicht hängt die Kraftausdauerleistung vor allem von lokalen Anpassungen in der bei wettkampfspezifischen Anforderungen beanspruchten Muskulatur ab. Das betrifft:
– die inter- und intramuskuläre Koordination und die Ausbildung entsprechender neuromuskulärer Steuerprogramme;
– die anforderungsgerecht ausgebildete Muskelhypertrophie;
– die lokale Durchblutung (u.a. Kapillarisierung);
– die Menge kontraktiler Proteine vor allem in den langsam (STO) und in den oxidativ angelegten schnellkontrahierenden (FTO) Muskelfasern sowie die energetische Leistungsausstattung (ATP und Creatinphosphat, Glykogengehalt im Muskel), durch die sowohl glykolytische als auch oxidative Stoffwechselprozesse auf hohem Niveau ablaufen können.

Aus den bisherigen Darlegungen ist abzuleiten, daß die Definition der Fähigkeit Kraftausdauer dem komplexen Zusammenhang von Kraft und Ausdauer entsprechen muß.

Definition Kraftausdauer: Komplexe konditionelle Fähigkeit, die bei wiederholten Bewegungen mit Kraft- und Ausdaueranforderungen eine möglichst geringe Differenz zwischen dem maximal möglichen und dem durchschnittlich realisierten Kraftstoß sichert.

Ein Vorschlag von SCHMIDTBLEICHER (1989, S. 13), in der Definition eine Zeitbegrenzung auf maximal zwei Minuten festzulegen, engt den Begriff unbegründet ein.

Kraftausdauer bei azyklischen Bewegungen. Werden in Sportarten mit azyklischen Bewegungen wiederholt maximale Krafteinsätze gefordert, z.B. in den Zweikampfsportarten und den Sportspielen oder im Maximal- und Schnellkrafttraining, so tritt die Kraftausdauer leistungsbeeinflussend in Erscheinung. Das Primat in der Kraft-Ausdauer-Beziehung haben aber eindeutig die Kraftfähigkeiten. Mitunter gebraucht man in diesem Zusammenhang auch den Begriff **Ausdauerkraft.** (Vgl. u.a. HARTMANN/TÜNNEMANN 1988, HOCHMUTH/GUNDLACH 1982) Die Funktion der Kraftausdauer besteht im Erhalt azyklischer Kraft- und Schnellkraftleistungen bis in die Endphase von Trainings- und Wettkampfanforderungen.

Kraftausdauer bei statischen Anforderungen. Statische Kraftausdaueranforderungen treten auf als wiederholte Krafteinsätze, z.B. im statischen Krafttraining, im Schießen, bei wiederholten Haltegriffen im Ringen und Judo sowie beim Sportklettern und bei einer Reihe von Bewegungselementen im Gerätturnen; andererseits wird eine statische Dauerbeanspruchung gefordert beim Einhalten der Laufposition im Eisschnellauf oder im alpinen Skilauf. Die Größe der Muskelanspannung ist daher sehr unterschiedlich. Nach HOLLMANN/HETTINGER (1990, S. 341) wird bereits ab einer Kontraktionsstärke von über 15 % der isometrischen Maximalkraft die Durchblutung behindert. Die bei sportlichen Anforderungen auftretenden höheren Krafteinsätze fordern daher in hohem Maße den anaerob-alaktaziden und laktaziden Stoffwechsel.

Offensichtlich gibt es auch bei sportartspezifischen Anforderungen an die statische Kraftausdauer ein Optimum im Ausprägungsgrad beider Komponenten. Bei kurzzeitiger statischer Kraftausdauerleistung mit hohen Kraftanforderungen (z. B. Kreuzhang an den Ringen) hängt die Dauer der Halteleistung von der Maximalkraft ab und kann nur durch deren Steigerung verbessert werden. Andererseits beobachtete ZINTL (1989, S. 50 ff.) bei statischer Arbeitsweise der Kniestrecker (Belastungsdauer 50 s mit hohem Krafteinsatz) in Einzelfällen Einbußen im Ausdauerverhalten nach trainingsbedingter starker Entwicklung der statischen Maximalkraftfähigkeit.

Die Größe der durch die Beanspruchung des anaeroben Stoffwechsels ausgelösten Laktatakkumulation hängt von der Kontraktionsstärke und der Kontraktionsdauer ab. In dem erwähnten Kniestrecktest bei alpinen Skiläufern fand ZINTL Laktatwerte im Mittel von 7 mmol/l.

Objektivierung – Diagnostik

Im Bereich der Trainingspraxis handelt es sich zumeist um sportartspezifische oder semispezifische Prüfverfahren (vgl. Abb. 3.3.-13), die nach Möglichkeit mit biomechanischen Meßverfahren gekoppelt werden sollten. Zu erfassen sind:
– die im Kontrollverfahren erreichte „sportliche Leistung";
– das Gesamtpotential der Kraftausdauer (absolute Kraftausdauerleistung);
– das Niveau der speziellen Maximalkraftfähigkeit;
– der ermüdungsbedingte Abfall der Krafteinsätze im Verlauf der Anforderung.

Sportartspezifische Kontrollverfahren sind vor allem aus dem Rudern und Kanurennsport bekannt. Sie sollen hier nur als prinzipielles Beispiel genannt werden. Die Kontrolle erfolgt zumeist in zwei Phasen. Zunächst wird in einer Kurzbelastung (6 bis 10 Bewegungszyklen) die maximal mögliche Zugkraft ermittelt; daran schließt sich der eigentliche Streckentest (Kontrollstrecke) an. Maximalwerte können auch der intensiven Startphase entnommen werden. (Vgl. Abb. 3.3.-14)
Die Auswertung erfolgt durch Wertevergleich der Parameter auf einzelnen Abschnitten bzw. der Gesamtstrecke mit den maximalen Kraft- und Vortriebskennwerten. Es ergeben sich

Rückschlüsse über den Verlauf und die Größe der durch die Ermüdung hervorgerufenen Minderung der Krafteinsätze und der Vortriebsleistung.

Bei der **Diagnose mit Spezialübungen** führt man die Kontrolle mit den im Training genutzten Hauptübungen durch. Die Verfahrensweisen sind unterschiedlich und werden auch durch sportartspezifische Anforderungen bestimmt. Folgende Vorgaben für Leistungskontrollen sind festzulegen:
– Widerstandsgröße
– Bewegungsfrequenz
– Anzahl der Bewegungswiederholungen/ Belastungsdauer
– die Bewegungsgeschwindigkeit
– Parameter für die Qualität der Bewegung.

Am Beispiel der Trainings- und Testübung *Bankziehen* soll der prinzipielle Aufbau der Leistungskontrolle an zwei Beispielen erläutert werden. BAYER/MAHLO (1992) wählen als Zielgröße für die Kontrolle für Ruderer 210 Bewegungswiederholungen. Dieser Umfang entspricht etwa der Anzahl der Ruderschläge im Wettkampf über 2000 m. Die individuell bemessene Zusatzlast entspricht der Größe, die der Sportler nach vorheriger Einschätzung etwa 210mal mit der festgelegten Bewegungsfrequenz bewältigen kann. Bewertet werden das Realisieren der Zielgröße bzw. die erreichten Wiederholungen bei vorzeitigem Versagen. Die Last wird nach dem Ergebnis der Leistungskontrolle zur Bezugsgröße im Kraftausdauertraining mit der entsprechenden Übung. Der Vorteil der Kontrolle liegt im wettkampfspezifischen Bewegungsumfang, der Nachteil in dem fehlenden Bezug zur wettkampfspezifischen Bewegungsgeschwindigkeit.
Einen anderen Ansatzpunkt für einen Kraftausdauertest mit der gleichen Übung wählen LEHNERTZ/AMPUS. (Vgl. MARTIN/CARL/LEHNERTZ 1991, S. 122 ff.) Es wird die Zeit gemessen, die für den Weg der „explosiv" angerissenen Hantel zwischen zwei Lichtschranken benötigt wird. Durch stufenweise Widerstandserhöhung wird ermittelt, mit welcher Last der höchste Impuls[1] erreicht wird (Muskelleistungsschwelle). Diese Laststufe wird als Testlast gewählt, die 24mal in Intervallen von 2,5 s optimal schnell angerissen werden muß. Der Impuls verringert sich dabei ermüdungsbedingt. Die Differenz zwischen dem maximalen und dem mittleren Impuls kennzeichnet das Niveau der Ausdauerkomponente. Je geringer die Differenz ist, desto besser wird das verfügbare Kraftniveau ausgeschöpft. Vorteile dieses Verfahrens bestehen u. a. darin, daß durch das Erfassen der Geschwindigkeit der Kraftverlauf dargestellt und bewertet werden kann.

---

[1] Impuls = Masse mal Geschwindigkeit.

3.4. Konstitution

3.4.1. Begriff, Grundlagen und Abhängigkeiten

Unter körperlicher Konstitution werden allgemein *die relativ dauerhaften Eigenheiten des Körperbaus sowie die morphologischen und auch weitgehend die funktionellen Eigenschaften der Organe und Organsysteme* verstanden.

Dementsprechend unterscheidet MECHLING (1989, S. 243) bei der Körperkonstitution als Leistungsvoraussetzung Funktion und Form, wobei er der Form ein zentralnervales, ein neuromuskuläres, ein energetisches und ein morphologisches Funktionssystem zuordnet und die Form auf die skelettären, muskulären und ballastbezogenen Leistungsvoraussetzungen bezieht. Mit diesem weiten Konstitutionsbegriff werden in erster Linie die biotischen Leistungsvoraussetzungen der Basisebene erfaßt. (Vgl. 2.1.3.)
Nach TITTEL/WUTSCHERK (1972, S. 33) hat sich nach langer wissenschaftlicher Diskussion der Biologen und Mediziner ein noch weiterer Konstitutionsbegriff herauskristallisiert, der mit dem morphologischen auch den funktionell-energetischen, den funktionell-motorischen und den psychologischen Aspekt vereinigt und damit alle von uns unterschiedenen Leistungsfaktoren enthält.

In der hier dargestellten trainingswissenschaftlichen Leistungslehre wird Konstitution weniger komplex gefaßt: als **„Leistungsfaktor Konstitution"** sollen **das energieübertragende Funktionssystem** und damit **in erster Linie die körperbaulichen Leistungsvoraussetzungen** verstanden werden.
Die *äußeren Merkmale* der konstitutionellen Leistungsvoraussetzungen werden demzufolge mit den *anthropometrischen Parametern und Indizes* erfaßt. Sie betreffen die für den Körperbau charakteristischen Längen-, Breiten-, Tiefen- und Umfangsmaße, Maße der Körpermasse und ihrer Verteilung (z. B. Fettgewebe), Relationen der verschiedenen Maße (Proportionen, Körperbauindizes) und die Charakterisierung von Körperbautypen. (Vgl. u. a. TITTEL/WUTSCHERK 1972)
Als eine wesentliche Grundlage dieses Leistungsfaktors sind morphologisch-histologische Basiseigenschaften zu verstehen. Sie betreffen u. a. die durch den Gewebeaufbau bedingte Festigkeit und Elastizität des passiven Bewegungsapparates, d. h. der Knochen, Sehnen, Bänder, Gelenkkapseln und -knorpel sowie in bestimmtem Maße die mechanischen Eigenschaften der Muskeln.

Die konstitutionellen Leistungsvoraussetzungen sind **in relativ hohem Grade genetisch bedingt.** Auf der Basis des gekennzeichneten Grundmechanismus der morphologisch-funktionellen Anpassung ist dennoch eine beträchtliche Beeinflussung durch die Tätigkeit und durch Lebens- und Ernährungsbedingungen, in Sonderheit durch sportliches Training möglich. Diese „Trainierbarkeit" des konstitutionellen Leistungsfaktors ist jedoch *einerseits* an ein *sehr langzeitiges Wirken* der tätigkeitsbedingten Entwicklungsreize gebunden, was bedeutet, daß vor allem körperbauliche, auch das Skelett betreffende Entwicklungen von einem jahrelangen Training abhängen. *Andererseits* ist die Sensitivität für körperbauliche bzw. konstitutionelle Entwicklungsreize im wesentlichen *nur in den Phasen der Ontogenese* vorhanden, *in denen sich die genetisch bedingten Wachstums- und Reifungsprozesse vollziehen.*
Nach Erreichen der biologischen Vollreife und dem damit verbundenen Abschluß des Skelettwachstums beschränkt sich der Trainingseinfluß auf die Konstitution im wesentlichen auf die aktive Körpermasse (vor allem Muskulatur) und das Fettgewebe sowie auf die inneren Gewebestrukturen des Bewegungsapparates.
Das **biologische Alter** ist also **von großem Einfluß auf die Trainierbarkeit** der konstitutionellen Leistungsvoraussetzungen.

> **Definition Leistungsfaktor Konstitution:**
> Die durch das Zusammenwirken von Anlagen und Tätigkeitseinflüssen (Trainingswirkungen) entstandenen, relativ dauerhaften individuellen Eigenheiten des Körperbaus sowie die morphologischen und funktionellen Eigenschaften des Stütz- und Bewegungssystems des Organismus, die die Leistungsfähigkeit und Belastungsverträglichkeit des Funktionssystems „mechanische Energieübertragung" bestimmen.

Die körperliche Konstitution – und damit auch die konstitutionellen Leistungsvoraussetzungen – sind seit langem Gegenstand einer biologischen Anthropologie und der sportmedizinischen Sportanthropometrie (TITTEL/WUTSCHERK 1972) und Sportanthropologie. Damit kann in der Trainingswissenschaft und in diesem Buch auf die entsprechende Fachliteratur verwiesen werden und in diesem Abschnitt eine Konzentration auf Fragen und Inhalte erfolgen, die sich aus der Einordnung der Konstitution als Leistungsfaktor in das allgemeine disziplinübergreifende Leistungskonzept ergeben.

3.4.2. Bedeutung konstitutioneller Leistungsvoraussetzungen

Der Einfluß bestimmter Körpermaße bzw. Körperbaumerkmale auf die sportliche Leistungsfähigkeit wurde bereits in einer Vielzahl von Untersuchungen und Publikationen nachgewiesen, in größerem Umfang seit den zwanziger Jahren dieses Jahrhunderts. Als ein Beispiel seien nur die Untersuchungen von KOHLRAUSCH (1929) an den Teilnehmern der Olympischen Spiele in Amsterdam 1928 erwähnt. Die ermittelten Zusammenhänge sind stochastisch und zum großen Teil erst über die Relationen verschiedener Parameter, d. h. über Proportionsparameter bzw. Indizes deutlich zu machen.

So betragen z. B. die Korrelationskoeffizienten zwischen Körperbaumerkmalen und Weitsprungleistung bis $r = 0.68$ und erreichen dabei eine statistische Sicherheit von 95 % (SIRIS u. a. 1983). Ein Längenfaktor (Körperlänge, Beinlänge), ein Breitenfaktor (Schulterbreite), ein Körpermassenfaktor und ein Umfangsfaktor (Oberschenkelumfang) begründen die Leistungsdifferenzierung im Weitsprung. (TANNER 1962; TITTEL/ADAM/ENKE 1965; WUTSCHERK 1973)

TITTEL/WUTSCHERK (1972, S. 198–205) heben **drei Kriterien für die körperbaulich-konstitutionelle Bedingtheit sportlicher Leistungen** hervor, die in Untersuchungen an Hochleistungs- und Nachwuchssportlern gefunden wurden:
- *Körperhöhe, Körpergewicht* und ihre Relationen;
- *Körperbauproportionen* (vor allem Verhältnis der Extremitätenlängen und der Rumpflänge zur Gesamt-Körperhöhe, von Unter- bzw. Oberschenkellänge zur Gesamtbeinlänge, von Schulterbreite zu Beckenbreite);
- *Körperbautyp* (bestimmt nach CONRAD 1963 und SHELDON 1954).

Auf dieser Grundlage konnten relativ eindeutige Differenzierungen vor allem zwischen den leistungsstärksten Vertretern der verschiedenen sportlichen Disziplinen gefunden werden, die im wesentlichen auch heute noch gelten dürften. Allerdings muß eine *relativ große Streuung der Werte* berücksichtigt werden, wie dies aufgrund der vielfältigen Beziehungen der sportlichen Leistungsfähigkeit auch bei anderen Leistungsvoraussetzungen bzw. Leistungsfaktoren der Fall ist.

Die **Begründung für die gefundenen Beziehungen** zwischen Körperbau und Leistungsfähigkeit ergibt sich vornehmlich aus *biomechanischen bzw. mechanischen Gesetzmäßigkeiten*, die die Energieübertragung bestimmen.

So wird beispielsweise im *Gerätturnen* durch relativ geringe Körperhöhe und Körpermasse eine effektive Nutzung des vorhandenen Kraftpotentials – d. h. eine effektive Energieübertragung – u. a. bei Sprüngen, Schwüngen, Drehungen um Längen-, Breiten- und Tiefenachsen erreicht bzw. begünstigt. Beim *Kugelstoßen* bedeuten große Körperhöhe und Gliedmaßenlängen einen längeren Beschleunigungsweg der Kugel und einen höher gelegenen Anfangspunkt der Flugbahn, die große Körpermasse – neben der Bedeutung der aktiven Körpermasse für das Kraftpotential – hat Bedeutung für die Energieübertragung auf das Gerät in der Abstoßphase. Die auffällige Langbeinigkeit der *Hochspringerinnen* und auch der *Hochspringer* bei relativ geringer Körpermasse begünstigt durch die längeren Hebel des Sprungbeins (Fuß-Unterschenkel-Oberschenkel) und des Schwungbeins den auf den Körperschwerpunkt wirkenden Absprungimpuls und durch die höhere Lage des Körperschwerpunkts beim Absprung die Höhe der Flugkurve.

In einer Reihe von Sportarten – u. a. in den Zweikampfsportarten und im Gewichtheben – haben die konstitutionellen Unterschiede zu einer Differenzierung in **Gewichtsklassen** geführt. Die Begründung liegt ebenfalls nicht nur in den in bestimmtem Maße mit dem Körpergewicht korrelierenden Kraftfähigkeiten, sondern u. a. auch in der die Energieübertragung – d. h. hier vor allem die Übertragung von Kraftimpulsen auf den Gegner – mitbestimmenden Körpermasse.

Die konstitutionellen Leistungsvoraussetzungen haben wesentliche Bedeutung für die **sportliche Leistungsfähigkeit im Nachwuchsbereich**, d. h. von Kindern und Jugendlichen. Hier wirken sich besonders die vom biologischen Alter abhängigen *körperbaulichen Veränderungen des sogenannten zweiten Gestaltwandels* in der Pubeszenz und Adoleszenz aus. Unterschiede im biologischen Alter innerhalb einer kalendarischen Altersklasse bedeuten in der Mehrzahl der Sportarten Vorteile der Frühentwickler aufgrund positiver Beziehungen höherer Längen- bzw. Gewichtsparameter. Im Gerätturnen und in der Rhythmischen Sportgymnastik sind es jedoch vor allem beim weiblichen Geschlecht gerade *vorpuberale Konstitutionsmerkmale*, die den spezifischen Leistungsanforderungen besser entsprechen und oft zu sportlichen Höchstleistungen bereits in diesem Alter beitragen. (Vgl. die Ausführungen auf Seite 164)

Die in der Definition des Leistungsfaktors Konstitution eingeschlossenen *morphologischen und funktionellen Eigenschaften des Stütz- und Bewegungssystems* (s. 3.4.1.) sind hinsichtlich ihrer Bedeutung für die sportliche Leistungsfähigkeit vor allem **Grundlage für die Belastbarkeit bzw. Belastungsverträglichkeit des energieübertragenden Funktionssystems** und darüber hinaus für seine Beweglichkeit (Flexibilität, Dehnbarkeit – vgl. 3.2.3.). Die *Plastizität und Elastizität des Binde- und Stützgewebes* entscheiden wesentlich darüber, wie stärkere und häufige Zug-, Druck- und Torsionsbelastungen „verarbeitet" werden: Im ungünstigsten Falle kann es besonders bei Untrainierten oder nach längerer unterschwelliger Vorschädigung (Mikrotraumen) zu Geweberissen oder -einrissen (Sehnen, Bänder, Gelenkkapseln, Muskelhüllen, Muskelfasern) sowie zu Knochenbrüchen kommen. Häufiger sind zunächst unbedeutende reparable Veränderungen im Sinne von Mikrotraumen, die allerdings bei länger dauernder ständiger Über- bzw. Fehlbelastung und fehlender Kompensation auch zu irreparablen, die Funktion von Gelenken beeinträchtigenden Veränderungen (Schädigungen) führen können.

Eine *systematische*, dem jeweiligen Leistungszustand adäquate *Steigerung der Beanspruchung des energieübertragenden Funktionssystems* unter Einbeziehung von kompensatorischen Maßnahmen (z.B. Bäder, Sauna, Massagen), die die relativ langen Erholungs- und Adaptationszeiten des Binde- und Stützgewebes beachtet, führt demgegenüber zu einem kontinuierlichen Aufbau der Belastungsfähigkeit dieses Systems und zur optimalen Ausprägung dieser Leistungsvoraussetzung. Eine *kon-*

Tabelle 3.4.-1   *Methoden zur Bewertung der körperbaulichen Entwicklung* (HERM 1989, 1990)

Körperbau-Entwicklungs-Index (KEI)
Körperhöhe, Körpermasse, Schulterbreite, Beckenstachelbreite (mittlere Breite), Unterarmumfang (m), Oberschenkelumfang (w)

$$\text{KEI männl.} = \frac{\text{mittlere Breite} \times 2 \text{ Unterarmumfang (korr.)}}{\text{Körperhöhe} \times 10} \left(\frac{cm^2}{cm}\right)$$

$$\text{KEI weibl.} = \frac{\text{mittlere Breite} \times \text{Oberschenkelumfang (korr.)}}{\text{Körperhöhe} \times 10} \left(\frac{cm^2}{cm}\right)$$

$$\text{mittlere Breite} = \frac{\text{Schulter} \times \text{Beckenstachelbreite}}{2} (cm)$$

(Zur Erhebung der o. g. Meßwerte, zur Errechnung des KEI sowie seiner Aussagevalenz vgl. WUTSCHERK 1973, S. 44–60)

Muskelmasse (MM)
4 Extremitätenumfänge (Ober-, Unterarm, Ober-, Unterschenkelumfang); Körperhöhe; 4 Hautfalten

$MM = \text{Körperhöhe} \times r^2 \times \text{Konstante M} (= 6{,}50)$

Skelettmasse (SM)
4 Kondylenbreiten der Extremitäten; Körperhöhe

$SM = \text{Körperhöhe} \times r^2 \times \text{Konstante S} (= 1{,}20)$

Körperdepotfett
10 Hautfalten

Körperbautyp nach CONRAD
Metrik-Index (Körperhöhe, Brustkorbbreite, -tiefe)
Plastik-Index (Schulterbreite, Unterarmumfang, Handumfang)

Prognose der finalen Körperhöhe (lange Zeiträume)
– aktuelle Körperhöhe
– biologisches Alter

Wachstumstyp
– stabil
– dynamisch

Prognose des Körperwachstums (kurze Zeiträume)
– Zeitpunkte intensiver Entwicklung
– Wechsel des Wachstumstyps

Bewertung der Wachstumsgeschwindigkeit
– der Körperhöhe
– der Körpermasse
– der Muskelmasse
– des Skeletts

tinuierliche Zusammenarbeit mit dem Sport-arzt und eine kontinuierliche sportmedizini-sche Betreuung sind gerade auch unter der Sicht des konstitutionellen Leistungsfaktors unbedingt zu fordern, nicht nur im Hochlei-stungstraining, sondern besonders auch im Nachwuchstraining.

3.4.3. Objektivierung – Diagnostik

Die **konstitutionellen Leistungsvoraussetzun-gen in ihrer körperbaulichen Komponente** werden mit den Methoden der Anthropometrie objektiviert und diagnostiziert. Auf die Vielfalt der Meßverfahren, der Proportions- und Index-berechnungen und ihre Bewertung kann und soll hier nicht näher eingegangen werden. (Vgl. Fachliteratur zur Sportanthropometrie)

Zu Möglichkeiten der Diagnostik der körper-baulichen Entwicklung vor allem im Nach-wuchsbereich gibt Tabelle 3.4.-1 auf Seite 165 eine Übersicht.

Die **Objektivierung und Diagnostik der morpho-logischen und funktionellen Eigenschaften des Stütz- und Bewegungssystems** gehört unzweifel-haft in den Arbeitsbereich der Sportmedizin. In der sportmedizinischen Standardliteratur sind kaum Hinweise auf Methoden bzw. Verfahren zu finden, die hierfür u.a. auch in der kom-plexen Leistungsdiagnostik einsetzbar sind. Bestimmte Einsichten sind mit *röntgenologi-schen Methoden* zu gewinnen – u.a. das Skelettsystem und den Knochenaufbau betref-fend –, ansonsten sind häufig erst Schäden oder Schädigungen objektivierbar. (Vgl. hierzu auch SCHMIDT/KRAFT/ROTTE 1992 und HAGEN/SCHMIDT 1992)

Dritter Teil:
Sportliches Training

Kapitel 4:
Trainingsmethodische Grundlagen

4.1. Charakteristik des sportlichen Trainings und die Aufgaben des Trainers

4.1.1. Das sportliche Training

4.1.1.1. Zum Wesen des sportlichen Trainings

Der allgemeine Begriff „Training" entstammt dem lateinischen „trahere" (ziehen, schleppen). Dieser wurde über das altfranzösische „trainer" in der 1. Hälfte des 19. Jh. im Englischen zu „Training" und bedeutete zunächst soviel wie das Herausziehen der Pferde aus dem Stall zur Bewegung. Nachfolgend wurde der Begriff immer mehr für sportliches Tun der Menschen verwendet. Er entwickelte sich zu einem Grundbegriff der Sportpraxis und der Sportwissenschaft. In neuester Zeit gibt es zahlreiche Übertragungen des Trainingsbegriffs auf andere Bereiche als den Sport – Leitertraining, Verkäufertraining, Antihavarietraining u. a. verdeutlichen das. Diese „Trainingsbegriffe" haben aber in der Regel wenig Gemeinsamkeiten mit dem Begriff „sportliches Training".

Das Wesen des sportlichen Trainings besteht im aktiven Streben nach höherer und relativ stabiler sportlicher Leistungsfähigkeit, besonders als Voraussetzung für hohe Wettkampfergebnisse, bzw. nach möglicher Begrenzung ihres altersbedingten Verlusts.
Sportliches Training vollzieht sich in verschiedenen Realisierungsbereichen. Dazu gehören der Leistungssport, der Nachwuchsleistungssport, der Breitensport, der Behindertensport und teilweise auch der Freizeitsport. Es ist ein komplexer Prozeß, der sich auf der Grundlage von *Trainingsprinzipien* einschließlich pädagogisch-didaktischer Prinzipien vollzieht. Wesentliche Charakteristika sind Belastungs-, Beanspruchungs- und Anpassungsvorgänge, mentale und sportmotorische Lehr- und Lernvorgänge sowie pädagogische, pädagogisch-didaktische und trainingsmethodische Vorgehensweisen.
Zum Wesen des sportlichen Trainings gehören deshalb Kooperationsbeziehungen zwischen Trainer bzw. Übungsleiter, Sportlehrer und Sportlern, wobei das Stellen von Anforderungen und die Anforderungsbewältigung die bedeutendste, aber nicht allein entscheidende Beziehungsebene darstellt. Weitere im sozialen Umfeld des sportlichen Trainings existierende und vielfältige Kommunikations-, Interessen-, Freundschafts-, Rivalitäts- und Sachbeziehungen können von großer Gewichtigkeit sein. (Vgl. 4.1.2.)
Die recht umfassende Kennzeichnung des Begriffs „sportliches Training" entspricht den realen und komplexen Erfordernissen der Leistungs- und Persönlichkeitsentwicklung der Sportler, sie ist auf deren gesamte Handlungsfähigkeit und Verhalten gerichtet.

> **Definition „sportliches Training":** Komplexe planmäßige und sachorientierte Einwirkung auf die sportliche Leistungsfähigkeit und Leistungsbereitschaft durch Trainingstätigkeit des Sportlers und Führungs- und Lenkungsmaßnahmen von Trainern mit dem Ziel, die Leistungsfähigkeit zu steigern bzw. zu stabilisieren. (Vgl. SCHNABEL/THIESS 1993, 2. Bd., S. 867–868)

4.1.1.2. Merkmale des sportlichen Trainings

Nachfolgend werden wesentliche Merkmale des sportlichen Trainings dargelegt, die in einzelnen Realisierungsbereichen unterschiedliche Bedeutung haben. Die Rolle des Trainers behandeln wir ausführlicher in 4.1.2.

Zielgerichtetheit

Sie äußert sich darin, daß im Prinzip das gesamte Training sowie jede einzelne Anforderung, jede Aufgabe, jede Maßnahme, jede im Training angewendete Methode auf ein Ziel gerichtet ist. Dabei sind Leistungsziele für längerfristige Zeiträume von Zwischenzielen zu unterscheiden, die für mittelfristige oder auch kurzfristige

Zeiträume gestellt werden. Jede einzelne Trainingseinheit muß zielgebunden realisiert werden. Ziele sind nicht nur für die Steigerung der sportlichen Leistung bzw. der komplexen Leistungsfähigkeit, sondern auch für Teilaufgaben wie die Fertigkeitsausbildung oder die Herausbildung der Kraftfähigkeit zu stellen. Zielstrebig ist auch an die Herausbildung psychischer Leistungsvoraussetzungen und die Lösung von Erziehungsaufgaben heranzugehen. Zielgerichtetheit des Trainings ist Voraussetzung für die Planmäßigkeit und Systematik und eine wichtige Grundlage für die Einheit von Bildung und Erziehung. *Zielgerichtetheit fördert Zielbewußtheit.* Diese orientiert, motiviert und reguliert das sportliche Tun im erheblichen Maße.

Planmäßigkeit und Systematik

Die Trainingsmethodik wird in der Regel von erkannten Gesetzmäßigkeiten, aber auch von Erfahrungen der Trainer abgeleitet und findet ihren Ausdruck in Plänen für die Leistungsentwicklung insgesamt sowie für einzelne Leistungsvoraussetzungen bzw. -faktoren. Auf diese Weise wird bewußt von einem bestimmten Ausgangszustand zu einem vorgesehenen relativen Endzustand fortgeschritten und *spontanes* Wirken der Gesetzmäßigkeiten mit der Gefahr von Fehlbelastungen der Sportler vermieden. Planmäßigkeit und Systematik helfen auch, wichtige Bestandteile des Trainingsprozesses miteinander zu verknüpfen (z.B. Training und Wettkampf, Heimtraining und Lehrgangstraining, Trainingsbelastung und Belastung außerhalb des Trainings).

Realisierung durch Trainingsübungen (Körperübungen)

Trainingsübungen dienen in Einheit mit der erforderlichen theoretischen Ausbildung der Verwirklichung und Aneignung der Trainingsinhalte. Sie sind in der Mehrzahl der Sportarten das Hauptmittel zur Erreichung von Trainingszielen. Auf der Grundlage der Übungsklassen (vgl. 4.2.) ist es möglich, die Lehr- und Lernprozesse sowie die Belastungs- und Beanspruchungsprozesse differenziert zu verwirklichen. Sie sind „Grundbausteine" für die Trainingsmethodik und ermöglichen es, der notwendigen Vielfalt des sportlichen Trainings gerecht zu werden. Alle anderen Trainingsmittel sind gegenüber den Trainingsübungen als Hilfsmittel zu betrachten.

Einheit von Bildung und Erziehung im Prozeß der Persönlichkeitsentwicklung

Sportliches Training kann nur über das Handeln der Sportler auf der Grundlage von Anforderungen realisiert werden. Das ist zunächst nicht davon abhängig, ob die Anforderungen von außen, z.B. vom Trainer/Übungsleiter, an die Sportler gestellt werden, oder ob sie die Sportler nach eigener Zielstellung und darauf beruhender Selbsterziehung an sich selbst stellen. Beides ist möglich. In jedem Falle entwickeln sie ein emotionales und intellektuelles Verhältnis zu den Anforderungen und zu deren Bewältigung. Sie verarbeiten bzw. bewältigen im Training Beobachtungen, Eindrücke, Widerstände – in Form hoher Belastungen, komplizierter Übungen, schwerer bzw. unbequemer Trainingspartner –, Geschehnisse wie Sieg und Niederlage. Sie werden auch mit anderweitigen Erkenntnissen aus der Sportpraxis (z.B. Strategie und Taktik) und der Sportwissenschaft (z.B. Belastbarkeit des Binde- und Stützsystems) konfrontiert.

Dabei spielen Alter, Bildungsstand, Trainings- und Wettkampferfahrungen der Sportler eine beachtliche Rolle. Auch das gesamte soziale Umfeld wirkt auf sie ein. Sie werden mit Normen konfrontiert, die die sportliche Tätigkeit regulieren und zu denen ein persönliches Verhältnis herausgebildet werden muß. Hierzu gehört das sportgerechte Verhalten entsprechend den Wettkampfregeln und das Verhalten entsprechend den Gruppennormen der jeweiligen Trainingsgruppe. Auch Leistungsnormen, gegebenenfalls für die Nominierung zu einem bedeutenden Wettkampf, wirken im Sinne der Einheit von Bildung und Erziehung.

All diese Einwirkungen tragen dazu bei, ein individuelles Verhältnis der Sportler zum Sport, zu Training und Wettkampf auszuprägen. Es formt sich im Wirkungsfeld des sportlichen Trainings, einschließlich der Wettkämpfe, die **Gesamtpersönlichkeit des Sportlers**. Es handelt sich hierbei um objektive Vorgänge, die dem sportlichen Handeln immanent sind. Sie können spontan verlaufen oder pädagogisch gelenkt werden. In der Regel ist die gezielte und planmäßige erzieherische Einwirkung vorteilhafter als das spontane Wirken der Umstände. Besonders trifft das auf das Nachwuchstraining zu. Prinzipiell ist hier KURZ zuzustimmen, wenn er sinngemäß formuliert, daß nicht davon ausgegangen werden kann, daß das Bereichernde bzw. Entwicklungsfördernde, das man vom Sport erwartet, unter allen Umständen eintritt und „daß wissenschaftliche Beratung helfen kann, sportliche Praxis in pädagogischer Verantwortung zu gestalten". (KURZ 1992, S. 147)

Einheit von individueller und kollektiver Ausbildung

Dieses Merkmal bezieht sich auf den Ausbildungs- und Erziehungsprozeß und nicht vordergründig auf sein Ergebnis im Sinne einer kollektiven Leistung wie z. B. in den Sportspielen. Bemerkenswert ist auch, daß – in Abhängigkeit von Sportart, Disziplin, Realisierungsbereich, Trainingsaufgabe u. a. – die eine oder andere Seite überwiegen kann. Grundsätzlich wird das Training zunächst auf individuell entwickelte und individuell agierende Sportler ausgerichtet. Ohne Berücksichtigung der individuellen Besonderheiten kann ein Training nicht effektiv sein. In einer Trainingsgruppe können sich beispielsweise akzelerierte und retardierte Nachwuchssportler befinden, die besondere Aufmerksamkeit und Vorgehensweise erfordern. Andere Erfordernisse der individuellen Ausbildung ergeben sich aus Körperbaumerkmalen, Leistungszustand, sportlichem Können, Erfahrungen, psychischen Besonderheiten, individuellen strategischen Kampf- bzw. Spielkonzeptionen, Mannschaftspositionen u. a. m.
Andererseits kann in einer Reihe von Sportarten, z. B. in den Sportspielen oder Zweikampfsportarten, die Leistungsfähigkeit ohne kollektive Ausbildung zunächst nicht herausgebildet werden. Das entspricht dem Charakter der Sportarten. Gleiches trifft auch auf viele Staffeldisziplinen zu. Die jeweilige Leistung hängt dabei stark von Partnern und vom Partnerverhalten ab. Erfahrungsgemäß wirken aber auch in sogenannten Individualsportarten kollektive Ausbildungsformen förderlich. Hier ist beispielsweise an alle Trainingsaufgaben mit Partnern (Spielformen, Vorgabeläufe, Wettbewerbe u. ä.) zu denken. Auch Hilfeleistungen und Sicherheitsstellungen gehören zur kollektiven Trainingstätigkeit, ebenso wie positive psychisch-moralische Beeinflussungen und eine freudvolle Trainingsatmosphäre.

Einheit von Training und Wettkampf

Die im Wettkampfsport angestrebte Leistungsfähigkeit beruht auf einem – entsprechend der jeweiligen Sportart- oder Disziplinspezifik – komplex strukturierten psychophysischen Potential sowie spezifischem sporttechnischem und strategisch-taktischem Können. Im Ausbildungsprozeß besteht, neben der Notwendigkeit der zeitweiligen Konzentration auf einzelne Leistungsfaktoren, das Erfordernis, die Leistungsfähigkeit auch in ihrer Komplexität bzw. entsprechend der Struktur der Leistungsfähigkeit (SCHNABEL 1981a, S. 257f.) auszubilden. Äußerst wirkungsvoll kann dies durch offizielle und Trainingswettkämpfe erfolgen. *Wettkämpfe sind deshalb nicht nur Zielgrößen des Trainings, sondern auch Mittel der Leistungsentwicklung.* Wettkämpfe gegen gutklassige Gegner oder Trainingspartner bereichern die Wettkampferfahrungen ungemein. Sie können, trainingsmethodisch richtig eingesetzt, zu einer hohen Beanspruchung der Sportler führen (BERGER 1985, S. 772), zur Stabilisierung des sporttechnischen Könnens verhelfen und als bedeutsames Mittel der strategisch-taktischen Ausbildung genutzt werden. Auch *psychische Wettkampfeigenschaften* sind im Prinzip nur durch Wettkämpfe unterschiedlichen Schwierigkeitsgrades herauszubilden.

Wissenschaftlichkeit

Einem modernen sportlichen Training liegt gegenwärtig – als Ergebnis wissenschaftlicher Arbeit – eine bereits gut ausgearbeitete Trainingstheorie zugrunde. Dem Trainingspraktiker ist für sein Handeln ein System von Erkenntnissen und Kenntnissen zugänglich, die dieses bestimmen und ein relativ zielsicheres und planmäßiges Vorgehen ermöglichen. Abgeleitet wurden diese Erkenntnisse und Kenntnisse von Gesetzmäßigkeiten der Leistungsentwicklung. Sie beziehen sich auf die *biopsychosoziale Einheit* des Menschen und die sich daraus ergebenden Forderungen für das Training, auf das Verhältnis von Trainingsbelastung – Beanspruchung – Leistungsentwicklung, auf das Verhältnis von Trainingsbelastung und Erholung, auf die Einheit von Bildung und Erziehung im Trainingsprozeß sowie auf das Vorgehen in Lernschritten in der sporttechnischen Ausbildung, auf die Wirkung des Höhentrainings, auf die widersprüchliche Wirkung von Ausdauer- und Krafttraining auf den Muskel u.a.m. Erkenntnisse und Kenntnisse werden hauptsächlich durch die Aus- und Fortbildung der Trainer und Übungsleiter in die Praxis überführt. Zunehmend, besonders im Leistungssport, arbeiten auch Wissenschaftler direkt im Trainingsprozeß mit, gewinnen neue Erkenntnisse und überführen diese direkt in die Praxis. Auch qualifizierte Trainer und Übungsleiter sind am Gewinnen oder Erarbeiten wissenschaftlicher Erkenntnisse beteiligt.

Vom Trainer ist zu fordern, den jeweils aktuellen wissenschaftlichen Erkenntnisstand der eigenen Arbeit zugrunde zu legen und möglichst zu seiner Vervollkommnung beizutragen. Die wesentlichsten wissenschaftlichen Grundlagen wurden bisher von Wissenschaftsdisziplinen wie der Trainingswissenschaft, der Sportmotorik, der Sportpsychologie und -pädagogik sowie der Sportmedizin, der Biochemie und Biomechanik erarbeitet. Die meisten Fragestellungen erfordern ein interdisziplinäres Herangehen, wobei die Mitarbeit der Trainer vielfach unerläßlich ist.

4.1.1.3.   Ziele und Aufgaben des sportlichen Trainings

Die Ziele des sportlichen Trainings kann man in Hauptziele und Teilziele unterscheiden. *Hauptziele* sind diejenigen, auf die das Training in seiner Komplexität ausgerichtet ist und die in Form von Rekorden, Meisterschaften, Wettkampfsiegen oder auch der Steigerung der individuellen komplexen psychophysischen Leistungsfähigkeit[1] angestrebt

werden. *Teilziele* sind dagegen diejenigen, deren Erfüllung Voraussetzungscharakter für die Erfüllung der Hauptziele hat. Dazu zählen termingebundene Zwischenziele, die Wiederherstellung nach vorhergehender Wettkampfperiode, die Steigerung der Belastbarkeit, die akzentuierte Herausbildung einzelner Leistungsvoraussetzungen bzw. Leistungsfaktoren u.a.m.

Die Aufgaben des sportlichen Trainings sind umfangreich und vielgestaltig. Abgeleitet werden sie vom Trainingsziel, dem Leistungssystem der jeweiligen Sportart, von der aktuellen Leistungsfähigkeit des Sportlers, von dessen kalendarischem und biologischem Alter sowie dem Trainingsalter, vom Wettkampfsystem, von den Trainingsbedingungen und auch vom jeweiligen Realisierungsbereich des Trainings. Beachtenswert ist in diesem Zusammenhang die im Leistungssport erkennbare Tendenz, daß das Training immer nachhaltiger durch die Entwicklung der Wettkampfsysteme beeinflußt wird. (Martin u.a. 1997)

Die wichtigsten Aufgaben lassen sich wie folgt zusammenfassen:

● Die Ausstattung der Sportler mit Kenntnissen über das Training, den Wettkampf, das Trainings- und Wettkampfgerät und dessen Pflege sowie über die sportgerechte Lebensweise und Hygiene;

● Ausbildung sporttechnischer Fertigkeiten, taktischer und technisch-taktischer Fähigkeiten, konditioneller und koordinativer Fähigkeiten und die als Voraussetzung dafür dienende Steigerung der körperlichen und psychischen Belastbarkeit;

● die Vorbereitung und Einstellung auf sportliche Wettkämpfe, im Leistungssport im Sinne hoher siegversprechender Leistungsfähigkeit, und die Ausbildung psychischer Wettkampfeigenschaften. Diese Aufgabe wird in Einheit mit der Herausbildung der konditionellen und koordinativen Fähigkeiten, der sporttechnischen Fertigkeiten sowie durch Wettkämpfe realisiert;

● die Erziehung zur Fairneß und Kameradschaftlichkeit und die Ausbildung wertvoller Motive;

● das Schaffen einer freudvollen Trainingsatmosphäre.

---

[1] Der Weltverband für Sportmedizin empfiehlt jeder Person ein Training mit aerobem Charakter, bestehend aus 3 bis 4 Einheiten pro Woche von je 30 bis 60 min Dauer. FIMS-Statement. – Körperliche Belastung – ein wichtiger Faktor für die Gesundheit. Medizin und Sport. Berlin, 30 (1990) 2, S. I.

Die Lösung einzelner Aufgaben erfolgt mehr oder weniger akzentuiert, wobei im modernen leistungssportlichen Training komplexere Trainingsformen eine immer größere Bedeutung erlangen. Im Prinzip ist aber auch bei stärkerer Akzentuierung jede einzelne Trainingsaufgabe auf den körperlich, psychisch und intellektuell einheitlich handelnden Sportler gerichtet, der die Einzelaufgabe in dieser Einheit auffaßt und (mehr oder weniger gut) bewältigt. Vieles hängt davon ab, ob er die mit der Aufgabe verbundene Anforderung versteht, diese akzeptiert und für sich selbst als lösbar betrachtet. Wichtig ist außerdem, ob dem Sportler die Lösung der Aufgabe Freude bereitet, selbst wenn Anstrengung und Überwindung damit verbunden sind. Das Verstehen der zu bewältigenden Anforderungen durch den Sportler, die motivationale und emotionale Zuwendung zum Training sind – wenn auch mit unterschiedlichen Akzenten – in jedem Realisierungsbereich (Leistungssport, Breitensport usw.) wichtige Voraussetzungen für den Erfolg. Im Aufgabenbereich des Trainers oder Übungsleiters müssen sie deshalb den gebührenden Stellenwert erhalten.

4.1.2. Die Rolle des Trainers im Trainingsprozeß

Dem Trainer kommt im Trainingsprozeß die Führungsrolle zu. Er ist innerhalb dieses Prozesses, der Wettkampfreisen und Wettkämpfe einschließt, die wichtigste und ständige Bezugsperson für den Sportler. Das gilt auch weitgehend für Übungsleiter.

Zuweilen ist – besonders im Leistungssport – eine größere Anzahl von Personen am Trainingsprozeß beteiligt und/oder beeinflußt den Sportler. Das betrifft neben dem Trainer besonders die außerordentlich bedeutsame Arbeit des Arztes. Dieser prägt, vor allem im Leistungssport, häufig den wissenschaftlichen Charakter des Trainings mit, er garantiert in hohem Maße die Fürsorge für die Sportler, sorgt für physioprophylaktische Maßnahmen, betreut die Sportler bei Wettkämpfen und bei Verletzungen und Krankheiten. Er gilt oft, neben dem Trainer, als Vertrauensperson der Sportler.

Weitere beeinflussende Personen sind Mannschaftsleiter, Manager, Mannschaftsführer, Mannschaftskameraden, Masseur/Physiotherapeut, Verwandte, Lehrer u.a. Um eine klare Linienführung im Bildungs- und Erziehungsprozeß zu gewährleisten, müssen diese Einflüsse gebündelt und der einheitlichen Ziel- und Aufgabenstellung zugeordnet werden. Dafür kann, wie bereits gesagt, nur der Trainer zuständig sein.

Die einzelnen **Funktionen des Trainers** stellen sich folgendermaßen dar:

- Vermitteln von Wissen und sportlichem Können: die *sportfachliche bzw. trainingsmethodische Funktion*. Diese schließt die Planung und Steuerung des Trainings ein;
- Herausbilden von Einstellungen, Überzeugungen, Haltungen, volitiven Eigenschaften und sportlichen Verhaltensweisen sowie die Herstellung und Festigung positiver zwischenmenschlicher Beziehungen zwischen den am Trainingsprozeß Beteiligten: *die pädagogische Funktion*;
- *Vorbildfunktion* in bezug auf das Handeln und Verhalten, besonders für junge Sportler;
- Betreuung der Sportler (altersabhängig) im Training, bei Wettkämpfen und auf Wettkampfreisen: *Betreuungsfunktion*;
- Organisation des Trainingsablaufs, der Trainingsbedingungen und -voraussetzungen: *Organisationsfunktion*;
- Schaffen von optimalen Bedingungen für die Entwicklung des Sportlers auch außerhalb des Trainings. Das betrifft z.B. die Verbindung zu Elternhaus und Schule bei jungen Sportlern, die Beratung hinsichtlich der Lebensführung, die Unterstützung bei der Berufswahl und Berufsausbildung bzw. hinsichtlich des Studiums, Klärung von Fragen der finanziellen Absicherung, Unterstützung beim Umgang mit Medienvertretern u.a.m. Es geht hierbei um die *sozialpädagogische Funktion*, die offensichtlich für jeden Trainer an Stellenwert gewinnt. (Vgl. CACHAY/THIEL 1996)

Wesentliche Aspekte des Führungsverhaltens von Trainern und Übungsleitern

In bezug auf den Führungsstil muß auf die besondere Aufmerksamkeit, die *Nachwuchssportlern* – besonders Kindern – zukommt, hingewiesen werden. Sie sind von ihrer allgemeinen Lebenserfahrung, von ihrem allgemeinen und spezifischen Wissen sowie ihrem sportlichen Können her noch stark von Bezugspersonen abhängig. Im Sport sind Trainer, Übungsleiter und Sportlehrer in hohem Maße solche Bezugspersonen. Junge Sportler sind mehr oder weniger unselbständig beim Training, bei Wettkämpfen und auf Wettkampfreisen. Sie können häufig die Wirkung ihres beabsichtigten oder auch vollzogenen Handelns noch nicht richtig einschätzen. Sie benötigen noch eine umfangreichere und intensivere Anleitung und Aufsicht. *Unter diesen Bedingungen ist bestimmendes und auf Vertrauen beruhendes Führungsverhalten*, in das die jungen Sportler einzubeziehen sind, *angebracht*. Ein solches wird zumeist von den jungen Sportlern und auch von den Eltern anerkannt bzw. befürwortet. Hieraus leitet sich auch in erheblichem Maße die Verantwortung ab, die ein Trainer gerade für junge Sportler zu tragen hat – eine Verantwortung, die über den Rahmen der unmittelbaren Trainingstätigkeit hinausgeht und in der Ethik des Trainerberufs bzw. der Trainertätigkeit ihre Begründung findet.

Erfahrenen *Leistungssportlern* gegenüber muß hinsichtlich des Führungsstils anders vorgegangen werden. In der Regel besitzen diese eine abgeschlossene Schul- oder Hochschulbildung. Einige studieren noch, andere stehen in der Berufsausbildung oder haben sie abgeschlossen. Sie verfügen über mehr Lebenserfahrung als die jüngeren Sportler; zum Teil sind sie partnerschaftlich gebunden. In ihrer Sportart sind sie häufig gute oder sehr gute Praktiker, verstehen aber auch oft viel von der Theorie und Methodik des Trainings. Sie besitzen Wettkampferfahrung und sind insgesamt selbständiger als die jüngeren Sportler. Solche Sportler haben meist eine kritischere Einstellung zu den Dingen des Lebens, so auch zum Training und zum Trainer. Ein rein autoritatives Führungsverhalten würde unter diesen Umständen ziemlich sicher zu Mißerfolgen führen. *Es ist deshalb erforderlich, die Potenzen, die die erfahrenen Sportler in den Trainingsprozeß einbringen, zu nutzen und das Führungsverhalten auf eine weitestgehende Mitwirkung der Sportler an den Prozessen auszurichten.* Diese Mitwirkung kann bei der Festlegung der Trainings- und Wettkampfziele erfolgen, bei der Planung und Auswertung des Trainings und der Wettkämpfe, bei der Festlegung der Strategie und Taktik in Wettkämpfen, bei der Betreuung von Sportfreunden in Training und Wettkampf, bei der Organisation des Trainings u. a. m.

Auf diese Weise ergibt sich ein Führungsverhalten, das noch notwendige Elemente des autoritativen Verhaltens durch relativ weitgehende Mitwirkung, Mitsprache und Mitverantwortung der Sportler ergänzt.

Dieses unterschiedliche Führungsverhalten ist in Anbetracht der fortschreitenden Entwicklung der Sportler vom Kind zum Erwachsenen, vom Anfänger zum Fortgeschrittenen und Leistungssportler, zeitlich und inhaltlich nicht exakt abgrenzbar. Es ist vielmehr eine ständige bewußte und auch diffizile Verhaltensänderung des Trainers bzw. Übungsleiters, die sowohl gruppenspezifische als auch interindividuelle Aspekte der Sportler berücksichtigen muß.

Vielfach haben Trainer auch Aufgaben zu erfüllen, die in finanzstarken Vereinen dem **Sozialwart** übertragen sind. Sie müssen zum Teil in Zusammenarbeit mit anderen Verantwortungsträgern gelöst werden. Ein Trainer ist allein nicht in der Lage, alle Aufgaben, die die Ausbildung einschließlich der Erziehung betreffen bzw. tangieren, selbst zu lösen, ohne daß auf einzelnen Gebieten Qualitätsminderungen auftreten. Diese Feststellung ist zu treffen, obgleich sie häufig nicht auf Resonanz in der Sportpraxis trifft, bzw. aus finanziellen Gründen nicht auf Resonanz treffen kann. Auch im Nachwuchstraining ist die Rolle des Trainers als „Alleinunterhalter" (BRACK 1993, S. 15) nicht zu akzeptieren. Dadurch würden Kinder und Jugendliche, die ja die meiste Zuwendung, Fürsorge und Aufsicht benötigen, unzureichend bedacht werden.

Unter diesem Gesichtspunkt ist es empfehlenswert, in den Vereinen und Sportklubs einen *Sozialwart* einzusetzen. Er hat wesentliche

Fragen der Verbindung des Vereins/Klubs zur Familie, zur schulischen bzw. Berufsausbildung, zum Studium, zur Bundeswehr u. a. zu klären und verfügt über notwendige Kenntnisse und Kontakte, um organisatorische, finanzielle, materielle und andere Anliegen lösen zu können.

Für den Trainer ist ein gute Zuammenarbeit mit dem Sozialwart von großer Bedeutung. Regelmäßige, geplante und spontane Kontakte zwischen beiden gehören zu einer normalen Arbeit.

Vor allem erfordern folgende inhaltliche Probleme gegenseitige Information und Abstimmung:

- Nah- und Fernziele, die in der sportlichen und außersportlichen Entwicklung anzustreben sind, und die realen Möglichkeiten ihrer Verwirklichung;
- die Planung des Trainings, der Wettkämpfe sowie der außersportlichen Verpflichtungen;
- aktuelle Belastungen im Sport und außerhalb des Sports;
- Reaktionen des Sportlers auf Erfolgs- oder Mißerfolgserlebnisse im Sport und außerhalb des Sports;
- das möglicherweise notwendige Einschalten weiterer Personen in die Lösung von Problemen (z. B. Ehepartner, Eltern, Arzt u. a.);
- Fragen der Förderung der Sportler in finanzieller und materieller Hinsicht;
- Unterkunftsprobleme u. ä.

Der mögliche Einsatz eines Sozialwartes hat nicht zu bedeuten, daß damit die soziale Rolle des Trainers/Übungsleiters gemindert werden soll. Er bleibt, wie HAGEDORN realitätsbezogen äußert, „in vielen wichtigen, manchmal kritischen Situationen die einzige Bezugsperson, die Informationen liefert und deutet, ermutigt und tröstet, stimuliert oder dämpft, diktiert oder berät, kritisiert oder lobt" (HAGEDORN 1993, S. 18).

Die Zusammenarbeit mit dem Sozialwart oder anderen adäquaten Verantwortungsträgern soll dem Trainer ermöglichen, seine bedeutsame sozialpädagogische Funktion im Gefüge des sportlichen Trainings in Einheit mit seinen Gesamtaufgaben besser erfüllen zu können.

4.2. Trainingsinhalt, -übungen, -mittel und -methoden

4.2.1. Zusammenhänge und Relationen

Wie für jegliche Ausbildung und Erziehung, so ist auch im Rahmen des sportlichen Trainings das jeweilige Ziel bestimmend und nimmt gegenüber dem Trainingsinhalt, den Trainingsübungen, den Mitteln und Methoden eine leitende Rolle ein. Sie ist davon abzuleiten, daß Inhalt, Übungen, Mittel und Methoden auf das jeweilige Ziel ausgerichtet sind.

Die Realisierung des Trainingszieles erfolgt maßgeblich über den Trainingsinhalt, der einerseits zur Realisierung des Zieles beiträgt und andererseits den Einsatz der Trainingsmittel und -methoden wesentlich bestimmt. Der Trainingsinhalt legt fest, *was* zur Verwirklichung des Zieles getan werden muß. Die einzusetzenden Trainingsmittel zeigen, *womit* das angestrebte Ziel realisiert werden soll bzw. muß. Die Methoden charakterisieren das *Wie* dieses Prozesses.

Aus dieser kurzen Skizzierung geht hervor, daß dem sportlichen Training als einem Prozeß, der auch pädagogischen Prinzipien folgt, die Ziel-Inhalt-Methode-Relation zugrunde liegt, und daß die grundlegenden Wirkungen des Trainingsinhalts nicht an sich, sondern nur über die eingesetzten Mittel und Methoden, einschließlich der Trainingsbelastung, eintreten können.

Den **Trainingsübungen** kommt im Rahmen dieser Relation eine doppelte Bedeutung zu. Sie sind gleichermaßen als Trainingsinhalt und als Trainingsmittel einzuordnen. Werden Trainingsübungen auf der Grundlage eines sporttechnischen Leitbildes – einschließlich notwendiger individueller Abweichungen – erlernt, um diese Übungen im Wettkampf oder bei Leistungskontrollen sporttechnisch, strategisch-taktisch oder ästhetisch wirkungsvoll und leistungsstark darzubieten, dann tragen sie den Charakter des Trainingsinhalts. Werden dagegen Trainingsübungen eingesetzt, um körperliche oder koordinative Fähigkeiten bzw. strategisch-taktisches Können herauszubilden, dann tragen sie den Charakter eines Trainingsmittels, eines

Mittels, mit dessen Hilfe ein bestimmter Zweck realisiert werden soll. Charakteristisch dafür wäre zum Beispiel die Übung „Lauf", mit deren Hilfe Ausdauer herausgebildet werden kann.

4.2.2. Trainingsinhalt

Der Trainingsinhalt stellt dar, was zur Verwirklichung des jeweiligen Zieles getan werden muß, das heißt, was der Trainer oder Übungsleiter vermitteln und was sich der Sportler aneignen muß. Im übertragenen und vereinfachten Sinne könnte man vom Trainingsstoff sprechen. Dieser Standpunkt steht einigen aktuellen und relativ unterschiedlichen Positionen gegenüber. (JONATH u.a. 1988, S. 286; MARTIN/CARL/LEHNERTZ 1991, S. 33; THIESS/SCHNABEL 1986, S. 162; WEINECK 1990, S. 16) Zum Trainingsinhalt gehören nach unserer Auffassung sporttechnische Fertigkeiten und technisch-taktische Fertigkeiten, auch Fertigkeiten zur Vorbereitung von Sportgeräten zu deren Nutzung (z. B. die Vorbereitung der Kufen im Bobsport), ferner körperliche, koordinative, strategisch-taktische und intellektuelle Fähigkeiten. Auch Kenntnisse sind Bestandteil des Trainingsinhalts, insofern sie vom Trainer vermittelt und vom Sportler angeeignet werden, um dadurch die Qualität des Trainings zu steigern und die Selbständigkeit und Selbsttätigkeit der Sportler zu erhöhen. Tabelle 4.2.-1 enthält derartige Kenntnisse. Schließlich ist auf psychische Eigenschaften zu verweisen, die durch Training herausgebildet und für das Training und die Wettkämpfe benötigt werden. Es handelt sich hierbei um Eigenschaften wie Zielstrebigkeit, Selbständigkeit, Zuverlässigkeit, psychische Wettkampfstabilität u.a., die die angezielte Leistungsfähigkeit erheblich mitbestimmen und demzufolge zum Inhalt eines qualifizierten Trainings gehören.

Wir verstehen unter Trainingsinhalt folglich die physische, psychische und intellektuelle Substanz, die im Training durch den Trainer vermittelt, übertragen bzw. anerzogen und durch den Sportler angeeignet bzw. verinnerlicht wird, um das jeweils vorgegebene Trainingsziel zu erreichen.

Die Trainingsübungen und das orientierende, motivierende und regulierende Wort erfüllen gegenüber dem Trainingsinhalt eine „Trägerfunktion".

4.2.3. Trainingsübungen und ihre Klassifizierung

Obwohl der Rahmen des Buches insgesamt etwas weiter gesteckt ist, stehen Sachverhalte des sportlichen Trainings im Mittelpunkt dieses Abschnitts. Aus diesem Grunde werden die in der sportlichen Ausbildung genutzten Übungen (Körperübungen) im folgenden als Trainingsübungen bezeichnet.

Trainingsübungen mit relativ gleicher Wirkung hinsichtlich einer bestimmten Zielstellung werden – sowohl für deren Handhabung in der Sport- bzw. Trainingspraxis als auch für wissenschaftliche Arbeit – in Gruppen bzw. **Übungsklassen** eingeteilt. Dies erfolgt in der Regel auf der Grundlage bestimmter Kriterien, wie sie nachfolgend erläutert werden. In Anbetracht des ständigen Erkenntnisfortschritts und bei existierendem Erkenntnisinteresse muß die Arbeit an der Klassifikation der Trainingsübungen fortschreitend sein. Sie ermöglicht zunächst, das Training und seine Ergebnisse in einer Sportart/Disziplin vergleichen zu können und aus einem solchen Vergleich erforderliche Schlußfolgerungen für das zukünftige Training abzuleiten. Relativ eindeutige Klassen von Trainingsübungen werden auch benötigt, um das Training sowohl für die Praxis als auch für die Wissenschaft computergestützt auswerten bzw. auswerten und steuern zu können.

Ausgewählte Beispiele für die Klassifikation von Trainingsübungen nach unterschiedlichen Kriterien:

– Kriterium:
  Zugehörigkeit der Übungen zu Sportarten
  Unterscheidung:
  Leichtathletikübungen, Turnübungen, usw.
  (STIEHLER u.a. 1976, S. 81–92)
– Kriterium:
  anatomische Gesichtspunkte
  Unterscheidung:
  Übungen zur Entwicklung der Beinmuskulatur, der Arm- und Schultermuskulatur, usw. (SCHOLICH 1989, S. 41–42)

Tabelle 4.2.-1 *Ausgewählte Stoffbereiche, die im Prozeß der Kenntnisvermittlung und selbständigen Aneignung (Lesen, Film, Video) den theoretischen Inhalt des Trainings ausmachen*

Zum Training, einschließlich Leistungsdiagnostik	Zum Wettkampf	Zur Materialkunde, Materialpflege, Kleidung	Lebensweise, Hygiene, Prophylaxe
– Bedeutung der einzelnen Abschnitte der Trainingseinheiten – Trainingsmethodische Grundlagen – Wesen der Belastungssteigerung – Erwärmungsprogramme, ihre Bedeutung und Handhabung – Bedeutung sowie Art und Weise der gegenseitigen Hilfeleistung – Codebezeichnungen für einzelne Tätigkeiten bzw. Handlungen zum Zwecke der Kurzinformation – Zeichen der Veranschaulichung von Spielabläufen – Übungssprache – Rolle der Leistungsdiagnostik und leistungsdiagnostische Verfahren	– Bedeutung und Charakter von Wettkämpfen – Wettkampfsysteme – Wettkampfarten – Wettkampfregeln – Wettkampfverhalten – Wettkampfstrategie – Wettkampftaktik – Finten – Wettkampfnormen – Auswahl- bzw. Nominierungskriterien – Gegneranalyse – Erwärmung/Einarbeiten – Informationsgebung während des Wettkampfes – Verhalten in Wettkampfpausen – Protestmöglichkeiten und Protestverhalten – Umgang mit Medienvertretern – Verhalten gegenüber den Zuschauern	– Funktionsweise zu nutzender Geräte – Geräte- und Materialpflege – mögliche Selbstreparaturen (Anleitung) – Gerätemaße – Zulassungsvorschriften – Lagerung von Geräten – Wettkampfkleidung laut Reglement – Möglichkeit des Wechsels bzw. der Reparatur von Geräten während des Wettkampfes – Gerätetransport – Geräteaufbau	– Rolle und Beschaffenheit einer sportgerechten Lebensweise – sportgerechte Ernährung – sportartspezifische Schutzbestimmungen – hygienische Maßnahmen und hygienisches Verhalten in Training und Wettkampf – Physioprophylaxe und physioprophylaktische Selbstmaßnahmen – Psychoregulation und psychoregulative Selbstmaßnahmen – sportfeindliche Rolle von Doping, Schädlichkeit von Nikotin und Alkohol

– Kriterium:
Kontraktionsform der Muskulatur
Unterscheidung:
dynamische Übungen, statische Übungen
(HARTMANN/TÜNNEMANN 1988, S. 48–57)
– Kriterium:
eingesetzte Muskelmasse
Unterscheidung:
Ganzkörperübungen, Teilkörperübungen
(LETZELTER/LETZELTER 1990, S. 257–258)
– Kriterium:
Art der energetischen Leistungsvoraussetzung
Unterscheidung:
Kraft-, Schnelligkeits-, Ausdauerübungen
(ČERNJAK/KAČAJEV 1978, S. 19–22)
– Kriterium:
Schwierigkeitsgrad der Übungen
Unterscheidung:
A-, B-, C-, D-Sprünge nach Einordnung in die Sprungtabelle (Wasserspringen)
(RASENBERGER/ARNOLD 1980, S. 1–2)

Gegenüber diesen Klassifikationsschemata, die in stärkerem Maße sportartspezifischen Anforderungen gerecht werden, ermöglicht das umseitig dargestellte Schema durch seinen relativ hohen Verallgemeinerungsgrad auch Vergleiche zwischen Sportarten und Sportartengruppen. Derartige Schemata sind für wissenschaftliche Arbeit und insbesondere für das Herausarbeiten von Trainingsprinzipien unerläßlich.

Das Klassifikationsschema sieht die Einteilung der Trainingsübungen nach ihrer Übereinstimmung mit der Wettkampfbewegung und der Belastungsstruktur des Wettkampfes in der Spezialsportart bzw. -disziplin vor; es werden die Übungsgruppen als Wettkampfübungen, Spezialübungen und allgemeine Übungen benannt. (HARRE 1986, S. 63–66; JONATH 1986, S. 302; MATWEJEW 1981, S. 34; WEINECK 1990, S. 16)

Klassifikat.-Kriterium	Wettkampfübung	Spezialübung	allgemeine Übung
Bewegungsstruktur	gleich	Abweichungen/ Teilbewegungen	ungleich
Belastungsstruktur	gleich/fast gleich	gezielte Abweichungen ausgewählter Faktoren	ungleich

■ **Wettkampfübungen** *sind diejenigen Trainingsübungen, die weitestgehend bis vollständig mit der Bewegungs- und Belastungsstruktur übereinstimmen, wie sie im sportlichen Wettkampf gefordert wird.* Im Training dienen sie der Formierung effektiver Beziehungen zwischen den einzelnen Leistungsfaktoren einschließlich der psychischen Leistungsvoraussetzungen und damit der Herausbildung der wettkampfspezifischen Leistung. Wettkampfspezifisches Training mit Hilfe der Wettkampfübungen kann auch der Herausbildung bzw. Stabilisierung von Leistungsgrundlagen unter relativ wettkampfnahen Bedingungen dienen. Ein Sparringskampf im Boxen über 3 × 3 Minuten zur Herausbildung der wettkampfspezifischen Ausdauer wäre dafür ein bezeichnendes Beispiel.

Die Anwendung der Wettkampfübung beansprucht die Sportler in der Regel sehr hoch. Ein solches Training wird hauptsächlich am Ende einer Vorbereitungs- und in der Wettkampfperiode durchgeführt. Der Belastungsumfang mit dieser Übung ist infolge der hohen Beanspruchung der Sportler relativ gering. Die Wettkampfübung kann auch ganzjährig als Mittel der Leistungskontrolle genutzt werden.

■ **Spezialübungen** *sind diejenigen Übungen, deren Bewegungs- und/oder Belastungsstruktur teilweise mit der Wettkampfhandlung übereinstimmen.* Diese Übungen werden hauptsächlich zur akzentuierten Herausbildung einzelner Leistungsvoraussetzungen eingesetzt. Die Akzentuierung kann in zweierlei Hauptrichtungen erfolgen:
Erstens, man trainiert mit der Wettkampfbewegung und weicht hinsichtlich der Belastungsintensität und/oder der Belastungsdauer zum Teil erheblich von der Wettkampfbelastung ab. Ein Beispiel hierfür wäre das Grundlagenaus-

dauertraining eines Mittelstreckenläufers, ein anderes der Trainingskampf im Ringen mit kurzer, aber häufiger Wiederholung der Kampfphasen zur Herausbildung der Schnelligkeitsausdauer.
Zweitens, man nutzt Teilbewegungen aus den Wettkampfübungen mit dem Ziel, durch eine höhere Belastungsintensität und/oder gesteigerten Belastungsumfang auf wirksame Art neue Leistungsgrundlagen ausprägen zu können. Beispiele dafür sind Kniebeuge mit der Scheibenhantel, als Voraussetzung für klassisches Stoßen im Gewichtheben, oder wiederholtes Ausführen eines Einzelsprunges aus einer Kür- oder Pflichtübung im Eiskunstlauf zur Stabilisierung der sporttechnischen Fertigkeit oder als spezielles Sprungkrafttraining.

Da das Training mit Spezialübungen sehr effektiv ist, nimmt es bei fortgeschrittenen Sportlern einen relativ großen Umfang ein. Das trifft besonders auf die jeweilige Vorbereitungsperiode, aber auch auf die Wettkampfperiode zu. Zu umfangreiche Anwendung von Spezialübungen kann zu muskulären Dysbalancen führen. Man muß der Gefahr durch ein ausgewogenes Verhältnis der Anwendung von Spezialübungen und allgemeinen Übungen begegnen. Das gilt grundsätzlich für alle Sportler. Bei Kindern und Jugendlichen bzw. bei Nachwuchssportlern ist besondere Vorsicht geboten. Der Einsatz von Spezialübungen sollte hier nach dem Grundsatz erfolgen: „Soviel wie notwendig, so wenig wie möglich." Auf diese Weise wird zur Verhinderung muskulärer Dysbalancen beigetragen, und es bleiben Trainings- und Leistungsreserven für spätere Zeiten erhalten, in denen hohe spezifische Trainingsbelastungen besonders effektiv verarbeitet werden können. (Vgl. dazu 6.1.1.)

- **Allgemeine Trainingsübungen** *sind diejenigen Trainingsübungen, die keine oder nur minimale Übereinstimmung mit der Bewegungs- und Belastungsstruktur der Wettkampfübung aufweisen.* Sie werden in der Regel anderen Sportarten oder der Grundgymnastik entnommen. Trotz ihres Allgemeinheitscharakters sind sie unter der Sicht der Anforderungen der Spezialsportart auszuwählen. Für zahlreiche Sportarten (außer Laufdisziplinen) ist die Übung „Lauf" eine allgemeine Trainingsübung, mit deren Hilfe die Grundlagenausdauer gut trainierbar ist (z.B. Grundlagenausdauertraining im Ringen durch Lauf in aerober Stoffwechsellage). Ungünstig wäre hingegen das Krafttraining mit schweren Scheibenhanteln für Langstreckenläufer, weil der daraus entstehende Muskel- und Körpergewichtszuwachs die Laufleistung mindern würde.

Allgemeine Trainingsübungen fördern die Belastbarkeit und tragen dazu bei, muskuläre Dysbalancen zu vermeiden oder zu beseitigen. Sie dienen bei vielfältigem Einsatz zur Ausbildung konditioneller und koordinativer Fähigkeiten und können nach ermüdender Belastung die Wiederherstellung unterstützen. Schließlich gewährleisten sie die erforderliche Vielseitigkeit besonders im Nachwuchstraining. Die beschriebene Klassifikation der Trainingsübungen enthält zahlreiche fließende Übergänge von der einen Gruppe zur anderen. Eine völlige Abgrenzung ist, wie bei allen künstlichen Klassifikationen, nicht möglich. Für einzelne Zuordnungen bedarf es definitorischer Festlegungen. Weitere Unterteilungen – zum Beispiel bei HARRE u.a. (1986, S. 63–69) durch Differenzierung der Spezialübungen in Spezialübungen I und II oder bei PLATONOV (1986, S. 48–49), der in die vier Gruppen allgemeine Vorbereitungsübungen, Hilfsübungen, spezielle Vorbereitungsübungen und Wettkampfübungen einteilt – sind für die Bewältigung konkreter praktischer und auch wissenschaftlicher Erfordernisse notwendig und möglich.

4.2.4. Trainingsmittel

Trainingsmittel sind Instrumentarien, die der Trainer nutzt, um sportmethodische, didaktische und pädagogische Prozesse zu realisieren und Trainingsziele zu erfüllen.

Es ist möglich, die Trainingsmittel in folgende Gruppen einzuteilen:

- *Trainingsübungen* (Wettkampfübungen, Spezialübungen, allgemeine Trainingsübungen);
- *Sportstätten* (Plätze, Hallen, Pisten, Bäder, Parcours, Schanzen usw.);
- *Sportgeräte* (Bälle, Boote, Gymnastikgeräte, Handschuhe, Kraftmaschinen, Motorräder, Netze, Räder, Schläger, Scheibenhanteln, Schlittschuhe, Skier, Turngeräte usw.);
- *Hilfsgeräte* (Gleitgerüste, Longen, Schaumstoffgrube, Schneekanonen, Spurenleger usw.);
- *Meßgeräte* (Stoppuhr, Bandmaß, Lichtschranken, Dynamometer, Komplexmeßplätze, Frequenzmeßuhren usw.);
- *audiovisuelle Mittel* (Bildtafeln, Videoaufzeichnungen, Skizzen, Folien, Anschauungsbilder, Filmschleifen usw.);
- *sportmedizinische Mittel*, in Abstimmung mit dem Arzt (Bäder, Sauna, Massage, Einreibungen, Ernährung usw);
- *psychologische Mittel*, in Abstimmung mit dem Psychologen (autogenes Training, apparativ gesteuerte Relaxation, regulative Musikanwendung usw.).

Im Bestreben, die sportlichen Leistungen ständig zu steigern, wurde – vor allem in den letzten 50 Jahren – das sportliche Training ständig qualifiziert. Dabei gelang es zunehmend, neuartige Trainingsmittel einzusetzen, die beträchtliche Effektivitätssteigerungen ermöglichten. Sie wurden und werden in der Regel in der Einheit mit den Trainingsübungen und anderen bekannten Trainingsmitteln angewendet. Zum Zeitpunkt ihrer jeweiligen Einführung in die Sportpraxis handelte es sich um ungewöhnliche Neuerungen, mit deren Hilfe funktionelle Reserven besser, vollständiger oder schneller erschlossen werden konnten. Sie ermöglichten teilweise die gleichzeitige Entwicklung von konditionellen Leistungsvoraussetzungen und sporttechnischen Fertigkeiten. Es konnten auch definierte Zwangsbedingungen geschaffen werden, um konditionelle Belastungen in Einheit mit der wettkampfspezifischen Bewegungsstruktur zu realisieren. Ebenso konnte Ersatz für fehlende natürliche Bedingungen gefunden werden.

Dazu gehören u.a. das **Höhentraining** für Leistungssportler bzw. das Training in simulierter Höhe (vgl. u.a. HOLLMANN/HETTINGER 1990; SCHUSTER 1984) und die **Elektromyostimulation**, die in allen Bereichen des Sports und in der Rehabilitation eingesetzt werden kann.

Auf folgende Beispiele soll ausführlicher verwiesen werden:

• Durch einen Strömungskanal können beispielsweise definierte Zwangsbedingungen (z. B. im Sportschwimmen und Kanurennsport) geschaffen werden. Ein moderner Strömungskanal läßt es zu, die Anströmgeschwindigkeit des Wassers so einzustellen, daß Trainingsbelastungen vom Grundlagenausdauerniveau bis zum prognostizierten wettkampfspezifischen Niveau erreicht werden können. Gleichzeitig ist es möglich, Parameter wie Kraftkenngrößen und Kraft-Zeit-Verläufe zu messen und mittels Computer zu berechnen. Es geht dabei um Möglichkeiten, die unter Freiwasserbedingungen nicht oder nur schwer realisierbar wären.

• Für das gleichzeitige Trainieren und Testen der individuellen Leistungsfähigkeit in den Sportarten Karate, Boxen und anderen Kampfsportarten stehen universelle Schlagmeßplätze (Abb. 4.2.-1) zur Verfügung. Sie ermöglichen eine sofortige Information über Resultate des Trainings an Trainer und Sportler, können in allen Leistungsbereichen eingesetzt werden und – pädagogisch durchdacht eingesetzt – zur höheren Selbständigkeit der Sportler führen.

• Als Ersatz für fehlende natürliche Bedingungen wurden Sprungschanzen mit Matten belegt, für das Sommertraining der Skiläufer wurden Skiroller entwickelt.

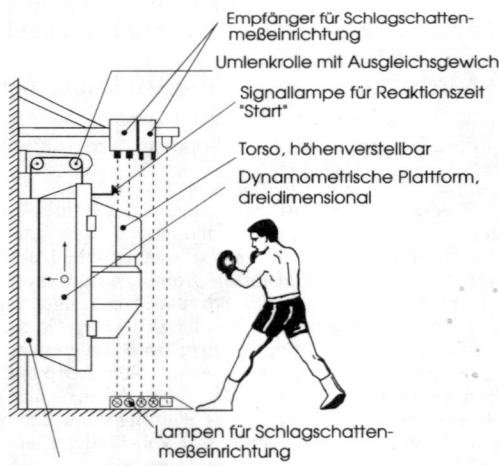

Empfänger für Schlagschatten-meßeinrichtung

Umlenkrolle mit Ausgleichsgewicht

Signallampe für Reaktionszeit "Start"

Torso, höhenverstellbar

Dynamometrische Plattform, dreidimensional

Lampen für Schlagschatten-meßeinrichtung

Adapter Wandbefestigung

Abbildung 4.2.-1 *Darstellung eines komplexen Meßplatzes Boxen*

Im Verlauf der Entwicklung des sportlichen Trainings ist es normal, daß neuartige Trainingsmittel nach positiv verlaufenden Bewährungsproben in die normale Trainingspraxis eingehen. Außerdem bereichern sie die Wettkampfsysteme. Beispiele dafür sind Skisprungwettkämpfe auf mattenbelegten Schanzen und Wettkämpfe auf

Skirollern im Sommer. Einige der erwähnten Trainingsmittel finden nicht nur im Leistungs- oder Wettkampfsport, sondern auch in anderen Realisierungsbereichen des Sports bzw. des Trainings Anwendung. Ergometer- und Laufbandtraining sind u. a. solche Mittel, die längst im Breiten- und Rehabilitationssport Verwendung finden.

4.2.5. Methoden im Training

Trainingsmethoden. Die Trainingsmethode charakterisiert das „Wie" des Trainierens; sie ist durch solche Arbeitsweisen und Handlungsfolgen gekennzeichnet, die dazu dienen, das jeweilige Ziel effektiv zu realisieren. Es handelt sich dabei um Operationen und Operationsfolgen, die anzuwenden sind, wenn von einem relativ gleichen Ausgangszustand der sportlichen Leistungsfähigkeit – unter gleichen oder ähnlichen Bedingungen – zu einem relativ gleichen Zielzustand übergegangen werden soll. Diesen Operationen und Operationsfolgen liegt ein System von Prinzipien (vgl. 4.5.) und Regeln als Handlungsorientierung zugrunde. Die Operationen vollziehen sich in der Regel als geistige und zum Teil geistig-praktische Tätigkeit[1] des Trainers, Übungsleiters, Sportlehrers und als bewußte praktische Tätigkeit des Sportlers unter Führung eines Trainers. Der Trainer löst die Sportlertätigkeit aus, kontrolliert und steuert sie.

Zu den Wirkungen der Trainingsmethoden liegen in der Regel Erkenntnisse vor, obwohl es auch erforderlich ist, daß – im Sinne des methodischen Erkenntnisfortschritts – experimentiert werden muß. Der durch die Methoden zu erreichende Zielzustand stellt meistens einen Zwischenzustand auf dem Wege zur weiteren Steigerung der Leistungsfähigkeit dar und ist somit ein relativer Zustand. Das bezieht sich auf Zwischenziele innerhalb eines Trainingsjahres, z. B. gesteigertes Kraftniveau in einem Trainingsabschnitt, ebenso wie auf die im jeweiligen Trainingsjahr erreichte wettkampfspezifische Leistungsfähigkeit.

---

[1] Geistig-praktische Tätigkeit, z. B. als Lektion des Trainers im Fechten oder Tatzenarbeit des Boxtrainers.

Definition Trainingsmethode: Im sportlichen Training einzusetzendes Verfahren, um zielgerichtet, planmäßig und effektiv Fortschritte in der Leistungsfähigkeit und Leistungsbereitschaft der Sportler zu erreichen.

Im sportlichen Training wird eine große Anzahl von Methoden genutzt, die sich zum Teil beträchtlich voneinander unterscheiden. Zur besseren Handhabbarkeit kann man bestimmte Methodengruppen bilden (vgl. Tab. 4.2.-2). Zu differenzieren sind zunächst die eigentlichen Trainingsmethoden (Methoden des Konditions-, sporttechnisch-koordinativen und des strategisch-taktischen Trainings), mit denen einzelne Leistungsvoraussetzungen und die komplexe sportliche Leistungsfähigkeit vervollkommnet werden. Daher gehört auch die **Wettkampfmethode** (auch als Komplexmethode bezeichnet) zu den Trainingsmethoden. Sie umfaßt Verfahren, die einen engeren Bezug zu wettkampftypischen Situationen aufweisen als

die anderen Methoden. Die höchste Form sind Aufbauwettkämpfe im Training, die nicht nur zur Ausbildung, sondern in Einheit mit anderen Verfahren auch zur Leistungskontrolle eingesetzt werden. Sie bilden den Übergang zu offiziellen Wettkämpfen, die eine weitergehende Ausbildungsfunktion zur Entwicklung der wettkampfspezifischen Leistungsfähigkeit erfüllen. (Vgl. 7.1.1.)

Steuerungsmethoden. Zu dieser Methodengruppe gehören vor allem Methoden der Planung und Auswertung (Trainings- und Leistungsdiagnose) des Trainings (vgl. 6.2.). Sie bestimmen u. a. den leistungssteigernden Einsatz der Trainingsmethoden und sichern deren effektive Nutzung in Abhängigkeit vom Leistungszustand und Trainingsabschnitt.

Erziehungsmethoden. Es handelt sich um Methoden, die aus der Pädagogik stammen und im sportlichen Training beitragen, die Einheit von Bildung und Erziehung zu realisieren (vgl. DERKATSCH/ISSAJEW 1986, S. 51–56). Unerläßlich sind u. a. Methoden des Überzeugens, des

Methoden der Steuerung des Trainingsprozesses
Auswertungs-, Planungs- und Kontrollmethoden
↓

Trainingsmethoden		
Methoden des Konditionstrainings	Methoden der sport-technisch-koordinativen Ausbildung	Methoden der strategisch-taktischen Ausbildung
– Dauermethode – Intervallmethode – Wiederholungs-methode – Kontrastmethode – Pyramidenmethode u. a.	– Demonstrieren – Erarbeitendes Üben – Ganzlernmethode – Teillernmethode – Variation der Bewegungsausführung – Kombinieren von Bewegungsfertigkeiten – Aktiv-dynamische Methode[2] – Aktiv-statische Methode[2] u. a.	– Kenntnisvermittlung – Situationstraining – Improvisation – Rollenspiel – Zusatzbelastungen – bedingte Trainings-wettkämpfe u. a.
Wettkampfmethoden – bedingte Trainings-wettkämpfe – freie Trainings-wettkämpfe – Aufbauwettämpfe u. a.		

← Erziehungsmethoden →

Sportpsychologische Methoden

↑
Sportmedizinische, physioprophylaktische und physiotherapeutische Methoden, sowie Methoden der sportmedizinischen Funktionsdiagnostik

Tabelle 4.2.-2
Trainingsmethoden
Ausgewählte Beispiele, geordnet nach Methodengruppen, und Kennzeichnung weiterer im sportlichen Training anzuwendender Methoden, die ihren Ursprung in anderen Wissenschafts- und Praxisgebieten (außerhalb der Trainingswissenschaft) haben.[1]

----

[1] Die weitere Untergliederung der Trainingsmethoden ist in den einzelnen Abschnitten des Kapitels 4 zu finden.
[2] Die hier vorgenommene Zuordnung der Methoden zur Ausbildung der Beweglichkeit entspricht dem gegenwärtigen Erkenntnisstand, erfordert aber weitere Bearbeitung.

Angewöhnens und der pädagogischen Stimulierung.

Sportpsychologische Methoden. Sie sind integrativer Bestandteil des Trainingsprozesses und auf eine anforderungsspezifische Optimierung der individuellen Handlungsfähigkeit gerichtet. Zu dieser Methodengruppe gehören z.B. das verbale, das mentale, das observative und das sensomotorische Training. (KRATZER 1991, S. 265ff.) Die sportpsychologischen Methoden finden ihre Anwendung in der Regel in Einheit mit den Trainingsmethoden.

Sportmedizinische und physioprophylaktische Methoden. Sie sind leistungsunterstützend und unverzichtbar; das betrifft u.a. das Hypoxietraining und die Elektromyostimulation, Massagen, Bäder, Bestrahlungen sowie medikamentöse Behandlungen. Auch eine spezifische Ernährung wäre hier einzuordnen. Bedeutsam für die Trainingssteuerung sind auch die Methoden der sportmedizinischen Funktionsdiagnostik. (Vgl. NEUMANN/SCHÜLER 1989) Letztere tragen maßgeblich dazu bei, die Wirkung der Methoden auf die Entwicklung einzelner Funktionssysteme und Leistungsvoraussetzungen nachzuweisen.

Organisationsmethodische Formen

Die organisationsmethodischen Formen beinhalten Aufstellungs- und Ordnungsformen der Sportler, die Aufstellung der zum Üben und Trainieren genutzten Sportgeräte, Ablaufformen des Trainierens und die Stellung des Trainers oder Übungsleiters zum jeweiligen Geschehen. (Beispiele Abb. 4.2.-2) Organisationsmethodische Formen stehen häufig in einem derart engen Bezug zu den Methoden, daß deren Wirken nur in Einheit mit diesen erklärt werden kann.

Aufstellungsformen und die **Stellung des Trainers** müssen der zu lösenden Aufgabe und den Übungen angemessen sein, dem Trainer die Übersicht über die Gruppe, die Demonstration sowie die Beobachtung und Korrektur der Sportler ermöglichen. Außerdem muß die Sicherheit aller Teilnehmer (z.B. bei Würfen und Stößen in der Leichtathletik) gewährleistet sein.

Ordnungsformen sichern die reibungslose Organisation der Trainingseinheit und unterstützen das disziplinierte Verhalten der Sportler.

Zusammenfassung

Unabhängig davon, ob es sich um Trainingsmethoden oder um solche Methoden handelt, die aus anderen „Mutterwissenschaften" hervorgegangen sind, weisen Methoden im Trainingsprozeß folgende *allgemeine Charakteristika* auf:

- Sie sind auf Veränderung von individuellen Persönlichkeitseigenschaften von Sportlern, auf deren Leistungsfähigkeit und Leistungsbereitschaft gerichtet. Es sind Methoden zum Auslösen, Realisieren, Kontrollieren und Steuern von Sportler- und zum Teil von Trainertätigkeiten mit dem Ziel, die sportliche Leistungsfähigkeit zu steigern, zu stabilisieren bzw. zu erhalten.
- Sie sind sowohl gedankliche Muster als auch Realisierungsweise zielgerichteter und systematischer Handlungs- bzw. Tätigkeitsfolgen im Zusammenhang mit dem sportlichen Training, aber hauptsächlich im Trainingsprozeß selbst.
- Sie beruhen in der Regel auf der Kenntnis von gesetzmäßigen Zusammenhängen zwischen Tätigkeit und Entwicklung, motorischem Lehren/Lernen und Trainingsbelastung, Beanspruchung und Leistungsentwicklung. Sie sind durch wissenschaftliche Erkenntnisse und Erfahrungswerte der Trainings- und Wettkampfpraxis begründet und dienen der Durchsetzung der genannten Gesetzmäßigkeiten.
- Sie stellen Aufforderungen zum Handeln dar. Diese gelten in erster Linie für die Sportler, aber auch für bestimmte Trainertätigkeiten (z.B. Trainingsplanung, Lektion im Fechten u.a.). Die Aufforderungen richten sich auf die Art und Weise sowie Reihenfolge des Handelns unter bestimmten Bedingungen und auf der Grundlage bestimmter Voraussetzungen (z.B. Alter der Sportler, Leistungsfähigkeit u.a.m.).
- Sie sind – mit jeweils unterschiedlichen Akzenten – auf Bildung und Erziehung gerichtet. Leistungsfähigkeit und Leistungsbereitschaft müssen zunächst und hauptsächlich durch Training und im Wettkampfsport auch durch Wettkämpfe herausgebildet und anerzogen werden. Dabei sind solche Maßnahmen wie die folgerichtige Auswahl und Anwendung geeigneter Trainingsübungen, die Festlegung der Reihenfolge ihres Absolvierens, die Festlegung von Gütemerkmalen, Intensitäten, Umfängen, Pausen,

Abbildung 4.2.-2   *Organisationsmethodische Formen (Beispiele): links – Aufstellungsschema; rechts – Anwendungsmöglichkeiten*

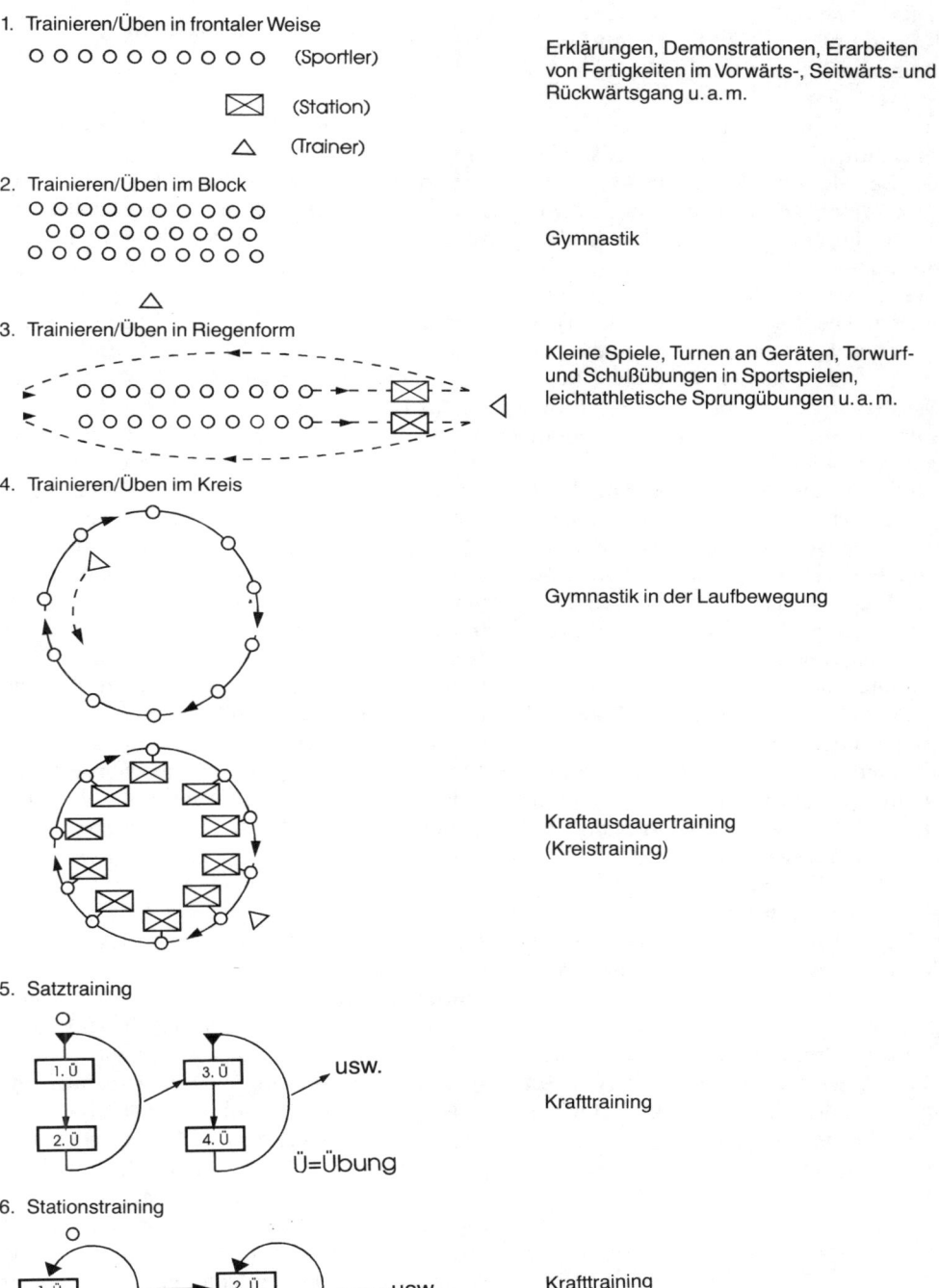

1. Trainieren/Üben in frontaler Weise

O O O O O O O O O O   (Sportler)

⊠ (Station)

△ (Trainer)

Erklärungen, Demonstrationen, Erarbeiten von Fertigkeiten im Vorwärts-, Seitwärts- und Rückwärtsgang u. a. m.

2. Trainieren/Üben im Block

Gymnastik

3. Trainieren/Üben in Riegenform

Kleine Spiele, Turnen an Geräten, Torwurf- und Schußübungen in Sportspielen, leichtathletische Sprungübungen u. a. m.

4. Trainieren/Üben im Kreis

Gymnastik in der Laufbewegung

Kraftausdauertraining (Kreistraining)

5. Satztraining

1. Ü   3. Ü   usw.

2. Ü   4. Ü

Ü=Übung

Krafttraining

6. Stationstraining

1. Ü   2. Ü   usw.

Ü=Übung

Krafttraining

der zyklische Aufbau und Ablauf des Trainings u. a. mit den Mitteln und Methoden der Antriebsregulation zu verbinden (PÖHLMANN 1986, S. 78–84) und unter der Sicht der Einheit von Bewußtsein und Tätigkeit sowie Handeln und Erleben zu realisieren.

- Sie müssen schöpferisch angewendet werden, wobei hinsichtlich der individuellen Besonderheiten der Sportler und der jeweils konkreten Situation zu differenzieren ist. Methoden sind zunächst Verallgemeinerungen hinsichtlich einer bestimmten Vorgehensweise auf der Grundlage bestimmter Voraussetzungen und Bedingungen. Die gestellte Forderung ergibt sich aus der real existierenden Individualität der Sportler, aus dementsprechenden Reaktionsweisen (auch bei gleichartigen Methoden) und aus den unterschiedlichen und sich verändernden Bedingungen.

- Sie schließen die Anwendung von Wettkämpfen ein. Das betrifft sowohl Wettkämpfe im Rahmen des Wettkampfsystems der Sportart, die zur Herausbildung und Erziehung der Leistungsfähigkeit und Leistungsbereitschaft eingesetzt werden, als auch Trainingswettkämpfe mit dem gleichen Ziel.

- Sie enthalten, je nach Dimension der Methode[1], eine mehr oder weniger große Anzahl methodischer Regeln. Diese kennzeichnen die einzelnen Handlungs- bzw. Operationsfolgen bzw. Handlungs- und Operationsverknüpfungen genauer, als sie die jeweilige Methodenbezeichnung zu kennzeichnen vermag.

Beispiel zur Dauermethode:
Regel 1: Bewältige bei Anwendung der Dauermethode den Belastungsumfang ohne Unterbrechung.
Regel 2: Bewältige einen großen Belastungsumfang – bei Breitensportlern etwa 30 min und mehr, bei Leistungssportlern differenziert (Sportart, Disziplin, Alter, Leistungsfähigkeit, Periode, Zyklus usw.), in der Regel aber einen größeren Umfang als bei Breitensportlern.

---

[1] Unter Dimension der Methode wird die Anzahl der Handlungsfolgen und deren Gesamtdauer verstanden.

4.3.   Bedeutung der Vielseitigkeit und Anwendung allgemeiner Trainingsübungen

In der Theorie und Praxis des sportlichen Trainings gehörte die Frage nach dem Verhältnis zwischen Vielseitigkeit und Spezialisierung bzw. zwischen allgemeiner und spezieller Vervollkommnung in den letzten drei Jahrzehnten zu den häufig diskutierten trainingskonzeptionellen Grundpositionen. Wenn auch heute anerkannt ist, daß sich im langfristigen Training von Kindern und Jugendlichen die Einheit von allgemeiner und spezieller Vervollkommnung in den Beziehungen zwischen dem Leistungssystem der jeweiligen Sportart und den biopsychosozialen Altersspezifika widerspiegeln muß und der Aufbau der sportlichen Form im Hochleistungsbereich die gegenseitige Abhängigkeit von allgemeinen, speziellen und wettkampfspezifischen Leistungsgrundlagen einschließt, so müssen wir dennoch feststellen: *Ein dominierender Grundweg für den Aufbau sportlicher Höchstleistungen ist noch nicht ermittelt.*
HARRE (1971, S. 63) verweist darauf, daß die Entwicklung der sportlichen Leistungsfähigkeit mit ihren verschiedenen Komponenten die Nutzung von Körperübungen erfordert, die sich in ihrer Form und Struktur von der wettkampfspezifischen Bewegung unterscheiden (Wettkampfübungen, Spezialübungen, allgemeinentwickelnde Übungen). MATWEJEW (1981, S. 86) begründet mit dem formulierten Prinzip der „Einheit von allgemeiner und spezieller Vorbereitung des Sportlers" die Abhängigkeit der sportartspezifischen Leistung von der vielseitigen körperlichen Entwicklung des Sportlers und sieht in der Einheit von allgemeiner und spezieller Vorbereitung eine dem sozialen System entsprechende Forderung nach harmonischer Persönlichkeitsentwicklung. SOŻANSKI (1986) gelangt durch eine Analyse der Trainingspraxis in den 70er Jahren zu der Aussage, daß Jugendliche sehr hohe sportliche Leistungen erreichen, es aber häufig keine kontinuierliche Weiterentwicklung im Seniorenbereich gibt. Er nimmt an, daß es sich hierbei um Auswirkungen einer *verfrühten Spezialisierung* handelt.

GUNDLACH (1987, S. 267) hat ein Modell angeboten, das den Leistungsvollzug aus der Struktur der Gesamtpersönlichkeit des Sportlers ableitet und mit einer tätigkeits- und handlungsorientierten Sichtweise das spürbare Bemühen von Sportpsychologen und Methodikern um eine neue Theorie des Trainings fördert. (Vgl. Kap. 2) Im Wesen geht es dabei darum, konsequent Anforderungsanalysen der Wettkampf- und Trainingstätigkeit zu schaffen, um konkrete Tätigkeitsanforderungen für das Training bestimmen zu können. Eine neue, vor allem eindeutig sportartspezifische Klassifizierung von Körper- und Trainingsübungen wird dann die Folge sein. BOIKO (1987, S. 43) sieht im Training des motorischen Funktionssystems die adäquat gezielte Basis der angestrebten spezifischen Wettkampfleistung. Deshalb weist er der Wettkampfübung eine absolute Rolle zu und begründet, daß *nur eine spezielle Vorbereitung der Sportler zweckmäßig ist.* Die Weiterentwicklung des motorischen Funktionssystems soll demnach nur mit Übungen erfolgen, die den räumlichen, zeitlichen und energetischen Merkmalen der angezielten Wettkampfleistung entsprechen. Das wissenschaftliche Anliegen, effektive trainingskonzeptionelle Lösungen für die Steigerung der sportlichen Leistungsfähigkeit zu schaffen, ist offensichtlich.

Es ist jedoch zu bedenken, daß beim gegenwärtigen Erkenntnisstand sportwissenschaftlicher Disziplinen die inneren Strukturen von Bewegungen und Handlungen nicht hinreichend erfaßt und deshalb überwiegend nur anhand äußerer Erscheinungsbilder dargestellt werden können. Es empfiehlt sich deshalb, heute und in absehbarer Zukunft im Wettkampfsport der vielseitigen und allgemeinen athletischen Ausbildung einen ziel- und aufgabenabhängigen Stellenwert einzuräumen.

4.3.1. Begriff und Grundlagen

Vielseitigkeit im leistungsorientierten Training ist eine auf Erkenntnissen sportwissenschaftlicher Disziplinen und auf Erfahrungen der Trainingspraxis basierende Handlungsweisung. Sie orientiert im langfristigen Leistungsaufbau einer Sportart auf die Herausbildung entwicklungs-

und spezialisierungsfähiger Verhaltens- und Leistungsvoraussetzungen und erfährt ihre sportartspezifische Widerspiegelung in adäquaten Zielen, Inhalten, Methoden und Mitteln des Trainings.

Unterschieden werden die spezielle und die allgemeine Vielseitigkeit (siehe auch Tab. 4.3.-1):

Spezielle Vielseitigkeit: Ausbildung der Sportler in der Vielfalt des technisch-taktischen Repertoires einer Sportart oder in mehreren Disziplinen einer Sportart bzw. in strukturverwandten Sportarten mit dem Ziel, die dabei erworbenen Leistungsvoraussetzungen für die Entwicklung der Leistung in der Spezialdisziplin zu nutzen.
Allgemeine Vielseitigkeit: Alters- und entwicklungsgemäß effektive Herausbildung von Leistungsvoraussetzungen (im Nachwuchsbereich) bzw. deutliches Anheben der funktionellen Basis (im Hochleistungsbereich) durch gezielte Anwendung von Trainingsübungen verschiedener Sportarten.

Die sportwissenschaftlichen Bemühungen und die trainingskonzeptionellen Lösungen sind konzentriert auf eine höhere Zielgerichtetheit des Trainings bei einem begründeten Einsatz allgemeiner Trainingsübungen und einer leistungsfördernden Vielseitigkeit.
Tabelle 4.3.-2 auf Seite 188 verdeutlicht den Zusammenhang zwischen Spezialisierung, Vielseitigkeit und allgemeiner Trainiertheit im langfristigen Leistungsaufbau.

Grundlage für die Orientierung auf Vielseitigkeit und auf Anwendung allgemeiner Trainingsübungen sind vor allem die im folgenden genannten Erkenntnisse und Erfahrungen der Trainingspraxis.

● *Leistungsstruktureller Aspekt:* Die Prognoseleistung und deren adäquate Struktur der Wettkampftätigkeit sind die Zielgrößen des langfristigen Leistungsaufbaus. Die Herausbildung des dafür erforderlichen individuellen Leistungssystems ist an Belastungsanforderungen gebunden, die auf der Grundlage der gesetz-

Tabelle 4.3.-1   *Ziele und Inhalte der speziellen und der allgemeinen Vielseitigkeitsausbildung*

Sportarten-gruppen	Spezielle Vielseitigkeit	Allgemeine Vielseitigkeit
Ausdauer-sportarten	– Ausbildung verschiedener Techniken (z. B. Rudern: Skullen und Riemen-rudern) – Streckenvielseitigkeit (disponible Ausbildung von Fähigkeiten, Dispo-nibilität im taktischen Verhalten), Über- und Unterdistanzleistung	– Ausbildung koordinativer Grundlagen (z. B. durch Sportspiele) – Förderung der Beweglichkeit und der Entspannungsfähigkeit – Anheben der funktionellen Grund-lagen, insbesondere für Ausdauer- und Kraftleistungen (z. B. Crossläufe für Ruderer, Krafttraining am Herkules für alle Ausdauersportarten)
Kraft-Schnell-kraft-sportarten	– Ausbildung verschiedener Techniken einer Disziplingruppe (z. B. Wurf/Stoß-disziplinen oder Sprint-, Sprungdiszi-plinen der Leichtathletik) – Variable Entwicklung spezieller Kraftfähigkeiten (z. B. durch Variation der Widerstände in Wurf- und Stoß-disziplinen)	– Schaffen und Erhalten der funktionell-energetischen und koordinativen Grundlagen für die Schnellkraftfähig-keit und Schnelligkeit (z. B. Stations-training, leichtathletische Übungen) – Ausbildung technisch-koordinativer Grundlagen für das spezielle Training und für die Kompensation (z. B. Sport-spiele, Sportschwimmen) – Erhöhung der Belastungsverträglich-keit (arthromuskuläres Gleichgewicht, Beweglichkeit und Entspannungs-fähigkeit, Steigerung der aeroben Kapazität durch Ausdauerläufe) – Entwicklung der funktionell-energe-tischen Basis für spezielle Belastungen (vorwiegend durch Kreistraining und Stationstraining)
Technisch-komposi-torische Sportarten	Entwicklung von „Überpotential" durch Parameterorientierung – auf ein aktuelles Zielelement – auf Grundlagen des Bewegungs-empfindens – auf Steigerung des Schwierigkeits-grades – auf Differenzierung gleichartiger Bewegungsabschnitte in mehreren Elementen mit unterschiedlicher Struktur (nach STARK 1989, S. 15)	– Umfassende Förderung des Koordina-tionsvermögens (vor allem durch Sportspiele) – Erhöhung der Belastungsverträglich-keit (Kräftigung und Dehnung des gesamten Muskelkorsetts, Beweglich-keit, Entspannungsfähigkeit vor allem durch Gymnastik) – Schaffen und Erhalten der funktionell-energetischen und koordinativen Grundlagen für die Schnellkraftfähig-keit und Schnelligkeit (z. B. kleine Spiele, Sportspiele, leichtathletische Übungen) – Entwicklung der benötigten Grund-lagenausdauer (vorwiegend Ausdauer-läufe)

mäßigen Beziehungen zwischen Belastung und Anpassung sowohl die Leistungsfähigkeit ein-zelner Funktionssysteme des Organismus anhe-ben als auch deren tätigkeitsdeterminiertes Zusammenwirken auf immer höherem Niveau bewirken. Die dafür erforderliche Nutzung von Trainingsübungen unterschiedlicher Spezifik ist in der Trainingswissenschaft anerkannt. (Vgl. HARRE 1971)

• *Trainingsstruktureller Aspekt:* Die Zyklisie-rung des Trainings im Hochleistungsbereich ist auf das Vollbringen von Höchstleistungen zum Wettkampfhöhepunkt bzw. in Wettkampfserien gerichtet. Dabei können mit einem gezielten

Tabelle 4.3.-1 (Fortsetzung)

Sportarten-gruppen	Spezielle Vielseitigkeit	Allgemeine Vielseitigkeit
Zweikampf-sportarten	– Ausbildung variabel verfügbarer technisch-taktischer Angriffs- und Abwehrhandlungen (z. B. Wurf-techniken oder Stand-Boden-Kombinationen im Ringen) – Ausbildung der technik- und kampf-zeitbezogenen funktionell-energe-tischen Voraussetzungen (z. B. variabel verfügbares Schnellkraftpotential im Boxen)	– Ausbildung der koordinativen Variabilität (vor allem Reaktions-, Differenzierungs-, Umstellungsfähigkeit) – Schaffen und Erhalten der funktionell-energetischen und koordinativen Grundlagen für die Schnelligkeit und Schnellkraftfähigkeit (z. B. kleine Spiele, Sportspiele, Stationstraining) – Förderung der Belastungsverträglich-keit für spezifische Belastungen (vor allem arthromuskuläres Gleichgewicht, Beweglichkeit, Entspannungsfähig-keit), vorwiegend durch Gymnastik und Kreistraining
Sportspiele	– Ausbildung der technisch-taktischen Leistungsfähigkeit und der Spielfähig-keit durch Variationen des Reglements, durch positionsvariable Ausbildung, durch Anwendung kleiner Spiele und anderer Sportspiele – Variabilität der kollektiven Taktik (z. B. Abwehrriegel 6:0 oder 4:2 im Handball) – Ausbildung sportartspezifisch kombinierter konditioneller Fähig-keiten (z. B. Schnellkraftfähigkeiten als Sprung-, Wurf-, Stoß- oder Schlag-kraft)	– Ausbildung koordinativer Voraus-setzungen für die Differenzierung, Orientierung, Kopplung, Umstellung in sportartspezifischen Handlungen – Schaffen und Erhalten der funktionell-energetischen und koordinativen Grundlagen für die Schnelligkeit und Schnellkraftfähigkeit (z. B. Stations-training) – Schaffen und Erhalten der funktionell-energetischen Grundlagen für spezielle Belastungen im Wettkampfjahr (Grundlagenausdauer, Schnellkraft-fähigkeit, Schnelligkeit), z. B. durch Ausdauerläufe für Fußballspieler und leichtathletische Sprints für alle Sportspieler

Wechsel der Trainingsübungen neue Belastungs-dimensionen erschlossen und die Plastizität des Organismus für Anpassungen an intensive sportartspezifische Belastungen erhöht werden. (Vgl. dazu NEUMANN 1991a, S. 40)

Mit der konsequenten Akzentuierung im Nach-wuchstraining sollen die ontogenetisch bedingt frühzeitig zu schaffenden Leistungsvorausset-zungen (technisch-koordinative Grundlagen, Schnelligkeit und Schnellkraftfähigkeit) in Ver-bindung mit sportartspezifischen Anforderun-gen schwerpunktmäßig trainiert werden. Die biotischen Entwicklungsbesonderheiten der Kinder und Jugendlichen gestatten es dabei meist nicht, die Wettkampfübungen und spe-zielle Trainingsübungen konzentriert einzuset-zen. Der gezielte Einsatz allgemeiner Trainings-übungen ist erforderlich.

• *Sportmotorischer Aspekt:* Die Vervollkomm-nung der Strukturen und Funktionen des Bewegungssystems des Menschen ist eine Basis für spezifische Tätigkeiten. Das Zusammenspiel der hierarchisch geordneten Strukturen des Zentralnervensystems mit den aktiven und pas-siven Elementen des Bewegungsapparates ist über vielseitige Anforderungen zu beeinflussen.

• *Psychologischer Aspekt:* Breit angelegte Be-wegungs- und Handlungserfahrungen wirken positiv auf kognitive Leistungsvoraussetzun-gen und fördern Emotionen. Damit werden die Grundlagen für auszubildende psychische Regulationsprozesse im sportartspezifischen Handlungsvollzug angehoben.

• *Pädagogischer Aspekt:* Freude am Sport ist bei Kindern und Jugendlichen vor allem über

Tabelle 4.3.-2 *Zusammenhang zwischen Spezialisierung, Vielseitigkeit und allgemeiner Trainiertheit im langfristigen Leistungsaufbau*

ein breites Angebot an sportlichem Üben und über eine Vielzahl von Bewährungssituationen in Leistungsvergleichen zu entfachen. Auf dieser Basis ist es möglich, das Interesse für den leistungsorientierten Sport zu wecken, können erste Eignungsaussagen getroffen werden.

Ein bedeutender Teil der vielseitigen Ausbildung im langfristigen Trainingsprozeß wird durch die Anwendung allgemeiner Trainingsübungen realisiert. Deshalb werden im folgenden die wesentlichen Aufgaben des sportlichen Trainings mit allgemeinen Trainingsübungen dargestellt.

4.3.2. Aufgaben des sportlichen Trainings mit allgemeinen Trainingsübungen

■ **Die angestrebte sportliche Leistung und die dazu erforderlichen personalen Leistungsvoraussetzungen determinieren Ziele, Inhalte und Strukturen des Trainings.** Demzufolge sind die Trainingsanforderungen in allen Etappen des langfristigen Leistungsaufbaus auf die Entwicklung der personalen Voraussetzungen für diese spezifische Leistung zu richten. Daraus leitet sich die trainingskonzeptionelle Grundposition ab, daß das Leistungssystem die Ziele, Inhalte und Strukturen des Trainings in allen Etappen des langfristigen Leistungsaufbaus wesentlich bestimmt. Diese grundsätzliche Position des Leistungsaufbaus schließt die Beachtung der psychosozialen und biologischen Entwicklungsbedingungen junger Sportler und der Gesetzmäßigkeiten des Leistungsaufbaus im Hochleistungsbereich ein.

Es erhebt sich die Frage, wie in diese sportartspezifische Zielgerichtetheit des Trainings allgemeine Trainingsübungen einzuordnen sind. Beim heutigen Erkenntnisstand der Sportwissenschaft muß man dazu feststellen, daß allgemeine Trainingsübungen im Prozeß der Vervollkommnung der körperlich-sportlichen Leistungsfähigkeit vordringlich vorbereitende, entwickelnde oder kompensierende Aufgaben[1] erfüllen können. Das bedeutet, daß der Einsatz allgemeiner Trainingsübungen vor allem von der Spezifik der Sportart abhängig ist und damit auch von den Wirkungsrichtungen der speziellen Trainingsübungen sowie von den biopsychosozialen Entwicklungsbedingungen der Sportler. Eine so verstandene Einheit von allgemeiner und spezieller Vorbereitung im langfristigen Leistungsaufbau sieht nicht in einem hohen Ausprägungsgrad „allgemeiner Leistungsvoraussetzungen" die Basis für den Leistungsaufbau, sondern in ihrer Herausbildung der anforderungs-, alters- und entwicklungsbedingten Voraussetzungen für die jeweilige Sportart.

■ **Die Komplexität jeder sportlichen Leistung erfordert die Realisierung vielfältiger, aber zielgerichtet ausgewählter Trainingsinhalte.**
Jede sportliche Leistung ist das Ergebnis des konkreten Zusammenwirkens mehrerer Leistungsfaktoren. Jeder Leistungsfaktor stellt eine komplexe Wirkungsgröße dar, d. h., seine Komplexität äußert sich in der Konstituierung mehrerer Fähigkeiten der gleichen Klasse. Mögliche Wechselbeziehungen zwischen den Fähigkeiten führen zur Konstituierung von Komplex- bzw. Teilfähigkeiten, die in ihrer psychisch-kognitiven und morphologisch-funktionellen Basis eine sehr sportart- bzw. disziplinspezifische Ausprägung erreichen. Letztlich ist jede dieser Fähigkeiten sowie Komplex- bzw. Teilfähigkeiten vom funktionellen Zusammenwirken mehrerer Organsysteme abhängig. Ihre Widerspiegelung im konkreten Leistungsvollzug finden die skizzierten Zusammenhänge in den Steuerungs- und Vollzugsebenen der sportlichen Handlung – in der Handlungs- und Verhaltenssteuerung durch das Bewußtsein, der Bewegungsregulation, der Energieumwandlung und -bereitstellung, der mechanischen Energieausnutzung und -übertragung.

---
[1] Diese Aufgaben beziehen sich auf den Leistungszustand des Sportlers.

Unter dieser Sicht ergibt sich für die sportartspezifisch auszuwählenden allgemeinen Trainingsübungen zwangsläufig die Frage, ob deren Wirkungen auf die spezifische Leistungsfähigkeit positiv wirksam oder unwirksam sind. Ungeachtet der bereits getroffenen Feststellung, daß die Sportwissenschaft heute noch nicht in der Lage ist, die inneren Strukturen von Bewegungen und Handlungen hinreichend zu erfassen, sind zur Beantwortung dieser Frage folgende Erklärungen heranzuziehen:

• Grundlage für die relativ stabile Entwicklung von Voraussetzungen der Bewegungsregulation ist die Fähigkeit der funktionell gekoppelten supraspinalen und spinalmotorischen Strukturen des neuromuskulären Funktionssystems, nach häufigen Wiederholungen der Bewegungsabläufe spezielle Innervationsmuster zu speichern und entsprechende Korrekturmechanismen auszubilden. Neuromuskuläre Grundlagen für schnelles, genaues und zuverlässiges motorisches Übertragungsverhalten im spezifischen Bewegungsvollzug sind durch strukturähnliche Bewegungsabläufe zu beeinflussen.

• Die morphologisch-funktionellen Adaptationen des Systems der Energiebereitstellung und -übertragung weisen einerseits eine große Breite auf, andererseits sind sie reversibel. Daraus folgt, daß Belastungsanforderungen mit unterschiedlichen Wirkungsrichtungen auch zu divergierenden Adaptationen führen. Auch für die Entwicklung optimaler Voraussetzungen der Stoffwechselmechanismen gilt deshalb, die dem spezifischen Fähigkeitskomplex des Leistungsvollzugs entsprechenden führenden Fähigkeiten als Bezugsgröße für alle im konditionellen Bereich einzusetzenden Trainingsübungen anzusehen.

■ **Die alterstypischen geistigen, biologischen und körperbaulichen Entwicklungsverläufe bedingen im Nachwuchstraining eine dominierend entwickelnde Funktion allgemeiner Trainingsübungen.**
Aus den bisher vorliegenden Erkenntnissen über biologische, psychische und motorische Alters- und Geschlechtsspezifika sind trainingskonzeptionelle Konsequenzen zu ziehen, mit deren Hilfe – vor allem auch durch einen gezielten Einsatz allgemeiner Trainingsübungen in der Ontogenese – günstige Entwicklungsmöglichkeiten von Funktionssystemen genutzt und andererseits pathologische Entwicklungen durch eng umgrenzte Beanspruchung von Funktionssystemen verhindert werden sollten.

Die altersspezifischen psychischen Voraussetzungen der Sportler (Alterspositionen und Lernhaltung, steigende intellektuelle Leistungsfähigkeit u. a.) ermöglichen in Abhängigkeit von den sportartspezifischen Anforderungsstrukturen, den sozialen Positionen der Sportler in der jeweiligen Altersperiode bzw. dem konkreten Entwicklungsstand des einzelnen Sportlers den abgestimmten Einsatz spezieller und allgemeiner Trainingsübungen; dadurch können bei effektiver Nutzung emotionaler und rationaler Komponenten stabile Motive für das sportliche Training und anforderungsgerechte kognitive Leistungskomponenten geschaffen werden.

Die nahezu übereinstimmenden Aussagen verschiedener Wissenschaftsdisziplinen zur ontogenetisch frühen Reifung und Prägung des neuromuskulären Systems führen zwingend zur Folgerung, frühzeitig koordinative Fähigkeiten, sporttechnische Fertigkeiten, Schnelligkeitsfähigkeiten und anforderungsgerechte Handlungen zu trainieren. Die Akzente sind dabei aus den sportartspezifischen Anforderungsstrukturen abzuleiten. Der gezielte Einsatz allgemeiner Trainingsübungen ist auf die Nutzung altersgerecht günstiger Entwicklungsmöglichkeiten von Funktionssystemen zu richten, die vom Alters- und Entwicklungsstand der Sportler her nicht nur mit speziellen Trainingsübungen auszuschöpfen sind.

Die Reifungsphase der Binde- und Stützgewebe erstreckt sich über alle Perioden der Ontogenese. Die funktionelle Entwicklung, insbesondere die Sicherung einer hohen Belastbarkeit dieses Organsystems, erfordert bereits im Kindesalter das Setzen funktioneller Entwicklungsreize. Dafür sind auch allgemeine Trainingsübungen geeignet, weil sie
– der Gefahr einer eng umgrenzten Beanspruchung dieses sensiblen Organsystems durch spezielle Trainingsübungen entgegenwirken;
– in bedeutendem Maße dazu beitragen können, das arthromuskuläre Gleichgewicht – als eine entscheidende Voraussetzung für die Belastbarkeit der Binde- und Stützgewebe – zu sichern.

4.3.3. Zur Gestaltung des Trainings mit allgemeinen Trainingsübungen

Die differenten Ziele, Inhalte und Strukturen im Nachwuchs- und Hochleistungstraining führen auch zu einer differenzierten Betrachtung der Einordnung und Gestaltung des Trainings mit allgemeinen Trainingsübungen.

Hochleistungstraining

Im Hochleistungstraining haben allgemeine Trainingsübungen in der Vorbereitungsperiode eine entwickelnde Funktion für die grundlegenden Leistungsvoraussetzungen der jeweiligen Sportart. Im weiteren Leistungsaufbau dienen sie dem Erhalt des antrainierten Grundlagenniveaus und der Kompensation hoher spezifischer Trainings- und Wettkampfbelastungen. (Tab. 4.3.-3)

Einfluß auf die Nutzung allgemeiner Trainingsübungen haben Besonderheiten der Sportarten. Beispielsweise nutzen die Ausdauersportarten einen weitaus höheren Anteil allgemeiner Trainingsübungen mit differenzierten Zielstellungen als die Sportspiele.

Selbst innerhalb der Ausdauersportarten gibt es hinsichtlich der Nutzung von allgemeinen Trainingsübungen für den Leistungsaufbau unterschiedliche Auffassungen. Ein trainingskonzeptioneller Ansatz sieht im weiteren Anheben des allgemeinen Grundlagenniveaus eine unabdingbare Voraussetzung für künftige Leistungssteigerungen in den Ausdauersportarten. (REISS/ PFEIFFER 1991, S. 23) Ein anderer Ansatz (VERCHOŠANSKIJ 1988, S. 51) favorisiert die spezielle Vorbereitung der Sportler für künftige Leistungssteigerungen.

Nachwuchstraining

Im leistungsorientierten Nachwuchstraining schließt eine anforderungs-, alters- und entwicklungsgerechte Zielstruktur auch die Nutzung von günstigen Entwicklungsmöglichkeiten bestimmter Funktionssysteme in der Ontogenese ein. Dabei erweisen sich gezielt ausgewählte allgemeine Trainingsübungen als sehr wirksam. In der Struktur der Wettkampftätigkeit auf dem Niveau der sportlichen Höchstleistung sind häufig die Komponenten von Bedeutung, die in den frühen Etappen des Leistungsaufbaus infolge der Altersbesonderheiten der Sportler effektiv auszubilden sind. (Vgl. auch PLATONOV 1986, S. 25)

Wie sind die allgemeinen Trainingsübungen effektiv im modernen Nachwuchstraining zu nutzen?

Tabelle 4.3.-3 *Zielstellungen allgemeiner Trainingsübungen im Periodenzyklus von Hochleistungssportlern*

Vorbereitungsperiode	– *Allgemeine TÜ*	⟶ Belastbarkeit
	– Allg. TÜ/spezielleTÜ	⟶ Allgemeine und spezielle LV
	– Spez. TÜ/ Wettkampf-übung/allg. TÜ	⟶ LV und komplexe Leistungsausprägung
Wettkampfperiode	– Spezielle TÜ	⟶ Leistungsausprägung
	– Wettkampfübung	⟶ Leistungsstabilisierung, Leistungsrealisierung
	– *Allgemeine TÜ*	⟶ Kompensation
Übergangsperiode	– *Allgemeine TÜ*	⟶ Regeneration

TÜ = Trainingsübungen;   LV = Leistungsvoraussetzungen

▪ Die Anteile allgemeiner Trainingsübungen sind nach folgenden Bestimmungsfaktoren zu ermitteln:
• Struktur der Wettkampftätigkeit;
• Altersspezifika;
• geschlechtsspezifische Merkmale;
• Vielseitigkeit als Voraussetzung für spätere Spezialisierungen (Disziplin, Position, Spezialtechniken);
• Länge und Umfang des Trainings bis zum Beginn des Höchstleistungsalters;
• psychische Komponenten (Emotionen, Entspannung u. a.);
• Kompensation.

▪ Die Proportionen von allgemeinen und speziellen Trainingsübungen und deren Veränderungen im Jahres- und Mehrjahresaufbau werden vor allem von der Sportartspezifik bestimmt und insbesondere im Grundlagentraining von den Altersspezifika beeinflußt. Allgemeingültige Orientierungen für alle Etappen des langfristigen Leistungsaufbaus in den Sportarten haben sich als untauglich erwiesen. Tab. 4.3.-4 weist die Grundpositionen – zusammengefaßt nach Sportartengruppen – der sowjetischen und der DDR-Nachwuchskonzeptionen der 80er Jahre aus. Sie läßt folgende Interpretationen zu:
• Die Anteile des allgemeinen und speziellen Trainings verändern sich parallel zur Entwicklung des Leistungszustandes im Sinne der fortschreitenden Spezialisierung;
• in Sportarten mit komplexer funktioneller Wirkung, mit vielfältigen koordinativen und sporttechnischen Beanspruchungen des Orga-

nismus durch die Wettkampfübung sind geringere Anteile des Trainings mit allgemeinen Trainingsübungen erforderlich als in Sportarten mit eingegrenzter funktioneller Wirkung;
• in Sportarten, die eine besonders hochausgeprägte „führende" konditionelle Fähigkeit haben, sind zu ihrer vollen Ausprägung relativ hohe Anteile allgemeiner Trainingsübungen erforderlich.

▪ Die methodische Gestaltung des Trainings mit allgemeinen Trainingsübungen muß den qualitativen Ansprüchen an leistungsorientiertes Nachwuchstraining genügen. Freudbetontes Trainieren darf Planmäßigkeit und systematisches Erwerben von Leistungsvoraussetzungen nicht ausschließen!
• Die Auswahl und Anwendung allgemeiner Trainingsübungen erfolgt nach den Kriterien Zielgerichtetheit, Entwicklungswirksamkeit und Motivation/Emotion.
– Entwicklung der allgemeinen Belastbarkeit (Repertoire der Rhythmischen Sportgymnastik, Kleine Spiele);
– Ausschöpfung der etappenspezifischen Zielstellungen zur Entwicklung von Schnelligkeit und Koordination (ein Sportspiel, Rhythmische Sportgymnastik, Elemente des Gerätturnens, kombinierte Spielformen);
– Herausbildung sportartgerichteter allgemeiner Leistungsvoraussetzungen (allgemeine Trainingsübungen zur Förderung führender Fähigkeiten in bezug auf die Anforderungen der Wettkampftätigkeit).
• Der Umfang der einzusetzenden allgemeinen Trainingsübungen ist vom Zeitbedarf für deren

Tabelle 4.3.-4   *Anteile des allgemeinen Trainings in den verschiedenen Ausbildungsetappen*

	Kraft-/Schnell-kraft-Sportarten	Techn.-kompos. Sportarten	Ausdauer-sportarten	Zweikampf-sportarten	Spiel-sportarten
GLT	80–70 %	70 %	60–50 %	50 %	40 %
330 h/Jahr	**75–70 %**	**40–30 %**	**80–70 %**	**75–60 %**	**75–65 %**
ABT	70–50 %	55 %	50–30 %	30 %	25 %
800 h/Jahr	**60–45 %**	**30–20 %**	**40–30 %**	**45–40 %**	**40–30 %**
ANT	60–40 %	30 %	35–20 %	20 %	15 %
1000–1200 h/Jahr					
HLT	30–20 %	20 %	25–15 %	15 %	10 %
1200–1400 h/Jahr					

GLT– Grundlagentraining; ABT–Aufbautraining; ANT–Anschlußtraining; HLT– Hochleistungstraining
Prozentzahlen in Fettdruck – Angaben aus der UdSSR nach Nabatnikowa 1982

sichere motorische Beherrschung und von den angestrebten Belastungswirkungen abhängig.
• Der Effekt des Trainings mit allgemeinen Trainingsübungen ist an wirkungsvolle Belastungsstrukturen gebunden, d. h., ein häufiger und kurzzeitiger Wechsel von Wirkungsrichtungen des allgemeinen Trainings innerhalb der Trainingseinheiten oder in den Mikro- und Mesozyklen wird nicht den erhofften Erfolg bringen.

4.4.   Belastung und Beanspruchung

4.4.1.   Sportliche Tätigkeit als Belastungsbewältigung

Die sportliche Tätigkeit kann als planmäßiges Einwirken auf den Sportler bzw. die Funktionssysteme seines Organismus charakterisiert werden, wobei das Ziel verfolgt wird, die sportliche Leistung zu steigern oder zu erhalten. Art und Größe der Einwirkungen werden als **Trainingsbelastung** bezeichnet und durch Belastungsfaktoren und -kenngrößen näher gekennzeichnet. Die Trainingsbelastungen werden als **Belastungsanforderung** an den Sportler herangetragen. Grundlage der Planung von Belastungsanforderungen sind vor allem die Ziel- und Aufgabenstellung des Trainings, individuelle Voraussetzungen des Sportlers, trainingsmethodische Erfordernisse und die Spezifik der Sportart.

Die Realisierung der Belastungsanforderung in der sportlichen Tätigkeit führt zur *Beanspruchung* des Sportlers bzw. seiner Funktionssysteme, die in Abhängigkeit von der Trainingsbelastung und den individuellen Leistungsvoraussetzungen des Sportlers sehr unterschiedlich sein kann. Zwischen Trainingsbelastung, Beanspruchung und Leistungsentwicklung bestehen gesetzmäßige Beziehungen, die im Zusammenhang mit den Mechanismen der Leistungsentwicklung (2.2.) beschrieben wurden und in Tab. 4.4.-1 modellhaft dargestellt sind. Daraus ist ersichtlich, daß nur die methodisch richtig gewählte Trainingsbelastung zu der für eine Leistungssteigerung notwendigen Beanspruchung führt. Für die zielgerichtete Planung und Steuerung des Trainings ist es deshalb unumgänglich, neben der regelmäßigen Kontrolle der sportlichen Leistung und den entsprechenden Leistungsvoraussetzungen die realisierte Trainingsbelastung und die Beanspruchung des Organismus zu erfassen und mit den geplanten Vorgaben zu vergleichen. Hierzu bedient man sich der Belastungsfaktoren und -kenngrößen sowie bestimmter Beanspruchungsindikatoren.

4.4.2.   Charakterisierung der Belastungsfaktoren

Unter Belastungsfaktoren sind komplex wirkende Einflußgrößen zu verstehen, durch die es ermöglicht wird, die Trainingsbelastung zu planen, zu steuern und zu objektivieren.

Tabelle 4.4.-1 *Modellvorstellung zum Zusammenhang von Belastung,*
Beanspruchung und Leistungsentwicklung

Belastung	Beanspruchung	Leistungsentwicklung
keine / niedrig ⟶	Unterforderung ⟶	Rückgang / Stagnation
mittel / hoch ⟶	optimal ⟶	Leistungssteigerung
extrem hoch ⟶	Überforderung ⟶	Stagnation / Rückgang (Verletzung)

Zu den grundlegenden Belastungsfaktoren gehören:
– Art der Körperübung
– Belastungsintensität
– Belastungsumfang
– Güte der Bewegungsausführung.
Neben den grundlegenden wirken weitere Belastungsfaktoren, insbesondere die Trainingsmethoden und die Belastungsstruktur, die u. a. durch bestimmte Kombinationen der grundlegenden Belastungsfaktoren und die Dynamik ihrer zeitlichen Veränderung gekennzeichnet sind. Bedingungen wie Höhenlage, Klima oder Geländeprofil können ebenfalls in das Spektrum der Belastungsfaktoren eingeordnet werden.
Die Belastungsfaktoren wirken komplex auf den Sportler ein und sind Bestandteil der Gesamtbelastung, deren Wirkungsrichtung sie näher charakterisieren. Nachfolgend werden die grundlegenden Faktoren eingehender betrachtet.

■ Die **Art der Körperübung/Trainingsübung** ist für die Charakterisierung der Trainingsbelastung bedeutsam, da verschiedenartige Übungen unterschiedliche Trainingsbelastungen darstellen und somit unterschiedliche Beanspruchungen hervorrufen können.
Gründe dafür sind:
● Es können unterschiedlich große Muskelgruppen bzw. Muskelanteile bei verschiedenen Übungen zum Einsatz kommen (Abb. 4.4.-1).
● Die Übungen zeichnen sich durch unterschiedliche koordinative Schwierigkeiten aus. Ursache sind die Kompliziertheit und die individuelle Beherrschung der Übung. Häufig weisen koordinativ schwierige Übungen Gefahrenmomente auf, die zu einer relativ hohen psychischen Beanspruchung führen können, z. B. komplizierte Übungen am Reck.

● Übungen belasten auch durch die Dauer ihrer Ausführung. Azyklische „Schnellkraftübungen" dauern nur Bruchteile von Sekunden, zyklische und komplexe Übungen der Sportspiele z. B. jedoch erheblich länger.
● Unterschiedliche Belastungen ergeben sich auch aus der Körperlage (im Radsport sitzend, im Schwimmen liegend, im Lauf und im Boxen aufrecht stehend).
■ Als **Belastungsintensität** bezeichnet man die Stärke der Einwirkung, die durch die Übung verursacht wird, und die Anzahl an Wiederholungen pro Zeiteinheit bei intermittierender Belastung. Unterscheidbar sind damit die Bewegungsintensität und die Belastungsdichte als Formen der Belastungsintensität.
Die *Bewegungsintensität* ergibt sich daraus,

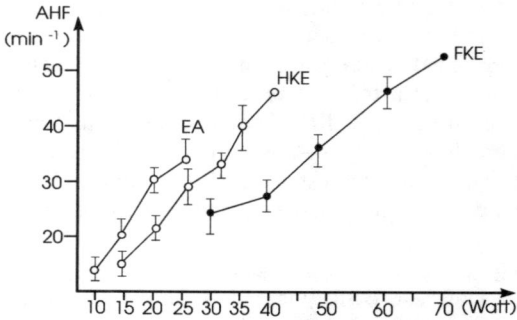

Abbildung 4.4.-1 *Mittelwerte und Standardfehler der Arbeitsherzschlagfrequenz (AHF) bei gesunden untrainierten Frauen (AHF 11.–15. Belastungsminute) in Abhängigkeit von der Belastung und der tätigen Muskelmasse*
(FRAUENDORF 1984, S. 160)
AHF = Differenz zwischen Herzschlagfrequenz unter Belastung und dem Ausgangswert; EA = dynamische Einarmarbeit; HKE = dynamische Zweiarmarbeit; FKE = dynamische Fußkurbelergometerarbeit

daß man gleiche Körperübungen mit unterschiedlichem Krafteinsatz (Werfen) und Zusatzlasten (Gewichtheben), unterschiedlicher Geschwindigkeit (Lauf) und Bewegungsfrequenz (Kraftausdauertraining) oder unterschiedlichem Spieltempo (Sportspiele) durchführen kann.

Belastungsdichte kennzeichnet die Anzahl der Bewegungswiederholungen in der Zeiteinheit und somit auch das Verhältnis von Belastungs- und Pausenzeit bei intermittierender Trainingsbelastung. Außerdem wird sie zur Objektivierung der Belastungsintensität benötigt, wenn genauere Kenngrößen (z. B. Geschwindigkeit oder Zusatzlast) nicht zur Verfügung stehen, wie das beispielsweise bei der Objektivierung der Intensität in der sporttechnischen Ausbildung der Fall sein kann.

Die Belastungsintensität bestimmt, wenngleich nicht allein, in entscheidender Weise die Hauptwirkungsrichtung der Trainingsbelastung. Die Maximalkraftfähigkeit kann man z. B. im dynamischen Krafttraining nur mit großen bis maximalen Zusatzlasten und einer geringen Anzahl Wiederholungen optimal entwickeln, während zur Ausbildung von Kraftausdauer, z. B. für Schwimmer und Ruderer, geringere Widerstände zu nutzen sind, die sehr viele Bewegungswiederholungen zulassen.

Für die Trainingsplanung und -steuerung hat es sich meist als ausreichend erwiesen, mit sogenannten *Intensitätsbereichen* zu arbeiten. Es handelt sich hierbei um Bereiche von Kenngrößen der Belastungsintensität, die in den einzelnen Sportarten entsprechend ihrer Spezifik sehr unterschiedlich dimensioniert sein können. In Tabelle 4.4.-2 ist ein Beispiel aus dem Krafttraining dargestellt, die Intensitätsbereiche sind hier durch den sogenannten Intensitäts-

grad gekennzeichnet. Die Bereiche ermöglichen es, sowohl trainingsmethodisch zu variieren, als auch auf individuelle Erfordernisse der Sportler einzugehen.

■ Der **Belastungsumfang** charakterisiert die Summe der Einwirkungen auf den Sportler, die angegeben wird u. a. in m, km, kg, t bzw. mit der Anzahl der Wiederholungen. Auch Stunden oder Minuten werden zuweilen zur Kennzeichnung des Belastungsumfanges genutzt. Das Zeitmaß ist allerdings relativ ungenau, da z. B. bei einer diskontinuierlichen Tätigkeit die aufgewendete Gesamtzeit einer Trainingsbelastung (beispielsweise wegen eingelagerter Pausen) nicht immer identisch ist mit der tatsächlichen Zeit der Einwirkung. Für solche Sportarten und Trainingsinhalte aber, für die eine genaue Bestimmung des Belastungsumfanges kaum möglich ist, z. B. Gymnastik und Sportspiele, muß weiterhin das Zeitmaß als Belastungskenngröße herangezogen werden.

Für die Herausbildung und den Erhalt der sportlichen Leistungsfähigkeit ist ein optimaler Belastungsumfang unerläßlich, der vom Anfänger bis zum Spitzensportler deutlich ansteigen muß. Der optimale Belastungsumfang ist sowohl entscheidend für das Ausmaß der angestrebten Leistungsentwicklung und Leistungsstabilität als auch für die zu verbessernde Belastungsverträglichkeit (vgl. Tab. 4.4.-1). Eine einseitige Orientierung auf die Steigerung der Leistungsfähigkeit über die Erhöhung des Belastungsumfanges darf allerdings nicht zugelassen werden, da dies in der Regel die Negierung trainingsmethodischer Erfordernisse der jeweiligen Sportart oder Disziplin bedeuten würde und früher oder später zu Mißerfolgen führen muß. Die Steigerung des Belastungsumfanges kann nur in optimalen Relationen zu den anderen Belastungsfaktoren, vor allem zur Belastungsintensität, erfolgen. Auf den Zusammenhang von optimalem Belastungsumfang und Gesundheit wurde bereits in 4.1. hingewiesen.

In der Trainingsplanung wird der Belastungsumfang zweckmäßigerweise differenziert für die verschiedenen Trainingsaufgaben ausgewiesen. Das gilt für den Umfang der sporttechnischen Ausbildung, für den Umfang des Krafttrainings, des Ausdauertrainings usw. Die Differenzierung

Tabelle 4.4.-2: Intensitätsbereiche im Verhältnis zur persönlichen Bestleistung im Krafttraining (HARTMANN/TÜNNEMANN 1988, S. 105)

Verhältnis zur persönlichen Bestleistung (in %)	Intensitätsgrad
30– 50	gering
50– 70	leicht
70– 80	mittel
80– 90	submaximal
90–100	maximal

geht, zumindest bezüglich der Haupttrainings-
aufgaben, bis zu Angaben des Belastungsumfanges einzelner Intensitätsbereiche. So werden
beispielsweise im Trainingsplan für die unmittelbare Wettkampfvorbereitung von Straßen-
radsportlern für das spezielle Training auf dem
Rad sowohl der Belastungsumfang für das
Grundlagenausdauertraining I und II (niedrige
und mittlere Intensität) als auch für die Wettkämpfe und das Schnelligkeitsausdauertraining
(hohe bzw. sehr hohe Intensität) ausgewiesen.
(AMPLER 1991, S. 165)

■ Die **Güte der Bewegungsausführung** ist ein
Belastungsfaktor, der zum Ausdruck bringt,
welche sporttechnische Qualität an die Ausführung der Körperübungen zu stellen ist. In den
technisch-kompositorischen Sportarten, in denen die Bewegungsgüte auch wesentliches Kriterium der Bewertung der Leistung im Wettkampf ist (neben dem Schwierigkeitsgrad),
existieren Punktbewertungssysteme, die als
Maß der Bewegungsgüte herangezogen werden
können.

Gürtelprüfungen im Judo enthalten ebenfalls
Anforderungen an die Güte von Bewegungen
und Handlungen, die wiederum Bezugspunkt
für die Bewertung im sportlichen Wettkampf
sind. Auch in anderen Sportarten existieren
sporttechnische Leitbilder für die Zieltechnik
oder für einzelne Etappen des Lernprozesses,
die als Maßstab für die Bewertung der Güte der
Bewegungsausführung nutzbar sind.

Im Gegensatz zu den anderen Belastungsfaktoren sind mit der Güte der Bewegungsausführung kaum Variationsmöglichkeiten im Sinne
höherer oder niedrigerer Belastungsanforderungen gegeben. Denn von Ausnahmefällen abgesehen, ist grundsätzlich eine hohe Bewegungsgüte zu verlangen, wenn die Leistung
verbessert oder erhalten bzw. Fehlbelastungen
vermieden werden sollen. Jede Bewegung mit
höchstmöglicher Bewegungsgüte auszuführen
und diese möglicherweise auch noch von Versuch zu Versuch zu steigern, verlangt vom
Sportler in Training und Wettkampf hohe Aufmerksamkeit und Konzentration. Dies führt in
der Regel, vor allem bei häufigen Wiederholungen oder langer Belastungsdauer, zu einer erheblichen psychophysischen Beanspruchung.
Die Güte der Bewegungsausführung wirkt im

Zusammenwirken mit den anderen Belastungs-
faktoren vor allem als Signal für notwendige
Korrekturen der Trainingsbelastung, denn ne-
gative Abweichungen von der vorgegebenen
Bewegungsgüte verlangen in der Regel eine
Reduzierung der Trainingsbelastung.

4.4.3. Beanspruchung und Wiederherstellung

4.4.3.1. Aktivierung und Ermüdung – Erscheinungsformen der Beanspruchung

Unter **Beanspruchung** versteht man die Inanspruchnahme individueller Leistungsvoraussetzungen zur Bewältigung einer Trainingsan-
forderung bzw. -belastung. Das Besondere am
sportlichen Training besteht aufgrund der angestrebten Verbesserung der sportlichen Leistungsfähigkeit und der ihr zugrundeliegenden
Gesetzmäßigkeiten darin: Die Anforderungen
müssen so hoch sein, daß die individuellen Leistungsvoraussetzungen über das „normale"
Maß hinaus beansprucht werden und zusätzliche Regulationsmechanismen und Ressourcen
zur Belastungsbewältigung hinzugezogen werden müssen. (Vgl. 2.2.4).

Dieser Sachverhalt widerspiegelt sich im Begriff
Beanspruchungsgrad. Der **Beanspruchungsgrad**
beschreibt die Stärke der Inanspruchnahme individueller Leistungsvoraussetzungen im Verhältnis zur Trainingsbelastung. So führt z. B. die
gleiche Trainingsbelastung bei Sportlern mit unterschiedlichem Leistungszustand in der Regel
auch zu einer unterschiedlichen Beanspruchung; je geringer der Leistungszustand des
Sportlers, um so größer ist der Beanspruchungsgrad. (Abb. 4.4.-2) Andererseits sind aber leistungsstarke Sportler bei Grenz- bzw. Höchstbelastungen in der Lage, ihr funktionelles Potential
tiefer ausschöpfen zu können und sich schneller
zu erholen. (Abb. 4.4.-3) Bei derart globalen Einschätzungen ist aber immer zu berücksichtigen,
daß der Beanspruchungsgrad nicht einfach von
der Höhe der Trainingsbelastung abgeleitet werden kann. Gleiche Trainingsbelastungen können
bei zwei relativ gleich starken Sportlern durchaus einen unterschiedlichen Beanspruchungs-

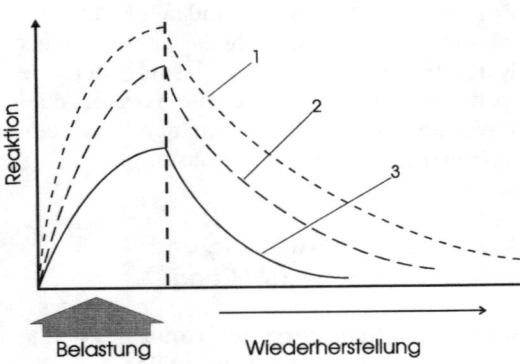

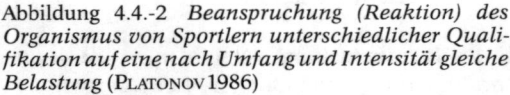

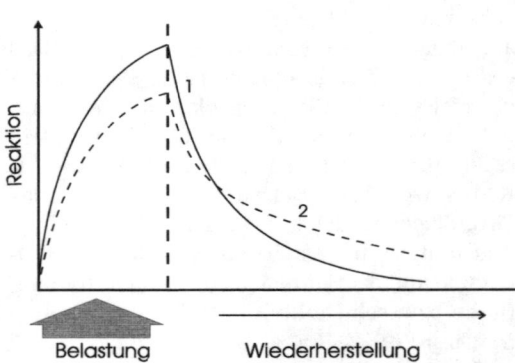

Abbildung 4.4.-2 *Beanspruchung (Reaktion) des Organismus von Sportlern unterschiedlicher Qualifikation auf eine nach Umfang und Intensität gleiche Belastung* (PLATONOV 1986)

1 – Sportler der 2. Leistungsklasse; 2 – Sportler der 3. Leistungsklasse; 3 – Sportler der Meisterklasse

Abbildung 4.4.-3 *Beanspruchung (Reaktion) des Organismus von Sportlern unterschiedlicher Qualifikation auf eine Höchstbelastung* (PLATONOV 1986)

1 – Sportler der Meisterklasse; 2 – Sportler der 2. Leistungsklasse

grad zur Folge haben. Dies gilt auch für die Realisierung identischer Trainingsbelastungen durch einen Sportler zu unterschiedlichen Zeitpunkten. Denn der Beanspruchungsgrad ist neben individuellen Voraussetzungen wie Leistungszustand oder Alter und Geschlecht auch abhängig vom aktuellen psychophysischen Zustand des Sportlers, also insbesondere von Emotionen, Stimmung und Motivation, vom subjektivem Befinden und psychischer Anspannung oder vom Biorhythmus.

Sportliche Tätigkeit und die erbrachte sportliche Leistung sind immer das Ergebnis der ganzheitlich handelnden Persönlichkeit. Da jede Tätigkeit aber ganz spezifische Anforderungen an die individuellen Leistungsvoraussetzungen stellt, ist es notwendig, neben der Beanspruchung des Gesamtorganismus des Sportlers differenziert auch die Beanspruchung einzelner Strukturelemente zu betrachten. Dabei geht es einerseits vor allem um diejenigen Systeme, die durch die Trainingsbelastung schwerpunktmäßig angesprochen werden sollen, und andererseits um solche, die die momentane Belastbarkeit des Sportlers begrenzen. Dies können, ausgehend von unterschiedlichen Betrachtungsebenen, vor allem sein:
– Strukturelemente der sportlichen Leistungsfähigkeit (z. B. koordinative und konditionelle Leistungsvoraussetzungen);
– Teilsysteme der motorischen Handlung (z. B. Antriebs-, Orientierungs- und Ausführungsregulation);
– Regulationsebenen und -mechanismen des Vollzugs sportlicher Leistungen (z. B. Verhaltens- und Handlungsregulation, Bewegungsregulation, Energiestoffwechselregulation).

Die Besonderheiten der Beanspruchung eines Sportlers während einer sportlichen Tätigkeit zeigen sich in den Erscheinungsformen der Aktivierung und Ermüdung.

Werden die vielfältigen und verschiedenartigen Funktionssysteme des Organismus und ihr Zusammenwirken im Zustand relativer Ruhe betrachtet, so ist zu erkennen, daß diese meist in einem dynamischen und relativ stabilen Bereich (Homöostase) arbeiten, der durch hohe Effektivität und ökonomische Arbeitsweise gekennzeichnet ist. Die Bewältigung einer sportlichen Anforderung ist verbunden mit der Erhöhung der **Aktivität** einer Vielzahl dieser funktionellen Systeme, und zwar in Abhängigkeit davon, welche individuellen Leistungsvoraussetzungen in der konkreten Tätigkeit verstärkt beansprucht werden. Bezogen auf die psychischen Funktionssysteme kann dies auch schon vor Beginn der eigentlichen motorischen Bewegung beobachtet werden. Mit zunehmender Aktivierung kann es dann dazu kommen, daß der (normale) ökonomische Funktionsbereich der funktionellen Systeme verlassen wird (Heterostase).

Diese Arbeitsweise kann nur eine begrenzte Zeit aufrechterhalten werden, es kommt zwangsläufig zu einem Aktivitätsrückgang und schließlich zur Ermüdung der betroffenen Funktionssysteme.

Aktivierung und Ermüdung funktioneller Systeme des Organismus im Prozeß der Anforderungsbewältigung sind die entscheidenden Bedingungen und Voraussetzungen für die Leistungssteigerung des Sportlers, wobei die ihnen zugrundeliegenden Mechanismen (vgl. 2.2.) und die trainingsmethodischen Ableitungen (vgl. Kap. 5) sehr verschiedenartig sein können. So kann in Abhängigkeit von der Trainingszielstellung primär auf die Ermüdung von Funktionssystemen, z.B. im Ausdauertraining oder Muskelhypertrophietraining, als auch auf die Aktivierung orientiert werden, wie das z.B. beim Technikerwerbstraining (Aktivierung des ZNS) der Fall ist. Im letztgenannten Beispiel wird Ermüdung als trainingsbegrenzender Einfluß angesehen, der den Abbruch entsprechender Trainings sinnvoll erscheinen läßt.

Ein besonderer Fall der Ermüdung kann dann auftreten, wenn die Grenze der maximalen Leistungsfähigkeit des Organismus überschritten, der Sportler also überbeansprucht wird. (Vgl. Tab. 4.4.-1) In diesem Fall schützt sich der Körper, und es kommt zur sogenannten Erschöpfung und zum Zusammenbruch der sportlichen Leistungsfähigkeit. Bei psychischer Überforderung sind solche Erscheinungen wie Monotonie oder Sättigung zu beobachten. Die Überforderung, insbesondere die des Stütz- und Bewegungssystems, kann aber auch zu Verletzungen (Zerrungen, Bänder- oder Muskelabriß u.a.) oder Krankheiten führen. Die Menge an Belastungsanforderungen einer bestimmten Art, die ein Sportler ohne gesundheitliche Beeinträchtigungen bewältigen kann, kennzeichnet die *Belastungsverträglichkeit.*

4.4.3.2. Wiederherstellung

Hierunter wird allgemein die *Wiederherstellung der Leistungsfähigkeit* des Sportlers nach Bewältigung ermüdender Trainingsbelastungen (auch als Erholung bezeichnet), aber auch die *Wiederherstellung der Funktionsfähigkeit ermüdeter Funktionssysteme des Organismus*

verstanden. Folgt man allerdings der Diktion des vorangegangenen Abschnitts, so sollte auch die *Wiederherstellung des „normalen" Funktionsbereiches* der nach Beanspruchungsende hochaktivierten (aber noch nicht ermüdeten) Systeme mit in die Betrachtung einbezogen werden.

Für die Wiederherstellung ermüdeter Funktionssysteme sind drei wichtige Aspekte hervorzuheben, die bisher allerdings vorwiegend an energetischen Funktionssystemen belegt wurden.

• Die Wiederherstellungsprozesse im Organismus verlaufen nicht gleichzeitig, sondern *heterochron.* Die Wiederherstellung der einzelnen funktionellen Subsysteme verläuft dabei in einer gesetzmäßigen Reihenfolge. (JAKOWLEW 1977, S. 94) Hieraus resultiert auch die Tatsache, daß der Zeitbedarf für die Wiederherstellungs- und Erholungsprozesse je nach Trainingsinhalt sehr unterschiedlich sein kann. Einige Beispiele sind in Tab. 4.4.-3 zusammengestellt, wobei für jede Trainingsform nur ein – entsprechend der Tätigkeit vorrangig beanspruchtes – Funktionssystem dargestellt wird.

• Die *Geschwindigkeit* der Wiederherstellungsprozesse ist vom Beanspruchungsgrad und somit wesentlich von Intensität und Umfang der Trainingsbelastung abhängig. Je größer der Belastungsumfang bei gleicher Belastungsintensität ist, desto langsamer verlaufen die Erholungsprozesse. (JAKOWLEW a.a.O.; HARRE 1979, S. 79f.)

• Zumindest bezüglich einiger energetischer Substrate läßt sich nach JAKOWLEW (1979, S. 94) im Wiederherstellungsprozeß eine Phase „überschießender, *das Ausgangsniveau übersteigender Wiederherstellung* (des) biochemischen und funktionellen Potentials" nachweisen.

Hieraus ergeben sich grundlegende trainingsmethodische Ableitungen für die Dauer von Wiederherstellungsphasen zwischen der Realisierung von zwei Trainingseinheiten:

• Die *Mindestzeitdauer* muß so bemessen sein, daß der Sportler die nachfolgende Belastung realisieren kann. Dabei ist auch die Belastungsverträglichkeit des Sportlers zu berücksichtigen. Gerade das häufig leistungslimitierende Stütz- und Bewegungssystem benötigt relativ lange Wiederherstellungszeiten.

Tabelle 4.4.-3 *Mindestzeitbedarf (in Stunden) für Wiederherstellungsprozesse vorrangig beanspruchter funktioneller Systeme des Organismus bei verschiedenen Trainingsformen* (nach GROSSER/NEUMAIER 1982, S. 19)

Trainingsform	Grundlagen-ausdauer-training I	Grundlagen-ausdauer-training II	Schnellkraft-training	Muskelhyper-trophietraining	Schnelligkeits-und Technik-training
Funktions-system	aerobe Energiebereit-stellung	anaerobe Energiebereit-stellung	anaerob-alaktazide und laktazide Energiebereit-stellung	Eiweißstoff-wechsel	neuromusku-läres System
unvollständige Wieder-herstellung		etwa 1,5–2	etwa 2–3	etwa 2–3	etwa 2–3
fast vollstän-dige Wieder-herstellung (90–95%)	etwa 12	etwa 12	etwa 12–18	etwa 18	etwa 18
vollständige Wieder-herstellung	etwa 24–36	etwa 24–28	etwa 48–72	etwa 72–84	etwa 72

● Die *optimale Wiederherstellungszeit* ist von dem vorrangig beanspruchten Funktionssystem und dem für ein effektives Training notwendigen Wiederherstellungsgrad abhängig. (Vgl. Tab. 4.4.-3) Techniktraining und Schnelligkeitstraining verlangen einen möglichst vollständig erholten Organismus, während das Grundlagenausdauertraining auch im Zustand der unvollständigen Wiederherstellung energetischer Systeme durchgeführt werden kann. Dadurch entsteht eine höhere summative Beanspruchung nach mehreren Trainingseinheiten, die dann allerdings auch eine verlängerte anschließende Wiederherstellungszeit erforderlich macht.

● Da bei sportlicher Tätigkeit nicht alle Funktionssysteme gleichermaßen beansprucht werden, kann man vor allem im Hochleistungstraining durch gezielten *Wechsel der Belastungsanforderungen,* insbesondere der Art der Trainingsübung, die notwendigen Wiederherstellungszeiten realisieren.

Gerade im Hochleistungstraining wird auch der Effekt der sogenannten *beschleunigten Wiederherstellung* genutzt. Eine beschleunigte, also zeitlich verkürzte Wiederherstellung ist beispielsweise durch Formen der aktiven Erholung zu erreichen. Diese ist so zu gestalten, daß dabei die Prozesse der aeroben Energiebereitstellung aktiviert und somit die energetischen Wiederherstellungsprozesse beschleunigt werden. Aktive Erholung dient aber auch der Stabilisierung vegetativer Funktionen und der Wiederherstellung des psychischen Gleichgewichts. Nach Möglichkeit sollte für die aktive Erholung die Art der Körperübung (bezogen auf die vorangegangene Hauptbelastung) gewechselt werden.

Weitere Möglichkeiten der beschleunigten Wiederherstellung bieten die modernen Möglichkeiten der Physiotherapie und -prophylaxe. Diese wirken reflektorisch über das ZNS (z. B. Massagen, Sauna, Hydrotherapie), unterstützen anabole Prozesse durch Förderung der Durchblutung und somit besseren Substrattransport oder beeinflussen das vegetative Nervensystem. (PAHLKE 1988, S. 335)

Maßnahmen zur beschleunigten Wiederherstellung sind zwischen einzelnen Teilen einer Trainingseinheit anzuwenden (z. B. Lockerungsgymnastik nach Schnellkrafttraining im Boxen und bevorstehendem Sparring), als Abschlußteil einer Trainingseinheit (z. B. Sportspiel nach

psychisch hoch beanspruchendem Techniktraining), nach einer Trainingseinheit (z. B.
Massage nach Maximalkrafttraining) oder als
eigenständige wiederherstellungsfördernde
Trainingseinheit (mit relativ niedriger Trainingsbelastung und einem relativ hohen Anteil allgemeiner Trainingsübungen) innerhalb eines Mikrozyklus (vgl. 6.1.2.1.).

4.4.3.3. Objektivierungsmöglichkeiten von Beanspruchungs- und Wiederherstellungsgrad

Die Trainingsgestaltung setzt die Möglichkeit
des Vergleichs von Trainingsanforderungen, realisierten Trainingsbelastungen, des resultierenden Beanspruchungs- und Wiederherstellungs-
grades sowie der Leistungsentwicklung voraus.
Die Objektivierung von Beanspruchungs- und
Wiederherstellungsgrad erfolgt mittels der Diagnose des jeweils aktuellen Zustandes des
Organismus des Sportlers in der Belastungs-
bzw. Wiederherstellungsphase und gibt den
Grad der Abweichung vom sogenannten Normalbereich wieder. Die Schwierigkeit liegt
darin, daß durch die gegenwärtig vorherrschenden Untersuchungsverfahren nicht der Zustand
des Organismus als Ganzes, sondern lediglich
einzelne funktionelle Systeme erfaßt werden
(Tab. 4.4.-4). Gesicherte Aussagen zum Zustand des Organismus verlangen deshalb ein
multifaktorielles und komplexes Herangehen.
Zum Einsatz kommen sollten dabei sowohl
sogenannte objektive Untersuchungsverfahren
(z. B. Herzfrequenzmessung oder Bestimmung
der Flimmerverschmelzungsfrequenz) als auch
subjektive Angaben des Sportlers (z. B. Befragung zum subjektiv widergespiegelten körperlichen Befinden) und Beobachtungen des
Trainers. Dabei ist zu beachten, daß sich die

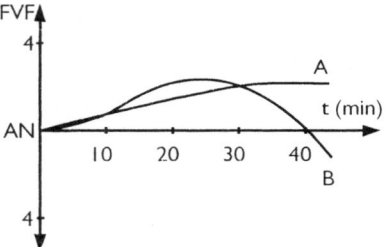

Abbildung 4.4.-4 *Verlauf der Flimmerverschmel-*
zungsfrequenz (FVF) bei zwei Sportlern (A, B) mit
unterschiedlichem Leistungszustand, bezogen auf
das Ausgangsniveau (AN) und bei gleicher Trainings-
belastung

organismischen funktionellen Systeme auch
unter Ruhe nicht in einem statischen Zustand,
sondern in einem dynamischen Fließgleichge-
wicht (Homöostase) befinden. Schwankungen
der untersuchten Parameter innerhalb dieses
„Normalbereiches" sind daher völlig natürlich
und nicht weiter interpretierbar. Auswirkungen
auf die Interpretation von Beanspruchungs-
parametern haben auch Zeitpunkt und Anzahl
der während und nach der Trainingsbelastung
erfolgenden Untersuchungen.
So erkennt man in Abb. 4.4.-4, daß ein einmalig
nach 30 min ermittelter Anstieg der Flimmerverschmelzungsfrequenz um 2 Hz gegenüber
dem Ausgangszustand sehr unterschiedliche
Beanspruchungen des ZNS widerspiegeln
kann. Während für Sportler A eine zunehmende
Aktivierung zu diesem Zeitpunkt vorliegt, hat B
diesen Zustand (bei gleicher Trainingsbelastung) bereits überschritten, und die Ermüdungsprozesse nehmen zu. Eine derartige Aussage ist aber nur dann möglich, wenn durch
mehrmalige Messungen des Parameters seine
Dynamik sichtbar wird.

Tabelle 4.4.-4   *Ausgewählte Parameter zur Diagnose des Zustandes organismischer Funktionssysteme*

Parameter	Abkürzung	Maßeinheit	Funktionssystem
Herzfrequenz	Hf	min^{-1}	Herz-Kreislauf-System
Serumlaktat	La	mmol/l	anaerobe laktazide Prozesse
Serumharnstoff	U^+	mmol/l	Eiweißstoffwechsel
Flimmerverschmelzungsfrequenz	FVF	s^{-1}	Zentralnervensystem

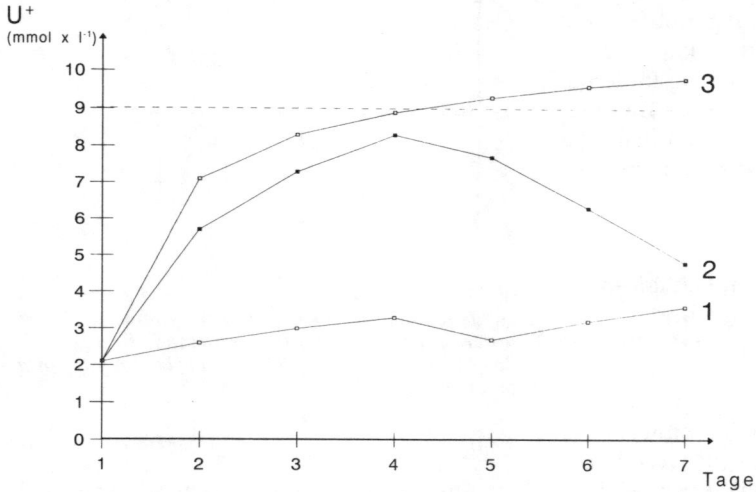

Abbildung 4.4.-5
*Modellvorstellungen
zur Beanspruchung
in Hochbelastungs-
wochen zur schwer-
punktmäßigen
Ausbildung der
Grundlagenausdauer
am Beispiel der
morgendlichen
Serumharnstoff-
konzentration (U⁺)*
(nach NEUMANN 1981,
S. 83 ff.)
1 – Unterforderung: Be-
anspruchung zu gering,
Belastung erhöhen;
2 – zieladäquat;
3 – Überforderung:
Beanspruchung zu hoch,
Belastung reduzieren

Für den Trainingsmethodiker hat es sich als praktikabel erwiesen, bei der *Schnellauswertung* der untersuchten Parameter von Modellvorstellungen auszugehen, die in Zusammenarbeit mit entsprechenden Spezialisten entworfen wurden. Dabei kann man meist grundsätzlich von drei Reaktionsbereichen ausgehen. (Abb. 4.4.-5)

Da ist einmal der schon beschriebene *Normalbereich*. Er signalisiert, daß die entsprechende Trainingsbelastung nicht zu einer wesentlichen Inanspruchnahme des untersuchten Funktionssystems geführt hat bzw. daß nach einer stärkeren belastungsbedingten Auslenkung der Normalbereich wiederhergestellt wurde (vollständige Wiederherstellung).

Auslenkungen aus dem Normalbereich hingegen deuten darauf hin, daß das normale Beanspruchungsmaß überschritten wurde, zusätzliche Kompensationsmechanismen in Anspruch genommen werden mußten. Dieser Zustand ist z. B. Voraussetzung für Anpassungsreaktionen bei der Ausbildung energetischer Leistungsvoraussetzungen.

Ein dritter Bereich kennzeichnet die *Grenzen der Belastungsverträglichkeit* und sollte nach Möglichkeit nicht überschritten werden. Einmalige Auslenkungen einzelner Parameter in diesen Bereich sollten allerdings nicht überbewertet werden, solange sich dieser Befund nicht wiederholt bzw. durch weitere Parameter unterstützt wird.

Diese Reaktionsbereiche widerspiegeln sich auch in den sogenannten *„Ermüdungssymptomen"*, die in der täglichen Praxis die annähernde Einschätzung des Beanspruchungsgrades durch die Beobachtung des Sportlers erlauben. Der erfahrene Trainer/Übungsleiter kann nach HARRE (1979, S. 82 f.) anhand solcher Kriterien wie Schweißabsonderung – Bewegungsgüte – Konzentration – allgemeines Befinden – Leistungsbereitschaft – Stimmung relativ einfach und schnell

eine Einschätzung vornehmen und mögliche Überforderungen seiner Sportler erkennen.

4.4.4. Belastungssteigerung

Von vorrangiger Bedeutung für die weitere Leistungssteigerung im Wettkampfsport hat sich vor allem die Umsetzung des **Prinzips der Steigerung der Trainingsbelastung** herausgestellt. Dies betrifft einerseits die Art und Weise der notwendigen individuellen Steigerung der Trainingsbelastung in den Trainingseinheiten, in den Trainingszyklen und im langfristigen Leistungsaufbau als Voraussetzung für die weitere Leistungssteigerung des Sportlers. Andererseits geht es aber auch um strategische Konzeptionen für Trainingssysteme, die es auch weiterhin ermöglichen, die bestehenden Weltbestleistungen und -rekorde zu verbessern.

Maßnahmen zur Belastungssteigerung. Eine Steigerung kann über alle Belastungsfaktoren, über die Veränderung äußerer Bedingungen und durch Erhöhen der Wettkampfaktivität erfolgen. Dabei hat es sich als zweckmäßig erwiesen, immer nur einzelne Belastungsfaktoren in den Mittelpunkt der Belastungssteigerung zu stellen. Dies erleichtert die Trainingssteuerung, ermöglicht aber auch, genügend Reserven für weitere Belastungssteigerungen zu erhalten. Zu berücksichtigen ist dabei allerdings immer die Einheit und komplexe Wirkung aller Belastungsfaktoren. Das bedeutet, daß die einseitige Steigerung einzelner Belastungsfaktoren, insbesondere von Belastungsumfang und Belastungsintensität, immer nur in bestimmten Grenzen vorgenommen werden kann, da sich ansonsten die Wirkungsrichtung des Trainings verändert. *Belastungsumfang und Belastungsintensität werden vor allem im Konditionstraining zur Belastungssteigerung herangezogen. In der koordinativen Ausbildung und im Techniktraining spielen vor allem die Auswahl der Körperübungen und die Erhöhung des Schwierigkeitsgrades eine entscheidende Rolle bei der Steigerung der Trainingsbelastung.*

Reihenfolge in der Belastungssteigerung

Einer Belastungssteigerung muß eine entsprechende Vorbereitung der Sportler zur Verbesserung der Belastungsverträglichkeit vorausgehen. Dies ist der Hauptgrund dafür, daß der Steigerung der Belastungsintensität meist eine Umfangserhöhung vorausgeht und der Einsatz von Spezial- und Wettkampfübungen durch allgemeines und vielseitiges Training vorbereitet wird.

Von großer Bedeutung für den Erhalt notwendiger Anpassungsreserven für das Spitzentraining ist es, die Steigerung der Trainingsbelastung so vorzunehmen, daß der Einsatz hochwirksamer Trainingsmittel und Belastungsverfahren nicht früh- und vorzeitig erfolgt. Deshalb sollte bezüglich der Reihenfolge bei Belastungssteigerungen u. a. berücksichtigt werden:

- Umfangssteigerung vor Intensitätssteigerung,
- einfache Körperübungen vor komplizierten oder
- allgemeine Ausbildung vor spezieller.

Prinzipiell besitzen alle bisherigen Angaben zur Belastungssteigerung sowohl Gültigkeit für den langfristigen Leistungsaufbau als auch für den Jahrestrainingsaufbau.

Besondere Bedeutung kommt dem Einsatz von *Wettkämpfen* zu. Da der Wettkampf zu den wirksamsten Trainingsmitteln überhaupt zählt, ist sein Einsatz erst einmal sehr sparsam vorzunehmen, um die Sportler nicht zu überfordern und notwendige Anpassungsreserven zu erhalten. *Die Erhöhung der Anzahl an Wettkampfteilnahmen sollte deshalb erst im Spitzensport als Möglichkeit der Belastungssteigerung zum Einsatz kommen.*

Dynamik der Belastungssteigerung

Die Trainingspraxis belegt, daß es nicht zweckmäßig ist, Trainingsbelastungen gleichförmig und gleichmäßig zu erhöhen, man muß sie vielmehr sprunghaft auf ein neues Niveau anheben. Wird der optimale Bereich erreicht, kommt es zur angezielten Leistungssteigerung. Die dieser zugrundeliegenden Prozesse (vgl. 2.2.4.) benötigen eine bestimmte Zeitdauer, damit die Leistungsverbesserung stabil und durch entsprechende funktionelle Veränderungen im Organismus abgesichert ist. Erst dann sollte die Trainingsbelastung erneut sprunghaft angehoben werden. Erfolgt dies nicht, kommt es zu Stagnations- oder Rückbildungsprozessen. *Trainingsbelastungen müssen folglich kontinuierlich realisiert werden, ihre Steigerung allerdings sollte vorwiegend sprunghaft erfolgen.* Die Zeitspannen für solche Belastungssprünge betragen mindestens 4–6 Wochen und sind abhängig vom Ausbildungsziel. Für die Stabilisierung von Leistungsvoraussetzungen reichen u. U. 2–3 Wochen aus.

Die Organisation der Belastungssteigerung erfolgt in Trainingszyklen (s. 6.1.2.) und verlangt eine ständige Kontrolle des Beanspruchungsgrades und der Leistungsentwicklung.

Belastungssteigerung im Spitzensport

Insbesondere im Spitzensport hat die Gesamttrainingsbelastung der Sportler Dimensionen angenommen, die eine weitere Steigerung der Trainingsbelastung kaum noch möglich und sinnvoll erscheinen läßt. Häufig führt die Umfangssteigerung einerseits zu einem immer geringeren Leistungszuwachs, gleichzeitig nahmen aber auch die Möglichkeiten für eine Erweiterung der Trainingszeit und damit der weiteren Steigerung der Trainingsbelastung über diesen Faktor rapide ab. Offensichtlich wurde das Optimum der Umfangssteigerung überschritten und die Komplexität der Wirkung der Belastungsfaktoren mißachtet.

Aber auch eine weitere (einseitige) *Intensivierung* des Trainings kann sich als Sackgasse erweisen, wenn die notwendigen Voraussetzungen, insbesondere die Belastungsverträglichkeit, nicht entsprechend vorbereitet sind und die verfügbare Zeit für Erholungs- und Wiederherstellungsprozesse nicht ausreichend ist.

Belastungssteigerung im Spitzensport heißt also Einhaltung der optimalen Relationen zwischen den Belastungsfaktoren und ihrer Steigerung einerseits, andererseits aber auch immer die Suche nach Möglichkeiten der Belastungssteigerung, die bisher nicht genutzt oder vernachlässigt wurden.

Folgende *Möglichkeiten* sind dabei für den jeweils konkreten Fall in Erwägung zu ziehen:
- relativ sparsamer Einsatz hoch belastender Spezialübungen im Nachwuchstraining,
- effektiver Einsatz allgemeiner Trainingsübungen,
- optimales Verhältnis der Anwendung allgemeiner und spezieller Trainingsmittel,
- gründliche Vor- und Nachbereitung hoch belastender Trainingseinheiten durch physioprophylaktische und physiotherapeutische Maßnahmen,
- optimaler Aufbau der Trainingszyklen,
- Nutzung von Wettkämpfen als Trainingsmittel,
- effektiverer Einsatz des Höhen- und Klimatrainings u. a. (vgl. auch REISS/PFEIFFER 1991, S. 15 ff.)

4.4.5. Regeln zur Steuerung der Trainingsbelastung

■ **Vermeide Über- und Unterforderung**
Jeder Sportler hat eine individuelle Belastbarkeit und benötigt ein individuelles Belastungsmaß. Grundsätzlich geht es darum, daß sich die Funktionssysteme positiv verändern und zur Leistungssteigerung beitragen, wenn sie optimal belastet und beansprucht werden. Abweichungen nach unten oder oben mindern den Trainingseffekt. Bei anhaltender Überbeanspruchung treten Störungen in den betroffenen

Funktionssystemen auf, gegebenenfalls muß man mit Fehlbelastungsschäden rechnen. Die Belastbarkeit ist abhängig: vom biologischen und kalendarischen Alter, vom Trainingsalter, vom Leistungszustand, vom Konstitutionstyp, vom Gesundheitszustand, vom sporttechnischen Können und anderen Faktoren.
Die Reaktion des Organismus von Sportlern unterschiedlicher Qualifikation auf eine nach Umfang und Intensität gleiche Belastung zeigen Abb. 4.4.-2 und 4.4.-3.

■ **Berücksichtige bei der Planung der Belastungsanforderungen die Gesamtbedingungen für das Training, und versuche im Interesse der bestmöglichen Leistungsentwicklung, optimale Bedingungen zu schaffen**
Diese Regel fordert Realitätsbezogenheit. Neben der individuellen Belastbarkeit ist auch die Belastung außerhalb des Trainings (Beruf, Schule, Studium, Familie/Partner u. a.) zu berücksichtigen. Erfolgt das nicht, könnte eine Überforderung oder gar Erschöpfung entstehen und auch gut geplante Trainingsbelastung nicht den beabsichtigten Effekt erzielen. Das material-technische Umfeld ist in Rechnung zu stellen, physiotherapeutische Bedingungen sowie die zur Verfügung stehenden Möglichkeiten zur Psychoregulation sind zu nutzen. In den Sportspielen und Zweikampfsportarten ist die Trainingsbelastung häufig vom zur Verfügung stehenden Trainingspartner abhängig. Im Hochleistungssport ist ein notwendiges ganzjähriges Training häufig an das Bemühen gebunden, zeitweilig klimatisch günstige Bedingungen aufzusuchen.
■ **Beachte die fortgeschrittenen sportmethodischen und andere für die Trainingsbelastung bedeutsame wissenschaftliche Erkenntnisse**
Wissenschaftliche Erkenntnisse der Sportmotorik, der Leistungsphysiologie, der Biochemie, der Sportmedizin, der Psychologie, der Sportpädagogik und der Biomechanik helfen, das trainingsmethodische Vorgehen zu qualifizieren und zu effektivieren. Letzteres bedeutet, in neue Leistungsbereiche vorzudringen (absolut und individuell), jedoch auch, mit möglichst geringem Aufwand viel zu erreichen. Das Training auf der Grundlage fortgeschrittener Erkenntnisse soll Erfolge

sichern, Schaden verhindern, aber auch Freude bereiten. Insofern ist keine „trockene", sondern eine schöpferische Umsetzung der Erkenntnisse gefragt.

■ **Erkläre und begründe den Trainierenden die Belastungsanforderungen**

Im Gegensatz zu einem unwilligen oder auch passiv-willigen Sportler, der den Belastungsanforderungen kein Verständnis entgegenbringt, wird ein Sportler, der die Anforderungen akzeptiert, mit größerer Bereitschaft, größerer Konzentration und Zielstrebigkeit die Belastungsanforderungen bewältigen.

Eben in diesem Sinne äußert sich auch ein erfahrener Trainer wie LYDIARD (1987, S. 12), wenn er schreibt: „Ein Trainer soll sich stets bemühen, die von ihm angewandte Trainingsmethode und das jeweils anstehende Teilprogramm seinen Schützlingen bis ins einzelne zu erläutern. Dadurch erwirbt er sich das dauernde Vertrauen der Läufer, die sich dann entsprechend mehr Mühe geben. Psychologisch am besten geleitet ist derjenige Sportler, der über eine klare Vorstellung verfügt, weshalb er gerade so und nicht anders trainiert. Dann wird er nämlich bereitwilliger und mit mehr Überlegung bei der Arbeit sein."

Es versteht sich von selbst, daß die Erzeugung des Verständnisses für die Trainingsbelastung und Beanspruchung auf der Vermittlung von Kenntnissen (vgl. 4.2.) aufbauen und altersgemäß – im gegebenen Fall auch kindgemäß – erfolgen muß. Auf diese Weise wird auch die zunehmende Selbständigkeit der Sportler, die von jedem Trainer angestrebt werden sollte, vorbereitet.

■ **Beachte bei der Erarbeitung des Belastungsprogramms die Einheit von körperlicher und psychischer Belastung**

Anforderungen „nach angemessener motorischer Aktivität leiten sich von der organismischen Ausstattung des Menschen ab. Die Organe sind auf relativ hohe Stoffwechselansprüche eingerichtet, die von der Muskelfunktion ausgehen." (ISRAEL 1990, S. 66) Im Sport erfolgt diese angemessene motorische Aktivität in Form von Trainingsbelastungen. Diese sind darauf gerichtet, den Stoffwechsel und die Muskelfunktion im Sinne einer relativ hohen Leistungsfähigkeit zu optimieren bzw. das Potential der körperlichen Fähigkeiten zu erweitern und regulative Funktionen als Voraussetzung für die Bewegungskoordination zu optimieren. Be-

lastung tritt dem Sportler auch in psychischer Hinsicht entgegen. Im Wettkampf benötigte *psychische Wettkampfeigenschaften* müssen bereits im Training herausgebildet werden. Trainingsbelastung muß auch dieser Forderung entsprechen. Insgesamt geht es dabei nach SCHELLENBERGER (1983a, S. 298) um eine Trainingsbelastung,

– die bei hoher Belastungsdauer bzw. hohem Belastungsumfang zur psychischen Ermüdung führt;

– die noch eine Mobilisation des Sportlers nach bereits psychisch ermüdendem Training abfordert;

– die durch verkürzte Pausenzeiten die psychische Wiederherstellung beeinträchtigt;

– deren Realisierbarkeit vom Sportler nicht als sicher erlebt wird;

– die sich als zusätzliche Belastung erweist (stärkere Trainings- oder Wettkampfpartner, ungünstige Witterungsbedingungen u. ä.).

Auch für die psychische Belastung gilt, daß solche Anforderungen nur insoweit gestellt werden dürfen, daß sie nicht zur psychischen Erschöpfung bzw. zur Regulationsunfähigkeit führen.

4.5.   Prinzipien des sportlichen Trainings

4.5.1.   Prinzipien als wissenschaftlich begründete Handlungsorientierungen im Training

Eine Hauptaufgabe jeder angewandten Wissenschaft besteht darin, für den untersuchten Bereich der menschlichen Tätigkeit theoretisch und/oder empirisch begründete Handlungsorientierungen zu geben. Solche Handlungsorientierungen erscheinen in Form von *Prinzipien, Regeln, Methoden, Verfahren, Vorschriften* und *Normen* und sagen mit unterschiedlichem Verbindlichkeits- und Verallgemeinerungsgrad, was unter bestimmten Bedingungen zu tun ist, um ein Ziel mit hoher Effektivität und möglichst hoher Sicherheit (Wahrscheinlichkeit) zu erreichen.

Begriff und Funktion

Trainingsprinzipien sind allgemeine Handlungsorientierungen für die Trainings- und Wettkampftätigkeiten von Trainern und Sportlern sowie für die Organisation und den systematischen Aufbau des Trainings. Sie beruhen jeweils auf *Basisaussagen* über einen als gesetzmäßig ermittelten *Zusammenhang zwischen Bedingungen – Handlung – Resultat*, also Erkenntnissen zur sportlichen Leistung, Leistungsfähigkeit und ihrer Entwicklung sowie den Wirkungen trainingsmethodischer Maßnahmen. Derartige Basisaussagen, die teilweise auch auf Verallgemeinerungen von Erfahrungen der Trainingspraxis beruhen und damit noch vorwissenschaftlichen Charakter tragen können, stellen die *kognitive Komponente* eines jeden Prinzips dar.

Prinzipien fungieren somit als wichtiges Bindeglied zwischen der Erkenntnis, dem theoretischen und empirischen Wissen in Aussageform, und dem praktischen Handeln. Damit ist zugleich gesagt, daß Trainingsprinzipien im engeren Sinne immer **trainingsmethodische Handlungsweisungen** enthalten. Prinzipien des Leistungsvollzugs – des Leistungshandelns – wie etwa die biomechanischen Prinzipien, die die Technik betreffen, oder strategisch-taktische Prinzipien, die in ihren Weisungen Orientierung für den Leistungsvollzug im Training und Wettkampf geben, gehören nicht dazu.

Schlicht/Lames (1993, S. 80) stellen die theoretische Fundierung der bekannten Trainingsprinzipien in Frage und betrachten sie als Expertenmeinungen, als Lehrmeinungen, die nicht aus nomopragmatischem Wissen abgeleitet sind. Diese Position ist hinsichtlich der Entstehung und wissenschaftlich unkontrollierten Formulierung einer Vielzahl von Trainingsprinzipien nicht unberechtigt und charakterisiert einen Entwicklungsstand im Übergang der Trainingslehre zur Trainingswissenschaft. Ansätze der wissenschaftlichen Fundierung sind jedoch vorhanden – ihre Weiterführung muß als wesentliche Aufgabe der Trainingswissenschaft verstanden werden.

Definition Trainingsprinzip: Allgemeiner Grundsatz im sportlichen Training, der den Zusammenhang zwischen Bedingungen, Trainingshandeln und Trainingswirkung als **verallgemeinerte Aussage** enthält, **als Erkenntnisgrundlage** abbildet (kognitive Komponente) und eine **fundamentale Handlungsweisung**[1] **als Regulativ** (Leitlinie) für das Trainingshandeln darstellt (regulative Kompomente).

Die besondere Stellung von Prinzipien im Rahmen von Handlungsorientierungen beruht einerseits auf ihrer zumindest empirisch weitgehend abgesicherten kognitiven Grundlage, andererseits auf ihrem hohen Verallgemeinerungsgrad. Sie beziehen sich auf das Allgemeine, den ganzheitlichen Zusammenhang der Handlungssituation und den Gesamtprozeß der Zustandsänderung. Prinzipien des sportlichen Trainings erheben den Anspruch, für die Mehrheit aller Sportarten und auch für verschiedene Realisierungsbereiche des Sports gültig zu sein. Durch die Formulierung einer überschaubaren Anzahl von Prinzipien für die Gestaltung und Steuerung des sportlichen Übens und Trainierens wird es möglich, das trainingsmethodische Wissen auf hoher Verallgemeinerungsebene in seinen Eckpositionen komprimiert darzustellen, so daß die Grundlinien des methodischen Handelns schnell erfaßt und bei Bedarf reproduziert werden können. Differenzierteres Wissen und die jeweiligen praktischen Erfahrungen lassen sich zuordnen, wobei die Überschaubarkeit erhalten bleibt.

Die Umsetzung der mit einem Prinzip gegebenen Handlungsweisung im realen Trainingsprozeß verlangt folglich **kreatives Herangehen**, da Prinzipien *nicht als starre Vorschriften, sondern als Regulative mit einer bestimmten Handlungsbreite* fungieren. Sie weisen die Richtung des Vorgehens und weisen darauf hin, daß es verschiedene Handlungsmöglichkeiten gibt, mit denen sich die generelle Weisung realisieren läßt.

An einem Beispiel soll die letzte Aussage verdeutlicht werden.

Das Prinzip der Steigerung der Trainingsbelastung besagt: Wenn unter den Bedingungen des sportlichen Trainings eine Steigerung der Leistungsfähigkeit erreicht werden soll, muß die Trainingsbelastung gesteigert werden. Die Weisung „Belastungserhöhung" fordert nicht zu einer bestimmten Handlung des Trainers oder Sportlers auf, denn es wird keine Angabe dazu gemacht, welche Belastungsfaktoren bzw. -komponenten in welchen Phasen, Trainingsabschnitten oder -zyklen, welche Zuwachsraten usw. zur optimalen Leistungssteigerung einzusetzen sind. Damit ist dem Trainer und Athleten ein relativ breiter Spielraum für die Realisierung des Prinzips abgesteckt, der entspre-

---

[1] Verstanden nicht als Anweisung, Befehl, sondern als Orientierung, analog zu „Wegweiser".

chend den jeweiligen Gegebenheiten – Sportart, kalendarisches, biologisches und Trainingsalter u. a. – unter Heranziehung weiterer Trainingsprinzipien auszufüllen ist.

Trainingsprinzipien als tätigkeitsorientierende Prinzipien stehen in Beziehung zu übergreifenden Prinzipien menschlicher Tätigkeit (mental und motorisch) und zu Prinzipien anderer Tätigkeitsbereiche. Alle tätigkeitsorientierenden Prinzipien gelten jeweils für denjenigen Bereich menschlicher Tätigkeit, der den Gesetzmäßigkeiten unterliegt, die mit der Basisaussage erfaßt werden. Da der Trainingsprozeß weitgehend pädagogisch geführt wird, *gelten für die Trainingsgestaltung* u. a. *ebenfalls pädagogische und didaktische Prinzipien,* meist in spezifischer Ausprägung. Sie müssen in ein System von Trainingsprinzipien einbezogen werden und sind oft Gegenstand von Trainingswissenschaft *und* Sportpädagogik.

Prinzip und Regel

Im Verständnis wissenschaftlich begründeter Handlungsorientierungen nimmt das Verhältnis von Prinzip und Regel eine herausgehobene Stellung ein. Beide Begriffe werden in der trainingswissenschaftlichen Literatur oft, aber nicht einheitlich gebraucht.

Wissenschaftliche Studien der Philosophie (u. a. KIRCHHÖFER 1979) und der Pädagogik (u. a. DREWS 1976) klassifizieren sowohl Prinzipien als auch Regeln als vorwiegend regulative Handlungsweisungen, die Eigenschaften des Allgemeinen, Ganzheitlichen und des bedingt Bestimmten besitzen. Der Unterschied besteht zum einen im höheren Allgemeinheitsgrad von Prinzipien im Verhältnis zu Regeln, bezogen auf einen bestimmten Aktionsbereich des sportlichen Trainings.

Prinzipien können und sollten demnach im Interesse ihrer praktischen Realisierung durch Regeln konkretisiert und differenziert werden.

Regeln befördern die Interpretation eines Prinzips und konkretisieren dessen Anwendung auf bestimmte Aufgabenbereiche, Inhalte und Erscheinungsformen des Trainingsprozesses. Regeln können *Prinzipien auf gleicher Abstraktionsstufe ergänzen,* können aber auch ihre *Handlungsweisungen auf Ebenen niederer Abstraktion transformieren.* Es sind deshalb allgemeine und spezielle Regeln zur Präzisierung von Prinzipien des sportlichen Trainings zu unterscheiden. (Tab. 4.5.-1)

Neben dem Allgemeinheitsgrad ihrer Handlungsweisungen besteht ein weiterer Unterschied zwischen Prinzipien und Regeln des Trainings in Folgendem: Prinzipien sollten in jedem Falle eine weitgehend eigenständige kognitive Komponente, d. h. eine erkannte Gesetzmäßigkeit, zur Grundlage haben, die theoretisch und/oder empirisch bewiesen bzw. bestätigt ist. Regeln gehen zumeist auf die Basiserkenntnisse von Prinzipien zurück, wobei in der gegenwärtigen Trainingslehre die Konstituierung von Regeln nicht unbedingt an das Bestehen bzw. die Formulierung von Prinzipien gebunden ist. Letzteres ist eine Feststellung, die auf den gegenwärtigen Entwicklungsstand der Trainingswissenschaft hinweist.

Trainingsprinzipien in der gegenwärtigen Trainingswissenschaft

In der Fachliteratur zum sportlichen Training – von den übergreifenden Standardwerken der Trainingslehre und Trainingswissenschaft bis zu den Trainingslehren der einzelnen Sportarten – findet man eine **verwirrende Vielzahl von Trainingsprinzipien.** Was dabei als Prinzip bezeichnet wird, entspricht häufig der hier gegebenen

Tabelle 4.5.-1 *Verhältnis Prinzip – Regel im sportlichen Training*

Allgemeine Prinzipien des sportlichen Trainings		
Spezielle Regeln zum übergeordneten Prinzip		
Spezielle Regeln für Ausbildungsetappen bzw. Niveaustufen im Trainingsprozeß (z. B. sportliche Anfänger, Grundlagen-, Aufbau-, Hochleistungstraining)	Spezielle Regeln für Sportartengruppen und Sportarten sowie für einzelne Applikationsfelder (z. B. Schulsport, Behinderten-, Rehabilitationssport)	Spezielle Regeln für die Herausbildung bestimmter Leistungsvoraussetzungen (z. B. koordinativ-technische, energetisch-konditionelle, strategisch-taktische Leistungsvoraussetzungen)

Bestimmung für ein Trainingsprinzip nur unvollkommen: Oft ist die regulative Handlungsweisung nicht klar ausgeführt, die kognitive Komponente fehlt oder ist nicht erfaßt, und konkretisierende Regeln sind nur teilweise angeführt.

Bei den meisten Trainingswissenschaftlern findet man einerseits pädagogisch-didaktische Prinzipien bzw. ihre Anwendungsformen im Training, andererseits Trainingsprinzipien, die sich unmittelbar aus der Theorie und Praxis der sportlichen bzw. motorischen Leistungsentwicklung ergeben. (PLATONOV 1987; MATWEJEW 1981; BAUERSFELD/SCHRÖTER 1986; SCHRAMM u. a. 1987; MARTIN/CARL/LEHNERTZ 1991) Dabei läßt sich noch *kein tragfähiges Konzept eines Prinzipiensystems* erkennen, das den Trainingsprozeß in seiner Ganzheitlichkeit erfaßt und die pädagogischen, psychologischen, biotischen und sozialen Aspekte in ausreichendem Maße verarbeitet.

Wenn versucht wurde, die Prinzipien zu ordnen, dann erfolgte das meist schematisch nach pädagogischen, didaktischen oder speziellen trainingsmethodischen Gesichtspunkten, ohne den integrativen Charakter der Trainingswissenschaft und die relevanten Gesetzmäßigkeiten hinreichend zu berücksichtigen. Nur wenige Trainingswissenschaftler haben sich um die Herausarbeitung *integrativer Basisaussagen* (kognitiver Grundlagen) für die jeweiligen Prinzipien bemüht. (Vgl. u. a. HARRE 1986, S. 92 ff.; LETZELTER 1978, S. 41 ff.; SCHNABEL 1987, S. 43–49)

4.5.2. Aufgabe der Trainingswissenschaft: Prinzipiensystem

Wesen und Funktion von Trainingsprinzipien sowie der gegenwärtige Stand ihrer Ausarbeitung stellen die Trainingswissenschaft vor die Aufgabe, nicht nur wesentliche wissenschaftlich begründete Handlungsorientierungen in Form von Prinzipien zu formulieren und für die Trainingspraxis bereitzustellen, sondern diese Prinzipien auch in eine überschaubare, praktikable Ordnung zu bringen. Dafür gibt es verschiedene Möglichkeiten des Herangehens, ein ausgearbeitetes System jedoch noch nicht.

4.5.2.1. Ansätze, Aspekte einer Ordnung

Klassifizierung nach dem Gültigkeitsbereich

Wie bereits aus 4.5.1. hervorgeht, wurden in der Vergangenheit zumeist die nicht nur für die Trainingstätigkeit gültigen pädagogisch-didaktischen Prinzipien von den spezifischen Trainingsprinzipien abgehoben, die sich aus den Gesetzmäßigkeiten der Leistungsentwicklung und der Trainingsgestaltung ableiten. Dazu kommt eine *dritte Ebene* eines noch engeren Gültigkeitsbereichs, der jeweils auf *bestimmte Hauptaufgaben des sportlichen Trainierens* – z. B. die Ausbildung koordinativ-technischer Leistungsvoraussetzungen – begrenzt ist. (Vgl. u. a. 5.1.; 5.2.)

Eine Zwischenstellung zwischen erster und zweiter Ebene nehmen Trainingsprinzipien ein, die sich einerseits aus allgemeinen pädagogischen bzw. didaktischen Prinzipien ableiten lassen, jedoch die Weisung des ursprünglichen allgemeineren Prinzips weitgehend trainingsspezifisch einengen.

Ableitung und Ordnung nach Tätigkeitsbeziehungen

In der einzigen bisher bekannten größeren wissenschaftlichen Arbeit zu Trainingsprinzipien erarbeitete MÜLLER (1988a) den Ansatz für ein Prinzipiensystem, der die Tätigkeitskonzeption und die Handlungstheorie zur übergreifenden Grundlage hat und dabei die anderen leistungs- und trainingswissenschaftlichen Aspekte einordnet. Bezugsfelder sind die gesetzmäßigen Beziehungen zwischen

- sportlichem Training und Gesellschaft
- sportlichem Training – Leistungsvoraussetzungen – sportlicher Leistung
- Sportler und Trainer
- Sportler und Sportlerkollektiv
- Sportler und anderen Personen (u. a. Sportärzte, Psychologen, Funktionäre).

Diesem Systemansatz für die allgemeinen, übergreifenden Prinzipien des sportlichen Trainings fügte MÜLLER auch einen aus der Tätigkeitskonzeption und dem – im 2. Kapitel dieses Buches dargestellten – Leistungskonzept abgeleiteten Klassifizierungsvorschlag für die speziellen Trainingsprinzipien (3. Ebene) hinzu. (MÜLLER 1988a, S. 171–177)

Ordnung der Trainingsprinzipien nach den zu treffenden methodischen Entscheidungen

Wenn die Trainingsprinzipien die Funktion fundamentaler Handlungsweisungen als Regulativ für das Trainingshandeln erfüllen sollen, liegt ihre Zuordnung zu den methodischen Entscheidungen, für die sie als Regulativ gelten sollen, nahe.

Mit der Unterscheidung von Prinzipien zum Trainingsaufbau und zur Trainingsorganisation und von Prinzipien zur inhaltlich-methodischen Gestaltung bei MARTIN/CARL/LEHNERTZ (1991, S. 40/41) liegt ein erster Schritt in dieser Richtung vor. In ähnlicher Weise unterscheiden bereits BAUERSFELD/SCHRÖTER (1986, S. 35) Prinzipien, die stärker auf den mittel- und langfristigen Prozeß des Trainings orientieren, von einer zweiten Gruppe, die stärker auf den kurzfristigen Prozeß und die Gestaltung der einzelnen Trainingseinheit orientiert sind.

Eine konsequentere Verfolgung dieses Ansatzes wirft die Frage nach einer differenzierteren Sicht der zu treffenden trainingsmethodischen Entscheidungen auf.

Einen Ansatzpunkt können die von KURZ (1989, S. 15/16) herausgearbeiteten methodischen Entscheidungen liefern, die allerdings nicht für das leistungsorientierte sportliche Training formuliert wurden. Sie wurden von uns ergänzt durch Zielentscheidungen (Fernziele, Nahziele, Teilziele) und Entscheidungen zu Trainingsinhalten (im langfristigen Aufbau, in einzelnen Trainingsabschnitten, in der Trainingseinheit). Die Entscheidungen zu den „methodischen Schritten" wurden mit den Entscheidungen zu den Betriebsformen und den Aktionsformen einschließlich der Gestaltung der Trainingsbelastung zur Entscheidungsdimension „Methodische Gestaltung" zusammengeführt.

Damit ergeben sich für unseren Ansatz folgende *Entscheidungsdimensionen*:
1. Trainingsziel
2. Trainingsinhalt
3. Allgemeines Führungskonzept
4. Methodische Gestaltung
5. Trainingsauswertung (Trainingssteuerung).

Im folgenden Abschnitt soll der Versuch gemacht werden, die wichtigsten allgemeinen, d.h. für den Trainingsprozeß als Ganzes gültigen Prinzipien nach den relevanten methodischen Entscheidungsdimensionen zu ordnen und damit zu systematisieren. Eine Gruppierung nach langfristigen (Planungs)entscheidungen und Entscheidungen zur unmittelbaren methodischen

Gestaltung des Trainierens wird bewußt nicht vorgenommen, weil die Handlungsweisungen der betreffenden Prinzipien oft beide Gruppen von Entscheidungen betreffen.

4.5.2.2. Systemansatz nach trainingsmethodischen Entscheidungsdimensionen

▪ **Entscheidungen zu den Trainingszielen**

[1] Prinzip der Ausrichtung des sportlichen Trainings auf die angestrebte sportliche Leistung und ihre Struktur
Handlungsweisung: Zur Erreichung einer bestimmten sportlichen Leistung muß das Training auf die Komponenten und die Struktur dieser Leistung und die dafür erforderlichen Leistungsvoraussetzungen ausgerichtet werden. Das erfordert die konsequente Ableitung aller Teilziele, Inhalte und Strukturen des Trainings in allen Ausbildungsetappen aus den Anforderungen des betreffenden Leistungssystems und seiner Struktur.
Kognitive Grundlagen: Abhängigkeit der sich im Training entwickelnden Voraussetzungen für die komplexe sportliche Leistung von den im Trainingsprozeß gestellten und bewältigten Anforderungen, bestimmt durch Gesetzmäßigkeiten der Anpassung und der Informationsorganisation.

[2] Prinzip der Einheit von sportlicher Ausbildung und Erziehung
Handlungsweisung: Zur Erreichung der Ziele des sportlichen Trainings sind alle Trainingsaufgaben so zu stellen, alle Trainingsmaßnahmen so zu gestalten, daß sie sowohl eine Bildungs- als auch eine Erziehungswirkung erzielen und damit den Vorgang der Selbsterziehung befördern. Nur so ist es möglich, daß sich die Sportler zu Persönlichkeiten mit hoher Leistungsfähigkeit und Leistungsbereitschaft, humanistischen Wertvorstellungen und solchen Eigenschaften wie Kooperationsfähigkeit, Zielstrebigkeit, Zuverlässigkeit, Diszipliniertheit usw. entwickeln.
Kognitive Grundlagen:
• Abhängigkeit der Entwicklung der sportlichen Leistungsfähigkeit von der Entwicklung

der Gesamtpersönlichkeit, nicht nur der physischen Leistungsvoraussetzungen.

• Rückwirkung aller menschlichen Tätigkeiten sowohl auf die unmittelbar die einzelne Handlung bestimmenden Fähigkeiten und Fertigkeiten als auch auf Motivation, Volition, Emotionen sowie Überzeugungen und Wertvorstellungen.

[3] Prinzip der Entwicklungs- und Gesundheitsförderung

Handlungsweisung: Das gesamte sportliche Training ist so zu gestalten, daß es bei aller Ausrichtung auf die Selbstverwirklichung in höchsten – oder hohen – Leistungen die gesamte physische, psychische bzw. motorische Entwicklung zu keinem Zeitpunkt hemmt, sondern fördert und unter verantwortungsbewußter Vermeidung oder weitestgehender Reduzierung von Risiken die Gesundheit allseitig fördert.

Kognitive Grundlagen: Grundlage dieses Prinzips ist die humanistische Ethik des Sports.

▪ Entscheidungen zu den Trainingsinhalten

Die drei bisher angeführten Prinzipien, die die Entscheidung zu den Trainingszielen mitbestimmen und zunächst dieser zugeordnet wurden, sind gleicherweise wesentliche Handlungsweisungen für die Auswahl der Trainingsinhalte und deshalb neben den vier folgenden dazu heranzuziehen.

[4] Prinzip der rechtzeitigen und zunehmenden Spezialisierung

Handlungsweisung: Wenn hohe sportliche Leistungen erreicht werden sollen, ist aufbauend auf einer breiteren Grundlage körperlich-motorischer Leistungsfähigkeit und Belastungsverträglichkeit rechtzeitig und zunehmend ein speziell auf die angestrebte Leistungsdisziplin ausgerichtetes Training durchzuführen. *Rechtzeitig* bedeutet, daß die für die einzelnen Leistungsvoraussetzungen günstigen Altersperioden optimal genutzt werden.

Kognitive Grundlagen:

• Abhängigkeit der aktuellen und kumulativen Trainingswirkungen vom ontogenetisch und durch Tätigkeit (Training) bedingten Istzustand.

• Existenz von Entwicklungsphasen höherer und geringerer Adaptabilität und Lernfähigkeit.

• Abhängigkeit der Ausprägung der Feinregulation sportlicher Handlungen von dem häufig wiederholten Handlungs- bzw. Leistungsvollzug unter den spezifischen Tätigkeitsanforderungen und -bedingungen.

[5] Prinzip der Zyklisierung

Handlungsweisung: Zum zielgerichteten Aufbau der sportlichen Leistungsfähigkeit sollte das Training nicht als gleichförmiger Prozeß gestaltet werden, sondern als ein hierarchisch geordnetes System von kürzeren und längeren Abschnitten, die sich in bestimmtem Maße auf einem erreichten höheren Niveau wiederholen. Die Zyklen und ihre Abschnitte unterscheiden sich durch inhaltliche sowie methodische bzw. Belastungscharakteristika.

Kognitive Grundlagen:

• Der biologisch notwendige Wechsel von Beanspruchung und Erholung, speziell unter dem Aspekt notwendiger Höchstbelastungen.

• Die Entwicklung des Leistungszustandes – der sportlichen Form – in einem phasenförmigen Prozeß mit einem zeitweiligen Rückgang. (Siehe 6.1.2.)

• Die nachlassende Wirkung von längere Zeit gleichbleibenden Trainingsinhalten, -formen und -methoden.

[6] Prinzip der Folgerichtigkeit und Abgestimmtheit in der Ausbildung der Leistungsvoraussetzungen

Handlungsweisung: Wenn sich die sportliche Leistung mit ihrer charakteristischen Struktur zielgemäß entwickeln soll, müssen die einzelnen Leistungsvoraussetzungen entsprechend ihrer Bedeutung für die komplexe Leistungsfähigkeit und unter Berücksichtigung ihrer wechselseitigen Beziehungen und Verflechtungen trainiert bzw. herausgebildet werden. Zu beachten ist, inwieweit sie füreinander Voraussetzungscharakter besitzen und wie sich das gesonderte Training einzelner Leistungsvoraussetzungen innerhalb einer Trainingseinheit oder eines Mikrozyklus auf das nachfolgende Training anderer Leistungsvoraussetzungen auswirkt.

Kognitive Grundlagen:

• Die biopsychosoziale Einheit des menschlichen Individuums und seiner Leistungsfähigkeit.

• Wechsel- und Folgebeziehungen in der Entwicklung der mit der Zielleistung vorgegebenen Leistungsvoraussetzungen und der ihnen zugrundeliegenden Funktionssysteme.

Tabelle 4.5.-2 *Trainingsprinzipien und Dimensionen methodischer Entscheidungen im Training*

Entscheidungs-dimension	Primär zugeordnete Prinzipien
Trainingsziele	[1] Ausrichtung des sportlichen Trainings auf die angestrebte sportliche Leistung und ihre Struktur [2] Einheit von sportlicher Ausbildung und Erziehung [3] Entwicklungs- und Gesundheitsförderung
Trainingsinhalte	[4] Rechtzeitige und zunehmende Spezialisierung [5] Zyklisierung [6] Folgerichtigkeit und Abgestimmtheit in der Ausbildung der Leistungsvoraussetzungen [7] Akzentuierung und Kontinuität
Allgemeines Führungs-konzept	[8] Einheit von pädagogischer Führung und Selbständigkeit der Sportler [9] Koordinierte Einwirkung [10] Einheitlichkeit und Differenzierung
Methodische Gestaltung	[11] Optimale psychophysische Aktivierung [12] Steigerung der Trainingsbelastung [13] Faßlichkeit und Entwicklungsgemäßheit [14] Bewußtheit [15] Anschaulichkeit
Auswertung des Trainings	[16] Permanente Trainingssteuerung

[7] Prinzip der Akzentuierung und Kontinuität
Handlungsweisung: Zur Gewährleistung eines effektiven Aufbaus der sportlichen Leistungsfähigkeit sind einerseits in den Trainingsinhalten – z.B. den Leistungsvoraussetzungen, den Fertigkeiten – und teilweise auch in den Trainingsmethoden zeitweilige Schwerpunkte zu setzen, andererseits ist das kontinuierliche Training

aller wesentlichen Inhalte zu sichern. Die *Akzentuierung* kann bezogen werden auf die einzelne Trainingseinheit, auf den Mikrozyklus oder selbst auf längere Trainingsabschnitte. *Kontinuität* bedeutet, daß das Training der einzelnen Leistungsvoraussetzungen trotz der Akzentuierung nicht auf längere Zeit unterbrochen werden darf.

Dieses Prinzip wurde ursprünglich für das technisch-koordinative Training aufgestellt, es ist jedoch für das gesamte sportliche Training relevant.

Kognitive Grundlagen:
• Die Vergrößerung des Trainingsreizes und damit der kumulativen Trainingswirkung bei stärkerer Aufgaben- und Inhaltskonzentration.
• Bessere Bedingungen für die mentale Konzentration und damit für die bewußte Mitarbeit der Sportler.
• Rückbildungs- bzw. Vergessenserscheinungen bei längerem Fehlen spezifischer Trainingsreize bzw. -tätigkeiten.

■ **Entscheidungen zum allgemeinen Führungskonzept**

[8] Prinzip der Einheit von pädagogischer Führung und Selbständigkeit der Sportler
Handlungsweisung: Die Führung der Sportler durch Trainer/Übungsleiter soll so erfolgen, daß sie eine rationelle, systematische Trainingstätigkeit gewährleistet, dabei jedoch den Sportlern die größtmögliche *Selbständigkeit* und *Selbstverantwortlichkeit* für ihre Trainingstätigkeit ermöglicht und abverlangt wird. Das betrifft die längerfristige Trainings- und Wettkampfplanung ebenso wie die Gestaltung von Trainingseinheiten einschließlich der Trainingskontrolle. Aus dem Lehrer-Schüler-Verhältnis soll sich in einem längeren Prozeß eine *Partnerschaft* mit zunehmender Selbständigkeit und Selbstbestimmtheit der Athleten entwickeln.
Kognitive Grundlagen:
• Notwendige Selbständigkeit, Entscheidungsfähigkeit und -sicherheit auf der Grundlage bewußter Informationsverarbeitung im Wettkampf.
• Höhere Trainings- bzw. Belastungsbereitschaft bei eigenem Einfluß und bewußter Mitentscheidung über die Trainingsgestaltung.

[9] Prinzip der koordinierten Einwirkung

Handlungsweisung: Zur Sicherung einer effektiven Leistungsentwicklung und der damit verbundenen optimalen Persönlichkeitsentwicklung der Athleten ist ein koordiniertes Zusammenwirken aller direkt und indirekt am Erziehungs- und Bildungsprozeß beteiligten Personen und Institutionen erforderlich und im Rahmen der Führungstätigkeit des Trainers bewußt zu organisieren.

Kognitive Grundlagen:

• Der häufig große motivationale und emotionale Einfluß, der von weiteren im Training mitwirkenden Personen – u.a. von Ärzten, Physiotherapeuten, Laufbahnberatern, Mannschaftsleitern – ausgeht.

• Die Möglichkeit positiver oder negativer Beeinflussung der Trainingstätigkeit durch Äußerungen, Verhaltensweisen und Maßnahmen anderer Erziehungsträger (Eltern, Schule, Berufsausbilder) oder Miterzieher wie vor allem der Medien.

[10] Prinzip der Einheitlichkeit und Differenzierung

Handlungsweisung: Zum effektiven Aufbau einer hohen Leistungsfähigkeit ist einerseits das Training für bestimmte Sportlergruppen – besonders in den ersten Trainingsetappen – weitgehend einheitlich zu gestalten, andererseits entsprechend den vorhandenen Bedingungen und Leistungsvoraussetzungen zu differenzieren und zunehmend zu individualisieren.

Kognitive Grundlagen:

• Gesetzmäßigkeiten der Leistungsentwicklung und des Trainings lassen sich nur erkennen und in der längerfristigen Trainingsgestaltung effektiv anwenden, wenn in Alters- bzw. Leistungsgruppen relativ einheitlich trainiert wird. Hinzu kommt die eingeschränkte methodische Realisierbarkeit einer Differenzierung in größeren Trainingsgruppen.

• Gleiche Trainingsaufgaben, -inhalte, -belastungen führen bei unterschiedlichem Ausgangszustand und individuellen Besonderheiten zu unterschiedlichen Wirkungen. Auf hohem und höchstem Leistungsniveau wird ein Leistungszuwachs nur noch erreicht, wenn das Training individuell auf den einzelnen Sportler abgestimmt ist.

• Gruppentraining und damit eine gewisse Einheitlichkeit haben positiven effektiven Einfluß und sollten deshalb auch bei weitgehender Differenzierung nicht entfallen.

▪ **Entscheidungen zur methodischen Gestaltung**

Die Trainingsprinzipien, die den Entscheidungen zu den Trainingszielen, zu den Trainingsinhalten und zum Führungsstil zugeordnet wurden, sind mehr oder weniger zugleich auch Regulative für die methodische Gestaltung des Trainings. Sie sind deshalb bei den Entscheidungen zu Methoden, Maßnahmen und Mitteln, zur Belastungsgestaltung, zu Betriebsformen und zu Aktionsformen des Trainers ebenfalls als Handlungsorientierungen zu berücksichtigen. Das gilt vor allem für die Prinzipien 2, 5, 7, 8, 10.

[11] Prinzip der optimalen psychophysischen Aktivierung

Handlungsweisung: Zur Erzielung effektiver Trainingswirkungen sind die Trainingsübungen stets im Zustand einer angemessenen, d.h. meist hohen Aktivierung des Organismus und seiner Organe sowie der psychischen Prozesse auszuführen. Das bedeutet hinreichende physische Erwärmung und Einarbeitung sowie mentale Vorbereitung am Beginn eines Trainings, gegebenenfalls auch nach Pausen oder beim Übergang auf eine andersartige Trainingsaufgabe.

Kognitive Grundlagen:

• Abhängigkeit der Erreichung des vorhandenen Leistungsniveaus vom physischen und psychischen Aktivierungszustand. Das wirkt sich auf die Ausführungsqualität und damit die Wirksamkeit der Trainingsübungen aus.

• Bewußte und teilweise unbewußte Lernvorgänge fordern konzentrierte Aufmerksamkeit und Informationsverarbeitung.

[12] Prinzip der Steigerung der Trainingsbelastung

Handlungsweisung: Wenn die sportliche Leistungsfähigkeit längerfristig erhöht werden soll, ist die Trainingsbelastung systematisch zu steigern, um durch steigende Beanspruchung der leistungsrelevanten Organsysteme mit nachfolgender Wiederherstellung die erforderlichen Anpassungseffekte auszulösen. Die Steigerung kann über verschiedene Belastungsfaktoren erfolgen und muß die Einheit und Wechselbeziehung ihrer Wirkung beachten.

Kognitive Grundlagen:
• Aufgrund des gesetzmäßigen Zusammenhangs von Belastung, Beanspruchung und Anpassung (Reiz-Anpassungs-Gesetz) nimmt eine über eine bestimmte Zeit in ihrer Stärke gleichbleibende Trainingsbelastung in ihrer Wirkung stark ab und bleibt schließlich ohne weiteren Trainingseffekt.
• Die Weiterentwicklung der Prozesse der Informationsorganisation und ihre Stabilisierung auf einem höheren Leistungsniveau erfordern eine ansteigende Trainingsbelastung.

[13] Prinzip der Faßlichkeit und Entwicklungsgemäßheit

Handlungsweisung: Zur Erzielung eines günstigen Aufwand-Nutzen-Verhältnisses sind die motorischen und mentalen Anforderungen im Training so zu stellen, daß sie vom Athleten positiv beantwortet und verarbeitet werden können; sie sollten jedoch auch stets so hoch sein, daß sie die auf dem jeweiligen Entwicklungsstand vorhandene Belastbarkeit, Lern- und Leistungsfähigkeit weitgehend ausschöpfen und den Athleten nicht unterfordern.

Kognitive Grundlagen:
• Die dem allgemeinen didaktischen Prinzip der Faßlichkeit zugrundeliegende Erkenntnis, daß ein Lehr- und Lernprozeß in seiner Schrittfolge das erreichte Aufnahmevermögen des Lernenden berücksichtigen muß, um effektiv zu sein.
• Das biogenetische Grundgesetz
• Das Reiz-Anpassungs-Gesetz.

[14] Prinzip der Bewußtheit

Handlungsweisung: Trainingsaufgaben, Lern- und Belastungsanforderungen sind so zu stellen, Maßnahmen und Aktionsformen des Trainers – Demonstrieren, Vortragen, Erklären, Aufgeben, Impulsgeben, Bekräftigen, Korrigieren, Helfen, Sichern usw. – sind so auszuwählen und zu gestalten, daß der Trainierende die erforderlichen Tätigkeiten in ihrem Sinn, ihrer Wirkungsweise und geforderten Ausführungsweise möglichst weitgehend versteht und dementsprechend bewußt realisiert. Daraus ergeben sich Anforde-

rungen sowohl an die sprachliche Kommunikation als auch an die mediengestützte Information und die Anwendung weiterer technischer bzw. apparativer Mittel und Methoden einschließlich wissenschaftlicher Diagnosemethoden.

Kognitive Grundlagen:
• Gesetzmäßigkeiten der Entwicklung der menschlichen Persönlichkeit und Leistungsfähigkeit, wobei die zunehmend bewußte Tätigkeit von entscheidender Bedeutung ist.
• Die Erkenntnis, daß die aus z.T. schwierigen und komplizierten Handlungen bestehende Wettkampf- und Trainingstätigkeit nur durch Förderung der bewußten, engagierten, letztlich kreativen Einstellung und Mitwirkung der Athleten zu hohen und höchsten Leistungen führt. Das betrifft die koordinativ-technischen und die strategisch-taktischen Leistungskomponenten ebenso wie die Bewältigung hoher Trainingsbelastungen und die Ausschöpfung aller Leistungspotenzen im Wettkampf.

Dieses Trainingsprinzip ist eine spezifische Fassung des allgemeinen didaktischen Prinzips der Bewußtheit für die Trainingsmethodik. Hervorzuheben ist die engere Beziehung dieses Prinzips zum Prinzip der Einheit von pädagogischer Führung und Selbständigkeit der Sportler und damit zur Entscheidung zum allgemeinen Führungskonzept.

[15] Prinzip der Anschaulichkeit

Handlungsweisung: Die Übermittlung von Informationen an die Sportler zu den Trainingsaufgaben, den auszuführenden Handlungen, den zu erlernenden Techniken, zu taktischen Verhaltensweisen, zum Wettkampfgegner u.a. soll anschaulich erfolgen. Das betrifft einerseits die Nutzung geeigneter Formen der Demonstration – vom Vormachen bis zur Demonstration mittels audiovisueller Medien und computergestützter Detaildarstellung –, andererseits die Anschaulichkeit der Sprache und die Gewinnung hinreichender eigener Anschauung (Erfahrung) auf dem jeweiligen Handlungsfeld.

Kognitive Grundlagen:
• Die für effektive sportliche Handlungen bzw. zweckmäßiges Wettkampfverhalten erforderlichen bewegungsorientierenden internen Abbilder – die Handlungs- und Bewegungsvorstellungen und -programme – sind durch verbale Informationen allein, d.h. durch Ansprechen

vorwiegend der intellektuellen Regulationsebene, nicht herauszubilden. Dazu müssen sich
sprachliche Abstraktion, äußere Anschauung
und innere Bewegungs- bzw. Handlungswahr-
nehmung verbinden.

• Trainingsmethodisch durchdachte, Wesentliches hervorhebende Veranschaulichung fördert die Erkenntnistätigkeit der Sportler zur
Aneignung des notwendigen Wissens und kann
positive Emotionen auslösen sowie die Trai-
ningsmotivation verstärken.

Dieses Trainingsprinzip gründet sich auf das verallgemeinerte didaktische Prinzip der Anschaulichkeit des
Unterrichts.

▪ **Entscheidungen zur Auswertung des Trainings**

Für diese Entscheidungsdimension dominiert
das folgende Prinzip, wobei die konkreten
kurz-, mittel- und langfristigen Maßnahmen
und Traineraktivitäten auch der Regulation
durch die meisten anderen Trainingsprinzipien
unterliegen.

[16] **Prinzip der permanenten Trainingssteuerung**
Handlungsweisung: Zur Sicherung eines erfolgreichen, effektiven Verlaufs sportlicher

Trainingsprozesse sind die Leistungsentwicklung und das darauf gerichtete Training lang-,
mittel- und kurzfristig zu planen, die erreichten
Ergebnisse im Vergleich zu vorgegebenen Soll-
werten zu ermitteln und auszuwerten und daraus Ableitungen für die weitere Gestaltung des
Trainings zu treffen. Permanenz der Trainingssteuerung bedeutet neben den in bestimmten
Abständen auf der Basis einer komplexen Leistungsdiagnostik und Trainingsauswertung
durchgeführten Steuerungsmaßnahmen für
den folgenden Trainingsabschnitt eine Regulation des Trainingsverlaufs bis in die einzelne
Trainingseinheit auf der Grundlage von erfaß-
baren Leistungsparametern oder von Diagnoseverfahren mit Sofortinformation.
Kognitive Grundlagen:
• Gesetzmäßigkeit des Funktionierens zielorientierter Systeme und somit erst recht der
menschlichen Tätigkeit, die zur Sicherung der
Zielrealisierung Rückinformation und Regelung fordert.
• Wesen der sportlichen Trainingstätigkeit als
hochorganisierter und die menschlichen Lei-
stungsgrenzen ständig erweiternder Prozeß,
der vielfach Vorstoß in Neuland darstellt und
ohne Rückkopplung und bewußte Steuerung
nicht funktionieren kann.

Kapitel 5:
Hauptaufgaben des sportlichen Trainings

Die Ausbildung der **komplexen Wettkampf-leistung** erfolgt prinzipiell auf zwei Wegen, und zwar in Form
- der differenzierten und akzentuierten Aus-bildung einzelner Leistungsvoraussetzungen (insbesondere von Fertigkeiten und Fähig-keiten sowie den diesen zugrundeliegenden physischen und psychischen Funktionen)
- der komplexen Ausbildung der sportlichen Leistung und ihrer Voraussetzungen durch wettkampfspezifisches Training und sport-liche Wettkämpfe.

Die **akzentuierte Ausbildung** der Leistungsvor-aussetzungen nimmt in der Regel den Hauptan-teil des sportlichen Trainings ein, weil für das sporttechnische und konditionelle Training Bedingungen und Belastungskennziffern (In-tensität, Umfang) erforderlich sind, die im wett-kampfspezifischen Training nicht gegeben sind. Im Trainingsaufbau kommt es darauf an, zuerst das Niveau der Leistungsvoraussetzungen zu erhöhen, bevor man die Wettkampfleistung er-folgreich durch wettkampfspezifisches Training steigern kann.

Das **wettkampfspezifische Training** hat die Auf-gabe:
- das Niveau der einzelnen Leistungsvoraus-setzungen möglichst vollständig in die Wett-kampfleistung zu transformieren,
- die harmonische Verbindung zwischen allen Leistungsvoraussetzungen herzustellen,
- die Wettkampfleistung optimal auszuprägen.

In diesem Kapitel befassen wir uns mit dem differenzierten Training der Leistungsvoraus-setzungen und dem dazu notwendigen trainings-methodischen Instrumentarium. Dabei wird, insbesondere unter konditionellem Aspekt, der Bezug zu wettkampfspezifischen Formen des Trainings hergestellt.

Die Beziehungen zwischen dem Training der Leistungsvoraussetzungen und dem komple-xen Training der Wettkampfleistung hängen von sportart- und disziplinspezifischen Beson-derheiten ab. Nachfolgend soll auf wesentliche

übergreifende Probleme hingewiesen werden:
- In jedem Makrozyklus ist das **Zielniveau** für jede Leistungsvoraussetzung, abgeleitet vom Ziel der geplanten Wettkampfleistung, zu be-stimmen. Dabei sind individuelle Stärken und Schwächen des Sportlers ebenso zu beachten wie der Umstand, daß sich das akzentuierte Training einer Voraussetzung auf andere Vor-aussetzungen negativ auswirken kann. *Unter Berücksichtigung der jeweiligen Wechselbe-ziehungen darf keine Voraussetzung maximal ausgeprägt werden.*
- Die Folgerichtigkeit in der akzentuierten Herausbildung verschiedener Leistungsvoraus-setzungen ist ebenso zu beachten wie die für den Einsatz verschiedener Verfahren. Die Hauptaufgaben sind im Periodenzyklus in einer bestimmten Reihung und ggf. in Kombination miteinander zu lösen.

Reihenfolge der Schwerpunkte des Trai-nings in mehrwöchigen Trainingszyklen:
- Konditionelle Vorbereitung für das koor-dinativ-sporttechnische Training;
- Erwerben und Vervollkommnen koordi-nativer Fähigkeiten und sporttechnischer Fertigkeiten;
- Konditionstraining mit allgemeinen Trai-ningsübungen;
- Ausbildung der leistungsentscheidenden konditionellen und taktischen Fähigkei-ten mit Spezialübungen;
- Leistungsausprägung durch wettkampf-spezifisches Training und Wettkämpfe.
(HELLMANN 1991, S. 53; HOCHMUTH/GUND-LACH 1991)

- Im Trainingsaufbau ist sowohl der **Zeitbedarf** für die Ausbildung der jeweiligen Leistungsvor-aussetzung als auch der für die anschließende Umsetzung in die wettkampfspezifische Lei-stung (Transformationszeit) zu kalkulieren. Zu beachten ist auch der gegenseitige Voraus-

setzungscharakter einzelner Leistungsvoraussetzungen. So sind z. B. für das Konditionstraining notwendige sporttechnische Fertigkeiten
vorangehend zu erarbeiten; andererseits sind
zum Erwerb komplizierter Techniken und taktischer Fähigkeiten vor allem in den technisch-
kompositorischen Sportarten, den Zweikampf-
und Spielsportarten, vorausgehend die erforderlichen konditionellen Fähigkeiten auszubilden.
Bei wechselnden Schwerpunkten müssen für
die nicht im Mittelpunkt des Trainings stehenden Voraussetzungen Erhaltungsreize gesetzt
werden. Auch die Wettkampfleistung muß ständig auf einem Mindestniveau gehalten werden,
damit die Transformation vorbereitet werden
kann.

5.1. Techniktraining

Techniktraining ist ein relativ komplexes Thema.
Der Standpunkte und Zugänge sind viele, und
das Spektrum ist breit gefächert: Die *pädagogi-*
schen, biomechanischen, physiologischen
und *psychologischen* Aspekte führen auch zu
heterogenen Perspektiven.
Bezüglich weiterer Ressourcen einer Leistungsoptimierung sind sich Trainer und Trainings-
wissenschafter einig: Im Techniktraining sind –
im Gegensatz zum Konditionstraining – noch
längst nicht alle Reserven ausgeschöpft (vgl.
MECHLING 1988; LEHNERTZ 1991).
Allgemein wird in der trainingswissenschaftlichen Literatur darauf hingewiesen, daß erfolgreiche Lernprozesse bewußt ablaufen müssen.
Neuere Forschungsergebnisse belegen, daß In-
struktionen und bewußtes Auseinandersetzen
mit Lerninhalten Lernprozesse zwar beschleunigen können, daß aber eine Vielzahl unserer
Lernerfahrungen durch *implizite Prozesse* erworben und gefestigt werden. Kontrollen und
Eingriffe können auch beeinträchtigen. Expli-
zites Lernen, Trainieren und Steuern versus
implizites Verinnerlichen, selbstorganisieren-
des Vernetzen und Regeln bleibt auch für
künftige Forschung Ansporn und Herausforderung. (Vgl. SCHLICHT 1993, S. 3; WULF 1993,
S. 11 ff.)

5.1.1. Begriff

Unter Techniktraining – ein Hauptbestandteil
des sportlichen Trainings – ist die Gesamtheit
aller Maßnahmen zu verstehen, die, zielgerichtet organisiert, den Sportler befähigen sollen,
Bewegungshandlungen mit einer zweckmäßigen und koordinativ beherrschten Technik auszuführen. Diese Maßnahmen sind integrativer
Bestandteil des gesamten Trainings. Als Trainerhandlungen, Trainingsmethoden und Tätigkeiten
des Sportlers führen sie dazu, sportmotorische
Handlungen zu erlernen und zu vervollkommnen, zu verändern und zu stabilisieren, aber
auch zu erhalten. Dieser zentrale Prozeß umfaßt auch die Herausbildung der zur Technikrealisierung erforderlichen *koordinativen* und
konditionellen Funktionspotenzen sowie tech-
nikrelevanter Kenntnisse. Im Techniktraining
werden nicht nur rationelle Techniken an sich
erlernt und vervollkommnet, sondern auch das
Ziel verfolgt, das konditionelle Potential möglichst ökonomisch ausnutzen und im Wettkampf
stabil einsetzen zu können. (Vgl. SCHNABEL
1986 b, S. 194 f.; SCHNABEL/THIESS 1993, S. 82;
KRUG 1995)
„Sporttechnische Ausbildung" und *„Technik-*
training" sind weitgehend gleichbedeutende
Begriffe, wobei der Terminus „Ausbildung"
u. U. die Lehrertätigkeit, der Trainingsbegriff die
Sportlertätigkeit etwas stärker betont. Die Herausbildung sporttechnischer Fertigkeiten und
relevanter Leistungsvoraussetzungen wird als
motorisches Lernen bezeichnet (siehe 3.2.1.3.).
Grundlage des Techniktrainings sind die **Ge-**
setzmäßigkeiten des motorischen Lernens –
beim Neulernen von Fertigkeiten ebenso wie
bei einer auf Spitzenleistungen gerichteten
Optimierung und Stabilisierung.
Die Ziele des Techniktrainings werden – analog
dem pädagogischen und ausbildnerischen
Handeln – an einem *humanistischen Men-*
schenbild orientiert: Die Befähigung zur *Mün-*
digkeit im sozialen Tun steht im Zentrum. Sie
zielt auf eine Optimierung der biopsychosozialen Handlungskompetenz. Zielqualität im engeren Sinne ist die individuell-sinnvolle sowie
situativ-variable psychomotorische *Hand-*
lungskompetenz.

Das Techniktraining umfaßt folgende Haupt-aufgabenbereiche:

- Aneignen (Neulernen) technischer Fertig-keiten
- Vervollkommnen technischer Fertigkeiten
- Stabilisieren technischer Fertigkeiten.

Je nach Anforderungsprofil werden die metho-dischen Aspekte anders gewichtet und akzen-tuiert. Das Spektrum reicht vom „reinen" Techniktraining über ein Techniktraining mit erhöhten konditionellen Anforderungen bis zum Komplextraining von Technik und Kondi-tion oder von einem taktisch orientierten Tech-niktraining bis zu einem „Komplextraining von Technik und Taktik". (Vgl. ROTH 1991 a, S. 3)

Sportarten wie die Rhythmische Sportgymnastik, das Bodenturnen, das Synchronschwimmen oder die Ski-akrobatik, die vor allem durch eine Bewegungsformen-vielfalt gekennzeichnet sind, kennen das Neulernen von Bewegungselementen und Techniken *vom Anfän-ger bis zum Könner*. In Ausdauersportarten mit ge-ringerer Bewegungsvielfalt – zyklische Sportarten wie: Radsport, Rudern, Langstreckenlauf und Schwimmen –, ist das zentrale Thema im Verlaufe des Prozesses zu-nehmend eine hohe Stabilisierung. In Sportarten mit offenen Situationen – wie z.B. Spiele, alpiner und nordischer Skilauf – ist das Schulen von Technikva-rianten letztlich auf eine individuell-sinnvolle, situativ-variable Verfügbarkeit ausgerichtet.

Energetische Prozesse spielen beim Technik-training – je höher das Leistungsniveau, desto bedeutungsvoller – eine mitentscheidende Rolle; sie können die bewegungstechnische Qualität wesentlich beeinflussen. (Vgl. u.a. SCHNABEL/THIESS 1993, S. 82; MARTIN/CARL/ LEHNERTZ 1991, S. 48; ROTH 1991, S. 2f.; DAUGS u.a. 1991 b)

5.1.2. Algorithmus

Unter Algorithmus werden die *Hauptschritte* verstanden, gewissermaßen die *methodischen Knotenpunkte* des Techniktrainings. Der Algo-rithmus gliedert den gesamten Trainingsprozeß meist in drei oder fünf Schritte. Wie auch immer diese Lernstufen etikettiert werden, die Vorstel-lungen, um welche *Richtziele* und *Lerninhalte* es bei diesen Gliederungen mit fließenden Übergängen geht, herrscht weitgehende Über-einstimmung:

1. und 2. Lernstufe

Ziele:
Schaffen von grundlegenden psychophysi-schen Lern- und Leistungsvoraussetzungen für das Erwerben und Primärfestigen sowie für das Weiterentwickeln und Verfeinern von Grund-mustern: von der Rahmenkoordination bis zur situativ abgestimmten Feinkoordination.

Lerninhalte:
Sammeln von möglichst vielfältigen Bewe-gungserfahrungen und anschließendes Kompo-nieren, Erproben und Gestalten der implizit und explizit erworbenen Grundmuster.

Methodische Akzente:
Möglichst vielseitige – auch sportartübergrei-fende – Vorgehensweisen unter individuell er-leichternden Lernbedingungen. Vorbilder in vornehmlich visueller und zunehmend auch verbal-akustischer Darbietungsform. Vielfältige Anregungen durch geeignete Aufgabenstellun-gen; Bewegungs- und Lösungsformen immer wieder selbstbestimmt variieren und rhyth-misch akzentuiert erproben lassen. Anleitun-gen zum (Selbst-)Beobachten und Nachdenken über technikbezogene Zusammenhänge, aber auch zum mentalen Hineinfühlen und -denken in bedeutungsvolle Wechselbeziehungen.

2. und 3. Lernstufe

Ziele:
Vervollkommnen der erworbenen und primär-gefestigten Grundmuster zu situativ-variabel erfolgreich anwendbaren Fertigkeiten.

Lerninhalte:
Gezielte Verfeinerung und vertiefte Festigung der (neu-)erworbenen Grundmuster. Situativ-abgestimmtes Verändern und Anpassen der Grundmuster.
Beispiel „Ski alpin": Gleiches Grundmuster an unter-schiedliche Gelände- und Schneebedingungen sowie an Torkombinationen und variierte Geschwindigkei-ten, auch an Material anpassen.
Optimieren der oft lernwirksamen Informa-tionsaufnahme und -verarbeitung. Verbesserung der Bewegungsvorstellung und der Bewegungs-regelung.

Methodische Akzente:
„Stabilität durch flexibles und variables Üben!"

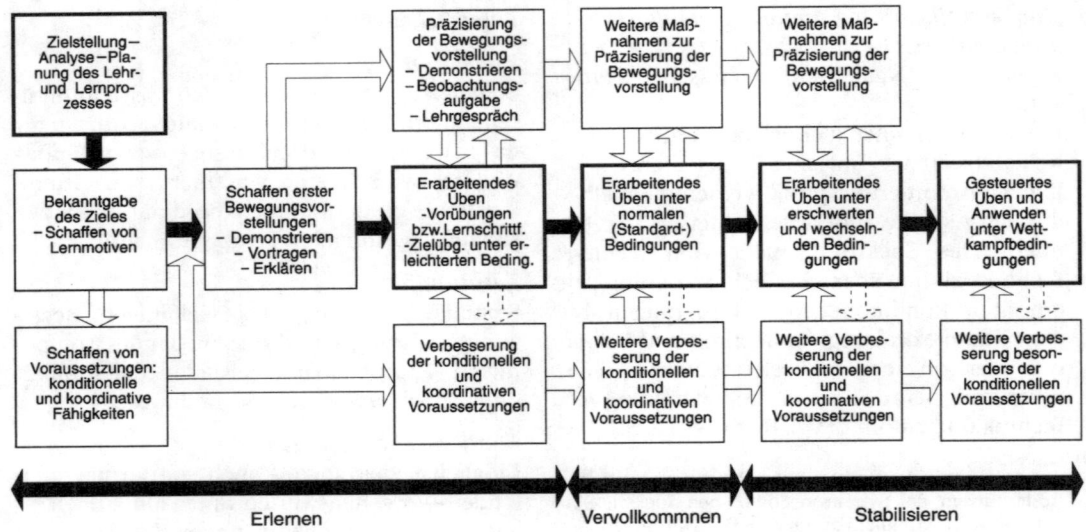

Abbildung 5.1.-1 *Methodische Hauptschritte in der sporttechnischen Ausbildung der Fertigkeit, der Bewegungsvorstellung und der beeinflussenden konditionellen und koordinativen Fähigkeiten* (nach SCHNABEL 1986 b, S. 209)

Realisierung unter individuell abgestimmten, gezielt veränderten und methodisch variierten, aber auch zunehmend durch Zusatzaufgaben erschwerten Lernbedingungen.

Allgemeine Grundorientierung:
● Beginnt mit einer durch entsprechende Lernbedingungen wirkungsvoll gestalteten Präsentation der **Zielvorgabe**: verbale Aufgabenstellung oder/und Demonstration.
● **Methodische Maßnahmen,** die primär auf die Optimierung der Lerneinstellung und der Leistungsbereitschaft zielen, die ein leistungsförderndes Trainingsklima für ein ganzheitliches Erarbeiten der technik- und weiterer leistungsbestimmenden Komponenten und ihrer Wechselbeziehungen schaffen.
● Vervollkommnung einer umfassenden **Bewegungsvorstellung** als notwendige Voraussetzung für die mit Prozessen der Optimierung von konditionellen und koordinativen Leistungsvoraussetzungen vernetzte Realisierung. (Vgl. auch Abb. 5.1.-1)

5.1.3. Technikbezogene Informationsgestaltung

Unter „Informationsgestaltung" wird – aus methodischer Sicht – einerseits die organisierte, auch mediengestützte, hauptsächlich aber sprachliche und durch Metaphern bereicherte Informationsdarbietung – Informationsgebung – verstanden. Andererseits impliziert sie – in einem dialogischen Verständnis (Informations- und Erfahrungsaustausch) – auch das Aufnehmen, Verarbeiten und Umsetzen von leistungsrelevanten (Technik-)Informationen beim Lernen und Lehren im Trainieren: *Informationsverwertung.*

5.1.3.1. Aufgaben – Anforderungen

Die Informationsgestaltung ist allgemein ein Mittel zum Aufbau und zur Verbesserung der Orientierungsgrundlage des Sportlers. Je klarer und je bewußter sowie motivierender die Referenzwerte sind, desto größer die Erfolgswahrscheinlichkeit im Handeln.
● Hauptfunktion der *Informationsgestaltung* im Rahmen des Techniktrainings ist der individuell gezielte Beitrag zur Herausbildung von

optimalen Lösungsstrategien im Zusammenhang mit technikrelevanten Aufgaben und Problemen.

• Hauptfunktion der *Informationsverwertung* ist ein lernwirksames Wahrnehmen, Integrieren und Realisieren von – je nachdem gegebenen oder von selbst beschafften – technikrelevanten Informationen.

• Für den *dialogischen Informationsaustausch* ist eine verständliche Sprache sowie ein entsprechend geeigneter Einsatz von methodischen Maßnahmen wichtige Voraussetzung. Zum Beispiel sollten Hinweise, Ratschläge und Korrekturen an individuelle Bewegungswahrnehmungen und an Bewegungsvorstellungen anknüpfen. Rhythmisch strukturierte Sprachbilder und assoziationsstiftende Metaphern erhöhen zudem die Lernwirksamkeit.

• Für einen optimalen Informationsgewinn müssen vorerst entsprechende *Informationsaufnahmebedingungen* (u. a. Aufmerksamkeit, Konzentration, sensorische Qualitäten) geschaffen werden.

• *Umfang* und *Intensität* der Informationsgebung muß das individuelle Aufnahmevermögen der Sportler berücksichtigen.

• *Sportler* müssen *aktiv* und *kreativ* in den Prozeß der Informationsbeschaffung einbezogen werden. Sie müssen lernen, die für sie wichtigen Informationen auch selbst organisieren zu können.

• Die *Selbständigkeit* der Sportler hängt mit der Fähigkeit zur *Selbstbeobachtung* und der *Selbstbeurteilung* eng zusammen.

• Die psychomotorische Handlungskompetenz kann durch *Erfahrungsaustausch* in *Gruppengesprächen* gefördert werden.

Was als erfolgsbestimmend erkannt wird, muß methodisch wirksam dem Sportler vermittelt oder zur Verfügung gestellt werden. Solche lernrelevante Informationen vereinigen kognitive, sensomotorische und materiale Aspekte samt ihren Wechselbeziehungen:
Das vermittelte technische Leitbild optimiert Vorbereitung, Planung und Ausführung der Bewegungshandlung und fördert u. a. Überzeugungen und Selbstvertrauen. Eingeschlossen sind biomechanisch gestützte Zusammenhänge zwischen den Knotenpunkten der einzelnen Bewegungsphasen. Zu beachten sind Zusammenhänge zwischen Haupt- und Nebenfehlern: Worin liegen die Ursachen? Welche individuelle Korrekturmöglichkeiten gibt es? Relevant sind auch materiale und situative Rahmenbedingungen, wie Witterung, Schneebeschaffenheit, Leistungsstand der gegnerischen Mannschaft, Geräte u. a. m.

Zusammenfassende Orientierung:
• Die **Informationsgestaltung** ist auf eine effiziente Vermittlung und Verarbeitung aktuell wirksamer Impulse und Orientierungen, aber auch auf überdauernde (Er-) Kenntnisse bezüglich Bewegungshandlung und Strategieentwicklung gerichtet.
• **Methodische Maßnahmen** müssen zielorientiert, verständlich sowie individuell abgestimmt, zudem konzentrationsfördernd sein; auch in der mediativen Unterstützung werden stimulierende und aufmerksamkeitslenkende Effekte angestrebt sowie Alter, Geschlecht, Lernstand, Tageszeit, Tagesform u. a. berücksichtigt;
• Der „rechte" **Zeitpunkt** bestimmt die geeignete **Informationsart** mit, fördert die Einstellung und erhöht die Wirksamkeit der Informationsverarbeitung und -umsetzung.

5.1.3.2. Zeitpunkt der Informationsgebung

Informationen vor Beginn der Bewegungshandlung

Vorinformationen dienen im umfassenden Sinne der gezielten Vorbereitung der Handlungsausführung. Sie erhöhen die Wachheit des Bewußtseins, die Konzentration und die Bereitschaft, indem sie rechtzeitig für Wichtiges sensibilisieren und die Aufmerksamkeit auf handlungsrelevante Knotenpunkte lenken. Sie reaktivieren Handlungs- und Bewegungserfahrungen und vergegenwärtigen zielgerichtet-abrufbereit, worauf es ankommt.
Methodische Aspekte:
• Vorinformationen verlängern die verfügbare Vorbereitungs- und Einstellungszeit und schaffen dadurch Sicherheit.

• Vorinformationen können die Antizipationsfähigkeit gezielt fördern.

• Vorinformationen können die Funktion eines „Frühwarnsystems" haben, was je nach Situation und Persönlichkeit beruhigen, verängstigen oder verunsichern kann.

Informationen während der Handlungsausführung

Bei kurzzeitigen Handlungen sind gleichzeitig gegebene Informationen wenig sinnvoll. Korrekturhinweise in dieser Zeit sind grundsätzlich zu vermeiden. Zurufbekräftigungen können aber unterstützende, lenkende und motivierende Impulse sein und positive Wirkung zeigen (vgl. FARFEL 1977; FEHRES 1990). Die Informationsgestaltung kann vor allem bei zyklischen Handlungen zum Erfolg führen, wenn sie

– geplant und zielgerichtet, wohldosiert und detailsarm erfolgt und – wann immer möglich – positiv formuliert wird;

– sich auf *einen* Schwerpunkt (Sachverhalt, Aspekt u. ä.) beschränkt;

– stets die gleichen, gewohnten Zeichen, Signale oder Worte umfaßt.

Informationen nach der Handlungsausführung

Standortbestimmungen zwischen Ist und Soll verlangen Informationen zur Auswertung und Neuplanung. Ex- und interne Rückinformationen sollen auch zu einer differenzierteren Selbstwahrnehmungsfähigkeit der Sportler und zur besseren Steuerungskompetenz beitragen. Rückinformationen sollen

– systematisch lernwirksame Komponenten im Ist-„Soll"-Vergleich über mehrere Sinneskanäle vermitteln;

– akzentuieren und aufzeigen, was, allenfalls warum, sicher aber wie anders, besser oder genauso getan werden soll;

– als Ansporn oder Herausforderung empfunden werden;

– zur Selbsteinschätzung und zur Verständlichkeit der Fremdbewertung differenzierend beitragen.

5.1.3.3. Arten der Informationsgebung

Optimale Informationsgestaltung kennt vielfältige (Vermittlungs-)Arten: visuelle, (verbal-)

akustische, kinästhetisch-vestibuläre, taktile, aber auch mediative, apparative oder in kombinierten Formen (z. B. audiovisuell). Lerntyp und Lernbiographie bestimmen situativ, emotional und lernstandbedingte Präferenzen der Sportler sowie die Lernwirksamkeit.

Verbale Informationen

Für Lehrkräfte ist die Sprache das „einfachste" Mittel zur externen Bewegungsregulation im Rahmen der Informationsgestaltung. Wahrgenommene oder antizipierte Realität kann sprachlich mehr oder weniger präzis und abstrakt abgebildet sowie dann auch in Wort und Schrift vermittelt werden. Selbst komplexe technische Bewegungsabläufe können begrifflich gefaßt werden: z. B. „Diamidov" oder „Streuli" als Kunstturnelemente. Solche Kürzel ordnen, unterstützen und verbessern Denk- und Vorstellungsprozesse in allen mentalen und ideomotorischen Trainingsformen, so auch das Mitsprechen, die Selbstinstruktion, die Auswertung visualisierter Selbstkonfrontation oder das gezielte Hinein- und Durchfühlen eines – auch mediativ präsentierten – technischen Bewegungsablaufes. (Vgl. u. a. FRESTER 1990, 1992, 1993)

Eng verknüpft mit der verbalen Informationsgebung sind auch die Möglichkeiten und Schwierigkeiten der Informationsverwertung, z. B. das Sprach- und Abbildungsverständnis, sowie die Befähigung des Sportlers zur Verbalisierung und zu anderen wirksamen Ausdrucksformen (vgl. hierzu 2.2.3.2.).

Visuelle und akustische Informationen

Die Dominanz der telerezeptorischen Analysatoren, nämlich des visuellen und akustischen, im Vergleich mit den andern ist offensichtlich und experimentell belegt (vgl. u. a. ROCKMANN-RÜGER 1990b; NEUMAIER 1988). Wird Techniktraining als ein Lernen an (äußeren wie inneren) Bildern im weitesten Sinne verstanden, dann spielt der Einsatz von audiovisuellen Medien – u. a. Filme, Video, Bilder und Abbildungen aller Art (z. B. Stand-, Reihenbilder, Videoprintbilder u. a. m.) – eine entscheidende Rolle. Medienart, Zeitpunkt und Art ihres Einsatzes können methodisch gezielt genutzt werden.

Audiovisuelle Medien können klären, präzisieren und motivieren, indem sie Ist- und Perspektivwerte vermitteln und insgesamt prozeßsteuernde Impulse verstärken und diese wirksam gestalten. Besonders instruktiv können Lern- und Lehrfilme (Videos) sein: Welche „Botschaft" kann für wen, wann und in welcher Form auf welcher Lern- oder Leistungsstufe situationsgerecht wie vermittelt werden? Aber auch: Was ist wann für wen die lernrelevante Information, die dem einzelnen Sportler nicht nur das aktuelle Defizit bewußtmacht, sondern ihm auch wegweisend weiterhilft? (Vgl. HOTZ/STRÄHL 1991)

Taktil-kinästhetische Informationen

Neben oder ergänzend zur visuell-(verbal-) akustisch akzentuierten Informationsgebung haben bei komplexen oder risikoreichen Technikanforderungen (z. B. im Kunstturnen) auch taktile Informationen (personal oder apersonal vermittelt) bewegungsführende oder rückmeldend-lernwirksame Bedeutung. So machen taktile Informationen durch die Berührung unmittelbar betroffen, können auch Sicherheit geben, Vertrauen mehren oder bei fehlender visuell-akustischer Kontrolle leistungsmitbestimmende Funktionen erfüllen (z. B. Stabübergabe beim Staffellauf). Durch ihre spontane Internalisierung werden sie oft mit kinästhetischen Empfindungen verknüpft oder durch andere Sinneswahrnehmungen ergänzend überprüft.

5.1.3.4. Methodische Aspekte der Informationsverwertung

Optimale Informationsgestaltung zielt auf eine effektive, lernwirksame Informationsverwertung. Dementsprechend müssen Informationen klar, präzis und verstärkend, adressatenbezogen und individuell bezüglich Zeitpunkt, Dichte, Häufigkeit und Wiederholung abgestimmt sowie relevant und dosiert im Umfang (vgl. FETZ 1989, S. 79–83) gegeben werden. Zur besseren Informationsverwertung tragen die Sportler ihrerseits durch ihre stets weiterzuentwickelnden Lern- und Leistungspotentiale bei. **Methodische Akzente** – auch in Berücksichtigung angewandter Vereinfachungsprinzipien (vgl. 5.1.4.2.):

• Positive Bewegungserfahrungen und -erlebnisse dank visueller, akustischer oder taktiler Veranschaulichung und apparativer Unterstützung intensivieren.

• Selbstbeobachtung durch gezielte Fragen

verbessern („Worauf lenkst du deine Aufmerksamkeit?" Oder: „Wie war die Spannung im Kreuz im Vergleich zum Versuch zuvor?").

• Sensibilität bezüglich relevanter Bewegungswahrnehmungen erhöhen, u. a. durch gezielt eingeschränkte Wahrnehmung (z. B. Augenschließen) sowie Bewußtsein für „richtige" Bewegungsempfindungen.

• Qualität oder Intensität bestimmter Muskel-, Haltungs- oder Raumempfindungen verbessern mittels apparativ unterstützter Rückinformationen und Rückkopplungen: z. B. durch Biofeedback (u. a. auch in akustische Signale transponierte Muskelaktionsströme – vgl. u. a. LOSCH/BLÜMEL 1990).

• Bewegungsgefühl und Lernfähigkeit durch kontrastierende Aufgabenstellungen (Gegensatzerfahrungen!) differenziert weiterentwickeln.

• Assoziationen zu bereits gespeicherten Schlüsselempfindungen durch geeignete Metaphern mehren.

Zwei Trainingsprinzipien, das *Prinzip der Anschaulichkeit* und das *Prinzip der Bewußtheit*, geben wesentliche Handlungsorientierungen zur Informationsverwertung. (Vgl. 4.5.2.2.) Hervorzuheben ist:

• Ziel der **Veranschaulichung** ist es, durch die Art und Weise der Informationspräsentation die Chance des Sportlers zu erhöhen, die Botschaft des Trainers besser decodieren zu können. Veranschaulichung ist mehr als nur Vermittlung von visuellen Informationen. Über das visuell Wahrnehmbare hinaus wird eine vertiefte Auseinandersetzung mit dem Informationsangebot angestrebt. Veranschaulichung beschränkt sich nicht nur auf eine intellektbezogene Faßlichkeit.

• Durch die **Bewußtheit** wird die Auseinandersetzung mit dem Lernangebot engagierter und effizienter. Das Bewußtsein der „richtigen" Empfindung zur „rechten" Zeit ist ein Leitmotiv für eine optimale Gestaltung von Lernprozessen.

Die gezielt-bewußte Kopplung von vermittelten Informationen mit bewußtseinsfähigen Bewegungserfahrungen und aktualisierten Sinneswahrnehmungen kann die Lernwirksamkeit erhöhen. (Vgl. auch: DIESSNER 1980, S. 600 ff.)

5.1.3.5. Bekräftigung und Korrektur

Bekräftigung und Korrektur setzen in ihrer rückmeldenden Funktion beim Ansteuern von „Soll"-Werten wichtige Akzente im methodischen Handeln: Lernumwege gilt es zu verhindern oder zumindest zu minimieren, wenn auch Fehler wichtige Etappen zum Erfolg sein können, sofern die entsprechenden Konsequenzen daraus gezogen werden. Bekräftigung und Korrektur zielen in erster Linie auf eine Präzisierung und Optimierung der Bewegungsvorstellung: Die Qualität der Bewegungsausführung ist nie besser als ihre Vorstellung.

Fehler, Mangel oder Abweichung?

Für weiterführende Korrekturen ist zwischen (Bewegungsstruktur-)*Fehlern*, (fähigkeitsbedingten) *Mängeln* und *individuellen Abweichungen* von technischen „Soll"-Werten zu differenzieren. Dazu braucht der Trainer ein über das audiovisuelle Erfassen der Außensicht hinausgehendes **„Bewegungssehen"** im Sinne eines „Röntgenblicks". Wünschenswert ist ein – auch analytisch differenzierendes – Trainerauge, das außer den Körperpositionen auch Geschwindigkeits-, Zeit- bzw. Rhythmusmerkmale gezielt erfassen kann:

- Ist die Fehler- oder Mängelursache primär auf ein *Wahrnehmungsdefizit* zurückzuführen?
- Ist es ein Fehler im Zusammenhang mit einer nicht hinreichend präzisen *Bewegungsvorstellung*, oder aber sind *ungenügend ausgebildete konditionelle* oder *koordinative Fähigkeiten* Ursache des Ausführungsfehlers?
- Sind undifferenziertes Körper- bzw. Bewegungsgefühl (Wahrnehmungsdefizit!), ein zu *ungenauer Bewegungsplan* oder eine noch *mangelhafte Handlungsflexibilität* die Ursachen?

Direkte und indirekte Maßnahmen

Bekräftigung und Korrektur sind Rückinformationen besonderer Art. Bezugspunkt und Perspektive der *Bekräftigung* sind *positiv*: Im Sinne einer Handlungsverstärkung wird das Gutausgeführte und das Erfolgversprechende hervorgehoben. Bezugspunkt und Perspektive der *Korrektur* sind dagegen *fehlerzentriert*.

Beide Rückmeldungsarten sind konstruktiv formuliert, vom erkannten Hauptfehler ausgehend, am wirkungsvollsten. (Vgl. Schnabel/ Thiess 1993, S. 384).

Bei **direkten** Steuerungsmaßnahmen wird der erkannte (technische) Fehler genannt, dann bewußt(er) gemacht und gegebenenfalls auch erklärt oder gar demonstriert (das Zeigen des Fehlerbildes sollte allerdings die Ausnahme sein). Das Wesen der **indirekten** Fehlerkorrektur besteht im Einflußnehmen auf technikbestimmende, regulierende äußere Kräfte, z. B. durch Geländewahl beim Skilauf, leichtere oder schwerere Wurf- und Stoßgeräte, Gewichtsmanschetten beim Kunstturnen u. ä. (Vgl. auch 5.1.4.3.)

Wenn durch geeignete, direkte oder indirekte Maßnahmen und Präsentationsformen die Fehlerursache vom Sportler selbst erkannt und eingesehen, vielleicht sogar die vorzunehmende Korrektur selbst gefunden werden kann, wirkt sich diese bewußte Mitarbeit meist sehr positiv aus; auf höchstem Leistungsniveau ist sie unbedingt erforderlich.

Unterschiede bei azyklischer gegenüber zyklischer Bewegungsausführung

Bei nur kurz dauernden – d. h. meist **azyklischen** – Bewegungen sollte auf korrigierende Zurufe – im Gegensatz zu rhythmisch-akustisch akzentuierten Bekräftigungen – im allgemeinen verzichtet werden. Diese vermeintlichen Korrekturhinweise haben meist einen *lernstörenden* Einfluß: Sie können weder unmittelbar verarbeitet noch erfolgreich umgesetzt werden. Das gleiche gilt auch bei zu kurzen Intervallen nach der Bewegungsausführung (null bis fünf Sekunden). (Vgl. u.a. Fehres 1990, S. 89; Schmidt 1988, S. 439) Ausnahme bilden Einwortimpulse – z. B.: „*Jetzt!*" –; sie können dank ihres bereits im Training erprobten Signalcharakters positive Wirkung zeigen.

Bei azyklischen Bewegungshandlungen erfolgen die Interventionen demnach erst *nach* der Bewegungsausführung. Um Leistungen des Kurzzeitgedächtnisses nutzen zu können, sollten diese Informationen in einem Zeitraum zwischen fünf und zehn Sekunden nach der Bewegungsausführung zum gezielt-aktiven Mitdenken anregen. Ein Prae-Intervall zwischen fünfzehn und zwanzig Sekunden scheint weniger effizient zu sein, falls experimentell gewonnene Daten generalisiert werden können. (Vgl. ROCKMANN-RÜGER 1985; FEHRES 1990, S. 89; SCHMIDT 1988, S. 439). Qualitative Unterschiede gibt es zwischen ergebnis- und verlaufsbezogenen Rückmeldungen. Zudem sind zu beachten: Sportartspezifik, Erfahrungsschatz, Wissensstand, Lernstrategien, Fertigkeitsniveau, Alter sowie geschlechtsbezogene Aspekte.

Bekräftigungen und Korrekturen, gegeben als Rückinformationen während **zyklischer Bewegungsausführung** (vorwiegend in Ausdauerdisziplinen), können durchaus sinnvoll sein. Sie sollten jedoch ebenfalls auf *eindeutig verständliche*, zudem *knappe* Informationsarten – z.B. vereinbarte Zeichen, kurze Wort- oder andere akustische Signale – beschränkt werden.

Ergänzende Orientierungen

Bewährt lernwirksam sind orientierende Hinweise auf *Bewegungswahrnehmung* und *Bewegungsgefühl*, denn die Sportler können diese externen Informationen unmittelbar koordinativ umsetzen.

CZINGON (1983, S. 9) empfiehlt, diese Hinweise nicht auf das Bewegungsgefühl der Hauptphase zu richten, sondern auf das Sichvorstellen (Antizipieren) des sogenannten Finalereignisses gewissermaßen im Rückblick, z.B. einer gelungenen Lattenüberquerung oder eines geglückten Absprungs vom Schanzentisch. Ein vielleicht noch nicht optimales Bewegungskonzept kann sich so in einer Art Selbstorganisation dem internalisierten und vorgestellten „Soll"-Wert eigendynamisch anpassen („eigendynamische Passung": HOTZ 1994; vgl. KÖRNDLE 1993, S. 169 f.).

Vermehrt Beachtung sollte der – vor allem auf innere Prozesse der Motorik bezogenen – *Wahrnehmungsschulung* geschenkt werden: Gezieltes Fördern einer differenzierteren Wahrnehmung auch *kinästhetisch-vestibulärer* Rückmeldungen sowie ein intensiviertes Training koordinativ bedingter Leistungsvoraussetzungen sind für hohe Ansprüche eine conditio sine qua non. (Vgl. u.a.: MARTIN/CARL/LEHNERTZ 1991, S. 78 f.; SCHNABEL 1984 und 1991)

Unter *pädagogischem Aspekt* muß der Sportler auch im Korrekturprozeß zur *Selbständigkeit und Selbsttätigkeit* geleitet werden (vgl. LUTHER 1994). Ziel ist, zunehmend von externen Korrekturanweisungen unabhängig zu werden.

Dank verbesserter bewegungsbezogener Selbstwahrnehmung kann der Sportler seine Handlungen kriteriengeleitet beurteilen und die anstehenden Konsequenzen selbst ziehen. Topathleten wägen selbst ab, welche Korrekturmaßnahme – in Relation und zum Vergleich mit der Traineranweisung – zu einem bestimmten Zeitpunkt die für sie lernwirksamste ist.

5.1.4. Gestaltung des Übens

5.1.4.1. Allgemeines Vorgehen

Üben und zielorientiertes Steuern sind die *Hauptmethoden* des Erwerbens und Festigens, Vervollkommnens und Stabilisierens durch Variieren und Anwenden. Im Rahmen der gezielten Ausbildung der konditionellen, koordinativen und taktischen Leistungsvoraussetzungen sowie bei der Herausbildung und Förderung von Verhaltensqualitäten ist das sogenannte *erarbeitende Üben* (vgl. SCHNABEL/THIESS 1993, S. 900) im Sinne des didaktisch begleiteten wiederholten Vollzugs von Bewegungshandlungen die methodische Hauptform. Dieses entwickelnde Üben kann z.B. mittels Aufgabenstellung, Bewegungsanalyse, Impuls- und Hinweisgebung sowie durch Helfen gezielt unterstützt werden.

Die methodische Gestaltung des Übens unterliegt wie alle Trainerhandlungen der *pädagogischen Verantwortung* des Trainers: Befähigen zu einer möglichst umfassenden Handlungskompetenz ist eine auch pädagogisch anspruchsvolle Aufgabe (vgl. HOTZ/MURER 1993). Wesentlich ist u.a. ein *akzentuiertes Vorgehen*: Akzente – nur in Ausnahmefällen mehr als zwei – sollten sowohl in den einzelnen *Trainingsabschnitten* (auf sporttechnische Abläufe), in *Trainingseinheiten* (auf Knotenpunkte der zu erwerbenden Fertigkeit) als auch bei bestimmten *Trainingsaufgaben* (u.a. auf die mit den „führenden koordinativen Elementen" zusammenhängenden Merkmale) gesetzt werden. (Vgl. S. 209: Prinzip der Akzentuierung und Kontinuität)

Jedes Fertigkeitstraining baut auf motorischen *Grundmustern* auf. Eine mögliche Konsequenz davon ist die Zweiteilung des Übungsprozesses in *„Erwerben"* und in *„Vervollkommnen und Stabilisieren".* In der ersten Phase gilt sportartübergreifend, vorerst gefestigte technische Grundmuster zu entwickeln, die dann in der zweiten Phase, je nach Anforderungsprofil, Form- und Gestaltungskonzepten ergänzt und kombiniert, situationsgemäß und zweckmäßig modifiziert, vor allem aber aufgabenorientiert weiter differenziert und (wettkampf-)stabil ausgeformt werden:

■ **Erwerben und Primärfestigen**

● Erste Konfrontation und **Auseinandersetzung** – im Sinne einer zunehmenden Verinnerlichung – mit einem bestimmten Bewegungsvorbild oder einer – allenfalls auch von der Situation gegebenen – Aufgabe. Verstehenlernen einer externen Bewegungsanweisung.

● Erste, auch selbstinitiierte Versuche des Umsetzens eines eigenen Bewegungsplanes unter individuell erleichternden, aber weitgehend standardisierten Lernbedingungen. Dadurch können **konkretere Bewegungsvorstellungen** im Rahmen eines anforderungsprofil-orientierten Bewegungskonzeptes entwickelt werden.

● Weitere, nun vermehrt **gezielte Versuche des vorstellungsgeleiteten Umsetzens** unter individuell fördernden Lernbedingungen. Vorerst vorwiegend externe Rückmeldungen, Bekräftigungen, Korrekturen und Hinweise. Ziel: Differenziertere Bewegungsvorstellungen sowie zeitlich-räumliche und zeitlich-energetische Präzisierung des Bewegungsentwurfs. Ausformung der Fertigkeit in ihrer Rahmenkoordination als relativ gefestigtes, zur Anwendung bereites Grundmuster (vgl. 3.2.1.3.).

■ **Vervollkommnen und Stabilisierung durch Variieren und Anwenden**

● Vielfaches **mentales und reales, auch kombiniertes Üben** in auch variablen und gezielt variierten Situationen. Ziel: Die zuvor erworbenen Grundmuster weiter zu Form- und Gestaltungsvarianten entwickeln (vgl. HOTZ 1997).

● Festigen durch **bewußtes Wiederholen, gezieltes Modifizieren und Variieren** in geeigneten Mitweltbezügen, auch unter erschwerenden Bedingungen. Stete parallelgekoppelte **Entwicklung des konditionell-energetischen Potentials.** Stabilisierung durch „Lernvertiefung" oder

durch „kontinuierliches Überlernen" (HOTZ/ WEINECK 1988, S. 47; MARTIN/CARL/LEHNERTZ 1991, S. 51). Ergebnis: Fertigkeiten, die für die jeweiligen technischen Problemlösungen tauglich sind, d.h. (wettkampf-)stabil, situativ variabel auch mit Selbstvertrauen erfolgversprechend durchsetzbar.

5.1.4.2. Vereinfachung und Erleichterung der Anforderungen

Beim Technikerlernen und -vervollkommnen werden in der sportlichen Praxis seit langem bestimmte Vereinfachungsstrategien angewandt. (Vgl. MEUSEL 1976) Diese auch wissenschaftlich stärker beachteten und fundierten Ansätze möglicher Vereinfachungen dürfen aber die angestrebte Zieltechnik in ihren Charakteristika, „Knotenpunkten" bzw. führenden koordinativen Elementen nicht gefährden.

Ausgangspunkt für Reduktionsmaßnahmen sind Überforderungssymptome. Zu hoher Schwierigkeitsgrad führt zu *koordinativen, konditionellen* oder *sensorischen* Überforderungen. Gefragt sind *Vereinfachungsstrategien*, die solche Streßsituationen meistern können. Als Ansätze möglicher **Erleichterungen** können hervorgehoben werden (vgl. ROTH 1991b, S. 7–9):

Vertikale Programmverkürzung

Weil die Gesamtbewegung durch zu viele Impulsmuster überfordert, muß die Länge verkürzt, das Programm vertikal zerlegt werden: z.B. Drei-Schritt-Anlauf beim Hochsprung; nur Impulsschritt beim Speerwerfen.

Horizontale Programmverkürzung

Weil die Gesamtbewegung durch zu viele gleichzeitig zu koordinierende Einzelimpulse überfordert, muß die Breite verkleinert, das Programm horizontal zerlegt werden. Sinnvolle Isolierung von Einzelbewegungen, wie Üben der Arm- und Beinbewegungen, z.B. im Schwimmen.

Invariantenunterstützung

Unterstützung der invarianten Elemente eines Ablaufes durch direkte *Eingriffe,* d.h. unterstützender Kraftstoß mit taktil-kinästhetischer Information, oder durch *indirekte Hilfen,* d.h.

(verbal)akustische, aber auch visuelle Impulse; ferner Erleichterungen durch verminderte qualitative Anforderungen, u. a. bezüglich Präzision oder Bewegungsumfang.

Beispiele:
Erleichterungen u. a. durch breitere Unterstützungsflächen bei Gleichgewichtsaufgaben: verbreiterter Schwebebalken; durch begleitende (taktil-kinästhetische) Bewegungsführungen: Schlägerhand-Führung beim Tischtennis. Schwung- und Hebeunterstützung beim Ringeturnen; durch räumliche Markierungspunkte: Schrittmarkierungen beim Hochsprung.

Parameterveränderung

Können angestrebte Bewegungsabläufe nur dann gelingen, wenn sie mit hoher Geschwindigkeit oder mit beträchtlichem energetischem Aufwand realisiert werden, stellen sich oft koordinativ-konditionelle Probleme ein. Mangelnde Leistungsvoraussetzungen verhindern die anforderungsgerechte Ausführung entscheidender Bewegungsparameter. Im Sinne der Gestalt-Konstanz-Hypothese müssen deshalb bestimmte *Programmparameter modifiziert* werden.

Beispiele:
Erleichterungen u. a. durch Sprunghilfen (Minitramp, erhöhte Absprungstelle); erleichternde Materialbedingungen (weniger Widerstand durch ca. 10–15 % leichtere Wurf- und Stoßgeräte zur Förderung der Schnellkoordination; erhöhter Widerstand durch Schwimmflossen zur Förderung der koordinativen Selbstorganisation in Wechselwirkung mit dem Wasserwiderstand).

Situationskonstanz

Sportarten mit zahlreichen nichtantizipierbaren Situationen – z. B. Spiel- und Zweikampfsportarten – können Lernende in wahrnehmungsbezogen-koordinativer Hinsicht überfordern: Verminderte Situationsvariabilität erhöht die Erfolgswahrscheinlichkeit. Auch psychologische Maßnahmen – z. B. Angstabbau durch systematischen Könnens- und Schwierigkeitsaufbau – beeinflussen Verhaltensänderungen. *Erhöhte Situationskonstanz* reduziert leistungshemmende Überraschungsmomente.

Beispiele:
„Beruhigung" der Spielanfänger durch erleichternde Regelbedingungen: Tennisball wird mehrere Male auf die gleiche Weise und räumlich konstant zugespielt; standardisierte Zuspielvarianten im Volleyball; höhere (Feder-)Ball-Flugbahn verlängert Vorbereitungszeit

und mindert Zeitdruck, wodurch gezielte Antizipation leichter fällt; ruhende Bälle im Fußball; Skianfänger üben länger im vertraut flacheren und so weniger angstinduzierenden Gelände.

Reduktion von Mehrfachüberforderungen

Bei Überforderungen in mehrfacher Hinsicht sind Mischformen von externen und internen Technikanpassungen zu empfehlen. Neben den internen Programmdehnungen und -stauchungen als Anpassungskonsequenz an sporttypische externe Bedingungskonstellationen können fünf prinzipielle Vereinfachungen der taktischen Situationsanforderungen ins Auge gefaßt werden. ROTH (1990, S. 90) nennt folgende Erleichterungen: Vereinfachung der *Technikziele*; Vereinfachung der *Technikregeln*; Reduktion der *Gegnerbehinderung*; Vereinfachung der *Technikumgebung* (Umgebungsbedingungen):

- *Technikziele*: Schrittechnik anstelle des Angleitens im Kugelstoßen; Standwürfe in der Leichtathletik; Absprunghilfen beim Pferdsprung.
- *Technikregeln*: Kleinspiel-Varianten in Spielsportarten, z. B. Mini-Volleyball, Mini-Basketball.
- *Gegnerbehinderung*: Aufschlagtraining im Tennis (ohne Return); verringerte Spielerzahl in Spielsportarten; passiver Gegner in Zweikampfsportarten.
- *Umgebungsbedingungen*: präparierte Pisten im Skilanglauf; Surfen ohne Sturmböen.

5.1.4.3. Steuerung des Übens über äußere Ausführungsbedingungen

Durch gezielte Veränderungen der Umgebung kann bezüglich bestimmter Charakteristika die Bewegungsregulation und die Entwicklung sporttechnischer Fertigkeiten gelenkt werden. Bereits MEINEL (1961, S. 364) hob den „*regulierenden Einfluß der gegenständlichen Umwelt*" auf die Bewegungsausführung hervor. So wirken sich veränderte *räumliche und dynamische (Widerstands-)Bedingungen* (z. B. Sportgeräte, Sportanlagen) auf die Herausbildung von Fertigkeiten aus. Unangemessene Bedingungen hingegen erschweren oder verhindern die optimale Realisierung der Zieltechnik, z. B. auch dann, wenn Kinder mit und an Erwachsenengeräten trainieren: Gefahr fehlerhafter Entwicklung qualitativer Merkmale. (Vgl. SCHNABEL 1984, S. 23)

Beispiele:
- Lernfördernde Wirkung durch eine Materialwahl, die auf die spezifische(n) Konstitution, Körperproportionen sowie Kraftvoraussetzungen abgestimmt ist, z. B. im Ruder- und Kanusport
- Lernerleichterungen durch auf individuelle Körpermaße angepaßte Geräte, z. B. im Gerätturnen
- Höhere Ausführungsgeschwindigkeiten durch geringere Gewichte von Wurf- und Stoßgeräten, z. B. in der Leichtathletik
- Günstigere Lernbedingungen durch entwicklungsangepaßte Ballgrößen oder durch herabgesetzte Netzhöhen (Volleyball), Korbhöhen (Basket- und Korbball) sowie verkleinerte Spielfelder, z. B. in (Ball-)Spielsportarten.

SCHNABEL (1984, S. 24) nennt außerdem fördernde *äußere* Bedingungen, die – ein scheinbarer Widerspruch – z. B. durch *schwerere* Geräte erzielt werden können. Wenn es darum geht, bestimmte Technikmerkmale herauszubilden, die von einer Feindifferenzierung der Muskeltätigkeit abhängen, können Übungen, die mit *höheren* Widerständen und auch im Sinne des Sammelns *von Gegensatzerfahrungen* gestaltet werden, effizienter für die angestrebte Annäherung an die Knotenpunkte der Zieltechnik sein. Grundlage sind folgende Überlegungen:

• **Höhere Widerstände** u. ä. können Bewegungen des Rumpfes und der großen Körpergelenke in ihrer zweckmäßigen Kopplung koordinativ besser und schneller herausarbeiten.

• **Bewußteres Wahrnehmen** von Bewegungsdetails und die weniger bewußte höhere Genauigkeit in der differenzierteren Tätigkeit der einzelnen Muskeln kann einerseits durch zeitweise höhere Widerstände, andererseits durch abwechselndes Trainieren mit unterschiedlichen Widerständen (relativ geringe Differenzen) gefördert werden.

• **Variation der äußeren Bedingungen** kann als Leitidee zur Erhöhung der variablen Verfügbarkeit (Stabilisierung) technikfestigend, z. B. in Spiel- und Zweikampfsportarten, bereits im Aufbautraining mittels schwereren Geräten oder erhöhten Widerständen angewandt werden.

5.1.4.4. Übungsaufbau bei offenen Fertigkeiten

Bisher dominierte die *Auffassung,* daß „offene" Fertigkeiten, z. B. in Zweikampfsportarten, Sportspielen und Sportarten mit variablen Gelände- oder Gewässerbedingungen, im Trainingsprozeß zunächst *wie geschlossene Fertigkeiten* erlernt werden müssen: Durch vereinfachte Aufgabenstellungen und Bedingungen wird zunächst eine dem geschlossenen Aufgabentyp entsprechende Fertigkeit erworben. Vor allem in der Sportspielpraxis ist aber schon immer anders vorgegangen worden: Bestimmte Bewegungshandlungen konnten nicht „schulmäßig", sondern mußten „in der Tätigkeit", einem „spielerischen" Konzept folgend, in den Grundstrukturen erlernt und erst dann „nachgeschult" werden. Wurden Fertigkeiten ohne unmittelbaren realen, spiel- bzw. wettkampfnahen taktischen Situationsbezug, zudem unter standardisierten und veränderten (vereinfachten) Bedingungen, erlernt, ergaben sich häufig bei der weiteren Entwicklung zur situativ-variabel verfügbaren (offenen) Fertigkeit einige Schwierigkeiten. In seinem *„neuen ABC für das Techniktraining"* hat ROTH (1990) dieses Problem aufgegriffen und drei Lehrwege unterschieden, von denen der *„konzentrische" Lehrweg* als *Alternative* zum Erlernen und Trainieren offener Fertigkeiten einzustufen ist. Hier wird im Lernprozeß mit einem der Zielhandlung entsprechendem Anforderungstyp begonnen: die taktische Situation wird als Orientierungsgrundlage genommen. Erst danach wird unter vereinfachten situativen und Ausführungsbedingungen geübt, um – im Sinne einer Präzisierung der Ausführungskontrolle – bestimmte Charakteristika der Fertigkeit gezielt auszubilden. Diese Reihung wird auf ansteigendem Niveau wiederholt.

Beispiel Sportspieltraining (Basketball):
- Spielen mit vereinfachten Regeln: Durchbruch zum Korb, ohne Ballprellen, nur mit Zuspiel;
- Zuspiel schulmäßig variiert üben, in der Bewegung;
- Üben der Grundfertigkeit der Zuspieltechnik im Stand.
Danach Wiederholen der gleichen Folge.

Es ist einleuchtend, daß nicht jede komplizierte offene technische Fertigkeit gleich zu Beginn unter Wettkampfbedingungen geübt werden kann. In diesen Fällen muß der „klassische" Aufbau, zumindest einleitend, beibehalten werden. Der gezielte Einsatz dieser Alternative des konzentrischen Lehrweges kann dort, wo sie geeignet erscheint, nachdrücklich empfohlen werden. (Vgl. u. a. RUDOLPH 1990)

5.2. Koordinationstraining

5.2.1. Problemsicht

Das Koordinationstraining ist ein wichtiger und unersetzbarer Bestandteil des komplexen Trainingsprozesses und wird damit zu einer nicht zu unterschätzenden Aufgabe. Allerdings muß in der Trainingstheorie wie auch in der sportlichen Praxis auf *recht unterschiedliche Positionen zu diesem Aufgabenkomplex* aufmerksam gemacht werden.

• Einerseits wird die Auffassung vertreten, daß auf die Aufgabe, koordinative Fähigkeiten zu trainieren, verzichtet werden kann, weil die Ausbildung dieser Fähigkeiten in das technische Training integriert ist.

Dieser für das Training technisch-kompositorischer Sportarten gewonnenen Auffassung von STARK (1987, S. 349) schließen sich BARTH u. a. (1993, S. 31) für das Kampfsporttraining an, verweisen jedoch an anderer Stelle auch auf die Notwendigkeit eines „fähigkeitsentwickelnden Charakters" des Techniktrainings. STARISCHKA (1994, S. 16) bringt es auf den Punkt, wenn er die Auffassung vieler Trainer und Übungsleiter wiedergibt: „Das ist doch nicht notwendig, das ‚läuft' doch sowieso mit." Das würde bedeuten, daß eine Spezifik des Koordinationstrainings gegenüber dem Techniktraining nicht gesehen wird.

• Andere Trainingswissenschaftler und auch Trainer erkennen dagegen eine gewisse eigene Funktion des Koordinationstrainings innerhalb des Techniktrainings.

MARTIN (1991, S. 54) kennzeichnet z. B. die schwerpunktmäßige Schulung einer technikbestimmenden koordinativen Fähigkeit als wichtigen Aspekt des „technischen Ergänzungstrainings" (S. 62). ROTH ordnet die Entwicklung koordinativer Fähigkeiten den Grundlagen des Techniktrainings zu, andererseits zählt er Übungen in variierten Situationen und zum Erlernen von Technikvariationen zu Bestandteilen des Techniktrainings (WILLIMCZIK 1991, S. 140). WEINECK (1983, S. 19) ist der Auffassung, daß das Training der koordi-

nativen Fähigkeiten in vielen Punkten das Techniktraining „berührt" und andererseits dessen unmittelbare Voraussetzung darstellt. HOTZ (1993, S. 20) ordnet in seiner neuesten Lernstufen-Trilogie allen drei Stufen entsprechende koordinative Aufgaben und Inhalte zu. Es wird deutlich, daß das Koordinationstraining viele Teilaspekte des Techniktrainings tangiert und daß dennoch von einer gewissen Eigenständigkeit gesprochen werden kann.

• Eine dritte Gruppe von Wissenschaftlern und Trainern ist von der eigenständigen, besonderen Rolle eines fähigkeitsorientierten Koordinationstrainings überzeugt.

ZSCHORLICH (1991, S. 279) meint, daß man bei der heutigen Leistungsdichte (im Radsport) auf das gezielte Training der koordinativen Leistungskomponente nicht verzichten darf. WÖRZ (1992, S. 19) kennzeichnet es als unverzichtbare Voraussetzung für die Feinstformung im Hürdenlauf, ROTH/SCHUBERT (1987, S. 3) messen ihm positive Wirkungen und Transfereffekte auf vielfältige andere Trainingsbereiche und -situationen (im Handball) zu.

• Analysiert man schließlich die Trainingspraxis, so ist bekannt, daß ein Weltklasseathlet wie der Schweizer Kugelstoßer GÜNTHÖR zur Entwicklung und Optimierung der speziellen Gleichgewichtsfähigkeit verschiedene Angleit-Übungsformen auf dem Schwebebalken in sein Trainingsprogramm aufgenommen hat. Zu beobachten ist weiterhin, wie sich Hochleistungssportler im Training auch anderen Sportarten systematisch zuwenden (Skispringer z. B. dem Volleyball) und daß eine Gleichgewichts-, Reaktions- oder Rhythmusschulung mit sportartspezifischen Inhalten durchaus praktiziert wird. (Vgl. auch MARTIN 1991, S. 57)

Aus all dem wird deutlich, daß *von einer einheitlichen Konzeption des Koordinationstrainings nicht gesprochen werden* kann. Hinzu kommt ja noch der sehr unterschiedliche objektive „Koordinationsanspruch" der verschiedenen Sportarten, der auch zu einer differenzierten Hinwendung zu diesem Problemkreis führte. In der Trainingspraxis wird angesichts dieser Vielfalt von Auffassungen das Koordinationstraining häufig vernachlässigt.

Weitere trainingswissenschaftliche Forschungen erscheinen – angesichts der geschilderten Lage – für die weitere Aufhellung des Koordinationstrainings unerläßlich.

Im Sinne erster Lösungen lassen sich folgende **Standpunkte** zusammenfassen:

• Technik- und Koordinationstraining sind zwei eng verflochtene, jedoch auch relativ eigenständige Aufgabenbereiche mit spezifischen Trainingszielen und -inhalten.

• Techniktraining ist selbstverständlich auch Koordinationstraining. Es ist jedoch stärker fertigkeitsorientiert, während das generalisierende Koordinationstraining stärker fähigkeitsorientiert ist.

• Die Ziele und Inhalte des Koordinationstrainings sind abhängig vom „Koordinationsanspruch" der Sportart, vom Alter der Sportler, ihrem Leistungsniveau sowie ihrer Individualität.

• Koordinationstraining kann – trotz starker Fähigkeitsorientierung – in höheren Leistungsbereichen mehr sein als Schulung koordinativer Fähigkeiten.

Diese thesenhaften Aussagen werden in den folgenden Abschnitten weiter diskutiert und bekräftigt.

5.2.2. Funktionen und Ziele

Aus den einleitenden Aussagen zum genannten Problem- und Themenfeld und in Auswertung entsprechender Literaturpositionen ergeben sich zwei grundsätzliche Funktionen des Koordinationstrainings für den Gesamttrainingsprozeß:

– die Voraussetzungs- und Vorbereitungsfunktion

– die Anwendungs- und Ergänzungsfunktion.

Koordinationstraining als Voraussetzung und Vorbereitung.

SINGER (1985, S. 187) kam zu der Erkenntnis, „daß vielseitige und umfangreiche Erfahrungen in der frühen Kindheit vonnöten sind, um die Sinnesorgane zu schärfen, grobe motorische Grundmuster zu entwickeln und Fähigkeiten und Fertigkeiten herauszubilden, die gemeinsam als Grundlage für den späteren Erwerb motorischer Fertigkeiten auf hohem und höchstem Niveau dienen."

Intensive und vielseitige Bewegungserfahrungen führen demnach zum leichteren Erlernen neuer Fertigkeiten. Diese koordinative Basis entsteht durch eine frühe Bekanntschaft mit elementaren Bewegungsmustern und Bewegungshandlungen aus verschiedenen Sportarten. Ferner verbessert ein erfahrungsbereicherndes,

vielseitiges und variationsreiches sportliches Üben die allgemeine motorische Lernfähigkeit, sichert jedoch auch ein differenziertes Bewegungsgefühl und garantiert eine individuelle situativ-variable Verfügbarkeit des Angeeigneten.

Die **Anwendungs- und Ergänzungsfunktion** des Koordinationstrainings ergibt sich aus der Zielstellung des Techniktrainings, die erfolgreich angeeignete sportliche Technik „individuell situativ – variabel verfügbar" (HOTZ 1991, S. 77) zu machen, sowie aus dem Umstand, daß für das Festigen, Anwenden und Gestalten von sporttechnischen Fertigkeiten die *Variation* den methodischen *Schlüsselbegriff* darstellt. Die erfolgreiche variable Verfügbarkeit der sportlichen Technik beruht besonders auf zwei Fähigkeiten, auf einer erfahrungsbedingten Antizipationsfähigkeit und auf dem gegenüber Störungen stabilen Durchsetzungsvermögen automatisierter Fertigkeiten, woraus sich die wichtigsten Ziele des sogenannten Technikanwendungstrainings (MARTIN 1991, S. 58) ableiten. Das Training technikbestimmender koordinativer Fähigkeiten wird darüber hinaus zu einer wichtigen Zielgröße des technischen Ergänzungstrainings, womit die Stabilisierung und die Virtuosität der sportartspezifischen Fertigkeiten gesichert werden soll (MARTIN 1991, S. 53 und 63). Allerdings verläuft das technische Ergänzungstraining in der Praxis noch wenig zielgerichtet und systematisch. Offensichtlich werden beide Funktionen des Koordinationstrainings noch häufig miteinander vermischt und die entsprechenden Zielstellungen und Trainingsinhalte nicht eindeutig abgegrenzt.

Kompliziert wird die Problematik noch durch die *unterschiedliche Rolle und Funktion* des Koordinationstrainings *für die verschiedenen Sportarten*, was die Verallgemeinerung der Aussagen beeinträchtigt. So unterscheiden sich Zeitpunkt, Umfang und Inhalt des Koordinationstrainings in den technisch-kompositorischen Sportarten eindeutig von den Disziplinen, in denen relativ wenige sportartspezifische Fertigkeiten von Bedeutung sind und auch das Repertoire an Spezialübungen relativ begrenzt ist (z. B. Gewichtheben, Skisprung).

Nach ACKERMANN (1987, S. 22) ist bei den sogenannten *konsistenten Aufgaben* (z. B. Ausdauer- und Schnellkraftdisziplinen) der Zusammenhang zwischen Fähigkeiten und Leistungen nicht invariant, sondern hängt stärker vom erreichten Stand des Fertigkeitserwerbs ab. Hier besteht grundsätzlich die Möglichkeit, durch ausreichende Übung zu einer völlig automatisierten Leistungserbringung zu gelangen.

Bei *inkonsistenten Aufgaben* (die situative Leistungsanforderungen enthalten wie im Kampfsport, in den Sportspielen) muß nicht nur auf überlernte Routinen (sporttechnische Fertigkeiten) zurückgegriffen werden, sondern stärker auch auf allgemeine psychomotorische, kognitive, koordinative Fähigkeiten. Völlig unterschiedlich sind demnach Charakter und Funktion des Koordinationstrainings.

Weiter kompliziert wird der Sachverhalt dadurch, daß mit zunehmender Leistungsfähigkeit Koordinationstraining mehr bedeutet als Schulung koordinativer Fähigkeiten.

„Mit steigendem Leistungsniveau und zunehmender Spezialisierung erhalten motorische Basisfähigkeiten für Lern- und Leistungsprozesse immer stärker den Charakter von notwendigen, aber zur Verhaltenserklärung nicht hinreichenden Voraussetzungen und machen differenzierte (sportart)spezifische Beschreibungssysteme notwendig." (Bös 1987, S. 93)

An Bedeutung gewinnen aufgabenspezifische, komplex-integrative Leistungsdispositionen, komplexere Selektions-, Speicherungs- und Steuerungsstrategien (Bös/Mechling 1983, S. 90), informationelle Strukturen und kommunikative Strategien der Veränderung sensomotorischen Verhaltens (Blischke 1979, S. 368), typische Komplexkonstellationen mit spezifischen infrastrukturellen Gewichtungsrelationen (Weineck 1980, S. 26), selbstorganisierte Bewältigungsstrategien mit individualspezifischen Invarianzen (Loosch 1990, S. 72).

Die Spezifität, Komplexität und Individualität der koordinativen Leistungsdispositionen erhöht sich mit zunehmender Leistungsfähigkeit, was mit einer Abnahme ihrer Generalität und Transferabilität einhergeht. Da die Generalisierung das Hauptmerkmal koordinativer Fähigkeiten darstellt, verlieren die immer spezifischer werdenden koordinativen Kompetenzen mehr und mehr ihren Fähigkeitscharakter. Das hat Konsequenzen für das Koordinationstraining – es *muß spezifischer und individueller werden.* Stärkeres Augenmerk ist auf die Vervollkommnung bestimmter führender koordinativer Elemente (Djačkov 1973, S. 34) oder leistungsbestimmender Fähigkeitskopplungen

(Fähigkeitsverbundstrukturen nach Kirchner 1991 b, S. 188) zu legen. Ausgeprägt werden muß die disziplinspezifische koordinative Kompetenz (oder Expertise), die individuelle Fähigkeitsstruktur (den Fähigkeitstyp nach Loosch 1990, S. 71). Entsprechende theoretische Grundlagen wurden dazu im Kapitel 3 (vgl. Abb. 3.2.-2) gelegt.

5.2.3. Inhalte und Methoden

Versteht man das sportliche Training als Anforderungsbewältigung und charakterisieren wir eine Anforderung als Konstellation von Aufgaben und Ausführungsbedingungen, ergibt sich, daß die Fragen nach den die koordinative Kompetenz fördernden und entwickelnden Übungen und Bedingungen gestellt und beantwortet werden müssen. Grundposition ist, daß das Koordinationstraining nicht identisch mit dem Techniktraining ist und die gewünschte, angezielte koordinative Befähigung auch nicht als „automatischer Nebeneffekt" des Techniktrainings erreichbar ist. Aus den erläuterten differenziellen Funktionen und Zielen des Koordinationstrainings leiten sich die folgenden vier Anwendungsbereiche und Wirkungsrichtungen sowie die Trainingsinhalte und Methoden ab.

5.2.3.1. Anwendungsbereiche und Wirkungsrichtungen

■ **Allgemeines Koordinationstraining**
Anwendungsbereich: Grundausbildung, Schulsport
Funktion: Voraussetzungs- und Vorbereitungsfunktion
Trainingsinhalte: sportartübergreifende Bewegungsvielfalt, polysportiv und vielseitig; Vervollkommnung der drei koordinativen Grundfähigkeiten sowie der fundamentalen koordinativen Fähigkeiten (vgl. 3.2.2.2.); Ausprägung und Vervollkommnung der psychophysischen Grundfunktionen (z. B. Sensibilisierungstraining); Erlernen koordinativer Grundmuster; Sicherung umfangreicher allgemeiner Bewegungserfahrungen.

■ **Sportartgerichtetes Koordinationstraining**
Anwendungsbereich: Grundlagentraining
Funktion: Voraussetzungs- und Vorbereitungsfunktion
Trainingsinhalte: neben dem Erlernen sportlicher Techniken Ausprägung und Vervollkommnung technikbestimmender, sportartspezifischer koordinativer Fähigkeiten bzw. auch
sportartspezifischer Aspekte der fundamentalen
koordinativen Fähigkeiten; weiterhin allgemeines Koordinationstraining mit sportartunspezi-
fischen Mitteln sowie Übungen aus anderen
Sportarten.

■ **Sportartspezifisches Koordinationstraining**
Anwendungsbereich: Aufbau- und Anschlußtraining
Funktion: Anwendungs- und Ergänzungsfunktion
Trainingsinhalte: Vervollkommnung technikbestimmender, sportartspezifischer koordinativer Fähigkeiten; Ausprägung charakteristischer
Fähigkeitskopplungen und Verbundstrukturen;
Aneignung spezifischer koordinativer Leistungsdispositionen; Erweiterung situations-
gerechter (sportartspezifischer) Bewegungserfahrungen; Finden individueller Bewältigungsstrategien; trotzdem auch allgemeine,
sportartunspezifische Mittel und Übungsformen aus anderen Sportarten.

■ **Koordinatives Spezialtraining**
Anwendungsbereich: Hochleistungstraining
Funktion: Anwendungs- und Ergänzungsfunktion
Trainingsinhalte: Vervollkommnung der sportartspezifischen koordinativen Kompetenzen
zur Anwendung und Durchsetzung der sportlichen Technik in den spezifischen Anforderungssituationen; Perfektionierung sich selbst
organisierender Bewältigungsstrategien mit individualspezifischen Invarianzen; Vervollkommnung koordinativer Expertisen; trotzdem
auch allgemeine, sportartunspezifische Mittel
und Übungsformen aus anderen Sportarten, besonders in den lernintensiven Sportarten (Gerätturnen, Rhythmische Sportgymnastik, Wasserspringen, Eiskunstlauf), in denen auch im
Aufbau-, Anschluß- und Hochleistungstraining
noch eine Voraussetzungs- und Vorbereitungsfunktion des Koordinationstrainings zu erfüllen ist.

5.2.3.2. Prinzipien und Regeln

Für die Auswahl der Trainingsübungen und der
zu verwendenden Methoden gelten folgende
spezifische Prinzipien bzw. Regeln:
● Koordinative Fähigkeiten können **nur mit
mehreren (verschiedenen) und koordinativ
anspruchsvollen Übungen** ausgeprägt und vervollkommnet werden, denn eine Fähigkeit entwickelt sich nur in der Tätigkeit, in der sie gefordert wird, und nur durch mehrere Übungen ist
ein Generalisierungseffekt erreichbar. Koordinativ anspruchsvoll sind entweder neue, ungewohnte, komplizierte, schwierige und „kniff-
lige" oder einfache, durch Kombination und
Variation erschwerte Übungen. Besonders die
Neuheit und Ungewohnheit sind die bestimmenden Kriterien für die Auswahl der Trainingsübungen. (MATWEJEW 1981, S. 135). Hier leitet
sich die Forderung nach polysportiver Vielseitigkeit ab. Zunehmender Bekanntheitsgrad
oder gar das Stadium der Automatisierung der
Übungen verringert den generalisierenden
koordinativen Effekt.
● Die **wichtigste Methode** zur Ausprägung und
Vervollkommnung koordinativer Fähigkeiten
ist die **zielgerichtete Variation,** die Variation der
Bewegungsausführung und der Übungsbedingungen. Durch die vielen verschiedenen und
wechselnden Übungsausführungen und Realisierungsbedingungen werden nicht nur
schlechthin die Bewegungserfahrungen erweitert, sondern es wird auch die Verallgemeinerung bestimmter Regulationsprozesse gefördert.
Das zielgerichtete Variieren führt zur Generalisierung und Übertragbarkeit der Verlaufsqualitäten, eben zur Fähigkeitsentwicklung.
Variiert werden sollen – neben der Ausgangs-
und Endstellung und der Bewegungsrichtung –
besonders die Krafteinsätze, was zu differenzierten Geschwindigkeiten, Rhythmen, Weiten
und Höhen führt. Auch auf das spiegelbildliche
Üben (Beidseitigkeit) sollte nicht verzichtet
werden.
Von besonderer Bedeutung ist das *Üben unter
ungewohnten Bedingungen* (Variieren der Geräte und ihrer Standorte, Abspringen von verschiedenen Stellen, unterschiedliche Signale
bei Reaktionsübungen, koordinative Anforderungen nach Belastung oder vestibulärer

Reizung, zusätzliche Bewegungsaufgaben, Verbindung mit anderen Trainingsübungen) sowie das *Üben unter Zeitdruck.* In der Praxis hat sich besonders die sogenannte *Kontrastmethode* („verstanden als möglichst ständiger kontrastierender Wechsel eines oder mehrerer Ausführungsmerkmale einer Zielübung und/oder relevanter Spezialübungen" – SCHNABEL 1991, S. 160) bzw. die *„Gegensatzerfahrung"* (HOTZ 1986, S. 78) bewährt.

• Bedeutsam ist die **optimale Belastungsgestaltung im Koordinationstraining.** Zu fragen ist nach der Wirksamkeit entsprechender Trainingsreize sowie nach der zu erreichenden bzw. zu überbietenden Reizschwelle, die eine koordinative Funktionserweiterung bzw. Höherorganisation der informationellen Prozesse sichert. Auch im Koordinationstraining gilt das allgemeine Trainingsprinzip von der Steigerung der Trainingsbelastung. Was aber bedeutet das hier? Zunächst ist die Forderung zu wiederholen, stets mehrere verschiedene Trainingsübungen für das Koordinationstraining einzusetzen. Weiterhin müssen die koordinativen Trainingsmittel eine höhere koordinative Schwierigkeit aufweisen als die sporttechnischen Grundübungen. Eine einfache, ständige Wiederholung ohne Variation führt nicht zur Generalisierung.

Experimentelle Untersuchungen haben den Nachweis erbracht, daß die Zahl der variierten Wiederholungen und der Schwierigkeitsgrad der Trainingsübungen schon sehr hoch sein müssen, um langfristig entsprechende Trainingseffekte erreichen zu können. Deutliche Veränderungen in nur wenigen Wochen sind kaum zu erwarten.

Schwierigkeitserhöhung und damit Erhöhung der Belastung *im Koordinationstraining bedeutet*:
– Erhöhung der Präzision
– Erhöhung des Zeitdrucks
– Erhöhung der Komplexität
– Erhöhung der Situations- und Bedingungsvariabilität
– Erhöhung der Variation der Informationsaufnahme
– Erhöhung der Ungewohnheit/Neuheit
– Verbindung mit konditioneller Vorbelastung.
(Vgl. Tab. 5.2.-1)
Allgemein sind koordinative Funktionserweiterungen im nichtermüdeten Zustand eher möglich.

Tabelle 5.2.-1 *Ausgewählte methodische Maßnahmen zur Steigerung der Koordinationsschwierigkeit*

Methodische Maßnahme	Anwendungsaspekte	Dominante Wirkungsrichtung
Veränderung der äußeren Bedingungen	Veränderung von Übungstätigkeiten, Gelände, Geräten, Partnern, Gegnern	Umstellungs-, Orientierungsfähigkeit
Variation der Bewegungsausführung	Veränderung der Bewegungsweite, der Bewegungsrichtung, des Bewegungstempos, der Krafteinsätze, der Teilkörper- oder Gesamtbewegung	Differenzierungs-, Kopplungs-, Rhythmusfähigkeit
Kombinieren von Bewegungsfertigkeiten	sukzessive und simultane Kombinationen	Kopplungsfähigkeit
Üben unter Zeitdruck	Erhöhung der Bewegungs- und Reaktionsschnelligkeit	Reaktions-, Orientierungs-, Kopplungsfähigkeit
Variation der Informationsaufnahme	Informationseinschränkung und -ausschaltung, objektive Zusatzinformation	Gleichgewichts-, Orientierungsfähigkeit
Üben nach Vorbelastung	allgemein konditionelle, spezifisch-funktionelle und psychophysische Vorbelastung	Differenzierungs-, Gleichgewichts-, Reaktionsfähigkeit

Es ist jedoch mit Nachdruck auf die Einheit und Wechselwirkung von Information und Energie zu verweisen. Koordinative Anforderungen nach oder sogar verbunden mit konditionell betonten Belastungen können durchaus zur regulativen Funktionserweiterung führen, wenn bereits ein hinreichender Fertigkeitsgrad erreicht ist, so daß beim Üben kein Qualitätseinbruch erfolgt. Insgesamt ist auch zu beachten, daß das koordinative Üben selbst zu einer hohen Beanspruchung führt, wie jüngste Untersuchungen bestätigen (Konzentrationsverlust, nervale Ermüdung u.a.). Konkrete, wissenschaftlich abgesicherte Belastungskennziffern für das Koordinationstraining liegen allerdings kaum vor.

• **Koordinationstraining** ist aufgrund der Vielseitigkeit, des Variationsreichtums und der Überraschungsmomente des Übens **stets freudbetont und emotional anregend.** Darüber hinaus ist die Kreativität der koordinativen Befähigung hervorzuheben. Immer wieder wird auch auf den spielerischen Charakter des Koordinationstrainings verwiesen, eine Besonderheit, die durch Trainer und Übungsleiter bewußt zur Auflockerung des Trainings genutzt werden sollte.

Weitere konkrete Hinweise zu Trainingsinhalten, Methoden, Prinzipien und Regeln des Koordinationstrainings sind bei MEINEL/SCHNABEL (1987), HIRTZ u.a. (1985) und ROTH (1989b) zu finden.
Alle hier genannten Prinzipien und Regeln beziehen sich in besonderem Maße auf die Vorbereitungs- und Voraussetzungsfunktion des Koordinationstrainings. Für die Anwendungs- und Ergänzungsfunktion liegen aus der Praxis zahlreicher Sportarten Erfahrungen vor, die zum Teil in die einschlägigen Fachbücher Eingang gefunden haben.

5.3.   Training der Beweglichkeit

5.3.1.   Zielstellung – Aufgaben

Die Zielstellung der Ausbildung bzw. des Trainings der Beweglichkeit leitet sich aus den jeweiligen Hauptzielen des Sporttreibens und der Bedeutung der Beweglichkeit ab, wie sie in 3.2.3. herausgearbeitet wurde. Der Aspekt der *Gesundheit*, des *Wohlbefindens*, der *allgemeinen Fitneß* und speziell des *arthromuskulären Gleichgewichts* sollte bei jeder Form des Sporttreibens mitbestimmend sein, auch bei der – zeitweiligen – Hauptzielstellung einer Hypermobilität als Grundlage von hohen und höchsten Leistungen. Zu unterscheiden ist jeweils, ob das Ausbildungs- bzw. Trainingsziel in der Steigerung oder Erhaltung der allgemeinen Beweglichkeit besteht oder ob eine spezielle Ausrichtung auf einzelne Gelenke oder Gelenksysteme erfolgen muß (**allgemeines** oder **spezielles Beweglichkeitstraining**). Spezielles Beweglichkeitstraining ist erforderlich zur Vorbereitung sportartspezifischer Lernprozesse und Leistungen, darüber hinaus jedoch auch zur gezielten Beseitigung muskulärer Dysbalancen.

Aufgaben:
Einfluß nehmen
– auf die Dehnbarkeit der die Gelenke umgebenden Körpergewebe, insbesondere des Muskelgewebes und der bindegewebigen Strukturen sowie auf den Gelenkstoffwechsel;
– auf die neurophysiologisch und in bestimmtem Maße auch psychisch bedingte Entspannungsfähigkeit der zu dehnenden Muskeln;
– auf die intermuskuläre Koordination;
– auf die Kraftfähigkeit der bewegenden Muskeln.

Hinsichtlich der Zielsetzung des Beweglichkeitstrainings bzw. der Maßnahmen der Einflußnahme auf die Beweglichkeit ist noch eine **Differenzierung** in folgender Weise vorzunehmen:
Das Beweglichkeitstraining ist seinem Wesen nach auf eine *Langzeitwirkung* und damit auf eine Anpassung der funktionellen Systeme einschließlich sensomotorischer Lernprozesse gerichtet. Notwendig ist und allgemein praktiziert wird jedoch andererseits eine *unmittelbare Einflußnahme* auf die Beweglichkeit und ihre Bedingungen *vor einem Training* und *einem Wettkampf* und in bestimmtem Maße *auch*

danach. Im ersteren Fall wird ein Teilziel der Erwärmung, des Einarbeitens verfolgt, im zweiten soll der Regenerationsprozeß, die Kompensation der Trainingsbelastung unterstützt und beschleunigt werden.

5.3.2. Trainingsinhalte und -methoden

Inhalte der Ausbildung bzw. des Trainings der Beweglichkeit sind **Beweglichkeitsübungen** und **ergänzende Maßnahmen.** Übungen zur Steigerung und Erhaltung der Beweglichkeit im engeren Sinne sind fast ausschließlich *Dehnübungen für Muskulatur und Bindegewebe,* wobei die Komponente der intermuskulären Koordination und der Tonusregulation dabei mehr oder weniger bewußt und gezielt einbezogen wird. *Übungen zur Einflußnahme auf den Stoffwechsel,* insbesondere den Gelenkstoffwechsel, als Grundlage der Beweglichkeit erfordern relativ großräumige rhythmische Bewegungen, müssen jedoch nicht mit besonderer Dehnung der betreffenden Gewebestrukturen verbunden sein. Zur *Steigerung der Kraftfähigkeit der* – bewegenden – *Antagonisten* dienen Übungen bzw. Methoden des Krafttrainings (s. 5.4.).

Die Zuordnung und Bewertung sowie die Bezeichnung der verschiedenen Methoden und Übungsformen des Beweglichkeitstrainings ist gegenwärtig sowohl in der Trainingswissenschaft als auch in der Trainingspraxis nicht einheitlich. Das ist besonders auf den Einfluß der Physiotherapie und der von den USA ausgehenden Stretching-Bewegung auf die Beweglichkeitsausbildung bzw. das -training im Sport zurückzuführen. Die Trainingswissenschaft muß auch solche Erscheinungen wie die Aerobic- oder die Stretchingbewegung auf ihre wissenschaftliche Solidität und ihren praktischen Wert überprüfen sowie u. U. Wesentliches in ihre Theorie und die Praxisorientierung übernehmen.

Unter Verwendung der bisher in der Trainingslehre üblichen Einteilung lassen sich *vier,* den Dehnungsarten entsprechende *Methoden* unterscheiden, in die sich auch die Stretching-Verfahren einordnen lassen. (Abb. 5.3.-1) Hinzu kommen *ergänzende Maßnahmen.*

Aktiv-dynamische Methode

Bei dieser Methode wird die dehnende Wirkung auf Muskulatur und Bindegewebe durch die **Kontraktion der Antagonisten** erreicht, die zu einer mehrfach wiederholten, kurzzeitigen extremen Exkursion im jeweiligen Gelenk führt, d.h. zum Erreichen einer Gelenkstellung, die der Widerstand des zu dehnenden Gewebes gerade noch zuläßt. Die betreffenden Übungen können **zügig** ausgeführt werden – d.h. die gesamte Bewegung resultiert aus der auxotonischen Kontraktion der Muskulatur bis zum Endpunkt –, sie können jedoch auch **schwunghaft** erfolgen, d.h., nach einer schnellkräftigen Anfangsbeschleunigung wirken im zweiten Teil

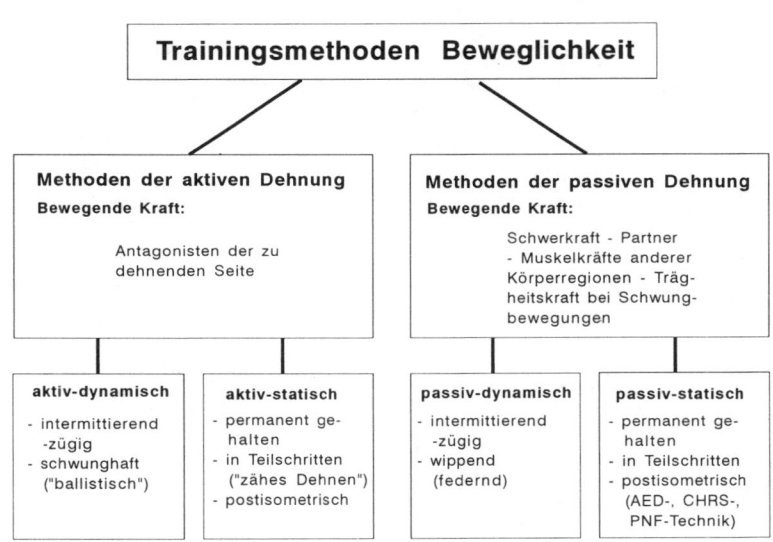

Abbildung 5.3.-1
Übersicht zu Trainingsmethoden der Beweglichkeit (Dehnmethoden)

Abbildung 5.3.-2
Aktiv-dynamische Dehnung

Abbildung 5.3.-3
Aktiv-statische Dehnung (permanent)

der Bewegung auch stärkere Trägheitskräfte, zumeist gemeinsam mit der weiter wirkenden Muskelkraft, wie etwa beim Vorschwingen des gestreckten Beines. Es kommt demnach eine Komponente der passiven Dehnung hinzu. (Abb. 5.3.-2)

Vorteile der Methode:
– Kommt den Anforderungen der aktiven Beweglichkeit bei sportlichen Bewegungen nahe und wirkt auf die intermuskuläre Koordination;
– wirkt zugleich als Kräftigungsreiz für die (bewegenden) Antagonisten.

Nachteile der Methode:
– Die für den Dehnungsreiz wirksame extreme Gelenkstellung wird jeweils nur für ganz kurze Zeit eingenommen, erreicht die Einwirkungsdauer von Methoden der statischen Dehnung selbst bei vielen Wiederholungen nicht;
– die schwunghafte Ausführung kann durch die schnelle Dehnung der Muskelspindel zur Auslösung des Streckreflexes führen. (Vgl. 3.2.3.2.)

Dieser letztgenannte Fakt war für die Vertreter der Stretching-Methoden Anlaß, aktiv-dynamische Beweglichkeitsübungen als *„Zerrgymnastik"* (SÖLVEBORN 1983, S. 15) oder *„ballistische Schleudergymnastik"* (SCHNACK 1992, S. 27) zu verurteilen. Ein wesentliches Gegenargument ist, daß infolge des Prinzips der reziproken Innervation und der Voreinstellung der Sensibilität der Muskelspindel über das γ-System bei gut koordinierten schnellen, schwunghaften Bewegungen, wie etwa beim Hürdenschritt, eine vorzeitige Bremswirkung durch den Streckreflex offenbar verhindert wird. Ungeachtet dessen sollte eine *einfühlsame,*

„einschleichende", sich langsam steigernde Ausführung der aktiv-dynamischen Übungen *gefordert* werden. Zu häufige schlagartige Dehnungsreize können feine Gewebetraumen bewirken und die Elastizität negativ beeinflussen, so daß die Verletzungsanfälligkeit – z. B. für einen Riß der Muskelfaser – erhöht wird. (Vgl. MAEHL 1986, S. 87)

Dennoch sind im Training der Leistungssportler auch die *schwunghaften Beweglichkeitsübungen nicht zu entbehren,* denn nur durch diese kann die koordinative Komponente der (sportart)spezifischen Beweglichkeit hinreichend trainiert werden[1].

Aktiv-statische Methode

Bei dieser Methode wird durch eine längere **statische Anspannung der Antagonisten** die erreichbare äußerste Gelenkstellung eine gewisse Zeit beibehalten, so daß dabei ein länger dauernder Dehnungsreiz ausgeübt wird.

Vorteile der Methode:
– Bedeutend länger anhaltender Dehnungsreiz gegenüber den dynamischen Übungsformen;
– der Streckreflex ist weitgehend vermeidbar.

Nachteile der Methode:
– Kein unmittelbarer Einfluß auf die koordinative Komponente der Beweglichkeit und damit geringere Trainingswirkung für die aktive Beweglichkeit;
– geringerer Bewegungsausschlag im Gelenk und damit geringere Dehnwirkung gegenüber der passiv-statischen Methode.

---

[1] Selbst SÖLVEBORN (1983, S. 17) empfiehlt, neben den Stretching-Übungen – als den statischen Methoden – auch dynamische „Bewegungsübungen" einzubeziehen.

Abbildung 5.3.-4
Aktiv-statische Dehnung (in Teilschritten)

Abbildung 5.3.-5
Passiv-dynamische Dehnung

Als **permanente Dehnung** wird dabei die einfache Ausführung bezeichnet, die mit einer langsamen Bewegung in die Endstellung führt, die dann 10–30 s gehalten werden soll. Ein Beispiel dafür sind statische Rumpfbeugeübungen im Stehen oder im Sitz auf dem Boden. (Vgl. Abb. 5.3.-3)

Eine andere Variante der aktiv-statischen Methode, die wir **Dehnen in Teilschritten** nennen wollen – SÖLVEBORN (1983, S. 113) bezeichnet sie als „zähes Dehnen" oder „passives Ausziehen" –, läuft folgendermaßen ab (Abb. 5.3.-4):

– Einnehmen einer durch Kontraktion der Antagonisten leicht erreichbaren Dehnstellung („easy stretch");
– verbleiben in dieser Stellung 10–30 s, ruhig atmen, auf gedehnte Muskulatur konzentrieren und Nachlassen der Spannung „erfühlen";
– nachdehnen und weitere 10–30 s in neuer Dehnstellung verbleiben („development stretch");
– evtl. nochmals nachdehnen, aber überstarke Spannung und Schmerz („drastic stretch") vermeiden.

Die beim Nachdehnen erreichbare weitere Gelenkexkursion wird dem Umgehen des Streckreflexes – der allerdings auch beim langsamen Einnehmen einer permanenten Dehnstellung nicht ausgelöst werden dürfte! – und einer einschleichenden Tonusregulation zugeschrieben.

Die oben als Beispiel genannten statischen Rumpfbeugeübungen lassen sich sehr leicht und effektiv auch nach dem Prinzip dieser Variante durchführen.

Als dritte Variante der aktiv-statischen Methode kann das **postisometrische Dehnen** genannt

werden, dessen Grundprinzip sich jedoch besser bei teilweise passiv-statischer Ausführung verwirklichen läßt und deshalb als dritte Variante der passiv-statischen Methode beschrieben wird. Ungünstig bei rein aktiver Realisierung dieser Variante ist, daß die erforderliche Gegenkraft für die kräftige isometrische Kontraktion der anschließend zu dehnenden Muskulatur durch die antagonistischen Muskeln aufgebracht werden muß.

Passiv-dynamische Methode

Bei dieser Methode wird, beginnend in einer leichten Dehnstellung oder doch in der Nähe des Grenzbereichs, durch Druck oder Zug (meistens eines Partners) eine **wippende Bewegung** erzeugt, die jeweils zu kurzzeitiger starker, meist schmerzhafter Dehnung in den betreffenden Gelenken führt. Hierbei ist die Gefahr der Auslösung des Streckreflexes und von Mikrotraumen bedeutend größer als bei der aktiv-dynamischen Methode. Deshalb kann diese Methode nur bei **intermittierend-zügiger Ausführung** und bei einem gut entwickelten Einfühlungsvermögen des Partners empfohlen werden, und sie verlangt auch vom Übenden bzw. Trainierenden die Fähigkeit zur bewußten Entspannung der zu dehnenden Muskeln, die als koordinative Komponente der Beweglichkeit dabei andererseits auch mit verbessert werden kann. (Abb. 5.3.-5)

Daß eine passiv-dynamische Komponente darüber hinaus auch im Rahmen aktiv-dynamischer Beweglichkeitsübungen bei der schwunghaften (balli-

Abbildung 5.3.-6
Passiv-statische Dehnung (permanent)

Abbildung 5.3.-7
Passiv-statische Dehnung (postisometrisch)

stischen) Variante auftreten kann, wurde bereits erwähnt.

Passiv-statische Methode

Bei dieser Methode wird ein **länger anhaltender Dehnungsreiz durch die Wirkung äußerer Kräfte** erreicht (Schwerkraft, Partner, Muskelkräfte anderer Körperregionen), also nicht durch die Antagonisten der zu dehnenden Muskeln. Der erreichbare Bewegungsausschlag im betreffenden Gelenk – und damit die dehnende Wirkung dieser Methode – ist allgemein größer als bei der aktiv-statischen Methode. (Abb. 5.3.-6)

Die einfache, traditionelle Übungsform ist das Beibehalten der durch die genannten Kräfte eingenommenen Dehnstellung über mindestens 10 s. Diese **permanente Dehnung,** die jeweils auch 60 s und mehr betragen kann, wird einige Male wiederholt, wobei bei Wirkung von Partnerkräften oder eigenen Muskelkräften von Mal zu Mal der Druck etwas verstärkt wird.
Auch bei der passiv-statischen Methode besteht die Möglichkeit der **Dehnung in Teilschritten** („zähes Dehnen", „passives Ausziehen"), wie bei der aktiv-statischen Methode beschrieben.
Die dritte Variante, das **postisometrische Dehnen,** stammt aus der Physiotherapie und aus der Stretching-Bewegung und wurde auch als Grundverfahren des Stretching aufgefaßt (SÖLVEBORN 1983, S. 13). Es läuft folgendermaßen ab (Abb. 5.3.-7):
– Nach Einnahme einer leichten Dehnstellung isometrische Kontraktion der zu dehnenden

Muskeln gegen einen äußeren Widerstand und Halten der Spannung ohne äußere Bewegung über 10–30 s. (Die Antagonisten werden dabei – im Gegensatz zur aktiv-statischen Methode – nicht aktiviert);
– Entspannung der kontrahierten Muskeln;
– nach 2–3 s passive Dehnung der zuvor kontrahierten Seite, mit oder ohne gleichzeitige Kontraktion der Antagonisten über 10–30 s.

Die Bezeichnungen des postisometrischen Dehnens und auch die Zeitangaben sind bei den Vertretern der verschiedenen Richtungen unterschiedlich:
• *AED-Technik:* Anspannen – Entspannen – Dehnen
• *CHRS-Technik:* contract – hold – relax – stretch
• *PNF-Technik:* proprioceptive neuromuscular facilitoring.

Beachtenswert sind die folgenden **Ausführungsrichtlinien**:
– Sanft dehnen, ohne daß es weh tut!
– An gedehnte Muskeln „denken", Dehnung mitfühlen!
– Ruhig und gleichmäßig atmen!
– Entspanntes Verhalten, möglichst bequeme Stellung!

Während diese Ausführungsrichtlinien auf eine Vermeidung des Streckreflexes bzw. einer induzierten dehnungshemmenden Muskelspannung abzielen, wird die Technik des postisometrischen Dehnens primär mit der autogenen Hemmung begründet, die im stark kontrahierten Muskel durch die Wirkung des Antistreckreflexes – ausgelöst über die Golgi-Sehnenrezeptoren – verursacht werden soll und nach der Kontraktion noch fortwirkt. Gegen diese Begründung und Erklärung, die bisher nicht eindeutig experimentell bewiesen wurde, gibt es Einwände, speziell in ihrer Anwendung auf die

Beweglichkeitsübungen im Sport. (Vgl. u.a. HOSTER 1987, S. 1525/1526) Die zweifellos vorhandene Steigerung des Dehnungsbereichs durch die postisometrische Relaxation läßt sich offenbar nicht allein über Rückenmarkreflexe begründen, sondern ist möglicherweise das Ergebnis einer Regulation über höhere Zentren, da bereits ein minimaler Krafteinsatz zu einer Hemmung führt, die durch bewußte Entspannung unterstützt wird. (LEWIT 1983, S. 320) Der Bezug zum Prinzip der reziproken Innervation liegt nahe.

Vergleich der Methoden

Bisher konnte kein Nachweis geführt werden, daß eine der vier Methoden **grundsätzlich** wirksamer ist als eine andere. (BEAULIEU 1981, S. 60; DIETRICH/BERTHOLD/BRENKE 1985, S. 54; DE VRIES 1962; HOLT/TRAVIS/OKITA 1970) Die Untersuchung von DE VRIES ergab allerdings im Vergleich der dynamischen und statischen Dehnübungen zwar keinen signifikanten Unterschied in der Steigerung der Bewegungsamplitude, jedoch war bei statischen Dehnübungen nach Ende der Trainingsphase eine bessere Erhaltung der erzielten Beweglichkeit zu beobachten (erfaßt über 8 Wochen). Das spricht für eine *Bevorzugung der statischen Methoden.*

Eine absolute Bevorzugung der statischen Methoden praktizieren die Stretching-Vertreter und begründen sie u.a.:
– mit einer schonenderen Wirkung auf Muskel- und Bindegewebe, so daß Mikrotraumen verhindert werden und größeren Verletzungen besser vorgebeugt wird;
– mit der Verhinderung des störenden Streckreflexes;
– mit der generell möglichen besseren „einfühlsamen" Muskelentspannung.

Wenngleich alle diese Argumente nicht zu übersehen sind, so sollte für die sportliche Beweglichkeitsausbildung und das leistungssportliche Beweglichkeitstraining keine pauschale Bevorzugung einer Methode bzw. Variante erfolgen – **alle haben ihre Berechtigung und sind je nach Aufgabe und Bedingungen sinnvoll anzuwenden.** Entsprechend den bereits angeführten Vor- und Nachteilen der Methoden und Varianten bedeutet das u.a.:
• In der allgemeinen Beweglichkeitsausbildung, zur Schaffung von Grundlagen für die aktive Beweglichkeit und am Beginn einer Übungs- und Trainingseinheit Bevorzugung der statischen Methoden (passiv-statische Methode zunächst ohne Partner und ohne postisometrische Dehnung).

• Partnereinsatz und postisometrische Dehnung zum intensiveren Dehnen vornehmlich im speziellen Beweglichkeitstraining, d.h. bei besonderen gelenkbezogenen Anforderungen und zur Beseitigung muskulärer Dysbalancen; Partnerübungen jedoch nicht als Einleitung bzw. Vorbereitung von Training und Wettkampfstart.
• Dynamische Übungen zur unmittelbaren Ausbildung der Beweglichkeit, d.h. speziell der intermuskulären Koordination, einschließlich der schwunghaften Ausführung bei speziellen Sportarten bzw. Disziplinen (z.B. Hochsprung) nach vorangehenden statischen und intermittierend-zügigen dynamischen Übungen.

Ergänzende Maßnahmen

Die Ausbildung und vor allem das forcierte Training der Beweglichkeit sollte möglichst durch ergänzende Maßnahmen unterstützt werden:
• Maßnahmen und Übungen zur **Muskelentspannung.** Dazu gehören *psychoregulative Maßnahmen* zur Konzentration und Regulation muskulärer Spannung (MATHESIUS 1990) sowie auf Entspannung gerichtete *Massagen.*
• **Training koordinativer Fähigkeiten,** speziell der motorischen Differenzierungsfähigkeit (s. 5.2.).

5.3.3. Methodisches Vorgehen

• **Einarbeiten – Erwärmen.** *Aktives Einarbeiten* sowohl zum Einspielen der sensomotorischen bzw. der neuromuskulären Koordination als auch zum Erreichen einer optimalen Betriebstemperatur als Voraussetzung für eine relativ hohe sportliche Leistungsfähigkeit ist vor intensiveren Beweglichkeitsübungen unbedingt erforderlich, um Verletzungen bzw. Mikrotraumen zu vermeiden und eine hinreichende Wirkung zu erzielen. Beweglichkeitsübungen im Einleitungsteil von Trainingseinheiten, Sportstunden usw. sollten nicht ganz am Anfang liegen und erst gegen Ende zu stärkeren Dehnungsreizen führen.
• **Übungsdauer und -intensität.** Um eine bessere Dehnbarkeit des Muskel- und des Bindegewebes als bleibende Wirkung von Beweglichkeitsübungen zu erreichen, ist eine *stärker*

dehnende Zugwirkung von nicht zu geringer Gesamtdauer erforderlich. Das wird mit dynamischen Übungen nur durch hohe Wiederholungszahlen (mehr als 50) annähernd erreicht. Bei statischen Übungen werden in der Literatur zwar unterschiedliche Angaben gemacht, man sollte jedoch eine Mindestdauer von einer Minute dehnender Zugwirkung als unbedingt erforderlich ansehen. Bei Wiederholung der Übungen oder mehreren Übungen für die gleiche funktionelle Einheit (Gelenk) sind je nach Ausgangsstatus und Zielstellung 5 Minuten und mehr nicht zu hoch angesetzt.

Eine wichtige Frage ist: **Wie stark** soll **der dehnende Zug** sein? Darf es dabei zu **Schmerzempfindungen** kommen?

Zumeist wird heute dazu die Auffassung vertreten, daß es nicht zu Schmerzempfindungen kommen darf („drastic stretch"), vor allem, weil dadurch reflektorisch die Muskelspannung erhöht wird oder gar eine stärkere reflektorische Kontraktion erfolgt. *Trainierte Sportler,* die eine bewußte Entspannung ihrer Muskulatur gelernt haben, können jedoch *bis an die Schmerzgrenze* gehen und werden in Sportarten mit hohen Beweglichkeitsanforderungen auch kaum ohne einen solchen starken Dehnungsreiz auskommen. Umstritten bleibt die *„gewaltsame Dehnung",* wie sie im Gerätturnen von Experten für notwendig erachtet wurde.

Die Trainingswirkung von Beweglichkeitsübungen auf die **koordinative Komponente** der Beweglichkeit hängt weniger von der Stärke der dehnenden Kräfte als von der *Wiederholungsanzahl* bei dynamischen Übungen und auch bei postisometrischen Dehnübungen ab. Auch ein variantenreiches Üben wirkt sich auf die intermuskuläre Koordination und die Tonusregulation günstig aus.

● **Korrektheit der Übungsausführung.** Damit die angewandten Übungen die beabsichtigte Wirkung erreichen, kommt es zumeist auf die genaue Befolgung der vorgeschriebenen Ausführung an[1]. Andernfalls besteht neben möglicher Fehlbelastung mit Verletzungsfolgen die Gefahr, daß der Dehnungsreiz nicht auf die beabsichtigten Muskel- und Bindegewebsabschnitte konzentriert wird oder daß die notwendige Entspannung nicht erreicht und der Streckreflex ausgelöst wird oder daß der Trainingsreiz zu gering ist oder gar nicht zustande kommt.

Beispielsweise muß bei Dehnübungen für die rückseitige Oberschenkelmuskulatur u. a. besonders auf die Stellung des Beckens geachtet werden, da bei rückwärts gekipptem Becken die Wirkung unzureichend ist, wie durch Untersuchungen ermittelt wurde. (SULLIVAN/DEJULIA/WORRELL 1992)

● **Bewußtes Üben.** Training der Beweglichkeit erfordert *in sehr hohem Maße* die *bewußte Beteiligung des Übenden,* unterliegt demnach mindestens ebenso stark wie andere Trainingsaufgaben dem Prinzip der Bewußtheit. Korrektheit der Übungsausführung, wie sie oben begründet wurde, kann nur durch bewußtes Üben, nicht durch gedankenloses, lässiges Abarbeiten eines Übungsprogramms erreicht werden. Dazu muß der Übende – und bei Partnerübungen auch der Partner – nicht nur die richtige Ausführung genau kennen, sondern auch von der Notwendigkeit der korrekten Ausführung überzeugt sein. Er muß sich auch auf die richtige Muskelspannung und besonders -entspannung konzentrieren, und die Ausführung an der Schmerzgrenze erfordert ebenfalls bewußte Regulation. Da die in vielen Sportarten benötigte spezielle Beweglichkeit bereits im Kindesalter erarbeitet werden muß, gilt es, bereits in diesem Alter ein bewußtes Üben zu erreichen.

● **Gelenkbezogenes Üben.** Um einen genau dosierten, akzentuierten Dehnungsreiz zu erzielen, ist die Konzentration auf jeweils ein Gelenk erforderlich. Dabei wird die Bewegung benachbarter Gelenke möglichst weitgehend ausgeschaltet, indem die betreffenden Körperteile durch Bodenkontakt (Schwerkraft), Gerätewiderstand (z. B. Sprossenwand) oder Partnermitwirkung fixiert werden.

Beispiele sind das Rumpfdrehen im Sitzen gegenüber der Ausführung im Stehen oder das Beinspreizen rückwärts durch Anlehnen vorlings an die Sprossenwand.

Soll stärker auf die aktive Beweglichkeit und die *koordinative Komponente* der Beweglichkeit Einfluß genommen werden, sind darüber

---

[1] Daß „unfunktionelle", schon in ihrer Anlage zu möglichen Schädigungen führende Übungen von vornherein vermieden werden sollten, versteht sich von selbst. Beispiele dafür führt u. a. KNEBEL (1985, S. 189–194) an.

hinaus Übungen sinnvoll, die nicht nur ein Gelenk, sondern größere funktionelle Einheiten, ganze Muskelschlingen analog den realen sportlichen Bewegungen („Wettkampfübungen") erfassen.

Ein Beispiel ist die Einnahme der Wurfauslage (Ausholbewegung) beim Speerwerfen.

• **Einordnung in die Trainingseinheit.** *Beweglichkeitssteigerndes Training* sollte seinen Platz im Hauptteil der Trainings- bzw. Übungseinheit haben, wenn alle Systeme hinreichend eingearbeitet und auf Beanspruchung vorbereitet sind. *Beweglichkeitsübungen im Rahmen von Erwärmungs- und Kompensationsprogrammen* zielen von vornherein primär auf aktuelle Wirkungen ab und können in der Regel nicht zu einer nachwirkenden Beweglichkeitssteigerung, jedoch zur Erhaltung der antrainierten Beweglichkeit beitragen. Der Hauptgrund liegt darin, daß sowohl vor hinreichender Einarbeitung (Erwärmung) als auch nach ermüdender Beanspruchung vor allem die Dehnungsbeanspruchung zu Schädigungen des Muskel- und Bindegewebes führen kann, wenn sie höhere Grade erreicht.

• **Vorgehensweise (Programme).** Allgemein ist es zweckmäßig, auch im Beweglichkeitstraining mit Programmen zu arbeiten, die nach Inhalt (Übungsauswahl), Umfang (Übungsanzahl und Wiederholungen) und Intensität (u. a. Vorgaben zur Dauer einer Dehnhaltung) durch die jeweilige Zielstellung in Beziehung zur Ausgangssituation (einschließlich Alter, Trainingsalter und individueller Eigenheiten) bestimmt werden. Dabei ist in vielen Fällen – nicht nur im Hochleistungssport – eine individuelle Differenzierung angebracht (s. S. 210; Prinzip der Einheitlichkeit und Differenzierung).
Zum *Vorgehen bei allgemeinen Beweglichkeitsprogrammen* seien folgende Orientierungen gegeben:
– Nach hinreichendem Erwärmen (Einarbeiten) zunächst Übungen bzw. Übungsausführung, die den Beweglichkeitsspielraum noch nicht bis zur momentanen Grenze ausschöpfen – mit schrittweiser Steigerung;
– Dehnübungen in der Folge Agonist – Antagonist, um muskulären Dysbalancen vorzubeugen bzw. entgegenzuarbeiten (Maehl 1986, S. 110);
– Beginn mit Übungen für die Extremitäten, Fortschreiten zum Rumpfbereich (Maehl 1986, S. 110);
– Programme zum Einarbeiten, zur Startvorbereitung und zur Kompensation von Belastungen *nicht* mit Dehnübungen abschließen, u. a. um durch leichte Kräftigungsübungen eine hinreichende „Aktionsspannung" der Muskeln zu sichern (Maehl 1986, S. 110);
– Ausrichtung auf Funktionskreise, die sich jeweils in einem Gelenk überlappen, so daß die systematische Erfassung aller Funktionseinheiten gesichert wird.

Nach Knebel (1985, S. 75) sollten 4 Funktionskreise (Gelenksysteme mit zugehöriger Muskulatur) unterschieden werden:

I:	Halswirbelsäule mit Kopf, Brustwirbelsäule bis zum fünften Brustwirbel,
II:	Brustwirbelsäule vom fünften bis einschließlich zwölften Brustwirbel, Lenden-Becken-Hüftregion,
III:	untere Lendenwirbelsäule, Hüftgelenk und Kreuzbein-Darmbein-Gelenk, gesamte untere Extremität,
IV:	Schultergelenk mit Schulterblatt und Schlüsselbein, gesamte obere Extremität.

Ein systematisches – oder auch akzentuiert auswählendes – Vorgehen nach Funktionskreisen bei der Programmaufstellung ermöglicht sowohl auf ein Gelenk als auch auf größere Funktionseinheiten (den ganzen Funktionskreis) bezogene Übungen. Zu praktischen Beispielen für Übungsprogramme muß auf die spezielle Fachliteratur verwiesen werden (u. a. Knebel 1985; Maehl 1986).

• **Übungshäufigkeit.** Hinreichende Übungshäufigkeit wird bestimmt durch
– das angestrebte Zielniveau;
– das bereits vorhandene Niveau (je näher bereits an den möglichen Grenzwerten, desto größer der erforderliche Aufwand für weitere Steigerung);
– das Alter;
– Art und Umfang der sportlichen Tätigkeit (z. B. Rückwirkung durch hohen Krafttrainingsumfang);
– individuelle Besonderheiten (Gewebselastizität, neuromuskuläre Regulation, Kraftfähigkeit der Antagonisten u. a.).

Als sehr grobe **allgemeine Orientierung** soll hier nur folgendes angegeben werden:

– Zur forcierten Steigerung der Beweglichkeit ist konzentriertes Beweglichkeitstraining, nach Möglichkeit zweimal täglich, über mehr als 15 Minuten notwendig.
– Zur Erhaltung eines durch Training erreichten Niveaus sollte über Aufwärm- und Kompensationsprogramme hinaus ein gesondertes Beweglichkeitstraining wenigstens einmal wöchentlich beibehalten werden.
– Anzustreben ist, daß Beweglichkeitsübungen Bestandteil der täglichen Körperhygiene werden. Auch regelrechte „Hausaufgaben" sind bei hinreichender Motivation und Bewußtheit der Sporttreibenden (Trainierenden) angebracht.

5.4.   Training der Kraftfähigkeit

5.4.1.   Ziele und Trainingsübungen

Ziele

Als Krafttraining bezeichnen wir Belastungsformen mit Zusatzlasten und erhöhten Widerständen, die zur Steigerung von Maximal- und Schnellkraftfähigkeiten dienen.

Im **Gesundheits- und Breitensport** zielt das Krafttraining darauf ab, die Muskulatur allseitig unter besonderer Berücksichtigung der Hauptmuskeln des Körpers (Rücken-, Brust-, Bauch-, Hüftmuskulatur) zu kräftigen. Aufmerksamkeit gilt auch der Kräftigung abgeschwächter Muskeln, um Haltungsschwächen und -schäden zu vermeiden.

Eine harmonisch ausgebildete Muskulatur fördert die Stabilität und Mobilität, erhöht die Belastbarkeit und Belastungsverträglichkeit und mindert Verletzungsgefahren bei körperlich anstrengender und einseitiger Berufstätigkeit sowie im Sport. (Schmidt 1987) Dieses Krafttraining wird mit vielseitig wirksamen Übungen durchgeführt, die eine harmonische Muskelausbildung gewährleisten.

Im **Wettkampfsport** ist das Krafttraining auf die spezifischen Anforderungen der Wettkampfsportart oder -disziplin ausgerichtet und hat folgende *Aufgaben* zu erfüllen:

– Kräftigung der Muskeln, Muskelpartien und Muskelschlingen, die in der Wettkampfbewegung die Hauptarbeit leisten;

– prophylaktische Sicherung des arthromuskulären Gleichgewichts durch Kräftigung zur Abschwächung neigender Muskeln und weitgehende Beseitigung von Ungleichgewichten, die durch das spezialisierte Training entstehen und Fehlbelastungen verursachen können;
– Kräftigung derjenigen – zumeist kleineren – Muskeln, die durch das auf die Hauptmuskeln gerichtete Krafttraining nicht ausreichend gekräftigt werden; das betrifft auch die Antagonisten.

Trainingsübungen

• **Allgemeine Kraftübungen.** Es sind Übungen, die keinen direkten Bezug zur Wettkampfbewegung haben, z. B. das Klimmziehen für Fußballspieler. Auch die kräftigende Betätigung in einer anderen Sportart kann in den Komplex der allgemeinen Übungen fallen, z. B. Ringkampf jugendlicher Ruderer.

Das grundlegende Ziel des Trainings mit allgemeinen Kraftübungen besteht in einer vielseitigen, breitgefächerten Kräftigung (Maximal- und Schnellkraftfähigkeit) der Muskulatur als Basis für die Aufnahme eines eng spezialisierten Krafttrainings und zu dessen Ergänzung. Man darf davon ausgehen, daß ein sorgfältig aufgebautes allgemeines Krafttraining die Belastungsverträglichkeit für ein spezielles Krafttraining erhöht und das Entstehen muskulärer Dysbalancen verhindert oder zumindest abschwächt. Die größte Bedeutung haben allgemeine Kraftübungen im Nachwuchsbereich des Wettkampfsports; sie dürfen in der vielseitigen sportlichen Ausbildung nicht fehlen. Die Transformation des erreichten Kraftgewinns in erhöhte Wettkampfleistung ist bei Trainingsanfängern deutlich nachweisbar. Der verstärkte Einsatz spezieller Trainingsübungen läßt sich dadurch verzögern.

Mit zunehmender Leistungsfähigkeit nimmt der unmittelbar leistungsfördernde Effekt allgemeiner Kraftübungen ab. Ihr Wert im Anschluß- und Hochleistungstraining ist daher umstritten. Nach praktischen Erfahrungen besteht ihr Nutzen in folgendem: Auflockerung des zumeist sehr einseitigen und auf die Dauer monoton wirkenden speziellen Krafttrainings, Stabilisierung des Kraftzustandes, ausgleichende Wirkung durch Minderung muskulärer Dysbalancen. Dadurch ergibt sich ein mittelbarer leistungsfördernder Effekt.

Wichtige Übungsformen des Krafttrainings mit allgemeinen Übungen sind:
- Partnerübungen (Ziehen, Schieben, Tragen, Ringen);
- Übungen an Turn- und Krafttrainingsgeräten;
- Übungen mit Kleingeräten (Fausthanteln, Rundgewichte, Kugeln, Medizinbälle, Expander, Impander);
- kraftgymnastische Übungen.

• **Spezialübungen.** *Spezialübungen setzt man zielgerichtet zur Kräftigung einzelner Muskeln und Muskelgruppen ein, die für die Leistung in der Wettkampfbewegung bedeutsam sind.* Sie werden daher tätigkeitsspezifisch ausgewählt. Spezialübungen sind unentbehrlich für die Steigerung der maximalen Kraftfähigkeit, weil nur in seltenen Fällen (im Gewichtheben, bei einigen Übungen im Geräteturnen oder im Ringen) die zur Kraftsteigerung notwendigen hohen Widerstände mit der Wettkampfübung erzeugt werden können. Typische Spezialübungen sind z. B. die Tiefkniebeuge mit Hantellast des Gewichthebers oder das Bankstoßen des Kugelstoßers.
Spezialübungen zur Ausbildung der Schnellkraftfähigkeit sollten weitgehend der dynamischen Struktur der Wettkampfübung entsprechen. (VERCHOŠANSKIJ 1971, S. 61; LETZELTER/ LETZELTER 1990, S. 282)

• **Wettkampfübung.** Das Krafttraining erfolgt entweder mit der originalen Wettkampfbewegung und leicht erhöhten Widerständen, z. B. Springen mit Gewichtsgürtel, Stoßen oder Werfen schwererer Geräte oder mit Hilfe von Krafttrainingsgeräten, die eine Imitation der Wettkampfbewegung oder von Teilbewegungen (Armzug für Schwimmer) erlauben (semispezifisches Krafttraining). Die Widerstände dürfen nur gering überhöht sein, weil sich sonst im Vergleich zu den originalen Wettkampfbedingungen erhebliche Abweichungen im Kraftverlauf und damit in der Bewegungskoordination ergeben. (KNAUF u. a. 1982)
Das Krafttraining mit der Wettkampfübung soll die Kraftfähigkeiten in Einheit mit der sportlichen Technik weiterentwickeln, die intramuskuläre Koordination (Rekrutierung, Synchronisation) aktivieren und die Umsetzung des gesamten Kraftpotentials in die Wettkampfbewegung unterstützen.

5.4.2. Trainingsmethoden und Kontraktionsformen

Trainingsmethoden

Die Methoden des Krafttrainings sind einerseits durch den Ausprägungsgrad und die Kombination der Belastungsfaktoren (Belastungsintensität, -dichte und -frequenz sowie Belastungsumfang und -dauer) und andererseits durch dynamische und statische Muskelkontraktionsformen charakterisiert.
Die methodische Grundstruktur des Krafttrainings ist intermittierend (mit Unterbrechungen folgend) und wird durch die **Wiederholungsmethode** *charakterisiert.*

Merkmale der Wiederholungsmethode:
• die Intensität (Widerstandsgröße, Bewegungsgeschwindigkeit) ist hoch bis maximal;
• die Bewegungsfrequenz ist optimal (in der Regel zumindest keine maximale Frequenz);
• die Belastungen sind in kurzen Serien gebündelt, nur zum Muskelaufbau wird bis zur Erschöpfung belastet;
• nach jeder Serie folgt eine längere Erholungspause, die eine weitgehende, nahezu vollständige Erholung und Wiederherstellung der Kraftleistungsfähigkeit gewährleistet;
• die Energiebereitstellung ist anaerob (alaktazid bis laktazid).

Genutzt werden hauptsächlich dynamischkonzentrische (überwindend) und dynamischexzentrische (nachgebend), isokinetische oder reaktive Kontraktionen. Statisches Krafttraining ist im Wettkampfsport seltener. Die **Elektromyostimulation** (EMS) ist eine weitere Möglichkeit zur Muskelkräftigung. Ergänzt wird das trainingsmethodische Instrumentarium durch Varianten des Intensitätsverlaufs in Krafttrainingsprogrammen, die als *Pyramiden-* bzw. *Kontrastmethode* bezeichnet werden.
Bei der **Steuerung** der Belastung hat der Faktor Intensität die führende Rolle. Zur Steigerung der Maximal- und Schnellkraftfähigkeiten sind vor allem maximale oder fast maximale Muskelzugspannungen erforderlich. Im Maximalkraft-

training wird diese Bedingung durch sehr große bis maximal große Widerstände (Zusatzlasten) erreicht und im Schnellkrafttraining durch eine maximal mögliche Bewegungsgeschwindigkeit (explosive Bewegungen) bei submaximalen Widerständen. Abb. 5.4.-1 verdeutlicht die prinzipiellen Beziehungen zwischen Widerstandsgrößen und Bewegungsgeschwindigkeit im Maximal- und Schnellkrafttraining und im Vergleich dazu im Schnelligkeitstraining.

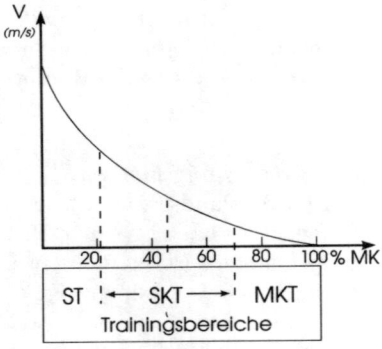

Abbildung 5.4.-1
Klassifizierung der Belastungsformen nach der Widerstandsgröße (% zum Maximum);
MKT = Maximalkrafttraining, SKT = Schnellkrafttraining, ST = Schnelligkeitstraining

Durch **Adaptation** verbessert sich sowohl die *Rekrutierung* (Zuschaltung motorischer Einheiten) als auch die *Synchronisation* (gleichzeitige Aktivierung einer größeren Anzahl motorischer Einheiten); das Muskelfaserpotential wird vergrößert (Hypertrophie) und umfassender mobilisiert. Bei „explosiv" ausgeführter Bewegung gegen hohe Widerstände adaptieren stärker die schnellkontrahierenden Muskelfasern, bei umfangreicheren Belastungen im submaximalen Widerstandsbereich und relativ langsamen Bewegungen bzw. bei statischen Anforderungen mit längerer Kontraktionsdauer adaptieren stärker die langsamkontrahierenden Fasern. Neben morphologischen Anpassungen steigt das energetische Potential. (Vgl. 3.3.2.)

Kontraktionsformen

Zur Ausbildung der Kraftfähigkeiten stehen verschiedene Kontraktionsformen zur Verfügung,

die in den Realisierungsbereichen sportlicher Betätigung (Leistungssport, Breitensport, Behindertensport und Freizeitsport) eine sehr unterschiedliche Bedeutung haben. Auch der individuelle Leistungszustand und die Belastungsverträglichkeit (Stütz- und Bewegungssystem!) sowie Besonderheiten der sportlichen Disziplinen beeinflussen die Art und Form des Krafttrainings. Überwiegend genutzt werden Krafttrainingsübungen mit konzentrischer Kontraktion.

■ Dynamisch-konzentrische (überwindende) Kontraktion

Im dynamisch-überwindenden Krafttraining werden Lasten gehoben, gerissen oder gestoßen bzw. adäquate Bewegungen an Krafttrainingsgeräten ausgeführt.

Diese Art des Krafttrainings ist im Vergleich zu anderen trainingsmethodisch relativ leicht zu handhaben. Man nutzt vor allem zur Kräftigung großer Muskelgruppen Übungen mit Scheibenhanteln (Stoßen, Reißen, Kniebeugen) oder andere Übungen, die eine feine Dosierung der Widerstände gestatten, sowie spezielle Krafttrainingsgeräte.

■ Dynamisch exzentrische (nachgebende) Kontraktion

Im dynamisch-nachgebenden Krafttraining wird der kontrahierte Muskel zwangsweise gedehnt. Dies erfolgt entweder durch den Zug eines Partners, durch eine Überlast oder durch eine Bremsbewegung.

Übungen ohne komplizierten apparativen Aufwand (Roboter) sind z. B. das zwangsweise Absenken aus der Klimmzughaltung durch den Zug eines Partners, Fallen in den Liegestütz, Abbremsen einer fallenden Last, Bremsbewegungen nach Niedersprüngen mit oder ohne Zusatzlasten.

Auch bei horizontalen Mehrfachsprüngen entstehen in den Bremsphasen exzentrische Kontraktionsbedingungen. Dabei wird eine höhere Muskelspannung als bei konzentrischer oder isometrischer Kontraktion erreicht. Die Kraftmaxima sind bei exzentrischer Kontraktion um 25 bis 40 % höher als bei isometrischer Kontraktion (BÜHRLE/SCHMIDTBLEICHER 1981, S. 14). Nach VIITASALO u. a. (1981) erhöhte sich die konzentrische Maximalkraft der Beinstrecker bei einer Kombination von exzentrischen und konzentrischen Belastungsformen schneller als nach ausschließlichem Einsatz konzentrischer Belastungen.

■ **Isokinetische Kontraktion**

Zum isokinetischen Krafttraining benötigt man spezielle Geräte, *die über die gesamte Bewegungsamplitude eine gleichbleibende Bewegungsgeschwindigkeit sichern und in allen Winkelstellungen einen reizwirksamen Krafteinsatz ermöglichen.* Die Geräte lassen **Feedback-Verfahren** zu. Das isokinetische Prinzip läßt sich auch annähernd bei geeigneten Partnerübungen realisieren, wenn der Partner die Bewegung des anderen durch eigene Kraftentfaltung (Gegenkraft) dosiert abbremst. Der Vorteil isokinetischer Kontraktionen wird in der gleichmäßigen Kräftigung der Muskulatur in allen Winkelstellungen gesehen. Bei isokinetischen Geräten läßt sich zudem die Geschwindigkeit so variieren, daß der wettkampfspezifische Kraft-Zeit-Verlauf simuliert werden kann. Andererseits ist es durch die Wahl einer höheren Geschwindigkeit möglich, die Ausprägung der Schnellkraft- und Schnelligkeitskomponente zu unterstützen. Isokinetisches Krafttraining kann zur Ausbildung von Maximal- und Schnellkraft eingesetzt werden.

Vorteile im Tempo der Kraftentwicklung im Vergleich zu anderen Kontraktionsformen sind nicht belegt. Der hauptsächliche Anwendungsbereich sind Sportarten mit längerer Kontraktionsdauer, deren Kraft-Zeit-Charakteristik dem isokinetischen Prinzip nahekommt, wie Rudern (Beinstoß) und Schwimmen (Armzug). Ein wichtiger Vorteil liegt in dem gleichmäßigen Krafteinsatz und dem Wegfall extrem explosiver Kraftspitzen. Dadurch werden Verletzungsgefahren weitgehend ausgeschlossen. Isokinetisches Krafttraining ist daher auch im Rehabilitationstraining besonders geeignet.

■ **Isometrische (statische) Kontraktion**

Beim statischen Krafttraining wird der Muskel gegen einen festen Widerstand angespannt. Der Muskel kontrahiert, verkürzt sich aber nicht. Es gibt unterschiedliche **Übungsformen**:

• Es wird gegen einen festen Widerstand submaximale bis maximale Muskelspannung entfaltet (z. B. Stemmen in der halben Kniebeuge gegen eine fixierte Reckstange).

• Eine Last wird aufgenommen, eine kurze Wegstrecke bewegt und mit erhöhter Kraft gegen eine Sperre gedrückt (z. B. halbe Kniebeuge im Hantelgleitgerät, kurze Aufwärtsbewegung und Stemmen gegen eine Sperre) – auch als *funktionell isometrisches Krafttraining* bezeichnet.

• Kombination dynamischer und statischer Kontraktionsformen (z. B. im Zuge einer Bewegung mit Last wird in verschiedenen Winkelstellungen unterbrochen Haltearbeit geleistet).

Umfangreichere Untersuchungsergebnisse zum statischen Muskeltraining wurden von HETTINGER (1968) vorgelegt. Zum Erreichen eines Trainingseffektes muß die **Trainingskraft**[1] 40 % MK übersteigen. Der optimale Trainingseffekt entsteht bei einer Anspannungsstärke von 50 bis 70 % MK. Höhere Werte beschleunigen den Kraftgewinn nicht. Die **Anspannungsdauer** muß mindestens 20 bis 30 % der bis zur Erschöpfung möglichen erreichen. Bei gut trainierter Muskulatur empfiehlt sich jedoch eine Trainingskraft von 100 % und eine Anspannungsdauer von 3 bis 6 Sekunden. (HOLLMANN/HETTINGER 1990, S. 229 ff.)

Da sich der Kraftgewinn nur in dem engen Bereich der Winkelstellung optimal realisiert, der im Training bevorzugt wurde, sollte man in zwei bis drei Winkelstellungen – verteilt über die gesamte Bewegungsamplitude – belasten. Die Anforderungen an den Belastungsumfang sind gering. Pro Muskelgruppe rechnet man mit 5 bis 10 Kontraktionen pro Tag.

Die Wirksamkeit des statischen Krafttrainings wird unterschiedlich beurteilt. Unbestritten ist die Effizienz in der Therapie und Rehabilitation, da jede Muskelgruppe gezielt gekräftigt werden kann. Auch im Freizeitsport ist statisches Krafttraining schon wegen des geringen Zeitbedarfs nützlich. Im Wettkampfsport ist die Anwendung dann vorteilhaft, wenn die Wettkampfbewegung statische Phasen enthält. Bei der Ausbildung dynamischer Schnellkraftleistungen ist statisches Krafttraining dem dynamischen unterlegen, weil es keine bewegungstypischen koordinativen Anforderungen ausbilden kann und vorwiegend die langsamkontrahierenden Fasern adaptieren.

■ **Muskelkontraktion durch Elektromyostimulation**

Das Auslösen der Muskelkontraktion durch elektrische Reizung wurde in der Rehabilitation zum Auftrainieren atrophierter Muskeln und in der Raumfahrt zum Erhalt der Muskelfunktionen bei längerer Schwerelosigkeit genutzt. *Bei der Stimulation können die Muskeln direkt gereizt werden oder indirekt über den zuständigen motorischen Nerv.*

---

[1] Als Trainingskraft wird die im statischen Krafttraining aufgewandte Muskelspannung in % zur aktuellen Maximalkraftfähigkeit verstanden (HOLLMANN/HETTINGER 1990, S. 183).

Etwa seit Anfang der siebziger Jahre wurde die Einsatzmöglichkeit der Elektromyostimulation (EMS) im Leistungssport erprobt. Untersucht wurde u.a. die Wirkung unterschiedlich hoher Stromfrequenzen und -stärken, die Beziehungen zwischen Frequenz und Stromstärke und der Reizzyklus (Verhältnis von Reizdauer und Reizpause). Die Anwendung erfolgt in Ruhe oder bei einfachen Bewegungen. Insbesondere für zyklische Ausdauersportarten wurden Mehrfachimpulsprogramme mit Annäherung an den physiologischen Ansteuerungsmechanismus der Muskulatur und der Kraft-Zeit-Charakteristik der Einzelzyklen erprobt. (ANDRIANOWA u.a. 1974; ANZIL u.a. 1974; HEINISCH/STORBECK 1988; RYMON 1983)

Mit der EMS kann man die Maximal-, Schnellkraft- und Kraftausdauerfähigkeit der gereizten Muskeln erhöhen. Bei Vergleichsuntersuchungen konnten die Kraftfähigkeiten durch EMS nur zeitweilig schneller als durch willkürliches Krafttraining verbessert werden. Es wird daher empfohlen, es nur ergänzend zu herkömmlichen Krafttrainingsformen einzusetzen.

Die *positive Wirkung der EMS* wird auf folgende Sachverhalte zurückgeführt: Es können gezielt einzelne Muskeln oder Muskelgruppen aktiviert werden, es ergibt sich eine relativ lange Anspannungsdauer der Muskulatur, der lokale Stoffwechsel wird aktiviert, durch die Spezifik der gut dosierbaren Kontraktion kommt es zu einem ausgeprägten synchronen Einsatz einer größeren Anzahl von Muskelfasern. *Grenzen der EMS:* die disziplinspezifischen koordinativen Prozesse werden unter Ruhebedingungen gar nicht und bei einfachen Bewegungen nur diffus angesprochen; im Zuge der Anpassung muß man die Stromstärke erhöhen, wobei recht schnell gesundheitsverträgliche Grenzen erreicht werden; die ausgelösten Anpassungen scheinen wenig stabil zu sein.

Grenzen im praktischen Einsatz bestehen in den Sicherheitsbestimmungen, der geforderten Applikation nur durch speziell ausgebildete Fachkräfte (Ärzte, Physiotherapeuten) und dem erheblichen apparativen Aufwand.

Eine nahezu uneingeschränkte Anwendung ermöglicht ein batteriebetriebener **Ministimulator** mit einem Impulsbreitenbereich zwischen 1 und 10 Mikrosekunden („schmale Impulse"). Er gestattet die Anwendung der EMS in allen Bereichen des Sports und in der Rehabilitation. (BLÜMEL 1990)

5.4.3. Belastungsformen des Krafttrainings

5.4.3.1. Maximalkrafttraining

Als Maximalkrafttraining bezeichnen wir Belastungsformen des Krafttrainings gegen Widerstände, die 70 % und mehr der individuellen Maximalkraft beanspruchen. Es dient unmittelbar zur Steigerung der Maximalkraftleistung.

Hauptrichtungen im Maximalkrafttraining:
- · Vergrößerung des Muskelquerschnitts mit dem Hauptziel, die Absolutkraft zu steigern (Muskelaufbautraining);
- Erhöhen der Aktivierungsfähigkeit mit dem Ziel, das willentlich verfügbare Kraftpotential zu steigern (Aktivierungstraining).

Beide Hauptrichtungen sind im Maximalkrafttraining miteinander verbunden, können aber durch **Dosierungsvarianten** jeweils verstärkt gefordert werden.

Dosierung zur verstärkten Entwicklung der Muskelhypertrophie

Die Vergrößerung des Muskelquerschnitt ist Voraussetzung für die Steigerung der **Absolutkraft**. Im Maximalkrafttraining dazu sind folgende **Belastungsbedingungen** zu sichern: **In jeder Serie ist gegen optimal große Widerstände (Zusatzlasten) bis zum Wiederholungsmaximum zu belasten.**

Die optimale Zusatzlast beträgt bei Übungen mit dynamisch-konzentrischer Kontraktion 70 bis 90 % der Maximalkraft. Die Bewegungsgeschwindigkeit ist mehr zügig als schnell. In den Serien strebt man das *Wiederholungsmaximum* an. Durch den Gesamtumfang sollen die beanspruchten Muskeln ausbelastet werden. Die Pausen zwischen den Serien sind mit etwa 2 bis 3 Minuten anzusetzen. **Diese Verfahrensweise bezeichnen wir als „Methode der erschöpfenden Maximalkraftbelastung".**

Als auslösende *Ursachen der Muskelhypertrophie* werden die Sauerstoffmangel- und die ATP-Mangeltheorie[1] diskutiert. Letztere wird favorisiert. (HOLLMANN/HETTINGER 1990; DE MARÉES 1991b) Die Hypertrophie ist immer mit einer verstärkten Eiweißneubildung verbunden. Dazu kommt es, wenn im Krafttraining eine optimale Muskelzugspannung, eine längere Anspannungsdauer und in jeder Serie das Wiederholungsmaximum erreicht wird. Diese Situation führt zu einer weitgehenden Verausgabung des Adenosintriphosphats (ATP), das bei erschöpfender Ausbelastung in den Serien nicht mehr durch das Kreatinphosphat (KP) erneuert werden kann (Resynthese). Eine Erschöpfung der energiereichen Phosphate erfolgt nach etwa 20 Sekunden. Wird der Abbau häufig genug ausgelöst, kommt es zur Aktivierung der Nukleinsäuren- und Eiweißsynthese und damit zur Adaptation in Form der Muskelhypertrophie. (HOLLMANN/HETTINGER 1990, S. 60 u. 227)

Das auf der Basis dieser Theorie in den letzten Jahren verfeinerte Trainingssystem der Bodybuilder ist u. a. von BÜHRLE/WERNER (1985) beschrieben.

Dosierung zur betonten Steigerung der Aktivierungsfähigkeit

Die Fähigkeit, das durch den Muskelquerschnitt weitgehend festgelegte Kraftpotential in leistungswirksame Maximalkraftfähigkeit freizusetzen, stellt besondere Anforderungen an die Ausprägung der **intramuskulären Koordination.** Im Maximalkrafttraining sind Bedingungen zu schaffen, die höhere Rekrutierungsraten aller Muskelfasertypen sowie eine optimale Synchronisation der Aktivität der motorischen Einheiten auslösen und bei denen die beanspruchten Muskelgruppen mit höherer Frequenz innerviert werden. Es sind folgende **Belastungsbedingungen** zu sichern:

Maximal bzw. fast maximal große Widerstände (Zusatzlasten) sind mit höchstmöglicher (explosiver) Bewegungsgeschwindigkeit zu überwinden.

Die **Zusatzlasten** beim Krafttraining mit konzentrischer Kontraktion erreichen 85 bis 100 % MK, wobei diesen hochintensiven Anforderungen bei jeder Übung eine „aufwärmende" Vorbelastung mit geringeren Zusatzlasten und

gemäßigter Bewegungsgeschwindigkeit vorangeht. Bei der Hauptbelastung ist immer mit hohem Willenseinsatz eine „explosive" Kontraktionsgeschwindigkeit und eine unter den gegebenen Widerstandsbedingungen höchstmögliche Geschwindigkeit der Muskelverkürzung (d. h. eine hohe Bewegungsgeschwindigkeit) zu verwirklichen.

„Explosives" Krafttraining mit Überwinden großer bis maximaler Widerstände erhöht nicht nur das Niveau der Maximalkraftleistung, sondern auch die Bewegungsgeschwindigkeit über die gesamte Bandbreite maximaler bis geringer Widerstände. (Abb. 5.4.-2) *Diese Art des Maximalkrafttrainings schafft daher auch leistungsbestimmende Grundlagen für Schnellkraftleistungen.*

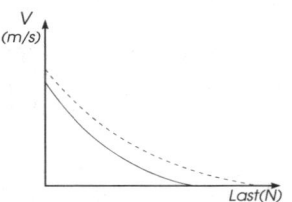

Abbildung 5.4.-2 *Wirkung des Maximalkrafttrainings. Es erhöhen sich die Kontraktionskraft und die Bewegungsgeschwindigkeit in allen Widerstandsbereichen.*

Da sich die nervalen Steuerungsprozesse für die Verbesserung der intramuskulären Koordination nur im ermüdungsfreien Zustand gut ausbilden lassen, begrenzt man die Anzahl der Bewegungswiederholungen in den Serien und gewährt zwischen diesen längere Erholungspausen (3 bis 5 Minuten). Auch in den zum Aufwärmen dienenden niedrigen Belastungsstufen sind nur wenige Bewegungswiederholungen angebracht, um eine vorzeitige Ermüdung zu verhindern und die optimale Muskelkontraktionsleistung im reizwirksamen Bereich zu sichern. **Diese Verfahrensweise bezeichnen wir als „Methode der explosiven Maximalkraftbelastung".**

---

[1] Die Energie für die Muskelkontraktion wird vom ATP geliefert, das nur für wenige Kontraktionen ausreicht und ständig resynthetisiert werden muß. Dies geschieht hauptsächlich durch das Kreatinphosphat (KP), das aber bei intensiven Belastungen nach 10–20 Sekunden ausgeschöpft ist.

Belastungsverfahren mit wechselnden Widerständen

Pyramidenmethode. *Es handelt sich um ein Verfahren, bei dem die Widerstände von Serie zu Serie bis in den Bereich der maximalen Leistung ansteigen (A).* Die stufenweise Rückkehr zur Ausgangslast (A + B) ist möglich.

Beispiel:

A   75 % + 80 % + 85 % + 90 % + 95 %
     5×   4×   3×   2×   1×

     100 %
     1×

B   95 % + 90 % + 85 % + 80 % + 75 %
     1×   2×   4×   6×   10×

Wiederholungen und Steigerungsstufen können variieren. Zur Verbesserung der intramuskulären Koordination verzichtet man auf viele Wiederholungen in den Serien und steuert schnell die beabsichtigte Spitzenlast an. Diese Variante dient vor allem zur **Verbesserung der Aktivierungsfähigkeit**; durch die geringen Seriengrößen wird die Muskelhypertrophie begrenzt.
Soll kombiniert auf die intramuskuläre Koordination und auf die Hypertrophie eingewirkt werden, wählt man den Laststufenbereich etwa zwischen 70 und 90 % MK und erhöht vor allem in den Serien mit niedrigerer Last die Wiederholungen. Zur Verstärkung des Trainingseffektes wird die Intensität nach Erreichen der höchsten Intensitätsstufe pyramidenartig auf das Ausgangsniveau zurückgeführt, wobei die Anzahl der Bewegungswiederholungen in den Serien zur Verstärkung des Hypertrophieeffektes bis zum Wiederholungsmaximum erhöht werden kann.

Kontrastverfahren. Das *Verfahren wird durch den systematischen Wechsel der Widerstände innerhalb einer Trainingseinheit charakterisiert.* Der Wechsel erfolgt z. B. in den Wurfdisziplinen durch den wechselnden Einsatz unterschiedlich schwerer Wurfgeräte oder durch den Wechsel von schweren und leichten Lasten im Training mit Hanteln. Die Widerstände variieren entweder zwischen verschiedenen Serien oder innerhalb der Serien:

(1) 1. Serie 5 x 80 % MK // 2. Serie 4 x 40 % MK
     3. Serie 3 x 90 % MK // 4. Serie 3 x 50 % MK
     5. Serie 5 x 80 % MK // 6. Serie 4 x 40 % MK
(2) 1. Serie 5 x 80 % MK + 3 x 40 % MK
     2. Serie 2 x 90 % MK + 2 x 50 % MK
     3. Serie 5 x 80 % MK + 3 x 40 % MK

Weitere Anwendungsbeispiele beschreiben u. a. HARTMANN/TÜNNEMANN (1988, S. 229) und NORDMANN/HAUPTMANN (1990). Der Effekt wird unterschiedlich eingeschätzt.
Naheliegend ist die Annahme, daß der Sportler lernt, zwischen unterschiedlich großen Kräften besser differenzieren zu können. (HOCHMUTH/GUNDLACH 1982) Dies weist auf die Bedeutung der Ausbildung des „Kraftempfindens" als Voraussetzung für das Erreichen eines optimalen Kraft-Zeit-Verlaufes hin. Damit stimmt auch die Auffassung von NORDMANN/HAUPTMANN (1990) überein, daß man durch die Kontrastmethode die Transformation des Kraftniveaus in die Schnellkraftleistung und die Ausprägung optimaler zeitlicher Abläufe der intra- und intermuskulären Koordination beschleunigen kann.

5.4.3.2. Schnellkrafttraining

Als Schnellkrafttraining bezeichnen wir Belastungsformen des Krafttrainings, die durch „explosive" Krafteinsätze gegen Widerstände im Bereich wettkampfspezifischer Schnellkraftanforderungen charakterisiert sind.

Voraussetzungen für schnellkräftige Bewegungen sind:
- ein auf die disziplinspezifischen Anforderungen abgestimmtes Niveau der Maximalkraftfähigkeit;
- eine hohe Rekrutierungsrate und eine hohe Synchronisation vor allem der schnellkontrahierenden Muskulatur (intramuskuläre Koordination);
- eine explosive Aktivierung der Synergisten bei effektiver Entspannung der Antagonisten;
- eine ausgeprägte intermuskuläre Koordination;
- eine optimale Flächengröße der FT-Fasern und hohe Aktivierung der glykolytischen Enzyme.

Das **Maximalkrafttraining schafft die entscheidende konditionelle Basis für die Schnellkraftfähigkeit.** Im Trainingsverlauf geht das Maximalkrafttraining daher auch dem Schnellkrafttraining schwerpunktmäßig voraus. Seine Funktion besteht nicht nur in der Steigerung der Maximalkraftfähigkeit, sondern vor allem auch in der Verbesserung der intramuskulären Koordination.

Große Lasten zu überwinden zwingt zum Einsatz vieler motorischer Einheiten (Rekrutierung und Synchronisation), während sich geringere Lasten im Schnellkrafttraining auch ohne optimale Ausprägung dieses Effektes bewegen lassen. *Maximalkrafttraining mobilisiert daher die Muskelfaserreserve besser als Schnellkrafttraining.* Entscheidend ist es, den dabei ausgelösten intramuskulären Trainingseffekt auf Bewegungen mit geringeren Lasten zu übertragen und eine höhere Kontraktions- und Verkürzungsgeschwindigkeit unter wettkampfspezifischen Bedingungen zu erreichen.

Durch das Maximalkrafttraining allein können Schnellkraftleistungen jedoch nicht optimal ausgebildet werden. In der leistungssportlichen Praxis wurden die Grenzen der Wirkung des Maximalkrafttrainings auf die Verbesserung der Schnellkraftfähigkeit und **disziplinspezifischer Schnellkraftleistungen** in den vergangenen Jahren deutlicher erkannt. Nach Erreichen eines optimalen Belastungsumfanges mit den zur Ausbildung von Maximalkraftfähigkeiten erforderlichen allgemeinen und Spezialübungen ist die Umsetzung der Maximalkraftfähigkeit in disziplinspezifische Schnellkraftleistungen nicht mehr ausreichend gewährleistet. Eine Speerwerferin der internationalen Spitzenklasse erzielte nach deutlicher Reduzierung des Maximalkrafttrainings und Übergang zu verstärktem disziplinspezifischem Schnellkrafttraining erhebliche Leistungssprünge. (HELLMANN 1987; 1991, S. 47ff.)

Durch **spezielles Schnellkrafttraining** kann offensichtlich nicht nur die intermuskuläre Koordination, sondern vor allem auch die Fähigkeit zur Mobilisierung der Kräfte im finalen Teil der Wurfleistung besser als durch Maximalkrafttraining entwickelt werden. So gehen auch LETZELTER/LETZELTER (1990, S. 235) von der Annahme aus, daß es eines besonderen methodischen Schrittes bedarf, um einen „Gewinn an Maximalkraft" in eine „spezifische Schnellkraft" zu übertragen, z. B. durch spezielles Schnellkrafttraining.

Einseitiges Maximalkrafttraining über längere Zeit beansprucht und entwickelt nicht nur die schnellen, sondern auch die langsamen Fasern, und es kann zur Umwandlung schneller glykolytischer in schnelle oxydative Fasern führen. (Vgl. TIDOW 1993) Da die Schnellkraftleistung in hohem Maße durch die glykolytisch angelegten FT-Fasern realisiert wird, kann Maximalkrafttraining – einseitig eingesetzt – die optimale Ausprägung der Schnellkraftleistung behindern. Man muß davon ausgehen, daß weder das Maximal- noch das spezielle Schnellkrafttraining die Schnellkraftfähigkeit optimal ausbilden können. *Es kommt vielmehr darauf an, Maximal- und Schnellkrafttraining optimal miteinander zu verbinden.*

Trainingsübungen und Belastungsformen des Schnellkrafttrainings

Im Schnellkrafttraining werden alle bereits besprochenen Arten von Trainingsübungen mit einem spezifischen Zuschnitt der Übungsformen und Dosierung genutzt.

● **Allgemeine Kraftübungen**

Allgemeine Kraftübungen haben im Nachwuchstraining ihre Berechtigung. Sie können aber auch in der Reihung von Trainingsblöcken: Maximalkrafttraining – allgemeines Schnellkrafttraining – spezielles Schnellkrafttraining (vgl. LETZELTER/LETZELTER 1990, S. 235) den systematischen Aufbau wettkampfspezifischer Schnellkraftleistungen in der Vorbereitungsperiode unterstützen. Mit ihrer Hilfe kann man lokale Voraussetzungen für disziplinspezifische Schnellkraftleistungen vorbereiten. Die unterschiedlichen Anforderungen an disziplinspezifische Schnellkraftleistungen erschweren die Angabe allgemeingültiger Belastungsregeln.

Orientierungswerte für die **Dosierung der Belastung** im Schnellkrafttraining:
– Größe der Zusatzlasten: 35 %–65 % MK;
– hohe bzw. explosive Bewegungsgeschwindigkeit mit bewußter Geschwindigkeitserhöhung in der Endphase der Bewegung;

– in den Serien begrenzte Bewegungsfrequenz und geringe Anzahl an Wiederholungen (4–8);
– ausreichend lange Pausen zwischen den Serien, damit die Intensitätsparameter bei der neuen Serie voll eingehalten werden können.

● **Spezialübungen**

Die Effektivität der speziellen Trainingsübungen hängt in hohem Maße von der Größe der Widerstände ab, mit denen noch eine weitgehende bewegungsstrukturelle Übereinstimmung von Trainings- und Wettkampfübung erreicht werden kann.

Mit Hilfe von Spezialübungen wird die Schnellkraftfähigkeit einzelner Muskelpartien, die für die Schnellkraftleistung besondere Bedeutung haben, gezielt gekräftigt. Hierzu kann man beispielsweise rechnen: Niedersprünge und Sprungserien mit Zusatzlast sowie Einbeinsprünge mit Anlauf und aus dem Stand für die Entwicklung der Sprungkraft; Werfen und Schocken von Kugeln oder Medizinbällen für die Ausbildung der Schnellkraft im Speer- und Diskuswurf.

Besonders wirksam sind *Varianten des reaktiven Krafttrainings*, z. B. Krafteinsätze nach

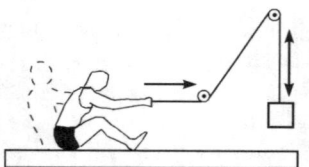

Abbildung 5.4.-3 *Schlagmethode*
(nach Verchošanskij 1995)

nach einer erzwungenen Muskeldehnung (Abb. 5.4.-3) oder Nieder-Hoch-Sprünge mit Zusatzlast, die häufig den Übergang zum speziellen Training mit der originalen Wettkampfbewegung vorbereiten. Ein Vorteil dieser Übungen besteht darin, daß man die Intensität zumeist besonders wirkungsvoll dosieren und auch höhere Belastungsumfänge erreichen kann als mit der Wettkampfübung, so daß der muskuläre Anpassungsprozeß beschleunigt wird.

Die **Intensität** im Schnellkrafttraining mit Spezialübungen muß den wettkampfspezifischen Anforderungen gerecht werden. Geringe Trainingswiderstände verbessern die Bewegungsgeschwindigkeit u. a. bei gleichartigen Wettkampfanforderungen, während der Geschwindigkeitsanstieg bei Wettkampfanforderungen mit höheren Widerständen gering bleibt. (Abb. 5.4.-4)

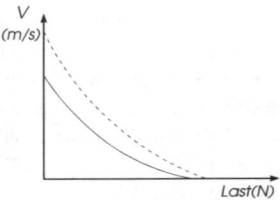

Abbildung 5.4.-4 *Wirkung des Schnellkrafttrainings mit geringer bis mittlerer Intensität. Es erhöht sich vor allem die Bewegungsgeschwindigkeit bei Bewegungen mit geringen und mittleren Widerständen.*

Das spezielle Schnellkrafttraining von Gewichthebern und Ringern muß sich daher in den Intensitätswerten deutlich von dem der Speerwerfer oder Skispringer unterscheiden. Hinz weist in diesem Zusammenhang auf die Notwendigkeit hin, den disziplinspezifischen Nutzen der Übungen exakter zu bewerten. Nieder-Hoch-Sprünge entwickeln z. B. die Schnellkraftfähigkeit für leichtathletische Sprünge und sind dem Schnellkrafttraining zuzuordnen; die Umsetzungszeit ist relativ kurz. Für Stoßer und Werfer dieser Sportart sind diese Sprünge hingegen nicht wettkampftypisch und werden dem Maximalkrafttraining (Aktivierung) zugeordnet; die Umsetzungszeit ist mit 6 bis 8 Wochen relativ lang. (Hinz 1991, S. 126)

● **Wettkampfübung**

Im Schnellkrafttraining mit der Wettkampfbewegung wird der äußere Widerstand entweder erhöht oder verringert.

Widerstandserhöhung. Bei azyklischen Schnellkraftübungen wird die Körpermasse z. B. durch Anlegen eines Bleigürtels bei Sprungübungen erhöht, oder man wirft und stößt Geräte bzw. Hilfsgeräte, deren Masse im Vergleich zur originalen Wettkampfbedingung leicht erhöht ist (beim Kugelstoß, Diskus- und Speerwurf, Ballwurf). Die Bandbreite der Widerstandserhöhung ist relativ gering, damit schwer reparable Störungen der originalen Koordinationsstruktur und im dynamischen Verlauf der Wettkampfübung vermieden werden. Gut vorbereitete Speerwerferinnen (Wettkampfgerät 600 g) werfen im Schnellkrafttraining 700 g bis 900 g schwere Speere. (HELLMANN 1987) Im Diskuswerfen trainieren Frauen (Wettkampfgerät 1,0 kg) mit 1,5-kg- und 2,0-kg-Disken und Männer (Wettkampfgerät 2,0 kg) mit 2,5-kg und 3,0-kg-Disken. (HILLEBRAND 1991, S. 39) In Sportarten mit zyklischen Bewegungen nutzt man u. a. Bremswiderstände (Zugwiderstandsläufe, Hydrobremsen im Kanurennsport oder Schwimmen am Schwimmwiderstandsgerät). (Vgl. HARRE 1982; BALDERMANN/STICHERT 1982) *Dosiert wird nach der Wiederholungsmethode: kurze Belastungsdauer (Strecken), maximaler Krafteinsatz in jedem Bewegungszyklus, wettkampfspezifische Bewegungsfrequenz und lange Pausen zwischen den Belastungsphasen bis zur Wiederherstellung.* Bei allen Belastungsformen ist die präzise Bewegungsausführung einzuhalten und zu kontrollieren.

Der Trainingseffekt des speziellen Schnellkrafttrainings mit der Wettkampfbewegung besteht offensichtlich darin, daß bei explosiver Bewegungsausführung über die gesamte Bewegungsamplitude eine größere Anzahl derjenigen schnellen Muskelfasern aktiviert wird, die bei der Wettkampfübung die Hauptarbeit leisten. Es wird angenommen, daß dieser Rekrutierungseffekt im Ergebnis eines Lernprozesses auch auf die originalen geringeren Widerstandsbedingungen übertragen werden kann. **Widerstandsverringerung.** In der Praxis wird auch versucht, auf die Schnellkraftleistung durch verringerte Widerstände (leichtere Geräte) positiv einzuwirken. Im Speerwerfen (Frauen) werden u. a. Würfe mit 500 g schweren Geräten eingesetzt. (HELLMANN 1987) Dabei ist die Bewegungsgeschwindigkeit höher als beim Einsatz originaler Geräte. In erster Linie soll dadurch auf die **Schnelligkeitskomponente** eingewirkt und die perspektivische Abfluggeschwindigkeit von Wettkampfgeräten (Kugel, Diskus u. a.) durch Beeinflussung neuromuskulärer Steuer- und Regelprozesse vorbereitet werden. (FRÖHLICH u. a. 1990). Gesicherte Erkenntnisse zur schnellkraftfördernden Wirkung des Verfahrens liegen nicht vor.

5.4.4. Vermeiden von Fehlbelastungen

Die beim Krafttraining auftretenden Kräfte rufen eine hohe mechanische Belastung und Beanspruchung des Stütz- und Bewegungssystems hervor. Erhebliche Belastungsumfänge, eine zunehmende Konzentration auf besonders wirksame Spezialübungen und damit einhergehende Einseitigkeit im Krafttraining sowie generelle Schwächen in der trainingsmethodischen Handhabung können zu Fehlbelastungen führen und Anlaß zu degenerativen Schäden bilden. (RIEDEL/GÄBLER 1985; KLAUSS u. a. 1990) Andererseits lassen sich Gefahrenmomente durch verantwortungsvolles trainingsmethodisches Vorgehen und diszipliniertes Verhalten der Sportler weitgehend minimieren. Dazu gehört auch die ständige Sorge der Verantwortlichen für unbedingte Ordnung und Sicherheit im Krafttrainingsraum und das Einhalten der Sicherheitsbestimmungen im Krafttraining. Es gelten folgende **Regeln**:

● **Krafttrainingsübungen müssen koordinativtechnisch beherrscht werden** (vgl. DAWEL 1989, 1990). Die Exaktheit muß in allen Intensitätsstufen gewährleistet sein und ist ständig zu kontrollieren. Den Trainierenden müssen die Folgen unexakter Übungsausführung bewußt sein.

● **Übungen mit hoher Beanspruchung der Wirbelsäule erfordern besondere Aufmerksamkeit.** (Abb. 5.4.-5) Übungen mit Spitzenbelastungen sind zu entschärfen; z. B. wird die *Tiefkniebeuge* nur von den Gewichthebern benötigt. Der Rücken muß gerade gehalten werden, um Fehlbelastungen zu vermeiden; dazu braucht

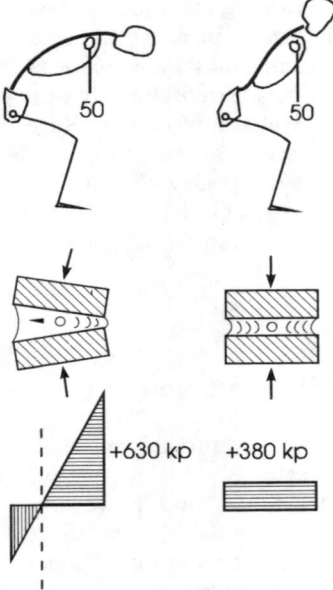

Abbildung 5.4.-5 *Beanspruchung der Zwischenwir-belscheiben beim Heben einer Last von 50 kg mit gekrümmtem Rücken (links) und geradem Rücken (rechts)* (nach FREY bei ZACIORSKIJ 1971)

man ein stabiles Muskelkorsett. Durch langsames Absenken aus dem Stand und kurzes Verhalten im Tiefpunkt werden scharfe Bremsbewegungen im Umkehrpunkt und übermäßige Belastungsspitzen vermieden. (LATHAN u. a. 1986) Da die Wettkampfbewegung anderer Sportarten keine Tiefkniebeuge fordert, kann man das Krafttraining für die Beinmuskulatur besser mit anderen Übungen (Abb. 5.4.-6) durchführen, Knie und Wirbelsäule werden geschont.

Besondere Exaktheit fordert auch das Reißen und Anreißen von Hanteln und anderen Geräten. Die gerade Haltung des Rückens muß auch bei hohen Lasten gewährleistet sein. Fehlerhafte Haltungen führen auch beim Bankdrücken und -reißen zu Fehlbelastungen der Wirbelsäule.

Durch das Knickbrett (Abb. 5.4.-7) läßt sich das wirbelsäulenschädigende Aufbäumen des Oberkörpers mit der starken Beanspruchung der Lendenwirbelsäule und des lumbosakralen Übergangs weitgehend mindern. (BERTHOLD 1983)

● **Vor Aufnahme eines hochspezialisierten Krafttrainings sind besonders belastete Gelenke zu stabilisieren.** Bauch-, Rücken-, Gesäßmuskulatur stabilisieren die Wirbelsäule; die Fuß- und Schienbeinmuskulatur stabilisieren die Fußgelenke. (BRENKE u. a. 1986) (Abb. 5.4.-8)

● **Vor jedem Krafttraining muß man sich sorgfältig „aufwärmen" und vorbelasten.** Man muß auflockern und dehnen sowie Zusatzlasten, Bewegungsgeschwindigkeit und -frequenzen allmählich erhöhen.

● **Übungen mit Spitzenbelastungen sind bei hoher Trainingsdichte nicht ständig zu fordern.** Sie bedingen eine extrem hohe Muskel- und Gelenkbeanspruchung (z. B. Reißen und Umsetzen bzw. Kniebeugen mit schweren Hanteln oder Niedersprünge mit Zusatzlast) und sind daher im Wechsel mit weniger beanspruchenden Übungen und Belastungen auszuführen. Bei Schmerzen in Muskeln oder Gelenken muß man die Versuche abbrechen, um ernsthafteren Verletzungen oder Schäden vorzubeugen. (Vgl. BERTHOLD u. a. 1979)

● **Nach jedem Krafttraining muß man unmittelbar die Wiederherstellung einleiten.** Dazu gehören vor allem umfangreichere Lockerungsübungen. Außerdem kann eine vorsichtige Dehnung folgen. Intensives Dehnen ist jedoch zu vermeiden, weil ermüdete Muskeln besonders verletzungsanfällig sind.

Man muß außerdem beachten, daß die *Wiederherstellung des Stütz- und Bewegungssystems* nach hoher Beanspruchung länger dauert als die des Kreislaufs oder des Kohlenhydratstoffwechsels. Krafttraining bei unvollständiger Wiederherstellung des Stütz- und Bewegungssystems ist wegen der hohen Verletzungsgefahr und Fehlbelastungsfolgen abzulehnen. Zur Entlastung der Wirbelsäule sollte man erprobte Formen der Extension anwenden. (BERTHOLD u. a. 1978) (Abb. 5.4.-9)

● **Nach längerem Absetzen des Krafttrainings muß bei Wiederaufnahme vorsichtig dosiert werden.** Anpassungen im Sehnengewebe und in den Gefäßen verlaufen sehr langsam und bilden sich schnell zurück. Zu schneller Be-

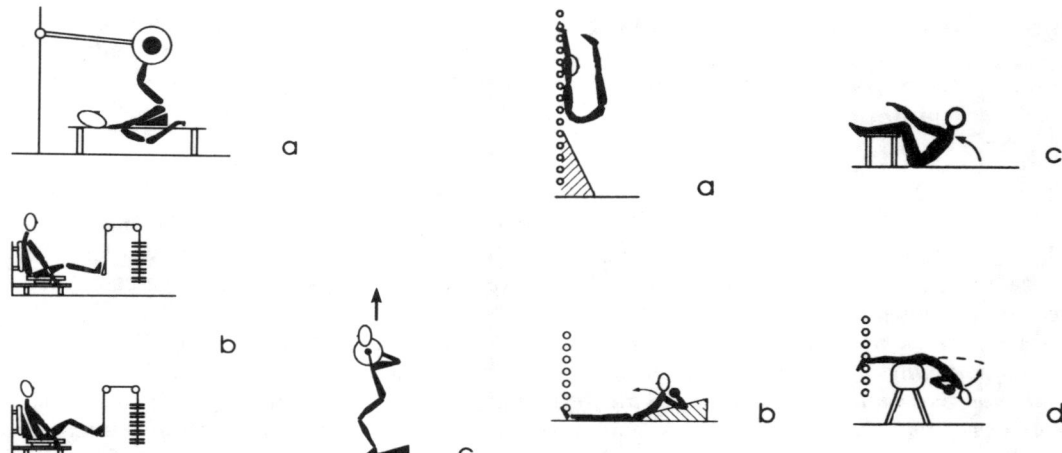

Abbildung 5.4.-6 *Richtige Ausführung von Übungen zur Kräftigung der Beinmuskulatur* (nach BERTHOLD/DIETRICH/BRENKE u. a. 1978)
a – beim Strecken an der Hantelschwinge einen Keil unterlegen; b – am Beinstreckgerät fest anlehnen oder Keil verwenden; c – nur „halbe" Kniebeugen anwenden, den Rücken strecken und Keil unter die Füße

Abbildung 5.4.-8 *Richtige Ausführung von Übungen zur Kräftigung von Bauch- und Rückenmuskulatur* (nach BERTHOLD/DIETRICH/BRENKE u. a. 1978)
a – beim Schwebehang gestrichelten Bereich meiden; b – beim Rumpfaufrichten Oberkörper krümmen; den schraffierten Bereich meiden; c – beim Anbeugen Rücken krümmen (kein Hohlkreuz); d – das Aufrichten darf nur bis zur Waagerechten erfolgen (kein Hohlkreuz).

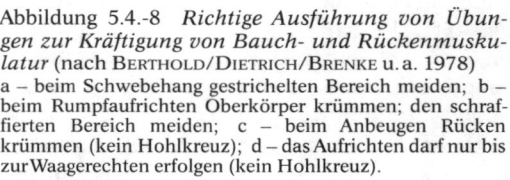

Abbildung 5.4.-7 *Übungen zur Kräftigung der Armmuskulatur* (nach BERTHOLD/DIETRICH/BRENKE u. a. 1978)
a – beim Ausstoßen die Beine auf der Bank anhocken (Hohlkreuz vermeiden); b – beim Anreißen festen Kontakt des Oberkörpers mit der Bank sichern und dadurch Hohlkreuz vermeiden; Unterlage im Beckenbereich verwenden; c – das Knickbrett hilft Hohlkreuzbildung zu vermeiden

Abbildung 5.4.-9 *Formen der Extension nach anstrengendem Krafttraining mit einfachen Mitteln* (nach BERTHOLD/DIETRICH/BRENKE u. a. 1978)
a – an einer Bank; b – mit Partner; c – mit verstellbarem Hocker

lastungsanstieg nach Unterbrechungen kann degenerative Veränderungen zur Folge haben. (JUNGMICHEL 1979) Unter diesem Aspekt sind sowohl das phasenhafte Krafttraining mit mehrwöchigen Unterbrechungen als auch die sogenannte Blockbildung im Trainingsaufbau (VERCHOŠANSKIJ 1988) kritisch zu betrachten.

● **Die Krafttrainingsgeräte müssen betriebssicher sein.** Sie sind planmäßig zu überprüfen. Der Krafttrainingsraum sollte aufgeräumt und sauber sein; herumliegende Geräte sind eine Gefahrenquelle, ein unsauberer Raum ist Ursache für eine starke Staubentwicklung.

5.5.   Training der Schnelligkeit

5.5.1.   Ziele, Trainingsübungen, Trainingsmethoden

Ziele

Das Training der Schnelligkeit zielt darauf ab, einzelne Bewegungen mit einer höheren Bewegungsgeschwindigkeit ausführen zu können, bei zyklischen Bewegungen eine höhere Beschleunigung und Maximalgeschwindigkeit zu erreichen oder auf Signale in kürzerer Zeit zweckmäßig zu reagieren. Das Training der Schnelligkeit ist daher auch belastungsmethodisch durch eine hohe bis maximale Intensität (Beschleunigung, Geschwindigkeit, Frequenz) charakterisiert. In **azyklischen Bewegungsleistungen** ist die Schnelligkeit als konditionell-koordinative Fähigkeit eine Komponente der Schnellkraftfähigkeit. Daher werden in der sportmethodischen Literatur Belastungen mit *Widerstandsverringerung* (oft auch als „erleichterte Bedingungen" bezeichnet) im Vergleich zur originalen Wettkampfbedingung in der Regel als Variante des Schnellkrafttrainings zur Entwicklung der Schnelligkeitskomponente behandelt. Der Terminus Schnelligkeitstraining wird fast ausschließlich auf die Ausbildung von Sprintfähigkeiten bezogen.

BAUERSFELD/VOSZ (1992) differenzieren nach elementarem und komplexem Schnelligkeitstraining. Im **elementaren Schnelligkeitstraining** werden u. a. azyklische und zyklische allgemeine und Spezialübungen mit verringerten Widerständen (leichtere und kleinere Geräte, Körpergewichtsentlastung) ausgeführt. Ziel des elementaren Schnelligkeitstrainings ist die optimale Ausprägung der *neuromuskulären Ansteuerung,* so daß eine möglichst hohe Muskelkontraktions- und -verkürzungsgeschwindigkeit erreicht wird. Dieses Training hat damit *Grundlagencharakter.* Beim **komplexen Schnelligkeitstraining** handelt es sich um den Einsatz von Spezialübungen und der Wettkampfübung mit maximaler oder – bei „erleichterten" bzw. Zwangsbedingungen (z.B. auf einem Laufband, im Schwimmkanal) – auch mit supramaximaler Intensität. Im Grunde handelt es sich hierbei um ein spezielles bzw. wettkampfspezifisches Schnelligkeitstraining, das auf die Steigerung disziplinspezifischer Schnelligkeitsleistungen gerichtet ist.

Trainingsübungen und -methoden

Zur Ausbildung grundlegender Schnelligkeitsfähigkeiten und komplexer wettkampfspezifischer Schnelligkeitsleistungen werden alle Arten von Trainingsübungen eingesetzt. *Allgemeine Übungen* (allgemeines Schnelligkeitstraining) dienen der vielseitigen Aktivierung und Optimierung jener funktionellen Systeme, die grundlegende Voraussetzungen für schnelle Bewegungen schaffen. Dazu gehören u.a.: eine auf schnelle Bewegungen abgestimmte intramuskuläre Koordination, die Ausprägung der für schnelle Bewegungen verantwortlichen FT-Fasern (schnellkontrahierende Muskelfasern), die Funktionstüchtigkeit der nervalen Steuer- und Regelprozesse (Einheit des Nerv-Muskel-Systems), eingeschlossen die wahrscheinlich kaum trainierbare Nervenleitgeschwindigkeit. Die Lösung dieser Aufgaben ist effektiv, wenn die Belastungscharakteristik von Trainingsübung und Wettkampfübung übereinstimmt.

Der Einsatz von **Spezialübungen** und insbesondere der **Wettkampfübung** erfolgt mit dem Ziel, die einzelnen Funktionen unter wettkampfspezifischem Aspekt zu präzisieren und effektive Wechselbeziehungen zwischen ihnen herzustellen. Vor allem gilt es, die intermuskuläre Koordination zu perfektionieren. Dazu dürfen die wettkampftypischen Belastungsanforderungen nur geringfügig variiert werden.

Grundlegende Methode zur Organisation der Belastungsanforderung ist die **Wiederholungsmethode.** Bei azyklischen Trainingsübungen werden Belastungen in Kurzserien gebündelt. Es wird kein Wiederholungsmaximum angestrebt, weil Schnelligkeitsanforderungen nur bei optimalem Aktivierungszustand des Zentralnervensystem die erforderlichen nervalen Anpassungen auslösen. Daher sind auch Serienpausen so lang, daß die Wiederherstellung gesichert wird. Bei zyklischen Trainingsübungen wählt man kurze Strecken mit vorwiegend anaerob-alaktaziden Stoffwechselprozessen, submaximale bis maximale Geschwindigkeiten und optimal hohe Bewegungsfrequenzen.

5.5.2. Training grundlegender Schnelligkeitsfähigkeiten

Training der Reaktionsschnelligkeit

Das Training der Reaktionsschnelligkeit erfolgt fast immer kombiniert mit anderen Leistungsvoraussetzungen, da Reaktionsanforderungen in der Trainingspraxis in der Regel mit einer Bewegung oder Handlung abgeschlossen werden. Man kann die Reaktionsleistung bei Einfachreaktionen um 10 bis 20 % und bei Wahlreaktionen bis zu 30 % durch Training verbessern. In sportlichen Situationen ist die Steigerung der Reaktionsleistung Ergebnis von Reaktionsprogrammen, die sich insbesondere durch häufiges Üben von Standardsituationen ausprägen. Das erfolgreiche und schnelle Lösen von Situationen in den Sportspielen und den Zweikampfsportarten setzt auch das Studium von Gegnern und deren Handlungsweise voraus. (s. Kap. 5.7.) Die Steigerung der Leistung bei Wahlreaktionen beruht nicht auf einer verbesserten Informationsverarbeitung, sondern ist mit wachsender Wettkampfroutine vor allem Ergebnis einer sicheren *Antizipation*. Das Training der verschiedenen Arten der Wahlreaktion ist Bestandteil des Trainings der Handlungsschnelligkeit. Ursachen von Unterschieden der Reaktionsleistung bei Einfachreaktionen zwischen Sportlern und Nichtsportlern, Spitzen- und Nachwuchssportlern sowie zwischen Sportlern unterschiedlicher Sportarten sind nicht eindeutig geklärt.

Im Nachwuchs- bzw. Anfängertraining erfolgt das Training der Reaktionsschnelligkeit in enger Verbindung mit dem Technik- und Koordinationstraining.

Grundlegende methodische Anforderungen des Reaktionstrainings:

• Die Anforderungen sind vom Einfachen zum Komplizierten zu steigern, und die Übungsformen werden zur Ausprägung hoher spezifischer Reaktionsleistungen allmählich komplexer und wettkampftypischer. Im Hochleistungstraining erweitert man Standardsituationen und entsprechende Varianten und stabilisiert die Reaktionsschnelligkeit auf hohem Niveau.

• Die Übungsformen sollten emotional positiv und freudbetont wirken. Dies wird durch den Wettbewerbscharakter bei Fang-, Abschlag-, Staffel- und Ballspielen unterstützt.

• Es ist im ausgeruhten Zustand zu trainieren. Auch die notwendige Erwärmung muß optimal aktivieren, darf aber nicht zu Ermüdungszuständen führen.

• Es sind immer kurze Reaktionszeiten zu fordern.

• Anzustreben ist Variabilität in bezug auf Informationsart, -stärke und -dauer, eingesetzte Körperübungen und ihre Ausführung. Dazu zählen solche Übungsformen wie Startübungen, das festgelegte Reagieren auf bekannte Signale, die aber auch in willkürlicher Reihenfolge vorgegeben werden können (z. B. auf das Signal „heiß" sich setzen, auf das Signal, „kalt" sich auf den Rücken legen usw.). Als sehr effektiv erweisen sich wiederholte schnelle Einfach- oder Wahlreaktionen auf unterschiedlich gestaltete Informationen (optisch/akustisch, laut/leise, unregelmäßige Zeitintervalle zwischen den einzelnen Kommandos, unterschiedliche technisch-taktische Situationen u.a.). Eine solche kontrastive Gestaltung wird auch als *sensorische Methode* bezeichnet (u. a. ZACIORSKIJ 1968, S. 54).

• Der Umfang pro Trainingseinheit sowie die Wiederholungsanzahl pro Übung sind gering. Die Pausendauer zwischen den einzelnen Übungskomplexen sollte etwa 2 bis 5 Minuten betragen und aktiv gestaltet werden.

• Bei länger werdenden Reaktionszeiten durch abnehmende Konzentration oder andere Ermüdungserscheinungen ist die Übungsform zu wechseln oder das Training abzubrechen.

Training der Koordinationsschnelligkeit

Mit dem Training der Koordinationsschnelligkeit sollte frühzeitig begonnen werden, da im Kindes- und Jugendalter die neuromuskulären Prozesse noch relativ gut zu beeinflussen sind. Ziel ist die Ausbildung solcher neuromuskulären Steuerprogramme, die den Anforderungen von prognostischen Schnelligkeitsleistungen gerecht werden. Man muß daher im Training Bedingungen schaffen, die den Sportler solche Bewegungsintensitäten erreichen lassen, die für perspektivische Leistungen typisch sind. Gleichzeitig muß eine hohe Bewegungsqualität möglich sein. Es gelten hier die grundlegenden methodischen Belastungsorientierungen. Die Wiederholungs- und Serienanzahl muß garantieren, daß die geforderte Bewegungsintensität immer wieder realisiert werden kann. Diesem Kriterium unterliegt auch die Pausenlänge. Der jeweilige Ausbildungsabschnitt sollte etwa 6 Wochen dauern. Bewährt haben sich folgende Modifizierungen der äußeren Bedingungen:

- Leichtere und kleinere Trainingsgeräte (Wurfgeräte, Bälle, Boote/Paddel, Waffen).
- Modifizierte Wettkampfsituationen und -bedingungen (kleinere Spielfeldgrößen, geringere Mitspielerzahl, kürzere Streckenlängen, geringere Netz- oder Korbhöhen).
- Schaffen von sogenannten „erleichterten und/oder Zwangsbedingungen" (Bergabläufe bis 3° Hangneigung, Ergometer, Zug- und körpergewichtsentlastende Systeme – vgl. dazu HAUPTMANN/NORDMANN 1993).

Training der Schnelligkeit im Dehnungs-Verkürzungs-Zyklus

Eine erfolgversprechende Trainingsübung zur Entwicklung der azyklischen Grundschnelligkeit der Beinstrecker ist der **Nieder-Hoch-Sprung mit Körpergewichtsentlastung.** Dazu erfolgt eine Unterstützung mit einer „Sprungspinne"[1].

BAUERSFELD/VOSZ (1992, S. 60ff.) empfehlen als Ergebnis von Trainingsexperimenten folgenden belastungsmethodischen Aufbau:

- im Herbst und im Frühjahr je einen mehrwöchigen Block von etwa 3 bis 6 Wochen;
- pro Trainingseinheit 12 bis 24 und pro Woche 150 bis 300 Nieder-Hoch-Sprünge von 35 bis 40 cm Höhe;
- klare Zielvorgabe für eine kurze Brems- und explosive Absprungphase bei jedem Sprung.
- beim Einsatz einer Sprungspinne das Körpergewicht um 50 % entlasten (GROSSER 1995, S. 52).

Solche azyklisch ausgeführten Übungsformen sollten zeitlich vor den Übungen eingesetzt

werden, die eine zyklische Charakteristik aufweisen (u. a. BAUERSFELD/VOSZ 1991, S. 178).

Training der Frequenzschnelligkeit

Die Ausbildung der Frequenzschnelligkeit erfolgt mit Übungen, die sporttechnisch in der Feinform beherrscht werden. Durch verringerte Widerstände (z. B. beim Fahrradergometer) ist eine hohe Bewegungsfrequenz anzustreben. Neben allgemeinen Übungen wie ein- oder beidbeiniges Hüpfen und Springen, Laufformen wie Hopser- oder Sprungläufe bieten sich Übungen des Lauf-Abc an. Dazu zählt man u. a. Übungen mit aktiver Fußgelenkarbeit mit verschiedenen Frequenzen, Skipping in den Varianten auf der Stelle, in der Fortbewegung, über kleine Hindernisse oder Markierungen, in der Ebene, bergan und bergab. Auch bei diesen Übungsformen können die Bedingungen wechselhaft gestaltet werden, z. B. unterschiedliche Höhen der Hindernisse, ein Bein mit Schuh – das andere Bein ohne Schuh, Trainieren auf unterschiedlichen Belägen (Sand, Matten, Parkett u. ä.) sowie verschiedene Streckenlängen.

Die Trainingseinheiten bestehen aus 10 bis 15 Übungen, jede ist etwa 4 bis 6 Sekunden lang auszuführen, unterbrochen durch eine zwei- bis dreiminütige Pause. Nach jedem Übungskomplex kann die Pause auf etwa 5 Minuten verlängert werden.

5.5.3. Training der komplexen Schnelligkeit

Bei Schnelligkeitsleistungen besteht vor allem eine enge Verbindung mit der Bewegungstechnik, den koordinativen Fähigkeiten, den psychischen Voraussetzungen und den Kraftfähigkeiten. **Widerstände** sollten bei der Ausbildung von schnellen Bewegungsleistungen in ihrer ganzen Bandbreite eingesetzt werden. Ist der Einsatz zeitlich begrenzt und/oder erfolgt ein Wechsel mit leichteren Widerständen, wirkt sich auch ein Maximalkraft- oder Schnellkrafttraining positiv aus. Die Größe der Widerstände ist in Abhängigkeit von der aktuellen Leistungsfähigkeit der Trainierenden, der jeweiligen Zielstellung und unter sportartspezifischen Ge-

---

[1] Sprungspinne: Der Sportler hängt beim Niedersprung in einem Gurtsystem, das an Gummiseilen befestigt ist. Dadurch wird der Niedersprung abgebremst und der nachfolgende Hochsprung unterstützt (Schnelligkeitseffekt).

sichtspunkten (Einsatz von allgemeinen oder speziellen Trainingsübungen) festzulegen. Zudem stehen die jeweilige Ausbildungsetappe und die Variationsmöglichkeiten bei der Wahl der Widerstandsgrößen in einem sehr engen korrelativen Zusammenhang. Je jünger und weniger trainiert die Athleten sind, desto kleiner muß der Intensitäts(Last-)bereich sein. Nach HAUPTMANN (1990) beträgt im Training mit allgemeinen Trainingsübungen die optimale Intensität bei 12- bis 13jährigen etwa 20 % MK und wächst bei 15- bis 16jährigen auf etwa 50 % MK.

5.5.3.1. Training der zyklischen Bewegungsschnelligkeit

Zyklische Schnelligkeitsleistungen widerspiegeln sich am deutlichsten in den Sprintdisziplinen. Besonders aus dem leichtathletischen 100-m- und 200-m-Sprint liegen zahlreiche Untersuchungsergebnisse vor. Faktoranalytische Betrachtungen der zyklischen Bewegungsschnelligkeit verweisen darauf, daß die Reaktionsschnelligkeit, Beschleunigungsfähigkeit und lokomotorische Schnelligkeit sowie die Kraftfähigkeiten in allen Leistungsklassen nur geringe bis mittlere Signifikanzen aufweisen, aber in den einzelnen Abschnitten des Sprints leistungsrelevant sind und das Niveau der Gesamtleistung bestimmen (VOIGT 1990, HESS u. a. 1991). Belastungsmethodisch muß daher bei einer selektiven Ausbildung zwischen dem Training der Beschleunigungsfähigkeit und dem der lokomotorischen Schnelligkeit unterschieden werden. Bei einer komplexen Ausbildung sind die Wechselbeziehungen dieser Leistungsfaktoren zu beachten.

Training der Beschleunigungsfähigkeit

Die Komplexität der Erscheinungsformen der Bewegungsschnelligkeit wird bei der Beschleunigungsfähigkeit am deutlichsten, da die Maximal- und Schnellkraftfähigkeiten sowie die Schnelligkeitsausdauer einen sehr hohen Einfluß auf den Ausprägungsgrad dieser Leistungsvoraussetzung besitzen. *Daher muß als Hauptreserve für die weitere Vervollkommnung der Beschleunigungsfähigkeit die Erhöhung der Kraftfähigkeiten angesehen werden.* Die Be-

schleunigungsfähigkeit ist entscheidend für das Niveau der Schnelligkeit der Einzelbewegung bzw. der lokomotorischen Schnelligkeit.

Eine wichtige methodische Orientierung für das Training der Beschleunigungsfähigkeit ist die nach einer großen Leistungsabgabe der entscheidenden Muskelgruppen auf hohem Intensitätsniveau. Die Beschleunigungswege müssen denen des Wettkampfes entsprechen; die Widerstände gestaltet man individuell, so daß die wettkampftypische Bewegungsstruktur nicht wesentlich verändert wird. Der Belastungsumfang (Wiederholungen, Serien) ist gering. Bei einem optimalen Maximalkraftniveau sind unter disziplinspezifischer Sicht u. a. folgende **Übungen** zu nutzen:

Bewegungen aus der Ruhe und/oder gegen einen Widerstand, z. B. Ziehen eines Autoreifens, im Fechten Beinarbeit/Ausfälle mit einem Gummiband oder auf einer schräg-ansteigenden Unterlage, Sprinten mit einem Bremsschirm („Speed Chute" nach TABACHNIK 1992), Berganläufe, Sprünge und Sprints im lockeren Sand, ein- oder zweibeinige kurze und lange Sprünge, rudern oder paddeln mit einer Hydrobremse, ein- oder zweiarmige Würfe oder Stöße. (Vgl. 5.4.2.) Für die Steigerung der **zyklischen Beschleunigungsfähigkeit** setzt man außerdem wettkampfspezifische Belastungen mit ansteigender Schwierigkeit ein.

Training der lokomotorischen Schnelligkeit

Der koordinativ-konditionelle Charakter der Komplexschnelligkeit wird bei dieser Fähigkeit sehr deutlich. Ziel des Trainings der lokomotorischen Schnelligkeit ist das Halten der in der Beschleunigungsphase erreichten Geschwindigkeit. Es werden hohe Anforderungen an die Mechanismen der Bewegungssteuerung und -koordination gestellt. Konditionell steigt der Einfluß der Schnellkraftausdauer.

Die für die Ausbildung der lokomotorischen Schnelligkeit eingesetzten **Übungen müssen durch die Sportler sporttechnisch beherrscht werden.** Ist dies nicht der Fall, muß erst in einem mittleren Intensitätsbereich trainiert werden. Mit steigendem Beherrschungsgrad werden die Anforderungen in die wirksamen sub- bis supramaximalen Intensitätsbereiche angehoben. Da mit hohen Intensitäten trainiert wird und eine Leistungsreduzierung durch Ermüdung vermieden werden muß, sind nur recht geringe Belastungsumfänge möglich. Für ein effektives Training der lokomotorischen Schnelligkeit beträgt die Belastungsdauer im Nachwuchsbereich 5 bis 7 s. Mit zunehmender Leistungsstärke kann sie auf 10 bis 15 s verlängert werden. Die Wiederholungs-/Serienzahlen und die Pausenlänge müssen garantieren, daß die notwendigen Intensitätswerte in jedem Versuch realisiert werden können.

Mögliche **Übungen** sind: Koordinations-, Frequenz- und Steigerungsläufe, „fliegende Starts", Staffelwettbewerbe, Kleine Spiele u. a. m.

Die Mehrzahl der in der Trainingspraxis eingesetzten Übungen wirkt im Sinne der komplexen Ausbildung, d. h., es wird sowohl die lokomotorische Schnelligkeit als auch die Beschleunigungsfähigkeit ausgebildet. Im Rahmen einer solchen komplexen Schnelligkeitsausbildung hat sich eine kontrastive Gestaltung der Belastungsanforderungen bewährt (vgl. NORDMANN/HAUPTMANN 1990).

So können bei einer Akzentuierung innerhalb des Trainingsjahres einzelne Intensitätsbereiche dominieren. Dabei besteht besonders eine Beziehung zur zeitlichen Lage des Ausbildungsakzents und zu seiner inhaltlichen Gestaltung. Möglich ist auch ein Sprinten innerhalb des Hauptteils einer Trainingseinheit mit der „Ist"- und der „Soll"-Geschwindigkeit. Für Nachwuchssprinter kann folgendes *Beispiel* gelten:

Ist: 60 m in 7,9 s (= 7,6 m/s)
Soll: 60 m in 7,5 s (= 8,0 m/s)
1. Serie: 2mal 60 m in 7,9 s = 7,6 m/s
2. Serie: 2mal 40 m in 5,0 s = 8,0 m/s
3. Serie: 2mal 60 m in 7,9 s = 7,6 m/s
4. Serie: 2mal 40 m in 5,0 s = 8,0 m/s
Pause zwischen zwei Läufen: 4–5 min
Serien-Pause: ~ 10 min
Start aus der Ruhestellung.

Effektiv ist auch das Absolvieren eines 60-m-Laufs, aufgeteilt in 20 m „Bergablauf"/25 m „Lauf auf gerader Bahn"/15 m „Berganlauf", mit der individuellen Maximalgeschwindigkeit. Je nach Leistungsfähigkeit werden 3 bis 4 Serien absolviert; die Serienpause beträgt mindestens 6 Minuten.

Das Training im „supramaximalen" Intensitätsbereich stellt eine hohe Belastung für das neuromuskuläre System dar, da die Bewegung unter höchsten Intensitätsanforderungen gesteuert bzw. koordiniert werden muß. Die dabei realisierten prognostischen Intensitätswerte (Geschwindigkeiten, Frequenzen) können z. B. durch Laufband- oder Fahrradergometer „erzwungen" werden.

Beispiel:
• Belastungsanforderungen entsprechend der Wiederholungsmethode;
• Trainingsmittel: Laufbandergometer;
• Allgemeine und spezielle Erwärmung – mindestens 20 Minuten. Zur speziellen Vorbereitung sind 1 oder 2 lockere Läufe mit geringer Geschwindigkeit auf dem Laufband zu absolvieren;
• 60-m-Läufe (5 oder 6) in der „Soll"-Geschwindigkeit (Beschleunigungsphase und Phase der maximalen Geschwindigkeit). *Die Geschwindigkeitsvorgabe erfolgt über das Laufband individuell für den jeweils trainierenden Sportler;*
• Pausenlänge zwischen den einzelnen Sprints: 5 bis 8 Minuten. Sie ist aktiv zu gestalten;
• Nachbereitung mit Auslaufen sowie Dehnungs- und Lockerungsübungen – mindestens 20 Minuten.

Für eine zeitliche Zuordnung von Trainingsübungen in einem Makrozyklus für die Ausbildung der Anlaufgeschwindigkeit für Weitspringer im Hochleistungstraining können die in Tabelle 5.5.-1 angegebenen Richtwerte herangezogen werden.

Schnelligkeitsbarriere. Unter diesem von OSOLIN (1952) erstmals beschriebenen Phänomen wird eine Stagnation der Entwicklung der Bewegungsschnelligkeit trotz weiterer Erhöhung der Trainingsanforderungen verstanden. Ausdruck sind konstante Meß- und/oder Intensitätswerte. Die Schnelligkeitsbarriere ist das Ergebnis eines einseitigen, monotonen Trainings der Bewegungsschnelligkeit über einen längeren Zeitraum. Dadurch entwickelt sich ein dynamisch-motorischer Stereotyp, bei dem nicht nur die räumlichen, sondern auch die zeitlichen Parameter so sehr verfestigt sind, daß eine Steigerung der Intensität (z. B. Geschwindigkeit und Bewegungsfrequenz) nicht mehr möglich ist.

Das Durchbrechen der Schnelligkeitsbarriere ist langwierig. Es wird davon ausgegangen, daß die räumliche Charakteristik der Bewegung stabiler angelegt ist als die zeitliche. (HESS in SCHNABEL/THIESS 1993, S. 698) Durch entspre-

MEZ	Wo.	TM Lauf	
1 A	38		Sandtraining (Starts, Sprints, Sprünge, Kleine Spiele)
	39		
1.	40		
	41		Berganläufe (80–100 m)
	42	S P R I N T Ü B U N G E N	
	43		Zugwiderstandsläufe
	44		
	45		
	46		Berganläufe (bis 70 m)
	47		
	48		Zugwiderstandsläufe
2.	49	FREQUENZ- + KOORDINATIONSÜBUNGEN	
	50		Frequenzübungen (15–20 m)
	51		
	52		Bergabläufe, Läufe mit ziehenden Systemen
	1	LS + ANLAUFÜBUNGEN	
	2		Koordinationsläufe
3.	3		
	4		
	5		
4.	HWP		

Tabelle 5.5.-1
Modell eines Makrozyklus für die Erhöhung der Anlaufgeschwindigkeit im Weitsprung
(ADAMCZEWSKI/ DICKWACH 1991, S. 113)

chende trainingsmethodische Maßnahmen, wie Veränderung der Trainingsübungen, Variation der Belastungsumfangs- und -intensitätsanforderungen, Einsatz von sogenannten „erleichterten" und/oder anderen „Zwangsbedingungen", Rhythmus- und Tempovorgaben, können die verfestigten zeitlichen Parameter aufgebrochen werden. Schwerpunktmäßig sollte parallel dazu ein Koordinations- und Krafttraining absolviert werden.

5.5.3.2. Training der Handlungsschnelligkeit

Bei dieser Form der Komplexschnelligkeit ist das Training unmittelbar mit der technischen und/oder taktischen Ausbildung verknüpft. Angesprochen werden jene kognitiven, konditionellen, technischen und koordinativen Voraussetzungen, die für die zu trainierende Handlung relevant sind. Beim **Situationstraining** müssen wettkampfadäquate Bedingungen geschaffen werden, und die Lösung muß situationsgerecht mit korrekter Technikausführung erfolgen. Dazu sollten mit Hilfe von Bildreihen, Videosequenzen oder durch Demonstrationen und Erklärungen taktische Kenntnisse vermittelt und praktisch erprobt werden. Nach solchen Trainingsformen oder nach Wettkämpfen sollte ein „Soll-Ist-Vergleich" abgefordert werden. Die Ausbildung der Handlungsschnelligkeit – in hohem Maße ein Lerntraining – erfordert ein konzentriertes Lösen der gestellten Situation, wobei sich die Ausführungsqualität im Verlauf der Trainingseinheit nicht verschlechtern soll. *Daher ist der Umfang der Anforderungen zu-*

nächst zu begrenzen und erst mit ansteigender Leistungsfähigkeit allmählich zu erhöhen. Das trifft ebenso für den Schwierigkeitsgrad der technisch-taktischen Aufgabe zu. Die Anforderungen an die Lösungsdauer sollten sich recht bald an Wettkämpfen orientieren. Die Pausen müssen garantieren, daß sich die Trainierenden neu konzentrieren können, um in der nachfolgenden Wiederholung die gestellten Anforderungen in der notwendigen Qualität zu realisieren.

Im Rahmen des Trainings der Handlungsschnelligkeit heißt dies:
● Eindeutige Festlegung der Zielstellung (z. B., worin bestehen der Zweck, die Motivation und die Anforderungen der bevorstehenden Tätigkeit?)
● Schaffen einer Orientierungsgrundlage aus dem Gedächtnis und aus der gegebenen Situation (Bewegungserfahrung, Kenntnisse).
● Entwicklung von Handlungsprogrammen zur Bewältigung der Anforderungen entweder durch Abrufen verfügbarer Handlungsprogramme oder durch Modifizierung entsprechend den variierten Bedingungen oder aber durch das Erarbeiten von solchen Programmen, die bis dahin noch nicht gelöst wurden (Kreativität).

● Da im sportlichen Training und im Wettkampf oft mehrere Lösungsmöglichkeiten (Freiheitsgrade) denkbar sind, müssen die Sportler befähigt werden, Entscheidungen sicher und effektiv, d. h. situationsangemessen, zu treffen (BARTH/KIRCHGÄSSNER 1982; KIRCHGÄSSNER/BASTIAN 1984; SCHELLENBERGER 1985; BASTIAN 1986).

Die Ausbildung der Handlungsschnelligkeit beginnt beim Anfänger mit einfachen Aufgaben, die mit wachsender Wettkampferfahrung immer anspruchsvoller werden. Zunächst wird eine Angriffs- und Verteidigungshandlung gegen einen passiven oder aktiven Partner geübt, später erhöht man die Anzahl der Handlungen – mit festgelegten Angriffen und freien Verteidigungen oder umgekehrt, Trainieren unter Zeitdruck oder trotz Ermüdungserscheinungen, mit eingeschränktem Gesichtsfeld, Einbau von Störgrößen wie Lärm, Licht u. a. m. (Tab. 5.5.-2.)

Tabelle 5.5.-2 *Entwicklung der Handlungsschnelligkeit am Beispiel einer Wurfhandlung im Ringen* (KÜHN 1989, S. 72)

Handlungsziel/Aufgabenstellung: Erzielen einer hohen technischen Punktwertung durch einen Wurf
Spezifik einer typischen Wurfsituation: Arme des Gegners auf der Außenbahn, Hüfte des Gegners ungesichert
Motorische Lösung: Wurf über die Brust

Schnelligkeitsanforderungen	Trainingsmittel	Trainingsmethodische Hinweise
Kognitiv (Situationswahrnehmung/-analyse): schnelles Wahrnehmen der Situationsmerkmale „Außenbahn" und „ungesicherte Hüfte"	Übungen zur optischen und taktil-kinästhetischen Situationswahrnehmung und -analyse	Kenntnisvermittlung zu handlungsrelevanten Signalen (audiovisuelle Mittel; Demonstration)
Kognitiv (Entscheidungsfindung): schnelle (kompromißlose) Entschlußfassung für den Wurf über die Brust	Reaktionsübungen	Wechsel zwischen einfachen sportlichen Reaktionen und unterschiedlich komplizierten Wahlreaktionen
Motorisch (technisch-koordinativ): „flüssige Koordination" der Teilkörperbewegungen, schnelles Herantreten, Umfassen und Schnüren des Rumpfes, Strecken der Beine und des Rumpfes, Einleiten der Drehung im richtigen Moment	Übungen zur Koordination der Teilkörperbewegungen	Imitations- und Partnerübungen; Partnerwechsel
Motorisch (konditionell): schnell- bzw. explosivkräftige Teilbewegungen	Kampfübungen zum Schnüren, Strecken und zur Festhalte	Partnerwechsel, Einsatz verschiedener Trainingsgeräte (Puppe, Medizinball)

5.5.4. Grundlegende trainings-methodische Orientierungen

- Die Ausbildung der grundlegenden Schnelligkeitsfähigkeiten muß bereits im Kinder- und Jugendtraining erfolgen, weil das Zentralnervensystem in den frühen Lebensjahren gut auf Schnelligkeitsreize anspricht und auch das Muskelfaserprofil noch in einer bestimmten Bandbreite ausprägbar ist.
- Muskelverkrampfungen mindern den Erfolg. Eine sorgfältige sporttechnische Ausbildung und die Verknüpfung von Schnelligkeits- und Muskelentspannungstraining sind daher unabdingbare Voraussetzungen.
- Schnelligkeitstraining setzt einen hohen Aktivierungszustand des Zentralnervensystems voraus. Daher muß sich der Sportler auf jede Anforderung gut vorbereiten (Aufwärmen, Einarbeiten). In den Trainingseinheiten geht das Schnelligkeitstraining allen stark ermüdenden Belastungsanforderungen voran.
- Große Belastungsumfänge sind zu vermeiden. Die Dauer einer Einzelbelastung sollte im Nachwuchstraining 6 s und im Hochleistungstraining 15 s nicht überschreiten. Im Interesse der Schnelligkeitsentwicklung ist im Nachwuchstraining keine forcierte Umfangssteigerung des Gesamttrainings vorzunehmen.
- Schnelligkeitstraining sollte sowohl selektiv als auch komplex erfolgen. Zur Ausbildung der grundlegenden azyklischen und zyklischen Schnelligkeit sowie der Kraftfähigkeit geht man selektiv vor. Das komplexe Training schließt sich an und stellt die Wechselbeziehungen zwischen allen Leistungsvoraussetzungen her.
- Schnelligkeitstraining ist durch einen Wechsel der Trainingsübungen, der methodischen Verfahren und der zyklischen Strukturen vielseitig zu gestalten. Dadurch sind die Ausbildung der Schnelligkeitsbarriere und Adaptationsabstumpfung zu vermeiden.

5.6. Training der Ausdauer

5.6.1. Ziele und Trainingsübungen

Ziele

Das Ausdauertraining hat das Ziel, ermüdungsbedingte Leistungsverluste bei Wettkampf- und Trainingsbelastungen zu verringern und dadurch die sportliche Leistung und die Belastbarkeit zu verbessern.

Die Hauptaufgabe des Ausdauertrainings im **Wettkampfsport** besteht darin, die geplante Trainingsbelastung und die sportliche Leistung energetisch vorzubereiten und abzusichern, die einzelnen Funktionssysteme dafür optimal auszuprägen, die autoregulativen Möglichkeiten der einzelnen Systeme zu vervollkommnen und vor allem die Effektivität der auf zentraler und peripherer Ebene ablaufenden koordinativen Regulation aller Organsysteme zu erhöhen und zu stabilisieren. (HÄCKER 1987) Es muß darüber hinaus die Anstrengungsbereitschaft und die psychische Mobilisationsfähigkeit des Sportlers entwickeln und ihn befähigen, sein biotisches Potential bei zunehmender Ermüdung im Training und Wettkampf optimal auszuschöpfen.

Im **Freizeitsport** wird mit Hilfe des Ausdauertrainings, insbesondere des Grundlagenausdauertrainings, die Funktion lebenswichtiger biotischer Systeme (Herz-Kreislauf-, Stoffwechsel-, Atmungssystem) erhöht und stabilisiert und damit die Gesundheit und das Lebensgefühl verbessert. Gleichzeitig erhöht sich das Ausdauerverhalten im Arbeitsleben und bei Tätigkeiten in der Freizeit. Lebenslanges Ausdauertraining verzögert den körperlichen Leistungsabbau im Alter. (NEUMANN 1991 b)

Trainingsübungen

- **Allgemeine Trainingsübungen.** Sie haben eine aufbauende und eine ergänzende Funktion. Bei *Nachwuchssportlern* dienen sie zur Funktionssteigerung der zentralen Versorgungssysteme (Herz-Kreislauf-, Stoffwechsel-, Atmungssystem), wenn die Gefahr besteht, daß durch umfangreiches Anwenden der Wettkampfübung und spezieller Trainingsübungen

die Belastbarkeit des Stütz- und Bewegungssystems überfordert wird. Man setzt vor allem
Übungen und Belastungsformen aus verschiedenen Ausdauersportarten sowie Sportspiele
ein und nutzt auch das Kraftausdauertraining
zur Ausbildung der lokalen aeroben Muskelausdauer. Im *Hochleistungsbereich* der Ausdauersportarten mindern sie das Entstehen
hemmender Stereotype und dämpfen Streßge-
fahren durch einseitig belastende Wettkampf-
bewegungen.

Neben den Spezialisten der Ausdauersportarten
müssen auch Vertreter anderer Sportarten zyklische
Übungen und Sportspiele zum Aufbau der Grundlagenausdauer einsetzen.
Für das Ausdauertraining im *Freizeit- und Rehabilitationssport* sowie im Therapiesport haben die Sportarten Schwimmen, Radfahren, Laufen und andere
zyklische Übungen besondere Bedeutung. Die
Belastung läßt sich bei diesen Übungen für jeden
Leistungszustand gut dosieren.

● **Spezialübungen.** Es sind Belastungen mit der
Wettkampfbewegung oder adäquaten Teilbewegungen, mit sportartspezifischen Ergometern,
in Strömungskanälen (Schwimmen) und Was-
serbecken (Rudern) oder mit sportartspezifischen Hilfsgeräten und einer von den wettkampfspezifischen Bedingungen erheblich
abweichenden Intensität. Man setzt sie zur
Steigerung der Grundlagenausdauer, der Über-
und Unterdistanzleistung bzw. zur Vervollkommnung des aeroben oder anaeroben
Stoffwechsels ein. *Spezialübungen sind unverzichtbar, weil man nur mit ihrer Hilfe einzelne leistungsentscheidende Voraussetzungen ausprägen kann.*

● **Wettkampfübung.** Es handelt sich um wettkampfnahe Trainingsbelastungen mit wettkampftypischen Handlungen bzw. Intensitätsanforderungen und adäquaten Ermüdungssituationen. Es bilden sich die für hohe
Ausdauerleistungen erforderlichen koordinativen Beziehungen zwischen allen Fähigkeiten
und Fertigkeiten aus. **Wettkampfspezifisches
Ausdauertraining und Wettkämpfe sind die
wirksamste Form zur Ausprägung der Wett-
kampfausdauer.** Wegen der erheblichen Gesamtbeanspruchung des Organismus muß man
diese Belastungen sorgfältig dosieren.

5.6.2. Trainingsmethoden

Methoden des Ausdauertrainings bringen in die
Vielfalt möglicher Kombinationen der Belastungsfaktoren eine zweckmäßige Ordnung.
(Tab. 5.6.-1)
Differenziert wird primär nach den charakteristischen Belastungsverläufen: ununterbro-
chene und intermittierende Belastung. Man
unterscheidet daher zwischen **Dauermethode**
einerseits sowie **Intervall-** und **Wiederholungsmethode** andererseits. Varianten werden nach
der Intensität bestimmt. **Fartlek** (Fahrtspiel) ist
eine Mischform mit Elementen fast aller Methoden. Belastungen mit typischen Merkmalen
des Wettkampfes bezeichnet man als **Wettkampfmethode.**

5.6.2.1. Dauermethoden

Charakteristik. Das Wesen der Dauermethoden besteht in der *ununterbrochenen, längeren Dauerbelastung in einer Trainingseinheit.*
Die Belastungsdauer richtet sich nach der individuellen Belastbarkeit, der Intensität sowie
nach sportart- und disziplinspezifischen Besonderheiten; in der Regel sind es mehr als 30
Minuten bis zu mehreren Stunden.

Entwicklung. Dauerbelastungen gehören in den Ausdauersportarten seit den Anfängen des modernen Wettkampfsports zum Grundbestand der Trainingsmetho-
diken. Ruderer brachten sich im Frühjahr durch länge-
res Dauerrudern in Form; den finnischen Läufern dien-
ten zum Aufbau der Belastbarkeit Märsche über lange
Strecken (PIHKALA 1930 b, S. 248). In den dreißiger Jahren wurde der Einsatz von Dauerbelastungen durch
die Entwicklung der Intervallmethode und des Fartlek
stark reduziert und in den fünfziger Jahren fast völlig
verdrängt. Erst etwa ab Anfang der sechziger Jahre er-
hielten Dauerbelastungen in Verbindung mit dem im
Leistungssport enorm ansteigenden Belastungsumfang wieder eine zentrale Rolle. Einen entscheidenden
Einfluß auf diese Entwicklung hatte der neuseeländi-
sche Lauftrainer LYDIARD (LYDIARD 1987), der u.a.
selbst Mittelstreckler ein vorbereitendes „Marathon-
lauftraining" absolvieren ließ. Mit dem Ausbau der
Leistungsdiagnostik setzte auch eine umfassendere
wissenschaftliche Forschung ein, deren Ergebnisse die
überlegene Wirkung der Dauermethoden beim Aufbau
der **aeroben Kapazität und Leistungsfähigkeit** unter-
mauerten.

Fähigkeitsentwicklung. Dauermethoden dienen zur Ausprägung und Stabilisierung der
Grundlagenausdauer.

Tabelle 5.6.-1   *Methoden im Ausdauertraining*

Methodenbezeichnung Kennzeichen	Varianten	Trainingseffekt/ Entwicklungen
Dauermethode länger andauernde Belastung ohne Unterbrechung – mit konstanter Intensität	– Intensität gering bis mittel (extensiv); Belastungsdauer bis zu mehreren Stunden möglich; aerobe Beanspruchung	Grundlagenausdauer; Belastungsverträglichkeit/aerobe Leistungsfähigkeit durch Ökonomisierung; STF; Fettstoffwechsel/Monotonieverträglichkeit
	– Intensität hoch (intensiv); Belastungsdauer etwa bis 45 min; aerob-anaerobe Beanspruchung	Grundlagenausdauer; Kraftausdauer; Langzeitausdauer; Belastungsverträglichkeit für intensivere Anforderungen/aerobe Kapazität; Ökonomisierung im aerob-anaeroben Funktionsbereich; Glykogenstoffwechsel; STF, (FTF)/psychische Durchhalte- und Konzentrationsfähigkeit
– mit wechselnder Intensität (Wechselmethode)	bei ständigem Verbleib im trainingswirksamen Bereich wechselt die Intensität planmäßig oder geländebedingt zwischen gering bis hoch	Wirkung wie konstante Dauermethoden/Umstellungsfähigkeit (physiologisch; psychisch)/Erholungsfähigkeit
Intervallmethode Wechsel zwischen relativ kurzen Belastungs- und Entlastungsphasen; Intervalle nur zur bedingten (unvollständigen) Erholung	– Intensität gering bis mittel (extensiv)/Belastungsdauer bis ca. 10 min und großer Gesamtumfang; aerobe Beanspruchung	Grundlagenausdauer; Kraftausdauer; Belastungsverträglichkeit/ aerobe Leistungsfähigkeit; STF/ Umstellungsfähigkeit; Konzentrations- und Mobilisierungsfähigkeit
	– Intensität hoch, aber nicht maximal (intensiv); Belastungsdauer zumeist bis etwa 60 s; aerob-anaerobe Beanspruchung	Grundlagen- und Kraftausdauer im aerob-anaeroben Funktionsbereich/aerobe und anaerobe Leistungsfähigkeit; STF; FTF; Laktatverträglichkeit; Herzvolumenvergrößerung
Wiederholungsmethode Wechsel zwischen sehr intensiven, relativ kurzen Belastungsphasen und lang dauernden Erholungsphasen; geringer Gesamtumfang	wettkampfspezifische Intensität; Belastungsdauer im Unterdistanzbereich der Kurz- und Mittelzeitdisziplinen bzw. Überdistanz im Sprint; anaerobe Beanspruchung	wettkampfspezifische Ausdauer; Schnellkraftausdauer/ anaerobe Kapazität und Leistungsfähigkeit/Laktattoleranz, -verträglichkeit und -kompensationsfähigkeit; FTF/ Mobilisations- und Durchhaltefähigkeit unter anaeroben Bedingungen
Fartlek (Fahrtspiel) Einsatz unterschiedlicher Methoden und Belastungsformen in aufeinanderfolgenden Blöcken oder geländebedingt im Wechsel	Entweder streng geplant oder nach subjektiven Aspekten frei gestaltet; erhebliche Bandbreite der Intensität und Belastungsdauer (Sprint bis Dauerbelastungen)	vielseitige, im einzelnen jedoch keine optimalen Trainingseffekte/psychische Auflockerung
Wettkampfmethode einmalige, seltener mehrfache Belastung mit höchstem Einsatz und wettkampftypischem Verhalten/Trainingswettkämpfe; Leistungskontrollen	Wettkampfdistanz; Unterwettkampfdistanz; Überwettkampfdistanz; mit Trainingspartner/ Gegner und ggf. sporttechnischer und taktischer Aufgabenstellung	komplexe Leistungsfähigkeit; Entwicklung wettkampftypischer Beziehungen zwischen allen Leistungsvoraussetzungen und deren wettkampfspezifischer Ausprägung

Die verbesserte Grundlagenausdauerleistung zeigt sich in einer erhöhten Geschwindigkeit bei aerober und aerob-anaerober Beanspruchung und damit in einer Rechtsverschiebung der Laktat-Leistungs-Kurve. (Abb. 5.6.-1)

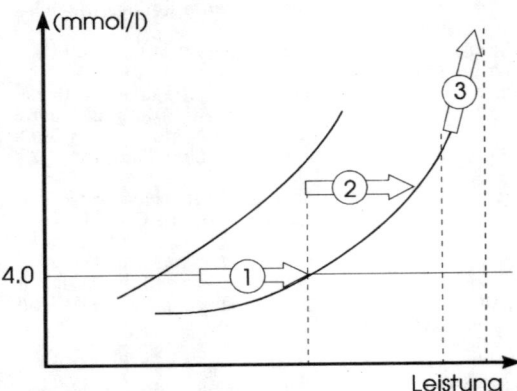

Abbildung 5.6.-1 *Schematische Darstellung der Laktat-Leistungs-Kurve und deren Veränderung durch: 1 – GA-Training, 2 – intensives GA- und KA-Training, 3 – Training mit maximaler Laktatmobilisation* (nach PANSOLD u. a. 1985)

Anpassungen
– Die aerobe Kapazität und Leistungsfähigkeit steigen; dazu erweitert sich die Kapazität der sauerstoffaufnehmenden, -transportierenden und -verwertenden Systeme durch Vergrößerung der Vitalkapazität, durch Herz- und Blutvolumenzunahme, Zunahme des Myoglobins, Erhöhung der maximalen Sauerstoffaufnahmekapazität, Kapillarisierung;
– vermehrte Energiespeicherung und erhöhte Funktion des Fett- und Kohlenhydratstoffwechsels;
– Vergrößerung und Vermehrung der Mitochondrien und Erhöhung der Aktivität der aeroben Enzyme besonders in den langsamkontrahierenden Muskelfasern;
– Senkung der Herzschlagfrequenz im submaximalen Intensitätsbereich, Steigerung der prozentualen Ausnutzung der VO_{2max} und der Fähigkeit, das energetische Potential bei langer Belastungsdauer tiefer auszuschöpfen, Erhöhung des Wirkungsgrades, Beschleunigung der Erholungsfähigkeit. (HÄCKER 1983; NEUMANN 1987a, 1988, 1991a, b)
– Durch die Auseinandersetzung der Sportler mit den durch Ermüdung entstehenden Schwierigkeiten entwickelt sich auch die psychische Belastbarkeit.

Dauermethode mit konstanter Intensität

Es lassen sich drei Intensitätsbereiche differenzieren, die mit den Arbeitsbegriffen geringe,

mittlere und hohe Intensität beschrieben werden können.

Dauermethode – geringe Intensität

Dosierung und Beanspruchung. Bewegungsfrequenz und Krafteinsätze sind in gegenseitiger Abstimmung so dosiert, daß die Laktatwerte 2 mmol/l bei konstantem Intensitätsverlauf nicht übersteigen. Je nach Leistungszustand wird eine Herzschlagfrequenz zwischen 130 und 150 Schlägen/min erreicht. Es wird vor allem der Fettstoffwechsel beansprucht. Die Belastungsdauer kann mehrere Stunden betragen.

Anwendung. Die Methode bewirkt den vorsichtigen Aufbau der Gundlagenausdauer, die sich vorwiegend durch Ökonomisierung der Bewegungsabläufe verbessert. Sie wird zum Belastungsaufbau für Anfänger und in der Vorbereitungsperiode genutzt.

Anpassungsaspekte. Die VO_{2max} wird nur gering beansprucht und daher kaum erhöht, während sich die Funktionsbreite des Fettstoffwechsels infolge höherer Beanspruchung erweitert. Da vorwiegend die langsamen Muskelfasern rekrutieren, wird bei einseitiger Anwendung dieser Variante die schnelle Kontraktionsfähigkeit der Muskulatur eingeschränkt. (Vgl. NEUMANN 1991b, S. 176ff.)

Dauermethode – mittlere Intensität

Dosierung und Beanspruchung. Durch die höhere Intensität wird der aerob-anaerobe Übergangsbereich (Laktat zwischen 2 und 4 mmol/l beansprucht. Bei einer Belastungsdauer zwischen 45 und 60 Minuten (ggf. auch länger) wird eine Herzschlagfrequenz zwischen 150 und 170 Schl./min erreicht.

Anwendung. Bei guter Belastbarkeit werden die Grundlagenausdauer und die Belastbarkeit wirksam entwickelt. Der Einsatz dieser Variante gewinnt an Bedeutung.

Anpassungsaspekte. Da die VO_{2max} bis zu 80 % beansprucht wird, entwickeln sich die aerobe Kapazität und Leistungsfähigkeit deutlich. Gleichzeitig werden Grundlagen für die Aktivierung des anaeroben Stoffwechsels gelegt. Wegen der Beanspruchung von langsamen und schnellen Muskelfasern bleibt die Kontraktionsfähigkeit der Muskulatur weitgehend erhalten (vgl. HÄCKER 1983; BUHL/LÖFFLER/HÄCKER 1986; HOLLMANN/HETTINGER 1990).

Dauermethode – hohe Intensität
Dosierung und Beanspruchung. Die Intensität ist so dosiert, daß die Laktatkonzentration bis ca. 7 mmol/l und die Herzschlagfrequenz über 170 Schl./min erreicht. Die maximale Sauerstoffaufnahme wird mit 80–95 % beansprucht. Die energetische Absicherung erfolgt bei einer Intensität im unteren Regulationsbereich (Laktat um 5 mmol/l) anteilig durch den Fett- und Kohlenhydratstoffwechsel. Bei Intensitäten im oberen Regulationsbereich (Laktat um 7 mmol/l) wird vorrangig der Kohlenhydratstoffwechsel beansprucht. Die Belastungsdauer kann unter diesen Bedingungen je nach Intensität und Leistungszustand 15–45 Minuten betragen.

Anwendung. Diese Variante mit sehr hoher Gesamtbeanspruchung schafft leistungswirksame Grundlagen zur Ausbildung der speziellen Ausdauer in Mittel- und Langzeitdisziplinen. Im oberen Regulationsbereich sind in Langzeitdisziplinen Wettkampfgeschwindigkeiten zu erreichen (REISS 1990). Gleichzeitig entstehen gute Voraussetzungen für eine wettkampfnahe sporttechnische Vervollkommnung. Auch die psychischen Regulationsanforderungen nähern sich wettkampfspezifischen Bedingungen.

Wegen der hohen Beanspruchung ist die Einsatzmöglichkeit dieser Methode begrenzt.

Anpassungsaspekte. Es entstehen wirksame Bedingungen zur Koordination von aerober und anaerober Energieversorgung und für eine stärkere Rechtsverschiebung der Laktat-Leistungs-Kurve im aerob-anaeroben Funktionsbereich. (Vgl. Abb. 5.6.-1) Die Glykogenspeicher und die Kapazität aller Versorgungssysteme erhöhen sich. Neben den langsamkontrahierenden Muskelfasern werden die schnellkontrahierenden stärker beansprucht und entwickelt als in den niedrigeren Intensitätsstufen. Schließlich werden insgesamt durch die Erhöhung der Belastbarkeit unter aerob-anaeroben Bedingungen wichtige Voraussetzungen für die Entwicklung leistungsbestimmender Wettkampffähigkeiten im Mittel- und kürzeren Langzeitbereich der Ausdauersportarten geschaffen.

Wechselmethode (Dauermethode mit wechselnder Intensität)

Charakteristik. Bei dieser Methode wechselt man mehrfach zwischen Anforderungen mit aerober Stoffwechselbeanspruchung und solchen im aerob-anaeroben Funktionsbereich. Im Skilanglauf und Straßenradsport ist der Intensitätswechsel durch das Profil der Trainingsstrecken vorgegeben. Die Intensität muß auch in den längeren „langsamen" Phasen so hoch

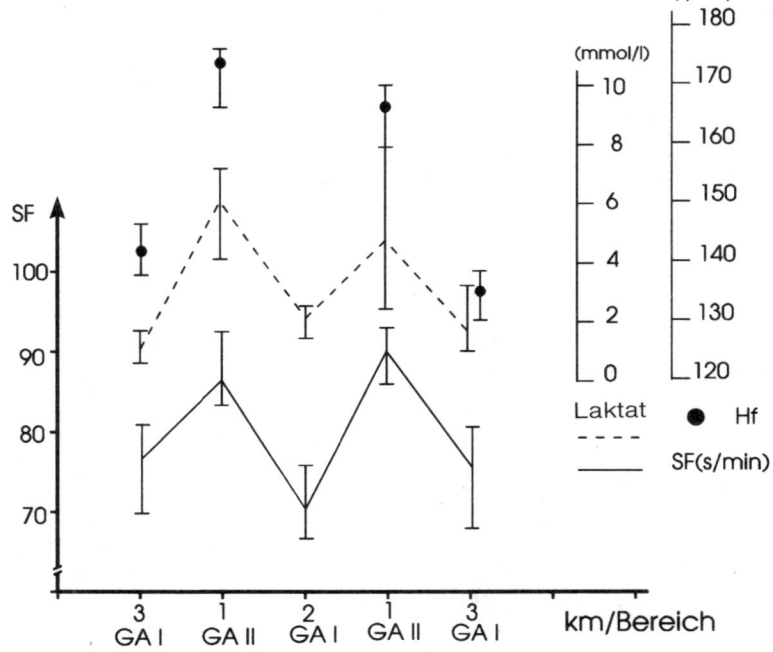

Abbildung 5.6.-2
Funktionelle Beanspruchung im Grundlagenausdauertraining nach der Wechselmethode im Kanurennsport
(POCKRANDT in LENZ 1982)

sein, daß wirksame Reize zur Entwicklung und Stabilisierung der **Grundlagenausdauer** entstehen. (Abb. 5.6.-2)

Anwendung. Der Einsatz erfolgt zur kombinierten Entwicklung der Grundlagenausdauer in Verbindung mit wettkampfnahen Anforderungen für Mittel- und Langzeitleistungen.

Anpassungsaspekte. Im Vergleich zu Dauerbelastungen mit konstanter Intensität ergeben sich eine Reihe Besonderheiten. So wird das Entstehen eines stereotypen Bewegungsprogrammes verhindert, und es bildet sich ein breiteres Regulationsspektrum der Grundlagenausdauer aus, das auf taktische Geschwindigkeitswechsel im Wettkampf vorbereitet.

Methodische Empfehlungen zum Einsatz der Dauermethode

• Die Dauermethoden sind die wirkungsvollsten methodischen Verfahren zur Ausbildung und Stabilisierung der aeroben Kapazität und Leistungsfähigkeit und der Grundlagenausdauer. Die volle Ausschöpfung des aeroben Anpassungspotentials setzt voraus, alle zur Verfügung stehenden Intensitätsbereiche in einem abgestimmten Verhältnis zu nutzen.

• Beim Aufbau der Grundlagenausdauer hat sich die Blockbildung bewährt. Die einzelnen Intensitätsbereiche folgen schwerpunktmäßig nacheinander in der Reihenfolge von der niedrigen zur höheren Geschwindigkeit.

• Die Steuerung der Intensität ist über die Herzschlagfrequenz möglich; wegen der erheblichen individuellen Unterschiede ist die Eichung der Belastungsherzfrequenz in den Hauptintensitätsbereichen anzustreben.

5.6.2.2. Methoden mit intermittierender Belastung

Intervallmethode

Charakteristik. Das Wesen der Intervallmethode besteht im wiederholten systematischen Wechsel relativ kurzer Belastungs- mit Erholungsphasen; letztere sind dabei so kurz, daß keine vollständige Erholung möglich ist und die Ermüdung allmählich ansteigt.

Die Intervallmethode gehört zur Gruppe von Methoden mit intermittierender Belastung, deren Struktur durch folgende Faktoren bestimmt wird:

– Dauer der Belastungsphasen (Zeitdauer oder Streckenlänge);
– Intensität in den Belastungsphasen;
– Dauer der Erholungsphasen;
– Art und Intensität der Tätigkeit in den Erholungsphasen;
– Anzahl der Wiederholungen (Gesamtumfang nach Zeit oder Streckensumme).

Entwicklung. Die systematische Entwicklung der Intervallmethode wurde durch den deutschen Lauftrainer GERSCHLER eingeleitet. Um 1940 (NETT 1952, S. 127) führte er intermittierende Belastungsformen, die der Intervallmethode zugeordnet werden können, in das Wintertraining seiner Läufer ein. Sie sollten sich auch im Winter nicht übermäßig weit von der Wettkampfgeschwindigkeit entfernen. Intermittierende Belastungen lassen höhere Laufgeschwindigkeiten zu als Dauerbelastungen.

Entscheidende Impulse für die weitere Entwicklung kamen von ZÁTOPEK. Der mehrfache Olympiasieger (1948, 1952) und Weltrekordläufer über Strecken zwischen 5000 m und Marathon lief im Training häufig nach folgendem Programm: 5 x 200 m + 30 x 400 m + 5 x 200 m. Zwischen den einzelnen Läufen wurde relativ langsam getrabt. (KOŽÍK 1953; NETT 1950, 1952)

Im Zuge der weiteren Intensivierung des Ausdauertrainings wurden in der Praxis immer kürzere Belastungsphasen angewandt. In Freiburg forcierte GERSCHLER diese Entwicklung im leichtathletischen Lauftraining, indem er auch 100-m- und 200-m-Belastungsstrecken einsetzte. Wissenschaftliche Untersuchungen durch REINDELL und ROSKAMM führten zu einer Belastungsform, die als **„Intervalltraining Freiburger Prägung"** bezeichnet wurde und durch folgende *Parameter* bestimmt war:

– Dauer einzelner Belastungsphasen höchstens eine Minute;
– Pausendauer bis höchstens 90 Sekunden;
– Intensität in den Belastungsphasen so hoch, daß am Ende der Pause eine Pulsfrequenz von 120–140 erreicht wird (REINDELL/ROSKAMM/GERSCHLER 1962, S. 68).

Die besondere Wirkung dieser Kurzzeitintervallmethode soll nach Angaben der Untersucher in der raschen Zunahme von Herzvolumen und Sauerstoffpuls bestehen.

Ab Mitte der fünfziger Jahre dominierte die Intervallmethode in allen Ausdauersportarten. Etwa 10 Jahre später zeigten jedoch zunehmend solche Sportler überlegene Ausdauerleistungen, die zumindest in der Vorbereitungsperiode wieder die Dauermethode bevorzugten und damit auch neue Dimensionen im Belastungsumfang erreichten. Damit vollzog sich der Übergang zum extrem umfangsorientierten Ausdauertraining.

Methodendifferenzierung

In der Praxis sind zahlreiche Varianten der Intervallmethode entstanden, da man die verschiedenen Belastungsparameter vielfältig kombinieren kann. Klassifizierungsmodelle sollen diese Vielfalt einengen und die Steuerung des Intervalltrainings erleichtern. **Klassifiziert wird nach Intensität oder Belastungsdauer.**

Klassifizierung nach der Intensität. Die Intensität kann unabhängig von der Dauer der einzelnen Belastungsphasen variiert werden. Ist sie gering, wird ausschließlich der aerobe Stoffwechsel beansprucht. Nähert sie sich der höchstmöglichen Grenze, erfolgt die Energiebereitstellung zunehmend anaerob. Von dieser Polarisierung ausgehend unterscheidet man zwischen der „extensiven" und der „intensiven" Intervallmethode. (MARTIN/CARL/LEHNERTZ 1991; ZINTL 1990; BAUERSFELD/SCHRÖTER u. a. 1992; WEINECK 1990)

MATWEJEW (1981) kennzeichnet nach der Art der Stoffwechselbeanspruchung drei Belastungsformen (Intervalltraining im aeroben, anaerob-glykolytischen und anaerob-alaktaziden Bereich) und verzichtet auf eine gesonderte Wiederholungsmethode.

Klassifizierung nach der Belastungsdauer. Auch die Dauer der Belastungsphasen kann mit Werten zwischen etwa 15 Sekunden bis zu 15 Minuten und länger erheblich variieren. Je kürzer die Belastungsphasen sind, desto höher kann die Intensität gewählt werden. Für die Ausbildung verschiedener Arten des Stoffwechsels ergeben sich damit optimale Bereiche der Belastungsdauer, wie im Modell B der Tabelle 5.6.-2 zum Ausdruck kommt. Das mit A gekennzeichnete Modell geht mehr von trainingspraktischen Erfordernissen aus und berücksichtigt die vielfältigen Anforderungen der Kurz-, Mittel- und Langzeitdisziplinen.

Unter trainingstheoretischem Aspekt ist anzumerken, daß die organismische Beanspruchung und der Trainingseffekt zwar immer von der Belastungsstruktur mit allen ihren Parametern abhängt, daß aber der Parameter Intensität in dieser Struktur die dominierende Rolle einnimmt. Daher ist den von der Intensität ausgehenden Klassifikationsmodellen der Vorzug zu geben.

Fähigkeitsentwicklung

Mit den verschiedenen Varianten der Intervallmethode wird, ergänzend zu den Dauerbelastungen, die Grundlagenausdauer entwickelt und beim Einsatz höherer Intensitäten die Belastbarkeit für das wettkampfspezifische Ausdauertraining vorbereitet. Vorteile dieser Methode liegen vor allem auch in der höheren muskulären Beanspruchung und Entwicklung sowie in der wirksameren Verbindung von konditioneller und sporttechnischer Ausbildung in der Nähe wettkampfspezifischer Intensität.

Anpassungen

• In den kurzen Pausen sinkt die Herzschlagfrequenz recht schnell, während das Sauerstoffangebot relativ hoch bleibt. Das erhöhte Schlagvolumen des Herzens in den Pausen (Volumenbelastung) interpretierten REINDELL und ROSKAMM als Reiz zur Herzvergrößerung (regulative Dilatation). (1962, S. 60)

• Es verbessern sich die Gesamtstoffwechselkapazität und die Leistungsfähigkeit sowohl unter aeroben wie auch anaeroben Bedingungen. Der fördernde Einfluß auf die aerobe

Tabelle 5.6.-2 *Klassifizierung der Intervallmethode nach der Belastungsdauer*

Methodenbezeichnung	Dauer der Einzelbelastung	
	A	B
Kurzzeitintervallmethode	0:15 bis 2 min	10 bis 20 s/alaktazid-anaerober Stoffwechsel
Mittelzeitintervallmethode	2 bis 8 min	20 bis 80 s/glykolytischer Stoffwechsel
Langzeitintervallmethode	8 bis 15 min	2–3 min und länger/aerober Stoffwechsel

(A – nach PFEIFER 1969, S. 161; B – nach HOLLMANN/HETTINGER 1990, S. 506)

Kapazität und Leistungsfähigkeit bleibt jedoch hinter der Wirkung der Dauerbelastungsmethoden zurück. (HOLLMANN/HETTINGER 1990, S. 505)

• Wegen der in der Regel höheren Intensität im Vergleich zu Dauerbelastungen werden im Intervalltraining auch die schnellkontrahierenden Muskelfasern beansprucht und die Leistungsfähigkeit im aerob-anaeroben Funktionsbereich wirksam erhöht. Damit nähert sich die muskuläre Beanspruchung den wettkampfspezifischen Anforderungen der Kurz- und Mittelzeitausdauerdisziplinen stärker, als es mit Dauerbelastungen möglich ist.

• Durch die Annäherung an die wettkampfspezifische Intensität entstehen im Intervalltraining günstige Situationen zur sporttechnischen Vervollkommnung und Stabilisierung.

Grundformen der Intervallmethode

Auf die vielfältigen Variationsmöglichkeiten der einzelnen Belastungsparameter war bereits hingewiesen worden. Zur Orientierung beschränken wir uns auf die Besprechung von drei ausbaufähigen Grundformen, die nach **Intensitätsbereichen** differenziert werden. (Tab. 5.6.-3)

Intervallmethode – geringe Intensität

Dosierung und Beanspruchung. Die Intensität ist so gering, daß der aerobe Stoffwechselbereich nicht verlassen wird. Die Belastungsphasen wählt man meist zwischen 1 und 2 Minuten, so daß nach kurzer Erholungszeit die Herzschlagfrequenz den Wert zwischen 120 und 140 Schl./min erreicht und erneut belastet werden kann. *Anwendung.* Diese extensive Variante können **Trainingsanfänger** zum Belastungsaufbau für längere Dauerbelastung nutzen. Mit ansteigen-

der Leistungsfähigkeit erhöht man daher den Umfang.

Anpassungsaspekte. Bei ausreichendem Gesamtumfang kann mit der Verbesserung der Grundlagenausdauer und Erhöhung der aeroben Leistungsfähigkeit durch Ökonomisierung gerechnet werden. Die Laktat-Leistungs-Kurve erfährt besonders im Bereich 2 bis 4 mmol/l eine Rechtsverschiebung. Mit diesen Anpassungen verbessert sich auch die Belastbarkeit. Das sporttechnische Niveau wird belastungsadäquat vervollkommnet und stabilisiert.

Intervallmethode – mittlere Intensität

Dosierung und Beanspruchung. Die Belastungsintensität ist so hoch, daß auch anaerobe Stoffwechselprozesse aktiviert werden. (Vgl. Tab. 5.6.-3) Wegen des relativ hohen Sauerstoffangebots in den Pausen kann in dieser Zeit bereits Laktat abgebaut werden. Das hohe Niveau des aeroben Stoffwechsels begrenzt den Laktatanfall nach der ersten Belastung und erlaubt bei vergleichbarer Stoffwechselreaktion eine höhere Intensität als bei Dauerbelastungen. (HOLLMANN/HETTINGER 1990, S. 492) Das Erholungsintervall wird aktiv oder passiv gestaltet. *Anwendung.* Die Methode dient zur Entwicklung der Grundlagenausdauer in Einheit mit der Kraftausdauer.

Anpassungsaspekte. Es erhöhen sich die allgemeine aerobe Kapazität und Leistungsfähigkeit und die periphere aerobe Leistungsfähigkeit in der beanspruchten Muskulatur.

Intervallmethode – hohe Intensität

Dosierung und Beanspruchung. In diesem Intensitätsbereich kann man die Wettkampfgeschwindigkeit der Langzeitdisziplinen erreichen. In den Mittel- und Kurzzeitausdauerdisziplinen können sich Geschwindigkeit bzw.

Tabelle 5.6.-3   Dosierung bei verschiedenen Varianten der Intervall- und Wiederholungsmethode

	IM-I	IM-II	IM-III	WHM
Intensität (%)	gering	mittel	hoch	fast maximal
HF (Schl./min)	< 150	150–170	> 170	> 180
Laktat (mmol/l)	< 3	3–5	4–8	> 8
Belastungsdauer	1–10 min	1–10 min	15–60 s	15 s – 3 min
Pause	60–30 s	60–15 s	15–90 s	3–10 min
Umfang (min)	30–60	60–90	30–90	10–5 Wiederhlg.

HF – Herzschlagfrequenz; IM – Intervallmethode; WHM – Wiederholungsmethode

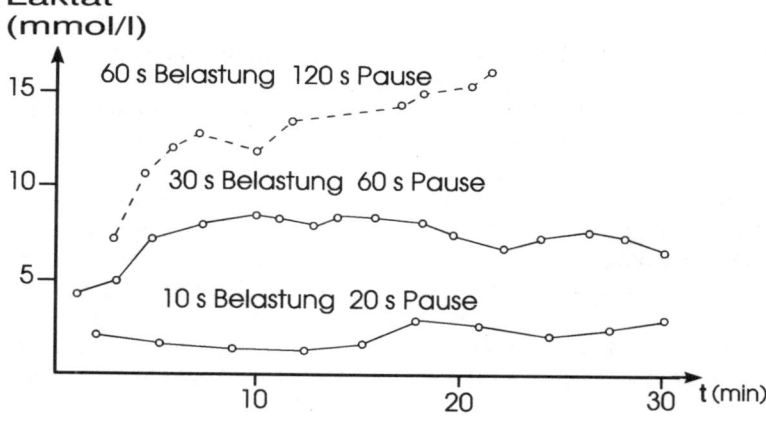

Abbildung 5.6.-3
Laktatkonzentration im
Blut beim Anwenden der
Intervallmethode mit
unterschiedlichem
Belastung-Pause-
Regime, aber gleicher
Intensität in den
Belastungsphasen (nach
Åstrand bei Häcker 1983)

Krafteinsätze (z. B. im Rudern, Kanurennsport) und die sporttechnischen Parameter wettkampfspezifischen Anforderungen stark annähern. Untersuchungen von Åstrand (nach Häcker 1983) zeigen, daß bei sehr kurzen Belastungsphasen vorwiegend der alaktazid-anaerobe Stoffwechsel beansprucht wird und der Laktatspiegel niedrig bleibt. (Abb. 5.6.-3) Bei gleicher Belastungsintensität, aber längerer Belastungsdauer steigt die Laktatkonzentration. *Das* **Belastung-Pausen-Verhältnis** *bestimmt daher die Art der Beanspruchung des Stoffwechsels und nicht die Belastungsintensität allein.*
Anwendung. Die Variante dient zur sporttechnischen und energetischen Vorbereitung auf Wettkampfanforderungen. Sie eignet sich zur Ausbildung wettkampfnaher motorischer Steuerprogramme und deren Festigung gegen Störeinflüsse.

Anpassungsaspekte. Es erhöht sich die aerobe Kapazität und Leistungsfähigkeit mit deutlicher Ökonomisierung im aerob-anaeroben Funktionsbereich (vgl. Abb. 5.6.-1, Position 2), und die Laktattoleranz steigt. Es erhöht sich die Aktivität der oxidativen Enzyme in den **schnellkontrahierenden Muskelfasern,** und die Kontraktionsfähigkeit der Arbeitsmuskulatur wird auf wettkampfspezifische Anforderungen im Kurz- bis Langzeitausdauerbereich vorbereitet. Es ergeben sich physische und psychische Anpassungen, die es dem Sportler im Wettkampf ermöglichen, auf taktisch bedingte Geschwindigkeitswechsel zweckmäßig zu reagieren.

Wiederholungsmethode
Charakteristik. Die Wiederholungsmethode zeichnet sich durch folgende Merkmale aus (vgl. Tab. 5.6.-3):
● Relativ kurze Belastungsphasen wechseln mehrfach mit Erholungsphasen.
● Die Intensität ist sehr hoch, so daß ein erheblicher Laktatanfall entsteht.
● Die Pausen sind so lang, bis die Leistungsfähigkeit für die erneute intensive Anforderung wiederhergestellt ist.
Die Funktionen von Herz-Kreislauf-, Atmungs- und Stoffwechselsystem sinken in den langen Pausen auf den Ausgangszustand (Aufwärmniveau). Das angefallene Laktat wird nahezu völlig eliminiert. Das Aktivitätsniveau des Zentralnervensystems muß aber auf einem optimalen Niveau erhalten bleiben, um ohne erneutes Vorbelasten das hohe Intensitätsniveau sichern zu können. Alle leistungsbestimmenden Funktionen müssen bei Wiederbelastung neu einreguliert werden.

Anwendung. Die Wiederholungsmethode eignet sich besonders zur Einstellung des Sportlers auf die geplante Geschwindigkeit der Wettkampf- und Unterdistanzstrecke mit hohen Anteilen des anaeroben Stoffwechsels. Kürzt man die Pausen, können sich die Toleranz- und Kompensationsfähigkeit gegenüber sauren Stoffwechselprodukten verbessern.

Anpassungen. Es erhöhen sich die Leistungsfähigkeit und Belastbarkeit unter anaeroben Stoffwechselbedingungen (vgl. Abb. 5.6.-1, Position 3), und es adaptieren insbesondere die schnellkontrahierenden Muskelfasern. Die Regel- und Steuerprozesse für anaerobe Ausdauerleistungen prägen sich aus.

Fartlek

Mitte der dreißiger Jahre entwickelten die Schweden HOLMÉR und OLANDER (vgl. NETT 1952) ein neues Verfahren im Lauftraining, das sie *Fartlek* (schwedisch – etwa „Spiel mit der Fahrt [Geschwindigkeit]") nannten. Im Fartlek (Fahrtspiel) mischt man Belastungsformen, die verschiedenen Methoden zugeordnet werden können, wie Intervall-, Wiederholungs- und Wechselmethode (vgl. Tab. 5.6.-1). In der Originalform wurden auch Sprint- und kürzere Dauerbelastungen einbezogen. Durch Fartlek sollen in einer Trainingseinheit möglichst vielartige Trainingsreize angeboten werden. Das Verfahren ist geeignet, die Selbständigkeit Trainierender zu erhöhen und eine psychische Auflockerung im Training zu erreichen. Es kann andere Methoden ergänzen, aber nicht ersetzen.

5.6.2.3. Wettkampfmethode

Wettkämpfe und wettkampfähnliche Leistungskontrollen ergänzen das Spektrum der Trainingsmethoden. Dazu sind im Training oder bei organisierten Überprüfungen wettkampftypische Situationen zu schaffen. Die Anforderungen umfassen je nach dem Trainingsschwerpunkt die eigentliche Wettkampfdistanz sowie Unter- und Überdistanzen. Es werden auch taktische Aufgaben gestellt. Auch die psychischen Reserven sind durch eine zweckmäßige Situationsgestaltung optimal zu fordern. Die Wettkampfmethode fördert die Ausbildung der wettkampfspezifischen Ausdauer und der komplexen Wettkampffähigkeiten.

5.6.3. Training spezifischer Ausdauerfähigkeiten

Unabhängig von der Art der auszubildenden Ausdauerfähigkeit sind bestimmte **Grundbedingungen** zu beachten:

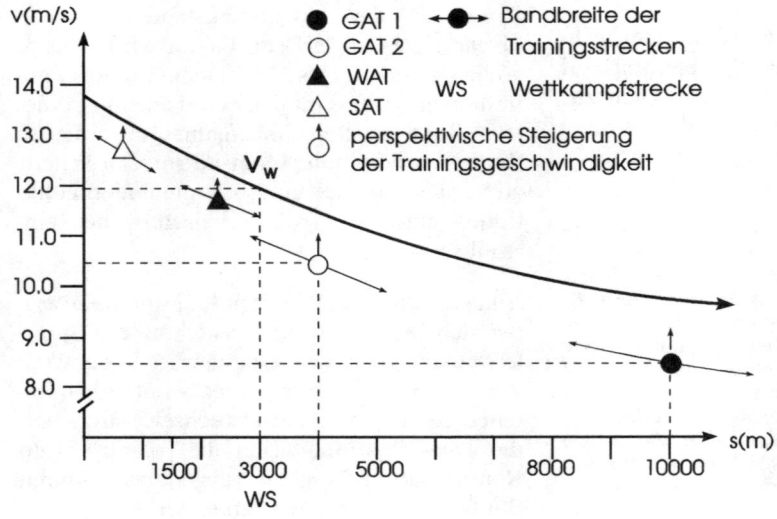

Abbildung 5.6.-4
Ableitung von Geschwindigkeit und Trainingsstrecken im Ausdauertraining vom geplanten Rennschnitt im 3000-m-Eisschnellauf der Frauen (modifiziert nach MALZ u. a. 1987)

• Jede Trainingsmethode und Belastungsform beansprucht die biotischen Funktionssysteme und die psychische Regulation in besonderer Weise und löst belastungsspezifische Trainingswirkungen aus. Trainingsmethoden und Belastungsformen sind daher aufgabenbezogen und zielorientiert auszuwählen und einzusetzen. Aus der Spezifik ergibt sich auch, daß man spezielle Ausdauerfähigkeiten mit einer einzelnen Methode nicht optimal ausbilden kann.

• Gesetzmäßig ist, daß sich Ausdauer nur im Kampf gegen Ermüdung entwickeln kann. Der Gesamtumfang der Belastung ist daher so zu bemessen, daß der Sportler in die Ermüdung hineingeführt wird.

• Spezielle Ausdauerfähigkeiten sind an eine bestimmte Bewegungstätigkeit und Bewegungsintensität gebunden. Das Ausdauertraining muß man vornehmlich mit jener Bewegung und Bewegungsintensität durchführen, die der auszubildenden Ausdauerfähigkeit entspricht. (Abb. 5.6.-4)

• Das Niveau der Ausdauer wird durch den Grad der Beherrschung der sportlichen Technik entscheidend mitbestimmt. Ermüdungsprozesse können die Qualität der Bewegung empfindlich stören. Der Trainer muß zur Sicherung der Bewegungspräzision entsprechende Handlungsanweisungen geben und deren Einhaltung kontrollieren.

Training der Grundlagenausdauer

Das Grundlagenausdauertraining zielt darauf ab, die aerobe Kapazität und Leistungsfähigkeit zu erhöhen. Man unterscheidet zwei Intensitätsbereiche. Die extensive Form[1] (Laktat um 2 mmol/l) zielt auf höhere Geschwindigkeiten in völlig aerober Stoffwechsellage, die intensive Form (Laktat > 2 bis 7 mmol/l) auf höhere Geschwindigkeiten im aerob-anaeroben Funktionsbereich ab. Den Anstieg der Grundlagenausdauer kann man an zunehmender Geschwindigkeit bei längeren Dauerbelastungen, verringerter Herzschlagfrequenz bei gleichem

Geschwindigkeitsniveau und an beschleunigten Erholungswerten leicht erkennen. Exaktere Einschätzungen ergeben sich aus der Rechtsverschiebung der Laktat-Leistungs-Kurve. (Vgl. Abb. 5.6.-1)

Trainingsmethodische Grundanforderungen

• Für die Steigerung der aeroben Leistungsfähigkeit und der Grundlagenausdauer ist die Dauermethode der Intervallmethode überlegen. Besonders wirksam sind Anforderungen im aerob-anaeroben Übergangsbereich (Laktatkonzentration zwischen 2 und 4 mmol/l). (BUHL u. a. 1988; BUHL/NEUMANN 1987; MADER in HOLLMANN/HETTINGER 1990, S. 493)

• Der Umfang des extensiven Grundlagenausdauertrainings kann beträchtlich sein. *Einseitig eingesetzt führt es aber zur Leistungsstagnation im aerob-anaeroben Funktionsbereich und reduziert die glykolytische Mobilisationsfähigkeit stark.*

• Intensives Grundlagenausdauertraining im Laktatbereich zwischen 4 und 7 mmol/l prägt die aerobe Kapazität und Leistungsfähigkeit optimal aus und bildet den Übergang zum wettkampfnahen Ausdauertraining im Lang- und Mittelzeitbereich. *Es ist sehr leistungswirksam, setzt aber eine hohe Belastungsverträglichkeit voraus* und kann nur mit begrenztem Umfang eingesetzt werden.

• Umfang und Gestaltung des Grundlagenausdauertrainings fordern einen sportart- bzw. disziplinspezifischen Zuschnitt, der sich unter anderem aus den Anteilen des aeroben und anaeroben Stoffwechsels an der Wettkampfleistung ergibt.

• Das Grundlagenausdauertraining sollte man in den Ausdauersportarten und Sprintdisziplinen hauptsächlich mit speziellen Trainingsübungen durchführen, damit auch die leistungsbestimmende lokale aerobe Ausdauer ausgebildet werden kann. Spezialisten von Sportarten mit azyklischen Bewegungen nutzen zur Vorbereitung Ausdauersportarten. Im Freizeit- und Rehabilitationstraining wählt man solche zyklische Übungen, die der individuellen Belastungsverträglichkeit des durch die Übungen beanspruchten Stütz- und Bewegungssystems entsprechen.

---

[1] Die beiden Intensitätsbereiche werden auch als Grundlagenausdauertraining I bzw. II bezeichnet.

Training der Schnelligkeitsdauer

Das Training der **Schnelligkeitsausdauer** *soll den ermüdungsbedingten Geschwindigkeitsabfall bei Wettkampfanforderungen mit maximaler Geschwindigkeit mindern oder sogar aufheben.* Dieses Ziel ist unter sportartspezifischem Aspekt zu differenzieren:

- in **Sprintwettkämpfen** bis etwa 35 Sekunden: Erhalt der Maximalgeschwindigkeit in der Endphase des Wettkampfes;
- in den **Sportspielen:** Gewährleistung der vielfachen Wiederholbarkeit maximaler Beschleunigungsleistungen im Wettkampfverlauf auf höchstmöglichem Niveau;
- in den **Ausdauersportarten mit maximalen Startanforderungen** (z.B. Rudern, Kanurennsport, Eisschnellauf): Verlängerung des Startabschnittes mit Höchstgeschwindigkeit; in anderen Sportarten ist die in Spurtphasen benötigte maximale Beschleunigungs- und Sprintfähigkeit in Verbindung mit ermüdenden Langzeitbelastungen (besonders ausgeprägt in Disziplinen des Straßen- und Bahnradsports) auf einem hohen Niveau sicherzustellen.

Trainingsmethodische Grundanforderungen

- Die Basis des speziellen Schnelligkeitsausdauertrainings bildet das Grundlagenausdauertraining. *Der Umfang ist für die Sprintdisziplinen jedoch relativ eng begrenzt, um eine Abschwächung der schnellen Kontraktionsfähigkeit der Muskulatur zu vermeiden. Als vorbeugende trainingsmethodische Maßnahme wird u.a. empfohlen, nach Ausdauerbelastungen Schnelligkeitsleistungen abzufordern.*
- Zur unmittelbaren Vorbereitung auf spezielles **Sprintausdauertraining** dienen Anforderungen mit submaximaler Intensität (Laktat über 6 mmol/l) und einer Belastungsdauer zwischen 1 und 3 min nach der Wiederholungsmethode. Das *spezielle Sprintausdauertraining* muß die energiereichen Phosphate tief ausschöpfen, die FTG- und FTO-Fasern aktivieren und die psychischen Wettkampfeigenschaften Überwindungsfähigkeit, Härte und Mobilisationsfähigkeit in wettkampfadäquaten Ermüdungssituationen abfordern. Dazu dienen Belastungsformen mit submaximaler und maximaler

Intensität und einer Belastungsdauer zwischen 50 und 120 % der Wettkampfanforderung. (Vgl. GROSSER 1991, S. 135 ff.)

- Zur Ausdauerentwicklung für häufig wiederholte Kurzsprints und für Sprintspurts im Verlauf umfangreicher Ausdauerbeanspruchung im Wettkampf sind zusätzlich Aufbauwettkämpfe mit gezielter Aufgabenstellung erforderlich.

Training der Kurzzeitausdauer

Das **Kurzzeitausdauertraining** *beinhaltet die trainingsmethodischen Maßnahmen zur Minderung ermüdungsbedingter Leistungsverluste in sportlichen Disziplinen mit hoher Intensität (Kurzzeitausdauer).* Zu entwickeln sind vor allem die anaerobe laktazide Stoffwechselleistung, die Laktatverträglichkeit und -kompensationsfähigkeit sowie eine adäquate psychische Widerstandsfähigkeit bei Leistungen mit hohem Sauerstoffdefizit.

Trainingsmethodische Grundanforderungen

- Die Basis für Kurzzeitausdauerleistungen ist die Grundlagenausdauer. *Umfangreiche Belastungen mit geringer Intensität im Training schränken aber die Leistungsfähigkeit unter anaeroben Stoffwechselanforderungen erheblich ein.* Besonders in der Wettkampfperiode ist im Umfang des Grundlagenausdauertrainings Zurückhaltung und eine Kombination mit intensiven Belastungen angezeigt. (Abb. 5.6.-5)
- Das Training der Kurzzeitausdauer wird mit intensiven Belastungsformen der *Intervallmethode* vorbereitet. *Die spezifische Ausprägung erfolgt mit der Wiederholungs- und Wettkampfmethode.* Ergänzende Anforderungen mit verkürzten Pausen erhöhen die psychische Beanspruchung und fördern die Säuretoleranz.

Training der Mittelzeitausdauer

Das **Mittelzeitausdauertraining** *beinhaltet die trainingsmethodischen Maßnahmen zur Minderung ermüdungsbedingter Leistungsverluste in sportlichen Disziplinen mit submaximaler Intensität (Mittelzeitausdauer).* Zu entwickeln sind vor allem die aerob-anaerobe Stoffwechselleistung und in Sportarten mit maximalen Startphasen die alaktazide und laktazide Energieversorgung sowie die Verträglichkeit und Kompensationsfähigkeit gegenüber Laktat. Zu

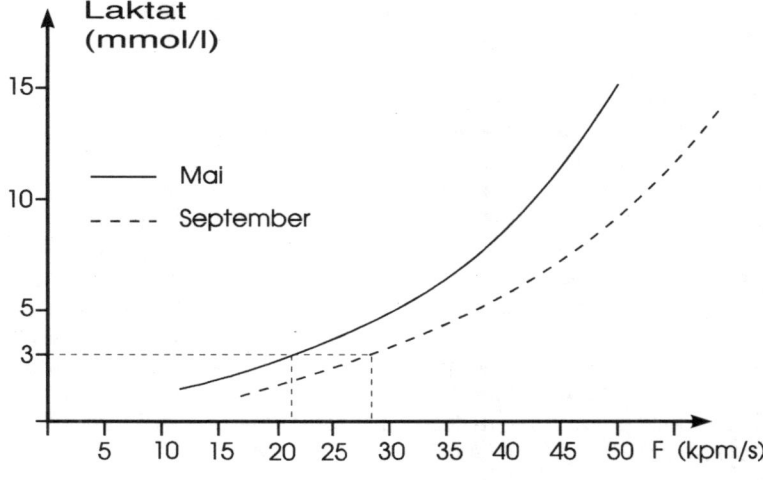

Abbildung 5.6.-5
*Rechtsverschiebung der
Laktat-Leistungs-Kurve
(Kanuergometrie) durch
effektive Kombination
von Grundlagen- und
wettkampfspezifischem
Ausdauertraining in der
Wettkampfperiode*
(LÜCK 1975)

erhöhen ist die psychische Stabilität bei hohen Kraftausdaueranforderungen.

Trainingsmethodische Grundanforderungen

• *Das Grundlagenausdauertraining dominiert in allen Abschnitten des Trainingsjahres. Eine Maximierung der Grundlagenausdauer darf jedoch nicht erfolgen,* vielmehr sind aerobes und anaerobes Funktionsniveau nach wettkampfspezifischen Erfordernissen abzustimmen. Das Grundlagenausdauertraining ist betont vortriebsorientiert zu gestalten.

• Für die spezifische Ausprägung der Mittelzeitausdauer dienen die intensiven Varianten der **Intervall-, Wiederholungs- und Wettkampfmethode** mit recht variabler Belastungsdauer. Bei der Intensitätsdosierung ist die Systematik des Leistungsaufbaus von geplanter Unter- und Überdistanzleistung zu berücksichtigen. (Vgl. BUHL u. a. 1988)

• Grundlagen- und wettkampfspezifisches Ausdauertraining sind vor allem in der Wettkampfperiode gut abzustimmen. *Den Anteil der vorwiegend aerob gerichteten Belastungsformen muß man zeitweilig deutlich reduzieren, um die anaerobe Leistungsfähigkeit wettkampfwirksam ausprägen zu können.*

Training der Langzeitausdauer

Das **Langzeitausdauertraining** *beinhaltet die trainingsmethodischen Maßnahmen zur*

Minderung ermüdungsbedingter Leistungsverluste in sportlichen Disziplinen mit mittlerer Intensität und langer Belastungsdauer (Langzeitausdauer). Vorrangig sind die aerobe Kapazität und Leistungsfähigkeit zu entwickeln. Die Entwicklung der anaeroben Mechanismen ist nachgeordnet, gewinnt aber unter sportartspezifischer Sicht (Intensitätswechsel) an Bedeutung. Psychisch ist vor allem die Durchhaltefähigkeit zu fördern.

Trainingsmethodische Grundanforderungen

• Da die Grundlagenausdauer nicht nur Basis, sondern auch Bestandteil der wettkampfspezifischen Ausdauer ist, *erhält das Grundlagenausdauertraining ganzjährig eine zentrale Bedeutung.* Die extensiven Belastungsformen (Dauer- und Intervallmethode) mit langer Belastungsdauer, z.B. über 2 Stunden im Skilanglauf (NEUMANN/BUBE 1987), lösen umfassende Ökonomisierungsprozesse aus, beanspruchen und entwickeln den Fettstoffwechsel, bereiten stabile Leistungen mit höherer Geschwindigkeit im aeroben Stoffwechselbereich vor und erhöhen die Belastbarkeit zum Bewältigen intensiverer Anforderungen. Besondere Bedeutung haben Belastungen im aerob-anaeroben Übergangsbereich.

• Das intensive Grundlagenausdauertraining mit Laktatwerten zwischen 4 und 7 mmol/l kommt den spezifischen Intensitätsanforderungen der Langzeitdisziplinen sehr nahe. Die Belastungsdauer (bzw. der Belastungsumfang bei intermittierender Belastung) wird u. a. für den Skilanglauf (NEUMANN/BUBE 1987) intensitätsabhängig mit maximal 35 km (bzw. 60 bis 120 Minuten) und für den Eisschnellauf mit 5 bis 8 km (MALZ u. a. 1987) angegeben.

• Die wettkampfspezifische Ausdauer kann durch intermittierende Belastungsformen (Intervallmethode mit mittlerer und langer Belastungsdauer) mit der geplanten Wettkampfgeschwindigkeit vorbereitet werden. Wettkampfspezifische Einzel- und Mehrfachbelastungen mit langen Pausen und Wettkämpfe (Unter-, Über- und Wettkampfdistanz) führen zur Ausprägung der Langzeitausdauer.

5.6.4.   Training der Kraftausdauer

*Das **Kraftausdauertraining** soll vorrangig die schnellkraftbezogene lokale Muskelausdauer steigern und die Schnellkraftleistung der „Wettkampfmuskulatur" fördern.* (Abb. 5.6.-6) Das Kraftausdauertraining erfolgt sowohl mit Übungen, die einzelne Muskelgruppen beanspruchen, als auch mit der Wettkampfübung mit Beanspruchung der bewegungsspezifischen Muskelkette.

Kraftausdauertraining in Form des Kreistrainings

Das Kreis- oder Circuittraining wurde von den Engländern MORGAN und ADAMSON ursprünglich für den Schulsport entwickelt und ist für den Wettkampfsport vervollkommnet worden. (SCHOLICH 1989, JONATH 1987) *Es gilt als Organisationsmethode.* Im **Wettkampfsport** setzt man im Kreistraining vorrangig Spezialübungen ein, mit denen ausgewählte Muskelgruppen, die für die Wettkampfübung bedeutsam sind, gezielt beansprucht werden. Im **Freizeit- und Rehabilitationssport** nutzt man für die zu entwickelnden Muskelpartien wirksame allgemeine Trainingsübungen.

Etwa 8 bis 12 dieser Übungen werden so gereiht, daß in der Übungsfolge unterschiedliche Muskelpartien und Gelenke beansprucht werden. (Abb. 5.6.-7) Beanspruchte Muskeln haben dadurch zwischenzeitlich die Möglichkeit zur Regeneration. Deshalb können die Intervalle zwischen den Übungen sehr kurz sein (30 bis 60 Sekunden). Für jede Übung gibt es im einzelnen Kreisdurchgang nur eine Wiederholungsserie. Nach Durchlauf aller Übungen wird von vorn begonnen.

Trainingsmethodische Grundanforderungen

• Die **Widerstandsgrößen** dosiert man auf 40 bis 60 % der Maximalkraftleistung; bei Übungen

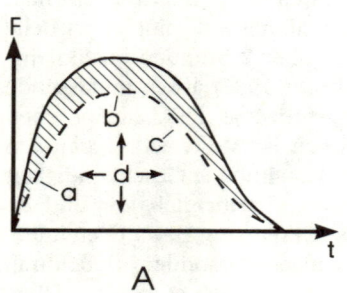
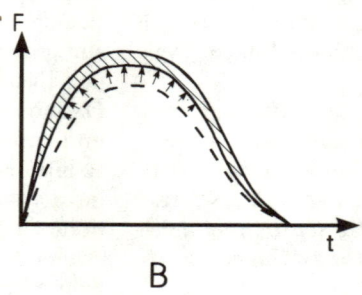

Abbildung 5.6.-6   *A – Schematische Darstellung des Kraft-Zeit-Verlaufs einer Kontraktionsphase bei zyklischen Bewegungen im frischen und im ermüdeten Zustand. Auswirkung der Ermüdung: langsamerer Kraftanstieg (a), geringeres Kraftmaximum (b), früherer Kraftabfall (c), geringerer Kraftstoß (d).*
B – Hauptziel des Kraftausdauertrainings

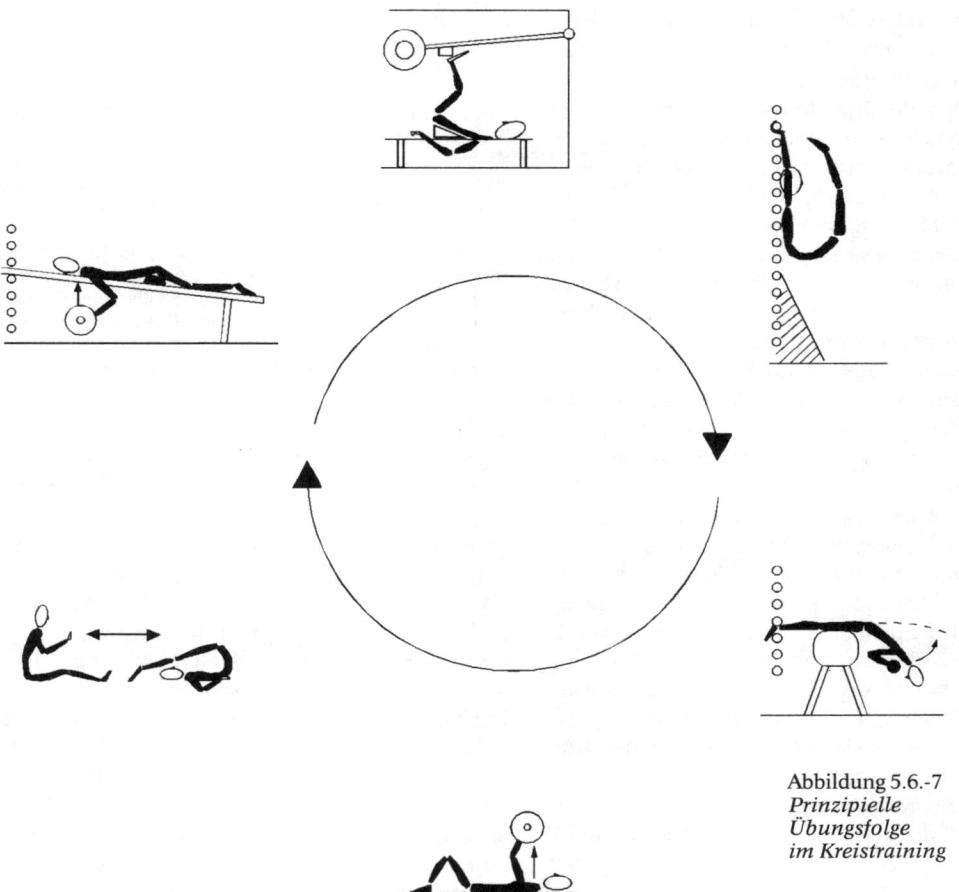

Abbildung 5.6.-7
*Prinzipielle
Übungsfolge
im Kreistraining*

Abbildung 5.6.-8
*Mittelwerte (n = 10) der
elektrischen Muskel-
aktivität (EA) beim
Bankziehen (――――)
und bei der
wettkampfspezifischen
Bewegung
im Kajak (– – –)*

1 – hinterer Deltamuskel; 2 – Oberarmspeichenmuskel; 3 – Bizeps;
4 – großer Rundmuskel; 5 – mittlerer Deltamuskel; 6 – Trizeps
(WITTEKOPF/RÜHL 1982)

mit Überwinden des eigenen Körpergewichts geht man von etwa 50 bis 20 WM[1] aus. Dabei sind große Wiederholungssummen möglich. Leistungsstarke Sportler orientieren sich auf die obere Grenze des angegebenen Intensitätsspielraumes. WITTEKOPF/RÜHL (bei HARRE 1982) konnten nachweisen, daß bei der Übung „Bankziehen" erst bei einer Intensität ab 50 % MK die beim Kajakfahren eingesetzten Muskeln trainingswirksam beansprucht werden. (Abb. 5.6.-8) Bei höheren Widerständen ist mit einem stärkeren Einfluß des Trainings auf die Steigerung der Maximalkraft zu rechnen.

- **Die Kontraktions- und Verkürzungsgeschwindigkeit der Muskulatur** beim Belasten mit Spezialübungen muß weitgehend mit den Werten der Wettkampfübung übereinstimmen. Bei erhöhten Kraftkennwerten darf keine wesentliche Abweichung im Kraft-Zeit-Verlauf eintreten, damit das neuromuskuläre Steuerprogramm und die strukturelle Anpassung der beanspruchten Muskulatur nach wettkampfspezifischen Erfordernissen ausgeprägt werden können (Kraftanstiegsgeschwindigkeit, Zeitpunkt der Kraftmaxima, charakteristische Plateaubildung). Die Dosierung der Widerstände und Seriengrößen sind entsprechend abzustimmen.

- Die **Bewegungsfrequenz** ist ein wesentliches Kriterium für die Dosierung der Belastung im Kreistraining. Sie entscheidet wesentlich über die Art der Stoffwechselbeanspruchung. Hohe Bewegungsfrequenzen aktivieren sehr stark den anaeroben Stoffwechsel und können eine Laktatkonzentration über 10 mmol/l auslösen, wie GRUPE und WENZKE im Kraftausdauertraining mit Rennkanuten nachgewiesen haben. (Vgl. HARRE 1979)

Untersuchungen der Stoffwechselbeanspruchung durch einzelne Übungen bei maximalen Bewegungsfrequenzen, die WENZKE an gut trainierten jugendlichen Rennkanuten durchführte, ergaben, daß vor allem bei Armzug- und Armdruckübungen (z.B. Anreißen und Stoßen einer Hantel im Liegen, „halbe" Klimmzüge, Liegestütze) überdurchschnittlich hohe Laktatwerte im Vergleich zu weniger frequent ausführbaren Übungen mit Überwinden des eigenen Körpergewichts entstanden. Wurde die Bewegungsfrequenz der Armzug- und Armdruckübungen in kompletten

Kreistrainingsprogrammen auf 40 bis 45 % und die der anderen Übungen auf 80 % der maximalen Frequenz begrenzt, erreichte die Laktatkonzentration 4–5,5 mmol/l.

Nach Informationen von BAYER/MAHLO (1992) hatten Ruderinnen im Jahreszyklus einen höheren Kraftausdauerzuwachs, wenn durch Frequenzbegrenzung und Variation der Serienpausen das Laktat nicht über 6 mmol/l anstieg. Intensiveres Kraftausdauertraining (Laktat 6–9 mmol/l) bewirkt nur kurzfristig einen schnellen Leistungsanstieg. Man kann es in begrenzten Zeiträumen erfolgreich zum Aufbau der Kraftleistungsfähigkeit unter anaeroben Stoffwechselbedingungen, zur Stabilisierung der Kontraktivität der Muskulatur bei hoher Säuerung und zur Ausbildung leistungsfördernder psychischer Eigenschaften nutzen (HARRE/LEOPOLD 1986).

Bei höherer Frequenz ist eine Begrenzung der Wiederholungen in den Serien angeraten, da sich die Säuerung mit Annäherung an das Wiederholungsmaximum verstärkt. Zu häufige anaerobe Beanspruchung kann jedoch die aerobe Leistungsfähigkeit empfindlich stören. (BAYER/MAHLO 1992) In der Grundtendenz sollte man im Kraftausdauertraining den aerob-anaeroben Übergangsbereich nicht verlassen.

- Die Anzahl **der Bewegungswiederholungen** hat eine erhebliche Bandbreite. Es empfiehlt sich eine zeitliche Dauer der Serien zwischen 30 und 90 Sekunden bzw. 30 bis 40 Bewegungswiederholungen (Orientierungswerte). POCKRANDT(1973) konnte durch trainingsanalytische Untersuchungen und in einem längeren Trainingsexperiment den überlegenen Trainingseffekt von mittleren Serienumfängen (40 bis 50 Bewegungswiederholungen) im Vergleich zu Kurzserien (15 Wiederholungen) nachweisen. *Nur in optimal langen Serien traten trainingswirksame Rekrutierungsraten in der beanspruchten Muskulatur auf.*

Extreme lange Serien bis zum Wiederholungsmaximum sind hingegen nicht zu empfehlen, wenn die Wettkampfübung schnellkräftige Muskeleinsätze fordert, weil bei Langserien eine zügige und keine schnellkräftige Bewegungsdynamik bevorzugt wird und auch die Bewegungspräzision leidet. Das aber führt zur Ausbildung nichtwettkampfgerechter Bewegungsprogramme. *Daraus ergibt sich, daß weder im Kraftausdauertraining noch im Kraftausdauertest allein die maximale Anzahl von Bewegungswiederholungen Maßstab für die Dosierung sein darf.*

---

[1] WM = Wiederholungsmaximum; 50 WM entsprechen einem Widerstand, der bei mittlerer Bewegungsfrequenz gerade 50 mal überwunden werden kann.

• Durch die ständig wechselnde Beanspruchung einzelner Muskelpartien ist die kontinuierliche Regeneration beanspruchter Muskeln weitestgehend gesichert. Die **Erholungsintervalle** werden daher vornehmlich durch den Erholungsbedarf des Herz-Kreislauf- und Stoffwechselsystems bestimmt. Die Pausen zwischen den einzelnen Übungen können demzufolge mit etwa 20 bis 60 Sekunden sehr kurz sein und nach Abfall der Herzschlagfrequenz auf 120–130 Schl./min beendet werden. Pausen nach einem Kreisdurchgang wählt man länger und nutzt sie zur Auflockerung und vorsichtigen Dehnung der Muskulatur.

Spezielles Kraftausdauertraining

Das spezielle Kraftausdauertraining ist durch Belastungsformen mit der originalen Wettkampfbewegung oder entsprechenden Teilbewegungen gegen überhöhte Widerstände charakterisiert. Im Gerätturnen nutzt man vor allem Kraftelemente und Kraftkombinationen, die sich aus verschiedenen Kraftelementen zusammensetzen. Mitunter werden auch semispezifische Trainingsmittel wie Fahrrad- und Zugergometer, kippbare Laufbänder (vgl. Abb. 3.3.-12), Ruder- und Paddelbecken genutzt. Trainingsmethodische Grundformen sind die Intervall- und Wiederholungsmethode.

Das **Ziel** besteht darin, den Sportler unmittelbar auf die perspektivisch orientierte Kraftausdauerleistung im Wettkampf einzustellen. Dabei sind die Besonderheiten von Start- und Spurtphasen zu berücksichtigen. Durch die Einheit wettkampfnaher Bewegungs- und Belastungsbedingungen ist eine komplexe Ausbildung der Kraftausdauer in Verbindung mit allen anderen Leistungsfaktoren und den spezifischen biotischen und psychischen Leistungsvoraussetzungen gegeben. Das spezielle Kraftausdauertraining muß daher als eine besonders wirksame Form der Leistungsausprägung angesehen und genutzt werden.

Trainingsmethodische Grundanforderungen

Zur Widerstandserhöhung in den Ausdauersportarten setzt man Hydrobremsen (Wasserfahrsport) und Schleppwiderstände wie Reifenkarkassen und Luftschirme (im Lauf bzw. Eisschnellauf) ein, vergrößert Antriebsflächen (Handbrettchen im Schwimmen, größere Paddelblätter im Rudern), nutzt Geländegegebenheiten (Anstiege im Lauf) u.a.m. Es kommen prinzipiell gleichartige Mittel zum Einsatz wie im Schnellkrafttraining.

• *Der Sportler ist auf hohe Krafteinsätze zu orientieren, und er sollte zur Selbstkontrolle Einschätzungskriterien* (z. B. Vortriebsleistungen) *nutzen.* Formen des Kampftrainings können die volitiven Steuerungseigenschaften zum Krafterhalt bei zunehmender Ermüdung fordern und fördern.

• Die **Widerstandserhöhung** muß physisch, psychisch und sporttechnisch beherrscht werden. Erhöhte Widerstände dürfen nur sehr begrenzt die Bewegungsparameter und die Kraft-Zeit-Charakteristik verändern. Abweichungen von den Originalwerten kann man durch biomechanische und elektromyografische Untersuchungen erfassen. Im Rudersport wurde beim „Halbmannschaftsrudern" (z. B. im Vierer zu zweit) eine größere Übereinstimmung im Kraftaufbau und der Zuggeschwindigkeit in den einzelnen Bewegungszyklen festgestellt als beim Einsatz einer Hydrobremse (MAHLO 1992).

• *Die* **Bewegungsfrequenz** *bestimmt die Art der Stoffwechselbeanspruchung.* Geringe Frequenzen, die etwa denen des Grundlagenausdauertrainings entsprechen, fordert man, wenn der aerobe Stoffwechselbereich nicht wesentlich verlassen werden soll (Laktat unter 5 mmol/l). Für Langzeitdisziplinen werden bevorzugt Dauerbelastungen (NEUMANN 1988b, OSTROWSKI 1990; REISS 1992), für Mittelzeitdisziplinen (Rudern, Kanurennsport, Lauf) intermittierende Belastungen mit längeren Teilstrecken gefordert. Die Fortbewegungsgeschwindigkeit ist unter diesen Bedingungen zwar niedriger als ohne Zusatzwiderstand, der entwicklungsfördernde Reiz entsteht aber durch die erhöhte Vortriebskraft. (Tab. 5.6.-4; Abb. 5.6.-9)

Bei diesen Anforderungen adaptieren die langsamkontrahierenden Muskelfasern, und es erfolgt eine metabolische Differenzierung in Richtung des oxidativ ausprägbaren Anteils der schnellkontrahierenden Fasern (FTO).

• *Im Kraftausdauertraining kann man auch den anaerob-laktaziden Stoffwechsel fordern, wenn dies wettkampfspezifischen Anforderungen entspricht.* Die Regulation erfolgt über

Tabelle 5.6.-4 *Widerstandserhöhtes Training beim Doppelstockschub im Skilanglauf* (nach Ostrowski 1990)

Übungsform	F_w (kp)	P (kpm/s)	v (m/s)	F (kp)
Skiroller (normal)	4,33	15,8	3,64	14,9
Skiroller, Reifen ziehen	6,66	16,7	2,50	17,8
Skiroller, Partner ziehen	8,12	18,0	2,66	16,7

F_w – Vortriebswiderstand; P – Leistung; v – mittlere Fortbewegungsgeschwindigkeit; F – mittlere Vortriebskraft

höhere Frequenzen in Verbindung mit intensiveren intermittierenden Methoden. **Diese Anforderungen muß man mit dem Gesamtumfang laktazider Anforderungen im Training abstimmen, um Leistungseinbrüche zu vermeiden.** Der Sportler wird durch diese intensiven Bedingungen befähigt, unter laktaziden Bedingungen im Wettkampf hohe Kräfte dauerhaft zu mobilisieren, zumal die Kraftentfaltung bei fehlender Adaptation an höhere Laktatanschoppung erheblich eingeschränkt wird.

● Im Training der **Schnellkraftausdauer für den Nachstartabschnitt** in startintensiven Sportarten (Rudern, Kanurennsport, Eisschnellauf u.a.) und für die Spurtausdauer in Schnelligkeitsausdauerdisziplinen sind wettkampfspezifische Frequenzen erforderlich, um die Integration von maximalen Krafteinsätzen, Ausdauer, Bewegungsstruktur, Stoffwechselbeanspruchung und psychischer Mobilisation herzustellen. Bei sehr kurzen Belastungsphasen (unter 15 s Dauer) im Rudern wird vorwiegend der alaktazide Stoffwechsel (Bayer/Mahlo

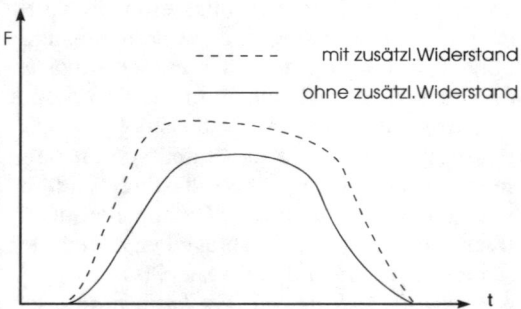

Abbildung 5.6.-9 *Trainingswirksame Veränderung der Kraft-Zeit-Charakteristik eines Paddelzuges beim Paddeln mit Hydrobemse*

1992) beansprucht, bei Phasen zwischen 15 und 60 Sekunden (Kanurennsport) sowie bei Sprintläufen bergan mit Zugwiderstand der anaerob-laktazide Stoffwechsel (Laktat 6 und 12 mmol/l). (Reiss 1992) Der Umfang dieser hochintensiven Anforderungen erreicht weniger als 5 % des speziellen Kraftausdauertrainings.

● Im speziellen Kraftausdauertraining zur Steigerung der **azyklischen Schnellkraftausdauer** (z. B. für Sprungleistungen im Volleyball) nutzt man Gewichtswesten und steuert bewußt die Ermüdungsgrenze an. Im Ringen fordert man Wurfserien mit schwereren Partnern oder Ringerpuppen.

5.7. Training strategisch-taktischer Fähigkeiten

Wie kommt es, daß bestimmte, meist „erfahrene" Sportler in fast jeder Situation richtig entscheiden und handeln? Wissen sie mehr oder sehen, hören und fühlen sie besser als andere? Beobachten sie genauer und entscheiden dadurch richtiger und schneller? Kann man das lernen und trainieren, oder ist das angeboren? In der Trainingswissenschaft gibt es eine Vielzahl von Meinungen, Überlegungen und Untersuchungen, um hinter das „Geheimnis" strategisch-taktischer Meisterschaft zu kommen. Auch in der Trainingspraxis wird der akzentuierten Ausbildung strategisch-taktischer Leistungskomponenten und Verhaltensweisen zunehmend größere Bedeutung beigemessen. So gibt es heute kaum noch Sportarten, die auf strategisch-taktisch orientiertes Training verzichten. Selbst Sportarten, deren Vertreter eine

In the figure: mit zusätzl. Widerstand; ohne zusätzl. Widerstand strategisch-taktische Beeinflussung des sportlichen Geschehens bisher nahezu völlig ausschlossen, beispielsweise Gerätturnen, Eiskunstlauf oder Sportschießen, wenden sich verstärkt diesen Fragen zu.

Daß in den besonders stark strategisch-taktisch determinierten Sportarten und Sportartengruppen (Sportspiele, Zweikampfsportarten, Segeln, Radsport u.a.m.) der Strategie und Taktik und ihrem Training „... eindeutig das Primat zugeschrieben ..." wird (ROTH 1989a, S. 1), unterstreicht diese strategisch-taktische Wende in der Trainingswissenschaft ebenso wie der enorme Anstieg trainingswissenschaftlicher Forschungen und Publikationen zur Strategie und Taktik in nahezu allen Sportarten durch eine Vielzahl von Wissenschaftsdisziplinen mit recht unterschiedlichen theoretischen Ansätzen und Modellen (s. 3.1.2.).

Das bedingt auch die sehr unterschiedlich und z.T. kontrovers geführte Diskussion um Ziele, Inhalte, Mittel und Methoden des strategisch-taktischen Trainings. Auch das zögerliche Verhalten von Trainern, ihre meist individuell geprägten „Meister-Lehren" neuen Bewertungen zu unterziehen, erschwert den Klärungsprozeß.

5.7.1. Methodische Grundlinie

5.7.1.1. Ganzheitliches Training

Erfolgreiches sportliches Handeln basiert auf komplexer Verhaltensorganisation zur Beherrschung vielfältiger Situationsbedingungen. Die dazu notwendigen Kenntnisse, Fähigkeiten, Handlungsprogramme und komplexen Verhaltensmuster werden im Training und Wettkampf erworben, vervollkommnet und stabilisiert.

Ein *wesentliches Merkmal* des modernen Trainings von Strategie und Taktik ist deren *enger Zusammenhang sowohl mit emotional-motivationalen als auch mit motorischen Komponenten der Leistung.* Im strategisch-taktischen Training ist der komplizierte Wirkungszusammenhang von Antriebs-, Bewegungs-, Handlungs- und Verhaltensregulation entscheidend. Komplexes strategisch-taktisches Training ist immer **ganzheitliches Training** und „organisiert" die selbstregulierenden Prozesse bei der Opti-

mierung zu erfolgreichem Handeln und Verhalten im Wettkampf.

Da fast jeder Übungsleiter und Trainer Autofahren gelernt hat, bietet sich zur Erläuterung der methodischen Grundlinie als anschauliches Beispiel ein allgemeiner Vergleich zwischen dem strategisch-taktischen Training und dem Erlernen des Autofahrens an.

● Zuerst werden *Kenntnisse* erworben. Der Autofahrer eignet sich die Verkehrsregeln an, lernt die Verkehrszeichen, ihre Bedeutung und die jeweils notwendigen Verhaltensweisen. Der Sportler tut das gleiche – nur eben nach den Regeln seiner Sportart.

● Dann werden die Ziele festgelegt und einzelne Fähigkeiten ausgebildet. Für den Autofahrer an einer Ampelkreuzung z.B. ist es handlungsentscheidend, ob er nach links, nach rechts oder geradeaus will. Für den Sportler ist das ähnlich. Je genauer und je schneller er eine Situation erkennt, desto früher kann er mit der richtigen Gegenmaßnahme beginnen.

● Und dann muß man unter allen im Straßenverkehr möglichen Bedingungen üben. Wer nur im Verkehrsgarten übt, bleibt im Straßenverkehr unsicher und handelt ungeschickt. Der Sportler muß zunehmend „wettkampfnah" trainieren und an vielen Wettkämpfen teilnehmen.

Müssen die einzelnen Situationsmerkmale und Situationen zu Beginn noch bewußt wahrgenommen und kontrolliert werden, entstehen zunehmend *Assoziationen* (Verbindungen) zwischen den zusammengehörenden Merkmalen für die jeweiligen Situationen und deren Bewältigung. Die Wahrnehmung vieler Situationen, deren Beurteilung in einem „Blick" und das situationsangemessene Handeln und Verhalten werden zur Selbstverständlichkeit.

5.7.1.2. Erwerb strategisch-taktischer Kenntnisse

Fester Bestandteil der strategisch-taktischen Ausbildung ist die Kenntnisvermittlung und -aneignung. Entsprechend der Funktion und Bedeutung, die Kenntnisse für das Wettkampfhandeln und -verhalten haben, wird zwischen Sach-, Verfahrens- und Wertkenntnissen unterschieden.

Sachkenntnisse

Die für die Strategie des Wettkampfsports bedeutsamen Sachkenntnisse sind in den Sportarten als Regeln gefaßt. **Wettkampfregeln** erklären, wie man eine Sportart betreibt. Sie definieren die Invarianzen, kennzeichnen die „Idee" der Sportart und deren Ausführungsbestimmungen. Der Sportler erfährt, was laut Reglement möglich ist. Er lernt, daß man beim Handball den Ball nicht mit dem Fuß spielen darf, was im Florettfechten das Angriffsvorrecht ist oder wie ein Start im Segeln verläuft.

Wer gegen die Wettkampfregeln verstößt, riskiert eine Regelstrafe. Mit pädagogisch-methodischer Absicht werden Regeln im Ausbildungsprozeß bewußt verändert bzw. variiert (vereinfacht, erschwert, begrenzt usw.):

– Zur Anpassung an die individuellen Lernsituationen im langfristigen Entwicklungs- und Ausbildungsprozeß (Alter, Interessen, Geschlecht, Fähigkeiten und Fertigkeiten);

– in Anpassung an äußere Bedingungen zur Vermeidung von Verletzungen;

– um die Handlungsbedingungen zu erleichtern oder zu erschweren bzw. Chancengleichheit herzustellen (Handicap);

– um generellen Entwicklungen gerecht zu werden (Erhöhung der Attraktivität und Spannung).

Strategische Regeln erklären, was in welcher Situation vorteilhaft ist, wie man sich verhalten muß, um erfolgreich zu sein. Sie kennzeichnen Handlungsalternativen, bestimmen Spielzüge oder Verhaltensgrundsätze. Mit Geschwindigkeitsverlaufskurven und Handlungskomplexen wurden in 3.1.2.2. Beispiele dargestellt.

Wer gegen eine strategische Regel verstößt, riskiert Mißerfolg, vorausgesetzt, er wählt keine paradoxe Strategie.

Strategische Regeln beruhen auf der Grundlage einer gewissen Regelhaftigkeit (Norm) in der Auftrittshäufigkeit, Auftrittswahrscheinlichkeit und in der durchschnittlichen Ergebniserwartung bzw. im zu kalkulierenden Nutzen von strategischen Entscheidungen. Sie sind rationale (vernünftige) Handlungsempfehlungen und basieren auf verallgemeinerten Erfahrungen bzw. mathematisch-statistischen Auswertungen von Wettkämpfen erfolgreicher Sportler oder Mannschaften und sind Grundlage der Ausbildung. Die Erfahrungen, daß man schwache Verteidiger angreifen soll oder gute Nahkämpfer auf Distanz hält, sind solche einfache Verhaltensregeln.

DIGEL (1987, S. 328) hebt zur Erlernbarkeit von Regeln drei Positionen hervor:

● Man kann „… Regeln ohne alle subjektive gedankliche Formung der Regel, der gemäß man faktisch handelt, lernen";

● Man kann „… Regeln aber auch im Sinne einer bewußten Verwertung von Erfolgssätzen des Typs < auf x folgt y > lernen. Diese Form ist wahrscheinlich die effektivste";

● Regeln können auch durch „… einfache Nachahmung eingeprägt und dann anhand weiterer Erfahrung durch eigenes Nachdenken fortentwickelt werden".

Für das praktische Training ist zu beachten: „Regelrechtes Verhalten" und „Verhaltensregeln verfügbar haben" ist nicht gleichzusetzen mit Regelkenntnis im Sinne von Wissen und abfragbarem Können.

Regeln können durch Nachahmung in der Trainings- und Wettkampfpraxis „unbewußt" angeeignet und befolgt werden, ohne daß man sie verbalisieren können muß. Wissen im strategisch-taktischen Sinne manifestiert sich als „ikonisches (bildhaftes) Gedächtnis" und als Erfahrung. Das spontane Aneignen von Wissen und Verhaltensweisen aber kann dazu führen, daß praktizierte Verhaltensregeln verabsolutiert und als unveränderbar angesehen werden; Verhaltensänderungen sind dann nur sehr schwer zu erreichen.

Im Wissen um diese Tatsachen kommt den Trainern, Betreuern, Kampfleitern, Schiedsrichtern oder Wertungsrichtern, besonders bei Kindern und Jugendlichen, eine große erzieherische und ausbildungsunterstützende Bedeutung zu.

Regulative Funktion erlangt das Wissen durch die Verbindung mit Rückmeldungen aus der eigenen Tätigkeit.

Nur die objektive Realität des Wettkampfhandelns selbst und die Bewertung mit Hilfe der tatsächlichen Erfolgskriterien der Sportart sind maßgebend für die Richtigkeit des Handelns. Die Einheit von Wissen, Handeln und Bewerten hat im strategisch-taktischen Training besondere Bedeutung.

Wissen ist mit der sportpraktischen Tätigkeit zu verbinden. Theoretische Unterweisungen, Regeltestate, magnetische Lehrtafeln oder Lehrfilme und -videos haben immer nur ergänzende Funktion.

Verfahrenskenntnisse

Verfahrenskenntnisse beinhalten z. B. Wissen über Wettkampfverläufe, über die Situationsentstehung und -veränderung, über Möglichkeiten der taktischen Beeinflussung von Situationen und über sich verändernde Reaktionen und Verhaltensweisen der Gegner bei bestimmten Einflüssen. Verfahrenskenntnisse sind Grundlage für die Aufmerksamkeitskonzentration (worauf muß ich achten?), zur Gewinnung von Informationen über den aktuellen Wettkampfverlauf, für die Planung taktischer Maßnahmen (was muß ich tun, damit sich die Situation in meinem Sinne entwickelt oder verändert?) und für die Vorwegnahme des Zieles von Handlungen.

Als taktische Regeln gefaßt, sind Verfahrenskenntnisse erfahrungsbedingte Tätigkeitsregeln über zweckmäßige Maßnahmen zur Ausforschung der gegnerischen Absichten, zur Tarnung, zum Manövrieren oder Fintieren. Dabei sind Kenntnisse über Möglichkeiten der Vergrößerung der taktischen Unbestimmtheit und zur Veränderung von Auftrittswahrscheinlichkeiten eingeschlossen.

Wertkenntnisse

Obwohl Wertkenntnisse nicht vordergründig Gegenstand der strategisch-taktischen Ausbildung sind, besitzen sie als „ungeschriebene" Verhaltensregeln für faires sportliches Verhalten universellen Charakter.

Dem Erwerb effektiver Verhaltensmuster zur situationsangemessenen Bewältigung künftiger Wettkampfanforderungen ist im Trainingsprozeß der Sportler, besonders der Kinder und Jugendlichen, größere Aufmerksamkeit zu schenken. Dazu sind detaillierte sportartspezifische Anforderungsanalysen ebenso erforderlich wie Vorgaben von strategischen, taktischen und moralischen Regeln. Im methodisch geführten Lernprozeß eignet sich der Sportler besonders in wettkampfnahen Trainingsformen ein Repertoire von Verhaltensweisen zur Beeinflussung von Situationen an. Gleichzeitig verinnerlicht sich ein System von Bewertungskriterien, immer mit Bezug zum erreichten Fähigkeits- und Fertigkeitsniveau, zum Wettkampfgegner und zur Einhaltung der Wettkampfregeln. Unter diesem Aspekt wird das strategisch-taktisch orientierte Training (Anweisungs-, Anwendungs- oder Improvisationstraining, vgl. 5.7.2.) gleichzeitig Verhaltenstraining zum Fairplay, vorausgesetzt, Sportler und Trainer verstehen und beherrschen es als solches. Bei ausschließlicher Siegorientierung und ohne Fixierung moralischer Normen in den langfristigen Ausbildungskonzeptionen geht diese Absicht oftmals verloren.

In Abb. 5.7.-1 wird versucht, den Zusammenhang, der bei Entscheidungsprozessen zwischen den strategisch-taktisch bedeutsamen Kenntnissen besteht, schematisch darzustellen.

5.7.1.3. Ausbildung strategisch-taktischer Fähigkeiten

Im sportlichen Wettkampf wird letztendlich der siegen, der in jeder Situation sehr schnell die richtige Entscheidung treffen und realisieren kann. Dabei sind „schnell" und „richtig" in Abhängigkeit von den Anforderungen, die die Wettkämpfer bewältigen müssen, relativ. Die Schnelligkeit ist abhängig vom Charakter der Sportart, vom Zeitdruck und der Anzahl der Alternativen, aus denen ausgewählt werden muß, von den Vorinformationen und Erfahrungen, über die der Sportler verfügt, und selbstverständlich auch von dessen jeweiligem Entwicklungs- und Ausbildungsstand. Wenn die Entscheidungsfähigkeit verbessert werden soll, müssen die Fähigkeiten und Funktionen, die an der Entscheidungsfindung besonders beteiligt sind, vorrangig ausgebildet werden. Das sind vor allem solche Komponenten der sportlichen Leistungsfähigkeit, die durch einen hohen Anteil intellektueller Persönlichkeitseigenschaften gekennzeichnet sind.

Aufmerksamkeit, Konzentrationsfähigkeit, Wahrnehmungsfähigkeit, Orientierungsfähigkeit, Reaktionsfähigkeit, Beobachtungs- und Antizipationsfähigkeit, Denkvermögen, Besonnenheit und Entschlußkraft werden am häufigsten genannt. (Schellenberger 1980; Rodionov 1982, Schubert 1988)

Verbesserung der Wahrnehmungsfähigkeit

Wahrnehmungen – und zwar deren Schnelligkeit und Genauigkeit – haben vorrangige Be-

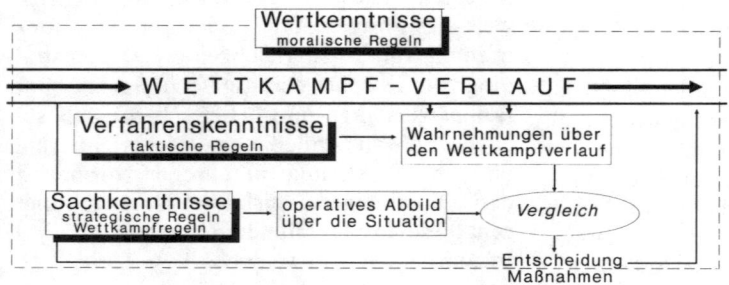

Abbildung 5.7.-1
*Schematische Darstellung
der strategisch-taktisch
bedeutsamen Kenntnis-
gruppen im
Entscheidungsprozeß*

deutung. Wahrnehmen ist ein sehr komplexer Vorgang.

Grundvoraussetzung bei der Wahrnehmung jedes aus Teilsignalen zusammengesetzten Situationsmusters ist die Gleichzeitigkeit und das Zusammenwirken der verschiedenen Reizqualitäten. Handlungs- und erinnerungswirksam ist die Wahrnehmung vieler Signale und Muster „auf einen Blick". Wahrnehmungen, die regelmäßig gleichzeitig auftreten, werden miteinander verknüpft.

Durch die Wiederholung derselben Reizvielfachstruktur werden die Wahrnehmungsmuster verstärkt und fixiert.

Den Verlauf der Ausbildung kann man sich in folgenden **Stufen** vorstellen:

• Die Handlungen werden in der jeweils optimalen Entscheidungssituation vermittelt und vervollkommnet. Jede Handlung ist an eine bestimmte Situation mit typischen Merkmalen gebunden. Der Sportler verfügt über die erforderlichen Realisierungsvoraussetzungen (Technik) und über Sachkenntnisse. Ziel ist es, daß der Sportler die Situation für eine erwartete und ihm bekannte Handlung erkennen, von anderen unterscheiden und identifizieren kann und sich zunehmend schneller zur Handlungsrealisierung entschließt. Das Training ist eindeutig strategisch orientiert. Zusätzliche taktische Maßnahmen würden den Lernprozeß verzögern.

• Die Handlungen werden entsprechend der eingetretenen Situation differenziert. Die Sportler sind zunehmend in der Lage, verschiedenen Situationen die entsprechenden Handlungen zuzuordnen. In dieser Stufe erhält jeweils der Trainingspartner taktische Aufgaben,

indem er vereinbarte Situationen „darstellt/ imitiert" und dadurch indirekt täuschende Verhaltensweisen erlernt.

• Die Situationen werden antizipiert. Die Sportler werden befähigt, Verfahrenskenntnisse zu nutzen, um die Entwicklung der Situation zu antizipieren und den Wahrscheinlichkeitscharakter ihres Auftretens zu bestimmen. In dieser Stufe erhält das taktische Training größere Bedeutung. Der Übende erlernt aktives „informationsgewinnendes" Verhalten (Ausforschung). Der Partner erhöht die Übungsanforderungen dadurch, daß er die Informationsabgabe einschränkt, er lernt, die Entstehung der Situation zu verschleiern und zu tarnen.

• Der Sportler wird befähigt, auch plötzlich entstehende, überraschende Situationen eindeutig zu identifizieren und sich für erfolgbringende Handlungen zu entschließen. Das Repertoire strategischer Handlungen und taktischer Maßnahmen wird schrittweise erweitert und den individuellen Voraussetzungen und Neigungen angepaßt.

Die kooperativen Anforderungen sind in allen Stufen adäquat zu realisieren.

Bei Sportarten mit kooperativen Anforderungen müssen die kooperierenden Partner weitgehend übereinstimmen;

– bei der Wahrnehmung und Bewertung der objektiven Handlungsbedingungen (sachbezogenes Wahrnehmungs- und Entscheidungstraining);

– bei der Wahrnehmung und Bewertung der subjektiven Handlungsbedingungen (soziales Wahrnehmungstraining für Selbst- und Fremdbilder);

– bei der Bewertung kooperativer Alternativen (Training der kooperativen Entscheidungsfähigkeit).

Verbesserung der Denkfähigkeit und Gedächtnisleistung

Zur „kognitiven Ebene in der psychischen Regulation sportlicher Handlungen" (SCHELLENBERGER 1980), zu „Erkenntnistätigkeit und taktischer Leistungsfähigkeit" (SCHUBERT u.a. 1988) oder zu „psychologischen Grundlagen der Taktikentwicklung" (RODIONOV 1982), um nur einiges anzudeuten, hat vor allem die Sportpsychologie umfangreich gearbeitet. Die Spezifik des strategisch-taktischen Denkens ist durch einen ausgeprägt anschaulich-bildhaften Charakter geprägt. Das Erfassen „auf einen Blick" und intuitive Entscheidungen[1] haben große Bedeutung. Strategisch-taktisches Denken hat zwar Ähnlichkeit mit dem sogenannten operativen Denken, läßt aber durch den hohen Zeitdruck bei der Mehrzahl sportlicher Entscheidungen operative Zwischenschritte aus und kommt sofort zur handlungsauslösenden Entscheidung. Dazu nutzt der Sportler gespeicherte frühere Erfahrungen.

Aus der Vielzahl der Hinweise zur Verbesserung der strategisch-taktischen Denk- und Gedächtnisleistungen haben zwei Richtungen besondere Bedeutung.

■ **Erweiterung des „situativen Gedächtnisses"**
Situatives Gedächtnis äußert sich in der Fähigkeit eines Sportlers, vergangene Situationen zu fixieren und sie mit nachfolgenden Handlungen zu verbinden. Dabei werden die Merkmale einer Situation in ihrem Zusammenhang und in ihrer Zeitfolge erkannt und abgespeichert. Sie stehen dann für künftige Entscheidungen als vollständige Information zur Verfügung.

Die Charakterisierung auf den vollständigen Zusammenhang der Situationsmerkmale und die Zeitfolge weisen darauf hin, daß das situative Gedächtnis im Sport eine Kombination von Bild- und Bewegungsgedächtnis ist, da vor allem optische und kinästhetische Wahrnehmungen einer Entscheidung und ihrer Entstehung als vollständiges Muster verfügbar sein müssen.

---

[1] bildhafte Widerspiegelung der Realsituation ohne verbale Wertungen

Mit einem bestimmten Bestand an Situationserfahrungen haben dann auch rein intellektuelle Operationen im Abbildbereich Bedeutung. Dadurch können Erfahrungen und Kenntnisse auf der Grundlage feststehender (vereinbarter) Begriffe, die mit spezifischem Inhalt (Situationsmerkmale) verbunden sind, verarbeitet werden (Trainingsanweisungen, „Coaching").

■ **Ausbildung der Fähigkeit zum Erfassen von Wahrscheinlichkeiten**
Die Entscheidung eines Sportlers unter Zeitdruck ist hauptsächlich durch die subjektiven Vorstellungen über das wahrscheinliche Verhalten des Gegners geprägt. Das strategisch-taktische Denken kann in diesem Zusammenhang als Prozeß zur Bewertung der Wahrscheinlichkeitscharakteristik verstanden werden. Der Sportler kann erlernen, Ereigniswahrscheinlichkeiten zu erkennen. Bestimmend ist dabei nicht die stochastische Folge von Zufällen, sondern der bedingt-wahrscheinliche Charakter des Verhaltens der Gegner, das unter Beachtung der Realsituationen eingeschätzt werden muß.
Methodische Grundorientierungen:
● Der Sportler handelt in Abhängigkeit von erwartetem (antizipiertem, prognostiziertem) Verhalten des Gegners. Das beginnt beim Erkennen stochastischer Folgen von Handlungen (beispielsweise bei Alternativentscheidungen), verläuft über das Training vorwiegend antizipierter Handlungen und Handlungsfolgen und erhält mit der bewußten taktischen Herausforderung des Gegners zu antizipierter Verhaltensweise die höchste Ausprägung.
● Ausbildung des Wahrscheinlichkeitsverhaltens unter allgemeinen Bedingungen durch Denkspiele, Kleine Spiele, Sportspiele, Zweikampfübungen oder Übungsformen mit Reaktionscharakter.
● Teilnahme an vielen Wettkämpfen gegen verschiedene Gegner und unter wechselnden Bedingungen. Das spezifische Wahrscheinlichkeitsverhalten bildet sich nur in der spezifischen Tätigkeit heraus.

In Tab. 5.7.-1 sind Untersuchungsergebnisse dargestellt, die darauf hindeuten, daß sich durch die spezifischen Anforderungen der Sportart die Fähigkeit zur Wahrscheinlichkeitsprognostik ausbildet bzw. hohes Leistungsniveau in den dargestellten Sportartengruppen

Tabelle 5.7.-1   *Reaktionszeit (in Mikroimpulsen) bei verschiedenen Varianten der Signalgebung*
(alle Sportler sind Meister des Sports; nach RODIONOV)

	1 Signale in zufälliger Folge	2 auf ein häufiges Signal	3 wie 2, aber mit Vor- information	4 mit vorheri- gem Kom- mando	5 Signale in rhythmischer Folge
Kampfsportler	27,69	20,08	22,32	27,05	13,72
Sportspieler	28,32	23,86	27,02	27,84	17,70
andere Sportarten	28,92	22,56	28,25	27,79	18,83

die Fähigkeit zur Situationsantizipation voraussetzt.

5.7.1.4. Ausbildung von Assoziationen

Trainingsmethodische Ableitungen zum Training von Assoziationslösungen im Sport beziehen sich vielfach auf ein von MAHLO für die Sportspiele bereits 1965 vorgestelltes Schema. Damit orientierte er auf sogenannte „sensomotorische Handlungsfertigkeiten" (S. 1077), die sich auf der Grundlage der Verknüpfung von Spielkonstellationen mit zweckvollen motorischen Lösungen durch häufiges Wiederholen herausbilden. ROTH (1989a) bezeichnet derartige Assoziationen als „taktische Fertigkeiten" und kennzeichnet sie als die Befähigung zur Parameterselektion. Dabei scheint es aber – zumindest weisen die dazu durchgeführten Untersuchungen darauf hin –, daß der bewußten Selektion zu große Bedeutung beigemessen wird. Für die koordinative Ausbildung kann das richtig sein, aber im strategisch-taktischen Training zur Ausbildung von Assoziationen bei Kampfsportlern oder Sportspielern beispielsweise ist dies nicht zu empfehlen. Hier sind exaktere Anforderungsanalysen notwendig.

Zum Verständnis des Zusammenhangs zwischen der Situationsbeurteilung und der motorischen Realisierung dient das Beispiel des Schreibmaschinenschreibens aus der Arbeitspsychologie, bei dem die scheinbar gleiche Tätigkeit des Maschinenschreibens unter dem Aspekt der unterschiedlichen Geübtheit erläutert wird. HACKER (1973, S. 68) Das Schreiben der geübten Schreibmaschinistin ist ein psychologisch von Grund aus andersartiger Vorgang als jener der Anfängerin.

Dagegen kann als relativ sicher angenommen werden, daß die Mehrzahl der vom Sportler im Wettkampf realisierten Handlungen derartige Assoziationslösungen sind. Erst dadurch wird die Geschwindigkeit von Handlungsentscheidungen erklärbar. Gleichzeitig wird aber dadurch auch verständlich, warum Finten, Täuschungen, Scheinhandlungen selbst dann gelingen, wenn der Gegner auf diese indirekte Absicht vorbereitet ist. Methodisch ist die Herausbildung dieser Assoziationen aber noch nicht hinreichend abgeklärt.

Neben den Prinzipien der Ähnlichkeit wahrnehmbarer Merkmals-Signal-Komplexe und der Gleichzeitigkeit zusammengehörender Signale (KOLLER 1989, S. 57) hängt die Fixierung von Assoziationen und Assoziationsstrukturen mitentscheidend ab von den Interessen, den Neigungen und Bedürfnissen des Handelnden. Auch Emotionen in ihrer außerordentlichen Vielfalt gehen in derartige Assoziationen ein und „schwingen" beim Abrufen unterbewußt mit. Die Anwendung des Hauptsatzes der Erfahrungskunde, mit dem KOLLER (1989) hervorhebt, daß das Gehirn auch in der Lage ist, die Signalkomplexe für assoziative Zusammenhänge, die nicht unmittelbar beobachtbar und für den Handelnden verborgen sind, zu verknüpfen und in seinem Handeln zu realisieren, erklärt die letztlich bessere individuelle Handlungsfähigkeit erfahrener Wettkämpfer auch in für sie überraschenden Situationen.

Die „mechanische" Wiederholung gestellter und unvollständiger Situationsbedingungen ohne Intention des Sportlers wird dann nur diesen – für die Wettkampfanforderung unwirklichen – Zusammenhang fixieren. Diese Gefahr besteht auch bei der relativ umfangreichen Anwendung solcher methodischer Grundformen im strategisch-taktischen Training, bei denen die Abweichung vom realen Wettkampfgeschehen relativ groß ist. Andererseits birgt die zu häufige Wettkampfteilnahme, bei der viele Handlungen mißlingen, die Gefahr in sich, daß sich Assoziationen bilden, die nicht gewollt sind. Zur Häufigkeit der Wiederholungen assoziativer Komplexe und ihre zeitliche Verteilung, zu deren Fixierung oder zum Verlauf des „Auflösens" und „Vergessens" fixierter Assoziationen gibt es kaum verwertbare und annehmbar empirisch belegte Aussagen. Der Grad der Ausprägung und Fixierung steht offensichtlich im Zusammenhang mit der Antizipationsbereitschaft des Handelnden.

Mit einer als **Situationstraining** bezeichneten Trainingsform des strategisch-taktischen Trainings wird beabsichtigt, derartige Assoziationen auszubilden.

Ziel des strategisch orientierten Situationstrainings ist es, die einzelnen Situations-Handlungs-Assoziationen zu Handlungsketten und Handlungskomplexen weiterzuentwickeln.

Neben dem Vorteil einer deutlich schnelleren Handlungsfähigkeit bei derartigen Assoziationen besteht die Gefahr, daß der Gegner diese Eigenheit erkennt und durch taktische Maßnahmen – besonders durch Finten und Scheinhandlungen – diese assoziativen Handlungen provoziert und in zweiter oder indirekter Absicht agiert.

5.7.2. Methodische Schwerpunkte

5.7.2.1. Methodische Grundformen

In Tab. 5.7.-2 sind wichtige methodische Grundformen und zugeordnete didaktisch-methodische Hinweise für das strategisch-taktische Training zusammengefaßt dargestellt.

Dieses Repertoire an Grundformen wird je nach Sportart, Trainingszielstellung, inhaltlichem Schwerpunkt und konkreter Bedingung eingesetzt.

• Ist im **Straßenradsport** das Trainingsziel z. B. das Fahren von Ausreißversuchen, erfolgt nach der Erstvermittlung das Training mit klaren Anweisungen und das Anwenden unter verschiedenen Bedingungen im Training und Wettkampf. Es werden mögliche Gegnerverhaltensweisen imitiert, mit Handicaps werden die Anforderungen zusätzlich erschwert, und mit Extremvarianten (Wind, Regen, Pannen) werden Schwierigkeiten simuliert. Beim Improvisieren sind schöpferische Initiativen gefragt.

Im Training werden unterschiedliche Sportlergruppen zusammengestellt, die auch in der

Tabelle 5.7.-2 *Methodische Grundformen des strategisch-taktischen Trainings*

Methodische Grundform	Didaktisch-methodische Hinweise
Erstvermitteln	Bedeutung der Handlung/des Verhaltens erläutern Situationsbedingungen nennen und erklären möglichst wettkampfnah demonstrieren Ausführung versuchen
Vervollkommnen	Unter standardisierten und variierten Bedingungen wiederholen, kontrollieren und bewerten/motivieren Bedingungen erschweren (z. B. Info-Reduzierung)
Anwenden	Wiederholen gegen verschiedene Gegner schrittweise Erweiterung des Repertoires ständige Bewertung der Trainingsergebnisse
Anweisen	Aufgaben für alle möglichen Entscheidungstypen Umsetzung vorgegebener strategischer Modelle Ausforschung/Ausmanövrieren der Gegner; Tarnen
Improvisieren	Selbstfinden situationsangemessener Handlungen abgegrenzte, differenzierte Bewertung der Lösungen
Imitieren	„Rollenspiele" hinsichtlich typischer/erwarteter Verhaltensweisen von Haupt- bzw. „Angst"-Gegnern
Handicap	Anforderungserhöhung durch eingeengten Handlungsspielraum, Behinderung und Zusatzbelastung
Wettkampf	Leistungskontrollen, Tests, Überprüfungen Trainings-, Aufbau- und Überprüfungswettkämpfe
Verhaltensprogramme	Vorgabe von verbalen Orientierungsschwerpunkten formelhafte Vorsatzbildung und Selbstkontrolle
Extremtraining	extreme Anforderungen unter Berücksichtigung individueller Leistungsvoraussetzungen

Aufgabenstellung wechseln, als Angreifer (Abfahren) und als Verteidiger (Nachfahren, Kontern). Andere Trainingsaufgaben können das Fahren von Endspurts auf der Straße oder im Stadion sein oder das Fahren in unterschiedlichen Positionen.

• In den **Kampfsportarten** setzt sich eine Tendenz durch, das strategisch-taktische Training auf generelle Verhaltensqualitäten auszurichten. KIRCHGÄSSNER (1983) kennzeichnete mit Situationsangemessenheit, Originalität, Stabilität und Vorbehaltlosigkeit vier Zielstellungen und ordnete z.B. dem Training der Situationsangemessenheit hauptsächlich die Methoden des Anweisens, Anwendens und das Training nach Verhaltensprogrammen zu, der Originalität die Methoden den Imitierens und Improvisierens.

• Für die Zuordnung der methodischen Grundformen in den **Sportspielen** ist es ausschlaggebend, welche allgemeine Spielweise von den Mannschaften gewählt wird.

Wird überwiegend mit genau festgelegten Kombinationen gespielt, dominieren Anweisung, Anwendung, Vervollkommnung, Handicap, Extremtraining und Wettkampf. Wird das „freie" Spiel bevorzugt, bei dem auf dem Spielfeld je nach Situation entschieden und variiert wird, dominieren Methoden des Improvisierens, Anwendens und des Wettkampfes. Das Verhältnis zwischen Improvisieren und festgelegten Handlungsschemata ist eine Ermessensfrage von Trainer und Spielern. Bei entscheidenden Spielen müssen die Haupt-„Improvisatoren" (Führungsspieler) natürlich den zulässigen Risikobereich genau kennen und mit dem Trainer vereinbart haben.

5.7.2.2. Vorbereitung auf spezielle Gegner

In Abb. 5.7.-2 ist ein allgemeines Vorbereitungsmodell für einen Wettkampf mit einem wahrscheinlichen Gegner dargestellt. Es ist dabei je nach Anforderung zu variieren. Bei der Vorbereitung auf eine Weltmeisterschaft im Profiboxen z.B. ist der Gegner langfristig bekannt. In anderen Sportarten muß man sich auf Hauptgegner beschränken. Für Mannschaften gilt das adäquat. Die Zusammenhänge zwischen der Modellierung der eigenen Strategie, der generellen

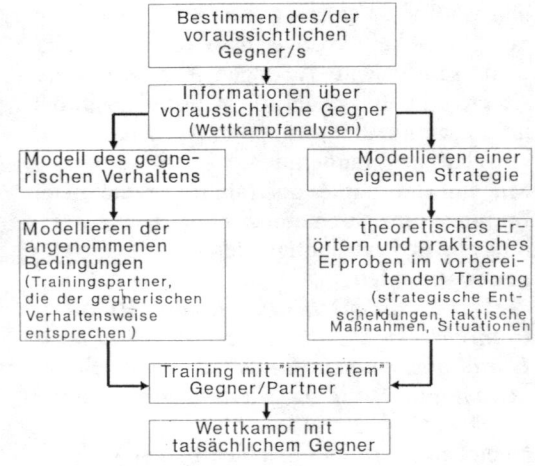

Abbildung 5.7.-2 *Vorbereitungsmodell für Wettkämpfe mit wahrscheinlichen Gegnern* (nach PETROV)

Trainingskonzeption und der Vorbereitungskonzeption auf den speziellen Wettkampf werden im sogenannten **Regieplan** hergestellt. Im Regieplan sind erfaßt:

• Kennzeichnung des *eigenen Leistungsvermögens*

Dazu gehören der Ausbildungsstand der konditionellen und technischen Leistungsvoraussetzungen und bei Mannschaften die verfügbaren Sportler und deren Besonderheiten.

• Kennzeichnung der *Wettkampfbedingungen*

Dazu gehören

– Art, Zeitpunkt und Ort des Wettkampfes;

– Anzahl der Teilnehmer und Hauptgegner;

– klimatische Bedingungen (Höhenlage, Temperatur, Luftfeuchtigkeit, Lichtverhältnisse);

– materielle Bedingungen (Wettkampfanlage, Geräte, Streckenprofile, Bahn- und Bodenbeläge);

– Belastungsverhältnisse im Tages- und Wettkampfverlauf (Wettkampfzeiten, Ruhepausen, Trainingsmöglichkeiten, Physiotherapie);

– Kampf- und Schiedsrichter (Eigenheiten, Regelauslegungen);

– Ernährungsbesonderheiten (Zwischenmahlzeiten, Flüssigkeitszufuhr);

– erwartete Haltung der Zuschauer, Presse, Organisatoren.

- *Gegneranalyse*
- Personaldaten und Konstitution (Alter, Besonderheiten);
- Leistungsstand (letzte Ergebnisse, typische Verhaltensweise und Grundstrategien, Mannschaftsaufstellungen, Stärken und Schwächen, Besonderheiten der Technik, psychisch-charakterliche Besonderheiten);
- *Eigene Strategie*
(Geschwindigkeitstabellen, Aufstellungen, Spielzüge, taktisches Verhalten, Alternativen usw.);
- *Maßnahmeplan zur Wettkampfbetreuung*
Neben den Festlegungen über Abläufe, Zuständigkeiten und Betreuungsaufgaben sollten klare Vereinbarungen getroffen werden über Art und Inhalt der Wettkampf- und Sportlerbeeinflussung durch den Trainer. Der diffizile Bereich der Besprechungen vor dem Wettkampf, das Intervenieren während des Wettkampfes oder die Pausenbesprechungen sind zunehmend Gegenstand von Untersuchungen und Darstellungen. (KUCHENBECKER 1990; HOTZ 1994) Wenn Zurufe, Beratungen und Bewertungen im und unmittelbar um den Wettkampf mehr sein sollen als Maßnahmen zur Motivation, müssen sie im Training vorbereitet und geübt werden.

Im Spitzensport haben diese Regiepläne durch den Ausbau spezieller Forschungsteams und deren technische Ausstattung mit Computern und interaktiven Videosystemen, Meßplätzen und Systemen der komplexen Leistungsdiagnostik große Bedeutung gewonnen. (Vgl. PERL u. a. 1991) Spezielle Datenbänke, Gegneranalysekarteien, Videotheken, Möglichkeiten der Simultan- und Schnellinformation mit Fehleranalysen oder Vergleichsanalysen helfen dem Trainer und den Sportlern, sich auf entscheidende Wettkämpfe und spezielle Gegner bestens vorzubereiten.

5.7.2.3. Taktisches Training

Die Mehrzahl der vorliegenden Darstellungen klassifizieren die taktische Ausbildung nach den Zielstellungen, die mit der jeweiligen taktischen Maßnahme beabsichtigt werden. Handlungen lassen sich dazu nicht formal zuordnen, sie wirken äußerst verschiedenartig. Die gleiche

taktische Handlung oder Maßnahme kann verschiedene taktische Aufgaben lösen und beim gleichen Gegner in einer anderen Situation unterschiedliche Wirkungen hervorrufen. Die gleiche Finte wirkt beim dritten Mal in Reihenfolge kaum noch bedrohend. Die trainingsmethodische Bewältigung der Taktik ist deshalb stets in Verbindung mit der zu lösenden Wettkampfaufgabe möglich. Die inhaltliche Gliederung der Taktik bezieht sich auf die drei Hauptaufgaben Ausforschung, Tarnen und Manövrieren.

■ **Ausforschung** ist eine Art „Signaldetektion", mit der die Sportler versuchen, durch gezielte Einwirkungen auf das Wettkampfgeschehen aus dem gegnerischen Verhalten bedeutsame Informationen abzuleiten. Da die Genauigkeit beim Erkennen und Verarbeiten der Informationen (Signale) von zwei Gruppen interner Bedingungen abhängt, ist eine gezielte trainingsmethodische Beeinflussung in zwei Richtungen möglich:
- Erkennen des Signals als Information – hierzu sind die für die jeweilige Sportart bedeutsamen Analysatoren so zu sensibilisieren, daß sie besser in der Lage sind, Signale zu erkennen und zu unterscheiden;
- subjektive Erwartung der Information – in Abhängigkeit von der strategischen Absicht wird eine fest umrissene (handlungsgünstige) Situation erwartet. Für die Ausbildung bieten sich „Abfrageregeln" an, mit deren Hilfe sich vor allem jüngere Sportler orientieren können. (Tab. 5.7.-3)
Die Ausforschung reicht von der passiven Beobachtung bis zur aktiven Erkundung durch taktische Maßnahmen.

■ **Tarnung** verfolgt die gegenteilige Zielstellung, also die Absicht, beim Gegner fehlerhafte Vorstellungen über die eigene Strategie, die technischen und konditionellen Möglichkeiten und Voraussetzungen zu schaffen. Die in 3.1.3. gegebene Übersicht zur Verursachung von Fehlhandlungen bietet für die Tarnung und das Manövrieren ausreichend Orientierungshilfen. Die Sportler sollten dazu befähigt werden, dem Gegner keine Möglichkeit zu geben, die eigene Absicht zu erkennen, nicht zu vermeidende Informationen zu verschleiern oder bewußt falsche Informationen zu geben.

Tabelle 5.7.-3 *Ziel- und Aufgabenstellungen taktisch akzentuierten Trainings nach der Methode des Improvisierens*

Zielstellung	Aufgabenstellung
Ausforschen Verhaltensweise bei gegnerischer – Passivität – Angriffsaktivität oder – variabler Wettkampfgestaltung	Erkenne durch zielgerichtetes Suchverhalten, welche Strategie günstig ist für angemessenes Verhalten und was vermieden werden muß! Forsche aus, – wie und welcher Angriff oder – wann und welche Abwehrhandlung vorbereitet werden muß, – welche Handlungsfolgen der Gegner anwendet usw.
Tarnen Verschleiern des beabsichtigten Verhaltens (Verschleiern oder Täuschen)	Laß dich nicht ausforschen! Lenke den Gegner ab, damit er deine beabsichtigte Verteidigungs- oder Gegenangriffsabsicht nicht erkennt oder sie vernachlässigt! Nutze die vom Gegner ausgeforschte Verhaltensweise zum Vorteil aus! Tarne … (konkrete Handlung sagen)
Manövrieren – Beherrsche das Wettkampffeld! – Fordere zum Angriff heraus! – Bereite eine Finte vor!	Stelle/dränge den Gegner an einen für dich günstigen Platz (Ringecke, Innenbahn, Boje usw.) Verhalte dich so, daß der Gegner scheinbar die Initiative hat und unüberlegt/hastig angreift! Beeinflusse den Gegner so, daß er einen bestimmten Angriff erwartet, und nutze das provozierte Abwehrverhalten zum eigenen Vorteil!

Die Tarnung und Verschleierung reicht von der abwartenden Passivität bis zur aktiven Ablenkung.

■ **Manöver** sind taktische Handlungen, mit denen versucht wird, die Situation, die man für die eigene Handlung benötigt, bewußt zu schaffen. Mit Zwischenspurts wird der Gegner zur Verausgabung seiner Kräfte verleitet, mit einer Finte wird das Abwehrsystem in eine andere Richtung verlagert, und mit einem Stehversuch im Bahnradsport wird der Gegner in die führende Position gedrängt.

Das Manövrieren umfaßt die Beeinflussung der Situation, des Gegners, der Kampfrichter und der Bedingungen.

5.7.3. Zusammenhang von strategisch-taktischem und technisch-koordinativem Training

Strategisch-taktisches Training ist immer komplexes Training mit einer Akzentuierung der strategisch-taktischen Zielstellung. Es erfordert die vorbereitende bzw. parallele Ausbildung der motorischen Fähigkeiten und bestimmt die Ausbildung technischer Fertigkeiten.

In Tabelle 5.7.-4 ist dargestellt, welche koordinativ-technischen Voraussetzungen für die auf gleicher Stufe angestrebten strategisch-taktischen Ziele notwendig sind.

Während ROTH (1989a, S. 90/91) von taktischen Fertigkeiten spricht, sie „… als bewegungs- oder technikspezifische Leistungsvoraussetzungen ansieht" und den Ausprägungsgrad abhängig macht von der Sicherheit und Schnelligkeit der Situationswahrnehmungen für Ausführungsdetails der gewählten Technik und der Qualität der Verbindungen zwischen den Wahrnehmungen und den Selektionen der variablen Technikbestandteile, sollte der Fertigkeitsbegriff – wenn er als solcher gebraucht wird – in Verbindung mit Strategie und Taktik erweitert werden und sich auf Handlungsassoziationen und Verhaltensgewohnheiten beziehen. Gewohnheiten sind ebenso wie Assoziationen und Fertigkeiten verfestigte Prozesse und haben als Handlungsantriebe eine bedürfnisartige Realisierungstendenz. (CLAUSZ u.a. 1976, S.207) Im Prozeß der Gewöhnung wird die Bereitschaft zur Ausführung bestimmter Handlungen und Verhaltensweisen im Sinne automatisierter Verhaltensmuster erhöht. Durch Handlungswiederholung werden zweckmäßiges und erfolgversprechendes Verhalten angewöhnt und ge-

Tabelle 5.7.-4   *Methodische Stufen der strategisch-taktischen und technisch-koordinativen Ausbildung*

Situationsangemessenes Handeln	WETTKAMPF	Zweckmäßig-zuverlässiges Bewegen
Sammeln von Wettkampferfahrung Stabilisieren des Wettkampfverhaltens offensive Gegnereinstellung	VORBEREITUNGS- UND KONTROLL- WETTKÄMPFE	variable Verfügbarkeit aktive und reaktive Bewegungsanpassung Stabilisierung der Bewegungsprogramme
Stabilisierung individuell bevorzugter Handlungen Aneignung von Realisierungs- programmen Umsetzung strategischer Modelle	TRAININGS- KÄMPFE	variable Bewegungs- programme Ablaufkonstanz reaktive Korrektur aktive Korrektur
Taktieren der Gegner Aneignung von Standard- und Spezialhandlungen Umsetzen von Verhaltens- weisen und -zielen	WETTKAMPFNAHE ÜBUNGSFORMEN (komplex/bedingt)	Bewegungsgefühl Bewegungsimprovisation und -variation Anwendungsstabilität bei veränderten Bedingungen
Entscheidungsvermögen (1, 2, viele Alternativen) Erkennen, Wahrnehmen, Vorstellen, Denken	SPEZIFISCHE ÜBUNGSFORMEN	Varianten der Grundtechnik (schnell – langsam; variabler Rhythmus) Bewegungsantizipation
strategisches Wissen Regelwissen Norm- und Wertkenntnisse	ÜBUNGS- GRUNDFORMEN	Bewegungswissen Bewegungskoordination Erlernen der Elemente der Grundtechnik
	KOORDINATIVE ÜBUNGEN	spezifisches Bewegungs- gefühl für die Sportart
STRATEGIE / TAKTIK		TECHNIK / KOORDINATION

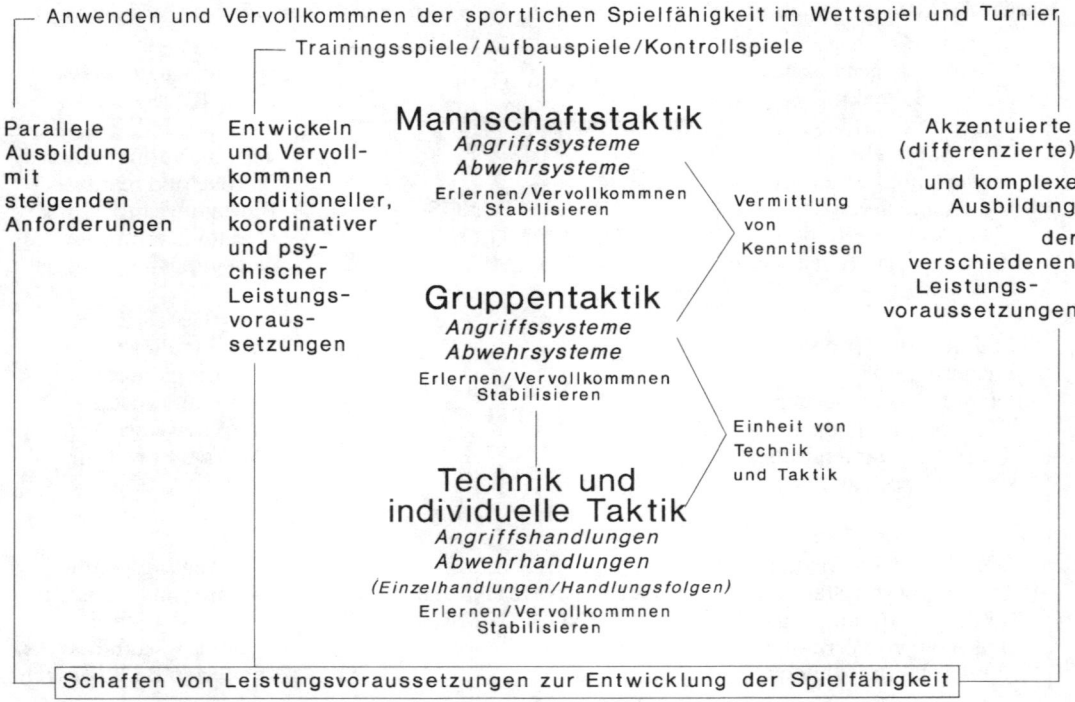

Abbildung 5.7.-3 *Grundprinzip der Ausbildung der Spielfähigkeit* (nach STIEHLER/KONZAG/DÖBLER 1988)

gebenenfalls unzweckmäßig und wenig vorteilhaftes Verhalten abgewöhnt.

Im taktikorientierten Techniktraining wird die technikspezifische Variabilität erweitert und präzisiert (Parameterlernen nach ROTH). Ziel der Ausbildung ist es, vorerst noch ohne direkten Bezug zur Situation Technikgrundmuster zu vermitteln und Technikvarianten zu erlernen.

Wird im **Techniktraining** von der im Wettkampf geforderten und üblichen hohen Aktionsschnelligkeit im Training zu stark abgewichen, ist es „denkbar", daß das zugrundeliegende Rahmenprogramm falsch ausgebildet wird oder das richtig ausgebildete gestört wird und wechselt. Da die Amplitude einer Bewegung unabhängig vom Rhythmus veränderbar ist, bezeichnet FETZ (1980) langsames Üben beim Erlernen (bestimmter) sportlicher Bewegungsformen als methodischen Irrtum. Hier müssen die später erforderliche Frequenz und der Rhythmus bestimmend sein für die Technikparameter.

Die weite Verbreitung der Sportspiele gibt Veranlassung, auf ein Grundprinzip zur Ausbildung der Spielfähigkeit und damit auf Besonderheiten dieser Sportartengruppe hinzuweisen. (Abb. 5.7.-3) Hierbei ist vor allem der Zusammenhang von individueller Gruppen- und Mannschaftsausbildung zu beachten.

5.8. Ausbildung psychischer Regulationsvoraussetzungen

5.8.1. Trainingsansätze

Die Ausbildung psychischer Regulationsvoraussetzungen ist eine eigenständige und zentrale Aufgabe im sportlichen Training. Alle in den vorangehenden Abschnitten behandelten Aufgabenstellungen des Trainings sind weitgehend nur über die bewußteTätigkeit der Sportler realisierbar. Gleichzeitig wird die Wettkampfleistung des Sportlers sehr wesentlich von seiner sportartspezifisch ausgebildeten Handlungsfähigkeit bestimmt. (Vgl. 2.2.2.4.) **Eine anforderungsgerechte Handlungsregulation ist demnach sowohl Bedingung für die Entwicklung der physischen Leistungsvoraussetzungen als auch Ziel der sportlichen Ausbildung.**

Die Eigenständigkeit psychologischer Ausbildungsziele wird heute von den meisten Trainern und Sportlern anerkannt. Methodischer Weg ist das *anforderungsbezogene Training der psychischen Voraussetzungen.* (KUNATH/ SCHELLENBERGER 1991, S. 265 ff.; JANSSEN 1992, S. 30) Ausgehend von dem bereits dargestellten (vgl. 2.2.2.4.) Wechselverhältnis zwischen objektiver Anforderung und subjektiver Anforderungsqualität liegen die zwei hauptsächlichen Ansatzpunkte für das Training der psychischen Voraussetzungen

– in der Gestaltung der Trainingsanforderungen einschließlich ihrer unmittelbaren Bedingungen und

– im Einfluß auf die Qualität der Anforderungsbewältigung.

Die *objektiven Trainings- oder Wettkampfaufgaben* fordern in spezifischer Form die jeweiligen psychischen Prozesse im Handlungsverlauf, d. h., mit unterschiedlichen sportlichen Übungen werden ganz verschiedene inhaltliche und strukturelle Aspekte der psychischen Voraussetzungen trainiert.

Am Beispiel der „Aufmerksamkeit" soll dies verdeutlicht werden. Mit sportlichen Spielen kann eine weite, umstellfähige, vorwiegend außengesteuerte Aufmerksamkeit trainiert werden. Bei sporttechnischen Übungen wird eine enge, auf kinästhetische Wahrnehmungen und die Optimierung der Bewegung orientierte Aufmerksamkeit entwickelt. Beim Ausdauertraining im Lauf wird eine enge, innengesteuerte (geringe äußere Reize) auf körperliche Vorgänge und ihre Optimierung (wie Atmung, muskuläre Spannung u. ä.) sowie auf die Steuerung der Geschwindigkeit gerichtete Aufmerksamkeit ausgebildet.

Des weiteren beeinflußt der Trainer durch das Schaffen bestimmter äußerer Bedingungen bzw. die **Organisation des Trainings** (z. B. straffer, disziplinierter Ablauf, Partnertraining, Impulse, Anweisungen u. ä.), ob sich seine Sportler intensiv auf die jeweiligen Anforderungen konzentrieren, motivieren und mobilisieren können oder nicht.

Letztlich entscheidet jedoch immer die tatsächliche **Qualität** der aktuellen Anforderungsbewältigung, welche psychischen Voraussetzungen tatsächlich eingesetzt, aktiviert und entwickelt werden und ob die den sportlichen Übungen und Trainingsmethoden innewohnenden psychologischen Potenzen auch voll ausgeschöpft werden können. Die Trainingsgestaltung und erzieherische Einflußnahme des Trainers bzw. die Selbsterziehung der Sportler in Training und Wettkampf sind dafür wesentliche Bedingungen. Sportpsychologische Erkenntnisse und Methoden können diesen Prozeß wirkungsvoll unterstützen.

Davon ausgehend wird in den folgenden Abschnitten dargestellt,

– wie Ausbildungsziele für psychische Regulationsvoraussetzungen bestimmt werden können (Anforderungsanalyse),

– worauf es in der pädagogischen Einflußnahme besonders ankommt und

– wie dieser Prozeß durch spezielle psychologische Methoden unterstützt werden kann.

Die Qualität der regulativen Prozesse und damit auch ihre Entwicklung bzw. Verbesserung hängen davon ab,

• welchen Anforderungen sich die Persönlichkeit stellen will und kann,

• welchen Inhalt diese Anforderungen haben und wie sie strukturiert sind,

• welche Regulationsprozesse dafür beansprucht und

• in welcher Qualität die Anforderungen bewältigt werden.

5.8.2. Bestimmung von Ausbildungszielen durch Anforderungsanalysen

Mit Hilfe der Anforderungsanalyse werden die objektiven sportartspezifischen Anforderungen sowie die zu ihrer Bewältigung notwendigen inneren und äußeren Bedingungen der Tätigkeitsregulation ermittelt. Auf ihrer Grundlage können psychologische Ausbildungsinhalte und -methoden besser begründet, das Training leistungsbestimmender psychischer Voraussetzungen planvoller und zielorientierter gestaltet und Eignungskriterien exakter definiert werden.

Die psychologische Anforderungsanalyse im Sport wurde aus der in der tätigkeitsorientierten Arbeitspsychologie (MATERN 1983; HACKER 1986) angewandten Methodik abgeleitet und spezifisch weiterentwickelt (KRATZER/KONZAG 1991, S. 136 ff.).

Die umfassende Bestimmung sportartspezifischer psychologischer Anforderungen ist Ergebnis längerfristiger Analysetätigkeit und umfaßt mehrere Arbeitsschritte. Sie erfordert untersuchungsmethodische bzw. diagnostische Verfahren, die die jeweilige psychische Anforderungsstruktur abbilden können. Häufig konzentriert man sich auch auf ausgewählte Bereiche wie Bewegungsregulation, Zustandsregulation u. ä., um aufgetretene Probleme zu lösen, beispielsweise Umstellung auf eine neue Technik, Beeinflussung des Vorstartzustandes u.a.m.

Arbeitsschritte der Anforderungsanalyse

Erster Schritt: Ableitung von Hypothesen zur Beschreibung der objektiven und subjektiven Anforderungsstruktur der sportlichen Aufgabe.
Mit diesem Analyseschritt werden Strukturmerkmale der Tätigkeit selbst, Bedingungen (Sportanlagen, Sportgeräte, Witterung u. ä.) und Regeln ihrer Ausführung, Beziehungen und Unterschiede zwischen Training und Wettkampf, die Komplexität und Variabilität der Anforderungen sowie die kooperativen Anforderungen erfaßt und gewichtet (vgl. dazu 2.2.2.5.). Mit Hilfe ergänzender Methoden, z. B. durch Expertenurteile, lassen sich hypothetische Annahmen überprüfen und weiter differenzieren, wie folgendes Untersuchungsergebnis zeigt.

Untersucht wurde die psychologische Struktur unterschiedlicher Sportarten, eingegrenzt auf Regulationskomponenten der Zielsetzung/Entscheidung (Entscheidungsfähigkeit, Risikobereitschaft), der Belastungsverarbeitung bzw. volitiven Regulation (Mobilisation, Härte gegen sich selbst, Durchhaltefähigkeit, Konzentration) und Einstellung zu sich selbst (Selbstvertrauen, Selbsteinschätzung). Spitzentrainer von fünf Sportarten beurteilten die entsprechenden psychischen Voraussetzungen mittels Paarvergleich (vgl. FRIEDRICH/HENNIG 1975; MATHESIUS 1983, S. 60 ff.) nach ihrer Bedeutung für Training und Wettkampf sowie danach, ob sie füreinander Voraussetzung oder Folge sind. In allen fünf Sportarten werden die ausge-

wählten Merkmale als bedeutsam eingeschätzt. Jede Sportart zeigt jedoch eine andere Struktur. Das folgende Bild veranschaulicht dies am Beispiel leichtathletischer Lauf und Sprung (Abb. 5.8.-1).
In beiden Disziplinen trägt die „Mobilisation" den Charakter einer Finaleigenschaft. Im Lauf nehmen die „Härte" und die mit ihr eng verbundene „Konzentration" sowie die „Durchhaltefähigkeit" eine zentrale Stellung ein. Sie haben den größten Einfluß auf die „Mobilisation". Damit sind die sich aus dem Verhältnis von Belastungsdauer und -intensität ergebenden volitiven Anforderungen an den Ausdauersportler charakterisiert. Die „Risikobereitschaft" nimmt eine eigenständige Position ein und bezieht sich eher auf das taktische Verhalten.
Im Sprung sind die „Konzentration" und „psychische Stabilität" die entscheidenden Voraussetzungen für eine wettkampfgerechte „Mobilisation". Diese Kombination bezieht sich stärker auf die Anforderungen an Qualität und Stabilität der Bewegungsausführung, was beispielsweise auch die Einstellung zu sich selbst („Selbsteinschätzung", „Selbstvertrauen" z. B. hinsichtlich Erfolgs-/Mißerfolgsverarbeitung) einschließt.

Zweiter Schritt: Analyse des Handlungsverlaufes bzw. der leistungsbestimmenden Knotenpunkte der Handlung.
Herausgearbeitet werden diejenigen Punkte im Leistungsverlauf (Bezugspunkt ist der Wettkampf), die für das Wettkampfergebnis leistungsbestimmend sind, die der Sportler demzufolge anhand physischer bzw. psychischer Wirkungen besonders bewußt erlebt und an denen er auch am meisten regulierend eingreifen muß bzw. kann. Dabei spielen objektive wie subjektive Leistungsbedingungen eine Rolle, z. B. stoffwechselbedingte Ermüdungsvorgänge, taktisch begründete Entscheidungen mit erforderlichen psychischen und/oder motorischen Umschaltprozessen, spezielle technische Anforderungen bzw. Veränderungen bei unterschiedlichen Witterungsbedingungen u. ä. Dazu gehören ebenso Anforderungen an die Handlungsvorbereitung (vgl. 2.2.2.4.) zur Sicherung eines optimalen Handlungsverlaufes von Handlungsbeginn an, was z. B. in Schnellkraftsportarten besonders bedeutsam ist. Das gleiche gilt in vielen Sportarten auch für Regulationsanforderungen in den Pausen, wie z. B. die Verarbeitung von Erfolg oder Mißerfolg, die psychophysische Wiederherstellung bzw. Aktivierung u. ä.

Psychologische Anforderungsanalysen bezogen auf den Handlungsverlauf bzw. Knotenpunkte der Handlungsregulation, liegen für das Sportschießen/Disziplin

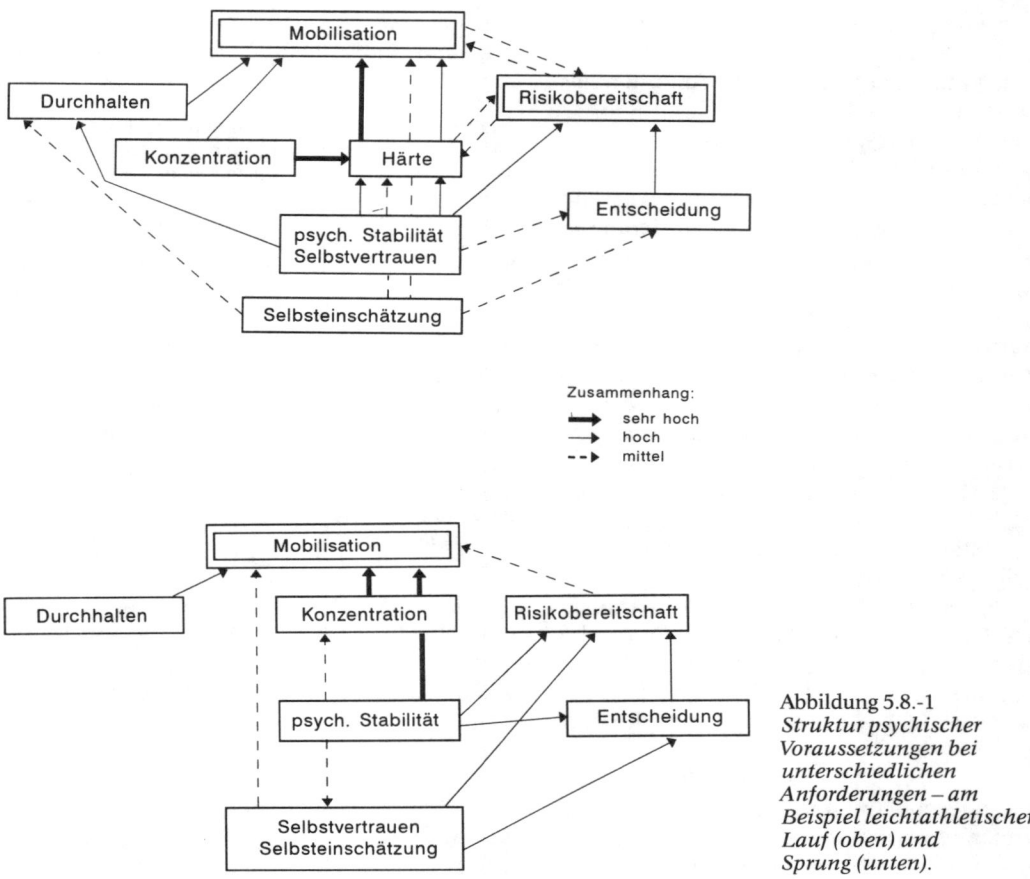

Abbildung 5.8.-1
*Struktur psychischer
Voraussetzungen bei
unterschiedlichen
Anforderungen – am
Beispiel leichtathletischer
Lauf (oben) und
Sprung (unten).*

Gewehr (KONZAG/KRATZER 1991, S. 140), den leichtathletischen Lauf (MATHESIUS 1992, S. 27), das Schwimmen (MATHESIUS/SCHUCK 1991, S. 41) vor.

Die bestimmten Regulationsanforderungen müssen dann im Ausbildungsprozeß zielgerichtet trainiert werden. Für den Wettkampf kommt es darauf an, einen Teil der Regulationsvorgänge zu automatisieren, andere unter psychophysischer Belastung bewußt einzusetzen, um – wenn es die Situation erfordert – jederzeit regulierend eingreifen zu können.

Ziel ist die Ausbildung und Vervollkommnung situationsbezogener psychischer Regulationsprozesse, was nicht mit „Verrationalisierung" bzw. genereller Entautomatisierung des Handelns zu verwechseln ist.

Anzustreben ist, daß Regulationsnotwendigkeiten erkannt (Wahrnehmung) und Veränderungen eingeleitet werden können; der Regulationsvorgang selbst sollte dann weitgehend automatisch ablaufen (z. B. Atemrhythmuswechsel). Das setzt jedoch bewußtes Üben und die Verfügbarkeit variabler Regulationsmöglichkeiten voraus.

Dritter Schritt: Analyse der einzelnen, für die komplexe Wettkampfleistung notwendigen psychischen Voraussetzungen der Handlungsregulation durch empirische Untersuchungen. Damit werden die tatsächlich geforderten psychischen Leistungsprofile sowie der notwendige Ausprägungsgrad und die Kompensationsmöglichkeiten der leistungsbestimmenden Regulationskomponenten ermittelt. Die Untersuchungsergebnisse sind der empirische Beleg für die hypothetisch abgeleiteten Anforderungsmerkmale. Sie sind in der jeweiligen Sportart für längere Zeiträume gültig und ermöglichen eine wissenschaftlich begründete (und nicht eine wie so oft dem Zufall überlassene) psychologische Diagnostik zur Individualisierung im Ausbildungsverlauf, zur psychologischen Beratung in Problemsituationen, zur Eignungsauswahl u. ä.

Empirische Anforderungsanalysen basieren in der Regel auf der Untersuchung der leistungsstärksten Sportler einer Sportart (als Bezugswert). Dabei ist jedoch zu beachten, daß sich die Anforderungsstruktur alters- bzw. leistungsspezifisch verändert und es differenzierte individuelle Strukturen psychischer Voraussetzungen (Stärken/Schwächen, Kompensationsmöglichkeiten) gibt.

Im folgenden soll eine Auswahl **psychologischer Untersuchungsmethoden im Sport** charakterisiert werden. (Vgl. darüber hinaus SCHELLENBERGER 1983; SINGER/WILLIMCZIK 1985; SCHWENKMETZGER 1988; KONZAG/KRATZER 1991)

● Die *mündliche oder schriftliche Expertenbefragung* von Trainern, Sportlern, Sportwissenschaftlern u. ä. dient vor allem der Erfassung von sportartspezifischen Anforderungsstrukturen und dementsprechenden psychischen Voraussetzungen als Zielgrößen des Ausbildungsprozesses.

Eingesetzt werden z. B. Formen des Interviews, geeichte Antwortskalen, Paarvergleich u. ä. (Vgl. FRIEDRICH/HENNIG 1975; RIEDER 1991)

● Mit *Trainings- und Wettkampfbeobachtungen* werden Handeln und Verhalten in ihrer Dynamik und ihrem Situationsbezug – insbesondere an den Knotenpunkten der Leistung – analysiert.

Das geschieht in Form direkter Beobachtung oder mittels Videoanalyse durch einen oder mehrere Beobachter auf der Grundlage konkreter Beobachtungskonzepte.

● Durch *Selbstbeobachtung* werden Erlebnisinhalte der Sportler erfaßt, die Aussagen über innere Leistungsbedingungen, wie z. B. Motivation, Konzentration, Stimmung u. ä., über

Belastungswirkungen, Zustandsveränderungen und individuelle Verarbeitungsprozesse ermöglichen.

Methoden sind z. B. das Polaritätsprofil (MATHESIUS 1972, S. 114; weitere Verfahren vgl. MATHESIUS u. a. 1986, S. 69 f., 79 f.), die Eigenzustandsskala (NITSCH 1976), der Belastungssymptomtest (FRESTER 1972), Skalen zur Ermittlung psychischer Wirkungen von Trainingsübungen (MATHESIUS 1975), Erfassung von Selbstbefehlen zur Bewegungsausführung (BEIER/KLAR 1987, S. 39 ff.), die Videokonfrontation (PETERSEIN 1988) u. ä.

● Mit *psychomotorischen Tests und psychophysiologischen Verfahren* werden unspezifische bzw. grundlegende Voraussetzungen der Bewegungs- und Zustandsregulation erfaßt.

Gemessen werden z. B. die Reaktionsschnelligkeit und -genauigkeit (KRÜGER 1982; KRATZER 1987), das Verhältnis von Bewegungstempo und Bewegungsgenauigkeit mit dem Tapping (SCHUCK 1986) oder unterschiedlichen Tracking-Varianten (KLAR 1991), zentrale Aktivierungsvorgänge mit der Flimmerverschmelzungsfrequenz (MATHESIUS u. a. 1986, S. 75 ff.) u. a. m. Diese Methoden sind apparative Verfahren und heute meist computergestützt.

● Standardisierte und normierte *Leistungstests* werden im Sport vor allem zur Untersuchung komplexer Wahrnehmungs- und Entscheidungsprozesse, der Konzentration und Distribution, der volitiven Regulation sowie kognitiver Voraussetzungen – beispielsweise Antizipation, taktisches Denken, Gedächtnis – genutzt.

Häufig angewandte Methoden sind der Konzentrationstest „d2" (nach BRICKENKAMP) oder der „Zahlensuchtest" (MATHESIUS u. a. 1986, S. 78), verschiedene apparative sportspezifische Tests (z. B. KONZAG 1983; GÜNZ 1991; KIRCHNER 1991; LÜTTGE 1991; MATHESIUS 1991 a) sowie die Kombination von psychologischen Tests und sportartspezifischen Trainingsgeräten bzw. Video (z. B. HEILEMANN/MÜLLER 1993, S. 88 f.). In diese Gruppe gehören auch Intelligenztests und der PAULI-Rechenversuch zur Ermittlung volitiver Voraussetzungen.

● *Persönlichkeitstests und Motivanalysen* erfassen Temperamentsbesonderheiten, Einstellungen, Interessen, Motivinhalte sowie die Motivationsdynamik, Selbstbewußtsein, leistungsrelevante Kenntnisse u. a.

Hier steht eine große Anzahl von Verfahren zur Verfügung, die von Psychologen bzw. psychologisch geschulten Personen ausgewählt und angewandt werden.

Insgesamt wird die Aussagefähigkeit der psychologischen Untersuchungsergebnisse erhöht, wenn sie auf interdisziplinärer Ebene, d. h. im Vergleich mit sportmethodischen, sportmedizinischen und biomechanischen Daten gewonnen werden.

5.8.3. Pädagogische Einflußnahme

Im sportlichen Ausbildungsprozeß nimmt der Trainer über die Gestaltung der Trainingsanforderungen und die Sicherung einer möglichst hohen Qualität ihrer Bewältigung bei Beachtung individueller Besonderheiten Einfluß auf die Entwicklung der psychischen Leistungsvoraussetzungen.

Gestaltung der Trainingsanforderungen

Trainingsanforderungen werden vor allem über das generelle methodische Vorgehen des Trainers, seine Trainingsorganisation und die eingesetzten Trainingsmethoden bzw. -übungen an den Sportler herangetragen. Trainer, die ein erfolgreiches **Trainingskonzept** besitzen und dieses über Forderungen, Wissen und persönliche Überzeugungskraft den Sportlern vermitteln können, verfügen bereits über eine wichtige pädagogische Einflußmöglichkeit. Ein überschaubares Trainingsprogramm gibt dem Sportler Selbstvertrauen und setzt Ziele, mit denen er sich auseinandersetzen kann. Trainings- und Wettkampfleistungen sind insgesamt vergleichbarer, was die Selbsteinschätzung und geistige Mitarbeit fördert. Eine straffe, aber freudbetonte und sozial stimulierende *Trainingsorganisation* schafft vor allem bei jungen Sportlern den Rahmen für ein diszipliniertes und konzentriertes Trainingsverhalten. Mit den eingesetzten *Trainingsmethoden, -mitteln und -übungen* kann in diesem Bereich jedoch am differenziertesten auf die Ausbildung der psychischen Voraussetzungen Einfluß genommen werden.

Trainingsaufgaben müssen es dem Sportler ermöglichen, seine psychischen Leistungsvoraussetzungen für den Wettkampf zu üben und in ihrer Ausprägung zu erleben. Der Sportler sollte bereits durch die Anforderungsgestaltung darin unterstützt werden, Belastung oder Auseinandersetzung zu suchen, Barrieren zu überwinden, An- und Entspannung zu regulieren, den eigenen Zustand leistungsgerecht zu beeinflussen u. a. m. Das kann beispielsweise durch Variation der Trainingsmethoden, Bedingungswechsel, soziale Stimulation, Wettkampfformen im Training, deutliche Akzentuierung von Be- und Entlastung u. ä. geschehen.

Die Ziele, die der Trainer setzt, und die Aufgaben, die er stellt, können Sportler für ihr Training motivieren oder demotivieren; sie können fordern, überfordern oder unterfordern bzw. Lernprozesse unterstützen oder hemmen; die Leistungsergebnisse können das Vertrauen in sich selbst stärken oder schwächen u. a. m. (vgl. auch 7.3.2.2.).

Einfluß auf die Qualität der Anforderungsbewältigung

Durch sein pädagogisch-erzieherisches Handeln und/oder seine beratende Funktion wirkt der Trainer direkt auf die Handlungsregulation des Sportlers ein. Dabei ist sowohl die emotionale als auch die rationale Seite von Bedeutung. Trainingsatmosphäre, Einstellung des Trainers zur Sportart und zu seinen Sportlern, seine Begeisterungsfähigkeit u. ä. *motivieren die Sportler* in jeder einzelnen Trainingseinheit und vermögen sie über längere Zeit an ihre Sportart zu binden, auch wenn persönliche Probleme und Schwierigkeiten auftreten. Wissen und geistige Auseinandersetzung mit den Zielen, Inhalten und Methoden des sportlichen Ausbildungsprozesses geben den Sportlern wichtige *Orientierungen für ihr Handeln* und legen das Fundament für die Entwicklung von Eigenständigkeit, Selbstmotivation, Selbstvertrauen und realer Selbsteinschätzung. Dieser Prozeß ist um so wirksamer, je besser er mit der pädagogischen Vor- und Nachbereitung des Trainings (d. h. den konkreten Erfahrungen, Ergebnissen u. a.) verbunden ist und sozusagen als *„pädagogisch gelenkter Erfahrungsgewinn"* gestaltet wird.

Dabei hat es sich bewährt, wenn Sportler frühzeitig dazu angehalten und befähigt werden, ihr Training, die dabei gemachten Erfahrungen, ihren aktuellen Zustand und die entsprechenden Trainings- bzw. Wettkampfleistungen langfristig zu dokumentieren (z. B. in Form eines Trainingstagebuches) und auszuwerten.

Sportler und Trainer finden in dieser Zusammenarbeit zunehmend zu einer *„gemeinsamen Sprache"*. Das betrifft insbesondere die Fähigkeit des Trainers, seine Sportler hinsichtlich ihrer sportlichen Leistungen, ihrer Persönlichkeitsvoraussetzungen und ihres Verhaltens real und gerecht einschätzen zu können, ihnen hohe, aber realisierbare Ziele zu setzen sowie seine Forderungen, Anweisungen und Hilfestellungen verständlich und überzeugend zu vermitteln. Dazu gehört auch, daß der Trainer „zuhören" sowie sich in die Gedanken und Gefühle seiner Sportler hineinversetzen kann. Im Techniktraining bzw. bei technischen Korrekturen ist es besonders wichtig, daß Trainer und Sportler sich bis ins Detail miteinander verständigen können. Dabei hilft z. B. eine bildhafte Sprache (auf perzeptiv-begrifflicher Ebene), das „Beschreibenkönnen" von Bewegungswahrnehmungen und -vorstellungen, die Vermittlung von Bewegungserfahrungen durch Teilbewegungen, Imitationen, u. a. m.

Eine solche Beziehung garantiert, daß der Trainer seine Forderungen mit größerer Sicherheit stellen kann, selbst dann, wenn ein Risiko eingegangen oder kurzfristig ein falscher Weg eingeschlagen wurde. Der Trainer weiß bzw. spürt, wann seine Sportler in der unmittelbaren Anforderungsbewältigung unterstützt werden müssen, d. h., wann Impulse von außen, Korrekturen und Hilfestellungen notwendig sind oder wann er ganz einfach dasein und für seine Sportler Zeit haben muß. Gleichzeitig nimmt er ihnen die Auseinandersetzung mit sich selbst nicht ab und läßt ihnen ausreichend Freiräume, um eigene – auch negative – Erfahrungen zu sammeln. Trotzdem ist immer wieder zu verzeichnen, daß selbst bei erfolgreichen Trainern und Sportlern in diesem kommunikativen Prozeß schwierige und widersprüchliche Phasen zu bewältigen sind und daß manchmal sogar die gemeinsame Weiterarbeit aufgegeben werden muß.

Individualisierung der psychischen Ausbildung

Auf der Grundlage **individuell präzisierter,** für die Sportart generell gültiger **Ziele und Aufgaben** ist auch die **psychische Ausbildung** zu differenzieren, wobei letzteres mit zunehmender Leistungsentwicklung einen höheren Stellenwert erlangt. Zuerst kommt es darauf an, die grundlegenden Persönlichkeitsvoraussetzungen zu fördern und auszubilden. Das betrifft z. B. die Einstellung zur Sportart, die Trainingsdisziplin, die Belastungsbereitschaft,

das Selbstbewußtsein, die Fähigkeit zur Selbsteinschätzung, die Selbständigkeit u. ä. (vgl. 2.2.2.3.). Wird das Talent des Sportlers als sehr hoch eingeschätzt, kann auch früher mit der spezifischeren psychischen Ausbildung begonnen werden, z. B. durch den Einsatz spezieller psychologischer Trainingsmethoden (vgl. 5.8.4.).

Beachte jedoch: Insbesondere bei jüngeren Sportlern kann von einer hohen sportlichen Leistungsfähigkeit nicht zwangsläufig auf einen hohen Stand der Persönlichkeitsentwicklung geschlossen werden. Häufig scheitern „hochtalentierte" junge Sportler bei ersten Schwierigkeiten oder Mißerfolgen an ungenügend entwickelten psychischen Grundeigenschaften und nicht an Mängeln in den spezifischen Voraussetzungen. Beide Seiten müssen differenziert beurteilt werden, um richtige Ziele zu setzen, die notwendigen Forderungen zu stellen und pädagogisch wirksam vorgehen zu können. Wie im sportlichen Bereich sollte der Trainer auch hinsichtlich der psychischen Entwicklung des Sportlers **vom aktuellen Entwicklungsstand, den absehbaren Entwicklungsperspektiven sowie den individuellen Stärken, Schwächen und Reserven ausgehen,** wenn die nächsten Aufgaben festgelegt werden. Dabei kommt es weniger auf eine Maximierung einzelner Leistungsvoraussetzungen an, sondern auf ihre optimale Ausprägung in leistungswirksamer Struktur (z. B. Optimierung von Anstrengungsbereitschaft und Lockerheit; vgl. LOEHR, 1991, S. 33 ff.). Mit dem Sportler sollten für überschaubare – aber nicht zu kurzfristige – Zeiträume möglichst konkrete Ziele erarbeitet werden (vgl. PORTER/FOSTER 1987).

Im täglichen Trainingsprozeß liegen die größten Einflußmöglichkeiten des Trainers vor allem in der Phase der **Handlungsvorbereitung und -auswertung** (vgl. 2.2.2.4.). Wie er die Anforderungen begründet, entscheidet wesentlich über Motivation und Anstrengungsbereitschaft. Aktuell gesetzte Ziele und ihre vom Sportler erlebte Realisierbarkeit haben Einfluß auf die Ausbildung innerer Bezugssysteme wie Leistungserwartungen, Selbsteinschätzungen u. ä. Die Bewertung von Leistungsergebnissen bzw. -verlauf prägen Selbstbewußtsein und selbstkritische Haltungen.

Vorausschauende Beachtung kritischer Entwicklungsphasen

In der Leistungs- und Persönlichkeitsentwicklung von Leistungssportlern sind immer wieder gewisse kritische Phasen zu beobachten. Das sind vor allem:

– die *Phase wachsender gesellschaftlich-sozialer Beachtung der sportlichen Leistungen* Jugendlicher in Wechselwirkung mit den Persönlichkeitsbesonderheiten dieses Alters (z. B. Teilnahme an nationalen und internationalen Meisterschaften; Selbsteinschätzung, Streben nach Anerkennung, Selbstwertbewußtsein u. ä.);
– der *Übergang vom Junioren- zum Erwachsenenalter* in Verbindung mit neuen sozialen Orientierungen (Bezugspersonen/Partnersuche, Trainerwechsel, Beruf/Studium) sowie sich verändernden Trainings- und Wettkampfanforderungen;
– *Zeitraum der Partnerwahl und Familiengründung* mit wachsender sozialer Verantwortung und Bindung sowie sich daraus ergebende Konsequenzen an die Persönlichkeitsentwicklung, die psychophysische Belastbarkeit, die materielle Sicherheit, verbunden mit entsprechenden Erwartungen an die sportliche Leistungsperspektive;
– *Wiederholung bereits erreichter internationaler Erfolge* durch ältere Sportler (Auswirkungen langjähriger psychophysischer Belastungen, oft notwendige Umstellungen im Trainingssystem und/oder der sportlichen Technik, Erfolgszwang) bzw. die persönliche Entscheidung über die Beendigung der sportlichen Karriere.

Insgesamt sind diese „kritischen Phasen" durch notwendige Neuorientierungen des Sportlers gekennzeichnet, da sich die jeweils erreichten inneren und äußeren Bedingungen der Leistungsentwicklung qualitativ verändern. Das betrifft insbesondere:

– die Entwicklung der Persönlichkeit und damit in Verbindung stehende Veränderungen im Trainer-/Sportler-Verhältnis;
– Veränderungen der individuellen Leistungsstruktur und Wettkampfanforderungen sowie sich daraus ergebende Konsequenzen für das Trainingssystem;

– gesellschaftlich-soziale Bedingungen der individuellen Leistungsentwicklung und daraus resultierende Erwartungen an den Sportler;
– soziale Beziehungen und Orientierungen des Sportlers.

Die aus der Auseinandersetzung mit den jeweils veränderten Bedingungen resultierende Labilisierung ist normal, sie kann und sollte nicht verhindert werden, da sie wiederum Voraussetzung für die Weiterentwicklung ist. Der Trainer kann den Sportler jedoch darauf vorbereiten und ihn in der Bewältigung der Probleme unterstützen, ohne sie ihm abnehmen zu wollen. Ganz allgemein ausgedrückt, kommt es für den Sportler darauf an, sich wieder neue Bezugssysteme zu schaffen, das Selbstbild weiterzuentwickeln bzw. zu festigen, nach individuell wirksamen Lösungen zu suchen, Ziele neu zu setzen und sich den veränderten Anforderungen/Bedingungen in Form aktiver Bewältigung zu stellen.

5.8.4. Psychologisches Training

Psychologisches Training gewinnt heute unter den verschiedensten praktischen Fragestellungen (z. B. Kommunikationstraining, Verkaufstraining, Bewerbungstraining u. a.) zunehmend an Bedeutung. Mit Hilfe spezieller psychologischer Methoden werden Verhaltensweisen, Regulationsmöglichkeiten u. ä. trainiert, die der Erweiterung (z. B. neue Kommunikationstechniken), dem Erhalt (z. B. Gedächtnistraining) oder der Wiederherstellung (z. B. Entspannung) der individuellen Handlungsfähigkeit dienen.

Ziele und Aufgaben des psychologischen Trainings

Im Sport liegen mit dem psychologischen Training (auch „mentales Training") ebenfalls umfangreiche Erfahrungen vor (vgl. KEMPER 1996). Folgende **Merkmale** charakterisieren „psychologisches Training" (vgl. dazu MATHESIUS 1996, S. 29–32):

• Psychologisches Training im Sport ist eine aktive Lernmethode, die an den jeweiligen

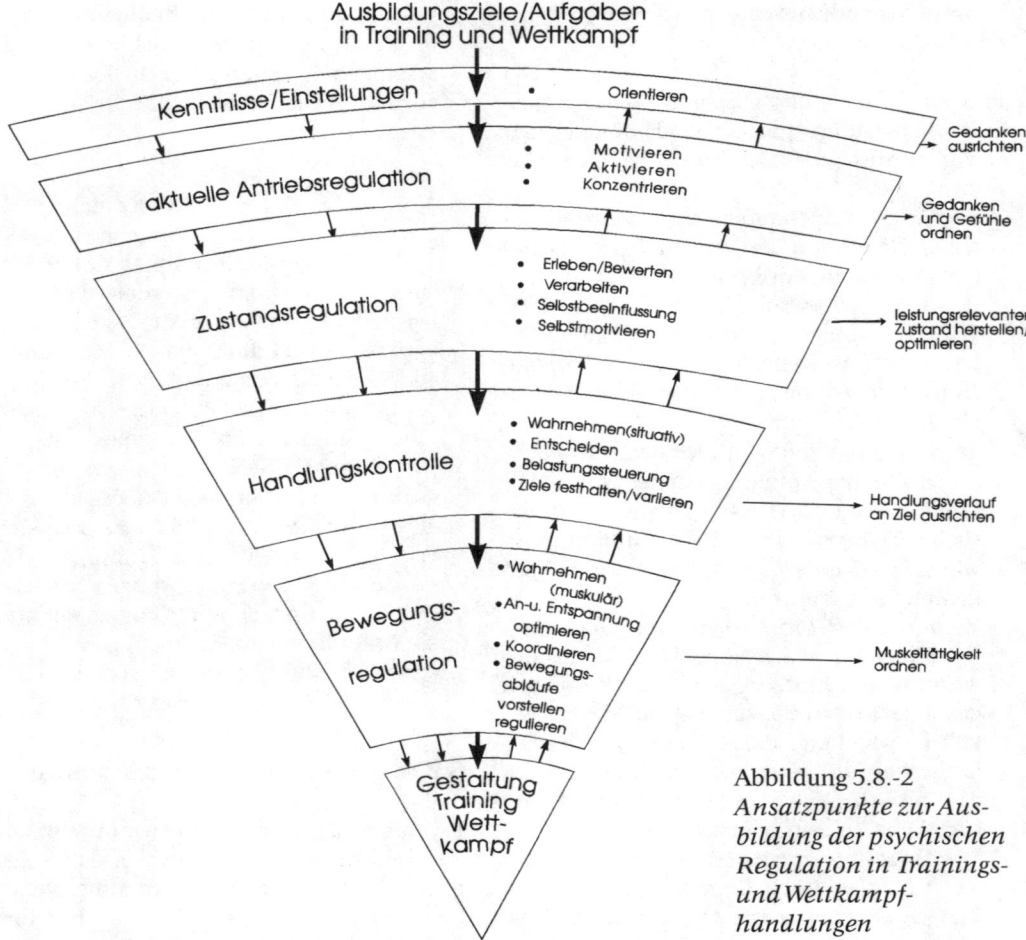

Ausbildungsziele/Aufgaben in Training und Wettkampf

Kenntnisse/Einstellungen
- Orientieren → Gedanken ausrichten

aktuelle Antriebsregulation
- Motivieren
- Aktivieren
- Konzentrieren → Gedanken und Gefühle ordnen

Zustandsregulation
- Erleben/Bewerten
- Verarbeiten
- Selbstbeeinflussung
- Selbstmotivieren → leistungsrelevanten Zustand herstellen/optimieren

Handlungskontrolle
- Wahrnehmen(situativ)
- Entscheiden
- Belastungssteuerung
- Ziele festhalten/variieren → Handlungsverlauf an Ziel ausrichten

Bewegungs-regulation
- Wahrnehmen (muskulär)
- An-u. Entspannung optimieren
- Koordinieren
- Bewegungsabläufe vorstellen regulieren → Muskeltätigkeit ordnen

Gestaltung Training Wettkampf

Abbildung 5.8.-2
Ansatzpunkte zur Ausbildung der psychischen Regulation in Trainings- und Wettkampf- handlungen

sportartspezifischen und individuellen Tätigkeitsanforderungen orientiert ist (KRATZER 1991, S. 265) sowie inhaltlich und organisatorisch in das sportliche Training integriert werden muß (vgl. SCHUCK/HETZER 1990; OTTO 1990; WINTERLICH 1990; WEISSFLOG 1990).

- Psychologisches Training soll in erster Linie eine vorgreifende Anpassung an künftige Anforderungen/Belastungen ermöglichen, gestattet aber auch den Abbau leistungsmindernder Faktoren. Es stabilisiert bzw. erweitert die individuelle Handlungsfähigkeit des Sportlers (KRATZER 1991, S. 265).
- Psychologisches Training zielt auf unmittelbare Veränderung beim Beeinflußten und bezieht sich auf relativ überdauernde Handlungs-

grundlagen (GABLER/JANSSEN/NITSCH 1990, S. 20 ff.).

- Psychologisches Training organisiert und stimuliert die Selbsterfahrung der Sportler. Die verstärkte Auseinandersetzung mit sich selbst vermittelt Einsichten in die eigenen Handlungsgrundlagen und deren Wechselwirkungen mit spezifischen Tätigkeitsanforderungen bzw. -bedingungen.
- Die Optimierung handlungsbedeutsamer sportartspezifischer Voraussetzungen erhält Vorrang gegenüber der Maximierung von Einzelkomponenten.
- Psychologisches Training kann auf die einzelne Persönlichkeit und/oder Gruppe gerichtet sein.

Abbildung 5.8.-2 veranschaulicht, worauf sich psychologische Trainingsprogramme in der Handlungsausführung vorrangig beziehen.

Die gekennzeichneten Handlungsebenen sollten – auch bei sportartspezifischer und individueller Schwerpunktsetzung – möglichst immer in Einheit trainiert werden (Optimierungsgedanke!). Dabei ist besonders zu beachten, daß im Sport psychische Regulation letztlich immer über die Bewegung realisiert wird, unabhängig davon, ob es sich um eine technisch komplizierte oder technisch weniger komplizierte Sportart handelt.

Psychologisches Training ist langfristig in den sportlichen Entwicklungsprozeß einzuordnen. Dabei gilt das Prinzip: Je höher die Leistungsausprägung, desto individueller die Trainingsprogramme! Die psychologischen Trainingsprogramme müssen gemeinsam mit Sportlern und Trainern erarbeitet werden, was Selbständigkeit und schöpferisches Mitdenken der Sportler fordert und fördert.

Ein umfassender Überblick über Aufgaben und Methoden des psychologischen Trainings im Sport und Lösungsmöglichkeiten für die Praxis findet sich bei HAHN 1996. Weitere Anregungen für Sportler und Trainer geben Trainingsprogramme von PORTER/FOSTER 1987; SYER/CONOLLY 1987; SUINN 1989; EBERSPÄCHER 1990a; LOEHR 1991; SCHUCK 1991; FRESTER 1992; MATHESIUS 1992.

> **Definition Psychologisches Training:** Psychologische Maßnahmen zur Leistungsausprägung und Verhaltensoptimierung, die die Verbesserung der sportlichen Leistungsfähigkeit entsprechend den individuellen Zielvorstellungen unterstützen und in sportliche Ausbildungsprogramme integriert werden. **Ziel** ist die Vervollkommnung der **internen Regulation** von Handlungen bzw. Bewegungen, wobei vor allem die perzeptive (erlebnismäßige) Ebene angesprochen und das Training als **psychologisch gelenkter Erfahrungsgewinn** gestaltet wird.

Methoden und Verfahren psychologischer Trainingsprogramme

Psychologische Trainingsprogramme basieren auf Methodenkomplexen, denen in der Regel kognitive Analyseverfahren, Vorstellungstraining (insbesondere ideomotorisches Training), Verfahren zur Spannungs- und Zustandsregula-

tion und/oder Methoden zur Konzentrationsschulung sowie Formen der Selbstmotivierung zugrunde liegen. (Vgl. HAHN 1996)

Kognitive Analyseverfahren dienen der Vertiefung des Erlebens, der Verbesserung der Selbstwahrnehmung und Selbstbewertung, der Analyse und dem Auffinden leistungswirksamer Motive und Ziele sowie der Erarbeitung von Handlungsstrategien.

Methoden sind z.B. Selbstkontrolltechniken (REINHOLD 1991), Problemlösungstraining und Selbstwirksamkeitstraining (EBERSPÄCHER 1990b, S. 7), verschiedene Interviewformen bzw. Verfahren zur Selbstbeobachtung/Selbsteinschätzung (REINHOLD/WAITZ 1991), Videokonfrontation, integriertes Kontrolltraining (STRANG 1991) u.ä.

Vorstellungstraining kann auf einzelne Bewegungen (Technik) oder auf situative Anforderungen (Taktik) bezogen sein.

Es verbessert die Bewegungswahrnehmung und -vorstellung (ROCKMANN-RÜGER 1990; FRESTER 1992; SCHLICHT 1992) sowie vorausschauendes Handeln bzw. Antizipation (HEILEMANN/MÜLLER 1993, S. 83 f.). Durch Vorstellung kann der Sportler sich aktivieren, konzentrieren und motivieren; psychophysische Funktionen werden sensibilisiert und optimiert. In diesen Methodenkomplex gehört auch das Visualisierungstraining (LOEHR 1991, S. 108 ff.) sowie der Gruppen-Bewegungs-Erfahrungsaustausch (BEIER/HASSE 1987).

Verfahren zur Spannungs- und Zustandsregulation – auch als psychoregulative Verfahren bezeichnet – dienen der Spannungsregulation, der emotionalen und psychophysischen Harmonisierung sowie der Aktivierung und Konzentration. Sie unterstützen die Körperwahrnehmung, werden zur Verbesserung der psychophysischen Wiederherstellung und zur Behandlung von Schlafstörungen genutzt.

Im Sport verbreitete Methoden sind das Autogene Training nach SCHULTZ bzw. die daraus abgeleitete Aktivtherapie (FRESTER 1972), die Progressive Muskelrelaxation nach JACOBSON (SONNENSCHEIN 1989) sowie Psychomuskuläres Training und Formen der Musikentspannung (FRESTER 1993). Auch Meditation, Yoga, die Konzentrative Entspannung (vgl. SEEFFLDT 1989, S. 204 bis 288) u.a. finden Anwendung.

Konzentrationstraining verbessert die Konzentration in sportartspezifischen Anforderungssituationen und schafft einen leistungsfördernden, aktuellen Konzentrationszustand in der Leistungsvorbereitung.

Als Trainingsverfahren werden Mehrfachwahlaufgaben in Feld- und Laborsituationen (JANSSEN/WEGENER 1990), psychomotorische Konzentrationstests (LÜTTGE 1991) sowie psychoregulative Verfahren in Verbindung mit Vorstellungstraining (MATHESIUS 1991 b) eingesetzt.

Selbstregulationstraining bezieht sich auf die Schaffung langfristiger positiver Leistungsmotive, insbesondere verbunden mit Zielsetzungen über unterschiedliche Zeiträume, Leistungserwartungen für Training und Wettkampf u.ä. sowie auf die Antriebsregulation im Handlungsverlauf. Eine besondere Rolle spielt dabei die Arbeit mit Selbstbefehlen, Selbstinstruktionen bzw. Selbstgesprächen, wobei an die von den Sportlern bereits selbst genutzten „naiven Techniken" (NITSCH/HACKFORT 1979) angeknüpft wird.

Zum Training eignen sich das Erstellen von Prognosen, der Vergleich (schriftlich, Gespräch individuell/Gruppe) von Leistungserwartung und -ergebnis, Diskussion von Lösungsvarianten anhand von Videokonfrontation sowie die Nutzung von Selbstinstruktionen und positiven Gedanken im Handlungsverlauf. (PETERSEIN 1988; SCHUCK 1991)

Zielrichtungen und Inhalte psychologischer Trainingsprogramme

Die Zielrichtungen leiten sich aus den jeweiligen Trainings- und Wettkampfanforderungen der Sportart ab (vgl. MATHESIUS 1996) – folgende **Schwerpunkte** stehen im Vordergrund:

• Selbständige lang-, mittel- und kurzfristige *Zielbildung, Selbstmotivierung* und *volitive Regulation* im Belastungsprozeß einschließlich der leistungswirksamen Verarbeitung psychophysischer Beanspruchung und deren Steuerung;
• *Verbesserung der Bewegungsregulation,* insbesondere durch Training von Bewegungswahrnehmungen und -vorstellungen zur Unterstützung des Techniktrainings sowie der stabilen Anwendung der sportlichen Technik bei variablen inneren und äußeren Bedingungen;
• bewußtes *Hervorrufen eines leistungsfördernden Zustandes* in der Vorbereitung auf Leistungen und im Leistungsverlauf in Training und Wettkampf, insbesondere hinsichtlich Konzentration, Motivation, Aktivierung, optimale muskuläre Spannung u.ä.;
• Verbesserung der psychophysischen *Wiederherstellung*;

• *Bewältigung psychischer Belastung,* insbesondere im Wettkampf, wie Vorstartregulation, Aktivierung, Beseitigung von Angst und anderen leistungshemmenden Faktoren, leistungsfördernde Verarbeitung von Erfolg und Mißerfolg u.ä.;
• Eigenständige *Erarbeitung und Anwendung von Handlungs- bzw. Lösungsstrategien* als Grundlage für schnelle und richtige Entscheidungen, offensive bzw. siegorientierte Wettkampfgestaltung sowie eine erfolgreiche Auseinandersetzung mit dem sportlichen Gegner;
• Training *sozialen Verhaltens* zur Verbesserung von Kooperation und Kommunikation in Mannschaften, in bezug auf das Trainer-Sportler-Verhältnis sowie das Verhalten gegenüber Publikum, Schieds- und Kampfrichtern u.ä.

Am Beispiel der Zielstellungen „Leistungsvorbereitung", „Belastungsbewältigung im Leistungsverlauf" und „Wiederherstellung" soll anhand der jeweiligen psychologischen Aufgabenstellungen und entsprechenden Maßnahmen bzw. methodischen Aspekte der generelle Aufbau psychologischer Trainingsprogramme veranschaulicht werden.

Leistungsvorbereitung in Training und Wettkampf

Aufgaben: Konzentration auf die bevorstehende Aufgabe, psychomuskuläre Sensibilisierung, psychische Stabilisierung, positives und handlungsbezogenes Denken – dadurch Beseitigung eventueller negativer Gedanken, Handlungsstrategien oder Bewegungsvorstellungen aktualisieren bzw. gedächtnismäßig speichern, psychophysische Aktivierung, Training regulativer Prozesse in vorgestellten Handlungssituationen.

Maßnahmen/methodische Aspekte:
• Entspannen und Konzentrieren mit dem Ziel: abschalten, psychophysische Vorgänge harmonisieren, allgemein sensibilisieren;
• Bewegungsvorstellungen und Konzentration auf spezielle Inhalte mit dem Ziel: aktualisieren, aktivieren, speziell sensibilisieren;
• Aktualisierung der Handlungsstrategie oder Probehandeln mit dem Ziel: stabilisieren, ausrichten, orientieren;
• Selbstinstruktion bzw. Selbstbefehle mit dem Ziel: motivieren, positiv denken und fühlen;
• Dauer je nach Sportartspezifik und Zeitpunkt der Anwendung: zwischen 30 Sekunden und 30 Minuten;

• wichtig: hoher Anteil aktivierender Elemente, Entspannung dient Konzentration auf innere Vorgänge und Harmonisierung, gewisse Spannung muß erhalten bleiben;
• Programm eventuell mit Imitationsübungen u. ä. verbinden.

Belastungsbewältigung im Leistungsverlauf (bzw. in der Bewegung)

Aufgaben: Körperkontrolle, Konzentrationspunkte schaffen, mobilisieren, Zustandsregulation, Gedanken ordnen, Selbstmotivierung.

Maßnahmen/methodische Aspekte:
• Differentielle Kurzentspannung einzelner Muskelgruppen (z. B. Nacken/Schulter) mit dem Ziel: Lockerkeit des Bewegungsablaufes;
• ausgewählte, eng begrenzte Konzentrationspunkte in der Bewegung bzw. entsprechen den taktischen Aufgaben – maximal drei Schwerpunkte;
• Selbstbefehle, bezogen auf die Konzentrationspunkte;
• Anwendung mehrmals im Handlungsverlauf, insbesondere an Knotenpunkten (sogenanntes Körperchecking).

Verbesserung der Erholungsfähigkeit und Wiederherstellung

Aufgaben: Psychophysische Entspannung, innere Ruhigstellung, Überwindung von Schlafstörungen, Verarbeitung von störenden Problemen und Aufbau positiver Gedanken.

Maßnahmen/methodische Aspekte:
• Psychische und physische Entspannung mittels einer Entspannungsmethode;
• Unterstützung durch entspannende Musik;
• positive Gedanken und Selbstinstruktion mit dem Ziel der Ruhigstellung und Abschirmung;
• eventuell Meditation;
• Dauer je nach Ziel und Anforderungen: 10 bis 30 Minuten.
• bei nachfolgendem sportlichem Training oder anderen Tätigkeiten intensive psychische und physische Aktivierung, z. B. Schwunggymnastik.

Bei dem Einsatz psychologischer Trainingsformen sind **zwei wichtige methodische Aspekte** zu berücksichtigen:

Erstens müssen die Inhalte der Programme, wie sportliche Zielsetzungen, zugrunde liegende Selbsteinschätzungen, Bewegungsvorstellungen, Selbstbefehle, u. a., der personalen und sportlichen Realität entsprechen. Eine starke Selbstmotivierung mit unrealen Zielstellungen provoziert z. B. Mißerfolgserlebnisse, oder eine bildhafte, intensiv wirkende, aber falsche Bewegungsvorstellung stört die Bewegungsausführung.

Beachte deshalb: *Durch psychologische Trainingsformen intensivierte psychische Prozesse festigen psychische Inhalte unabhängig davon, ob sie leistungsrelevant sind oder nicht!*

Zweitens muß die Selbstregulation mit Hilfe der vorgestellten Methoden ebenso erlernt werden wie jede andere Fertigkeit. Das ist vor allem dann wichtig, wenn sie unter schwierigen Bedingungen – z. B. im Wettkampf – gelingen soll.

Beachte deshalb: *Ein psychologisches Beeinflussungsprogramm muß unter variablen Bedingungen erprobt, erlernt und gefestigt werden. Für Wettkampfprogramme erfordert das mindestens ein Trainingsjahr (vgl. Abschnitt 7.3.).*

Psychologisches Training ergänzt sportliche Trainingsmethoden und trägt dazu bei, die Anforderungsbewältigung zu optimieren und zu effektivieren. Es zielt auf:
• Verbesserung der Leistungsvoraussetzungen,
• Ausschöpfen der erworbenen Leistungsfähigkeit,
• Abbau leistungsmindernder psychischer Faktoren,
• Förderung von Wiederherstellungsprozessen.
Psychologisches Training erfordert die aktive Mitarbeit des Sportlers und muß in den sportlichen Trainingsprozeß integriert sein.

Kapitel 6:
Trainingssystem und Trainingssteuerung

Das zielgerichtete sportliche Training besteht aus einer Vielzahl von Elementen, die in der Vorbereitung, Durchführung und Auswertung des Trainings systemhaft zusammenwirken. Die Ausarbeitung von Trainingskonzeptionen, die auf Erkenntnissen zur sportlichen Leistungsentwicklung und auf Prinzipien des Trainings basieren, der Trainingsvollzug durch die handelnden Sportler und führenden Trainer sowie die Analyse und Wertung der in Training und Wettkampf präsentierten Leistungen und des Verhaltens – das sind die grundlegenden und voneinander abhängigen Prozesse in einem *Trainingssystem*. Darüber hinaus wird die Effizienz eines Trainingssystems noch von einer Vielzahl von Elementen beeinflußt, wie der Wirksamkeit des Auswahlsystems der Sportler, den Förderbedingungen in jeweiligen Etappen des langfristigen Leistungsaufbaus, den medizinischen und physiotherapeutischen Betreuungsmöglichkeiten, den material-technischen Bedingungen u. a. m.

Dieses Kapitel will mit Aussagen zu nachfolgenden Sachverhalten wesentliche Grundlagen für die Gestaltung des langfristigen Trainingsprozesses schaffen: Struktur des Trainingsprozesses, Trainings- und Leistungssteuerung, Eignungsdiagnostik und Auswahl.

6.1. Die Struktur des Trainingsprozesses

Struktur und Funktion eines Gegenstandes oder eines Prozesses befinden sich stets in Wechselwirkung. Das trifft auch auf den Prozeß des sportlichen Trainings zu.

Es ist deshalb erforderlich, über diejenigen Trainingsstrukturen, mit deren Hilfe man bestimmte Trainingsfunktionen realisieren will, möglichst umfangreiches und tiefgründiges Wissen zu verfügen.

Definition Trainingsstruktur: Aufbau und innerer Zusammenhang der wesentlichen Elemente des Trainingsprozesses, deren gesetzmäßiges Verhältnis zueinander, ihr Zusammenwirken im Sinne einer Prozeßstruktur und damit auch ihre zeitlichen Beziehungen sowie ihre Aufeinanderfolge im Trainingsprozeß.

Die Trainingsstruktur ist weitgehend von der Sportart bzw. Disziplin abhängig und damit vom anzustrebenden Leistungssystem (vgl. 2.1.4.), da eine ganz bestimmte sportliche Leistung auch durch ein ganz bestimmt strukturiertes Training entwickelt werden muß. Diese Abhängigkeit bedeutet jedoch nicht, daß die Trainingsstruktur allein aus dem Leistungssystem abgeleitet wird. Ihr liegen neben der erforderlichen Ableitung aus dem Leistungssystem eigenständige Ableitungsgrößen bzw. Gesetzmäßigkeiten des Trainings zugrunde. Dazu gehören u. a. der Phasencharakter des motorischen Lernens, die Adaptation in ihrer quantitativen und zeitlichen Dynamik und der Heterochronismus der Wiederherstellungsprozesse. (Vgl. SCHNABEL 1981, Teil 1 und 2)

Die Trainingsstruktur wird vor allem gekennzeichnet durch

– die aus dem Leistungssystem und dem Anforderungsprofil einer Sportart abgeleiteten Trainingsbestandteile und ihre zweckmäßige Ordnung;

– die Proportionen und Relationen der Trainingsbestandteile zueinander (z. B. das Verhältnis von allgemeiner und spezieller Vorbereitung oder die Anteile der konditionellen und der sporttechnischen Ausbildung);

– ihre effektive zeitliche Anordnung und Veränderung (Konzentration, Akzentuierung, Parallelität) entsprechend der Altersspezifik und dem erreichten Leistungszustand;

– die Charakteristik der Trainingsbelastung hinsichtlich der Relationen und der Dynamik

(Verhältnis Umfang/Intensität, Belastungssteigerung u. a.).

Das Kernstück der Trainingsstruktur sind die Trainingszyklen (vgl. dazu 6.1.2.). In ihnen spiegeln sich die genannten Charakteristika wider. **Statischer und dynamischer Aspekt der Trainingsstruktur.** (Vgl. MATWEJEW 1981, S. 209) Der *statische Aspekt* charakterisiert die Relationen der einzelnen Elemente der Trainingsstruktur, wie sie sich in den Trainingsplänen für einzelne typische Zyklen, Trainingseinheiten, Abschnitte, Trainingswochen, Trainingsperioden, usw. darstellen. Im Boxen kann beispielsweise der statische Aspekt durch folgende Kennziffern für eine Trainingswoche bzw. einen Mikrozyklus in einer Vorbereitungsperiode gekennzeichnet werden:

Trainingsinhalt/Belastungs-	
anforderung	*Zeit (h)*
1. wettkampfnahes Training	3,0
2. Physioprophylaxe	1,5
3. technisch-taktische Ausbildung	4,5
4. spezielles Konditionstraining	4,0
5. allgemeines Konditionstraining	3,0
6. Ausbildung koordinativer Fähigkeiten	2,0
7. Ausbildung der Beweglichkeit	2,0
Gesamt	20,0

Beim *dynamischen Aspekt* handelt es sich um die Veränderung der Relationen zwischen den Elementen (Seiten, Komponenten) innerhalb der fixierten Zeit oder auch im Übergang von einem Zyklus, einer Periode, einer Etappe usw. zur anderen. Abb. 6.1.-1 verdeutlicht aus Gründen der Übersichtlichkeit die Dynamik der Trainingsstruktur in vereinfachter Form (keine Angaben zur Intensität; keine Aufteilung des Konditionstrainings). Ein weiteres, für das Sportschwimmen zutreffendes Beispiel geht von der Anzahl der Kilometer aus (Abb. 6.1.-2). Sowohl unter statischem als auch dynamischem Aspekt sind in anderen Sportarten und Disziplinen andere, für diese Sportarten und Disziplinen typische Parameter zur Strukturierung des Trainings heranzuziehen, z. B. das Verhältnis zwischen Ausdauertraining und Krafttraining oder zwischen sporttechnischer Ausbildung und Konditionstraining. Auch die Anzahl und Verteilung von Wettkämpfen muß in die Betrachtungen einbezogen werden, weil es durchaus wichtig ist, ob beispielsweise drei Wettkämpfe über einen Zeitraum von einem Monat verteilt oder in einem dreitägigen Turnier durchgeführt werden.

Der dynamische Aspekt der Trainingsstruktur verdeutlicht, daß es sich um eine *Prozeßstruktur*

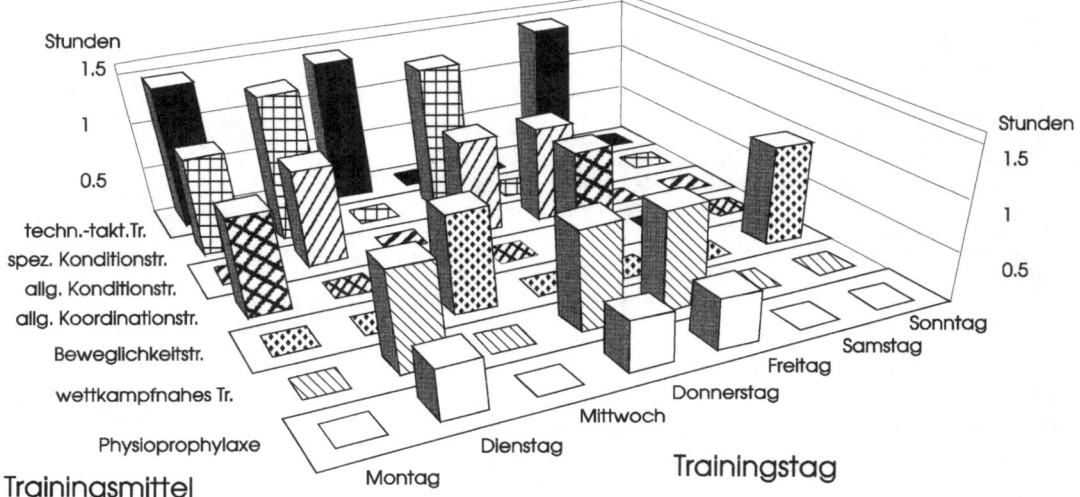

Abbildung 6.1.-1　*Schema zur Verteilung unterschiedlicher Belastungsanforderungen in einem ausgewählten Trainingsabschnitt (Woche bzw. Mikrozyklus) sowie zur Kennzeichnung des dynamischen Aspekts der Trainingsstruktur in der Sportart Boxen*

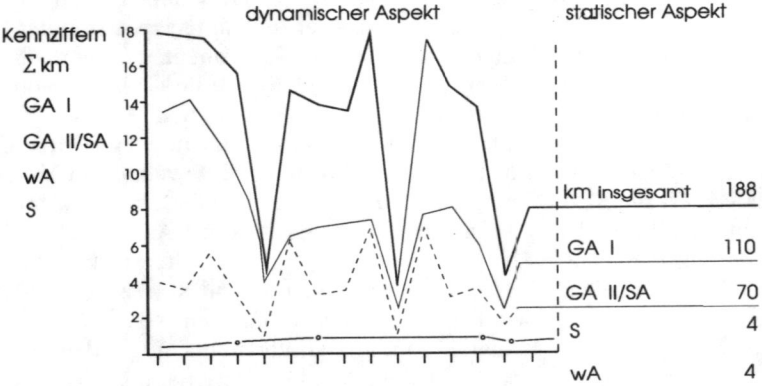

Abbildung 6.1.-2
Kennzeichnung des dynami-
schen und des statischen
Aspekts der Trainingsstruktur
anhand eines Beispiels aus
dem Sportschwimmen
(PFEIFER 1991, S. 182)
GA I – Grundlagenausdauer I;
GA II – Grundlagenaus-
dauer II; SA – Schnelligkeitsausdauer; wA – wettkampf-
spezifische Ausdauer;
S – Schnelligkeit

handelt, in der die Elemente bzw. Faktoren der jeweiligen Trainingsstruktur in einen optimalen Wirkungszusammenhang zu bringen sind.

6.1.1. Langfristiger Leistungsaufbau

Der sportliche Leistungsvergleich hat in den vergangenen Jahrzehnten permanent Fragen nach effektiven Wegen in der langfristigen Vorbereitung von Sportlern auf Höchstleistungen aufgeworfen. Eine zentrale Frage war die nach der *Strukturierung des langfristigen Leistungsaufbaus*[1] vom Kindes- bis zum Seniorenalter.

THIESS wies bereits 1964 (S. 18) nach, daß eine bis dahin praktizierte Etappengliederung nach Kinder-, Jugend- und Erwachsenentraining untauglich ist, weil diese auf dem Lebensalter basierende Strukturierung den notwendigen sportartspezifischen Differenzierungen im Leistungsaufbau nicht entsprach. Die von ihm begründeten Etappen des **Grundlagentrainings,** des **Aufbautrainings** und des **Hochleistungstrainings** waren in der Folgezeit eine Grundlage für das Entstehen vielfältiger Modelle des langfristigen Leistungsaufbaus. (HARRE 1969; FOMIN/FILIN 1975; MATWEJEW/NOWIKOW 1976; NABATNIKOWA 1982; MARTIN 1983; BAUERSFELD/SCHRÖTER 1986 u. a.)

Tabelle 6.1.-1 stellt die Strukturierung einiger Modelle der 80er Jahre gegenüber. Bei einer vergleichenden Betrachtung der Modelle sind folgende Merkmale hervorzuheben:

---

[1] Der in „Theorie und Praxis" gebräuchliche Terminus „langfristiger Leistungsaufbau" hat eigentlich den langfristigen Trainingsaufbau mit dem Ziel des langfristigen Aufbaus sportlicher Leistungen zum Gegenstand.

● Alle Modelle gehen davon aus, daß der langfristige Leistungsaufbau ein *mehrstufiger Entwicklungsprozeß* ist.

● Das Erreichen sportlicher Höchstleistungen im Hochleitungsbereich wird übereinstimmend an ein mehrjähriges *vorbereitendes Training der Sportler* unter Beachtung ihrer biopsychosozialen Entwicklungsbedingungen.

Tabelle 6.1.-1: *Modellvergleich zum langfristigen Leistungsaufbau*

DDR	UdSSR (NABATNIKOWA 1983)	BRD (MARTIN 1983)
1. Grundlagentraining	1. Etappe: vorbereitendes Training	1. Vielseitige psychomotorische Grundausbildung
2. Aufbautraining	2. Etappe: beginnende sportliche Spezialisierung	2. Beginn der sportartspezifischen Spezialisierung
3. Anschlußtraining	3. Etappe: vertieftes Training in der gewählten Sportart	3. Vertiefung des spezifischen Trainings
4. Hochleistungstraining	4. Etappe: sportliche Vervollkommnung (Anschlußleistungen) ↓ Hochleistungstraining	4. Hochleistungstraining

• Alle Modelle lassen erkennen, daß die *Grundlagenausbildung vielseitig* erfolgen und über ein breites motorisches Angebot vorwiegend funktionelle Grundlagen schaffen sollte.

> **Definition langfristiger Leistungsaufbau:** ein zielbestimmt gesteuerter Entwicklungsprozeß der sportlichen Leistungsfähigkeit und der Leistungsbereitschaft vom Beginn des leistungssportlichen Trainings bis zum Erreichen sportlicher Höchstleistungen. Er wird als einheitlicher Prozeß in inhaltlich akzentuierten und systematisch aufeinander aufbauenden Etappen sportartspezifisch konzipiert und realisiert.

6.1.1.1. Bestimmungsfaktoren für die trainingskonzeptionelle Lösung

Jeder Trainer muß dem Anspruch genügen, unter seinen konkreten Bedingungen den mehrjährigen Trainingsprozeß planen und gestalten zu können. Deshalb muß er jene Faktoren kennen, die maßgeblich die Effektivität des langfristigen Leistungsaufbaus bestimmen. Hier werden ausschließlich die Faktoren für die *trainingskonzeptionelle* Lösung behandelt.

Struktur der Wettkampftätigkeit

Jede sportliche Tätigkeit besitzt eine spezifische Struktur hinsichtlich ihrer Ziele, ihres Inhalts, ihres Verlaufs, ihrer Bedingungen und Resultate (KUNATH 1985, S. 34). Für ein gezieltes Training bedeutet das: Die Struktur der Wettkampftätigkeit – vor allem das Leistungssystem und seine Struktur – ist exakt zu analysieren, die daraus abgeleiteten Anforderungen an die Leistungsfähigkeit der Sportler sind zu definieren und adäquate Trainingsinhalte, -methoden und -mittel auszuwählen bzw. zu entwickeln.

Im Leistungssystem treten die technisch-koordinative, die konditionelle, die taktische, die psychische und die kognitive Leistungsfähigkeit immer in einer *spezifischen* Verbindung in Erscheinung. Diese Wechselbeziehung und die gegenseitige Bedingtheit der verschiedenen Seiten der Leistungsfähigkeit unter Wettkampfbedingungen bestimmen das Herangehen beim Analysieren der Struktur der Wettkampftätigkeit in den verschiedenen Sportarten.

In den Ausdauer-, Kraft- und Schnellkraftsportarten lassen sich heute die jeweiligen Strukturen der Wettkampftätigkeit relativ exakt darstellen.

So sind beispielsweise für den Kurzstreckenlauf folgende Leistungsvoraussetzungen, wie sie in der Struktur der Wettkampfleistungen zusammenwirken, bestimmend: Reaktionsschnelligkeit (auf das Startsignal), Startbeschleunigung, absolute Laufschnelligkeit, Effektivität des Endspurts. Bedeutend komplizierter ist die Struktur der Wettkampftätigkeit in anderen Sportarten, z. B. in den Sportspielen (vgl. Abb. 2.1-8). Spezifika der Spielleistungen, wie
– die ständige Wechselwirkung von individuellen und kollektiven Handlungen,
– der alternative Entscheidungscharakter der sportlichen Handlungen,
– die unmittelbare Auseinandersetzung mit der gegnerischen Mannschaft
bedingen das Zusammenwirken einer breitgefächerten Anzahl von individuellen und kollektiven Leistungsvoraussetzungen. (STIEHLER/KONZAG/DÖBLER 1987, S. 46).

Beide Beispiele verdeutlichen: *Jede Wettkampfleistung hat eine spezifische Struktur.* Die sportlichen Leistungen resultieren aus einem spezifischen Zusammenwirken von Leistungsvoraussetzungen, die nach begründeten Akzenten in den Etappen des langfristigen Leistungsaufbaus von den Sportlern erworben werden müssen. Deshalb ist die Struktur der Wettkampftätigkeit auch der entscheidende Bestimmungsfaktor für die zeitliche Strukturierung des langfristigen Leistungsaufbaus. Daraus ergibt sich die Frage: In welchem Verhältnis stehen die Struktur der Wettkampftätigkeit und die Struktur der Leistungsfähigkeit? Oder: Wie eignen sich die Sportler im langfristigen Trainingsprozeß jene Leistungsvoraussetzungen an, die in der Struktur der Wettkampfleistung dem Niveau der prognostizierten Zielleistung entsprechen? PLATONOV/SACHNOVSKIJ (1988, S. 81) sehen die Antwort in einer exakten *Bestimmung der Subordinationsverhältnisse der Komponenten*:

• Zuerst ist die Struktur der Wettkampftätigkeit zu bestimmen, bzw. an ihrer Präzisierung ist ständig zu arbeiten. Das muß man so formulieren, weil die Sportwissenschaft hinsichtlich des

Eindringens in innere Mechanismen der Handlungen des Sportlers erst am Anfang steht.

● Daraus ableitend sind die Hauptkomponenten der Leistungsfähigkeit zu erfassen, die in ihrer Gesamtheit die Effektivität der Wettkampftätigkeit bestimmen.

● Auf dieser Grundlage sind die komplexen Fähigkeiten zu ermitteln, die die Effektivität der Handlungen des Sportlers bei der Ausführung der Hauptkomponenten der Wettkampftätigkeit determinieren.

● Es sind die funktionellen Hauptparameter und deren Charakteristika für das Entwicklungsniveau der komplexen Fähigkeiten zu ermitteln.

Daraus eröffnet sich die Möglichkeit – vor allem unter Beachtung der biopsychosozialen Entwicklungsbedingungen der Sportler und der erkannten Gesetzmäßigkeiten für die Herausbildung definierter Leistungsvoraussetzungen –, für die Etappen des langfristigen Leistungsaufbaus anforderungs- und entwicklungsgerechte Ziele für das Training zu konzipieren.

Gesetzmäßigkeiten zur Entwicklung der verschiedenen Komponenten der sportlichen Leistungsfähigkeit

Die Aussagen dazu sind in 3.1.–3.4. enthalten.

Erforderliche Dauer der sportlichen Ausbildung vom Anfänger bis zum Hochleistungssportler

Bei der Konzipierung des langfristigen Trainingsprozesses ist dessen zeitliche Strukturierung eine bedeutsame Komponente. Es gilt die Frage zu beantworten, wodurch die zeitliche Strukturierung des langfristigen Leistungsaufbaus bestimmt wird. Feststellen läßt sich zunächst, daß es die erheblichen Unterschiede im Leistungssystem der verschiedenen Sportarten nicht zulassen, die zeitliche Struktur des langfristigen Leistungsaufbaus nach dem Lebensalter festzulegen. Denn Tatsache ist es ja, daß die Sportler in den technisch-kompositorischen Sportarten in einem Lebensalter mit dem Hochleistungstraining beginnen, in dem Sportler anderer Sportartengruppen gerade erst den Übergang zum Aufbautraining vollziehen. Demnach

wird die zeitliche Struktur des langfristigen Leistungsaufbaus maßgeblich vom Beginn des Höchstleistungsalters bestimmt.

Der Beginn des Höchstleistungsalters kennzeichnet jenen Altersspielraum, bis zu welchem die individuellen Voraussetzungen für Höchstleistungen annähernd ausgeprägt sein müssen. Zur Ermittlung dieser sportartspezifischen Altersspielräume wurden seit vielen Jahren immer wieder entsprechende Analysen von OS, WM und anderen Wettkampfhöhepunkten herangezogen. Tab. 6.1.-2 weist die Ergebnisse einer derartigen Analyse für einige Sportarten aus.

Wenn man die erforderliche Dauer für die Herausbildung von Voraussetzungen für sportliche Höchstleistungen in den Sportartengruppen kennt und der ungefähre Beginn des Höchstleistungsalters in der Sportart bekannt ist, dann kann man daraus die Mindestforderung für die Aufnahme des sportartspezifischen Trainings im Kindesalter festlegen und nach bisher erkannten gesetzmäßigen Zusammenhängen im langfristigen Leistungsaufbau auch die zeitliche Struktur des langfristigen Trainingsprozesses planen.

Für das *Grundlagentraining* und für das *Aufbautraining* sollten dabei *jeweils 3 Jahre* geplant werden.

Diese Aussagen zur erforderlichen Dauer der sportlichen Ausbildung vom Anfänger bis zum Höchstleistungssportler gehören zu den Rahmenbedingungen für die Begründung einer zeitlichen Struktur für den langfristigen Leistungsaufbau in einer Sportart; sie sind keinesfalls dogmatisch umzusetzen.

PLATONOV/SACHNOVSKIJ (1988, S. 282) weisen auf zwei *Besonderheiten* hin:

● Nach ihren Analysen erreichen etwa 15–20% der stärksten Sportler etwas früher (1–2 Jahre) das Höchstleistungsalter, d.h., Sportler mit herausragend ausgeprägten Leistungsvoraussetzungen müssen auch aus der fixierten zeitlichen Struktur ausbrechen können.

● In den letzten Jahren häufen sich die Beispiele dafür, daß Sportler die angenommenen Altersgrenzen für sportliche Höchstleistungen nach oben durchbrechen. Das sind nicht nur Ausdauersportler (z.B. im Marathon Carlos Lopez, Rosa Mota), sondern auch Sportler anderer Sportartengruppen. Eine sogenannte sportliche Langlebigkeit – PLATONOV (1987, S. 159) bezeichnet sie als Etappe der Aufrechterhaltung der Leistungsfähigkeit – ist also in der Trainings- und Wettkampfpraxis bereits zu registrieren.

Tabelle 6.1.-2 *Anschlußleistungen, Höchstleistungen* (PLATONOV/SACHNOVSKIJ 1988, S. 284)

Sportart	Anschlußleistungen		Höchstleistungen	
	m	w	m	w
Schwimmen (100, 200, 400 m)	17−18	14−16	19−22	17−20
Leichtathletik				
− Sprint	19−22	17−20	22−26	20−24
− Weitsprung	21−22	17−19	23−25	20−22
− Diskuswerfen	23−24	18−21	25−26	22−24
Kanurennsport (Kajak)	18−20	16−18	21−24	19−23
Radsport (Straße)	17−19		20−24	

Alterseigentümlichkeiten der physischen, psychischen und motorischen Entwicklung in der Kindheit und Jugend

Die Beachtung von Alterseigentümlichkeiten der physischen, psychischen und motorischen Entwicklung gehört – wie hereits erwähnt – zu den unerläßlichen Erfordernissen der Planung und inhaltlich-methodischen Gestaltung des langfristigen Leistungsaufbaus. Im folgenden wird lediglich auf einige damit verbundene Haupterfordernisse verwiesen.[1]

Körperliche (physische) Entwicklung. Die diesbezüglichen Alterseigentümlichkeiten der Kindheit und Jugend umfassen vor allem die Reifung, das Wachstum sowie die Entwicklung von Organen und ihren Funktionen (besonders Veränderungen von Körperhöhe, Körpergewicht, Körperproportionen bzw. Entwicklung des Skeletts und der Muskulatur sowie des Herz-Kreislauf- und Atmungssystems).

---

[1] Zur Vertiefung und zu Einzelheiten vgl. unter anderem:
MARTIN, D.: Training im Kindes- und Jugendalter. Hofmann-Verlag, Schorndorf, 1988
WILLIMCZIK, K.: Motorische Entwicklung. In: EBERSPÄCHER, H. (Hrsg.): Handlexikon Sportwissenschaft. Rowohlt-Taschenbuch Verlag, Reinbek, 1987
HIRTZ, P.: Vielfalt und Reichtum der Individualentwicklung – die motorische Ontogenese. In: HIRTZ, P.; KIRCHNER, G.; PÖHLMANN, R. (Hrsg.): Sportmotorik – Grundlagen, Anwendungen und Grenzgebiete. Universität Gesamthochschule Kassel, 1994
WINTER, R.: Zur Ontogenese der sportlichen Leistungsfähigkeit. In: SCHNABEL, G.; HARRE, D.; BORDE, A.: Trainingswissenschaft. Sportverlag, Berlin. 1994
BAUR, J.; BÖS, K.; SINGER, R.: Motorische Entwicklung. Ein Handbuch. Schorndorf 1994

● Diese Entwicklungsprozesse verlaufen besonders im *Kindes- und beginnenden Jugendalter* (Pubeszenz) sehr rasch und ausgeprägt. Damit ist in diesem Zeitraum eine bestimmte Sensibilität („Empfindlichkeit") im doppelten Sinne verbunden: Sportliche Beanspruchungen (Belastungen) haben einerseits relativ hohe Trainingswirkungen zur Folge; das gleiche gilt jedoch andererseits ebenfalls für Fehlbeanspruchungen (Fehlbelastungen) mit ihren möglicherweise negativen Auswirkungen. Von besonderer Bedeutung ist dabei, daß insbesondere das Stütz- und Bewegungssystem (Wirbelsäule, Gelenke, Sehnen, Bänder) nur relativ langsam adaptiert und deshalb zu rasche und vor allem einseitige Belastungssteigerungen besonders im Kindesalter vermieden werden müssen.

● Die der Kindheit folgende *Pubeszenz oder 1. Phase der Reifungszeit* umfaßt besonders die geschlechtsspezifisch bedeutsamen hormonellen Umstellungen (verstärkte Ausschüttung der weiblichen bzw. männlichen Geschlechtshormone), die daraus resultierende Geschlechtsdifferenzierung und das mit der Menarche (weiblich) bzw. Spermarche (männlich) schließliche Eintreten der Geschlechtsreife. Verbunden ist damit ein zumeist erheblicher Zuwachs der Körperhöhe, die Zunahme der Körpermasse (weiblich besonders des Unterhautfettgewebes; männlich dagegen vorrangig der Muskulatur) und die Veränderung der Körperproportionen (durch ein Wachstum besonders der Extremitäten). Durchschnittlich umfassen diese puberalen Entwicklungsprozesse

bei Mädchen etwa das 11. bis 13. Lebensjahr, bei männlichen Jugendlichen die Altersbereiche 12 bis 14 Jahre. Zu beachten ist jedoch, daß diese puberalen Entwicklungen altersmäßig erheblich divergieren können. Entwicklungsbeschleunigungen (Akzelerationen) bzw. -verzögerungen (Retardationen) von zwei und drei Jahren sind relativ häufig festzustellen. Im sogenannten „biologischen Alter" muß deshalb zwischen Früh-, Normal- und Spätentwicklern unterschieden werden. Diese Differenzierung – auch in der Prozeßgestaltung des Trainings – ist insofern wesentlich, als besonders Frühentwickler, speziell bei konditionellen Beanspruchungen entwicklungsbedingt leistungsfähiger und entsprechend höher belastbar als Normal- und vor allem Spätentwickler sind. In der koordinativ-sporttechnischen Ausbildung können dagegen – vor allem bei starken körperlichen Wachstumsveränderungen – zumindest zeitweilig bestimmte „Schwierigkeiten" speziell bei der Ausprägung koordinativer Fähigkeiten und im Neuerwerb sportlicher Techniken deutlich werden.
• Nach der Menarche bzw. Spermarche beginnt ein Entwicklungsabschnitt, der biotisch als *Adoleszenz oder auch 2. Phase der Reifungszeit* bezeichnet wird und der mit der Maturität (d. h. dem körperlich vollreifen Zustand) endet. Altersmäßig umfaßt dieser Zeitraum – abermals mit Abweichungen durch akzelerierte bzw. retardierte Sportler – durchschnittlich bei weiblichen Jugendlichen etwa die Altersklassen 12/13 bis 16/17 Jahre, bei männlichen Jugendlichen den Zeitraum von etwa dem 15. bis 19./20. Lebensjahr. Physisch ist die Adoleszenz durch das allmähliche Nachlassen des Längenwachstums bis zum Wachstumsstillstand und stattdessen die Zunahme vor allem der Breiten- und Umfangsmaße des Körpers gekennzeichnet. Mit dem Abschluß der Adoleszenz wird körperbaulich sehr weitgehend der Status des jungen Erwachsenen und damit die individuelle Ausprägung der konstitutionellen Leistungsvoraussetzungen erreicht.
• Generell kann in der 2. Phase der Reifungszeit zunehmend von einer hohen Adaptabilität bei sportlichen Anforderungen ausgegangen werden. Dabei sind jedoch im langfristigen Leistungsaufbau verstärkt die zunehmend individuell ausgeprägten Leistungsvoraussetzungen zu berücksichtigen, die individuellen „Stärken" und „Schwächen" zu erkennen und bei prognostischen Spezialisierungsabsichten zu beachten. Insgesamt ist die Adoleszenz in einigen Sportarten, besonders bei weiblichen Jugendlichen, bereits als ein „Hochleistungszeitraum" (z. B. Gerätturnen, Schwimmen u. a.) oder in den weitaus meisten Sportarten als ein entscheidender Abschnitt der Vorbereitung auf sportliche Hoch- und Höchstleistungen zu betrachten.

Psychische Entwicklung. Unter diesem Aspekt sind für den langfristigen Leistungsaufbau folgende Punkte bedeutsam:
• Im Training mit Kindern kann vor allem mit Beginn und besonders im Ergebnis des Schulbesuchs mit einer raschen Entwicklung der kognitiven Fähigkeiten gerechnet werden (Beobachten, Wahrnehmen, Denken, Sprache). Besonders in den altersmäßig früh beginnenden Sportarten (z. B. Eiskunstlauf, Gerätturnen) sind jedoch gleichzeitig auch die diesbezüglich noch bestehenden Begrenztheiten zu berücksichtigen (Auffassungs- und Abstraktionsfähigkeit, Sprachverständnis, Kommunikationsfähigkeit).
• Bedeutsam ist im Zusammenhang damit auch die entwicklungsmäßig ansprechende Motivation. Bei Kindern dominieren die vital-emotionalen Motive im sportlichen Handeln. Sie betreiben Sport vor allem deshalb, weil er ihnen Spaß macht, weil es ihnen Freude bereitet, ihr Können auszuprobieren, sich mit dem Trainingspartner zu vergleichen, und weil sie sich bei ihrem Trainer und in der Trainingsgruppe wohl fühlen.
• Lob, Anerkennung, Ermutigung und die persönliche Zuwendung des Trainers sollten deshalb im sportlichen Üben und Trainieren mit Kindern – aber nicht nur mit Kindern – dominieren. Diese grundlegenden „Antriebe" müssen auch im Jugendalter erhalten bleiben.
• Gleichzeitig ist jedoch zu beachten, daß zunehmend weitere Motive hinzutreten, die das Geltungsstreben, den Leistungsehrgeiz, die Selbstbestätigung und das Selbstwerterleben einschließen. Im Zusammenhang damit gewinnen auch das perspektivischste Denken, die Orientierung auf konkrete und längerfristige

Leistungsziele sowie die kreativ-geistige Auseinandersetzung mit den Erfordernissen des Trainings und der Wettkämpfe für die Leistungsentwicklung erheblich an Bedeutung (vgl. auch Abschnitt 2.2.2.)

(Sport)motorische Entwicklung. Sie ist für die Planung und inhaltlich-methodische Gestaltung des langfristigen Leistungsaufbaus ebenfalls von besonderer Bedeutung. Die dazu vorliegenden Erkenntnisse verweisen generell darauf, daß die koordinativ-sporttechnische sowie die konditionelle Vervollkommnung von jungen Sportlern nicht in jedem Alter in gleichem Maße, sondern mit deutlich unterschiedlicher Effektivität trainierbar ist (vgl. besonders ISRAEL 1976; ISRAEL/BUHL 1980). Unter diesem für die Trainingswirksamkeit (den Trainingserfolg) wesentlichen Aspekt sind besonders die folgenden Hinweise bzw. Empfehlungen zu beachten:

● Als *„Frühaufgaben" im langfristigen Leistungsaufbau* haben insbesondere zu gelten: Die Ausbildung von koordinativen Fähigkeiten, in Verbindung damit die grundlegende sporttechnische Ausbildung, die Ausprägung von Schnelligkeitsfähigkeiten und ebenfalls die Ausbildung der Beweglichkeit (die beiden zuletzt genannten Fähigkeitsklassen besonders dann, wenn diesbezüglich höchste Finalansprüche erfüllt werden müssen!).

● Als *relativ „entwicklungsneutrale" sportmotorische Fähigkeiten* (d. h. solche, die weitgehend unabhängig vom Alter trainiert werden können) sind zu betrachten: die Ausbildung der aeroben Ausdauerfähigkeit (Grundlagenausdauer) und der Erwerb bzw. die Erhaltung der Beweglichkeitsfähigkeiten unter dem Vorbehalt, daß bei letzteren finale Höchstqualitäten (wie z. B. im Gerätturnen, in der Sportgymnastik oder -akrobatik usw.) nicht erworben werden müssen.

● Als *„Spätfähigkeiten"* haben dagegen besonders die Maximalkraft, die hochausgeprägte Schnellkraft (z. B. Gewichtheben, Ringen, Judo, leichtathletische Wurf- oder Stoßdisziplinen u. a.) sowie die anaerobe Ausdauerleistungsfähigkeit zu gelten. Diese Fähigkeiten erfordern generell eine längerfristige (mehrjährige) und systematische Leistungssteigerung zunächst mit möglichst vielseitigen Trainingsmitteln. In ihren sportartspezifisch hohen Ausprägungen sollten sie im langfristigen Leistungsaufbau erst um den Abschluß der Pubeszenz verstärkt angestrebt, weiterhin zunehmend während der Adoleszenz trainiert und in den leistungsstrukturellen Höchsterfordernissen erst bei Annäherung an die Maturität und nachfolgend durch entsprechende Trainings- und Wettkampfbeanspruchungen „ausgebaut" werden.

Die bereits beschriebenen Bestimmungsfaktoren für den langfristigen Leistungsaufbau ermöglichen das Aufstellen eines sportartspezifischen Ziel- und Zeitstrukturkonzeptes. Dessen Wirksamkeit ist jedoch an die Prozeßgestaltung gebunden, d. h., Trainingsinhalte, -methoden und -mittel, die Belastungsdynamik und die Trainingsstrukturen in den einzelnen Etappen des langfristigen Leistungsaufbaus bestimmen maßgeblich die Effektivität des langfristigen Trainingsprozesses mit.

An *weiteren Faktoren* sind zu nennen: material-technische Ausbildungsbedingungen; wiederherstellungsfördernde Maßnahmen; spezielle Ernährung; wissenschaftliche Unterstützung im Prozeß der Eignungsbestimmung und Auswahl von Sportlern, in der Leistungsdiagnostik und Trainingssteuerung, in der Wettkampfanalytik.

6.1.1.2. Charakteristik der Etappen

Die angereicherten Erkenntnisse der Sportwissenschaft, die Erfahrungen der Sportverbände bei der Umsetzung von Modellen für den langfristigen Leistungsaufbau sowie die sozial-kulturellen Bedingungen für den Leistungssport fordern geradezu das Anheben der Trainingsqualität vom Grundlagen- bis zum Hochleistungstraining. Eine adäquate Erneuerung von Trainingskonzeptionen muß demzufolge den gesamten langfristigen Leistungsaufbau umfassen und generell von folgendem Zusammenhang ausgehen:

- Strukturen der Wettkampftätigkeit
- Gesetzmäßigkeiten zur Entwicklung der verschiedenen Komponenten der sportlichen Leistungsfähigkeit
- erforderliche Dauer der sportlichen Ausbildung vom Anfänger bis zum Hochleistungssportler
- Alterseigentümlichkeiten der psychischen, physischen und sportmotorischen Entwicklung in der Kindheit und Jugend

↓

- Zeitstruktur des langfristigen Leistungsaufbaus in der jeweiligen Sportart
- Trainingsstrukturen in den Etappen des langfristigen Leistungsaufbaus

Dieser Grundzusammenhang hat im leistungsorientierten Training den sportartspezifischen langfristigen Leistungsaufbau zur Konsequenz, eine ungerichtete 1. Etappe (oder: Ausbildungsabschnitt nach MARTIN 1988, S. 104) der „Grundausbildung" ist daher in ihrer Effektivität fragwürdig. Insbesondere die Beziehung von bestimmten Anforderungen der Wettkampfleistung zu ontogenetischen Spezifika zwingt zur Herausbildung einiger spezifischer Leistungsvoraussetzungen mit Beginn der 1. Etappe des langfristigen Leistungsaufbaus.

Die differenten Lösungswege für den langfristigen Leistungsaufbau in der Vielzahl der Sportarten lassen nur eine modellhafte Darstellung wesentlicher Ziel- und Aufgabenstellungen für die jeweiligen Etappen zu. Die dazu notwendige hohe Abstraktion steckt Zielhierarchien für die Etappen des langfristigen Leistungsaufbaus ab, kann aber nur als Basis für eine sportartspezifisch zu schaffende Trainingskonzeption dienen. Eine derartige modellhafte Darstellung ist keinesfalls als Dogma aufzufassen – die individuellen Entwicklungsdifferenzen im Kindes- und Jugendalter werden von einem verantwortungsbewußten Trainer ohnehin beachtet –, aber sie stellt eine auf dem aktuellen Erkenntnisstand

der Trainingswissenschaft basierende Rahmenbedingung für erfolgreiche Leistungsentwicklungen dar.

Grundlagentraining

> **Definition Grundlagentraining:** Vielseitige Ausbildung in einer Sportart mit der Hauptzielstellung, die ontogenetischen Spezifika der jungen Sportler für die Herausbildung grundlegender und sportartspezifischer Leistungsvoraussetzungen wirksam zu nutzen und die Eignung der Sportler für das weitere leistungssportliche Training zu ermitteln. In der Mehrheit der Sportarten wird es vor der Pubertät absolviert und erstreckt sich über einen Zeitraum von 3 Jahren.

■ *Hauptaufgaben des Grundlagentrainings*

● Die Belastungsanforderungen sind v.a. auf die Beanspruchung der informationsaufnehmenden und -verarbeitenden Systeme des Organismus zu richten:
- allgemeine und spezielle Lern- und Koordinationsanforderungen;
- hochfrequente und kurz dauernde Bewegungen in emotional ansprechenden Spielformen.

● Mit einer schnelligkeitsorientierten Gestaltung des Grundlagentrainings sind anforderungs-, alters- und entwicklungsgerecht wesentliche Voraussetzungen für spätere Höchstleistungen zu schaffen:
- azyklische und zyklische Schnelligkeit sowie die Handlungsschnelligkeit sind als differenzierte Formen der Schnelligkeit auch differenziert auszubilden;
- durch minimierte Kraft- und Kraftausdaueranforderungen (kindgemäße Wettkampfgeräte, Streckenlängen, Spielfeldgrößen, Übungs- und Wettkampfdauer u.a.) sind Bedingungen für hohe Geschwindigkeiten bei Bewegungsabläufen und Handlungen zu gewährleisten.

● Die Entwicklung der Belastungsverträglichkeit und der Belastbarkeit ist auf der Basis der Altersspezifika zu sichern:
- Kräftigung und Dehnung des gesamten Muskelkorsetts zur Wahrung des arthro-

muskulären Gleichgewichtes (Vielfalt des gymnastischen Übungsgutes);
- häufiger Wechsel von Be- und Entlastung;
- Entwicklung der Grundlagenausdauer.

• Die Herausbildung von anforderungsgerechten Leistungsvoraussetzungen ist unter Nutzung der biopsychosozialen Entwicklungsbedingungen der Sportler zu gewährleisten:
- sportartspezifische Trainingstätigkeiten, die durch die Einheit von kognitiven, emotional-motivationalen, volitiven sowie schnelligkeits- und technisch-koordinativen Anforderungen geprägt sind;
- altersgemäß zu trainierende Handlungen.

• Die Herausbildung von Einstellungen und Verhaltensweisen zum leistungsorientierten Training ist vor allem über eine freudbetonte Trainings- und Wettkampftätigkeit anzustreben:
- Schaffen ausreichender individueller und kollektiver Bewährungssituationen;
- Dominanz der positiven Wertungen von Leistungsentwicklungen im Vergleich von Leistungszielen und Leistungszustand.

• Der Beginn einer altersgerechten Wettkampftätigkeit ist in Übereinstimmung mit dem Ausbildungsprozeß zu gewährleisten:
- ausbildungsbezogene Wettkämpfe in der Sportart;
- Wettkämpfe zur Überprüfung des Ausbildungsstandes allgemeiner und spezieller Leistungsvoraussetzungen.

Aufbautraining

Definition Aufbautraining: Relativ vielseitige Ausbildung in einer Sportart mit einem hohen Anteil des allgemeinen und Anwachsen des speziellen Trainings unter der Zielstellung, die Belastbarkeit und das Ausprägungsniveau allgemeiner Leistungsvoraussetzungen zu steigern, die Feinkoordination sportartspezifischer Bewegungshandlungen herauszubilden, die technisch-taktische Handlungsfähigkeit zu fördern, eine forcierte Entwicklung von Schnelligkeit und Schnellkraft zu erreichen sowie zur Entwicklung kognitiver, emotional-motivationaler und weiterer psychischer Leistungsvoraussetzungen beizutragen. Das Aufbautrainings dauert etwa 3 Jahre.

■ *Hauptaufgaben des Aufbautrainings*

• Die Belastungsanforderungen zur Beanspruchung der informationsaufnehmenden' und -verarbeitenden Systeme des Organismus sind sowohl auf die Herausbildung der Feinkoordination sportartspezifischer Bewegungshandlungen als auch auf die Förderung der technisch-taktischen Handlungsfähigkeit zu richten.
- Sicherung der Einheit von Trainingstätigkeit und Kenntnisvermittlung;
- sportartspezifisch gezielte Abfolge in der Ausbildung technisch-koordinativer Leistungsvoraussetzungen und technisch-taktischer Handlungsfähigkeit;
- Konzentration auf zeitlich-dynamische Parameter beim Erwerb von Zieltechniken.

• Die entwicklungsbedingt zunehmende Beanspruchungsmöglichkeit energetischer Prozesse ist vorrangig auf die Förderung von Schnellkraft- und Schnelligkeitsvoraussetzungen zu richten.
- Entwicklung von Schnellkraft- und Schnelligkeitsfähigkeiten in Verbindung mit der Koordinationsstruktur der Wettkampfübung;
- vielseitige Ausbildung weiterer leistungsbestimmender konditioneller Fähigkeiten.

• Die Belastbarkeit der Sportler ist bei deutlich steigenden Belastungsanforderungen als permanentes Ziel des Trainings zu gewährleisten.
- Entwicklung des Spannungs- und auch des Entspannungsvermögens der Muskulatur;
- Wahrung des arthromuskulären Gleichgewichtes;
- weitere Ausprägung der Grundlagenausdauer;
- Belastungsvorbereitung, Belastbarkeitssteigerung und Kompensation durch gezielten Einsatz allgemeiner Trainingsübungen;
- Erfassung der Wachstumsschübe der Sportler und adäquate Differenzierung der Belastungsanforderungen.

• Die Herausbildung von Einstellungen zum Training ist auf emotionaler und zunehmend auf kognitiver Grundlage anzustreben.
- Vermittlung und Aneignung von trainingswissenschaftlichen Grundkenntnissen;
- Verdeutlichung der Training-Leistung-Beziehung an den individuellen Trainings- und Leistungsdaten zur emotionalen Bindung an leistungsorientiertes Training in der Sportart.

• Die Wettkampfinhalte sind mit den Zielen und Inhalten der jeweiligen Ausbildungsabschnitte im Trainingsjahr in Übereinstimmung zu bringen.
– Planung ausbildungsbezogener Wettkämpfe mit dem Ziel, das Ausbildungsniveau allgemeiner und spezieller Leistungsvoraussetzungen auf immer höherem Niveau nachzuweisen;
– Zunahme der Anzahl sportartspezifischer Wettkämpfe im Verlauf des Aufbautrainings.

Anschlußtraining

Definition Anschlußtraining: Übergangsetappe vom Nachwuchs- zum Hochleistungstraining mit der Zielstellung, steigerungsfähige Anschlußleistungen an Welthöchstleistungen zu erreichen. Im Anschlußtraining wachsen der Gesamtumfang und die Intensität der Belastung bedeutend an, werden die Anteile des speziellen Trainings weiter erhöht. Der Trainingsaufbau erfolgt nach den Methoden der Periodisierung und Zyklisierung.

■ *Hauptaufgaben des Anschlußtrainings*

• Die Belastungsanforderungen sind auf jene Leistungsfaktoren zu konzentrieren, die perspektivische Bedeutung für die Entwicklung der Wettkampfleistung im Hochleistungsbereich haben.
– Deutliche Vertiefung der Spezialisierung im konditionellen und technisch-taktischen Bereich;
– erhebliches Anwachsen des wettkampfspezifischen Trainings und der Wettkämpfe.
• Die bedeutende Steigerung des Gesamtumfanges und der Intensität der Belastung muß sich in den leistungsausprägenden Trainingsbereichen vollziehen, wobei die Belastungsanforderungen zur Entwicklung von Leistungsvoraussetzungen mit Basisfunktion jedoch nicht reduziert werden dürfen.
– Vielseitigkeit in der Ausbildung als Grundlage für stabile Leistungsvoraussetzungen und zunehmende Belastbarkeit;

– Steigerung des prozentualen Anteils des intensiven Trainings.
• Durch Periodisierung und Zyklisierung des Trainings sind die steigenden Belastungsanforderungen für eine deutliche Erhöhung der sportlichen Leistungsfähigkeit zu nutzen.
– Sicherung eines ständigen Belastungsanstiegs;
– gezielte Variation der Wirkungsrichtungen der Belastung.
• Die Belastungsanforderungen müssen auf die individuellen Leistungsvoraussetzungen abgestimmt sein.
– Effektive Trainingssteuerung;
– Sicherung der Wiederherstellung.
• Die Motivation für die Bewältigung der hohen Belastungsanforderungen ist vor allem über eine individuell realisierbare Einheit von sportlicher und beruflicher Entwicklung zu fördern.
– Trainings- und Wettkampfplanung durch Trainer und Sportler gemeinsam vornehmen;
– Abstimmung mit schulischen und berufsausbildenden Institutionen.

Hochleistungstraining

Definition Hochleistungstraining: Letzte Etappe im langfristigen Leistungsaufbau einer Sportart, in der Inhalte und Struktur des Trainings auf das Erreichen sportlicher Höchstleistungen gerichtet sind. Die individuelle Trainingsplanung auf der Grundlage der Struktur der Wettkampftätigkeit und der aktuellen individuellen Leistungsfähigkeit, die auf den Wettkampfhöhepunkt bzw. auf die Wettkampfserie ausgerichtete Zyklisierung des Trainings sowie die kontinuierliche Trainingssteuerung sind dabei wesentliche Bedingungen.

■ *Hauptaufgaben des Hochleistungstrainings*

• Die Leistungssteigerung ist durch Belastungssteigerung und durch Vergrößerung der Trainingswirkung anzustreben.
– Enger Leistungsbezug des Trainingskonzeptes;

– Belastungssteigerung und Komplexität der Fähigkeitsentwicklung in jedem Makrozyklus;

– Zyklisierung nach sportartspezifischen Erfordernissen;

– hoher Stellenwert der Wettkampfmethode im Jahresverlauf;

– optimales Wechselverhältnis von Trainings- und Wettkampfphasen (auch Zwischenwettkampftraining).

• Die Individualisierung des Trainings ist voll zu realisieren.

– Den Trainingsplan konsequent auf den Sportler, auf die von ihm zu realisierende Leistungsstruktur zuschneiden;

– Sicherung einer permanenten Trainingssteuerung;

– Differenzierung der Belastungsanforderungen für trainingsjüngere und -ältere Sportler.

• Die Streßresistenz und die motorische Variabilität sind durch Erhöhung der allgemeinen Trainiertheit anzustreben.

– Wechsel der Trainingsübungen (auch Disziplin- und Sportartwechsel);

– Nutzung kompensatorischer und physiotherapeutischer Maßnahmen;

– allgemeine und semispezifische Trainingsmittel für das Erschließen neuer Belastungsdimensionen nutzen.

• Die vom sportartspezifischen Leistungssystem determinierten psychischen Regulationsprozesse sind zu fördern.

– Motiventwicklung analysieren und beeinflussen;

– psychoregulative Trainingsprogramme anwenden.

• Die Wettkämpfe sind gezielt zur Entwicklung der Leistungsvoraussetzungen und der komplexen Leistung einzusetzen.

– Aufbauwettkämpfe mit ausbildungsbezogenen Zielstellungen;

– Einheit von Trainingszyklisierung und Wettkampfterminierung gewährleisten.

6.1.1.3.   Zur effektiven Gestaltung des Nachwuchstrainings

Theoretische Grundlagen – Trainingsziele

Der Erkenntnis- und Aussagenbestand zum Nachwuchstraining ist umfangreich. Es gibt aber auch noch zahlreiche Problemfelder, die noch keine geschlossene Darstellung einer Theorie des Nachwuchstrainings zulassen. Das Nachwuchstraining ist einerseits Bestandteil des langfristigen Leistungsaufbaus in einer Sportart und hat andererseits eigene Ziele, Inhalte und Strukturen (Harre 1969; Borde 1982; Bauersfeld/Schröter 1986; Martin 1988).

Ein **Ansatz für eine** weiter auszuarbeitende **Theorie des Nachwuchstrainings**, insbesondere für die Bestimmung von Trainingszielen, wird im folgenden dargestellt:

Ausgangsthese: Die tätigkeitsorientierte Leistungstheorie ist die Basis für den methodischen Grundweg eines leistungsorientierten Nachwuchstrainings. Ihr Wesen besteht darin, die aus dem Leistungssystem der jeweiligen Sportart abgeleiteten Anforderungen im Zusammenhang mit den Ausführungsbedingungen des Trainingshandelns und den entwicklungsgerechten Leistungsvoraussetzungen der Sportler zu definieren bzw. in Trainingszielen zu fixieren. (Abb. 6.1.-3)

Nach dieser These gilt: Für definierte Ziele des Nachwuchstrainings sind effektive Trainingsmittel zu nutzen, unabhängig von ihrer Spezifik! Dabei gelten als *übergeordnete Ziele*:

– Alters- und entwicklungsmäßig sinnvolle Herausbildung der sportartspezifischen Handlungsfähigkeit,

– Gewährleistung einer gesunden Entwicklung der Sportler,

– Befriedigung bzw. Förderung der sozialen Bedürfnisse.

(Vgl. Abb. 6.1.-4)

Aus einem Modell für ein leistungsorientiertes Grundlagentraining sollen die *Trainingsziele* für die Herausbildung der körperlich-sportlichen Leistungsfähigkeit abgeleitet werden:

▪ Herausbildung der sportartspezifischen Handlungsfähigkeit mittels komplexer sportartspezifischer Handlungen und nach Anforderungsklassen für technisch-taktische, technisch-koordinative und Schnelligkeits-Schnellkraft-Anforderungen.

Begründung:

• Das Ausführen sportlicher Tätigkeiten, Handlungen oder Bewegungen ist immer das Ergebnis des hierarchisch geordneten Zusammenwirkens von Regulationsebenen. Wenn auch

Tätigkeitsorientierte Leistungstheorie

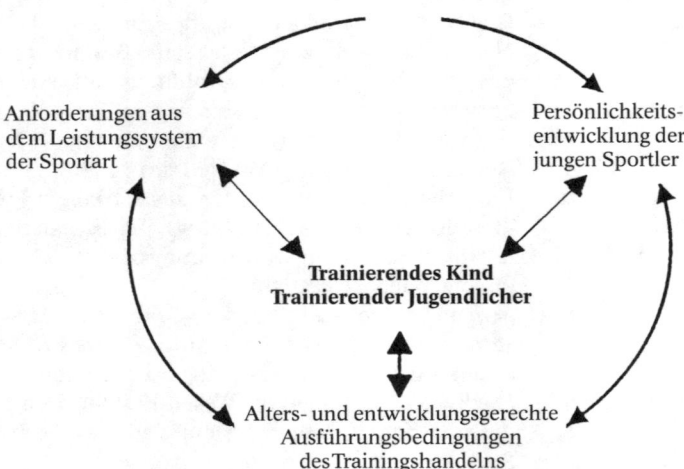

Anforderungen aus
dem Leistungssystem
der Sportart

Persönlichkeits-
entwicklung der
jungen Sportler

**Trainierendes Kind
Trainierender Jugendlicher**

Alters- und entwicklungsgerechte
Ausführungsbedingungen
des Trainingshandelns

Abbildung 6.1.-3
*Hauptkomponenten
und deren Beziehungen
in einer tätigkeits-
orientierten Leistungs-
theorie*

Tätigkeitsorientierte Leistungstheorie

↓

**Alters-, entwicklungs- und anforderungsgerechte Tätigkeiten
im Training und im Wettkampf**

↓

T r a i n i e r e n d e s K i n d

Entwicklungsphasen in der Ontogenese der sportlichen Leistungsfähigkeit	Anforderungen zur Herausbildung der körperlich-sportlichen Leistungsfähigkeit	Pädagogische, psychische, soziale Charakteristika

↓ ←→ ↓ ←→ ↓

Funktionspotenzen aller
Systeme erweitern, aber
entwicklungsbedingte
Zeitabschnitte guter
Trainierbarkeit einiger
Systeme nutzen

Differenzierte Belastungsanforderungen nach
Entwicklungsalter
der Sportler

Trainingsziele

1. **Herausbildung der
   sportartspezifischen
   Handlungskompetenz**

2. **Entwicklung der
   Belastbarkeit der
   Sportler**

3. **Absolvieren nachwuchsspezifischer Wett-
   kampfanforderungen**

Berücksichtigung der
kindlichen Eigenarten
und Bedürfnisse

Pädagogisch verant-
wortungsbewußte
Bewertung der
Leistungsentwicklung

Interessen und soziale
Beziehungen – auch
außerhalb des Sports –
fördern

Abbildung 6.1.-4
*Modell für ein
leistungsorientiertes
Grundlagentraining*
(BORDE u. a., 1995)

ningswirkungen auf die inneren Prozesse der Handlungsregulation gegenwärtig noch nicht exakt bestimmbar sind, so heben doch die unterschiedlichen Handlungsmodelle den funktionellen Zusammenhang von Antriebs-, Handlungs-, Bewegungs- und Energieregulation hervor. Daraus ergibt sich einerseits die Konsequenz, die vollwertige Inanspruchnahme aller Regulationsebenen bei den Belastungsanforderungen zu sichern, und andererseits die Anforderung, bei der Auswahl von Trainingsübungen zu beachten, daß die Regulations- und Vollzugsprozesse komplex in die Trainingswirkung eingehen.

Wenn in Analysen zur Wirksamkeit des Nachwuchstrainings wiederholt festgestellt wurde, daß die Qualität der sporttechnischen Ausbildung – trotz eindeutiger Schwerpunktsetzung – nicht befriedigt, dann ist eine Ursache in der unzureichenden Konzentration auf diese Zielstellung, in einer ständigen Überlagerung von Trainingswirkungen durch verschiedene Belastungsanforderungen bei geringer Trainingshäufigkeit zu sehen.

● Sportliche Tätigkeit ist bewußte Auseinandersetzung des Sportlers mit Anforderungen. Daraus ist abzuleiten, daß die im langfristigen Leistungsaufbau geforderten Tätigkeiten „alle wesentlichen inhaltlichen und strukturellen Verlaufs- und Qualitätsmerkmale der zu erreichenden Leistungen" (KUNATH 1985, S. 35) enthalten und auch unter Nutzung des biopsychosozialen Entwicklungsstandes der Sportler im Nachwuchsbereich trainiert werden müssen.

● Die sportartspezifisch differenten Ausführungsbedingungen der Ablaufkonstanz bzw. der Ablaufvariation von Handlungen werden über unterschiedliche Fähigkeitskomplexe, die eine relative Eigenständigkeit aufweisen, realisiert (HIRTZ 1989). Der langfristige Erwerb von komplexen motorisch-kognitiven Kompetenzen (HIRTZ 1994) ist deshalb eine Hauptaufgabe der Herausbildung sportartspezifischer Handlungsfähigkeit.

■ Entwicklung der Belastbarkeit der Sportler
Analysen von Sportverbänden der DDR und eine Langzeitstudie für zwei Bundesländer (HOLZ 1988) haben das nahezu deckungsgleiche Ergebnis gebracht: Trotz eines hohen

Anteils allgemeiner Trainingsmittel (50 % und mehr) sind die gesundheitlichen Vorschädigungen unterschiedlicher Art hoch (20 bis 25 % der Sportler). Eine verläßliche Lösung zur Sicherung der Belastbarkeit der Sportler steht auf der Tagesordnung – Fehlbelastungen müssen vermieden werden!

Im Nachwuchstraining sollten folgende *Teilziele zur Sicherung der Belastbarkeit der Sportler* beitragen:

● Herausbildung der koordinativen Variabilität
Psychische Anforderungen und die frühe Entwicklung psychisch-nervaler Strukturen sind die Basis für die Förderung der koordinativen Leistungsfähigkeit. Durch Übungsvielfalt und -variation kann die Bewegungserfahrung erweitert und zur Höherorganisation der informationellen Prozesse beigetragen werden. Gleichzeitig sollen auch motorische Fertigkeiten unter variablen Bedingungen realisiert und damit Grundlagen für das Erlernen komplexer Handlungen erweitert werden (vgl. auch Abschnitte 5.1. und 5.2.).

● Sicherung des arthromuskulären Gleichgewichts
Der Entstehung von arthromuskulären Dysbalancen, die sowohl die Gelenke gefährden als auch deren Bewegungsfreiheit einschränken können, ist bereits im Grundlagentraining zu begegnen (vgl. auch Abschnitt 3.2.3.3.). Unter Beachtung der Wirkungsrichtungen der Trainingsmittel zur Herausbildung der sportartspezifischen Handlungsfähigkeit sind Spannungs- und Entspannungsvermögen der Muskulatur sowie die Beweglichkeit so zu trainieren, daß die arthromuskuläre Balance ganzkörperlich gewahrt wird.

● Förderung der Grundlagenausdauer
Das Herz-Kreislauf-System ist im breitgefächerten Alter der Nachwuchssportler trainierbar. Seine erhöhte Leistungsfähigkeit bewirkt vor allem eine Verkürzung der Erholungszeiten und trägt unter diesem Aspekt zur Sicherung der Belastbarkeit bei.

■ Absolvieren nachwuchsspezifischer Wettkampfanforderungen
(Vgl. Abschnitt „Zur Einheit von Trainings- und Wettkampfinhalten im Nachwuchstraining" im Gliederungspunkt 6.1.1.3., S. 315)

Die Training-Leistung-Beziehung im Nachwuchsleistungssport

Das sportliche Training ist auf die Entwicklung der sportlichen Leistungen in ihrer komplexen Form (Wettkampfleistungen) bzw. in ihrer differenzierten Form (einzelne Leistungsvoraussetzungen) gerichtet. Dabei besteht ein *gesetzmäßiger Zusammenhang zwischen der Art und Weise der Belastungssteigerung und der Leistungsentwicklung.* Für den Nachwuchsleistungssport gilt diese gesetzmäßige Beziehung ebenfalls, jedoch ist hier der Zusammenhang zur Ontogenese, zum Wachsen, Reifen und Entwickeln der jungen Sportlerpersönlichkeit, unbedingt herzustellen. Betrachtet man dazu noch die Vielfalt der sportartspezifischen Strukturen der Wettkampftätigkeit mit ihren divergierenden Anforderungen an die langfristige Vorbereitung von Nachwuchssportlern, dann wird deutlich, daß Wissenschaft und Praxis noch weitere Erkenntnisse über die Gestaltung von anforderungs- und entwicklungsgerechten Belastungen und deren Wirkung auf die Leistungsentwicklung von Nachwuchssportlern gewinnen müssen. Aber es gibt Aussagen zur Belastungs- und Leistungsdynamik im Nachwuchsleistungssport, die aus analytischen Arbeiten in Ausdauer- und Kraft-Schnellkraft-Sportarten gewonnen wurden. (Vgl. ROST 1981, S. 3–17)
● Die **Dynamik der sportlichen Leistungsentwicklung** folgt in den Etappen des langfristigen Leistungsaufbaus gesetzmäßig der Kurve einer Parabel (Abb. 6.1.-5)

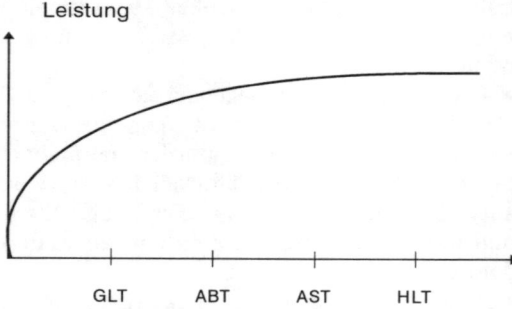

Leistung

GLT   ABT   AST   HLT

Abbildung 6.1.-5 *Modell der Leistungskurve in den Etappen des langfristigen Leistungsaufbaus* (nach ROST 1981)
GLT– Grundlagentraining; ABT–Aufbautraining;
AST–Anschlußtraining; HLT– Hochleistungstraining

Der Verlauf der Kurve verdeutlicht, daß der Leistungszuwachs in den Anfangsetappen mit hohem Tempo erfolgt, im weiteren Verlauf des langfristigen Leistungsaufbaus jedoch deutlich abnimmt.

Die Parabel weist für die einzelnen Sportarten bzw. Disziplinen verschiedene Formen auf, was durch unterschiedliche Anstiegswinkel in den einzelnen zeitlichen Etappen der Ausbildung bewirkt wird. Bestimmend dafür sind „die sportartspezifische Leistungsstruktur, der zur Ausformung der Hauptleistungskomponenten erforderliche Aufwand und die daraus abzuleitende durchschnittlich notwendige Zeit für den langfristigen Leistungsaufbau" (ROST 1981, S. 4).

● Die **„Belastungskosten"** für die Leistungssteigerung sind im Grundlagen- und Aufbautraining relativ gering.

Beispielsweise kann die Wettkampfleistung eines Hochspringers im Grundlagentraining mit relativ geringem Belastungsaufwand von 1,30 m auf 1,50 m gesteigert werden, während ein Hochleistungssportler einen immensen Belastungsaufwand benötigt, um seine Leistungen von 2,35 m auf 2,37 m zu verbessern.

Worin sind die **Ursachen** für die relativ geringen „Belastungskosten" im Nachwuchstraining zu sehen?
● Der junge Organismus reagiert auf ungewohnte Belastungsanforderungen mit einer Mobilisierung seiner Anpassungsmöglichkeiten.
● Im ersten Stadium der Adaption an die Belastungsanforderungen dominieren Kreuzadaptionen, d.h., eine breite Übertragung des Trainingseffektes auf die nicht akzentuiert angesprochenen Funktionssysteme des Organismus ist wirksam. (Vgl. ISRAEL 1976a)
● Die morphologisch-funktionellen Veränderungen verlaufen bei Kindern, ontogenetisch bedingt, mit hohem Tempo, d.h., Wachstum und Reifung allein führen bereits zu einer Steigerung der Leistungsfähigkeit. (Vgl. ISRAEL 1976a)
● In sensitiven Phasen reagiert der junge Organismus auf bestimmte Belastungsanforderungen mit erhöhter Wirkung. (Vgl. WINTER 1980).

● Beim Vergleich der **Proportionen des Leistungszuwachses** in den einzelnen Etappen des langfristigen Leistungsaufbaus wird deutlich, daß im Grundlagen- und Aufbautraining ein relativ hohes Leistungsniveau erreicht wird. Dazu sind allerdings sportart- bzw. disziplinspezifische Differenzierungen zu berücksichtigen. So werden beispielsweise bei Sportarten mit hohen

Anforderungen an das Kraftpotential höhere Leistungsschübe im Anschluß- und Hochleistungstraining realisiert.

Die *trainingskonzeptionelle Umsetzung der Beziehungen zwischen Anforderungsstrukturen der Sportart, Ontogenese, Belastung und Leistung* stellt den **Schlüssel für ein modernes Nachwuchstraining** dar, das Grundlagen für spätere Höchstleistungen schaffen soll. Dazu ist sowohl die Konzipierung alters-, entwicklungs- und anforderungsgerechter Strukturen des Nachwuchstrainings als auch eine Neubestimmung der vom Nachwuchssportler abzufordernden sportlichen Leistung erforderlich.

Ein *Kernproblem des Nachwuchsleistungssports* besteht darin, daß *in den sportartspezifischen Wettkampfsystemen die wettkampfspezifische Leistung dominiert.* Als Folge davon wird die Trainingsgestaltung auf das aktuelle sportartspezifische Wettkampfresultat gerichtet. Eben damit werden bedeutende Potenzen des Nachwuchstrainings nicht ausgeschöpft, werden die altersgemäß effektiv herauszubildenden Leistungsvoraussetzungen für spätere Höchstleistungen vernachlässigt.

Die vom Nachwuchssportler abzufordernde sportliche Leistung – Kinder und Jugendliche wollen sich naturgemäß im Wettkampf messen – darf weder allein die komplexe spezifische Wettkampfleistung sein, noch kann sie allein auf einzelne Leistungsvoraussetzungen reduziert werden. Dominierende Ableitungsebene für Leistungsabforderungen sind die Ziele und Inhalte der Etappen des Nachwuchstrainings. Daraus ergibt sich, daß die sportliche Leistung eines Nachwuchssportlers ihrem Wesen nach eine *Mehrkampfleistung* sein sollte. Das bedeutet, daß unter Beachtung der Differenzierungen zwischen den Leistungsstrukturen der Sportarten in Abhängigkeit von den Trainingsinhalten jeweils allgemeine Leistungsvoraussetzungen, spezielle Leistungsvoraussetzungen und die komplexe spezifische Wettkampfleistung die Elemente dieser nachwuchstypischen „Mehrkampf-Wettkampfleistung" sind.

Zusammenfassung: Die Training-Leistung-Beziehung gilt auch für das Nachwuchstraining. Ihre Wirksamkeit für die Zielstellung des langfristigen Leistungsaufbaus – sportliche

Höchstleistungen im Hochleistungsalter zu erzielen – ist jedoch an zwei Bedingungen geknüpft:

● Das Trainingskonzept für das Grundlagen- und Aufbautraining muß alters-, entwicklungs- und anforderungsgerecht[1] sein.

● Die abzufordernden Leistungen müssen einer ausbildungsabhängigen „Mehrkampfleistung" (allgemeine Leistungsvoraussetzungen, spezielle Leistungsvoraussetzungen, komplexe spezifische Wettkampfleistung) entsprechen.

Die Spezifik des Jahresaufbaus im Nachwuchstraining

Der Jahresaufbau (die Planung des Trainingsjahres) im Nachwuchstraining unterscheidet sich grundsätzlich vom Jahresaufbau im Hochleistungstraining.

Die Planung eines Jahresaufbaus im Hochleistungstraining ist auf das Erreichen der sportlichen Höchstleistung zum Wettkampfhöhepunkt bzw. in der Wettkampfserie ausgerichtet. Dazu bedient man sich einer sportartspezifisch geprägten Zyklisierung des Trainings.

Der *Jahresaufbau im Nachwuchstraining* zielt mit einer begründeten *Abfolge akzentuierter Ausbildungsabschnitte* auf die *Herausbildung anforderungs-, alters- und entwicklungsgerechter Leistungsvoraussetzungen, wodurch auf dieser Grundlage auch Steigerungen in der wettkampfspezifischen Leistung* erreicht werden.

Diese Differenzierung ist im langfristigen Leistungsaufbau einer Sportart erforderlich, um die Potenzen des Nachwuchstrainings für spätere Höchstleistungen auszuschöpfen und eine frühzeitige Leistungsstagnation bei talentierten jungen Sportlern durch unbegründete Übertragung der Strukturen des Hochleistungstrainings auf das Nachwuchstraining zu vermeiden. Die Sportpraxis hat dieses Nutzen der „besten Erfahrungen des Hochleistungsbereiches" für das Training junger Sportler hinreichend als Irrweg belegt. Deshalb folgen wir nicht den Aussagen der jüngeren Literatur, die dem Aufbautraining eine Annäherung an das Hochleistungstraining verordnen oder das Auf-

---

[1] Auf die Struktur der Wettkampfleistung bezogen.

bautraining ähnlich wie das Hochleistungstraining zyklisieren, wie z.B. MARTIN/CARL/ LEHNERTZ (1992, S. 301, 306). Der Jahrestrainingsplan im Nachwuchstraining sollte den Charakter einer Vorbereitungsperiode haben!

Jahresaufbau im Grundlagentraining: Das Grundlagentraining, das ja überwiegend in der vorpuberalen Phase absolviert wird, ist schwerpunktmäßig auf die Beanspruchung der informationsaufnehmenden und -verarbeitenden Strukturen zu richten, d.h., wechselnde, aber konsequente Lern- und Koordinationsanforderungen bestimmen die inhaltliche Abfolge der akzentuierten Abschnitte im Trainingsjahr. Die adäquaten Belastungsanforderungen sind vor allem über hochfrequente und kurz dauernde Bewegungen bei häufigem Wechsel der Trainingsübungen zu sichern. Die Spielmethode ist dafür besonders geeignet.

In Abhängigkeit vom Ablauf des Schuljahres, der Sportartspezifik – dazu folgen gesonderte Aussagen –, den klimatischen und materialtechnischen Bedingungen können folgende Akzente die inhaltliche Abfolge von etwa 6- bis 8wöchigen Ausbildungsabschnitten im Trainingsjahr bestimmen:

– allgemeine koordinative Befähigung, Grundlagenausdauer, Kraftausdauer
– Erlernen sportartspezifischer Bewegungsabläufe und Handlungen
– Ausbildung der koordinativen Elemente von Schnelligkeit und Schnellkraft
– variable Anwendung sportspezifischer Handlungen unter taktischen Bedingungen.

Es bleibt festzustellen: In der Jahresplanung des Grundlagentrainings bestimmen keinesfalls irgendwelche Wettkämpfe die Akzentsetzung für Ausbildungsabschnitte. Aber ausbildungsbezogene Wettkämpfe werden ganzjährig durchgeführt.

Jahresaufbau im Aufbautraining: Das Aufbautraining beginnt in den meisten Sportarten zu jenem Zeitpunkt, in dem sich die Sportler in der ersten puberalen Phase befinden, d.h., das auf der hormonellen Umstellung beruhende beschleunigte Muskelwachstum und die beschleunigte Erhöhung der Stoffwechselkapazität zwingen zu einer gezielten Erweiterung der Trainingsaufgaben – nämlich zur stark ansteigenden Beanspruchung der energetischen Prozesse des Organismus. Das Trainieren der konditionellen Fähigkeiten muß sich demzufolge in den Jahrestrainingsplänen des Aufbautrainings mit einem deutlich höheren Stellenwert widerspiegeln als im Grundlagentraining. Die Spezifik des Aufbautrainings gebietet jedoch, die technisch-koordinativen Grundlagen der Sportart zu erweitern und weiter zu spezialisieren und dabei mit dem wachsenden konditionellen Potential zu verknüpfen.

Im Trainingsjahr des Aufbautrainings können folgende *Akzente* die inhaltliche Abfolge von Ausbildungsabschnitten bestimmen:

– allgemeine koordinative und konditionelle Ausbildung zur Entwicklung der Belastbarkeit (Grundlagenausdauer, Kraftausdauer)
– Herausbildung spezieller konditioneller Leistungsvoraussetzungen für die sporttechnische Vervollkommnung
– sporttechnische und technisch-taktische Festigung und Stabilisierung
– Schnelligkeit, Schnellkraft, Technik
– Ausbildung der komplexen Leistung.

Auf diese inhaltlichen Akzente der Ausbildungsabschnitte im Trainingsjahr ist auch das sportartspezifische Wettkampfsystem auszurichten.

Differenzierung des Jahresaufbaus nach Sportarten: Die oben skizzierten Modelle für den Jahresaufbau im Grundlagen- und Aufbautraining müssen unter sportartspezifischem Aspekt differenziert umgesetzt werden.

• In den Saisonsportarten, z.B. Wasserfahrsportarten oder Leichtathletik, werden günstige klimatische Phasen des Trainings- und Wettkampfjahres genutzt, um bestimmte Trainingsaufgaben zu lösen. So nutzen z.B. die Ruderer den 1. Trainingsabschnitt vom September bis Oktober schwerpunktmäßig für die rudertechnische Ausbildung auf dem Wasser sowie zur Entwicklung der Grundlagenausdauer und Kraftausdauer, weil es die klimatischen Bedingungen noch zulassen.

• In den Sportspielen haben Wettkampfsysteme Einfluß auf die Reihung der inhaltlichen Akzente des Trainingsjahres.

• Zwischen den Sportartengruppen haben sich differenzierte Lösungen hinsichtlich der wirksamen Verbindung von kognitiven, konditionellen und technisch-koordinativen Leistungsvoraussetzungen in der Abfolge von Ausbildungsabschnitten als tragfähig erwiesen.

Ausdauersportarten:
Parallelität in der konditionellen und technisch-koordinativen Ausbildung.

Sportspiele, Zweikampfsportarten, Schnellkraftsportarten, technisch-kompositorische Sportarten:
Abschnittsweise Akzentuierung von leistungsvoraussetzungsschaffenden Abschnitten, Lernabschnitten und Komplexabschnitten. Dabei ist anzumerken, daß in den Sportspielen und Zweikampfsportarten die Komplexabschnitte ausgedehnter sein müssen, damit die erforderlichen spielnahen bzw. wettkampfnahen Anteile realisiert werden können.

Zur Einheit von Trainings- und Wettkampfinhalten im Nachwuchstraining

Die Frage nach „früher Spezialisierung" oder „entwicklungsgemäßem Leistungsaufbau" im Nachwuchstraining ist bei äußerst divergenten Strukturen der Wettkampftätigkeit der Sportarten im Grunde gegenstandslos, da jede Sportart unter Berücksichtigung der Anforderungsstrukturen der Wettkampftätigkeit und der ontogenetischen Spezifika der Sportler die Ziele und Hauptaufgaben für das Nachwuchstraining bestimmen muß. Ein derartiger Aufbau von Konzeptionen für das Nachwuchstraining kann nicht einer „allgemeinen Grundorientierung" folgen, sondern er muß anforderungs-, alters- und entwicklungsgerecht sein.
Ein gravierendes Problem der Sportpraxis besteht vor allem darin, daß wissenschaftlich fundierte Konzeptionen für das Nachwuchstraining durchaus nicht mit dem erwarteten Effekt umgesetzt werden, weil die Wettkampfsysteme in zu geringem Maße auf die Trainingsinhalte abgestimmt sind.
Da im Nachwuchsbereich die sportliche Leistungsentwicklung ohnehin mit verschiedenen Trainingsstrukturen gefördert werden kann, muß also für die Sicherung eines effektiven Beitrages der Etappen des Nachwuchstrainings

innerhalb des langfristigen Leistungsaufbaus ein produktiver Zwang für das Trainieren nach einem nachwuchsgerechten Konzept gesetzt werden. Prinzipiell besteht die Lösung darin, daß die Wettkampfinhalte stärker auf die Trainingsinhalte abgestimmt werden.
Ihre Umsetzung ist nach folgenden **Theoriepositionen** möglich:
● Die wesentlichen Ziel- und Aufgabenstellungen der Etappe des Nachwuchstrainings sind auch bestimmend für die Wettkampfinhalte. Das Wesen des Wettkampfes im Nachwuchsleistungssport besteht deshalb in einem „Mehrkampf", d. h., Wettkampfinhalte zur Ermittlung allgemeiner Leistungsvoraussetzungen, spezieller Leistungsvoraussetzungen und der spezifischen Leistung müssen Grundlage der Bewertung sein.
● Wettkampfinhalte und Wettkampfanforderungen an den einzelnen Sportler müssen die im Training angestrebte Herausbildung perspektivisch bedeutsamer Leistungsvoraussetzungen unterstützen. Dazu gehören vor allem altersgerecht herauszubildende Voraussetzungen der Wettkampfleistung, Schnelligkeitsvoraussetzungen und technisch-koordinative Grundlagen. Dabei ist jedoch erforderlich, die Wettkampfbedingungen alters- und entwicklungsgerecht zu gestalten.
● Die notwendige methodische Bewältigung der Differenzierung von Belastungsanforderungen im Training, vor allem nach dem biologischen Alter, muß auch zu Differenzierungen in den Wettkampfanforderungen bzw. zur differenzierten Wertung von Wettkampfergebnissen führen.
● Die erzieherische und motivbildende Funktion von Wettkämpfen ist effektiv zu nutzen, wenn Wettkampfanforderungen im Training vorbereitet und kurz- bzw. mittelfristige Zielstellungen für das Training mit naheliegenden Bewährungsproben im Wettkampf verknüpft werden.

6.1.2. Zyklisierung des sportlichen Trainings

Der zielgerichtete Aufbau der sportlichen Leistungsfähigkeit vollzieht sich als ein hierarchisches System von kürzeren und längeren

Abschnitten des Trainings bzw. von Trainingszyklen.

> **Definition Trainingszyklus:** Abschnitt des Trainingsprozesses, der in seiner inhaltlichen und belastungsdynamischen Grundstruktur und damit in seiner Hauptwirkungsrichtung im Trainingsprozeß wiederkehrt und dabei dem veränderten Leistungszustand der Sportler entspricht.

Die Wiederkehr kann als unmittelbare Aufeinanderfolge relativ gleichartiger Zyklen erfolgen, aber auch erst nach längerer Zeit, wenn wieder im Prinzip gleiche Trainingsaufgaben bewältigt werden müssen.

Analysiert man das sportliche Training, so findet man, daß es aus einem fortlaufend existierenden System kleiner, mittlerer und großer Zyklen besteht (MATWEJEW 1981). Ziel, Inhalt und trainingsmethodischer Aufbau des jeweils größeren Zyklus sind dabei immer für Ziel, Inhalt und trainingsmethodischen Aufbau des jeweils kleineren Zyklus bestimmend. Gleichzeitig werden die größeren Zyklen aus den kleineren gebildet, so daß eine hierarchische Einheit des Trainingsprozesses entsteht bzw. besteht.

Der Zykluscharakter des Trainings ist objektiv gegeben und kann nicht als Ermessensfrage von Trainern, Übungsleitern, Sportlern u. a. behandelt werden, obgleich die zyklische Trainingsgestaltung schöpferisches Herangehen nicht nur erlaubt, sondern fordert.

Für den *objektiven Charakter der Trainingszyklisierung* gibt es eine Reihe von Gründen.

• In kleinen, mittleren und großen zeitlichen Dimensionen des Trainings muß ständig ein optimales Beanspruchungs-Wiederherstellungs-Verhältnis aufrechterhalten werden, da die Bewältigung notwendig hoher Belastungen nur bei einem optimalen psychophysischen Zustand der Sportler möglich ist.

• Der systematische Wechsel von Belastung und Erholung ermöglicht, daß der jeweilige Sportler seine optimalen Adaptationsmöglichkeiten ausschöpft und daß sein organisches System nicht zu schwerfällig reagiert, wie das bei relativ gleichbleibenden Belastungen der

Fall ist. (ISRAEL 1991, S. 84–88) Bei systematisch wechselnder Trainingsbelastung ergeben sich ständig neue Reizqualitäten, die besser und schneller zur Steigerung der Leistungsfähigkeit beitragen. Die Trainingszyklen garantieren maßgeblich diese auf neue Adaptationsmöglichkeiten gerichtete und erforderliche Systematik der Trainingsbelastung.

• Die vielfältigen Aufgaben, die zur Herausbildung der Leistungsfähigkeit gelöst werden müssen, sind nicht alle gleichzeitig zu realisieren. Eine bestimmte, von Gesetzmäßigkeiten und der Logik des sportlichen Trainings abhängige Reihenfolge muß eingehalten werden, desgleichen eine bestimmte Verknüpfung der Ausbildungsaufgaben entsprechend dem anzustrebenden Leistungssystem und unter Berücksichtigung des Heterochronismus der Wiederherstellungsprozesse. Diese Logik sowie die ihr zugrundeliegenden Gesetzmäßigkeiten erfordern beispielsweise, in den leichtathletischen Wurf- und Stoßdisziplinen mit folgendem Akzentwechsel der Mesozyklen innerhalb eines Makrozyklus vorzugehen: 1. allgemeine athletische Ausbildung einschließlich des für die erforderliche Belastbarkeit notwendigen Ausdauertrainings; 2. akzentuiertes Maximalkrafttraining; 3. akzentuiertes Schnellkrafttraining; 4. spezielles Wurf- bzw. Stoßtraining und Herausbildung der wettkampfspezifischen Leistung; 5. Realisierung der Leistung in Wettkämpfen.

Das Beispiel gilt für das Training von Leistungssportlern hoher Qualifikation. Es handelt sich um ein Prinzipschema und kennzeichnet die wesentlichsten Trainingsakzente in aufeinanderfolgenden Trainingsabschnitten. Die Wiederholung derartiger Abläufe, die in anderen Sportarten andere Spezifik aufweisen, führt ebenfalls zum zyklischen Charakter des Trainings. Einzuordnen ist hier auch der Wechsel von Schwerpunkten im Rahmen der sporttechnischen Ausbildung hinsichtlich eines „Technikerwerbstrainings" und eines „Behaltens-" bzw. Stabilisierungstrainings. (WITTKOWSKI 1986, S. 351 f.)

• Eine sportliche Leistung bzw. wesentliche Fortschritte in der Leistungsfähigkeit sind nicht kurzfristig herauszubilden bzw. weiterzuentwickeln. Dazu bedarf es in der Regel längerer Zeit, der ständigen Vervollkommnung

der Leistungsgrundlagen, der Vervollkommnung der wettkampfspezifischen Leistungsfähigkeit und auch der erforderlichen Erho-
lungs- bzw. Wiederherstellungsprozesse. Diese
Erfordernisse finden ihre Widerspiegelung in
Trainingszyklen, die durch zielabhängige inhaltliche und zeitliche Strukturen charakterisiert sind.

● In vielen Fällen prägt das Wettkampfsystem
die Zyklisierung des Trainings erheblich. Kurzfristig betrifft das, besonders in Sportarten mit
Serienwettkämpfen (z.B. Sportspiele), den
Aufbau der Mikrozyklen unter der Sicht der
ständigen hohen Beanspruchung durch die
Wettkämpfe und den sich dadurch ergebenden
Erholungsbedarf. Längerfristig erfordern kom-
pakte Wettkampfperioden oder Wettkampf-
mesozyklen eine angemessene Vorbereitung
und Nachbereitung (Erholung/Wiederherstel-
lung), und zwar in den für die jeweiligen Aufgaben charakteristischen Vorbereitungs- und
Übergangsperioden oder während der für diese
Aufgaben charakteristischen Mesozyklen. (Vgl.
6.1.2.1.–6.1.2.3.)

6.1.2.1. Mikrozyklus (MIZ)

Definition Mikrozyklus: Relativ kleiner, aus
mehreren Trainingseinheiten bestehender
Trainingsabschnitt, der in seiner inhaltlichen,
didaktisch-methodischen und belastungsmäßigen Grundstruktur und damit in seiner
Hauptwirkungsrichtung im Training wiederkehrt und dem veränderten Leistungszustand der Sportler entspricht.

Die Wiederkehr kann unmittelbar erfolgen,
aber auch unter Zwischenschaltung anderer
Mikrozyklen. In der Hierarchie der Trainingszyklen gilt der MIZ als der kleinste. Er besteht
aus mindestens zwei Trainingseinheiten, wird
aber am häufigsten als Wochenzyklus geplant
und realisiert. Das ist darauf zurückzuführen,
daß sich eine Kalenderwoche als eine günstige
Planungsgröße erweist. Werden aber andere
Kriterien als die „Planungstechnologie" zugrunde gelegt, z.B. Beanspruchungs- und Erho-
lungsverhältnisse, optimale Dauer für motorische Lernvorgänge u.a., dann findet man auch

MIZ, die zum Teil wesentlich kürzer bzw.
länger als eine Woche sind. Letzteres ist vom
wissenschaftlichen Standpunkt aus anzustreben, aber aus sozialen und praktisch-materiel-
len Gründen häufig nicht realisierbar.

Die **Funktion eines Mikrozyklus** besteht darin,
ein optimales Beanspruchungs- und Erholungs-
verhältnis zu sichern und die Einzeleffekte der
Trainingseinheiten, die den jeweiligen MIZ bilden, zusammenzufassen und als kumulativen
Trainingseffekt in die Richtung zu lenken, die
durch Zielstellung und Aufbau des übergeord-
neten Mesozyklus vorgegeben ist. Das erweist
sich zuweilen als ein kompliziertes trainingsmethodisches Problem, weil sich der überla-
gernde Trainingseffekt benachbarter Trainingseinheiten im Sinne der Zielstellung des Trainings sowohl positiv als auch neutral oder
negativ auswirken kann. Folgende **Wirkungsgrößen** in ihren Wechselverbindungen sind
dafür verantwortlich:

● der Inhalt der einzelnen Trainingseinheiten
● die Belastungsanforderungen der einzelnen
Trainingseinheiten und die durch sie hervorgerufenen Beanspruchungen der Sportler
● der Leistungszustand der Sportler
● die Belastbarkeit der Sportler
● die Zeit zwischen den Trainingseinheiten
● der Heterochronismus der Wiederherstellungsprozesse.

Untersuchungen im Judo (MATVEEV, S. F., 1985, S. 50f.)
ergaben beispielsweise, daß sich die Ermüdung bei benachbarten Trainingseinheiten mit gleicher Belastung
verstärkt, während sie sich bei Trainingseinheiten mit
unterschiedlichen Trainingsbelastungen nicht wesentlich verstärkt.

Wenn die Belastungen ihrem Inhalt nach gegen-
sätzlich sind, kann sich der Ermüdungsprozeß
in bestimmten Fällen sogar verkürzen.

So fand S. F. MATVEEV (1985, S. 50f.) beispielsweise heraus, daß es sich im Judo als günstig erweist, vormittags
eine Trainingseinheit zum Krafttraining mit mittlerer
Belastung und nachmittags eine Trainingseinheit
Schnelligkeitstraining mit relativ niedriger Belastung
durchzuführen. Die günstigsten Trainingszeiten waren
dabei 10 bis 12 Uhr und 16 bis 19 Uhr.

Ungünstig ist dagegen die Verbindung eines
hochbeanspruchenden Ausdauertrainings am
Vormittag mit einer Trainingseinheit zur Herausbildung sporttechnischer Fertigkeiten am

Nachmittag. Die unweigerlich noch vorhandene Ermüdung bzw. Restermüdung würde die koordinativen Prozesse bei der Fertigkeitsausbildung erheblich stören. Die Beziehung von benachbarten Trainingseinheiten der letztgenannten Art wäre positiv zu werten, wenn in der zweiten Einheit bereits beherrschte sporttechnische Fertigkeiten stabilisiert werden sollten.

Die inhaltlichen Aspekte stehen im engen Zusammenhang mit dem *Heterochronismus der Wiederherstellungsprozesse*. Besonders im Leistungssport und bei einer relativ dichten Aufeinanderfolge der Trainingseinheiten ist es bedeutsam, zu wissen, welche Funktionssysteme durch welche Trainingsbelastungen und in welchem Maße ausgelenkt bzw. beansprucht werden und welche Zeiten für die Wiederherstellung der einzelnen Funktionssysteme sowie für die globale psychophysische Wiederherstellung erforderlich sind. Nur auf diese Weise kann eine optimale Belastungsstruktur im MIZ erreicht werden. Abb. 6.1.-6 verdeutlicht diesen Sachverhalt am Beispiel der Wirkung zweier Trainingseinheiten mit hoher Belastung im Judo. Eine optimale Struktur eines MIZ kann allerdings nur erreicht werden, wenn auch die gegenüber anderen Funktionssystemen verzögerte Wiederherstellungsfähigkeit des Binde- und Stützsystems berücksichtigt wird. Belastungen, die dieses System hoch beanspruchen, müssen

sorgfältig in die MIZ eingeordnet werden. Ihre Vorbereitung durch die Anwendung allgemeiner Trainingsübungen in der Trainingseinheit zuvor und die Nachbereitung durch die Anwendung physioprophylaktischer Maßnahmen sind hier als Möglichkeiten zu nennen.

Beim Aufbau eines MIZ sind über den Rahmen der bereits genannten Einflußfaktoren weitere zu nennen, die nicht unberücksichtigt bleiben dürfen. Nicht alle spielen in jeder Sportart eine gleichermaßen große Rolle. Es sind dies:
– die Durchführung von Wettkämpfen im jeweiligen MIZ bzw. im vorangehenden oder nachfolgenden MIZ
– die Abstimmung der sportlichen Belastung mit der Belastung des Alltagslebens der Sportler
– materielle Voraussetzungen
– Reisezeiten, vor allem bei Punktspielsystemen in den Sportspielen.

Es gibt deshalb *keine Universalstruktur der Mikrozyklen.* (MATWEJEW 1981, S. 213) Als allgemeine Erscheinungsform für einen MIZ kann man aber die Tatsache werten, daß er – ausgenommen Mikrozyklen mit wiederherstellungsförderndem Charakter – in der Regel aus einer Belastungsphase (Stimulierung vorgesehener Adaptationsprozesse und sporttechnischer Lernprozesse) und aus einer Erholungs- bzw. Wiederherstellungsphase besteht. Aus unterschiedlichen Gründen (Lage von Wettkämpfen, planungstechnische Gründe u. a.) findet man in der Praxis auch beide Phasen in ihrer Folge zweimal angeordnet und als MIZ bezeichnet. Dafür ist auch die Dauer des jeweiligen MIZ (z. B. Kalenderwoche) maßgeblich.

In Tabelle 6.1.-3 wie auch in Abb. 6.1.-7, die sich auf eine konkrete Sportart bezieht, wird diese Phasenstruktur des MIZ verdeutlicht. In beiden Fällen ist am sechsten und siebenten Tag eine Erholungs- bzw. Wiederherstellungsphase erkennbar. In den Sportspielen „kleidet" die Erholungsphase häufig den Wettkampftag „ein", sie besteht dann aus dem Tag vor und dem Tag nach dem Wettkampf.

Bezüglich der *Struktur der MIZ* ist auf eine prinzipielle Unterscheidungsmöglichkeit zu verweisen. In einem Fall werden Trainingseinheiten mit gleicher Gerichtetheit miteinander verbunden, im anderen Falle Trainingseinheiten mit unterschiedlicher Gerichtetheit.

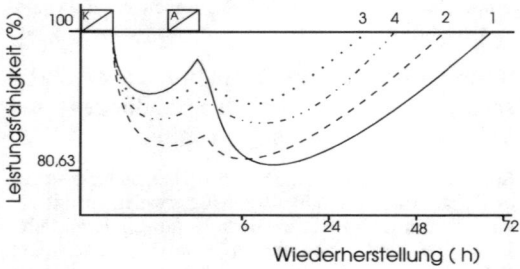

Abbildung 6.1.-6 *Veränderung der funktionellen Möglichkeiten von Judokas durch die Einwirkung von zwei Trainingseinheiten mit hohen Belastungen im Abstand von 24 Stunden* (MATVEEV, S. F., 1985)
1 – Ausdauerfähigkeit; 2 – Fähigkeit zur kurzen intensiven Belastung; 3 – Kraftfähigkeit; 4 – Schnelligkeitsfähigkeit; K – Krafttraining; A – Ausdauertraining

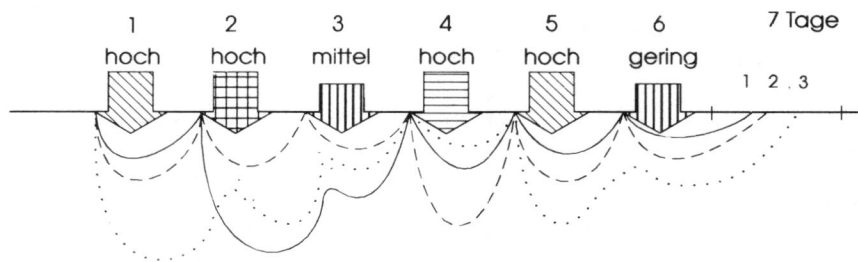

Abbildung 6.1.-7 *Schema für den Aufbau eines Mikrozyklus für Schwimmer hoher Qualifikation unter Beachtung der Dynamik derWiederherstellungsprozesse bei Schnelligkeitsbelastung (1), anaerober (2) und aerober (3) Belastung* (nach PLATONOV 1980, S. 143)

Tabelle 6.1.-3 *Beispielschema für Mikrozyklen* (modifiziert nach PLATONOV 1986, S. 185)

Tag des MIZ	Typ des Mikrozyklus: heranführender Mikrozyklus	
	Zielrichtung der Trainingseinheit	Beanspruchungsgrad
1.	Vervollkommnung der Technik	bedeutend
2.	Grundlagenausdauertraining	groß
3.	Schnelligkeitstraining	mittel
4.	Komplexe (mit aufeinanderfolgender Aufgabenlösung)	bedeutend
5.	Komplexe (parallele Erhöhung der Schnelligkeits- und anaeroben Fähigkeiten)	groß
6.	Grundlagenausdauertraining	gering
7.	Erholung	—

Inhaltlich und begrifflich kann man hier zwischen *phasenhaft akzentuierten* (gleiche Gerichtetheit) und *komplexen* (unterschiedliche Gerichtetheit) MIZ unterscheiden. Die ersteren sind durch die jeweiligen Akzente zu charakterisieren (beispielsweise akzentuiertes Grundlagenausdauertraining oder akzentuierte sporttechnische Ausbildung). In den „komplexen MIZ" wird die Leistungsfähigkeit in komplexer Weise herausgebildet. Es wird durch einen ständigen Wechsel der Trainingsinhalte und der Belastungsrichtung die Leistungsfähigkeit insgesamt angehoben und die Wiederherstellung beschleunigt. Beide Herangehensweisen sind akzeptabel, wenn sie richtig in das Gesamttraining eingeordnet werden. Phasenhaft akzentuierte MIZ sind, besonders in konditionell determinierten Sportarten, für Vorbereitungsperioden bzw. -phasen geeignet, während komplexe MIZ mehr für Abschnitte vorWettkämpfen bzw. zwischenWettkämpfen geeignet sind. Man kann die Struktur der MIZ nicht generell verallgemeinern. Dazu wirken im Einzelfall zu viele unterschiedliche Wirkungsgrößen auf den jeweiligen Zyklus ein. Es lassen sich aber bestimmteTypen von MIZ unterscheiden, die als *einleitende, grundlegende, Wettkampfvorbereitungs-, Wettkampf- und Wiederherstellungs-MIZ* bezeichnet werden können. (PLATONOV 1986, S. 267 f.) Sowohl in derTheorie als auch in der Praxis des sportlichen Trainings findet man allerdings auch Zyklen gleichen Typs, für die zuweilen unterschiedliche Begriffe gewählt werden. Deshalb ist es erforderlich, sich bei der praktischen und theoretischen Arbeit mit den MIZ vom jeweiligen Inhalt und Aufbau und nicht vorrangig von den vielfältigen Begriffen leiten zu lassen.

Die bisher getroffenen Aussagen zu den Mikrozyklen sind vor allem für Leistungssportler mit einer hohen Trainingshäufigkeit gültig. Je weiter die Trainingseinheiten auseinander liegen, desto mehr verringert sich die Bedeutung des Aufbaus der MIZ, ohne daß von einem gänzlichen Bedeutungsverlust ausgegangen werden kann. Die Verbindung der Trainingseffekte von Trainingseinheiten mit den Effekten der jeweils nachfolgenden Trainingseinheiten im positiven Sinne sowie die Gewährleistung von Behaltenseffekten im motorischen Lernprozeß u.a.m.

sind auch für das Nachwuchstraining bei relativ großem Abstand zwischen den Trainingseinheiten bedeutsam.

6.1.2.2. Mesozyklus (MEZ)

Definition Mesozyklus: Ein aus mehreren Mikrozyklen bestehender Trainingsabschnitt, der in seiner inhaltlichen, didaktisch-methodischen und belastungsmäßigen Grundstruktur und damit in seiner Hauptwirkungsrichtung im Trainingsprozeß wiederkehrt und dem veränderten Leistungszustand der Sportler entspricht.

Die Wiederkehr kann unmittelbar oder unter Zwischenschaltung anderer MEZ erfolgen.

Die *Funktion eines MEZ* besteht in der zweckmäßigen Steuerung des Effekts der Serie von MIZ, die den jeweiligen MEZ bilden und die vom Inhalt her den durch den MEZ zu lösenden Teilaufgaben des Trainings adäquat sind. Für die *Existenz der MEZ* und das erforderliche Operieren mit ihnen sind, in Einheit mit den Aussagen zur Funktion, zwei *Hauptgründe zu benennen:*

● Die Gewährleistung der erforderlichen *Einheit von Belastung/Beanspruchung und Erholung/Wiederherstellung* im Training.

● Die *Notwendigkeit des akzentuierten Trainierens* (bezogen auf bestimmte Teilaufgaben der Leistungsentwicklung) in Zeiträumen, die von den Gesetzmäßigkeiten der Leistungsentwicklung abzuleiten sind, sowie in einer bestimmten, von ebendiesen Gesetzmäßigkeiten abgeleiteten Reihenfolge.

Die Gewährleistung der *Einheit von Belastung/Beanspruchung und Erholung/Wiederherstellung* ist für das gesamte sportliche Training, also auch für die MEZ von Bedeutung. Für die MEZ speziell ist beachtenswert, daß sich trotz eines ausgewogenen Belastungs/Beanspruchungs-Erholungs/Wiederherstellungs-Verhältnisses in den MIZ, bei ständig fortlaufendem Training, ein zunächst unmerkliches, aber zunehmendes „Aufstocken" der Ermüdung ergibt. Dieses „Aufstocken" der Ermüdung von MIZ zu MIZ – besonders im Training von Leistungssportlern – ist zunächst ein wirkungsvoller Reiz für die Entwicklung der körperlichen Leistungsfähigkeit, es fördert die maximale Mobilisation der beteiligten Funktionssysteme des Organismus des jeweiligen Sportlers. Es beruht auf hohen Anforderungen, die an den Sportler gestellt werden. Eine positive Wirkung dieses Vorgangs ist aber nur zu erwarten, wenn es gelingt, die Grenze zur physischen und psychischen Übermüdung zu erfassen und eine solche Übermüdung oder gar Erschöpfung zu vermeiden. Im Rahmen eines MEZ geht man dabei so vor, daß nach einigen MIZ, von denen jeder nachfolgende die Ermüdung durch den vorangehenden verstärkt, ein relativ entlastender oder ein Wiederherstellungs-MIZ folgt. Auf diese Weise wird es ermöglicht, einen effektiven Verlauf der Adaptationsprozesse zu sichern und in bestimmtem Maße auch die Informationsprozesse im Rahmen der sporttechnischen Ausbildung zu begünstigen. (MATWEJEW 1981, S. 215; PLATONOV 1986, S. 190) Der Ermüdungsbegriff wird hier auf eine globale oder komplexe Ermüdung bezogen, die den Sportler in seiner psychophysischen Einheit erfaßt. (MARTIN 1987, S. 391)

Die Einordnung eines relativ entlastenden bzw. eines Wiederherstellungs-MIZ in den MEZ wird durch Abb. 6.1.-8 verdeutlicht. Die Reduzierung des hochbeanspruchenden wettkampfspezifischen Ausdauertrainings, der relativ hohe Anteil an wiederherstellungsförderndem Training und der insgesamt niedrige Belastungsgrad weisen den 4. MIZ als einen Wiederherstellungs-MIZ aus.

Der zweite Grund für die Existenz von Mesozyklen, die Notwendigkeit des *akzentuierten Trainierens,* ist davon abzuleiten, daß die sportliche Leistungsfähigkeit in der Regel nicht nur über das Absolvieren eines komplexen wettkampfspezifischen Trainings gesteigert werden kann. Zumeist ist außerdem die Erfüllung einer Reihe von Trainingsaufgaben voraussetzenden Charakters zu gewährleisten. Dabei handelt es sich um solche Aufgaben wie die Erholung bzw. Wiederherstellung nach vorangegangener Wettkampfperiode, die Steigerung der Belastbarkeit, die Erweiterung und/oder Stabilisierung des sporttechnischen bzw. technisch-taktischen Repertoires oder um die Erweiterung der energetischen Leistungsvoraussetzungen. (Vgl. RAMM/BUBE 1986, S. 166f.)

Beanspruchungsgrad

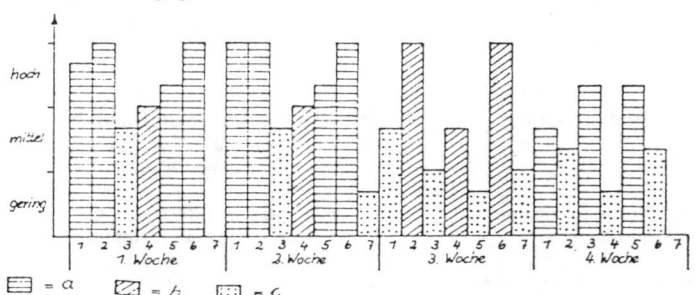

Abbildung 6.1.-8
*Schematische Darstellung
des Belastungsverlaufs
mehrerer Wochenzyklen
(Mikrozyklen) zur Heraus-
bildung der Ausdauerfähigkeit in Ausdauersportarten*
a – akzentuierte Heraus-
bildung der Grundlagen-
ausdauer (GA I, II);
b – akzentuierte Herausbildung
der wettkampfspezifischen
Ausdauer;
c – wiederherstellungsförderndes
Training

Im Abschnitt 6.1.2.3. werden an einem Beispiel Akzente aufeinanderfolgender MEZ im Rahmen eines Makrozyklus gekennzeichnet.

Die Dauer der Mesozyklen ist primär von Adaptationsvorgängen und sportmotorischen Lern- und Stabilisierungsvorgängen abhängig. Es werden zumeist Zeiträume von 3 bis 6 Wochen benötigt, um erkennbare Verbesserungen energetischer und koordinativer Leistungsvoraussetzungen erreichen zu können. (SCHARSCHMIDT 1976, S. 244; KRÜGER 1981, S. 61; NEUMANN/SCHÜLER 1989, S. 12).

In der Sportpraxis sind in bezug auf die Dauer der MEZ zuweilen Kompromisse erforderlich, weil beispielsweise die Lage von Wettkämpfen oder zentrale Lehrgangsplanungen nicht immer mit den bereits genannten Kriterien in Übereinstimmung gebracht werden können. Außerdem gehören auch kürzere Mesozyklen zum methodischen Instrumentarium des Trainings. Mit ihrer Hilfe sind spezifische Inhalte zu realisieren (z. B. Erholung, Wiederherstellung, Korrektur). 14tägige MEZ sind dabei keine Seltenheit, wobei zu betonen ist, daß ein MEZ nur in seiner Relation zum Mikrozyklus und zum Makrozyklus (vgl. 6.1.2.3) existiert. Infolge der Spezifik der Sportarten und Disziplinen sind Verallgemeinerungen zur Struktur der MEZ zwar schwierig, aber nicht unmöglich. Bestimmte Typen, die sich in der Praxis zahlreicher Sportarten herausgebildet haben, zeigt Tab. 6.1.-4 auf Seite 322.

Wollte man die in dieser Tabelle angeführten Mesozyklen einem Periodisierungsschema zuordnen, so würden die Zyklen 1 bis 4 die Vorbereitungsperiode, die Zyklen 5 bis 7 die Wettkampfperiode und der Zyklus 8 die Übergangsperiode bilden. Nicht immer ist es erforderlich, mit all den in der Tabelle angegebenen MEZ zu operieren. Das ist von der Sportart, der Disziplin und von den konkreten Aufgaben abhängig. Zuweilen werden beispielsweise die Aufgaben des Vorbereitungs- und Kontroll-MEZ mit auf die grundlegenden MEZ oder die Wettkampf-MEZ verteilt. In anderen Sportarten, besonders in solchen mit einer langen Wettkampfperiode, werden Aufgaben der grundlegenden MEZ und der Wettkampf-MEZ miteinander verbunden. (KLANTE 1980, S. 103 und 108)

Für die weitere praktische und wissenschaftliche Arbeit sollten Hinweise beachtet werden, die auf eine Abhängigkeit der Belastungsgestaltung in den MEZ von den etwa monatlichen Biorhythmen aufmerksam machen (MATWEJEW 1981, S. 215), und solche, die für den Aufbau der MEZ die Berücksichtigung der Besonderheiten des weiblichen Organismus anmahnen. (PLATONOV 1986, S. 194 f.)

6.1.2.3. Makrozyklus (MAZ)

Der Makrozyklus – oder der große Trainingszyklus – setzt sich aus mehreren MEZ zusammen und hat in der Regel eine Dauer von einigen Monaten bis zu einem Trainingsjahr. Aber auch Mehrjahreszyklen, insbesondere die vierjährigen Olympiazyklen und Zweijahreszyklen, werden gelegentlich den MAZ zugeordnet. Diese unterschiedlich zeitlich dimensionierten großen Zyklen unterscheiden sich vom Wesen her aber derartig, daß eine differenzierte Betrachtung unumgänglich ist. Das setzt eine exakte inhaltliche und begriffliche Abgrenzung verschiedener Formen von MAZ voraus.

Zum Wesen und zum Aufbau der kleinsten Form des MAZ, dem maximal einjährigen Perioden-

Tabelle 6.1.-4 *Charakteristik unterschiedlicher Typen von Mesozyklen anhand der Hauptaufgaben und Inhalte* (modifiziert nach MATWEJEW 1981, S. 216 f.)

Zyklen	Hauptaufgaben	Inhalte
Einleitender MEZ	Wiederherstellung und Steigerung der Belastbarkeit	Überwiegend allgemeine Trainingsmittel; relativ niedrige Intensität; zunehmender Belastungsumfang
Grundlegender MEZ	Verbesserung des Niveaus einzelner Leistungsvoraussetzungen bei Akzentuierung hinsichtlich ausgewählter Fähigkeiten und Fertigkeiten; Lern- und Vervollkommnungstraining	Überwiegend spezielle Trainingsmittel; optimale Belastungsparameter bezüglich Intensität, Umfang, Kompliziertheit der Übungen; hohe Bewegungsgüte
Vorbereitungs- und Kontroll-MEZ	Umsetzung der auf einem höheren Niveau entwickelten einzelnen Leistungsvoraussetzungen in eine neue höhere komplexe Leistungsfähigkeit; Prüfung des Leistungsniveaus	Spezielle Trainingsmittel; Aufbau- und Kontrollwettkämpfe; verstärkte Maßnahmen zur beschleunigten Wiederherstellung
Vervollkommnungs-MEZ	Beseitigung erkannter Schwächen, Korrektur von Fehlern, Stabilisieren neuerworbener Fähigkeiten und Fertigkeiten	Überwiegend spezielle Trainingsmittel (Spezialübungen); optimale Belastungsparameter
Wettkampf-MEZ	Schwerpunktmäßiger Aufbau der komplexen sportlichen Leistungsfähigkeit und Stabilisierung dieser Leistungsfähigkeit bei längerer Wettkampfperiode; Ausarbeitung variabler und standardisierter strategisch-taktischer Handlungen und deren Training unter wettkampfnahen Bedingungen; Realisierung hoher Wettkampfleistungen	Hoher Anteil wettkampfnahen Trainings; relativ häufige Wettkämpfe, Wettkampfserien; intensiver Charakter der Gesamtbelastung; verstärkte Maßnahmen zur beschleunigten Wiederherstellung
Zwischen-MEZ	Wiederherstellung und Stabilisierung der Leistungsfähigkeit innerhalb einer langen Wettkampfperiode	Verstärktes Anwenden von Mitteln zur aktiven Erholung (allgemeine Übungen); zunächst Reduzieren der Belastungsanforderungen, dann Wiederheranführen an die Wettkampfbelastungen durch spezielle Trainingsmittel einschließlich Wettkampfübungen
MEZ der unmittelbaren Wettkampfvorbereitung	Optimale Herausbildung der Leistungsvoraussetzungen und ihres Zusammenwirkens sowie Herausbildung der sportlichen Höchstleistung	Abfolge von Inhalten aller vorher genannten MEZ in Abhängigkeit vom vorangegangen Jahrestrainingsaufbau und damit der UWV-Eingangsleistung, von notwendigen Mannschaftsformierungen und hauptsächlich von der Individualität der Sportler
Wiederherstellungs-MEZ	Psychische und körperliche Wiederherstellung	Allgemeine Trainingsmittel; relativ niedrige Intensität, relativ niedriger Belastungsumfang, Milieuwechsel

zyklus, liegen im Gegensatz zu den Mehrjahreszyklen relativ umfangreiche Erkenntnisse vor. Dies ist der Hauptgrund dafür, daß die Mehrjahreszyklen im weiteren bewußt aus der Betrachtung ausgeklammert werden und der Begriff MAZ lediglich in bezug auf den Periodenzyklus zur Anwendung kommt.[1]

Matveev (1965, S.38f.) formulierte, ausgehend von umfangreichen Analysen der Entwicklung der sportlichen Leistungsfähigkeit in mehreren Sportarten, erstmals die These von der gesetzmäßig phasenhaft verlaufenden Herausbildung der *sportlichen Form*[2]. Danach verläuft jedes länger andauernde Training gesetzmäßig in bestimmten Phasen: einer Phase der *Herausbildung der sportlichen Form* folgt eine *Phase ihrer relativen Stabilisierung* und dieser schließlich eine *Phase des zeitweiligen Verlustes.*

Die zyklische Wiederkehr dieser Phasen ist charakteristisch für die Herausbildung einer jeweils höheren sportlichen Form bzw. eines höheren Niveaus der sportlichen Leistungsfähigkeit und

findet seine Widerspiegelung in einer zyklisch wiederkehrenden Grundstruktur des Makro bzw. Periodenzyklus. (Abb. 6.1-9)

Definition Makrozyklus: Ein aus mehreren Mesozyklen bestehender Trainingsabschnitt, der in seiner inhaltlichen, didaktisch-methodischen und belastungsmäßigen Grundstruktur und damit in seiner Hauptwirkungsrichtung im Trainingsprozeß planmäßig wiederkehrt und die Herausbildung der komplexen sportlichen Leistungsfähigkeit auf ständig höherem Niveau zum Ziel hat.

Abgeleitet von den charakterisierten drei Phasen, ergibt sich für den MAZ eine bestimmte Grundstruktur, bestehend aus einem auf die Herausbildung der sportlichen Leistungsfähigkeit ausgerichteten ersten Abschnitt, einem zweiten Abschnitt, der der relativen Stabilisierung eines hohen Niveaus der Leistungsfähigkeit dient, und schließlich einem Abschnitt, in dem die Erholung und Wiederherstellung nach den vorangegangenen Belastungen im Mittelpunkt steht. Diese Abschnitte werden nach Matveev (1965, S. 67) als *Vorbereitungs-, Wettkampf-* und *Übergangsperiode* bezeichnet, wovon sich der Begriff Periodenzyklus ableitet.

---

[1] Der Versuch einer zusammenfassenden und verallgemeinerten Darstellung zum Problemkreis „Mehrjahreszyklus" befindet sich bei Berger/Minow (1990, S. 263).

[2] Unter sportlicher Form ist nach Matwejew (1981, S. 220) der Zustand der optimalen Leistungsfähigkeit zu verstehen, den der Sportler unter bestimmten Bedingungen des jeweiligen Makro- bzw. Periodenzyklus erreicht.

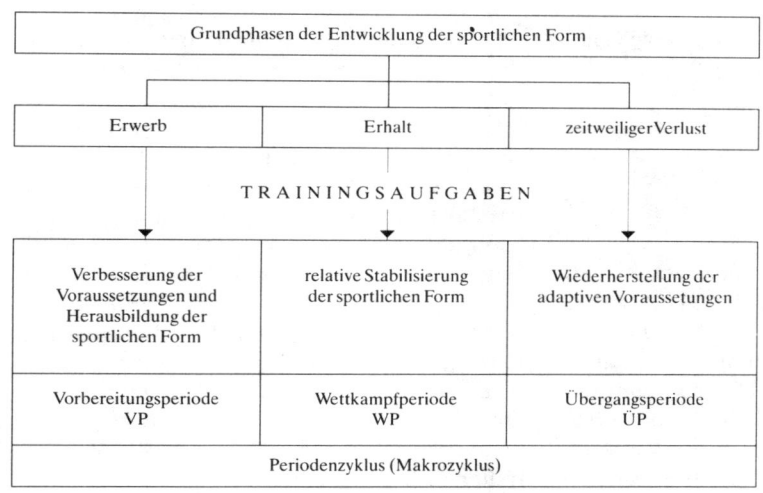

Abbildung 6.1.-9
Ableitung der Periodisierung aus der Gesetzmäßigkeit der Entwicklung der sportlichen Form
(nach Matwejew, 1981, S. 225)

Tabelle 6.1.-5   *Modell des Aufbaus eines Makrozyklus* (modifiziert nach Matwejew 1981, S. 225 f.)

Phasen der Entwicklung der sportlichen Form	Perioden	Dauer	Ziele	Ausbildungsschwerpunkte
Phase der Aneignung der sportlichen Form	Vorbereitungsperiode (VP)	⅔–¾ des gesamten Periodenzyklus	– Erreichen einer Leistung, die im Bereich der Höchstleistung des vergangenen Periodenzyklus liegt – Schaffen besserer Voraussetzungen (Grundlagen) für den weiteren Aufbau der spezifischen Wettkampfleistung (sportliche Form)	– Steigerung der Belastbarkeit – Erhöhung des Niveaus der allgemeinen körperlichen, sporttechnischen, sporttaktischen, strategisch-taktischen, intellektuellen und psychischen Leistungsvoraussetzungen – schwerpunktmäßige Entwicklung einzelner Faktoren, die im Rahmen der Leistungsstruktur Grundlagencharakter tragen – Entwicklung der auf die Wettkampfleistung ausgerichteten spezifischen Fähigkeiten in ihrer Komplexität
Phase des Erhaltens bzw. der relativen Stabilisierung der sportlichen Form	Wettkampfperiode (WP)	¼–⅓ des Periodenzyklus	Erreichen einer höheren Leistungsfähigkeit als im vergangenen Periodenzyklus (bei Hochleistungssportlern Erreichen der höchstmöglichen Leistung)	– Stabilisierung der sportlichen Form – optimale Vorbereitung auf den Hauptwettkampf (UWV)
Phase des zeitweiligen Verlustes der sportlichen Form	Übergangsperiode (ÜP)	3–4 Wochen	Erhalt bzw. Erreichen eines psychophysischen Zustandes, der weitere und höhere Belastungen zuläßt	– vollständige körperliche und psychische Regeneration des Organismus durch aktive Erholung – Erhalten eines möglichst hohen Niveaus der Leistungsfähigkeit

Eine ausführliche Darstellung der Ziele, Ausbildungsschwerpunkte und Dauer der einzelnen Perioden des „klassischen" *Periodisierungsmodells* nach Matveev (1965, S. 115 f.; 1981, S. 220 f.) enthält Tabelle 6.1.-5. Dieses Modell hat im Laufe der Jahre eine wesentliche Weiterentwicklung und viele Modifizierungen, auch durch Matveev selbst, erfahren, dessen Verdienst es ist, die dem MAZ zugrundeliegende Gesetzmäßigkeit erkannt zu haben.

Weitgehende Anerkennung findet nach wie vor die grundsätzliche Ableitung, den MAZ in *eine Vorbereitungs-, eine Wettkampf- und eine Übergangsperiode* zu strukturieren, auch wenn sich Inhalte, Dauer und Bezeichnung der Perioden von dem ursprünglichen Modell teilweise unterscheiden. Vor allem die Verbesserung der material-technischen Bedingungen in den sogenannten saisonbedingten Sportarten, die das ganzjährige wettkampfspezifische Training und eine Wettkampftätigkeit im gesamten Jahresverlauf ermöglichen, sowie die der wachsenden Kommerzialisierung des Wettkampfsports geschuldete Zunahme der Wettkampfhäufigkeit in zahlreichen Sportarten führten zu *Veränderungen in der Struktur des Trainingsjahres.* In vielen Fällen sind dabei die Sportverbände gezwungen, an diesen Wettbewerben (Cup-Wettbewerbe, World-Cup, Europa-Cup) teilzunehmen, da Cup-Wettbewerbe immer häufiger als Qualifikationswettbewerbe für die Olympischen Spiele bzw. Weltmeisterschaften herangezogen werden. Die Veränderungen betreffen insbesondere die

– *Verkürzung der zeitlichen Dauer* des Periodenzyklus bzw. MAZ,
– den *Erhalt der wettkampfspezifischen Leistungsfähigkeit* auf relativ hohem Nivau fast über das gesamte Trainingsjahr,
– eine starke *Individualisierung* des Jahrestrainingsaufbaus im Spitzensport.

Die *zeitliche Verkürzung* des MAZ widerspiegelt sich in der Tendenz zur zunehmenden Doppel- bzw. Mehrfachperiodisierung, d. h., der Periodenzyklus zur Vorbereitung auf eine Wettkampfsaison wird nicht nur einmal, sondern mehrfach, in den meisten Sportarten zwei- oder dreimal im Trainingsjahr, wiederholt. In diesem Fall wird die Übergangsperiode nur einmal am Ende des Trainingsjahres realisiert. (Abb. 6.1.-10) Die *Vorteile der Mehrfachperiodisierung* liegen vor allem in
– der höheren Wettkampfdichte im Trainingsjahr, auch in sogenannten saisonbedingten Sportarten (z. B. Hallen- und Freiluftsaison in der Leichtathletik),
– der Intensivierung des Trainingsprozesses, d. h. dem höheren Anteil intensiver und wettkampfspezifischer Trainingsmittel im Trainingsjahr,
– der besseren Planung und Steuerung der kürzeren und öfter wiederholten Zyklen;
– der besseren psychischen Stimulierung der Sportler durch weniger Monotonie und häufigere Wettkampfteilnahme.

Beachtet werden muß allerdings, daß der Makrozyklus nur so weit verkürzt werden kann, daß der notwendige Zeitbedarf für die der Leistungsentwicklung zugrundeliegenden Anpassungsprozesse nicht unterschritten wird – etwa 2,5 Monate werden als untere Grenze angesehen.

Der *Erhalt der wettkampfspezifischen Leistungsfähigkeit* auf relativ hohem Niveau – fast

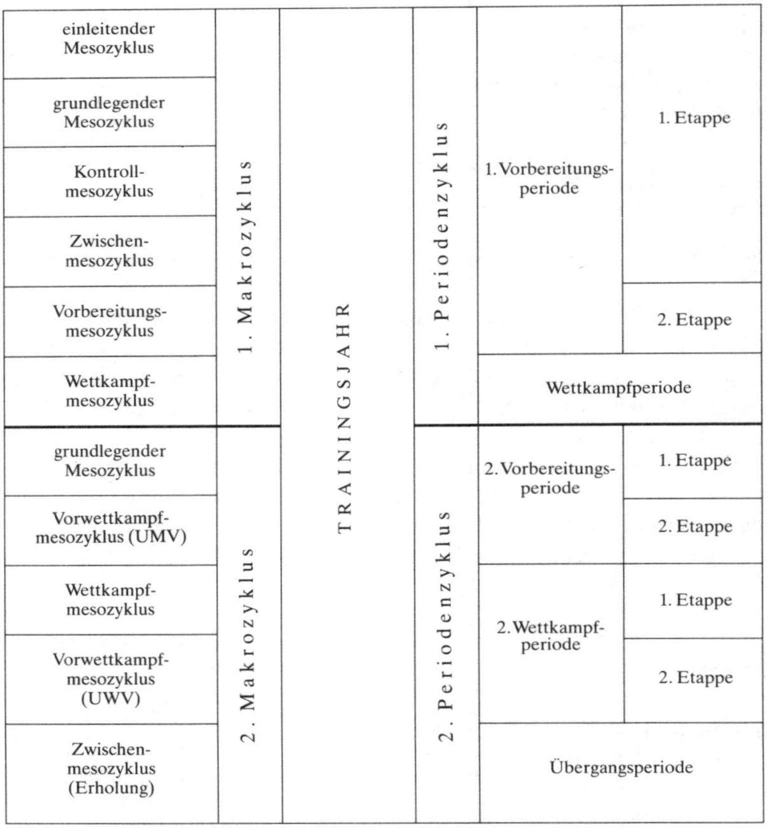

	1. Makrozyklus	TRAININGSJAHR	1. Periodenzyklus		
einleitender Mesozyklus				1. Vorbereitungsperiode	1. Etappe
grundlegender Mesozyklus					
Kontrollmesozyklus					
Zwischenmesozyklus					2. Etappe
Vorbereitungsmesozyklus					
Wettkampfmesozyklus				Wettkampfperiode	
grundlegender Mesozyklus	2. Makrozyklus		2. Periodenzyklus	2. Vorbereitungsperiode	1. Etappe
Vorwettkampfmesozyklus (UMV)					2. Etappe
Wettkampfmesozyklus				2. Wettkampfperiode	1. Etappe
Vorwettkampfmesozyklus (UWV)					2. Etappe
Zwischenmesozyklus (Erholung)				Übergangsperiode	

Abbildung 6.1.-10
Modellartige Gegenüberstellung von Zyklisierung und Periodisierung am Beispiel eines Trainingsjahres, bestehend aus zwei Makro- bzw. Periodenzyklen (Doppelperiodisierung)

im gesamten Trainingsjahr – dient ebenfalls dem Ziel der möglichst ganzjährigen erfolgreichen Teilnahme an Wettkämpfen. Theoretischer Hintergrund entsprechender Trainingssysteme ist die Erkenntnis, daß der Anpassungsprozeß phasenhaft verläuft und die Verbesserung einzelner Leistungsvoraussetzungen im ganzheitlichen Organismus immer in das Gesamtsystem integriert werden muß, also nur im abgestimmten Zusammenwirken aller Funktionssysteme zur Wirkung kommen kann. Diese Systemintegration wird auf der mesozyklischen Ebene des Trainingsprozesses realisiert und ermöglicht somit, die wettkampfspezifische Leistungsfähigkeit ganzjährig auf relativ hohem Niveau zu halten. Dieses Vorgehen steht nicht im Widerspruch zu der Tatsache, daß auch hier in bestimmten Zeiträumen der Vorbereitungsperiode die schwerpunktmäßige Ausbildung einzelner Leistungsvoraussetzungen im Vordergrund stehen kann. Im Hochleistungssport hat sich die Erkenntnis durchgesetzt, daß für das Erreichen sportlicher Höchstleistungen *individuelle Voraussetzungen* und unterschiedliche Adaptabilität der Sportler auch ihre Entsprechung in der Struktur und zeitlichen Dauer des MAZ finden müssen.

Nach Auffassung der Autoren kann der zyklische Charakter der Entwicklung der sportlichen Form, trotz neuerer Erkenntnisse zu den zeitlichen Verhältnissen der einzelnen Phasen und zur stärkeren Anwendung spezieller Trainingsmittel (vgl. TSCHIENE 1996), nach wie vor als gültig betrachtet werden.

Die Veränderungen und Weiterentwicklungen der klassischen Periodisierung haben auch zu Veränderungen im Begriffssystem geführt. (Vgl. Abb. 6.1-10) Genaugenommen stellt die Zyklisierung eine Weiterentwicklung der Periodisierung dar, wenn auch in der Praxis die Begriffssysteme nicht immer eindeutig getrennt bzw. entsprechende Begriffe synonym verwendet werden.

6.1.3.   Die Trainingseinheit

Die Trainingseinheit ist ein ziel- und stoffbezogener Abschnitt des Trainings- und Übungsprozesses, und als solche hängt jede einzelne Trainingseinheit mit den vorangegangenen und den folgenden zusammen. Die Trainingseinheit ist immer als funktionales Ganzes zu sehen. Ihre Grundbestandteile Einleitung, Hauptteil, Schlußteil[1] müssen aufeinander abgestimmt zur Realisierung der jeweiligen Aufgabenstellung in Ausbildung und Erziehung beitragen. Die Prozeßgestaltung ist immer unter der Sicht zweier Zielkomponenten als motorischer und erzieherischer Aneignungsprozeß wahrzunehmen.

6.1.3.1.   Aufbau

Bestimmungsfaktoren

Auf den Aufbau und die Gestaltung einer Trainingseinheit wirken mit jeweils unterschiedlicher Intensität verschiedene Faktoren. Im einzelnen sind dies das Ziel mit seinen Wechselbeziehungen zum Inhalt[2] und zur Methode, der Entwicklungs- und Ausbildungsstand der Sportler, die didaktische Funktion, die sozialen Beziehungen (Trainer-Sportler- und Sportler-Sportler-Beziehungen), die Lage der Trainingseinheit im Tages- und Wochenverlauf sowie die materiellen Bedingungen. (Vgl. RAEDE 1981, S. 7).

Grundstruktur

Die Trainingseinheit als funktionelles Ganzes erfährt in der Regel eine Dreiteilung: Einleitung, Hauptteil, Schlußteil. Diese Dreiteilung wird von physiologischen, psychologischen und pädagogischen Gesichtspunkten bestimmt. Die Dauer einer Trainingseinheit und der einzelnen Teile wird hauptsächlich von sportart- und disziplinspezifischen Anforderungen determiniert. Im allgemeinen beträgt sie 90 Minuten. Generell haben alle drei Teile zur Realisierung der Aufgabenstellung für die Trainingseinheit beizutragen. Größtenteils konzentriert man sich auf eine Hauptaufgabe. (Vgl. MATWEJEW 1981, S. 210;

---

[1] Wir verwenden die Termini Einleitung und Schlußteil als Synonyma zu Vorbereitung und Ausklang.

[2] Unter Inhalt verstehen wir den Gegenstand von Lerntätigkeiten: motorische Fähigkeiten und Fertigkeiten, wettkampfspezifische Handlungen, organisatorische und methodische Tätigkeiten als Grundlage für erfolgreiches und selbständiges Handeln; Werte, Normen und Ideale des sozialen und moralischen Handelns und Verhaltens; sachbezogene Erklärungen zur sportlichen Tätigkeit.

MARTIN/CARL/LEHNERTZ 1991, S. 271) Es kann auch von der Grundstruktur abgewichen werden; zum Beispiel kann in einer Spieltrainingseinheit auf eine Einleitung verzichtet werden, wenn eine Vormittagstrainingseinheit vorausging. Einen Schlußteil könnte man weglassen, wenn eine Nachmittagstrainingseinheit folgt und die Belastung nicht zu hoch war. Der Hauptteil kann in zwei Teile untergliedert werden, wenn zwei Hauptaufgaben zu realisieren sind.

Zur **Einleitung** gehören die Eröffnung der Trainingseinheit, die allgemeine und, wenn es erforderlich ist, eine spezielle Vorbereitung auf die zu lösenden Hauptaufgaben. In der *Eröffnung* wird den Sportlern knapp und konkret gesagt, was zu tun ist (Handlungsziel), wie die Aufgabe gelöst werden kann (Handlungsstrategien) und warum die genannten Aufgaben und die Wege ihrer Realisierung so festgelegt sind. Das muß altersgerecht bzw. im Hochleistungstraining leistungsbezogen geschehen. Die *allgemeine Vorbereitung* soll die Sportler physisch und psychisch auf die zu lösende Hauptaufgabe vorbereiten. Dazu gehören das Aufwärmen und Vorbelasten, das Auflockern und Dehnen, die motorische Regulation zum Erreichen eines optimalen Erregungszustandes des Nervensystems und das Hinführen zur Konzentration auf die Hauptaufgabe.

Dieser Teil der Trainingseinheit muß vielseitig, abwechslungsreich und freudbetont sein, um den Sportler emotional anzusprechen. Die Belastung wird allmählich gesteigert, die ausgewählten Übungen müssen von den Sportlern beherrscht werden. Musik und das Üben mit Kleingeräten stimulieren diesen Übungsabschnitt. Die Dauer beträgt in der Regel 10 bis 20 Minuten, sie wird weitgehend von der zu lösenden Hauptaufgabe, dem aktuellen Entwicklungsstand und den Witterungsverhältnissen bestimmt.

Die *spezielle Vorbereitung* ist nicht in jeder Trainingseinheit notwendig. Erforderlich ist sie, wenn im Hauptteil schwierige Bewegungsabläufe geübt werden, und bei Schnelligkeits- und Schnellkraftübungen, die eine optimale Erregbarkeit des Nervensystems voraussetzen. Angewandt werden Übungen (Spezialübungen), die der Bewegungsstruktur und dem Kraft-Zeit-

Verlauf der Wettkampfübung oder Elementen von ihr ähnlich sind.

Der **Hauptteil** der Trainingseinheit ist das Hauptfeld zur Realisierung der vorgegebenen Hauptaufgabe. Er dient der weiteren Entwicklung der sportlichen Leistungsfähigkeit, der komplexen Wettkampfleistung, des sozialen Verhaltens, des Leistungsverhaltens und der Herausbildung von Charaktereigenschaften. Im einzelnen sind das die konditionellen und koordinativen Fähigkeiten, taktische Fähigkeiten, sportliche Techniken und die weitere Vervollkommnung des Wissens sowie Kommunikation und Kooperation, Selbständigkeit, Beharrlichkeit und Selbstüberwindung.

Um optimale Ergebnisse erzielen zu können, muß auf bestimmte Reihenfolgen geachtet werden. (Vgl. HARRE 1979, S. 251) Übungsaufgaben, die eine hohe Konzentration erfordern bzw. eine hohe Erregbarkeit des Nervensystems und körperliche Frische voraussetzen, müssen am Anfang des Hauptteils stehen. Das sind Erlernung bzw. Vervollkommnung sportlicher Techniken sowie die Ausbildung der Schnelligkeit und der Schnellkraftfähigkeit. Danach kann ausdauerorientiertes Üben erfolgen.

Der **Schlußteil** einer Trainingseinheit muß drei Aufgaben gerecht werden – er muß der Einleitung der Wiederherstellungsprozesse und der psychischen Stimulierung dienen sowie einen pädagogisch wertvollen Abschluß garantieren. Der *Einleitung der Wiederherstellungsprozesse* dienen in Abhängigkeit von der vorangegangenen Belastung eine Auflockerung der Muskulatur und eine Entlastung des Band- und Stützapparates sowie eine nervale Entlastung durch Konzentrationsminderung. Damit soll auch eine Beruhigung des Herz-Kreislauf-Systems einhergehen.

Intensitätsminderung, Schaffen ausgleichender Belastung und Wechsel der Trainingsmittel wirken sich positiv aus. Je höher die Trainingshäufigkeit ist, desto größere Bedeutung erhalten die genannten Maßnahmen.

Eine *psychische Stimulierung* erfolgt vorwiegend durch freudbetontes, abwechslungsreiches Üben, wobei sich Spiele und Wettbewerbsformen aller Art besonders eignen.

Keine Trainingseinheit darf ohne Auswertung, ohne *pädagogischen Abschluß* enden, denn

Lernerfolge und die Entwicklung von Einstellungen sind auf Erfahrungen angewiesen und setzen die Reflexion, das Bewußtsein voraus. (Vgl. Martin/Carl/Lehnertz 1991, S. 270) Im Mittelpunkt steht hierbei die Auswertung der zu lösenden Hauptaufgaben in Ausbildung und Erziehung durch den Trainer und die Sportler in unterschiedlicher Form selbst.

Diese Einschätzung ist kurz, konkret, altersgemäß und leistungsbezogen zu formulieren. Sie soll zum weiteren organisierten und selbständigen Üben anregen sowie Freude und Optimismus für die Bewältigung weiterer Aufgaben herausbilden.

6.1.3.2. Organisation

Gezielte pädagogische und methodische Arbeit muß organisiert werden. Die Art und Weise der Organisation unterliegt den Bestimmungsfaktoren für die Trainingseinheit. Zur Organisation zählen wir folgende Grundformen:

– Einteilungsformen
– Aufstellungsformen
– Ordnungsformen
– Verfahren des Übungsablaufs (organisatorisch-methodische Formen).

(Vgl. Stiehler u. a. 1979, S. 347 ff.)

• Um eine hohe Effektivität des Trainings zu erreichen, ist es notwendig, die Trainingsgruppe zeitweilig aufzugliedern, dabei können die **Einteilungsformen** auch während der Trainingseinheit verändert werden.

Folgende Formen haben sich bewährt:

– Trainingsgruppe
– Mannschaft
– Teilgruppe (Riege)
– Paar
– Einzelsportler. (Vgl. Raede 1981, S. 58)

Vom Training in der gesamten *Trainingsgruppe* sprechen wir dann, wenn alle Sportler gleiche Aufgaben zu erfüllen haben. Am häufigsten kommt das in der Einleitung vor sowie bei Trainingsauswertungen und theoretischen Wettkampfvorbereitungen in den Mannschaftssportarten. (Vgl. Harre 1986, S. 253) Diese Einteilungsform ermöglicht besonders das Stellen, Kontrollieren und Werten gleicher Forderungen, wettkampfnahes Trainieren, das Üben gemeinschaftlichen Verhaltens und Einordnen in die

Trainingsgruppe. Die Nachteile liegen im begrenzten individuellen Eingehen auf einzelne, deren eingeschränkte Entfaltungsmöglichkeiten und in der oft fehlenden exakten Kontrolle der Belastungswirksamkeit bei allen Sportlern.

Die Einteilung der Trainingsgruppe in *Mannschaften* wird hauptsächlich in den Sportspielarten vorgenommen und dient vor allem der technisch-taktischen Ausbildung sowie der sportlichen Kooperation und sportlichen Konkurrenz. In anderen Sportarten wird häufig im Schlußteil der Trainingseinheit zur Gestaltung vielfältiger Wettkämpfe eine Einteilung in Mannschaften vorgenommen. Die Einteilung sollte vorwiegend unter erzieherischem Aspekt und dem Gesichtspunkt gleicher Leistungsstärke vorgenommen werden.

Eine Trainingsgruppe kann sowohl in homogene als auch heterogene *Teilgruppen* eingeteilt werden. Ihr gemeinsames Trainieren kann sich entsprechend der Aufgabenstellung über den Zeitraum von nur einem Teil einer Trainingseinheit bis zu einem ganzen Trainingsabschnitt erstrecken.

Diese Gruppen erhalten gemeinsame Trainingsaufgaben, die sie gemeinsam lösen. Eine Einteilung in Teilgruppen ist in den meisten Sportarten gebräuchlich. Sie kann von hoher Erziehungswirksamkeit sein. Ihre Vorteile bestehen hauptsächlich in der Förderung der Selbständigkeit, der differenzierten Aufgabenstellung in Ausbildung und Erziehung, besonders des sozialen Verhaltens, der optimalen Ausnutzung der material-technischen Basis und der Möglichkeit wettkampfnahen Trainings. Von Nachteil sind der eingeschränkte Gesamtüberblick des Trainers über alle Sportler und die größeren Möglichkeiten des Entstehens von Konzentrationsmängeln und Disziplinschwierigkeiten.

Das *Paar* ist eine kurzfristige Einteilung der Sportler, die in vielen Sportarten in allen Teilen der Trainingseinheit anzutreffen ist. In den Kampf- und Sportspielarten nimmt diese Einteilungsform einen größeren Raum ein. Wichtig ist die richtige Zusammenstellung der Paare im Hinblick auf den Leistungsstand, die Größe und das Gewicht sowie die gegenseitige erzieherische Beeinflussung.

Vorwiegend im Hochleistungssport ist es üblich,

entsprechend der Sportart die Trainingsgruppe bis zum *Einzelsportler* aufzugliedern. Eine solche Aufteilung zur Erfüllung spezifischer Aufgaben kann sich auf einen Teil der Trainingseinheit, die gesamte Trainingseinheit und einen längeren Trainingsabschnitt beziehen. Voraussetzung für diese Einteilungsform sind ein hohes Maß an Selbständigkeit, Zielstrebigkeit und Leistungsbereitschaft. Die Vorteile des Trainings mit dem Einzelsportler erstrecken sich von der individuellen Anleitung, Dosierung, Korrektur und Kontrolle über die Erziehung zur Selbständigkeit, Eigenverantwortlichkeit, die Herausbildung von Anstrengungsbereitschaft und Selbstvertrauen bis zu den Möglichkeiten einer optimalen pädagogischen Beeinflussung bei Mißerfolgen oder sonstigen Konfliktsituationen durch den Trainer. Das Vertrauensverhältnis zwischen Sportler und Trainer wird gestärkt. Nachteilig wirkt sich die lose Bindung an die Trainingsgruppe und die damit fehlende Stimulierung durch diese aus. Wettkampfnahes Training ist kaum möglich. (Vgl. HARRE u. a. 1986, S. 255)

• Als **Aufstellungsformen** bezeichnet man die geometrischen Anordnungen der Sportler im Raum in ihrer Beziehung untereinander und vor allem zur Übungsstätte und zur ablaufenden Bewegungshandlung. (Vgl. KNAPPE/HASEN-KRÜGER u. a. 1985, S. 9) Die Auswahl richtet sich nach der Aufgabenstellung und ist von den materiellen Bedingungen abhängig. Aufstellungsformen sollen einen reibungslosen Übungsablauf gewährleisten, zur rationellen Ausnutzung der Übungsstätten beitragen und Unfallgefahren ausschließen. Wir unterscheiden gebundene und ungebundene Aufstellungsformen. Bei den gebundenen Aufstellungsformen gibt es drei Grundformen: Linien, Reihen und Kreise. Diese werden in vielfältigen Variationen angewandt. Ungebundene Aufstellungsformen sind der Haufen (Stand) und das Rudel (Bewegung).

• **Ordungsformen** sind durch genaue Beschreibungen und Kommandos geregelte Vorschriften für das äußere Verhalten einzelner oder Gruppen in bezug auf die Körperhaltung, bestimmte Bewegungen und die räumlichen Beziehungen zueinander. (Vgl. KNAPPE/HASEN-KRÜGER u. a. 1985, Bd. 2, S. 10) Sie sollen dazu beitragen, Übungszeiten rational zu nutzen,

einen guten Überblick für Sportler und Trainer zu garantieren sowie ein reibungsloses Trainieren zu sichern. Zu den Ordungsformen zählen wir Antreten (Aufstellen), Marschieren, Schwenkungen, Wendungen.

• Die **organisatorisch-methodischen Formen** kennzeichnen einen von didaktischen und trainingsmethodischen Prinzipien bestimmten Ablauf des Trainierens. Ihre Auswahl wird vorwiegend von der Aufgabenstellung, den Voraussetzungen der Sportler und den materiellen Bedingungen bestimmt. Sie sollen das sportliche, sachliche und soziale Lernen effektivieren. Wir unterscheiden drei Grundformen, von denen verschiedene Varianten abgeleitet werden können: frontales Training, Stationstraining, Kreistraining. (Vgl. HARRE u. a. 1986, S. 256).

Beim *frontalen Training* führen alle Sportler zur gleichen Zeit gleiche Übungen aus. Es ist in allen Teilen der Trainingseinheit sowie für alle didaktischen Zielstellungen anwendbar. Vorteilhaft sind der gute Gesamtüberblick des Trainers, die gleichzeitige Anleitung aller Sportler, die direkte Steuerung der Belastung durch den Trainer, die günstigen erzieherischen Möglichkeiten durch die direkte Einwirkung des Trainers vor allen Sportlern. Nachteilig wirkt sich dieses Trainingsverfahren auf die Herausbildung der Selbständigkeit aus, und für individuelles Einwirken besteht nur geringer Spielraum. Das *Stationstraining* ist ein Trainingsverfahren, bei dem ein Sportler oder Gruppen an mehreren Stationen unterschiedliche Aufgaben erfüllen. Unter einer Station wird eine Übungsstelle verstanden; mehrere Übungsstellen werden zu einem Stationskreis zusammengefaßt. Entsprechend der Aufgabenstellung werden an einer Station unterschiedliche Übungen ausgeführt. Stationstraining wird zur Festigung sporttechnischer Fertigkeiten, zur Ausbildung technisch-taktischer Elemente und zur Vervollkommnung der Maximal- und Schnellkraftfähigkeit genutzt.

„An den Stationen wird in bezug auf die Auswahl einzelner Übungen ein in sich geschlossenes Programm absolviert, das in den meisten Fällen durch Übungswiederholungen und Serienbündel gekennzeichnet ist. Nach Erreichen des für die Trainingseinheit geplanten Belastungsumfangs wechselt der Sportler oder die

Teilgruppe zu einer anderen Station." (HARRE u. a. 1986, S. 257) Mit dem Stationstraining werden Übungsfolgen organisiert, die eine hohe Effektivität garantieren und auch wettkampfähnlichen Charakter tragen können. Durch die unterschiedlichen Aufgabenstellungen kann ein abwechslungsreiches Training gestaltet werden, das im besonderen Maße die Selbständigkeit, die bewußte Mitarbeit, das Verantwortungsbewußtsein und Willenseigenschaften fördert. Die Belastung muß so gestaltet werden, daß Ermüdungserscheinungen vermieden werden.

Durch den hohen Anteil selbständigen Übens kann es zu fehlerhaften Übungsausführungen kommen, die u. U. gefestigt werden. Bei der Ausführung schwieriger Übungsabläufe bzw. -folgen ist daher besondere Aufmerksamkeit des Trainers erforderlich.

Das *Kreistraining* ist ein Trainingsverfahren, bei dem einzelne oder in Gruppen eingeteilte Sportler nach festgelegter Belastung und Erholung einfache Körperübungen mit, ohne oder an Geräten mehrmals an mehreren Stationen in einem oder mehreren Rundgängen ausführen. (Vgl. SCHOLICH 1989, S. 40).

Mit dieser organisatorisch-methodischen Form werden Kraft, Ausdauer, insbesondere aber Kraftausdauer vervollkommnet. Die Übungen sollen so ausgewählt und angeordnet werden, daß abwechselnd unterschiedliche Muskelgruppen angesprochen werden. Entsprechend der individuellen Belastungsverträglichkeit (Ausgangstest) werden die Belastungs- und Erholungszeiten festgelegt. Wir unterscheiden allgemeine Kreise (Ganzkörperkräftigungen) und spezielle Kreise (Kräftigung ausgewählter Hauptmuskelgruppen). Grundformen des Ablaufs sind das Üben nach Zeit-, Zahl- oder Zeit- und Zahlvorgabe. Bei zahlenmäßig großen Trainingsgruppen sollte die Belastung für Leistungsgruppen festgelegt werden.

Da das Kreistraining hohe physische Anforderungen stellt, ist es notwendig, daß sich die Sportler vorher intensiv erwärmen, insbesondere die zu belastenden Muskelgruppen. Die Spezifik dieses Verfahrens bietet günstige Möglichkeiten zur Erziehung von Disziplin, Leistungsbereitschaft, Selbstüberwindung und Ehrlichkeit.

6.1.3.3. Vor- und Nachbereitung

Der Effekt einer Trainingseinheit hängt wesentlich mit von der Qualität ihrer **Vorbereitung** durch den Trainer ab. Dabei kommt der schriftlichen Vorbereitung eine besondere Bedeutung zu. Sie ist eine wichtige Voraussetzung für eine zielgerichtete pädagogisch-methodische Arbeit. Trotz einer Vielzahl von Besonderheiten in den einzelnen Sportarten sollten die Vorbereitungen auf jeden Fall folgende *Inhalte* haben:

– konkrete und abrechenbare Aufgabenstellungen in Bildung und Erziehung
– Inhaltsangaben zum Erreichen der Aufgabenstellungen
– methodisches Vorgehen: Übungsreihung, Belastungsdosierung, methodische Hilfsmittel usw.
– organisatorische Maßnahmen
– materielle Anforderungen.

Die Angaben zum Inhalt und zur Belastung können auch in Form von Kennziffern vermerkt werden. Der Umfang eines schriftlichen Entwurfs richtet sich stark nach dem pädagogisch-methodischen Können und den praktischen Erfahrungen eines Trainers. Schemata für den schriftlichen Entwurf wurden von vielen Autoren vorgestellt. (Vgl. STIEHLER u. a. 1973, S. 442; RAEDE 1981, S. 47 ff.; GÜNZEL 1985, S. 521; RIEDER/FISCHER 1986, S. 30/31)

Die Form des Entwurfs ist dem Trainer freigestellt, zur Vorbereitung einer Trainingseinheit gehört auch die praktische Vorbereitung, Geräte und Hilfsmittel sind bereitzustellen und zu überprüfen, Sicherheitsvorkehrungen sind zu treffen, um Unfälle zu vermeiden.

Zur Bewertung der Wirksamkeit des Trainings als einer Grundlage für dessen weitere Gestaltung muß jede Trainingseinheit nachbereitet werden. Die **Nachbereitung** trägt zur Steuerung des Trainings bei.

Grundsätzlich sollten die Ursachen für das Erreichen oder Nichterreichen der Aufgabenstellung ermittelt werden. Hierzu sind Fragen zur Realität der Aufgabenstellung, zum Inhalt und Aufbau, zur methodischen und organisatorischen Gestaltung der Trainingseinheit und zur Arbeit des Trainers zu stellen und schriftlich zu fixieren. Diese Rückinformationen sind eine wichtige Grundlage für eine Trainingsauswertung nach einem längeren Zeitraum und dienen der Präzisierung von Planmaterialien. Sie sind Bestandteil der Trainingsdokumentation.

6.2. Leistungs- und Trainingssteuerung

Erkenntnisse und Erfahrungen aus der Theorie und Praxis des Wettkampfsports belegen, daß Leistungs- und Trainingssteuerung immanente Bestandteile eines modernen Trainingssystems sind. Sie beeinflussen in wesentlichem Maße die Entwicklung sportlicher Leistungen. Besonders im Spitzensport wurden in der Vergangenheit verstärkte Bemühungen unternommen, das System der Leistungs- und Trainingssteuerung zu vervollkommnen. Grundlage dafür war u. a. die Erhöhung der Leistungsfähigkeit der beteiligten Wissenschaftsdisziplinen (wie der Trainingsmethodik, der Biomechanik, der medizinischen und biowissenschaftlichen Disziplinen) sowie die Einbeziehung der modernen Computertechnik. PLATONOV (1986, S. 26) geht davon aus, daß in den nächsten Jahren die Hauptreserve für die Vervollkommnung des sportlichen Trainings vor allem in der weiteren Ausarbeitung der wissenschaftlichen Grundlagen der Steuerung liegen wird.

6.2.1. Grundlagen und Ziele

Subjektive Richtlinien bestimmen weitgehend die Tätigkeit vieler Übungsleiter und Trainer. Jedoch ist die Ausprägung hoher und höchster sportlicher Leistungen zwingend an die Berücksichtigung bzw. die Ausnutzung der im Trainingsprozeß wirkenden Gesetzmäßigkeiten gebunden. Dabei gilt der Leitsatz: Je anspruchsvoller die gesteckten Leistungsziele und je höher das Maßstabsdenken von Trainer und Sportler, desto bedeutsamer ist die Beachtung dieser Grundlagen.

Folgende Positionen sind hervorzuheben:

• Sportliches Training bedingt eine Zielbezogenheit, Systematik und Planmäßigkeit in seiner Vorbereitung, Durchführung und Nachbereitung.

• Ausprägung, Entwicklung und Stabilisierung

von sportlichen Leistungen stehen in Verbindung mit Leistungsanalyse und -prognose, Trainings- und Wettkampfplanung, Leistungsdiagnostik, Trainingsdiagnostik, Entscheidungsmaßnahmen.

Diese Aufgaben sind nicht isoliert und als Einzelkomplexe aufzufassen, von denen jeder für sich allein steht, sondern sie sind letztlich Bestandteile eines umfassenden Systems zur Leistungsoptimierung. (Vgl. GROSSER/BRÜGGEMANN/ZINTL 1986, S. 12)

• Zur Gewährleistung von Leistungsoptimierung sind somit Analyse, Planung, Kontrolle und Auswertung des Trainings einschließlich der erforderlichen Empfehlungen ständig aufeinander abzustimmen, sind wechselseitig bedingt und müssen den aktuellen Erfordernissen ständig (mikro-, meso- bzw. makrozyklisch) angepaßt werden.

Im modernen Spitzensport wird bei der Fülle und Kompliziertheit der Aufgaben sowie dem hohen meßgerätetechnischen Aufwand eine wissenschaftliche Begleitung von Trainer und Athlet zu einer unabdingbaren Voraussetzung für Erfolgsaussichten. (Vgl. KRUG 1993, S. 11)

Der gesamte Trainingsprozeß in seiner Vielschichtigkeit muß aus den genannten Gründen im wissenschaftlichen Sinn gesteuert und geregelt werden.

Steuerung stammt ebenso wie der Begriff der Regelung aus der Kybernetik, daher sind sie auch informations- und regulationstheoretisch interpretiert worden. Bei der Anwendung dieser kybernetischen Interpretation auf den Trainingsprozeß reifte die Erkenntnis, daß sowohl steuerbare als auch regelbare Komponenten den Prozeß des Trainings kennzeichnen.

Im trainingswissenschaftlichen Schrifttum (vgl. u. a. MARTIN 1982; GROSSER/BRÜGGEMANN/ZINTL 1986; STARK 1991; MARTIN/CARL/LEHNERTZ 1991; SCHNABEL/THIESS 1993) hat sich der Begriff der Leistungs- bzw. Trainingssteuerung durchgesetzt und impliziert die Leistungs- und/oder Trainingsregelung.

STARK (1991, S. 8) spricht von „Leistungssteuerung in ihrer Einheit von Leistungs- und Trainingssteuerung". GROSSER/BRÜGGEMANN/ZINTL (1986, S. 12) verstehen unter Leistungssteuerung „die gezielte, wissenschaftlich unterstützte kurz-, mittel- und langfristige Abstimmung aller für die Planung, Durchführung, die Kontrolle, Auswertung und Korrektur notwendigen Maßnahmen zum Zwecke der Leistungsoptimierung". Bei SCHNABEL/THIESS (1993, S. 886) wird der Begriff Trainingssteuerung verwendet und als „zielgerichtet regulierende Einwirkung auf den Trainingsprozeß durch Planungs- und Kontroll-, Auswertungs- und Lenkungsmaßnahmen" interpretiert.

Da sich Steuerung immer auf den zu einem bestimmten Zeitpunkt zu erreichenden Leistungszustand bezieht, der durch gezieltes Training entwickelt wird, ist es legitim, von Leistungs- und Trainingssteuerung zu sprechen.

> **Definition Leistungs- und Trainingssteuerung:** Die zielorientierte, systematische Einflußnahme auf den Prozeß der Leistungsentwicklung durch die organisierte (lang-, mittel- und kurzfristige) Wechselwirkung der immanenten Bestandteile Prognose, Leistungs- und Trainingsplanung, Leistungsdiagnostik/Trainingsdiagnostik, Schlußfolgerungen/Empfehlungen im Hinblick auf das Erreichen sportlicher Leistungen.

Der direkte Zusammenhang der *Hauptbestandteile* der Leistungs- und Trainingssteuerung
- Prognose
- Leistungs- und Trainingsplanung
- Leistungs- und Trainingsdiagnostik[1]
- Schlußfolgerung/Empfehlung

resultiert aus ihrer unmittelbaren Abhängigkeit und Verflochtenheit im Prozeß der Herausbildung prognostischer Zielleistungen.

REISZ/MEINELT (1983, S. 5) sehen nur dann die Möglichkeit, hohe und höchste sportliche Leistungen zu erreichen, wenn die Hauptbestandteile „in ihrer Einheit, als geschlossene Wirkungskette unter Beachtung der sportartspezifischen Bedingungen zum Tragen gebracht werden".
Abb. 6.2.-1 verdeutlicht die Kompliziertheit dieses Prozesses und zugleich die für den Trainer bzw. für wissenschaftliche Betreuerteams zu bewältigenden Aufgaben. Deutlich wird, daß auf der Grundlage der Ziele für die sportliche Leistung und des darauf ausgerichteten, geplanten Trainings der erreichte Entwicklungsstand durch Leistungsdiagnostik und Trainigsdiagnostik kontinuierlich überprüft und – gemessen an den Zielvorgaben – beurteilt wird.

---

[1] Der in der Literatur häufiger verwendete Begriff der Trainingsanalyse ist u. E. zu einseitig, trifft das Wesentliche des im Diagnostikbegriff implizierten Erkenntnisprozesses zu ungenau.

Aus diesen Ergebnissen sind methodische Konsequenzen zur Weiterführung des Trainings entsprechend dem festgelegten Leistungsziel zu ziehen und zu verwirklichen. Daraus ergeben sich als *Ziele* der Leistungs- und Trainingssteuerung:

- Einschätzung der Wirksamkeit des Trainings auf der Grundlage der durchdachten, geplanten Trainingsaufgaben und der fixierten Leistungsziele; durch Vergleich zwischen der tatsächlichen Leistungsentwicklung und dem absolvierten Training Ableiten von Folgerungen für die weitere Gestaltung des Trainings (gezielte Einwirkung auf den laufenden Trainingsprozeß);

- weiterer Erkenntnisgewinn im Sinne der Aufdeckung von Leistungsreserven – insbesondere durch computergestützte Auswertungen der Ergebnisse der Leistungsdiagnostik, der Trainingsdiagnostik sowie der Wettkampfanalyse (Längsschnittuntersuchungen) – und damit Gewährleistung wesentlicher Voraussetzungen für eine effektivere Leistungsplanung.

6.2.2.   Formen

Die Ziel- und Aufgabenstellung sowie die Zeiträume ihrer Realisierung bestimmen die jeweiligen Formen (Organisationsweisen) der Leistungs- und Trainingssteuerung. Entsprechend ist zu unterscheiden zwischen *lang-, mittel- und kurzfristiger Steuerung.*

Zur langfristigen Leistungs- und Trainingssteuerung

Langfristige Zeiträume umfassen beispielsweise im Spitzensport die 4 Jahreszyklen der Olympischen Spiele, die jährlich oder alle 2 Jahre stattfindenden Weltmeisterschaften, Europameisterschaften bzw. Weltcups.

MATWEJEW (1981, S. 225) bezeichnet diesen Zeitraum für die Ausprägung der sportlichen Form als Makrozyklus, als einen großen Abschnitt, der in der Regel ein Jahr oder länger dauert. Das für diesen Zeitabschnitt erforderliche System der Vorbereitung ist die langfristige Leistungs- und Trainingssteuerung. Nach STARK (1991, S. 8) nimmt sie im Hochleistungssport das internationale Leistungsniveau einer Sportart/-disziplin zum Ausgangspunkt und Maßstab für die Bewertung der wichtigsten Bestandteile des Leistungssport- und

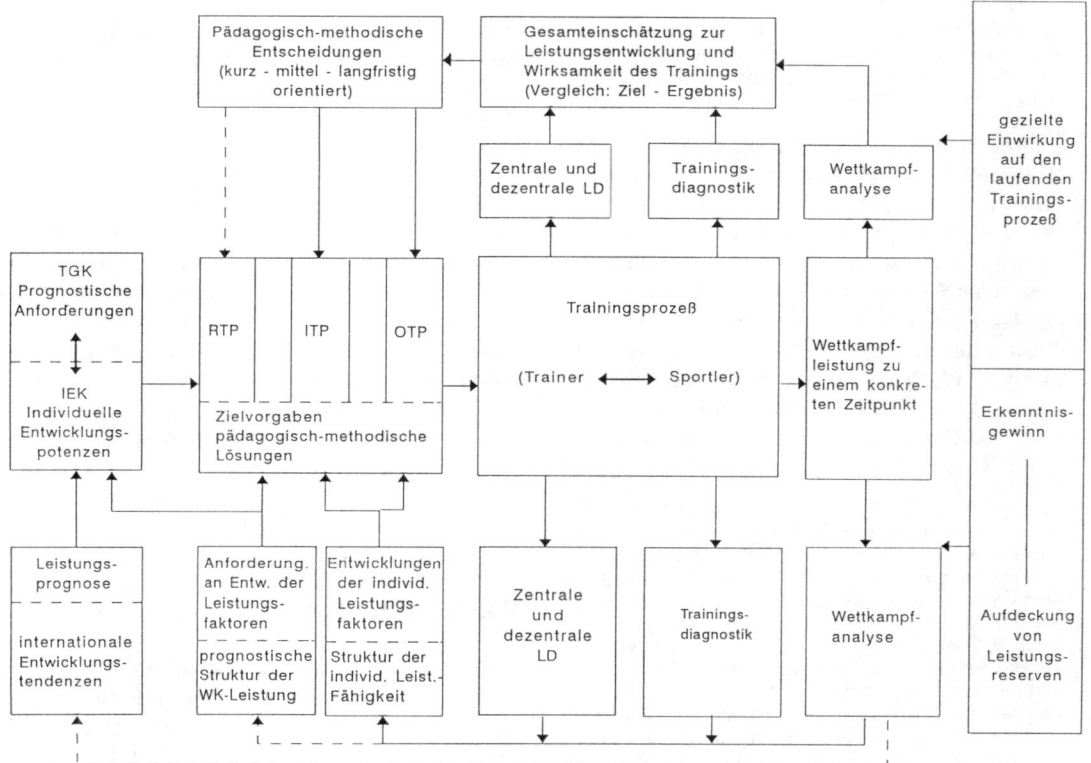

Abbildung 6.2.-1 *Darstellung des Gesamtprozesses der Leistungs- und Trainingssteuerung*
(nach REISZ/MEINELT 1983, S. 8)

IEK – Individuelle Entwicklungskonzeption; ITR – Individueller Trainingsplan; OTP – Operativer Trainingsplan;
LD – Leistungsdiagnostik; RTP – Rahmentrainingsplan; TGK – Trainingsmethodische Grundkonzeption;
WK – Wettkampf

Trainingssystems. Aus den Vergleichen entstehen spezifische Aspekte für die mittel- und kurzfristige Leistungs- und Trainingssteuerung (z. B. akzentuierte Entwicklung von grundlegenden Leistungsvoraussetzungen, bevorzugter Sportlerkreis u. a.).

REISS/MEINELT (1983, S. 11) heben die Notwendigkeit hervor, daß die langfristige Leistungs- und Trainingssteuerung insbesondere zu Ableitungen über individuelle Entwicklungspotenzen der Sportler, zur Erschließung von Reserven für die weitere Erhöhung der Belastungsanforderungen und die methodische Gestaltung des Trainings führen muß.

Damit ist diese Form der Steuerung vor allem auf den *trainingswissenschaftlichen Erkenntnisgewinn* ausgerichtet:

• Aufhellung des Leistungssystems der Sportart/-disziplin (insbesondere die Aufklärung der Wechselbeziehungen zwischen leistungsvoraussetzenden Faktoren und Parametern der Wettkampfleistung);

• Qualifizierung der Aussagen zur Auswahl geeigneter Sportler für die Nominierung von Nationalmannschaften;

• Erarbeitung von wissenschaftlich begründeten Prognoseleistungsanforderungen.

Zur mittelfristigen Leistungs- und Trainingssteuerung

Mittelfristige Zeiträume beziehen sich auf 4 bis 6 Wochenabschnitte, jenen Zeitumfang, den NEUMANN (1993) für die Funktions- und Strukturoptimierung von Anpassungsprozessen in der Muskulatur und in den zentral regulierenden Strukturen angibt. Als Mesozyklen werden sie von MATWEJEW (1981, S. 215) in enger

Verbindung mit der zyklischen Gestaltung des Aufbaus der sportlichen Form besonders hervorgehoben. Sie sind die entscheidenden Bausteine zur Gestaltung des Jahresaufbaus. (Vgl. auch 6.1.2.)

Dieser Bedeutung Rechnung tragend, *ist* im Wettkampfsport, insbesondere jedoch *im Leistungs- und Hochleistungssport, die abschnittsbezogene (mittelfristige) Leistungs- und Trainingssteuerung das Kernstück des gesamten Steuerprozesses*. Als leistungsträchtiger Faktor des Trainingssystems sind hier seine Bestandteile in ihrer Geschlossenheit und integrativen Wechselwirkung besonders effizient. STARK (1991, S. 9) beschreibt diese „Wirkungskette Leistungs- und Trainingssteuerung", die in 6.2.3. näher dargestellt wird.

REISS/MEINELT (1983, S. 11) verweisen nachdrücklich auf die Trainingsabschnittsbezogenheit dieser Form der Steuerung, sehen jedoch den unmittelbaren Zusammenhang mit der Ziel- und Aufgabenstellung und dem damit verbundenen größeren Zeitraum. Die mittelfristige Leistungs- und Trainingssteuerung soll nach ihrer Auffassung die „*kumulativen Trainingseffekte*" eines Abschnittes und ihre Auswirkungen auf die Leistungsentwicklung zum Gegenstand haben. Ein Trainingsabschnitt ist für sie also nicht in jedem Fall an die 4 bis 6 Wochen gebunden, sondern kann auch mehrere Mesozyklen bis zu einem ganzen Periodenzyklus umfassen (z. B. die Trainingseffekte einer Vorbereitungsperiode). So ist es optimal möglich, alle eingeflossenen Faktoren in ihrer „angehäuften" Wirkung auf die Leistungsentwicklung komplex zu beurteilen und daraus Folgerungen für den neuen Trainingsabschnitt zu ziehen.

Zur kurzfristigen Leistungs- und Trainingssteuerung

Sie ist die *operative Einflußnahme auf die effiziente Gestaltung eines Mikrozyklus* (in der Regel ein Wochenabschnitt), in neuerer Zeit vor allem der Trainingseinheit. Die verstärkte Einbeziehung von leistungsfähiger Computertechnik in das Training führte zu einem qualitativ verbesserten Einsatz der Schnell- und Sofortinformation, wodurch die kurzfristige Leistungs- und Trainingssteuerung eine größere Bedeutung erhielt. National wie international wird immer stärker auf eine „prozeßführende" parametergestützte Vorgehensweise orientiert. Meß- und Informationssysteme sind heute in der Lage, dem Sportler und Trainer Vorzugsinformationen zum Vergleich mit technischen Leitbildern bzw. physiologischen Führungs-

größen direkt im Trainingsprozeß zur Verfügung zu stellen. Somit sind jederzeit aktuelle methodische Eingriffe in den unmittelbaren Trainingsablauf gegeben. Diese operative Prozeßführung in den Trainingseinheiten mittels Informationstechnik wird so lange beibehalten, bis die Aufgabenstellung des Mikrozyklus erreicht ist.

Kurzfristige Leistungs- und Trainingssteuerung kann sehr wirksam die angestrebten Entwicklungslinien beeinflussen. Der gesetzmäßige Zusammenhang von Leistungsentwicklung und Trainingsgestaltung erfordert jedoch eine abgestimmte, in den einzelnen Zyklen des Jahres- und Mehrjahresaufbaus differenziert ausgearbeitete Konzeption der Leistungs- und Trainingssteuerung. Lang-, mittel- und kurzfristige Leistungs- und Trainingssteuerung sind Teile dieses einheitlichen Ganzen.

6.2.3.   Hauptbestandteile

In 6.2.1. wurden die Hauptbestandteile der Leistungs- und Trainingssteuerung mit Prognose, Leistungs- und Trainingsplanung, Leistungsdiagnostik/Trainingsdiagnostik und Schlußfolgerungen/Empfehlungen benannt. In den nachfolgenden Abschnitten sollen sie näher charakterisiert werden. Aufgrund des sehr engen Bezuges der Bestandteile in der mittelfristigen Leistungs- und Trainingssteuerung („Wirkungskette") treffen die nachstehenden Charakteristika in besonderem Maße auf diese Steuerform zu.

6.2.3.1.   Prognose

Nach MARTIN (1993[b], S. 5) sind Prognosen wissenschaftlich belegbare Voraussagen von gesetzmäßigen Zusammenhängen. Prognosen besitzen die Struktur eines logischen Schlusses. Danach werden gegebene Aussagen (Prämissen) gemäß deduktiver oder reduktiver Schlußregeln zu weiteren Aussagen (Konklusionen) überführt. Deduktion und Reduktion sind die zwei Schlußverfahren, mit deren Hilfe Aussagen gewonnen werden. Die Ableitung von Aussagen mit Hilfe bereits bewiesener bzw. bereits abgeleiteter Aussagen wird dabei als Deduktion verstanden, während bei der Reduktion nur mit

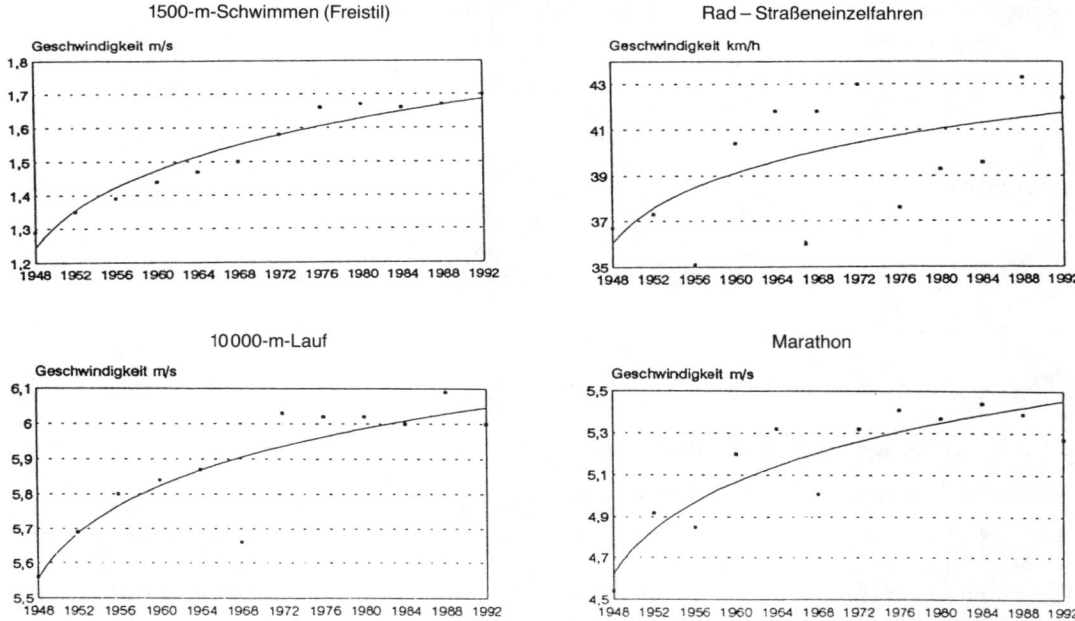

Abbildung 6.2.-2 *Trendberechnungen der Leistungsentwicklung in ausgewählten Ausdauersportarten (Männer)* (nach PFÜTZNER u. a. 1993, S. 12)

Wahrscheinlichkeit auf das Zutreffen einer Aussage geschlossen wird. In der Trainingswissenschaft werden Prognosen durch die Anwendung beider Schlußverfahren ermittelt, und zwar zunächst deduktiv durch die Anwendung der statistischen Methode, um Entwicklungsverläufe der sportlichen Leistung über Jahre und Jahrzehnte zu kennzeichnen und Aussagen zum aktuellen Stand zu erhalten. Durch Reduktion, insbesondere durch Anwendung der induktiven Methode, werden Wahrscheinlichkeiten für das Erreichen von Leistungen zu bestimmten Zeitpunkten prognostiziert.

NEUMANN u. a. (1993, S. 24) geben an, daß in der Mehrzahl der Ausdauersportarten die Entwicklungsraten für Spitzenleistungen bei 1 bis 4 % jährlich liegen. (Abb. 6.2.-2) Aus diesen Trendaussagen lassen sich durch Hinzufügen von Expertenurteilen künftig zu erwartende sportliche Leistungen mit relativ hoher Sicherheit vorausberechnen. Dies trifft offenkundig in Sportarten mit meßbarem Leistungsresultat in besonderem Maße zu. KRUG (1993, S. 9) beziffert für die Gruppe der technisch-kompositorischen Sportarten die Abweichung der Prognosewerte von den tatsächlich erreichten Leistungen mit etwa 10 %. Dies wird in Tab. 6.2.-1 an ausgewählten Beispielen verdeutlicht.

Durch die Erstellung von Indizes beziehungsweise Ausweichen auf meßbare Komponenten der sportlichen Leistung werden letztlich für alle Sportartengruppen Prognosen erstellbar. Sie bilden die Grundlage für alle weiteren leistungs- und trainingssteuernden Maßnahmen. Ebenso sind sie Basis für Ableitungen zur Trainingsgestaltung im langfristigen Leistungsaufbau.

Für eine hohe Zuverlässigkeit der Prognosen sind nach STARK (1991, S. 9) folgende Arbeitsweisen und Erfahrungen verallgemeinernd wichtig:

■ Mehr als 90 % Sicherheit in der Vorhersage werden erreicht, wenn die Vierjahresprognose für den jeweiligen Olympiazyklus durch eine jährliche Präzisierung anhand des Wettkampfhöhepunktes vorgenommen wird.

■ Einbeziehung der Hauptentwicklungsfaktoren der jeweiligen Sportart/-disziplin.

■ Bestimmung der Entwicklungsraten des Kader-/Sportlerkreises durch Differenzbildung von Leistungsniveau und Prognose.

Tabelle 6.2.-1 *Prognosewerte und Siegleistungen bei den Olympischen Spielen 1992* (KRUG 1993, S. 11)

		Leistungsmerkmal			
		Schwierigkeitsgrad (Indexpunkte)		Technisches Niveau (in %)	
		Prognose	Ist	Prognose	Ist
Gerätturnen					
Herren	Einzelmehrkampf	44	40,5	70	72
	Mannschaft	40	37,6	65	66
Damen	Einzelmehrkampf	115	119	70	73
	Mannschaft	95	97	65	70
Eiskunstlauf					
Herren		84	76,3	65	71
Damen		66	64,5	50	40

6.2.3.2. Leistungs- und Trainingsplanung

Wesen und Aufgaben der Trainingsplanung

Sportliche Leistungssteigerungen in Wettkämpfen haben ihre Hauptursache im Wirkungsgrad des Trainings – ein Anliegen, dem sich jeder verantwortungsbewußte Trainer stets neu stellt. Vorhandene Rahmentrainingspläne, trainings- und leistungsdiagnostische Daten, Ergebnisse von Wettkampfanalysen, neueste sportwissenschaftliche Erkenntnisse und andere Voraussetzungen sind für den Trainer die Grundlage, wissenschaftlich fundiert und mit schöpferischer Initiative das Training zu planen. Trainingsplanung muß immer den fortgeschrittenen Erkenntnisstand von Theorie und Praxis einschließen, darf aber niemals durch Anwendung starrer Vorgaben zu einer formalen bürokratischen Handlung werden. Auch die Nutzung der Computertechnik für die Planung und Auswertung des Trainings – Arbeiten am „Expertensystem" verweisen auf potente Lösungen – fordert den schöpferisch tätigen Trainer.

Definition Trainingsplanung: Das Bestimmen von Zielen, Inhalten, Strukturen und Methoden des Trainings zur Veränderung des Leistungszustandes der Sportler in einem definierten Zeitraum.

Den hohen Anspruch an das Wissen und Können des Trainers verdeutlicht das Übersichtsschema zur Planung im langjährigen Trainingsprozeß (Abb. 6.2.-3), ein Modell, das nach den Bedingungen der jeweiligen Sportart variiert werden kann.

Trainingsplanung zielt als theoretisches Modell auf den systematischen Leistungsaufbau durch Steigerung der Leistungsfähigkeit und der Leistungsbereitschaft der Sportler. Planung und Organisation des Trainings setzen daher Kenntnisse über das Wesen des Trainingsprozesses voraus.

Trainingsplanung berücksichtigt die Interdependenz der trainingswissenschaftlichen Grundkategorien Leistung – Training – Wettkampf. Der Leistungszustand des Sportlers bestimmt maßgeblich das Trainingskonzept, die integrative Sicht von Trainings- und Wettkampftätigkeit ist Voraussetzung für die Präsentation angestrebter Leistungen in Bewährungssituationen.

Trainingsplanung umfaßt sowohl die Konzipierung des langfristigen Leistungsaufbaus einer Sportart als auch die begründete Gestaltung des Trainings für definierte Zeiträume. Die Planung im langjährigen Trainingsprozeß schließt deshalb die trainingsmethodische Grundkonzeption (Konzept für die Etappen des langfristigen Leistungsaufbaus), Mehrjahrestrainingspläne (jeweils für eine Etappe des langfristigen Leistungsaufbaus), Jahrestrainingspläne, Zyklen- bzw. Abschnittspläne und die Planung der Trainingseinheiten ein. (Vgl. Abb. 6.2.-3)

Trainingsplanung beginnt mit einem theoretischen Modell für die Gestaltung des Trainings in einem definierten Zeitraum und setzt sich im Ergebnis des notwendigen Soll-Ist-Vergleichs zwischen Planvorgaben und Realisiertem in

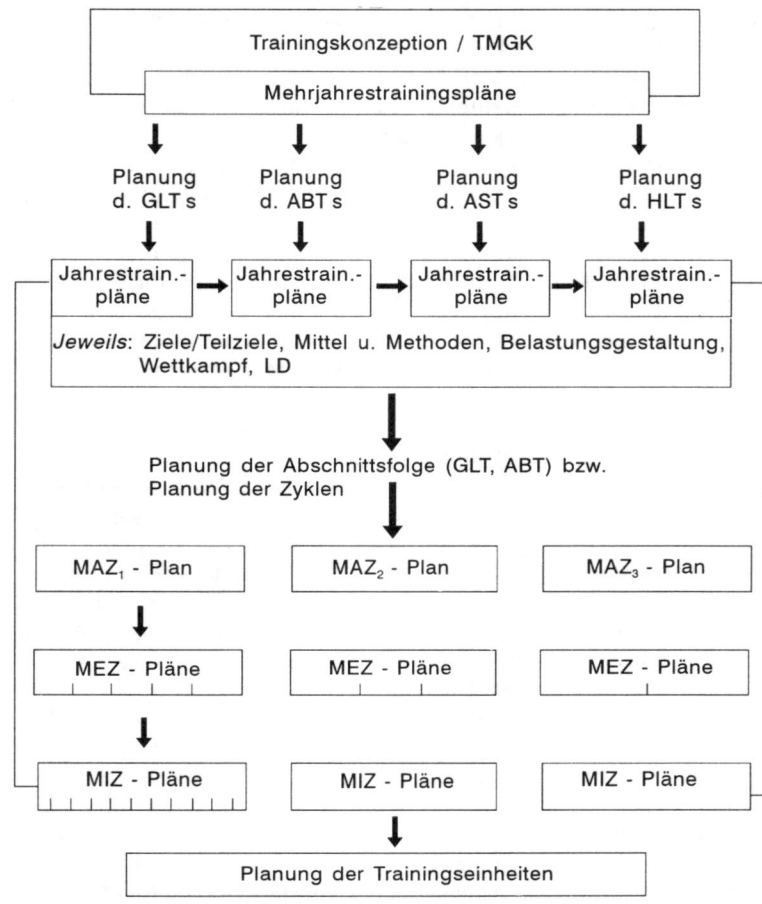

Abbildung 6.2.-3
Planung im langjährigen Trainingsprozeß
ABT – Aufbautraining;
AST – Anschlußtraining;
GLT – Grundlagentraining;
HLT – Hochleistungstraining;
LD – Leistungsdiagnostik;
MAZ – Makrozyklus;
MEZ – Mesozyklus;
MIZ – Mikrozyklus;
TMGK – trainingsmethodische Grundkonzeption

Training und Wettkampf in Form von Planpräzisierungen kontinuierlich fort.

Trainingsplanung schafft mit der Einbeziehung der Sportler in den Planungsprozeß wesentliche kognitive und volitiv-emotionale Grundlagen für die Planrealisierung. Individuelle Trainingsanalysen und die subjektiv empfundene Verarbeitung der Belastungsanforderungen sind wesentliche Informationen für Planpräzisierungen.

Methodik der Trainingsplanung

Die Trainingsplanung ist als theoretisches Modell für den systematischen Leistungsaufbau zu differenzieren nach
– Planungszeiträumen (Trainingskonzeption, Mehrjahrestrainingspläne, Jahrestrainings-

plänen mit Makro-, Meso- und Mikrozyklen, Trainingseinheitenpläne) und
– Zielgruppen (Gruppentrainingsplan, individueller Trainingsplan).

Die daraus entstehenden unterschiedlichen Arten von Trainingsplänen (auch „Plantypen") sind Bestandteil des Planungssystems einer Sportart, d. h., sie bilden die hierarchisch geordnete Gesamtheit der für den langfristigen Leistungsaufbau erforderlichen Plandokumente.

Arbeitsschritte der Trainingsplanung

Der *Grundmechanismus der Trainingsplanung* besteht darin, auf der Basis des erfaßten Leistungsstandes eines Sportlers (einer Gruppe) für einen definierten Zeitraum die Leistungsziele zu prognostizieren und dafür das adäquate Programm für die Trainings- und Wettkampftätigkeit zu fixieren. Dieser Grundmechanismus hat – wenn auch mit unterschiedlichen Akzenten – Gültigkeit für alle Arten von Trainingsplänen.

Deshalb ist jegliche *Planungstätigkeit an folgende Arbeitsschritte* gebunden:

– Anfertigung einer Istzustandsanalyse (Charakterisierung der Ausgangssituation);
– Formulierung des Leistungsziels und der Teilziele;
– Festlegungen zur Trainings- und Wettkampfgestaltung;
– Festlegung von Maßnahmen zur Persönlichkeitsentwicklung;
– Planung der sportmedizinischen Betreuung;
– Festlegungen zur Organisation des Trainings.

• Anfertigung einer Istzustandsanalyse
Eine Istzustandsanalyse ist einerseits Ausgangspunkt für die Planung, und andererseits ist sie während der Planrealisierung eine Bezugsgröße für den Soll-Ist-Vergleich. Neben der Erfassung allgemeiner Angaben zu den Sportlern (Geschlecht, Alter, Förderstufe) enthält eine Istzustandsanalyse folgende Aussagen:

– erreichter Stand der Wettkampfleistungen;
– Trainingsalter, biologisches Alter;
– Ausprägungsniveau der Leistungsvoraussetzungen (leistungsdiagnostische Daten);
– Einschätzung des Niveaus individueller Entwicklungsprozesse (Reifung, Lernverhalten, Sozialisation, Selbststeuerung);
– Analyse und Bewertung des absolvierten Trainings;
– materielle Bedingungen für die Trainings- und Wettkampftätigkeit;
– Gesamtanforderungen für die künftige schulische, berufliche und sportliche Entwicklung.

Auf der Grundlage dieser analytischen Daten und Einschätzungen werden Wertungen und damit Folgerungen für das neu zu planende Training getroffen. Diese *Wertungen* beziehen sich vor allem auf den *Zusammenhang zwischen absolviertem Training* und *erreichter Leistung* sowie auf die *Realisierbarkeit* der *Gesamtanforderungen* durch den Sportler.

• Formulierung des Leistungsziels und der Teilziele

Der Trainingsprozeß ist – wie jeder pädagogische Prozeß – planbar, kontrollierbar und steuerbar, wenn er von konkreten Leistungszielen bestimmt wird. Leistungsziele müssen für den Sportler real und erreichbar sein.

Im Hochleistungsbereich bilden die Modelle der Zielleistungen für Wettkampfhöhepunkte (Weltmeisterschaften, Olympische Spiele) und der ermittelte Leistungszustand der Sportler die entscheidende Grundlage für die Formulierung von individuellen Leistungszielen. Die Konkretheit der Formulierung von Teilzielen, einschließlich adäquater Normen, wird maßgeblich vom Aufhellungsgrad des Leistungssystems der jeweiligen Sportart bzw. Disziplin bestimmt.

Tabelle 6.2.-2 weist z. B. ausgewählte Kenngrößen des für die Olympischen Winterspiele 1988 prognostizierten Leistungssystems für die 1500-m-Strecke im Eisschnellauf (Männer) aus. Für die Zielformulierungen im Kinder- und Jugendtraining sind die Leistungssysteme der aktuellen sportartspezifischen Prognoseleistungen eine Bezugsgröße, jedoch gilt der *Grundsatz,* daß *in den Anfangsetappen des langfristigen Leistungsaufbaus eigenständige Ziele, Inhalte und Strukturen bestimmend* sind. Insbesondere die Beachtung und Nutzung der ontogenetischen Spezifika für die Vorbereitung von späteren Höchstleistungen bedingen eine eigenständige Zielstruktur im Nachwuchstraining. (Vgl. 6.1.1.)

Beim Festlegen von Leistungszielen ist zu beachten, daß die Leistungsentwicklung nicht linear verläuft. Die Leistungskurve im langfristigen Leistungsaufbau ist eine Parabel – individuell und sportartspezifisch differieren die Anstiegsgrade und Verlaufskurven. Innerhalb eines Trainingsjahres nimmt die Leistungskurve in Abhängigkeit von der zielorientierten Trainingsstruktur einen dynamischen, jedoch im Nachwuchsbereich zum Ende des Trainingsjahres, im Hochleistungsbereich zum Wettkampfhöhepunkt ansteigenden Verlauf.

Leistungsziele sind für die Motivierung der Sportler unerläßlich – ganz gleich, um welche Leistungsebene es sich handelt. Reale und fordernde Ziele sind mit den Sportlern gemeinsam (Hochleistungsbereich) zu formulieren bzw. mit ihnen zu besprechen (Nachwuchsbereich).

Tabelle 6.2.-2 *Ausgewählte Kenngrößen des für die Olympischen Winterspiele 1988 prognostizierten Leistungssystems für die 1500-m-Strecke im Eisschnellauf (Männer)* (MALZ/MÜLLER/THOMAS, 1991)

Parameter		Streckenabschnitt			
		0–300 m	300–700 m	700–1100 m	1100–1500 m
tz	(s; min)	24,1	52,2	1:21,1	1:51,0
t_T	(s)	24,1	28,1	28,9	29,9
$\bar{v}_T$	(m/s)	12,44	14,23	13,84	13,37
f_K	(1/s)	2,12	1,84	1,80	1,80
f_G	(1/s)	1,43	1,36	1,36	1,42
$\bar{s}_K$	(m)	5,86	7,73	7,68	7,42
$\bar{s}_G$	(m)	8,69	10,46	10,17	9,41

tz	– Zwischenzeit bzw. Endzeit		f_K	– mittlere Schrittfrequenz in der Kurve
t_T	– Zeit auf der Teilstrecke		f_G	– mittlere Schrittfrequenz auf der Geraden
$\bar{v}_T$	– mittlere Laufgeschwindigkeit auf der Teilstrecke		$\bar{s}_K$	– mittlerer Vortrieb in der Kurve
			f_G	– mittlerer Vortrieb auf der Geraden

Damit wird die entscheidende Voraussetzung für die Identifikation der Sportler mit den Trainings- und Wettkampfanforderungen geschaffen.

● Festlegungen zur Trainings- und Wettkampfgestaltung

Die Wirkung des Trainings und damit auch das Niveau der Leistungspräsentation durch die Sportler in Wettkämpfen werden durch das Zusammenwirken von Strukturelementen des Trainingsprozesses bestimmt. Abb. 6.1.-8. verdeutlicht diese Aussage hinsichtlich der Hauptbestandteile des Trainingsprozesses und ihrer proportionalen Veränderung.

Im *planungsmethodischen Vorgehen* erweisen sich die im folgenden genannten *Teilschritte* als gangbar.

– *Festlegen des allgemeinen Rahmenplanes:* Im Rahmenplan werden die zeitlichen Eckdaten des Planungszeitraumes erfaßt. Für die Planung eines Trainings- und Wettkampfjahres im Hochleistungsbereich sind die Termine der Wettkampfhöhepunkte ausschlaggebend. Im Kinder- und Jugendbereich sind die Termine des jeweiligen Schuljahres bzw. des Lehr- und Ausbildungsjahres dominierend.

– *Bestimmen der Hauptaufgaben:* Die fixierten Leistungsziele und die Ergebnisse der Istzustandsanalyse sind die Grundlagen für das Fixieren von Hauptaufgaben (Schwerpunkten) des Trainings im Planungszeitraum.

Als Beispiel werden die Hauptaufgaben in einem Trainings- und Wettkampfjahr der Sportart Ringen (Hochleistungsbereich) in Tab. 6.2.-3 dargestellt. Der Hauptaufgabe in jedem Makrozyklus werden die Aufgaben und die Abfolge der jeweiligen Mesozyklen zugeordnet.

Das Bestimmen von Hauptaufgaben für Planungszeiträume im Nachwuchstraining ist prinzipiell an die Ziele der Etappen des Nachwuchstrainings gebunden. Dabei sind die Anforderungscharakeristik der Sportart sowie die Alters- und Entwicklungsspezifika der jungen Sportler die dominierenden Grundlagen.

– *Einteilung der zeitlichen Struktur:* Im Hochleistungsbereich sind das Bestimmen der Hauptaufgaben (als „inhaltliche Struktur") und die Einteilung der zeitlichen Struktur als einheitliche Aufgabenstellung zu lösen. Im hierarchischen Verhältnis der Trainingszyklen bestimmen die jeweils größeren Zyklen den inhaltlichen und zeitlichen Aufbau der jeweils kleineren Zyklen. Im Nachwuchstraining entspricht jedes Trainingsjahr in seiner zeitlichen Struktur einer einzigen Vorbereitungsperiode, d.h., das Trainingsjahr wird in Abschnitte eingeteilt, in denen jeweils bestimmte Aufgaben schwerpunktmäßig zu lösen sind (Akzentuierung!).

– *Festlegen der Belastungsstruktur:* Dieser Teilschritt umfaßt die Gesamtheit der Belastungsanforderungen in ihren Relationen und dynamischen Veränderungen im zyklischen bzw. abschnittsweisen Aufbau des Trainings.

Tabelle 6.2.-3 *Hauptaufgaben in einem Trainings- und Wettkampfjahr der Sportart Ringen/ Hochleistungsbereich (nach Trainingsmethodischer Grundkonzeption 1989–1992)*

1. MAZ	Entwicklung und Vervollkommnung der ringkampfspezifischen Grundanforderungen			
MEZ	ALBA	SPEBA	SPEBA	BEKA
2. MAZ	Vervollkommnung der wettkampfspezifischen Leistungsfähigkeit			
MEZ	SPEBA	BEKA	BEKA	KOKA
3. MAZ	Ausprägung der individuellen wettkampfspezifischen Höchstform			
MEZ	BEKA	KOKA	BEKA	KOKA

ALBA   – Ausprägung der allgemeinen Basisfähigkeiten
SPEBA – Ausprägung der speziellen Basisleistung
BEKA   – Ausprägung der bedingten Kampfesführung und der ringkampfspezifischen Schnellkraftausdauer
KOKA   – Entwicklung der komplexen Kampfesführung und der wettkampfspezifischen Leistungsfähigkeit

Die Auswahl wirksamer Trainingsinhalte, -methoden und -mittel erweist sich als anspruchsvolle Planungsaufgabe, da nur damit zieladäquate Belastungsanforderungen realisiert werden können. Da in diesem Bereich aus sportartspezifischer Sicht immer wieder neue Erkenntnisse und Erfahrungen hinzukommen und angewandt werden, gehört die fachwissenschaftliche Neugier zum Berufsethos eines tätigen Trainers.

– *Einordnung von Wettkämpfen und leistungsdiagnostischen Maßnahmen:* Im modernen Sport werden die Anzahl der Wettkämpfe, die Wettkampfarten und die Zeitpunkte von verschiedenen Faktoren beeinflußt. Im *Anschluß- und Hochleistungsbereich gilt dabei der Grundsatz, daß Veränderungen in den sportartspezifischen Wettkampfsystemen* auch zu *Veränderungen* in den *Trainingssystemen* führen müssen. So hat z. B. die bedeutende Aufwertung internationaler Wettkämpfe in den letzten Jahren in vielen Sportarten zu andersartigen Lösungen in der Zyklisierung des Trainings geführt.

Im Nachwuchsbereich ist es erstrebenswert, in allen Sportarten die *Wettkampfsysteme ausbildungsbezogen* zu konzipieren und umzusetzen.

Eine Voraussetzung für die Gestaltung eines zielorientierten Trainings ist das Erfassen des Zusammenhanges zwischen absolviertem Training, Entwicklung der Leistungsvoraussetzun-

gen und der Leistungen. Es ist erforderlich, Trainingsanalysen, Wettkampfanalysen und leistungsdiagnostische Methoden zu nutzen.

Die Einordnung der Wettkämpfe und der leistungsdiagnostischen Methoden in den Trainingsplan wird von den Zeitpunkten der Wettkampfhöhepunkte sowie von der darauf ausgerichteten Zyklisierung des Trainings bestimmt. Im Prinzip gilt, jeden Abschnitt eines Trainingsjahres im Nachwuchstraining und jeden Mesozyklus im Hochleistungstraining mit dem Einsatz von Kontrollverfahren zu beenden.

● Festlegung von Maßnahmen, die zur Persönlichkeitsentwicklung beitragen sollen.

Die Einschätzungen zum Entwicklungsstand der Sportlerpersönlichkeit in der Istzustandsanalyse sind Grundlagen für eine geplante erzieherische Einflußnahme. Zu einer soliden, auf analytischen Aussagen beruhenden Planung gehört daher: das Beeinflussen von Verhaltensweisen in Training und Wettkampf, das Anregen von Selbststeuerungsprozessen, gezieltes Fördern kognitiver, motivational-emotionaler und volitiver Leistungsvoraussetzungen.

● Planung der sportmedizinischen Betreuung

Die exakte sportmedizinische Diagnostik zur Beurteilung der Belastbarkeit gehört im Hochleistungsbereich zum Programm der geplanten leistungsdiagnostischen Maßnahmen. Ferner sind physioprophylaktische und infektprophylaktische Maßnahmen in Verbindung mit den ganzjährig zu realisierenden Belastungsanforderungen zu planen.

Im Nachwuchsbereich sind neben den zu planenden sportmedizinischen Untersuchungen zur Erfassung des allgemeinen Gesundheitszustandes vor allem im halbjährlichen Rhythmus die Bestimmungen des Reifestandes, die Erfassung des biologischen Alters und der Wachstumsdynamik zu ermöglichen.

• Festlegungen zur Organisation des Trainings
Die Umsetzung des fixierten Trainingskonzeptes ist an eine gediegene Absicherung der Bedingungen gebunden – an die Trainingsorganisation. Dazu gehören:
– Zusammensetzung der Trainingsgruppe (Anzahl der Sportler, Leistungsstärke);
– Sicherung des Trainingsablaufs (vertragliche Bindung der Trainingsstätten, Planung von Trainingslehrgängen / Höhentrainingslagern, organisatorische Absicherung der Wettkampfteilnahme);
– zweckmäßige Organisation des Tages- und Wochenregimes der Sportler (zeitliche Aufteilung der Trainingseinheiten, Schule, Beruf, Freizeit);
– Verfügbarkeit der zur Durchführung von Training und Wettkampf notwendigen Geräte und Materialien (Sportgeräte, Plan- und Analysedokumente, Instrumentarien der Leistungsdiagnostik);
– personelle Absicherung des Trainings- und Wettkampfprozesses (kontinuierliche Führung durch einen Trainer, Vereinbarungen für eine sportmedizinische und psychologische Betreuung, möglicherweise Begleitung durch Wissenschaftler, Anforderung von Schieds- und Kampfrichtern).

Regeln für die effektive Trainingsplanung

Die Trainingsplanung erfordert vom Trainer eine Vielzahl von Entscheidungen für mehrere und auf Leistungssteigerung ausgerichtete, interdependent ablaufende Teilprozesse. Dieses komplizierte Verfahren sowie die Individualität der Sportler, das differenzierte Bedingungsgefüge und weitere Sachverhalte erlauben nicht das Schaffen und die Anwendung von starren „Planungs-Instruktionen" für den Trainingsprozeß. Es ist jedoch der schöpferischen Planungsarbeit des Trainers dienlich, wenn er sich dabei auf Handlungsanweisungen in Form von *Regeln* stützen kann.

Deshalb:
▪ Beginne die Planung mit einer exakten Analyse der Persönlichkeitsentwicklung und des Leistungszustandes des Sportlers!
▪ Formuliere die Leistungsziele und Teilziele für den Planungszeitraum auf der Grundlage der Erkenntnisse über das Leistungssystem der Prognoseleistungen und der daraus abgeleiteten Anforderungsprofile für die Etappen des langfristigen Leistungsaufbaus sowie unter Beachtung des individuellen Leistungszustandes bzw. des Entwicklungsstandes junger Sportler!
▪ Beachte bei der Planung der Zyklen die Gesetzmäßigkeiten der Adaptation und der Informationsorganisation!
▪ Nutze im Hochleistungsbereich in der Aufeinanderfolge von Belastungsanforderungen unterschiedlicher Wirkungsrichtungen den konzentrierten Einsatz spezieller Belastungsblöcke, die ein funktionelles Fundament für die spezielle Leistungsfähigkeit auf höherem Niveau schaffen. Nutze im Nachwuchstraining akzentuierte Ausbildungsabschnitte, um anforderungs- und entwicklungsgerechte Leistungsvoraussetzungen stabil und ausbaufähig herauszubilden!
▪ Plane die Zyklisierung im Hochleistungsbereich so, daß im Verlauf des Planungszeitraumes ein zunehmender Anteil des Trainings unter Wettkampfbedingungen (Wettkampfmethode) absolviert wird!
▪ Plane in den Abschnitten des Trainingsjahres im Nachwuchsbereich die folgerichtige Herausbildung von Leistungsvoraussetzungen auf der Grundlage sportartspezifischer Anforderungen und unter Beachtung des Entwicklungsstandes der Sportler!
▪ Plane auf der Grundlage der Analysen zur Persönlichkeitsentwicklung die weitere Herausbildung von kognitiven, motivational-emotionalen und volitiven Leistungsvoraussetzungen!
▪ Schaffe im Planungszeitraum mit einer begründeten Abfolge von Wettkämpfen und Kontrollen hinreichend Möglichkeiten zur Leistungsrealisierung in Bewährungssituationen und damit zur Trainingssteuerung!
▪ Plane im Nachwuchsbereich ein differenziert gestaltetes Gruppentraining und gewährleiste im Hochleistungsbereich die individuelle Trainingsplanung!

■ Beziehe die Sportler im Hochleistungsbereich in die Erarbeitung des Trainingsplanes ein! Besprich mit den Sportlern des Nachwuchsbereiches die Ziel- und Aufgabenstellungen für den Planungszeitraum!

■ Sichere für ein langfristig erfolgreiches Training in Ergänzung zur Leistungs- und Trainingsplanung die kontinuierliche Leistungsdiagnostik sowie die Trainings- und Wettkampfanalysen!

6.2.3.3. Leistungs- und Trainings-diagnostik

Zur Leistungsdiagnostik

In 2.1.5. wurde die Leistungsdiagnostik in die Theorie der sportlichen Leistung eingeordnet und eine Definition gegeben. Aus der Sicht der Leistungs- und Trainingssteuerung sind diese Grundlagen zu erweitern.

Obwohl die Leistungsdiagnostik schon immer eine zentrale Aufgabe im Sport war, sind übergreifende trainingswissenschaftliche Theoriekonzepte vermehrt erst seit Ende der 70er Jahre veröffentlicht. (Vgl. u. a. BALL-REICH 1978; LETZELTER/LETZELTER 1983; REISZ/MEINELT 1983; HOHMANN/BRACK 1983; LAMES 1991). Aus diesen Konzepten geht u. a. hervor, daß die komplexe und analytische Erfassung der sportlichen Leistung und des erreichten Standes der Leistungsvoraussetzungen in wiederholten und vergleichbaren Untersuchungen der Angelpunkt in der Beherrschung des gesetzmäßigen Zusammenhangs von Leistung, Leistungsvoraussetzung und Training ist. Leistungsdiagnostik, die sich als Operativwissenschaft versteht (LETZELTER/LETZELTER 1983, S. 352), darf jedoch nicht bei der Diagnose stehenbleiben, ist nicht Selbstzweck, sondern hat explizit zur Leistungs- und Trainingssteuerung ihren wesentlichen Beitrag zu liefern.

Die ständige *wechselseitige Abstimmung von Diagnose und Zielansteuerung* ist das eigentliche Herzstück der Leistungs- und Trainingssteuerung, weil zu trainingsmethodisch relevanten Zeitpunkten im Trainingsjahr der Entwicklungsstand der sportlichen Leistung und der leistungsbestimmenden konditionellen, koordinativen, technisch-taktischen Voraussetzungen sowie ausgewählter psychischer Wettkampfeigenschaften im Vergleich zu den geplanten und erwarteten Zielstellungen überprüft werden kann. (Vgl. REISS/MEINELT 1983, S. 19) Als integrativer Prozeß beteiligt die Leistungsdiagnostik viele Disziplinen. Methodologisch

sind sowohl Bezugspunkte zu den Naturwissenschaften (z. B. biomechanischer Ansatz) als auch zu den Sozialwissenschaften (z. B. empirische Psychologie) vorhanden.

Leistungsdiagnostik schließt ein:

■ das Erfassen von bestimmten Kenngrößen, Kennlinien oder Merkmalen des aktuellen Leistungsvollzuges sowie von Kenngrößen der wesentlichsten personalen Leistungsvoraussetzungen;

■ das Werten und Beurteilen der Ergebnisse durch vergleichende Betrachtungen. Dieses Werten und Beurteilen ist ein wichtiger Schritt, ohne den Leistungsdiagnostik nicht vollständig ist. Er ist zugleich auch eine wesentliche Grundlage für die Auswertung und Anwendung der Ergebnisse der Leistungsdiagnostik in ihren verschiedenen Aufgabenbereichen;

■ die Anwendung der zur Ermittlung der verschiedenen Kenngrößen der komplexen sportlichen Leistung und der Leistungsvoraussetzungen einzusetzenden Untersuchungsverfahren:

– Trainingsmethodische Untersuchungsverfahren (Leistungskontrollverfahren, sportmotorische Tests, Beobachtungs- und Analyseverfahren, z. B. Wettkampfanalyse)

– Untersuchungsverfahren der Biomechanik, Biochemie, Physiologie, Sportmedizin und Sportpsychologie.

In Anlehnung an LETZELTER/LETZELTER (1983, S. 13) lassen sich fünf *Aufgabenbereiche der Leistungsdiagnostik* nennen, die vorrangig von der Trainingswissenschaft zu lösen sind:

■ Beitrag zur Aufklärung des Systems der Wettkampfleistung, des Systems der individuellen Leistungsfähigkeit;

■ Vervollkommnung der Kontrollverfahren, insbesondere ihrer Aussagekraft in bezug auf die Wettkampfleistung;

■ Ableitung/Weiterentwicklung von Führungsgrößen/Normwertbereichen;

■ Ständige Vervollkommnung der Diagnostikprogramme;

■ Wesentliche Unterstützung der Leistungs- und Trainingssteuerung.

Zur Realisierung der genannten Untersuchungsverfahren sowie der Aufgabenbewältigung sind

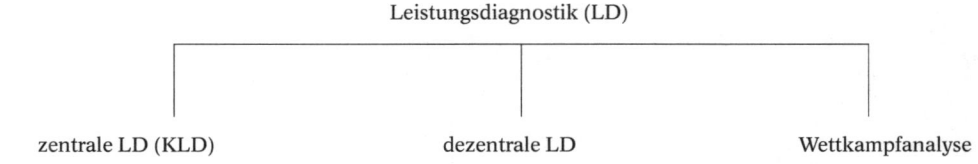

Abbildung 6.2.-4   *Formen der Leistungsdiagnostik* (nach REISS/MEINELT 1983)

in einem interdisziplinären Ansatz in Anlehnung an REISS/MEINELT (1983, S. 20) die in Abb. 6.2.-4 dargestellten Formen der Leistungsdiagnostik zu unterscheiden.

Die *zentrale Leistungsdiagnostik* ist die wirkungsvollste Form der Leistungsüberprüfung, weil zu trainingsmethodisch relevanten Zeitpunkten im Jahresverlauf die Sportler eines Kaderkreises die Möglichkeit erhalten, ein von wissenschaftlichen Teams durchgeführtes, unter standardisierten Bedingungen stattfindendes, trainingsmethodisch bestimmtes, komplexes und interdisziplinäres Überprüfungsprogramm absolvieren zu können. In der Trainingspraxis wird dafür auch häufig der Begriff der KLD (Komplexe Leistungsdiagnostik) verwandt.

Die *dezentrale Leistungsdiagnostik* wird unter den gegebenen örtlichen Bedingungen in den Vereinen, Olympiastützpunkten bzw. Bundesleistungszentren durchgeführt. Hierbei stehen vor allem Tests zur Überprüfung einzelner Leistungskomponenten im Mittelpunkt.

Die *Wettkampfanalyse* ist eine wichtige Methode des trainingswissenschaftlichen Erkenntnisgewinns. Sie erlaubt vor allem Aussagen über die Leistungsentwicklung und Leistungsstabilität unter Wettkampfbedingungen. (Vgl. auch THORHAUER u.a. 1990, S.120–122) Komplexe Verfahren sind vor allem in den Sportspielen und Zweikampfsportarten von Bedeutung. Das Streben nach höherer Wirksamkeit der Leistungs- und Trainingssteuerung hat u.a. dazu geführt, daß heute die meisten Sportarten standardisierte Meß- und Kontrollverfahren auf Laborbasis durchführen. Insbesondere die Form der zentralen Leistungsdiagnostik mit der entsprechend notwendigen Meß- und Untersuchungsbasis wurde im Leistungssport als zentrale Aufgabe für die möglichst objektive Leistungserfassung in der überwiegenden Mehrzahl der Sportarten national wie international angesehen und in den 80er Jahren rasant entwickelt. Als typisches Beispiel für den fortgeschrittenen Stand der komplexen Leistungsdiagnostik kann Abb. 6.2.-5 dienen.

Im Mittelpunkt dieser Form der Leistungsdiagnostik stehen meist *Wettkampfsimulationstests*, die die realen Wettkampfsituationen unter Laborbedingungen nachahmen sollen. In Ausdauersportarten sind zum Beispiel sportartspezifisch ausgelegte Ergometertests vielfach die Grundlage für die Erfassung der komplexen sportlichen Leistung. (Tab. 6.2.-4)

Der Vorteil dieser Wettkampfsimulationstests liegt vor allem in der direkten Abnahme von leistungsrelevanten Parametern der Wettkampftätigkeit wie beispielsweise Geschwindigkeit, Vortrieb, Kraft-Zeit-Verlauf, Herzfrequenz, Laktat. Gegnereinwirkung und taktische Varianten, die im realen Wettkampfgeschehen unzweifelhaft das Resultat maßgeblich mitbestimmen, werden vernachlässigt.

Die Schwierigkeiten bei der Erfassung der komplexen sportlichen Leistung werden in den Sportspielen, den Zweikampfsportarten und den technisch-kompositorischen Sportarten noch dadurch erhöht, daß hier die Wettkampfleistung nicht direkt meßbar ist, demzufolge sich die Leistungsdiagnostik auf die Erhebung von objektivierbaren Teilleistungen beziehen muß. Die Aussagemöglichkeiten der zentralen Leistungsdiagnostik sind hier begrenzt und müssen durch enge Verknüpfung mit der Wettkampfanalyse ergänzt werden. Damit werden generell die Reserven der Leistungsdiagnostik erkennbar. Leistungsdiagnostik, insbesondere die komplexe, kann nur soweit aussagefähig sein, wie das System der sportlichen Leistung der betreffenden Sportart aufgeklärt ist. Daher ist der Terminus „komplexe Leistungsdiagnostik" lediglich Anspruch, nicht aber trainingswissenschaftliche Gegebenheit. (Vgl. 2.1.5.)

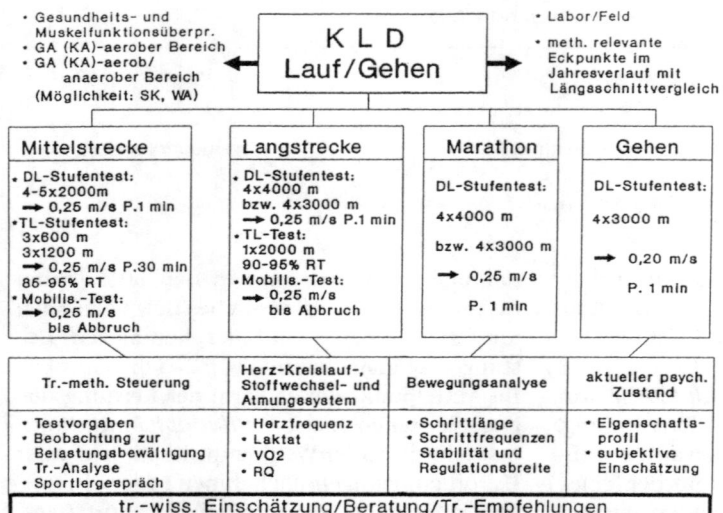

Abbildung 6.2.-5
Programm der komplexen Leistungsdiagnostik (KLD) der Sportart Leichtathletik, Disziplinen Lauf/Gehen im Überblick
(REISS/GOHLITZ 1994)
GA – Grundlagenausdauerfähigkeit; KA – Kraftausdauerfähigkeit; SK – Schnellkraftfähigkeit; WA – wettkampfspezifische Ausdauerfähigkeit; DL – Dauerlauf; TL – Tempolauf; VO – Vitalkapazität; RQ – respiratorischer Quotient; RT – Renntempo (Wettkampfgeschwindigkeit); P – Pause

Von besonderer Bedeutung für die trainingsmethodische Einbindung der Leistungsdiagnostik in das System der Leistungs- und Trainingssteuerung sind folgende Sachverhalte:

■ Leistungsdiagnostik muß einen engen Bezug zum System der sportlichen Leistung aufweisen. Dabei gilt es vor allem, die Hauptkettenglieder der Leistung, die leistungsbestimmenden Faktoren, zum Gegenstand der Leistungsdiagnostik zu machen und ihren Ausprägungsgrad, ihr Entwicklungsniveau differenziert zu beurteilen. (Vgl. REISS/GOHLITZ 1994)

■ Der enge Zusammenhang von Leistungsdiagnostik und prognoseorientierten Führungsgrößen für die komplexe Wettkampfleistung wie auch für die determinierten Teilleistungen bestimmt maßgeblich die Leistungs- und Trainingssteuerung. Der Ausarbeitung von Führungsgrößen/Normwertbereichen ist daher besondere Aufmerksamkeit zu widmen.

■ Die Wirksamkeit der Leistungs- und Trainingssteuerung wird maßgeblich durch den koordinierten Einsatz von zentraler Leistungsdiagnostik, dezentraler Leistungsdiagnostik und Wettkampfanalyse erhöht. Insbesondere die komplexe Leistungsdiagnostik und die Wettkampfanalyse sollten daher in den Rahmentrainingskonzeptionen der Verbände zu den trainingsmethodischen Eckpunkten im Jahresverlauf bzw. zu den wichtigen Wettkämpfen geplant werden.

■ Ergebnisse der Leistungsdiagnostik behalten nur dann ihren unmittelbaren und aktuellen Nutzen, wenn eine schnelle Rückinformation an Trainer und Sportler erfolgen kann. Nach STARK (1991, S. 11) sind erfahrungsbedingt bei der zentralen Leistungsdiagnostik 2 bis 4 Tage nicht zu überschreiten. Daher sollte hierbei in erster Linie der konzentrative und praktisch nutzbare Aspekt beachtet werden.

■ Je genauer die Diagnostik der sportlichen Leistung und ihrer Komponenten ist, desto sicherer ist auch die Leistungs- und Trainingssteuerung. Das Bemühen um hohe Objektivität setzt einen hohen Aufwand an Zeit für die Erfassung und Auswertung des Datenmaterials sowie einen hohen Finanzaufwand für die gerätetechnische Ausrüstung voraus, die nicht immer mit den Sachzwängen vereinbar sind. Daher gilt auch als Anforderung an die Leistungsdiagnostik: Nicht so objektiv wie möglich, sondern so objektiv wie nötig.

■ Die im Zusammenhang mit der Interdisziplinarität der Leistungsdiagnostik stehende Erhebung einer großen Anzahl von Zustandsgrößen wird bei der Auswertung nur dann zur Überwindung der isolierten Parameterinterpretation führen, wenn die Komplexität der sportlichen Leistung berücksichtigt wird. Die Ausarbeitung von Interpretationsalgorithmen leistet dabei wertvolle Unterstützung. (Vgl. NEUMANN u.a. 1993, S. 183)

Tabelle 6.2.-6 *Sportartspezifische Ergometer in Ausdauersportarten* (nach PFÜTZNER u. a. 1993, S. 38)

Schwimmen	Rad	Lauf/Skilanglauf/ Biathlon	Rudern/Kanu
Strömungskanal, Biobank	Fahrrad- ergometer	Kippbare Laufbänder, Laufbänder für Skatingtechnik	Ruderkanal, Kanuströmungskanal

Zur Trainingsdiagnostik

In enger Verbindung mit der Diagnose der sportlichen Leistung und den Leistungsvoraussetzungen steht die Diagnose des sportlichen Trainings. Ursachenforschung zum Zustandekommen der sportlichen Leistung erfordert die möglichst *genaue Kenntnis der Inhalte des tatsächlich absolvierten Trainings*. Wesentliche Voraussetzung dafür ist die schriftliche Fixierung quantifizierbarer Kenngrößen des sportlichen Trainings. Darüber hinaus sind trainingsbegleitende diagnostische Maßnahmen wie Trainingsmitteluntersuchungen und Ermittlung von Wirkungsrichtungen von Bedeutung, die gemeinsam mit den fixierten Inhalten erst die Trainingsdiagnose ermöglichen, bisher jedoch vernachlässigt bzw. zeitbedingt nicht hinreichend realisiert wurden.

Üblich sind Aufzeichnungen über das vom Sportler absolvierte Training in detaillierter Form mittels freiem oder standardisiertem *Trainingsprotokoll*. Grundeinheit des Protokollierens ist die Trainingseinheit. Nach HARRE (1986, S. 221) werden neben den allgemeinen Angaben (wie Sportlernummer und -name, Datum usw.) aufgezeichnet:

– Dauer der Belastung (Belastungsumfang);
– zeitlicher Ablauf von Belastung und Erholung (Belastungsdichte/-intensität);
– möglichst quantitative Angaben zu den absolvierten Belastungsverfahren;
– Angaben zur Belastungsstruktur;
– Trainingsinhalte und -methoden;
– Organisationsformen.

Die Aufzeichnungen müssen die „Paßfähigkeit" zur Planung und die Reproduzierbarkeit der Hauptinhalte des Trainings in der zeitlichen Reihung bei vertretbarem Aufwand sichern.

SCHNABEL/THIESS (1993, S. 885) verweisen in diesem Zusammenhang auf die Verwendung von Symbolen und Abkürzungen für nichtquantifizierbare Trainingsinhalte (z. B. für technisch-taktisches Handeln). CARL (1992, S. 523) hebt die Notwendigkeit des Erfassens der während des Trainings erhobenen Leistungsdaten hervor.

Die Trainingsprotokolle bilden die Grundlage für die *Trainingsdokumentation*, einer zusammengefaßten Aufzeichnung des absolvierten Trainings über einen definierten Zeitraum (Mikro-, Meso- bzw. Makrozyklus). Die Trainingsdokumentation ist die Basis für alle nachfolgenden Schritte zur Auswertung des absolvierten Trainings.

Ergänzende Formen der Trainingsdokumentation sind *Trainingstagebücher* von Sportlern und Trainern, da hierin insbesondere die unmittelbar nach der Bewältigung von unterschiedlichen Belastungsanforderungen (wie Training, Leistungskontrolle, Wettkämpfe) registrierte Beanspruchung sowie die erlebten Empfindungen und Emotionen dokumentiert sind.

Methodologisch bedient sich die Trainingsdiagnostik vor allem der Analyse. Eine aussagefähige *Trainingsanalyse* gelingt nur bei Konzentration auf die

– leistungsbestimmenden Trainingsinhalte und -strukturen in ihrer Verlaufsdynamik;
– Intensitätssteigerungen in den Haupttrainingsbereichen;
– zyklische Gestaltung der Trainingsbelastung;
– Dynamik von Belastung und Erholung in den Mikro- und Mesozyklen
(Vgl. REISS/MEINELT 1985, S. 134)

Die erheblichen Vorteile der Informatik und der modernen, leistungsfähigen Rechentechnik wurden in den letzten Jahren auch für die Effektivierung der Trainingsanalyse genutzt. Die zeitliche Reduzierung des Aufwandes für die Auswertung des gewonnenen Datenmaterials ist dabei nur ein Aspekt, die Möglichkeit der mathematisch-statistischen Beschreibung des

dokumentierten Trainings und damit eine wissenschaftliche Ursache-Wirkung-Erklärung ein zweiter wesentlicher Aspekt dieser Modernisierung. Gleichzeitig gewinnen die Voraussetzungen für eine effektive Trainingsanalyse ein mehrfaches an Bedeutung:
– Fähigkeitsorientiertheit
– Zeitbezug
– Trainingsinhaltsabhängigkeit.
(Abb. 6.2.-6)
Einschränkend muß betont werden, daß es nur für ganz wenige Sportarten möglich ist, alle wesentlichen qualitativen und quantitativen Trainingsparameter zu erfassen und somit zu analysieren.

STARK (1991, S. 11) stellt deshalb auch fest, daß bisher für keine Sportart eine erforderliche multiple Trainingswirkungsanalyse ausgearbeitet und einsetzbar ist. „Aus diesen Gründen bleibt der Wirkungsvergleich im Trainingsabschnitt zwischen absolviertem Training und verändertem Leistungsniveau ein empirisches, d.h. durch viele Erfahrungen gestütztes Anliegen." (ebenda, S. 11)

6.2.3.4.　Schlußfolgerungen – Empfehlungen

Die aus der Leistungsdiagnostik/Trainingsdiagnostik gewonnenen Erkenntnisse sind wichtige Voraussetzungen sowohl für die Sicherung der Zielrealisierung des Trainingsplanes als auch für die Präzisierung. Die Wertungen zu den Leistungsfortschritten oder -rückständen, der Vergleich mit dem Trainingsplan und die entsprechend notwendigen Vorschläge für das nachfolgende Training sind im Hochleistungstraining nur von einem Team von erfahrenen Mitarbeitern zu realisieren. Die aussagefähigste Leistungsdiagnostik nützt niemandem, wenn ihre Ergebnisse nicht in das weitere trainingsmethodische Vorgehen eingebettet werden. Die Schlußfolgerungen/Empfehlungen sind daher ein ganz wichtiger Bestandteil – sozusagen der Kulminationspunkt – der Leistungs- und Trainingssteuerung, weil hier bestimmt wird, wie wirkungsvoll Leistung und Training gesteuert werden können.

Schlußfolgerungen erwarten die Trainer vor allem zu den *trainingsmethodischen Eckpunkten des weiteren Leistungsaufbaus.* Dazu gehören u. a.
– die Kennzeichnung der für die Zielrealisierung erforderlichen Trainingsinhalte und -struktur;
– die Kennzeichnung der künftig zu realisierenden Dynamik von Belastung und Erholung entwicklungsbestimmender Trainingsschwerpunkte.
Erfahrungen im Hochleistungssport bestätigen

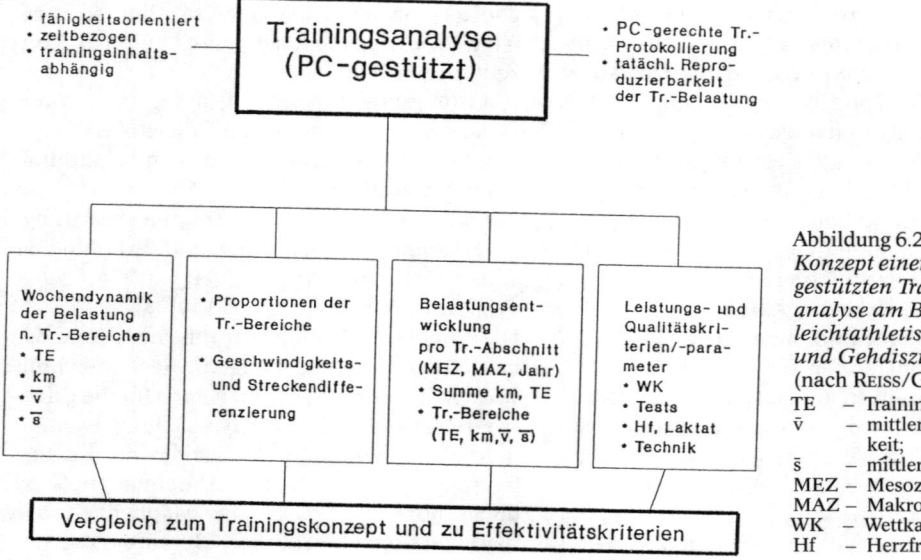

Abbildung 6.2.-6
Konzept einer PC-gestützten Trainingsanalyse am Beispiel der leichtathletischen Lauf- und Gehdisziplinen
(nach REISS/GOHLITZ 1994)
TE　– Trainingseinheit;
v̄　– mittlere Geschwindigkeit;
s̄　– mittlere Streckenlänge
MEZ – Mesozyklus;
MAZ – Makrozyklus;
WK　– Wettkampf;
Hf　– Herzfrequenz

daß es sinnvoll ist, das durch Leistungs- und Trainingsdiagnostik vorbereitete Datenmaterial durch eine Steuergruppe bearbeiten und beraten zu lassen, die als ständige Arbeitsgruppe zu den Terminen der komplexen Leistungsdiagnostik zusammenkommt. Sie ist jenes Gremium, das aufgrund seiner Zusammensetzung mit erfahrenen Trainern, Trainingswissenschaftlern und Ärzten die kompetenten Entscheidungen für die Fortführung des Trainings zum Erreichen der Zielstellung treffen kann.

6.2.3.5. Leistungs- und Trainingssteuerung im Nachwuchstraining

Nach einhelliger Auffassung der Trainingswissenschaft ist *Nachwuchstraining kein „Mini-Erwachsenen-Training"*, sondern hat seine eigenen, von der Struktur der zukünftigen Wettkampfleistung zwar abgeleiteten, jedoch strukturell und inhaltlich die Besonderheiten des Wachstums und der Entwicklung berücksichtigenden Zielsetzungen.

Folgt man den in diesem Buch formulierten Grundsätzen zum Nachwuchstraining, so ist dieses Training auf etappenspezifische Aufgaben auszurichten. Nicht die Entwicklung der komplexen sportlichen Leistung ist demzufolge der Hauptgegenstand der Leistungs- und Trainingssteuerung, sondern die Lösung etappenspezifischer Aufgaben in Ausrichtung auf künftig zu erbringende Wettkampfresultate. In der Endkonsequenz heißt das, die Hauptinhalte des Trainings müssen kontrollierbar sein bzw. gemacht werden. Im Zentrum leistungsdiagnostischer Überlegungen stehen daher

■ Elemente, die das Erfassen der führenden Etappenspezifika sichern. Dies sind u. a.
– der Entwicklungsstand technisch-koordinativer und technisch-taktischer Leistungsvoraussetzungen (bezogen auf das jeweils formulierte Anforderungsprofil);
– der Ausprägungsgrad der Schnelligkeits- und Schnellkraftfähigkeiten;
– psychisch-pädagogische Determinanten (wie selbständiges Handeln, Motivation).
■ Biologische Voraussetzungen, die Einfluß auf die Belastbarkeit des Sportlers und damit auf die Differenzierung des Trainings haben, wie

– Kriterien des biologischen Alters;
– große Wachstumsschübe;
– muskuläres Gleichgewicht.
■ Indikatoren der allgemeinen sportlichen Leistungsfähigkeit.

Auf die besondere Problematik der Frühspezialisierung im Nachwuchbereich weisen viele Autoren hin. (Vgl. u. a. RAHN 1975; BORDE 1982; HARRE 1986; GROSSER/BRÜGGEMANN/ZINTL 1986; MARTIN 1991) Die Leistungs- und Trainingssteuerung und die dadurch gewonnenen Aussagen haben sich daher vorrangig nicht auf kurzfristige Wirkungen zu richten, sondern sind auf die Entwicklung im langfristigen Leistungsaufbau zu orientieren.

6.3. Eignungsdiagnostik und Auswahl

Ein Grundelement im Trainingssystem einer Sportart sind die trainierenden Sportler. Besteht die Zielstellung darin, im langfristigen Trainingsprozeß sportliche Höchstleistungen zu erreichen, dann ergeben sich Anforderungen an den Trainingsbeginn in einem bestimmten Lebensalter, an die Gestaltung des Trainings unter Beachtung der Gesetzmäßigkeiten der Individualentwicklung sowie an die prozeßimmanente Eignungsdiagnostik.

6.3.1. Ziel und Aufgaben

Ziel der Eignungsdiagnostik sind Aussagen über die Entwicklungschancen junger Menschen für ihre leistungssportliche oder freizeitsportliche Betätigung in konkreten Sportarten bzw. -disziplinen. Dazu sind alle möglichen Eignungsgrade junger Menschen zu diagnostizieren
– außergewöhnlich hohe Eignungsgrade der Talente wie auch mittlere Eignungsgrade von Normalbegabten. Dadurch wird u. a. auch die Lenkung normalbegabter junger Menschen zu jenen Sportarten möglich, in denen sie aufgrund ihrer am stärksten ausgeprägten persönlichen Eignung am ehesten Freude und Erholung finden können.

Eignungsaussagen sind prognostische Aussagen, sind Voraussagen möglicher Leistungen. Solche Aussagen werden möglich, wenn die erzielten sportlichen Leistungen der eignungsdiagnostisch zu Beurteilenden an ihrem Alter (Kalenderalter, biologisches und Trainingsalter) beurteilt werden. Das Eintreffen solcher Prognosen ist stets abhängig von den inneren (personalen) und äußeren Bedingungen (Ausbildungsbedingungen), die im prognostizierten Prozeß wirksam werden. Eignung ist somit keine stabile Eigenschaft des Menschen im Entwicklungsprozeß. Sie verändert sich mit der Veränderung jener inneren und äußeren Bedingungen, die zur Wirkung kommen. Der Grad der Eignung eines Menschen ist demnach wesentlich durch die ihm ermöglichten und zur Wirkung gekommenen Entwicklungsbedingungen mitbestimmt.

Das Ziel der Eignungsdiagnostik darf somit nicht nur als eine Feststellung (lediglich passive Beurteilung) eines Zustandes in der Entwicklung des Individuums begriffen werden. Eignungsdiagnostik ist an die Entwicklung der Leistungsvoraussetzungen der Sportler in Training und Wettkampf gebunden. Die Aufgaben der Eignungsdiagnostik leiten sich aus der Zielstellung der Auswahl ab. Da die Ziele der Auswahl in den Etappen eines Fördersystems verschieden sind, sind auch die durch die Eignungsdiagnostik zu lösenden Aufgaben verschieden. Die Aufgabe der Eignungsdiagnostik bei der Auswahl von Kindern aus dem Kreis der Nichttrainierenden besteht z. B. darin, jene personalen Voraussetzungen auf ihre Entwicklungsmöglichkeit zu prüfen, die bereits bis zu einem bestimmten Grad ausgeprägt[1] und für eine erfolgreiche Leistungsentwicklung notwendig sind. Wenn dagegen Sportler für Wettkampfmannschaften auszuwählen sind, z. B. für Europa-meisterschaften, müssen kurzzeitige Leistungsprognosen ausgearbeitet werden.

6.3.2. Auffassungen und Konzepte

Das Problem der Talentsuche beschäftigt nicht nur die Sportwissenschaft. Auch die Psychologie und Pädagogik stellen sich diesem Problem, um Methoden zu entwickeln, durch die Talente frühzeitig erkannt und langfristig gefördert werden können.

Der *allgemeine Erkenntnisstand* läßt sich wie folgt zusammenfassen: Da die Praxis, die Trainer und Lehrer das Problem der Talentfrüherkennung nicht mit ausreichender Sicherheit lösen können, versucht die Wissenschaft mit spezifischen Untersuchungsmethoden die Leistungsfähigkeit in einzelne Komponenten zu zerlegen, um jene Parameter zu finden, die als Eignungskriterien zuverlässig Leistungsprognosen ermöglichen. Die durch äußere Bedingungen nicht in ihrer Entwicklung zu beeinflussenden genetisch bedingten Parameter der Leistungsfähigkeit werden für solche prognostisch relevanten Parameter gehalten. (Vgl. ZACIORSKIJ u. a. 1974; HARSANY/MARTIN 1986).

Des weiteren versucht besonders die Psychologie den Zusammenhang zwischen den individuellen Merkmalen der Bewerber und den Anforderungen für eine erfolgreiche Berufsausübung zu erfassen, um daraus Methoden und Kriterien zu konstruieren, die Eignungsaussagen ermöglichen. (Vgl. u. a. BRAMBRING 1983; CLAUSS 1976).

Ein weiteres Konzept versucht durch die Erfassung der Zuwachsraten in der Leistungsentwicklung sowie in den Parametern der Leistungsfähigkeit auf die künftige Entwicklung zu schließen. (HARRE u. a. 1986; SIRIS 1974)

Diese verschiedenen Auffassungen und Konzepte zur Lösung der Talentfrüherkennung zeigen: Erstens existieren weit auseinandergehende Vorstellungen zur Problemlösung, was vor allem aus den unterschiedlichen Auffassungen resultiert, die zu den Begriffen Eignung, Begabung, Talent vertreten werden. *Zweitens* sind die entwickelten Eignungskriterien meist unsicherer als „das Auge" des erfahrenen Trainers.

---

[1] Zu Beginn einer sportlichen Leistungsentwicklung sind solche komplexen Fähigkeiten wie die taktischen Fähigkeiten eines Judokas nicht einmal in ihren Anfängen ausgebildet. Sie lassen sich demzufolge auch nicht eignungsdiagnostisch beurteilen. Kraft, Schnelligkeit, körperbauliche Voraussetzungen haben sich hingegen durch vielfältige Entwicklungsbedingungen auch bei nichttrainierenden Kindern bereits herausbilden können und sind deshalb einer eignungsdiagnostischen Beurteilung zugängig.

Tabelle 6.3.-1   *Kontrollübungen und Normative für die Auswahl junger Mittelstreckler*
(aus: Leistungssport 19 [1989] 6, S. 21)

Kontrollübungen/ Normative	Jungen 11 Jahre	Mädchen 11 Jahre	Jungen 12 Jahre	Mädchen 12 Jahre
30 m fliegend (s)	4,1	4,3	3,9	4,1
60 m Hochstart (s)	8,7	9,2	8,5	9,0
300 m (s)	48	51	46	49
800 m (min)	2:40	–	2:28	–
600 m (min)	–	2,05	–	1,56
Standweitsprung (cm)	180	175	190	180
Vitalkapazität (cm³)	2200	2000	2400	2200
Max. aerobe Kapazität (l/min)	2,50	2,20	2,80	2,50
Atemanhalten (s)	65	60	75	70

Bisherige Untersuchungsergebnisse verweisen darauf, daß die Entwicklung von Methoden der Eignungsbeurteilung das Ganze – die Eignung der Sportlerpersönlichkeit – zum Gegenstand haben sollte. Mit interdisziplinärer Arbeit von Pädagogen, Psychologen und Biowissenschaftlern könnten echte Fortschritte auf dem Gebiet der Talentfrüherkennung erreicht werden.

Die unzureichenden Ergebnisse der Wissenschaft zwingen die Praktiker, ihre eigenen Wege zu gehen. Ihre Tätigkeiten und Erfahrungen verweisen sie dabei ungewollt oder gewollt immer wieder auf die Leistung und deren Entwicklung. Dazu werden meist Normen (Kriterien oder Anforderungsprofile) verwendet. (Vgl. Tab. 6.3.-1) Erfüllen Sportler diese Normen, gelten sie als geeignet.

Solche Normen ermöglichen keine sicheren Eignungsaussagen, sie können nur Hilfsmittel für die Auswahl sein. Ihre Unzulänglichkeit für Leistungsprognosen hat folgenden Grund: Die Widerspiegelung der Entwicklung ergibt sogenannte „Sättigungskurven", deren Kurvenanstieg mit zunehmender Entwicklungszeit geringer wird.

Dieser Sachverhalt wird durch Abb. 6.3.-1 verdeutlicht. Angegeben ist für Trainierende ein Entwicklungsraum der sportlichen Leistungen in Abhängigkeit vom Alter[1] (Entwicklungsalter). Dieses Entwicklungsalter[2] setzt sich aus kalendarischem, biologischem und Trainingsalter zusammen. Für 13jährige sei der angegebene Bereich des Entwicklungsalters auf der Abszisse gültig. Am Beispiel der markierten Leistungen der Sportler A und B wird ersichtlich, daß

Sportler A die Leistungen des Sportlers B überhaupt nicht erreichen kann. Er ist dafür zu jung. (Die Leistungen der jüngeren Kinder sind naturgemäß geringer.)

Im Widerspruch zu den Entwicklungskennlinien verhalten sich Normen bzw. Kriterien. Graphisch veranschaulicht schneiden sie Entwicklungslinien in der dargestellten Art. Sie sind demnach wie alle herkömmlichen Normen (Anforderungsprofile, Auswahlkriterien) nicht entwicklungsgerecht. Sie sind Niveaukennziffern, die nur einen Zustand beschreiben bzw. abfordern. Ihre Anwendung zeigt weder das Talent, noch können sie die Eignungsgrade von jungen Sportlern ausweisen. Sie kennzeichnen ältere Sportler und bewirken bei der Auswahl von Sportlern, die die in Tab. 6.3.-1 aufgestellten Normen erfüllen, eine Deformation der altersmäßigen Zusammensetzung von Sportlergruppen. Das zeigen unter anderem Besten-

---

[1] Gewöhnlich wird nur das Kalenderalter, oft auch nur die Schulklassenzusammengehörigkeit oder sogar nur die Einordnung in Altersgruppen wie Schüler A oder B, die häufig aus zwei Schuljahrgängen bestehen, als Maß des Alters von Kindern und Jugendlichen gesehen. Andere Alterskategorien wie biologisches Alter und Trainingsalter haben jedoch einen weitaus größeren Einfluß auf die sportliche Leistungsfähigkeit und ihre Entwicklung. Daraus ergibt sich die Notwendigkeit, alle die Altersangaben bei der Beurteilung von Leistungen und ihren Parametern zu berücksichtigen, von denen deren Entwicklung maßgeblich bestimmt wird. Das sind für die Entwicklung sportlicher Leistungsfähigkeiten meist die drei Alterskategorien kalendarisches, biologisches und Trainingsalter.

[2] Das Entwicklungsalter hat im Sport seine relativ bestimmbaren Grenzen (das Hochleistungsalter, das Reifungsalter und auch die Anzahl der notwendigen Trainingsjahre sind bis auf geringe Abweichungen bestimmbar).

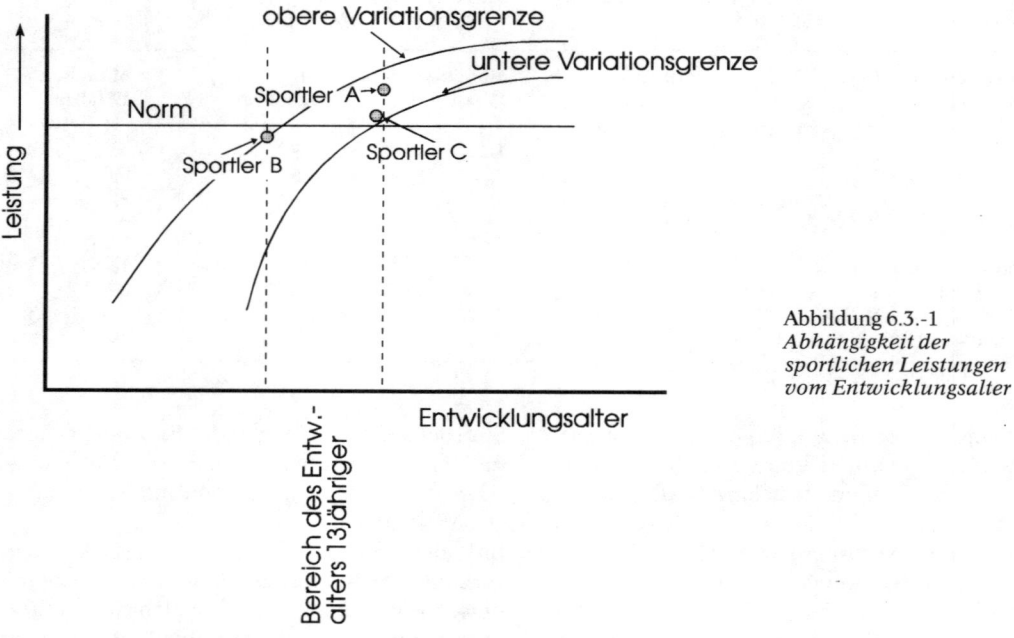

Abbildung 6.3.-1
*Abhängigkeit der
sportlichen Leistungen
vom Entwicklungsalter*

listen von Altersklassen oder Rekordlisten, wie beispielsweise die in Tab. 6.3.-2 angeführten Zahlen belegen.

Die Tabelle weist nach, daß Deformationen der altersmäßigen Zusammensetzung nicht durch willkürliche Auswahl der untersuchten Personen zustande kommen, sondern daß naturgemäß ältere Kinder im allgemeinen höhere Leistungen erreichen. Normen wie die in Tab. 6.3.-1. angeführten sind deshalb ungeeignet. Solche Eignungs- bzw. Auswahlkriterien begünstigen die jeweils Älteren, trennen nicht Begabte von Unbegabten. Solche Normen berücksichtigen des weiteren nicht, daß in ein und derselben Sportdisziplin Sportler mit sehr unterschiedlich ausgeprägten Leistungsvoraussetzungen gleich hohe Weltspitzenleistungen erzielen.

Was der eine Sportler durch mehr Kondition an Leistung erzielt, kann ein anderer z. B. durch eine bessere Bewegungskoordination ausgleichen. Normen o. a. Struktur berücksichtigen nicht die Individualität von Sportlern.

Entsprechend der dargestellten Situation so-

Tabelle 6.3.-2   *Beziehungen zwischen Rekorden und Geburtsmonaten der Rekordhalter*
(aus: Schwimmsport, Heft 12, 1986)

Altersklasse	ältere Jungen	jüngere Jungen	ältere Mädchen	jüngere Mädchen
11	13 Rekorde	0 Rekorde	13 Rekorde	0 Rekorde
12	13 Rekorde	0 Rekorde	6 Rekorde	7 Rekorde
13	8 Rekorde	5 Rekorde	6 Rekorde	7 Rekorde
14	13 Rekorde	0 Rekorde	5 Rekorde	8 Rekorde
15	10 Rekorde	3 Rekorde	3 Rekorde	10 Rekorde
16/17	10 Rekorde	3 Rekorde	4 Rekorde	9 Rekorde
18 und älter	5 Rekorde	6 Rekorde	4 Rekorde	10 Rekorde

Anmerkung: *Ältere* Jungen/Mädchen sind jene, die zwar der gleichen Schulklasse angehören, jedoch zu der „älteren Hälfte" gehören (geboren von Juli bis Dezember).

wohl in der Wissenschaft als auch in der Praxis wurde im Leistungssport der DDR eine andere Richtung in der Eignungsforschung beschritten, die in enger Zusammenarbeit mit den Sportpraktikern zu relativ sicheren Methoden der Eignungsbeurteilung führte. Dieses Konzept suchte nicht nach den besonderen Merkmalen der Talente, sondern entwickelte Methoden, mit deren Hilfe die noch *mögliche Leistungsentwicklung* (Leistungsentwicklungsmöglichkeit) *junger Sportler geschätzt werden kann.* Weil jeder junge Sportler Leistungszuwachsraten erzielt, ganz gleich wie groß, standen dieser Untersuchungsrichtung viele Leistungs- und Entwicklungsdaten zur Verfügung, anhand derer analysiert werden konnte, unter welchen personellen Bedingungen sehr hohe Leistungszuwachsraten und unter welchen Bedingungen geringe erzielt werden.

Mit der Erarbeitung einer Methode zur Schätzung des künftig zu erwartenden Leistungszuwachses – als quantifizierter Ausdruck von Entwicklungsmöglichkeiten – wurden auch *individuelle Leistungsprognosen* möglich. Denn die Leistungsprognose ist (z. B. bei meßbarer Leistung wie dem Weitsprung) die Summe von aktueller Leistung eines Sportlers und dem noch zu erwartenden Leistungszuwachs. Diesen *Prognosemethoden* lagen folgende Auffassungen zugrunde:

• Die Größe des zu erwartenden Leistungszuwachses ist abhängig von der Größe der noch möglichen Ausprägung der Leistungsvoraussetzungen. Deshalb wird der zu erwartende Zuwachs in den Elementen der Leistungsfähigkeit zunehmend größer sein, je geringer die Elemente ausgeprägt sind. Vorteilhaft ist demnach, daß Sportler, die hohe Leistungen vollbringen, gering ausgeprägte – also noch entwicklungsfähige – Leistungsvoraussetzungen besitzen. (Die übliche Betrachtungsweise, daß Talente auch im Kindesalter über hoch ausgeprägte Parameter der Leistungsvoraussetzungen verfügen, wurde mit diesem Konzept verlassen.)

• Auch das Verhältnis von Leistungsresultat zur Ausprägung der Leistungsvoraussetzungen wurde in dieses Konzept eingeschlossen, weil Längsschnittuntersuchungen zeigten, daß Talente bereits im Kindesalter mit gering ausgeprägten Leistungsvoraussetzungen wesentlich

höhere Leistungen erzielten als weniger talentierte Sportler (detaillierte Ausführungen dazu s. KUPPER 1991).

Die seit fast drei Jahrzehnten entwickelten Methoden führten zu zunehmend sichererer Talentfrüherkennung. Letztlich basierten jedoch auch diese Fortschritte noch weitgehend auf Hypothesen. Sie waren jedoch Grundlage für die im folgenden dargestellte Theorie.

6.3.3. Eine Theorie der Eignung und der Talenterkennung

Daß, wie unter 6.3.1. erwähnt, *die Eignung eines Sportlers am Verhältnis seiner erzielten Leistung zur abgelaufenen Entwicklungszeit bestimmbar ist,* ist Resultat der Lösung jenes Problems, vor dem jede Talent- und Begabungs- bzw. Eignungsforschung steht. Das Problem einer sicheren Talentfrüherkennung besteht darin, daß zwei oder mehrere Talente im Hochleistungsalter zwar die Gemeinsamkeit außergewöhnlich hoher Leistungen besitzen, im Kindesalter ihre Leistungen jedoch so verschieden sein können, daß sie sich nicht von denen Normalbegabter unterscheiden. Darin liegt das allgemeine Grundproblem (graphisch dargestellt in Abb. 6.3.-2), vor dem jegliche Talentfrüherkennung steht. Denn wären die Leistungen von Talenten im Kindesalter genauso außergewöhnlich wie im Hochleistungsalter, dann würde das Problem der Talenterkennung überhaupt nicht existieren. Die *Leistungen* der Kinder *wären* dann der einzige, *der exakteste Indikator* für die Talenterkennung.

Die in Abb. 6.3.-2 dargestellten Leistungen der zwei Talente weisen im Kindesalter jedoch eine Divergenz aus, obwohl beide gleich talentiert bzw. für Weltspitzenleistungen geeignet waren. Das Problem der Talentfrüherkennung weist jedoch eine Divergenz der infantilen Leistungen jener zwei Talente aus, die das Problem verkörpern. Obwohl beide bereits im Kindesalter talentiert bzw. für Weltspitzenleistungen geeignet waren. Sie mußten demzufolge auch im Kindesalter etwas Gemeinsames besitzen, was sie bereits zu dieser Zeit zu Talenten, zu Gleichgeeigneten macht und nicht zu Sportlern mit verschiedener Eignung. Dieses Gemeinsame,

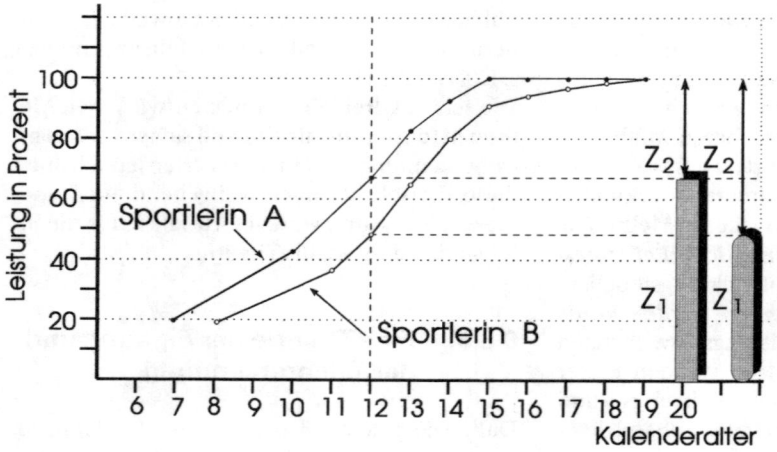

Abbildung 6.3.-2
Entwicklungsraten der sportlichen Leistungen der Sportlerinnen A und B vom Kinder- bis zum Seniorenbereich (Z = Zeitpunkt)

das sie von weniger Geeigneten trennt, muß trotz ihrer unterschiedlichen Leistungen im Kindesalter gefunden werden – und das ist das eigentliche Problem der Talent- oder Begabungsforschung! Aus der Graphik ist auch ableitbar, daß das Problem durch eine Analyse der Leistungsfähigkeit beider Sportlerinnen zu irgendeinem Zeitpunkt der Ontogenese nicht gelöst werden kann. Denn solche Analysen sind stets nur Momentaufnahmen – sie zeigen Zustände und nicht die Entwicklung. So weisen die Leistungen der beiden Sportlerinnen zum Zeitpunkt t_1 nichts anderes aus, als daß sie verschieden sind.

Wird jedoch die Entwicklung betrachtet, dann zeigt sich ein Gemeinsames jener beiden Talente, die das Problem der Talenterkennung bei unterschiedlichen Leistungen im Kindesalter verkörpern. Dieses Gemeinsame ist: Die Summe der Leistungsfortschritte, bestehend aus der Rate bis zum Zeitpunkt t_1 (Z_1) und jener ab t_1 bis zum Hochleistungsalter (Z_2), muß gleich groß sein, denn sie erreichen letztlich gleiche Höchstleistungen. Verschieden sind allerdings die einzelnen Entwicklungsraten. Zuerst hat die eine Sportlerin bis zum Zeitpunkt t_1 die größere Entwicklungsrate erreicht, danach mußte die Entwicklungsrate der anderen größer sein. Nachweisbar ist, daß diese Unterschiede in den Entwicklungsraten nicht zufällig sind, sondern auf individuellen Besonderheiten beruhen.

Dieses individuelle Tempo der Leistungsent-

wicklung ist bei vielen sportlichen Leistungen vom Entwicklungsalter abhängig, das das kalendarische, biologische und das Trainingsalter berücksichtigt. Zwischen den Kindern einer Schul- bzw. Altersklasse können erhebliche Unterschiede von mehreren Jahren im Entwicklungsalter bestehen. Sie bringen älteren Kindern einer Altersklasse Leistungsvorteile und jüngeren Nachteile. So erreichten z. B. von zwei Weltklasseschwimmerinnen der 80er Jahre die Sportlerin A nach 7,5 Jahren Training im Alter von 15 Jahren Welthöchstleistungen, die Sportlerin B erst nach 10,5 Jahren Training im 18. Lebensjahr. Da beide Sportlerinnen derselben Altersklasse angehören und sie zu einem gleichen Zeitpunkt mit dem Training innerhalb eines gleichen Trainingssystems begannen, waren die äußeren Bedingungen ihrer Leistungsentwicklung annähernd gleich.

Welche Auswirkungen die Unterschiede einer 7,5jährigen Leistungsentwicklung gegenüber einer 10,5jährigen auf Leistungsbewertungen haben, wird am folgenden Rechenexempel deutlich: Nach 5 Jahren Training hatte Sportlerin A bereits 66 % ihrer Gesamtentwicklungszeit von 7,5 Jahren erreicht, bei Sportlerin B betragen diese gleichen 5 Jahre nur 48 % ihrer 10,5jährigen Entwicklungszeit. Das sind 19 %, also fast ein Fünftel, Differenz in den Entwicklungszeiten, die bei einer Leistungsbewertung auf Altersklassenbasis nicht berücksichtigt werden.

Dem höheren Entwicklungsalter der Sportlerin A zum Zeitpunkt t_1 entsprechen auch höhere Leistungen, und dem geringeren Entwicklungsalter der Sportlerin B geringere Leistungen bis zum 11. Lebensjahr. Da die verbleibende Entwicklungszeit von Sportlerin B noch größer war als die von Sportlerin A (52% gegenüber 33% bei Sportlerin A), war auch ein größerer Leistungszuwachs nach dem 11. Lebensjahr von Sportlerin B zu erwarten. *Es vollzieht sich demnach im Entwicklungsprozeß von gleich geeigneten Sportlern,* die im Kindesalter unterschiedliche Leistungen vollbringen, *ein Wechsel in der Größe der Leistungszuwachsraten.* Zuerst – bis zum Zeitpunkt t_1 – erzielen die im Entwicklungsalter älteren Sportler die höheren Leistungszuwachsraten, später die jüngeren Sportler, und dieser Wechsel in den Zuwachsraten verhält sich synchron zu der Größe der Entwicklungszeiten. Dieser Wechsel in den Zuwachsraten ist keine Einzelerscheinung, das belegen Rekordlisten genauso wie empirische Großzahluntersuchungen in vielen Sportarten, die solche Normen bei der Selektion von Talenten anwenden, wie sie oben beispielhaft dargestellt wurden. (Vgl. Tab. 6.3.-1)

Die Aussage über den *Zusammenhang von Leistungsentwicklung und Entwicklungszeit* kann somit weiter präzisiert werden: *Für Gleichgeeignete ist die Größe der Leistungszuwachsraten unter gleichen Entwicklungsbedingungen* (Training u. a. m.) *von der Größe der Entwicklungszeit bestimmt.*

Wenn keine Zeit mehr vorhanden ist, um sich an Trainingsreize anpassen zu können (z. B. bei Sportlern im Hochleistungsalter ist diese Entwicklungszeit nahezu ausgeschöpft), dann stagniert die Entwicklung, die bisherige Höchstleistung kann nur noch mit großem Aufwand über einige Zeit erhalten werden. Ist noch viel Zeit für die Entwicklung gegeben (z. B. bei Kindern), dann ist auch die Entwicklungsmöglichkeit groß. Das bedeutet nichts anderes, als daß die Entwicklungs*möglichkeit* (nicht jedoch die Wirklichkeit der künftigen Entwicklung) über die noch vorhandene Entwicklungszeit geschätzt werden kann. Ist diese Zeit groß, dann ist auch die Entwicklungsmöglichkeit groß; ist die Zeit gering, dann ist auch die Möglichkeit einer weiteren Entwicklung gering.

Eignung wäre nach dieser Auffassung am *Verhältnis von Leistung zur Entwicklungszeit* beurteilbar. Zwei Sportler können demnach im Kindesalter unterschiedliche Leistungen erzielen, und trotzdem sind beide gleich geeignet (sie sind z. B. Talente), wenn das Verhältnis ihrer Leistungen zu ihren Entwicklungszeiten gleich ist. (Das Verhältnis von 70% der Welthöchstleistung z. B. im Weitsprung, die ein Sportler erreicht, zu 70% seiner realisierten Entwicklungszeit, die er benötigte, um die dafür notwendige Leistungsfähigkeit zu entwickeln, ist gleich dem Verhältnis von 50% Leistung zu 50% Entwicklungszeit eines anderen Sportlers.) Gleiche Verhältnisse von Leistung zu Entwicklungszeit wären demnach das wirklich Gemeinsame von Talenten mit unterschiedlichen Leistungen im Kindesalter.

Im Verhältnis von Leistung zum Entwicklungsalter, durch das die Eignungsgrade bestimmt sind, verbergen sich eine Reihe wichtiger Sachverhalte, die nicht explizit ausgewiesen sind, beispielsweise:

● In der Relation von Leistung zu Entwicklungsalter sind jene Fesseln beseitigt, die Eignungs- bzw. Auswahlkriterien o.a. Form (vgl. Tab. 6.3.-1) dem Individuum anlegen. Der Zwang, ganz bestimmte Ausprägungen in den Leistungsvoraussetzungen zu erreichen, entfällt;

● Durch die Relation „Leistung zum Entwicklungsalter" wird Eignung beurteilt, ohne daß wesentliche Entwicklungsbedingungen wie Trainingsinhalte, Trainingsumfang und -häufigkeit berücksichtigt werden. Diese Entwicklungsbedingungen sind in der Relation Leistung zum Entwicklungsalter impliziert;

● Die verbleibende Entwicklungszeit eines Sportlers, als Ausdruck seiner Entwicklungsmöglichkeit, ist ungenannt als Restzeit im Entwicklungsalter enthalten. (Ein Entwicklungsalter von 70%, das ein Sportler erreicht hat, weist indirekt eine Restzeit von 30% aus.) Auch die durch die Restzeit bestimmte Entwicklungsmöglichkeit ist unabhängig von allen Entwicklungsbedingungen, die im künftigen Prozeß wirken werden. Werden alle Entwicklungsbedingungen (auch die personalen) hervorragend sein, dann verringert sich der Grad an Eignung nicht. Er verringert sich jedoch, wenn die Entwicklungsbedingungen unzureichend sind. Im letzteren Fall vergeht die Zeit der Entwicklung, ohne daß entsprechende Leistungsentwicklungen erzielt werden. Aus dieser Auffassung wird auch deutlich, daß Eignung keine konstante Eigenschaft ist, die dem Menschen stets erhalten bleibt, wenn er sie zu einem konkreten Zeitpunkt besitzt.

Einfluß auf die Eignung können wir aber nur über die Trainingsgestaltung nehmen. Denn die Entwicklungszeit als wesentlicher Parameter der Eignung läuft unabhängig von unserem Wollen ab. Deshalb müssen in einer bestimmten Entwicklungszeit auch anforderungs- und entwicklungsgerechte Leistungsvoraussetzungen durch gezielte sportliche Tätigkeit weiterentwickelt werden. Das ist nur über eine Trainingsgestaltung möglich, die der individuellen Altersdynamik der einzelnen Sportler folgt. Erste Untersuchungen weisen darauf hin: Der Grad der Eignung kann erhalten oder vergrößert werden, wenn 1. die Trainingsbelastung dem Entwicklungsalter der Sportler angepaßt wird und wenn 2. das Kinder- und Jugendtraining konsequent als Lerntraining gestaltet wird. Letzteres bedeutet Verzicht auf Augenblickserfolg im Kindes- und frühen Jugendalter durch forciertes Konditionstraining.

Zusammenfassend läßt sich feststellen: Die praktisch tätigen Trainer und Sportlehrer nutzen vorwiegend die Leistungen der Sportler für Eignungsbeurteilungen. Das ist nach unseren Theoriepositionen richtig und dem Beurteilen einzelner Leistungsvoraussetzungen vorzuziehen. Allerdings müssen für die Leistungsbewertung alle für die Entwicklung wesentlichen Alterskategorien (kalendarisches, biologisches und Trainingsalter) herangezogen werden. Dabei haben Talente – als Sonderform von Gleichgeeigneten – stets die gleichen Relationen zwischen sportlicher Leistung und Entwicklungsalter, d.h., es entsprechen z.B. 55 % Leistung auch 55 % des erreichten Entwicklungsalters.

6.3.4. Eignungsbeurteilung und Auswahl

Entsprechend den Aufgaben, die für verschiedene Etappen der Auswahl zu lösen sind, sind *2 Formen der Eignungsdiagnostik* zu unter-

scheiden: 1. Die *Eignungsbeurteilung für Nichttrainierende* und 2. *für Trainierende*. Die Eignung für Nichttrainierende kann nicht am Verhältnis zwischen sportartspezifischer Leistung und der dafür benötigten Entwicklungszeit gemessen werden, weil die dafür notwendige Leistungsfähigkeit noch gar nicht entwickelt ist. Nichttrainierende haben jedoch auch ohne gezielte Belastungsanforderungen einige Leistungsvoraussetzungen erworben, die im allgemeinen für eine erfolgreiche Leistungsentwicklung in einer konkreten Sportart erforderlich sind. Solche Leistungsvoraussetzungen sind z.B. bestimmte Körperbaumerkmale, allgemeine Körperkraft, Gewandtheit, Schnelligkeit u.a.m.

Für die Beurteilung von Körperbaumerkmalen ist das biologische Alter wesentlich. Merkmale der körperlichen Leistungsfähigkeit eignungsdiagnostisch zu beurteilen erfordert hingegen die Einbeziehung aller 3 Alterskategorien, weil ihre bisherige Entwicklung sowohl vom Kalenderalter, von der biologischen Reifung als auch von der Häufigkeit der allgemeinen sportlichen und freizeitsportlichen Betätigung mitbestimmt ist. Zusätzlich zur Erhebung von solchen Merkmalen der physischen Leistungsfähigkeit sind deshalb Informationen zum Kalenderalter, zum biologischen Alter und der Häufigkeit der freizeitsportlichen Betätigung in solchen sportlichen Tätigkeiten zu erfassen, die Einfluß auf die Ausprägung der erhobenen Merkmale der körperlichen Leistungsfähigkeit haben. Wenn z.B. die Ausdauerfähigkeit von Nichttrainierenden durch einen 5-Minuten-Lauf getestet wird, dann ist zusätzlich die Häufigkeit (selten, oft, sehr oft) der Betätigung in solchen Tätigkeiten zu erheben, die die Entwicklung der Ausdauerfähigkeit stimulieren (z.B. Radfahren). Sollen mit Hilfe solcher Informationen Auswahlentscheidungen getroffen werden, dann sind jene Nichttrainierende bevorzugt auszuwählen, die bei hoher Ausprägung der Merkmale der körperlichen Leistungsfähigkeit ein geringes kalendarisches, biologisches und Trainingsalter haben. Diese Form der eignungsdiagnostischen Beurteilung von einzelnen Leistungsvoraussetzungen der körperlichen Leistungsfähigkeit ist keine Beurteilung der komplexen Eignung für eine konkrete sportliche Tätigkeit. Sie kann lediglich prognostische Tendenzen zur künftigen Entwicklung dieser Voraussetzungen kennzeichnen. Sie ist deshalb unzureichend, weil sie weder die allgemeine Struktur erfaßt, d. h., sie erfaßt weder die Beziehungen, die bei allen Sportlern einer Sportart bzw. Disziplin zwischen den Faktoren der konkreten sportlichen Leistungsfähigkeit bestehen, noch kann sie das Individualtypische in der Struktur der Leistungsfähigkeit erfassen. Die individuelle Struktur der sportlichen Leistungsfähigkeit wird erst dann eignungsdiagnostisch voll berücksichtigt, wenn die komplexe sportliche Leistung an den für sie wesentlichen Entwicklungszeiten beurteilt wird. Im Leistungsresultat eines Sportlers ist die individuelle Struktur impliziert.

Eine Eignungsbeurteilung, die einer Leistungsprognose entspricht, erfordert die Bewertung der sportlichen Leistung aufgrund der für ihre Entwicklung typischen Entwicklungszeit. Für diese Eignungsbeurteilung sind die Entwicklungsverläufe der Leistungen mathematisch zu erfassen. Dazu sind Daten repräsentativer Längs- und Querschnittsuntersuchungen sowie Prognoseverfahren zur Bestimmung künftiger Weltspitzenleistungen erforderlich. Solche Entwicklungsverläufe sind meist als Exponentialfunktion darstellbar, die graphisch den Kurven der Abb. 6.3.-2 ähneln.

Die 50-m-Freistilleistung in Prozent der prognostisch zu erwartenden Welthöchstleistung für das Jahr 1994 läßt sich z. B. aus folgender Funktion errechnen:

Proz. 50 m Freistil
= Exp. (50-m-Freistilzeit × [−0,0624]) ×
246, 346 + 37,3.

Exp. = Exponent
× = Multiplikationszeichen

Unter Einsatz mathematischer Funktionen erhalten Sportler, die Welthöchstleistungen erreichen, im Kindesalter Eignungsgrade von 100 (Prozent) und mehr. Weniger geeignete junge Sportler erhalten Eignungsgrade im Bereich zwischen 95 und 80[1].

Für die Trainer und Sportlehrer wird nachfolgend eine einfache Methode für das Ermitteln einer *Eignungsrangfolge* für die Sportler einer Gruppe vorgestellt. Damit kann allerdings nicht ermittelt werden, ob die bisherige Leistungsentwicklung des einzelnen Sportlers für das Erreichen künftiger Welthöchstleistungen ausreichend ist.

Für die Ermittlung der Eignungsrangfolge werden Punkte vergeben. Der/die Leistungsbeste(n) sowie der/die im kalendarischen, biologischen und Trainingsalter älteste(n) erhalten die höchsten Punktzahlen und die Leistungsschwächsten und jüngsten die geringsten. (Tab. 6.3.-3)

Für die im Tabellenkopf aufgeführten Parameter werden Punkte vergeben, so daß der Leistungsbeste, der/die Ältesten die höchste Punktzahl für die jeweilige Alterskategorie erhält/erhalten. Bei diesen 7 Sportlern wurde aufgrund der erheblichen Differenzen in den Leistungen und in den Alterswerten eine Zehnerpunktskala gewählt, um diese Differenzen besser erfassen zu können als mit einer Siebenpunktskala.

Der Sportler Müller ist mit großem Abstand der Leistungsbeste, aber auch bei den Alters-

---

[1] Die Eignungsgrade lassen sich durch folgende Formel errechnen: Eignungsgrad = 100 % + aktuelle sportliche Leistung (in % der Welthöchstleistung) − Entwicklungsalter (in % des Höchstleistungsalters, das aus allen drei obengenannten Alterskategorien besteht).

Tabelle 6.3.-3 *Bewertung der Eignung über Punkte anhand des Verhältnisses Leistung/Entwicklungsalter*
(BA − biologisches Alter; KA − Kalendarisches Alter; TA − Trainingsalter)

Name	Leistung	BA	KA	TA	Eignungwert	Eignungsrang
Müller	10	10	10	10	10−(10+10+10):3 = 0	III
Beier	5	6	7	7	6−(6+7+7):3 = −1	V
Schulz	6	4	1	2	6−(4+1+2):3 = +4	I
Seeger	4	4	3	2	4−(4+3+2):3 = +1	II
Löhr	3	1	1	10	3−(1+1+10):3 = −1	V
Becher	2	5	7	10	2−(5+7+10):3 = −5	VII
Röser	1	1	1	1	1−(1+1+1):3 = 0	III

werten erreicht er wesentlich höhere Punktzahlen als nachfolgende Sportler. Daraus resultiert z. B., daß er 10 Punkte für seine Leistung erhält, während die große Leistungsdifferenz zum zweitbesten dadurch erfaßt wird, daß die Plätze 9, 8 und 7 gar nicht vergeben werden. Mit dieser Methode ist es auch möglich, minimale Differenzen zwischen den Leistungen oder Alterswerten der Sportler so zu ignorieren, daß gleiche Punktzahlen vergeben werden können. Für die Sportler Schulz und Seeger wird so beispielsweise eingeschätzt, daß zwischen ihnen keine Differenzen im biologischen Alter bestehen.

Die Bewertung der Eignung der Sportler anhand der rechnerischen Rangfolge darf nicht verabsolutiert werden. Es gibt bei dieser Methode einige Ungenauigkeiten. So erfaßt sie nicht die tatsächliche Entwicklung, wie sie in den Abb. 6.3.-1 und 6.3.-2 dargestellt wurde und derzufolge sich die Abstände zwischen den Leistungen verschiedener Sportler nicht linear zueinander verhalten. Auch ist die Bewertung des biologischen Alters[1] durch Punkte natürlich ungenauer als die Leistungsfähigkeit z. B. in Sportarten mit meßbaren Leistungen. Andererseits hat aber diese Methode den Vorteil, daß sie auch in Sportarten anwendbar ist, in denen die Leistungen der Sportler nicht in Zentimetern, Kilogramm oder Sekunden gemessen werden können und für die demzufolge auch keine mathematischen Entwicklungsfunktionen berechenbar sind. Eignungsurteile sind eine Grundlage für Auswahlentscheidungen. Für Auswahlentscheidungen sind weitere Informationen heranzuziehen wie Gesundheitszustand, schulische Leistungen, Zusammensetzung der künftigen Trainingsgruppe (z. B. nach Gewichtsklassen in den Kampfsportarten).

---

[1] Bei der Schätzung des biologischen Alters sollte der allgemeine Eindruck, den der Trainer zur Rangfolge der Reifung seiner Sportler hat, durch die Reifungskennzeichen seiner Sportler, wie axillare Behaarung, Bartwuchs, Schambehaarung, erhärtet werden.

Vierter Teil:
Wettkampflehre

Kapitel 7:
Grundzüge einer sportlichen Wettkampflehre

7.1. Begriff, Bedeutung Grundlagen

Der Wettbewerb auf der Basis von Körperübungen ist eine Erscheinung der Menschheitsgeschichte von den Anfängen körperlicher Wettkämpfe (Ringen, Ballspiele) und der Tanzkunst in der voll entfalteten Urgesellschaft (5000 bis 2000 v.u.Z.) bis zu den mannigfaltigen Wettkampfsystemen vieler Sportarten an der Schwelle zum 21. Jahrhundert.

Trotz dieses historisch langen Weges gibt es bis heute noch keine Wettkampflehre. Der von der Trainingswissenschaft erkannte Zusammenhang zwischen den Grundkategorien Leistung, Training und Wettkampf erfordert geradezu die wissenschaftliche Bearbeitung des Gegenstandes „sportlicher Wettkampf".

Im vierten Teil dieses Buches soll deshalb der Ansatz einer Wettkampflehre, der in manchen Teilen noch keinen Anspruch auf Wissenschaftlichkeit erheben kann, vorgestellt werden.

Sportliche Wettkämpfe gehören als stimulierende Leistungsvergleiche für die Sportler und als kultureller Erlebnisbereich für viele Bürger zum individuellen „Jahresprogramm" sportlicher Tätigkeit.

Wettkämpfe sind in besonderer Weise Höhepunkte für die Sporttreibenden, die erzielten Leistungen haben ein breitgefächertes Ursachengefüge, stehen aber dominant mit der in einer mehr oder minder intensiven Übungs- oder Trainingstätigkeit erworbenen Handlungsfähigkeit in Beziehung. Sowohl diese Beziehungen zwischen Training und Wettkampf als auch die grundlegenden Funktionen des sportlichen Wettkampfes gilt es weiter aufzuklären.

Wir nehmen in diesem Kapitel im Interesse einer hinreichenden Erfassung des Gegenstandes „sportlicher Wettkampf" vordergründig eine Beschreibung vor und sind uns dessen bewußt, daß es sich um eine erste Stufe der wissenschaftlichen Bearbeitung des Gegenstandes handelt.

7.1.1. Wesen des sportlichen Wettkampfes

Der sportliche Leistungsvergleich, das Ermitteln sportlicher Leistungen und deren Wertung nach vereinbarten Kriterien ist allen Realisierungsbereichen des Sports immanent. Während im Leistungssport erreichte Wettkampfergebnisse stets ziel- und ausbildungsbezogen gewertet werden, sind z.B. für Freizeitsportler die Freude, die Kommunikation im Wettkampf, die Erhaltung der körperlich-sportlichen Leistungsfähigkeit u.a. Kriterien dominierend für die Ziele in einem sportlichen Leistungsvergleich.

Den Zugang zum Wesen sportlicher Wettkämpfe stellt demnach der *Charakter der Wettkampftätigkeit* dar. Da ihr – wie übrigens auch jeder anderen Art menschlicher Tätigkeit – spezifische Ziel-Mittel-Ergebnis-Beziehungen eigen sind, lassen sich für die Wettkämpfe in den verschiedenen Realisierungsbereichen des Sports die in Tab. 7.1.-1 ausgewiesenen groben Differenzierungen vornehmen.

Definition Wettkampf: Leistungsvergleich, der auf der Grundlage der Wettkampfordnung und der Wettkampfbestimmungen einer Sportart zwischen Sportlern/Sportlerinnen bzw. Mannschaften mit dem Ziel ausgetragen wird, höchste sportliche Leistungen bzw. den Sieg zu erreichen und eine Rangfolge der Plazierten zu ermitteln.

Diese Ziel-Mittel-Ergebnis-Beziehungen in den verschiedenen Realisierungsbereichen des Sports verdeutlichen: Die Leistung liegt im Wesen des Sports, der Wettkampf ermöglicht ihre Präsentation!

● Wettkämpfe sind eine *Zielgröße des sportlichen Trainings.*

Training und Wettkämpfe sind „zwei eng aufeinander bezogene, sich ergänzende und vonein-

Tabelle 7.1.-1　*Ziel-Mittel-Ergebnis-Beziehungen bei Wettkämpfen in verschiedenen Realisierungsbereichen des Sports*

Realisierungs-bereich	Ziel	Mittel zur Vorbereitung auf Wettkämpfe	Ergebnis
Leistungs-sport[1]	Höchst-leistung	spezifische Verfahren des Leistungsaufbaus (Zyklisierung des Trainings u. a.)	Sieg oder Plazierung auf nationaler/internationaler Ebene
Wettkampf-sport	sportliche Leistungs-steigerung innerhalb von Leistungsklassen der Sportart	Nutzung von Trainings-mitteln und Methoden nach Bedingungen (breit gefächert)	Sieg oder Plazierung in der jeweiligen Leistungsebene (Aufstieg, Klassenerhalt)
Breiten-sport	Verbesserung bzw. Erhaltung der körperlich-sportlichen Leistungs-fähigkeit	relativ einseitiges (z. B. Laufen), aber auch sehr vielseitiges Üben und Trainieren	Sieg oder Plazierung im jeweiligen Wettkampf; Selbstbestätigung, Emotionen, Motivationen
Rehabilita-tions- und Behinderten-sport	Verbesserung bzw. Erhaltung der einge-schränkten körperlich-sportlichen Leistungs-fähigkeit	Nutzung jeweils geeig-neter Trainingsmittel	Sieg oder Plazierung im Wettkampf; soziale Kom-munikation, Emotionen, Selbstverwirklichung

ander abhängige Tätigkeitsbereiche" (GROSSER / BRÜGGEMANN / ZINTL, 1986, S. 47). Dennoch gibt es zwischen beiden Tätigkeitsbereichen auch wesentliche Unterschiede, die geradezu eine wirksame Verbindung von Training und Wettkampf im Leistungsaufbau der Sportler ver-langen.

Nach GROSSER/BRÜGGEMANN/ZINTL (1986, S. 47) sind folgende Unterschiede hervorzu-heben:

Training	Wettkampf
– Leistung wird lang-fristig entwickelt	– Leistung wird kurz-fristig entwickelt
– dominant: zyklischer Aufbau der Leistungs-grundlagen und der komplexen Wett-kampfleistung	– dominant: situations-angemessene Entscheidungs-findung und -realisierung
– in bestimmten Trainings-phasen: großzügige Zeitlimits für Bewegun-gen und Handlungen	– begrenzte Zeit-limits (z. T. hoher Zeitdruck)
– starke Einflußnahme durch Trainer	– geringe Trainerbeein-flussung, verstärkte Selbststeuerung
– kein Vorstart-zustand, konfliktfrei	– Vorstartzustand, erhöhte nervliche Spannung (Streß-situationen), hohe Emotionalität, Konzentration

---

[1] Der als Realisierungsbereich ausgewiesene Leistungssport ist natürlich auch Wettkampfsport. Aber seine Zielstellung, sportliche Höchstleistungen zu erreichen, erfordert das Vorhandensein bzw. den Aufbau eines eigenen Handlungs-bereiches (Talentsichtung und -auswahl, Talentförderung in systematisch aufbauenden Stufen u. a. m.). Auch Wett-kämpfe haben in diesem Realisierungbereich des Sports einige Spezifika.

Diese Beziehungen zwischen Training und Wettkampf, die sich auch zwingend aus der Kenntnis wesentlicher Unterschiede ableiten, erheben den Wettkampf auch zum Bezugspunkt für das langfristig zu planende Training.

• Wettkämpfe sind ein *methodisches Mittel zur Entwicklung der wettkampfspezifischen Leistungsfähigkeit.*

Im langfristigen Leistungsaufbau, im zielgerichteten Absolvieren von Trainings- und Wettkampfanforderungen erwirbt der Sportler die Fähigkeit, seine Leistungsvoraussetzungen unter Wettkampfbedingungen für ein bestmögliches Wettkampfergebnis zu nutzen. Siegorientierte Verhaltensweisen und Handlungen können nicht allein im Training, sondern müssen vor allem durch bewußt gestaltete Wettkampftätigkeit erworben werden. Das Spezifische der Wettkampftätigkeit – es besteht im Leistungsvergleich von Sportlern, die unter Beachtung des eigenen und des gegnerischen Leistungszustandes, der Wettkampfregeln und der äußeren Wettkampfbedingungen den Sieg anstreben – läßt sich nur bedingt im Training simulieren; die Herausbildung der wettkampfspezifischen Leistungsfähigkeit ist deshalb an das Absolvieren von Wettkämpfen gebunden. Nur die Leistungen und das Verhalten der Sportler in Wettkämpfen geben dem Trainer zuverlässig Aufschluß über deren Leistungsstand.

• Wettkämpfe sind *Stimuli für die Sporttreibenden.*

In allen Realisierungsbereichen des Sports sind Leistungsvergleiche durch Leistungsstreben und Emotionen der Sportler charakterisiert. Das erzielte Ergebnis, die nachgewiesene Leistungsentwicklung, die erlebte Freude bei den Wettkampfhandlungen oder die Kommunikation vor, während und nach dem Wettkampf können Motivationen für das weitere Üben und Trainieren fördern, können neue Zielsetzungen auslösen. Auch Niederlagen bzw. unbefriedigende Ergebnisse können zum Stimulus werden.

• Wettkämpfe sind *Bestandteil des kulturellen Lebens der Gesellschaft.*

Sportliche Wettkämpfe sind in das territoriale, nationale und internationale kulturelle Geschehen integriert. Die emotionale Bindung von Zuschauern an „ihre" Sportart und „ihre" Sportler, die Konsumtion des aktuellen Wett-kampfgeschehens durch einen hohen Bevölkerungsanteil (Fernsehen) und die umfangreiche Berichterstattung anderer Medien haben den sportlichen Wettkampf zum Bestandteil des kulturellen Erlebens für viele Bürger und zu einem Gegenstand des kulturellen Gestaltens und Erlebens vieler Nationen erhoben.

7.1.2. Funktionen sportlicher Wettkämpfe

Der sportliche Wettkampf erfüllt in der modernen Gesellschaft wichtige Funktionen in der Persönlichkeits- und Leistungsentwicklung der Sportler und in der Förderung soziokultureller Verhaltensweisen.

Politische Funktion. Erzielte sportliche Leistungen, insbesondere im Leistungssportbereich, stehen im Blickfeld der Öffentlichkeit. „So werden beispielsweise bei Olympischen Spielen die Ergebnisse, die die Angehörigen einer (nationalen) Olympiamannschaft erzielt haben, politisch genutzt, um den Entwicklungsstand des Leistungssports in einem Land zu demonstrieren" (SCHNABEL/THIESS 1993, S. 957). Die politische Funktion sportlicher Wettkämpfe wird demnach vor allem in der Wertung von Wettkampfergebnissen durch das jeweilige politische System und in ihrer Nutzung für selektive oder komplexe Zielstellungen – Symbolcharakter sportlicher Höchstleistungen – wirksam.

Kulturell-erzieherische Funktion. Der kulturelle Erlebnisbereich „sportlicher Wettkampf" hat sich weltweit in der Bedürfnisstruktur der Menschen einen beachtlichen Platz erobert. Die Leistungen der Sportler, die Dynamik des Wettkampfgeschehens, die Ästhetik menschlicher Bewegungen, die Wettkampfatmosphäre u. a. Faktoren sind für den Unterhaltungs- und Erlebniswert der sportlichen Wettkämpfe bedeutsam. Die daraus resultierende emotionale Bindung vieler Menschen an das sportliche Wettkampfgeschehen, die stimulierende und initiierende Wirkung von Wettkämpfen für das eigene Sporttreiben – insbesondere für Kinder und Jugendliche – und auch die Auseinandersetzung mit Erscheinungen des Vandalismus bei einigen publikumswirksamen Leistungsvergleichen sind Ausdruck der kulturell-erzieherischen Funktion sportlicher Wettkämpfe.

Für die Sportler selbst erweisen sich die Wettkämpfe als potente Felder für die Förderung des Leistungsstrebens, für die Aneignung wertvoller Charaktereigenschaften und normengerechter Verhaltensweisen (z. B. Fairplay) sowie für schöpferisches Handeln in den vielfältigen Wettkampfsituationen.

Soziale Funktion. Sportliche Wettkämpfe auf territorialer, nationaler und internationaler Ebene haben die Potenzen, die gesellschaftlichen Beziehungen der Menschen zueinander zu fördern. Im engsten Sinne sind das die sozialen Beziehungen in Sportlergruppen bzw. Mannschaften; das sind die sozialen Beziehungen zwischen Sportlern (auch verschiedener Nationen), Kampf- und Schiedsrichtern und Organisatoren; das sind die sozialen Beziehungen zwischen Sportlern und Zuschauern sowie zwischen Sportlern und Medienvertretern.

Leistungssteigernde Funktion. Die sportlichen Wettkämpfe sind sowohl Zielgröße im langfristigen Trainingsprozeß als auch methodisches Mittel im zielgerichteten (Leistung, Plazierung), geplanten Ausbildungsprozeß. Dabei muß auf folgenden *Unterschied* verwiesen werden:

• Im Hochleistungsbereich bestimmt die Lage des Wettkampfhöhepunktes den Trainings- und Leistungsaufbau, um zu diesem Zeitpunkt die sportliche Höchstform zu erreichen. Die Anzahl und die terminliche Einordnung der aus sportartspezifischer Sicht erforderlichen Aufbau-, Qualifizierungs- und Nominierungswettkämpfe wird auf dieses Ziel hin ausgerichtet.

• Die Spezifik der Wettkämpfe im Nachwuchsbereich besteht darin, auf der Grundlage der Übereinstimmung von Trainings- und Wettkampfinhalten die Ausprägung der allgemeinen und speziellen Leistungsvoraussetzungen und der speziellen Leistungen auf immer höherem Niveau nachzuweisen.

Bei Beachtung dieser trainingskonzeptionellen Grundposition kann die leistungssteigernde Funktion der Wettkämpfe, denen diesbezüglich auch immer eine Kontrollfunktion über den Leistungszustand immanent ist, erst durch folgende *Kriterien* wirksam werden (vgl. DÖBLER 1988, S. 155):

• Der Wettkampfgegner muß ein ausreichendes Qualifikationsniveau haben.

• Die Wettkampfeinstellung der Sportler muß optimal sein.

• Die Einhaltung von Fairneßnormen durch die Sportler muß als eine Bedingung für die Leistungsrealisierung gewährleistet sein.

• Die Umfeldfaktoren (Zuschauer, Witterungsbedingungen u. a.) dürfen nicht leistungsbeeinträchtigende Formen annehmen.

Selektive Funktion. Im öffentlichen Leistungsvergleich wird deutlich, ob ein Sportler seine Leistungsvoraussetzungen in eine hohe wettkampfspezifische Leistung umsetzen kann. Deshalb sind erreichte Wettkampfleistungen im Hochleistungsbereich ein bedeutender Parameter für die Auswahl und die weitere Vorbereitung von Sportlern auf Wettkampfhöhepunkte. Im Nachwuchsbereich werden alters- und entwicklungsgerechte Wettkampfleistungen – neben einer Reihe anderer Kriterien – bei der Auswahl und weiteren Förderung von sportlichen Talenten berücksichtigt.

Kommerzielle Funktion. Sportliche Wettkämpfe können insbesondere im Leistungssportbereich unter folgenden Bedingungen zur Eigenfinanzierung des Sports beitragen: hohe sportliche Leistungen der Sportler; kontinuierlicher Zuspruch von Zuschauern; Berichterstattung der Medien; Wahrnehmung der Werbemöglichkeiten durch die Wirtschaft.

Die kommerzielle Funktion der Wettkämpfe kann langfristig die materiellen und finanziellen Grundlagen des Sports fördern. Andererseits stellen wir heute durch finanziellen Mißbrauch initiierte Entwicklungstendenzen im Leistungssport fest, die den fairen Leistungsvergleich zwischen Sportlern beeinträchtigen. Das betrifft vor allem die vom Kampf um hohe Siegprämien ausgelöste Verletzung von Wettkampfregeln und den Dopingmißbrauch.

Ebenso sollten einige „Erneuerungen" in den Wettkampfsystemen, die unter anderem auch den finanziellen Gewinn zum Ziel haben, dabei aber häufig einem systematischen Leistungsaufbau der Sportler entgegenstehen, einer kritischen Betrachtung unterzogen werden.

7.1.3. Wettkampfsysteme

Die Vielfalt des Wettkampfgeschehens auf territorialer, regionaler, nationaler und internationaler Ebene im Wettkampfsport und in anderen Realisierungsbereichen des Sports wirft zwangsläufig die Frage nach dem ordnenden bzw. steuernden Mechanismus auf. Dieser besteht in den Wettkampfsystemen der internationalen Sportföderationen, der nationalen Sportverbände und der Sportleitungen auf den verschiedenen Ebenen eines Landes.

Definition Wettkampfsystem: Die geordnete Gesamtheit der Wettkämpfe in einer Sportart für einen definierten Zeitraum sowie die verbindlichen Austragungsformen der Wettkämpfe auf der Grundlage der Wettkampfordnung und der Wettkampfbestimmungen.

7.1.3.1. Bestimmungsfaktoren

Sportarten haben jeweils eine konkrete Basis in einem Land. Deshalb wollen wir Bestimmungsfaktoren für nationale Wettkampfsysteme der Sportarten darstellen.

Traditionen der Sportart

Jede Sportart hat mehr oder weniger alte historische Wurzeln – von den an die Menschheitsgeschichte gebundenen (Zweikampf, Tanz, Spiele) bis zu den auf der industriell-kulturellen Entwicklung des 20. Jahrhunderts basierenden (Surfen, Trickski, Triathlon). Ihr Stellenwert in einem nationalen Sportsystem ist jedoch immer von der vorhandenen bzw. sich entwickelnden „Basis" und vom Zuspruch der Öffentlichkeit abhängig.

Der Aufbau und die Realisierung eines sportartspezifischen Wettkampfsystems auf nationaler Ebene ist an leistungsfähige Leitungsstrukturen des Sportverbandes, an die Bereitschaft von Ausrichtern der Wettkämpfe, an umsichtige Organisatoren und an qualifizierte Kampf- und Schiedsrichter gebunden. Diese personellen Voraussetzungen zur Absicherung eines sportartspezifischen Wettkampfsystems können nur von der Sportart selbst geschaffen werden.

Die Stabilität eines Sportverbandes und damit auch sein Zuspruch in der Öffentlichkeit werden nicht zuletzt von seiner Leistungsfähigkeit geprägt. Eine unverzichtbare Voraussetzung dafür ist der sportartspezifische Aufbau des Trainings- und Wettkampfsystems vom Kinder- bis zum Seniorenbereich. Nur dadurch lassen sich Entwicklung, Steigerung der sportlichen Leistungen und Traditionen der Sportart gewährleisten.

Nationales Sportkonzept

Der Sport hat als ein tragender Bereich der Kultur in einem Staat auch seine Entsprechung in Regierungsprogrammen und institutionellen Verantwortungsträgern. Seine Potenzen für die Gesunderhaltung, für die Steigerung der körperlich-sportlichen Leistungsfähigkeit der Bürger und sein kultureller Erlebniswert für viele Menschen konstituieren diese staatliche Verantwortung, die sich vor allem auf folgende *Aufgaben* erstreckt:
– Erhaltung bzw. Erweiterung der materiellen Grundlagen für das Sporttreiben;
– finanzielle Unterstützung des Sports in den Vereinen und Sportverbänden;
– Konstituierung eines Fördersystems für sportliche Talente.

Die öffentliche Meinung zum Sport und deren Widerspiegelung bei den politischen Verantwortungsträgern eines Staates haben demnach Einfluß – fördernden oder auch begrenzenden – auf die Qualität sportartspezifischer Wettkampfsysteme.

Entwicklungstendenzen des internationalen Sports

In den soziokulturellen Beziehungen der menschlichen Gesellschaft hat der sportliche Leistungsvergleich einen festen Platz eingenommen. Unübersehbar ist das Bestreben vieler Nationen aller Kontinente, im internationalen Leistungsvergleich vertreten zu sein und anerkennenswerte Ergebnisse zu erzielen. Dabei sind die Entwicklungen des olympischen Programms und der Wettkampfsysteme der internationalen Sportföderationen bedeutsam für nationale Wettkampfsysteme.

Die bereits vollzogenen und die noch bevorstehenden Entwicklungen des problembeladenen olympischen Programms – Abb. 7.1.-1 weist die

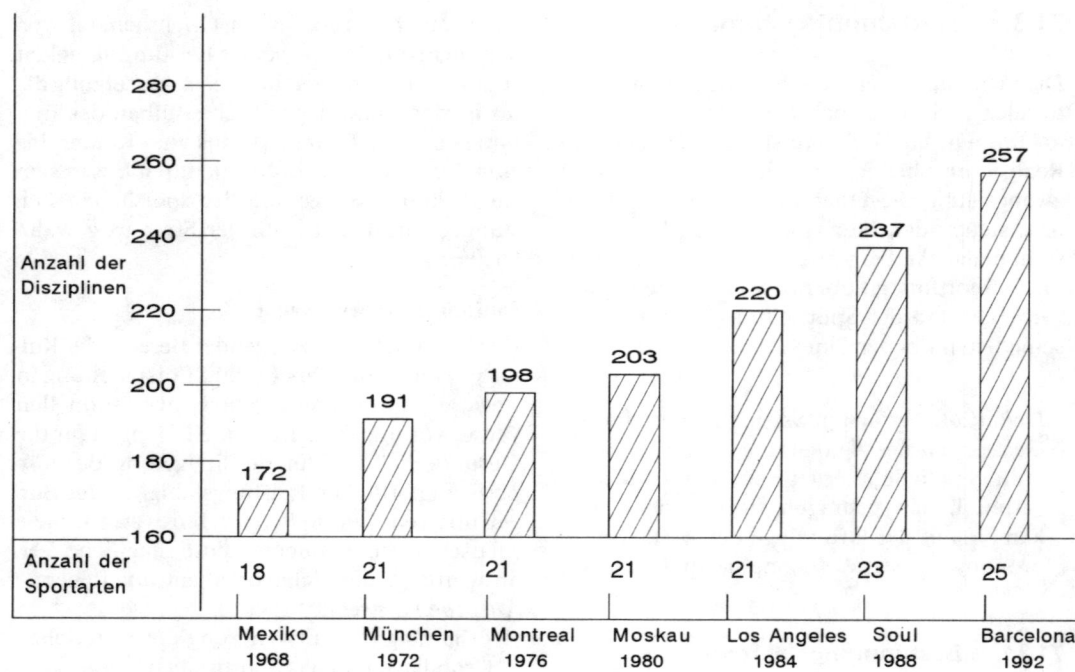

Abbildung 7.1.-1 *Entwicklung des olympischen Programms von 1968–1992*

Anzahl der Sportarten und Disziplinen der Olympischen Spiele von 1968 bis 1992 aus – belegen, daß immer mehr Sportarten/Sportdisziplinen am umfassendsten und spektakulärsten sportlichen Leistungsvergleich der Völker beteiligt werden sollen. Gleichzeitig sind viele dringend zu lösende Probleme mit dieser zum Gigantismus strebenden Entwicklung untrennbar verknüpft.

Gravierende Veränderungen haben sich seit den 70er Jahren durch die starke Kommerzialisierung des Sports in den Wettkampfsystemen der internationalen Sportföderationen – mit bedeutenden Auswirkungen auf die nationalen Wettkampfsysteme – vollzogen[1]:

■ Die Entwicklung der Wettkampfsysteme wird von 1969 bis 1988 hauptsächlich durch die bedeutende *Erhöhung der Anzahl internationaler Wettkämpfe* geprägt.

In den analysierten 19 Föderationen wurden 31 Weltmeisterschaften, 81 Weltpokale und 56 Juniorenweltmeisterschaften mehr ausgetragen (Abb. 7.1.-2).

■ Die höchsten Steigerungsraten aller Wettkampfarten erreichten *Weltpokalwettkämpfe.* Diese Zunahme ist einerseits auf die Schaffung von Weltcuprennen im Ski-, Bob- und Rennschlittensport und andererseits auf die Einführung von Weltpokalwettkämpfen in der Leichtathletik, im Biathlon, Boxen, Gewichtheben, Judo, Handball, Ringen und Wasserspringen zurückzuführen.

■ *Internationale Nachwuchsmeisterschaften* wurden während des analysierten Zeitraumes von allen 19 Föderationen in die Wettkampfsysteme aufgenommen. Juniorenweltmeisterschaften werden beispielsweise im Fechten seit 1950, im Rudern seit 1968, im Judo seit 1974 und in der Leichtathletik seit 1986 ausgetragen.

■ In die Wettkampfsysteme der Föderationen wurden *neue Disziplinen* aufgenommen. Das betrifft z.B. die Einführung der Skiflug-WM (1972), der Leichtgewichtsruder-WM (1974), der Straßenlauf-WM (1983), der Strand-Volleyball-WM (1987).

---

[1] Grundlage ist eine Analyse des FKS Leipzig für den Zeitraum 1969–1988. Einbezogen wurden Meisterschaften, Pokalwettkämpfe, Cupwettkämpfe und Nachwuchsmeisterschaften in 19 internationalen Sportföderationen.

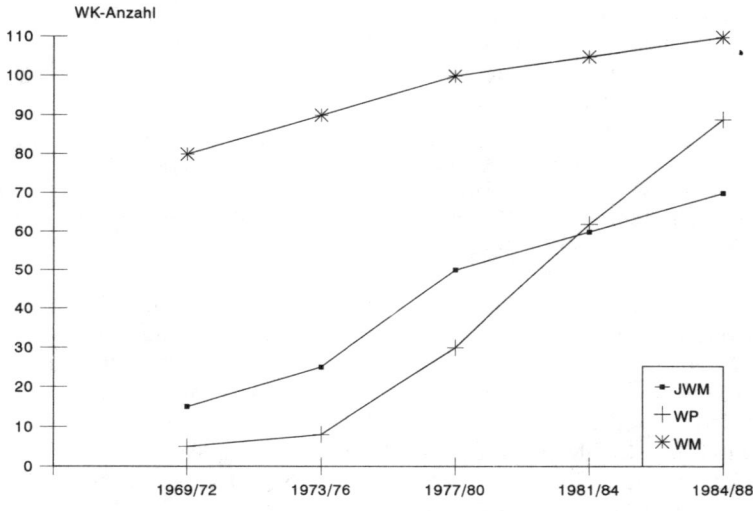

Abbildung 7.1.-2
*Entwicklung einiger welt-
weiter Wettkampfarten
seit 1969, dargestellt
anhand von 19 aus-
gewählten Sport-
föderationen*
JWM – Junioren-WM;
WP –Weltpokalwettbewerbe;
WM –Weltmeisterschaften;
WK –Wettkampf

■ In die Wettkampfsysteme der Föderationen wurde ein *höherer Anteil des Frauenleistungssports* integriert.

Dies äußert sich u. a. in der Einführung von Frauen-WM im Judo (1980), im Biathlon (1984), im Gewichtheben (1987) und im Ringen (1989).

■ Die Anzahl *traditioneller Sportfeste* der Föderationen wurde erhöht.

Es gab Bemühungen, die Popularität von Sportarten mit einer hohen Publikumswirksamkeit durch das Zusammenführen vieler Spitzenathleten bei Sportfesten weiter zu erhöhen (z. B. Leichtathletik). Andere Sportarten wurden über Regeländerungen (z. B. Verkürzung der Rennstrecken im Rudern oder im Kanurennsport) für die Zuschauer attraktiver gemacht.

7.1.3.2. Bestandteile eines Wettkampfsystems

Ein Wettkampfsystem ist funktionsfähig, wenn folgende Elemente definiert sind und eine hinreichende Anzahl von Sportlern/Mannschaften bei einer gediegenen Wettkampforganisation dieses System auch zum Tragen bringen (s. Schema).

Wettkampfarten

Eine Klassifizierung der Wettkämpfe läßt sich nur von deren Zielstellungen herleiten. „Klassifizieren" ist mit dem Versuch gleichzusetzen, die Mannigfaltigkeit von Wettkampfsystemen zu ordnen. Nach ihrer Zielstellung sind folgende Wettkampfarten zu unterscheiden:
– Meisterschaftswettkämpfe
– Ausbildungsbezogene Wettkämpfe
– Pokalwettkämpfe
– breitensportliche Wettkämpfe.

Meisterschaftswettkämpfe. Die Ermittlung des Meisters gehört auch zum Wesen des sportlichen Leistungsvergleichs. Meisterschaftswettkämpfe werden deshalb sportartspezifisch differenziert nach Alters-, Leistungs- und Gewichtsklassen, nach Wettkampfdisziplinen, nach geschlechtsdifferenten Sportarten und Wettkampfdisziplinen, nach territorialen, regionalen, nationalen internationalen Gliederungen ausgetragen. Sie sind die Hauptzielstellung im sportlichen Jahresaufbau und werden deshalb auch als Hauptwettkämpfe bezeichnet. Allerdings relativiert sich diese Bezeichnung für die leistungsstärksten Sportlerinnen und Sportler im Anschluß- und Hochleistungsbereich auf nationaler Ebene. Für sie haben nationale Meisterschaften auch Vorbereitungscharakter für internationale Meisterschaften.

Ausbildungsbezogene Wettkämpfe. Meisterschaftswettkämpfe werden in den Sportarten vom Kinder- bis zum Seniorenbereich ausgetragen. Allerdings unterscheidet sich die Vorbereitung auf diese Hauptwettkämpfe im Hochleistungsbereich und im Nachwuchsbereich – im Training und im Wettkampf! – grundsätzlich.

Ausbildungsbezogene Wettkämpfe

Hochleistungsbereich	Nachwuchsbereich
– Vorbereitungs- und Aufbauwettkämpfe (Trainingswettkämpfe, Freundschaftswettkämpfe, Punktkämpfe/ Punktspiele) – Kontroll- und Überprüfungswettkämpfe – Nominierungswettkämpfe	– Trainingswettkämpfe – Vielseitigkeitswettkämpfe – Sichtungswettkämpfe – Kontroll-, Test-, Überprüfungswettkämpfe (Technikwettkampf, Sprintwettkampf, Mehrkampf zur Überprüfung allgemeiner und spezieller Leistungsvoraussetzungen u. a.)

Im gesamten Wettkampfsport des **Hochleistungsbereichs** sind im integrierten Trainings- und Wettkampfsystem die ausbildungsbezogenen Wettkämpfe nach leistungsaufbauenden Kriterien gegliedert und auf die Herausbildung der wettkampfspezifischen Leistung zum Wettkampfhöhepunkt gerichtet.

Die Wettkämpfe im **Nachwuchsbereich** gelten generell als ausbildungsbezogene Wettkämpfe, sie haben innerhalb des langfristigen Leistungsaufbaus die Funktion von Aufbauwettkämpfen. Dennoch sind in diesen Altersklassen die Meisterschaften als Wettkampfhöhepunkte zu gestalten – aber aus psychisch-emotionaler Sicht, mit einem Motivationsschub für die jungen Sportler.

Vorbereitungs- und Aufbauwettkämpfe. Sie haben – bezogen auf die Ziel- und Aufgabenstellung im jeweiligen Zyklus bzw. Ausbildungsabschnitt

eines Trainingsjahres eine leistungsaufbauende bzw. leistungsausprägende Funktion unter dem Gesichtspunkt des methodischen Zwanges. (Vgl. DÖBLER 1988, S. 157)

Das betrifft z. B. den Nachweis des Grundlagenausdauerniveaus bei einer Langstreckenregatta im Rudern oder Trainingsspiele in den Sportspielen, die durch Variationen im Regelwerk unter differenzierten Zielstellungen – auch im Nachwuchsbereich – genutzt werden können.

Nach dem Grundsatz, daß der Sportler jeden Wettkampf mit sportlicher Vorbereitung bestreiten muß, sind auch Freundschaftswettkämpfe, Traditionswettkämpfe oder Vielseitigkeitswettkämpfe im Nachwuchsbereich als Vorbereitungs- und Aufbauwettkämpfe zu verstehen.

Kontroll- oder Überprüfungswettkämpfe. Diese Wettkampfart dient der Überprüfung des Leistungszustandes der Sportler an markanten Stellen des zyklisierten Jahresleistungsaufbaus im Hochleistungsbereich bzw. der akzentuierten Abschnittfolge im Nachwuchsbereich. Der Nachweis von definierten Leistungsvoraussetzungen bzw. der komplexen Wettkampfleistung zu bestimmten Zeitpunkten des Trainingsjahres in Kontroll- und Überprüfungswettkämpfen läßt Folgerungen für die Wirkung des absolvierten Trainings zu und ist eine der Grundlagen für die Trainingssteuerung.

Nominierungswettkämpfe. Dies ist eine Wettkampfart, deren Ergebnisse unter Zugrundelegung definierter Kriterien eines Sportverbandes für die Nominierung eines Sportlers zu einem bevorstehenden Wettkampfhöhepunkt herangezogen werden. Nominierungswettkämpfe erfüllen weitestgehend ihre Funktion, wenn ihre Terminierung mit Zeitpunkten der Ausprägung der komplexen Wettkampfleistung im Trainings- und Wettkampfjahr zusammenfällt und an diesen Wettkämpfen leistungsstarke internationale Gegnerschaft beteiligt war.

Im Nachwuchsbereich werden die Ergebnisse von Sichtungswettkämpfen (ergänzend zu anderen Voraussetzungen) mit herangezogen, um junge Sportler für bestimmte Stufen der Förderung auszuwählen.

Pokalwettkämpfe. Diese Wettkampfart ist fest in die nationalen Wettkampfsysteme der Sportarten und in die Wettkampfsysteme der internationalen Sportföderationen integriert. Das sind Pokalwettkämpfe, deren Austragungsformen sportartspezifisch reglementiert sind. Es gibt aber auch Pokalwettkämpfe, die in verschiedenen Realisierungsbereichen des Sports und nach spezifischen Reglements der Veranstalter ausgetragen werden.

Formal gesehen ist der Pokalwettkampf eine Wettkampfart, bei der Pokale als Siegerpreise vergeben werden. Worin bestehen aber die *Besonderheiten von Pokalwettkämpfen?*

● *Pokalwettkämpfe auf internationaler Ebene* haben sich zu attraktiven Wettkämpfen mit einem hohen Zuschauerzuspruch entwickelt. Sie sind bei einer akzeptablen Einordnung in den Leistungsaufbau der Sportler im Trainings- und Wettkampfjahr eine Bereicherung der Wettkampfsysteme.

● *Pokalwettkämpfe auf nationaler Ebene* haben ergänzend zum sportlichen Leistungsvergleich das besondere Anliegen, *erstens* mit dem Aufeinandertreffen von Sportlern unterschiedlicher Leistungsklassen einer Sportart die inneren Bindungen zwischen den Sportlern zu festigen und Motive für die Entwicklung der Sportart zu setzen und *zweitens* das öffentliche Ansehen und die Förderung der Sportart durch die Pokalstiftung von Persönlichkeiten des öffentlichen Lebens, von Unternehmen und Einrichtungen zu befördern.

Breitensportliche Wettkämpfe. Diese Wettkampfart kann sowohl an Austragungsformen und Reglements der Sportarten gebunden sein als auch nach vereinbarten Regeln ausgetragen werden. In Abhängigkeit vom jeweiligen Ziel und vom zu erwartenden Teilnehmerkreis werden häufig populäre Bewegungshandlungen mit oder ohne Gerät zum Inhalt des Wettkampfes erhoben (z. B. Geschicklichkeitsfahren mit dem Fahrrad). Diese Wettkampfart hat vorwiegend die Funktion, bei den Teilnehmern nachhaltige emotionale Erlebnisse zu schaffen und über diese das regelmäßige Sporttreiben möglichst vieler Bürger zu motivieren.

Interdependenz der Wettkampfarten

● In den Wettkampfsystemen der Sportarten existiert eine eindeutige *Hierarchie:* Das Wettkampfsystem der internationalen Sportföderation weist die Wettkampfhöhepunkte aus, die nationalen Sportverbände bauen ihre Wettkampfsysteme unter Berücksichtigung der Termine der Sportföderation auf. Daraus ergeben sich dann die Anforderungen für die jeweils niederen Verbandsstrukturen.

● Die Festlegung von *Wettkampfhöhepunkten* in einer Sportart erfordert im Verlauf des Trainings- und Wettkampfjahres ein auf den Leistungsaufbau gerichtetes System von Wettkämpfen. Der gezielte Einsatz von ausbildungsbezogenen Wettkämpfen (Anzahl, Termine, Gegnerschaft) – sie machen den Hauptanteil an Wettkämpfen im Hochleistungsbereich aus – dient sowohl der dominanten Ausprägung einzelner Leistungskomponenten als auch der komplexen Leistungsausprägung unter Wettkampfbedingungen.

● Das leistungsabhängige System von Meisterschaftskämpfen einer Sportart in Leistungsklassen erfährt durch die *„leistungsklassenoffenen" Pokalwettkämpfe* eine notwendige Ergänzung. Der Kontakt von Sportlern niederer und höherer Leistungsklassen fördert die gegenseitige Achtung, die Motivation aller, gemeinsam für die Entwicklung der Sportart zu wirken. Die sportartspezifischen Austragungsformen der Meisterschafts- und Pokalwettkämpfe innerhalb eines Trainings- und Wettkampfjahres müssen jedoch in ihrer Gesamtheit die Belastbarkeit der Sportler berücksichtigen.

● Zwischen den Meisterschafts- und Pokalwettkämpfen einer Sportart und volkssportlichen Wettkämpfen besteht kein direkter Zusammenhang. Die Ausrichtung von *breitensportlichen Wettkämpfen* anläßlich der Austragung anderer Wettkämpfe kann jedoch dem ausrichtenden Verein und der jeweiligen Sportart nur dienlich sein.

Austragungsformen der Wettkämpfe

Die sportartspezifischen Handlungs- und Bewegungsstrukturen und die damit verbundenen Leistungsbedingungen, die Verbreitung der Sportarten sowie ihre nationalen und internationalen Institutionalisierungen waren vor allem maßgebend für die Entwicklung „geeigneter" Austragungsformen der Wettkämpfe in den einzelnen Sportarten. Tab. 7.1.-2 faßt die

Tabelle 7.1.-2   *Austragungsformen sportlicher Wettkämpfe* (vgl. WILLE 1994, S. 34)

Austragungsformen sportlicher Wettkämpfe		
Wettkampfgattungen – Einzelwettkämpfe – Mannschafts- wettkämpfe	**Wettkampfweisen** – Rundenwettkämpfe – Einmalige Wettkämpfe – Turniere – Stufenwettkämpfe	**Wettkampfmodi** – Platzsystem – K.-o.-System – Punktsystem – Rangsystem

Vielfalt der Austragungsformen sportlicher Wettkämpfe zusammen.

Wettkampfgattungen. Einzelwettkämpfe oder Mannschaftswettkämpfe entsprechen der „Philosophie" der jeweiligen Sportart. Spielkonzepte lassen sich z. B. häufig nur im Leistungsvergleich zwischen Mannschaften umsetzen. Dennoch lassen sich diese Wettkampfgattungen nicht schematisch einzelnen Sportarten zuordnen. Im Gegenteil: die Attraktivität vieler sportartspezifischer Wettkampfsysteme gewinnt durch die Kombination von Einzel- und Mannschaftswettkämpfen (z. B. Weltmeisterschaften der Leichtathleten und Weltcup für Leichtathletikmannschaften).

Wettkampfweisen. An das Wesen der einzelnen Sportart ist auch die effektivste Wettkampfweise gebunden. Vor allem die Wettkampfart, die Wettkampfgattung und die Zyklisierung des Trainings- und Wettkampfjahres bestimmen aus sportartspezifischer Sicht die dominant zu nutzende Wettkampfweise bzw. geeignete Kombinationen. So hat es sich im Wettkampfsystem der Zweikampfsportarten bewährt, für den Leistungsaufbau der Sportler Rundenwettkämpfe und Turniere zu nutzen. Wettkampfweisen sind demnach Austragungsformen sportlicher Wettkämpfe, die nach inhaltlichen und zeitlichen Aspekten differenziert werden.

Rundenwettkämpfe werden vor allem in den Sportspielen und in den Zweikampfsportarten angewandt, um Meister und Plazierte auf den verschiedenen Leistungsebenen zu ermitteln und Aufstieg und Abstieg zu regeln. Diese Wettkämpfe werden nach dem Prinzip „jeder gegen jeden" in Hin- und Rückrunde ausgetragen.

Einmalige Wettkämpfe/Serienwettkämpfe. Der einmalige Wettkampf (bei einer Folge gleichgeordneter Wettkämpfe = Serienwettkämpfe) ist eine Austragungsform, bei der Sieger und Plazierte nach den Wettkampfmodi Rangsystem und Platzsystem ermittelt werden. Diese Austragungsform findet vor allem in den Ausdauersportarten und in den Kraft-Schnellkraft-Sportarten Anwendung.

Turniere. Diese Austragungsform ist vom Charakter her ebenfalls ein einmaliger Wettkampf (vgl. WILLE 1994, S. 34). Die Ermittlung der Sieger und Plazierten erfolgt vorwiegend über die Wettkampfmodi K.-o.-System und Punktsystem.

Stufenwettkämpfe. Austragungsform, bei der in einem Trainings- und Wettkampfjahr die Sportler mehrerer Leistungsebenen eines Sportverbandes in eine Wettkampfart einbezogen sind. Dazu zählen die Pokalwettkämpfe, aber auch breitensportliche Wettkämpfe im Kinder- und Jugendbereich, wie die Bundesjugendspiele oder „Jugend trainiert für Olympia".

Wettkampfmodi. Verfahren zur Festlegung der Ergebnisse bei den jeweiligen Austragungsformen sportlicher Wettkämpfe.

Platzsystem. Dieser Wettkampfmodus legt fest, über welche Plazierung in den aufeinander aufbauenden Stufen eines Wettkampfes die Teilnahme am Endkampf erreicht werden kann, z. B. Vor-, Zwischen- und Endläufe im Rudern oder Kanurennsport.

K.-o.-System. Wettkampfmodus, bei dem die am Wettkampf beteiligten Sportler bzw. Mannschaften für ihren ersten Wettkampf ausgelost werden und der jeweilige Verlierer in jeder Wettkampfrunde ausscheidet (einfaches K.-o.-

System) (Abb. 7.1.-3). Beim Doppel-K.-o.-System erfolgt das Ausscheiden erst nach zweimaliger Niederlage.

Punktsystem. Wettkampfmodus nach dem Prinzip „jeder gegen jeden". Dabei wird jeder Wettkampf mit Punkten bewertet – meistens erhält der Sieger 2 Pluspunkte, der Verlierer 2 Minuspunkte (2:0; 1:1; 0:2). Die Austragung der Wettkämpfe nach dem Punktsystem erfolgt nach folgendem Schema:

Spielergebnisse

	A	B	C	D	E	F	Punkte	Rang
A	×	4:1	1:0	2:3	0:0	1:2	5:5	4
B	1:4	×	0:3	2:5	1:1	1:3	1:9	6
C	0:1	3:0	×	3:3	2:1	2:0	7:3	2
D	3:2	5:2	3:3	×	1:0	3:3	8:2	1
E	0:0	1:1	1:2	0:1	×	2:2	3:7	5
F	2:1	3:1	0:2	3:3	2:2	×	6:4	3

Rangsystem. Wettkampfmodus, bei dem in einem Wettkampf die Plätze 1 bis n ermittelt werden, z.B. Marathonlauf, Skilanglauf (vgl. WILLE 1994, S. 35).

Wettkampfordnung, Wettkampfbestimmungen

Der sportliche Wettkampf setzt in jeder Sportart das Vorhandensein verbindlicher Regelungen voraus. Insbesondere die Wettkampfordnung und die Wettkampfbestimmungen sind deshalb Bestandteil eines jeden sportartspezifischen Wettkampfsystems.

Wettkampfordnung. Ein vom jeweiligen Sportverband in Kraft gesetztes Dokument, das die Voraussetzungen und Bedingungen für die Austragung von Wettkämpfen reglementiert. Grundlage für die Wettkampfordnung eines nationalen Sportverbandes ist das Reglement der entsprechenden internationalen Sportföderation. Eine Identität beider Dokumente muß jedoch nicht bestehen, es können sich durchaus nationale Voraussetzungen und Bedingungen in eigenständigen Festlegungen der Wettkampfordnung widerspiegeln. Zu beachten ist jedoch, daß sich der Inhalt dieser eigenständigen Festlegungen nicht nachteilig auf die Teilnahme der Sportler am internationalen Wettkampfgeschehen der Sportart auswirkt.

Wesentliche *Inhalte der Wettkampfordnung* sind:

– Einteilung der Altersklassen und der Leistungsklassen für das sportartspezifische Wettkampfsystem;

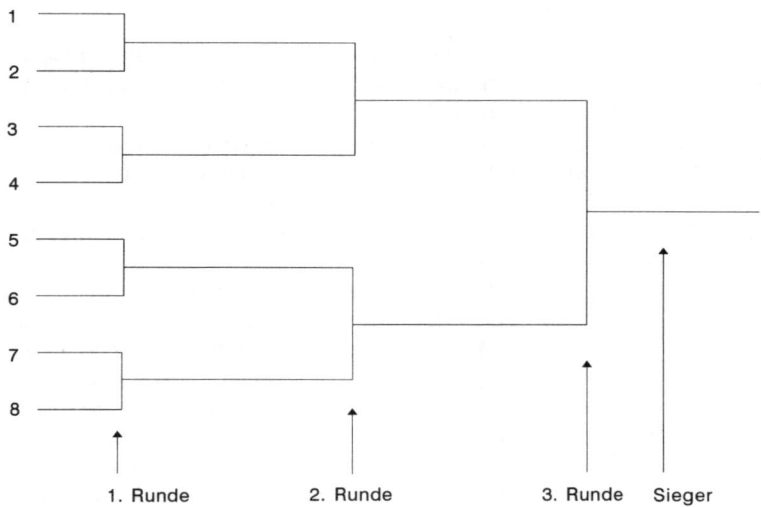

Abbildung 7.1.-3
Einfaches K.-o.-System

– Festlegung der auszutragenden Wettkampfarten;
– Algorithmus der Meldung zur Wettkampfteilnahme und der Erteilung der Start- bzw. Spielgenehmigung;
– Wertung der Wettkämpfe, einschließlich der Auf- und Abstiegsregelungen;
– material-technische Bedingungen für die Austragung der Wettkämpfe;
– organisatorische Anforderungen an die Ausrichter von Wettkämpfen.

Wettkampfbestimmungen. Festlegungen, die eine ordnungsgemäße Durchführung von Wettkämpfen in einer Sportart unter vergleichbaren Bedingungen gewährleisten.

Zu diesen Festlegungen gehören die *Wettkampfmodi*, die *Bewertung der Wettkampfleistungen* sowie die *Zusammensetzung und Aufgaben der Kampf- und Schiedsgerichte*. Das Kernstück der Wettkampfbestimmungen sind jedoch die *Wettkampfregeln*.

Die Wettkampfbestimmungen sind eine bedeutende Einflußgröße innerhalb der Trainings- und Wettkampfsysteme. Die definierten Bedingungen für die Austragung des sportlichen Leistungsvergleichs und die Festlegungen zur Bewertung der Wettkampfleistungen haben in hohem Maße Einfluß auf die Gestaltung des Trainings und auf die Wettkampfplanung.

Erneuerungen bzw. Veränderungen der Wettkampfbestimmungen – meist werden sie von der Absicht getragen, das Wettkampfgeschehen der jeweiligen Sportart attraktiver zu gestalten – können selbst zu Konsequenzen im langfristigen Trainings- und Leistungsaufbau führen. So hatte z.B. die Aufnahme des Skatings in die Wettkampfbestimmungen zur Folge, daß sich bereits die Nachwuchssportler dieser neuen Technik zugewandt und nach einem erneuerten Trainingskonzept dafür auch die erforderlichen weiteren Leistungsvoraussetzungen erworben haben.

7.2. Wettkampfplanung, Wettkampforganisation

Die bedeutende Zunahme attraktiver Wettkämpfe der internationalen Sportföderationen in den vergangenen 10 bis 15 Jahren ermöglicht das nahezu ganzjährige Teilhaben von Sportbegeisterten am Wettkampfgeschehen in verschiedenen Sportarten. Aber für die Sportler und Trainer erwuchsen daraus neue Anforderungen bei der Integration von Training und Wettkampf, insbesondere bei der Wettkampfplanung. Fragen nach der wirksamsten Wettkampfhäufigkeit und der Dichte der Wettkampffolge für die Ausprägung der individuellen bzw. mannschaftlichen Höchstleistung zu den geplanten Wettkampfhöhepunkten standen und stehen noch zur Beantwortung an. Sicher wurden Grundlagen in den Standardwerken der Trainingslehre geschaffen und immer wieder aufgegriffen und erweitert (MATWEJEW 1981; HARRE 1986; MARTIN/CARL/LEHNERTZ 1991 u.a.); sicher mußten in den nationalen Sportverbänden ständig neue Jahresstrukturpläne mit integrierten Wettkampfplänen geschaffen werden. Es muß aber auch konstatiert werden, daß wissenschaftlich geprüfte Lösungen für die effektive sportartspezifische Integration von Training und Wettkampf noch ausstehen.

7.2.1. Anforderungen an die Wettkampfplanung

Bei der Vielfalt der Einflußgrößen auf die Wettkampfplanung für ein Trainings- und Wettkampfjahr (Abb. 7.2.-1) stehen für den planenden Trainer folgende Fragen im Vordergrund:

● Welche Wettkampfhöhepunkte sind auf nationaler und internationaler Ebene für die Präsentation der von den Sportlern erworbenen Leistungsfähigkeit terminlich fixiert?

● Wieviel Aufbauwettkämpfe sind zu welchem Zeitpunkt und in welcher Dichte – in Übereinstimmung mit der Zyklisierung des Trainingsjahres und unter Beachtung der verbandsinternen Nominierungswettkämpfe – für den Leistungsaufbau der Sportler erforderlich?

● Wie sichere ich für meine Nachwuchssportler ganzjährig emotional wirksame Wettkämpfe, die der Forderung nach Übereinstimmung von Trainings- und Wettkampfinhalten gerecht werden?

Spezifik der Sportart. Die Struktur der Wettkampftätigkeit einer Sportart sowie die genutzten Wettkampfarten und Austragungsformen haben bedeutenden Einfluß auf die Planung von Wettkämpfen in einem Trainings- und Wettkampfjahr. Vor allem die Wettkampfhäufigkeit wird durch die Sportartspezifik in einem groben Rahmen vorgegeben. So ist für die Sportspiele z. B. durch das traditionelle Austragen verschiedener Wettkampfarten – Meisterschaftswettkämpfe, Pokalwettkämpfe, für die leistungsstärksten Sportler und Mannschaften kommen noch Wettkämpfe auf internationaler Ebene hinzu – ein nahezu ganzjähriger Wettspielbetrieb typisch. DÖBLER (1988, S. 155) gibt die Wettkampfhäufigkeit im Hochleistungsbereich der Sportspiele mit 70–100 pro Jahr an. Hinsichtlich der Wettkampfhäufigkeit kann man im Vergleich dazu bei den Ausdauersportarten von einer geringen Häufigkeit sprechen, denn sie wird mit 20–30 pro Jahr angegeben

(vgl. MARTIN/CARL/LEHNERTZ 1991, S. 282), was weitgehend mit der Spezifik der Ausdauersportarten zu begründen ist, nämlich dem weitaus höheren Regenerationsaufwand der Sportler nach intensiven Wettkampfbelastungen.

Trainingsmethodischer Jahresaufbau. Nach dem Grundsatz der Integration von Training und Wettkampf ergeben sich sportartspezifisch begründete Differenzierungen hinsichtlich der Wettkampfhäufigkeit und der Wettkampfdichte aus dem Leistungssystem der jeweiligen Sportart. Der Zeitbedarf für die Herausbildung der sportartspezifisch erforderlichen Leistungsvoraussetzungen und für die Ausprägung der Wettkampfleistungen spiegelt sich in der Zyklisierung des Trainingsjahres und der damit verbundenen Einordnung ausbildungsbezogener Wettkämpfe wider. Wenn z. B. in einer Zweikampfsportart die EM und WM als Wettkampfhöhepunkte den strukturellen Aufbau des Trainings- und Wettkampfjahres bestimmen, dann können die sportartspezifischen Grundlagen in einem ersten Makrozyklus von 18 bis 20 Wochen entwickelt und vervollkommnet

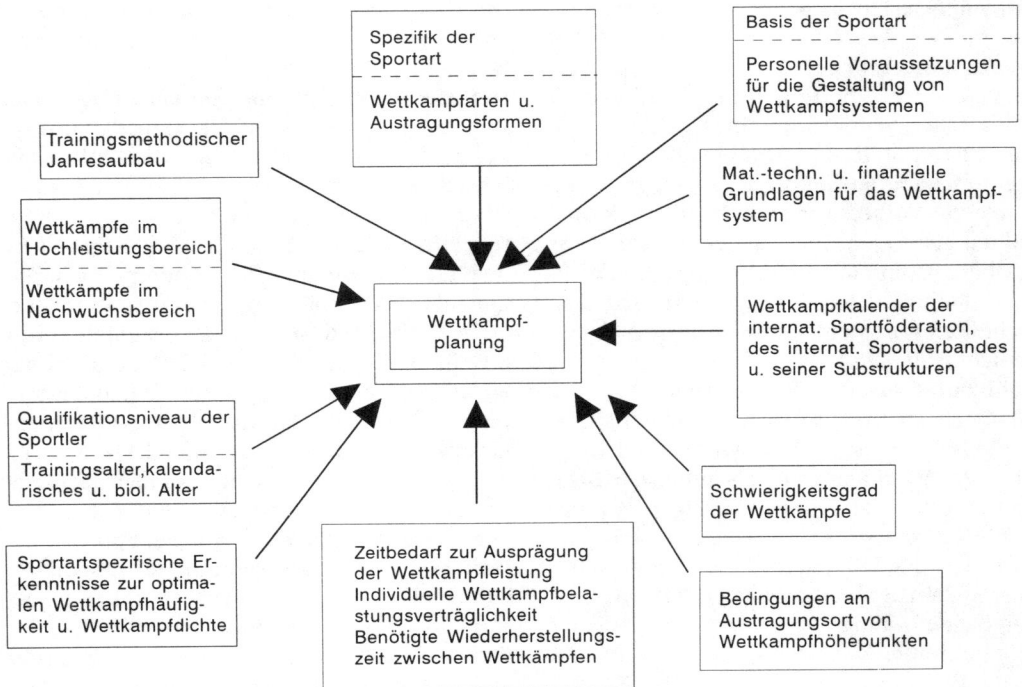

Abbildung 7.2.-1 *Abhängigkeit der Wettkampfplanung von verschiedenen Einflußgrößen*

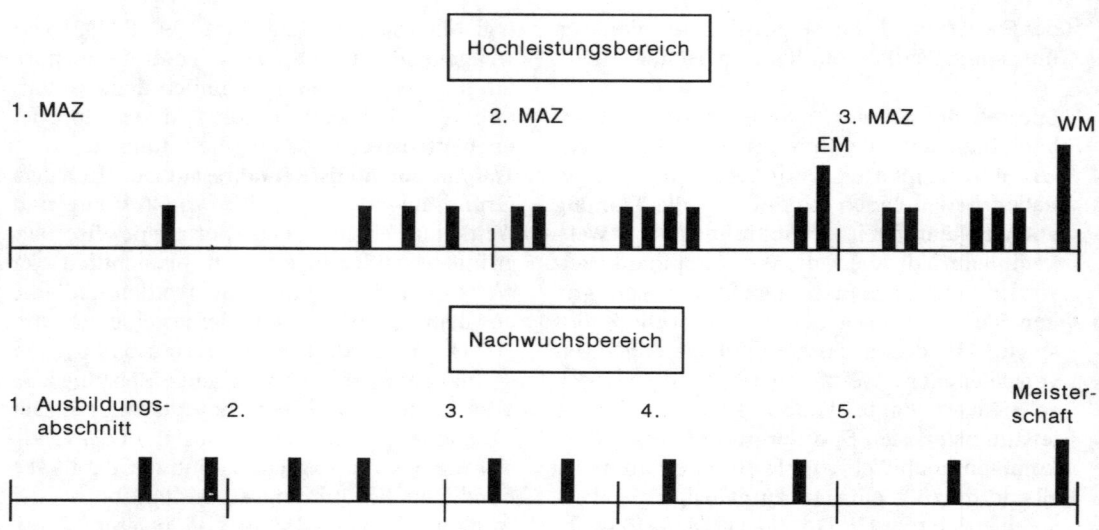

Abbildung 7.2.-2 *Prinzipskizze zur unterschiedlichen Wettkampfplanung im Hochleistungs- und Nachwuchsbereich*

werden. Die Wettkampfhäufigkeit ist hier gering, sie erhöht sich im folgenden Makrozyklus, der dann die Ausprägung der wettkampfspezifischen Leistungsfähigkeit zum Ziel hat.

Wettkämpfe im Hochleistungs- und Nachwuchsbereich. Die Wettkampfplanung der beiden Bereiche innerhalb des langfristigen Leistungsaufbaus einer Sportart unterscheidet sich grundsätzlich voneinander. Im Hochleistungsbereich ist sie an Trainingszyklen und die ihnen zugeordneten ausbildungsbezogenen Wettkämpfe zur Vorbereitung von Wettkampfhöhepunkten gebunden. Im Nachwuchsbereich ist die Übereinstimmung von Trainings- und Wettkampfinhalten in der Abfolge von Ausbildungsabschnitten dominant. Diesen Sachverhalt verdeutlicht Abb. 7.2.-2.

Qualifikationsniveau der Sportler. Auf der Grundlage der Erkenntnisse zum langfristigen Leistungsaufbau ist auch die Wettkampfhäufigkeit – der Wettkampf gilt als intensive Belastungsanforderung – vom Grundlagen- bis zum Hochleistungsbereich zu steigern. Für die Sportspiele gibt DÖBLER (1988, S. 155) dazu folgende Anzahl der Wettkämpfe pro Jahr an:

Grundlagentraining:	30– 60
Aufbautraining:	50– 60
Anschlußtraining:	70– 80
Hochleistungstraining:	70–100

Aber auch das Trainingsalter – ein Anschlußkader sollte z. B. weniger Wettkämpfe mit höchstem Schwierigkeitsgrad absolvieren als ein Hochleistungskader – und das kalendarische bzw. biologische Alter im Nachwuchsbereich haben Einfluß auf Häufigkeit und Schwierigkeitsgrad der Wettkämpfe. (Vgl. 7.3.1.2.)

Wettkampfhäufigkeit und Wettkampfdichte aus sportartspezifischer Sicht. Die aktuellen Lösungen der Sportarten und deren kritische Wertung hinsichtlich ihrer Leistungswirksamkeit müssen hier herangezogen werden, Verallgemeinerungen sind dabei ohnehin unzulässig. Nicht nur die Sportartspezifik, sondern auch die Qualität des Ausbildungssystems sind bei derartigen „Beispiellösungen" zu beachten. Wenn z. B. im Schwimmsport der DDR auf 40 Starts im Grundlagentraining, 70 Starts im Aufbautraining und 90 Starts im Anschlußtraining orientiert wurde (vgl. SCHRAMM u. a. 1987, S. 319), dann stand dies im Einklang mit einem qualitativ hochwertigen Trainingssystem und gediegenen Förderbedingungen für die jungen Sportler.

Bedingungen am Austragungsort für Wettkampfhöhepunkte. Diesen Sachverhalt gilt es insbesondere bei der Wettkampfplanung für Sportler bzw. Mannschaften zu beachten, die aufgrund ihrer Leistungsfähigkeit bei internationalen Meisterschaften starten können. Klimatische

Bedingungen, Zeitzonen, Beschaffenheit der Wettkampfstätte u. a. Faktoren sind deshalb in die langfristige und unmittelbare Wettkampfvorbereitung einzubeziehen. (Vgl. 7.3.3.)

Schwierigkeitsgrad der Wettkämpfe. Im Leistungsaufbau der Sportler sind Wettkämpfe zu nutzen, die dem Leistungsniveau adäquat sind und im Verlauf des Trainings- und Wettkampfjahres einen steigenden Schwierigkeitsgrad aufweisen. Voraussetzungen für die Umsetzung dieser komplizierten (vielleicht auch idealisierten) Anforderung sind: Die Zugehörigkeit der Sportler bzw. Mannschaft zu Leistungsklassen einer Sportart; die Meisterschaftsergebnisse auf internationaler und auf den verschiedenen Ebenen eines nationalen Sportverbandes; die Klassifizierung der Wettkämpfe nach Leistungsniveau in den internationalen Sportföderationen (z. B. A-, B-, C-Turniere im Ringen).

Wettkampfkalender. Die internationalen Sportföderationen, die nationalen Sportverbände und ihre Strukturen geben für das jeweilige Trainings- und Wettkampfjahr die Wettkampfkalender vor. Für die Wettkampfplanung des Trainers sind damit terminliche Vorgaben für die Meisterschaftswettkämpfe, Pokalwettkämpfe und ein Angebot an ausbildungsbezogenen Wettkämpfen vorhanden.

Material-technische und finanzielle Grundlagen für das Wettkampfsystem. Die Wettkampfordnung der Sportart definiert die material-technischen Bedingungen für die Austragung von Wettkämpfen. Ihr Vorhandensein und auch die erforderlichen Finanzen gehören zu den Voraussetzungen für die Wettkampfplanung in allen Strukturebenen eines Sportverbandes.

Basis der Sportart, personelle Voraussetzungen. Die Wettkampfplanung auf den jeweiligen Strukturebenen eines Sportverbandes muß die Anzahl der für das Wettkampfjahr gemeldeten Sportler bzw. Mannschaften zur Grundlage haben. Gleichzeitig sind jedoch die personellen Voraussetzungen für die Wettkampforganisation zu berücksichtigen.

7.2.2. Grundsätze der Wettkampfplanung

Grundsatz der Einheit von Training und Wettkampf. Vom Grundlagen- bis zum Hochleistungstraining gilt der Grundsatz, daß im Wettkampf von den Sportlern nur jene Leistungen abgefordert werden sollten, die auch im Training vorbereitet wurden. Dabei gibt es zwischen dem Hochleistungs- und dem Nachwuchsbereich einen gravierenden Unterschied: Im Hochleistungsbereich bestimmen die Wettkampfhöhepunkte die Zyklisierung des Trainingsjahres und die Anzahl der erforderlichen ausbildungsbezogenen Wettkämpfe; im Nachwuchsbereich sind die Zielstellungen der langfristigen Ausbildungskonzeption dominierend, und ihr werden ausbildungsbezogene Wettkämpfe zugeordnet.

Grundsatz der Zielbestimmtheit und der Mittelfunktion des Wettkampfes im Leistungsaufbau der Sportler. Jeder Wettkampf muß vom Sportler mit einer Zielvorgabe bestritten werden. Bei Wettkampfhöhepunkten sind das der Sieg oder bestimmte Plazierungen, bei ausbildungsbezogenen Wettkämpfen können das die weitere Herausbildung des Entscheidungsverhaltens (Zweikampfsportarten, Sportspiele), die taktische Wettkampfführung, das Sammeln von Wettkampferfahrungen u. a. Zielstellungen sein. Die Komplexität der wettkampfspezifischen Belastungsanforderungen und die Vielfalt wettkampfspezifischer Situationen lassen sich nicht im Training simulieren. Der Aufbau der Wettkampfleistung ist deshalb unabdingbar an das Absolvieren von ausbildungsbezogenen Wettkämpfen gebunden.

Grundsatz der optimalen Wettkampfhäufigkeit. Die Wettkampfhäufigkeit und die Wettkampfdichte in den Zyklen des Trainings- und Wettkampfjahres werden hauptsächlich von den Spezifika der Sportarten (Sportspiele z. B. haben durch traditionelle Wettkampfsysteme eine sehr hohe Anzahl von Wettkämpfen), von der individuellen Wettkampfbelastungsverträglichkeit sowie vom Zeitbedarf für die leistungssystemdeterminierte Ausprägung der Wettkampfleistung bestimmt.

Bei Anerkennung der sportartspezifisch und individuell zu planenden Wettkampfhäufigkeit läßt sich allgemein orientieren: In den „grundlagenschaffenden Zyklen" des Trainingsjahres ist die Wettkampfhäufigkeit gering, in den „leistungsausprägenden Zyklen" muß sie deutlich ansteigen.

Grundsatz der langfristigen und unmittelbaren Wettkampfvorbereitung. Die langfristige Wettkampfvorbereitung wird über die Zyklisierung des Trainingsjahres angestrebt. Das Training ist so aufzubauen, daß die Sportler zum Zeitpunkt der Wettkampfhöhepunkte ihre sportliche Form erreichen. Die unmittelbare Wettkampfvorbereitung ist wenige Wochen vor dem jeweiligen Wettkampfhöhepunkt erforderlich. Mit trainingsmethodischen und psychischen Anforderungen ist ein spezieller Periodenzyklus zu gestalten, der die Herausbildung der sportlichen Form und die Einstellung der Sportler auf die spezifischen Bedingungen dieses Wettkampfes zum Ziel hat. Eine derartige „unmittelbare Wettkampfvorbereitung" findet im Nachwuchsbereich keine Anwendung. Hier ist vielmehr jeder Wettkampf mit einer gediegenen Organisation und mit geeigneten pädagogisch-psychologischen Maßnahmen zu einem Erfolgserlebnis zu gestalten.

Grundsatz der leistungsaufbauenden Wettkampfanforderungen. Das Wettkampferleben und die erzielten Ergebnisse – vor allem deren Interpretation durch den Trainer – haben motivierende Wirkung für den Sportler. Deshalb muß u.a. die Wettkampfplanung vom aktuellen Leistungszustand des Sportlers ausgehen, seine individuellen Besonderheiten beachten und innerhalb des Wettkampfjahres eine systematische Steigerung der Wettkampfanforderungen gewährleisten, und zwar sowohl durch die Anzahl der Wettkämpfe als auch durch die Leistungsfähigkeit der sportlichen Gegner.

7.2.3. Ebenen der Wettkampfplanung

Der Trainer plant Wettkämpfe für seine Sportler auf der Grundlage von Angeboten verschiedener Ebenen des Sportverbandes bzw. der Sportorganisation. Diese Angebote werden in Form von Wettkampfkalendern unterbreitet.

Im Wettkampfgeschehen einer Sportart – von der internationalen Ebene bis zur Ebene des Vereins – besteht eine hierarchische Ordnung. Sie äußert sich darin, daß

– die Termine für die Wettkampfhöhepunkte auf jeder Leistungsebene „von oben nach unten" vorgegeben werden;
– die jeweils übergeordnete Ebene einen zeitlichen Vorlauf in der Wettkampfplanung gewährleistet.

Wettkampfplanung durch die internationale Föderation einer Sportart

Eine internationale Föderation trägt Verantwortung für die weltweite Entwicklung ihrer Sportart. Die Gestaltung eines attraktiven Wettkampfsystems ist dafür ein potentes Feld – auch in der Konkurrenz mit anderen Sportarten (vgl. 7.2.). Die Ausschreibung neuer Wettkampfarten (hier sind besonders die Weltcups zu nennen), die Veränderung der Wettkampfregeln und auch die Ausdehnung des Wettkampfsystems stehen diesbezüglich im Vordergrund. Dabei äußern wir jedoch aus trainingswissenschaftlicher Sicht einen kritischen Standpunkt gegenüber der Austragung von Weltmeisterschaften in Kinderaltersklassen. (Vgl. 6.1.1.)

Angesichts der Häufung hochklassiger Wettkämpfe im Terminkalender einer Föderation ergibt sich die Frage nach der Möglichkeit eines systematischen Leistungsaufbaus der Sportler für die Wettkampfhöhepunkte. Diese Möglichkeit muß bejaht werden, wenn auch nicht für alle Sportarten; sie könnte z.B. für Spieler leistungsstarker Fußball-Nationalligen evtl. nicht zutreffen. Sowohl die Trainerkommission als auch der wissenschaftliche Beirat (auch Wissenschaftskommission) einer internationalen Föderation gewährleisten eine Terminierung der Wettkampfhöhepunkte, die im Prinzip einen systematischen Leistungsaufbau der Sportler zuläßt.[1]

Für die Wettkampfplanung einer internationalen Föderation ist typisch, daß sie langfristig die Termine und Ausrichter der Wettkampfhöhepunkte aufweist und daß die nationalen Sportverbände die Terminierung meist für mehrere Jahre kennen.

Wettkampfplanung durch den nationalen Sportverband

Die Wettkampfplanung eines nationalen Sportverbandes umfaßt folgende Aufgaben:

– *Ermittlung der Meister* in allen Altersklassen und Gewährleistung eines Wettkampf-

---

[1] Dieser systematische Leistungsaufbau ist jedoch vor allem dann gefährdet, wenn eine Teilnahmepflicht an vielen Wettkämpfen besteht und ein „Punktekonto" die Qualifikation für Weltmeisterschaften oder Olympische Spiele entscheidet.

angebotes für die Vorbereitung der leistungsstärksten Sportler vom Jugend- bis zum Seniorenbereich auf internationale Wettkampfhöhepunkte;

– Ausschreibung von Pokalwettkämpfen und Festlegung der Austragungsformen zur *Ermittlung der Pokalsieger*;

– Ausschreibung von *Wettkämpfen für den Nachwuchsbereich,* die ob ihrer traditionellen und emotional ansprechenden Gestaltung die Sportartverbundenheit der Mädchen und Jungen fördern;

– Ausschreibung von *traditionellen Wettkämpfen,* die Sportler aller Altersklassen zusammenführen und das Engagement für die Verbandsentwicklung fördern.

Die unter der Verantwortung des nationalen Sportverbandes zu planenden Wettkämpfe werden in einem Wettkampfkalender zusammengefaßt und mit angemessenem zeitlichen Vorlauf den nachgeordneten Ebenen des Verbandes übergeben.

Wettkampfplanung durch die nachgeordneten Ebenen eines Sportverbandes

Auf der Grundlage der Wettkampfkalender der jeweils höheren Strukturebene werden die Wettkampfkalender für den jeweiligen Verantwortungsbereich geschaffen. Leistungsklassenbezogene Meisterschaftswettkämpfe, Pokalwettkämpfe und traditionelle Wettkämpfe sind in die Planung einbezogen.

Die Wettkampfplanung auf der untersten Ebene – dem Verein oder dem Leistungszentrum – ist eindeutig auf den Leistungsaufbau der Sportler des Vereins gerichtet, auch wenn für das Wettkampfjahr eigenständig auszurichtende Wettkämpfe vorgesehen sind.

7.2.4. Wettkampforganisation

Die Gesamtheit der Aktivitäten zur Vorbereitung, Durchführung und Auswertung von sportlichen Wettkämpfen wird als Wettkampforganisation bezeichnet.

Eine gediegene Wettkampforganisation ist die Voraussetzung dafür, daß ein Wettkampf – sei es nun eine Weltmeisterschaft oder das Turnier

eines Vereins – seine vielfältigen Funktionen erfüllen kann. Trotz verschiedener Wettkampfarten und sportartspezifisch determinierter Austragungsformen von Wettkämpfen setzt sich die Wettkampforganisation immer aus bestimmten Elementen zusammen. Ihre Vollständigkeit und ihr Zusammenwirken bestimmen die Qualität einer Wettkampforganisation.

Gehen wir davon aus, daß ein im Wettkampfkalender ausgewiesener Wettkampf einem Ausrichter übertragen worden ist, dann muß dieser die Organisation dieses Wettkampfes – bei Vernachlässigung sportartspezifischer Anforderungen sind hier nur allgemeine Orientierungen anzugeben – durch die im folgenden genannten Elemente sichern.

Anfertigung einer Ausschreibung

Eine Ausschreibung sollte enthalten:
– Bezeichnung des Wettkampfes;
– Ort, Termin, zeitlicher Ablauf;
– Teilnehmer (nach vorausgegangener Qualifikation, auf Einladung, freie Meldung);
– Wettkampfdisziplinen;
– Altersklassen;
– Wettkampfmodus;
– Wettkampfregeln;
– Leitung der Wettkämpfe;
– Auszeichnungen;
– Unterkunft, Transport, Verpflegung, Finanzen;
– Meldetermin.

Allgemeine Vorbereitung

Die allgemeine Vorbereitung eines Wettkampfes umfaßt ein großes Aufgabenspektrum und ist bei größeren Wettkämpfen langfristig zu beginnen.

Folgende *Aufgaben* sind zu lösen:
– Popularisierung des Wettkampfes, Informationen an Medien;
– Gewinnung eines Schirmherrn, Gewinnung von Sponsoren;
– vertragliche Bindung benötigter Unterkünfte;
– Sicherung des Transports von der Unterkunft zur Wettkampfstätte;
– Sicherung der Verpflegung für die Teilnehmer;
– Planung und Beschaffung der benötigten Finanzen;

- Gewährleistung der medizinischen Betreuung an den Wettkampftagen;
- Gewährleistung von Ordnung und Sicherheit;
- Gewinnung des benötigten Personals (Helfer, Ordner u.a.);
- Vorbereitung der Eröffnungsveranstaltung, der Abschlußveranstaltung und eventueller kultureller Rahmenveranstaltungen.

Sportliche Vorbereitung

Die sportliche Vorbereitung eines Wettkampfes schließt folgende *Aufgaben* ein:
- Benennung der Wettkampfleitung;
- Vorbereitung des exakten Zeitplanes (nach Eingang der Meldungen);
- Einladung der Kampfrichter/Schiedsrichter;
- Vorbereitung der Wettkampfstätte;
- Bereitstellung benötigter Sportgeräte und Wettkampfmaterialien;
- Vorbereitung der Siegerehrung.

Wettkampfdurchführung

Im Auftrag der Wettkampfleitung übernimmt ein Wettkampfgericht die Verantwortung für die unmittelbare Durchführung der Wettkämpfe. Seine Bezeichnung, seine zahlenmäßige Stärke und auch seine Aufgabenstellung unterliegen sportartspezifischen Differenzierungen. Verallgemeinert hat jedoch ein Wettkampfgericht folgende *Aufgaben* zu erfüllen:
- Kontrolle der Startberechtigungen (Sportausweise, Wettkampfbuch);
- Ansetzung der Kampfrichter/Schiedsrichter;
- Einsatz eines arbeitsfähigen Wettkampfbüros (Listenführung, Ergebnisregistrierung, Neuansetzung von Wettkämpfen, Feststellung der Sieger und Plazierten, Wettkampfprotokoll);
- Gewährleistung der regelgerechten Austragung der Wettkämpfe und Klärung von Protesten;
- rechtzeitige Herausgabe von Informationen über den Wettkampfablauf an Aktive und Zuschauer;
- Verkündung der Wettkampfergebnisse (Siegerehrung).

(Vgl. DÖBLER 1988, S. 162/163)

Auswertung des Wettkampfes

Die Wettkampforganisation endet niemals mit der Beendigung des letzten Wettkampfes bzw. mit der Siegerehrung, sondern mit einer sorgfältigen Wettkampfauswertung. Diese sollte unter zwei Aspekten erfolgen:
- Abschluß aller Teilprozesse im Bereich der allgemeinen Wettkampfvorbereitung (Abrechnung aller Verträge, Abtransport der benötigten Geräte, Übergabe der ordnungsgemäßen Wettkampfstätte, Begleichung aller finanziellen Forderungen u.a.);
- Auswertung mit allen an der Wettkampforganisation beteiligten Sportfreunden. Im Vordergrund sollte immer die Anerkennung für diese immens wichtige Tätigkeit zur Absicherung des Wettkampfgeschehens stehen. Gleichzeitig sollten Stärken und Schwächen der Wettkampforganisation benannt werden.

Die dargestellten Elemente der Wettkampforganisation und die mit jedem Element verbundene Aufgabenfülle zwingen jeden Ausrichter eines Wettkampfes dazu, einen Personenkreis zu gewinnen, der sich für das jeweilige Element der Wettkampforganisation verantwortlich fühlt und gewissenhaft dafür arbeitet. Damit ist gleichzeitig darauf zu verweisen, daß ein solide vorbereitetes Wettkampfsystem einer Sportart nur umzusetzen ist, wenn im Ergebnis einer gesunden Verbandsentwicklung auch eine hinreichende Anzahl von Sportfreunden für die Wettkampforganisation zur Verfügung steht.

7.3. Wettkampfvorbereitung und Wettkampfgestaltung (durch Sportler/Trainer)

Im Leistungssport sind das gesamte Training, das Absolvieren ausbildungsbezogener Wettkämpfe und alle damit im Zusammenhang stehenden Maßnahmen auf das Vollbringen sportlicher Höchstleistungen zu Wettkampfhöhepunkten ausgerichtet[1]. Denn nur bei Wett-

---

[1] Die Aussagen dieses Kapitels beziehen sich auf den Leistungssport und mit Einschränkungen auch auf den Wettkampfsport.

kampfhöhepunkten lassen sich die Zielstellungen und die unterschiedlichsten Ambitionen der Sportler, der Vereine und der Nationalmannschaften realisieren.

Im Grunde genommen ist das auf Erhöhung der sportlichen Leistungsfähigkeit orientierte langfristige Training zugleich Vorbereitung auf Wettkämpfe. Auf der Grundlage der jeweiligen Struktur der Wettkampftätigkeit werden die Anforderungen an die individuell auszuprägenden Komponenten des Leistungssystems definiert und zielgerichtet trainiert.

Aber dennoch ist damit die Wettkampfvorbereitung nicht erschöpft, sie schließt bei Anerkennung von Unterschieden zwischen Training und Wettkampf unbedingt auch ausbildungsbezogene (aufbauende, kontrollierende) Wettkämpfe ein. Diese Forderung, die sich seit geraumer Zeit im Bemühen von Sportlern und Trainern äußert, im Prozeß des Leistungsaufbaus eine noch höhere Anzahl von Wettkämpfen zu nutzen, hat ihre Ursachen in den im folgenden dargelegten Sachverhalten.

• Der Leistungsvergleich mit dem sportlichen Gegner ist für den Sportler ein Bewährungsfeld, in dem er seine *Leistungsfähigkeit als Persönlichkeit* – nicht einzelne seiner trainierten Leistungsvoraussetzungen – nachweisen muß. Besonderheiten der Wettkampftätigkeit, wie die direkte (z. B. in den Zweikampfsportarten) oder indirekte (z. B. im Rudern) Auseinandersetzung mit dem sportlichen Gegner, die vom Reglement vorgegebenen Zwänge (z. B. das begrenzte Zeitlimit oder die begrenzte Anzahl von Versuchen), die emotionalen Zustandsänderungen vor dem und im Wettkampfgeschehen oder auch die variierenden äußeren Bedingungen weisen qualitative Anforderungen an die handelnde Sportlerpersönlichkeit aus, die nur in der Wettkampftätigkeit realisiert werden können. (Vgl. SCHELLENBERGER 1991, S. 291)

• „Die besonderen Bedingungen des Wettkampfes führen beim Sportler zu psycho-vegetativen Erregungen, die im Training in dieser Art kaum auftreten." (SCHELLENBERGER 1991, S. 294) Die Fähigkeit des Sportlers, seine Handlungen im Wettkampf bewußt zu regulieren und selbst zu steuern, seine Handlungsmöglichkeiten auf kognitiver Grundlage zu erweitern und diese in Wettkampfsituationen bewußt für das Errei-

chen des Wettkampfzieles auszuschöpfen, ist durch psychologische Wettkampfvorbereitung zu entwickeln. Dabei ist in die psychologische Wettkampfvorbereitung sowohl das Training – mit seinen Möglichkeiten der Herausbildung von kognitiven, motivationalen und emotionalen Komponenten des Leistungssystems, mit der Entwicklung psychischer Regulationsprozesse und der Vorbereitung von Verhaltensprogrammen – als auch die benötigte Anzahl ausbildungsbezogener Wettkämpfe integriert, in denen der Sportler seine Handlungsfähigkeit anforderungsgerecht weiterentwickeln kann.

• *Strategie und Taktik* gehören zu den Grundlagen erfolgsorientierter Wettkampfgestaltung (vgl. THIESS 1994, S. 9). Die Befähigung der Sportler, das künftige Wettkampfgeschehen aus subjektiver Sicht gedanklich vorwegzunehmen und im Wettkampf die Gesamtheit der Verhaltensweisen und Handlungen unter Beachtung der Wettkampfregeln, des Gegnerverhaltens sowie der äußeren Bedingungen auf die volle Ausschöpfung der eigenen Leistungsfähigkeit zu richten, ist Gegenstand der strategisch-taktischen Ausbildung in Training und Wettkampf. (Vgl. 5.8.) Die Strategie ist Ergebnis kognitiver Prozesse – ihren Ausdruck finden sie in inneren Modellen der Wettkampfgestaltung durch den Sportler –, die daran gebundene Taktik realisiert sich in bewußten Entscheidungen der Sportler in der Wettkampftätigkeit. Die strategisch-taktische Befähigung der Sportler ist deshalb an die Herausbildung adäquater Leistungsvoraussetzungen im Training, an die praxisnahe Simulation strategisch-taktischer Wettkampfsituationen und an die Anwendung und Stabilisierung strategisch-taktischer Verhaltensweisen unter den Bedingungen der Wettkampftätigkeit gebunden.

7.3.1. Wettkämpfe im Prozeß des Leistungsaufbaus

Allgemeingültige Empfehlungen für eine Integration von Training und Wettkampf, die auch eine optimale Wettkampfhäufigkeit und Wettkampfdichte einschließt, sind nur bedingt möglich, weil:

– die Spezifik der Sportarten und deren Wettkampfsysteme eine differenzierte Nutzung von Wettkämpfen für den Leistungsaufbau der Sportler erfordern;
– die individuellen Leistungsvoraussetzungen der Sportler auch zu individuellen Konzepten in der Bewältigung von Wettkampfbelastungen führen müssen;
– wissenschaftlich geprüfte Lösungen für die Integration von Training und Wettkampf bislang nicht vorliegen.

Dennoch können vorhandene Erkenntnisse der Trainingswissenschaft und Erfahrungen der Trainingspraxis genutzt werden, um die Einordnung der Wettkämpfe in das Ausbildungssystem der Sportler zu charakterisieren.

7.3.1.1.   Wettkämpfe im Ausbildungssystem der Sportler des Hochleistungsbereiches

Wettkämpfe sind sowohl Ziel (Hauptwettkämpfe, Wettkampfhöhepunkte) als auch Mittel des Trainings (ausbildungsbezogene Wettkämpfe). Analysen zum Umfang der Wettkampftätigkeit belegen, daß die Wettkämpfe im Ausbildungssystem der Sportler einen bedeutenden Platz einnehmen. DÖBLER (1988, S. 155) benennt als Verhältnis zwischen Training und Wettkampf in den Sportspielen folgende *Wettkampfhäufigkeit pro Wettkampfjahr*:

Fußball:	80–100
Volleyball:	70– 90
Handball:	80–100
Basketball:	70– 90.

Dieser nahezu ganzjährige Wettspielbetrieb schließt auch noch für viele Sportler mehrere Wettkampfhöhepunkte in einem Trainings- und Wettkampfjahr ein (EM, WM, OS, EC-Wettbewerbe) und erfordert aus diesem Grunde spezifische Lösungen im Belastungs- und Leistungsaufbau. Eine Besonderheit ist dabei das Zwischenwettkampftraining (vgl. DÖBLER 1988, S. 155–156).

PLATONOV (1987, S. 90) gibt für eine Reihe von Sportarten die Anzahl der offiziellen Wettkämpfe und der Wettkampfstarts an (Tab. 7.3.-1). MARTIN/CARL/LEHNERTZ (1991, S. 282) geben für Sportarten mit Schnellkraftcharakter 25 bis

Tabelle 7.3.-1   *Wettkampftage und Starts von Hochleistungssportlern im Jahreszyklus* (PLATONOV 1987, S. 90)

Sportart	Anzahl der Wettkampftage	Anzahl der Starts
Gerätturnen	25–35	210–250
Wasserspringen	25–35	275–360
Fechten	30–40	415–480
Fußball	70–85	70– 85
Tischtennis	75–80	380–420
Wasserball	60–65	60– 65

35 Wettkämpfe bei 6- bis 7monatigen Wettkampfperioden an, für Ausdauer- und Kampfsportarten eine Wettkampfhäufigkeit von 20 bis 30. In den Mehrkämpfen ist die Wettkampfhäufigkeit (10 bis 20) am geringsten.

Sowohl die Spezifik der Sportarten als auch die Berücksichtigung der Besonderheiten nationaler Wettkampfsysteme und der Individualität der Sportler lassen zur Einordnung der Wettkämpfe in das Ausbildungssystem der Sportler des Hochleistungsbereiches folgende Aussagen zu:

• Das Leistungssystem der jeweiligen Sportart und der dominierend davon abhängige Zeitbedarf für die Ausprägung der Wettkampfleistung führen zwingend zu sportartspezifischen Lösungen im Leistungsaufbau der Sportler, und zwar in bezug auf das Verhältnis Training/Wettkampf wie auch auf das Verhältnis Wettkampfhäufigkeit/Wettkampfdichte.

• Als Prinziplösung für alle Sportarten gilt:
– In den Vorbereitungszyklen eines Wettkampfjahres werden die Leistungsvoraussetzungen für die Wettkampfleistung systematisch herausgebildet. Dabei werden nur wenige Wettkämpfe – eindeutig mit leistungsaufbauender Zielstellung – ausgetragen.
– In den Wettkampf-Makrozyklen erfolgt eine bedeutende Erhöhung der Anzahl zu absolvierender ausbildungsbezogener Wettkämpfe mit dem Ziel, die Ausbildung der komplexen Leistungsfähigkeit für den Wettkampfhöhepunkt zu sichern.
– Unter sportartspezifischen Aspekten ist die Integration von Training und Wettkampf in den Wettkampf-Makrozyklen zu gestalten.

Das betrifft die Häufigkeit und Dichte ausbildungsbezogener Wettkämpfe wie auch die Gestaltung des Zwischenwettkampftrainings.
– Der Wettkampfhöhepunkt ist mit dem Zyklus einer „unmittelbaren Wettkampfvorbereitung" anzugehen.
• Individuelle Höchstleistungen der Sportler haben das individuell zugeschnittene Training wie auch eine individuell gestaltete Wettkampfbelastung im Trainings- und Wettkampfjahr zur Grundlage.

In der *Wettkampfpraxis* sind nach PLATONOV (1987, S. 94–95) drei methodische Auffassungen zur Einordnung der Wettkämpfe in das Ausbildungssystem der Sportler zu finden.

■ Die Sportler starten sehr häufig und bemühen sich, in jedem Wettkampf hohe sportliche Leistungen zu erzielen.
Die Wettkämpfe werden von den Sportlern „weitgehend als Mittel und Methode der Ausbildung und der Kontrolle der Effektivität des Trainingsprozesses" (PLATONOV 1987, S. 94) genutzt. Sie passen sich den Wettkampfbedingungen an und können ihre sportliche Höchstform auch recht lange aufrechterhalten. Kritisch ist jedoch dazu anzumerken, daß das ständige Streben nach hohen sportlichen Leistungen in vielen Wettkämpfen zwar die Leistungsstabilität fördert, aber andererseits auch zu übermäßigen psychischen und physischen Verschleißerscheinungen führt, die einen Rückgang der sportlichen Leistungen zum Wettkampfhöhepunkt zur Folge haben können.

■ Die Sportler nutzen zur Vorbereitung auf den Hauptwettkampf wenig Wettkämpfe.
Eine solche eingeschränkte Wettkampfpraxis gestattet es den Sportlern häufig nicht, auf Grund unzureichender Wettkampferfahrungen ihre technisch-taktischen und funktionellen Möglichkeiten vollständig zu realisieren. So kann die unvorhergesehene Entwicklung von Wettkampfsituationen und die Nichtvorbereitung der Sportler auf deren Lösung zu negativen Wettkampfergebnissen führen.

■ Die Sportler absolvieren eine umfangreiche, aber streng differenzierte Wettkampftätigkeit.

Aufbau- und Kontrollwettkämpfe werden nur als Ausbildungsmittel genutzt.
Nach dieser methodischen Auffassung werden ausbildungsbezogene Wettkämpfe auch als solche gewertet – der Sportler ist nicht vor die Aufgabe gestellt, in jedem Wettkampf höchste sportliche Leistungen zu erzielen. Diese Auffassung entspricht der Einheit von Trainings- und Wettkampftätigkeit, sie gewährleistet über die zielbezogene Nutzung von Aufbau- und Kontrollwettkämpfen die anforderungsgerechte Ausprägung der komplexen Wettkampfleistung zum Wettkampfhöhepunkt hin.

7.3.1.2. Wettkämpfe im Ausbildungssystem der Sportler des Nachwuchsbereiches

Die Zielstellungen der Etappen des Nachwuchstrainings (vgl. 6.1.1.) sind in der Einheit von anforderungs-, alters- und entwicklungsgerechten Trainings- und Wettkampfinhalten anzustreben. Wenn das alters- und entwicklungsgemäße Nachwuchstraining vor allem „voraussetzungsschaffenden" Charakter hat, dann müssen demzufolge auch Leistungsvoraussetzungen zu Wettkampfinhalten gehören. Wie bereits in 6.1.1. dargestellt, besteht das Wesen des Wettkampfes im Nachwuchsleistungssport in einem zielgerichteten „Mehrkampf". Das bedeutet:
• Wettkampfinhalte zur Ermittlung des Ausprägungsgrades allgemeiner Leistungsvoraussetzungen, spezieller Leistungsvoraussetzungen und der spezifischen Leistung müssen Grundlage der Bewertung sein.
• Wettkampfinhalte müssen die Herausbildung perspektivisch bedeutsamer Leistungsvoraussetzungen unterstützen (Handlungsprogramme, technisch-koordinative Leistungsvoraussetzungen, Schnelligkeitsvoraussetzungen, Vielseitigkeit).
Eine derartig verstandene Integration von Training und Wettkampf kann maßgeblich einen alters- und entwicklungsgemäßen Trainings- und Leistungsaufbau in der jeweiligen Sportart befördern. Zur Ausarbeitung und Erprobung sportartspezifischer Wettkampfsysteme im Nachwuchsbereich können die im folgenden

angeführten Orientierungen[1] für Sportartengruppen gegeben werden.

Ausdauersportarten

- Wettkämpfe, die den Stand der körperlich-sportlichen Grundausbildung widerspiegeln. Dazu sollten vor allem Wettkämpfe in Sportarten mit hohen koordinativen Anforderungen (z. B. Sportspiele – auch nach modifizierten Regeln), aber auch ausdauerorientierte Leistungsabforderungen in verschiedenen Ausdauersportarten gehören.
- Ausschreibung eigenständiger Technikwettbewerbe („Bester Techniker") und Einbeziehung technisch-koordinativer Anforderungen in die Bewertung von Wettkampfleistungen, die am Ende technisch-akzentuierter Ausbildungsabschnitte abzufordern sind.
- Schnelligkeitsorientierte Wettkampfinhalte sind im allgemeinen und speziellen Bereich abzufordern. Dabei muß es um Distanzen zur Ermittlung der „besten Sprinter", keinesfalls um das Aufwerten der Schnelligkeitsausdauer gehen.
- Bei der Konzipierung der spezifischen Wettkämpfe für ein Wettkampfjahr sollte die Mehrkampfanforderung dominieren („Bester Mehrkämpfer").

Spielsportarten

Wettkampfinhalte in den Sportspielen sollten schwerpunktmäßig einen Beitrag zur Entwicklung der Spielfähigkeit leisten. Stufenfolgen sind aus sportartspezifischer Sicht festzulegen, sollten jedoch die vier im folgenden genannten Bestandteile enthalten.

- Entwicklung der allgemeinen Spielfähigkeit durch definierte Formen von „Kleinen Spielen".
- Wettkampfinhalte zur Überprüfung sportartspezifischer Fähigkeiten und Fertigkeiten (z. B. Wettbewerbsformen im Jonglieren, Zielwerfen, Zielzuspiele).
- Wettkampfinhalte zur Überprüfung und Entwicklung der technischen Präzision, der technisch-taktischen Handlungsschnelligkeit und

situationsadäquater Entscheidungen unter folgenden Bedingungen: Kleinräumigkeit der Spielfelder, geringe Spieleranzahl, leichte Bälle, kurze Spielzeiten. Turnierformen sind dafür besonders geeignet.
- Wettkampfinhalte, in denen die komplexe Spielfähigkeit abgefordert wird. Das für die jungen Spieler bedeutsame Spielergebnis ist durch die Bewertung der individuellen Spielleistung zu ergänzen.

Diese Stufenfolge erfordert nicht die Gliederung des Wettkampfjahres nach zwei Spielserien, sondern sie ermöglicht auch im Wettkampfgeschehen eine Gliederung nach ausbildungsbezogenen Abschnitten. Bestandteil der Wettkampfinhalte müssen auch die für Spieler bedeutsamen Leistungsvoraussetzungen Schnelligkeit, Schnellkraft und Koordination sein.

Zweikampfsportarten

Wettkampfinhalte in den Zweikampfsportarten sollten allgemeine und spezielle Leistungsvoraussetzungen sowie komplexe Wettkampfleistungen sein. Bei der Bewertung von Wettkampfleistungen wird auf einen hohen Stellenwert perspektivisch bedeutsamer Leistungsvoraussetzungen (technisch-taktische Handlungen) orientiert. Zur Realisierung stehen vordergründig drei Möglichkeiten zur Verfügung.
- Planung ausbildungsbezogener Wettkämpfe, in denen technisch-taktische Kampfhandlungen auf der Grundlage der jeweiligen Ausbildungsschwerpunkte eindeutig das Wettkampfresultat bestimmen.
- Aufwertung der Ausführungsqualität technisch-taktischer Kampfhandlungen bei der Bewertung der Wettkampfleistung. Das kann z. B. im Ringen durch die Ermittlung der technischen Vielseitigkeitszahl bei differenzierter Bewertung ausgewählter Handlungsstrukturen erfolgen.
- Planung eines Wettkampfes in jedem Ausbildungsabschnitt, in dem im Sinne einer „Mehrkampfanforderung" die Leistungsvoraussetzungen Schnelligkeit, Schnellkraft, Koordination und die erworbenen technisch-taktischen Fertigkeiten bewertet werden.

---

[1] Diese Orientierungen wurden durch Wissenschaftler und Trainer an der DHfK Leipzig bei der Arbeit an einem Forschungsthema zu Wettkämpfen im Nachwuchsleistungssport in den Jahren 1988 und 1989 erarbeitet (Verf.: Borde).

Technisch-kompositorische Sportarten

• Über Kombinationswettkämpfe, in denen athletische Normen, technische Normen und ausgewählte Pflichtelemente und Kombinationen (z. B. an verschiedenen Geräten im Gerätturnen) abgefordert werden, ist der Bezug zu den Ausbildungskonzeptionen herzustellen.

• Generell gilt es, Wettkampfinhalte zur Prüfung prognostisch bedeutsamer Leistungsvoraussetzungen aufzuwerten. Das betrifft z. B. im Gerätturnen die Beweglichkeit, die komplexe Ausprägung der Fähigkeiten zur schnellkraftorientierten und auf statische Kraftleistungen gerichtete Veränderung der großen Körperwinkel sowie die spezifischen Schnelligkeitsleistungen (Drehgeschwindigkeit u. a.).

• Zur Verbesserung des sporttechnischen Könnens im Bereich der Wettkampfanforderungen sind technische Details höherwertig in die Bewertung der Wettkampfleistung einzubeziehen.

Kraft-Schnellkraft-Sportarten

• Die Wettkampfinhalte sollten auf folgende Schwerpunkte gerichtet sein: allgemeine konditionelle und koordinative Leistungsvoraussetzungen, vielseitig-zielgerichtete Leistungsvoraussetzungen (disziplingruppenspezifisch), sporttechnische Vervollkommnung (disziplin- bzw. disziplingruppenspezifisch), disziplinspezifische Leistungen.

• Wettkämpfe zur Überprüfung der allgemeinen Leistungsfähigkeit sollten unter Beachtung der zunehmenden Spezifik im Jahresverlauf ganzjährig geplant werden.

• Bei der Konzipierung der Wettkämpfe für ein Trainings- und Wettkampfjahr sollten Mehrkämpfe dominieren. Das Erreichen von Mindestnormen in jeder Einzeldisziplin bei den Mehrkämpfen ist die Grundlage für die Teilnahme an den Einzelmeisterschaften am Ende des Wettkampfjahres.

• Abschnittsbezogene Durchführung von Wettkämpfen, in denen die Bewertung technisch-koordinativer Anforderungen und der Ausprägungsgrad von Schnelligkeitsvoraussetzungen in die Bewertung der Wettkampfleistung einbezogen werden.

Hinsichtlich der **Wettkampfhäufigkeit und -dichte** gilt es **im Nachwuchsbereich** zu bedenken:

Die emotionalen und motivationalen Potenzen von Wettkämpfen sind im Ausbildungssystem von Nachwuchssportlern konsequent zu nutzen. Deshalb sollten Wettkämpfe ausbildungsbezogen und ganzjährig – nicht „höhepunktorientiert" – geplant werden. Eine annähernd gleiche Anzahl von Wettkämpfen in den aufeinanderfolgenden Ausbildungsabschnitten eines Trainings- und Wettkampfjahres ist daher zu empfehlen.

Wettkämpfe sind psychophysische Höchstbelastungen. Damit scheint das Anwachsen in der Anzahl von Wettkämpfen von Etappe zu Etappe des langfristigen Trainings- und Leistungsaufbaus begründet zu sein. Es ist jedoch noch zu klären, wie das Verhältnis von Training und Wettkampf bei einer relativ geringen Trainingshäufigkeit (2–3 Trainingseinheiten pro Woche) optimal zu gestalten ist.

7.3.2. Langfristige Wettkampfvorbereitung

Die langfristige Wettkampfvorbereitung[1] weist große zeitliche Differenzen auf. Wesentlichen Einfluß darauf haben

– der zeitliche Rhythmus der Austragung des entsprechenden Wettkampfhöhepunktes (Olympische Spiele alle 4 Jahre, WM jedes Jahr, alle 2 oder 4 Jahre u. a.);

– die Struktur der Wettkampfleistung (die Kreation neuer Übungen in technisch-kompositorischen Sportarten erfordert z. B. mehr Zeit als relativ einfach strukturierte Wettkampfleistungen);

– das Leistungsniveau und die Wettkampferfahrung der Sportler (Differenzierung zwischen Sportlern mit hohem Leistungsniveau und Anschlußkadern),

– die Bedingungen des sozialen Umfeldes (Relationen zwischen Training, Wettkampf, Ausbildung und Beruf).

---

[1] Die Aussagen beziehen sich vorwiegend auf einen Olympiazyklus.

Definition langfristige Wettkampfvorbereitung: Zielgerichtete, auf einen ganz bestimmten Wettkampf orientierte Planung, Organisation und Realisierung wesentlicher Maßnahmen des Trainings, der psychischen Einflußnahme, der medizinischen Betreuung, der Gestaltung des sozialen Umfeldes und der Wettkampfbelastungen über ein oder mehrere Jahre mit dem Ziel, zu diesem Wettkampf Höchstleistungen zu erreichen.

7.3.2.1. Trainingsmethodische Vorbereitung

Bestimmung des Wettkampfes

Die konkrete Festlegung des Wettkampfes (Wettkampfhöhepunkt), auf den sich die langfristige Vorbereitung orientiert, ist der Ausgangspunkt für die Gestaltung des nachfolgenden Prozesses.

Zunächst ergeben sich daraus folgende *Fragen*:

– Welche Qualifikationsnormen bzw. welcher Qualifikationsmodus sind für die Teilnahme am Wettkampf vorgegeben?
– Müssen die geographische Lage und die klimatischen Bedingungen des Wettkampfortes zu Konsequenzen in der langfristigen Vorbereitung führen (z. B. Olympische Spiele in Mexiko-Stadt 1968, Sydney 2000: extreme Höhenlage, Wettkampfdurchführung zur Zeit des Frühjahres auf der südlichen und des Herbstes auf der nördlichen Halbkugel)?

Leistungsplanung

Die Festlegung eines konkreten *Leistungszieles* zum vorgesehenen Wettkampfhöhepunkt ist einerseits erforderlich, um den Sportler zu motivieren, die hohen Trainings- und Wettkampfanforderungen erfolgreich zu bewältigen und sein gesamtes Lebensregime darauf einzustellen, und andererseits ist es eine wichtige Vorgabe für die Trainings- und Wettkampfplanung.

Aus dem erreichten Leistungsniveau der Sportler und ihrem sozialen Status lassen sich für die langfristige Wettkampfvorbereitung *drei wesentliche Varianten der Leistungsplanung* ableiten:

• Sportler mit einem, auch international gesehen, hohen Leistungsniveau in finanziell lukrativen Sportarten, die ihren Lebensunterhalt weitgehend durch den Sport absichern, versuchen ihre Leistungen über den gesamten Zeitraum bis zum geplanten Wettkampfhöhepunkt auf einem hohen Niveau zu halten. Das Niveau ihrer Leistung und der Umfang erfolgreicher Wettkampfbeteiligung bestimmen ihre Einnahmen (Startgelder, Siegprämien, Werbeeinnahmen). Dieser ökonomische Zwang diktiert weitgehend die Leistungsplanung.

• Sportler mit einem hohen internationalen Leistungsniveau in finanziell nicht ergiebigen Sportarten, die ihren Lebensunterhalt durch ihre berufliche Tätigkeit absichern müssen, planen ihre Perspektivleistung dynamisch über jeweils 2 bis 3 Hauptwettkämpfe (nationale und kontinentale Meisterschaften) im Jahr.

• Nachwuchsathleten mit Anschlußleistungen planen ihre Leistungsentwicklung für den Wettkampfhöhepunkt in Form einer mehr oder weniger kontinuierlichen Steigerung.

Besonderheiten der Wettkampfplanung

Die Wettkampfplanung ist im Abschnitt 7.2. beschrieben, deshalb soll nur auf einige Besonderheiten innerhalb der langfristigen Wettkampfvorbereitung verwiesen werden.

• In einigen Sportarten sind Spitzenathleten durch das Wertungssystem und die Einordnung in Weltranglisten zu einer umfangreichen Wettkampfteilnahme mit hohen Leistungen verpflichtet, um die Teilnahmeberechtigung an Wettkampfhöhepunkten (z. B. Olympische Spiele) zu sichern.

• Jungen Athleten ist zu empfehlen, in der langfristigen Wettkampfvorbereitung die individuell effektivste Variante der unmittelbaren Wettkampfvorbereitung zu erproben.

• Findet der Wettkampfhöhepunkt unter ungewohnten geographischen und klimatischen Bedingungen (Höhenlage, Zeitverschiebungen u. a.) statt, dann ist es angeraten, ein bis zwei Jahre vor diesem Zeitpunkt Wettkämpfe unter ähnlichen Bedingungen zu planen und durchzuführen.

Anforderungen an die Trainingsplanung

Unter dem Aspekt der langfristigen (mehrjährigen) Wettkampfvorbereitung sind vor allem drei *Varianten der Zyklisierung* hervorzuheben (vgl. 6.2.3.2.)

• Weitgehend gleichbleibende Wiederholung des Jahreszyklus innerhalb der vier Jahre einer Olympiade und eine spezielle, vor allem zeitliche Anpassung an den Termin des Wettkampfhöhepunktes im letzten Jahr.

• Unterteilung der Olympiade in zwei sich ähnelnde Zweijahreszyklen mit jeweils einem Höhepunkt – den kontinentalen oder Weltmeisterschaften und den Olympischen Spielen. Dabei können das erste und das dritte Jahr des Olympiazyklus eine Art Übergangsjahr sein, in denen die berufliche Qualifikation den Vorrang hat und die Wettkampfteilnahme eingeschränkt ist.

• Planung eines in sich geschlossenen Zyklus über vier Jahre, in dem von Jahr zu Jahr vom vorwiegend allgemeinen Grundlagentraining zur Ausformung der spezifischen Wettkampfleistung übergegangen wird. Diese Variante sollte vor allem für Nachwuchsathleten in Sportarten genutzt werden, in denen relativ schnell ein Anschluß an die Weltspitze möglich ist.

7.3.2.2. Psychische Wettkampf-vorbereitung

Unter psychischer Wettkampfvorbereitung versteht man einen Komplex pädagogisch-psychologischer Maßnahmen, der Sportler und Mannschaften befähigt, die erworbenen psychophysischen Voraussetzungen im Wettkampf, insbesondere bei Wettkampfhöhepunkten, in eine sportliche Höchstleistung umzusetzen (vgl. SCHELLENBERGER 1991). Sie ist je nach individueller Planung auf ein Wettkampfziel ausgerichtet und an die sportliche Ausbildung gebunden. Dabei bilden die langfristige und die unmittelbare Vorbereitung ein ineinanderfließendes Stufenprogramm, denn auch die in der unmittelbaren Wettkampfvorbereitung eingesetzten psychologischen Mittel oder Programme müssen erprobt, erlernt und in verschiedenen wettkampfnahen Trainingsformen oder Wettkämpfen gefestigt werden.

Den *Bezugspunkt bilden die aus dem Wett-kampfziel* und weiteren Bedingungen des Wettkampfhöhepunktes *abgeleiteten psychischen Anforderungen* (vgl. 5.8.2.).

Die psychische Wettkampfvorbereitung umfaßt eine Reihe von **Aufgabenstellungen** (vgl. auch MATHESIUS 1996, S. 91–103):

• Die **individuelle Zielsetzung** wird zum Handlungsmotiv, wenn der Sportler an ihrer Erarbeitung beteiligt ist und sich aktiv mit ihr auseinandersetzt.

Sie beinhaltet die reale Einschätzung des aktuellen Ausbildungsstandes und die individuellen Entwicklungsmöglichkeiten sowie die zu ihrer Erschließung notwendigen physischen und psychischen Belastungsanforderungen einschließlich der sich daraus ergebenden Lösungswege in Training und Wettkampf sowie der Konsequenzen im außersportlichen Bereich.

Aus psychologischer Sicht dient das Leistungsziel dazu, die Tätigkeit des Sportlers bzw. sein Handeln über längere Zeiträume zu orientieren und zu motivieren. Mit Hilfe von Teilzielen, d. h. des Ausbaus einer stimmigen Zielhierarchie, sowie anhand von vergleichbaren Trainingsanforderungen, der Leistungsdiagnostik und verschiedener Wettkampfformen kann der Entwicklungsprozeß immer wieder überprüft und gegebenenfalls korrigiert werden. Leistungsziele erfüllen diese Funktion nicht, wenn sie nur Wunschvorstellungen sind.

• Der Trainingsaufbau muß so gestaltet werden, daß der Sportler *Vertrauen und Sicherheit in seine Leistungsentwicklung* gewinnt. Nach Trainingsphasen mit hoher Belastungswirkung benötigt der Sportler Abschnitte der Herausbildung und Ausprägung der sportlichen Form, die mit wettkampfnahen Trainingsübungen, Trainingswettkämpfen und anderen Wettkampfmöglichkeiten verbunden sind. Dies ermöglicht, sich an Leistungspartnern zu messen, mit unterschiedlichen Bedingungen auseinanderzusetzen und eigene Handlungsmöglichkeiten zu erproben. Eine große Rolle spielt in diesem Zusammenhang das Erreichen eines *optimalen psychophysischen Zustandes*. Er ist Ergebnis der Belastungsgestaltung und psychischer Selbstbeeinflussung.

Kennzeichen sind: hohe, aber reale Leistungserwartungen, Kampfesfreude und Optimis-

*mus, innere Gelassenheit und entspannte Konzentration sowie Selbstsicherheit und Kontrolliertheit des Handelns. Besonders bedeutsam sind eine hohe Mobilisationsfähigkeit, das Erleben körperlicher Frische und geringer Anstrengung (trotz hoher Anstrengungs***bereitschaft****), eine optimale Bewegungsregulation und gut ausgeprägtes Bewegungsgefühl wie z. B. Kraftempfinden, Kontrolle des Krafteinsatzes, Verhältnis von Bewegungsgenauigkeit und -schnelligkeit u. a. (vgl. M*ATHESIUS *u. a. 1986, S. 12–50; L*OEHR *1991, S. 29–42).*
Der Sportler muß lernen, einen solchen Zustand durch aktive, möglichst selbst gesteuerte Gestaltung und Bewältigung der Belastungsanforderungen sowie bewußte Selbstbeeinflussung herzustellen. Dabei ist jedoch zu berücksichtigen, daß ein spezifischer Wettkampfzustand nur schrittweise – d. h. über mehrere Zwischenstufen – ausgeprägt und auch nur über einen gewissen Zeitraum erhalten werden kann. Der Idealzustand ist erreicht, wenn Bewußtsein und Handeln „ineinanderfließen" – bezeichnet als „Flow-Zustand". LOEHR beschreibt seine Merkmale (1991, S. 83 f.). Die Ausprägung und Erhaltung eines leistungsgünstigen Zustandes unterliegt individuellen Besonderheiten.

• In allen Trainingsetappen können den Sportlern Aufgaben gestellt werden, bei deren Bewältigung sie die im Wettkampf benötigten *psychischen Leistungsvoraussetzungen* (vgl. 2.2.2. und 5.8.) *bewußt trainieren.* Dafür können z. B. folgende *Anforderungen* genutzt werden:

– Die Sportler mobilisieren sich am Ende einer Trainingseinheit noch einmal oder konzentrieren sich besonders auf eine spezielle Anforderung.
– Durch erhöhte Anstrengung und/oder Optimierung psychophysischer Prozesse (Atmung, Bewegungsfrequenz, Spannungsregulation, Selbstinstruktion u. ä.) wird versucht, Ermüdung zu überwinden.
– Die Bewegungsausführung wird unter variablen inneren und äußeren, aber im Wettkampf möglichen Bedingungen (Ärger, Mißerfolg, ungünstige Witterung, schlechte Lichtverhältnisse, Hitze/Kälte u. ä.) trainiert.

Besonders wirkungsvoll sind solche und ähnliche Trainingsformen, wenn sie mit einer speziellen mentalen Vorbereitung verbunden werden, z. B. mit den von SCHUCK (1991 a, b) entwickelten variablen Psychoregulationsprogrammen, dem komplexen Trainingsprogramm

von FRESTER (1990) und WINTERLICH (1990) u. a. (vgl. 5.8.4.). Diese mentalen und praktischen Übungen bilden dann auch die Grundlage für psychologische Vorbereitungsprogramme in der unmittelbaren Wettkampfvorbereitung bzw. im Wettkampf selbst.
• Die *Erarbeitung einer Wettkampfkonzeption* für Sportler bzw. Mannschaften erfordert ebenfalls eine längerfristige geistige Auseinandersetzung – von der Gegneranalyse bis zum eigenen Handlungsplan – und praktische Erprobung in Training und Wettkampf.
Diese Konzeption bezieht sich auf taktisches Verhalten im engeren Sinne, auf die leistungswirksame Dosierung der Kräfte, die Pausengestaltung im Wettkampf, das Verhalten gegenüber den sportlichen Gegnern, Kampfrichtern und Zuschauern u.a.m., gibt dem Sportler Sicherheit beim Einsatz „seiner Mittel" und ermöglicht offensives Handeln.
Das wird vor allem durch erhöhte geistige Aktivität, bewußte Planung und eigenständige Erprobung bzw. Bewertung erreicht. Die Wettkampfkonzentration sollte jedoch eher in Form eines variablen Handlungskonzepts erarbeitet werden. Sie darf kein enges Handlungsschema sein, was die Handlungsflexibilität und -variabilität einschränkt.
• Individuell gestaltete *psychoregulative Programme* helfen dem Sportler, sich auf den einzelnen Wettkampf so vorzubereiten, *daß ein optimaler Leistungszustand erreicht wird* (vgl. 5.8.4.). Sie müssen je nach sportartspezifischer und individueller Zielstellung und unter Berücksichtigung organisatorischer Bedingungen in das gesamte Vorbereitungsregime des Sportlers eingeordnet werden.

So wird z. B. ein Marathonläufer ein solches Programm am Vorabend des Wettkampfes in einem Zeitrahmen von 30 bis 40 Minuten realisieren, während sich der Hochspringer in der Konzentrationsphase vor dem Sprung wenige Sekunden lang mental vorbereitet.

Unbedingt zu beachten ist, daß das psychologische Programm langfristig in mehreren Wettkämpfen erprobt und gegebenenfalls korrigiert werden muß. Es ist nur wirksam, wenn sich der Sportler bei der Anwendung sicher fühlt und selbst die Erfahrung gewonnen hat, daß seine aktuelle Leistungsfähigkeit gefördert und nicht etwa beeinträchtigt wird. Das betrifft z. B. den

Einsatz von Entspannungsformen. Persönlichkeitsspezifische und aktuelle Besonderheiten des Vorstartzustandes müssen dabei berücksichtigt werden (vgl. IRMSCHER 1987; SCHELLENBERGER 1991, S. 304).

• Die *Vorbereitung auf die spezifischen Bedingungen* am Wettkampfort, wie klimatische Bedingungen, Zeitumstellung, Ernährungsfragen, Publikum, die gesamte Atmosphäre bei Wettkampfhöhepunkten u. ä., ist vor allem für junge, international noch wenig erfahrene Sportler von großer Bedeutung. Sie reicht von Wissensvermittlung über individuelle Handlungspläne bis hin zu psychisch stabilisierenden Maßnahmen im Team (gegenseitige Hilfe, Stimulation u. a.).

7.3.2.3. Anforderungen an das soziale Umfeld

Die Umsetzung einer Konzeption der langfristigen Wettkampfvorbereitung setzt bestimmte *soziale Bedingungen* für den Sportler voraus. Dazu zählen vor allem:

• Sicherung eines sozialen Status des Sportlers, der ihm für Training und Wettkampf den erforderlichen Freiraum und auch ein angemessenes Lebensniveau im Alltag gewährleistet.

• Schaffung optimaler Trainings- und Wettkampfbedingungen, z. B.

– Gewährleistung der technischen und organisatorischen Möglichkeiten für die Durchführung des Trainings vor Ort;

– Bereitstellung finanzieller Mittel für das Training außerhalb (Klimalehrgänge, Höhentraining, Training bei Sparringspartnern u. a.);

– finanzielle und organistorische Sicherung der erforderlichen Wettkampfteilnahme;

– Gewährleistung der materiellen und personellen Bedingungen für eine beschleunigte Wiederherstellung nach hohen Trainings- und Wettkampfbelastungen (Physiotherapie, spezielle Ernährung).

• Absicherung der medizinischen Kontrolle und Betreuung des Sportlers. Folgende Maßnahmen sind zu empfehlen:

– systematische allgemeine gesundheitliche Kontrolle und Prophylaxe gegenüber infektiösen Erkrankungen;

– Kontrolle der Dynamik der Adaptation leistungsbestimmender Organe und Funktionssysteme unter dem Einfluß des Trainings;

– Sicherung einer zielgerichteten Erholung und Wiederherstellung;

– Vorbeugen von Verletzungen, Verhinderung einer Anhäufung von Mikrotraumen.

7.3.3. Unmittelbare Wettkampfvorbereitung (UWV)[1]

Die Gestaltung des letzten Abschnittes der Vorbereitung auf Wettkampfhöhepunkte als eine selbständige, in sich geschlossene Trainingsetappe (ein Trainingszyklus) mit einer speziellen, nur ihr eigenen Aufgabenstellung, hat sich signifikant fördernd auf diejenigen Sportler ausgewirkt, die zu diesen Wettkämpfen ihre Jahresbestleistungen erreichten. Dieser Abschnitt der Vorbereitung wird als unmittelbare Wettkampfvorbereitung (UWV) bezeichnet.

> **Definition unmittelbare Wettkampfvorbereitung:** Letzter Abschnitt des Trainings (Trainingszyklus) und der Umsetzung spezieller Maßnahmen zur Vorbereitung auf die konkreten Bedingungen des Wettkampfhöhepunktes mit dem Ziel, die Sportler zu befähigen, ihre im langfristigen Trainingsprozeß erworbene Leistungsfähigkeit zu einem im voraus bestimmten Zeitpunkt unter den zeitlichen, klimatischen und organisatorischen Bedingungen am Wettkampfort in sportliche Höchstleistungen umzusetzen.

Der *Inhalt der unmittelbaren Wettkampfvorbereitung* umfaßt psychisch-pädagogische, trainingsmethodische, sportmedizinische, organisatorische und technisch-materielle Aufgabenstellungen. Inhalt, Umfang und Dauer dieser Vorbereitung hängen von der Bedeutung des Wettkampfes ab, von der persönlichen bzw. mannschaftlichen Zielstellung, der Leistungsstärke der sportlichen Gegner – insbesondere

---

[1] Hier wird das im Leistungssport der DDR entwickelte Konzept dargestellt.

der Mitfavoriten im Kampf um den Sieg –, dem Wettkampfablauf und Wettkampfrhythmus, der geographischen Lage des Wettkampfortes, der Spezifik der Wettkampfstätten und der zeitlichen Einordnung dieses Vorbereitungsabschnittes im Wettkampfjahr.

Im Zyklus der UWV sind folgende **trainingsmethodische Aufgaben** zu lösen:

– *konditionelle Aufgaben:* Herstellung bzw. Stabilisierung eines optimalen Niveaus der konditionellen Voraussetzungen für die effektive Umsetzung der Technik und Taktik sowie zur Bewältigung der hohen Gesamtanforderungen im Verlauf der Wettkämpfe;

– *technische Vorbereitung:* Vervollkommnung der eigenen sportlichen Technik, Korrektur kleinerer technischer Mängel, dynamische Stabilisierung bzw. Anpassung der technischen Ausführung der Wettkampfübungen an die konkreten Wettkampfbedingungen;

– *taktische Vorbereitung:* Präzisierung und Stabilisierung der eigenen Konzeption der Wettkampfführung bei Beachtung der spezifischen Bedingungen der Lage des Wettkampfortes, Aneignen von Kenntnissen über das taktische Verhalten der unmittelbaren sportlichen Gegner;

– *Ausprägung der komplexen sportlichen Leistung:* Während die konditionellen, technischen und taktischen Aufgaben am Anfang der speziellen Wettkampfvorbereitung noch akzentuiert gelöst werden können, muß mit dem Herannahen des Wettkampftermins die komplexe sportliche Leistung in ihrer Gesamtheit (bis auf wenige Ausnahmen) und nach Möglichkeit unter den zu erwartenden Bedingungen ausgeprägt und stabilisiert werden.

Von gleicher Bedeutung wie das Training und in enger Verflechtung mit ihm ist die **psychische Vorbereitung** der Athleten auf den bevorstehenden Wettkampf. Trainer und Betreuer stehen vor folgenden **Aufgaben**:

– Formierung einer einheitlichen und geschlossenen Mannschaft und Schaffung einer leistungsfördernden Gesamtatmosphäre;

– Motivierung und Mobilisierung vor allem der emotionalen Triebkräfte für ein erfolgreiches Abschneiden im Wettkampf;

– Festigung des Selbstvertrauens in die eigene Leistungsfähigkeit und Wirksamkeit der eigenen Konzeption der Wettkampfführung;

– Einstellung auf einige Besonderheiten der psychischen Kampfführung durch die unmittelbaren sportlichen Gegner;

– Einstellung auf einige Besonderheiten der allgemeinen Atmosphäre vor und während der Wettkämpfe (Verhalten der Zuschauer, der Medien, der Schiedsrichter und Kampfrichter).

7.3.3.1. Struktur und Gestaltung der UWV

Für das Erreichen der Zielstellung – sportliche Höchstleistung zu einem bestimmten Zeitpunkt, dem Termin des bevorstehenden Wettkampfes – sind die richtige Auswahl und Folge der Trainingsinhalte sowie eine entsprechende Dynamik der Trainingsbelastung entscheidend. Die Gestaltung des Trainings als Einheit von Trainingsinhalten und Trainingsbelastung beruht auf Erkenntnissen und Erfahrungen zur unterschiedlichen Wirkung und Transformationszeit der einzelnen Trainingskomplexe sowie zur differenzierten Adaptationsdynamik der leistungsbestimmenden biotischen Organe und Funktionssysteme.

Bestimmend für die Dauer dieser Transformationszeit ist der Charakter der Trainingsreize, die die einzelnen Belastungskomponenten auf den Organismus der Sportler ausüben. Untersuchungsergebnisse zeigen, daß die Belastungskomponenten, die allgemein und umfassend auf den Organismus der Sportler wirken, eine längere Umsetzungszeit benötigen. Belastungskomponenten mit einem der Spezifik der sportlichen Leistung adäquaten Charakter werden schneller in eine gesteigerte Leistungsfähigkeit (Superkompensation) transformiert. Höchstleistung zu einem bestimmten Zeitpunkt erfordert eine richtige inhaltliche und zeitliche Einordnung und Rangfolge der wesentlichen Elemente des Trainings. Eine effektive Höchstbelastung wird durch eine dem Charakter der Trainings- und Belastungskomponenten entsprechende zeitlich nacheinanderfolgende Dominanz der wesentlichen Trainingskomplexe erreicht. Nach unseren Erkenntnissen und Erfahrungen liegen die *Belastungsgipfel der einzelnen Komponenten* wie folgt: allgemeine Trainingsmittel 5 bis 4 Wochen, Trainingsumfang 4 bis 3 Wochen, spezielle Trainingsmittel 3 bis 2 Wochen und Trainingsintensität 2 bis 1 Woche vor dem Wettkampfbeginn. Das Belastungsmaximum liegt in der 3. bis 2. Woche vor dem Wettkampf. (S. Abb. 7.3.-1)

Auf diese Weise erreicht man eine hohe Trainingsbelastung über 2 bis 4 Wochen mit unterschiedlichen Mitteln und durch eine zeitliche „Überlagerung" bzw. Dynamik eine Höchstleistung zu einem Zeitpunkt – falls richtig geplant – zum Wettkampfhöhepunkt.

Bei einer unmittelbaren Wettkampfvorbereitung über mehrere Wochen – in der Praxis hat sich eine Dauer von 5 bis 7 Wochen als günstig erwiesen – empfiehlt sich folgende **Gesamtstruktur**:

• *Phase der Erholung:* Dauer etwa eine Woche
Kurze aktive, vor allem psychische Erholung, insbesondere bei Lage der Wettkampfvorbereitung am Ende einer anstrengenden Wettkampfsaison:

– Mittel: allgemeine Trainingsübungen, Ausgleichssport, physiotherapeutische Maßnahmen
– Belastung mittelmäßig: mittlerer Trainingsumfang, geringe Intensität.

• *Phase des Aufbaus:* 2 bis 3 Wochen
Lösung der konditionellen, technischen und taktischen Einzelaufgaben
– Mittel: spezielle konditionelle, technische und taktische Übungen
– Belastung: hohe Trainingsumfänge bei mittlerer Trainingsintensität.

• *Phase der Leistungsausprägung:* Dauer etwa 1 bis 2 Wochen
Ausprägen der komplexen sportlichen Leistung, anfangs unter Heim- später unter den spezifischen Wettkampfbedingungen:
– Mittel: vorwiegend Wettkampfübungen; allgemeine Übungen als Ausgleich
– Belastung: wettkampfnahe Intensität der Wettkampfübungen, geringe bis mittlere Belastung bei den Ausgleichsübungen.

Wettkämpfe im Abschnitt der unmittelbaren Wettkampfvorbereitung stellen in Abhängigkeit von der Struktur der sportlichen Leistung in den einzelnen Sportarten und Disziplinen ein

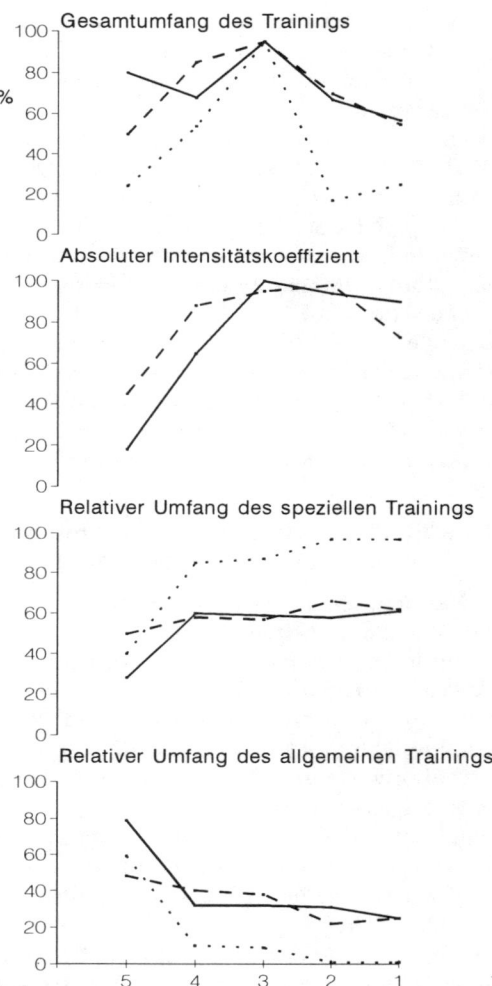

Abbildung 7.3.-1 *Verlauf der einzelnen Belastungskomponenten in der unmittelbaren Wettkampfvorbereitung in der Leichtathletik (– – –), im Schwimmen (———) und im Schießen (·····)*

wichtiges Mittel der Vorbereitung dar und sind unverzichtbar für die Lösung unterschiedlichster Trainingsaufgaben. Sie tragen den Charakter von Kontroll- oder Übungswettkämpfen zur Bestimmung des Niveaus einzelner leistungsrelevanter Faktoren, dienen zur Stabilisierung der Technik und der taktischen Konzeption der Wettkampfführung, der Ausprägung der komplexen Wettkampfleistung sowie der Anpassung an den zu erwartenden Wettkampfrhythmus. Diese Wettkämpfe bilden einen Bestandteil des Trainings und sind aus dem Training heraus zu gestalten.

Wettkämpfe mit einem hohen Leistungsziel in dieser Etappe – verspäteter Nachweis der Qualifikationsnorm, Prestigewettkämpfe u. a. m. – wirken sich meist negativ auf das Erreichen der Höchstleistung zum Wettkampfhöhepunkt aus. Sie stören die psychische Einstellung und Mobilisation auf den Wettkampfhöhepunkt und gleichzeitig die planmäßige Trainingsgestaltung. Sie sind oft mit zusätzlichen organisatorischen Belastungen verbunden. Auf solche Wettkämpfe in der unmittelbaren Wettkampfvorbereitung sollte daher verzichtet werden.

7.3.3.2. Vorbereitung auf die konkreten Bedingungen des Wettkampfs

Der wissenschaftliche Fortschritt – insbesondere die Möglichkeiten der weltweiten Kommunikation und der schnellen interkontinentalen Verkehrsverbindungen, die zunehmende Akzeptanz des Leistungssports als Show- und Unterhaltungsfaktor sowie der Erkenntnisgewinn der Sportwissenschaft – hat unter anderem dazu beigetragen, daß Olympische Spiele, Welt- und Kontinentalmeisterschaften in weit auseinanderliegenden Gebieten der Erde und unter stark differierenden Bedingungen (Klima, Jahreszeit, Höhenlage, Zeitverschiebung u. ä.) durchgeführt werden. Sieg und gute Plazierungen bei diesen Wettkämpfen erfordern persönliche Höchstleistungen unter ebendiesen sehr unterschiedlichen und variierenden Bedingungen. Um den negativen Einfluß eines ungewohnten Milieus auf ein Minimum zu reduzieren bzw. vollkommen zu eliminieren, bedarf es einer entsprechenden Vorbereitung mit dem Ziel der weitgehenden Anpassung an die ungewohnte Umgebung.

Dieser Komplex tangiert trainingsmethodische, sportmedizinische, biowissenschaftliche und technisch-organisatorische Probleme und erfordert eine interdisziplinäre Herangehensweise. Die sportmedizinische Überwachung und Verlaufskontrolle des Trainings- und Anpassungsprozesses in dieser Phase ist besonders wichtig.

Unter diesem Aspekt sind in der UWV die im folgenden genannten Aufgaben zu lösen.

Anpassung an einen veränderten Tag-Nacht-Rhythmus am Wettkampfort

Sind die Reisen zum Wettkampfort mit Verschiebungen der Tageszeit von über 5 bis 6 Stunden verbunden, führt dies zu einer Veränderung des gewohnten Tag-Nacht-Rhythmus. Die Wettkämpfe liegen dann für die angereisten Sportler zeitlich in biologisch ungünstigen Phasen. Eine Umstellung auf die Zeit am Wettkampfort ist erforderlich. Die damit verbundenen biotischen Umstellungsreaktionen nehmen etwa 4 bis 5 Tage in Anspruch. Es gibt folgende **Möglichkeiten für die Anpassung an den neuen Tag-Nacht-Rhythmus**:

– *Anreise 5–7 Tage vor Wettkampfbeginn.* Sofortige Einstellung des Lebens- und Trainingsregimes auf die neue Ortszeit. Beachtung der Umstellungsreaktion in den ersten 3 bis 4 Tagen bei der Gestaltung der Trainingsbelastung. Dieses Vorgehen hat sich bisher als günstige Variante erwiesen;

– *Stufenweise Anpassung durch Zwischenaufenthalte auf dem Weg zum Wettkampfort.* Diese Form ist mit einem größeren organisatorischen und finanziellen Aufwand verbunden und verlängert den Anpassungsprozeß unnötig. Das entscheidende Risiko besteht in der Sicherung optimaler spezieller Trainingsbedingungen, die gerade in dieser Phase unverzichtbar sind.

Anpassung an extreme Werte der Temperatur und Luftfeuchtigkeit

Beide Klimafaktoren hängen von der geographischen Lage des Wettkampfortes und der Jahreszeit ab. Sportliche Wettkämpfe können unter folgenden Extremen stattfinden: hohe Temperaturen und hohe Luftfeuchtigkeit (Küstengebiete in warmen Zonen), hohe Temperaturen und geringe Luftfeuchtigkeit (Kontinentalklima und Höhenklima in warmen Zonen), niedrige Temperaturen und geringe Luftfeuchtigkeit (Kontinentalklima in kalten Zonen). Während extrem hohe Temperaturen fast ausschließlich in den Sommersportarten auftreten und hierbei vor allem Probleme für die meisten Ausdauersportarten und einige Sportspiele entstehen, können extrem niedrige Temperaturen nicht nur Wintersportarten, sondern auch einige Sommersportarten bei Kälteeinbrüchen sowie bei Wettkämpfen oder Streckenführungen im Bereich der mittleren Höhen betreffen. Dieser Klimakomplex hat Einfluß auf die Wärmeregulation des Organismus und damit im Zusammenhang auf den Wasser- und Elektrolythaushalt. Bei Nichtbeachtung können Wärmestau, Sonnenbrand, Unterkühlung, Erfrierungen, Reizungen und Entzündungen der Atemwege auftreten.

Daraus ergeben sich in Abhängigkeit von den Klimafaktoren spezifische Anforderungen an die Wettkampfbekleidung, die Wettkampfführung, die Verpflegung und das persönliche Verhalten der Sportler vor, im und nach dem Wettkampf.

Möglichkeiten der Anpassung:
– Simulation der zu erwartenden Klimabedingungen am Heimatort, Sauna, Abhärtungsmaßnahmen. Aufenthalt und Training in Klimakammern;
– Durchführung eines Teils der speziellen Vorbereitung unter wettkampfnahen oder ähnlichen Bedingungen;
– rechtzeitige Anreise an den Wettkampfort.

Anpassung an mittlere Höhen
(2000 bis 3000 m über NN)

Das Höhenklima stellt einen ganzen Komplex von Klimafaktoren dar. Der für den Leistungssport entscheidende ist der herabgesetzte barometrische Druck der Luft und damit auch der verminderte Sauerstoffpartialdruck. Der geringere O_2-Gehalt der Luft wirkt sich negativ auf die Energiefreisetzung aus und damit leistungsmindernd in den Sportarten, in denen der aerobe Energiestoffwechsel ganz oder teilweise leistungsbestimmender Faktor ist. Das trifft vor allem für die Ausdauersportarten, die Kampfsportarten und Sportspiele zu. Je höher die Intensität der aeroben Prozesse, desto größer die negative Wirkung. Dieser Faktor verringert in diesen Sportarten die Ausdauerfähigkeit und beeinflußt in diesem Zusammenhang die Stabilität der sportlichen Technik und die Taktik der Wettkampfführung negativ. In Schnellkraftsportarten, deren Leistung vorwiegend auf dem anaeroben Energiestoffwechsel basiert, sind keine leistungsmindernden Einflüsse zu erwarten; im Gegenteil – man kann sogar aufgrund des geringen Luftwiderstandes mit einer positiven Beeinflussung der Leistung rechnen (leichtathletische Sprints und Weitsprungdisziplinen, Bahnradsport). In den technischen Disziplinen Wasserspringen, Turnen und Rhythmische Sportgymnastik hat der herabgesetzte O_2-Partialdruck kaum einen Einfluß auf die sportliche Leistung.

Möglichkeiten der Vorbereitung und Anpassung:
– akzentuiertes, intensives Ausdauertraining unter Sauerstoffmangel in normaler Höhenlage. Es wirkt in ähnlicher Richtung wie das Höhentraining: Erhöhung der Hypoxieresistenz und effektive Verwertung des angebotenen Sauerstoffs;
– Training unter simulierten Sauerstoffmangelbedingungen, in Barokammern, mit Atemmasken und in Systemen mit regulierbaren Luftgemischen;
– Training unter natürlichen Höhenbedingungen, die denen am Wettkampfort entsprechen;
– rechtzeitige Anreise zum Wettkampfort.

Das Training unter den Bedingungen der mittleren Höhen (Hypoxietraining) stellt durch die Summierung von Trainingsreizen und die nötige Akklimatisation eine höhere Belastung als unter (normalen) Tieflandbedingungen dar. Dem ist vor allem in der Phase der akuten Akklimatisation (die ersten 8 bis 10 Tage) durch eine herabgesetzte Trainingsbelastung Rechnung zu tragen, und zwar durch die Verminderung der Intensität des Trainings in den Ausdauersportarten und durch längere Pausen zwischen den einzelnen Wiederholungen in den anderen Sportarten. Die optimale Dauer von 18 bis 21 Tagen für eine Anpassung an Höhenbedingungen – sei es im Trainingslager oder bei der Anreise zum Wettkampfort – ist ein Kompromiß zwischen dem Grad der physiologischen Adaptation und der psychischen Verträglichkeit der neuen Bedingungen. Die individuelle Anpassungsfähigkeit der Sportler an Höhenbedingungen streut breit: ± 500 m. Eine vorherige Überprüfung ist angeraten. Wiederholte Höhenanpassungen fallen leichter als Erstakklimatisationen. In Europa gibt es bis auf wenige Ausnahmen keine Wettkampforte, die in Höhen zwischen

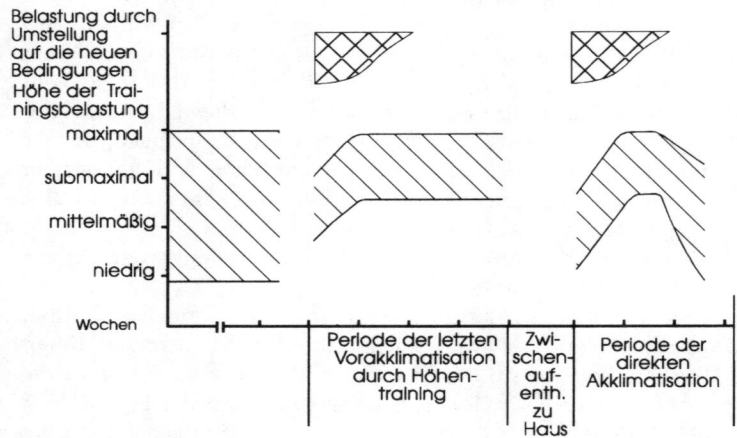

Abbildung 7.3.-2
Schema der Tendenz des allgemeinen Belastungsverlaufes in der Periode der Vor- und der direkten Akklimatisation

2000 und 3000 m über NN liegen. Für Europäer sind entscheidende Wettkämpfe in mittleren Höhen meistens mit Reisen nach Amerika, Afrika oder Asien verbunden, d. h., sie erfordern Anpassung an mehrere Faktoren. Unter diesen Bedingungen hat sich für Sportarten mit der leistungsbestimmenden Komponente Ausdauer als günstige Variante der unmittelbaren Vorbereitung folgende Gestaltung erwiesen:

– Vorakklimatisation: 7 bis 4 Wochen vor Wettkampfbeginn
– Zwischenaufenthalt zu Hause: 4 bis 3 Wochen vor Wettkampfbeginn
– Anreise zum Wettkampfort: 3 bis 2 Wochen vor Wettkampfbeginn.

Einstellung auf den Wettkampfrhythmus/-zyklus

Bedeutende Wettkämpfe sind selten Einzelwettkämpfe, sondern umfassen meistens ganze Wettkampfserien (Vor-, Zwischen-, Endläufe; Qualifizierungs-, Viertel-, Halbfinal-, Finalwettkämpfe u. ä. m.). Diese Wettkampfserien werden nach einem in den einzelnen Sportarten unterschiedlichen Rhythmus ausgetragen. So können in einigen Sportarten mehrere Wettkämpfe an einem Tag vom gleichen Athleten bestritten werden, während in anderen Sportarten ein Wettkampf alle 3 bis 4 Tage stattfindet und sich über 2 bis 3 Wochen ausdehnen kann. Eine Vorbereitung/Einstellung auf diesen Wettkampfablauf-Rhythmus ist eine wichtige Bedingung für das Erreichen und Sichern eines hohen Leistungsniveaus während des Gesamtablaufs der Wettkämpfe von der Qualifizierung bis zum Finale. Diese Anpassung kann durch eine mehrmalige Wiederholung des zu erwartenden Wettkampfrhythmus im Abschnitt der unmittelbaren Vorbereitung erreicht werden.

Vorbereitung auf die speziellen Anforderungen der Wettkampfstätten

Das Profil der Wettkampfstrecken in den Ausdauer- und fahrtechnischen Disziplinen (z. B. Schlittensport, Radsport), die Beschaffenheit der Wettkampfgeräte – vor allem in den technischen Disziplinen –, die äußeren Bedingungen, wie Wind- und Sichtverhältnisse in den Wasserfahrsportarten und beim Schießen, können bei unterschiedlichen Wettkampforten extrem variieren. Für die *Vorbereitung an die speziellen Bedingungen des bevorstehenden Wettkampfes gibt es folgende Möglichkeiten:*

– Durchführung des Trainings und der Trainingswettkämpfe am Heimatort unter ähnlichen natürlichen oder simulierten Bedingungen;
– Verlegen eines Teils der speziellen Vorbereitung in Gegenden mit ähnlichen Bedingungen wie am Wettkampfort;
– frühzeitiges Kennenlernen der speziellen Bedingungen vor Ort durch vorherige Teilnahme an Wettkämpfen (z. B. vorolympische Spiele) und rechtzeitige Anreise zum Wettkampfhöhepunkt.

Einstellung auf die allgemeine Wettkampfatmosphäre

Das Verhalten der Zuschauer und der heimischen Bevölkerung, der Massenmedien sowie der Kampf- und Schiedsrichter kann durch einige Besonderheiten, Lokalpatriotismus, teilweise Unkenntnis des Reglements einiger Sportarten und durch politische Probleme geprägt und für manche Sportler ungewöhnlich sein. Eine *Vorbereitung auf diese Bedingungen* kann erfolgen durch:

– Übermittlung von entsprechenden Kenntnissen und Eindrücken über Film und Video;
– Durchführung des Trainings und der Trainingswettkämpfe unter simulierten Bedingungen (Geräuschkulisse in Hallen, zweifelhafte Kampf- und Schiedsrichterentscheidungen);
– direktes Kennenlernen der Atmosphäre durch vorherige Teilnahme an Wettkämpfen am zukünftigen Wettkampfort.

7.3.4. Führung der Sportler im Wettkampf

Bei der Wettkampfdurchführung ist unter dem Aspekt Führung der Athleten im Wettkampf von zwei wesentlichen Positionen auszugehen:

– die Wettkampfbestimmungen der einzelnen Sportarten und -disziplinen definieren äußerst unterschiedliche Möglichkeiten für die Trainer, während des Wettkampfes auf die Sportler einzuwirken;
– bedeutende Wettkämpfe sind, von einigen Ausnahmen abgesehen, meistens mit einer ganzen Serie von unterschiedlichen Qualifizierungswettbewerben bis zum Finale verbunden und können einen Zeitraum von 2 bis 14 Tagen in Anspruch nehmen. In der Zeit zwischen den Wettkämpfen sind durch den Trainer spezielle Aufgaben zu lösen.

7.3.4.1. Direkte Einflußnahme während des Wettkampfes

Die Möglichkeiten des Trainers, direkt im bzw. während des Wettkampfes auf den Sportler Einfluß zu nehmen, sind extrem differenziert und reichen von „Null" im leichtathletischen Sprint

bis zur regelgerechten Spielunterbrechung im Volleyball. Einfluß auf eine mögliche Führung des Sportlers durch den Trainer haben einerseits die Wettkampfdauer und andererseits die gegenseitigen Kommunikationsmöglichkeiten. In den meisten Leichtathletikdisziplinen, im Schwimmen, den Wasserfahrsportarten u. a. Sportarten haben die Trainer keinen Zugang zum „Inneren" der Wettkampfstätten. Im Marathon, Gehen, Skilanglauf, Turnen, in den Zweikampfsportarten und den Sportspielen kann ein zeitweiliger Kontakt – auf der Strecke zwischen den einzelnen Versuchen bzw. in den Pausen – hergestellt werden. Die Aktivitäten des Trainers erstrecken sich auf die im folgenden genannten Punkte.

● *Einflußnahme auf die taktische Gestaltung des Wettkampfes.* Sie erfolgt in den einzelnen Sportarten unterschiedlich. In den Langzeitausdauerdisziplinen Marathon, Gehen, Straßenradsport, Triathlon u. ä. werden die Sportler durch punktuelle Informationen über Zwischenzeiten, Abstände zu den Favoriten, momentane Plazierungen oder die noch zu bewältigende Streckenlänge und den Rennverlauf informiert, um daraus die vor dem Wettkampf vereinbarten Konsequenzen einleiten zu können.

Im Boxen besteht in den Rundenpausen die Möglichkeit, den Sportler auf entscheidende taktische Reserven oder Fehler hinzuweisen. Die umfassendsten Möglichkeiten, auf die Wettkampfgestaltung Einfluß zu nehmen, bestehen für die Trainer in den Sportspielen. Sie reichen von taktischen Anweisungen während des Spiels und in den Spielpausen, über die Auswechslung von Spielern und in einigen Fällen bis zur zeitweiligen Spielunterbrechung in besonders kritischen Situationen für die eigene Mannschaft. Bei dieser Einflußnahme sollte durch den Trainer beachtet werden, daß der Athlet in dieser Situation in der Lage ist, nur einige wenige Informationen aufzunehmen und zu verarbeiten. Deshalb sollten diese Informationen oder Weisungen knapp, klar und wesentlich sein, und der Sportler muß mit entsprechenden, z. T. vorbereiteten und abgestimmten Maßnahmen darauf reagieren können.

● *Psychologische Beeinflussung während des Wettkampfes.* Die Wettkampfpraxis ist reich an

Beispielen, wo eine positive psychisch-emotionale Einstellung Sportler und Mannschaften über sich hinauswachsen, wie auch umgekehrt Favoriten an mangelnder Einstellung scheitern ließ. Die psychische Einflußnahme auf den Athleten kann in Abhängigkeit von der konkreten Situation in zwei Richtungen wirksam werden:

– psychisch-emotionale Mobilisierung der letzten Reserven für den weiteren Wettkampfverlauf. Das ist oft mit den taktischen Hinweisen des Trainers verflochten. Es ist auch empfehlenswert, auf den überlangen Strecken unterwegs Betreuer, Mannschaftskameraden, Fans in diese Aufgabe mit einzubeziehen;

– Eindämmung zu starker Erregungen, die sich negativ auf die Wettkampfgestaltung auswirken. Das trifft vorwiegend für die technischen und die Kampfsportarten sowie die Sportspiele zu. Die Möglichkeiten für den Trainer bestehen in Pausen zwischen den einzelnen Versuchen, Runden, Halbzeiten und in den Sportspielen durch das Einwechseln wettkampferfahrener und psychisch stabiler Spieler.

● *Einflußnahme auf die technische Ausführung der Wettkampfübung.* Die Möglichkeiten, während des Wettkampfes Hinweise zur Korrektur der Bewegungsausführung an den Sportler zu geben, sind relativ gering. Das ist nur in den Sportarten und Disziplinen gegeben, in denen die gleiche Wettkampfübung wiederholt wird und Kontaktmöglichkeiten von Trainer zu Sportler zwischen den Versuchen bestehen, z.B. im Gewichtheben, Skisprung und einigen fahrtechnischen Disziplinen (Bob, Rennrodeln, alpiner Abfahrtslauf). Bedingung dafür ist, daß dem Trainer eine objektive Bewegungsanalyse entweder durch Eigenbeobachtung oder durch technische Objektivierungsverfahren vorliegt.

● *Bereitstellung von Ersatzgeräten.* Im Wettkampf können aus unterschiedlichen Gründen Wettkampfgeräte ausfallen – Ski- und Stock- bzw. Schlägerbruch, Raddefekt u.a.m., oder das momentan eingesetzte Gerät kann sich unter den konkreten und sich ändernden Wettkampfbedingungen als nicht optimal erweisen (Ski, Schuhe). Die Bereithaltung entsprechender Ersatzgeräte gehört zur notwendigen Absicherung der Wettkampfleistung. In Sportarten, in denen der Wettkampf eng lokal gebunden ist – Sportspiele, Fechten u.a. –, kann diese Aufgabe ohne besonderen Aufwand gelöst werden. In den Langzeitausdauerdisziplinen wie Radsport und Skilauf muß besonders für die Favoriten eine bewegliche „fliegende" Sicherung organisiert werden. Natürlich müssen stets die Wettkampfbestimmungen beachtet werden (z.B. Skilanglauf).

● *Sicherung der Wettkampfverpflegung.* Die Verpflegung im Wettkampf erfolgt in zwei Formen:

– Verpflegung direkt im Wettkampfvollzug in den Langzeitausdauerdisziplinen – Gehen, Marathon, Straßenradsport, Skilanglauf, Triathlon. In diesen Disziplinen läßt das Reglement eine Nahrungsaufnahme zu. Diese wird vom Veranstalter an bestimmten Streckenabschnitten organisiert und dient der Erfrischung bei hohen Temperaturen und der Nahrungsaufnahme. Es erweist sich aus mehreren Gründen als vorteilhaft, wenn die Sportler die Nahrung in für sie erprobter und gewohnter Form aufnehmen. Der Arzt und der Trainer müssen diese vorbereiten und dafür Sorge tragen, daß sie zum richtigen Zeitpunkt dem Sportler überreicht wird.

– Verpflegung in den Pausen zwischen den einzelnen Versuchen. Während in einigen Disziplinen der Wettkampf in Minuten abgeschlossen wird, dauert er in anderen viele Stunden, z.B. im leichtathletischen Mehrkampf, oft auch im Stabhochsprung. Auch hier stehen Arzt und Trainer vor der Aufgabe, diese Nahrungsaufnahme nicht dem Zufall zu überlassen, sondern vorausschauend und steuernd vorzubereiten.

● *Einflußnahme auf die Gestaltung der Pausen zwischen den einzelnen Versuchen.* Die Dauer der Pausen zwischen den einzelnen Versuchen variiert von Minuten bis zu Stunden, die äußeren Bedingungen reichen von hohen Temperaturen in Stadien bis zu hohen Kältegraden an Bobbahnen, Skisprungschanzen und Loipen, von völliger Isolierung der Sportler von Trainern und Betreuern bis zur persönlichen Betreuung durch Arzt, Trainer und Masseur. Deshalb besteht eine gemeinsame Aufgabe von Trainer und Sportler darin, für die Gestaltung der Pausen ein individuell abgestimmtes und erprobtes Programm zu erarbeiten und dementsprechend zu praktizieren. In einigen Sportarten muß der Sportler es allein realisieren, in anderen Sportarten kann er durch den Trainer dabei unterstützt werden.

7.3.4.2. Gestaltung der Phasen zwischen den Wettkämpfen bzw. Starts

Bei Qualifikationswettkämpfen nach K.-o.-System werden die Gegner – normalerweise – von Wettkampf zu Wettkampf leistungsstärker. Athleten und Mannschaften, die bei diesen Wettkämpfen vordere Plätze anstreben, müssen nicht nur in jedem Wettkampf Höchstleistungen erreichen, sondern müssen von Wettkampf zu Wettkampf steigerungsfähig sein. Das zu erreichen ist das wesentliche Anliegen des Trainers in den Pausen zwischen den Wettkämpfen. Daraus ergeben sich zwei wesentliche Aufgaben, die im folgenden dargestellt werden.

• *Wiederherstellung der Leistungsfähigkeit nach den Wettkampfbelastungen.*
Diese Maßnahmen gehen in folgende Richtungen:
– Anwendung verschiedener Formen der psychischen Entspannung (Relaxation, Streßbewältigung) durch zeitweilige Umorientierung auf andere Interessenbereiche (Musik, Film, Buch, kreative Selbstbeschäftigung);
– Beschleunigung der psychischen Regeneration durch ein entsprechendes freudbetontes Ausgleichstraining sowie durch physiotherapeutische Maßnahmen (Entspannungsbäder, Massagen u. ä);
– ärztliche Behandlung von Sporttraumen.

• *Spezielle Vorbereitung auf den nächsten Wettkampf*
Diese Aufgabe unterscheidet sich inhaltlich nicht wesentlich von anderen Wettkampfvorbereitungen. Der Unterschied liegt in der kürzeren Zeit und in der größeren Bedeutung dieses Wettkampfes, was sich vor allem als eine höhere psychische Belastung auswirken kann. Folgende **Maßnahmen** sollten genutzt werden:
– *Taktische Einstellung auf den kommenden Gegner;* Grundlage dafür bilden die eigene Kampf- bzw. Spielkonzeption sowie die

Eigenart des Gegners, ermittelt durch verschiedene Beobachtungen bzw. Film/Videoaufnahmen. Im Gesamtergebnis kann es zur Präzisierung der eigenen taktischen Konzeption kommen. Diese Einstellung erfolgt in jedem Fall theoretisch (verbal) und demonstrativ. Sie kann auch im Training praktisch geübt bzw. vertieft werden.
– *Psychisch-emotionale Mobilisierung des Sportlers;* in enger Verflechtung mit der taktischen Einstellung erfolgt auch die psychisch-emotionale Mobilisierung der Athleten auf den nächsten Wettkampf. (Vgl. 7.3.2.2.)
– *Formerhaltendes Training;* betragen die Abstände zwischen den einzelnen Wettkämpfen 2 bis 3 Tage, ist ein formstabilisierendes Training erforderlich. Es beinhaltet vor allem allgemeine und spezielle konditionelle Übungen sowie taktische Elemente. Besonders dieses Training muß auch emotional positiv wirksam sein.

Die Führung der Athleten in bedeutenden und damit emotional und psychisch hoch belastenden Wettkämpfen stellt an den Trainer als die unmittelbare Bezugsperson des Sportlers zur Außenwelt hohe pädagogische und psychologische Anforderungen. Er muß fähig sein, eine klare Analyse des Wettkampfgeschehens und der Umsetzung der eigenen Kampf- bzw. Spielkonzeption vornehmen zu können und daraus die notwendigen Konsequenzen für den weiteren Wettkampfverlauf festzulegen. Seine Hinweise müssen kurz und präzise formuliert sein, den Athleten ansprechen und emotional mobilisieren. Dabei muß er seine eigenen Emotionen – besonders in hektischen Phasen des Wettkampfgeschehens – in bestimmten Grenzen beherrschen können. Die Sportpraxis zeigt, daß es dabei kein Idealmodell eines solchen Trainers gibt und daß die Möglichkeiten, diese Aufgaben erfolgreich zu bewältigen, sehr vielfältig sind. Wesentlich ist, daß jeder Trainer selbst seine Mittel und Methoden der pädagogisch-psychologischen Führung der Sportler fixiert und diese kontinuierlich vervollkommnet.

7.3.5. Wettkampfanalytik und Wettkampfauswertung

Die Wettkampftätigkeit ist eine psychophysische Höchstbelastung für den Sportler; seine Handlungsfähigkeit, die Ausprägung seiner komplexen Leistungsfähigkeit kommen unter den Bedingungen des Wettkampfes zum Ausdruck. Deshalb ist die Analyse des Wettkampfes ein wichtiges leistungsdiagnostisches Verfahren,' um – im Zusammenwirken mit weiteren leistungsdiagnostischen Maßnahmen – den aktuellen Leistungszustand des Sportlers zu erfassen, die Wirkung des absolvierten Trainings einzuschätzen und Folgerungen für künftige Anforderungen im Training abzuleiten.

7.3.5.1. Wettkampfanalysen

Definition Wettkampfanalyse: Verfahren zur differenzierten Ermittlung und Bewertung der Leistungen von Sportlern und Mannschaften im Verlaufe eines Wettkampfes oder einer Wettkampfserie sowie zur Ermittlung von Tendenzen in der Vervollkommnung der Struktur der Wettkampftätigkeit.

Die Wettkampfanalyse kann unter verschiedenen *Zielaspekten* genutzt werden:
- Analyse definierter Teilleistungen (z. B. Angriffshandlung eines Zweikampfsportlers, Wirksamkeit von Standardsituationen im Fußball);
- Analyse der komplexen Wettkampfleistung (z. B. Videoaufzeichnung und -auswertung eines Sportspiels, Filmanalyse eines Weitsprungs nach definierten Parametern);
- Analysen der Leistungsfähigkeit sportlicher Kontrahenten (werden vor allem in den Sportspielen und in den Zweikampfsportarten angewandt);
- Analyse zur Ermittlung von Entwicklungstendenzen in der Vervollkommnung des Leistungssystems in der jeweiligen Sportart (z. B. Technikwert oder Schwierigkeitsindex im Gerätturnen).

Unter Beachtung der jeweiligen Zielstellung können wiederholt angewandte Wettkampfanalysen demnach Aussagen über die Leistungsentwicklung und über die Leistungsstabilität bringen sowie zur Trainingssteuerung und zum trainingswissenschaftlichen Erkenntnisgewinn beitragen.

Für die Wettkampfanalyse können nach sportartspezifischen Erfordernissen verschiedene *Methoden* genutzt werden: Beobachtungen (freie oder schriftlich gebundene), Messungen, Protokollierungen, Tonträger-, Film- und Videoaufnahmen. In der Sportpraxis werden häufig Methoden gekoppelt, um auch die vielfältigen Bedingungen für das Zustandekommen der analysierten Wettkampfleistung zu erfassen und bei der Bewertung zu nutzen. Die Ergebnisse der Wettkampfanalysen werden meist in Maßzahlen, Prozentangaben oder Quotienten dargestellt.

In den Ausdauersportarten sowie in den Kraft-Schnellkraft-Sportarten dominieren bei Wettkampfanalysen die Messungen und Beobachtungen, aber auch die Film- und Videoanalysen werden genutzt. Die metrisch meßbaren Leistungen ermöglichen es, die Wettkampfleistung des jeweiligen Sportlers nach definierten Komponenten zu analysieren und andererseits auch Wirkungszusammenhänge bzw. Entwicklungstendenzen aufzuzeigen. So belegen z. B. die Ergebnisse der Wettkampfanalysen bei den Olympischen Sommerspielen 1988 in der Sportart Rudern, daß die Sieger mit einer offensiven Taktik vor allem auf dem ersten Streckenabschnitt ein höheres Geschwindigkeitsniveau als die Plazierten erreichen. Der Vergleich von Geschwindigkeits-, Frequenz- und Vortriebsverläufen verdeutlicht das. (Vgl. Abb. 7.3.-4) „Das insgesamt höhere Geschwindigkeitsniveau der Sieger ergibt sich bei annähernd gleichem Schlagfrequenzverhalten von Siegern und Plazierten aus eindeutig höheren Vortriebswerten" (FEHLING/DRAEGER 1989, S. 142).

In Sportarten, in denen die Leistung bewertet wird bzw. in einer höheren Anzahl positiv gewerteter Handlungen im direkten Vergleich mit einem Gegner zum Ausdruck kommt, ist eine Leistungsobjektivierung mittels Wettkampfanalyse nur bedingt möglich. In diesen Sportarten werden für Wettkampfanalysen vor allem Beobachtungen, Protokollierungen und seit geraumer Zeit vorrangig computergestützte Video-

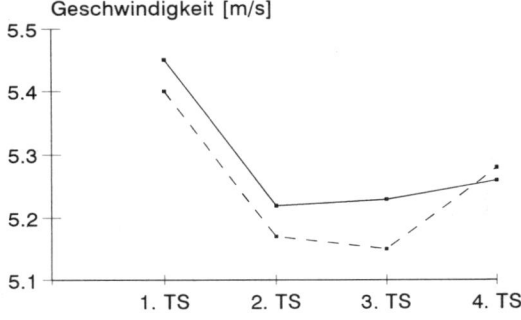

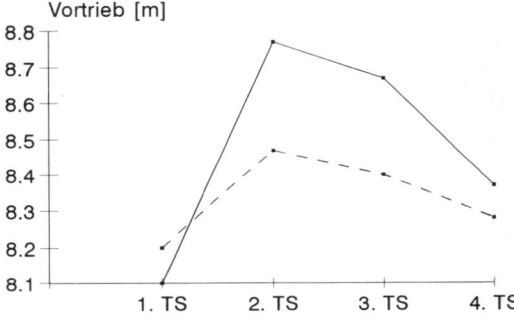

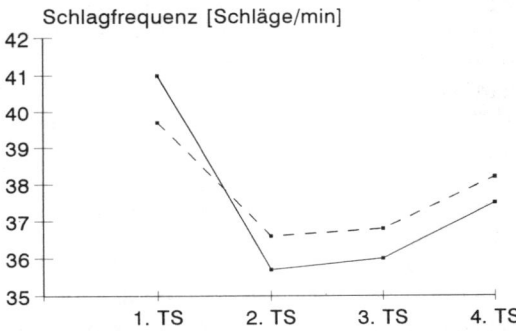

Abbildung 7.3.-4 *Wettkampfprofil der Ruderer bei den Olympischen Spielen 1988* (FEHLING/DRAEGER 1989, S. 142)
———— Sieger; – – – 2. Platz; TS –Teilstrecke

analysen genutzt. Neben einer visualisierten Sofortauswertung der Wettkampfleistung werden die Ergebnisse der videogestützten Wettkampfanalysen vordergründig in Prozentzahlen (z.B. erfolgreiche Torwürfe im Handball) oder Quotienten (z.B. Anzahl der versuchten zur Anzahl der erfolgreichen Angriffshandlungen im Ringen) zum Ausdruck gebracht.

Für die DDR-Handballmannschaft der Männer wurden z.B. bei den Olympischen Spielen 1988 in Soul folgendeWettkampfparameter (in %) ermittelt:

Angriffseffektivität	46,2
Torwurfeffektivität	58,8
7-m-Effektivität	84,4
Fernwurfeffektivität	34,1
Nahwurfeffektivität	74,1
Kontereffektivität	90,9
technische und Regelfehler	22,3

(Vgl. KREISEL 1989, S. 37)
Die Ergebnisse dieser Wettkampfanalysen im Handball lassen im Vergleich mit anderen Mannschaften Leistungsrückstände erkennen – die Mannschaft der UdSSR hatte z.B. eine Angriffseffektivität von 53,8% und eine Torwurfeffektivität von 64,0%. Gleichzeitig sind daraus Folgerungen für die Leistungs- und Trainingssteuerung ableitbar.
In den Wettkampfanalysen der Sportart Gerätturnen (Männer) bei den Olympischen Spielen in Soul wurde der Ausprägungsgrad wesentlicher Leistungsmerkmale ermittelt. (Abb. 7.3.-5)
Die mit diesen Wettkampfanalysen ermittelten Ausprägungsgrade wesentlicher Leistungsmerkmale (Technikwert, Schwierigkeitsindex, Neuheitswert, Stabilitätsfehler) lassen Aussagen über den Leistungszustand der analysierten Mannschaften zu und ermöglichen konkrete Ableitungen für Ausbildungsschwerpunkte in den jeweiligen Mannschaften.

7.3.5.2. Wettkampfauswertung

Jeder sportliche Wettkampf – gleich in welcher Sportart und in welchem Altersbereich er ausgetragen wird – ist auszuwerten, weil
– der Wettkampf ein Ziel des Trainings ist und somit ein Soll-Ist-Vergleich dem zielgerichteten Leistungs- und Trainingsaufbau entspricht;
– äußere Einflüsse im und nach dem Wettkampf (Zuschauer, Berichterstattung der Medien u.a.) die Emotions- und Motivationsstruktur der Sportler sowohl positiv als auch negativ beeinflussen;
– der Wettkampf naturgemäß mit Erfolgs- oder Mißerfolgserlebnissen für die beteiligten Sportler endet.

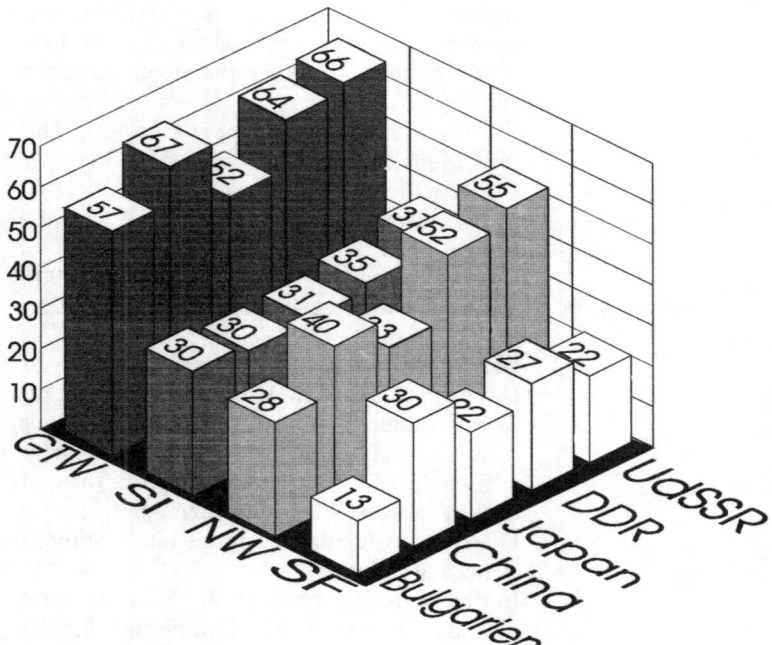

Abbildung 7.3.-5
Ausprägungsgrad der
Leistungsmerkmale im
Sechskampf der Mann-
schaften/Kür der Männer
(KRUG 1989, S. 171)
GTW – Technikwert;
NW   – Neuheitswert;
SI   – Schwierigkeitsindex;
SF   – Stabilitätsfehler

Es entspricht dem Erfahrungsschatz vieler Trainergenerationen, wenn nachdrücklich auf *kontinuierliche, fachlich* und *pädagogisch-methodisch fundierte Wettkampfauswertungen* orientiert wird. Worauf sollte insbesondere geachtet werden?

• Eine kurze „Sofortauswertung" sollte in jedem Falle unmittelbar nach Beendigung des Wettkampfes erfolgen. Hier geht es nur um die Wertung des Ergebnisses und um Einflußnahme auf Emotionen. Hinweise auf wirksame Regeneration sind auch zu empfehlen.

• Eine gründliche Wettkampfauswertung sollte in der Regel 1 bis 2 Tage nach dem Wettkampf erfolgen. Auf der Basis analytischer Daten und Einschätzungen sollten das Ursachengefüge für Erfolg oder Mißerfolg aufgezeigt sowie Folgerungen für Training und Wettkampf abgeleitet werden. Auch beim Sachverhalt, daß Leistun-

gen und Verhalten der Sportler im absolvierten Wettkampf sehr zu kritisieren waren, muß jede Wettkampfauswertung letztlich einen Lösungsweg verdeutlichen, muß zum Motivationsaufbau bei den Sportlern beitragen.

• Es empfiehlt sich, die Sportler selbst aktiv in die Wettkampfauswertung einzubeziehen. Je nach Alters- und Entwicklungsstand sollten sie aufgefordert werden, ihre Ergebnisse und ihr Wettkampfverhalten vor der Sportlergruppe selbst einzuschätzen.

• Es dient dem Leistungs- und Trainingsaufbau und natürlich auch der Qualität von Wettkampfauswertungen, wenn Trainer und Sportler aus ihrer Sicht jeden Wettkampf in einem Tagebuch aufzeichnen. Dabei sind insbesondere die Sportler dazu anzuhalten, ihr subjektives Erleben in den unterschiedlichen Wettkampfsituationen festzuhalten.

Literaturverzeichnis

AAKEN, E. van: Kritik des Intervalltrainings Freiburger Prägung, aus Biochemie und Praxis. – Köln 1964

ACKERMANN, P. L.: Individual differences in skill learning: An integration of psychometric and information processing perspectives. – Psychological Bull. – New York (1987) 102, S. 3–27

ADAM, K.: Leistungssport als Denkmodell. Schriften aus dem Nachlaß, herausgegeben von Hans Lenk. – München 1978

ADAM, K., u. a.: Rudertraining. – Bad Homburg 1977

ADAMCZEWSKI, H.; DICKWACH, H.: Leistungsstruktur und Prozeßunterstützung in den leichtathletischen Sprungdisziplinen. – In: DEISZ, D.; PFEIFFER, U. (Hrsg.): Leistungsreserven im Schnellkrafttraining. – Berlin 1991, S. 100–111

ADAMS, J.: A closed-loop theory of motor behavior. – Journal of Motor Behavior. – Washington (1971) 3, S. 111–149

AHLEMANN, G.: Zum Entwicklungsverlauf von Schwimmgeschwindigkeit, Zugfrequenz und Zyklusweg beim Sprint über eine Dauer von 10 s bei Kindern im Alter von 9 bis 14 Jahren. – Wissenschaftliche Zeitschrift der DHfK. – Leipzig 22 (1981) 1, S. 65–72

ALBERT, H., u.a.: Kanuforschung 1984/88. (Forschungsbericht). – Leipzig 1988

AMBERGER, G.W.: Der Lauf. – Leipzig, Zürich 1923

AMESBERGER, G.: Kognitive Repräsentation und Bewegungskonzept. – Spectrum der Sportwissenschaft. – Wien 1 (1989) 2, S. 5–36

AMPLER, K.: Entwicklungsbestimmende Schwerpunkte des Trainingskonzepts Straßenradsport. – In: REISZ, M.; PFEIFFER, U., (Hrsg.): Leistungsreserven im Ausdauertraining. – Berlin 1991

ANANJEW, B. G.: Psychologie der sinnlichen Erkenntnis. – Berlin 1963

ANDERSON, B.: Stretching.– Waldeck-Dehringhausen 1982

ANDRIANOWA, G. G.; KOC, J. M.: MARTJANOW, W. A., u.a.: Die Anwendung der Elektrostimulation für das Training der Muskelkraft. – Leistungssport. – Frankfurt/M. 4 (1974) 2, S. 138

ANDRICH, B.: Zum Krafttraining im Eisschnellauf. – Theorie und Praxis Leistungssport. – Berlin 20 (1982) 2/3, S. 226–238

ANOCHIN, P. K.: Das funktionelle System als Grundlage der physiologischen Struktur des Verhaltensaktes. – Jena 1967

ANZIL, F.; MODOTTO, P.; ZANON, S.: Erfahrungsbericht über die Vermehrung der isometrischen maximalen Muskelkraft durch zusätzliche Elektrostimulation für das Training der Muskelkraft.– Leistungssport. – Frankfurt/M. 4 (1974) 2, S. 143

ARNDT, K.-H.: Zur Problematik der Altersklasseneinteilung im Ausdauerlaufbereich. Medizin und Sport. – Berlin 27 (1987) 5, S. 143 bis 146

BADTKE, G., u. a.: Sportmedizinische Grundlagen der Körpererziehung und des sportlichen Trainings. – Leipzig 1987, 1988[2]

BALDERMANN, G.; STICHERT, K.-H.: Zum Stand des Krafttrainings im Sportschwimmen unter besonderer Berücksichtigung angewendeter Krafttrainingsübungen und -mittel.– Theorie und Praxis Leistungssport. – Berlin 20 (1982) 2/3, S. 215–225

BALLREICH, R.: Probleme und Lösungsansätze einer sportmotorischen Leistungsdiagnostik aus biomechanischer Sicht. – Leistungssport. – Berlin 8 (1978) 1, S. 8–11

BALLREICH, R.: Biomechanische Aspekte der Ansteuerung sportlicher Techniken. – In: DAUGS, R. (Hrsg.): Die Steuerung des Technik-Trainings durch Feedback-Medien. – Frankfurt/M. 1986, S. 34–49

BALLREICH, R.; KUHLOW, A.: Trainingswissenschaft. Darstellung und Begründung einer Forschungs- und Lehrkonzeption. – Leistungssport. – Frankfurt/M. 5 (1975) 2, S. 95–103

BALLREICH, R.; BAUMANN, W.: Grundlagen der Biomechanik des Sports. – Stuttgart 1988

BALLREICH, R., u. a.: Trainingswissenschaft 1. – Bad Homburg 1982

BAMMES, G.: Die Gestalt des Menschen. – Ravensburg 1989[6]

BANDURA, A.: Social foundations of thought and action. – Englewood Cliffs 1986

BARTH, B.: Thesen zur Leistungsstruktur (am Beispiel Fechten). – In: BAUERSFELD, K.-H.: Grundstandpunkte zur Bearbeitung der Struktur der sportlichen Leistung. Arbeitsmaterial der DHfK. – Leipzig 1977, S. 17–23

BARTH, B.: Abriß einer Theorie und Methodik der Strategie und Taktik des Wettkampfes im Fechten. – Leipzig 1978

BARTH, B.: Probleme einer Theorie und Methodik der Strategie und Taktik des Wettkampfes im Sport. – Theorie und Praxis der Körperkultur. – Berlin 29 (1980) 2, S. 127–137; 29 (1980) 3, S. 197–206; 29 (1980) 5, S. 374–384

BARTH, B.: „Trainingsfähigkeit" als spezifische Zielstellung für das Nachwuchstraining. – Wissenschaftliche Zeitschrift der DHfK. – Leipzig 27 (1986) 2, S. 109–117

BARTH, B.: „Anforderungsstruktur" und „Leistungsstruktur" aus der Sicht der Zweikampfsportarten. – Wissenschaftliche Zeitschrift der DHfK. – Leipzig 29 (1988) 2, S. 58–69

BARTH, B.: Taktik und Fairplay. – Wissenschaftliche Zeitschrift der DHfK. – Leipzig 32 (1991) 1, S. 34–45

BARTH, B.; KIRCHGÄSSNER, H.: Trainingsmethodische Ansätze zur zielgerichteten Entwicklung des Zweikampfverhaltens unter dem besonderen Gesichtspunkt der „Situationsangemessenheit". – Theorie und Praxis der Körperkultur. – Berlin 31 (1982) 9, S. 674–680

BARTH, B.; KIRCHGÄSSNER, H.: Ansätze zur Analyse des Zweikampfverhaltens. – Theorie und Praxis der Körperkultur. – Berlin 33 (1984)7, S. 526–533

BARTH, B., u. a.: Positionen zur Schaffung technischer Leistungsvoraussetzungen bei Nachwuchssportlern in den Zweikampfsportarten. – Sport und Wissenschaft. Bd. 2. – Sankt Augustin 1993, S. 26–34

BARTONIETZ, K.; BORKELOH, D., u. a.: Standpunkte und neue Ansätze zur Diagnose der Kraftfähigkeiten in den Schnellkraftsportarten. – Training und Wettkampf. – Berlin 28 (1990)1, S. 35–53

BARTONIETZ, K.; GÜLLICH, A.: Die Bedeutung der Pick-up-Beschleunigung bei Höchstleistungen im 100-m-Sprint: Ein Beitrag zur Leistungs- und Trainingsstruktur des Kurzsprints. – In: Olympiastützpunkte im Brennpunkt praxisorientierter Sportwissenschaft (Bd. 10). – Frankfurt/M. 1992, S. 198–214

BASTIAN, M.: Grundstandpunkte, untersuchungsmethodische Ansätze und erste Trainingsempfehlungen zur Entwicklung und Vervollkommnung der Handlungsschnelligkeit in Boxen. – Theorie und Praxis Leistungssport. – Berlin 24 (1986)6, S. 56–64

BAUERSFELD, K.-H., u. a.: Grundstandpunkte zur Bearbeitung der Struktur der sportlichen Leistung. Arbeitsmaterial der DHfK. – Leipzig 1977

BAUERSFELD, K.-H.; SCHRÖTER, G. (Red.): Grundlagen der Leichtathletik. – Berlin 1986; 1992⁴

BAUERSFELD, K.-H., u. a.: Trainingsmethodische Anforderungen an die Weiterentwicklung des Aufbautrainings unter Beachtung nationaler und internationaler Entwicklungstendenzen des Leistungssports. – Theorie und Praxis Leistungssport. – Berlin 26 (1988) 4, S. 28–59

BAUERSFELD, M.: Studie zu ausgewählten Problemen der Schnelligkeit. – Wissenschaftliche Zeitschrift der DHfK. – Leipzig 24 (1983) 3, S. 45–64

BAUERSFELD, M.: Zur Charakterisierung der Schnelligkeit und erste Ableitungen für die Vervollkommnung des Nachwuchstrainings. – Diss. B – Leipzig 1984

BAUERSFELD, M.: Ausgewählte Probleme und neuere Standpunkte zur Schnelligkeit und ihre trainingsmethodischen Konsequenzen. – Theorie und Praxis Leistungssport. – Berlin 24 (1986) 8/9, S. 155–173

BAUERSFELD, M.: Stellenwert und Ausbildungsmöglichkeiten perspektivisch bedeutsamer Strukturelemente der Leistung im Aufbautraining der Schnellkraftsportarten. – Theorie und Praxis Leistungssport. – Berlin 26 (1988) 7, S. 46–56

BAUERSFELD, M.; VOSZ, G.: Neue Wege im Schnelligkeitstraining. – Münster 1992

BAUMANN, H.: Methodik der Fehleranalyse durch Bewegungsbeobachtung.– Bad Homburg 1986

BAUMANN, H.; SCHAER, W.: Motorisches Lernen im höheren Lebensalter. – In: BAUMANN, H. (Hrsg.): Älter werden – fit bleiben. – Ahrensburg 1988, S. 42–69

BAUMANN, H.; REIM H.: Bewegungslehre. – Frankfurt/M. 1989²

BAUMANN, W.: Grundlagen der Biomechanik. – Schorndorf 1989

BAUR, J.: Körper- und Bewegungskarrieren. – Schorndorf 1989

BAYER, G.; MAHLO, F.: Zur methodischen Gestaltung des Krafttrainings im Rudersport. – Leistungssport. – Münster 22 (1992) 5, S. 41–44

BAYER, G.; RAMLOW, J.: Verhältnis von Kraft- und Ausdauerfähigkeiten für die Vervollkommnung der Kraftausdauer im Rennrudern. – Leistungssport. – Münster 23 (1993) 3, S. 15–19

BEAULIEN, J. E.: Stretching for all sports.– Pasadena 1981

BECKER, U.; OTTMANNS, K.: Umsteiger statt Aussteiger? – Überlegungen zur Vielseitigkeit im Nachwuchstraining. – In: Lehre der Leichtathletik 35 (1984) 17, S. 1271–1274

BEHREND, R.: Methodische Lösungen für ein schnelligkeitsorientiertes Sprungtraining im leichtathletischen Aufbautraining. – Diss. Leipzig 1988

BEIER, G.: Zur Diagnostik der Bewegungsvorstellung im Rahmen der Sichtung und Auswahl junger Turner für die Aufnahme in die KJS. – Theorie und Praxis Leistungssport. – Berlin 20 (1982) 1, S. 86–96

BEIER, G.; KLAR, C.: Zur Diagnostik und Entwicklung von Bewegungsvorstellungen in technisch-akrobatischen und Schnellkraftsportarten. – In: Bewegungsregulation in der sportlichen Tätigkeit – ausgewählte psychologische Erkenntnisse und Erfahrungen in Training und Wettkampf. – Berlin 1987, S. 33–46

BEIER, G.; HASSE, J.: Der Einsatz des Bewegungserfahrungsaustausches beim parametergestützten Training im Gerätturnen. – Training und Wettkampf. – Berlin 28 (1990) 5, S. 42–46

BERGER, J.: Wettkampfbelastung – Voraussetzung und Problem der sportlichen Leistungsentwicklung. – Theorie und Praxis der Körperkultur. – Berlin 34 (1985) 10, S. 772–779

BERGER, J.; MINOW, H.-J.: Der Mehrjahreszyklus in der Trainingsmethodik. – Theorie und Praxis der Körperkultur. – Berlin 39 (1990) 4, S. 263–268

BERGMANN, W.: Zur Praxis des Techniktrainings im Zehnkampf. – In: MECHLING, H.; SCHIFFER, J.; CARL, K. (Red.): Theorie und Praxis des Techniktrainings. – Köln 1988

BERNSTEIN, N. A.: Bewegungsphysiologie. – Leipzig 1988²

BERNSTEJN, N. A.: O postroenii dviženij. – Moskva 1947 (Über den Aufbau der Bewegungen)

BERTHOLD, F.: Die Belastung der Lendenwirbelsäule durch die Kraftübung „Liegend Anreißen". – Theorie und Praxis Leistungssport. – Berlin 21 (1983) 8/9, S. 140–149

BERTHOLD, F.: Körperhöhenveränderungen als Indikator für die Be- und Entlastung der Wirbelsäule von Sportlern. – Theorie und Praxis Leistungssport. – Berlin 25 (1987) 11, S. 79–98

BERTHOLD, F., u. a.: Empfehlungen zur Vermeidung von Schäden am Binde- und Stützgewebe bei der Trainingsbelastung. (Unveröffentl.). – Kreischa 1978

BERTHOLD, F., u. a.: Sportmedizinische Erkenntnisse zur Erhöhung der Belastungsverträglichkeit des Binde- und Stützgewebes durch die Trainingsgestaltung sowie physiotherapeutische und weitere prophylaktische Maßnahmen. – Theorie und Praxis Leistungssport. – Berlin 17 (1979) 3, S. 27–54

BETTE, K.-H., u. a. (Hrsg.): Zwischen Verstehen und Beschreiben. Forschungsmethodologische Ansätze in der Sportwissenschaft. – Köln 1993

BEYER, E. (Red.): Wörterbuch der Sportwissenschaft. – Schorndorf 1987

BEYER, L.: Der motorische Lernprozeß aus physiologischer Sicht. – Theorie und Praxis der Körperkultur. – Berlin 37 (1988) 4, S. 252–258

BINDIG, M.: Zur Untersuchung ausgewählter Komponenten der Erkenntnistätigkeit im Nachwuchs- und Hochleistungsbereich unter Berücksichtigung eignungsdiagnostischer Fragestellungen im Handball. – Diss. Leipzig 1987

BITECHTINA, L. T.; TYŠLER, D. A.; DASKEVIČ, O. V.: Psichologičeskie aspekty voevoj dejatel'nosti fechtoval'ščikov. – Teorija i praktika fizičeskoj kul'tury. – Moskva 39 (1976) 5, S. 8–11 (Psychologische Aspekte der Kampfaktivität von Fechtern)

BLASER, P.; STUCKE, C.; WITTE, K. (Hrsg.): Steuer- und Regelvorgänge der menschlichen Motorik als Determinanten der sportlichen Leistung. – Sankt Augustin 1994

BLISCHKE, K.: Sensomotorische Sozialisationsbarrieren. – Sportunterricht. – Schorndorf 28 (1979) 10, S. 365–373

BLÜMEL, G.: „Schmale Impulse" in der EMS als Grundlage der Entwicklung des Ministimulators „jogger". – Training und Wettkampf. – Berlin 28 (1990) 2/3, S. 201–220

BLUME, D.-D.: Zu einigen wesentlichen theoretischen Grundpositionen für die Untersuchung der koordinativen Fähigkeiten. – Theorie und Praxis der Körperkultur. – Berlin 27 (1978) 1, S. 29–36

BOJKO, V. V.: Celenapravlennoe razvitie dvigatel'nych sposobnostej čeloveka. – Moskva 1987 (Die Vervollkommnung der Bewegungsfähigkeit des Menschen)

BOIKO, V. V.: Die gezielte Entwicklung der Bewegungsfähigkeit des Sportlers. – In: Deutscher Sportbund. Bundesausschuß Leistungssport (Hrsg.): Informationen zum Leistungssport Bd. 6. – Frankfurt/M. 1990[a]

BONDARČUK, A. P.: Obëm trenirovočnych nagruzok i dlitel'nost' cikla razvitija sportivnoj formy. – Teorija i praktika fizičeskoj kul'tury. – Moskva 52 (1989) 8, S. 18–19 (Umfang der Trainingsbelastungen und Zyklusdauer für die Entwicklung der sportlichen Form)

BONDARČUK, A. P.: Intensivnost' trenirovočnych nagruzok i dlitel'nost' cikla razvitija sportivnoj formy. – Teorija i praktika fizičeskoj kul'tury. – Moskva 53 (1990)2, S. 5–6 (Die Intensität der Trainingsbelastungen und die Dauer des Entwicklungszyklus der sportlichen Form)

BONDARČUK, A.; STESIN, J.: Sochrananie sportivnoj formy. – Legkaja atletika. – Moskva 23 (1977) 4, S. 19–21 (Die Erhaltung der sportlichen Form)

BORDE, A.: Zum Grad der Gerichtetheit des leistungssportlichen Trainings im langfristigen Leistungsaufbau, unter besonderer Berücksichtigung des Grundlagen- und Aufbautrainings. – Diss. B – Leipzig 1982

BORDE, A.: Grundlegendes zu den Funktionen des sportlichen Trainings mit allgemeinen Körperübungen. – Wissenschaftliche Zeitschrift der DHfK. – Leipzig 24 (1983) 3, S. 25–32

BORDE, A.: Konzeptionelle Ansätze für eine höhere Wirksamkeit des Nachwuchstrainings. (Manuskript). – Leipzig 1989[a]

BORDE, A.: Prinzipien im sportlichen Training – Grundlage für die Planung und Steuerung des sportlichen Trainings. – Wissenschaftliche Zeitschrift der DHfK. – Leipzig 30 (1989)[b] 3, S. 49–60

BORDE, A.; BECKER, M.: Grundpositionen zur Übereinstimmung von Trainings- und Wettkampfinhalten im Nachwuchsleistungssport. – Theorie und Praxis Leistungssport. – Berlin 27 (1989) 2, S. 158–163

BORDE, K.: Die Krafteinsatzdifferenzierungsfähigkeit als Voraussetzung zur effektiven Nutzung der Kraftfähigkeiten im Bewegungsvollzug. – Theorie und Praxis der Körperkultur. – Berlin 38 (1989) Beiheft 2, S. 119–122

BORMS, J.: Importance of flexibility in overall physical fitness. Internat. Journal of Physical Education. – Schorndorf 21 (1984) 2, S. 15–26

BORRMANN, G.: Leistungsvoraussetzungen für die sporttechnische Ausbildung im Nachwuchstraining der technisch-kompositorischen Sportarten. – Sport und Wissenschaft. Bd. 2. – Sankt Augustin 1993, S. 35–43

BÖS, K.: Handbuch sportmotorischer Tests. – Göttingen, Toronto, Zürich 1987

BÖS, K.; MECHLING, H.: Dimensionen sportmotorischer Leistungen. – Schorndorf 1983

BRACK, R.: Zur praktischen Handlungstheorie des Sportspieltrainers. – Leistungssport. – Münster 23 (1993) 2, S. 12–16

BRAMBRING, M.: Intelligenz- und Leistungsdiagnostik. – Göttingen, Toronto, Zürich 1983

BREHM, W.: Wie lehrt man offene Fertigkeiten? – In: Bielefelder Sportpädagogen: Methoden im Sportunterricht. – Schorndorf 1989, S. 43–56

BREMER, D.: Wettkampfsport im Grundschulalter. – Leistungssport. – Münster 16 (1986) 2, S. 5–10

BREMER, D.; SPERLE, N. (Hrsg.): Fehler, Mängel, Abweichungen im Sport. Von der fertigkeits- zur handlungsorientierten Fehlerkorrektur und Mängelreduktion. – Wuppertal 1984

BRENKE, H.; DIETRICH, L.; BERTHOLD, F.: Trainingsmethodische Hinweise zur Vermeidung von Schäden am Stütz- und Bewegungsapparat. – Theorie und Praxis der Körperkultur. – Berlin 35 (1986) 1, S. 56–63

BRETTSCHNEIDER, W.-D.; BRÄUTIGAM, M.: Sport in der Alltagswelt von Jugendlichen. Materialien zum Sport in Nordrhein-Westfalen. – Frechen 1990

BRZANK, K.-D.; PIEPER, K.-S.: Muskelzelluläre Charakteristik von Sportlern mit ausgeprägten Schnelligkeitsfähigkeiten. – Medizin und Sport. – Berlin 27 (1987) 1, S. 11–14

BRZANK, R.: Probleme der Ausbildung technisch-kompositorischer Leistungsvoraussetzungen in der Rhythmischen Sportgymnastik. – Sport und Wissenschaft. Bd. 2. – Sankt Augustin 1993, S. 98–107

BUBE, H.; KÄMPFE, J.: Die Wirksamkeit differenter mikrozyklischer Belastungsgestaltung im Hinblick auf die Entwicklung der Ausdauerleistung im Biathlon. – Theorie und Praxis Leistungssport. – Berlin 17 (1979) Beiheft 2, S. 45–64

BUDINGER, H.; HAHN, E.: Bedingungen des sportlichen Wettkampfes. – Schorndorf 1990

BUHL, H.; LÖFFLER, H. P.; HÄCKER, R.: Entwicklung der aeroben Leistungsfähigkeit bei jungen Läuferinnen in Abhängigkeit von einem gezielten Training im aerob-anaeroben Übergangsbereich. – Theorie und Praxis Leistungssport. – Berlin 24 (1986) 7, S. 91–112

BUHL, H.; NEUMANN, G.: Die Bedeutung des aerob-anaeroben Übergangsbereichs für die Leistungsdiagnostik und die Trainingssteuerung in den Ausdauersportarten. – Theorie und Praxis Leistungssport. – Berlin 25 (1987) 8/9, S. 180–198

BUHL, H., u. a.: Die Verbesserung der Wettkampfleistung im Radsport-Verfolgerbereich durch veränderte Belastungsgestaltung im Trainingszyklus. – Theorie und Praxis Leistungssport. – Berlin 26 (1988) 5/6, S. 147–164

BÜHRLE, M.: Dimensionen des Kraftverhaltens und ihre spezifischen Trainingsmethoden. – In: BÜHRLE, M. (Hrsg.): Grundlagen des Maximal- und Schnellkrafttrainings. – Schorndorf 1985, S. 82–111

BÜHRLE, M.: Maximalkraft – Schnellkraft – Reaktivkraft. – Sportwissenschaft. – Schorndorf 19 (1989) 3, S. 311–325

BÜHRLE, M.; SCHMIDTBLEICHER, D.: Komponenten der Maximal- und Schnellkraft. – Sportwissenschaft. – Schorndorf 11 (1981) 1, S. 11–27

BÜHRLE, M. (Hrsg.): Grundlagen des Maximal- und Schnellkrafttrainings. – Schorndorf 1985

BÜHRLE, M.; WERNER, E.: Muskelquerschnittstraining der Bodybuilder. – In: BÜHRLE, M. (Hrsg.): Grundlagen des Maximal- und Schnellkrafttrainings. – Schorndorf 1985

BULL, H.-J.: Zur Bedeutung und Entwicklung der Beweglichkeit des Menschen. – Diss. Berlin 1975

Bundesausschuß Frauensport (Hrsg.): Sportmedizinische Grundlagen zum Leistungssport der Mädchen und Frauen. – Trainingsbibliothek, Band 12. – Berlin, München, Frankfurt/M. 1975

Bundesausschuß Leistungssport: Die Leistungssport-Konzeption 1993–1996. – Leistungssport. – Münster 23 (1993) 4, S. 9–17

CACHAY, K.; THIEL, A.: Sozialkompetenz für Trainerinnen Trainer im Hochleistungssport. – Trainerakademie Köln aktuell. – Köln o. J. (1994) 4, S. 8–15

CARL, K.: Leistungsdiagnose, sportliche. In: RÖTHIG u. a. (Red.): Sportwissenschaftliches Lexikon. – Schorndorf 1983[5], S. 226

CARL, K.: Training und Trainingslehre in Deutschland. – Schorndorf 1983

CARL, K.: Trainingswissenschaft. – In: CARL, K., u. a. (Hrsg.): Handbuch Sport. Bd. 1. – Düsseldorf 1984, S. 135–164

CARL, K.: Trainingswissenschaft – Trainingslehre. – In: HAAG, H.; STRAUSS, B. G.; HEINZE, S. (Hrsg.): Theorie und Themenfelder der Sportwissenschaft. – Schorndorf 1989, S. 216–228

CARL, K., u. a.: Begriffsvielfalt und Systematisierungsproblematik von Sport und Sportwissenschaft. – In: CARL, K., u. a. (Hrsg.): Handbuch Sport. Bd. 1. – Düsseldorf 1984, S. 3–19

CARL, K.; STARISCHKA, S.; STORK, H.-M. (Hrsg.): Kraftausdauertraining. – Köln 1989

ČERNJAK, A. V.; KAČAJEV, S. V.: Klassifikacija fizičeskich upražnenij s cel'ju analiza trenirovočnych nagruzok na EVM. – Teorija i praktika fizičeskoj kul'tury. – Moskva 41 (1978) 8, S. 19–22 (Klassifikation der Körperübungen zur Analyse der Trainingsbelastungen mit EDV)

CETIN, H. N.: Technikanalyse und Techniktraining. – Sankt Augustin 1991

CHOUTKA, M.: Sportovní výkon. – Praha 1981 (Die sportliche Leistung)

CINTAS, H. M.: Cross-cultural variation in infant motor development. – Physical and Occupational Therapy in Pediatrics. – Springfield 8 (1988) 4, S. 1–20

CLAUSS, G., u. a. (Hrsg.): Wörterbuch der Psychologie. – Leipzig 1976; 1985[4]

CONRAD, K.: Der Konstitutionstypus. Seine genetische Grundlegung und praktische Anwendung. – Berlin, Göttingen, Heidelberg 1963

COUNSILMAN, J. E.: Handbuch des Sportschwimmens. – Bockenem 1980

CRAMER, F.: Chaos und Ordnung – die komplexe Struktur des Lebendigen. – Frankfurt/M. 1993

CRASSELT, W.; ISRAEL, S.; RICHTER, H.: Schnellkraftleistungen im Alternsgang. – Theorie und Praxis der Körperkultur. Berlin 33 (1984) 6, S. 423–431

CRASSELT, W., u. a.: Physische Entwicklung der jungen Generation (Forschungsbericht). – Akademie der Pädagogischen Wissenschaften der DDR. – Berlin 1990

CRUM, B.: Kinderleistungssport und Identitätsentwicklung – Chancen und Gefährdungen. – Der Schwimmtrainer. – Aachen (1986) 48/49, S. 15–18

CZINGON, H.: Zur Praxis des Techniktrainings. – Leistungssport. – Münster 13 (1983) 5, S. 5–11

DAUGS, R. (Hrsg.): Visualisation sportmotorischer Lehrmedien. – Berlin 1984

DAUGS, R.: Zur Optimierung des Techniktrainings durch Feedback-Technologien. – In: MECHLING, H.; SCHIFFER, J.; CARL, K.: Theorie und Praxis des Techniktrainings. – Köln 1988, S. 124–140

DAUGS, R.: Automatismen und Automatisierung in der menschlichen Motorik. – In: DAUGS, R.; BLISCHKE, K., (Hrsg.): Aufmerksamkeit und Automatisierung in der Sportmotorik. – Sankt Augustin 1993, S. 32–55

DAUGS, R.: Motorische Kontrolle als Informationsverarbeitung: Vom Auf- und Niedergang eines Paradigmas. – In: BLASER, P.; STUCKE C.; WITTE, K. (Hrsg.): Steuer und Regelvorgänge als Determinanten sportlicher Leistung. – Sankt Augustin 1994

DAUGS, R.; BLISCHKE, K.: Sensomotorisches Lernen. – In: CARL, K., u. a. (Hrsg.): Handbuch Sport. Bd. 1. – Düsseldorf 1984, S. 381–420

DAUGS, R., u. a.: Beiträge zum visuomotorischen Lernen im Sport. – Schorndorf 1989

DAUGS, R., u. a. (Hrsg.): Sportmotorisches Lernen und Techniktraining. Bd. 1 und 2. – Schorndorf 1991[a]

DAUGS, R., u. a.: Sportmotorisches Lernen und Techniktraining zwischen Theorie und Praxis. – In: DAUGS, R., u. a. (Hrsg.): Sportmotorisches Lernen und Techniktraining. Bd. 1. – Schorndorf 1991[b], S. 19–32

DAUGS, R.; BLISCHKE, K. (Hrsg.): Aufmerksamkeit und Automatisierung in der Sportmotorik. – Sankt Augustin 1993

DAWEL, A.: Trainingsmethodische Empfehlungen zur Reduzierung der mechanischen Belastung des Kniegelenks bei Landungen nach Sprüngen. – Theorie und Praxis der Körperkultur. – Berlin 38 (1989) 6, S. 410–414

DAWEL, A.: Ergebnisse eines Trainingsexperiments zur Vermeidung von Fehlbelastungen im Volleyball und ihre trainingsmethodische Umsetzung. – Training und Wettkampf. – Berlin 28 (1990) 4, S. 94–104

DEISS, D.; PFEIFFER, U. (Hrsg.): Leistungsreserven im Schnellkrafttraining. – Berlin 1991

DE MARÉES, H.; MESTER, J.: Sportphysiologie I. – Aarau, Frankfurt/M., Salzburg 1991[2a]

DE MARÉES, H.; MESTER, J.: Sportphysiologie III. – Frankfurt/M. 1991[3b]

DEMETER, A.: Sport im Wachstums- und Entwicklungsalter. – Leipzig 1981

DERKATSCH, A. A.; ISSAJEW, A. A.: Der erfolgreiche Trainer. – Berlin 1986

DE VRIES, H. A.: Evaluation of static stretching procedures for improvement of flexibility. – Research Quarterly. – Washington 33 (1962) 2, S. 222–228

DICKWACH, F.: Zu einigen Gründen für sportliche Inaktivität bei erwachsenen Bürgern einer Großstadt. – Theorie und Praxis der Körperkultur. – Berlin 35 (1986) 2, S. 122–127

DIEM, L.: Sport für Kinder. Elemente einer Didaktik für das Alter von null bis zehn. – München 1973

DIESSNER, G.: Diskussionsbeitrag „Zur inhaltlichen und methodischen Gestaltung der Technikausbildung". – Theorie und Praxis der Körperkultur. – Berlin 29 (1980) 8, S. 596–602

DIETRICH, K.; ROSSMANN, E. D.; THIEL, G.: Freude am Sport – sich wohl fühlen in der Gruppe. – In: DIGEL, H. (Hrsg.): Lehren im Sport. – Reinbek 1983

DIETRICH, L.; BERTHOLD, F.: BRENKE, H.: Muskeldehnung aus sportmethodischer Sicht. – Medizin und Sport. – Berlin 25 (1985) 2, S. 52–57

DIETZ, V.: Neurophysiologische Grundlagen des Kraftverhaltens. – In: BÜHRLE, M. (Hrsg.): Grundlagen des Maximal- und Schnellkrafttrainings. – Schorndorf 1985, S. 16–33

DIGEL, H.: Regeln. – In: EBERSPÄCHER, H., (Hrsg.): Handlexikon Sportwissenschaft. – Reinbek 1987

DJAČKOV, V. M.: Die Vervollkommnung der Technik der Sportler. – Theorie und Praxis der Körperkultur. – Berlin 22 (1973) Beiheft 1

DÖBLER, E.; DÖBLER, H.: Kleine Spiele. – Berlin 1980[12]

DÖBLER, H.; RENNER, M.: Der Wettkampf in den Sportspielen. – In: STIEHLER, G.; KONZAG, J.; DÖBLER, H.: Sportspiele. – Berlin 1988

DÖRNING, H., u. a.: Wellness im Alter durch Bewegung und Entspannung?! – In: Alter und Sport, Band 1. – Erlensee 1991

DOIL, W.; BINDIG, M.: Peripheres Sehen als Voraussetzung für die Orientierung in Sportspielen. – Medizin und Sport. – Berlin 26 (1986) 2, S. 55–58

DONSKOI, D. D.: Grundlagen der Biomechanik. – Berlin 1975

DREWS, U., u. a.: Didaktische Prinzipien. – Berlin 1976

DRSV der DDR: Trainingsprogramm des DRSV der DDR für das Grundlagentraining 1985–1989. – Berlin 1985

DRV der DDR: Trainingsmethodische Grundkonzeption Ringen 1989–1992. – Berlin 1989

EBERSPÄCHER, H.: Handlexikon Sportwissenschaft. – Reinbek 1987

EBERSPÄCHER, H.: Mentale Trainingsformen in der Praxis. – Oberhaching 1990[a]

EBERSPÄCHER, H.: Mentales Fertigkeitstraining. – Sportpsychologie. – Münster 4 (1990)[b]3, S. 5–13

EBERSPÄCHER, H.: Sportpsychologie. Grundlagen, Methoden, Analysen. – Reinbek 1993[2]

EHRLER, W.; BARTEL, W.: Kraft und Beweglichkeit im Alternsgang. – Theorie und Praxis der Körperkultur. – Berlin 39 (1990) 6, S. 381–387

EICHEL, W., u. a.: Illustrierte Geschichte der Körperkultur. – Berlin 1983

FARFEL, W. S.: Bewegungssteuerung im Sport. – Berlin 1977

FEHLING, H.-J.; DRÄGER, G.: Ergebnisse von Beobachtungen im Rudersport bei den Olympischen Sommerspielen 1988 in Soul. – Theorie und Praxis Leistungssport: Berlin 27 (1989) 3/4, S. 138–148

FEHRES, K.: Zur zeitlichen Plazierung biomechanischer und videogestützter Rückmeldungen in sportmotorischen Lern- und Optimierungsprozessen. – In: SCHEID, V. (Red.): Sport und Medien in Bildung und Forschung. – Magglingen, Erlensee 1990, S. 86–91

FEHRES, K.: Videogestütztes Techniktraining im Sport. – Köln 1992

FETZ, F.: Allgemeine Methodik der Leibesübungen. – Bad Homburg 1979[8]

FETZ, F.: Bewegungslehre der Leibesübungen. – Bad Homburg 1980*, Wien 1989[3]

FETZ, F.; KORNEXL, E.: Sportmotorische Tests. – Frankfurt/M. 1978[2]

FETZ, F.: Sportmotorische Entwicklung. – Wien 1982

FIMS-Statement. Körperliche Belastung – ein wichtiger Faktor für die Gesundheit. – Medizin und Sport. – Berlin 30 (1990) 2, S. 1

FILIPP, S.-H.: Das mittlere und höhere Erwachsenenalter im Fokus entwicklungspsychologischer Forschung. – In: OERTER, R.; MONTADA, L., u. a.: Entwicklungspsychologie. – Weinheim 1987[2], S. 375–412

FINDEISEN, D. G. R.; LINKE, P.-G.; PICKENHAIN, L. (Hrsg.): Grundlagen der Sportmedizin. – Leipzig 1980[2]

FLEISHMAN, E. A.: Development of a behavior taxonomy for describing human tasks: A correlational-experimental approach. – Journal of Applied Psychology. – Washington (1967) 51, S. 1–10

FOMIN, N. A.; FILIN, W. P.: Altersspezifische Grundlagen der körperlichen Erziehung. – Schorndorf 1975

FRAUENDORF, H.; GELBRICH, W.: Verhalten von Kreislauf- und Atemgrößen bei dynamischer Arbeit unter Einsatz unterschiedlicher Muskelmassen. – Zeitschrift für Militärmedizin. – Berlin 25 (1984) 4, S. 159–162

FREIWALD, J.; ENGELHARDT M.: Beweglichkeit und ihre Einschränkungen. Vor Training und Therapie Faktoren genau analysieren. – TW Sport und Medizin. – Karlsruhe 6 (1994) 5, S. 327–336

FRESTER, R.: Der Belastungssymptomtest – ein Verfahren zur Analyse der Verarbeitung psychisch belastender Bedingungen bei Sportlern. – In: KUNATH, P. (Hrsg.): Beiträge zur Sportpsychologie 1. – Berlin 1972[a], S. 148–161

FRESTER, R.: Die Aktivtherapie im Sport. – In: KUNATH, P. (Hrsg.): Beiträge zur Sportpsychologie 1. – Berlin 1972[b] S. 194–230

FRESTER, R.: Psychologische Grundlagen und Ansätze der Bewegungsregulation im Training und Wettkampf. – Training und Wettkampf. – Berlin 28 (1990) 5, S. 8–21

FRESTER, R.: Psychische Komponenten in der Leistungsstruktur. – In: DEISS, D.; PEIFFER, U. (Hrsg.): Leistungsreserven im Schnellkrafttraining. – Berlin 1991

FRESTER, R.: „Jetzt noch einmal mit Gefühl". – Sportpsychologie. – Münster 6 (1992) 4, S. 15–19

FRESTER, R.: Psychomuskuläres Training im Sport. – Sportpsychologie. – Münster 7 (1993) 4, S. 5–10

FRESTER, R.; FRICKE, B.: Techniktraining mit Wasserspringern am komplexen Meßplatz. – Psychologie und Sport. – Schorndorf 8 (1994) 1, S. 26–37

FREY, G.: Zur Terminologie und Struktur physischer Leistungsfaktoren und motorischer Fähigkeiten. – Leistungssport. – Berlin 7 (1977) 5, S. 339–362

FREY, G.: Kindgemäßes Leistungstraining. – Sportwissenschaft. – Schorndorf 12 (1982) 3, S. 275–300

FRIEDRICH, E.: Zur Taktik in den technisch-kompositorischen Sportarten. – Leistungssport. – Münster 14 (1984) 4, S. 9–14

FRIEDRICH, W.; HENNIG, W.: Der sozialwissenschaftliche Forschungsprozeß. – Berlin 1975

FRÖHLICH, H.-J.; LENZ G.; HAUK, C.: Ausgewählte Ergebnisse leistungsdiagnostischer Untersuchungen im Aufbautraining der Disziplin Kugelstoß bei Anwendung unterschiedlicher Gerätemassen. – Training und Wettkampf. – Berlin 28 (1990) 1, S. 86–100

FROLOV, V. G.; JURKO, G. P.; KABAČKOVA, P. I.: Experimentelle Untersuchung zum Entwicklungsstand der Laufausdauer im Vorschulalter. – Theorie und Praxis der Körperkultur. – Berlin 25 (1976) 10, S. 771–772

GABLER, H.: Zur Entwicklung von Persönlichkeitsmerkmalen bei Hochleistungssportlern. – Sportwissenschaft. – Schorndorf 6 (1976) 3, S. 247–276

GABLER, H., u. a.: Einführung in die Sportpsychologie. Teil 1: Grundthemen. – Schorndorf 1986

GABLER, H.; JANSSEN, J.; NITSCH, J.: Gutachten „Psychologisches Training" in der Praxis des Leistungssports – Probleme und Perspektiven. – Köln 1990

GAIN, W.; HARTMANN, J.; TÜNNEMANN, H.: Ringen. – Berlin 1980

GODIK, M. A.; SKOMOROCHOV, E. V.: Faktornaja struktura spezial'noj podgotovlennosti futbolistov. – Teorija i praktika fizičeskoj kul'tury. – Moskva 44 (1981) 7, S. 14–16 (Faktorenstruktur der speziellen Leistungsfähigkeit der Fußballspieler)

GÖHNER, U.: Einführung in die Bewegungslehre des Sports. Teil 1: Die sportlichen Bewegungen. – Schorndorf 1992

GORBUNOW, G. D.: Der erfolgreiche Sportler. – Berlin 1986

GOTTSCHALK, K.: Fachbegriffe in der sportmedizinischen Betreuung – Ermüdung/Erschöpfung. – Medizin und Sport. – Berlin 28 (1988) 3, S. 95–96

GROSSER, M.: Training der konditionellen Fähigkeiten. – Schorndorf 1988

GROSSER, M.: Schnelligkeitstraining. – München 1991

GROSSER, M.: Schnelligkeitstraining für junge Spielsportler. In: NICOLAUS, J.; ZIMMERMANN, K. W. (Red.): Psychomotorik in Forschung und Praxis. – Kassel 1995, Band 25, S. 47–54

GROSSER, M.; STARISCHKA, S.; ZIMMERMANN, E.: Konditionstraining. – München, Wien, Zürich 1981

GROSSER, M.; BRÜGGEMANN, P.; ZINTL, F.: Leistungssteuerung in Training und Wettkampf. – München, Wien, Zürich 1986

GROSSER, M.; NEUMAIER, A.: Techniktraining. – München, Wien, Zürich 1982

GROSSER, M.; STARISCHKA, S.: Konditionstests. – München, Wien, Zürich 1986[2]

GROSSER, M.; NEUMAIER, A.: Kontrollverfahren zur Leistungsoptimierung. – Schorndorf 1988

GRÜBLER, B.; HARTMANN, C.: Diagnose und spezielles Training dominanter koordinativer Fähigkeiten in der Sportart Volleyball. – Diss. Leipzig 1986

GUNDLACH, H.: Systembeziehungen körperlicher Fähigkeiten und Fertigkeiten. – Theorie und Praxis der Körperkultur. – Berlin 17 (1968) Beiheft: Sportwissenschaftlicher Kongreß der DDR „Sozialismus und Körperkultur", Teil II, S. 198–205

GUNDLACH, H.: Zur weiteren Differenzierung zwischen den Ausdauersportarten und zur Berücksichtigung ihrer Spezifik. – Theorie und Praxis Leistungssport. – Berlin 16 (1978) 1, S. 115–130

GUNDLACH, H.: Zu den Strukturmerkmalen der Leistungsfähigkeit, der Wettkampfleistung und des Trainingsinhaltes in den Schnellkraft- und Ausdauersportarten. – B – Leipzig 1980

GUNDLACH, H.: Persönlichkeit und Leistungsstruktur. – Theorie und Praxis der Körperkultur. – Berlin 36 (1987) 4, S. 265–272

GUNDLACH, H.: Höhere Wirksamkeit der sporttechnischen Vervollkommnung. – In: DEISZ, D.; PFEIFFER, U., (Hrsg.): Leistungsreserven im Schnelligkeitstraining. – Berlin 1991, S. 157–166

GÜNZ, D.: Analyse psychischer Leistungsvoraussetzungen für optimale Mannschaftsbootleistungen im Kanurennsport. – In: KRATZER, H.; MATHESIUS, R., (Hrsg.): Beiträge zur psychischen Regulation sportlicher Handlungen. – Köln 1991, S. 107–114

GÜNZEL, W.: Taschenbuch des Sportunterrichts. Bd. II. – Baltmannsweiler 1985

GÜRTLER, H.: Allgemeine Prinzipien der Mechanismen der sportlichen Adaptation. – Medizin und Sport. – Berlin 22 (1982) 2/3, S. 34–37

HAAG, H.: Methodenentwicklung in der Sportwissenschaft. – Sport und Wissenschaft. – Sankt Augustin (1991) Beiheft 3 zur Wissenschaftlichen Zeitschrift der DHfK, S. 46–67

HACKER, W.: Allgemeine Arbeits- und Ingenieurpsychologie. – Berlin 1973

HACKER, W.: Ziele – eine vergessene psychologische Schlüsselvariable? Zur antriebsregulatorischen Potenz von Tätigkeitsinhalten. – Psychologie für die Praxis. – Berlin (1983) 2, S. 5–26

HACKER, W.: Arbeitspsychologie – Psychische Regulation von Arbeitstätigkeiten – Berlin 1986

HACKER, W.: Lernen – In: LUCZAK, H.; VOLPERT, W.: Handbuch Arbeitswissenschaft. – Stuttgart 1997, S. 439–443

HÄCKER, R.: Voraussetzungen, zeitliche Abläufe und Grenzen des Ausdauertrainings. – Theorie und Praxis Leistungssport. – Berlin 21 (1983) 2, S. 59–77

HÄCKER, R.: Grundlagen und Lösungswege für die weitere Leistungsentwicklung aus sportmedizinischbiowissenschaftlicher Sicht. – Theorie und Praxis Leistungssport. – Berlin 25 (1987) 2, S. 105–121

HAGEDORN, G.: Die Rolle des Trainers – eine soziale Rolle? – Leistungssport. – Münster 21 (1991) 4, S. 17–19

HAGEDORN, G.: Vielseitigkeit in Training und Wettkampf. – Leistungssport. – Münster 22 (1992) 6, S. 50–53

HAGEN, E.; SCHMIDT, H.: Die Funktionsdiagnostik des Stütz- und Bewegungssystems, dargestellt am Beispiel der Rhythmischen Sportgymnastik. – Sport und Wissenschaft. Bd. 4. – Sankt Augustin 1993, S. 101–128

HAHN, E.: Strategische und taktische Konzepte im Sport. – Leistungssport. – Münster 14 (1984) 1, S. 13–20

HAHN, E. (Hrsg.): Psychologisches Training im Wettkampfsport. Ein Handbuch für Trainer und Athleten. – Schorndorf 1996

HAKEN, H.: Complex systems – operational approaches. – Berlin, Heidelberg, New York, Tokyo 1985

HALLER, C.; HOTZ, A.: Technikorientiertes Konditionstraining. (Video). – Magglingen 1990

HARRE, D.: Das Intervallsystem im Training mit Frauenrudermannschaften. – Theorie und Praxis der Körperkultur. – Berlin 7 (1958) 3, S. 213–224 (Teil 1); 7 (1958) 4, S. 317–330 (Teil 2)

HARRE, D.: Zur Bewegungsfrequenz im spezifischen partiellen Krafttraining. – In: LENZ, J. (Hrsg.): Kanu 79. (Unveröffentl.). – Leipzig 1979

HARRE, D.: Zum Stand, zu den Entwicklungstendenzen und den zu erschließenden Reserven im Krafttraining der Kanurennsportler. – Theorie und Praxis Leistungssport. – Berlin 20 (1982) 2/3, S. 178–190

HARRE, D.; DELTOW, B.; RITTER, I.: Einführung in die Allgemeine Trainings- und Wettkampflehre. – Leipzig 1957; 1964[2]

HARRE, D., u. a.: Trainingslehre. – Berlin 1969; 1986[10]

HARRE, D.; LEOPOLD, W.: Kraftausdauer und Kraftausdauertraining. – Theorie und Praxis der Körperkultur. – Berlin 35 (1986) 4, S. 282–292; 35 (1986) 5, S. 355–359

HARRE, D.; HAUPTMANN, M.: Schnelligkeit und Schnelligkeitstraining. – Theorie und Praxis der Körperkultur. – Berlin 36 (1987) 3, S. 198–204

HARSANYI, L.; MARTIN, M.: Vererbung – Stabilität – Auswahl. – Leistungssport. – Münster 16 (1986) 3, S. 9–11

HARTMANN, C.: Diagnose und das Training koordinativer Fähigkeiten unter handlungsorientierter Sicht. – Leipziger Sportwissenschaftliche Beiträge. – Sankt Augustin 33 (1992) 1, S. 7–13

HARTMANN, J.; TÜNNEMANN, H.: Modernes Krafttraining. – Berlin 1988

HARTMANN, J.; TÜNNEMANN, H.: Das große Buch der Kraft. – Berlin 1990

HASENBERG, R.; JOCH, W.: Altersabhängigkeit von Leistung und Lernen. – In: DIECKERT, J., u. a. (Hrsg.): Sportwissenschaft im Dialog. – Aachen 1993, S. 128–129

HAUK, C.: Zum Einsatz voraussetzungsadäquater Geräte im schnelligkeitsorientierten Wurftraining des leichtathletischen Nachwuchsbereichs (Disziplingruppe Wurf/Stoß). – Diss. Leipzig 1991

HAUNSCHILD, S.: Zu den Problemen der Leistungsstruktur. (Fortschrittsbericht). – Leipzig 1975

HAUPTMANN, M.: Der Einfluß von geringen äußeren Bewegungswiderständen auf das Niveau der Schnelligkeitsfähigkeit und auf die Ausbildung von schnellen Bewegungsleistungen. – Diss. Leipzig 1990

HAUPTMANN, M.; NORDMANN, L.: „Erleichterte Bedingungen" im Training. – Leipziger sportwissenschaftliche Beiträge. – Sankt Augustin 34 (1993)

HEILEMANN, K.; MÜLLER, F.: Aufbautraining Judo – Entwicklung und Erprobung eines trainingsmethodisch-psychologischen Stufenprogramms zur Ausbildung situationsangemessener Kampfhandlungen. – Köln 1993

HEINEMANN, K.: Leistung, Leistungsprinzip, Leistungsgesellschaft. – Sportwissenschaft. – Schorndorf 5 (1975) 2, S. 119–146

HEINISCH, H.-D.; STORBECK, C.: Trainingsmitteluntersuchungen zur Griffkraftentwicklung von Judokas unter Berücksichtigung des EMS-Einsatzes (Ministimulator). – Theorie und Praxis Leistungssport. – Berlin 26 (1988) 1, S. 26–41

HELLMANN, K.: Die Weiterentwicklung und Einordnung des speziellen Krafttrainings in den Trainingsprozeß des Speerwurfs (Frauen). – Theorie und Praxis Leistungssport. – Berlin 25 (1987) 4, S. 44–51

HELLMANN, K.: Spezielles Krafttraining der Frauen im Speerwurf. – In: DEISS, D.; PFEIFFER, U. (Hrsg.): Leistungsreserven im Schnellkrafttraining. – Berlin 1991, S. 47–53

HENATSCH, H.-D.: Zerebrale Regulation der Sensomotorik. – In: Haase, J., u. a. (Hrsg.): Sensomotorik. – München, Berlin, Wien 1976

HENATSCH, H.-D.: Zu den neurophysiologischen Korrelaten motorischer Lerntheorien. – In: MELCHLING, H.; SCHMIDTBLEICHER, D.; STARISCHKA, S. (Hrsg.): Aspekte der Bewegungs- und Trainingswissenschaft. Motorisches Lernen – Leistungsdiagnostik – Trainingssteuerung. – Clausthal-Zellerfeld 1986, S. 17–24

HENCKEN, J.: Breaststroke strategy and pacing. – Swimming World. – Los Angeles 25 (1983) 1, S. 18–20

HERM, K.-P.: Investigations of the growth types and the growth dynamics of sport participating children. – Indian Journal of Sports Sciences 1 (1989) 1, S. 1–8

HERM, K.-P.: Sportanthropology as a scientific discipline to describing dynamic system of man, presented with the example of growth dynamic and performance of sportparticipating children. – International Congress on Youth, Leisure and Physical Activity and Kinanthropometry IV. – Brüssel 1990

HERM, K.-P.: Die Wachstumsdynamik als ein Aspekt der Kennzeichnung von anthropometrischen Leistungsvoraussetzungen. – Sport und Wissenschaft. Bd. 2. – Sankt Augustin 1993, S. 53–61

HESS, K., u. a.: Lernanalyse bei komplexen sportlichen Bewegungen. – Bad Homburg 1982

HESS, W.-D., u. a.: Sprint – Lauf – Gehen. – Berlin 1991

HETTINGER, T.: Isometrisches Muskeltraining. – Stuttgart 1968³

HETZER, H.: Kind und Jugendlicher in der Entwicklung. – Hannover 1948

HEUER, H.: Bewegungslernen. – München 1983

HEUER, H.: Motorikforschung zwischen Elfenbeinturm und Sportplatz. – In: DAUGS, R. (Red.): Neuere Aspekte der Motorikforschung. – Clausthal-Zellerfeld 1988, S. 52–69

HILLEBRAND, L.: Trainingsmittel zur Entwicklung der speziellen Wurfkraft. – In: DEISZ, D.; PFEIFFER, U. (Hrsg.): Leistungsreserven im Schnellkrafttraining. – Berlin 1991, S. 38–47

HINZ, L., u. a.: Merkmale der Leistungsstruktur in den leichtathletischen Wurf-/Stoßdisziplinen. – In: DEISZ, D.; PFEIFFER, U. (Hrsg.): Leistungsreserven im Schnellkrafttraining. – Berlin 1991, S. 114–128

HIRTZ, P.: Zur Schulung koordinativer Fähigkeiten im Schulsport. – Theorie und Praxis der Körperkultur. – Berlin 23 (1974) Beiheft 1, S. 83–90

HIRTZ, P.: Schwerpunkte der koordinativ-motorischen Vervollkommnung im Sportunterricht der Klassen 1 bis 10. – Körpererziehung. – Berlin 28 (1978) 7, S. 340–344

HIRTZ, P.: Untersuchungen zur koordinativ-motorischen Vervollkommnung von Kindern und Jugendlichen. – Diss. B – Greifswald 1979

HIRTZ, P., u. a.: Koordinative Fähigkeiten im Schulsport. – Berlin 1985

HIRTZ, P.; KIRCHNER, G.; PÖHLMANN, R.: Sportmotorik. Grundlagen, Anwendungen und Grenzgebiete. – Kassel 1994

HIRTZ, P.; OCKHARDT, L.; SHARMA, K.: Untersuchungsbefunde zur motorischen Entwicklung in der Pubeszenz. – In: DIECKERT, J., u. a. (Hrsg.): Sportwissenschaft im Dialog. – Aachen 1993, S. 126–127

HIRTZ, P.; STAROSTA, W.: Kinästhesie und Sport. – Poznań 1994, S. 15–27

HOCHMUTH, G.: Biomechanik sportlicher Bewegungen. – Berlin 1967; 1982⁵

HOCHMUTH, G.; GUNDLACH, H.: Zum gegenwärtigen Stand der Theorie und Praxis des Krafttrainings und zu einigen Reserven für die weitere Steigerung der sportlichen Leistungen. – Berlin 20 (1982) 2/3, S. 7–39

HOCHMUTH, G.; GUNDLACH, H.: Zum Stand von Theorie und Praxis des Krafttrainings. – In: DEISZ, D.; PFEIF-

FER, U. (Hrsg.): Leistungsreserven im Schnellkrafttraining. – Berlin 1991, S. 13–38

HOFF, E.-H.: Frühes Erwachsenenalter: Arbeitsbiographie und Persönlichkeitsentwicklung. – In: OERTER, R.; MONTADA, L., u. a.: Entwicklungspsychologie. – Weinheim 1987², S. 361–374

HOFFMANN, J., u. a.: Der sportliche Wettkampf. – DHfK. – Leipzig 1989⁴

HOFFMANN, R.: Zur Wirksamkeit und Gestaltung der Körpererziehung bei zwei- bis dreijährigen Krippenkindern. – Diss. Leipzig 1974

HOHMANN, A.: Zur Struktur der komplexen Sportspielleistung. – Ahrensburg 1985

HOHMANN, A.: Theoretische Aspekte der Leistungsdiagnostik im Sportspiel. – Leistungssport. – Münster 13 (1983)2, S. 5–10

HOKE, R. J.; SCHMIDT, O.: Grundlagen und Methodik der Leichtathletik. – Leipzig 1937

HOLLMANN, W.; HETTINGER, T.: Sportmedizin. Arbeits- und Trainingsgrundlagen. – Stuttgart, New York 1982; 1990³

HOLT, L. E.; TRAVIS, T. M.; OKITA, T.: Comparative study of three stretching techniques. – Perceptual and motor skill. 31 (1970) S. 611–616

HOPKINS, B.; WESTRA, T.: Maternal expectations of their infants' development: Some cultural differences. – Developmental Medicine and Child Neurology. – London 31 (1989) 3, S. 384–390

HOSTER, M.: Zur Bedeutung verschiedener Dehnungsarten bzw. Dehnungstechniken in der Sportpraxis. – Die Lehre der Leichtathletik. – Berlin 26 (1987) 31, S. 1523–1526

HOTZ, A.: Der Trainer in der Beurteilungssituation. Ein Beitrag zur Abklärung der Förderungswürdigkeit eines Athleten. – Leistungssport. – Berlin 7 (1977) 6, S. 474–478

HOTZ, A.: Bewegungslernen im (Leistungs-)Sport. – Magglingen 1982

HOTZ, A.: Qualitatives Bewegungslernen. – Zumikon 1986, 1988. Bern 1997

HOTZ, A.: Praxis der Trainings- und Bewegungslehre. – Aarau, Frankfurt/M., Salzburg 1991

HOTZ, A.: Lernen und Lehren. – Theorie und Praxis. – Magglingen (1993)ᵃ10, S. 18–22

HOTZ, A.: Zum Theorie-Praxis-Gefüge in der Sportlehrerausbildung. Ein Thema mit Tradition und ohne Ende. – In: Köppe, G., (Hrsg.): Theoriegeleitete Praxis in der Sportlehrerausbildung. – Sankt Augustin 1993ᵇ, S. 17–26

HOTZ, A.: „… erwirb es, um es zu besitzen!" Zur Didaktischen Gestaltung von Lernprozessen in der Trainingspraxis. – Leistungssport. – Münster 25 (1995) 5, S. 9–12

HOTZ, A.: „So wenig wie nötig korrigiere – so oft wie nur möglich variiere!" – Leistungssport. – Münster 26 (1996) 3, S. 34–40

HOTZ, A.: „Meine Spieler haben vielleicht mehr Talent und Klasse, Deine aber das Entscheidende: mehr Willen zum Sieg und mehr Selbstvertrauen!". – Leistungssport. – Münster 24 (1994) 1, S. 16–19

HOTZ, A.; WEINECK, J.: Optimales Bewegungslernen. – Erlangen 1983; 1988²

HOTZ, A.; STRÄHL, E.: Vorstellung und Diskussion neuer

Techniklehrfilme zum sportmotorischen Lernen und Techniktraining. – In: DAUGS, R., u. a. (Hrsg.): Sportmotorisches Lernen und Techniktraining. Bd. 1. – Schorndorf 1991, S. 210–215

HOTZ, A.; MUSTER, M.: Tischtennis. Lehren und Lernen. – Aachen 1993

HOTZ, A.; MURER, K.: Zum Lernen und Ausbilden der Selbstkompetenz. – In: HASLER, H.; HOTZ, A. (Red.): Das Theorie-Praxis-Gefüge in der Ausbildung von Sportlehrerinnen und Sportlehrern. – Magglingen 1993, S. 112–120

HUEPPE, F.: Über die Körperübungen in Schule und Volk und ihren Werth für die militärischen Übungen. – Berlin 1895

ILG, H.: Motivation und Emotion in der sportlichen Tätigkeit. – In: KUNATH, P.; SCHELLENBERGER, H. (Hrsg.): Tätigkeitsorientierte Sportpsychologie. – Thun, Frankfurt/M. 1991, S. 108–134

IRMSCHER, J.: Bewegungsregulation unter Wettkampfbedingungen und der Einfluß des Vorstartzustandes. – In: MATHESIUS, R., u. a.: Bewegungsregulation in der sportlichen Tätigkeit – ausgewählte psychologische Erkenntnisse und Erfahrungen in Training und Wettkampf. Sportpsychologische Beiträge. – FKS. – Leipzig 1987, S. 91–99

ISRAEL, S.: Studie zu Leistungsreserven im Nachwuchssport aus biologischer Sicht. – FKS. – Leipzig 1976[a]

ISRAEL, S.: Die Bewegungskoordination frühzeitig ausbilden. – Körpererziehung. – Berlin 26 (1976)[b]11, S. 501–505

ISRAEL, S.: Ausdauerläufe aus medizinischer Sicht. – Körpererziehung. – Berlin 27 (1977) 1, S. 1–5

ISRAEL, S.: Die organismischen Grundlagen der geschlechtsspezifischen sportlichen Leistungsfähigkeit. – Medizin und Sport. – Berlin 19 (1979) 7, S. 194–205

ISRAEL, S.: Grundlagen der Sportmedizin: Herzkreislaufsystem, Atmung, Temperaturregulation. – In: Lehrheft 2 zum Lehrgebiet Sportmedizin. – DHfK. – Leipzig 1983

ISRAEL, S.: Die Problematik von Körpernormen bei Menschen nach dem sogenannten Höchstleistungsalter. – Wissenschaftliche Zeitschrift der DHfK. – Leipzig 26 (1985) Sonderheft 1, S. 5–45

ISRAEL, S.: Geschlechtsspezifik der körperlichen Leistungsfähigkeit. – In: BADTKE, G., u. a.: Sportmedizinische Grundlagen der Körpererziehung und des sportlichen Trainings. Leipzig 1987, S. 293–301

ISRAEL, S.: Grundprinzipien der biologischen Adaptation. – In: BADTKE, G. (Red.): Sportmedizinische Grundlagen der Körpererziehung des sportlichen Trainings. – Leipzig 1988[2a], S. 17–22

ISRAEL, S.: Die bewegungsbedingte körperliche Adaptation als biotisches Prinzip. – Theorie und Praxis der Körperkultur. – Berlin 37 (1988)[b]2, S. 86–94

ISRAEL, S.: Muskelaktivität und Anthropogenese – wissenschaftlich-technische Revolution und Bewegungsmangel. – Medizin und Sport. – Berlin 30 (1990) 3, S. 66–70

ISRAEL, S.: Konstant hoher oder wechselnder Trainingszustand. – Medizin und Sport. – Berlin 31 (1991) 3/4, S. 84–88

ISRAEL, S.: Wechselnde Trainingsreize zur Entwicklung der speziellen Leistungsfähigkeit. – Leistungssport. – Münster 24 (1994) 5, S. 5–8

ISRAEL, S.: Gelenkbeweglichkeit als Leistungsvoraussetzung bei Leistungssportlern. – Leistungssport. – Münster 25 (1995), S. 13–15

ISRAEL, S.; BUHL, B.: Die sportliche Trainierbarkeit in der Pubeszenz. – Körpererziehung. – Berlin 30 (1980) 6, S. 193–199

ISRAEL, S.; EHRLER, W.; BUHL, H.: Ergebnisse leistungsphysiologischer Untersuchungen an Teilnehmern des Rennsteiglaufs. – Medizin und Sport. – Berlin 20 (1980) 1, S. 6–9

ISRAEL, S.; PAHLKE, U.: Zur Problematik geschlechtsspezifischer Leistungsvoraussetzungen und ihrer Trainierbarkeit vor der Pubertät. – Körpererziehung. – Berlin 31 (1981) 7, S. 305–316

ISRAEL, S.; WEIDNER, A.; STENGEL, K.: Die Alterscharakteristik der Muskelkraft sportlich aktiver und inaktiver Frauen und Männer zwischen dem 30. und 60. Lebensjahr. – Theorie und Praxis der Körperkultur. – Berlin 35 (1986) 2, S. 127–135

ISRAEL, S.; KUNATH, H.: Olympischer Wissenschaftskongreß Seoul 1988. – Medizin und Sport. – Berlin 29 (1989) 3/4, S. 122–124

ISSURIN, V. B.; KABERIN, V. F.: Planirovanie i postroenie godovogo cikla podgotovki grebcov. – Grebnoj sport. (Ežegodnik) – Moskva 1985, S. 25–29 (Planung und Aufbau eines Jahreszyklus im Training von Kanuten)

JAKOWLEW, N. N.: Sportbiochemie. – Leipzig 1977

JANDA, V.: Muskelfunktionsdiagnostik. – Berlin 1986

JANSSEN, J.-P.: Kommentar zum Beitrag „Sportpsychologie am FKS". – Sportpsychologie. – Münster 6 (1992) 3, S. 30

JANSSEN, J.-P.; WEGENER, M.: Konzentration und Leistung im Sportspiel. – Sportpsychologie. – Münster 4 (1990) 3, S. 14–20

JANSSEN, J.-P.; HAHN, E.; STRANG, H. (Hrsg.): Konzentration und Leistung. – Göttingen 1991

JANSSEN, J.-P., u. a. (Hrsg.): Belastung und Beanspruchung. – Köln 1992

JANSSEN, J.-P. u. a. (Hrsg.): Synergetik und Systeme im Sport. – Schorndorf.

JOCH, W.; HASENBERG, R.; AUERBACH, A.: Zur Altersabhängigkeit motorischer Lernleistungen – Gibt es ein „bestes motorisches Lernalter"? – SportPraxis. – Wiesbaden 31 (1990) 5, S. 39–42

JONATH, U.: Circuittraining. – Reinbek 1987[2]

JONATH, U., u. a.: Lexikon Trainingslehre. – Reinbek 1986; 1988[2]

JUN, G.: Charakter – ein Beitrag zur Diskussion eines alten Themas. – Berlin 1989

JUNGMICHEL, D.: Zur Belastbarkeit von Sehnen, Bändern und Muskeln. – Theorie und Praxis des Leistungssports. – Berlin 17 (1979) 3, S. 89–109

JÜTHNER, U.: Philostratos über Gymnastik. – Leipzig, Berlin 1909

KAUKE, M.; KAUKE, W.: Abbildungstreue. – Theorie und Praxis der Körperkultur. – Berlin 30 (1981) 5, S. 379–383

KELLER, H.; MEYER, H.-J.: Psychologie der frühen Kindheit. – Stuttgart 1982

KELSO, J. A. S.: Human motor behavior. An introduction. – Hillsdale (N. J.) 1982

KEMPER, F. J.: Sport und Sozialisation. – Bad Homburg 1982

KEMPER, R.: Erfahrungen zum Einsatz des Psychologischen Trainings. – In: HAHN, E. (Hrsg.): Psychologisches Training im Wettkampfsport. Ein Handbuch für Trainer und Athleten. – Schorndorf 1996, S. 139–195

KERN, J.: Taktik im Sport. – Köln 1989

KIPHARD, E. J.: Veränderungen der Psychomotorik im Alter. – Motorik. – Schorndorf 6 (1983) 3, S. 95–103

KIPHARD, E. J.; SCHILLING, F.: Körperkoordinationstest für Kinder KTK. – Weinheim 1974

KIRCHEM, A.: Diagnostik motorischer Fähigkeiten und Auswirkungen einer Förderung der Bewegungskoordination im außerunterrichtlichen Schulsport. – Erlensee 1992

KIRCHGÄSSNER, H.: Ausgewählte Probleme der Bestimmung der Reaktionsfähigkeit in den Zweikampfsportarten unter besonderer Berücksichtigung experimenteller Untersuchungen im Boxen. – Theorie und Praxis der Körperkultur. – Berlin 30 (1981) 8, S. 586–600

KIRCHGÄSSNER, H.: Persönlichkeitspsychologische Grundlagen und trainingsmethodisches Vorgehen bei der Herausbildung des Zweikampfverhaltens. – Diss. B – Leipzig 1983

KIRCHGÄSSNER, H.; BASTIAN, M.: Zur Ausbildung der Handlungsschnelligkeit in den Zweikampfsportarten – dargestellt an der Sportart Boxen (Nachwuchstraining). – Theorie und Praxis der Körperkultur. – Berlin 33 (1984) 2, S. 92–96

KIRCHHÖFER, D.: Die Entfaltung der Methoden (Zum Wirken widersprüchlicher Tendenzen in der Methodenentwicklung). – Diss. B – Leipzig 1979

KIRCHNER, G.: Ermittlung kognitiver sportartspezifischer Anforderungen im Rennschlittensport. – In: KRATZER, H.; MATHESIUS, R. (Hrsg.): Beiträge zur psychischen Regulation sportlicher Handlungen. – Köln 1991[a], S. 123–128

KIRCHNER, G.: Qualifikationsabhängige Ausprägung von Fähigkeitsverbundstrukturen. – Sportwissenschaft. – Schorndorf 21 (1991)[b] 2, S. 163–169

KIRCHNER, G.: Psychomotorische Anforderungsprofile im Sport. – Psychomotorik in Forschung und Praxis. Bd. 7. – Kassel 1991[c]

KIRCHNER, G.; STÖBER, K.: Ordnung in der Vielfalt – taxonomische Ansätze und Anforderungsprofile. – In: HIRTZ, P.; KIRCHNER, G.; PÖHLMANN, R. (Hrsg.): Sportmotorik. – Kassel 1994. – S. 335–355

KIRSCH, A.: Medien in Sportunterricht und Training. – Schorndorf 1984

KLANTE, R.: Die Periodisierung des Fußballtrainings. – In: HEDDERGOTT, K. H.: Fußball-Lehre (Bd. 2). – Bad Homburg 1979

KLANTE, R.: Die Periodisierung des Fußballtrainings. – SportPraxis. – Wiesbaden 21 (1980) 6, S. 103 ff.; 118

KLAR, C.: Psychomotorische Leistungen nach unterschiedlichen Vorbelastungen. – In: KRATZER, H.; MATHESIUS, R. (Hrsg.): Beiträge zur psychischen Regulation sportlicher Handlungen. – Köln 1991, S. 115–121

KLAUS, G.: Spieltheorie in philosophischer Sicht. – Berlin 1968

KLAUS, G.: Wörterbuch der Kybernetik. – Berlin 1969[3]

KLAUS, G.; BUHR, M. (Hrsg.): Philosophisches Wörterbuch – Leipzig 1976[12]

KLAUSS, M., u. a.: Reaktivsprünge – sportmedizinische und trainingsmethodische Folgerungen zur Minderung der Belastungswirkung auf die Gelenke der unteren Extremitäten. – Training und Wettkampf. – Berlin 28 (1990) 1, S. 127–151

KLAVORA, P.: Strategie des Ruderwettkampfes. – Rudersport. – Minden 97 (1979) 14, S. 1–12

KLEMM, O.: Gedanken über Leibesübungen. – Neue Psychologische Studien. – München 5 (1930) 2, S. 145–167

KLICHE, D.: Untersuchungen zur Bewegungsgenauigkeit bei Unterstufenschülern. – Theorie und Praxis der Körperkultur. – Berlin 17 (1968) 1, S. 65–71

KLIX, F.: Information und Verhalten. – Berlin 1971

KNAPPE, W.; HASENKRÜGER, H., u. a.: Methodik des Sportunterrichts. Bd. 2. Lehrmaterial zur Sportwissenschaft. Pädagogische Hochschule. – Potsdam 1985

KNEBEL, K.-P.: Funktionsgymnastik. – Reinbek 1985

KOCH, P.: Koordinative Fähigkeiten spielerisch optimieren. – Leichtathletik-Training. – Schorndorf 3 (1992) 7, S. 3–6

KÖHLER, H.: Untersuchungen zu Entwicklungskennlinien der Ausdauer im Schulalter. – Theorie und Praxis der Körperkultur. – Berlin 25 (1976) 2, S. 99–107

KÖHLER, H.; PAHLKE, U.; PETERS, H.: Ausdauerschulung im Sportunterricht und außerunterrichtlichen Sport. – Körpererziehung. – Berlin 28 (1978) 5, S. 204–211

KOHLRAUSCH, J.: Zusammenhänge von Körperform und Leistung. Ergebnisse der anthropometrischen Messungen an den Athleten der Amsterdamer Olympiade. – Arbeitsphysiologie. – Berlin 2 (1929/1930) 2, S. 187–204

KOINZER, K.: Zur Geschlechtsdifferenzierung konditioneller Fähigkeiten bei untrainierten Kindern und Jugendlichen im Schulalter. – Medizin und Sport. – Berlin 18 (1978) 5, S. 144–150

KOINZER, K.: Wachstum, Entwicklung und körperliche Leistungsfähigkeit im Kindes- und Jugendalter. – In: BADTKE, G., u. a.: Sportmedizinische Grundlagen der Körpererziehung und des sportlichen Trainings. – Leipzig 1987, S. 241–280

KOITZSCH, J.: Die Ableitung einer effektiven Trainingsperiodisierung bei Kenntnis biologischer Leistungsvoraussetzungen. – Leistungssport. – Münster 21 (1991) 3, S. 41–46

KOLLER, S.: Vom Wesen der Erfahrung. – Stuttgart 1989

KOLLER, S.: Das Gehirn als Statistik-Organ. – Deutsches Ärzteblatt. – Frankfurt/M. 88 (1991) 37, S. 57–65

KOMI, P. V.: Dehnungs-Verkürzungs-Zyklus bei Bewegungen mit sportlicher Leistung. – In: BÜHRLE, M.

(Hrsg.): Grundlagen des Maximal- und Schnellkrafttrainings. – Schorndorf 1985, S. 254–269

KONZAG, G.: Entscheidungstest – ein Verfahren zur Objektivierung des Resultats und der Zeit für taktische Handlungen von Sportspielern. – In: SCHELLENBERGER, B. (Hrsg.): Untersuchungsmethoden in der Sportpsychologie. – Berlin 1983, S. 129–146

KONZAG, G.: Anforderungen an die Ausbildung und Ausprägung kognitiver Leistungsvoraussetzungen im Nachwuchsbereich der Sportspiele. – Sport und Wissenschaft. Bd. 2. – Sankt Augustin 1993, S. 127–141

KONZAG, G.; KRATZER, H.: Untersuchungsmethoden der Sportpsychologie. – In: KUNATH, P.; SCHELLENBERGER, H. (Hrsg.): Tätigkeitsorientierte Sportpsychologie. – Thun, Frankfurt/M. 1991, S. 135–161

KORENBERG, W. B.: Grundlagen einer qualitativen biomechanischen Analyse. – Leistungssport. – Berlin (1980) Beiheft 20: Techniktraining I – Biomechanische und lerntheoretische Beiträge. S. 18–35

KÖRNDLE, H.: Automatisierung als Phänomen der Passung zwischen Organismus und Umwelt. – In: DAUGS, R.; BLISCHKE, K. (Hrsg.): Aufmerksamkeit und Automatisierung in der Sportmotorik. – Sankt Augustin 1993, S. 168–176

KOS, B.: Závislost kloubi pohyblivosti na stáři. – Sborník institut tělesné výchovy a sportu. – Praha, Universita Karlova 1964, S. 37–52 (Die Zusammenhänge zwischen Gelenkbeweglichkeit und Alter)

KOTOW, W. A.: Olympischer Sport. (1. Buch). – Moskau 1916

KOŽÍK, F.: Der Marathonsieger Emil Zátopek. – Prag 1953

KRATZER, H.: Bewegungsregulation und psychische Belastung. – In: MATHESIUS, R., u. a.: Bewegungsregulation in der sportlichen Tätigkeit – ausgewählte psychologische Erkenntnisse und Erfahrungen in Training und Wettkampf. – Berlin 1987[a], S. 20–32

KRATZER, H.: Unspezifische Tests als Möglichkeit zur Diagnostik kognitiver Regulationskomponenten. – Theorie und Praxis der Körperkultur. – Berlin 36 (1987)[b]4, S. 255–259

KRATZER, H.: Psychologische Trainingsverfahren zur Vervollkommnung der individuellen Handlungsfähigkeit. – In: KUNATH, P.: SCHELLENBERGER, H. (Hrsg.): Tätigkeitsorientierte Sportpsychologie. – Thun, Frankfurt/M. 1991, S. 135–161

KRAYENBÜHL, H.; WYSS, T.; ULRICH, S.: Bandscheibenschäden durch Leibesübungen und ihre Verhütung. – Sportarzt und Sportmedizin. – Köln 18 (1967), S. 51–64

KREISEL, W.: Ergebnisse von Beobachtungen im Handball bei den Olympischen Sommerspielen 1988 in Seoul. Theorie und Praxis Leistungssport. Berlin 27 (1989) 5, S. 26–44

KROMBHOLZ, H.: Sportliche und kognitive Leistungen im Grundschulalter. Eine Längsschnittuntersuchung. – Frankfurt/M., New York, Paris 1988

KRUG, J.: Stand und Aufgaben zur Weiterentwicklung des computergestützten parameterorientierten Trainings in den akrobatischen Sportarten. – In: Anwendung biomechanischer Verfahren zur objektiven Rückinformation im Training. Wissenschaftliche Beiträge des FKS. – Leipzig 1988, S. 16–20

KRUG, J.: Ergebnisse von Beobachtungen im Gerätturnen bei den Olympischen Sommerspielen 1988 in Soul. – Theorie und Praxis Leistungssport. – Berlin 27 (1989) 3/4, S. 163–185

KRUG, J.: Trainingswissenschaft – Anspruch und Versuch einer Standortbestimmung aus der Sicht „Angewandte Trainingswissenschaft". – In: MARTIN, D.; WEIGELT, S. (Hrsg.): Trainingswissenschaft. Selbstverständnis und Forschungsansätze. – Sankt Augustin 1993[a], S. 95–104

KRUG, J.: Weltstandsanalyse 1992. Tendenzen der Leistungsentwicklung in den technisch-kompositorischen Sportarten. – Leistungssport. – Münster 23 (1993)[b] 2, S. 6–11

KRUG, J.: Techniktraining. Versuch einer aktuellen Standortbestimmung. – In: NICOLAUS, J.; ZIMMERMANN, K. W. (Red.): Sportwissenschaft interdisziplinär. (Festschrift für Prof. Dr. Dietrich Martin). – Kassel 1995, S. 55–67

KRUG, J.; MINOW, H.-J. (Hrsg.): Sportliche Leistung und Training. – Sankt Augustin 1995

KRÜGER, A., u. a.: Die Reaktionszeit des Sportlers. – Leistungssport. – Berlin (1982) Beiheft 31

KRÜGER, A.: Hat sich die Sportpädagogik aus dem Leistungssport verabschiedet? – Leistungssport. – Münster 21 (1991) 6, S. 15–18

KRÜGER, H.: Zur Rolle der Belastungsgestaltung bei der Vervollkommnung der sporttechnischen Ausbildung im Nachwuchstraining. – Wissenschaftliche Zeitschrift der DHfK. – Leipzig 22 (1981) 3, S. 57–68

KRÜGER, K.-H.; SCHMIDT, K.-H.: Zur systematischen Vervollkommnung sporttechnischer Fertigkeiten im Kanurennsport. – Diss. Leipzig 1987

KRÜGER, U., u. a.: Konzeptionelle Leitlinie für eine lebensbegleitende sportliche Betätigung der Mehrheit der Bevölkerung. (Informationsmaterial DHfK) – Leipzig 1985

KRÜMMEL, C. (Hrsg.): Athletik. Ein Handbuch der lebenswichtigen Leibesübungen. – München 1930

KUCHENBECKER, R.: Taktische Vorbereitung im Sportspiel: eine empirische Untersuchung im Handball. – Köln 1990

KÜCHLER, G.: Motorik. Steuerung der Muskeltätigkeit und begleitende Prozesse. – Leipzig, Stuttgart 1983

KUGLER, J.: Gedächtnis und Gedächtnisleistung neurophysiologisch beurteilt. – Sandorama. – Nürnberg 20 (1981) 4, S. 5–9

KÜHN, J.: Ausgewählte Ergebnisse eines Trainingsexperiments zur Entwicklung der Handlungsschnelligkeit bei 15jährigen Ringern. – Theorie und Praxis Leistungssport. – Berlin 27 (1989) 1, S. 70–77

KUNATH, H.: Integration und Differenzierung in der Sportwissenschaft. – Sport und Wissenschaft. – Sankt Augustin (1991) Beiheft 3, S. 12–26

KUNATH, P.: Der sportliche Leistungsbegriff. – Theorie und Praxis der Körperkultur. – Berlin 17 (1968) Beiheft: Sportwissenschaftlicher Kongreß der DDR „Sozialismus und Körperkultur", Teil II, S. 114–116

KUNATH, P.: Grundgedanken zur tätigkeitsorientierten Konzeption der Sportpsychologie. – Wissenschaftliche Zeitschrift der DHfK. – Leipzig 26 (1985) 1, S. 21–40

KUNATH, P.; SCHELLENBERGER, H. (Hrsg.): Tätigkeitsorientierte Sportpsychologie. – Thun, Frankfurt/M. 1991

KUNZ, H.: Technikorientiertes Konditionstraining. – Magglingen 1992

KUPPARDT, B.; BUHL, H.: Längsschnittuntersuchungen zur Wirkung standardisierten Ausdauertrainings auf die kardiale Adaptation. – Theorie und Praxis Leistungssport. – Berlin 25 (1987) 11, S. 104–115

KUPPER, K.: Theorie und Methodologie der Talenterkennung im Sport. – Sport und Wissenschaft. – Sankt Augustin (1993) Beiheft 5, S. 2–24

KURZ, D.: Worum geht es in einer Methodik des Sportunterrichts? – In: Bielefelder Sportpädagogen: Methoden im Sportunterricht. – Schorndorf 1989, S. 9–22

KURZ, D.: Sportpädagogik als Teildisziplin oder integrativer Kern der Sportwissenschaft. – Sportwissenschaft. – Schorndorf 22 (1992) 2, S. 145–154

LAMES, M.: Leistungsdiagnostik durch Computersimulation. – Frankfurt/M. 1991

LAMES, M.: Aussagen der Allgemeinen Wissenschaftstheorie für die Sport- und Trainingswissenschaft. – In: THORHAUER, H. A.; CARL, K.; TÜRK-NOACK, U. (Hrsg.): Trainingswissenschaft. – Theoretische und methodische Fragen in der Diskussion. – Köln 1996, S. 46–50

LAMES, M.; LETZELTER, M.: Mathematische Modellierung des Olympiazyklus in der Leichtathletik. – Sportwissenschaft. – Schorndorf 17 (1987) 1, S. 37–52

LATHAN, H.-H.; KÄMPFE, U.; ROEWER, H.: Zur Sicherung einer anforderungsgerechten Belastbarkeit der Kniegelenke aus der Sicht des Gewichthebens. – Theorie und Praxis Leistungssport. – Berlin 24 (1986) 7, S. 113–125

LEHMANN, F.: Zur Struktur und Entwicklung der maximalen Laufgeschwindigkeit in der Wechselwirkung von Schnelligkeit als neuromuskuläre Leistungsvoraussetzung und Kraft (dargestellt am Beispiel des Nachwuchstrainings im Sprint). – Habilitationsschrift. – Leipzig 1991

LEHMANN, G.: Zu Problemen der Interferenz und der Transferenz im motorischen Lernen. – Wissenschaftliche Zeitschrift der DHfK. – Leipzig 15 (1974) 1, S. 123–130

LEHNERT, A.: Einige Besonderheiten der unmittelbaren Vorbereitung auf entscheidende Wettkämpfe. – Diss. Leipzig 1966

LEHNERT, A., u. a.: Planung, Organisation und Untersuchungsmethoden der Leistungssportforschung. – Beiträge aus dem FKS. (Manuskriptdruck). – Leipzig 1979

LEHNERTZ, K.: Molekularmechanische Grundlagen der Muskelkraft bei Schlagbewegungen. – Leistungssport. – Münster 14 (1984) 5, S. 27–34

LEHNERTZ, K.: Mechanismen der Kraftregulierung im Skelettmuskel. – Leistungssport. – Münster 15 (1985) 4, S. 33–40

LEHNERTZ, K.: Die Ermüdung der koordinativen Leistungsfähigkeit. – Leistungssport. – Münster 16 (1986) 1, S. 5–10

LEHNERTZ, K.: Techniktraining. – In: RIEDER, H.; LEHNERTZ, K.: Bewegungslernen und Techniktraining. – Schorndorf 1991. S. 105–195

LEIST, K.-H.: Transfer im Sport. Zur Analyse von Bewegungshandeln und -lernen sowie zur Konstruktion von Lernangeboten. – Schorndorf 1978

LEIST, K.-H.: Motorisches Lernen im Sport. – In: THOMAS, A. (Hrsg.): Sportpsychologie. Ein Handbuch in Schlüsselbegriffen. – München, Wien, Baltimore 1982, S. 71–90

LEIST, K.-H.: Zum Problem der Komplexität bei sportlichen Leistungen. – Theorie und Praxis der Körperkultur. – Berlin 38 (1989) Beiheft 2, S. 26–29

LEIST, K.-H.: Lernfeld Sport. – Reinbek 1993

LENZ, J., u. a.: Kanusport – Beiträge zur Optimierung der sportlichen Leistung. Bd. I. (unveröffentl.). – Leipzig 1975

LENZ, J. (Red.): Kanu 82. Studienbrief DHfK. – Leipzig 1982

LEONTJEW, N. A.: Probleme der Entwicklung des Psychischen. – Berlin 1964

LEONTJEW, N. A.: Tätigkeit, Bewußtsein, Persönlichkeit. – Berlin 1979

LETZELTER, H.: Technik und Ausdauerindices als grobdiagnostische Gradmesser des Leistungszustandes. – Leichtathletik. – Berlin 31 (1980) 18, S. 597–604

LETZELTER, H.; LETZELTER, M.: Die Struktur sportlicher Leistungen als Gegenstand der Leistungsdiagnostik in der Trainingswissenschaft. – Leistungssport. – Münster 12 (1982) 5, S. 351–362

LETZELTER, H.; LETZELTER, M.: Leistungsdiagnostik. – Niedernhausen/Taunus 1983

LETZELTER, H.; LETZELTER, M.: Krafttraining. – Reinbek 1990[2]

LETZELTER, M.: Trainingsgrundlagen. – Reinbek 1978; 1991

LETZELTER, M.: Trendbericht Trainingslehre: Die Trainingswissenschaft als Disziplin der Sportwissenschaft. – SportPraxis. – Wiesbaden 28 (1987) 1, S. 3–8; 28 (1987) 2, S. 35–38

LETZELTER, M.: Trainingswissenschaft als Disziplin der Sportwissenschaft. – In: THORHAUER, H.-A.; CARL, K.; TÜRK-NOACK, U. (Hrsg.): Trainingswissenschaft. Theoretische und methodische Fragen in der Diskussion. – Köln 1996, S. 27–45

LEWIN, K.: Turnen im Vorschulalter. – Berlin 1973[3]

LEWIN, K.: Bewegungserziehung. – In: SCHMIDT-KOLMER, E. (Hrsg.): Bewegungserziehung – Bildnerische Erziehung – Musikerziehung. – Berlin 1983

LEWIT, K.: Manuelle Therapie – Leipzig 1983[4]

LIPPENS, V.: Die Innensicht beim motorischen Lernen. – Köln 1992

LIPPENS, V.: Analyse von Interventionseffekten in Lehr-Lernprozessen durch Rekonstruktion der Subjektiven Theorien. – In: DAUGS, R.; BLISCHKE, K. (Hrsg.): Aufmerksamkeit und Automatisierung in der Sportmotorik. – Sankt Augustin 1993[a], S. 199–205

LIPPENS, V.: Subjektive Theorien von Lernern. Zur komplexen Analyse der Bewegung in Lern-Lehrprozessen am Beispiel des Ruderns. – In: DIECKERT, J., u. a. (Hrsg.): Sportwissenschaft im Dialog. – Aachen 1993[b], S. 112

LIPPENS, V. (Hrsg.): Forschungsproblem: Subjektive

Theorien. Zur Innensicht in Lern- und Optimierungsprozessen. – Köln 1993[c]

LJACH, V.: Zielgerichtete Entwicklung der koordinativen Leistungsfähigkeiten im Alter von 15–18 Jahren. – Acta universitatis palackianae olomucensis. – Gymnica Vol. 22. – Olomouc 1992, S. 155–157

LJACH, W. I.: Die Bedeutung der Theorie Bernsteins bei der Untersuchung der koordinativen Fähigkeiten von Kindern im Schulalter. –Theorie und Praxis der Körperkultur. – Berlin 38 (1989) Beiheft 2, S. 33–36

LOEHR, J.-E.: Persönliche Bestform durch Mentaltraining für Sport, Beruf und Ausbildung.– München, Wien, Zürich 1991[2]

LOOSCH, E.: Ganzheitsprinzip und Variabilität in der Motorik. – Psychomotorik in Forschung und Praxis. Bd. 5. – Kassel 1990

LOOSCH, E.; PÖHLMANN, R.: Die „Teil-Ganzes-Dialektik" in der Bewegungs- und Motorikforschung. – In: DAUGS, R., u. a. (Hrsg.): Sportmotorisches Lernen und Techniktraining. Bd. 2. – Schorndorf 1991, S. 38–49

LOSCH, M.; BLÜMEL, G.: Ansätze zur Verbesserung der Bewegungsregulation durch Nutzung des propriozeptiven Feedback. (Fortschrittsbericht). – Leipzig 1990

LURIJA, A. R.: Die regulierende Rolle der Sprache bei der Bildung willkürlicher Bewegungen. – Pawlow-Zeitschrift für höhere Nerventätigkeit. – Berlin 6 (1956) 5, S. 355–374

LURIJA, A. R.: Sprache und Bewußtsein. – Berlin 1982

LUTHER, D.: Erziehung zu mehr Fair play. – Nürnberg 1994

LÜTTGE, A.: Computergestütztes Konzentrations- und Verhaltenstraining. – In: KRATZER, H.; MATHESIUS, R. (Hrsg.): Beiträge zur psychischen Regulation sportlicher Handlungen. – Köln 1991, S. 83–88

LYDIARD, A. L.: Das systematische Mittel- und Langstreckentraining. – Berlin, München, Frankfurt/M. 1987[5]

MAEHL, O.: Beweglichkeitstraining. – Ahrensburg 1986

MAHLO, F.: Theoretische Probleme der taktischen Ausbildung in den Sportspielen. – Theorie und Praxis der Körperkultur. – Berlin 14 (1965) 9, S. 809–816; 14 (1965) 11, S. 970–979; 14 (1965) 12, S. 1075–1082; 15 (1966) 1, S. 22–29; 15 (1966) 2, S. 102–112; 15 (1966) 3, S. 228–238

MAHLO, F.: Die Struktur konditioneller Leistungsvoraussetzungen und das Krafttraining von Rudersportlern/innen der Weltspitze. – Leistungssport. – Münster 22 (1992) 3, S. 25–28

MALZ, J.: Zur Entwicklung der Grundlagenausdauerfähigkeit im Eisschnellauf. – Training und Wettkampf. – Berlin 28 (1990) 6/7, S. 116–122

MALZ, J.; MÜLLER, A.; THOMAS, R.: Zur Bedeutung der Geschwindigkeitsorientierung im Training der Eisschnelläufer. –Theorie und Praxis Leistungssport. – Berlin 25 (1987) 8/9, S. 17–25

MALZ, J.; MÜLLER, A.; THOMAS, R.: Geschwindigkeitsorientierung – ein Grundprinzip im Eisschnellauftraining. – In: REISS, M.; PFEIFFER, U., (Hrsg.): Leistungsreserven im Ausdauertraining. – Berlin 1991, S. 166–169

MANTEUFEL, U.: Kognitive Komponenten der Entscheidungsfindung in standardisierten Spielsituationen im Volleyball. – Diss. Leipzig 1985

MARTENIUK, R.; SULLIVAN, S.: Utilization of information in learning and controlling slow and fast movements. – In: Motor Learning, Sport Psychology and Didactics of Physical Activity, Vol. 7. – Miami 1978, S. 25–36

MARTIN, D.: Grundlagen der Trainingslehre. – Schorndorf Teil I 1977; Teil II 1980; 1983[2]

MARTIN, D.: Ermüdung als Steuergröße im Training. – Sportwissenschaft. – Schorndorf 17 (1987) 4, S. 378–393

MARTIN, D.: Training im Kindes- und Jugendalter. – Schorndorf 1988

MARTIN, D.: Trainingslehre. Kursbuch für die Sporttheorie in der Schule. – Wiesbaden 1990[4]

MARTIN, D.: Merkmale einer trainingswissenschaftlichen Theorie des Techniktrainings. In: DAUGS, R., u. a. (Hrsg.): Sportmotorisches Lernen und Techniktraining. Bd. 1, Schorndorf 1991, S. 53–77

MARTIN, D.: Zum Belastungsproblem im Kinder- und Jugendtraining unter besonderer Berücksichtigung von Vielseitigkeit oder Frühspezialisierung. – Leistungssport. – Münster 21 (1991) 5, S. 5–8

MARTIN, D.: Zum Selbstverständnis der Trainingswissenschaft. – In: MARTIN, D.; WEIGELT, S. (Hrsg.): Trainingswissenschaft. Selbstverständnis und Forschungsansätze. – Sankt Augustin 1993[a], S. 9–22

MARTIN, D.; WEIGELT, S: Weltstandsanalyse warum? – Leistungssport. – Münster 23 (1993)[b] 2, S. 5

MARTIN, D., u. a.: Entwicklungstendenzen der Trainings- und Wettkampfsysteme im Spitzensport mit Folgerungen für den Olympiazyklus 1996–2000. – Leistungssport. – Münster 27 (1997) 1, S. 25–31

MARTIN, D.; CARL, K.; LEHNERTZ, K.: Handbuch Trainingslehre. – Schorndorf 1991

MARTIN, D.; WEIGELT, S: (Hrsg.): Trainingswissenschaft. Selbstverständnis und Forschungsansätze. – Sankt Augustin 1993

MATERN, B.: Psychologische Arbeitsanalyse. Spezielle Arbeits- und Ingenieurpsychologie 3. – Berlin 1983

MATHESIUS, R.: Methoden zur Erfassung aktuell erlebter Zustände. – In: KUNATH, P. (Hrsg.): Beiträge zur Sportpsychologie 1. – Berlin 1972, S. 99–121

MATHESIUS, R.: Ein Verfahren zur Erfassung von Einstellungen und erlebten Anforderungen sowie des Einflusses sozialer Stimulation beim sportlichen Üben. –Theorie und Praxis der Körperkultur. – Berlin 24 (1975) 7, S. 622–628

MATHESIUS, R.: Zur leistungswirksamen Ausprägung psychischer Wettkampfeigenschaften im Trainingsprozeß. – Diss. B – Leipzig 1983

MATHESIUS, R.: Die Regulation von Konzentration und Muskelspannung. –Training und Wettkampf. – Berlin 28 (1990) 5, S. 37–41

MATHESIUS, R.: Ansatz und Aufbau eines ausdauerorientierten Konzentrationstests. – In: SINGER, R. (Hrsg.): Sportpsychologische Forschungsmethodik – Grundlagen, Probleme, Ansätze. – Köln 1991[a], S. 179–184

MATHESIUS, R.: Konzentration als innere Bedingung für die Bewegungsregulation. – In: KRATZER, H.;

MATHESIUS, R. (Hrsg.): Beiträge zur psychischen Regulation sportlicher Handlungen. – Köln 1991[b], S. 83–88

MATHESIUS, R.: Sportpsychologie am ehemaligen FKS in Leipzig. – Sportpsychologie. – Münster 6 (1992) 3, S. 25–30

MATHESIUS, R.: Prinzipien und Aufgaben des psychologischen Trainings. – In: HAHN, E. (Hrsg.): Psychologisches Training im Wettkampfsport. Ein Handbuch für Trainer und Athleten. – Schorndorf 1966, S. 29–126

MATHESIUS, R., u. a.: Aktueller psychischer Zustand und seine Regulation in Training und Wettkampf. – Sportpsychologische Beiträge. FKS. – Leipzig 1986

MATHESIUS, R., u. a.: Bewegungsregulation in der sportlichen Tätigkeit – ausgewählte psychologische Erkenntnisse und Erfahrungen in Training und Wettkampf. – Berlin 1987

MATHESIUS, R.; SCHUCK, H.: Psychoregulation und Trainingswirksamkeit. – In: REISS, M.; PFEIFFER, U. (Hrsg.): Leistungsreserven im Ausdauertraining. – Berlin 1991, S. 41–45

MATHESIUS, R.; SCHUCK, H.; PETERSEIN, A.: Konzept zur Theorie und Methodik des Trainings der volitiven Regulation (Willensschulung). (Unveröffentl.). IAT. – Leipzig 1991

MATTHIES, H.: Biochemical regulation of synaptic connectivity. – In: ZIPPEL, H. P. (Ed.): Memory and transfer of information. – New York, London 1973, S. 531 ff.

MATTHIES, H.; KRUG, M.; POPOV, N. (Hrsg.): Biological Aspects of Learning. Memory Formation and Ontogeny of the CNS. – Berlin 1979

MATVEEV, L. P.: Problema periodizacii sportivnoj trenirovki. – Moskva 1965 (Die Periodisierung des sportlichen Trainings)

MATVEEV, L. P.: Problemy izučenija struktury trenirovki. – Teorija i praktika fizičeskoj kul'tury. – Moskva 33 (1970) 4, S. 5–10 (Probleme der Untersuchung der Trainingsstruktur)

MATVEEV, L. P.; MEERSON, F. Z.: Principy teorii trenirovki i sovremennye položenija teorii adaptacii k fizičeskim nagruzkam. – Očerki po teorii fizičeskoj kul'tury. – Moskva 1984, S. 224–241 (Prinzipien der Theorie des Trainings und die modernen Thesen der Theorie der Adaptation an physische Belastungen)

MATVEEV, S. F.: Postroenie trenirovočnych mikrociklov. – Trenirovka v džudo. – Kijev 1985, S. 50-67 (Der Aufbau von Trainingsmikrozyklen)

MATWEJEW, L. P. (MATVEEV, L. P.): Grundlagen des sportlichen Trainings. – Berlin 1981

MATWEJEW, L. P.; NOWIKOW, A. D.: Theorie und Methodik der Körpererziehung. Bd. 1 u. 2. – Berlin 1982

MAYER, W.: Strukturanalysen sportmotorischer Leistungen unter Berücksichtigung interindividueller Unterschiede. – In: FETZ, F., u. a.: Sportmotorische Diagnoseverfahren. – Wien 1989

MAZNIČENKO, V. D.: O stadijach formirovanija navyka v processe obučenija dvigatel'nym dejstvijam. (Über die Stadien der Fertigkeitsentwicklung im Lernprozeß von Bewegungshandlungen.) – Teorija i praktika fizičeskoj kul'tury. – Moskva 27 (1964) 4, S. 64–66

MECHLING, H.: Zur Theorie und Praxis des Techniktrainings. – In: MECHLING, H.; SCHIFFER, J.; CARL, K., (Red.): Theorie und Praxis des Techniktrainings. – Köln 1988

MECHLING, H.: Leistung und Leistungsfähigkeit im Sport. – In: HAAG, H.; STRAUSZ, B. G.; HEINZE, S. (Hrsg.): Theorie- und Themenfelder der Sportwissenschaft. – Schorndorf 1989, S. 230–251.

MECHLING, H.: Theoretische Grundlagen des Techniktrainings (Forum B). – In: DAUGS, R., u. a. (Hrsg.): Sportmotorisches Lernen und Techniktraining. Bd. 1. – Schorndorf 1991, S. 151–154

MECHLING, H.; SCHIFFER, J.; CARL, K. (Red.): Theorie und Praxis des Techniktrainings. – Köln 1988

MECHLING, H.; CARL, K.: Sportliche Technik. – In: RÖTHIG, R., u. a. (Red.): Sportwissenschaftliches Lexikon. – Schorndorf 1992[6], S. 504

MEINBERG, E.: Hauptprobleme der Sportpädagogik. – Darmstadt 1991[2]

MEINEL, K.: Bewegungslehre. Versuch einer Theorie der sportlichen Bewegungen unter pädagogischem Aspekt. – Berlin 1961

MEINEL, K.; SCHNABEL, G.: Bewegungslehre – Sportmotorik. – Berlin 1987[8]

MEINELT, K.; REISS, M.: Zur Erhöhung der Effektivität der Trainingsanalyse im Olympiazyklus 1985/88. – Theorie und Praxis Leistungssport. – Berlin 23 (1985) 4, S. 106–119

MESSING, M.; LAMES, M.: Die komplexe sportliche Leistung aus systemtheoretischer Sicht. – Leipziger Sportwissenschaftliche Beiträge. – Sankt Augustin 32 (1991) 1, S. 69–89

MESTER, L.; MAAS, S.: Methodenverständnis und Methodensystem in der Trainingswissenschaft. – In: THORHAUER, H.-A.; CARL, K.; TÜRK-NOACK, U. (Hrsg.): Trainingswissenschaft. Theoretische und methodische Fragen in der Diskussion. – Köln 1996, S. 75–96

MEUSEL, H., u. a.: Sportliche Grundausbildung. Frankfurt 1966

MEUSEL, H.: Einführung in die Sportpädagogik. – München 1976

MIETHLING, W.-D.; PERL, J.: Entwicklung optimaler Strategien am Beispiel von Badminton und Tennis. – Sportwissenschaft. – Schorndorf 15 (1985) 2, S. 170–182

MILLER, G. A.: GALANTER, E.: PRIBRAM, K. H.: Pläne und Strukturen des Verhaltens. – Stuttgart 1973

MILLER, P. H.: Theories of developmental psychology. – San Francisco 1983

MINOW, H.-J.: Untersuchungen zur Struktur von Mikrozyklen in den Ausdauersportarten am Beispiel des Kanurennsports (Anschlußtraining) unter dem Aspekt der Ausbildung der konditionellen Fähigkeiten. – Diss. Leipzig 1984

MITTELSTRASS, J.: Das Dialogische in der Wissenschaft. – In DIECKERT, J., u. a. (Hrsg.): Sportwissenschaft im Dialog. – Aachen 1993, S. 24–38

MITTENZWEI, H.: Grundlagen, Mittel und Methoden des Ausdauertrainings. – In: Forschungsstelle DHfK (Hrsg.): Ausdauertraining im Leistungssport. – Leipzig 1963

MÖCKELMANN, H.: Leibeserziehung und jugendliche Entwicklung. – Schorndorf 1967

MONTADA, L.: Lebensereignisse und ihre Bewältigung. In: OERTER, R.; MONTADA, L., u.a.: Entwicklungspsychologie. –Weinheim 1987[2], S. 66–75

MORENO, M.:Tactica y Estrategia: Pasado y presente de los sistemas de juego entren. Español. – Madrid (1981) 9, S. 26–31; (1981) 10, S. 24–31

MÜHLFRIEDEL, B.: Trainingslehre. – Frankfurt/M., Aarau, Salzburg 1980; 1987[3]

MÜLLER, C.: Prinzipien im sportlichen Training – Ableitung und Darstellung eines theoretisch begründeten Systems in Grundlinien. – Diss. Leipzig 1988[a]

MÜLLER, C.: Prinzipien zur Ausbildung von Leistungsvoraussetzungen – dargestellt am Beispiel des technisch-koordinativen Trainings. –Theorie und Praxis der Körperkultur. – Berlin 37 (1988)[b] 3, S. 171–177

MÜLLER, C.; SCHNABEL; G.; ZIMMER, H.:Training der Bewegungsregulation. –Wissenschaftliche Zeitschrift der DHfK. – Sankt Augustin 31 (1990) 2, S. 204–230

MUNZERT, J.: Flexibilität des Handelns. – Köln 1989

MUNZERT, J.: Motorik-Repräsentation, Bewegungswissen und Bewegungshandeln. – Sportwissenschaft. – Schorndorf 22 (1992) 3, S. 344–356

MUNZERT, J., u. a.: Erfassung und Rekonstruktion interner Bewegungsrepräsentationen. – In: DIECKERT, J., u. a. (Hrsg.): Sportwissenschaft im Dialog. –Aachen 1993, S. 102

NABATNIKOVA, M. J.: Osnovy upravlenija podgotovkoj junych sportsmenov. – Moskva 1982 (Grundlagen der Steuerung desTrainings junger Sportler)

NETT, T.: Das Training des Kurz-, Mittel- und Langstreckenläufers. – Schorndorf 1950

NETT,T.: IhrWeg zum Erfolg.Wie weltbeste Sportler trainierten.Teil 2. – Schorndorf 1952

NETT,T.: Die Lydiardmethode im Mittel- und Langstreckenlauf. – Die Lehre der Leichtathletik. – Münster (1964) 17; (1964) 18

NEUHAUS, W.: Entwicklungsstufen der menschlichen Motorik. – Leibesübungen und körperliche Entwicklung. – Langensalza 8 (1935) 10, S. 23–35

NEUMAIER, A.: Bewegungsbeobachtung und Bewegungsbeurteilung im Sport. – Sankt Augustin 1988

NEUMAIER, A.: Bedeutung, Funktion und Schulung der visuellen Wahrnehmung im Techniktraining. – In: DAUGS, R., u. a. (Hrsg.): Sportmotorisches Lernen und Techniktraining. Bd. 2. – Schorndorf 1991, S. 57–60

NEUMANN, G.: Zur Erhöhung der Wirksamkeit der zyklischen Gestaltung des Ausdauertrainings. – Theorie und Praxis des Leistungssports. – Berlin 18 (1980) Beiheft 6, S. 65–87

NEUMANN, G.: Ausgewählte sportmedizinische Beiträge zur Leistungsentwicklung in der Sportartengruppe Ausdauer. Studienmaterial für das Lehrgebiet Theorie und Methodik des Trainings der Sportarten. DHfK. – Leipzig 1981, S. 83 ff.

NEUMANN, G.: Metabole Regulation bei Langzeitausdauerleistungen. – Medizin und Sport. – Berlin 23 (1983) 6, S. 169–175

NEUMANN, G.:Ansätze zur Erhöhung der Reizwirksamkeit des Ausdauertrainings aus sportmedizinischwissenschaftlicher Sicht. –Theorie und Praxis Leistungssport. – Berlin 25 (1987)[a] 3, S. 15–30

NEUMANN, G.: Sportmedizinische Grundlagen zur Leistungsentwicklung in den Sportartengruppen – Teil 1: Ausdauersportarten. DHfK. – Leipzig 1987[b]

NEUMANN, G.: Training und Anpassung. –Theorie und Praxis der Körperkultur. – Berlin 37 (1988)[a] 6, S. 401–407

NEUMANN, G.: Sportmedizinische Position zu Leistungsreserven in Ausdauersportarten. – Theorie und Praxis Leistungssport. – Berlin 26 (1988)[b] 5/6, S. 138–146

NEUMANN, G.: Erschließung von Anpassungsreserven des Organismus. – In: REISS, M.: PFEIFFER, U. (Hrsg.): Leistungsreserven im Ausdauertraining. – Berlin 1991[a], S. 34–39

NEUMANN, G.: Ausdauerbelastung. – Leipzig, Heidelberg 1991[b]

NEUMANN, G.: Zum zeitlichen Ablauf der Anpassung beim Ausdauertraining. – Leistungssport. – Münster 23 (1993) 5, S. 9–14

NEUMANN, G.; BUBE, H.: Skilanglauftraining im aerob-anaeroben Bereich. –Theorie und Praxis Leistungssport. – Berlin 25 (1987) 11, S. 42–63

NEUMANN, G.; SCHÜLER, K.-P.: Sportmedizinische Funktionsdiagnostik. – Leipzig 1989

NEUMANN, G., u. a.: Alles unter Kontrolle. –Ausdauertraining. –Aachen 1991

NEUMANN, J. V.; MORGENSTERN, O.: Spieltheorie und wirtschaftliches Verhalten. –Würzburg 1961

NICKEL, U.: Angewandte Bewegungslehre. – Schorndorf 1983

NIKITJUT, B. A.; SAMOILOV, N. G.: Die Adaptationsmechanismen von Muskelfasern an körperliche Belastungen und Möglichkeiten ihrer Prozeßsteuerung. – Leistungssport. – Münster 23 (1993) 5, S. 15–17

NITSCH, J.: Zur Theorie der sportlichen Beanspruchung. – In: NITSCH, J.; UDRIS, I. (Hrsg.): Beanspruchung im Sport – Beiträge zur psychologischen Analyse sportlicher Leistungssituation. – Bad Homburg 1976[a], S. 15–41

NITSCH, J.: Die Eigenzustandsskala (EZ-Skala) – Ein Verfahren zur hierarchisch-mehrdimensionalen Befindlichkeitsskalierung. – In: NITSCH, J.; UDRIS, I. (Hrsg.): Beanspruchung im Sport – Beiträge zur psychologischen Analyse sportlicher Leistungssituationen. – Bad Homburg 1976[b], S. 81–102

NITSCH, J.: Handlungstheoretische Grundannahmen – eine Zwischenbilanz. – In: HAGEDORN, G.; KARL, H.; BÖS, K. (Red.): Handeln im Sport. – Clausthal-Zellerfeld 1985

NITSCH, J.; HACKFORT, D.: Naive Techniken der Psychoregulation. – In: GABLER, H., u.a. (Hrsg.): Praxis der Psychologie im Leistungssport. – Berlin 1979, S. 299–311

NITSCH, J.; MUNZERT, J.: Handlungsregulation und Techniktraining. – In: DAUGS, R., u.a. (Hrsg.): Sportmotorisches Lernen und Techniktraining. Bd. 1. – Schorndorf 1991, S. 167–177

NÖCKER, J.: Physiologie der Leibesübungen. Stuttgart 1976[3]; 1989[8]

NÖCKER, J.: Die biologischen Grundlagen der Leistungssteigerung durch Training (angewandte Physiologie). – Schorndorf 1989[8]

NORDMANN, L.: Zur Bedeutung sporttechnisch-koordinativer Leistungsvoraussetzungen und des sensomotorischen Übertragungsverhaltens für die Höhe
des Ausschöpfungsgrades konditioneller Potenzen.
– Diss. Leipzig 1987

NORDMANN, L.: Selbstorganisation und Motorik – theoretische Grundlagen, konzeptionelle Ansätze und
erste Befunde. – Leipziger Sportwissenschaftliche
Beiträge. – Sankt Augustin 32 (1991) 1, S. 90–106

NORDMANN, L.; SCHNABEL, G.: Fragen der sportmotorischen Diagnostik und der Relevanz des sensomotorischen Übertragungsverhaltens bei jüngeren Trainierenden. – Theorie und Praxis der Körperkultur. –
Berlin 38 (1989) Beiheft 2, S. 158–162

NORDMANN, L.; BAYER, B.-L.: Untersuchungen zum
Authentizitätsaspekt des Folgeverhaltenstest bei
14-16jährigen Sportspielern. – Medizin und Sport.
– Berlin 29 (1989) 3/4, S. 87–91

NORDMANN, L.; HAUPTMANN, M.: Kontrastives Training
– Erkenntnisstand und trainingsmethodische An-
wendung. – Theorie und Praxis der Körperkultur. –
Berlin 39 (1990) 6, S. 420–427

NOTH, J.: Motorische Lerntheorien – Neurophysiologi-
sche Korrelate. Hypothesen zur Funktion des
Kleinhirns und der Basalganglien. – In: MECHLING,
H.; SCHMIDTBLEICHER, D.; STARISCHKA, S. (Red.):
Aspekte der Bewegungs- und Trainingswissenschaft.
Motorisches Lernen – Leistungsdiagnostik – Trai-
ningssteuerung. – Clausthal-Zellerfeld 1986, S. 25–
38

OBERBECK, H.: Seitigkeitsphänomene und Seitigkeits-
typologie im Sport. – Schorndorf 1989

OBERSTE, W.: Sensomotorische Leistungen beim Tief-
start und Staffellauf. – Schorndorf 1979

OERTER, R.: Spiel und kindliche Entwicklung. – In:
OERTER, R.; MONTADA, L., u.a.: Entwicklungspsychologie. – Weinheim 1987², S. 214–230

OLBRICH, E.: Erwachsenenalter: Entwicklung im Fami-
lienzyklus. – In: OERTER, R.; MONTADA, L., u.a.: Entwicklungspsychologie. – Weinheim 1987², S. 339–
360

OLIVIER, N.; DAUGS, R. (Hrsg.): Sportliche Bewegung
und Motorik unter Belastung. – Clausthal-Zellerfeld 1991

OSOLIN, N. G.: Das Training des Leichtathleten. –
Berlin 1952

OSTROWSKI, G.: Höhere Vortriebswiderstände im Ausdauertraining – ein Weg zur Leistungssteigerung in
den Ausdauersportarten. – Training und Wettkampf.
– Berlin 28 (1990) 5, S. 107–125

OTTO, K.: Sensomotorische Übungen im Training zur
Vorbereitung auf den Wettkampf. – Training und
Wettkampf. – Berlin 28 (1990) 5, S. 50–52

PAHLKE, U.: Ermüdung, Wiederherstellung. – In:
BADTKE, G. (Red.): Sportmedizinische Grundlagen
der Körpererziehung und des sportlichen Trainings.
– Leipzig 1988²

PANSOLD, B.; ZINNER, J.; GABRIEL, B. M.: Zum Einsatz
und zur Interpretation von Laktatbestimmungen in
der Leistungsdiagnostik. – Theorie und Praxis Leistungssport. – Berlin 23 (1985) 9/10, S. 98–160

PARSONS, T.: Der Begriff der Gesellschaft. Seine Elemente und ihre Verknüpfungen. – In: PARSONS, T.:
Zur Theorie sozialer Systeme. – Opladen 1976, S.
121–160

PEIPER, A.: Die Eigenart der kindlichen Hirntätigkeit. –
Leipzig 1961

PELLMANN, C.: Zur Informationsgebung bei der sporttechnischen Vervollkommnung im Aufbautraining
der Ausdauersportarten. – Theorie und Praxis Leistungssport. – Berlin 22 (1984) 7/8, S. 37–47

PERL, J. (Hrsg.): Sport und Informatik II. – Köln 1991

PETERSEIN, A.: Selbstbewertungsprozesse im Leistungs-
verlauf. – Proceedings VIIth Congress of the
European Federation of Sports Psychology. Vol. 1. –
Leipzig 1988, S. 313–319

PETERSEN, T.: Qualitative Bewegungsforschung. – Bad
Homburg 1985

PETROV, R.: Strategija i taktika na borbata. – Sofija 1967
(Strategie und Taktik des Ringens)

PETROV, R.: Usăvărešenstvane na techniko-taktičeskoto
majstorstvo na boreca. Sofija 1978 (Vervollkommnung der technisch-taktischen Meisterschaft im
Ringkampf)

PFEIFER, H.: Grundlagen und Methoden des Ausdauertrainings. – In: HARRE, D., u. a.: Trainingslehre. – Berlin 1969, S. 153–168

PFEIFER, H.: Zyklisierung und Akzentuierung des Trainings im Sportschwimmen. – In: REISS, M.; PFEIFER,
U.: Leistungsreserven im Ausdauertraining. – Berlin
1991, S. 173–185

PFÜTZNER, A., u. a.: Untersuchungsergebnisse zur Erschließung von Leistungsreserven für die individuelle Trainingsgestaltung und wissenschaftlich begründete Ableitungen zur weiteren Qualifizierung
der Leistungs- und Trainingsstruktur im Triathlon
olympische Distanz. (Ergebnisbericht). IAT. – Leipzig 1992

PHILLIPP, H.: Die experimentelle Methode. – Wissenschaftliche Zeitschrift der DHfK. – Leipzig 28
(1987) Sonderheft 3, S. 89–108

PIAGET, J.: La naissance de l'intelligence chez l'enfant. –
Neuchâtel 1936

PICKENHAIN, L.: Die Bedeutung innerer Rückkopp-
lungskreise für den Lernvorgang (gezeigt am Beispiel des motorischen Lernens). – Zeitschrift für
Psychologie. – Leipzig 184 (1976) 4, S. 251–261

PICKENHAIN, L.: Das Psychische als Funktion des Ge-
hirns. – In: KUNATH, P.; SCHELLENBERGER, H. (Hrsg.):
Tätigkeitsorientierte Sportpsychologie. – Thun,
Frankfurt/M. 1991, S. 24–32

PICKENHAIN, L.: Psychophysiologische Aspekte von Belastung und Beanspruchung. – In: JANSSEN, J.-P., u.a.
(Hrsg.): Belastung und Beanspruchung. – Köln
1992 , S. 9–30

PICKENHAIN, L.; BEYER, L.; MEISCHNER, I.: Neue Erkenntnisse zur Steuerung der Bewegungskoordination beim Menschen. – Medizin und Sport. – Berlin
25 (1985) 8, S. 225–228

PIHKALA, L.: Allgemeine Richtlinien für das athletische
Training. – In: KRÜMMEL, C. (Hrsg.): Athletik. Ein
Handbuch der lebenswichtigen Leibesübungen. –
München 1930ª, S. 185–198

PIHKALA, L.: Langstreckenlauf. – In: KRÜMMEL, C.

(Hrsg.): Athletik. Ein Handbuch der lebenswichtigen Leibesübungen. – München 1930[b], S. 248–266

PLATH, H.-E.: Zur Indikation von Belastungswirkungen kognitiver Tätigkeiten bei unterschiedlicher Schwierigkeit der Aufgabenbewältigung. – In: HACKER, W. (Hrsg.): Psychische Regulation von Arbeitstätigkeiten. – Berlin 1976, S. 222–237

PLATONOV, V. N.: Sovremennaja sportivnaja trenirovka. – Kijew 1980 (Modernes sportliches Training)

PLATONOV, V. N.: Podgotovka kvalificirovannych sportsmenov. – Moskva 1986 (Die Ausbildung von Leistungssportlern)

PLATONOV, V. N. (Red.): Teorija sporta. – Kijev 1987 (Theorie des Sports)

PLATONOV, V. N.; SACHNOWSKIJ, K. P.: Podgotovka junogo sportsmena. – Kijev 1988 (Die Ausbildung des jungen Sportlers)

POCKRANDT, W.-D.: Erarbeitung und Erprobung effektiver Trainingsprogramme zur Entwicklung der Kraftausdauerfähigkeiten bei Ruderern der Altersklasse Junioren. – Diss. Leipzig 1973

PÖHLMANN, R.: Trainingstestverfahren im psychischen Bereich des Sports. – In: SCHELLENBERGER, B.: Untersuchungsmethoden in der Sportpsychologie. – Berlin 1983, S. 38–54

PÖHLMANN, R.: Motorisches Lernen. – Berlin 1986

PÖHLMANN, R., u. a.: Der psychomotorische Fähigkeitskomplex, seine Kennzeichnung und seine Vervollkommnung. – Theorie und Praxis der Körperkultur. – Berlin 28 (1979) 11, S. 898–907

PÖHLMANN, R., u. a.: Erfahrungen und Ergebnisse zum Einsatz von Trackingverfahren unter sportmotorischem Aspekt. (Manuskriptdruck). – Wissenschaftlicher Rat beim Staatssekretariat für Körperkultur und Sport. – Berlin 1988

PORTER, K.; FOSTER, J.: Mentales Training. Der moderne Weg zur sportlichen Leistung. – München 1987

PÖTHIG, D.: Methoden der psycho-sozialen Leistungsmessungen im Rahmen eines Modells zur Objektivierung des biologischen Alters. – Zeitschrift für die gesamte Innere Medizin. – München 38 (1983) 22, S. 609–615

PRECHTL, F. R.: The study of neural development as a perspective of clinical problems. – In: CONOLLY, K. J.; PRECHTL, F. R.: Maturation and development: Biological and psychological perspectives. – London 1981, S. 188–215

PRIGOGINE, I.: Vom Sein zum Werden. – München, Zürich 1979

PROKOP L., u. a.: Erfolg im Sport. Bd. I. – Wien 1959

RACEV, K.: Schrittfrequenz, Schrittlänge und Laufgeschwindigkeit beim Sprint vom Gesichtspunkt des Alters. – Wissenschaftliche Zeitschrift der DHfK. – Leipzig 6 (1964) Sonderheft, S. 145–149

RACZEK, J.; MYNARSKI, W.: Koordynacyjne zdolności motoryczne dzieci i młodziezy. – Katowice 1992 (Koordinativ-motorische Fähigkeiten von Kindern und Jugendlichen)

RAEDE, H.: Zum Aufbau, zur Vor- und Nachbereitung und Organisation der Trainingseinheit. Studienmaterial zum Lehrgebiet Allgemeine Theorie und Methodik des Trainings. DHfK. – Leipzig 1981

RAHN, S.: Die Verwirklichung einer vielseitigen sportartgerichteten Grundausbildung im Anfängertraining. – Theorie und Praxis der Körperkultur. – Berlin 24 (1975) 2, S. 165–172

RAHN, S.: Abriß zur Vervollkommnung des Leistungsaufbaus in den Etappen des Grundlagen- und Aufbautrainings (Beitrag zur Weiterentwicklung der Konzeption des langfristigen Leistungsaufbaus). – Diss. B – Leipzig 1980

RAHN, S.: Zur Erhöhung der allgemeinen sportlichen Leistungsfähigkeit durch das Grundlagentraining. – Theorie und Praxis Leistungssport. – Berlin 24 (1986) 10, S. 44–55

RAHN, S.: Zu einigen Problemen des allgemeinen Trainings bei der Entwicklung von Leistungsvoraussetzungen im Nachwuchsleistungssport. – Sport und Wissenschaft. Bd. 2. – Sankt Augustin 1993, S. 16–25

RAMM, K.; BUBE, H.: Zur Wirksamkeit des Jahrestrainingsaufbaus im Skilanglauf und im Biathlon bei besonderer Beachtung der Zyklusmethode. – Theorie und Praxis Leistungssport. – Berlin 24 (1986) 8/9, S. 115–127

RASENBERGER, K.-H.; ARNOLD, K.: Wasserspringen. – Berlin 1980

RATOV, I. P.: Zur Veränderung des Trainingssystems durch technische Mittel und Trainingsgeräte. – Leistungssport. – Berlin 7 (1977) 2, S. 129–135

RATOV, I. P.; POPOV, G. I.: Upravlenie izmenenjami parametrov sportivnyj dviženij ispol'zovaniem uprugych rekuperatopov energii. – Teorija i praktika fizičeskoj kul'tury. – Moskva 50 (1987) 5, S. 33–35 (Steuerung der Veränderung von Parametern sportlicher Bewegungen unter Nutzung von elastischen Rekuperatoren)

RAUCHMAUL, H., u. a.: Zur Ausschöpfung physischer Potentiale im Leistungsvollzug. (Forschungsbericht). – Leipzig 1988

RAUH, H.: Frühe Kindheit. – In: OERTER, R.; MONTADA, L., u. a.: Entwicklungspsychologie. – Weinheim 1987[2], S. 131–203

REINDELL, H.; ROSKAMM, H.; GERSCHLER, W.: Das Intervalltraining. – München 1962

REINHOLD, D.: Einbeziehung kognitiver Techniken zur Trainings- und Wettkampfsteuerung – Dargestellt am Beispiel der Sportart Fechten (Damenflorett). – In: SINGER, R. (Hrsg.): Sportpsychologische Forschungsmethodik – Grundlagen, Probleme, Ansätze. – Köln 1991, S. 299–303

REINHOLD, D.; WAITZ, U.: Veränderungen der internen Repräsentation von Bewegungen im Verlauf des motorischen Lernprozesses. In: KRATZER, H.; MATHESIUS, R. (Hrsg.): Beiträge zur psychischen Regulation sportlicher Handlungen. – Köln 1991, S. 97–106

REISS, M.: Grundprobleme der Steigerung der Wirksamkeit des Hochleistungstrainings in den Ausdauersportarten. – Training und Wettkampf. – Berlin 28 (1990) 4, S. 7–30

REISS, M.: Steigerung der Kraftausdauerfähigkeiten durch wirkungsvolleres Kraftausdauertraining. – Leistungssport. – Münster 22 (1992) 5, S. 15–20

REISS, M.; GERBER, G.; NEUMANN, G.: Zur Erhöhung

der Grundlagenausdauer in den Ausdauersportarten. – Theorie und Praxis des Leistungssports. – Berlin 13 (1975) 3, S. 76–101

REISS, M.; MEINELT, K.: Zur Erhöhung der Wirksamkeit der Steuerung und Regelung des Hochleistungstrainings unter Berücksichtigung der Olympiavorbereitung. – Theorie und Praxis Leistungssport. – Berlin 21 (1983) 1, S. 6–48

REISS, M.; MEINELT, K.: Erfahrungen, Probleme und Konsequenzen bei der Erhöhung der Wirksamkeit der Steuerung und Regelung des Hochleistungstrainings. – Theorie und Praxis Leistungssport. – Berlin 23 (1985) 4, S. 120–135

REISS, M.; PFEIFFER, U. (Hrsg.): Leistungsreserven im Ausdauertraining. – Berlin 1991

REISS, M.; GOHLITZ, D.: Schlüsselprobleme der Leistungsdiagnostik im Hochleistungstraining der Ausdauersportarten (dargestellt am Beispiel der leichtathletischen Lauf-/Gehen-Disziplinen. (Internes Material). IAT. – Leipzig 1994

RENICK, J.: Zur Anwendung der mathematischen Spieltheorie auf Sport. – International Journal of Physical Education. – Schorndorf 12 (1975) 2, S. 27–31

RICHTER, H.; MÜLLER, U.; ISKE, H.: Untersuchungen zur Vervollkommnung des Sportabzeichenprogramms der DDR als allgemeingültiges Normativ der körperlichen Leistungsfähigkeit. – Forschungsbericht DHfK. – Leipzig 1983

RIEDEL, H.; GÄBLER, J.: Trainingsausfälle bzw. Trainingsreduzierungen infolge Erkrankungen und Verletzungen in 27 olympischen Sportarten. – Theorie und Praxis Leistungssport. – Berlin 23 (1985) 9/10, S. 199–208

RIEDER, H.: Koordinative Fähigkeiten. Zum Stand der Diskussion und den Lücken in der Forschung. – In: KORNEXL, E. (Hrsg.): Spektrum der Sportwissenschaften. – Wien 1987, S. 75–101

RIEDER, H.: Narrative Interviews – Erfahrungen und Perspektiven. – In: SINGER, R. (Hrsg.): Sportpsychologische Forschungsmethodik – Grundlagen, Probleme, Ansätze. – Köln 1991[a], S. 109–116

RIEDER, H.: Bewegungslernen. – In: RIEDER, H.; LEHNERTZ, K.: Bewegungslernen und Techniktraining. – Schorndorf 1991[b], S. 7–103

RIEDER, H.; FISCHER, G.: Methodik und Didaktik im Sport. – München, Wien, Zürich 1986

RÖBLITZ, G.: Leistung und Leistungsstreben im Sport in ihrer pädagogischen Relevanz. – Theorie und Praxis der Körperkultur. – Berlin 18 (1969) 1, S. 55–66

RÖBLITZ, G.: Leistung als konstituierendes Element der sozialistischen Menschengemeinschaft und als Zentralbegriff der Sportwissenschaft. – Wissenschaftliche Zeitschrift der DHfK. – Leipzig 12 (1970) 3, S. 61–73

ROCKMANN-RÜGER, U.: Zum Einfluß der Zeitstruktur der Feedback-Vermehrung auf sensomotorische Optimierungsprozesse im Sport. – Diss. Berlin 1985

ROCKMANN-RÜGER, U.: Motorisches Lernen. – Sportpsychologie. – Münster 4 (1990)[a] 1, S. 25–30

ROCKMANN-RÜGER, U.: Zum Zusammenhang zwischen visueller und kinästhetischer Bewegungswahrnehmung. – In: KÖRNDLE, H.; LUTTER, H.; THOMAS, A. (Hrsg.): Der Beitrag der Sportpsychologie zur Zielbestimmung einer modernen Erziehung und Ausbildung im Sport. – Köln 1990[b], S. 138–143

ROCKMANN-RÜGER, U.: „Laufen lernt man nur durch Laufen". Zur Automatisierung von Bewegungstechniken. – Sportpsychologie. – Münster 5 (1991) 1, S. 17–22

RODIONOW, A. W.: Psychologie in Training und Wettkampf. – Berlin 1982

RODIONOW, A. W.: Psychologische Grundlagen der Taktikentwicklung. – In: RODIONOW, A. W. (Red.): Psychologie in Training und Wettkampf. – Berlin 1982, S. 116–126

ROHMERT, W.: Das Belastungs-Beanspruchungs-Konzept. – Zeitschrift für Arbeitswissenschaft. 38 (1984) 4, S. 193–200

ROST, K.: Überlegungen zur Belastungsdynamik im langfristigen Leistungsaufbau im Verhältnis zur Leistungsdynamik. – Theorie und Praxis Leistungssport. – Berlin 19 (1981) 9/10, S. 3–17

ROST, K.: Zu einigen übergreifenden Problemen der zeitlichen Strukturierung des langfristigen Aufbaus sportlicher Höchstleistungen in der DDR. – Theorie und Praxis Leistungssport. – Berlin 27 (1989) 2, S. 7–22

ROST, K.: Zum Stellenwert von entwicklungsgemäß gestalteten Wettkämpfen im Nachwuchsbereich des Leistungssports im Rahmen des Nachwuchskonzepts des DSB. – Leistungssport. – Münster 24 (1994) 1, S. 28–30

ROST, K., u. a.: Aspekte der Entwicklung von Trainings- und Vorbereitungssystemen im Jugend- und Juniorenbereich. (Thematische Information). – Leipzig 1989

ROSTOCK, J.: Aufgabenklassen für motorische Lernprozesse im Sportunterricht. – In: STAROSTA, W. (Hrsg.): Bewegungskoordination im Sport. – Warszawa, Gorzów Wielkopolski 1990, S. 146–156

RÖSSNER, F.: Erfolg im Sport. Bd. II. – Wien/München 1960

ROTH, K.: Das Wachstum. – In: WILLIMCZIK, K.; GROSSER, M.: Die motorische Entwicklung im Kindes- und Jugendalter . – Schorndorf 1979; 1981[2], S. 174–186

ROTH, K.: Strukturanalyse koordinativer Fähigkeiten. – Bad Homburg 1982

ROTH, K.: Motorisches Lernen. – In: WILLIMCZIK, K.; ROTH, K.: Bewegungslehre. – Reinbek 1983, S. 141–239

ROTH, K.: Prinzipien des Techniklernens im Jugendtraining. – Lehre und Praxis des Handballspiels. – Münster 6 (1984) 11, S. 13–15

ROTH, K.: Taktik im Sportspiel. – Schorndorf 1989[a]

ROTH, K.: Wie verbessert man koordinative Fähigkeiten? – In: Bielefelder Sportpädagogen: Methoden des Sportunterrichts. – Schorndorf 1989[b] S. 76–87

ROTH, K.: Wie lehrt man schwierige geschlossene Fertigkeiten? – In: Bielefelder Sportpädagogen: Methodik des Sportunterrichts. – Schorndorf 1989[c], S. 25–42

ROTH, K.: Ein neues „ABC" für das Techniktraining im Sport. – Sportwissenschaft. – Schorndorf 20 (1990) 1, S. 9–26

ROTH, K.: Einführung in das Schwerpunktthema „Techniktraining". – Sportpsychologie. – Münster 5 (1991)[a]1, S. 2 f.

ROTH, K.: „Erst das Leichte, dann das Schwere – stufenweise richtig lehren!". Zum Neulernen von Bewegungstechniken. – Sportpsychologie: Münster 5 (1991)[b]1, S. 5–10

ROTH, K.: Einleitung in das Schwerpunktthema („LeistungsSport-Wissenschaft"). – dvs-Information. – Hamburg (1994) 1, S. 4/5

ROTH, K.; SCHUBERT, R.: Koordinationstraining mit jugendlichen Handballspielern. – Handballtraining. – Schorndorf 9 (1987) 3/4, S. 3–13

ROTH, K.; SAHRE, E.: Gesetzmäßigkeiten der sportlichen Bewegung. – In: RÖTHIG, P.; GRÖSSING, S.: Bewegungslehre. – Wiesbaden 1990[3], S. 9–53

ROTH, W., u.a.: Untersuchungen zur Dynamik der Energiebereitstellung während maximaler Mittelzeitausdauerbelastung. – Medizin und Sport. – Berlin 23 (1983) 4, S. 107–114

RÖTHIG, P.: Sportwissenschaft. – In: RÖTHIG, P., u.a. (Hrsg.): Sportwissenschaftliches Lexikon. – Schorndorf 1992[6], S. 474–476

RÖTHIG, P., u.a. (Red.): Sportwissenschaftliches Lexikon. – Schorndorf 1983; 1992[6]

RÖTHIG, P.; GRÖSSING, S. (Hrsg.): Bewegungslehre. – Wiesbaden 1990[3]

ROUX, W.: Gesammelte Abhandlungen über Entwicklungsmechanik des Organismus. Bd. I. Funktionelle Anpassung. – Leipzig 1895

RUBINSTEIN, S. L.: Grundlagen der allgemeinen Psychologie. – Berlin 1973; 1984

RUDOLPH, H.: Zur technischen Ausbildung im Grundlagenbereich des Fußballsports unter besonderer Berücksichtigung des Wechselverhältnisses von Schnelligkeit und Genauigkeit motorischer Handlungen. – Diss. Leipzig 1990

RYMON, H.-J.: Der praxiswirksame Einsatz der Elektromyostimulation. – Theorie und Praxis Leistungssport. – Berlin 21 (1983) 8/9, S. 170–174

SAND, T.: Theoretische Positionen zur Erfassung informationeller Leistungsvoraussetzungen in der Sportart Ringen als eine Grundlage zur Erhöhung der Sicherheit von Eignungsbeurteilungen in dieser Sportart. – Diss. Leipzig 1985

SCHARSCHMIDT, F.: Ermüdung und Erholung. – In: FINDEISEN, D. G. R.; LINKE, P.-G.; PICKENHAIN, L. (Hrsg.): Grundlagen der Sportmedizin. – Leipzig 1976, S. 236 – 257

SCHARSCHMIDT, F.: PIEPER, S.: Die Adaptation an sportliches Training in ausgewählten Organsystemen bei Heranwachsenden. – Medizin und Sport. – Berlin 21 (1981) 10, S. 289–296

SCHEIBE, J.: BRINGMANN, W.; REINHOLD, D.: Sportliches Training während der Kur. – Berlin 1986

SCHEID, V. (Red.): Sport und Medien in Bildung und Forschung. – Magglinge, Erlensee 1990

SCHELLENBERGER, B.: Bewußte Handlungsregulation in der sportlichen Tätigkeit als Beitrag für die Erhöhung der Wirksamkeit des Trainings. – Diss. B – Leipzig 1979

SCHELLENBERGER, B.: Die Bedeutung der kognitiven und sensomotorischen Ebene in der psychischen Regulation sportlicher Handlungen. – Wissenschaftliche Zeitschrift der DHfK. – Leipzig 21 (1980) 1, S. 43–52

SCHELLENBERGER, B.: Psychische Belastung und Belastbarkeit als Voraussetzung für die Bewältigung der Anforderungen im Sport. Lehrheft Sportpsychologie. DHfK. – Leipzig 1983[a], S. 288–306

SCHELLENBERGER, B. (Red.): Untersuchungsmethoden in der Sportpsychologie. – Berlin 1983[b]

SCHELLENBERGER, H.: Untersuchungen der Handlungsschnelligkeit von Fußballspielern. – Theorie und Praxis Leistungssport. – Berlin 23 (1985) 8, S. 42–49

SCHELLENBERGER, H.: Psychologische Wettkampfvorbereitung. – In: KUNATH, P.; SCHELLENBERGER, H. (Hrsg.): Tätigkeitsorientierte Sportpsychologie. – Thun, Frankfurt/M. 1991, S. 290–312

SCHEWE, H.: Die Bewegung des Menschen. – Stuttgart, New York 1988

SCHILLING, G.; BAUR, W. (Hrsg.): Audiovisuelle Medien im Sport. – Basel 1980

SCHLICHT, W.: Einzelfallanalysen im Hochleistungssport. – Schorndorf 1988

SCHLICHT, W.: Mentales Training – Lern- und Leistungsgewinn durch Imagination? – Sportpsychologie. – Münster 6 (1992) 2, S. 24–29

SCHLICHT, W.: Editorial. – Sportpsychologie. – Münster 7 (1993) 4, S. 3

SCHLICHT, W.; LAMES, M.: Wissenschaft und Technologie: Ideen zu einer Forschungskonzeption in der Trainingswissenschaft – In: MARTIN, D.; WEIGELT, S., (Hrsg.): Trainingswissenschaft. Selbstverständnis und Forschungsansätze. – Sankt Augustin 1993, S. 78–94

SCHMIDT, F. A.: Die Leibesübungen nach ihrem körperlichen Übungswert dargestellt. – Leipzig 1893

SCHMIDT, G.: Wahrnehmungs- und Reaktionsleistungen von Sportspielern. – Ahrensburg 1987

SCHMIDT, H.: Orthopädische Grundlagen für sportliches Üben und Trainieren. – Leipzig 1988

SCHMIDT, H., u. a.: Der Muskeltest nach Janda für die sportmedizinische Praxis. – Medizin und Sport. – Berlin 23 (1983) 9, S. 271–278

SCHMIDT, H.; KRAFT, W.; ROTTE, K.-H.: Die Diagnostik der Belastbarkeit des Stütz- und Bewegungssystems unter besonderer Berücksichtigung moderner bildgebender Verfahren. – Sport und Wissenschaft. Bd. 4. – Sankt Augustin 1992, S. 93–100

SCHMIDT, H.-D.: Allgemeine Entwicklungspsychologie. – Berlin 1977

SCHMIDT, R. A.: A schema theory of discrete motor skill learning. – Psychological Review. – Washington 82 (1975), S. 225–260

SCHMIDT, R. A.: Motor control and learning. A behavioral emphasis. – Champaign 1988

SCHMIDT, R. F.: Grundriß der Neurophysiologie. – Berlin, Heidelberg, New York 1977

SCHMIDTBLEICHER, D.: Zum Problem der Definition des Begriffs Kraftausdauer. – In: CARL, K.; STARISCHKA, S.; STORK, H.-M. (Hrsg.): Kraftausdauertraining. – Köln 1989, S. 10–30

SCHMIDTBLEICHER, D.: GOLLHOFER, A.: Einflußgrößen des reaktiven Bewegungsverhaltens und deren

Bedeutung für die Trainingspraxis. – In: BÜHRLE, M. (Hrsg.): Grundlagen des Maximal- und Schnellkrafttrainings. – Schorndorf 1985, S. 271–281

SCHMIDT-KOLMER, E.: Frühe Kindheit. Beiträge zur Psychologie. – Berlin 1984

SCHNABEL, Gita: Trainingsprinzipien. – In: SCHRAMM, E., u. a.: Sportschwimmen. – Berlin 1987, S. 43–49

SCHNABEL, G.: Zur Entwicklung der Motorik in der Pubeszenz. – Diss. Leipzig 1962

SCHNABEL, G.: Zur Bewegungskoordination. Wissenschaftliche Zeitschrift der DHfK. – Leipzig 10 (1968) 1, S. 13–32; In: RIEDER, H. (Hrsg.): Bewegungslehre des Sports. Schorndorf 1973[a], S. 16–58

SCHNABEL, G.: Die koordinativen Fähigkeiten und das Problem der Gewandtheit. – Theorie und Praxis der Körperkultur. – Berlin 22 (1973)[b] 3, S. 263–267

SCHNABEL, G.: Zur Funktion und zur Entwicklung der Allgemeinen Trainingslehre als Lehrgebiet. – Wissenschaftliche Zeitschrift der DHfK. – Leipzig 16 (1975)[a] 3, S. 41–53

SCHNABEL, G.: Leistungsstruktur als Kategorie der Trainingsmethodik. – Theorie und Praxis des Leistungssports. – Berlin 13 (1975)[b] 7, S. 128–156

SCHNABEL, G.: Struktur der sportlichen Leistung. – In: BAUERSFELD, K.-H., u. a.: Grundstandpunkte zur Bearbeitung der Struktur der sportlichen Leistung. Arbeitsmaterial der DHfK. – Leipzig 1977, S. 74–77

SCHNABEL, G.: Leistungsstruktur, Trainingsstruktur und ihr Zusammenhang. – Medizin und Sport. – Berlin 21 (1981)[a] 9, S. 257–260; 21 (1981)[a] 10, S. 318–320

SCHNABEL, G.: Zur Entwicklung der Sportmethodik in Wechselbeziehung von Theorie und Empirie. – Theorie und Praxis der Körperkultur. – Berlin 30 (1981)[b] 7, S. 501–506

SCHNABEL, G.: Kontrollformen für sporttechnische Vervollkommnungsprozesse im Aufbautraining. – Theorie und Praxis Leistungssport. – Berlin 20 (1982) 7/8, S. 231–244

SCHNABEL, G.: Zu methodologischen Grundlagen und Aspekten einer Methodik der Forschung in den sportmethodischen Disziplinen. – Theorie und Praxis der Körperkultur. – Berlin 32 (1983) 6, S. 427–431

SCHNABEL, G.: Orientierungen und Empfehlungen zur Planung und Gestaltung der sporttechnisch-koordinativen Ausbildung im Aufbautraining. – Theorie und Praxis Leistungssport. – Berlin 22 (1984) 7/8, S. 7–36

SCHNABEL, G.: Sportliche Leistung als Gegenstand der Theorie und Methodik des Trainings. – Wissenschaftliche Zeitschrift der DHfK. – Leipzig 27 (1986)[2], S. 16–31; Theorie und Praxis der Körperkultur. Berlin 35 (1986)[a] 3, S. 180–188

SCHNABEL, G.: Grundlagen und Methodik der sporttechnischen Ausbildung. – In: HARRE u. a.: Trainingslehre. – Berlin 1986[10b], S. 194–218

SCHNABEL, G.: Bewegungskoordination als Regulation der Bewegungstätigkeit. – In: MEINEL, K.; SCHNABEL, G.: Bewegungslehre – Sportmotorik. – Berlin 1987[8], S. 50–89

SCHNABEL, G.: Methoden im sportlichen Training – Begriff, Bedeutung, Ordnung, Weiterentwicklung. – Theorie und Praxis der Körperkultur. – Berlin 38 (1989) 4, S. 258–264

SCHNABEL, G.: Training der sensomotorischen Regulation als Aufgabe und Möglichkeit. – In: DAUGS, R., u. a. (Hrsg.): Sportmotorisches Lernen und Techniktraining. Bd. 2. – Schorndorf 1991, S. 157–161

SCHNABEL, G.: Sportwissenschaft . – In: SCHNABEL, G.: THIESS, G. (Hrsg.): Lexikon Sportwissenschaft. Leistung, Training, Wettkampf. Bd. 1. – Berlin 1993, S. 11–18

SCHNABEL, G.: Wissenschaft von Leistung und Training – Anwendungs- und Grundlagenwissenschaft. – In: KRUG, J.; MINOW, H.-J. (Hrsg.): Sportliche Leistung und Training.

SCHNABEL, G.: Die Grundkategorien der Trainingswissenschaft – Leistung, Training, Wettkampf – als Basis der Wissenschaftsstruktur. – In: THORHAUER, H.-A.; CARL, K.; TÜRK-NOACK, U. (Hrsg.): Trainingswissenschaft. Theoretische und methodische Fragen in der Diskussion. – Köln 1996, S. 64–74

SCHNABEL, G. (Red.): Forschungsmethoden in den sportmethodischen Wissenschaftsdisziplinen. – Wissenschaftliche Zeitschrift der DHfK. – Leipzig 28 (1987) Sonderheft 3

SCHNABEL, G.; MÜLLER, C.: Wesen, Funktion und Eigenschaften der methodischen Prinzipien im sportlichen Training. – Theorie und Praxis der Körperkultur. – Berlin 37 (1988) 2, S. 95–101

SCHNABEL, G.; THIESS, G. (Hrsg.): Lexikon Sportwissenschaft. Leistung, Training, Wettkampf. Band 1 und 2. – Berlin 1993

SCHNABEL, G., u. a.: Bewegungsregulation im Sport. – Sport und Wissenschaft. Bd. 6. – Sankt Augustin 1994

SCHNACK, G.: Intensivstretching und Ausgleichsgymnastik. – Köln 1992

SCHNEITER, C.: Ausdauerleistung und Alter. – Jugend und Sport. – Magglingen 30 (1973) 2, S. 57–61

SCHÖBEL, H.: Olympia und seine Spiele. – Berlin 1965

SCHOLICH, M.: Kreistraining. – Berlin 1989[3]

SCHOLICH, M.: Standpunkte zum System der Trainingsmethoden in den Ausdauersportarten. – Theorie und Praxis der Körperkultur. – Berlin 39 (1990) 1, S. 31–39

SCHRAMM, E., u. a.: Sportschwimmen. – Berlin 1987

SCHUBERT, F., (Red.): Erkenntnistätigkeit und taktische Leistungsfähigkeit im Sportspiel. – Wissenschaftliche Zeitschrift der DHfK. – Leipzig 29 (1988) Sonderheft 4

SCHUBERT, F.; KIRCHGÄSSNER, H.; BARTH, B.: Zu Problemen der Optimierung des Entscheidungsverhaltens bei Kampfsportlern. – Theorie und Praxis der Körperkultur. – Berlin 25 (1976) 6, S. 419–432

SCHUBERT, F.; ZEHL, U., u. a.: Tachistoskopische Untersuchungen zur Entscheidungssicherheit und -schnelligkeit in Sportspielhandlungen. – Medizin und Sport. – Berlin 25 (1985) 8, S. 236–238

SCHUBERT, F., u. a.: Diagnostik kognitiver Komponenten von Sportspielern. – In: SCHUBERT, F. (Red.): Erkenntnistätigkeit und taktische Leistungsfähigkeit im Sportspiel. – Wissenschaftliche Zeitschrift der DHfK. – Leipzig 29 (1988) Sonderheft 4, S. 97–148

SCHUCK, H.: Untersuchung der psychomotorischen Schnelligkeit bei Schwimmsportlern mit Hilfe der Tappingmethode. – Theorie und Praxis der Körperkultur. – Berlin 35 (1986) 1, S. 36–40

SCHUCK, H.: Trainierbarkeit der sensomotorischen Regulationsfähigkeit. – Training und Wettkampf. – Berlin 28 (1990) 5, S. 22–26

SCHUCK, H.: Psychologisches Starttraining im Schwimmsport. – Sportpsychologie.. – Münster 5 (1991)[a] 2, S. 17–20

SCHUCK, H.: Komplexe Beeinflussungsstrategie der Bewegungsregulation mit variablen Psychoregulationsprogrammen. – In: KRATZER, H.; MATHESIUS, R. (Hrsg.): Beiträge zur psychischen Regulation sportlicher Handlungen. – Köln 1991[b], S. 63–74

SCHUCK, H.; HETZER, S.: Ein variables Psychoregulationsprogramm für die Vorbereitung von Schwimmsportlern. – Training und Wettkampf. – Berlin 28 (1990) 5, S. 83–90

SCHUSTER, H.-G.: Die physiologische Wirkung simulierter Höhe und des Barokammertrainings auf die sportliche Leistungsentwicklung. (Thematische Information). – Leipzig 1984

SCHWENKMEZGER, P. (Hrsg.): Sportpsychologische Diagnostik, Intervention und Verantwortung. – Köln 1988

SEEFELDT, D.: Streß – verstehen, erkennen, bewältigen. – Leipzig, Jena, Berlin 1989

SEILER, R.; DE MARÉES, H.: Erfassung und Darstellung interner Repräsentationen beim Rudern. – In: DAUGS, R.; BLISCHKE, K. (Hrsg.): Aufmerksamkeit und Automatisierung in der Sportmotorik. – Sankt Augustin 1993, S. 292–298

SEMJEN, A.: Vom motorischen Lernen zum sensomotorischen Geschicklichkeitserwerb. – Leistungssport. – Berlin (1980) Beiheft 20: Techniktraining I – Biomechanische und lerntheoretische Beiträge, S. 56–74

SERMEJEW, B. W.: Der Einfluß von speziellen Übungen auf die Beweglichkeit der Schüler. – Theorie und Praxis der Körperkultur. – Berlin 13 (1964) 5, S. 434–436

SHELDON, W. H.: Atlas of men. A guide and handbook of somatotyping. – New York 1954

SIEGER, W.: Zur Bestimmung des Begriffs „sportliche Leistung". – Theorie und Praxis der Körperkultur. – Berlin 25 (1976) 8, S. 602–606

SIMKIN, N. W.: Physiologische Charakteristik von Kraft, Schnelligkeit und Ausdauer. – Berlin 1959

SINGER, R.; WILLIMCZIK, K. (Hrsg.): Grundkurs Datenerhebung 2. – Ahrensburg 1985

SINGER, R. N.: Motorisches Lernen und menschliche Leistung – Bad Homburg 1985

SIRIS, P. S.: Das Wachstum der motorischen Eigenschaften – ein Faktor der potentiellen Möglichkeiten von Sportlern. – Leistungssport. – Frankfurt/M. 4 (1974) 5, S. 339–342

SIRIS, P. Z., u. a.: Otbor i prognozirovanie sposobnostej v legkoj atletike. – Moskva 1983 (Auswahl und Fähigkeitsprognose in der Leichtathletik)

SMIRNOW, K. M.: Sportphysiologie. – Berlin 1974

SÖLVEBORN, S. A.: Das Buch vom Stretching. – München 1983

SONNENSCHEIN, I.: Wahrnehmung und taktisches Handeln im Sport – Entwicklung von Konzeptionen zur Verbesserung der Wahrnehmungsfähigkeit. – Köln 1987

SONNENSCHEIN, I.: Das Kölner Psychoregulationstraining. – Köln 1989[3]

SONNTAG, O.: Zur Wechselwirkung aerober und anaerober Stoffwechselmechanismen während sportlicher Belastungen in der Kurzzeitausdauer unter besonderer Berücksichtigung der leichtathletischen Disziplin 400 m (Langsprint). – Habilitationsschrift Halle-Wittenberg 1991

SOZAŃSKI, H.: Zróznicowanie rozwoju sportowego młodocianych zawodników w zależności od rodzaju treningu. – Warszawa 1986 (Die Differenzierung der sportlichen Entwicklung junger Sportler in Abhängigkeit von der Art des Trainings)

SPINDLER, G.: Zur Einheit von Kraft und Bewegung im Leistungsturnen: dargestellt am Beispiel des Riesenfelgumschwungs am Reck. – Diss. Leipzig 1983

STARISCHKA, S.: Überlegungen zur Leistungsdiagnostik aus sportwissenschaftlicher Sicht. – Leistungssport. – Berlin 11 (1981) 5, S. 340–349

STARISCHKA, S.: Trainingsplanung. – Schorndorf 1988

STARISCHKA, S.: Zur Diagnostik und Trainierbarkeit sportmotorischer Fähigkeiten Älterer. In: MENZEL, H. G.; PREISS, R., (Hrsg.): Forschungsgegenstand Sport. Frankfurt/M. 1990, S. 339–367

STARISCHKA, S., u. a.: Zur Diagnostik koordinativ-informationeller Fähigkeiten älterer Menschen – Verfahren und Orientierungswerte. – Dortmunder Schriften Sport, Heft 6 – Erlensee 1991, S. 156–-170

STARISCHKA, S.: Pro koordinative Fähigkeiten im Schulsport. – Sport-Zeit. – Lichtenau (1994) 0, S. 6–17

STARK, G.: Zur Weiterentwicklung des Trainings der akrobatischen Sportarten und Disziplinen. – Diss. B – Leipzig. 1978

STARK, G.: Die Stellung der technischen Sportarten innerhalb der olympischen Sportarten und Disziplinen. – Theorie und Praxis des Leistungssports. – Berlin 18 (1980) 1, S. 3–25

STARK, G.: Sporttechnisches Training und zwei grundlegende Prinzipien der Leistungsentwicklung. – Theorie und Praxis Leistungssport. – Berlin 22 (1984) 12, S. 3–12

STARK, G.: Stellung von technischen Sportarten innerhalb der olympischen Sportarten und Disziplinen. – Theorie und Praxis der Körperkultur. – Berlin 36 (1987) 5, S. 341–350

STARK, G.: Die Entwicklung von „Überpotential" – ein neuer trainingspraktischer Aspekt der systematischen Übertragung von Übungseffekten in Lernprozessen. – Theorie und Praxis Leistungssport. – Berlin 27 (1989) 8/9, S. 3–18

STARK, G.: Leistungssteuerung als integrierter, praxisbezogener Aspekt. – Leistungssport. – Münster 21 (1991) 2, S. 8–14

STARK, G.; TÜNNEMANN, H.; KRUG, J. (Hrsg.): Standpunkte zur sportlichen Technik und zum sporttechnischen Training in Sportartengruppen und Wissenschaftsdisziplinen. (Literaturanalyse). – Leipzig 1985

STAROSTA, W.: Eine neue Methode der „Aufhellung" und „Auffrischung" kinästhetischer Empfindungen – ein Verfahren zur Verbesserung sportlicher Techniken. – Leistungssport. – Münster 21 (1991) 6, S. 59–61

STEINHÖFER, D.: Zur Terminologie und Abgrenzung der Trainingsmethoden. – Leistungssport. – Münster 23 (1993) 6, S. 44–50

STIEHLER, G.: Zur Taktik in den Sportspielen. – Diss. Leipzig 1959

STIEHLER, G., u. a.: Methodik des Sportunterrichts. – Berlin 1979[4]

STIEHLER, G.; KONZAG, G.; DÖBLER, H.: Sportspiele. – Berlin 1988

STRANG, H.: Das „Integrierte Kontrolltraining" im Hochleistungssegeln. – Sportpsychologie. – Münster 5 (1991) 4, S. 21–25

STRAUSS, B. G.: Ausgewählte Literatur zur Forschungsmethodologie. – In: HAAG, H.; HEIN, K.: Informationswege zur Theorie und Praxis des Sports. – Schorndorf 1990, S. 433–453

SUINN, R. M.: Übungsbuch für mentales Training: In sieben Schritten zur sportlichen Höchstleistung. – Bern 1989

SULLIVAN, M. K.; DEJULIA, J. J.; WORRELL, T. W.: Effect of pelvic position and stretching method on hamstring muscle flexibility. – Medicine and science in sports and exercise. – Baltimore 24 (1992) 12, S. 1383–1389

SYER, J.; CONOLLY, C.: Psychotraining für Sportler. – Reinbek 1987

SZYMANSKI, B.: „Die Situation ist die Frage – und die Bewegung ist die Antwort!". Zur Kombination technischer und taktischer Inhalte beim Technikvariationstraining. – Sportpsychologie. – Münster 5 (1991) 1, S. 23–28

TABACHNIK, B.: Fragen der „Speed Chute"-Anwendung für die Entwicklung der Sprintschnelligkeit. – Leistungssport. – Münster 22 (1992) 4, S. 23–25

TANNER, J. M.: Wachstum und Reifung des Menschen. – Stuttgart 1962

TAUBMANN, W.: Zur Strategie und Taktik im Radrennsport. – Theorie und Praxis der Körperkultur. – Berlin 33 (1984) 4, S. 288–293

TEIPEL, D.: Bewegungslernen und visuelle Kontrolle. Eine theoretische und experimentelle Studie zur Bedeutung der visuellen Kontrolle beim Erlernen einer feinmotorischen Bewegung. – Diss. Köln 1979

TEPPER, E.: Praktische Erfahrungen mit der Wettkampfgestaltung in leichtathletischen Sprintdisziplinen. – In: DEISS, D.; PFEIFFER, U.: Leistungsreserven im Schnellkrafttraining. – Berlin 1991

THIESS, G.: Die Bestimmung der Trainingsetappen als Grundlage der Trainingsplanung im Aufbautraining. – Wissenschaftliche Zeitschrift der DHfK. – Leipzig 6 (1964) Sonderheft, S. 17–26

THIESS, G.: Wir brauchen eine Wettkampflehre! – Leistungssport. – Münster 24 (1994) 1, S. 5–9

THIESS, G.; SCHNABEL, G.; BAUMANN, R. (Hrsg.): Training von A bis Z. – Berlin 1978; 1980[2]

THIESS, G.; SCHNABEL, G. (Hrsg.): Grundbegriffe des Trainings. – Berlin 1986

THIESS, G.; SCHNABEL G., u. a.: Leistungsfaktoren im Training und Wettkampf. Berlin 1987

THOMAS, A.: Die unmittelbare Wettkampfvorbereitung im Kanurennsport (Hochleistungssport) – eine Untersuchung zur strukturellen Weiterentwicklung. – Diss. Leipzig 1990

THORHAUER, H.-A.: Zum Begriff „sportliche Leistung" unter trainingswissenschaftlicher Sicht. – Theorie und Praxis der Körperkultur. – Berlin 29 (1980) 2, S. 137–142

THORHAUER, H.-A.: Die Wirksamkeit der komplexen Leistungsdiagnostik in der Methodik und Steuerung des Trainings am Beispiel fahrtechnischer Sportarten. – Theorie und Praxis Leistungssport. – Berlin 24 (1986) 4, S. 1049–1119

THORHAUER, H.-A.: Zur Stellung der Theorie und Methodik des Trainings in der Sportwissenschaft. – Theorie und Praxis der Körperkultur. – Berlin 37 (1988) 1, S. 49–54

THORHAUER, H.-A.: Zur Genese von Leistungsstrukturen unter besonderer Beachtung der Invarianz-Problematik im Nachwuchstraining. – Sport und Wissenschaft. – Sankt Augustin (1991) Beiheft 3 zur Wissenschaftlichen Zeitschrift der DHfK, S. 143–157

THORHAUER, H.-A.: Zur Stellung der Trainingswissenschaft im Spiegel der Grundkategorien „Leistung" und „Struktur". – In: MARTIN, D.; WEIGELT, S. (Hrsg.): Trainingswissenschaft. Selbstverständnis und Forschungsansätze – Sankt Augustin 1993, S. 37–54

THORHAUER, H.-A., u. a.: Die Wettkampfanalyse als Bestandteil der Leistungsdiagnostik im Rennschlittensport. – Training und Wettkampf. – Berlin 28 (1990) 4, S. 118–136

THORHAUER, H.-A.; KEMPE, M.: Sporttechnische Leitbilder im Trainingsprozeß. – Sportwissenschaft. – Schorndorf 23 (1993) 2, S. 158–174

THORHAUER, H.-A.; CARL, K.; TÜRK-NOACK, U. (Hrsg.) Trainingswissenschaft. Theoretische und methodische Fragen in der Diskussion. (Referate des ersten Jenaer Kolloquiums zur Trainingswissenschaft vom 2./3. Dez. 1994 in Bad Blankenburg) – Köln 1996

TIDOW, G.: Lösungsansätze zur Optimierung des Schnellkrafttrainings auf der Basis muskelbioptischer Befunde. (Unveröffentl.) 1993

TITTEL, K.; ADAM, J.; ENKE, H.: Die Bedeutung der multiplen Faktorenanalyse für die Sportanthropometrie. – Wissenschaftliche Zeitschrift der DHfK. – Leipzig 7 (1965) 2, S. 91–112

TITTEL, K.; WUTSCHERK, H.: Sportanthropometrie. – Leipzig 1972

TOWNSEND, M.: Road-racing strategies. – Med. Sci. Sports Exercise. – Madison (Wisc.) 14 (1982) 3, S. 235–241

TREUTLEIN, G.; JANALIK, H.; HANKE U.: Wie Trainer wahrnehmen, denken, fühlen und handeln. – Köln 1989

TREUTLEIN, G.; FUNKE, J.; SPERLE, N. (Hrsg.): Körpererfahrung im Sport. Wahrnehmen – Lernen – Gesundheit fördern. – Aachen 1992

TROGSCH, F.: Die Entwicklung der Allgemeinen Trainingslehre von 1957 bis 1971 als Lehrkomplex und Bestandteil der Sportwissenschaft in der DDR. – Theorie und Praxis der Körperkultur. – Berlin 21 (1972) 2, S. 125–132

TRUEMAN, R. E.: A computer simulation model of baseball with particular application to strategic analysis. – In: MACHOL, R. E.; LADANY, S. P. (eds.): Management Science in Sports. – Amsterdam 1976, S. 1–14

TSCHIENE, P.: Einige neue Aspekte zur Periodisierung

des Hochleistungstrainings. – Leistungssport. – Berlin 7 (1977) 5, S. 379–382

TSCHIENE, P.: Veränderungen in der Struktur des Jahrestrainingszyklus. – Leistungssport. – Münster 15 (1985) 5, S. 5–12

TSCHIENE, P.: Der qualitative Ansatz zu einer Theorie des Trainings. – Leistungssport. – Münster 18 (1988) 3, S. 8–11

TSCHIENE, P.: Die neue „Theorie des Trainings" und ihre Interpretation für das Nachwuchstraining. – Leistungssport. – Münster 19 (1989) 4, S. 11–17; In: DIGEL, H. (Hrsg.): Wettkampfsport. – Aachen 1991, S. 64–78

TSCHIENE, P.: Konditionstraining – Theoriebildung nur auf der Basis von Adaptationsmodellen. – Leistungssport. – Münster 36 (1996) 6, S. 13–17

TUREWSKIJ, I. M.: Gewandtheit – das Ergebnis des Bewegungslernens. – Theorie und Praxis der Körperkultur. – Berlin 38 (1989) Beiheft 2, S. 40–42

TURVEY, M.T.: Action and perception from an ecological point of view. – In: DAUGS, R., u. a. (Hrsg.): Sportmotorisches Lernen und Techniktraining. Bd. 1. – Schorndorf 1991, S. 78–95

TURVEY, M.T.; KUGLER, P. N.: An ecological approach to perception and action. – In: WHITING, H.T.A. (Ed.): Human motor actions. Bernstein reassessed. – Amsterdam 1984, S. 373–412

ULLRICH, K.; GOLLHOFER, A.: Psychologische Aspekte und Effektivität unterschiedlicher Dehnmethoden. – Deutsche Zeitschrift für Sportmedizin. – Köln 45 (1994) 9, S. 336–345

UNGERER, D.: Leistungs- und Belastungsfähigkeit im Kindes- und Jugendalter. – Schorndorf 1977[3]

VERCHOŠANSKIJ, J.: Ein neues Trainingssystem für zyklische Sportarten. – Münster 1992

VERCHOŠANSKIJ, Ju. V.: Grundlagen des speziellen Krafttrainings im Sport. – Theorie und Praxis der Körperkultur. – Berlin 20 (1971) Beiheft 3

VERCHOŠANSKIJ, Ju. V.: Osnovy special'noj fizičeskoj podgotovki sportsmenov. – Moskva 1988 (Die Grundlagen der speziellen körperlichen Vorbereitung von Sportlern)

VERCHOSHANSKIJ, J.: Ein neues Trainingssystem für azyklische Sportarten. – Münster 1995

VIITASALO, J.T., u.a.: Untersuchungen von Trainingswirkungen auf die Krafterzeugung und Sprunghöhe. – Leistungssport. – Berlin 11 (1981) 4, S. 278–281

VILKNER, H.-J.: Zur Erfassung und Entwicklung der motorischen Reaktionsfähigkeit im Schulalter. – Theorie und Praxis der Körperkultur. – Berlin 26 (1977) 7, S. 56–58

VOIGT, M.: Einige Aspekte der Theorie und Methodik des Trainings zur Entwicklung der Schnelligkeitsfähigkeiten und ausgewählte Ableitungen für das Aufbautraining. – Training und Wettkampf. – Berlin 28 (1990) 1, S. 87–99

VOLGER, B.: Lehren von Bewegungen. – Ahrensburg 1990

VOROBJOV, N. N.: Grundfragen der Spieltheorie und ihre praktische Bedeutung. – Berlin 1967

VORWERG, M.; SCHRÖDER, H.: Persönlichkeitspsychologische Grundlagen interpersonalen Verhaltens. Band I. – Leipzig 1980

VOSS, G.: Zu methodischen Möglichkeiten der Entwicklung der Schnelligkeit in Form neuromuskulärer Steuer- und Regelmechanismen in den Schnellkraftsportarten. – Diss. B – Leipzig 1989

WADE, A.: A evolusao das estrategias e das tacticos durantos os ultimos 50 anos. – Futebol em revista. – Lisboa (1981) 2, S. 15–18

WAITZER, J.: Trainingskunde. – Berlin 1937

WASMUND, U.: Wissenschaftstheoretische Ansätze der Trainingswissenschaft. – In: Forschen-Lehren-Handeln. Sportwissenschaftliche Beiträge zum Gedenken an Univ.-Prof. Dr. Hans GROLL. – Wien 1976, S. 470–483

WASMUND-BODENSTEDT, U.: Einführung in die Methodologie der Trainingswissenschaft. – In: BALLREICH, R., u. a.: Trainingswissenschaft 1. – Bad Homburg 1982, S. 7–38

WEBER, J., u. a.: Die Bedeutung muskulärer Dysbalancen für die Störung der arthromuskulären Beziehungen. – Medizin und Sport. – Berlin 25 (1985) 5, S. 149–151

WEIDNER, A.: Geschlechtsdifferenzen der Leistungsfähigkeit und der Adaptabilität im Alternsgang. – Wissenschaftliche Zeitschrift der DHfK. – Leipzig 26 (1985) Sonderheft 1, S. 47–73

WEINBERG, P.: Handlungstheorie und Sportwissenschaft. – Köln 1978

WEINBERG, P.: Bewegung, Handlung, Sport. Handlungsorientierte Bewegungsforschung. – Köln 1985

WEINECK, J.: Die koordinativen (oder psychomotorischen) Fähigkeiten und ihr Training. – Sporterziehung in der Schule. – Bern (1983) 7/8, S. 17–20

WEINECK, J.: Optimales Training. – Erlangen 1980; 1990[7]

WEINERT, F. E.; SCHNEIDER, W.; BECKMANN, J.: Fähigkeitsunterschiede, Fertigkeitstraining und Leistungsniveau. – In: DAUGS, R., u. a. (Hrsg.): Sportmotorisches Lernen und Techniktraining. Bd. 1. – Schorndorf 1991, S. 33–52

WEISSENBORN, R.; WERNER, T.: Untersuchungen zur Klassifizierung von Spielsituationen im Fußballwettkampf und Charakteristik von Situationsmerkmalen als eine Voraussetzung zur Ableitung individueller Handlungsanforderungen. Diplomarbeit. – Leipzig 1988

WEISSFLOG, J.: Meine Erfahrungen mit einem psychologischen Beeinflussungsprogramm. – Training und Wettkampf – Berlin 28 (1990) 5, S. 30–31

WEITZER, K.: Der Einfluß des Verbalisierens auf das Lernen von Bewegungen. Diplomarbeit. – Regensburg 1989

WERCHOSCHANSKI, J. W. [Verchošanskij, Ju. V.]: Effektiv trainieren. – Berlin 1988

WHITE, B. L.: Human infants: Experience and psychological development. – New York 1970

WIEMANN, K.: Beeinflussung muskulärer Parameter durch ein zehnwöchiges Dehnungstraining. – Sportwissenschaft. – Schorndorf 21 (1991) 3, S. 295–306

WIEMEYER, J.: Motorische Kontrolle und motorisches

Lernen im Sport. Grundlagen und Probleme der Theorie Generalisierter Motorischer Programme. – Sportpsychologie. – Münster 6 (1992) 1, S. 5–11; 6 (1992) 2, S. 5–12

WIEMEYER, J.: Disziplinarität und Interdisziplinarität trainingswissenschaftlicher Erkenntnisse. – In: THORHAUER, H.-A.; CARL, K.; TÜRK-NOACK, U. (Hrsg.): Trainingswissenschaft. Theoretische und methodische Fragen in der Diskussion. – Köln 1996, S. 135–148

WIEMEYER, J.: Zur Erfassung kognitiver Bewegungsrepräsentationen im alpinen Skilauf. – In: DAUGS, R.; BLISCHKE, K. (Hrsg.): Aufmerksamkeit und Automatisierung in der Sportmotorik. – Sankt Augustin 1993, S. 299–305

WILKINSON, W. H. G.: Sportstrategie als Lehrfach. – Leistungssport. – Münster 14 (1984) 1, S. 27–29

WILLE, U.: Das Wettkampfsystem. – Leistungssport. – Münster 24 (1994) 1, S. 34–37

WILLIMCZIK, K. (Hrsg.): Wissenschaftstheoretische Beiträge zur Sportwissenschaft. – Schorndorf 1979

WILLIMCZIK, K.: Interdisziplinäre Sportwissenschaft. – Forderungen an ein erstarrtes Konzept. – Sportwissenschaft. – Schorndorf 15 (1985) 1, S. 9–32

WILLIMCZIK, K.: Techniktraining – Eine Symbiose für Lern- und Adaptationsprozesse. – In: DAUGS, R., u. a. (Hrsg.): Sportmotorisches Lernen und Techniktraining. Bd. 1. – Schorndorf 1991, S. 132–146

WILLIMCZIK, K.; ROTH, K.: Bewegungslehre. – Reinbek 1983

WILLIMCZIK, K.; DAUGS, R.; OLIVIER, N.: Belastung und Beanspruchung als Einflußgrößen der Sportmotorik. – In: OLIVIER, N.; DAUGS, R. (Hrsg.): Sportliche Bewegung und Motorik unter Belastung. – Clausthal-Zellerfeld 1991, S.6–28

WINKLER, R.; OPGENORTH, E.; PRESSLICH, O.: Räumliche Orientierungsleistungen bei älteren Menschen. – Aktuelle Gerontologie. – Stuttgart, New York 13 (1983) 6, S. 236–240

WINTER, R.: Erstaunlich, was die Schulanfänger schon können! – Körpererziehung. – Berlin 11 (1961) 6, S. 308–316

WINTER, R.: Altersspezifika in der Ontogenese und Trainingsgestaltung als interdisziplinärer sportwissenschaftlicher Objektbereich sowie als Bestimmungsfaktor für den langfristigen Aufbau sportlicher Höchstleistungen (Wissenschaftstheoretische Positionsbestimmungen – trainingsmethodische Orientierungen zur sportlichen Ausbildung unter ontogenetischen Aspekten im Kindes- und Jugendalter). – Diss. B. Leipzig 1977

WINTER, R.: Zum Problem der sensiblen und kritischen Phasen in der Kindheit und Jugend. – Medizin und Sport. – Berlin 20 (1980) 4, S. 102–103

WINTER, R.: Die motorische Entwicklung des Menschen von der Geburt bis ins hohe Alter (Überblick). – In: MEINEL, K.; SCHNABEL, G.: Bewegungslehre – Sportmotorik. – Berlin 1987[8], S. 275–397

WINTER, R.: Die Trainingstätigkeit ist letztlich entscheidend! Ausgewählte Ergebnisse einer Längsschnittstudie an trainierenden Kindern u. einige Reflexionen zu Problemen der motorischen Ontogenese. – Sportunterricht. – Schorndorf 41 (1992) 8, S. 317–326

WINTER, R.; DOIL, W.: Alterseigentümlichkeiten und sportliches Training im Kindes- und Jugendalter. – DHfK. – Leipzig 1981

WINTERLICH, J.: Erfahrungen mit der gezielten Anwendung von Imitationsübungen im Training der Skispringer. – Training und Wettkampf. – Berlin 28 (1990) 5, S. 47–49

WITTEKOPF, G.; MARHOLD, G.; PIEPER, K.-S.: Biologische und biochemische Grundlagen der trainingsmethodischen Kategorie „Kraftfähigkeiten" und Methoden ihrer Objektivierung. – Medizin und Sport. – Berlin 21 (1981) 8, S. 225–231

WITTEKOPF, G.; BEYER, L.: Neurophysiologische Aspekte des motorischen Lernens. – Medizin und Sport. – Berlin 27 (1987) 8, S. 227–230

WITTEKOPF, G., u. a.: Zur Trainierbarkeit neuromuskulärer Innervationscharakteristika der Schnellmotorik. – Leipziger sportwissenschaftliche Beiträge. – Sankt Augustin 32 (1991) 2, S. 206–215

WITTKOWSKI, E.: Ein Beitrag zur Periodisierung sportmotorischen Trainings: „Überlern"-Effekte auf die Behaltensstabilität des kinästhetischen Gedächtnisses. – In: LETZELTER, H.; STEINMANN, W.; FREITAG, W. (Red.): Angewandte Sportwissenschaft. – Clausthal-Zellerfeld 1986, S. 351–356

WITTKOWSKI, E.: Zum Einfluß von „Überlernen" auf die Behaltensstabilität des kinästhetischen Gedächtnisses. – Diss. Berlin 1988

WOHL, A: Bewegung und Sprache. – Schorndorf 1977

WOLKOW, W. M.: Zur physiologischen Begründung des Aufbaus eines Mikrozyklus. – Trainerinformation des DVfL der DDR. Wissenschaftliches Zentrum des DVfL. – Leipzig (1974) 8, S. 71–72; (1974) 9, S. 78–79

WOLLNY, R.: Stabilität und Variabilität im motorischen Verhalten. – Aachen 1993

WÖRZ, T.: Das Hürden ABC. – Leibesübungen – Leibeserziehung. – Wien 46 (1992) 2, S. 19–22

WULF, G.: Bewegungsproduktion und Bewegungsevaluation. Eine theoretische und experimentelle Studie zum Erwerb motorischer Schemata. – Diss. Köln 1985

WULF, G.: Neuere Befunde zur Effektivierung des Bewegungslernens. – Sportpsychologie – Münster 6 (1992) 1, S. 12–16

WULF, G.: Implizites Lernen von Regelhaftigkeiten – Sportpsychologie. – Münster 7 (1993) 4, S. 11–18

WUTSCHERK, H.: Die Anthropometrie in der Praxis des Kreissportarztes. DHfK. – Leipzig 1973

WUTSCHERK, H.: Die Bestimmung des „biologischen" Alters. – Theorie und Praxis der Körperkultur. – Berlin 23 (1974) 2, S. 159–170

WYGOTSKI, L. S.: Denken und Sprache. – Berlin 1964

WYZNIKIEWICZ-KOPP, Z.: Koordynacyjne zdolności ruchowe dzieci i młodzieży. – Szczecin 1992 (Koordinative Fähigkeiten bei Kindern und Jugendlichen)

ZACIORSKIJ, V. M.: Die körperlichen Eigenschaften des Sportlers. – Theorie und Praxis der Körperkultur. – Berlin 17 (1968) Beiheft 1; Theorie und Praxis der Körperkultur. – Berlin 20 (1971) Beiheft 2

ZACIORSKIJ, V. M.; KULIK, N. G.; SMIRNOV, J.: Die Wechselbeziehungen zwischen den körperlichen Eigenschaften. – Theorie und Praxis der Körperkultur. – Berlin 19 (1970) 2, S. 141

ZACIORSKIJ, V. M.; BULGAKOWA, N. S., u. a.: Das Problem des Talents und der Talentsuche im Sport. – Leistungssport. – Frankfurt/M. 4 (1974) 4, S. 239–251

ZAICHKOWSKY, L. D.; FUCHS, C.: Biofeedback applications in exercise and athletic performance. – Exercise and Sport Sciences Reviews. – New York, Toronto, London 16 (1988), S. 381–421

ZIMMER, A.: Stadien beim Erwerb komplexer Bewegungen. – Sportwissenschaft. – Schorndorf 13 (1983) 3, S. 287–299

ZIMMER, A.: Kognitive Repräsentation und Techniktraining. – In: DAUGS, R., u. a. (Hrsg.): Sportmotorisches Lernen und Techniktraining. Bd. 1. – Schorndorf 1991, S. 191–202

ZIMMER, A.; KÖRNDLE, H.: A model for hierarchically ordered schemata in the control of skilled action. – Gestalt Theory. 10 (1988) 1, S. 85–102

ZIMMER, R.: Motorik und Persönlichkeitsentwicklung bei Kindern im Vorschulalter: eine experimentelle Untersuchung über den Zusammenhang motorischer, kognitiver, emotionaler und sozialer Variablen. – Schorndorf 1981

ZIMMER, R.; VOLKAMER, M.: MOT 4–6. Motoriktest für vier- bis sechsjährige Kinder. – Weinheim 1984

ZIMMER, R.; CIRCUS, H. (Red.): Kinder brauchen Bewegung. Brauchen Kinder Sport? – Aachen 1992

ZIMMER, W.: Zum Problem des Spielsituationstrainings im Handballsport. – Theorie und Praxis Leistungssport. – Berlin 27(1989) 6, S. 46–53

ZIMMERMANN, K., u. a.: Diagnose und Training koordinativer Fähigkeiten. (Forschungsbericht). – Leipzig 1982

ZIMMERMANN, K.: Koordinative Fähigkeiten und Beweglichkeit. – In: MEINEL, K.; SCHNABEL, G.: Bewegungslehre – Sportmotorik. – Berlin 1987[8]

ZINNER, J.: Olympiastützpunkte im Spannungsfeld von Theorie und Praxis. – dvs-Information. – Hamburg (1994) 1, S. 15–20

ZINTL, F.: Messungen zur Kraftausdauer bei alpinen Skirennläufern. – In: CARL, K.; STARISCHKA, S.; STORK, H.-M. (Hrsg.): Kraftausdauertraining. – Köln 1989, S. 50–71

ZINTL, F.: Ausdauertraining. – München, Wien, Zürich 1989; 1990[2]

ZSCHORLICH, V.: Bewegungsoptimierung im Techniktraining des Radsports. – In: DAUGS, R., u. a. (Hrsg.): Sportmotorisches Lernen und Techniktraining. Bd. 2. – Schorndorf 1991, S. 275–280

Sachwortregister

Die halbfett gedruckten Seitenangaben beziehen sich in der Regel auf die Behandlung des betreffenden Sachverhalts in einem Abschnitt über mehrere Seiten.